国家出版基金項目
NATIONAL PUBLICATION FOUNDATION

『十二五』國家重點圖書出版規劃項目

國家古籍整理出版規劃重點項目

國家出版基金資助項目

安徽古籍叢書

方以智全書

第八册

【明】方以智◎撰
黄德寬　諸偉奇◎主編

黄山書社

方以智全書第八册

方以智全書之十二

醫學會通

牛淑平　整理

整理説明

醫學會通，方以智輯撰。全書分爲十部分：（一）診脉辨，疑有闕文。（二）傷寒概幾。（三）難經考異。（四）運氣論序、運氣辨、尺寸不應本於君火論，疑是方氏讀書隨記，内有方氏的觀點闡釋。個别頁面有缺損。（五）經脉，係節録於靈樞經脉篇，但有缺頁，内容不全。（六）十二原，係節録於靈樞九針十二原篇。（七）本輸，係節録於靈樞本輸篇，所附客邪篇係節録於靈樞邪客篇。（八）六合，係節録於靈樞經别篇。（九）人迎氣口，係節録於靈樞終始篇。（十）脉色，係節録於素問脉要精微論，個别頁面字迹不清。全書應爲方以智的讀書筆記。

此次校點，參考了人民衛生出版社一九五六年影印明代趙府居敬堂本靈樞經及明代顧從德翻宋本素問，有異處均予出校。原稿原附醫方大約一種，主要精編了一些古代名方，每方詳列方名、主治、組成以及方解。方以智認爲：『先哲洞窺造化，熟曉陰陽，知運氣、風土强弱、貴賤老少、新舊内外之差别，處方有理，故列其要，可因以精推之。』此部分内容已見刊於方以智的通雅第五十二卷，爲免重複，不再列入。

牛淑平

二〇一八年八月

醫學會通目次

醫學會通

診脉辨〔一〕

盛傷於風〔二〕，氣口緊盛傷於食。蓋寸部三分，關部三分，尺部三分，三部共得九分。每部三分者，前一分，中一分，後一分也。此云關前一分，仍在關部之前一分耳。人泥關前，竟以左右寸爲人迎氣口，誤矣。左關前一分，肝也，外傷於風者，内應風藏而緊盛也。右關前一分，脾也，内傷於食者，内應食藏而緊盛也。傷於風傷於食，將泥外内因，而概以六氣所傷者取人迎，七情所傷者取氣口乎？陳澈曰：人迎，氣口之脉，本皆經訓，但人迎爲足陽明之脉，不可以言於手。氣口總手太陰而言，不可以分左右。如動輸、本輸、經脉等篇，明指人迎爲結喉旁，胃經動脉。四時篇曰：氣口候陰，人迎候陽。五色篇曰：人迎堅盛者傷於寒，氣口盛堅者傷於食。禁服篇曰：人迎主外，寸口主中。經脉、終始等篇曰：人迎一盛二盛三盛，脉口一盛二盛三盛等義，皆言人迎爲陽明之腑脉，故主乎表；脉口爲太陰之臟脉，故主乎裏。如太陰陽明論曰：太陰行氣於三陰，陽明行氣於三陽。

陰陽別論曰：三陽在頭，正言人迎行氣於三陽也；三陰在手，正言氣口行氣於三陰也。蓋古者診脉有三：一取三部九候，以診通身之脉；一取太陰陽明，以診陽之本；一取左右氣口，以診臟腑之氣。然則人迎自有其位。脉經乃牽人迎於左手，而分氣口於右手，可乎？甚至以左手候表，以右手候裏，其謬爲甚。夫心肝居左，豈不可以爲裏？腸胃在右，豈不可以言表乎？難經曰：寸口者，脉之大會。五臟六腑之所終始，故取法於寸口也。如此，可指右手獨爲氣口乎？仲景，傷寒之祖，但曰：大、浮、數、滑、動者，此名陽也；沉、濇、弱、弦、微者，此名陰也。又曰：表有病者，脉當沉而大；裏有病者，脉當沉而細。又如上取寸口，太陰脉也；下取趺陽，陽明脉也。亦未嘗以左爲人迎而候表，右爲氣口而候裏也。李瀕湖綱目釋『人迎氣口』云：人迎結喉兩旁，足陽明之脉也。龐安常論脉曰：何謂人迎？喉旁取之。近見徐東皋曰：脉經謂左手關前一分爲人迎，誤也，遂張目而正之。

愚者曰：雪潭摭經傳辨人迎氣口，較士材暢矣。然以兩手分候表裏，亦可也。啓玄子王冰編註內經，皆指人迎在結喉兩旁一寸五分，氣口在手魚際之後一寸，然其註陰陽別象篇曰：胃脘之陽，謂人迎之氣也，察其氣脉動靜、大小與脉口應否也。胃爲水穀之海，故候其氣而知病處。人迎在結喉兩旁，脉動應手，常左小而右大，左小常以候臟，右大常以候腑。又曰：三陽在頭，頭謂人迎；三陰在手，手謂氣口。兩者相應，俱來俱往。若引繩小大齊等者，名曰平人。故言所謂一也。若據此而言，人迎雖屬腑脉，可以左候臓而右候腑，則寸口爲臓腑之會，亦可以左候表而右候裏矣。何者？天地之陰陽反南北，則人身之陰陽亦可反左右也。經不曰左右者陰陽之道路乎？且吾嘗讀終始而有疑焉。曰少氣者，脉口人迎俱少，而不稱尺寸也。夫以尺寸而屬人迎，則以手分氣口人迎。古其有是哉？

傷寒概幾

宓山愚者曰：傷寒節目至陶氏六書而詳，然其中陽中陰或傳或不傳、或併或合之源未悉也，東垣以諸不循經傳者，由於汗下之失精矣。而得半者也，此其故，莫詳於經而人未之察也。靈樞第四篇曰：邪氣之中人也無有常，中於陰則溜於府。中陰即傷，爲傷傷寒。中於陽則溜於經。中陽即傷絡，爲傷風。諸陽之會，皆在於面。中人也，方乘虛時及新用功，若飲食汗出，腠理開而中於邪。中於面則下陽明，中於項則下太陽，中於頰則下少陽。其中於膺背兩脅，亦中其經。已上皆中陽之差別。中於陰者，常從臂胻始。夫臂與胻，其陰皮薄，其肉淖澤，經絡不見於外，惟見於臂踝。故俱受於風，獨傷於陰。已上皆中陰之故。身之中於風也不必動藏，故邪入於經，則其藏氣實，邪氣入而不能容，故還之於府。經者榮也，榮實則但中表絡能藏乎？此傳經不入府而愈者之故，亦傷風之故。經虛直中，藏實不受，故還於府，此即直中陰經與至陰經而爲下症之故。蓋在經可温，入府當下。故中陽則溜於經，中陰則溜於府，邪之中人藏，愁憂恐懼則傷心，形寒寒飲則傷肺，以其兩感，故氣逆而上行，有所墮墜，惡血留於内，若有所大怒氣上而不下，積於脅下，則傷肝。有所擊仆，若醉入房，則傷脾。有所用力，舉重若入房，過度汗出，浴水則傷腎。已上皆内傷之差别。五臟之中風，陰陽俱感，形乃得往。此即兩感之故〇愚按：此中風義通於傷寒，非實指也。由此觀之，經雖論中風，而可得治寒之法，且經文之論傷寒，寔亦如此也，如素問第三十一篇熱論，明文雖曰，熱病者，皆傷寒之類也。本篇只言即病兩感，傳經兩證耳，未言不即病者，發於夏至以前，謂之温病；夏至以後，謂之暑病。温、暑之名雖異，皆熱病也。治法則在三十二篇。刺熱論中首以五經分治，面部分上下左右，候其赤色，不待其發，而先刺之，所謂治其未病也。至失治而汗之，汗之或自汗而不止者，則分病始手臂痛者，刺手陽明太陰，始於頭首者，刺項太陽；始於足脛者，刺足陽明。而『汗止』云云，則與靈樞之分别徵陰陽者無異也。其第三十三篇評熱論，乃明傷寒熱病之死證與似證，論旨又與靈樞第二十三篇多相同，其所引熱論曰汗出而脉尚躁盛者死，正靈樞熱病篇之文也，故必合觀靈素之文，而後知陶氏之所編，皆古人之原旨；而壞病不載者，皆東垣所謂汗下之失而醫者之罪也。

統而言之，感有陰陽，故治有汗、下之不同；氣有盛衰，故證有傳經、直中之各異。蓋原氣之深淺，即病氣之輕重，而不明針灸，傷寒治法終未備也，雖風雨寒熱不得虛，邪不能獨傷人，而傷寒終屬外感，始於經絡，臟腑未病也。若以微針通其臟脉，艾火灼其肌膚，則外邪去而内氣不傷；若以湯藥治之，蕩滌熏蒸，邪雖去而眞氣愈虛，形體難復，是在好古反經者擴而充之。夫灸之法班班在經，固可按而考也，傷寒明而諸病之幾在手矣。

難經考異

宓山愚者曰：八十一難經未知其果出于扁鵲與否。然其説皆抉靈素之要領，時若有與經異者，猶之後天八卦全翻先天八卦，而乃所以明之。京、揚、關、邵各創一論，而皆所以明易之象數端幾也。如經以附上分寸、關、尺候三部，扁鵲所配五臟皆同，六腑則異，詎害其爲同乎？經言其位，越人言其絡也。論在脉辨中。經以通身動脉分九候，扁鵲即以寸口三部分浮中浮候之，義雖可通，而實不若經分部候之析也。何者？寸口之脉有時不應，通身之脉可參考也，故仲景必診趺陽、太谿焉。至如寸口、人迎，扁鵲原混之于手，然執内經陰陽相隨之語，而不辨營會寸口，衛會人迎、目眥，而謂統會于寸口手太陰，則自越人始。

辨在營衛考中。經言命門者目也，而越人則直以右腎爲命門。經以三焦配包絡，而越人則直指右腎。男子所藏精，女子所懷胎，以實之。經以原氣屬三焦而無定論，越人則直指臍下腎間爲原氣之本。三焦爲原氣之别使，見于乳間。此名義或同或異，而反使其大同者顯而易見，較經之引而不發者，更有功于後人矣。至如經脉篇以任督之别絡與脾之大絡，足十五絡之數，越人則以陰蹻、陽蹻之别絡與脾之大絡當其數，此名與經背，所指則同也。何者？夫陰蹻與任同體而異名，陽蹻與督同體而異名也。義在奇經脉考中。經言中風藏實不受邪，中陽則溜于經，中陰則溜于府，此就人氣之虚實言之也。越人則通之于運氣，言藏病則傳所勝，再傳至適王之藏。王者不受邪，則反傳其所生病者。生病者又不肯受，則留結而爲積。如肺病則傳肝，肝又傳脾，適脾王四季之月不受邪，邪反傳肺，肺又不肯受，則留結爲肝積，名曰肥氣，故知肝積得之季夏。此意外之懸解，而瀉子補母，大法之所自出也。獨以六甲分王六氣，則以少陽、陽明、太陽、太陰、少陰、厥陰爲序，與素問不合，因與河洛迕。倘所謂陰陽可千可萬之旨乎？然可以不必矣。學者即不能究岐黄之博變，亦當用心于越人之簡易，所謂未滿而約之，雖不足以爲天下師，亦以爲上工矣。若六甲依越人之序，則與張理關倍乘之説相合，首少陽震也，次陽明離兑也，次太陽乾也，次太陰坤也，次少陰艮坎也，次厥陰巽也。

運氣論序

宓山愚者讀黄帝運氣篇，三歎三已，數十年會易範之通律律歷之幾，乃始豁然。兩間之莫逃乎運氣也，千之萬之，無非陰陽也。物生謂之化，物極謂之變，陰陽不測謂之神，神用無方謂之聖。一用于二，二即一也，不于二中明綱紀父母生殺之本始，交綱旁羅，參兩代錯，又焉能神明其幾乎？在天爲玄，在人爲道，在地爲化。化生氣味，道生智，玄生神，是天地在人之智藏神而善用耳。絶待運于對待，參兩運于五六，受中生者，經絡藏腑，脉病藥治，無非運氣也。非止一歲也，一時一息之暫，五六交輪在焉；非特一物也，一毫一芒之細，五六交輪備焉。仰覩五星倍減之應，下推草木蟲育之驗，精窮心幾倏忽之感，是何故耶？天五御曰寒、暑、燥、溼、風，不言火，莫非火也。人五化曰怒、喜、思、憂、恐，而性命之理見乎情矣。節情所以適性，適性即所以節情，太過不及，二者皆病。然即因過與不及以平之，執平言平，烏有此耶？概約之，是天與日之森穆藏運也，是水與火之繼濟律襲也。醫者用之，其一端也。世人不知消息，加以怠學，而欲雄其固陋，以術餬口。又有褚氏掃隸人爲之説，執一惡别，則運氣之經可廢矣。曾知人爲即天道乎？曾知圖書之符，聖人之所制所表，皆非人力思慮之所及乎？不然者，則又丹溪所云馬宗素之徒也。言某生人于某日病之類。

余故要其綱布，列之爲圖，因此分端之幾，會其推行之通幾，亦已簡省力矣。善研極者，欲知其合，先言其分。有天之運氣焉，地之運氣焉，人之運氣焉。天本何歷乎？人以日月星互歷之，而天不能違易之象也；差即在其中，而差歸于恆合矣。四時時亦反常，反常亦不違于大常者也。地氣不同，温冷各異；人稟不同，所當各異。内外兩因，隨時感觸。大過不及，勝復虚實，亢則害，承乃制。知其所以然，不得不然，詎可膠執乎？虚舟子曰：聖人先表其恆法，在人深造自悟其幾用耳。浮渡易寓宓山愚者記。

虚舟子乃金谿王化卿先生，諱宣，金谿人，世精醫，家于桐，事本菴先生與方玉峽户部、赤城中丞爲詩友。四十絶欲，明河洛之秘，以授吾藥地夫子者也。胡映日識。

運氣辨

陳雪潭醫約曰：五運六氣之説起于漢魏後乎？何者？張仲景漢末人，其書不載也。前之則越人無其文，後之則叔和鮮其説，及見吳草廬之説，益信其爲天運氣數之法，而非治病之書也。

映日舉以爲問。宓山愚者曰：此沿繆仲淳之説也。彼以風雨徵歲氣，而不知歲氣之所以爲風雨；以四時合天和，而不知天和之所以爲四時。其于三才一體，萬物皆備，交格其則，而信裁成之爲生成也，皆茫如矣。且援仲景、叔和以自助其説，而不知運氣乃仲景、叔和之秘也。仲景傷寒論切脉大法曰：出入升降，漏刻周旋，水下二刻，一周循環當復，寸口虛實見焉。夫以脉息徵刻漏，猶之以營衛徵刻漏也。營衛有奇分，故寢起有早晏；脉息有遲疾，故老壯反寤寐。此各一太極之運氣也。而統一太極之運氣，安得不信哉！故以刻漏徵營衛可，施鍼灸可，則以主客運氣徵病機可，酌藥方可。何者？運氣者刻漏之積也，而日月星度之所離合也。此内經之妙，天地弗能違也。豈惟仲景，叔和傷寒大意曰：中而即病者名曰傷寒；不即病者寒毒藏于骨髓，至春變爲温病，至夏變爲暑病，非時行之氣也。一歲之中，長幼之病相似者，此時行之氣也。欲候知四時正氣爲病，及時行疫氣之法，皆當按斗曆占之。九月霜降節後宜漸寒，向冬大寒，至春分始解，凡觸冒中寒即病者謂之傷寒。其冬有非節之暖者，名曰冬温。冬温復有先後，更相重沓。又曰，十五日得一氣于四時之中，一時得六氣，四六二十四氣也。然氣候亦有應至而不至者，或有未應至而至者，或有至而太過者，皆成病氣也。此非運氣之明文乎？所謂正氣者，即王氣也。所謂時行者，即客氣也。所謂應至先後更相重沓者，即天地之氣交，日月之歲差，而運氣之樞矣。可曰叔和鮮其説哉？析而究之，天候有常變，地氣或殊，人之稟養各有勝復亢復之幾。岐伯以六合不離于五，而五五徵人之性情，將曰與醫無與而掃之乎？

映日曰：彼所疑者年之所加，非不信候，敢問所加之確徵。宓山愚者曰：子知小中見大、大中見小之義乎？夫一日分應四時可，則以氣分徵六期可；月以朔望周天可，則日以分至周天可；以生死例朝暮可，則以呼吸合分至可也。呼吸果然合天地矣。二氣中交運五，兼三而兩之，是爲約徵。欲通三才而不從運氣研幾乎？且又安往而能逃之？古人無處不明三才之故，凡著一書，必本于此，必徵格于物之則焉。故先成行列，布其綱紀循環，而推行化裁在人之慧悟會通矣。先中丞每於端幾表秩序，若五運六氣，河洛小衍，緯曜如是，物産如是，人身如是，正信爲物不二，原非人力之所可造作者也。常人不明此，故漫見聖人裁成之節度，以爲出乎人，非出乎天也，豈知裁成即生成乎？豈知開天之天者，乃能裁成乎？豈知此中之秩序變化，處處同符也乎？末流怠于寔學而好偷荒冒，宜其忽不察也，豈惟醫學？

尺寸不應本于君火論

映日問曰：經言四時以胃氣爲本，胃氣屬三焦，統營衛主吸，吸稟命于君火，而相火攝焉，此脉息之要也。既得聞命矣。運氣篇曰：君火以名，相火以位。何謂也？敢問。

宓山子曰：此古來之所急口深幾也。雖然，啓玄子已先我而發之矣。知其要者，一言而終。一者何？其君火乎！故診脉必以君火爲本，運氣必以君火爲本。至眞要大論曰：北政之歲，少陰在泉，則寸口不應。啓玄曰：水火金木運，面北受氣。凡氣之在泉者，脉寸不見。謂兩寸不應也，氣指少陰君火也。論曰：厥陰在泉則右不應。啓玄曰：少陰在右也。論曰：太陰在泉，則左不應。啓玄曰：少陰在左也。論曰：南政之歲，少陰司天，則寸口不應。啓玄曰：土運之歲，面南行令，故少陰司天，則兩手寸口不應也。論曰：厥陰司天則右不應，太陰司天，則左不應。啓玄曰：亦左右義也。蓋言亦以少陰在左則左不應，在右則右不應，而文特簡省已。論曰：凡不應者，反其診則見矣。啓玄曰：不應皆謂脉沈。沈下者仰手而沈，覆其手則沈爲浮，細爲大也。此所謂寸不應之義也。帝曰：尺候何如？岐伯曰：北政之歲，三陰在下，則寸不應；三陰在上，則尺不應。啓玄曰：司天曰上，在泉曰下。岐伯曰：南政之歲，三陰在天，則寸不應；三應在泉〔三〕，則尺不應，左右同。啓玄曰：尺不應左右，與寸不應左右義同。此所謂尺不應之義也。由此觀之，運氣雖有主客，令政雖有南北，每歲必有不應之脉，而脉之不應，總係君火之上下左右。故五運行大論曰：尺寸反者死，謂脉當不應寸而反不應尺，或應應尺而反不應寸也。又曰：陰陽交者死，謂歲當左不應而反右不應，或當右不應而反左不應也。故下文曰：先立其年，以知歲氣，左右應見，然後可以言死生之逆順。所謂不知年之所加，不可以爲工也。醫者反遺之或闢之，不大可哀乎？

映曰：經言天地□□□□□□□□診也。啓玄曰：言平氣及勝復，皆以形證□□□□□□□□又曰脉法曰：天地之變，無以脉診。啓玄曰□□□□□□□□不當以脉知之。帝曰：間氣何如？岐伯曰：隨〔四〕。

經　脉

雷公問於黄帝曰：禁脉之言，凡刺之理，經脉爲始，營其所行，制其度量，内次五臟，外别六腑，願盡聞其道。

黄帝曰：人始生，先成精，精成而腦髓生。骨爲幹，脉爲營，筋爲剛，肉爲牆，皮膚堅而毛髮長。穀入胃〔五〕，脉道以通，血氣乃行。

雷公曰：願卒聞經脉之始生。

黄帝曰：經脉者，所以能決死生，處百病，調虚實，不可不通。

肺手太陰之脉，起於中焦，下絡大腸，還循胃口。上膈，屬肺。從肺系横出腋下，下循臑内，行少陰心主之前，下肘中，循臂内上骨下廉，入寸口上魚，循魚際出大指之端。其支者，從腕後直出次指内廉，出其端。是動則病肺脹滿，膨膨而喘咳，缺盆中痛，甚則交〔六〕。

兩手而瞀，此爲臂厥〔七〕。支者〔八〕，下廉三寸而别，下入中指外間。其支者，别跗上，入大指間，出其端。是動則病洒洒振寒，善呻數欠，顔黑，病至則惡人與火，聞木聲則惕然而驚，心欲動，獨閉户塞牖而處，甚則欲上高而歌，棄衣而走，賁響腹脹，是爲骭厥。是主血所生病者，狂瘧，温淫汗出，鼽衄，口喎，唇胗，頸腫，喉痹，大腹水腫，膝臏腫痛，循膺乳、氣街、股、伏兔、骭外廉、足跗上皆痛，中指不用。氣盛則身以前皆熱，其有餘於胃，則消穀善饑，溺色黄；氣不足則身以前皆寒慄，胃中寒則脹滿。爲此諸病，盛則寫之，虚則補之，熱則疾之，寒則留之，陷下則灸之，不盛不虚以經取之。盛者，人迎大三倍於寸口；虚者，人迎反小於寸口也。

脾足太陰之脉，起於大指之端。循指内側白肉際，過核骨後，上内踝前廉，上踹内循脛骨後，交出厥陰之前，上膝股内前廉，入腹屬脾絡胃，上膈，挾咽，連舌本，散舌下。其支者，復從胃别上膈，注心中。是動則病舌本强，食則嘔，胃脘痛，腹脹善噫，得後與氣則快然如衰，身體皆重。是主脾所生病者，舌本痛，體不能動摇，食不下，煩心，心下急痛，溏，瘕泄，水閉，黄疸，不能卧，强立股膝内腫厥，足大指不用。爲此諸病，盛則寫之，虚則補之，熱則疾之，寒則留之，陷下則灸之，不盛不虚以經取之。盛者，寸口大三倍於人迎；虚者，寸口反小於人迎。

心手少陰之脉，起於心中，出屬心系，下膈絡小腸。其支者，從心系上挾咽，繫目系。其直者，復從心系卻上肺，下出腋下，下循臑内〔九〕。痔瘧〔一〇〕，狂癲疾，頭囟項痛，目黄，淚出，鼽衄，項、背、腰、尻、膕、踹脚皆痛，小指不用。爲此諸病，盛則寫之，虚則補之，熱則疾之，寒則留之，陷下則灸之，不盛不虚以經取之。盛者，人迎大再倍於寸口；虚者，人迎反小於寸口也。

腎足少陰之脉，起於小指之下，邪走足心，出於然谷之下，循内踝之後，别入跟中，以上踹内，出膕内廉，上股内後廉，貫脊屬腎絡膀胱。其直者，從腎上貫肝膈，及脉中，循喉嚨，挾舌本。其支者，從肺出絡心，注胸中。是動則病饑不欲食，面如漆柴，咳唾則有血，喝喝而喘，坐而欲起，目䀮䀮如無所見，心如懸若饑狀，氣不足則善恐，心惕惕如人將捕之，是爲骨厥。是主腎所生病者，口熱舌乾，咽腫上氣，嗌乾及痛，煩心，心痛，黄疸，腸澼，脊股内後廉痛，痿厥嗜臥，足下熱而痛。爲此諸病，盛則寫之，虚則補之，熱則疾之，寒則留之，陷下則灸之，不盛不虚以經取之。灸則强食生肉，緩帶被髮，大杖重履而步。盛者，寸口大再倍於人迎；虚者，寸口反小於人迎也。

心主手厥陰心包絡之脉，起於胸中，出屬心包絡，下膈，歷絡三膲。其支者，循胸中脅，下腋三寸，上抵腋，下循臑内，行太陰、少陰之間，入肘中，下臂行兩筋之間，入掌中，循中指出其端。其支者，别掌中，循小指次指出其端。是動則病手心熱，臂肘攣急，腋腫，甚則胸脅支滿，心中憺憺大動，面赤目黄，喜笑不休。是主脉所生病者，煩心，心痛，掌中熱。爲此諸病，盛則寫之，虚則補之，熱則疾之，寒則留之，陷下則灸之，不盛不虚以經取之。盛者，寸口大一倍於人迎；虚者，寸口反小於人迎也。

三焦手少陽之脉，起於小指次指之端，上出兩指之間，循手表腕，出臂外兩骨之間，上貫肘，循臑外上肩，而交出足少陽之後，入缺盆，布膻中，散落心包下膈，循屬三焦。其支者，從膻中上出缺盆，上項，繫耳後，直上出耳上角，以屈下頰至䪼。其支者，從耳後入耳中，出走耳前，過客主人前，交頰，至目鋭眥。是動則病耳聾，渾渾焞焞，嗌腫喉痹，是主氣所生病者，汗出，目鋭眥痛，頰痛，耳後肩臑肘臂外皆痛，小指次指不用。爲此諸病，盛則寫之，虚則補之，熱則疾之，寒則留之。頭痛頷痛，目鋭眥痛，缺盆中腫痛，腋下腫，馬刀俠癭，汗出振寒，瘧，胸脅、肋、髀、膝外至脛、絶骨、外踝前及諸節皆痛，小指、次指不用。爲此諸病，盛則寫之，虚則補之，熱則疾之，寒則留之，陷下則灸之，不盛不虚以經取之。盛者，人迎大一倍於寸口；虚者，人迎反小於寸口也。

肝足厥陰之脉，起於大指叢毛之際，上循足跗上廉，去内踝一寸，上踝八寸，交出太陰之後，上膕内廉，循股陰，入毛中，過陰器，抵小腹，挾胃，屬肝絡膽，上貫膈，布脅肋，循喉嚨之後，上入頏顙，連目系，上出額，與督脉會於巔。其支者，從目系下頰裏，環唇内。其支者，復從肝别貫膈，上注肺。是動則病腰痛，不可以俛仰，丈夫㿉疝，婦人少腹腫，甚則嗌乾，面塵，脱色。是肝所生病者，胸滿嘔逆，飧泄，狐疝，遺溺閉癃。爲此諸病，盛則瀉之，虚則補之，熱則疾之，寒則留之，陷下則灸之，不盛不虚以經取之。盛者，寸口大一倍於人迎；虚者，寸口反小於人迎也。

手太陰氣絶則皮毛焦。太陰者，行氣温於皮毛者也。故氣不榮則皮毛焦；皮毛焦則津液去皮節；津液去皮節者，則爪枯毛折；毛折者，則毛先死。丙篤丁死，火勝金也。

手少陰氣絶則脉不通；脉不通則血不流，則髦色不澤。故其面黑如漆柴者，血先死。壬篤癸死，水勝火也。

足太陰氣絶者，則脉不榮肌肉。唇舌者，肌肉之本也。脉不榮，則肌肉軟；肌肉軟，則舌萎、人中滿；人中滿則唇反；唇反者肉先死。甲篤乙死，木勝土也。

足少陰氣絶，則骨枯〔一一〕。少陰者冬脉也，伏行而濡骨髓者也。故骨不濡則肉不能著也，骨肉不相親則肉軟脚；肉軟脚故齒長而髮無澤；髮無澤者骨先死。戊篤己死，土勝水也。

足厥陰氣絶則筋絶。厥陰者肝脉也，肝者筋之合也，筋者聚於陰氣而脉絡於舌本也。

故脉弗榮則筋急，筋急則引舌與卵，故唇青、舌卷、卵縮，則筋先死。庚篤辛死，金勝木也。

五陰氣俱絶則目系轉，轉則目運。目運者，爲志先死，志先死則遠一日半死矣。六陽氣絶則陰與陽相離，離則腠理發泄，絶汗乃出，故旦占夕死，夕占旦死。

經脉十二者，伏行分肉之間，深而不見；其常見者，足太陰過於外踝之上，無所隱故也。諸脉之浮而常見者，皆絡脉也。六經絡手陽明、少陽之大絡，起於五指間，上合肘中。飲酒者，衛氣先行皮膚，先充絡脉，絡脉先盛，故衛氣已平，營氣乃滿，而經脉大盛。脉之卒然動者，皆邪氣居之，留於本末。不動則熱，不堅則陷且空，不與衆同，是以知其何脉之動也。

雷公曰：何以知經脉之與絡脉異也？

黄帝曰：經脉者，常不可見也。其虚實也，以氣口知之。脉之見者，皆絡脉也。

雷公曰：細子無以明其然也。

黄帝曰：諸絡脉皆不能經大節之間，必行絶道而出入，復合於皮中，其會皆見於外。故諸刺絡脉者，必刺其結上。甚血者，雖無結，急取之以瀉其邪而出其血，留之發爲痺也。凡診絡脉，脉色青則寒且痛，赤則有熱。胃中寒，手魚之絡多青矣；胃中有熱，魚際絡赤。其暴黑者，留久痺也。其有赤有黑有青者，寒熱氣也。其青短者少氣也。凡刺寒熱者，皆多血絡，必間日而一取之。血盡而止，乃調其虚實。其小而短者少氣，甚者寫之則悶，悶甚則不得言，悶則急坐之也。

手太陰之別，名曰列缺，起於腕上分間，並太陰之經，直入掌中，散入於魚際。其病甚則手鋭掌熱，虚則欠㰦，小便遺數，取之去腕半寸，別走陽明也。

手少陰之別，名通里，去腕一寸半，別而上行，循經入於心中。繫舌本，屬目系。其實則支膈，虚則不能言，取之掌後一寸，別走太陽也。

手心主之別，名曰内關，去腕二寸，出於兩筋之間，循經以上繫於心包，絡心系。實則心痛，虚則縮頭强，取之兩筋間也。

手太陽之別，名曰支正，上腕五寸，内注少陰。其別者，上走肘，絡肩髃，實則節弛肘廢，虚則生肬，小者如指痂疥，取之所別也。

手陽明之別，名曰偏歷，去腕三寸，別入太陰。其別者，上循臂，肩髃，上曲頰偏齒。其別者，入耳合於宗脉。實則齲聾，虚則齒寒痺隔，取之所別也。

手少陽之別，名曰外關，去腕二寸，外繞臂，注胸中，合心主病，實則肘攣，虚則不收，取之所別也。

足太陽之別，名曰飛陽，去踝七寸，別去少陰。實則鼽窒、頭背痛，虚則鼽衄，取之所別也。

足少陽之別，名曰光明。去踝五寸。別走厥陰，下絡足跗。實則厥，虛則痿躄，坐不能起，取之所別也。

足陽明之別，名曰豐隆，去踝八寸，別走太陰。其別者，循脛骨外廉，上絡頭項，合諸經之氣，下絡喉嗌。其病氣逆，則喉痺瘁瘖。實則狂巔，虛則足不收、脛枯，取之所別也。

足太陰之別，名曰公孫，去本節之後一寸，別走陽明。其別者，入絡腸胃，厥氣上逆則霍亂。實則腸中切痛，虛則鼓脹，取之所別也。

足少陰之別，名曰大鍾，當踝後繞跟，別走太陽。其別者，并經上走於心包下，外貫腰脊。其病氣逆則煩悶。實則閉癃，虛則腰痛，取之所別也。

足厥陰之別，名曰蠡溝，去内踝五寸，別走少陽。其別者，徑脛上睾結於莖。其病氣逆則睾腫卒疝。實則挺長，虛則暴癢，取之所別也。

任脉之別，名曰尾翳，下鳩尾，散於腹。實則腹皮痛，虛則癢搔，取之所別也。

督脉之別，名曰長强，挾膂上項，散頭上，下當肩胛左右，別走太陽，入貫膂。實則脊强，虛則頭重，高摇之，挾脊之有過者，取之所別也。

脾之大絡，名曰大包，出淵腋下三寸，布胸脅，實則□□□□□□□□□□□□□□

□□者，皆取之脾之大絡脈也。

凡此十五絡者，實則必見，虛則必下；視之不見，求之上下。人經不同，絡脈異所別也。

十二原 靈樞九鍼篇

岐伯曰：五臟有疾也，應出十二原。十二原，各有所出，明知其原，覩其應，而知五臟之害矣。陽中之少陰，肺也，其原出於大淵，大淵二。陽中之太陽，心也，其原出於大陵，大陵二。陰中之少陽，肝也，其原出於大衝，大衝二。陰中之至陰，脾也〔一二〕，其原出於太白，太白二。陰中之太陰，腎也，其原出於太谿，太谿二。膏之原，出於鳩尾，鳩尾一。肓之原，出於脖胦，脖胦一。刺法：脹取三陽，飧泄取三陰。刺諸熱者，如以手探湯；刺寒清者，如人不欲行。陰有陽疾者，取之下陵三里，正往無殆，氣下乃止，不下復始也。疾高而內者，取之陰之陵泉；氣高而外者，脉所出爲井，所溜爲滎，所注爲腧，所行爲經，所入爲合，取之陽之陵泉也〔一三〕。

本輸

黄帝問於岐伯曰：凡刺之道，必通十二經絡之所終始，絡脉之所別處，五輸之所留，六府之所與合，四時之所出入，五臟之所溜處。闊數之度，淺深之伏，高下所至，願聞其解。

岐伯曰：請言其次也。

肺出於少商。少商者，手太指端内側也，爲井木；溜于魚際，魚際者，手魚也，爲滎；注於大淵，大淵，魚後一寸陷者中也，爲腧；行於經渠，經渠者，寸口中也，動而不居，爲經；入於尺澤，尺澤，肘中之動脉也，爲合，手太陰經也。

心出於中衝。中衝，手中指之端也，爲井木；溜於勞宫，勞宫，掌中中指本節之内間也，爲滎；注於大陵，大陵，掌後兩骨之間方下者也，爲腧；行於間使，間使之道，兩筋之間，三寸之中也，有過則至，無過則止，爲經；入於曲澤，曲澤，肘内廉下陷者之中也，屈而得之，爲合，手少陰經也。

肝出於大敦。大敦者，足大趾之端及三毛之中也，爲井木；溜於行間〔一四〕，行間，行間，足大趾間也，爲滎；注於大衝，大衝，行間上二寸陷者之中也，爲腧；行於中封，中封，内踝之前一寸半陷者之中也，使逆則宛，使和則通，摇足而得之，爲經；入於曲泉，輔骨之下，大筋之上也，屈膝而得之，爲合，足厥陰也。

脾出於隱白。隱白者，足大指之端内側也，爲井木；溜於大都，大都，本節之後下陷者之中也，爲滎；注於太白，太白，腕骨之下也，爲腧；行於商丘，内踝之下陷者之中也，爲經； 入於陰之陵泉，陰之陵泉，輔骨之下陷者之中也，伸而得之，爲合，足太陰也。

腎出於涌泉。涌泉者，足心也，爲井木； 溜於然谷，然谷，然骨之下者也，爲滎； 注於太谿，太谿，内踝之後，跟骨之上，陷者之中也，爲腧； 行於復留，復上内踝二寸，動而不休，爲經； 入於陰谷，陰谷，輔骨之後，大筋之下，小筋之上也，按之應手，屈膝而得之，爲合，足少陰經也。

膀胱出於至陰。至陰者，足小指之端也，爲井金； 溜於通谷，通谷，本節之前外側也，爲滎； 注於束骨，束骨，本節之後陷者中也，爲腧； 過於京骨，京骨，足外側大骨之下，爲原； 行於崑崙，崑崙，在外踝之後跟骨之上，爲經； 入於委中，委中，膕中央爲合，委而取之。足太陽也〔一五〕。

膽出於竅陰。竅陰者，足小指次指之端也，爲井金； 溜於挾谿，挾谿，足小指次指之間也，爲滎； 注於臨泣，臨泣，上行一寸半陷者之中也，爲腧； 過於丘墟，丘墟，外踝之前下陷者之中也，爲原； 行於陽輔，陽輔，外踝之上，輔骨之前，及絶骨之端也，爲經； 入於陽之陵泉，陽之陵泉，在膝外陷者中也，爲合，伸而得之，足少陽也。

胃出於厲兑。厲兑者，足大指内次指之端也，爲井金； 溜於内庭，内庭，次指外間也，爲滎； 注於陷谷，陷谷者，上中指内間上行二寸陷者中也，爲原； 摇足而得之，行於解谿，解谿，上衝陽一寸半陷者中也，爲經； 入於下陵，下陵，膝下三寸，胻骨外三里也，爲合； 復下三里三寸，爲巨虚上廉，復下巨虚上廉三寸，爲巨虚下廉也。大腸屬上，小腸屬下，足陽明胃脉也。大腸、小腸皆屬於胃，是足陽明也。

三焦者，上合手少陽，出於關衝。關衝者，手小指次指之端也，爲井金； 溜於液門，液門，小指次指之間也，爲滎； 注於中渚，中渚，本節之後陷者中也，爲腧； 過於陽池，陽池，在腕上陷中之中也，爲原； 行於友溝〔一六〕，友溝，上腕三寸，兩骨之間，陷者中也，爲經； 入於天井，天井，在肘外大骨之上陷者中也，爲合，屈肘而得之。三焦下腧，在於足大指之前，少陽之後，出於膕中外廉，名曰委陽，是太陽絡也。手少陽經也。三焦者，足少陽太陰陰，一作陽。之所將，太陽之别也，上踝五寸，别入貫腨腸，出於委陽，并太陽之正，入絡膀胱，約下焦，實則閉癃，虚則遺溺。遺溺則補之，閉癃則瀉之。

手太陽小腸者，上合於太陽，出於少澤。少澤，小指之端也，爲井金； 溜於前谷，前谷，在手外廉本節前陷者中也，爲滎； 注於後谿，後谿者，在手外側本節之後也，爲腧； 過於腕骨，腕骨，在手外側腕骨之前，爲原； 行於陽谷，陽谷，在鋭骨之下陷者中也，爲經； 入於小海，小海，在肘内大骨之外，去端半寸陷者中也，伸臂而得之，爲合。手太陰經也〔一七〕。

大腸上合手陽明，出於商陽。商陽，大指次指之端也，爲井金；溜於本節之前二間，爲滎；注於本節之後三間，爲腧；過於合谷，合谷，在大指岐骨之間，爲原；行於陽谿，陽谿在兩筋間陷者中也，爲經；入於曲池，在肘外輔骨陷者中，屈臂而得之，爲合，手陽明也。

是謂五臟六腑之腧，五五二十五腧，六六三十六腧也。六腑皆出足之三陽，上合於手者也。

缺盆之中，任脉也，名曰天突，一。次任脉側之動脉，足陽明也，名曰人迎，二。次脉手陽明也，名曰扶突，三。次脉手太陽也，名曰天窗，四。次脉足少陽也，名曰天容，五。次脉手少陽也，名曰天牖，六。次脉足太陽也，名曰天柱，七。次脉頸中央之脉，督脉也，名曰風府。腋内動脉，手太陰也，名曰天府。腋下三寸，手心主也，名曰天池。

刺上關者，呿不能欠。刺下關者，欠不能呿。刺犢鼻者，屈不能伸。刺兩關者，伸不能屈〔一八〕。

足陽明挾喉之動脉也，其腧在膺中。手陽明，次在其腧外，不至曲頰一寸。手太陽，當曲頰。足少陽在耳下曲頰之後。手少陽出耳後，上加完骨之上。足太陽挾項大筋之中髮際。陰尺動脉在五里，五腧之禁也。

肺合大腸，大腸者，傳道之府。心合小腸，小腸者，受盛之府。肝合膽，膽者，中精之府。脾合胃，胃者，五穀之府。腎合膀胱，膀胱者，津液之府也。少陽屬腎，腎上連肺，故將兩臟。三焦者，中瀆之腑也，水道出焉，屬膀胱，是孤之府也。是六腑之所與合者。

春取絡脉諸滎大經分肉之間，甚者深取之，間者淺取之。夏取諸腧孫絡肌肉皮膚之上。秋取諸合，餘如春法。冬取諸井諸腧之分，欲深而留之。此四時之序，氣之所處，病之所舍，藏之所宜。轉筋者，立而取之，可令遂已。痿厥者，張而刺之，可令立快也。

客邪篇〔一九〕

帝曰：　願聞脉之曲折，六腑之輸於身者，離別之處，離而入陰，別而入陽，此何道之從？

伯曰：　手太陰之脉，出於大指之端，内屈循白肉際，至本節之後太淵留以澹，外屈上於本節之下内屈，與陰諸絡會於魚際，數脉并注，其氣滑利。伏行壅骨之下，外屈出於寸口而行，上至於肘内廉，入於大筋之下，内屈上行臑陰，入腋下，内屈走肺。此順行逆數之屈折也。心主之脉，出於中指之端，内屈循中指内廉以上留於掌中，伏行兩骨之間，外屈出兩筋之間，上至肘内廉入於小筋之下，留兩骨之會，上入於胸中，内絡於心肺。

黄帝曰：　手少陰之脉獨無腧，何也？

岐伯曰：　少陰，心脉也。心者，五臟六腑之大主也，精神之所舍也，其藏堅固，邪弗能容也。容之則心傷，心傷則神去，神去則死矣。故諸邪之在於心者，皆在於心之包絡，包絡者，心主之脉也，故獨無腧焉。

帝曰：　少陰獨無腧者，不病乎？

伯曰：　其外經病而藏不病，故獨取其經於掌後鋭骨之端。其餘脉出入曲折。其行之徐疾，皆如手少陰心主之脉行也。故本輸者，皆因其氣之虚實疾徐以取之，是謂因衝而瀉，因衰而補。如是者，邪氣得去，眞氣堅固，是謂因天之序。

六　合即六表裏

靈樞經別帝問曰：　十二經離合出入奈何？

岐伯曰：　此粗之所過，工之所息也，請卒言之：

足太陽之正，別入於膕中。其道下尻五寸，別入於肛，屬於膀胱，散之腎，循膂，當心入散；　直者，從膂上出於項，復屬於太陽。

足少陰之正，至膕中，別走太陽而合，上至腎，當十四椎，出屬帶脉；　直者，繫舌本，復出於項，合於太陽，此爲一合。成以諸陰之别，皆爲正也。

足少陽之正，繞髀，入毛際，合於厥陰； 别者，入季脅之間，循胸裏，屬膽，散之上肝貫心，以上挾咽，出頤頷中，散於面，繫目系，合少陽皆也。

足厥陰之正，别跗上，上至毛際，合於少陽，與俱行〔二〇〕，此爲二合也。

足陽明之正，上至脾〔二一〕，入於腹裏，屬胃，散之脾，上通於心，上循咽，出於口，上額䪼，還目系，合於陽明也。

足太陰之正，上至髀，合於陽明，與别俱行，上結於咽，貫舌中。此爲三合也。

手太陽之正，指地，别於肩解，入腋走心，繫心小腸也。

手少陰之正，别入於淵腋兩筋之間，屬於心，上走喉嚨，出於面，合目内眥，此爲四合也。

手少陽之正，指天，别於巔，入缺盆，下走三焦，散於胸中也。

手心主之正，别下淵腋三寸，入胸中，别屬三焦，出循喉嚨，出耳後，合少陽完骨之下，此爲五合也。

手陽明之正，從手循膺乳，别於肩髃，入柱骨下，走大腸，屬於肺，上循喉嚨，出缺盆，合於陽明也。

手太陰之正，别入淵腋少陰之前，入走肺，散之太陽，上出缺盆，循喉嚨，復合陽明，此六合也。

人迎氣口

終始篇曰：　凡刺之道，畢於終始，明知終始，五臟爲紀，陰陽定矣〔二二〕。　陰者主臟，陽者主腑。　陽受氣於四末，陰受氣於五臟。　故寫者迎之，補者隨之，知迎知隨，氣可令和。　和氣之方，必通陰陽，五臟爲陰，六腑爲陽，傳之後世，以血爲盟，敬之者昌，慢之者亡，無道行私，必得夭殃。　謹奉天道，請言終始。　終始者，經脉爲紀，持其脉口、人迎，以知陰陽有餘不足，平與不平，天道畢矣。　所謂平人者，不病。　不病者，脉口、人迎應四時也，上下相應而俱往來也，六經之脉不結動也，本末之寒温之相守司也，形肉血氣必相稱也，是謂平人。　少氣者，脉口、人迎俱少而不稱尺寸也。　如是者，陰陽俱不足，補陽則陰竭，寫陰則陽脱。　如是者，可將以甘藥，不可飲以至劑。　如此者弗灸。　不已者因而寫之，則五臟氣壞矣。

人迎一盛，病在足少陽，一盛而躁，病在手少陽。　人迎二盛，病在足太陽，二盛而躁，病在手太陽。　人迎三盛，病在足陽明，三盛而躁，病在手陽明。　人迎四盛，且大且數，名曰溢陽，溢陽爲外格。　脉口一盛，病在足厥陰，一盛而躁，在手心主。　脉口二盛，病在足少陰，二盛而躁，病在手少陰。脉口三盛，病在足太陰，三盛而躁，病在手太陰。脉口四盛，且大且數，名曰溢陰。溢陰曰内關。内關不通，死不治。人迎與脉口俱盛四倍以上，命曰關格。關格者，與之短期。

人迎一盛，寫足少陽而補足厥陰，二寫一補，日一取之，必切而驗之，疏取之上，氣和乃止。人迎二盛，寫足太陽，補足少陰，二寫一補，二日一取之，必切而驗之，疏取之上，氣和乃止。人迎三盛，寫足陽明而補足太陰，二寫一補，日二取之，必切而驗之，疏取之上，氣和乃止。脉口一盛，寫足厥陰而補足少陽，二補一寫，日一取之，必切而驗之，疏取之上，氣和乃止。脉口二盛，寫足少陰而補足太陽，二補一寫，二日一取之，必切而驗之，疏取之上，氣和乃止。脉口三盛，寫足太陰而補足陽明，二補一寫，日二取之，必切而驗之，疏取之上，氣和乃止。所以日二取之者，陽明主胃，大富於穀氣，故可日二取之也。人迎與脉口俱盛三倍以上，命曰陰陽俱溢，如是者不開則血脉閉塞，氣無所行，流淫於中，五臟内傷。如此者，因而灸之，則變易而爲他病矣。

凡刺之道，氣調而止，補陰寫陽，瘖氣益彰〔一二〕，耳目聰明。反此者，氣血不行。所謂氣至而有效者，寫則益虛，虛者脉大如其故而不堅也。堅如其故者，適雖言快，故病未去也。補則益實，實者脉大如其故而益堅也。夫如其故而不堅者，適雖言快，病未去也。故補則實，寫則虛。痛雖不隨鍼，病必衰去，必先通十二經脈之所生病，而後可得傳於終始矣。故陰陽不相移，虛實不相傾，取之其經。

凡刺之屬，三刺至穀氣，邪僻妄合，陰陽易居，逆順相反，浮沉易處，四時不得，稽留淫泆，須針而去。故一刺則陽邪出，再刺則陰邪出，三刺則穀氣至，穀氣至而止。所謂穀氣至者，已補而實，已寫而虛，故以知穀氣至也。邪氣獨去者，陰與陽未能調，而病知愈也。故曰補則實，寫則虛，痛雖不隨針，病必衰去矣。陰盛而陽虛，先補其陽，後寫其陰而和之；陰虛而陽盛，先補其陰，後寫其陽而和之。三脉動於足大指之間，必審其實虛。虛而寫之，是謂重虛，重虛病益甚。凡刺此者，以指按之，脉動而實且疾者疾寫之，虛而徐者則補之。反此者病益甚。其動也，陽明在上，厥陰在中，少陰在下。

膺腧中膺，背腧中背。肩膊虛者，取之上。重舌，刺舌柱以鈹針也。手屈而不伸者，其病在筋，伸而不屈者，其病在骨，在骨守骨，在筋守筋。補須一方實，深取之，稀按其痏，以極出其邪氣；一方虛，淺刺之，以養其脉，疾按其痏，無使邪氣得入。邪氣來也緊而疾，穀氣來也徐而和。脉實者深刺之，以泄其氣；脉虛者淺刺之，使精氣無得出，以養其脉，獨出其邪氣。刺諸痛者，其脉皆實。故曰：從腰以上者，手太陰、陽明皆主之；即寸口。從腰以下者，足太陰、陽明皆主之。即人迎。病在上者下取之，病在下者高取之，病在頭者取之足，病在腰者取之膕。病生於頭者頭重，生於手者臂重，生於足者足重。治病者先刺其病所從生者也。

春氣在毛，夏氣在皮膚，秋氣在分肉，冬氣在筋骨，刺此病者各以其時爲齊。故刺肥人者，秋冬之齊；刺瘦人者，春夏之齊。病痛者陰也，痛而以手按之不得者陰也，深刺之。病在上者陽也，病在下者陰也。癢者陽也，淺刺之。病先起陰者，先治其陰而後治其陽；病先起陽者，先治其陽而後治其陰。刺熱厥者，留針反爲寒；刺寒厥者，留針反爲熱。刺熱厥者，二陰一陽；刺寒厥者，二陽一陰。所謂二陰者，二刺陰也；一陽者，一刺陽也。久病者邪氣入深，刺此病者，深納而久留之，間日而復刺之，必先調其左右，去其血脉，刺道必矣。凡刺之法，必察其形氣。形肉未脱，少氣而脉又躁，躁厥者，必爲繆刺之，散氣可收，聚氣可布。深居静處，占神往來，閉户塞牖，魂魄不散，專意一神，精氣之分，毋聞人聲，以收其精，必一其神，令志在針，淺而留之，微而浮之，以移其神，氣至乃休。男内女外，堅拒勿出，謹守勿内，是謂得氣。

凡刺之禁：新内勿刺，新刺勿内。已醉勿刺，已刺勿醉。新怒勿刺，已刺勿怒。新勞勿刺，已刺勿勞。已飽勿刺，已刺勿飽。已饑勿刺，已刺勿饑。已渴勿刺，已刺勿渴。大驚大恐，必定其氣，乃刺之。乘車來者，卧而休之，如食頃乃刺之。出行來者，坐而休之，如行十里頃乃刺之。凡此十二禁者，其脉亂氣散，逆其營衛，經氣不次，因而刺之，則陽病入於陰，陰病出爲陽，則邪氣復生，粗工勿察，是謂伐身，形體淫佚，乃消腦髓，津液不化，脱其五味，是謂失氣也。太陽之脉，其終也，戴眼反折，瘈瘲，其色白，絶皮乃絶汗，絶汗則終矣。少陽終者，耳聾，百節盡縱，目系絶，一日半則死矣，其死也，色青白乃死。陽明終者，口目動作，喜驚妄言，色黄，其上下之經盛而不行則終矣。少陰終者，面黑，齒長而垢，腹脹閉塞，上下不通而終矣。厥陰終者，中熱嗌乾，善溺，心煩，甚則舌卷，卵上縮而終矣。太陰終者，腹脹閉不得息，氣噫善嘔，嘔則逆，逆則面赤，不逆則上下不通，上下不通則面黑皮毛焦而終矣。

脉　色 寸關尺統謂之氣口

黄帝問曰：診法何如？

岐伯對曰：診法常以平旦，陰氣未動，陽氣未散，飲食未進，經脉未盛，絡脉調匀，血氣未亂，乃可以診有過之脉。切脉動静，而視精明，精明穴，兩目内眥。察五色，觀五臟有餘不足，六腑强弱，形之盛衰，以此參伍，決死生之分。夫脉者，血之腑也。長則氣治，短則氣病，數則煩心，大則病進，上盛則□□□□則氣脹〔二四〕，代則氣衰，細則氣少，濇則心痛，上謂寸口，下謂尺中。渾渾革至如涌泉，病進而色敝，緜緜其去如弦絶，死。切之大要在此。夫精明五色者，氣之華也。赤欲如白裹朱，不欲如赭；白欲如鵝羽，不欲如鹽；青欲如蒼璧之澤，不欲如藍；黄欲如羅裹雄黄，不欲如黄土；黑欲如重漆色，不欲如地蒼。五色精微見矣，其壽不久也。夫精明者，所以視萬物，别黑白，審長短。以長爲短，以白爲黑，如是則精衰矣。望之大要。五臟者，中之守也，中盛藏滿，氣盛傷恐者，聲如從室中言，是中氣之濕也；言而微，終日乃復言者，此奪氣也；衣被不斂，言語不善，不避親疏者，此神明之亂也；倉廪不藏者，是門户不要也；水泉不止者，是膀胱不藏也。得守者生，失守□□□□□□身之强也〔二五〕。頭者，精明之府，頭傾視深〔二六〕，精神將奪矣；背者，胸中之府，背曲肩隨，府將壞矣；腰者，腎之府，轉摇不能，腎將憊矣；膝者，筋之府，屈伸不能，行則僂附，筋將憊矣；骨者，髓之府，不能久立，行則振掉，骨將憊矣。得强則生，失强則死。

岐伯曰：反四時者，有餘爲精，不足爲消。應太過，不足爲精；應不足，有餘爲消。陰陽不相應，病名曰關格。

帝曰：脉其四時動奈何？

岐伯曰：請言其與天運轉大也。彼春之暖，爲夏之暑；彼秋之忿，爲冬之怒，四變之動，脉與之上下，以春應中規，夏應中矩，秋應中衡，冬應中權。是故冬至四十五日陽氣微上，陰氣微下；夏至四十五日，陰氣微上，陽氣微下，陰陽有時，與脉爲期，期而相失，知脉所分。分之有期，故知死時。微妙在脉，不可不察，察之有紀，從陰陽始；始之有經，從五行生；生之有度，四時爲宜。補瀉勿失，與天地如一，得一之情，以知死生。是故聲合五音，色合五行，脉合陰陽。

校　記

〔一〕診脉辨　原無，係整理者所加。

〔二〕盛　據下文，其上當有『人迎緊』三字。

〔三〕應　趙本作『陰』，當是。

〔四〕原稿下有闕文。

〔五〕入　趙本靈樞經作『入于』。

〔六〕此下原稿有闕頁。

〔七〕兩手而昝此爲臂厥　當爲衍文。

〔八〕『支者』云云　係胃經内容。

〔九〕下有闕文。

〔一〇〕『痔瘧』至段尾　係膀胱足太陽之脉内容。

〔一一〕原稿以下有闕頁。
〔一二〕脾　原誤作『痺』，據内經經絡改。
〔一三〕取之陽之陵泉也　趙本在上文『氣高而外者』句下。
〔一四〕行間　趙本無。
〔一五〕陽　原誤作『陰』，據趙本改。
〔一六〕友　趙本作『支』。
〔一七〕陰　當作『陽』。
〔一八〕『欠刺下關者』至『刺兩關者伸』　原無，據趙本補。
〔一九〕客邪　趙本作『邪客』。
〔二〇〕與　趙本作『與别』。
〔二一〕脾　趙本作『髀』。
〔二二〕陰　趙本作『陰陽』。
〔二三〕瘖　趙本作『瘖』。
〔二四〕此處空圍，趙本作『氣高下盛』。
〔二五〕此處空圍，趙本作『者死夫五藏者』。
〔二六〕深　趙本作『蕩』。

方以智全書之十三

内經經絡

附明堂圖説

牛淑平　整理

整理説明

内經經絡，附明堂圖説，不分卷，方以智輯注。

内經經絡係抄自黄帝内經靈樞經脉全文，加以注釋，描述了十二經脉、十五絡脉的名稱，在人體的分布和循行情況，以及所屬病候虚實的表現。作者還隨文標列出各經所過處的腧穴名稱，以及少數字詞的解釋。所附明堂圖説，描述了人體十四經經穴定位及針灸方法。全書對臨牀點穴具有指導意義。

據現在所掌握的資料，内經經絡未有刊本，僅存抄本，藏於安徽省博物院。該本由方格欄紙抄寫，單頁十行，行二十四字；天頭間有批字。抄本封面，右題『密之先生』，左題『内經經絡　醫方附』，而在另一抄本醫學會通封面上則題『醫學會通　明堂圖説附』，顯然抄者將兩個附書的所屬顛倒了。本次整理即據以校點，並參校了人民衛生出版社影印四部叢刊明代趙府居敬堂本靈樞經（文中簡稱趙本）。

牛淑平

二〇一八年八月

内經經絡目次

内經經絡

經脉

雷公問於黄帝曰：禁脉之言，凡刺之理，經脉爲始，營其所行，制其度量，内次五臟，外别六腑，願盡聞其道。

黄帝曰：人始生，先成精，精成而腦髓生，骨爲幹，脉爲營，筋爲剛，肉爲牆，皮膚堅而毛髮長。穀入胃〔一〕，脉道以通，血氣乃行。

雷公曰：願卒聞經脉之始生。

黄帝曰：經脉者，所以能决死生，處百病，調虛實，不可不通。

肺手太陰之脉，起中焦〔二〕，下絡大腸，還循胃口，上膈，屬肺，從肺系横入腋下〔三〕，中府、雲門。下循臑内，行少陰心主之前，天府、俠包。下肘中，尺澤。循臂内上骨下廉，孔最、列缺、經渠。入寸口，上魚際〔四〕，大淵、魚際。循魚際，出大指之端，少商。其支者，從腕後直出次指内廉，出其端。是動則病肺脹滿膨膨而喘咳，缺盆中痛，甚則交兩手而瞀，此爲臂厥。是主肺所生病者，欬，上氣喘渴，煩心胸滿，臑臂内前廉痛厥，掌中熱。氣盛有餘，則肩背痛風寒，汗出中風，小便數而欠。氣虛則肩背痛寒，少氣不足以息，溺色變。爲此諸病，盛則寫之，虛則補之，熱則疾之，寒則留之，陷下則灸之，不盛不虛以經取之。盛者，寸口大三倍于人迎；虛者，則寸口反小于人迎也。

大腸手陽明之脉，起于大指次指之端，商陽。循指上廉，二間、三間。出合谷兩骨之間，合谷指後歧骨，俗名虎口。上入兩筋之中，腕中上側兩筋陷中。陽溪。循臂上廉，偏歷、温溜、下廉、上廉、三里。入肘外廉，曲池。上臑外前廉，肘髎、五里、臂臑。上肩，出髃骨之前廉，肩髃、巨骨。肩端骨罅爲髃。上出於柱骨之會上，大柱骨下，六陽皆會于督之大椎，是爲會上。下入缺盆，絡肺，下膈屬大腸。自大椎而别入缺盆，絡肺，下膈當臍旁屬大腸。其支者，從缺盆上頸，貫頰，入下齒中，天窌。還出挾口，交人中，左之右，迎香。右之左，迎香。上挾鼻孔。是動則病齒痛，頸腫。是主津液所生病者：目黄，口乾，鼽衄，喉痺，肩前臑痛，大指次指痛不用。氣有餘，則當脉所過者熱腫；虛則寒慄不復。爲此諸病，盛則寫之，虛則補之，熱則疾之，寒則留之，陷下則灸之，不盛不虛以經取之。盛者，人迎大三倍于寸口；虛者，人迎反小于寸口也。

胃足陽明之脉，起于鼻之交頞中，旁納即山根、承泣、四白、巨窌。太陽之脉，旁光起内眥故也。下循鼻外，入上齒中，地倉。還出挾口，環脣，下交承漿，却循頤後下廉，出大迎，大迎。循頰車，在耳下，頰車。上耳前，過客主人，下關。循髮際至額顱。頭維。其支者，從大迎前下人迎，人迎。循喉嚨，入缺盆，水突、氣舍、缺盆、氣户、庫房、屋翳、膺窗、乳中。下膈，屬胃絡脾。其直者，從缺盆下乳内廉，乳根、不容、承滿、梁門、關門、太乙、滑肉門。下挾臍，入氣街中。天樞、外陵、水道、歸來、氣沖。其支者，起于胃口，下循腹裏，下至氣街中而合，胃下口即幽門支者直太陰會。以下髀關，抵伏兔，髀關、伏兔、陰市、梁丘。下膝臏中，犢鼻、三里。下循脛外廉，上廉、條口、下廉、豐隆、解谿、沖陽。下足跗，入中指内間。陷谷、内庭、厲兑。其支者，下廉三寸而别，入中指外間。其支者，别跗上，入大指間，出其端。是動則病洒洒振寒，善呻數欠，顔黑，病至則惡人與火，聞木聲則惕然而驚，心欲動，獨閉塞牖而處，甚而欲上高而歌，棄衣而走，賁響腹脹，是爲骭厥。是主血所生病者：狂瘧，温淫汗出，鼽衄，口喎，唇胗，頸腫，喉痺，大腹水腫，膝臏腫痛，循膺乳、氣街、股、伏兔、骭外廉、足跗上皆痛，中指不用。氣盛則身以前皆熱，其有餘則消善饑〔五〕，溺色黄；氣不足則身以前皆寒慄，胃中寒則脹滿。爲此諸病，盛則瀉之，虚則補之，熱則疾之，寒則留之，陷下則灸之，不盛不虚以經取之。盛者，人迎大三倍于寸口；虚者，人迎反小于寸口也。

脾足太陰之脉，起于足大指之端，隱白、大都、太白、公孫。循指内側白肉際，過核骨後，上内踝前廉，商丘、三陰交。上腨内，循脛骨後，交出厥陰之前，漏谷、地機、陰陵泉。上膝股内前廉，血海、箕門、沖門、府舍。入腹，屬脾絡胃，上膈，腹結、大横、腹哀、食竇、天谿、胸鄉、周榮、大包。挾咽，連舌本，散舌下。其支者，復從別上膈〔六〕，注心中。是動則病舌本强，食則嘔，胃脘痛，腹脹善噫，得後與氣則快然如衰，身體皆重。是主脾所生病者，舌本痛，體不能動揺，食不下，煩心，心下急痛，溏，瘕泄，水閉，黄疸，不能臥，强立股膝内腫厥，足大指不用。爲此諸病，盛則瀉之，虚則補之，熱則疾之，寒則留之，陷下則灸之，不盛不虚以經取之。盛者，寸口大三倍于人迎；虚者，寸口反小于人迎也。

心手少陰之脉，起于心中，出屬心系，下膈絡小腸。其支者，從心系上挾咽，繫目系。其直者，復從心系卻去肺〔七〕，下出腋下，極泉。下循臑内後廉，行太陰、心主之後，青靈。下肘内，循臂内後廉，少海。抵掌後鋭骨之端，靈道、通里、陰郄、神門。入掌内後廉，少府。循小指之内出其端。少沖。是動則病嗌乾心痛，渴而欲飲，是爲臂厥。是主心所生病者，目黄，脅痛，臑臂内後廉痛，厥掌中熱痛。爲此諸病，盛則瀉之，虚則補之，熱則疾之，寒則留之，陷下則灸之，不盛不虚以經取之。盛者，寸口大再倍于人迎；虚者，寸口反小于人迎也。

小腸手太陽之脉，起於手小指之端，少澤。循手外側前谷、後谿。上腕，腕骨、陽谷。出踝中，養老。直上循臂骨下廉，支正。出肘内側兩筋之間，少海。上循臑外後廉，肩貞、天宗、臑俞、秉風、曲垣。出肩解，肩外俞。繞肩胛，交肩上，肩中俞。入缺盆絡心，循咽下膈，抵胃屬小腸。其支者，從缺盆循頸上頰，天窗、天容。至目内眥，卻入耳中。聽宫。其支者，別頰上𩓐，顴窌。抵鼻，至目内眥，斜絡于顴。是動則病嗌痛頷腫，不可以顧，肩似拔，臑似折。是主液所生病者，耳聾目黄，頰腫，頸頷、肩臑、肘臂外後廉痛。爲此諸病，盛則瀉之，虚則補之，熱則疾之，寒則留之，陷下則灸之，不盛不虚以經取之。盛者，人迎大再倍于寸口；虚者，人迎反小于寸口也。

膀胱足太陽之脉，起于目内眥，睛明。上額交巔。攢竹。其支者，從巔至耳上角。曲差、五處、承光、通天、絡郄、玉枕。其直者，從巔入絡腦，還出別下項，循肩髆内，挾脊抵腰中，入循膂，絡腎屬膀胱。天柱、大杼、風門、肺俞、厥陰俞、心俞、督俞、鬲俞、肝俞、膽俞、脾俞、胃俞、三焦俞、腎俞、氣海、大腸俞、關元、小腸俞、膀胱俞、中膂内俞、白環俞。其支者，從腰中下挾脊，貫臀入膕中。髎〔八〕、次髎、中髎、下髎、會陽、承扶、殷門、浮郄、委陽，膝後曲處。其支者，從髆内左右別下貫胛，挾脊内，過髀樞，循髀外，從後廉下合膕中，附分、魄户、膏户、神堂、譩譆、鬲關、魂門、陽綱、意舍、胃倉、盲門、志室、包門、秩邊、委中。以下貫踹内，委中、合陽、承筋、承山、飛陽、跗陽。出外踝之後，崑崙、僕參、金門。循京骨，至小指外側足〔九〕。京骨、束骨、通骨、至陽。動則病衝頭痛〔一〇〕，目似脱，項如拔，脊痛，腰似折，髀不可以曲，膕始急結，踹如裂，是爲踝厥。是主筋所生病〔一一〕，痔瘧，狂癲疾，頭囟項痛，目黄淚出，鼽衄，項背、腰尻、膕踹、脚皆痛，小指不用〔一二〕。爲此諸病，盛則瀉之，虚則補之，熱則疾之，寒則留之，陷下則灸之，不盛不虚以經取之。盛者，人迎大再倍于寸口；虚者，人迎反小於寸口也。

腎足少陰之脉，起于小指之下，邪走足心，出於然谷之下，循内踝之後，别入跟中，以上踹内，出膕内廉，上股内後廉，湧泉、然谷、大鐘、照海、水泉、太谿、復溜、交信、陰谷。貫脊屬腎絡膀胱。其直者，從腎上貫肝膈，肓俞、商曲、石關、陰都、通谷、幽門、步郎、神封、靈墟、神藏、彧中、俞府。入肺中〔一三〕，循喉嚨，挾舌本。其支者，從肺出絡心，注胸中。是動則病饑不欲食，面如漆柴，欬唾則有血，喝喝而喘，坐而欲起，目䀮䀮如無所見，心如懸若饑狀，氣不足則善恐，心惕惕如人將捕之，是爲骨厥。是主腎所生病者，口熱舌乾，咽腫上氣，嗌乾及痛，煩心，心痛，黄疸，腸澼，脊股内後廉痛，痿厥嗜卧，足下熱而痛。爲此諸病，盛則瀉之，虚則補之，熱則疾之，寒則留之，陷下則灸之，不盛不虚以經取之。灸則强食生肉，緩帶被髮，大杖重履而步。盛者，寸口大再倍於人迎；虚者，寸口反小於人迎也。

心主手厥陰心包絡之脉，起於胸中，出屬心包絡，下膈，歷絡三焦。其支者，循胸中脅，下腋上〔一四〕，抵腋下〔一五〕，天池、天泉。循臑内，行太陰、少陰之間，入肘中，曲澤。下臂，行兩筋之間，郄門、間使、内關、大陵。入掌中，勞宫。循中指中沖，出其端。其支者，别掌中，循小指次指出其端。是動則病手心熱，肘臂攣急，腋腫，甚則胸脅支滿，心中憺憺大動，面赤目黄，喜笑不休。是主脉所生病者，煩心，心痛，掌中熱。爲此諸病，盛則瀉之，虚則補之，熱則疾之，寒則留之，陷下則灸之，不盛不虚以經取之。盛者，寸口大一倍于人迎；虚者，寸口反小于人迎也。

三焦手少陽之脉，起於小指次指之端，上出兩指之間，關沖、液門、中渚。循手表腕，陽池、外關、支溝、會宗、三陽絡、四瀆。出臂外兩骨之間，上貫肘，天井、清泠淵。循臑外上肩，而交出足少陽之後，消濼、臑會、肩髎、天髎。入缺盆，布膻中，散絡心包，下膈，循屬三焦。其支者，從膻中上出缺盆，會大椎。上項，天窗。繫耳後，直上出耳上角，角孫、絲空。以屈下頰至䪼。其支者，從耳後入耳中，耳門。出走耳前，和髎。過客主人前，交頰，至目内眥〔一六〕。會童子髎。是動則病耳聾，渾渾焞焞，嗌腫喉痺。是主氣所生病者，汗出，目鋭眥痛，頰前〔一七〕、耳後、肩、臑、肘臂外皆痛，小指次指不用。爲此諸病，盛則瀉之，虚則補之，熱則疾之，寒則留之，陷下則灸之，不盛不虚以經取之。盛者，人迎大一倍于寸口；虚者，反小于寸口也。

膽足少陽之脉，起於目眥鋭〔一八〕，上抵頭角，下耳後，瞳子髎、聽會、客主人、玄釐、玄顱、天沖、頷猒、陽白、臨泣、本神、目窗、正營、浮白、承靈、腦空。循頸行手少陽之前，至肩上，肩井。卻交出手少陽之後，入缺盆。耳後入。其支者，從耳後入耳中，出走耳前，天沖、浮白、曲鬢、竅陰、完骨、風池。至目鋭眥後。其支者，別鋭眥，下大迎，合于手少陽，抵于䪼，絲竹、和髎。下加頰車，下頸，合缺盆，耳前入。以下胸中，貫膈絡肝屬膽，循脅裏，出氣街，由陰章門下行。繞毛際，會足厥陰。横入髀厭中。環跳。其直者，從缺盆下腋，循胸，肩井、輒筋、淵液、日月。過季脅，下合髀厭中，以下循髀陽，京門、帶脉、五樞、維道。居窌。出膝外廉，中瀆、陽關、陽陵、陽交、外丘。下輔骨之前〔一九〕，直下抵絶骨之端，陽輔、光明、懸鐘。下出外踝之前，丘墟。循足跗上，入小指次指之端〔二〇〕。臨泣、五會、俠谿、竅陰。其支者，别跗上，入大指之間，循大指岐骨内出其端，還貫爪甲，出三毛。甲後二節。是動則病口苦，善太息，心脅痛不能轉側，甚則面微有塵，體無膏澤，足外反熱，是爲陽厥。是主骨所生病者，頭痛頷痛，目鋭眥痛，缺盆中腫痛，腋下腫，馬刀俠癭，汗出振寒，瘧，胸脅肋髀膝外至頸、絶骨、外踝前及諸節皆痛，小指次指不用。爲此諸病，盛則瀉之，虚則補之，熱則疾之，寒則留之，陷下則灸之，不盛不虚以經取之。盛者，人迎大一倍于寸口；虚者，人迎反小于寸口也。

肝足厥陰之脉，起于大指叢毛之際，大敦、行間。上循足踝上廉〔二一〕，去内踝一寸，大沖、中封、蠡溝。上踝八寸，交出太陰之後，上膕内廉，中都、膝關。循股陰入毛中，曲泉、陰包。過陰器，抵小腹，章門。挾胃，期門。屬肝絡膽，上貫膈，布脅肋，循喉嚨之後，上入頏顙，連目系，目爲深處。上出額，與督脉會于巔。其支者，從目系下頰裏，環唇内。其支者，復從肝别貫膈，上注肺。是動則病腰痛不可以俛仰，丈夫𤸷疝，婦人少腹腫，甚則嗌乾，面塵脱色。是肝所生病者，胸滿嘔逆，飧泄，狐疝，遺溺閉癃。爲此諸病，盛則寫之，虛則補之，熱則疾之，寒則留之，陷下則灸之，不盛不虛以經取之。盛者，寸口大一倍于人迎；虛者，寸口反小于人迎也。

手太陰肺絶則皮毛焦〔二二〕。太陰者，行氣温於皮毛者也，故氣不榮則皮毛焦，皮毛焦則津液去皮節，津液去皮節者則爪枯毛折；毛折者則毛先死。丙篤丁死，火勝金也。

手少陰氣絶則脉不通，脉不通則血不流；則髦色不澤〔二三〕。故其面黑如漆柴者，血先死，壬篤癸死，水勝火也。

足太陰氣絶者，則脉不通肌肉〔二四〕。脣舌者，肌肉之本也，脉不榮則肌肉軟；肌肉軟則舌萎人中滿；人中滿則脣反，脣反者肉先死。甲篤甲死〔二五〕，木勝土也。

足少陰氣絶則骨枯。少陰者，冬脉也，伏行而臑骨髓者也〔二六〕，故骨不濡則肉不著也；骨肉不相親則内軟脚〔二七〕；内軟脚故齒長而髮無澤；髮無澤者骨先死。戊篤己死，土勝水也。

足厥陰氣絶則筋絶。厥陰者肝脉也〔二八〕。肝者，筋之合也，筋者聚於陰器，而脉絡於舌本也，故脉弗榮則筋急；筋急則引舌與卵。故脣青舌卷卵縮則筋先死。庚篤辛死，金勝木也。

五陰氣絶〔二九〕，則目系轉，轉則目運，目運者爲志先死，志先死則遠一日半死矣。六陽氣絶，則陰與陽相離，離則腠理發泄，絶汗乃出，故旦占夕死，夕占旦死。

經脉十二者，伏行分肉之間，深而不見； 其常見者，足太陰過於外踝之上，無所隱故也。諸脉之浮而常見者，皆絡脉也。六經絡手陽明少陽之大絡，起於五指間，上合肘中。飲酒者，衛氣先行皮膚，先充絡脉，絡脉先盛，故衛氣已平，營氣乃滿，而經脉大盛。脉之卒然動者，皆邪氣居之，留於本末； 不動則熱，不堅則陷且空，不與衆同，是以知其何脉之動也。

雷公曰：何以知經脉與絡脉異也？

黄帝曰：經脉者，常不可見也，其虚寔也以氣口知之，脉之見者皆絡脉也。

雷公曰：細子無以明其然也。

黄帝曰：諸絡脉皆不能經大節之間，必行絶道而出，入復合於皮中，其會皆見於外。故諸刺絡脉者，必刺其結上，甚血者雖無結，急取之以瀉其邪而出其血，留之發爲痺也。凡診絡脉，脉色青則寒且痛，赤則有熱。胃中寒，手魚之絡多青矣； 胃中有熱，魚際絡赤； 其暴黑者，留久痺也； 其有赤有黑有青者，寒熱氣也； 其青短者，少氣也。凡刺寒熱者皆多血絡，必間日而一取之，血盡而止，乃調其虚寔。其小而短者少氣，甚者瀉之則悶，悶甚則不得言，悶則急坐之也。

手太陰之別，名曰列缺，起於腕上分間，並太陰之經直入掌中，散入於魚際。其病甚則手鋭掌熱[三〇]，虛則欠㰦，小便遺數。取之去腕半寸，別走陽明也。

手少陰之別，名曰通里，去腕一寸半，別而上行，循經入於心中，繫舌本，屬目系。其寔則支膈，虛則不能言。取之掌後十寸，別走太陽也。

手心主之別，名曰内關，去腕二寸，出於兩筋之間，循經以上繫于心，包絡心系。寔則心痛，虛則頭强。取之兩筋間也。

手太陽之別，名曰支正，上腕五寸，内注少陰；其別者，上走肘，絡肩髃，寔則節弛肘廢，虛則生肬，小者如指痂疥，取之所別也。

手陽明之別，名曰偏歷，去腕三寸，別入太陰；其別者，上循臂肩髃[三一]，上曲頰偏齒；其別者，入耳，合於宗脉。寔則齲聾，虛則齒寒痹隔，取之所別也。

手少陽之別，名曰外關，去腕二寸，外繞臂，注胸中，合心主。病寔則肘攣，虛則不收，取之所別也。

足太陽之別，名曰飛揚，去踝七寸，別走少陰。寔則鼽窒頭背痛，虛則鼽衄，取之所別也。

足少陽之别，名曰光明，去踝五寸，别走厥陰，下絡足附。寔則厥，虚則痿躄、坐不能起，取之所别也。

足陽明之别，名曰豐隆，去踝八寸，别走太陰； 其别者，循脛骨外廉，上絡頭項，合諸經之氣，下絡喉嗌。其病氣逆則喉痺瘁瘖，寔則狂顛，虚則足不收、脛枯，取之所别也。

足太陰之别，名曰公孫，去本節之後一寸，别走陽明； 其别者，入絡腸胃。厥氣上逆則霍亂，寔則腸中切痛，虚則鼓脹，取之所别也。

足少陰之别，名曰大鐘，當踝後繞跟，别走太陽； 其别者，並經上走于心包，下外貫腰脊。其病氣逆則煩悶，寔則閉癃，虚則腰痛，取之所别也。

足厥陰之别，名曰蠡溝，去内踝五寸，别走少陽； 其别者，徑脛上睪，結于莖。其病氣逆則睪腫卒疝，寔則挺長，虚則暴痒，取之所别也。

任脉之别，名曰尾翳，下鳩尾，散於腹。寔則腹皮痛，虚則癢搔，取之所别也。

督脉之别，名曰長强，挾膂上項，散頭上，下當肩胛左右，别走太陽，入貫膂。寔則脊强，虚則頭重，高揺之，挾脊之有過者，取之所别也。

脾之大絡，名曰大包，出淵液下三寸，布胸脅，寔則身盡痛，虚則百節盡皆縱，此脉若羅絡之血者，皆取之脾之大絡脉也。

凡此十五絡者，寔則不見[三二]，虛則必下，視之不見，求之上下，人經不同，絡脉異所別也。

先世于醫學皆積考之，今乃静中通靈素之故。人皆取捷而不暇淹貫，又不達其旨也。古人著書必先列行森布而使人圓悟焉。先人曰：運氣、經絡、脉理、病能、藥性、醫方六者皆知其常變，而歷症以驗之則幾矣！欲通靈素之理，而不徵三才，不明易圖，其能豁然古今之聚訟耶？如繆仲淳闢運氣，陳雪潭因之，豈悟因天道運氣環中之則，而信此身之則！豈悟恆法不變，而盡變推行亦如是乎！如内經之診脉不一法，而王叔和分寸關尺專診之巧也，乃本難經者也，又可悟中用兩端代錯互徵之玅，如司天在泉則尺寸年年有不應者，不應者反其診耳，可不明而妄與之藥乎？如三隧者，陽貫陰中而包乎陰外者也，宗氣呼吸而營衛應之，夜半大會，惟上焦中焦，平旦會于寸口，而下焦同衛氣，晝行陽，夜行陰。其行陽，又三分陽一分陰，此不可亂者也。血氣不相離，乃總理耳，如八奇經與十二本輪之故，如心無原以小心之原爲原之故，所以旁徵三才，會通神明，非淺也，可忽之而不究竟耶！病能立方，亦不出于色脉經絡之故也。董子曰：聖人見一而知萬，以類而通之也，精之至也。

校記

〔一〕入　趙本作「出于」。
〔二〕起　趙本作「起于」。
〔三〕入　趙本作「出」。
〔四〕際　趙本無。
〔五〕餘　趙本下有「于胃」二字。　消　趙本下有「穀」字。
〔六〕從　趙本作「從胃」。
〔七〕去　趙本作「上」。
〔八〕髎　當作「上髎」。
〔九〕足　趙本無。
〔一〇〕動　趙本作「是動」。
〔一一〕病　趙本作「病者」。
〔一二〕小指　原無，據趙本補。
〔一三〕入肺　原作「及脉」，據趙本改。
〔一四〕腋　趙本下有「三寸」二字。
〔一五〕抵　趙本作「是抵」。
〔一六〕内　趙本作「鋭」。

〔一七〕前　趙本作「痛」。
〔一八〕背銳　趙本作「銳背」。
〔一九〕下　趙本作「下外」。
〔二〇〕端　趙本作「間」。
〔二一〕踝　趙本作「跗」。
〔二二〕肺　趙本作「氣」。
〔二三〕則　趙本上有「血不流」三字。
〔二四〕通　趙本作「榮」。
〔二五〕甲死　趙本作「乙死」。
〔二六〕臑　趙本作「濡」。
〔二七〕本句及下句「脚」　趙本皆作「卻」。
〔二八〕脉　原無，據趙本補。
〔二九〕氣　趙本作「氣俱」。
〔三〇〕甚　趙本作「實」。
〔三一〕肩　趙本作「乘肩」。
〔三二〕不　趙本作「必」。

附明堂圖説

手太陰肺經

中府在雲門下一寸，乳上三肋間，動脉應手。仰而取之。三分，五壯。

雲門在氣户旁二寸，人迎下第二骨間，三分，深使人氣逆，五壯。

天府在腋下三寸，動脉下，以鼻取之，四分，不灸。

俠白在天府下，去肘五寸動脉中。三分，五壯。

尺澤在肘中約上，兩筋間動脉上。不可深計，止可三分，灸五壯。

孔最在腕上七寸，下直大淵，上直尺澤。三分，五壯。熱病三壯，汗即出。

列缺側腕上寸半，以手交叉頭指末兩筋間兩骨罅中。三分，七七壯。

經渠在寸口陷中動脉上，針二分，禁灸。

太淵在掌後内側横紋頭動脉上。針二分，三壯。

魚際在大指本節後内側散脉中。二分，三壯。

少商在大指内側，去爪甲角如韭葉。一分，禁灸，可鋒針出血。

手陽明大腸經

商陽在手大指次指内側，去爪甲角如韭葉。針一分，灸三壯。

二間在大指次指本節前内側陷中。三分，三壯。

三間在大指次指本節後内側陷中。三分，三壯。

合谷在大指次指岐骨間陷中。針三分，七壯，孕婦不可刺。

陽谿在腕中側兩筋間陷中。三分，三壯。

偏歷在腕後三寸，陽明谿走陰。三分，七壯。

温溜在腕後五寸半，針三分，五壯。

下廉在輔骨去上廉下一寸，輔兑肉分中，外針，針五分，灸五壯。

上廉在三里下一寸。針頭向外斜針五分，五壯。

三里在曲池下三寸，按之肉起兑端。五分，五壯。

曲池在肘外輔骨曲肘横紋頭陷中。拱手取之。七分，灸七壯，可日至百壯。

肘髎在肘大骨外廉陷中。天井并肩相去一寸。三分，七壯。

五里在肘上三寸，行向裏大脉中央。禁針，七壯。

臂臑在肩髃下約一寸，兩筋兩骨罅腕腕中。平伸手取之，不得握拳，拳拳即閉。三分，不宜過，七壯，日至百壯。

肩髃在肩端兩骨間有陷宛宛中，舉臂取之。八分，七壯，可日至七七壯。巨骨在肩端上行兩叉骨間陷中。寸半，五壯。

天鼎在頸缺盆上直扶突氣舍後，同身寸之寸半。三分，七壯。

扶突，人迎後寸半，曲頰下一寸，循曲文中，仰取。三分，三壯。

禾髎，鼻孔下央，水溝旁五分。三分，灸三壯。

迎香，在鼻下孔傍五分。針三分，不灸。

足陽明胃經

頭維在額角入髮際，本神傍寸半取，曲鬢一寸。針三分，禁灸。

下關在上關下耳前動脉下廉，合口有空，開口即閉，側卧取之。針四分，不得久留，禁灸。

頰車在耳下一分，少近前曲頰端上陷中。四分，七壯，日至七七壯。

承泣在目下七分，直目瞳子陷中。禁針，針之令人目烏，可灸三壯。明又云：針四分，得氣即瀉；禁灸，灸三日後眼下大如拳，息肉日加長如桃大，至三十日定不見。不針不灸也。

四白在目下一寸。七壯，三分，深即令人目烏色。

巨髎在平鼻孔傍八分，三分，七壯。

地倉在夾口吻旁四分之外，近下有脉微微動是穴，針三分，得氣即瀉；日二七至重者七七，如麤釵脚大，釵若大，口轉喎，灸承漿七七愈。

大迎在曲頷前一寸二分骨陷中動脉。三分，三壯。

人迎在頸大筋動脉，應於手，俠結喉旁，仰而取之。針四分，禁灸。

水突在頸大筋前直人迎下，氣舍上，其穴居中。針三分，三壯。氣舍在頸直人迎，俠天突陷中。三分，五壯。

缺盆在肩下横骨陷中。灸三壯，針三分，不宜刺太深，使人逆息。

氣户在夾俞府兩旁各二寸，至乳中折作五穴，其上下相去各一寸六分，共長六寸四分。乳根又在乳中下，亦一寸六分，穴在陷中，仰而取之。三分，五壯。

庫房在氣户下一寸六分陷中，仰而取之。針三分，灸五壯。

屋翳在庫房下一寸六分陷中。仰而取。二分，五壯。

膺窗在屋翳下一寸六分。針四分，五壯。

乳中當乳中間是穴，禁灸，微刺二分。

乳根在乳下一寸六分陷中。仰而取之。三分，五壯。

不容在幽門兩旁，相去各寸半。五分，五壯。

自不容至天樞，凡七穴，折作六寸，每穴上下相去各一寸。

自天樞至氣沖凡六穴，分寸不等，折作八寸，而多少分之定穴。氣沖下一寸乃鼠鼷，以此爲標準取穴。

承滿在不容下一寸。針三分，灸五壯。

梁門在承滿下一寸。針三分，灸五壯。

關門在梁門下一寸。針八分，灸五壯。

太乙在關門下一寸。針八分，灸五壯。

滑肉在太乙下一寸。針八分，灸五壯。

天樞，大腸之募，俠臍旁各開三寸，針五分，七壯，至七七壯。千云，魂魄之舍，不可針。

外陵在天樞下一寸。針三分，灸七壯。

大巨在天樞下二寸。五分，灸七壯。

水道在大巨下二寸。針一寸，灸七壯。

歸來在水道下二寸。針一寸，灸七壯。

氣沖在歸來下一寸，曲骨旁三寸，鼠鼷下一寸動脉宛宛中。禁針，七壯，炷如麥大。可針二分。

髀關在膝上伏兔後六寸交分中。六分，五壯。

伏兔在陰市上三寸，循起肉，坐而取之。五分，不火。

陰市在梁丘上一寸，膝内輔骨間，大筋下，小筋上，屈膝得之。三分，禁灸。

梁丘在膝蓋上二寸兩筋間。三分，五壯。

犢鼻在膝臏下，髀俠罅大筋中。三壯，三分，不可輕針。

膝眼在膝蓋下兩旁陷中，犢鼻後，與陰谷並肩。五分，留三呼，瀉五吸； 七壯。

三里在犢鼻下三寸，胻骨外大筋内，坐而取之。八分，留十呼，瀉七吸，灸七壯，止百壯。

上巨虚在三里下三寸，兩筋兩骨罅陷宛中，尺取之。三分，三壯。

條口在上廉下一寸，舉足取之。五分，三壯。

下巨虛在上廉下三寸，兩筋兩骨罅陷宛宛中。蹲地坐取之。三分，三壯。
豐隆在外踝上八寸，除踝量，下廉外一寸胻骨外廉陷中。三分，七壯。
解谿在沖陽後寸半，腕上繫鞋帶處取。五分。
沖陽在足趺上去陷谷二寸，骨間動脉是穴，針五分，灸三壯。
陷谷在足大指次指外間，本節後陷下，去內庭穴二寸。針三分，灸五壯或七壯。
內庭在足大指次指外間陷中。三分，三壯。
厲兑在足大指次指外端，去爪甲角如韭葉。一分，三壯。

足大陰脾經

隱白在足大指端內側，去爪甲角如韭葉，月事不止，刺之立愈。三分，三壯。
大都，足大指本節前內側白肉際陷中。三分，三壯。
大白在足大指內側本節後陷中。三分，三壯。
公孫在足大指本節後一寸。三分，五壯。
商丘在內踝下微前陷中，前有中封後有照海，其穴居中。三分，三壯。其內踝下有一橫紋如偃月形，而水泉、照海、商丘、中封四穴，鴈行均列於其間。

三陰交在内踝上，除踝三寸，骨下陷中。三分，灸五壯。
漏谷在内踝直上六寸，骨下陷中，太陰絡。針三分，灸五壯。
地璣在膝蓋横四裏面直下五寸，骨之下陷中，伸足取穴。三分，五壯。
陰陵泉在膝下内側輔骨下陷中，對陽陵泉而稍高一寸許，曲膝取之。五分，七壯。
血海，膝臏上内廉白肉際，直上三寸。五分，七壯。
箕門在陰股内，魚腹上，越筋間，動脉應手，血海上六寸。五分，五壯。
沖門，去大横下約五寸，横骨兩端，是穴在横紋中。針七分，灸五壯。
府舍，腹結下三寸，關元兩旁各五寸。七分，七壯。
腹結在大横下三分。針七分，五壯。
大横在夾臍四寸半，其寸臍上八寸爲則。七分，五壯。
腹哀，食竇下，直去日月二寸半。三分，五壯。
食竇在天谿下一寸六分陷中，舉臂取之。四分，五壯。
接此行自雲門穴，俠璇璣穴六寸起，下至食竇五六穴，分寸不等，共折七寸四分。
天谿在胸鄉下一寸六分陷中，仰而取。四分，五壯。
胸鄉在周榮下一寸一分陷中，仰而取。四分，五壯。

周榮在中府下一寸六分陷中，仰而取。四分，五壯。

大包在淵液下三寸，脾之大絡，布胸脅中，出九肋間。針三分，三壯。

手少陰心經

極泉在腋下筋間動脉之胸。三分，灸七壯。

青靈在肘節後上三寸，伸手舉取。三分，七壯。

少海在肘内節後，去肘端五分，屈肘取。三分，五壯。

靈道，去掌後二寸半。五壯，三分。

通里在腕後一寸陷中。三分，三壯。

陰郄在掌後脉中，去腕五分。三分，七壯。

神門在掌後兑骨端陷中。三分，五壯，炷如小麥。

少府，手小指本節後陷中，與勞宫相直。三分，三壯。

少沖，手小指内側去爪角如韭葉。一分，三壯。

手太陽小腸經

少澤在手小指端去爪角一分。針一分，一壯。

前谷，手小指外側本節前陷中。二分，三壯。

後谿在手小指外側本節後陷中。三分，三壯。

腕骨在手外側腕前起骨下陷中，有岐骨，罅縫中。三分三呼，三壯。

陽谷在手外側腕中，兑骨下陷中。三分，三壯。

養老在手踝骨隴上一寸陷中。三分，三壯。

支正在腕後五寸，去養老四寸陷中。三分，三壯。

少海在肘内大骨外，去肘端五分陷中，屈手向頭取之。三分，三壯。

肩貞，肩胛下兩骨解中，間肩髃，披陷中。五分，五壯。

臑俞在肩髎後大骨下，胛上廉陷中，舉臂取之。針五分，五壯。

天宗在秉風後大骨下陷中。五分，五壯。

秉風在肩上，肩髎後，舉臂有空。五分，五壯。

曲恒，肩中央曲胛陷中，按之應手痛。七分，五壯。

肩分俞，在肩胛上廉，去脊骨第一柱旁三寸，與大杼並肩，相去一寸半。六分，五壯。

肩中俞在肩胛內外廉，去脊骨大柱旁各開三寸陷中。針三分，七壯。

天窗在頸大筋前，曲頰下，扶突後，動脉應手陷中。針三分，三壯。

天容在耳下曲頰後。三分，五壯。

顴髎在面頄骨下廉兑骨端陷中。二分，不灸。

聽宫在耳中珠子，如赤小豆。三分，三壯。

足太陽膀胱經

睛明在目眥內一分。針一寸，雀目者可久留針，然後連出針； 禁灸。

攢竹在兩肩頭小陷宛中。三分，留三呼，瀉五吸，三度刺，目大明，宜鋒針出血。

曲差在神庭內傍寸半入髮際。二分，三壯。

五處在上星旁寸半。針三分，灸五壯。

承光在五處後寸半，直平百會。三分，三壯。

通天在承光後寸半，直平百會。三分，三壯。

絡郄雖曰通天後寸半是穴，後頂傍起肉上各一寸三分，腦後直腦户傍，同身寸之一寸三分，上自髮際量，同身寸四寸半。三分，三壯。

玉枕在腦户傍一寸二分，入髮際，直上三寸。針二分，留三呼，灸三壯。

天柱在俠項後髮大筋外廉陷中。針五分，灸不及針，日七壯至百壯。

大杼在項後第一柱下，兩旁各開一寸。五分，七壯。骨病治此。

風門在二柱下傍，各開寸半。針五分，七壯。

肺俞在三柱下兩旁各寸半。五分，中之三日卒。百壯。

厥陰俞在四柱下兩旁各開寸半。三分，七壯。

心俞在五柱下兩旁各寸半。針三分，五壯。中之一日卒。風中心灸百壯。

督俞在六柱下兩旁各寸半。不針，許灸。

膈俞在七柱下兩旁各寸半。三分，五火。血病治此。

肝俞在九柱下兩旁各寸半。三分，七壯。中之五日卒。

膽俞在十柱下兩旁各開寸半，正坐取之。針五分，五火。中之一日半卒。

脾俞在十一柱下兩旁各寸半。三分，五火。中之十日卒。

胃俞在十二柱下兩旁各寸半。三分，灸以年爲壯。

三焦俞在十三柱下兩旁各寸半。五分，灸五壯。

腎俞在十四柱下兩旁各開寸半，與肚臍平。三分，以年爲壯。中之六日卒。

氣海俞在十五柱下各開寸半。許火，不針。

大腸俞在十六柱下各開寸半。針三分，五壯。

關元俞在十七柱下各開寸半。三分，五壯。

小腸俞在十八柱下各開寸半。三分，五壯。

膀胱俞在十九柱下各開寸半。三分，七壯。

中膂内俞在二十柱下兩傍各開寸半。三分，五火。項後至此穴，痛皆灸之，立愈。

白環俞在二十一柱下各開寸半，以腹挺地，端身兩手相垂，支額縱息，令皮膚俱緩，乃取之。八分，得氣先瀉訖，多補之，不宜灸，或三壯七壯止，忌房勞舉重。

上膠在第一空腰髁下，即腰脊兩旁起骨夾脊者陷中，去白環下一寸。三分，五壯。

次膠在第二空，去上膠下一寸。針三分，五壯。

中膠在第三空，去次膠下一寸。三分，灸五壯。

下膠在第四空，去中膠下一寸。針三分，五壯。

會陽在陰尾骨兩旁，下膠下一寸。三分，五壯。

附分在第二柱下，兩旁各開三寸。針三分，五壯。

魄户在第三柱下旁各三寸，正坐取。五分，百壯。

膏肓俞在第四柱下七分，五柱三分，兩旁各開三寸，正坐曲脊，伸兩手，以臂不得動摇，從胛骨上角摸索至胛骨下頭，尋四肋三間，灸中間，從胛骨之裏，去胛骨容側指許，摩肱去表肋間空處，按之自覺牽引於肩中，覺中指麻，是穴。灸百壯至五六百止千壯。

神堂在玉柱下，兩旁各開三寸。針三分，五壯。

譩譆在肩髆内廉六柱下，兩旁各開三寸，正坐取之，以手按之，病者言譩譆，是穴。六分，二七壯，止百壯，忌莧菜、白酒。

膈關在七柱下，兩旁各開三寸，正坐取之。五分，五壯。

魂門在九柱下，兩旁各開三寸，正坐取之。三分，五壯。

陽綱，在十柱下，兩旁各三寸，正坐闊肩取。五分，七壯。

意舍在十一柱下，兩旁各開三寸，正坐取之。五分，灸五十壯，至一百二十壯止。

胃倉在十二柱下，兩旁各開三寸。五分，壯止五十。

肓門在十三柱下，兩旁各開三寸。五分，壯止五十。

志室在十四柱下，旁各開三寸，正坐取。五分，七壯。

胞肓，十九柱下，兩旁開三寸，伏而取之。五分，五七壯。

扶邊在二十柱下，旁各開三寸，伏而取之。五分，五壯。

扶承在尻臀下之股陰下紋中。七分，五壯。

殷門在扶承下直六寸，平向前委陽並肩。七分。

浮郄在委陽穴上一寸，展膝得之。五分，五壯。

委陽，扶承下六寸，外廉兩筋間，太陽前，少陽後。三分，五壯。

委中在膕中央，兩筋兩骨間，約紋中，動脉應手。八分，三呼瀉五吸。

合陽在膝中央下二寸。針六分，灸五壯。

承筋在腨腸中央，正當隴内陷中。三壯，禁針。

承山在腿肚炎下分肉間陷中。八分，得氣即瀉，連出針，灸不及針，止七七壯。

飛揚在外踝上七寸，承山平向前。二分，三壯。

付陽在外踝上三寸大易前，少易後，筋骨間，宛宛中。針五分，灸五壯。

崑崙在外踝後跟骨上陷中。針三分，灸三壯。

下崑崙在外踝下一寸，大筋下。

内崑崙在内踝後五分，近大谿穴。

僕參在跟骨下陷中，拱足取之。三分，七壯。

申脉在外踝下陷中，容爪甲白肉際，前有筋，後有筋，上有踝骨，下有軟骨，穴居中，蓋外踝之下有一横紋如新月之形，環承外踝，而解谿、丘墟、金門、申脉、僕參五穴内如星列。針三分，灸五壯。

束骨在足小指外側，本節後陷中。三分，三壯。

通谷在足小指外側，本節前陷中。三分，三壯。

至陰在足小指外側，去爪甲角如韭葉。一分，三壯。

足少陰腎經

湧泉在足心陷中，屈足捲指宛宛中。五分，三壯，無令出血，灸不針。

然谷在内踝前，起大骨下陷中，有三絡昭然，而中央絡正絡也。三分，三壯，不宜多，見血令人飲食立飢。

照海在内踝下四分，前後有筋，上有踝下有軟骨，而宛居中。針三分，七壯。

水泉在大谿直下一寸，内踝下。針四分，五壯。

大谿在内踝後五分，踝骨上動脉中。三分，三壯。

大鍾在大谿後五分，足跟後衝中。三分，三壯。

復溜在内踝上，除踝二寸，踝後五分，與大谿上下相直。針三分，七壯。

交信在内踝上除踝後，少陰腎經之前，大陰脾經之後，其穴正居中，與復溜並肩。針四分，五壯。

築濱在内踝上六寸，橫過骨後，取腨分中爲標，而平向前，漏谷前一寸。三分，三壯。

陰谷在膝内輔骨後，前有大筋，後貼小筋，按之應手，故曰大筋下小筋上也，前去膝取之一寸，後去陰陵泉亦一寸，屈膝取之。針四分，五壯。

横骨，大赫下一寸，陰上，横骨中宛如仰月，中央是穴。灸三壯。自此穴上至肓俞凡六穴，折作五寸，每穴上下相去各三寸。

大赫在氣穴下一寸。針三分，五壯。

氣穴在四滿下一寸，關元旁寸半。三分，五壯。

四滿在中注下一寸，石門旁寸半。三分，五壯。

中注在肓俞下一寸。針一寸，灸五壯。

肓俞在商曲下一寸，夾臍旁寸半。一寸，七壯。

商曲在石關下一寸。針一寸，灸七壯。

石關在陰都下一寸。針五分，灸五壯。

陰都在通谷下一寸。針五分，灸五壯。

通谷在幽門下一寸。針五分，灸五壯。

幽門，俠巨闕旁各開一寸半。五分，五壯。

自幽門至肩俞六穴折作五寸，每穴上下相去各一寸。

步郎，神封下一寸六分，仰而取，與中庭相直。三分，五壯。

自步郎至俞府凡六穴，每穴上下相去各一寸六分，共折八寸。

神封在靈墟下一寸六分，仰而取之。三分，三壯。

靈墟在神藏下一寸六分陷中，仰而取。三分，三壯。

神藏在彧中下一寸六分陷中，仰而取。三分，五壯。

彧中在腧府下一寸六分陷中，仰而取。四分，五壯。

腧府在璇璣旁各開三寸陷中。四分，五壯。

手厥陰心包絡經

天池在腋下三寸，乳後一寸，著脅。二分，三壯。

天泉在腋下二寸，其穴在臂上，舉臂取。六分，三壯。

曲澤在肘内廉陷中，屈肘取之，大筋内側横紋中動脉上。針三分，灸三壯。

郄門，去腕五寸，兩筋間，厥陰郄。三分，五壯。

間使在掌後横紋下三寸，兩筋間陷中是穴，故曰腕後三寸。針三分，灸五壯。

内關在掌後横文下，去腕二寸，兩筋間。三分，三壯。

大陵在掌後横紋下一寸，兩筋間。五分，三壯。

勞宫在掌中心，屈無名指點著處是穴。灸三壯，針二分，得氣即瀉，只一度針，過兩度令人虚，亦不宜灸，灸令人息肉日加。

中沖在中指端，去爪甲如韭菜。針一分，一壯。

手少陽三焦經

關沖在小指次指外側，去爪甲角如韭葉。針一分，壯灸三壯。

液門在小指次指間陷中，握拳取之。三分，三壯。

中渚，手小指次指本節後陷中。針三分，三壯。

陽池在手表腕上筋同骨陷中。針三分三呼，不宜灸，止可三壯。

外關在腕後二寸兩骨間陷中。三分，五壯。

支溝在腕後三寸兩骨間陷中。三分，七壯。

會宗在腕後四寸空中，一寸。針三分，三壯。

三陽絡在臂上大交脉，肘前五寸。七壯，禁針。

四瀆在肘前五寸外廉陷中，内並三陽絡，外並下廉，其穴正居中。六分，五壯。

天井在肘外大骨後，肘上一寸，兩筋間陷中，叉手按膝頭取之，屈肘取。一寸，三壯。

清泠淵在肘上二寸，伸肘舉臂取之。六分，三壯。

消濼在肩下臂外腋斜肘分下行，握拳舉臂取之。針六分，灸三壯。

臑會在肩前廉，去肩頭三寸宛宛中。針七分，灸三壯，得氣即瀉。

肩髎在肩端臑上陷中，舉臂取之。七分，五壯。

天髎在肩缺盆上，毖骨之際陷中，謂缺盆。直過肩後有一横骨並，正當岐骨縫中是穴。

肩井直後一寸。八分，三壯。

天牖在缺盆上傍頸大筋，天容後，天柱前，完骨下，髮際上。針一寸，不宜補，亦不宜灸，止可三壯。

翳風在耳後尖角有陷，按之引耳中。七分，七壯。

瘈脉在耳本後，鷄足青絡脉。針一分，不得多，出血殺人，灸七壯。

顱囟在耳後間，青絡脉。針一分，不宜多，出血殺人，灸七壯。

角孫在耳廓中間上開口有空。八分，三壯。

絲竹空在眉後陷中。三分，宜瀉不宜補，禁灸，使人目小無所見。

和膠在耳前兑髮下陷，横動脉。七分，三壯。

耳門在耳中起肉，當耳缺陷中。三分三呼，禁灸。有病不過三壯。

足少陽膽經

瞳子窌在目外眥五分陷中。針三分，三壯。

聽會在耳微前陷中，上關下一寸動脉宛宛中，開口取之。七分，得氣即瀉，不補。日五壯，止三七壯。

客主人，一名上關，在目前起骨上廉，開口有空，動脉宛宛中，側臥張口取之。針一分，不得刺深。

懸釐在腦空下廉。針三分，灸三壯。

懸顱在曲角上腦空中。針三分，三壯。

頷厭在腦空上廉。七分，三火，不可多。

曲擯，將耳偃前正尖上，鼓有空。三分，七壯。

率谷在耳上，入髮際寸半，陷者宛宛中，嚼而取之，向後一分，上直天沖。三分，七壯。

本神，直耳上入髮際四分，平横向前，卻取曲差旁寸半是穴。針二分，七壯。

陽白在眉上一寸，直目瞳子。針三分，三壯。

臨泣在目上，直入髮際五分陷中。三分，五壯。

目窗在臨泣後一寸。五壯，三分，三度刺目大明。

正宫在目窗後一寸。針三分，灸五壯。

承靈在正宫後一寸。針三分，灸五壯。

天沖在耳上，如前三寸，上直通天、百會。三分，三壯。

浮白在耳後入髮際一寸。針三分，七壯。

竅陰在枕骨下，而完骨上，動摇有空處是穴。針四分，灸七壯。

完骨在耳後入髮際四分。針三分，七壯。

腦空在承靈後直下，横過寸半，夾玉枕下。五分，三壯。

風池在腦空下髮際陷中。針一寸二分，灸不及針，日七壯至百壯，艾柱不用大。

肩井在缺盆上，大骨前寸半，以三指按而取之，當中指下陷中。止可針五分，若深令人悶倒不識人，即速瀉三里下氣，先補不瀉，須臾平復如故。若婦人胎落後微損，手足弱者，針立差。灸七壯至百壯。

淵液在腋下三寸宛宛中，舉臂取。三分，禁灸。

輒筋在腋下三寸，郄平向前一寸，著胸。六分，三壯。

日月在期門旁二寸，直下五分，用胸前寸。針五分，灸五壯。

京門在監骨腰中，帶脉上，日月下二穴之間。針三分，五壯。

帶脉在季肋本俠脊，即季肋下一寸八分。針六分，七壯。季肋者，脅骨下短脅，在臍上二寸，兩旁各六寸，即章門也。自此下至居膠，折作八寸三分，凡四穴，其分寸不等，而多少分之定穴。

五樞在帶脉直下三寸。針一寸，灸五壯。

維道在章門下五寸三分。八分，五壯。

居膠在章門下八寸三分，監骨上陷中。針八分，灸三壯。

脅堂在腋下下肋間，舉腋取之陷中。五壯。

環跳在髀樞中，即硯字骨宛宛中，側臥伸下足，屈上足取之。針二寸，七壯至五十壯。

風市在膝外兩筋間，立舒下兩手著腿當中指頭盡處是穴。針一寸，五十壯。

中瀆在髀骨外脉上五寸分肉間陷中。針五分，灸五壯。

陽關在陽陵泉上三寸，犢鼻外陷中。針五分，禁灸。

陽陵泉在膝下一寸，外廉陷中，膝下外尖骨前。六分，七壯至七七止，筋病治此。

陽交在外踝上七寸，斜屬三陽分肉之間，斜六分，灸三壯。

外丘在外踝上七寸。針三分，灸三壯。

光明在外踝上五寸。針六分，灸五壯。

陽輔在外踝上，除踝四寸輔骨前，絶骨端如前三分，去丘墟七寸，五分，三壯。

懸鍾雖曰外踝上，除踝三寸必以絶骨隴處爲穴。針六分，五壯，髓病治此。

丘墟在外踝下如前陷中，去臨泣三寸。五分，三壯。

臨泣在足小指次指本節後陷中，去俠谿一寸半。針二分，灸三壯。

地五會在足小指次指本節後陷中，去俠谿一寸。針一分，禁灸，灸使人羸瘦〔一〕，不出三年卒。

俠谿在足小指次指岐骨間本節前陷中。針三分，灸三壯。

竅陰在足小指次指端，去爪甲角如韭葉。針一分，三壯。

足厥陰肝經

大敦在足大指端，去爪甲角如韭葉及三毛中。針一分，灸三壯。

行間在足大指本節前，上下有筋，前後有小骨，穴正居陷中。針六分，三壯。

大沖在足大指本節後内間，有絡，且連横至地五會，二寸骨縫罅間，有動脉應手陷中是穴。針三分，灸五壯。

中封在内踝前一寸，貼大筋後，仰足取之，伸足乃得之。四分，五壯。

蠡溝在内踝上，除踝五寸，上與中都、下與復溜相直。針二分，七壯。

中都在胻骨中，上取陰陵泉，下取内踝尖，折中是穴，與少陰腎經復溜穴上下相直。針三分，灸五壯。

膝關在犢鼻下二寸，而横過膝内廉貼輔骨下，直至曲泉二寸。四分，五壯。

曲泉在膝内輔骨下，大筋上，小筋下陷中，屈膝取之，當膝曲紋頭内外兩筋間宛宛中是穴。六分，三壯。

陰包在膝臏上四寸，股内廉兩筋間陷中。針六分，灸七壯。

五里，取氣沖平向内半寸，而直下三寸。六分，五壯。

陰廉，取羊失向裏斜三分，下直上，雖曰去氣沖二寸，若定穴須在横紋中。八分，三壯。

羊失在氣沖旁一寸。三分，七壯。

章門在臍上二寸，兩旁各開六寸，其寸用膺部兩乳間横折八寸内之六寸也。側臥，屈上足，伸下足，舉臂取之，動脉應手。針二分，日灸七壯至五百壯止。臟病治此。

期門在乳後一寸半，第二肋端縫中，其寸用胸前横折量寸定穴。針四分，五壯。

督脉

齗交在唇肉齒上齗縱筋中。三分，三壯。

兑端在唇上端。二分，三壯，炷如麥大。

水溝在鼻柱下溝中央。針四分五呼，灸不及針，水腫唯得針此穴，日三壯止二百。

素窌在鼻柱樹尖上。針一分，禁灸。

神庭在鼻直上入髮際。五分，灸五壯，禁針，針即令人發狂。

上星在鼻上入髮際一寸，神庭後五分。針三分，以細三稜針瀉諸陽熱氣，可灸五壯，不宜多，若頻灸，拔其氣，令人目不明。

囟會在上星後一寸陷中，針二分，留三呼，得氣即瀉，八歲以下不得針，不幸令人夭，可灸五壯至七壯。

前頂在囟會後一寸陷中。二分，三壯止七壯。

百會在前頂後一寸半，頂中央旋毛中陷，可容豆許。二分，五壯至二七壯。

神聰在百會四面，各相去一寸，左主眼見空花，右主眼見如果落。三分，五壯。

後頂在百會後寸半，枕骨上。二分，五壯。

强間在後頂寸半。針二分，灸五壯。

腦户在枕骨上，雖曰去强間寸半，須從枕骨上按尋，合顱縫中是。可三分，不幸令人啞夭，入腦立死，不可妄灸令人夭。

風府在項後髮際上一寸，大筋内宛宛中。禁灸，使人失音。或五壯，針四分。

瘂門在項中央，入髮際五分宛宛中，仰頭取。禁灸，令人瘂。針三分，留三呼，瀉五吸，盡更留針，得氣即瀉。

大柱在脊骨第一柱上陷者宛宛中，如髮際不明者，從此穴上行三寸爲髮際，無骨處是大柱穴，有骨處節第一柱後。凡言柱者，乃當節突處是也。針五分，灸以年爲壯。

陶道在大柱節下間，俛而取之。五分，五壯。

身柱在三柱節下間，俛而取之。五分，七壯。

神道在五柱節下間，俛而取之。五分，止百壯。

靈臺在六柱節下間，俛而取之。五分，七七壯。

至陽在七柱節下間，俛而取之，五分，七壯。

筋縮在九柱下間，俛而取之，五分，七壯。

脊中在十一柱節下間。五分，不灸。

接骨在十二柱節下間，四分，五壯。

懸樞在十三柱節下間，伏而取之。三分，三壯。

命門在十四柱節下間。三分，三壯。

陽關在十六柱節下間，伏而取之。五分，三壯。

腰俞在二十一柱節下間，以脚挺地，舒身兩手相垂正額，縱四體後，乃取其穴。針八分，留三呼，瀉五吸，灸七壯至七七壯。

自大柱至尾骶共二十一柱，長三尺。上七柱，每柱一寸四分一厘，共九寸八分七厘。中七柱，每柱一寸六分一厘，共一尺一寸二分七厘，凡上十四節至命門穴前，與臍平，共長二尺一寸一分四厘。下七節，每柱一寸二分六厘，折量取穴。

長强在脊骶端，其穴跌地取之。針三分，轉針以大痛爲度，灸不及針，日三十壯至二百壯止。

任脉

會陰在兩陰間，任脉別絡，俠督脉、沖脉之會，凡男女尿孔皆曰前陰，糞門皆曰後，其穴居中。三分，三壯。

曲骨在横骨上臍，直下毛際陷中，自臍至曲骨，通折五寸，凡七穴。針二寸，灸七壯至七七壯。

中極在關元下一寸八分，百壯止三百，灸不及針。婦人四度針之有孕。

關元在臍下三寸。針八分，留三呼，瀉五吸，灸百壯止三百，灸不及針。

石門在臍下二寸。針八分，二七壯，止百壯，婦人不可針，亦不可灸，針灸終身絶孕。

氣海在臍下一寸半宛宛中。八分，七壯止百壯。

陰交在臍下一寸。針八分，百壯，灸不及針。

神闕當臍中。禁針，針之使人惡腐潰失出者死，灸百壯。

水分在臍上一寸。針八分，灸七壯至四百壯。

下腕在建里下一寸。針八分，留三呼，瀉五吸，灸二七壯止二百壯。

建里在中脘下一寸。針五分十呼，七壯。

中脘，上去心蔽骨尖四寸，下至臍中神闕亦四寸，針八分，留七呼，瀉五吸，灸二七壯至百壯，止四百壯。

上脘在巨闕下一寸五分，去蔽骨三寸。針八分，先補後瀉之，宜日灸二七壯至一百。

巨闕在鳩尾下一寸，去蔽骨尖下一寸五分，針六分留七呼，得氣即瀉。可灸七壯至七七壯。

鳩尾在心蔽骨尖下五分。針三分，留三呼，瀉五吸，灸三壯。

自蔽骨尖下至神闕，凡八穴，分寸不等，共折量八寸而多少分之定穴。

中庭在膻中下一寸六分陷中。針三分，五壯。

膻中在兩乳間折中而取，有陷是穴，仰而取之。禁針，不幸令人死，灸七壯止七七壯。

自天突至膻中六寸八分，中庭又在膻中下一寸六分，共折作八寸四分，爲七穴。

玉堂在紫宫下一寸六分陷中。三分，五壯。

紫宫在華蓋下一寸六分陷中，仰頭取。三分，七壯。

華蓋在璇璣下一寸陷中，仰頭取之。三分，五壯。

璇璣在天突下一寸陷中，仰頭取之。三分，五壯。

天突在結喉下兩骨間宛宛中，其骨如半環，仰向上，穴居環屈之中。針五分，其下針直横下，不得低手，傷人短壽。五壯。

廉泉在頷下曲骨尖内陷中，結喉上，舌本間。針三分，灸三壯。

承漿在頤前唇稜下宛宛中。針三分，得氣即瀉，灸七壯止七七壯，炷依小筋頭大。

校記

〔一〕羸　當作『羸』。

方以智全書之十四

博依集

諸偉奇　張永堂　整理

整理説明

博依集，十卷，方以智撰。

本書爲方以智早年詩集，收入其明崇禎五年（一六三二）二十二歲以前的作品。『博依』者，出自禮記學記『不學操縵，不能安絃；不學博依，不能安詩』。意即廣博譬喻，方可爲詩。如此，正反映了作者早年詩歌創作中的擬古傾向。據孫殿起清代禁書知見録，是書『約崇禎戊寅年刊』，戊寅爲崇禎十一年（一六三八）。博依集崇禎本傳世甚稀，國家圖書館有藏。該本卷首有文震孟序和陳子龍序；正文單頁九行，行十八字；白口，無尾，四周單邊；版心標書名、卷數、頁碼；方體字，稍扁，與後出之此藏軒本諸集同，版式疏朗，頗具明末刻本之特色。國圖本有收藏者批語，個别處有改字。博依集清初列爲禁書，道光元年（一八二一）方于穀從中選出六十餘首輯入桐城方氏詩輯卷二十二、二十三。

本次整理即據國圖所藏明崇禎本校點。其中，卷一、卷六、卷七及卷首序言由張永堂校點，卷二至卷五、卷八至卷十由諸偉奇校點。

諸偉奇

二〇一五年九月

博依集目次

卷一　樂府

卷二　樂府

卷三　樂府

卷四　樂府

卷五　五言古

卷六　七言古

卷七　五言律詩

卷八　七言律

卷九

五言排律

七言排律

卷十

五言絶句

七言絶句

序一

方氏爲桐城世族，余所交最厚善者仁植先生。今又幸見其鳳毛，蓋年甫弱冠，已著書數十萬言。樂府古歌行，直追漢魏；筆陣縱横，亦在晉唐間。其人復翩翩俊異，洵一時之軼材也。以友鄉國爲未足，來游吳會。吳會諸名人咸延頸願交，長老先生亦皆折行輩，稱小友，惟恐不得當也，名噪吳會間籍甚。

壬申新秋，文震孟。

序　二

有明之詩，盛於弘、正、嘉、隆之間，而極衰於萬曆之季年。并非其人之才失也，大約樂易便而尚新異。樂易便則苦於修辭，尚新異則歸於近俗。夫使取辦俄頃而襲已成之語，意耽奇特，追琢玄險，與古之作者殊矣；何況兼之二事以成其體，盡放雅言又去奧渺，其爲陋可鄙，有以也夫！字不出於經籍，音訛傳於里巷，市井諧戲以爲自然之趣，偈訣諧聲以爲玄理之雋，覽其辭章，令人愧笑。原兹風之流衍，始於晚宋，所謂儒者欲以標舉道旨，道未得而辭則失也；今又踵之益甚。嗟乎！大雅不作，誰之罪歟？

余十餘歲好爲詩，天下方翕然袁徐之音，稍矜尚者爲竟陵體，余顧不好，喜于麟、元美之詩，爲古法則，鮮同好者。年二十餘，始得同郡李舒章雯，志相得也。然嘗私論：病于麟之固，則曰樂府宣風感事，取其音節流慨，綴響屬辭，比於毫末，滯於迹矣。古詩氣質爲宗，逌麗爲色，陶、謝、顔、鮑，各有競秀，無取沿革。若夫盛唐諸家，激頓清壯，風概獨爽，可謂卓爾，豈懸漢魏，便無傑製耶？五言近體，難踰大曆。至於七言，右丞風逸，音法必舛；子美雄鍊，蕪詞爲累；錢劉而降，贍麗朗拔，亦有可觀。必曰王維、李頎，吾不敢信。余與李子之論蓋如此。其爲詩也，重法而不以法廢才，論格而不以格拘氣。古詩自西京以至盛唐，各求備也。近體自初盛以至中晚，皆不禁也，要絶其不雅馴者而已。

去年秋，余遊錢塘，遇桐城方密之，出其詩數百篇，諸體都有，大要歸於極古。其才情超烈，有過濟南，而挾旨則同矣。夫以密之之才，豈蹤濟南，軌其兢兢？體裁勿踰古，則有以焉爾，蓋重悲夫儕俗之音而以爲救也。今夫人生閭井之間，不見章甫，知短後之便也；不見俎豆，知藿藜之貴也。一旦使之入宗廟，奏鍾鼓，未嘗不愧其所習矣。今之爲詩者，甕牖之間，阡陌之上耳。讀密之之詠篇，不猶登之華屋哉！或譏吾黨謂：『詩者窮愁之作，而子好爲壯麗，何居？』夫梁園遊集之篇，魏京公讌之句，皆繇貴客，多出賢王，豈必柴桑之隱哉！天子有意盛治，行且紹明禮樂。余與李生幸在盛年，而密之又少於二子，異日應明詔，餙鴻文，如枚馬之任者，舍二三子其誰耶？於是嘆密之之當也。

雲間社盟弟陳子龍臥子書於嶽起堂。

博依集卷一

樂府

古歌辭

古歌辭如卿雲、八伯諸篇，黄澤、白雲、瑶池諸謡彙者皆屬。然愚管不揆，以爲已上唐、虞、詩三百，篇篇當則效矣，故首仲尼。

楚聘歌

大道夷兮生不逢時，南望楚兮有所思，世無西伯兮尚父將安之？

蟪蛄歌

蟪蛄日鳴，山已遠矣，猶聞其聲。

獲麟歌

鳳不見兮河無圖，麋身肉角出於五父之衢，今非其時兮已矣夫！

王子思歸歌

風嫋嫋兮木葉多，泝千里兮洞庭波。望咸陽以前征，念故國兮如何？

越人歌

汎秋日兮中洲，擁桂棹兮乘青翰之舟。揄修袂兮張翠蓋，會鍾鼓兮聲流漱。思王子兮難爲言，紛吾總總之長帶。阤有蓝兮發華滋，將盼君兮知不知？夫亦謂蒙羞之足恥兮，既已舉繡被而覆之。澮澮江水兮一何深，歌音緩兮寫我心。

采葛婦歌

葛之覃兮葉萋萋，女工心苦安得知，但願我君以爲衣。

易水歌

車將發兮望燕山，賓客在道兮白衣冠。虹貫日兮所思不至，徵變羽兮秋風寒。壯士去兮已不顧，易水東流兮何時還？

垓下歌

霸有天下兮七十餘戰，望江東兮不得見。帳中起舞兮聞楚歌，慷慨顧騅兮泣下將若何？

大風歌

置酒兮沛宮，還故鄉兮乘大風。擊筑自歌兮以沛爲湯沐，萬歲未央兮都關中。

紫芝歌

藍田逶迤，地肺嵾嵳。解我饑渴，唯有紫芝。堯舜没矣，吾將誰之？陰風大谷，何時能穀？朱纓以憂身，毋寧永修吾初服。

秋風辭

秋風起兮雁南翔，一望蕭條兮木葉黄。樓臺高兮日暮寒，菊有華兮目以蘭。水揚波兮中流深，簫鼓鳴兮振澹心。攜美人兮撫清琴，再三浩倡兮成商音。秋月出兮生光輝，披錦帷兮霜落衣。仰視浮雲兮西北飛，神仙不可得兮人生其安歸？

太一歌

從太一兮渥洼水，汗沫流兮鞅韡紫。籋浮雲兮迤萬里，獻天子兮以爲美。

蒲梢天馬歌

九夷服兮天馬徠，循東道兮龍之媒。竦予身兮舉蓬萊，開閶闔兮登玉臺。

鼓吹曲辭

漢鐃歌

漢鐃歌二十二曲，務成、玄雲、黄爵、釣竿辭亡，存者十八。然中多詰屈，或不可解。凡古樂府，大字屬辭，細字屬聲，聲辭合録，故訓詁莫得。六朝諸人皆作五言詩，唐遂以律聲音之，道久湮矣。後世擬者第取則章句，既罕達其指，並不能稽所繇誤謬，爲不足觀適也。兹蓋志古遺意云，亦復效六朝及唐，置五言律中，庶免世觀耳。

朱　鷺

朱鷺騑哉，離笳參差。六紛員，在中池。象載瑜，慶嘉時，將以鼓餙之。

思悲翁

思悲翁，奪我美人以東，空築室兮趾中。狗兔逐相食，梟有子母長相憶。河無梁，水無極，日暮遠望不可得。

艾如張

蘭用艾之張而羅，羣雀飛，兩向波。高飛翩翩一何多，鬬兮射之將奈何？鷂子經天，至我羅前。

上之回

上之回，賓萬國。拂旃旗，雲四塞。還過祠五時，甘泉息。回中極，燒以北。日逐降，郅支克。駕車馳馬定蕭關，萬歲未央美人德。

翁離

黝黝水中，思悲翁。艾用葺室我首蓬，黝黝水中。

戰城南

戰城南，城已破，駑馬臨河不復過。河水無梁，激激冥冥。梟騎倘不死，能不裴徊駑馬鳴？風聲蕭蕭，烏聲嗷嗷。塵灰掩腐肉，烏亦安能豪？烏謂客，子不葬，我不食。禾黍不生梁以北，遠道之魂行歸國。謂我人臣，人臣不可爲。尸喪狹谷，誰適與歸？

巫山高

巫山高，一何極！淮水深，一何測！攸攸至今，東歸傷心。東歸渡河，風來揚波。遠望害歌，將謂之何？黄鵠高飛，中路毛羽忽摧頹，涕沾衣。

上陵

風來自上陵，流水在下津。下津清且寒，中央有仙人。天門何蕩蕩，白石何粼粼。歌舞餙白玉，昭庭日以親。齊房之草以九莖，蔓蔓臨。昆明白羽赤翅，與日月乎偕明。太液之水，神徠水中沚。木難笮，沙棠舟。黄金錯，珊瑚鉤。紛員蘭堂前，甘露和滎泉。美人澮容與，延壽千萬年。

將進酒

將進酒，五音餙。蒞蘭芳，寒暑德。博依詩，心所得。今不樂，將何極？千秋萬歲長相憶。

君馬黄

美人歸，佳人隨。兩驂兩服疾如飛，令從馳驅我心悲。黄馬知爲君，駕六飛龍，遠望回中焚。蒼馬知爲臣，明護不道，奔走雅樂陳。

芳　樹

芳樹蔚蔚，上有黄鵠棲。振羽欲飛，三三將五五，成行以歸。歸且鳴，我愁聞其聲。伊波姤人，亦復成名。秋風肅肅暮安宿？未知君心，道路以目。攸攸我里，不往來乎？悲矣！

有所思

有所思，不知在何方。大海知天風，日日浮雲翔。遺君玳瑁簪，欲寄水中央。君心不可知，我心以徬徨。以徬徨，歸來入空房。今日如此，令人斷腸。腸斷不復續，兄弟且嘆，我心不能忘。秋風涼，東方須臾日出光，所可道之言之長。

雉子斑

雉子斑如此。之在山梁，視子趨蹌蹌，一飲一啄良可思。雄來朝雊，蜚以從雌。目用視之將若何？翁離如皋張而羅。知得高飛得所止，王孫駕車以千里。車以南，車以北。仰視黄鵠翔，從行安終極。

聖人出

聖人出，四時和。神哉沛，鴻祐多。所中北，美人云何？羽旄紛紜臨九河。君有臣幹不庭方，君子攸宜景星見。象載瑜，乘玉輦。壽萬年，炎精顯。

上邪

上邪，誰能爲我知音，平生無間。死何悲，富貴爲難。天地混沌夜無旦，起長歎，貧賤可無患。

臨高臺

行行臨高臺，河水湯湯以回回。蘭有秀兮日以開，馳驅將北風揚灰。進酒爲壽千萬歲，佳人來，辨加哉！

遠如期

遠如期，黄華蓋。遊過天門，紛紜六幕，大海晻溘。黻繡張，眺瑶堂。匈奴月支，稽顙來王。謁者前陳，日月以明。雅樂殿上和鳴，願我皇帝萬年，華夷臣子嘉太平。

石流

石流涼，暮無梁，石上乎翺翔。蒲葦鶩鶩，遠道之人，望風蕭蕭。冷將遊，無敢逃。我來自東，制裳衣。黄菊離蘭以相思，比方將開我心悲。

横吹曲辭

漢横吹曲

漢横吹曲，博望侯得之西域，惟摩訶兜勒一曲。李延年因之，更造新聲二十八解，辭俱亡，出塞一曲猶存。魏晉以後，諸家爲者卒五言或律。余惟則其古，餘具五言律中。

出塞

日晦望不見，但聞邊馬鳴。仗劍徒此去，壯士豈顧生？

梁鼓角横吹曲

梁鼓角横吹詞，大悉雜取民謡洎軍士胡歌，以爲一代樂辭，俱列横吹，故依樂府例吹之。

企喻歌辭 四首

男兒自言能，出門無人稱。經天何雀飛？鷂子與蒼鷹。

白馬高纏鬃，飲之長城下。毋寧自勞人，慎勿勞我馬。

男兒出門去，白首爲灰塵。生當在故鄉，勿爲行路人。

出門無兄弟，結伴還須多。且看鐵裲襠，淚下將如何？

瑯琊王歌辭 八首

瑯琊十五女，行行陌上桑。手中提玉鉤，身著繡裲襠。

中庭有芳樹，今年忽已老。郎君別有心，安得自言好？

開夏四五月，緑葉蔽長堤。顔色不如昔，何以爲人妻？

誰謂水東流，盤繞西山間。老姥尚復嫁，依然餙紅顔。

下馬脱紫裘，烹鮮宰肥羊。但得賢主人，可以不思鄉。

銀燭照帷中，調笑在當鑪。纖手提壺出，何異秦羅敷。

暮寒如深秋，春草不再生。願言牀上女，爲我發新聲。

挽轡渭橋上，持此五尺刀。一去千里遠，觀者皆言豪。

鉅鹿公主歌辭 三首

公主出遊從如水，擂鼓揚旗動西市。

金根車前有女子，手持玉節拂羅綺。

耳邊明珠入鏡裏，自視鏡裏顔色美。

紫騮馬歌 四首

道逢一少年，來自渭城下。腰間有鹿盧，獨騎紫騮馬。

生平不相見，一見如舊識。同行至燕市，慷慨殺殘賊。
殘賊既已殺，歸來變姓名。自言無父母，亦復無弟兄。
異姓爲弟兄，今日得見君。豈復爲人用，八十猶從軍。

紫騮馬歌

郎騎紫騮馬，手中持金鞭。安得爲郎鞭，與郎相周旋。

黄澹思歌辭 二首

百爾黄澹思，歸歸忽已緩。腸中作車輪，日月道路轉。
帆檣過廣州，夾岸楊絲垂。楊花向西飛，郎獨不東歸。

地驅樂歌辭 四首

浮浮漉漉，雨雪未消。凍殺鴛鴦，止存鴟鴞。

敕敕力力，臨窗自織。心有所思，終日不食。男兒在家，但對少婦。女兒在家，但累父母。望郎不得，見郎不識。女兒日老，有何努力。

地驅樂歌

月照空房常獨處，無信人言實迋女。

雀勞利歌辭

野雀勞利，雨雪多。欲飛不去，將奈何？

隴頭歌辭 三首

流水不還，雲飛隴山。當從何處，復望蕭關。

隴阪無邊，野草皆荒。中心九折，與路俱長。

胡笳日吹，隴水日鳴。舌焦猶啼，共作邊聲。

隔谷歌

父在前軍子在後，兄在左軍弟在右。糧食已盡血滿手，持劍相救安能久？

東平劉生歌

有客來朝自東平，是劉生，逢人未嘗言姓名。

捉搦歌 四首

好名不成不如死，貪財不亡終不已。老夫生子更覺喜，貧女不嫁非不美。

女兒十五嘗織素，單衫拓屐能行步。前日新人忽已故，君有他心休見誤。

鄉人不知遠别離，終身但奉子與妻。金車高蓋爲男兒，父母出入常自卑。

父母不樂因有婦，事師不專因多友。能舞寶刀嘗割手，錢餘百萬成白首。

折楊柳歌辭 五首

下馬折楊柳，楊柳正低昂。上馬吹長笛，行客悲斷腸。

婆娑楊柳中，望見孟津河。河邊好飲馬，漢兒能爲歌。

我本虜家兒，亦唱虜家歌。蹀座觀郎意，郎意將如何？

郎持珊瑚鞭，直至楊柳北。但聞連錢聲，不見郎顔色。

北風河上吹，楊柳自生煙。不及鐵連錢，常在郎膝邊。

折楊柳枝歌 四首

楊柳何青青，照我黄金釵。行客皆上馬，但傷女兒懷。

涕泣罷機杼，獨在空房坐。女兒自有懷，他人莫勸我。

久言女兒心，嫁時當及早。不見園中花，顔色忽已老。

男兒辭父母，涕泣對妻子。女兒辭父母，涕泣心中喜。

幽州馬客吟歌辭五首

相馬失之瘦，相士失之貧。樗蒱百萬錢，今日始作人。

後園生春花，長路白日斜。階前兩走馬，何必思還家？

郎著紫羅褶，女著紅紗裙。手中十指環，持以贈郎君。

莫言南山高，驅馬不肯前。莫言女兒好，郎君未必憐。

客來自幽州，馬上千金裝。醉後騎馬去，女兒心中傷。

慕容家自魯企繇谷歌

谷中有高閣，閣下花未落。願寄佩郎衣，郎心可相若。

高陽樂人歌 二首

京都輕蕩子，流宕天一涯。偶得一千錢，揚鞭入酒家。

作使酒家娼，揄袂摻其手。平生喜作人，千錢呼□□。

博依集卷二

樂　府

相和歌辭

漢舊曲也，播之絲竹，更相和者。凡相和、吟歎、平調、瑟調、清調、楚調六大曲中，屬擬則古也。魏氏詩間爲一二，以爲去古未之遠也。

相和曲

箜篌引

子無渡河，河深橋絶。被髮而去，與子長別。

置酒高殿上

和風上高殿，四座來嘉賓。熇鮮置美酒，懽娱及良辰。趙姬舞白鳩，燕女顔色新。一解

彈箏何激揚，識曲知爲秦。交疏臨後池，鴛鴦迴緑蘋。皓魄耀金鉤，微露沾羅巾。二解

搖光忽已没，垣右餘天津。百年歸憔悴，華屋皆荆榛。纍纍狗兔冢，誰見平日親？三解

達士眇生死，況論富與貧。更和氣出唱，膝席前自陳。此會樂相樂，何必千萬春？四解

精列

心有憂，人生無百年，相見皆白頭。相見皆白頭，及時成功名，無爲此生羞。當代重文法，安得關内侯？安得關内侯，不如著經史，尚在世間留。尚在世間留，周公仲尼死，其可復生不？其可復生不？願駕白鹿遊，直至神仙州。神仙竟誰見，服藥欲何求？

江南

江南蓮花多，采蓮前塘過，田田秋水波。采蓮前塘西，雲飛日將低。采蓮前塘東，中流起涼風。

東光

望東光，西接蒼梧長。蕩子從軍行，中道無衣裳。腐粟不可食，何以續斷腸？

薤露

悲風多，可若何？千秋百歲黄泉下，日日猶聞薤露歌。

蒿里

蒿里多塵灰，人生一去不復迴。多少聖賢名後世，可能不從此地來？

挽歌

秋聲在白楊，狐狸入崩榛。繁霜被高阜，白骨日以新。曠野何茫茫，天色蔽黄塵。昔與賢豪居，今與山鬼鄰。執紼藉冢上，安用生平親？倏忽歲云暮，荒草皆爲薪。城市起歌鍾，杯酒望誰陳？黄金千萬鎰，子孫宴芳辰。骨肉且如此，況乃在他人？人生但適意，富貴不若貧。

對酒

對酒即當傾，何時慶太平？今幸五穀成，但有天子聖且明，使農家父母兄弟尚躬耕。安能得：　蠻夷戎狄，不犯邊京，錢穀皆滿盈；　將軍校尉，不復用兵；　自丞相以下中大夫，守吏二千石，三公九卿，盡廉潔不爭；　置觀立學，諸儒榮令，跅跎要駕咸成名；　下無催科並征，各樂其業，刑罰得重輕，外户不閉夜不驚。今皆不然，何以爲生？

鷄　鳴

斯世方太平，高門臨南城。客至狹斜間，十里聞鷄鳴。深宫日設宴，富貴甲西京。家世爲三公，父祖爲九卿。有子四五人，待詔入承明。遷爲侍中郎，驅馬陌上行。觀者如堵牆，長吏紛相迎。歸來黄金堂，堂上春風生。不能爲侍中，不能爲弟兄。賓客羅夾巷，門者但問名。丈夫當富貴，處士盜虚聲。

烏　生

烏生在南山，南山巖石多高松。何爲八九子，辭山間阿母，飛至秦氏家桂樹中。喈！我蕩子有良弓，右手持兩彈，用之甚工。方欲出門東，仰射天上，不中飛鴻。那知見烏即發，身死魂魄揚半空。倘在南山巖石高松間，睢陽蘇合難爲功。後有鷂子疾來逐黄雀，病傷乃下投桂樹落。復發彊彈射中鷂子翼，於是竟爲蕩子所獲。嘗聞麋鹿之命繫庖厨，鴻飛冥冥誰能圖？太息民夫人，不可自爲命，但在山中，不當見誅。

平陵東

長城傍，牛與羊，秋天蒼蒼埜茫茫。埜茫茫，無一人行，唯我獨戍在長城。在長城，亦誠苦，不知何日平西戎〔一〕。平西戎，手出血，走馬𩣡隤天雨雪。

陌上桑

日出陌上桑，桑葉映高樓。高樓是秦氏，樓中有美姝。美姝名爲誰？其名曰羅敷。十五作女兒，未嘗過門樞；十六爲人妻，采桑城東隅。桑葉何鬱鬱，輕風飄羅襦。雙手披其枝，葉落滿籠鉤。頭上木難簪，青絲繞珊瑚。腰間鳳凰帶，耳邊大秦珠。光輝照陌上，可直百千餘。一解

采罷立陌上，搔首獨踟躕。自言別夫壻，又復一年餘。登高但遠望，渺渺音書無。望見往來者，意欲作書去，千里寄我夫。夫壻在何地？前往東海頭。少年有奇志，人稱千里駒。仗劍騎駿馬，直去□□□。二解

駿馬名躡景，寶劍名鹿盧。往年作小吏，隨人長馳驅。如今二十歲，當爲朝大夫。言之尚

未畢，太息復斯須。如何不歸來，使我常獨居！借問往來者，云從東海頭。千里日已遠，東方平安不？爲我寄書去，泣下不能書。心中但一言，勿爲他人夫。三解

吟歎曲

王子喬

白雲浮望見，仙人雲中遊。誰爲仙人雲中遊？王子喬，緱山頭。七月七日乘白鶴，不久留，過謁三台四海歷九州。王子喬，玉纓玄裘，直至五城十二樓。同浮丘，下瀛州。言今天子至聖明，威服四夷當遠征。我家置酒歌太平，還能乘會得公卿。往時人間伊洛行，嘗好吹笙作鳳鳴。如今蓬萊有新聲，玉女羅坐羽衣輕。願我國朝無煩兵，千秋萬歲垂令名。

平調曲

長歌行

東臨太原道，西望太行山。浮雲忽已失，行行阻且艱。今日黃髮翁，昨日皆紅顔。江海有時竭，日月不復還。人生當少年，努力慎勿閒。

短歌行

置酒高堂，憂心徬徨。以何解憂？但有盈觴。一解

青草萋萋，如今幾時。相逢不樂，當復何須？二解

䑸彼晨風，載飛載東。暮將安宿，我心忡忡。三解

歌聲悉索，知心所作。蘭用佩之，繚以杜若。四解

山高月明，饑烏夜鳴。帳中起舞，安用令名！五解

將出東門，短歌無音。反復歸來，誰知我心？六解

猛虎行

單葛安能勝寒，腐粟安能勝飢。不從猛虎食，空與悲烏啼。

君子行

君子有深心，衆人好舟旋。結交亦云深，一昰安能捐？奔走求功名，衹爲一囊錢。人情易反覆，功名多不全。三監既已誅，周公爲聖賢。嘗聞古詩云，君子防未然。

燕歌行

八月天高草木黄，日暮曠野何茫茫。一解
遠望下阪牛與羊，但見悲風在枯桑。二解
游子流宕在他鄉，使我寂莫守空房。三解
錦席羅帷不復張，秋夜耿耿一何長。四解
當軒理曲發清商，落葉蕭條露爲霜。五解
明月徘徊照我牀，低頭涕下沾衣裳。六解
仰視浮雲西北翔，河漢織女星無光，願爲黄鵠隨君傍。七解

清調曲

苦寒行

渺渺陰山道，凜凜北風吹。陰山道，凜凜北風吹。遠行數千里，游子中心悲。一解
悲來但遠望，草木無不萎。但遠望，草木無不萎。四面塵沙中，惟餘黄葉飛。二解

崎嶇天已暮，左右臨深谿。天已暮，左右臨深谿。豺狼疾奔走，猩猩向我啼。三解

陰雨忽成雪，日夕何霏霏。忽成雪，日夕何霏霏。栗烈傷我骨，觱發傷我肌。四解

驅馬不肯前，愁聞馬聲嘶。不肯前，愁聞馬聲嘶。手足皆凍裂，荷戈不能持。五解

年年披甲胄，中無裳與衣。披甲胄，中無裳與衣。堅冰渡交河，胡地人煙稀。六解

行行不得息，三軍一時饑。不得息，三軍一時饑。但願食腐粟，豈敢言思歸？七解〔一〕

豫章行

豫章山上松，盤紆拂青天。樹葉何蔚蔚，日夕生雲煙。秋後工師至，斧斤滿山川。轉運數千里，根株不相連。自從居此山，於今百十年。安知終斷絶，山川爲我憐。驅至洛陽地，置我宫殿前。公輸主繩墨，將欲建甘泉。但恐不得建，燔燒同舟船。倘爲棟梁任，何惜身不全？

董逃行

吾觀世上何艱難，其險如太行山。昔年遊長安，黄金闕下雲煙。冠蓋紛綸，公侯往還。一解

得時威震蒼天，死生目前，禍來非一端。家破身殘，不如逃入深山學神仙。二解

遥望四海五嶽，芝草何斑斕。直欲上蓬萊，蓬萊誰可見？夢中方且過謁三台廣里邊。三解乃遨遊閶闔間，但見織女牽牛連。白榆歷歷石中流玉泉。上有遺酒挹露甘，飲此酒可三千年。四解一飲十爵，遂用大醉，不知天上何事。但願自作天使，參駕白鹿至地，皇帝萬壽使天下治。五解

相逢行

遠望何年少，騎馬上平原。相逢在狹路，踟躕與我言。借問從何來，云登公侯門。門上餙白玉，堂上陳金樽。桂樹生西閣，枝葉交東軒。爲命邯鄲娼，引我入後園。園中有清池，池中有雙鴛。鴛飛自成行，羅列何翻翻。謂君君已知，富貴誠獨尊。再世爲丞相，身受聖明恩。諸子皆侍中，執戟是其孫。將軍爲人弟，金吾爲人昆。東風吹芳草，三月一何繁。清露凝爲霜，白日忽已昏。美人以百數，顔色誰當存？

三婦豔

大婦織素練，中婦裁新衣。小婦臨朱檻，但見鴛鴦飛。明月忽已出，丈人猶未歸。

清調曲

塘上行

蒲葦何冥冥，蒲葦何冥冥，長生在清池。池上有桂樹，黄鳥鳴其枝。賤妾自有心，他人安能知？一解

無奈心不同，無奈心不同，讒間在一時。顔色維用老，仁義空爾爲，思君不見嘗苦悲。二解

問我何所悲，問我何所悲，悲來但垂涕。陰雲從西來，終朝何噎噎。桃李盛繁華，安佩蘭與蕙？三解

織素如冰雪，織素如冰雪，不若新紈色。執我爲仇仇，亦復不我力。中道已絶誰爲言，獨向空房夜夜長太息。四解

日夕風何涼，慄慄侵衣裳。安敢復望君，枉駕至我傍。但願加飡食，延年樂未央。五解

瑟調曲

善哉行

上山采蘭，下山風寒。既見故人，我心則懽。一解
西門步還，執手盤桓。今日不樂，明日大難。二解
雲中仙人，與藥一丸。但願藜藿，我不敢湌。三解
明月在天，零露團團。商絃欲絶，我不敢彈。四解
霜降城隅，草木皆枯。何以忘憂，清酒百壺。五解
日月已往，駕言遊湖。何必成名，乃爲丈夫？六解

隴西行

門中有好婦，出門望征夫。征夫戍隴西，艱難萬里途。單衣被雨雪，如今三年餘。杳杳音信絶，不知尚有無。空房悽以慘，春秋顔色殊。采桑在南陌，采蓮在東湖。饑來無饔炊，寒來無重襦。織素以自供，深夜累長吁。爲君度辛苦，鄰女以爲愚。泣下不可言，心中徒區

區。有客往北方，將到隴西不？贈君一端布，可向酒家沽。

步出夏門行

至人不偶俗，自云古道存。父母尚不樂，何況弟與昆。激切傷中懷，步行出夏門。富貴多新患，結交忘舊恩。殺人稱得意，相尋日報冤。履死不復悔，但爲謀饔飡。我將求神仙，上謁過崑崙。遊戲紫雲臺，玉女奉金尊。大呼世上人，賦詩數千言。

折楊柳行

楊柳何青青，青青忽已黄。静言思古人，榮衰安有常？一解

桀紂苟無罪，湯武亦自王。始皇垂萬世，焉知二世亡？二解

東門悲李斯，車裂嗟商鞅。西施亦已浮，智伯頭爲觴。魏齊難見脱，武安徒自傷。三解

子推入山焚，采薇矜首陽。聖賢雖異名，千古同北邙。四解

西門行

出西門，望西河。前日西河樹，落葉已多。一解

見葉葉，不復渡西河。歸來烹羊置酒，不樂將如何？二解
舞自趙，聲出秦。平生寡結交，厭薄鄉里親。三解
所持心相知，握手不數人。少年意氣盛，白髮忽以新。四解
試觀貪財愛惜費，後來蕭索委灰塵。試觀貪財愛惜費，後來蕭索委灰塵。五解
但能長作樂，何必憂賤貧？王喬不可見，誰得知爲神？六解

東門行

出東門，風正悲。道路遠，行遲遲。鄉里盡小兒，乍見豪傑爭相譏。一解
貧賤去鄉里，羞見子與妻。人生當得富貴，何爲陋巷無晨炊？二解
無晨炊，父母不以爲子，兄弟皆以爲非。長歌遠行，撫箾刀鳴，憂從中來嘗告誰？三解
長歌遠行，撫箾刀鳴，憂從中來嘗告誰？成名及少時，大丈夫，何必歸？四解

飲馬長城窟行

北風何蕭蕭，流水何洋洋。日暮遠于望，所思在他方。他方不可思，思之令人悲。夢中一相見，明月空垂帷。胡馬向東鳴，征夫向北行。少壯已皓首，誰與成功名？有鳥雲間飛，千

里不顧歸。願寄片言去，書之以尺素。臨風附羽翼，送至長城路。烏言道路長，一步一徬徨。請欲從此逝，日暮河無梁。

上留田行

誰家孤兒啼，聞之爲出涕。人生嘗作兄，慎勿爲人弟。人世一何不然？上留田。生死誰問蒼天？上留田。孤兒啼向人前，上留田。兄弟不相憐，上留田。父母已在黄泉，上留田。非處貧賤，安見聖賢？上留田。

孤兒行

孤兒生，孤兒既生，不如即夭。人言孤兒，無父母，得兄嫂。我言孤兒，寧與他人爲好。人猶怛惻，不若兄與嫂。寒冬臈月，未嘗衣魯縞。父母在時，惟我是寶。安知饑無食，啼時向誰道？出東門，但遠望，蒼天蒼天，視我草草。父母所遺我，不下十萬錢。宅一區，數百畝田。兄嫂但用之非一年，我敢言？憐彼心中更不然，將欲殺我，乃得其全。不如早殺，即見黄泉。蓋有小人，從中較計，使我兄嫂，不作聖賢。此里中，不可居。十五不足，十四有餘。

竟去他鄉，從師讀書。他鄉流宕，知我者少，欺我者多，將安所向？父母之骨，尚在高堂，何時得葬？亂曰：　少子固不宜生，致使白骨無收。父母不愛少子，何與父母爲仇？

野田黄雀行

鷂子當天飛，黄雀投網羅。道傍少年悲，意欲斷網羅。意欲斷網羅，手中無斧柯。平生具豪氣，悲之將若何？善辭羅家前，黄雀誠可憐。羅家有赤弓，買之以金鞭。張弓射樹林，正中鷂子心。羅家放黄雀，飛飛入雲陰。少年乃得志，登山爲長吟。

豔歌何嘗行

遠望白鵠飛，飛飛東南翔。五五相隨，十十成行。一解
本欲一時行，安知復損傷？中道羽毛頹，反顧以徬徨。二解
八月降白露，九月成繁霜。海水將堅冰，寒風知枯桑。三解
相逢但飲酒，歌詩以浩倡。明日即離別，分手斷中腸。四解
行行難久留，送子至河梁。河水隨征路，愁見路傍楊。莫難於相知，莫怨於相忘。莫悲於離別，莫苦於他鄉。人世論及此，淚下一何長！邂逅樂相樂，死生安有常？五解〔三〕

豔歌行

中庭芳草靡，霏霏落雨雪。遠憶作客者，正當寒冬節。兄弟各異路，遥遥音信絶。他鄉忽歸來，持鞭手出血。自從爲君妻，年年與君别。明年又當别，難爲妻子説。妻子空復情，自愧不成名。

胡無人行

胡風起，胡地秋。奪其地，飲其頭。

校　記

〔一〕戎　原塗去，據文意補。下『戎』字同。

〔二〕七解　原無，據例補。

〔三〕五解　原無，據例補。

博依集卷三

樂　府

相和歌辭

楚調曲

白頭吟

灼灼溪上花，皓皓山頭日。人心如其面，攜手安可必？一解

良辰難再得，置酒與君遊。今日與君遊，明日成白頭。白頭恐見怒，曾復憶此不？二解

城南有甫田，城北有甫田。親戚日以爭，黍稷盈十千。三解

交淺而言深，倉卒乘蹶船。魚肉雖足食，葱薤莫相捐。四解

衣敝誰當補，絃斷誰當連？男兒好作人，意氣但須錢。浩倡起重歌，琴瑟滿堂前。且快今日會，安能保百年？五解

太山梁甫吟

古墓何纍纍，風雨動梁甫。荒草皆無根，枯薪不用斧。厲吻飛飢鷹，深谿號狼虎。借問墓中人，此時聞風雨？虛名安足爲，聖賢同灰土。苟非藉虛名，何以得成古？

怨詩行

長安城東道，千里鞠茂草。人生如行客，馳驅一以老。歲暮日月逝，憂來惄焉擣。金石入泥土，顔色非常好。日聚心所歡，爲樂當及早。枯骨不能存，榮名豈足寶！

大　曲

滿歌行

人生復何求？飲酒作樂，以至白頭。皇天僤怒，逢此百憂。鄉里小兒，視我如仇。撫劍雷音，一旦遠遊。一解

平生有大志，徒守賤貧。父母即仁，兄弟難親，況在他人？入山讀書，終年苦辛。出路敖

蕩，面目多塵。二解

烈烈飄風發，冥没牖下，知者不爲。蹈東海而死，其心甚悲。草木摇落，黄鳥東西飛。春秋忽變，曾幾何時。三解

我能明六經，當世不尊，誰可與言？著書傳後代，絶俗閉門。古人有作，名至今存。何必拮据，以遺子孫。四解

試觀世上，富貴何常？往時赤金爲屋，碧玉爲堂。如今身死，曠埜茫茫。貪財如是，可爲斷腸。我欲上謁三台，神仙竟在何方？少年好服金石，不及番番髮黄。莫若酒酣賦詩，聊及時以徜徉。『試觀』下爲趨。

清商曲辭

吴聲歌曲

晉永嘉後，暨梁陳，咸都建業，吴歌所自興也。辭率多淫湎，樂府奚取焉？識者以知其祚所以夭也。

子夜歌 十首

野岸無行舟，歡來半夜渡。遺我玉枝箏，報以薔薇露。

秋風在團扇，春華忽已變。容顔非昔時，掩帳羞歡見。

歡爲樹上花，儂作池中水。花飛向何處，水清照見底。

披帷正三鼓，明月撼清波。不知明月意，但見影婆娑。

寒鳥驚宿林，微吟秉蘭燭。照儂心無他，未知歡所欲。

歡着紫裌褶，儂著絳紗裙。粧前白玉盤，與人有何分？

抱被向空中，但有東風來。北斗已闌干，微霜下高臺。

青琴用黄絲，纏緜不復斷。平時愁夜長，今朝乃苦短。

鷄鳴復鷄鳴，風動窗前草。不願鷄鳴遲，但恨相知早。

不得沉水香，安用博山鑪？願得長相近，薰我紫羅襦。

四時子夜歌 四首

楊柳一以深，羣鳥弄好音。春光滿庭苑，安知美人心？

喬木蔽炎暑，乘夜發相思。窈窕拂輕袂，遠與南風吹。

心隨南雁去，願逐西風歸。半夜勤砧杵，不覺霜落衣。

白雪壓淵冰，亭皋平枯草。自照菱鏡中，相思令人老。

前溪歌

出門向前溪，溪上日欲西。望郎渡溪去，但恨爲人妻，夜夜空房啼。

勞勞東武亭，山側多黄瓜。少年情不久，復言遊京華，未必即還家。

團扇郎

東風何多情，不若白團扇。宛轉郎手中，與郎長相見。

但恨西風來，從此捐匣笥。妾面遠不如，朝朝受憔悴。

黄鵠歌 二首

參天黄鵠飛，中道羽毛頹。疲病不食藥，誰能療我饑？

哀鳴失其羣，傍人非所知。但恐死不早，此生將安之？

碧玉歌 二首

我本小家女，自名爲碧玉。感君無限恩，爲君歌一曲。

塘上芙容花，今朝不如昨。涕泣爲君言，異日莫相薄。

懊儂歌 四首

玉簪忽已短，羅帶忽已長。青閨能作夢，日日辭故鄉。

寧爲貧家妾，莫作富家婦。遊蕩戀新華，誰能同白首？

東風忽變西，不見西流水。檣高帆用席，離家三千里。

容顏已枯稿，不能動人憐。歸來倘見憐，亦應不似前。

華山畿 四首

河上立，河水向東流，不若儂心急。

落梅花，爲儂吹一片，寄語到人家。

上高樓，雙燕棲雕梁，今日當梳頭。

城上鼓，夜深犬不鳴，明月當三五。

讀曲歌 三首

反側枕欲臂，顔色復何如？欲言若不足，心中知有餘。

芍藥兩三枝，深夜臨玉階。歡爲東北風，吹香入儂懷。

少年但喜新，豈必富易貧？持鏡照歡色，蚤已在他人。

黄黄竹子歌

澮澮長江水，上有黄竹子。與娘同一船，何必歸鄉里？

江陵女歌

船上鐵鹿子，一去數千里。江陵落花飛，愁見東風起。

神絃歌

宿阿曲

蕩蕩紫雲臺，神靈今下來。地户未嘗閉，天門時見開。

道君曲

道君出遊，風風雨雨，梧桐葉秋。

聖郎曲

聖郎從何來？言來自天門。侍女列長帶，瓊漿溢金尊。仙人何多情，顔色至今存。

嬌女曲

河上有嬌女，乘舟采芙容。緑葉散朱華，鳴鳥飛高峯。小姑衣纖阿，堤邊忽相逢。

白石何粼粼，越橋垂柳絲。神仙常往還，棲雲飡紫芝。嬌女持弦歌，一若有所思。

白石郎

江水清，郎乘雲。望見綵，衣紛紜。

前有嬌女，後有明姑。與郎髣髴，行行與俱。

青溪小姑曲

白水石梁，小姑無郎。神仙所愁，與世更長。

湖就姑曲

赤山有芳草，大姑與仲姑，顔色常覺好。

湖上黄鳥飛，陽春盪碧波，直至赤山磯。

姑恩曲

雲中有明姑，雜佩何葳蕤。羽輪駕飆車，紛吾長帶之陸離。

先戒命鸞鳳，山路來徐徐。下有冬榮草，上有仙人居。

采蓮童曲 二首

采蓮越橋西，共歌采蓮曲。移舟澹容與，但見迴波緑。

扣拽使兩槳，采蓮一時歸。傍有雙鴛鴦，隨我東南飛。

明下童曲 二首

赭白聞班騅，踸踔射堂頭。行行不歸去，徘徊望青樓。

郎持白玉鞭，白玉不如手。傍有十五女，長袖當窗牖。

同生曲 二首

南山有松柏，未幾盡爲薪。風中秉蘭燭，正如行樂人。

蟪蛄鳴曲軒，霜露沾羅幃。飲酒但求醉，人生安不歸？

青驄白馬 四首

君跨青驄八尺高，翠毦玉羈帶金刀。

此去他鄉非一年，望望直到江水邊。

上馬不必言别離，但恐人馬同時饑。

今夜蕭條誰家宿？莫向窈窕歌西曲。

安東平 二首

發發飄風，何時得息？道路苦寒，誰人相識？

織素三丈，贈君作衣。此物非貴，但念别離。

女兒子 二首

壁立高山多夜猿，相思悱惻不能言。

瞿塘灧澦水流急，遠望涕泣裳衣濕。

來羅 二首

枯草被平原，西山落日照。草枯還更榮，人老不復少。

屬纊苟微舉，尚復惜餘財。何如且爲樂，生前奉玉杯。

那阿灘

上船即擔篙，千里不顧歸。五日起西風，從誰寄寒衣？

孟珠 二首

聞君往丹陽，可作富家翁。歸當贈我何？金釵盤雙龍。

三月春江路，開遍石榴花。莫以孟珠好，從此不還家。

翳　樂

少年歡樂意，誓與江水深。分手過明朝，已非今日心。

夜度娘

門前皆荒草，今與霜雪平。自從君去後，不見有人行。

夜　黄

波上多鴛鴦，飛飛各成雙。黄葉夾兩岸，如何不渡江？

長松標

長岡有長松，千丈千餘年。女蘿得相附，亦自亢寒天。

雙行纏

玉腕繫朱絲，與我長相連。自非同心人，誰能獨見憐？

黄督

蹋衍驅犢車，作客過三春。豈不欲還鄉？其如長賤貧。

西平樂

往來輕薄子，與我相知新。贈我青銅鏡，欲得鏡中人。

攀楊枝

宛轉雙朓脱，俯仰攀其枝。不怨春光去，但恨見攀遲。

尋陽樂

誰謂江水深，不若思君心。吳楚三千里，一望皆楓林。

白附鳩

爭唱白附鳩，酒酣吹尺八。遠懷檀江州，何以爲人殺？

拔　蒲

拔蒲向五湖，艇子過蘭渚。迴流發清商，問君得幾許？

作蠶絲

春蠶自成絲，可以作君裳。勑勑不言苦，心心在他鄉。

楊叛兒 二首

手中帶金環，芙蓉繞闌干。采芝慰尊酒，但恐花香殘。

青瑣餙四寶，錦帶垂輝光。故意持莫難，掩面向人傍。

博依集卷四

樂府

舞曲歌辭

雜　舞

雜舞，漢辭久淹。鐸舞、巾舞，有聲無辭，故但擬獨漉等篇。

獨漉篇

天寒雨雪，水寒冰結。冰上可渡，雪中無路。虎有爪牙，不至人家。彼欲殺我，豈用鏌邪？

遨遊他鄉，荆棘在傍。飲食言笑，但如平常。劍雖在掌，難掉羅網。安得相知，與之偕往？

波險且深，風傷我心。丈夫舉事，必待黄金。既賤復貧，骨肉無情。有仇不報，何以爲人？

濟濟篇

置酒設樂來嘉賓，組帷散佩難具陳。異地相知日新，不見少年行樂人。時維夏，木已秋，金風泠泠使人愁。水自深，山自高，越陌度阡不辭勞。皆起舞，各爲歌，再三浩倡將若何？盛時日月已過，歡娱既極哀情多。

碣石篇 四首

觀滄海

沆漭滄海，東有碣石。日出日没，萬里皆赤。秋風烈烈，悲彼芳草。觀濤之後，始媿行潦。途窮乃反，盛時已過。人知其一，莫知其佗。静言思之，聊以發歌。

冬十月

十月繁霜，樹木盡枯。凛凛後凋，誰爲丈夫？烏鵲載飛，鴟鴞來集。讒口用謀，訛言其及。兩葉不去，將尋斧柯。涓涓不絶，將成江河。静言思之，聊以發歌。

土不同

人情不同，有如鄉土。見善必嫉，甚於豺虎。從時求名，毋用稽古。我生而賤，何以事父？知音已矣，友朋奚多。松柏自高，豈因蔦蘿？静言思之，聊以發歌。

黿雖壽

黿亭廟堂，不如汙池。衣以錦繡，豈願爲犧？風波相踰，悠悠吾心。中流失船，一壺千金。入山著書，奈當世何？黄鵠遠舉，將避蔚蘿。静言思之，聊以發歌。

白紵舞歌辭 二首

藻扃黼帳開中堂，朱爵文窗映畫梁。琉璃絲縷薄暮張，瑶席犀渠陳玉觴。乃衣白紵飛羅裳，頭上琅玕餙新粧，仙髻金釵帶鳳凰。宛轉雙袂正低昂，纖手垂佩一何長，揚塵利屣動輝光。蘪蕪蘼生色蒼蒼，緑葉紫莖來芬芳。華燈照水撼垂楊，簫管備舉鶩鴛鴦，舞罷鳴鑾歸洞房。惟祝君王莫相忘，千秋爲樂良未央。

風寒夜長酒已多，明月皎皎玉顔酡。帟幕珠簾影婆娑，側弁交席起傞傞，鼓鍾鳴磬擊靈鼉。趙姬酣舞胡姬歌，齊謳秦吹聲音和。披離縠霧揚纖阿〔一〕，徘徊出闥盻庭柯。天津閣道斜臨河，翠微澹影高嵯峨，忽見天邊鴻雁過。樹上繁霜被女，戾天鴻雁遵陸。曠野無人，於誰信宿？違違用老，日月何速。昊天不駿，賢者無禄。

別鶴操

誰謂路遠兮當別離，披衣出户兮鶴唳悲，繁霜被空兮將安歸？

雉朝飛操

雉子斑兮在山陂，羣游朝雊蜚從雌。我心獨傷兮失其時，出采薪兮安所之，援琴歌兮當告誰？

走馬引

空山寂無人，風雨不敢行。夜中方假寐，繞室爲何聲？父仇既已報，本非欲求生。蒼天感俠士，故使天馬鳴。逃入沂澤中，豈必持短兵？

雜曲歌辭

雜曲歌辭，自秦漢洎六朝，文人才士雜詠，皆載中古辭無遺，如晉後新聲，煩甚且薄，故略之。古辭如『驅車上東門』類，已擬十九首，置五言古中。

羽林郎

長安羽林郎，輕薄好樗蒲。贏得百千萬，盡向南城隅。城隅春三月，楊柳夾通途。高閣連綺堂，酒家有名姝。名姝年幾何？顔色甚敷愉。十六尚不足，十五頗有餘。未嘗問其字，先知姓爲胡。孅孅新粧起，皎皎正當壚。頭戴龍角釵，手提碧玉壺。少年往來者，皆言世所無。後有軒車來，云是馮子都。逢迎過嫖姚，敢言霍家奴。貽我雙跳脱，贈我明月珠。繫我素縷帶，結我紫羅襦。問我曾嫁不？方將與之俱。前言子都貴，何敢以賤軀？富貴不易妻，女子敢易夫？

蜨蝶行

蜨蝶之翺翔花枝，行入紫深宮中，三月時，苜蓿下臨池。卒逢燕子，接我纏之，置樽櫨間，與風吹。深宫中，有美人，多所思。憐我鼓翼，不覺自悲。

董嬌嬈

三月桃始華，夾路何夭夭。車馬馳其下，紛紜洛陽橋。橋邊有美女，獨行自逍遥。左手提輕籠，右手披柔條。采采即盈匊[二]，踟蹰已終朝。花落隨長裾，因風自飄摇。借問誰家子？云是董嬌嬈。正當十五六，復善吹玉簫。曲中多宛轉，音響徹青霄。年少空有意，無用來相邀。心本不能言，貽我以握椒。水流不顧返，日夕常起潮。倏忽橋頭樹，處處皆鳴蜩。高秋霜露隕，芳華一時消。盛年易以逝，顔色爲誰驕？

傷歌行

青青園中草，牂牂門外楊。鴻雁東南飛，浮雲西北翔。微風四面來，吹我布衣裳。儲與立空庭，日暮一何涼。鳴蜩聲嘒嘒，聽之感我腸。獨行欲何爲，憤激之他鄉。恐懼寘於懷，安樂遂相忘。古人不得見，援琴發清商。南箕難以簸，牽牛難服箱。何爲負虚名，與世徒遑遑。

悲　歌

妻子可以不思，鄉里可以不歸。但爲貧賤，父母何依？日暮將如何，相知豈必多？不效兒女泣，臨風發悲歌。

前緩聲歌

千仞之谷忽爲萬仞之陵，哀哉今人，胡憯莫懲？心爲盤石，亦已改意，氣安足稱。當復思，太山崔巍，不見跛羊皆登。豈無高下，何必言其所能？沽酒吹長笛，但當獨醉不用友與朋。

枯魚過河泣

悔不遊江湖，過河空作書。今當饋金盤，猶勝汙池居。

古咄唶歌

洛陽多樹棗，纂纂垂長堤。傍人互攀折，日夕傷其枝。咄唶但仰視，榮華自生悲。

樂府

遣使出行胡，干戈蔽長途。賨賨烏弋貢金珠，巴俞碭極樂皇都。

古五雜組詩

五雜組，身上衣。往復還，鴻雁飛。不獲已，行不歸。

古兩頭纖纖詩 二首〔三〕

兩頭纖纖，弓如月半。白□黑將士髮。腷腷膊膊□□□，磊磊落落□□□〔四〕。

名都篇

名都盛繁華，車馬東西馳。長楸道上客，被服何陸離。都尉縣虎角，侍中冠鵔鸃。少年衣鞢鞨，起舞帶葳蕤。鬭鷄爲金距，射雉列長陂。陌上揚旌過，從者百餘騎。云是辟陽侯，春宴臨華池。旨酒載舲舫，綺席布琉璃。帳用冰蠶錦，扇以白龍皮。膾鯉淳豹胎，薦臛灌羊脂。商調發義渠，飛組利鮮卑。日暮聞笙簫，遠與東風吹。朝朝有如此，唯恐失良時。

美女篇

誰家有美女，采桑城門東。年可十四五，顔色如芙容。柔枝自低昂，葉落隨輕風。白玉爲素手，明珠爲雙瞳。纖阿揚輕裾，垂帶桃花紅。長袂出金環，雜佩紛玲瓏。頭上結多簪，翡翠盤玉龍。顧盼生光彩，行路何雍雍。少年忽見之，袒裼不張弓。樵者忘其擔，鋤者忘其傭。彼獨持團扇，仰面望飛鴻。借問女所居，名姓誰家宗？卻略不能答，指示青樓中。門前臨廣陌，屋後羅高松。須臾上青樓，捲簾第二重。美人有私心，衆人安能同？

白馬篇

白馬餙犀羈，照耀珊瑚鞭。茸鞦青絲轡，金鋄鐵連錢。鞍傍有寶刀，可直百十千。其名爲漏影，洗以獨流泉。騎馬佩此刀，馳驟如雲煙。揚聲起并冀，拂袖向幽燕。出門離父母，游俠數十年。藉交報人仇，追者莫敢前。羽檄方交馳，黑夜自臨邊。右發降日逐，左顧定祁連。出師未浹辰，□□百萬還。功成不受禄，家無數畝田。但有國士風，後世稱其賢。

東飛伯勞歌

誰家女兒著羅衣，仰視伯勞正東飛。不覺含情理清曲，微按冰弦知柱促。黄金屈戌控流蘇，飛仙髻後大秦珠。倚檻但持白團扇，惟恐傍人得相見。徘徊獨對寶鏡中，可憐花落從春風。

阿那環〔五〕

幕南蠕蠕主，强騎動雲中。揚旗操到鏃，將向渭城東。

蘇小小歌

西陵滿地花，郎可不思家。醉挽連理袖，同上油壁車。

長干曲

生小長干市，邀君長干河。女子善使舡，不畏楊子波。

校記

〔一〕殺　當作『穀』。

〔二〕即　國圖藏本改作『不』。

〔三〕二首　正文僅一首。

〔四〕空圍原皆有字，後被挖去。

〔五〕環　樂府詩集作『瓌』。

博依集卷五

五言古

河梁詩 三首

送子上河梁，河水暮湯湯。浮雲西北馳，鴻雁東南翔。生平在須臾，相思日以長。胡地多悲風，草木無不黄。蕭條萬餘里，對酒空徬徨。握手一爲歌，泣下斷中腸。我獨何人斯，不可還故鄉。

其　二

須臾難久立，死生從此辭。往路塵沙起，遠望能不悲？奄忽一相失，風波焉可知？願言崇令德，努力愛良時。少壯亦已逝，皓首欲何爲？

其　三

沙漠一何廣，四顧人煙稀。踟蹰在曠野，仰視晨風飛。今子知吾心，言之涕沾衣。極目望東南，因風常依依。慷慨空自已，賤軀將安歸？

又李陵録別詩 四首

録別詩，自漢以後，迄今鮮有及者，間有一二，亦彷彿其貌爾。余觀海上區脱語：『異域之人，一別長絶。』因起舞，歌曰：「徑萬里兮度沙幕，爲君將兮奮匈奴。路窮絶兮矢刃摧，士衆滅兮名已隤。老母已死，雖欲報恩將安歸！」泣數行下，遂與子卿决。以其時爲詩，當有得云。

胡笳中夜動，曠野聞荒鷄。游子起徘徊，河漢星高低。羶酪充饑渴，殺氣生鼓鼙。豺狼當道路，白骨委深谿。牧馬千里羣，遠望向風嘶。孤身死無益，中腸感以悽。老母被刑戮，妻子爲鯨鯢。皓首瞻故鄉，長與故人違。故人遇清時，功名難與齊。我獨處絶域，深沈濁水泥。春陽二三月，芳草何萋萋。身負天地恩，安敢望提攜？思心常愴恨，晨風爲我啼。願託一尺書，飛至玉關西。

其二

塞外八九月，繁霜腓百卉。烈風馬聲哀，甲胄生蟣蝨。流水何湯湯，魴魚有赬尾。戎狄多虎豹，中朝多蛇虺。歸去事聖明，今聞長亹亹。生爲隔世人，死爲異域鬼。一言謝故人，懷抱空惻悱。

其　三

楊子感岐路，仲尼歎皋壤。邊聲四面起，中懷徒慨慷。聽我游子歌，引喉發悲響。一曲再三唱，軍吏皆俯仰。氣結口無音，推心空撫掌。崎嶇萬餘里，胡天亦何廣。前驅畏荆棘，後顧見魍魎。蕭蕭松與柏，狗兔棲冢上。千秋百歲後，聖賢同草莽。男兒不成功，空爲萬夫長。死葬蠻夷中，游魂任來往。安能還故鄉，北闕復稽顙。

其　四

黄雲蔽白日，胡地凝玄冰。嚴冬被短褐，霜雪不能勝。有鳥從南來，羽翼似蒼鷹。高舉翔天表，豈畏繳與矰。仲連蹈東海，所以至今稱。

蘇武答詩 二首

童童山上松，攸攸淇水曲。陰氣降爲霜，千冬色長緑。沙漠萬餘里，游子尸相屬。他鄉復云别，曠野空躑躅。男兒戀鄉里，未能免世俗。盛時一已往，胡爲尚結束。與其歷艱辛，功成還受辱。孰若當少年，要津策高足。

其二

雙鳬向西北，中路相背飛。子言不復去，我言當還歸。百年在一旦，垂涕不可揮。草際見牛羊，白露濕單衣。明月照邊土，黯淡無光輝。努力慎風波，顏色忽已非。言笑加餐飯，夢寐莫相違。

古意

秋風何烈烈，吹我薄羅幃。游子身上寒，請爲治冬衣。砧聲何太急，中夜起歔欷。一聲復一聲，羣雁皆南飛。重裘常苦寒，三飯常苦饑。游俠未成名，遠行胡不歸？

古別離 五首

昔聞生別離，今日乃見之。死在萬餘里，但有長相思。衣裳知天寒，高樹知風吹。東北望不極，佇立中腸悲。仲冬十一月，山路摧車輒。欲食舉野火，欲渡橋梁絶。顏色忽已老，思君心如噎。思君不能還，所思在雨雪。

其二

皖彼河漢光，織女近天津。獨宿誰與旦，徘徊望遠人。遠人愁往路，中夜視行輪。曾爲骨與肉，不若胡與秦。萬里尚可至，骨肉不復親。夙昔見顔色，含辭俱未伸。請爲苦寒歌，傷心難重陳。安得比翼飛，與君同一身？

其三

長征出沙漠，故鄉從此遠。親戚爲白衣，置酒東門阪。須臾執鞭去，終已不顧反。枯桑多悲聲，白日忽已晚。行行中道饑，晨起不能飯。壯志死邊陲，何爲空偃蹇？

其四

浮雲西北飛，直至燕山陰。白日淡無色，千里皆松林。驅馬在長道，寒風吹我心。山高一以望，望見交河深。下馬衣重裘，掩目涕沾襟。據地發清商，慷慨不成音。雕鞍被霜雪，何用飾黄金？

其五

天邊雙白鵠，遠與浮雲翔。北方常苦寒，山川阻且長。疲病卒已發，不能隨君傍。十步一反顧，五里一傍徨。相知勿言樂，明日悲斷腸。駕言出遠遊，日夕河無梁。佇立望弗及，但見牛與羊。哀哉世上人，頃刻爲存亡。

古詩十九首

古詩十九首，或云枚乘作；李善復以『驅車上東門』與『游戲宛與洛』爲『辭兼東都』；徐陵玉臺分『西北有浮雲』以下爲乘作，『凜凜歲云暮』『冉冉孤生竹』列爲古詩：則十九首蓋非一人之辭。辭率自然，意悲而遠，風雅尚近，爲五言絶倡。諸曹、嗣宗間一詹焉，後此難乎其逮矣。今之效者，第取優孟已爾。余兹所言，雖失規榘，於古氣均猶庶幾不遠云。

置酒在高堂，今日當行期。父母與妻子，各言長相思。持杯前自跪，哽咽不能辭。年年常離别，此别非常時。努力事戰場，相見未可知。與君結綢繆，百年在斯須。遠望塵沙動，四野西風吹。握手再反復，且願車馬遲。貧賤不出門，饑寒亦可悲。生存難自保，安用會面爲？

其二

曲閣臨廣陌，下折楊柳枝〔一〕。上有愁思人，終日不披帷。但聞太息聲，長夜有餘悲。維憂日用老，多言將告誰？雜珮何玲瓏，實爲君所遺。被服至於今，未嘗少乖離。夢寐難以逝，願託東風吹。迢迢萬餘里，君心焉可知？安敢望君心，惟念寒與饑。

其　三

驅馬洛陽道，北望洛陽城。千里無青草，荒田不復耕。枯樹多悲風，蕭蕭作邊聲。念我平日居，豈絶故鄉情？上無父與母，下無弟與兄。一身貧且賤，安能結友生？親戚雖足慰，意氣徒見輕。激切傷中懷，辛苦遠于征。

其　四

少年喜遨遊，遨遊向西秦。西秦即皇都，車馬何粼粼。長衢起甲第，云是天子親。門上白玉鏋，堂上黄金陳。城市溢歌鐘，日夕宴芳辰。美女揚羅衣，顔色一何新。千秋百歲後，望望盡灰塵。感此懷惻悱，不若長賤貧。

其　五

平原望不極，秋日何皓皓。下有東流水，上有車馬道。日夕西北風，萬里皆荒草。人生無幾何，適意當及早。馳驅事功名，歸來亦已老。

其六

中園有芳樹，葉落知爲秋。百年忽如寄，相見多白頭。何爲苦筋力，以貽後世羞。持此一囊錢，親戚如仇讎。長寐在黄泉，營營安所謀？狗兔時縱横，野水東西流。誰薦盈觴酒，藉草上吾丘。斯歲未云暮，駕言出行遊。仙人不可得，永以忘世愁。

其七

宵行何熠燿，蟋蟀將在宇。月出東南隅，照我東南户。衆草互披離，山阿有高樹。優游卒餘歲，安論今與古？嗟彼富人子，卑卑不足數。違世而獨立，中心亦誠苦。何不日歡娱，極宴陳歌舞。

其八

高城百餘尺，其下多樹林。登樓一以望，極目傷我心。踟躕無與言，命坐撫清琴。嘽緩成商調，憤懣莫可禁。久與世俗棄，何必求知音！

其九

步出直北門，山頭日將没。蕭蕭白楊樹，悲風動地發。參差荒草間，牛羊踐枯骨。清露爲嚴霜，榮衰在倏忽。憂來令人老，少年生白髪。向時相知者，於今亦已殁。淚下如流泉，涓涓不可竭。

其　十

中夜出明月，照彼河漢流。十五在南斗，十六在牽牛。蟾兔亦已缺，輝光難久留。仰視河漢間，渺渺白雲浮。但有餘輝光，彷彿西北樓。奄忽在一夕，人生安所求？蟪蛄滿地鳴，焉知我心愁？

其十一

青青園中柳，當我西南牖。中有紅妝婦，年可十八九。終日織大練，敕力勤素手。征夫從遠來，道路平安不？艱難萬餘里，涕泣不能口。辭家未數年，家人皆皓首。貧賤易出門，别離一以久。朱華被霜露，焉能不速朽？呼兒辦麤飯，聊樂不爲厚。但得故鄉人，日飲故鄉酒。

其十二

灼灼桃李華，亭亭松柏樹。結根在高陵，長夜零清露。盛衰易以變，智者莫能度。少壯勿轗軻，一失難再遇。青陽二三月，芬芳夾廣路。歲寒雖見知，所嗟時已暮。

其十三

洲上采杜若，畹中采蕙蘭。采之欲有贈，誰爲心所歡？九月繁霜降，晨夕衣裳寒。雜佩何纚纚，所悲芬芳殘。中庭有寶瑟，傷心久不彈。徘徊□一曲，令人起長嘆。

其十四

有客自遠來，言發自長安。相思數千里，貽我練一端。裁作衣與裳，泣下不忍看。何用爲報君，玳瑁蓮花簪。繚之以翡翠，錯之以木難。袖中出短書，上言道路寒。相思不顧歸，何復願加餐？

其十五

繁霜降枯條，野鳥東西飛。古路爲茂草，萬里人煙稀。邊馬知地利，天風知客衣。丈夫不成功，故鄉胡必歸！

其十六

天邊有飛隼，翺翔集中陵。朝來履繁霜，河水成堅冰。浮雲互相踰，誰見白日昇？我欲上太行，駑馬難爲乘。野路多荆棘，夙夕悲風興。結交徒自害，意氣安足稱？兄弟尚不顧，又況友與朋？黄金百萬盡，刎頸不相能。胡爲處斯世，終日常兢兢？

其十七

秋天八九月，蕭蕭北山杞。游子當遠歸，道路何靡靡。行俠二十年，寂寞入鄉里。容耀出門時，黄金餙馬耳。寶劍照白日，回顧生青紫。一言不得意，冠髮盡上指。有才不自用，安能爲人使？皓首一無成，歸來父母喜。父母各自慰，羞見妻與子。

其十八

西山無草木，墳墓遥相屬。望望塵沙飛，何用顔如玉？古人獲我心，矯矯遠世俗。委蛇要路津，乃能策高足。日月一以邁，慎勿空躑躅。維宴在今夕，當軒秉蘭燭。醉後起爲歌，焉知心所欲？歌聲愁人腸，不能竟此曲。

其十九

明月燭朱幃，耿耿夜將過。展轉不能寐，攬衣盼庭柯。摇光西北指，閣道臨天河。鴻雁方前征，哀鳴一何多！安得羽翼飛，直至君前歌。歌君君不知，歌者將如何？引領還歸來，涕下沾綺羅。

詠史詩二十有二首

羑里演周易，尼父志春秋。失明著國語，説難出秦囚。子長稱良史，發憤在荆幽。班子譏其知，難免种兢謀。蔚宗論目睫，詣市先斫頭。但有白團扇，長夜空悠悠。繩牀讀史漢，浮名安足求？古人貴明哲，所以終身憂。

其二

從來刎頸交，莫過陳與張。少小好任俠，生長在大梁。挾數游苦陘，亡命游外黄。兩人心相知，期與日月長。自食里監門，倏忽起爲王。豈謂五六年，斬之泜水傍。君卿執呂寬，入爲前輝光。欲全故人情，安能封息鄉？

其三

嘗觀武安侯，身爲太后弟。肺胕領將軍，威名震二帝。王孫喜賓客，藍田拂短袂。獨善張仲孺，使氣好睥睨。富貴稍自安，終坐蜚語斃。東朝相辨折，天子不可制。慷慨事豪俠，安能勝權執？美女充後房，黄金連甲第。杯酒罵臨汝，縛手居室繫。生時受其毒，死後空作厲。噓唏藉太尉，善爲人生計。

其　四

攜琴上高樓，徘徊明月照。命坐拂清弦，倏忽變商調。河南乏吳公，十八徒年少。安用感離騷，投書湘水弔？

其　五

維鵜翼不濡，彼子服不稱。風流喜顔色，夏侯與何鄧。野草蔓黄花，罥罥滿三徑。秋風一夕至，有力不能勝。悲哉子丹兒，白馬黄金乘。握兵數百萬，郡國皆響應。投刀願富翁，痛哭終弗聽。致使辛憲英，閨中一言定。

其　六

鄭季爲縣吏，給事平陽主。生子大將軍，封侯十萬户。藉非公孫敖，區區已釁鼓。出塞定河南，高闕斬首虜。當時黥徒相，偃蹇牧羊伍。民母方奴畜，不以兄弟數。冒姓可成功，讀書何自苦？

其　七

孤幹挺高崗，烈風先摧殘。高行出庸禄，不爲世所歡。子政進洪範，天子徒嘉嘆。子雲著太玄，三世不徙官。侯芭相與遊，敬者唯范桓。龍文誰當識？大離誰當彈？著書藏名山，遇人誠艱難。不如守農圃，晤歌息考槃。嗚呼老貧賤，安用梁伯鸞？

其八

霸陵嘗織屨，沂山馬牧號〔二〕。丹爲信陽饌，恁爲東平暴。世路故難行，各言從所好。常褶寧至爛，一德何以報？

其九

業世皆混濁，皎皎焉所避？天下固不爲，豈慕務光義？曠日行千里，何貴騏與驥。不若乘駑馬，胡秦亦可至。

其十

木葉平野草，清晨白露湛。漁人乘上流，楊舟何汎汎。風霜已變色，人生多缺陷。烏用慶季車，美澤可以鑑。魏豹識相門，馬卿因狗監。相知苟無益，刎頸交亦泛。曳屨涉高岡〔三〕，長林度遠梵。窮達非所求，中心寧自懺？

其十一

茂先能博物，何以被顯戮？宏詞擅芳名，空悲謝與陸。臨刑歎龔李，白帢釋戎服〔四〕。文通終遇害，玄暉收下獄。少年爲文章，老大一何速！安得悲老大，徒作野鬼哭。悵望君平簾，且從司馬卜。

其十二

翁子居會稽，樵艾給朝食。獨歌行道中，冢上何顏色。臨菑學縱横，假貸不生殖。諸儒相排擯，斥逐如他國。繡衣歸郡邸，守丞前匍匐。拜謁陳中庭，駟馬光朱勒。中郎爲齊相，賓客皆藏匿。召賜五百金，乃見仇與德。雖然功名淺，丈夫意已得。貧賤不遇時，鄉里誰能識？

其十三

委蛇保榮禄，達士視草芥。君前可相字，將軍可不拜。累世皆封侯，安知一朝敗？素業懷陸納，率人慕毛玠。未若梁州還，爲通復爲介。皎皎者易汙，君子所當戒。寧效展生意，毋高伯夷隘。春夏草木盛，我日忽已邁。出門無成功，徒使他人快。

其十四

中流蒲與荷，美人碩且儼。西風吹何疾，秋光忽冉冉。君明自占易，亡身能無歉？管郭既知命，人生一何險。知命不可爲，勿效二陳諂。

其十五

設教懷王通，成名思楊震。長卿慕相如，終身不似藺。猛氣浮縱横，將可蹈白刃。上視蒼浪天，行行當自慎。我欲學仙人，誰見王子晉？

其十六

擊鼓在深宫，外野皆聲聞。博學不出口，自勝諸生問。馬融居扶風，盧植起涿郡。公羊世傳經，顔氏有家訓。託名從所遠，請業從所近。庭草何不除，堂上猶未糞。

其十七

安仁臨市中，顔色難以久。太沖辭記室，車上何妨醜。不願爲桔槔，灌園慕陰叟。結交終無益，豈必多朋友？與其兢浮名，不若日飲酒。

其十八

廣川推殿災，居家初論列。主父私見嫉，上奏天子悦。且使吕步舒，當朝誹師説。六藝互興廢，百氏相明滅。吁嗟古先生，但存辯士舌。傳名附青雲，著書尚可竊。卑者忽已尊，巧者有時拙。不如守恒言，出口常呴呴。

其十九

蛇米被墟落，留夷藏深澗。惡固不可爲，薰膏徒自患。蘭陵賢大夫，草疏好爭諫。身爲天子師，親昵當無間。安知六十餘，殞手於豎宦？秋風八月吹，高天見鴻雁。冥冥翔雲表，弋者何所篡？

其二十

河間兩拳手，尚衣侍軒中。解后一得幸，尊寵冠後宮。豈謂榮色衰，竟用憂譴終。雲陽與桐柏，憯怛唯涼風。傷哉李夫人，轉鄉以被蒙。

其二十一

士鞅嗟行汰，公子泣嚄唶。禍福安有定，得意長蕭索。侵欲喪壬夫，驕語敗三郤。不若散黄金，感槩多結客。單車歐茂陵，投暮入里宅。從此不見人，兵車何所獲？

其二十二

鰶鯈游潢汙，安知江海濤？駑馬策陂阪，安知大行高？書生日佔僤，飲酒能揮毫。宏辯上崔蔡，掞藻越王曹。黽勉求功名，白首空劬勞。池陽韓幼孺，霸陵杜君敖。睚眥斷人頭，腰間懸血刀。天子問姓名，捐家海上逃。何爲與世俗，終日徒噭噭？

詠懷詩 二十四首

嘗與故老言，出觀東河水。今日東河水，昔日城傍市。陵谷亦已變，富貴何云美？華屋積黄金，但有塵沙起。受爵不顧身，必亡然後已。人生愛父母，不若愛妻子。努力愛妻子，智盡歸蒿里。寒露沾亭皋，繁霜平荆杞。聖賢與凡民，萬代同一死。

其　二

磊磊幽潭石，潭水亦何深。欲與古道處，沉吟忽至今。人非患難中，安有相知心？沈飲但求醉，消摇行竹林。野藟以爲弦，寒桐以爲琴。攜至高山巔，淩空開我襟。獵纓再三曲，粗厲成羽音。振衣起獨立，猛氣不可禁。

其　三

春秋無常託，安能久趨時？涼風一夕至，芳草忽已衰。行行不顧返，自諱終不移。揚沸用百人，其如一人炊？太行何險巇，高車獨上馳。中路一以失，徘徊將安之？

其　四

幽蘭匿幽谷，崎嶇不可攀。谷中有流水，歲月常潺湲。鄰家有女子，長袖映紅顔。不向陌上桑，在此漚白菅。顧見落葉去，何時當復還？女子自有心，徬徨流水間。

其　五

客從江南來，贈我一端葛。七月涼風至，山中常披褐。濯髮在深谿，谿流何活活。繼佩折瓊枝，芙蓉搴木末。波潮令人老，談讌用契闊。但得一握手，解我長饑渴。

其　六

祠祀累行幸，術士四方來。仙人好樓居，乃立通天臺。興造甲乙帳，珠璧積成堆。大宛安息使，牂牁越巂開。文甲翠羽滿，蒲稍天馬徠。上林平樂館，角抵陳金杯。靈壇夜三燭，乙酉柏梁災。喬木雜碧瓦，日暮起塵灰。余嘗出樅川，思心獨徘徊。盛唐自作歌，千古眞雄才。射蛟親獲之，江水獨遡洄。

其　七

人聞鳳凰奇，安得高岡鳴？日日鳴高岡，耳目何嘗驚？藹藹朝雲布，菶菶梧桐生。遠翔周八極，天下聞其名。豈同鶉鷃食，籬下日相爭？

其　八

浮雲起山側，頃刻蔽平原。白日一何皎，雲飛忽已昏。讒邪令人疏，不過從一言。父母有時疑，何況弟與昆？百卉俱靡靡，喬木誰當存。斯世無古人，不如長閉門。

其　九

跛羊登泰山，山高爲陵遲。誰謂孟賁勇？女子能制之。松柏何鬱鬱，嘗與微風吹。九月披重裘，所貴在識時。蹈海不帝秦，終身以爲師。

其　十

昔余十三四，束髮遊京都。宫闕分萬户，甲第列通衢。簫鼓震居庸，轂擊爭馳驅。多少遨遊子，結袂前城隅。明珠曰如意，寶器名晨鳧。强顔竇氏客，俛首霍家奴。安知時一返，合族皆見誅。豪華忽灰滅，門傍草已枯。黄昏獨遠望，望望復長吁。

其十一

投袂出東門，驅車將遠行。行行欲何爲，豈以慕浮名？浮名安足慕，鄉里自相輕。弗弗飄風來，倐倐木葉鳴。司馬游江淮，稚圭西入京。鄭公居高密，六藝安得明？道路雖云苦，從此見生平。胡爲長鬱鬱，守此鄉里城？

其十二

苞棣無遠陰，雨雪無和風。暮烏不知處，飛飛以西東。古人善其身，林宗與仲弓。何必效袁閎，納食土室中？

其十三

申椒與菌桂，枝葉色長緑。崇朝掇其英，采采不盈匊。采之無所遺，將以佩余服。佇眙讀懷沙，紆軫歌獨漉。驅車途已窮，歸來何必哭？

其十四

借衣者必披，借車者必馳。因人以成功，其心反多疑。入室懷戈矛，世上輕薄兒。嫉美恨不去，何用夜光爲？私著竊其書，猶復畏人知。可憐平陵侯，斥謗終見危。

其十五

十歲好擊劍，舞衣動白日。醉後亂傷人，左右皆鼓慄。年年多讀書，浮氣忽已失。愁見世間人，相逢口如蜜。遊俠慕荆卿，句踐嘆無術。不如掩重扃，寒暑自卻疾。矢志友古人，黽勉事著述。筮卦嘗得謙，君子有終吉。

其十六

遠洲攬宿莽，深谿照梧桐。危坐望西山，草舍在城東。雙鶴四海志，豈願居園中？日食百鍾粟，羽毛亦不豐。

其十七

季秋夜中泠，霜氣薄我幃。寒蛩鳴四壁，蔚荔相因依〔五〕。鴻鵠遠蔚羅，高舉雲間飛。未能出斯世，飛飛將安歸？月落衆星見，中庭燭餘輝。知音久不作，憂來涕沾衣。

其十八

式穀因教誨，螟蠃負螟蛉。老夫時灌灌，小子未嘗聽。池水何澹澹，樹葉何青青！深夜不能寐，散步出中庭。浮雲没天市，唯見三五星。安知我心曲，篝燈且誦經。

其十九

依依河邊柳，童童山上柏。河邊多流沙，山上多怪石。秋風日夕吹，車馬馳南陌。衰柳多枯條，曉見繁霜白。蓬蒿没三徑，終歲無行迹。簡傲慙舟旋，永言謝尊客。

其二十

西方日已匿，四顧何冥冥。皎皎上弦月，曄曄太白星。淅淅起微風，颯颯來中庭。草木正黄落，塞耳不可聽。所思在遠方，獨行以仃伶。安得爲兔絲，終年寄水萍？

其二十一

平皋臨廣陌，下有往來道。白首復馳驅，有懷焉所告？春華未云久，凜秋忽已到。拮据不遺力，空爲子孫暴。

其二十二

谷風從東來，崇朝以陰雨。並日絶饔飧，山中獨閉户。遠聞耘者歌，歌聲一何苦！斯世尚末計，吾慕翟陽賈。

其二十三

嚴冬何懔烈，白日潛光煇。徘徊在千里，願同黄鵠飛。道路亦已久，不知渴與饑。努力無成功，日月迭而微。貧賤懷遠志，親戚以爲譏。他鄉歲云暮，豈欲不顧歸？

其二十四

季秋寒氣盛，日夕皆北風。策杖一遠望，直至河之東。湯湯河東水，霜露降梧桐。歸來獨長嘯，我心何忡忡。短褐長出門，途路多所窮。不如酌美酒，高坐處深宫。

又詠懷 二首

靈龜知萬祀，其骨直空虛。騰蛇能遊霧，終殆於郎且。平生寡言笑，口吃善著書。於世無所求，終歲荒園居。勿駕九花馬，勿乘六萌車。繁華有寂寞，能不歸丘墟？

其二

人生惡貧賤，努力亦已竭。自謂遺子孫，百世可無闕。纍纍冢上樹，子孫先見伐〔六〕。倘有金與玉，豈俟他人掘？匝地淒風起，荒草露白骨。不如及生時，飲酒對明月。

雜擬一首

七月涼風至，游子無衣裳。願寄尺素書，不知從何方。一望數千里，但有浮雲翔。路逢故里人，欲問更徬徨。家中今何如？父母猶在堂？苟可保饔飧，慎勿處他鄉。

春日有感 二首

柳條何菀菀，桃葉何蓁蓁。微風池上吹，摇落不復新。有酒多且旨，可以宴良辰。素性結交寡，誰爲我嘉賓？登樓自斟酌，短衣冠葛巾。慷慨徒擊鼓，猛氣俱未申。殺身在富貴，刎頸在賤貧。白頭未可測，安得一心人？

其　二

薈蔚南山木，熠燿飛倉庚。吾年已非少，蹉跎名未成。田園學耕耨，自媿爲人兄。古來重意氣，丈夫不可輕。意氣無錢刀，丈夫不可行。

送别友人之舒

□阪送故人，雨雪正霏霏。樹木多悲風，唯見落葉飛。山川阻且遠，此行一布衣。努力出門去，勿爲鄉里譏。四方有知己，鄉里可不歸。何爲效兒女，但言慎渴饑？

賦得門有萬里客行贈汪生

門有萬里客，不知何方來。言在京師中，偶隨使君回。京師盛繁華，雙闕平旦開。白日出松柏，照燿黄金臺。冠蓋何絡繹，高山何崔嵬！涼風動百卉，陌上起塵埃。熒惑入婁室，當是新殿災。青瑣間綺疏，珠玉良可哀。步出直郭外，白骨已成堆。洛陽橋下水，一去不復迴。相逢且爲醉，醉後勿徘徊。

寄金緑堤

東風在楊柳，白日何杲杲。故人居龍山，門前生碧草。昨夜見顔色，非復昔年好。歲月亦已往，世情令人老。明日征車行，聞從長安道。丈夫志功名，晚成不如早。

寄友人

他鄉十一月，遊子治行李。聞君有高志，順流泝江水。江水阻且長，霜露兼葭裏。願言一相見，朝朝北風起。荒園有殘夢，寒冬歸故里。明年春三月，一帆下楊子。五日西南風，可到毗陵市。佳會良多日，我心何如喜！

丁卯冬作

芳草委朱華，遠嶼傾西日。晚歲慶穰穰，穫稻聲挃挃。鍵户不窺園，臨牖時散帙。讎史懷班固，註易嗟王弼。從師究天人，今年已十七。少承父母訓，嗜學戒放逸。名余曰以智，字余取藏密。蹉跎無一成，歸來愧有室。

夜中大風

深夜不能寐，鷄犬鳴未已。狂風四面來，不知何方起。颯沓上高樓，蕭條激河水。空房衾枕寒，披衣曳單履。徙倚中庭間，達旦風乃止。松柏何青青，零落桃與李。

冬　日

帝京方重圍，四方議徵兵。仰視流星馳，長庚何太明？豪傑蚤知幾，衆人迷世情。一身且不保，尚言功與名？西北望城市，日夕歌鐘聲。愁見北風起，千里黄雲平。盡此一杯酒，明朝誰爲傾？

庚午春作 五首

春雪尚未消，春雨滿田間。梅花謝白日，明月出西山。倏忽二十年，一往不復還。黄鳥止丘側，行行詠緜蠻。男兒貴結交，道路常苦艱。逍遥上河梁，河水暮潺湲。讀書無所用，何爲空閉關？

其　二〔七〕

□上方堅守。拂衣且歸來，家中一無有。殷勤命少婦，爲我置春酒。明日上高堂，請爲大人壽。

其　三

猛虎在深山，山上多荆棘。人各藏其心，喜怒見顔色。陰風發空谷，掩我黍與稷。斯世何能穀，斯民遂罔極。爲爾作好歌，鬼蜮不可得。西方天氣黑，明朝風自北。風色良易知，人顔信難測。

其　四

初三月在參，上弦在七星。三五在平道，光輝滿園亭。池塘照楊柳，兩岸色青青。微風吹新絮，落水生浮萍。美女著羅衣，舉止何娉婷！重帷鑑明月，寂莫守中庭。春色盈田野，草木自芳馨。窗前芍藥花，一夜皆飄零。

其　五

北風塵沙多，輻車上平原。道路何險阻，歸來守中園。人各懷新怨，不念舊時恩。當世皆如此，安敢持議論！春天二三月，草木一已繁。荆棘盈谿澗，誰爲别蘭蓀。長嘯下高堂，但聞鳥雀喧。妻子前自跪，願君受一言：君去愼所之，朝夕善饔飧。山中對春色，美酒酌金尊。聖賢有深戒，無過亂人門。

江上還作

丈夫貴功業，日月易蹉跎。二十未成名，少年曾幾何。耳目託詩書，憂心謡且歌。鄉里喜誕笑，出路苦風波。當世乏劇孟，結交何必多。邊京久困亂，民言寧太訛。征伐數十年，草野皆荷戈。歸來歲云暮，田場納稻禾。寒露降爲霜，急車返山阿。安得長優游，酌酒臨清河。

其二

寒霜授衣早，晨夕何凜凓。園徑没蓬蒿，户下聞蟀蟋。三冬誠足用，薰鼠墐穹窒。同門四五人，數年如一日。矢志無異趨，失得皆勿恤。世人好多言，求名不核實。豈必待入朝，里閭先見嫉。左思倘在今，安貴皇甫謐？

倪臣北見訪分八字

前日故人來，與我一書札。斯民久淪喪，君子貴先察。寧肆蹈海志，毋效炙轂滑。鹿門無冰鑑，誰人能擢拔？古者英雄起，中原遍車轄。英布可以黥，孫臏可以刖。九月寒霜降，庭草猶未殺。酌酒視浮雲，列宿二十八。天道長推移，人生歸太乙。别君才三日，相待目當刮。

贈蓉城施公

先生渡江來，初設皋比座。小子故懵昧，灌灌弗克荷。天柱縣青霞，明德時高卧。仲淹門下人，當世王者佐。解后何多幸，撰杖得侍坐。平原賢辟陽，安用陸生賀？老父嗟薰膏，安用君賓餓？東里雖白雪，雅南其誰和？出入攝柔嘉，蚤没好聞過。古昔稱先生，毋爲美言破。

如白鹿道中

十月湖水涸，高下耒爲田。執轡馬行遲，有淖在於前。顧盼不復渡，迴車上平原。晚風吹枯草，百里見人煙。農家士女慶，倉箱取十千。不知聖明樂，但願屢豐年。

六叔爾識素儻易不欲居井里擬游學天下今年四月始命駕賦此二章以別之

白日照平野，高堂置金尊。駕言遊江湖，從此臨中原。與君話疇昔，踟躕過前村。雖爲我諸父，實與我同門。於今五六載，奄忽守田園。流水去不返，草木一何繁！天邊浮雲飛，樓聞鳥雀喧。長途顧鞍馬，但有雙劍存。何用爲贈君？贈君以一言。上言成令名，下言慎饔飧。

其　二

伯鸞望宮闕，逍遥歌五噫。朱子織芒屩，日置路傍賣。谿刻自没身，君子以爲隘。不如使意氣，持刀報睚眥。有志在四方，安問成與敗？四月南風興，之子遠於邁。丈夫新出門，弩力慎勿懈。少時名不成，鄉里皆稱快。富貴何繁華，視之如草芥。燕雀與鴻鵠，嗤笑豈足怪？慷慨同一心，何用文淵誡？

贈子明

曠野皆平陸，安見丘陵卑？雅音久不奏，雲門其誰知？聞君獨談經，何幸今在兹。西山朝日出，孤松附兔絲。岌岌高余冠，長嘯臨清池。諸儒宗安昌，必在封侯時。古道嗟已矣，當與君興之。

放歌行山中答客問

蓼蟲棲葵葛，安知大木陰？鄉里自局促，安知達士心？驅車從此去，去入西山林。有客城中來，遺我以鳴琴。勸我還城居，高門餙黄金。我言素多病，山中理术參。死喪已無日，沽酒與長吟。今君有何病？無奈疾邪深。

同張子作

中庭植桂樹，枝葉何蔚蔚。其下有賢人，其上有雲氣。六月温風至，短褐猶自衣。常恐立秋後，田園腓百卉。蟀蟋已居壁，撫心徒歔欷。激烈發悲歌，泣下歌未既。當世無知音，人情令人畏。不涉江與河，安辨涇與渭？辛苦求功名，吾黨不足貴。披襟臨北軒，朝夕無兼味。但有一尊酒，共君以爲慰。

從宣州識梅朗三不數日卒歸江上寄之以詩

陰雨忽成雪，北風吹樹林。江流日千里，安知游子心？中夜一何寒，披衣撫鳴琴。遠望山中人，其當知我音。

答陳明卿太史

雲門久不奏，知音在何方？陽山作天柱，大雅當不忘。先生崇令聞，起草動明光。高言一以唱，四海遥相望。小子故蒙昧，里人目爲狂。命棹越江湖，幸登夫子堂。矢志在千秋，經史爲周行。探微受河洛，學詩慕河梁。著書宗兩漢，不言宋與唐。一聆辟咡訓，逡巡若負牆。昕夕侍講席，努力殊未遑。

其二

世爲好古士，盡爲輕薄兒。俛顔步邯鄲，役役一何卑。六經尚未讀，安能爲文辭？虚名不足慕，智者中心悲。先生主齊盟，世風尚可維。願得執鞭弭，中原從馳驅。

七月朔作

七月風何涼，遊子顧徬徨。秋聲在高樹，薄寒中衣裳。日暮但遠望，望見浮雲翔。男兒免世俗，何爲思故鄉？古道眇已矣，悲歌欲斷腸。

懷朱雲子

九月菊有芳，榮華一何晚！石蘭不見佩，何爲此博謇。所賴知音人，猶賦東門阪。斯世亦已夷，古道良不遠。雅南久寂寥，期與君同返。

客路懷陳臥子李爲章

秋風從西來，獨與游子吹。游子披重葛，當之清且悲。他鄉得知己，又在天一涯。故人在何處，區區誰見知？夢中不可見，彷佛空垂帷。但得一握手，何言寒與饑？

校記

〔一〕折　原誤作『拆』。

〔二〕沂　原誤作『泝』。
〔三〕涉　疑當作『陟』。
〔四〕帢　原誤作『恰』。
〔五〕蔚　疑當作『蔚』。
〔六〕伐　原誤作『代』。
〔七〕本首開頭有缺文。

博依集卷六

七言古

從軍行

建武興兵威四方，東北伐胡西伐羌。兩尉調募三十萬，運籌決算在明堂。鑄幣榷酤饒國費，輸財鬻爵給軍糧。匈奴單于數侵犯，都護驃騎辭故鄉。寘顔山下火遍野，扜泥城上日無光。直道塹溪起臨洮，邊險築塞亘漁陽。臨洮漁陽多霜雪，深宵金柝衣重鐵。紫電悲鳴帳底鳴，躡景駗騹汗流血。青草不生澤腹堅，白骨成堆人路絶。此時少婦望城南，木葉蕭條怨離別。別離十載音信無，池塘石浸水中蒲。對月擣衣知大宛，因風吹管度伊吾。分營抱柝唯聞雁，畫井屯田盡種榆。色凍三春還未緑，寒生六月已先枯。可憐魂夢夜長逝，及至交河不得濟。隔河欲與征夫言，恨恨無辭空垂涕。鶴膝犀渠雜蒺藜，蜺旌虹旆亂氉毳。奔馳曠野入玉關，云是天子使人閉。關外烽煙與天齊，嚆矢交飛晚霧低。荊棘灰塵切肌肉，豺狼虎豹號深谿。日嚴魚麗開朱雀，悔用犀毗表赤綈。獨怨嬌娥持錦節，長抱琵琶鞍上啼。膠續殘弦射魍魎，泉洗新硎淬鶻鵜。方且不顧父與母，夫復何言子與妻？吁嗟虜騎不可克，吁嗟虜地不可得。老者弱者半已死，猛士千鈞今無力。列陣時驚前後呼，奮臂方張左右翼。水泉皆作胡笳聲，飛鳥遥同碧羽色。仰古縣象氣蒼茫，幾時罷師返中國？太白蝕昴狼生角，南向大陵看北極。黄河杳渺接銀河，浮槎泛濫安能測？俯首山崩將星殞，一望東西但陰黑。哀哉已矣！人生何必自號奇男子！賜帛食邑封他人，即使歸來莫言喜。滿朝墨吏弄深文，猶恐腰斬長安市。

老將行

憶余生長在幽豳，空依父母長賤貧。十五十六學擊劍，十九二十遊西秦。適聞胡騎薄五郡，提刀投袂不顧身。生得平原射雕者，出關何必數千人！嘗隨中軍作校尉，率兵能令匈奴畏。但爲使氣好睥睨，縱酣駡坐侮中貴。所以踟蹰無大功，後除太守臨雲中。揚旌直過祁連北，飲馬時環蒲類東。從來行兵不合古，常由間道獨斬虜。鐵裳夜被漠風寒，野蓬生啖氂牛苦。十年邊地當單于，鬢眉皓白成老夫。棄寘秋山看搏虎，霜侵茅屋暮啼烏。多少封侯萬户食，出入承明動顔色。我今七十懷壯心，猶堪騎馬出疏勒。嗚呼天幸立奇勳，皆因肺腑得近君。即使李廣戰不衂，身名安望大將軍？

燕支行

漢家征胡得大將，秉節披寒坐虎帳。鼙鼓中多雨雪聲，旌旗畫作風雲狀。自誓無以報聖君，馬革裹尸關外葬。關外長驅百萬騎，天山瀚海胡風吹。彩戟雕戈亂天色，吳鉤錦帶何披離。日逐猶輕鄭都護，康居不畏李貳師。羽檄交馳調軍士，追奔轉戰無已時。長城晝夜衣鐵甲，辛苦量沙餉已乏。奇兵豈遜穰苴神，部曲何拘孫武法？九邊殺氣千里凝，散作黃雲陣頭壓。黃雲落日胡馬哀，天子不上單于臺。詔書三道催征戰，鼙鼓平明震若雷。陰山有恐嚴持滿，交河既渡勑銜枚。斬得名王五千級，突矢衝圍自往來。破虜軍聲動天地，凱歌先勒燕然字。劍履上殿朝不趨，黃金萬斤明光賜。功名一世良所無，連霄甲第列長衢。吁嗟乎！可憐封侯身没後，子孫犯法皆行誅。

江南曲

春風吹，春日長，江南花開湖水香。湖上船，船上女，顏如桃花衣白紵。雙手纖纖垂明玉，青波摇蕩新蘋緑。耳邊明月大秦珠，頭上琅玕間珊瑚。金環雜珮何玲瓏，連鏤錦帶飄羅女兒聞之心襦。後有吳兒能蕩槳，隨風直到前堤上。長袖清商發洞簫，隔岸流聲助幽響。悲傷，顧見湖上雙鴛鴦。移舟採蓮欲有贈，徘徊且坐弄明璫。使人問是誰家女，借言問是誰家郎。女是越中女，男是郄家郎。寄謝郄家郎，私愛莫相忘。

娼女行〔一〕

壯士歌

箜篌引

戲下歌

江發行

腸愁〔二〕。他家作客皆已返，葡萄美酒羅幃晚。三度秋風道路寒，異鄉何事空偃蹇？木葉紛紜洞庭波，念君不歸將如何？顧見西江往來者，借問曾向揚州過。日落磯頭棹聲急，冰弦誰處發清歌。清歌宛轉娼樓裏，娼家女兒殘妝起。寄言切莫爲人妻，朝朝淚落江心水。

採蓮曲

出採蓮，採蓮南湖前。風吹浪起驚鳧雁，參差蓮葉何田田。十里花開湖水長，蓮舟蕩漾水中央。蘭橈桂棹分深緑，翠鈿金環動日光。雙手碧波弄明珠，紅帶羅裾錦佩香。可憐顔色照幽潭，别後春光已度三。乳燕啼鶯怨楊柳，吳謳越吹滿江南。江南一望花相接，塞外枯桑已生葉。胡笳夜夜碎邊城，應憶江南薄命妾。徘徊舟上對蓮花，顧見花上雙飛蝶。蝶雙飛，花落衣。人盡去，採蓮歸。祇愁歸去天將暮，橋頭斜日爭先渡。渡口莫須爭，天空弦月明。行歌堤草相思發，還上層樓看明月。寶鏡青絲留待君，憂來一夜生白髮。日月忽已晚，征夫去不返。惟有深閨春夢多，何言道路關山遠。

金陵橋上作

謝公墩下誰家女，登樓竊對紗窗語。單衫金脱繫明璫，飄摇羅帶一何長。手持莫難羞掩面，風吹隔岸桃花香。桃花流水度三春，載酒橋頭思美人。東山太傅於今在，朝朝攜手青溪外。

從治父道中還家

作客寒冬冬至節，日夕北風何凜冽。同雲布地捲茅村，悲號中夜枯桑折。五更風止天未明，半空淅瀝雨爲雪。長塗一望高下平，鷄鳴門外無車轍。披裘騎馬行雪中，兩手執鞭冷如鐵。男兒他鄉自辛苦，安居那得成豪傑？荒田不種少人煙，野河冰合橋梁絶。馳驅百里始還家，入門夜暗燈將滅。道路風塵阻且長，相逢氣結不能説。親戚家人皆笑余，年年歲歲常離别。

寓高座作

門南十里長干陌，車馬紛紜往來客。持節直過雨花臺，日落西江江水白。前有古寺對秋山，夾道青蒼松與柏。高座講經何處存，松柏千年百餘尺。上枝盤舒拂雲煙，下枝連捲禪關前。微雨晨過零敗葉，羣鴉晚息亂鳴蟬。古像猶云六朝建，斷碑殘迹多不傳。舊井荒蕪没青草，山僧煮石飲溪泉。殿上黄昏奏鐘磬，一時萬籟千峯應。散步長吟出寺門，石磴嶙峋阻竹徑。北望城中煙火光，長干橋下河水長。簫鼓樓船開碧釀，層臺綺席映紅粧。皇宫不辨三階柳，山路猶聞野菊香。仰觀衆星薄霧掩，雁門牛首空茫茫。多少英雄今不見，祇餘滿地嚴霜遍。春秋草木忽已非，大海桑田將幾變。令人頓憶盛繁華，不若區區守貧賤。景陽閣下積灰塵，烏衣巷裏飛殘燕。當日風流稱謝王，我因高座獨懷卞。慷慨浮名安足重，意氣徒爲千載知。何如賦詩且飲酒，相逢作樂當生時。人生一世如朝露，卒遇津梁那得渡？狐疑中道不能歸，及至白頭時已暮。終年皆欲求神仙，馳驅總爲浮名誤。試看曠野多悲風，白楊纍纍成古墓。古墓蕭條荆棘平，半夜鵂鶹幾處鳴。獨倚寺門長太息，空山但有秋月明。從來嗜酒狂談不信佛，於今亦願學無生。

仙女詞

金縷鴛鴦映水晶，仙宫玉燕更多情。王母飆車從侍女，武皇垂盼問姓名。陵華與雙成，安香與飛瓊，十二樓中無消息，那得合歡宫裏行？

青雀歌

林間有青雀，日在籓籬毛羽落。自當飛去飲天池，豈是空倉長寂寞？

江南行

大堤十里草萋萋，舞絮飛花鶯亂啼，白下城頭日將西。日將西，傷春心，澹澹江風吹樹林。

射雉詞

春日平原數十里，驅車射雉深林裏。林中遥見南湖水，湖邊日照雙飛起。嘗笑當年賈大夫，如臯聊用快妻子。

漁父詞

夕陽山前白鷺飛，蚱蜢舟中衣褐衣。蘆笋出，鱖魚肥，霅溪且醉不須歸。

江上榜歌

船頭欸乃西風涼，吹動芙蓉昨夜香。秋日白，江水黄，獨臥中流不畏霜。

結客少年場與農父分作

辭家結客在長安，願爲布衣不願官。九邊三輔日馳驟，五侯七貴爭交歡。座上停杯拂意起，背張血迸髮衝冠。道路於今誰意氣，執轡揚鞭馬上看。慷慨重逢舊相識，作奸犯科擅藏匿。天陰闕下斷人頭，談笑歸來不變色。天子盛怒命司寇，大索十日莫能得。人以爲變姓名逃四方，不知公然帶刀入建章。

又分作羽林郎

材官給事能引彊，少年拜爲羽林郎。操弓隨輦立殿前，天子賜之赤莖箭。從獵復至長楊宫，一箭直射雙飛雁。我本六郡良家子，自當塞外建奇功。單于適到賀蘭下，步出長楊騎戰馬。麾兵利戟渡交河，浹日歸來唱凱歌。封侯起第邑萬户，功高安遠與長羅。嗟爾閉門草玄者，終身白日自蹉跎。

胡中女兒歌

胡中女兒十四五，能撥箜篌白紵舞。衣單夜照關山月，寒深霜落營前鼓。請爲將軍歌苦寒，中曲徘徊商激羽。塞外征人三十萬，一時掩面淚如雨！

披香殿

朧朧層樹披香殿，龍虬金楫池開宴。綴鈴花下設施鉤，玳瑁梁邊舞雙燕。參差鳳管動秋風，月明涼夜羞團扇。羅幃屈戌悄無言，撫膺自掩芙蓉面。空懷夢裏見君王，夢裏君王不相見。

讀十九首

僦居陋巷希朋友，叢薄荒塵入甃牖。布衣無用貴黃金，蓬室朝朝享敝帚。昔愛老子言五千，今誦漢人十九首。古人作詩多遠思，能令傑士中心悲。余嘗撫几再三詠，獨詠但傷知音希。

騎馬行

今朝步出南城下，遇見少年騎白馬。白馬金鞭玉鏤鞍，兩岸桃花生劍端。劍名紫電繫腰傍，柄飾珊瑚間木難。雙手提箭彎繁弱，仰射飛鴻天上看。男兒有志在邊野，何不揚轡向長安？長安白日蔽浮雲，朝上空有聖明君。身死胡沙烏食肉，將軍晝臥何曾聞？不如鄉里馳驅嘗得意，城南夜夜青樓醉。

古　歎

十里平原照野燒，上東門外獨長嘯。宋忠賈誼不知時，季主撫腹爲大笑。可憐王孫爾豪傑，先時不受藉生弔。

戊辰余從鹿湖駕舟如樅川道遇吳生飲我肆中此爲贈

村岸鷄鳴夾楊柳，命舟蕩出花山口。豹文皮下一緡錢，攜來盡兑餘杭酒。道逢吳子來新都，爲人倜儻游江湖。輕裘帶繞龍津劍，飛翮旁縣明月珠。轉盼傾談光照地，觀者可直千萬餘。擲去市口求一醉，與我大叫乾百壺。乘興渡河采薜芷，擊楫揚舲晚潮起。浮雲晻靄蔽汀洲，獨詠離騷望江水。江水東歸不復迴，踟蹰同上射蛟臺。荒山落日無草木，空有西風千里來。

兒啼行

人世何不齊，飛鳥或東西。貧賤爲渴饑，兄弟亦乖離。試觀里中孤兒啼，父母已死誰與歸？

寄山中諸子

春日田園開百卉，寂寞山中忘晉魏。自從庾公來辱臨，席間下坐於今貴。手持麈尾衣玄裘，原非王謝同風流。倚石濯纓河水遠，平原俠氣凌滄州。諸君不見古人事，但知富貴爲可圖。當使諸君臥地下，我獨高談百尺樓。軒車丹幰揚鳴鸞，廢書罷讀且出看。割席分坐非人情，何必拘拘管晏安？

將進酒贈汪生

君不見，東溪兩岸桃花紅，今日飄摇風雨中。君不見，鏡裏青絲照明月，倏忽一年成白髮。人生少壯不多時，胡爲結束懷傷悲？連袂開襟慰疇昔，相逢不樂當何須。牀頭滿甕葡萄酒，一飲一石餘三斗。酣呼白眼望青天，脱帽長堤折楊柳。楊柳橋下水潺湲，落葉東流去不還。燕語鶯啼入春夢，嚴霜白露被秋山。彈琴仰據梧桐樹，願棄人間覓仙路。熊經鴟顧學長年，服食終爲藥所誤。羨門子、安期生，將進酒，杯當傾，一身寥落浮雲輕。但願大醉天地間，豈惜高才與令名？

歸寥一洞天寄周大

策杖重歸寥一洞，山深二月冰猶凍。斷藤古壁寒衣裳，野花青草春光動。清流明鏡憶袁羊，小隱躬耕慕高鳳。日看飛鳥自周旋，遠滌塵囂夜無夢。作詩聊問故人心，懷抱臨風一相送。

雜　作

夜光明月棄路傍，笥中獨寶蕭與艾。軒軒霞舉稱多才，安知終身爲患害？結交刎頸重大梁，容好傾城迷下蔡。中道離傷在一旦，金石雖堅亦無賴。願乘白鶴辭人間，拂袖遨遊出天外。

夜與農父談分得子字

與君交自乙丑始，從事石塘白夫子。城南園林傍河水，觀書縣榻高樓裏。河水漣漪魚唯唯，燔枯折芰酒且旨。朝搴木蘭采芳芷，雜佩胡繩空纚纚。結客少年空徙倚，哀哉世道如葛藟。委曲徇人丈夫恥，不言成蹊乃桃李。仰視摇光西北指，歲月遷流悵已矣。年將二十居井里，長歌自恨牛馬齒。

憶啓一玉龍峽

松高結舍西山側，青草年年舊相識。東風何故又楊柳，昨夜爲君發顔色。歸鴻嘹嚦越長林，聲入龍山峽水深。峽高明月照石壁，隔嶺有人彈鳴琴。一杯一曲彈未已，西望龍山白雲起。

河上遇老人

適有老人河上至，告我四十年間事。相逢半醉向長揖，去時終不道名字。河水人家西復東，狐狸冢上生高松。美人白骨爲青草，垂楊掩映桃花紅。桃花春色盈南陌，明朝風雨空蕭索。丈夫會應多讀書，没世無聞復何益？平原灌莽起黄塵，河上逍摇憶老人。眼見多少繁華子，昔日富貴今賤貧。

謂孫克咸

隆漢文章最廣川，上書百二十三篇。豈如阿世專丞相，徒步封侯不數年？君不聞，宣室才名方十八，上林天子給筆札。讀書聊用快生平，何爲老治春秋始見拔？

書櫻桃下

春雨昨夜東風吹，溪急林號鶴唳悲。醉讀君卿孟公傳，還吟子建仲宣詩。撫几自叱復自臥，孤燈明滅照寒帷。寒帷晨起凝芳霧，新開滿苑櫻桃樹。濁醪一斛花下歌，常恐明朝有風雨。

偶　作

同學儒生宋仲翁，幾年光禄親三公。蒼頭廬兒出入盛，下馬傳呼給事中。射策不能終録録，且從小苑候門東。

呈農父

平生喜讀古人書，終年茅舍守龍舒。明經請業推高密，作賦摛辭薄子虚。春光野渚搴芳徑，日晏荒園甘草蔬。可惜飛融無伯樂，太行嶮巇困鹽車。男子當論天下事，桑弧蓬矢四方志。寧共鄉里牧豎兒，朝飲夕食無慙愧？談史不知誰代人，白頭未識六經字。適有天幸登公卿，便驕妻妾與父兄。腴田美宅臨疾病，徒令屬纊衡重輕。餘者泯没老牖下，蠅營狗苟紛相爭。智盡能索無遺力，拮据黄金未滿嬴。若若關東陽翟賈，猶標書傳矜豪名。可憐此輩在人世，眞與鷄彘同死生。獨酌長歌耳後熱，坎坎擊鼓燈將滅。流星匣内吼雷鳴，慷慨彈絃絃斷絶。閉户登樓著太玄，誰爲子駿君山説？安得俠士持寶刀，座前生割拘儒舌。意氣縱横空復云，田疁且自學耕耘。鴻雀汙池聊戢翼，倏然奮影凌穹雲。君不見，席門孺子居陽武，臨菑諸生排主父。會稽艾薪嘔道中，鄢陵暫署張忠簿。井蛙從來訝白日，越民何怪笑章甫。寂寥舉目無知音，所以丈夫心獨苦。丈夫□擬名千秋，呴嚅兒女誠足羞。倘在元光元朔間，早已對策平津侯。河陽司馬明年去，江淮汶洛梁楚遊。吁嗟乎！假令仲尼不周流，魯人終世謂之東家丘。

懷舊歌

若有人兮山之東，山巍巍兮生梧桐。遠望兮不見行，曠野兮多悲風。

望山歌

下山兮採薇，風發發兮吹衣。鴻雁來兮南飛，白露爲霜兮百卉具腓。望青山兮無人，我何爲兮不歸？

解后劉用潛作

千古英雄稱劉生，今日相逢白下城。驅車橋上敘疇昔，握手爲歌累世情。少年射策劍南都，龍門玉壘飛英聲。業經世授萇弘訓，博士猶輕何武名。濡毫作賦千餘言，奚論淵雲與長卿？東遊三楚下江淮，北至齊魯入燕京。燕京倏忽漸多事，風波日逐浮雲至。歸去三巴不爲家，丈夫有時空垂淚。繇來飄蕩在江湖，結家散金負虛志。幾年險阻西復東，秋霜千里被孤楓。馬前磊落惟長劍，幸有尊酒故人同。犍爲猶記歐陽迹，皖水深戴鎮周風。願與吾子結生平，意氣仿佛古人中。古人立交能遠覽，知己不多嘗抱感。豈與世俗營終身，白首相謀自悲慘。聞君少小留樅川，師事石塘四五年。曉霧日迷桑落口，海門時下岷山泉。盱衡已具四方志，巫峯灩澦一人還。風塵異地日已遠，先生尚住石塘邊。戴彭同受子文教，越石先讓祖生鞭。方將待詔金馬署，宣室前同洛陽語。簪槖縣銀駕高轅，猶憶長干握手處。

渴筆歌 有序

余好學草書，每寘諸古瀍帖，從醉後觀之，狂走臨池，頗傳其意，援筆作此，醒時自謂不及也。

少年嗜學二王字，併得張顛懷素意。每當興來起揮灑，散髮不知天下事。連霞斷雲絡繹飛，颸風怪雨颯沓至。臨池低昂渴無墨，忽然一字如石墜。寫破芭蕉萬餘株，成堆筆甕山頭棄。嘗取從來名士帖，前後縱横鋪滿地。半夜燒燈照草堂，脱袍磁礴獨睨視。百狀迴翔莫可測，中間數公自然異。乃呼清酒手提壺，一飲十升便已醉。醉後高歌動鬼神，狂走大叫揚灰塵。固知當日不可及，趺坐蒲團思古人。古人作書無法度，以頭濡墨生煙雨。老幹槎蘗不屈伸，隆冬霜雪降枯樹。曠若羣鴻翔晚天，矯若驚龍騰曉霧。孤蓬自振奔沙亂，每謂平生不再遇。嘔血盜冢良獨難，秘傳天與服靈丹。園中幾書六角扇，壁後還穿一漆盤。

觀倡公孫聞鼓吹，歸來展轉出毫端。衹今流落近千載，殘文眞迹今已改。瞪目原非紙上觀，庭前但有神光在。醒時一匣置牀頭，猶覺豪氣陵滄海。

俠士篇贈友生

嘗讀古來俠士傳，少小出門離鄉縣。感槩爲人解大紛，平生交結中原遍。公侯爭趨莫能前，呼吸直通昭陽殿。一時然諾重千金，神勇相看豈色變。此道於今久不存，獨見吾子在雁門。宏才磊落淩當世，相逢意氣何軒軒。嘗操青冥遊天下，風塵慷慨英雄寡。江淮燕齊屨履還，解后誰爲知己者？卜宅橋頭晚霧斜，金陵城内空繁華。柳市不數萬子夏，輈車安識魯朱家？往日但爲友人事，揮鞭竟至長安地。上疏居然動天子，朝廷盡會公卿議。今年拂袖辭建章，蕭條行李染風霜。依舊南山雨花側，詞賦常標河漢光。短衣素帶飄雜佩，終日談玄對夕陽。乃知英雄自有眞，斷非徒作詩飲酒自言狂。

招魂歌

昨日五萬良家子，單于戰敗一時死。骨作休屠城下灰，血作無定河中水。朝廷大怒言喪師，上郡將軍歸來遲。吏論棄市僅贖免，豪雄自命空爾爲。紛紛白衣出郭門，啼號奠酒招遠魂。魂兮魂兮返鄉縣，白日黄沙看不見。

丹青引與社中諸子醉題李公麟畫龍眠山莊秋色圖

古來丹青不數公，原非塗飾名畫工。九州八荒窮眼底，四瀆五嶽藏胸中。毫素輝光動天地，下筆先知百物意。縱横灑落徧人間，流傳盡是神仙事。嘗聞昔有顧虎頭，道元立本張僧繇。維摩重降金陵寺，雙龍破壁雲中遊。此地獨有李伯時，登第辭官忘世愁。身隱龍眠號居士，畫出龍眠山色秋。龍眠緜亘數百里，盤紆兩郡分河水。嵬巍嶢屼繞煙霞，千峯盡具堂前紙。疊筆重崗村路迷，但見蒼茫紅日低。上多輪菌攢條之古木，下則岬嶆谽呀之深谿。莫辨青黄曲徑色，但聞鴝鵒鶡鷄鳴。中有草堂連小閣，一人支杖過橋西。橋頭獨立萬餘尺，此老應是王喬迹。殘巢斷藤雜楓影，昨夜繁霜染危石。渺莽長江一帶黄，征雁歸帆幾點白。山風清，山葉平。座前乍疑飛瀑動，柱後忽作微雨聲。杳如載酒竟入深山裏，仰視山邊新月明。嗟夫伯時不可遇，醉呼子墨請爲賦。使人頓洗城市囂，滿庭寒氣凝芳樹。寒氣成雲散高臺，頃刻空中起雹雷。夜半出户望不見，應從壁上龍眠來。

秋歌寄懷爾識叔玉龍峽中兼問南行以何日發

玉龍峽中秋水深，連溪淫雨羣山陰。傷心壯士彈商音，但見西風滿竹林。林下石壁數十丈，往往獨酌石壁上。醉後作賦多遠懷，園中引領時高望。從來塵俗不可處，擔書寧對野人語。不如浮三江遊五湖，東至吳越西至楚。魯連天下稱先生，未聞局促鄉里城。借問東山何日出，還與幼度成功名。

孟冬如石塘訪二白子飲木瓜園中分得宋字

孟冬十月湖水涸，小河橋斷下流壅。環宅蓬蒿可勿芟，平阜瓜畦聊自種。膠漆何如陳與雷，郢中空懷屈與宋。閉門不作絶交書，荷插還看酒德頌。古道於今委塵土，慷慨願與諸君共。

社中諸子飲我醉後各賦一物分賦得銅雀臺瓦

魏武初落銅雀臺，井幹百尺高崔嵬。風和簫鼓青煙動，曉列旌旗白日開。那知繐帷羅玉座，鬱鬱西陵松柏哀。已焉哉！漳水東流不復迴，英雄一去不復來。遠望蕭條數千里，孤蓬自振雜塵灰。祇今猶有臺前瓦，醉草徒誇鄴下才。

題劉薦叔洞山九潭圖有序

玄月，長溪薦叔至自五龍，以洞山九潭圖爲貽。鄭大司爲之詩，過詫盛甚，言肇自唐乾符六年，莫稽所廢，迄於今，始得名之。余不勝慕，醉後詼調，率書此歌。

君居洞山九潭中，自作洞山九潭圖。山有五峯望穆洋，潭水下濬東海隅。石門壁立啓仙屋，陰蔭尋竹交古木。巉巖絶磴何嵾嵳，青霄萬仞縣飛瀑。此山荆棘千餘年，今日惟逢我薦叔。薦叔生平好山水，閉關長詠采蘭芷。作客燕齊吴楚閒，嘗持此圖對知己。憶昔少年下長溪，揚舲直渡飛鸞西。曾過武夷及烏石，復聞太姥與支提。自兹圖出九潭色，七閩諸山難與齊。君來吾桐秋九月，河流活活風發發。高天白露成繁霜，歲暮空悲在倏忽。願言置酒爲狂歌，深林落葉滿山阿。我欲從君披褐遊江湖，何爲鄉里徒嗟咤？

周仲馭見招即席賦

好客如今久不聞，江南江北獨有君。少壯蜚聲滿天下，不數趙勝與田文。憶昔寒冬十一月，天門日落浮雲没。相逢慷慨送將歸，鳩兹江上風發發。歸去蕭條披短裘，草木春陰百尺樓。將過東吳及東越，五月揚舲過石頭。石頭城外長干水，長干橋上塵灰起。金根寶蓋珊瑚鞭，遨遊盡是繁華子。故人寘酒城東隅，引滿百斗呼梟盧。耳熱起歌空悱惻，高樹啞啞動夜烏。仰視雲飛指西北，北闕遥看征戰色。虚危陰黑星無光，猖披東寇何時克？會須杖劍開重圍，功成讓人長揖歸。撫掌太息曲未竟，愧説江湖一布衣。

陳則梁新買扁舟諸子爲之詩因以索余余作擊汰歌

余怨扁舟事遠遊，君來湖上買扁舟。與君共作扁舟客，正值湖中八月秋。秋風木葉長堤起，朝朝吹動湖心水。欲采芙蕖歌未遲，白露蒹葭在中沚。十里山光一葉孤，乘潮不至楚與吳。何功博望尋河漢，且問鴟夷泛五湖。鸕鷀近换醁醽酒，錦帶橋邊折楊柳。當樓簾捲闌干曲，移舟願得箜篌手。箜篌再奏秋思深，長歌擊汰傷知音。惟餘南北高峯月，照見扁舟作客心。

八月八日崔徵仲喬梓招同藍田叔顧霖調陳則梁徐仲麥顧山臣傅野倩吳今生張幼青社集湖舫兼欲修放鶴亭共得秋字

八月風吹楊柳秋，朝搴杜若迴芳洲。倦客將歸怨石尤，主人寘酒沙棠舟。湖心擊楫何悠悠，中流簫管間笠篌。嫋嫋餘音難久留，少年紗縠過長楸。珊瑚爲鞭馳紫騮，俠士安得東平劉？願爲隱者歸山丘，我思古人誰與儔？宋有高士山之幽，故迹荒蕪不可求。墓傍藉草悵夷猶，仰視大火已西流。誰言作賦可封侯，且當潦倒六橋頭。

題李長蘅圖

余間過則梁，見所珍李長蘅圖十六幀，甚得其致，飄飄凌雲氣，不獨作賦爲然也，聞其人亦如之，何以遂爾？然余獨悲不難爲絶筆，孰有存所遺以不死其友者？於邑爲之歌。

惟代序兮秋與春，彼之子兮遺迹陳。極目湖水兮風揚波，人生何常兮不可無故人！

與陳臥子夏彝仲朱宗遠顧偉男李爲章即席限如字

三秋倦客九月餘，霜冷湖波動荻蘆。湖波環浸幽人廬，入户披帷見仲舒。案爲青玉投瓊琚，階下生花定洛如。高談留我相踟躕，清酤百斗烹鱸魚。酒酣起舞臨前除，月明池水寒林疏。雙鶴一聲來徐徐，空中白露沾人裾。我欲製衣無芙蕖，或歌或咢相欷歔。仰視星奔危與虚，蒼煙雁度醫無閭。撫劍願乘燕冀車，功成不得歸丘墟。不若飲酒多讀書，秋山明月好樓居。

別雲間諸子有懷

嚴霜已白江南道，江南遊客悲秋草。草色不青黃葉飛，遊客少年顏色老。秋風淅淅揚子波，他鄉故人安得多？斗酒漫勞長劍賦，今朝復唱別離歌。可憐他鄉又離別，白龍潭上鳴鵜鴂。人生聚散若飆塵，一日不見音書絶。客愁不爲數歸期，故人千里心相知。最恨鄉里繁華子，空負江湖年少時。

扁舟江月行

作客終年吳與越，扁舟曉夜江頭發。浮雲何處故鄉山，獨倚帆檣看明月。月明但照長江水，長江渺莽波濤起。村犬不鳴夜五更，古渡無梁夢千里。可憐游子秋夜長，十月已至無衣裳。天際音書愁斷雁，人家蘆荻間枯桑。男兒安居不足數，道路饑寒何自苦？他鄉城頭霜如雪，故園樓下風吹雨。徬徨一曲爲清歌，村醪不醉悲思多。仰視月明月欲落，江聲不息客如何？不若世俗人碌碌，鮮衣美食居華屋。何爲多才好作江湖遊，月落孤舟荒岸宿？

校記

〔一〕此題及以下三題抄本皆有題無文，共兩頁。

〔二〕腸愁　上有缺文。

博依集卷七

五言律詩

内鐃歌、横吹諸曲，前已有爲已，蓋謂齊梁而下俱五言詩，辭咸比屬，剸尚綺靡，風雅遺意自此而失，猶不若唐協平仄爲有其音也。兹獨步初、盛，備體云爾。以與前擬者不類，故寘律之首。

朱鷺

朱鷺御雲迴，昆明池色開。隨風浮玉水，奮羽上金臺。西隴白麟集，東溟赤雁來。上林佳氣滿，棲飲可徘徊。

艾如張

横門諸年少，朝起渡汾河。野霧平蓬艾，危山被網羅。弩鳴機盡發，矢落血長多。高舉翔雲表，其如黄雀何？

上之回

三春新詔蹕，鹵簿指回中。虎韔喧朝日，龍輣轉俊風。北平旃隧滿，西域鼓鼙通。萬里巡行畢，鳴鐘返桂宫。

戰城南

城南方一鼓，將士半先逃。陣潰紅塵暗，魂歸白日號。僵尸平曠野，流血漬金刀。空見烏啼處，徘徊爲客豪。

巫山高

岧嶢高莫極，巫峽對金門。落日寒秋水，驚飆切暮猿。曉雲臺已没，春草夢猶存。遠道時相望，依依悄不言。

將進酒

春色復云過，流觴臨北河。三錢明燭即，九醖盛叵羅。今日當爲樂，少年良不多。披襟嘆朝露，達旦長酣歌。

君馬黄

臣馬逐君馬，美人歸以南。長隨虹畫旆，時奉雁行驂。寶劍賜龍首，雕鞍壯虎頷。但來朝彩闕，不復向烏貪。

芳　樹

芳樹桂宫前，旖旎又一年。人行花落地，心在月明天。翠葉交朱檻，叢珠映綺錢。誰爲作賦者，仿佛奏甘泉。

有所思

青瑣映幽潭，相思大海南。微風吹袂冷，悄月照人慚。落葉酴醾雨，飛蓬玳瑁簪。但尋丹棘草，何用配宜男？

雉子班

古木野谿平，山梁羣雉鳴。羽毛紛有色，啄飲澹無情。遇駕飛何遠，聞弦迴不驚。如皋自來往，遥送王孫行。

臨高臺

日暮上高臺，塵沙四面來。霜凝香草没，石峻菊花開。野水流何急，秋風悲以哀。坐看黄鵠去，六里一徘徊。

遠如期

節候忽已變，風來滿苑秋。單衫沾白露，團扇怨青樓。花樹朝朝落，關山夜夜愁。單于何日服，雅樂震皇州。

石流

石流何湯湯，行人向北方。馬前天又暮，枝上露爲霜。月照沙光合，煙籠蘭氣香。躊躇不可聽，塞耳斷中腸。

隴頭水

征人陟隴頭，遠阪帶長流。馬上一回顧，關前萬里秋。風吹金落索，霜浸鐵兜鍪。何日禽姑翼，歸封壯武侯。

出塞

天高太白殘，鐵騎出樓蘭。鼙鼓風聲慘，旌旗霜色寒。蛇弓持碧羽，龍盾蔽金鞍。萬里沙場遠，三軍涕淚乾。

入塞

長征三月罷，南向望無間。猛將歡闐鼓，嬌娥怨錦車。胡中冰澤泮，關内柳條疏。歌舞披戈入，春光滿帝居。

折楊柳

音書絶九塞，楊柳度三春。條變知容改，花飛入夢新。折之臨廣陌，將以寄征人。吹斷叄差曲，東風起暮塵。

關山月

秋天空有月，應照漢家營。蟋户三星隱，龍堆萬里明。寄書隨雁影，相思入砧聲。夜夜關山望，惟聞笳角鳴。

洛陽道

九達曜春暉，千門控錦幃。彩絲紛蹀足，雜佩動纖衣。東閣詞人謁，西宮早燕飛。呼車洛上過，公子大堤歸。

長安道

紛紛渭水濱，冠蓋次魚鱗。闕翼開金馬，樓紗隱玉人。長衢朝日燦，御水柳花新。何處歌鐘起，騰光宴早春。

梅花落

梅落怨芳辰，殘花幾處新。風前吹遠夢，笛裏慰愁人。小苑煙迷鏡，征塗雪擁輪。匈奴但沙漠，何以得知音？

紫騮馬

騮馬服金鞍，關城霜雪寒。長鳴荷剪拂，流血冒艱難。艘軜雲光歛，緄縢月影殘。與君封萬户，躞蹀向桑乾。

驄　馬

金絡五花驄，騰環蹄躡空。犀渠隨御府，珂勒布天宮。魚海干將戟，烏號繁弱弓。爲君揚轡去，一戰復遼東。

雨雪曲

揚桴過瀚海，春暮水猶冰。四塞雲光暗，連年殺氣凝。陳深還未戰，甲重不能勝。辛苦節旄落，空爲後世稱。

劉 生

寶劍夜光流，平生喜報仇。殺人西闕下，走馬北城頭。談笑連三輔，交驩盡五侯。布衣薄富貴，歸去駕軥牛。

銅雀臺

銅臺楊柳緑，春色似當時。虬旆盈雕碣，蛾眉列䌨帷。紅塵漳水暗，黄雀野田悲。陵上松風起，猶聞簫管吹。

王明妃

朝辭猗蘭殿，莫至單于城。白旆三山出，黃雲千里平。纖羅侵朔氣，短笛作邊聲。惟有高天月，長縣宮裏明。

元日觀早朝有序

乙丑元日，余在京師，家君子早朝，命智從至午門外觀國家威儀，慨然慕次仲談經意。是歲新講古尚書。

天風開左个，雙闕裔雲含。鏘佩珠文履，飛纓玉蕩簪。九重新御六，萬國盡呼三。講席何時奪，歸來受濟南。

宮中行樂詞

金盤盛釀碧，瓊草耀波紅。犀布陳臺上，都盧戲苑中。屑香凝殿霧，寶箑候天風。太一霜條奏，同輦入桂宮。

春辭長安過蘆溝橋

河道出桑乾，橋頭薄日寒。榆關春色迴，遼海暮雲殘。征雁迴金闕，歸鞭控玉鞍。鷩沙掩獨鹿，回首遠長安。

還過汶上道中

馳驅過汶上，流淺壅淤沙。千里唯垂柳，三春不見花。望湖名范子，行路憶朱家。郭外孤蓬振，煙飛太白斜。

緜鄭州蓚縣望河間作

遥知顓頊城，遊子且前征。衛水流無極，桂巖草不生。廣川存董里，細柳識周營。當世誰延學，華宫曉霧平。

孟廟作

陽關愁北望，草落嶧山空。野渡荆榛外，碑殘煙火中。塵飛不見日，廟古自生風。檜柏千餘歲，猶存鄒邑東。

中元觀蘭盆作

大獻值中元，秋光入寺門。璆琳盈寶案，花果擁朱幡。寒月飛煙色，通宵溢鼓喧。都人着纖服，盡道看蘭盆。

長安行

步障接天津，檀車載美人。五陵連九市，紫陌蔽紅塵。走馬南城暮，飛鶯上苑春。高門榮郭況，俠客飲陳遵。

亭中獨酌

薄霧西山色，天空落晚霞。方塘通野水，明月照梅花。巷陋人聲遠，樓偏樹影斜。長歌時買醉，何處得侯芭？

寒食寓齊山作

春過又三月，寒食客偏愁。木隱山頭日，鴉啼城上樓。石臺爭蹋踘，花架亂施鉤。橋下獨長詠，中流一葉舟。

答索書便面者

攢葉鬱庭前，臨池生雨煙。各書五字語，已贈百餘錢。謝子能爲讚，班姬空自憐。與君代麈尾，莫作章臺鞭。

晚望

結縷連夷陸，通溪藏谽呀。短筇時過嶺，高閣是誰家？陂上煙迷路，城頭晚帶鴉。佛圖寺門坐，一曲弄琵琶。

杏花橋初識阮子

平疇列秀萋，邂后杏花橋。紗縠揚方鼬，飛纓纚步摇。博能知鼪鼠，才已賦鷦鷯。狂論坐終日，湖亭暫解貂。

送葬

薤露喧綢練，衰麻遠送郊。野田悲鵠鷄，雲閣掩蠨蛸。從此委黃土，誰人置白茅？西風堤上起，落葉下林梢。

春日筮得蒙二爻

草堂春燕巢，麥秀被南郊。縣特猶堪食，園桃可實殽。世人皆役役，唯我獨嘐嘐。長揖開筮櫝，蒙之九二爻。

有憶

山居闊友生，伐木正丁丁。果蠃苔階落，鳲鳩桑陌鳴。滿庭無限草，終歲不知名。日夕陳春甕，胡牀學步兵。

同老人登浮山天池遇青隱上人分得杜字

法磬開玄洞，禪松倚碧窗。山磯飛木閣，谿峻駕雲杠。達士身將隱，高僧眉已龐。天池聊柱杖，日暮望三江。

登會聖巖頂九帶堂示上人

禪關深洞闢，山寂法鐘鳴。曉霧摇旛影，溪泉入鐸聲。三珠分樹古，四寶散花明。錫杖停峯頂，因兹作化城。

東皋作

春色入黄昏，危橋過遠村。角巾晨放鶴，柱杖暮呼猿。芍藥階前落，菖蒲水底繁。東皋暫掩户，朱子號平原。

與李生話别

郭外日披襟，匡牀共撫琴。觀星沾白露，對月飲玄林。桐子山風遠，桃花潭水深。敬亭雲莫起，相思一長吟。

曉發江口

天氣曉蒼蒼，西風起霧黄。孤帆違故國，十月正繁霜。洲北人煙少，江南山色長。波潮不可論，明日在池陽。

夜與白子皮宿湖中

四顧暗無色，霜煙滿樹林。苦寒侵短褐，行李對鳴琴。野曠人家遠，潮來湖水深。孤舟北風雨，愁與子同衾。

獨　酌

古寺鳴鐘鼓，高樓蔭楮柟。山清思謝朓，别久誦江淹。沽酒無肴簌〔一〕，烹魚溉釜鬵。故鄉時入夢，何用大人占？

從雨花歸寺中

雨花山氣迴，古磴石漸漸。江水明殘樹，秋風入暮簾。塔燈將擊磬，闕漏應投籤。高竹禪房暗，衣單寒露霑。

寄白子皮

仲夏博勞鳴，園中樹堇榮。登樓雙鶴舞，極目大龍晴。倏忽踰三載，何曾賦兩京？石塘湖水滿，爲問故人情。

夜集寶華堂分搖字

木末秋風起，禪房夜寂寥。草深聞蟋蟀，漢隱見招搖。客路寒偏早，胡騎氣正驕。亨葵聊娱樂，明月又波潮。

次三山

日暮北風急，孤舟不肯行。荻蘆秋色老，波浪客心驚。洲曠無村路，雲飛蔽石城。淹留霜露苦，終歲聽江聲。

層樓作

微雨掩層樓，垂楊列旄丘。彈琴來鶴舞，倚枕聽溪流。不向山中臥，還當江上游。何能安井里，僕遨號千秋。

園中偶作

偃臥西窗下，青山見白雲。曲終人寂寞，花落水殷勤。野鳥深林出，疏鐘静夜聞。談經應有日，豈必念張文？

江上有感

黑霧隱楓林，狂濤千里陰。風高吹雁到，寒薄中人深。刎頸悲張耳，報仇懷季心。男兒貴意氣，豈必在黃金？

孟冬在白鹿山與吳生飲遊南浮野同品談騷分得帆字

絶壁駕巉巖，崩榛猶未芟。霜侵幽洞草，日照大江帆。載酒因村路，藏書有石函。湘沅雲正澹，何必問彭咸？

慕　歌有序

余母以壬戌即世，殯城南，未及卜兆，迄今九歷年所矣！余讀書其側，時朔伏臨，非敢曰孝思，亦以識慕云爾。

荒草没靈前，於今已九年。自從存口澤，不敢食桮棬。遺集文嘗誦，高旌紙尚懸。風雷日暮起，長跪在河邊。

雜　興

深林石上眠，風静聽山泉。洗筆能飛白，垂帷獨著玄。何須言嶽嶽，止用腹便便。客至欲沽酒，杖頭有百錢。

上王先生有序

豫章王虛舟先生以博學遊海内，晚而明易，設席於桐，教授凡百餘人。惜乎經術之尚湮矣，天下其孰能宗之，慨夫！

生不遇明王，周流閲四方。成名還北海，授業在西唐。弟子百餘坐，高年七十霜。臯比時講易，遊志上羲皇。

浮山在陸居二首

開門受山色，深竹當書軒。花轉前塘路，香從流水源。白雲每幽壑，青草自荒園。時就東谿口，殷勤漁子言。

其二

流響歸平原，終朝唯杜鵑。人心照野水，鳥道亘雲天。風雨詳舟子，崰巒孰老禪？逍遥一室永，爲賦考槃篇。

重陽前一日從白師劉公小山即席分韻有賦

西風吹自北，颯沓動松聲。曲徑臨危石，寒山出古城。桐高秋月冷，霜落夜烏鳴。明日茱萸辭，黄花籬下平。

行道中

天暮山風動，塵高征路遥。石藤羅古木，河水浸危橋。野鳥飛何急，行人歌且謡。成蹊桃李落，枝上已鳴蜩。

暑雨後作

風雨日蕭蕭，牀頭酒未消。七弦來舞鶴，六月噦鳴蜩。木末雲歸岫，村前水漱橋。倚闌望平陸，蕃衍賦椒聊。

詠懷 二首

未奉承明詔，何勞續子虚？烹雌羞五羖，惜誦慨三閭。白璧終難信，黄金不顧耡。入山將屏迹，百里駕柴車。

其　二

登樓且罷書，遠望獨愁予。上策榮金馬，談經慕石渠。知音邈已矣，高尚者誰與？舴艋東湖裏，蓴羹日鱠魚。

周大在刺山以箋見寄兼示所著論及古法帖爲贈走筆謝之

絶學起關西，才名洛下齊。寶章分玉篋，蕩札燦芝泥。山上花盈路，城頭烏日啼。微君開我覆，何日發醯鷄？

秋過友人精舍

有仙在城隅，珉階草木枯。烏孫濡虎僕，赤莖貫狼壺。帷列辟邪枕，堂縣記事珠。主人開九醖，飍飯粆中廚。

飲友人

綺席列車渠，雕蓬鱠鯉魚。張燈明畫扇，垂幕拂牆居。君自吹長笛，吾將舞擊閭。城頭聞曙鼓，醉讀少卿書。

有感

空堂不糞除，倚檻獨躊躇。累百難爭鶚，朝三止怒狙。蛟龍制螻蟻，松柏守門閭。春夏惟高臥，山林樂只且。

蠙玉過我

撰杖問東皋，沿溪看碧桃。適情知鼠腹，微論入牛毛。案列文犀管，腰縣露陌刀。幾時稱少壯，爲詠大牆蒿。

秋興二首

涼風吹老梧，蒿葭塞堂途。不作九皋鶴，安稱千里駒？懷沙悲郢調，拂舞識吳趨。黄鵠將高舉，何勞金僕姑？

其二

草堂今又暮，滿目盡荒蕪。發矢驚三雁，裁裘豈一狐？且搴洲上莚，時緝澤中蒲。興至沽村醥，朝朝煮落蘇。

遠讒歌

荆榛難盡芟，道路甚巉巖。醉入嘗憂慶，直言當教咸。未能揚萬頃，且自發三緘。浩倡青蠅止，誰其勿信讒？

訪梅朗三靈谷寺不遇書其几而還

五里長松道，雲開古寺門。故人不得見，新賦向誰言？半榻琴書積，深山草木繁。驅車入城去，惆悵怨黄昏。

楊維斗過訪不值還作

寺門深巷寂，作客好山居。偶掩樓中榻，空勞門外車。蟬聲臨暮切，林影入秋初。小艇辭城出，高丘落日餘。

舟夜作

明月照孤客，長河急夜流。草螢分野岸，枝雀入城樓。短笛誰家發，天空何處秋。五湖將欲遍，漂泊任扁舟。

月夕同袁星沉趙大璞叔厚賦

古澗石華清，山空有月明。林煙侵塔影，笛弄引蟲聲。醉怨狂歌發，還愁客夢生。西風何處起，吹入故鄉情。

同陳道掌陳葵若

風急送長河，橋頭車馬過。鹿溪懷古道，鶴市共悲歌。客病單衫冷，秋聲薄莫多。吳門惟季札，饑渴意如何？

別陳臥子且期余過雲間

多病似相如，成都賤子虛。惟君能好我，斯世孰華予？客久歌聲變，秋深木葉疏。澱湖將返棹，爲思食鱸魚。

寄江邦玉横山草堂詩

雲照横山下，聞君開草堂。桂華留夢久，蘭秀贈人芳。夜雨寒歸路，秋風動夕陽。所思不可得，聊賦水中央。

舟中呈楊方壺侍講

綈袠振華音，東觀久櫜簪。漢京新刻石，秦市自垂金。夢裏曾遺筆，塵中勿碎琴。南湖舟在望，迴渚發長吟。

題朱宗遠園林

野原多古木，斜日動西城。楊柳前村落，蒹葭宿霧平。遠山分塔影，曲閣聽潮聲。中有披帷者，依然陸士衡。

贈顧偉男

君誠天下士，余慕古人風。能和平臺韻，誰開碣石宮？馬原從冀北，豖媿出遼東。仰視浮雲盡，高秋河漢空。

醉後與李爲章同臥作

聞君伉俠志，如我在龍眠。壺缺看浮白，書藏守太玄。上牀同臥客，深夜尚談天。世事風塵起，毋輕少壯年！

書陳臥子齋中爲贈

臥樓高百尺，今始識元龍。臥子建樓名曰臥樓。古道欣投芥，人言畏采葑。擔書同白社，擊鉢返黄鍾。海内古雲氣，桐山望九峯。

語陳伯玉劉端甫

名發抱靈虵，相逢醉狹邪。高冠沾白露，細席對黄花。古道誰能好，男兒勿憶家。寂寥奇字問，所貴見侯巴〔二〕。

校記

〔一〕簸　當作『蔌』。

〔二〕巴　當作『芭』。

博依集卷八

七言律

古　意

音書萬里絶遼陽，羽檄連朝入未央。家在橋頭桑已緑，春過塞外草猶黄。海風處處吹胡角，宫月年年照女牆。忽見天邊歸雁度，寄言砧上擣衣裳。

塞下曲

西河右地列屯營，乘障麾旌三萬兵。海氣雲昏蓊𧒽塞，胡笳風徹鳳凰城。夜踰葱嶺飛旗疾，曉獵天驕戰馬鳴。直取名王貴人等，披戈擁節入皇京。

俠士篇

羔裘豹褎鯑吴鉤，白羽雕弓跨紫騮。座上尺書傳塞外，匣中寶劍在牀頭。徒家不待將軍請，報怨何勞天子憂？獨斬樓蘭降日逐，歸辭安遠義陽侯。

上元觀燈詞

華燈煙樹溢長安，户插楊枝連袂看。西域金牀天樂繞，東宫玉漏晚鴉寒。螭銜五尺星摇甲，馳立三階露滴盤。臺上美人調御曲，莫餘紅袖倚闌干。

其　二

五劇三條喧鼓吹，秦妝趙舞宴葡萄。風飄上苑梅花發，霧捲前城春月高。青錫壇邊燃豹髓，雕□舟上獻龍膏。七香珠幰王孫過，爲上瓊樓脱紫袍。

秋日登京師宣武門城樓

風來大漠上南樓，睥睨斜陽薄霧浮。樹上鳥啼雙闕暮，山頭雁度九邊秋。車騎旌幟摇霄漢，甲第歌鐘繞御溝。極目平原無所見，玉泉遥對客心愁。

登兖州城

泗水迴流道路長，瑕丘城上見靈光。千村枯草霜如雪，一望平原牛與羊。樹冷風生盈鉅野，車驅塵起隱磁陽。可憐東魯諸賢聖，但有浮雲天外翔。

過徐州懷漢高帝

今日徐州楚胡城，東匯濉汴望鷄鳴。斬蛇惟見荒煙斷，戲馬空懸寒日明。曠莽殘丘存戰地，蕭條喬木作軍聲。歌風竟賜爲湯沐，芒碭山頭雲氣平。

行春穀道中

山迴日闇困征途，我馬玄黄我僕痡。遠望孤舟何汎汎，空言良士自瞿瞿。關城斥候飛延鷺，驛道横亭繞畫烏。借問田間種苗叟，愁看來往日馳驅。

懷鄭實符

秋冷天高木葉下，龍山西望但雲煙。愁心夜月三千里，俠骨秋風又一年。草野誰知爲我用，英雄不肯向人前。相逢何日東谿水，聞道征車上冀燕。

初識農父 有序

乙丑，學於霧澤，軒從六叔聞農父言行，素心慕之，未嘗得遇。一日，六叔置酒，一見如舊識。各以詩爲贈，分得『廉』字。

金尊膾鯉列形鹽，相樂新知醉曲檐。素履風清飄紫帶，玄談月出映朱簾。明經遠軼龔常侍，博物能過竇孝廉。學士談今不知古，一時唯有子能兼。

余於湖上遇老人與之語頗有古風自言城市澆薄攜妻子居此余嘉而贈之

卜宅雙山學種田，扶筇長揖向余前。雪中敝履上無下，竈裏晨炊滅更然。羊褐朝行龍嶺樹，漁舟夕盪鹿湖煙。平生少小辭城市，不入東門四十年。

從舒還宿白沙

入關度嶺見蓮峯，枯草風吹正仲冬。冰涸危梁行野渚，嚴霜古道夾高松。大夫方問市中卜，上客猶居廡下傭。旅舍門無車馬迹，應知昨夜有林宗。

丙寅春同黄雲颱二白肆業東郊慧業堂之作

素帶玄裘着接䍦，散纓箕踞對清池。狂談自媿陳黄憲，夙好於今遇白奇。側理千言紳下佩，孟勞一匣帳中垂。豪呼且貰西鄰釀，剪韭烹雌炊扊扅。

夏日作

青萍曲岸繞雙鴛，翠幄蕭雲映敞軒。籬下植花名帝女，堤長没草怨王孫。搴裳采芷中流遠，散髮吹笙野雀喧。何日金風來剥落，箓葹蛇米委殘垣。

九日與慧業諸子登高分韻之作比年未冠故云

季秋霜降樹林殘，雙履單衣風色寒。黄菊盡開臨碧水，白苓遍採泛金盤。前湖霞照三江出，晚霧天高百里看。此地龍山堪藉飲，萬年今日未曾冠。孟萬年。

雜　作

俗眠野草竹林疏，春雀清巒繞敝廬。瓜蔓陂前二丈柳，地鱗石下一牀書。酣呼原乏尚書事，席户何勞長者車？多少生平盟白首，幾同得意薦相如。

與農父聯句罷復分得冠字

着屐林中聽射干，短衣無帶岌余冠。甘松白酪凝霜雪，綺石黄磁貯蕙蘭。養鶴自娱琴可鼓，釣魚足食鋏猶彈。轆轤體傋長吟遍，且把偏提洗夜寒。

懷文成

布衣三寸佐天子，圖狀猶如好女容。求客報韓亡父産，運籌事漢讓齊封。偶來橋上逢黄石，願棄人間隨赤松。遺墓只今彭邑側，蕭條古柏幾千冬。

清明登大觀亭

廣陌紅塵蔽紫霄，鶯羁柳瑣接新橋。彩裀被地山光動，花暗澄江日影摇。笙鼓樓船交雀旆，車騎夾道駕鸞鑣。狂歌脱帽入城去，四市皆驚士也驕。

射蛟臺懷漢武帝

南狩元封漢五年，舳艫千里薄樅川。潯陽日照朱旂動，天柱雲開翠蓋縣。遠望楚中祠帝舜，作歌海上返甘泉。射蛟惟有空臺在，秋色東來起暮煙。

讀鄭陳諸傳言志偶成

身持絳節挽刀環，緩帶輕裘行伍間。朱雀陣雲臨瀚海，白狼獵火照榆關。隱旗夜向車師去，伐鼓朝降日逐還。萬户封侯辭不受，蕭然長揖返深山。

東軒作

蔛蓼草木隱東軒，散帙林風獨閉門。巢父竹溪時有醉，子文蓮勺且爲論。身長九尺餘三寸，學遍諸家數萬言。但得賢良親試策，江都何必不窺園？

觀少年

少年騎馬出闉闍，白蛤烏巾如意珠〔一〕。雜飾吳鉤縣大屈，短纓楚袖拂湛盧。楊垂廣陌迎春霧，岸隱平沙驚野鳧。盤薄解衣何處醉，風帘同向酒家胡。

丁卯暮春與六叔登齊山

暮春作客易單衫，策杖齊山訪洞巖。柳暗北來青渡霧，江明西上白門帆。高歌百韻誰能和，清酒三升已不凡。旁若無人卧絶頂，嗣宗兄子舊名咸。

五月五日在池陽獨上九華門城樓觀競渡作

橋頭簫鼓沸波濤，湖浸齊山樹影高。佩艾難祛春後病，浴蘭羞易客中袍。王公張蓋徐開宴，衛卒揚旗各佩刀。堤上魚鱗觀競渡，登城余獨反離騷。

池陽懷昭明太子

貴池魚美九華秋，太子東封有遠愁。古廟杏花成酒市，釣臺玉鏡過行舟。野流橋斷崩荆塞，曉霧峯高微日浮。文選都爲三十卷，至今城側尚遺樓。

遊九華

陰雲重蔽五谿前，信宿登峯見日縣。九子花從天上雨，三江帆帶楚中煙。衣裳盡濕歸禪榻，鐘磬時聞雜暮泉。累夜危崖星漢近，欲居此地學神仙。

三月三日集社中諸子於南園臨流觴詠分得堤字

修禊流觴河水西，秉蘭春岸草萋萋。山清鶴舞斐雲動，桃杓池開煖日低。畫閣綺筵臨玉砌，緹帷繂幕被金堤。飛衣盡是平陽女，顧盼將爲逸少題。

戊辰春擬著周禮至冬屬稿未就故除日爲此作

十八年來經未明，年年作賦慕虚名。長江杖策慙孫子，宣室奇才讓賈生。垂幕寒風吹故歲，調簫午夜動春聲。明朝愁飲屠蘇酒，元旦攜書郭外行。

人日與農父六叔啓二飲乘興登北山道中分韻

剪綵屏風楊子樓，綺筵朝霧映寒裘。新年尊酒逢人日，野水扁舟憶客秋。春色盡隨門外至，清歌聊解夢中愁。諸君能續剡西興，邑後羣巒好共遊。

范子明趙又漢見問南溪因餟酒慨論生平賦以爲贈

操經同好起瑯琊，俶儻爲人不事家。邑内半隨施絳帳，道中還視佩青緺。清言牀上持如意，薄醉溪頭勝若耶。莫笑魯連猶寂寂，此鄉原未有田巴。

七夕秦淮作

玄圃芳林夜色多，秦淮橋上唱吳歌。羽輪桂殿陳雲錦，彩鷁蘭樽障綺羅。七孔已穿眉畫月，九微偏照客衣荷。仰看天市將西没，織女何曾得渡河？

采石懷太白

徂徠向隱竹溪頭，孟浪長安醉不愁。彭澤逃還猶轉側，夜郎赦後竟飄流。披衣自顧久爲客，乘月因懷夜泝舟。遺墓荒蕪碑誌在，西風颯颯大江秋。

離金陵金泊江頭[二]

南征鴻雁日嗷嗷，輯纜江頭聽夜濤。百里雲山辭建業，三更風雨讀離騷。腕中猶勁豐狐筆，帳底誰知青犢刀？歸去葛巾籬下坐，清尊採菊獨懷陶。

己巳元日諸子分韻

春光臨閣入紅紗，索葦縣門接萬家。忽見杯前分柏葉，愁聞笛裏落梅花。湖南風雨前年度，邑北山川曉日斜。少壯幾時能起舞，何爲空坐食膠牙？

十月同爾識叔暮泊江口有感

海門千里暮天空，烏臼蕭條葉不紅。霜雪日深村酒少，波濤難渡客愁同。去年六月湖中雨，今日孤舟江上風。何事相依仍汗漫，狼弧又見兩河東。

次三山

毋下河邊爭渡喧，三山雲霧日光昏。蒲楊十月餘黄葉，風雨連朝到白門。水落繫舟憑野岸，鷄鳴買酒識前村。池塘已涸高樓寂，昨夜殷勤入故園。

江上初度時王父年七十方廬曾王母墓冢君子自長安將歸故志感云

長安道路北風驚，王父廬前荒草平。不向慕亭供宿膳，偏來池口聽江聲。參軍且快潘尼願，長史虚憐柳惲名。孟浪已經十九歲，明年還在石頭城。

建康同六叔作

青溪橋上暮煙凝，御水東流波不興。紅粉佳人垂玉手，紫簫煩響振金陵。五車遥接深宫樹，百雉平臨寶塔燈。前日繁華無限想，長楊空賦向誰稱？

古　冢

陰風敗葉盪山阿，下有危橋帶急河。石椁數重今變土，陳根幾處已無和。野狐伏豹趨荆棘，古瓦頹垣挂薜蘿。犀樹鯢燈誰在者，鵂鶹午夜爲人歌。

閱報

□□□□日紛紜，朝士誰當樹大勳？皆願倒行窮暮日，偏能舞智弄深文。東門擊鐸羞長倩，南越長纓慕子雲。安得虎符當一陣，單于早避五千軍。

將離石頭買酒縱遊莫愁湖及歸遇雨因泊洲上有作

昨日琴箏醉莫愁，今朝風雨載扁舟。青山霧重天皆晦，白下波狂城欲浮。俠氣縱横長鋏在，歸心日夜大江流。深寒憀慄衣裳冷，行李蕭條有敝裘。

庚午有感

今年依舊在城東，環堵慙稱儒者宫。白臘窮書羞上古，黄金買笑起春風。四徵不至懷玄德，一紀徒過愧太沖。借曰未知既抱子，我生靡樂獨夢夢。

雜作

柴扉偃息竹煙斜，晚閣西收百里霞。不向市中觀劍器，且臨道上弄琵琶。投羅自畏雲間鷴，覩日空悲井底蛙。惆悵世情時已度，猗獺莨楚樂無家〔三〕。

贈左右錞

相逢哭路幾回窮，漏影徒勞紫氣空。絶口不言天下事，相知獨有古人風。沿江涉海波潮險，飲酒高歌悉索同。當世人情何可極，與君被髮入山中。

寄白子

索處荒園乏見聞，累茵危坐不爲文。三年玄豹憑青霧，百里蒼龍跨白雲。摘句尋章何所用，拔刀起舞不如君。干戈滿地塵沙動，應願鳴桴入九軍。

閒訪倪臣北凝遠精舍因觀其近作率爾有贈

昨夜虛帷月照燈，鷦鷯新賦不容稱。水摇金錯盈三尺，煙入銀塗動九層。天酒籬邊豪士飲，洛如階下茂林徵。帶經博士居千乘，今歲還應詔秣陵。倪寬，千乘人。

余註爾雅始成三卷社中諸子過詢閲其稿因命酌分得邪字

洲上胡繩蔓野花，客來有酒薦鮨鯊。山迴蓬户環陶柳，水繞禾疇種步瓜。獻鴿但能憐渴飲，持豚空愧祝汙邪。妄言爾雅懷多藝，博物於今不似華。

左右錞白子皮葉蠙玉過訪閲所著古文及近藝

平原文學樂安侯，庸作談詩東海頭。誰辨驪珠非燕石，何妨羔袖緣狐裘。披帷短燭照階草，奏曲寒煙入澗流。昨日攜來一壺酒，願言與子結綢繆。

將之秋浦

負苞竹徑斷榛斜，避暑南疇學種瓜。醉後三句消碧麥，憂來幾處採黄花。高談末世歸山隱，東擔長江看月華。自媿叔孫聊應召，空言孺子不爲家。

寄贈金將軍在贛州

江右南衝嶺嶠長，鬱孤臺上暮雲黄。水分章貢來秋色，山擁崆峒動日光。前陣皐藻持鶴膝，中軍虎哮駕龍驤。輕裘時具登臨興，鈴閣還應賦八章。

其　二

雄韶巨盜服軍威，霜冷桃江草木稀。校獵清風吹戰鼓，屯營寒月照戎衣。鯨鯢夜避旌旗影，鴻雁朝隨羽檄飛。此日薊門需上將，還當□□震金微。

秋前一日高座寺作

蕭疏古柏蔽禪房，乘興登臺望故鄉。鍾阜晚煙來竹徑，雨花寒氣中羅裳。江間但見歸帆疾，笛裏先知秋夜長。從此西風明日起，高天白露降爲霜。

聞捷至與諸君語

□風吹徹紫荆關，漢將長征□□還。誰謂龍蛇爭起陸，隱然虎豹在深山。功名夢寐希陳傳，文學聲名鄙謝顔。他日命車行出塞，可能斬首染刀環？

登雨花臺

吳天曠莽雁門陰，臺上風清粱甫吟。雨過山巔開石磴，煙生城堞被松林。長江不辨波濤色，古寺空餘鐘鼓音。坐看浮雲日千里，安知行客有歸心？

從江上入樅川白夫子有詩爲訓敬賦此以識之

扁舟九月返樅川，從事先生已六年。帳下曉風吹鹿起，園中春色望龍眠。華陰講舍三台兆，高密通門八志傳。此日安昌湖上住，木瓜尊酒共彭宣。鹿起、龍眠，皆山名。

金陵還左二周大白二六叔啓二飲彌天舍分韻

入門深巷落槐煙，露重星高九月天。力學優游皇甫謐，清談菲薄夏侯玄。相依道路已多日，安得人生長少年。歲暮讀書同二仲，舍中何必作歸田？

解后錢子爲此贈之

瀼瀼零露滿東谿，高論秋風晚樹低。鴻寶百年藏玉案，錦贉萬卷押金題。吳門雲氣横河漢，燕市塵沙隱駃騠。聖世崇文如下詔，講經何得與君齊？

江上還復之大龍候白師憶啓一啓二

奔波江上入鄉遲，返棹龍山樹木衰。百里從師常負笈，三年獻策復垂帷。池塘野草多春夢，風雨平湖學楚辭。惆悵高樓獨下榻，士衡今已賦新詩。

白鹿山莊寄懷天柱施下之

九華日出皖江明，白鹿湖中湖水平。澹泊空懷長彥志，紛綸久慕大春名。三千門下皆分坐，六十年來不入城。結舍高峯事著述，於今唯見有先生。

從六叔同飲農父分韻

江濤孟浪久離羣，三徑梧桐落葉紛。散髮竹林原耆酒，放言蓬室厭論文。優游世俗安能免，商搉生平獨有君。明日命車東郭外，長從隴畝學耕耘。

秋日憶絅修聞修闇修昆弟前會於建業至此有感

斗野淮南古大邦，慈明伯仲俱無雙。八公寒日明千里，百子殘雲蔽九江。白下長懷秋作客，黄花滿目夜臨窗。鏗鏗世業今開館，席上諸生當盡降。

憶介立上人

古寺深林掩竹扉，雨花紛葉動秋輝。魚龍水底隨行梵，雲霧山頭襲定衣。寶塔懸燈松徑隱，青蓮度月磬聲微。二珠傳衲還空界，遥望中天錫杖飛。

贈鄒生

寒帷明月照殘燈，有客逍遥自晉陵。鴻影風高將不見，龍山歲暮可同登。長江片石波濤遠，野岸繁霜草木冰。蟬蜕暫歸支道隱，鹿裘玄著待三徵。

六叔芊室成同王先生農父子皮啓二落之分微字

歲暮田園歌采薇，君公牆下掩柴扉。風塵世俗誰相問，親戚家人得見稀。神武長懸牛首畫，華林應詔鹿裘衣。明年拂劍江淮去，星紀餘光動紫微。

還澤社

秋深衰柳閟柴扉，瘖寐荒園擔簦歸。九月黄花平野草，三秋白露染塵衣。東城南畝隨流盡，北雁西風帶雨飛。木葉蕭蕭愁目眇，靈均何處怨湘妃？

和農父韻

排擯諸儒不共齊，策成何日上關西？當窗緝柳秋風動，鍵户紬書山月低。犀管初臨裁錦繡，龍泉未鑄動雲霓。道公已坐皋比席，鑿齒還應餉十犁。

春日趙又漢如壽春爲此寄絅修閽修闇修昆弟

八公山下白雲深，春宴還應在紫金。夙慕桓榮稽古力，嘗悲梅福客遼心。芍陂掞藻光河漢，桐水呼風滿樹林。日暮高樓西北望，楚歌一曲撫鳴琴。

因六叔寄程生

雲起樅川接石頭，故人聞欲下揚州。荷融夙昔多先識，阮籍於今共遠遊。夢寐三江三百里，風潮一劍一孤舟。何時重聚梧桐閣，尊酒吳歌白雁秋？

又寄白子

大龍曉望白雲低，百里葳蕤楊柳堤。林下浩歌忘歲月，匣中寶氣動虹蜺。嘗悲放客猶居楚，爲謝諸儒且出齊。日暮相思何處發，故人家在石塘西。

與客雅論終日 三首

臺起黃金誰似燕，草堂細席共談天。流觀文字皆科斗，能辨音聲入管絃。六月方圖九萬里，三都何用十餘年？浮名不合平生志，縣榻層樓守太玄。

其二

谿上風寒蕩遠沙，散纓臥對北山霞。曲終自識楊枝調，秋近猶看木槿花。石下誰能明貳負，宮中今不出騶牙。何時白虎重開觀，攜手長安醉狹斜。因觀山海圖、爾雅諸書。

其三

願言與爾發長歌，舉目其無知者何？高密八篇傳北海，建安七子首東阿。白華被野英雲降，烏鵲羣飛落日多。引滿莫辭山路晚，天津皎月正臨河。

湖中逢立秋

初秋昨夜入梧桐，一葉飄摇風雨中。鼓枻倉浪悲放客，歌詩悉索苦良工。負鹽徒困驚帆馬，彈雀空勞繁弱弓。賤玉貴珉何足辨，白頭終未出遼東。

汪君疇來訪留飲賦此爲贈

皖公煙起接魚亭，作客深秋泝洞庭。應得簡書逢赤繡，誰開寶匣動青冥。雲山千里惟憑杖，尊酒三更且説經。出户短歌梧葉落，仰看閣道有奔星。

浮度山莊作

泄泄桑田適索居，循園柿葉學秦書。嘗因鳥迹搜奇洞，還聽樵歌返敝廬。石澗羣芳隨路遠，湖帆五兩過林疏。嵐開岢崱恣晨莫，時令幽人自卷舒。

六月得六叔書自金陵云此日當發且識途中事

有鳥東來寄綵繒，相思昨夜發金陵。一帆煙雨將何處，六月樓臺祇自登。每嘆龍文不見識，於今牛耳自君興。陳留萬卷應邀讀，名起山陽天下稱。

與農父作

與君朝夕共饔飧，小隱河邊學灌園。草野懷時依北闕，布衣行媿出東門。瓦鳴自是鐘先毀，齒敝何如舌尚存。鵷隼中陵安所極，再三浩倡畏讒言。

寄懷六叔虎丘

杖劍當無故國情，此時猶客闔閭城。高談盡布關中學，作賦先齊鄴下名。霜落衣裳秋九月，風吹魂夢夜三更。歸來歲莫衡文史，閉户荒園草木平。

贈閩中劉薦叔

聞君昨歲出温麻，作客荆吳不顧家。萬里風塵憑漏影，十年慷慨弔懷沙。單衫葉落秋將盡，小社城迴菊有華。解后高談共尊酒，東谿中沚賦蒹葭。

同梅朗三顔庭生徐曰贊徐聖銘談經因臥樓上且話別

歲莫風塵歌采苓，蕭蕭行李媿伶仃。九年自惜荒三史，重席何緣講十經。久客厭看楊子雨，扁舟將別謝公亭。幾時尊酒高樓上，二月江南草色青。

同張公亮飲沈崑銅作

嚴冬同客大江頭，雪案寒衣夜不愁。坐上燭紅歗鷃賦，樓頭尊白換羊裘。石渠事已千年罷，碣石談爲十日留。當世雅南何寂寂，一聲商調滿中州。

飲周仲馭儀部賦贈

大江雨雪送將歸，好客如君天下稀。零露空歌酬縞帶，寒宵無夢賦黄衣。欹歔醉撫鳴琴罷，悵望帆同落葉飛。歸去殘冬何足用，牆東且自掩柴扉。

寄懷徐巨源

寒風久到故人廬，孺子當年舊姓徐。七發病勞千里道，四愁情寄一行書。松門山上秋雲起，桐子溪邊木葉疏。中沚留夷將欲贈，空歌白露濕征車。

送鄒匪石先生節越閩中

絳節崇車皖子邊，大江風接尉山前。旌縣北闕三朝日，劍指南臺萬里煙。佇望鞭弭無限事，獨塹羽獵未成篇。駑駘剪拂懷燕市，後駕如今八九年。

吴湯日舅氏之武夷余亦將如三吴後十日乃發賦此爲别

路車相贈武夷遊，余亦孤帆下虎丘。司馬行將觀上苑，元龍今厭卧高樓。市書價識千金字，佩劍光侵五月裘。歸棹西風吴越過，江湖應共客中秋。

余爲吴越遊入郡謁大常遇於曲江適堅之先生講離騷率賦三章

大龍煙蔽曲江濤，樹隱仙舟共濁醪。樓上未成王粲賦，風前欲贈吕虔刀。倉波鼓枻纓時濯，悉索歌詩調苦高。爲客牢愁何用反，徜徉揮麈讀離騷。

其　二

雅奏蕭條數百年，高壇此日皖公邊。山中招隱看藏豹，堂上談經已兆鱣。夢就大人書可獻，車迎長者榻毋縣。江淮吴越今將去，忘學龍門司馬遷。

其　三

欲從後乘屬中原，少誦書槧數萬言。櫜鞬有名期攬轡，天人未詔且窺園。九年往日思燕邸，兩漢遺風在海門。自度後堂堪侍宴，牀前長拜聽張論。

白下贈沈眉生

聲發吴興昔日聞，車前原自重休文。十年賦就先知貴，三集詩殘累自焚。披葛暫侵烏巷色，挂帆將動虎丘雲。鳳凰臺上秋風起，握手歸來葉正紛。

遇朗三共臥晨起有作

鐘鳴古刹晚風天，抱膝繩牀昔日眠。夢託扁舟皖子棹，醉懷高閣謝公煙。擔書不憚千餘里，擊筑空悲又一年。筆札上林安得給，慙余徒作帝京篇。

上文湛持太史

天禄文章重建元，久知親擢有公孫。閣開已滿南州榻，席設還高北海門。擊鉢歌從十九首，叩鍾微入五千言。承明將問賢良舉，何筆來窺作策園？

同錢吉士諸子晚步虎丘

遊暑東來披葛裘，煙殘古木晚鍾微。千年宫室多荒土，百里山川盡落暉。石上從前聞虎踞，池中何日見龍飛？明朝秋至愁行客，横笛爲吹緩緩行。

吳門立秋後寄項仲展

寺門大道撥琵琶，東望雲山落晚霞。鶴市逢秋悲蕙蒞，鴛湖入夜賦蒹葭。名成上苑聞三策，客滿平臺集五車。獨媿青冥猶未鑄，風塵敢自獻張華？

常熟謝橋訪楊維斗還寺中作

關西名近在東吳，設席談經過海虞。捫蝨相逢同擊缶，飯牛且願學吹竽。橋頭流水環三徑，舟上殘書厭五湖。薄暮入城河漢白，塔鈴彷彿動高梧。

呈錢牧齋宫尹

蹔託山中謝鹿皮，上樓獨處下寒帷。赤幢舊服仙人藥，黄閣將爲帝者師。北望莫塵天渺莽，東來秋色樹參差。史屏好記談經客，引我清風虞仲祠。

飲陳明卿先生無夢園

珉階芳草照書幃，寘酒風前風正微。石立危峯龍影見，人迷深徑鶴聲稀。梧桐莫近將飛葉，荷芰池環可集衣。無夢園中堪作客，出城爲詠善哉歸。

項仲昭席上賦

閣上星光動石渠，雄文今媿似相如。放歌愁是他鄉客，野路何勞長者車。洞口花香臨夜發，尊前石影入林疏。此間萬卷樓應建，乘興還來臥讀書。

楊維斗見招賦贈

薄莫秋生古樹林，君沽斗酒我彈琴。愁多雜佩貽青玉，書重名山宴紫金。醉作短歌高鄴下，行將長鋏拭華陰。五陵久厭輕肥客，慷慨江湖一片心。

聽雲雪珂上人索書書此

講堂空見莫雲流，鐘磬聲疏識古丘。花散林陰隨落葉，光生塔影動高樓。談終風雨三更夜，悔作江湖七月遊。起舞徜徉徒少壯，遠公應笑客悲秋。

西湖答吳靜胐張天生馮千秋見訪時叔□有書爲問

雲浄雙峯雨後秋，客來松徑問高樓。故人魚信當青眼，今日鷗盟定白頭。千里夙懷頻命駕，六橋暮色可移舟。陸離總總看余珮，斗酒空勞慰蒯緱。

遇周勒卣徐闇公陳臥子於西湖即張天生席上爲贈

聞君鷁首自雲間，余滯湖中猶未還。下坐愧成鸚鵡賦，高譚先動鳳凰山。林間叢桂誰將隱，佩繚芳蘭近可攀。秋月夜來同照客，瀼瀼零露和緜蠻。

贈陸夢鶴昆仲步韻

從來江左識機雲，解后橋頭又見君。匣吐魚腸今在掌，枕藏鴻烈舊曾聞。湖波煙入琴書亂，堤柳風從衣袂分。三徑明朝聞蕙畹，秋山堪共細論文。

聞子將齋中

傳經精舍植長松，弟鬱雲環南北峯。四賦舊聞誇倚馬，三年勿笑學屠龍。仙人情寄簾前卜，隱者心悲廡下傭。摻手夷猶何所贈，胡繩纚纚間芙蓉。

西泠賦別崔五竺

楊柳飛殘一葉舟，暮天長嘯碧雲流。鷓鴣名滿湖中賦，鴻雁書傳海外秋。醉笑侯門空撫劍，寒催客路早披裘。西泠何事西風急，吹入將歸昨夜愁。

柬夢鶴國珍諸子

寒入空山古樹林，層樓風雨氣蕭森。千聲驚送他鄉夢，一夜吹殘游子心。寶劍牀頭嗟病久，玉簫窗裏怨秋深。故人盡道蘭橈發，湖畔依然梁甫吟。

和錢而介韻

杖策空言慕子長，那堪白露濕衣裳。天涯一日同知己，客路孤舟忘故鄉。草岸莫聲驚蟋蟀，樓頭秋色動鴛鴦。浩歌何以爲君贈，夜半時縣明月光。

飲褚仲晦分得吾字

南皮逸響振南湖，洛下才名此日無。龍友從來聞大宛，魚文原自勝昆吾。相逢作賦悲招隱，太息封侯欲棄觚。醉後羽聲歌數變，城頭高樹有啼烏。

嘉禾贈陳子木威如

二阮徒慚好遠遊，思君曉露駕扁舟。多年帶結同心夢，孤客情分異地秋。桂樹叢生嗟楚曲，瓊枝折繼問吳鉤。西風昨夜吳門動，先入湖邊煙雨樓。

贈禾令張澹存

越海風煙動久陽，遡洄江水接鴛鴦。行車解劍花盈路，臥榻鳴琴客滿堂。秋至漸侵紈扇色，寒深將染苧衣霜。兩京舊是名天禄，敢漫揮毫平子傍？

上陳如岡先生

海日光摇五色箋，向來著作動甘泉。碧鷄舊仰賢臣頌，白虎曾修石室編。精舍談經聞座滿，德門進客看車縣。遨遊行李惟餘筆，素調偏書絳帳前。

與徐陵如論文作

久識華簪重柏梁，江湖慚自擬長楊。煙侵蝌蚪圖書色，月動龍文珌琫光。曲裏玉簫飛白雪，袖中錦字挾玄霜。可憐品目徒凡馬，何歎鹽車困太行？

得周農父白子皮及六叔書

西風颯颯獨愁予，作客離憂八月餘。鴛水正勞昨夜夢，雁行吹到故人書。梧桐雨滴單衣冷〔四〕，薜荔霜侵古壁疏。高臥狂吟臨百尺，枕中秘記近何如？

飲朱廣原即席賦呈李九疑冏卿

燭照黄花秋色微，胡牀書滿下寒幃。先生自是名玄晏，宰相何妨着白衣？倒屣終朝慙作客，披裘昨夜賦將歸。尊前徙倚餘星落，愁看浮雲西北飛。

九日同沈仁舉錢仲芳魏子一過叔寅馬雲房徐儀仲馮輦皇陳威如蔡聚五登煙雨樓且言别

霜寒湖海怨歸遲，煙雨樓空落照時。病把茱萸消夜夢，醉看楊柳任風吹。美人何用投瓊玖，倦客偏宜倒接䍦〔五〕。明日挂帆隨雁影，月中有字寄相思。

夜同徐奕于坐錢彦林仲芳軒中

蕭齋石砌菊華殘，九醖初開夜色寒。不效大春求盛饌，且從子夏獨高冠。下帷桂棟搴芳芷，散帙藜牀操猗蘭。竊見枕中成秘策，早知明歲重長安。

雲間同夏彝仲朱宗遠徐闇公陳臥子醉後狂歌分賦

微霜昨夜被高林，湖海秋同知己深。耳熱空悲天下事，月明堪照故人心。登樓石動凌雲氣，擊鼓風吹變徵音。遊俠青冥雖在掌，結交何處散黄金？

讀臥子爲章偉男所著古文辭私制策

嘗言天下無才子，唯向雲間見古人。字挾風霜開漢魏，策成草野嘆齊秦。知音高調驚滄海，作客虚名勞暮塵。慷慨只今正多事，豈徒白虎校書臣？

與臥子爲章慨論今日

廬民荒土掩蓬蒿，北望塵飛晚霧高。責賦詔書年歲苦，巡邊冠蓋道途勞。南宫墨士持青簡，東海良家弄赤刀。郡國誰陳災異對，建章鐘簴欲生毛。

其　二

夜見攙搶色動狼，干戈滿地起戎行。椎牛漢將生邊釁，走狗齊民事戰場。白檄畏聞丞相府，赤丸近探羽林郎。只今惟有聖天子，賈誼空憐在洛陽。

遇周勒卣於西湖及至雲間勒卣又如白下坐臥子處懷之且話別

孤山楓葉共扁舟，九月思君醉臥樓。白苧城邊聞白雁，青溪橋上望青牛。枯楊聲送行人曲，暮雨寒催故國愁。歸去北風吹莫斷，相逢空逐大江流。

訪陳眉公山居

蟬蜕塵囂倚翠峯，臨流築室亘秋冬。遠遊漫道同司馬，抱膝時當懷臥龍。風滿路傍歌杕杜，霜侵木末怨芙蓉。鹿皮非擬華林樹，招隱惟憑百尺松。

懷張草臣

思君千里水中央，各好擔囊辭故鄉。風雨盡歸游子賦，江湖不數少年場。書傳齊地迎鴻雁，夢向吴天吐鳳凰。日暮橋梁聊遠望，更愁野岸被寒霜。

閶門憶吴湯日舅氏兼呈項仲昭

曉鐘初發闔閭城，爲客朝朝怨五更。閩海悲風吹夢到，吴宫殘月照人行。市中空重胡琴價，石上今聞鐵笛聲。莫道長通能學賦，虬之終託上林名。

至谷陽贈潘木公

野望孤城天莫空，金焦雙擁大江中。登高已盡三吴俗，懷古期還兩漢風。短褐披帷塹座右，寒霜落葉隱牆東。石渠博士遊湖海，不望人稱五柞宫〔六〕。

江上憶澤社諸子且擬六叔當至金陵

蘆荻聲殘白鷺洲，波濤千里莫雲愁。諸君應作三江夢，孤客何堪九月秋？路滿風塵疑鄭寶，衣沾霜露染吴鉤。山中大阮今當至，且解奚囊醉石頭。

懷六叔

度君猶未至長干，漂泊同悲行路難。蟀蟋不鳴秋草死，鸛鶴已典客衣寒。江天雁少空相思，帆景風狂安忍看？辛苦數行頻問信，上言千里願加餐。

寄梅朗三

古渡無梁水亂流，思歸空買木蘭舟。風吹客舍江邊雨，月落秋山城上樓。滿目塵埃藏霹靂，有懷蕭瑟入箜篌。衣裳憀慄何曾授，可惜霜凋換酒裘。

書吴生扇頭

垂簾十載古城東，纓獵知懷俠士風。食肉肩魋榮蔡澤，著玄口喫苦楊雄。意隨波浪江帆外，歌發塵埃酒肆中。自度洛陽稍不媿，相余何日得吴公？

從吴會至金陵詢楊龍友龍友則復吴會矣援筆有懷

靈岩山色問君過，東望其如道路何。夙抱晉風來建業，深慙蜀客識牂牁。秋聲江上因帆動，木葉宫中入暮多。寂寞瓊枝誰繼珮，愁聽碧玉善爲歌。

六叔舊聘長干女子期而不至爲此招之

天末相思明月流，胭脂井上草三秋。將爲金屋求如願，空使銀河怨莫愁。五馬踟躕勞廣陌，雙魚迢遞斷高樓。君非輕薄邯鄲子，多爲臨邛賦白頭。

柬沈崑銅

風動鳩兹木葉疏，嚴霜已滿菊花廬。愁來盡入他鄉草，袖裏猶存隔歲書。將謂暗投同燕石，空思遊俠駕牛車。徘徊何處勞相憶，曉發鷄鳴月落餘。

柬農父及子遠舅氏

繁霜如雪尚孤征，莫道能無故國情。斥鷃搶榆方大笑，牽牛負軛總虚名。凌雲久動江湖氣，杖劍時成風雨聲。海内只今信寥落，龍眠山下有狂生。

校記

〔一〕蛤　當作『蛤』。

〔二〕金陵金　下『金』字疑衍。

〔三〕儺　當作『儺』。

〔四〕泠　原刻作『泠』。

〔五〕罹　疑當作『羅』。

〔六〕柞　原刻作『拃』。

博依集卷九

五言排律

天啓甲子家君子遊高梁橋顧望城中欲東歸命賦此韻

長安千里道，春日已過三。上苑凝寒色，居庸動曉嵐。堤邊爭彈雀，陌下盡桑蠶。博士明光辨，雄才碣石談。隳功悲馬謖，慟哭隘羊曇。朱輦騎朝滿，青樓酒夜酣。移情知曲蕩，瀆物類鹽婪。塵起煙遮日，山空草結庵。征鴻歸塞北，旅夢唱江南。

飲農父漫贈

北郭平荒蓼，西山照落霞。掩扉懸鹿榻，輯橑效牛蝸。衣敝狂生感，刀鳴烈士嗟。知人思鮑叔，博物誦張華。東管遺青縷，籤書間白牙。文雄驅虎豹，草聖走龍蛇。玄嘯林風動，沈酣月影斜。多才薄利禄，何事怨長沙？

偶作

終歲臥繩牀，何年詔未央？截蒲羞作吏，執戟願爲郎。方挽弓三石，飧資粟一囊。從來悲白臘，何處得青裳？逼好書英蕩，將牢佩善芳。周章宜細謹，哵笑近醒狂。野草人前滿，殘梅笛裏香。榆間驕斥鷃，池畔弄鴛鴦。花照葡萄碗，帷飄薜荔堂。春光不可再，拂袖且徜徉。

與王幼公談詩 有序

幼公本同余治易，兼治六藝，然深於詩。嘗采閱詩説及序傳，搜略毛鄭諸家，齊、魯、韓存大要同異，詳莫考矣。其論興比之一揆，釋音聲之得，所敘字詁之諧協，於言志永言義頗得之，雅與余合，故每談彌日不倦，遂有是作。

觀書得大意，請業喜談詩。夙好空操卷，唯君獨下帷。策成將獻闕，藻發勝遊灘。隔歲蓬迷徑，新春草滿池。漢朝三説出，韋氏一經遺。開館平原學，封侯王者師。縣車門外重，受印臥前垂。當世誰從古，吾生已後時。知交慙狗監，聲聞憶牛毉。園靜夜鳴鼓，鄰荒晨滅炊。琴尊開北嶂，樹木隱東籬。卻病飡松葉，披寒冠竹皮。坐餘溪水響，歌罷暮風吹。塵俗無相識，鼎來但解頤。

汪人文王幼公倪臣北見訪時王先生在館賦得門字

諸君拜鹿門，願受德公言。但得長高臥，何須空灌園？緑堂開外野，紫氣隱中原。流淺秋聲急，鴉飛日色昏。編書懷太史，落筆法公孫。杖底錢餘百，奚童市遠村。

小龍山莊即事有懷偶得酣字成三十有一韻兼呈農父

山空春色莫，湖廣太虚涵。荇繞舟中楫，鐘鳴洞口菴。斷雲殘鵠鷟，陰巷夾梗楠〔一〕。細草堪俟鹿，柔桑可食蠶。羅幃侵遠霧，皮几照幽潭。琴瑟何曾徹，經書每自擔。奉杯蚤失母，用脯未生男。美服恥平叔，論文薄子瞻。側門環五柳，平皐載雙柑。蒙蔓香來襲，崚峋晚起嵐。屐能窮謝興，手厭答劉函。此處誰相識，終朝樂且湛。披衣行竹徑，煮茗坐松龕。肺肺觀楊葉，萋萋詠葛覃。彩毫光正發，素業味常甘。絶俗思朱穆，辭榮慕李曇。嘗悲書十上，重慨刖過三。臥石難馴豹，憐人即脱驂。楚君尋墜履，原婦惜遺簪。市上塵空滿，匣中氣尚含。筋駑多越禮，口吃復雄談。算曆從疏佐，凝神好老聃。雌雄知白黑，先後辨青藍。耳目離城異，須眉入鏡慚。陳公唯遇義，楊子幸逢譚。壯志看龍藻，成勳非虎頷。寒風吹嶺北，茅屋對江南。忽嘆日斯邁，方憂亂用餤。連年病水旱，文吏盡汙貪。天下九當哭，吾身七不堪。但須貰美酒，浩唱夜樓酣。

從白夫子遊暑南谿與社中諸子及六叔分韻得兼字

喬木臨深澗，崇臺遠赫炎。講堂花布地，細席鳥窺簾。二謝懷安石，九年師仲淹。醉儀歌忪忪，式訓尚謙謙。起舞持工市，宏才知藻兼。芳飆揚雜佩，悄月過虛檐。運策何妨臏，先驅未及髯。雲流白雪奏，澤潤赤珠潛。不屑爲曹吏，誰當舉孝廉。窮途披短褐，方且納無鹽。

重陽前一日與周大醉後作狂歌

荒草竟周除，秋光入老梧。牀陳參帶硯，壁畫輞川圖。歐冶空操掌，晨鳧猶困途。卷宜名雋永，論可廣連珠。頃刻成鸜鵒，逍遥唱鶺鴒。不須長倚鍛，且自學吹竽。耳熱聲何激，舌存志豈孤。僦居羞井里，杖策擬江湖。挂帙兼持䩕，驅車先棄繻。無輕亭下隸，冀遇市中屠。灞上誰知李，酒家應姓胡。著襦彈大道，臥地正當壚。徑挽魚籠至，曾窺狗竇呼。堵牆觀蹴踘，箕踞效樗蒲。重脱衣千腋，還能乾百壺。明朝山色好，藉坐有茱萸。

與鄭公談

終年忘世俗，草舍望平沙。提戟斬騰虎，張弓發小豝。雲深巢遍樹，水淺澗生花。古壁垂天帚，危亭生昔耶。徒勤陰叟甕，時種故侯瓜。大勇侔猿臂，荒原事兔罝。伏波今已晚，去病不爲家。從此游燕地，相逢過狹斜。雕鞍朝動日，丹旆暮摇霞。敵國思吳漢，行軍軼趙奢。勤勞拜鳳闕，依舊駕牛車。得意大夫事，何爲空藝麻？

施公築舍天柱峯談經庚午偶來桐溪飲中賦贈

長卿名沛郡，教授樹儒宗。楫渡三江水，堂開九子峯。漢書成校秘，周禮闡司農。命駕踰千里，登天過八重。摛詞倡白雪，按律起黄鍾。忘倦斲輪老，求多賣菜傭。空籠言獻鵠，揮產學屠龍。剛戾時瞑目，支離尚潰癰。門前無客掃，廡下爲人舂。文史胡牀滿，逍遥畢杪冬。

贈九華二生

九華有二士，五月渡三江。經業傳青硯，仙書獲赤幢。掞庭踰謝陸，避世暮梅逢[二]。上策臨菑動，高談稷下降。吳公稱第一，鄭子本無雙。豹鼠文良辨，螭虬力可扛。野園停竹杖，溪閣啓梧窗。北海初交李，南陽獨拜龐。多君音秩秩，媿我思憧憧。斜草瓊花管，擢傾玉酒釭。彩帷縣夜月，華蓋轉天杠。何日成虛志，終年居此邦。

劉用潛令婺源來皖賦此爲贈且言從白夫子處圖晤也

巴蜀繇來盛，君家稱世賢。虎城開玉壘，鰲浪泝金川。吞印奇勳著，遺經偉業傳。二班成令史，萬石始中涓。馮翼彌純嘏，烝嘗享吉蠲。行車光導雉，講舍兆銜鱣。藻綴平臺韻，文紬汲冢篇。墨丸求上黨，鐵硯出于闐。鼠獄疑曾讞，鷄碑汁蚤鐫。思鄉渡燕子，請業望龍眠。協樂稽荀勗，雄談放鄭虔。勒書彰太學，給札奏甘泉。考曆原提紀，凝神類偓佺。器華宗廟貴，體備轆轤聯。芸聚翻縹帙，藜扶擿韋編。腰輝鉤絡帶，腕染衍波箋。浩倡詩三百，綢繆斗十千。乍驚鉢可叩，固予筆如椽。軹邑榮張禹，徂丘羡魯連。崇臺論尚古，幽嶼詠遊仙。勿謂今云美，方誇漢以前。岷江巫峽急，垣市歲星纏。策杖遨吳楚，驅輈至薊燕。排紛侔灌竇，伉俠續曹專。結客輕資斧，存人竭饔牽。長虹横帝席，景曜洗虞淵。瑞見朝徵運，杓移政察璿。看牙新署塔，袚禊應班拳。侍宴袍曾奪，臨窗燭祀燃。丹心投赤棗，繡句軼青蓮。翡翠繚瓊佩，珊瑚錯錦韉。秦兵喧蹴踘，趙女炫鞦韆。橋柱稠茵轂，甍檐墜寶鈿。芳塵春蕊發，彩袖曉雲鮮。楊路迴行馬，槐廷序附蟬。颺言俱拜手，緝服悉隨肩。屏列遥開緑，符分用秉權。因兹垂墨綬，宜遂立花磚。榆次鳳將集，中牟牛自還。亭傍堪解劍，室内止鳴絃。野被兩岐穗，筍餘一大錢。化醇及犬彘，俗厚遠鷹鸇。舄向烏聊舉，帷從皖口褰。生魚謡久俟，展驥地難全。靈洞桂牀聖，武溪載酒船。民咸深倚重，宁且待衡銓。績底冣羣吏，聲蜚溢八埏。纍若揺雙繫，峥嶸捷九遷。祇奉披香輦，恭隨明月旃。宫鍾通閬杙，皇命動紘綖。顒卬維藹藹，左右率平平。草莽無能祝，殷勤獨有緣。反揆萌鄙吝，何幸托舟旋。僑寓忻同郡，常調憶舊年。偕觀商座樹，悵指莫愁煙。名仰龔君倩，知隆柳伯騫。狂歌擄慨慷，豪氣抱蹁躚。苧就稍酬綌，瓿多苦守玄。翩遐安得借，鹽負每憂顛。薋菉淆蘭芷，輪囷亂梓楩。髀生焉所遇，跐刖欲誰憐？智已窮株兔，功徒敗木鳶。周章拘柿屋，呫囁滯蒲韉。正枘須商鑿，爲茅昔是筌。山頭希静徑，郭外計閒田。巢穴詳風雨，耕耘識陌阡。簡封恆贈撲，篚寠任偷氈。搢笏端綦履，循牆勉粥饘。披鶉恬甕牖，刻鵠恨刀鉛。濤廣勞精衛，峯危啼杜鵑。棄觚空復爾，擊楫甚蕭然。吹笛懷兼道，登樓感仲宣。時悲圭謝晷，鑑怍管窺天。薜荔叢朝攬，芙蓉澹夕搴。秋嵐敷霮䨴，河水聽潺湲。寣寐情元切，淹留病少痊。小函陳慺慺，束帛媿戔戔。北海門當建，南州榻冀縣。聞過白師處，芙醉石塘邊。

七言排律

乙丑登府城南樓

皖城百里踞江涯，荆楚全傾左控淮。天柱連雲方北擁，海門巨浸正東匯。崇墉五嶽刳修洫，阿棟重櫚映彩階。太守魚符青縷綬，中軍虎旆赤銅牌。風鳴義甲調鶡撥，樹隱蘭紗露燕釵。獨我狂生衣敝褐，登樓空抱仲宣懷。

長干橋上懷古

楊柳金城接石頭，長干橋下水東流。雲開寺塔縣牛首，日照江帆出鷺洲。羅袂玉軒青瑣檻，彫弓寶馬赤茸鞦。九逵萬隧高車塞，雙闕重欒古木秋。縱獵地驚魌魑掙，談經天雨鳳凰遊。沼靈夜溢三香沫，井智煙迷百尺樓。烏巷少年衣尚爾，彩毫才士驛今留。六朝靡曼同千載，幾處簫鍾讌五侯。卜築每懷弘景隱，穇藜何用彦倫儔？陳宫草底胭脂没，晉帝陵前風雨愁。半醉叩扉慟哭者，應歌零落歸山丘。

秋日與社中諸子從豫章王先生談經分韻有作

南郭高壇可共登，多才摅藻若雲蒸。荒園菊接籬邊徑，累夜蟲鳴帷下燈。蕙茝芬芳時紉佩，椒聊蕃衍惡盈升。城頭樹繞分千色，樓影縣池撼幾層。曠埜煙浮來白雁，隆穹風疾送蒼鷹。設堂幸遇先生訓，執耳忻從吾黨興。簾映殘階平淺草，書臨危石挂枯藤。方知叔度爲顔子，喜見夷吾屬茂弘。置樂後庭皆沛郡，長談同館起蘭陵。柏梁玉韻能先擬，寶座金筵當首昇。姓自君明應顧改，公因文舉至今稱。説經雅辨推楊政，奪席爭雄慕戴憑。伏豹三年將隱澤，奴駘十駕亦堪乘。解頤未應甲科令，尚志何榮刺史徵。慷慨田間峯日落，逍遥堤上柳煙凝。莫言痛飲秋光在，轉盼嚴霜河水冰。宛彼鳴鳩思式穀，卒章重賦用兢兢。

子遠舅氏過北軒因觀所著書

多才鄴下擅風流，隱几斑絲映白裘。㛹尾金盤三盃爵，的盧犀羈九花虬。志名博物書麟角，草就濡毫造鳳樓。楣橑辛夷春雀入，牀侵薜荔夜香浮。詠啁答客無餘難，神異還應續十洲。

校　記

〔一〕梗　當作「梗」。

〔二〕暮　疑當作「慕」。

博依集卷十

五言絶句

邯鄲客舍歌

客來從長安，驅馬過邯鄲。持弓挽六鈞，三輔爲材官。

樗蒲行

我本幽并兒，交遊結中貴。一擲百餘萬，買得騎都尉。

山鷓鴣詞

征戍久遼陽，空閨人斷腸。高天有寒露，深夜濕衣裳。

隴上行

十載客梁州，從軍過隴頭。黄雲朝夕滿，不見故鄉秋。

南州行

江岸多垂楊，春風春日長。美人浣衣處，無限雙鴛鴦。

俠士歌

丈夫在鄉里，鄉里多不喜。磨得寶刀新，盡殺鄉里人。

襄陽行

秋日照江南，蘆花滿江北。悔作商人妻，江頭望風色。

幽冀行

百金新買刀，鞘上明珠燦。贈君幽冀行，爲人解大難。

長安春行

青陽二三月，柳蔽南城下。年少五陵還，金鞭紫騮馬。

其　二

大道直如絃，連旌御水邊。王侯芳□盛，歌吹沸青天。

其　三

嬌女提傾筐，盈盈春路傍。安仁過橋側，花葉映車箱。

其　四

泥樓垂玉燕，廣陌望銅駝。獨有遠遊子，披裘道上歌。

楚宮詞

芳草已黃昏，秋霜警殿門。梧桐金井落，簾内與誰言？

魏宮詞

銅雀碧雲殘，新妝畏曉寒。長隨魏帝側，羅帶嫋闌干。

甘州詞

十年音信絶，九塞陣雲深。唯有南飛雁，猶傳東望心。

送春詞

歲歲送春歸，春歸令人老。昨日門前花，今朝但青草。

麗人曲

日對寶鏡中，殘妝怨春色。自誦延年詩，佳人難再得。

侍宴曲

珠扆開雲陛，新衣侍月筵。鳴簫才舞罷，同輦向甘泉。

玉關漢將返，沙□□□。□□□□路，明年莫再來。

扶南曲

鳳釵如意結，翠羽吐流蘇。影箔妝華晚，新垂照乘珠。

憶長安曲

日日望長安，浮雲千里寒。天邊南雁度，宜向月中看。

朝來曲

嗚珂雙闕下，袨服章臺街。閣上開窗望，花攀龍角釵。

中流曲

小舠泛秋色，杜若采芳洲。日落流水急，山前起石尤。

湖南曲

湖南日已晚，湖北風何涼。不見湖船過，但聞湖草香。

雜　作

十歲能屬文，反騷慕子雲。□□□□□，□□□盧君。

雜作四首

臨流喜濯纓，濯□□□□。□□□□□，□□□水清。

其　二

日光何皓□，□□□□□。□□□□□，□□□是草。

其　三

閉關喜著書，僻巷寡朋□。□□□□□，□□□冲醜。

其　四

出門當及早，馳馬長安道。寂寞空自多，功成亦已老。

慈雲庵

松鱗慧日明，法磬響西城。時見摩尼照，三峯菡萏清。

野　望

南堤夾楊柳，小苑入芙蓉。煙起迷臺榭，□□□尺松。

其　二

誰家植高木，翠栭耀明璫。空□□□□，□□□畫梁。

湖中泊

短衣湖上寒，百里□□□。□□□□□，□□□爲雪。

楊白花

三月城南路，千里□□□。□□□□□，□□□南客。

其二

畏唱江南曲，請歌楊白花。花落空中飛，江南不還家。

聞笛

明月照邊軍，誰家玉笛聞？西風吹一曲，木葉落紛紛。

相和歌

羅帶一何長，東風吹自南。垂手拂羅帶，頭上墜玉簪。

北邙

日夕聞城中，不辨爲何聲。千秋北邙上，但有枯桑鳴。

古　路

荒塵白日暮，蓬蒿塞古路。下有東流水，上有白楊樹。

板子磯

朝發天門山，暮至板子磯。大江日夜流，游子何時歸？

橫塘行

夫壻郄家郎，遨遊入建章。長安花滿地，何意向橫塘？

望　星

房氏向陽門，河侵天市垣。陰雲西北起，咯旳夜中奔〔一〕。

解　訛

黑氣亘平原，人皆奔北門。城中驚大水，王子識訛言。

踏歌詞

揭榼被崇臺，彈箏奏落梅。彩衣飄紫帶，盡是踏歌回。

其二

寶蓋飾明珠，追隨城闕隅。醉歌横倚道，爲問誰家妹？

送别程生歸宛陵

寒冬返宛陵，河水已堅冰。尊酒聊爲别，虚名莫浪稱。

黄金歌

王孫散士卒，公子宴鄉賓。嘗慕田文語，空遺不知人。

書歌者扇

但得書三折，何須貴七華。新題桃葉句，爲我奏琵琶。

舟夜

舟夜不能寐，江聲亂五更。傷心何處是，風雨聽鷄鳴。

江行

日落北風急，大江如逆流。孤帆遠無色，游子心中愁。

七言絶句

漢苑行

翠幄丹陂照水晶，花盈發越接增城。低鬟垂佩春風動，白紵新裁尚未成。

吳宫曲

匝地風煙起暮塵，沸天鼓吹宴芳春。宫中火照西江月，江月朦朧空照人。

凱歌

悠悠白旆曉星殘，曠野驚沙隱賀蘭。昨夜嫖姚城下戰，□□□□染金鞍。

其二

麒麟錦帶挽戈矛，振旅歌喧海戍樓。甲裏爭衣姑翼幣，馬前同飲□□□。

有所思

朱闌墀砌別離花，碶石臺邊種木瓜。風滿城頭吹夜笛，不知明月照誰家？

漢苑楊花行

複道楊花歷合歡，御溝百曲隱闌干。一夜東風吹上苑，半天飛落滿長安。

古興

女兒十五入西宫，玉帳金輿幾夜同。試向鄴都聞鼓吹，銅臺漳水日流東。

江邊老人

江岸漁舟一老翁，自言家世爲三公。那知兵革空蕭索，昔日樓臺煙火中。

西江曲

春心極目望吳中，澮澮長江上有楓。蘆荻秋霜千里白，雲飛愁見館娃宮。

江上曲

夾陌蜺旌列桂花，金根寶蓋七香車。那知貧賤顔如玉，多少江頭自浣沙。

涼州詞

氈裘被野草萋萋，月旆星戈成隴西〔二〕。日暮蕃歌何處起，百千胡馬向風嘶。

行路難

漢水何時西北流？落花春路不勝愁。可憐富貴空貧賤，對酒相看盡白頭。

長信宫

珠軒玉瑣落梧桐，明月空縣長信宫。獨按秦箏簾内坐，不堪紈扇怨秋風。

白鼻騧

朱勒銀鞍白鼻騧，佳人掩袖抱琵琶。揮鞭直向燕然道，不復長門御柳斜。

船頭望星

天建斜連箕尾燦，瓠瓜桴鼓侵河漢。蘆花兩岸哀鳥鳴，横笛船頭知夜半。

泛湖知舍中有客至

小艇湖中集芰衣，隨波來往澹忘歸。東風十里迴溪口，時見孤山雙鶴飛。

題　畫

千里波光煙霧平，霜深蘆荻少人行。牀頭淅瀝多風雨，半夜嘗聞江水聲。

風雨歌

露落城頭聞擊鼓，農家夜耕歌聲苦。浮雲西北當有風，明朝未識天將雨。

雪後書友生扇頭

十日同雲風不休，雪飛一夜滿城頭。調中屬和能爲贊，桓胤還當書扇頭。

秋夜長

萬里音書斷白狼，寄衣此去已三霜。不知胡地塵沙遠，無那南城秋夜長。

江南曲

江南三月柳如煙，新買扁舟出采蓮。采罷江頭待明月，清歌搔首問蒼天。

獨不見

塞外羽書何日戰，月明空向昭朝殿〔三〕。秋風淅淅鴻雁來，萬里征人獨不見。

輪臺歌

火照金山夜吹角，遠望輪臺將星落。平明擊鼓大軍行，車騎將軍不姓霍。

章華美人歌

楚王宴客在章華，舞罷羅衣明月斜。解帶絶纓紅燭滅，安知白骨不還家？

鄭櫻桃歌

琥珀盤龍斗帳高，美人原是鄭櫻桃。那知清鏡芙蓉色，同作蓬飛捲血刀。

趙將軍歌

九月風寒夜衣鐵，渠黎城外霜如雪。腰間佩得珊瑚刀，□□□□上血。

雜　作

危坐中庭獨撫琴，能教雙鶴舞長林。角巾已失淵明志，臘屐安知遥集心？

雨雪

雪飛何處是長安，馬骨傷寒不解鞍。虎帳將軍方醉臥，營前指墮敢言寒？

塞上曲

海氣成雲邊月孤，參旗井鉞照狼弧。將軍帳裏甘羊酪，士卒行前唱鷓鴣。

塞下曲

少年持戟辭家出，飲馬朝從太白窟。遠望塵灰掩日光，空中盡是長城卒。

薊門行

薊門一望斷黄雲，海戍鳴笳日夜聞。父子從征今已老，幕前誰識大將軍？

桃花行

新建神仙十二樓，西宮海上有瀛洲。昨宵玉宴君王醉，今日桃花出御溝。

□人行

野鬼悲號天欲夕，蓬沙坐捲埋兵革。城南戰死血未消，一望黄河千里赤。

羽檄歌

東海波狂日□□，□□□□□□□。□□□□臨玄菟，夜半飛□□□□。

清平調

翡翠琅玕厭晚妝，□□□□□□□。□□□□芙蓉帳，簾外空□□□□。

春宫曲

闌干昨夜怨東□，□□□□□□□。□□□□春色在，隨花飛□□□□。

長信秋詞

梧桐夏末葉□□，□□□□□□□。□□□□人不見，空餘月影照衣裳。

横江詞

連海波濤起日夜，遠遊行李亘冬夏。横江十日孟婆風，多少南帆不敢下。

惜春詞

南河三月柳生煙，燕舞鶯啼春暮天。醉過今朝知立夏，桃花尊酒在明年。

春　詞

菀菀青絲蔓紫花，□□□□□□□。□□□美人見，十□□□□□□。

青樓曲

千官紫綬綰金□，□□□□□□□。□□□樓上望，空憐□□□□□。

雙　鶴

振羽池塘春草□，□□□□□□□。□□□翔金穴，何事徘□□□□。

謝　遺

梧桐葉落故園秋，閟户高□□□□。□□□□無問者，多君能載酒肴遊。

梅　花

香滿寒紗天氣空，月明枝色影朦朧。三更風起花如雪，吹入誰家春調中？

讀　罷

崇朝未誦數千言，倏忽垂簾日云暮。嘗笑三都十二年，請看今日梅花賦。

讀主父傳

四十餘年得上書，傳言禁闥曳長裾。可憐死後無人視，徒使明王嘆孔車。

語源生和〔四〕

下方請鉢坐茆庵，□□□□□□□。散得曼殊花盡滿，今當五□□□□。

上元夜與農父□□□□□□□□□得明字

太一祠前春月□，□□□□照山城。震霄鼓吹芙蓉宴，樓上佳人舞袖輕。

卒遇李生從江南來

西風前日應辭家，文脊山頭送晚霞。門外垂楊堤上老，别君又落一年花。

戲贈張生

相君相士未云多，辛苦扁舟江上波。試有歛頤蹙頞者，君知富貴可如何？

丁卯九日獨山湖

西風白勃獨山湖，五夜舩頭百里孤。客久歸來厭秋色，且求村酒代茱萸。

圖小天文畢謂二左

郎顗還應伏闕東，且從草野論天風。飲君莫怨歸山晚，今日星辰出袖中。

己巳郊行

日暮南郊不敢行，陰風時掩彈丸城。紛紛桴鼓荒冬起，臥虎殊非董少平。

同陳定生韓煦仲曹肅應梁父登凌歊臺分韻

草滿荒臺寒日微，千年江水自東歸。只今惟有西風急，吹送山頭樹葉飛。

姑蘇臺

風雜城頭鼓吹聲，姑蘇臺上野雲平。可憐曾照吳宮月，空向天涯孤客鳴。

静腑國珍舟中即席書歌者扇頭

浮槎心與莫雲飛，雙贈芙蓉佩客衣。但得一聲楊柳落，昨宵無用賦將歸。

夜雨同陸夢鶴臥輞川樓上倚枕口占

高樓不寐五更時，風雨千聲游子知。此夜何堪腸斷絶，他年更入憶君詩。

懷古

湖上樓臺草木新，鳳凰山下起灰塵。橋頭明月猶如故，何處當年歌舞人？

中秋雨夜陳則梁席上作

簫管樓船此夜無，北風吹雨響高梧。嬋娟羞見多愁客，故使雲遮西子湖。

西湖雜興十首

露冷芙蓉色不紅，孤山無限老梧桐。當時油壁車前路，猶在西陵風雨中。

其二

貧賤溪邊自浣紗，年當十五面如花。江南薄命能歌舞，願入平陽公主家。

其三

堤上煙垂柳帶長，瑯琊新着繡裲襠。卻將玉手車前指，解釋遊人思故鄉。

其四

白帢烏巾馮子都，偏能作使酒家胡。千金换得燈前笑，敢説羅敷自有夫？

其五

珂勒花虬白玉鞭，泥樓窗外看連錢。布衣羞殺抽毫客，輕薄寧爲俠少年？

其六

月照誰家弄玉簫，簫聲子夜徹青霄。長堤更有高歌者，散作西風滿段橋。

其七

欸乃漁歌杜若洲，露寒燈火不知愁。朝朝盡醉餘杭酒，厭薄樓船歌舞遊。

其八

小玉吴宫魂莫愁，應從江上問西施。白楊落葉風吹雨，來往黄昏人不知。

其九

落花昨夜怨西風，山路蘼蕪夢不通。空使吴吟多病客，坐看飛入越王宫。

其十

城頭簫管夜來稀，昔日煙花今是非。湖上月明人不見，蕭條惟有雁南飛。

京口曉發憶農父

悲風吹厭客心秋，鐵甕城邊江北流。曉發五更帆上月，餘光猶照故園樓。

憶婦

九月無衣風雨秋，不知何處泊扁舟。女兒莫嫁多才客，書劍年年江海遊。

風雨夜泊

霜枯蘆荻少人行，愁入江濤木葉聲。況是北風荒岸雨，孤舟千里夜三更。

校記

〔一〕洛彴　疑當作『彴約』。

〔二〕成　疑當作『戍』。

〔三〕昭朝　疑當作「昭陽」。

〔四〕下有缺字。

方以智全書之十五

永社十體

諸偉奇　整理

整理説明

永社十體，亦稱澤園永社十體詩，方以智撰。澤園，位于桐城東郊，方孔炤所建。園中慧業堂，爲少年方以智讀書處。以智曾與周岐、孫臨、吴道凝等於其間結爲永社，『養氣讀書，考事類情，會友麗澤』，相互唱和。所作『以大雅爲宗，以切當爲工，以飛躍爲致，以高逸爲韻』，展示了他們詩歌創作的才華和憂國憂民的情懷。明崇禎五年（一六三二）冬，以智將所作古歌辭、樂府等輯爲此書。周岐有澤園永社十體詩引。本書收入桐城方氏詩輯卷二十三，本次整理即據此本校點。

諸偉奇

二〇一五年九月

永社十體目次

澤園永社十體詩引

澤園臨南河，取麗澤之義，方潛夫夫子璽卿告假還鄉所建也。密之閉關誦讀其中，學耕會友，而歌以永言，不枯不亂，荷薪之家風善哉！然以密之之天才，而又好學會通，則罕見矣。詩居六經之先，不學詩，無以言，興觀羣怨，遠邇多識，自勺象以立成，莫不由此，眞鼓舞之先幾乎！永社立十體，會分一題，以大雅爲宗，以切當爲工，以飛躍爲致，以高逸爲韻，達材驗學，既論其志，足觀所養矣，將謂天下景從可也。

崇禎壬申仲冬，即山周岐農父題。

永社十體 十體録七

永社十體，首古歌辭，以卿雲、八伯、獲麟、大風等有兮倈之聲也。曰『風雅體』者，以三百篇不限定通章四言也。五言古，河梁、十九首尚已，曹、阮、陶、杜庶幾近之。七言古，實兼長短歌行，以唐之起伏陡峭、雷硠頓挫者足法也。近體五七言律，當從王孟入老杜，而義山之刻豔、香山之爽快皆可收也。絶句愈少愈難蘊藉。排律大似鬥寶，比事工巧，難於老當，尤難於章法流動耳。噫！詩轉風聲，各發其感，豈徒論資格已耶！養氣讀書，考事類情，會友麗澤，固鼓舞之一端也。崇禎壬申冬澤園主人方以智識。

擬猗蘭操 風雅體

煜煜幽蘭，在彼深谷。周道茂草，歸與不復。鳴鳩戾天，鴻雁遵陸。曠野無人，于誰信宿？

遑遑用老，日月何速！昊天式臨，誰似誰續？

澤園永興社 五言古

南郊有小園，修廣二十畝。開徑蔭松竹，臨水垂楊柳。西北望列障，芙蓉青户牖。築室曰退居，閉關此中久。晨起一卷書，向晚一尊酒。偶然游吴越，天下浪奔走。大雅殊寂寥，黄鐘讓瓦缶。雲間許同調，歸來告親友。結社詩永言，絃歌同杵臼。河梁如嚆矢，風騷爲敝帚。聊以寫我心，何暇計不朽？

刻燭即事 七言律得鞭字

坐看浮渡與龍眠，澤社名山滿屋縣。牀上異書招客讀，園中片石是家傳。三升酒熟花催鼓，七字詩成劍倚天。漫説下帷千古事，今朝刻燭作先鞭。

擬横塘曲 五言絶句

愁殺大家郎，遨遊入建章。長安花滿地，何意向横塘？

擬春宮曲 七言絶句

闌干昨夜怨東風，上苑櫻桃雨後紅。鏡裏不留春色在，隨花飛出未央宮。

稽古堂藏書詠 五言排律一百有七韻

國右崇文院，家尊稽古堂。兩間爲字海，一畫始羲皇。四庫鈔篇目，千年賴典章。詩原通遠邇，易以繪陰陽。禮樂降輿衛，春秋布紀綱。尚書昭政績，爾雅備津梁。先敘六經。諸子爭雕葉，羣才競射楊。飛箝饒諔詭，捭闔怪披猖。運犯硎坑焰，秦燒。遷延砥柱亡。唐時水溺。陳農差購取，劉向略評量。漢遣陳農購書，劉向校定，故有七略。屋裏金絲顯，弇中佚事彰。孔壁科斗古文，孔林有金絲堂，弇中出禮記。盤盂矜孔鮒，韓魯序毛萇。遥慕青牛谷，見道經。新紬朱雀桁。南史佚書出於此。尤袤標帙軸，韋述盛縹緗。嵬瑣皆名集，脞叢亦擅場。嵬瑣見荀子，汲冢有瑣語，脞叢謂小説也。驪歌忿博士，馬肉恥鄰房。見江式、孔僖傳。奪席誇元旦，徵軺獻未央。圖書懸日月，經史是舟航。櫛句犂堅瓠，『堅瓠』出韓非。吹竽感濫觴。頗驕談褒褒，敘傳曰『樂安褒褒』，指匡衡。殊勝勇洸洸。以上言朝廷表章經學。註疏差肩立，賡歌拜手颺。廣箋推鄭蔡，玄邕。掞藻豔班揚。固雄。隋遁河汾正，王通。潮回修武光。韓愈，修武人，史誤鄧州。六朝紛綺麗，八代起膏肓。此段言文章。落落稱雙鎖，『文武雙鎖』見南史。森森富萬倉。聖時需黼黻，廟器盼琮璜。此下序金石、字韻、博雅事。録碣昉歐趙，永叔集古、德甫金石録。臨池賞晉唐。禹碑因岣嶁，碑出夏縣。札墓篆低昂〔一〕。孔子題季札碑。隶刻吡鄒嶧，蘭亭出紹彭。薛定武本。秦權知邈隸，程邈獄作隸。岐獵指宣王。周宣岐陽獵詩。軌革編流演，易占書。奇眩巧贊襄。漢志有『奇眩』。類篇條薈蕞，等韻唱鏗鏘。温公類篇講字韻。壁壘馳旗幟，壇壝互頡頏。傾壺塗墨汁，啓齒盡膏粱。若欲觀淵塞，依然屬粃糠。言詞雖滚滚，報效尚茫茫。此下言經濟之書。夾漈搜羅闊，端臨考索詳。天工先律曆，田土寓封疆。周髀精圭臬，臾區縷肺腸。鬼神誠卜筮，疇範誡災祥。制度提權密，韜鈐選將强〔二〕。均輸裨賦役，什伍足騰驤。綜覈虚嫌謬，科曹細勿傷。巨功鐫屓贔，碑負。薄藝奮螳螂。涇渭流還湜，淄澠味請嘗。惜陰謡杕杜，蔽芾念甘棠。資治應專局，規橅仍故常。距餐蛩善負，見爾雅。蠶績蟹呈筐。見檀弓。每痛肢成痱，寧剜肉作瘡。茆昔，薰陶教則良。休徵縣象魏，表率在黌庠。觀甿眞瀟灑，憂虞偶跌踼。俗情多齷齪，見唐書。世事易搶攘。紙札終無諍，林泉自不妨。游心隨汗漫，放眼任徜徉。收歸自己在野之學。終哀蕙化，李或代桃僵。耕織須勤問，咨諏合共商。賢豪才卓犖，愚鈍服羈繮。載籍今猶性體元於穆，風聲轉浩倡。凡民容覆載，俊傑肅羹牆。駿愛追騏驥，貧甘賣鷫鸘。灌園安北舍，借用王微事。匯澤託西瀼。借用元結事。漫説升鷄犬，毋徒駭鴟鵂。鴟鳥也。家語載鴟鵂歌。

勞生迷蝮蛸，牢守怯蠨蛸。蝮蛸化蟬，蠨蛸牢守門。材拙憐鳴鶩，傳訛誚弄麞。鑑前猶昧昧，躡後慮倀倀。拮据貽謀苦，咿唔活計長。靈威偷黑路，見太湖志、越絶書。宛委謝玄纕。禹書。小西疑唐述，見水經注，五笥名唐述窟。由庚奏叶相。由庚，笙詩，樂府有涉叶相。飽眠摩腹笥，邊孝先。唾地付奚囊。李賀。豹管窺鵬鷃，鵾絃彈鳳凰。繕膳油上素，點竄拂官黄。山谷詩：『拂殺官黄卻有思。』腐史傳疑闕，奢兒徒讀殃。上五帝紀語，下趙括。網嗤株待兔，鞭恨索牽羊。幸勿拘疏屬，誰堪傲夜郎？上句山海經，下夜郎自大。畫龍添霹靂，使馬鬥帆檣。緼組居環堵，襜褕蓋墨莊。寒温籠畜藥，薪火竈宜桑。緻絹平鋪滑，純鉤煆淬鋼。牙籤堆鄴架，泌架分四籤。鞶帨置巾箱。南史巾箱五經。帚掃會稽垔，王子敬事。圃峥茂灌礓。到溉有奇礓石。版題留棐几，右軍事。抉碎拾仙糧。見離騷。戲狎麒麟諾，見南史。工知蝴蝶裝。張萱云。鼎盤圜絡乳，張子賢云。簾挂練絲幌。說文。静坐思條理，平懷善決張。博時初弗紊，約處豈愁荒？陳競延村塾，越陳氏十三世同居，藏書延師以教之。華林比蓼塘。王禹偁記胡仲堯華林書院。莊蓼塘亦藏書。幼筠歡省覽，惠蔚辦資糧。王筠幼好抄書。孫蔚曰惠蔚，來學者給衣食。倒屣嗟歸魏，王粲。盈車借隱涼。皇甫謐。垣容栽棘勒，苗定拔董稂。孝泌升隨月，江泌。雲禎攤滿牀。沈麟士。列茵還折芰，執醬好咀菖。洞案氈横錦，儀禮。斸箋汁用榔。趙與時云。硯爲紫潤玉，毫似緑沉槍。積歲勤繙討，垂帷養就將。篝燈嚴燭燼，展卷忌餦餭。恐寒具汙也。蘿薜攀孤榦，蒙茸緝衆芳。奉申惟簡牘，塗乙藉輝煌。采訪來蓬蓽，調和酌桂薑。父師援椌楬，朋友合笙簧。棖楔支丹穴，簞瓢擣絳霜。護門恒岳叱，北岳神草。捄死祖洲芒。不死草。山水供奇興，雲霞許大方。肆筵聊拂拭，韞櫝且珍藏。抱膝樓高臥，横肱井跳踉。憑欄收樹色，研露發茶香。果是人間樂，逍遥在此鄉。

帝京篇　七言排律一百三十九韻

覆幬京潮拱帝京，重輪日月繼光明。貔箕析木連南斗，楚語龍貔指尾箕也，是爲析木，燕薊分野。朔易幽都宅北平。見堯典。順天原是北平。太祖鍾靈興鳳泗，鍾阜孝陵。文皇壽域據燕并，天壽長陵。崑崙幹入居庸陘，太行第八陘乃崑崙之北幹繞天山來起此。碣石關收河濟横。榆關抵碣石，河濟横作燕之南襟。章蔀秭畡歸大統，災祥百六啓元亨。永安載籙康羣甸，繞陵爲永安城。景福旋樞芘八紘。奉先殿景福宫。垛闕寅陔眞壯麗，『寅陔』見升菴説。通衢甲第並峥嶸。陸離幢絡螭銜軸，儵爚招摇蜺建旌。宫搆鴛鴦延翡翠，觀迴鳷鵲接鵁鶄。倒茄藻井垂璫桷，棼橑雕棬映碝楹。兩都、兩京賦語。潭柘碧泉嵐霼䨴，泇磁渾漯貫瀤瀯。言内外諸水歸直沽。溝從鰲口滮千頃，西山水入後湖，又入内院。峻憶嶢關上幾綧。勝志繞關十二，綧謂盤也。苑嶽寵嵸栽薈蔚，萬歲山築成者。飛淙湍激碓嘈呟。李文達西苑語。蕉園林露沾棲雀，内苑有蕉園。太液池波蕩石鯨。俱敘内苑。管色均絲詳樂律，均絃管色，造樂定律。晨昫攢點繼鏞鐄。關鼓鳴鐘。駕筤爆稍騰霄壤，羽葆幢鍠溢楝甍。言鹵簿。舞颭葳蕤佯墜燕，笛翻窈窕囀新鶯。見杜牧詩。騶籠楛栢排腰扇，騶用安籠，腰扇障日。繚瑣屏櫨錯水晶。繚絲爲櫨瑣。公主紛裶翹玉葉，仙翁沆瀣滴金莖。投籤執戯鼕鼕警，緌綏封綈茸茸盛。俱借漢事緑綈方底盛之。輂輲象奴朝肅肅，牧場騏麀駟駒駒。言象房御馬場。虔臨佋穆神頒胙，合祀圻壇柴省牲。天壇有大享殿。籩桓吉蠲湑洞酌，蒸嘗洽禮祝宗祊。見詩經。三孤代祭諸侯酎，十九歌和五時誠。漢樂府有十九章。漫衍巴渝兼鐸拂，鐸舞、拂舞也。漫衍、巴俞俱漢舞。都曇荅臘雜韶韺。兩部樂有都曇、荅臘鼓。芝房寶鼎咸昭瑞，越巂牂牁并貢禎。聚窟香魂凝汁漆，奄蘇槃面卷筒樫。聚窟洲香如漆，奄蘇國樫槃。甕淳瑪瑙伊祁社，堯時露在瑪瑙甕。瓶煥琉璃枚卜名，唐置宰相名琉璃瓶中卜之。遍竈礁煤吞豆解，後湖冰窖灑鹽清。京師煤毒食腐解藏冰灑鹽。摻撾怒作漁陽弄，禰衡摻撾。鉛筑悲添易澗聲。易州女思澗合流，漸離送荆於此〔三〕。禁籞婕妤紈置篋，隔紗段本手擡棚。班婕妤紈扇詩。段師手壓康棚。疊吹觱篥抽篇角，吹角十二疊。抽管，號篇也。纏殺琵琶促柱箏。絃有纏殺之法。隄草沙灣驕叱撥，馬名。袖柑斜陌聽鶬鶊。戴聽鶯事。博罏層幌霏煙篆，博山罏。會弁綏縰美琇瑩。衛風。芳野翠樓隨蹋地，郊有此名。蓬坊靈觀望緱笙。指道觀。御橋蹀躞憑欄晚，高組鞦韆出架晴。以下皆時令之樂。豹髓九微燃火樹，烏輿七夕著玄瓊。佩萸卻疾苓爲餅，浴艾除邪梟作羹。賜蠟早妝調面藥，頌椒歲獻咳牙餳。髻拋如意瑤釵落，被繡相思羅帶輕。霪雨婦啼鳩聒聒，遷喬友唱鳥嚶嚶。忽然洗沐酬蟬翼，允矣賓筵戒兕觥。蟋蟀聿荒憂蹶蹶，蒼蠅憎會惕薨薨。兜鞬拊腹甘藏拙，磨兜鞬，慎勿言。袺襘差肩歎捧盈。此段言士夫慎享。此下言豪俠之態。排難雄豪矜杜霸，報讎任俠走邢洺。鶡鴉淬血堪淋刃，熊豻濡輪且釋弸。鮫箾吐芒彂薛燭，言劍。蝨輪射的過鑫萌。言射。軹訾託庇貧猶徙，郭解事。翟賈知幾絀必羸。翟陽善賈。資致束芻箴撲滿，故人貽公孫弘束芻撲滿。技工谿弩得橐槖。荀子：木得橐槖則正。像裝捐毒浮屠聳，術炫扶婁闓閈驚。外域幻人。環貨列逵喧賑賑，軒車挂轊晝轟轟。增鉛減鑢錢偷鑄，會券通商鈔受睛。言鑄錢事，使商信交子務而後鈔行。臺圮村猶尋駿骨，黃金臺。塵肥店亦斫侯鯖。店名腹腴。淒涼傭伍謳蒿薤，蒿里、薤露。忸怩音匿。寒酸想藾苹。鹿鳴詩疏言食藾苹。釜庾欙碳多必概，扼欹溢溢駭全傾。諺以狼戾爲欙碳，揚子：扼欹即欹器。固喬奏疏茹肝切，李固、杜喬。尋奉祲氛論歷精。李尋、應奉。敕絹憐才歡費袓，没身贖罪敬緹縈。華林漸寂皮巾對，梁武事。僕射煩穿革履行。鄭崇。泰自包荒寬蹴蹸，野容腐質養倬儜。王沉釋時論。自矜恬澹琴無忤，博得襟期錘解酲。何惜齒牙還折簡，欣逢眉目且班荆。總言聲地譽命。荀家俊逸稱昆弟，郗氏丰姿本舅甥。植杖繙帑窺太乙，劉更生。脱韝鹽諷謫長庚。太白。價隆呂覽當懸市，篇短繁音婆。欽裁定情。筆握趙毫須竇跗，硯珍鄴瓦浸陶泓。閉圖摩詰聊酬杵，愷之事。爪透僧繇更點睛。畫龍。詠謳柏梁初限韻，慈恩雁塔若登瀛。掃塵躡屨漫懷刺，揚觶充朋許射帪。魏舒事。剿説升堂夸嶽嶽，曼詞奪席軼鏗鏗。廡留食客安齊鋏，閤啓招賢集楚珩。下指北京實迹。賈島劉琨存窆碣，孫臏樂毅賸遺塋。壁埋豐潤雍壇侈，雍伯種玉事。壇在豐潤。鼓獲陳倉複籀呈。岐陽獵鼓。古迹琳瑯供頫仰，閒齋蒐緝慰跉玎。廣韻。裴回碎璣腰間進，覬覦攀鱗頷下攖。痛哭驅回舒忿懑，爬搔懶態絶銓衡。阮嵇。龍門湔濯刑餘辱，鷹糞雕除頰際黥。有雕青方。屢謗殺人緊動母，頻讒盗嫂乃無兄。纓纏菒耳縛賨菉，辛嚼督郵冤杜蘅。言讒慝難免，而眞假自辨也。畢竟汪洋輸叔度，黄憲。詎憑喉舌借君卿？樓護。歷觀故事難瘢索，此下又重覽往事而言。只痛壇趣投骨爭。積習吏曹循例簿，雍熙才子享王正。顛毛將相毋煩愠，邊腹經綸忌眼盲。睥睨穹廬殊逼塞，罘罳陵寢倚長城。諸陵與黄花、古北並列。崆峒秋興因乘障，李北地詩寓備邊。土木旋宫謝立郕。全賴于忠肅。衛棄朵顔孤上谷，以大寧酬之爲三衛，而宣府與遼遂隔。套無東勝斷西頃。廣韻收頃字，平聲。河套失，而寧夏以西與雲中隔矣。陜汾汴雒形原異，畿輔要荒輻自竑。周禮：竑其輻。羽檄狼烽時舉黑，堡牆雉堞盡黏䞓。蕪城賦：黏䞓壞。擺邊夢送枯楊戍，唐有枯楊戍之句。撥墜團操細柳營。借用漢事，今是團三大營。迅取神機施銃炮，襲談箱服載幢棚。光武紀：用幢棚。比聯魚麗存周制，獷騎驍都變府兵。唐鑑。密選衝鋒爲間諜，嚴驅奔命號專征。嫖姚蹴踘忻依霍，去病。刁斗羅埋較苦程。不識。誤揣軍機棋覆劫，棋昏覆劫，朝議似之。苟阿世路博操撰。繁欽：日操撰謂骰子也。呼韓突厥乘他隙，結贊苴咩屢匱盟。漢呼韓、唐突厥皆自爭也。吐番、滇中匱盟不免。刻印謀銷閒借箸，子房。圍棋表至適推枰。張華贊平吳。撤鹽督戰能誅叛，杜黃裳、裴度事。表餌拋繻輒請纓。賈誼、終軍。吠影諫章多睚眦，脱巾債帥慣猙獰。漢唐帷幄天威振，晉宋搶攘半壁撑。轉餉駱駝私羃繄，哥舒白駝餉遺。國策羃繄，言通權内家也。蹲街驄馬愛逢迎。驛苦差使之煩。梯航輦轂來無已，筐篚包苴何乃洶？借用王丞相口語，見世説。汩視規條懸象魏，妄言祕讖鎖皇宬。大内有皇宬封鎖。榷酤筭税民皆困，畫洫屯田卒厭耕。築壩戴村漕岌岌，言漕資汶壩。遮洋沽口海澎澎。言海運使。中鹽改法司農窘，加派催科比户□。戚畹强藩銷跋扈，今無藩鎮、外戚之禍。金吾宦寺頗敲颷。韓詩。紛紜勉託戈矛隱，孔融。倒逆奚甘鼎鑊烹。主父偃。窟戀方州逃狡兔，王衍。伎窮檐隙類鼯鼪。五伎而窮。漫云利涉投金璧，詎以微瑕罪美珵？楚詞珵美。綜核江陵功勝過，因循神廟倦難更。希求介甫虚衷劑，王安石欲富强而愎不知物理。那得餘姚試掌擎？王陽明可爲相。房杜協猷同度量，范韓異議總忠貞。柔而頡滑剛而愎，跅者恣睢狷者硜。破格雜途乎蹢躅，講筵衍義囁嚶譠。破格開倖門，講筵了故事。奸胥鑽刺潛依部，帖括咿唔久負黌。言天下在胥吏手，而士不講報效之實。聖主宵衣摩鈇鉞，閭閻曉立指欃槍。九重殷憂，草野痛切。里居韞櫝磨瑜瑾，家學趨庭眂闑棖。恍念螗歌疑鸜鵒，鸜鵒、螗蛄皆念魯。旁看豕狀脹膨脝。彌明。敢將荃蕙齊蕭艾，冀決筳篿用莒蔓。爾雅、詩注。憤譽素封優劇孟，史記。戲徵楛矢按丁令。操討烏桓，北海戲問云云。謬稱拱轂齊蓂莢，硬説毛菘變蔓菁。蘇頌。撥悶雌雄呼糟述，竇鷄雉事。遠游治亂委黔嬴。遠游篇言黔嬴爲造化神。化鳩暗認鷹眸惡，寄鯉陰傷魴尾竀。左傳：如魚竀尾。昔昔鹽催煙軋苭，勞勞渚歎泠硃砰。樂府有昔昔鹽。鹽，即曲之豔引也。太白有勞勞亭詩。荷薪勤訝反平聲。裘樸，獨笠齊當結佩緒。玉藻。繇曰澆風淪輓季，確乎直道屬編氓。裝癡冒雨徒漂麥，高鳳。辭禄扶籬强種秔。借用元亮事。以下消歸在野之情。穴牖熠煇羞耿耿，處囊錐鈍愧錚錚。螳螂怒臂嗟徒勇，斥鷃槍枋向後瞠。線放翔鳶嗤刻鵠，布堪膠虎賤搏蝱。臥龍原不驕巖壑，捫蝨初非尚裸裎。卻掃闔扉恬李謐，納餐土室隘袁閎。屋船吟詠忘蠻獠，張融。瓿紙流傳貴醜傖。左思。非付青雲惡得顯，虛尊白雪欲誰賡？每懷素業尋樓屬，陸納素業，志和樓屬。漫詑丹鑪問藥鐺。游仙序語。紫極凝辭空怖怖，杜陵紫極宫詞嘗感獻賦之事。黄圖望笑亦怦怦。用西望長安而笑之意。偃根掘茯看松蔭，霜徑加餐摘菊英。大讓班張駢赫赫，固衡之賦。次於盧駱莽耾耾。照鄰、賓王二首。封軺未詔賢良策，陋巷慙膺月旦評。惆悵少年曾一至，蹉跎兩賦竟何成？天啓癸亥隨任京邸，故云。

校記

〔一〕札　原誤作『扎』。

〔二〕鈐　原誤作『鈴』。

〔三〕漸離　原誤作『離漸』。

方以智全書之十六

廬墓考

周挺啓　整理

整理説明

廬墓考，方以智輯撰。我國古代禮制繁複，喪禮爲其中的重要一種，廬墓又爲喪禮中的重要一種。古人爲父母服喪期間，在墳墓旁搭蓋簡陋小屋居住守護，謂之廬墓。桐城方氏忠孝傳家，於廬墓之禮遵奉極爲嚴苛，方以智自幼即受到祖、父的親身教誨，如明崇禎二年，方以智曾祖母去世，時年六十九歲的祖父方大鎮『哀慕喪次，不異孺子』。正是在這種懷祖尊先、黽勉孝悌的傳統孝文化的薰陶下，年輕的方以智檢覓典籍，輯撰了本書。全書分前後漢、晉東晉、南北朝、唐、宋南宋、元、明及同郡、列女九類，共三百一十四人，撮述其廬墓事迹，并於每類後集中加以評論。

廬墓考現存兩種版本：明崇禎本、清連理亭本。崇禎本，三卷，半頁八行，行十八字，版心依次標書名、卷數、頁碼，四周單邊。連理亭本現僅見安徽省博物院有藏，九卷，半頁九行，行二十字，版心依次標書名、卷數、頁碼、『連理亭方氏著述』，單黑魚尾，左右雙邊。該書當成於明崇禎年間，似不晚於崇禎十年。本次整理以崇禎刻本爲底本，參校連理亭本。

周挺啓

二〇一五年七月

廬墓考目録

觀『逐肉』彈歌，古孝子必非徒棄之中野矣，然莫可考，故無能論列其行。兹之所輯，誕始于漢。凡第負土成墳、居倚廬及廬師友墓者，俱不載。

廬墓考序

古者喪，居倚廬，不塗；既虞，翦屏柱楣，塗不於顯；練居堊室，無餘之室；宮之禪之，制皆中門外北面東牆下。白虎通以爲不欲聞人之聲，又不欲居故處，即墓而不反焉，孝子之情無所於已也，戰兢夙夜，未始有方。然固所自盡，喪其著者。自輓近淩遲，士大夫末習，宴樂、旅行不及踰月，蒲葦精絞，十有九稱徒具文；而苫塊辟踊，非喪事不言，誰思維則？猥云適去順也。中乏叔鸞毀容之實，竊高登木託音之度。夫竹林曠佚談老莊，步兵嘔血數升，臨訣骨立；巨源以六十負土成墳，手植松柏：夫安知失其情邪？禮教寖矣，風世飭俗，卓行尚焉。漢晉以降，往往顯者滅性毀形，越先王之節，號伏冢側，哀終其身。甘露、赤芝、連理、烏兔之祥，卒用數見，蓋亦至誠感云。

歲己巳，智曾王母即世，時年八十有六。大父明年七十，哀慕喪次，不異孺子。禮：『五十不致毀，六十不毀，七十唯衰麻在身，飲酒食肉，處于內。』曰：『雖然，爲人子者，焉敢安也？』既而殯于天馬，乃爲茅舍于其側，曰慕亭，日哭臨焉。謂智曰：『而曾王父没，葬于蓮山，北堂奉養，不獲朝夕。歲自元旦往，嗣月繼之往，浹日悲號奔走，中心是悼。兹不可以，遂與三月卒哭，弗敢過也。乃既祥，猶未間傷，故之以蓋中月而禫而永訣矣。』嗚呼！養學杖國之老終於廬墓，方宋支資陽、元郭亳州，未能詹也。因凡古孝子行廬墓者次之，冀以述吾祖德焉。寡覯尠聞，故多疏略，謹能捃摭所知。粵漢暨今，以代相敘，芟煩更撰，少悉它美，務取諸質，以俟補闕而已。若敬孫允懷、黽勉孝弟者，亦所不隱也。

古皖後學方以智謹識。

廬墓考卷之上

前後漢

原涉字巨先。祖父徙茂陵。涉素伉俠，急人以義。父南陽太守，天下殷富大郡，二千石死官，賦斂送葬皆千萬以上，妻子通共受之，定産業。時又少行三年喪者。及涉父死，讓還南陽賻送，行喪冢廬三年，繇是顯名京師。

江革字次翁，臨淄人。少失父，獨與母居。遭天下亂，盜賊蠭起，革負母逃，備經阻險，嘗採拾以爲養。數遇賊，已爲劫，已去矣，革輒涕泣，言有老母，辭氣愿款。賊悲不忍犯之，且指之方，多若是免。革轉客下邳，窮益貧，裸跣，行傭。建武末年，與母歸鄉里。每至歲時，縣當案比，革以母老，畏欲搖動，自轅中輓車，不以牛馬，鄉里稱之曰江巨孝。太守嘗禮召，革以母老不應。及母終寢，伏冢廬，服竟不除。

王琳字巨尉，汝南人也。年始十餘，喪父母。因遇大亂，百姓奔亡，旁午相踐，唯琳兄弟獨守冢廬，號泣不絕。弟季，出遇赤眉，將爲所哺。琳切卻可脱曰：『死其弟不仁。』乃自詣且縛，請先季死。賊矜而遺之。繇是，與蘄邑趙孝、琅琊魏譚、齊國兒萌、梁郡車成同以義感賊。顯名後，辟司徒府，薦士而退。

蔡順字君仲，安成人。少孤，養母。嘗出求薪，有客卒至，母望順不還，噬其指，順心動，棄薪馳歸，問其故。母曰：『適有急客來，吾噬指以悟汝耳。』母年九十以壽終，家無儋石，度春賃以營葬。始踰月，未遽獲遂。里中災，陳揭具綆塗大徹小諸各自護，而順尚跽喪次，不之備，火道直逼舍，逴猲不知所爲，但伏柩號天，遂反風越它，得免〔一〕。母生畏雷，每雷震，順輒圜冢泣曰：『順在此。』太守韓崇向召爲東閣祭酒。崇聞之雷，輒差車馬至墓所。後鮑衆舉孝廉，以不能遠離墳墓，竟不就。年八十，終於家。

周磐字堅伯，順同郡徵士燮之宗也。祖父業，建武初爲天水太守。磐少游京師，學古文尚書、洪範五行、左氏傳，好禮篤行，非典謨不言，諸儒宗之。居貧養母，儉薄不充。嘗誦詩至汝墳之卒章，慨然而嘆，解韋帶，就孝廉之舉。和帝初，拜謁者，除任城長，遷陽夏、重合，歷三城，皆有惠政。後思母，棄官還。母殁，哀至毀滅。服終，遂廬于冢側，教授門徒常千人。公府三辟，皆以有道特徵。磐語友人曰：『昔方回、支父嗇神養和，不以榮利滑其生術。吾親以没矣，從物何爲？』遂不應。建元元年〔二〕，年七十三，朝會集諸生，講論終日，因令其二子曰：『吾日者夢東里先生，與我講于陰堂之奥。』而長歎：『吾齒其盡乎？若獲終命，棺周于身，椁周于棺，斂形懸封，濯衣幅巾。編二尺四寸簡，堯典二篇，并刀筆各一，置吾前，示不忘可也。』蓋數日無病而終。

李充字大遜，陳留人也。家貧，兄弟六人遞衣執爨，不慨尸饔。妻竊謂充曰：『今貧如此，非所以久。妾有私財，願分異。』充紿酬之曰：『如欲别居，當醞酒具會，請呼鄉里内外，共議其事。』果置酒讌客。充于坐中前跪白母曰：『此婦人無狀，教充離間母兄，罪合遣斥。』便呵叱其婦，逐令出門，婦銜涕而去。後遭母喪，行服墓次。有盜其樹者，充手自殺之。服闋，立精舍講授。太守魯平請署功曹，不就。平怒，乃援充捐溝中，因謫署縣都亭長。不得已，起親職役。和帝公車徵，不行。延平中，詔公卿、中二千石各舉隱士大儒，務取高行，勸後進，特徵充爲博士。時魯平亦博士，集會久之，乃深歎服焉。充遷侍中。大將軍鄧騭貴戚傾時，無所下，以充高節，故卑牧。嘗肆筵設樂，賓客滿堂，酒酣，騭膝席曰：『幸託椒房，辱位上將。幕府肇開，欲辟天下駿偉以匡不逮，惟諸君博求其器。』充爲陳海内隱居懷道之士，頗不合。騭欲拄其説，因進炮鱉臑羹，屬觴曰：『畢之。』充抵于地，軒騖徑去，騭望甚。同坐汝南張孟舉往讓充曰：『一日聞足下與鄧將軍説士未究，激刺面折，不謚中和，非所以光祚子孫者也。』充曰：『大丈夫居世，貴行其意耳，何能沾沾子孫計哉？』謚是見非。左遷中郎將。年八十，爲國三老，安帝特進見，賜以几杖。卒于家。時汝南范叔矩母喪，亦廬冢側。孟博父也。

趙狥，幼有孝性。年五六歲時，得甘美，未嘗獨食，必先以哺。父出，輒待還；過時不還，則倚門而啼。數年父没，狥思慕羸悴，不異成人，哭泣哀號，居于冢側，鄉族嗟之。漢安帝時官至侍中。

崔寔字子眞，一名台，字元始，涿郡安平人。少沈静，耆典籍。父卒，剽賣田宅，起塋立碣作贊，隱居墓側。服竟，三公辟皆不就。桓帝初，詔公卿郡國舉至孝獨行士，寔以郡舉，徵詣公車，病不對策，除爲郎。明政體，吏才有餘。論當世便事數十則，名曰政論，指切時要，言辯而确，當世多之。建寧中病卒。家四壁立，無以殯斂。光禄勳楊伯獻、太僕袁周陽、少府段紀明爲備棺椁葬具，大鴻臚袁次陽爲之頌焉。

申屠蟠字子龍，外黄人也。九歲喪父，哀毁過禮，居冢側，致白雉、甘露。服除，不啖膰酏十餘年。每忌日，輒三日不食。同郡緱氏女玉爲父報讎，殺夫氏之黨，吏執玉告。外黄令梁配欲論殺玉。蟠十五，爲諸生，進諫，得減死論，鄉稱之。家貧，託漆工。郭林宗、蔡邕見而異之。再舉有道，不就。京師游士孟博輩非訐朝政，自公卿以下皆折節下之。太學生爭慕其風，以爲文學將興、處士復用。蟠獨歎曰：『昔戰國時處士横議，列國之王至爲擁篲先驅，卒有坑儒然書之禍，今之謂矣。』乃絶迹梁碭間，因樹葺屋，自倂力作。董卓廢立，蟠及荀爽、韓融、陳紀等俱公車徵，唯蟠不應。衆人咸勸之，蟠笑不言。處亂末，終高志，年七十四卒于家。時永豐歐寶亦以廬墓馴虎稱云。

蔡邕字伯喈，圉人。六世祖勳攜家屬如深山，與鮑宣、卓茂等同不仕新室。父稜亦稱清白行，謚貞定公。邕性篤孝，母常滯病三年，邕非寒暑節變，未嘗夷冠散襟，不皇監寐者十旬〔三〕。母卒，廬于冢側，有兔擾室傍，木生連理，遠近詫之，多往觀焉。與叔父從弟同居〔四〕，三世不析財，鄉黨高其義。少博學，師事太傅胡廣，好辭章、數術、天文、音律。桓帝時，中常侍徐璜、左悺等五侯擅恣，聞邕善鼓琴，遂白天子，敕陳留太守督發遣。邕不得已，詣偃師，稱疾歸。建寧三年，辟司徒橋玄府。出補河平長。召拜郎中，校書東觀，遷議郎。邕以經籍去聖久遠，文字多所粃繆，俗儒穿鑿，疑誤後學，熹平四年，乃與五官中郎將堂谿典，光禄大夫楊賜，諫議大夫馬日磾，議郎張馴、韓説，太史令單颺等奏求正定六經文字，靈帝許之。邕乃自書册于碑，使工鐫立太學門外〔五〕。于是，後儒晚學咸取正焉。碑始立，其觀視及摹者車乘日千餘兩，轂實薰隧。又與盧植、韓説等撰補後漢記。會遭事流離，不及成，因上書奏所著十意、續諸列傳四十二篇。因李傕之亂，湮没罕存。所著詩、賦、碑、誄、銘、讚、連珠、箴、弔、論議、獨斷、勸學、釋誨、敘樂、女訓〔六〕、篆勢、祝文、章表、書記，凡百四篇，行于世。

論曰：　亮陰三祀，書嘉弗言。三代以前，居喪未嘗多著，聖門子騫、子輿、子深嘆之。顏丁、高柴、樂正子春練冠垂洟，比御不入，蓋其彰者。繇春秋逮戰國，乘舟之思、新城之恭，尚不數數見。齊晏桓子卒，晏嬰縗苴、杖菅、食鬻〔七〕、居倚廬，其老曰：『非大夫之禮也。』曰：『唯卿爲大夫。』傅曷爲乎附之〔八〕？記其鮮也。端木反築，亡亦亡於禮者之禮邪？抑秦惡孝德，然書後莫悉邪？霸陵遺詔，服大紅十五日、小紅十四日、纖七日釋服。夫三年不行久矣，自此詔後，始得引爲漢制。又聞爲薄太后持三年服，廬居枕塊如禮，至以發大病，知後子不能行，更制三十六日。而應劭辨其非是，據薄太后以孝景二年崩，最當。建武政多趨簡，大臣不得告寧。至元初初始詔行三年喪，服闋還職，陳忠所疏良切矣。余讀漢書，累見察舉孝廉，而究罕可稱述者。翟子威以織履給資之，母既葬三十六日，起視事，以爲身備漢相，不敢踰國家制。薛脩送死，去官持服，而贛君相駮不和，其時可知也。恬侯白首，躬瀚裙褕，執喪甚悼，杖乃能起，雖躪躪而實馴行，固譏之，何哉？巨先庶幾獨行寡二矣。樂安民趙宣，葬親不閉埏隧，行服二十餘年，仲舉以五子罪之，惡其黷也。若汝南、安平、陳留、臨淄孺慕致毁，出于天性，豈以爲名與？

晉 東晉

夏方字文正，會稽永興人。家遭癘，父母伯叔羣從死者十七八。方年四十，號哭負土十有七載，葬得畢，因廬墓側。吳時拜仁義都尉，累遷五官中郎將。朝會未嘗乘車，有遺輒牢讓。吳平，除高山令。百姓有過應撻者，方爲涕泣不罪，大小莫敢犯焉。在官三年，州舉秀才，還家，卒年八十七。

氾毓字稚春，濟北盧人也。奕世尚儒，敦純絜〔九〕，客青州，逮毓七世，時人號其家『兒無常父，衣無常主』。毓少履高操，有志業。父終，居于墓所三十餘載〔一〇〕，晦朔躬扱箕除墳壟，循行封樹，還家不出門庭。或薦之武帝，召補南陽王文學、秘書郎、太傅參軍，並不就。于時青土隱逸之士劉兆、徐苗等皆立精舍，務教授，喜立言。毓以爲：『設席自尊，舞智服人，不根持論，勢必居此。「古之人無斁，譽髦斯士」，未聞虚在尊己也，吾德不堪，何自誣爲？』遂不畜門人。有好古者咨詢，亦善誘孔易，三隅示之〔一一〕，合三傳爲解注。撰春秋釋疑、肉刑論。凡所述造七萬餘言。時桐廬夏孝先亦廬墓云。

范宣字宣子，陳留人也。十歲，好誦詩書，不同撫塵戲。嘗自刃手，奉之改容。問：『痛邪？』曰：『不足爲痛。全髮膚而致毀傷，不可處耳。』家人異焉。少尚隱遁，手不釋卷，以夜繼日，遂博綜衆書，尤善三禮。耕以爲共。親没，自畚拘成墳，廬于墓側。太尉郄鑒命爲主簿，詔徵太學博士、散騎郎，並不就。家于豫章，太守殷羡見宣茅茨不完，欲爲更諸爽塏者，宣固辭之。庾爰之以宣素貧，加五穀不爲，盛疾疫，厚餉贍之，宣不受。爰之問宣曰：『君博學采獲，可謂通矣，何以太儒？』宣曰：『漢興，貴經術，至于石渠之論，實儒爲弊。正始以來，世尚老莊。逮晉之初，競以裸裎高。僕誠太儒，然「丘不與易也」〔一二〕。』宣雖屢空，讀誦不輟。譙國戴逵等皆聞風仰止，江州人士並好經學，諷誦之聲有若齊魯，蓋其化云。

桓雲字雲子，龍亢人，漢五更榮後也。父彝，爲吏部郎，尋出石頭，遇峻反，堅守不撓。城陷，峻將韓晃見害。雲初爲驃騎何充參軍、尚書郎，不拜。襲爵萬寧男，歷位建武將軍、義城太守〔一三〕。遭母憂，去職。葬畢，起爲江州刺史，稱疾，廬于墓次。詔書敦逼，固辭不行，服闋，然後莅職。加都督司豫二州軍事、領鎮蠻護軍、西陽太守。升平四年卒，贈平南將軍，謚曰貞。

王湛字處仲〔一四〕，司徒渾之弟也。少具識度。身長七尺八寸，龍顙大鼻，罕言語。有隱德，人莫之知。其父昶獨喜曰：『吾有子矣。』父喪，居于墓次。服闋，閤門距躍，不交當世。性素簡貊，其德音器量隤然有公輔望。兄子濟易之，所食方丈，擯不及湛。湛命取菜蔬，對而食之。濟嘗詣湛，見牀有周易，與之言，皆得所未聞。乃嘆曰：『家有名士，三十年而不知，濟罪也！』既而辭去，偕及門。濟有從馬，絶乘難，濟問湛曰：『叔好馳不？』湛曰：『亦然。』因馳此馬，名目清揚，迴策如縈。濟益嘆異，還白其父曰：『濟始得一叔，乃濟以上人也！』對武帝曰：『山濤以下，魏舒以上。』湛少仕歷秦王文學、太子洗馬、尚書郎、太子中庶子，出爲汝南内史。元康五年卒，子承嗣。

吴逵，吴興人。以饑疫，門内死者十有三人，艱得棺，鄰里競以葦蓆裸而殯之〔一五〕。逵夫婦晝傭賃，夜入山燒甓營葬具，蛇虎避道。再期，成七墓，瘞十三棺。贈無所受。太守張崇義之，以羔雁禮焉。

吴猛，豫章人。小兒時臥父母側，夏月多蚊虻，猛不扇，云懼及父母。父母終，行服墓次。蜀賊縱暴，燒邑掘隴，猛在墓側號慟不知，賊爲之感愴，遂不犯。嘗從丁義授神方，渡江，波甚急，以白羽扇畫水而濟。

李陶，母死，陶廬墓側，自治墓，烏百餘爲銜土助之成墳。

許孜字季義，吴寧人。性敏且篤。年二十師事豫章太守會稽孔沖，受詩、書、禮、易及孝經、論語。學竟還。二親没，辟踊越節，杖而能起，建墓邑之東，躬自荷畚，不受鄉人賻。每一悲號，鳥獸翔集。孜以方營大功，乃棄妻宿墓。所列植松柏，亘五六里。時有艷犯其松，孜擘歎曰：『獨不念我乎？』明日見爲猛獸所殺，置所犯松下。孜怛恡不已，乃爲作冢，瘞于隧側。已，猛獸于前自擊石死，孜益歎息，又取瘞之。自後木滋茂而無犯者。心目時瞿二十餘年，乃更娶妻，立宅墓次，烝烝薦熬治醢，奉之如存，鶹鳩翰鵫之儔，蜼玃麇麛之比，棲息同遊，不相搏噬。元康中，郡察孝廉，不起，敝褐緼緒終身。年八十餘，卒于家。其子亦廬墓側，邑人號其居爲孝順里。

王延字延元，西河人。九載喪母，泣血三年，幾至滅性。每諱日，悲啼越旬。繼母卜氏遇之弗道，恒以蒲穰及敗麻頭與延貯衣。其姑聞而問之，延知不言，事母彌謹。卜氏嘗盛冬思生魚，勑延求；不獲，杖之流血。延叩凌而哭，忽有魚長五尺踊水上，進母。食之，積日不盡，于是心悟，撫延如己出。延事親色養，夏則扇枕席，冬以身温之，盛寒無完襦。晝爲人春粲，居廡下，夜伏刻誦，究覽經史，皆通大義。州郡禮辟，供養不起。父母終，廬于墓側三年，未嘗羣立旅行，非其蠶不衣、耕不食。屬天下喪亂，隨劉元海遷平陽，農蠶之暇，訓宗族侃侃不倦。家牛生一犢，他人識之，延牽授焉，初未有色。其人後自知之，送犢還，叩頭謝，延不復取也。年六十，仕劉聰，少遷尚書左丞，至金紫光禄大夫。聰死，靳準將作亂，謀之延，延不從。準既誅劉，自號漢，以王延爲左光禄大夫，大罵不受，準殺之。

王裒字偉元，城陽營陵人也。祖儀〔一六〕，爲文帝司馬。東關之役，帝問于衆曰：『近日之事，誰任其咎？』儀對曰：『責在元帥。』帝怒曰：『司馬欲委罪于孤邪？』引出斬之。裒少立操尚，行己以禮，爲人長八尺四寸，博學多能，痛父非命，未嘗西向而坐，示不臣也。隱居教授，三徵七辟皆不就。廬于墓側，旦夕常至墓所拜跪，攀柏號泣，涕著樹，樹爲之枯。每雷則還墓曰：『裒在此。』雖蔡順不過也。嘗讀詩至『哀哀父母，生我劬勞』，未嘗不三復流涕。門人受業者爲之廢蓼莪。家貧，躬耕，計口而田，度身而蠶。人感助之，不聽。諸生有密爲刈麥者，裒棄之。

庾衮字叔褒〔一七〕，明穆皇后伯父也。少履勤儉，篤學好問，事親以孝稱。咸寧中，大疫，二兄俱亡，次兄毗復病，癘氣方熾，父母諸弟皆出次外，衮獨留不去。諸父兄强之，曰：『衮性不畏病，庸何傷？』遂親自扶持遺〔一八〕，晝夜未嘗輟。越十有餘旬，疫勢既靡，家人反，毗病得差，衮亦無恙。父老咸曰：『異哉此子！守人所不能守也。』初，衮諸父並貴盛，惟衮父守貧約。衮躬親稼穡，以給供養，執事勤恪，與弟子樹籬，跪以授條。或曰：『今在隱屏，何恭之已過？』衮曰：『幽顯易操，非君子之志也。』父亡，作筥賣以養母。母曰：『我無所食。』對曰：『母食不甘，衮將何居？』母感而安之。衮前妻荀氏、繼室樂氏，族皆隱賑，及適衮，俱捐華麗，散資財，與衮共安苦，相敬如賓。母終，廬于墓側。藜羹不糝，不衣芮温，門人欲進其飯者，衮每曰：『已食。』莫敢爲設。及麥熟，獲者已畢，而採捃尚多，衮乃引其羣子以退，曰：『待其間。』及其捃也，不曲行，不旁掇，跪而把之，則亦大穫。又與邑人入山拾橡，分夷險，序長幼，推易居難，禮無違者。或有斬其墓柏，莫知其誰，乃召鄰人集于墓而自責焉，因叩頭泣涕謝曰：『德之不修，不能庇先人之樹，衮之罪也。』父老爲垂泣，自後人莫之犯。

殷簡之，陳郡人。父仲堪，爲桓玄迫死于柞溪。簡之載喪下都，葬于丹徒，遂居墓側。義旗建，率私僮客隨義軍躡桓玄。玄死，簡之食其肉。桓振之役，義軍失利，簡之没陣，惜夫！君子曰：『坐不西向者，詒戚深矣！隨軍而勝，亦其時耳。不然，簡之肉將在，玄軍其足食乎？』

論曰：三國日尋干戈，皆尚陰賊喬詰，脉脉有權。數其稱孝者，陽夏何夔、杜陵杜畿、吴郡顧悌、曲城王基、外黄范粲、陽都諸葛瑾、河内司馬芝諸人而已。晉武故遵漢魏之典，既葬除喪，然猶深衣練冠、降席徹膳，而司馬孚、鄭沖等奏請割情，不可。復請，詔曰：『三年之喪，自古達禮，誠聖人稱情立哀，明恕而行也。神靈日遠，無所訴告，雖薄于情，食旨服美所不堪也，不宜反覆，重病台心。』遂以此終三年。居太后之喪，亦如之。愍帝崩問至，元帝斬衰居廬。太陽陵毁，素服哭三日。時玉册見于臨安，麒麟、神璽出于江寧，日有重暈，是用中興。故終晉世，士猶敦行不忘其本，雖夷甫、深源，風流所宗，而夏汜之概、宣子之化，漸及者遠。王延、庾衮輩各能自致，季義終身，可謂加于人一等矣。

南北朝

孫法宗，吴人。父以亂入海，死海澨，骸不收，母兄並荸終。法宗稚，流亡至十六乃得還。營母兄葬，霰行草宿，襄之于禮。痛父屍不得，走海上求之。云至親以血瀝骨必漬入，乃沿海見枯骼輒刃血灌之，數年臂脛遍創，痏血枯竭，終莫得。遂居墓所，不娶，衰絰終年。

劉瑜，歷陽人。七歲喪父，事母孝。既丱，喪母，不鹵酪，力作營葬。服除，二十餘年矣，布衣蔬食，語及輒流涕。居墓側，不它之。又有河南秦綿，遭母喪，葬往也，如慕不復，如疑而反。露宿墓上，鄉人共結廬棲焉。服訖，終不還。有米粥食，不者茹蔬而已。是時，蕭修、蕭勵、劉覽、江紘、張稷俱以廬墓聞。

桑虞，字子深，黎陽人。父沖，有深識遠量，惠帝時爲黄門郎，河間王顒執權，引爲司馬。沖知顒必敗，就職過旬，即稱疾求退，故免。虞性孝，年十四喪父，日以米百用溲黎藿。其姊諭之曰：『汝毁瘠滅性，不孝，宜自抑割。』虞曰：『黎藿雜米，洎足勝哀矣。』虞有園，宅北數里，瓜實初孰，有踰垣盜者。虞以垣圜多棘刺，恐見驚走致傷損，乃使爲開道。及負瓜將出，見道通，知虞所使，乃送所盜瓜，扶服請罪，虞懽然謝焉。嘗行，宿逆旅，客失脯，疑虞，虞解衣償之。主人曰：『此地多狐狸，數失魚肉，君何疑？』已果然，客求還衣，虞不顧。人以此尚之。虞諸兄仕石勒，咸登顯位，惟虞恥臣非類，陰欲避地海東。會母喪，遂止廬墓側。五年後，石勒以爲武城令，虞以密邇黄河，去海微近，將遂前志，欣然就職。石季龍太守劉徵器重之，徵遷青州刺史，請虞爲長史，帶枕阿郡〔一九〕。徵遇疾還鄴，令虞監行州府。屬季龍死，中國大亂，朝廷以虞父名子，必能立功海岱，潛遣東莞人華挺授虞朔將軍〔二〇〕、青州刺史。虞曰：『功名非吾志也。』乃附使者啓讓刺史，靖居海右，交不竟外。雖歷僞朝，而不豫世亂。卒于官。

劉霽，平原人，漢膠東王寄後也。居父懷武憂，哭輒嘔血。家貧，與二弟杳、歊力學，長，博涉多通。母疾，霽值異粮，不褰衣臥者七旬。母卒，毀，卒于墓廬。而其時廬墓者，又有夏侯祥、劉曇。

庾黔婁，字子貞，新野人。父易，以節操稱。黔婁少慧有口，攫挐論學，未嘗失色于人。仕齊爲編令，有異迹。徙孱陵，至未旬，父于家遘疾，黔婁忽心動，放悲有亡，身汗流，即日棄官歸。乃者父疾始兼晨耳，家人見其倏至，以爲神。父患利，醫云：『間差乎，糞當苦；即甘，不治已。』黔婁取嘗之，甘也，大憂之。父卒，廬墓側，久之不反。梁臺建，爲益州刺史，舉拜蜀郡太守，在職政清。益刺史鄧元起死于蜀〔二一〕，賓佐皆散，黔婁身營殯斂，歸其喪。累官散騎侍郎。

顧歡，字玄平，吳興監官人〔二二〕。世寒賤，爲農夫。歡獨好學，貧無從受業，詣鄉學，倚壁後潛聆傳誦，夕然松節讀。聞東遷邵玄之通五經，假傭書，從受業。年二十餘，更從豫章雷次宗咨玄儒大義。母亡，廬于墓。卒喪，遂隱于天台山，聚徒受業常百人。晚節服食，不與人通。旦出户，山鳥集其掌取食。好黄老，通解陰陽書，爲數術多奇徵云。

庾沙彌，晉司空冰之六世孫也。父佩玉，仕宋，位長沙内史，昇明中，坐沈攸之事誅，時沙彌始生。及五稔，所生母爲製采衣，輒不肯服。母問其故，流涕對曰：『家門既酷，用是何爲？』及長，終身布衣蔬食。爲中軍田曹行參軍。嫡母劉氏寢疾，沙彌晨昏侍，寐中憂泣，非直有瘍不浴，笑不至矧也。或使醫眡之，應針灸，輒以身先。及母亡，止進大麥薄糗，經十旬方爲薄粥，冬不加纊，更不褰絰，不出廬户，每慟至午夜，鄰人不忍聞。所坐薦，淚霑爲爛。墓在新林，忽生旅松百許株，枝葉趺蔓，鄉人名之曰孝松。劉好噉蔗，沙彌絶焉，以爲子輿之意也。梁武帝召見，嘉之，補歙令。還除輕車郡陵王參軍事，隨府會稽，復丁所生憂。喪還都，亂浙江，中流遇風將覆，沙彌抱柩號哭，遂而風静，咸以爲孝感所致。

沈崇傃，字思整，武康人也。父懷明，宋兖州刺史。崇傃六歲喪父，哭踊過禮。及長，事所生母至孝。家貧，常傭書以養。天監三年，太守柳惲辟爲主簿。崇傃從惲到郡，還迎其母，未至，卒。崇傃以不及侍疾欲致死，不水漿，晝夜號哭浹旬。將絶，兄弟謂曰：『殯葬不遂，遽毁滅，非孝也。』崇傃乃少進食。母瘞去家數里，哀至輒之瘞所，不避雨雪。夜恒有牡鑵來望之，有聲狀如太息者。家貧無以遷厝，乃行匄經年，始獲葬焉。既而廬于墓側，自以初行喪禮不備，復以葬後更行服三年。久食麥屑，坐臥單薦，因虚腫不能起。郡縣舉至孝。梁武聞，遣中書舍人慰勉之，乃詔令釋服，擢補太子洗馬，旌其門閭。崇僚奉詔，涕泣如居喪，固辭不受官，乃除永寧令。自以禄不及養，哀思不自堪，未至縣，卒。

甄恬字彦約，無極人，世居江陵。數載喪父，哀感如成人。家人矜其少，以淳膏沺穛飯飼之，恬不肯食。年八歲，嘗問其母，恨生不識父，遂悲泣累日。忽若有彷彿，謂形貌則其父也。家貧養母，常得膳薌。及居喪，廬墓側，恒有玄黄鵶鳩集于廬樹。

李慶緒字孝緒，鄀人也。父爲人所害，慶緒方九歲，爲兄所養。貯呰市小劍，淬以藥，合夫襓藏佩襡中，每泣輒起舞，舞罷復泣，曰：『不共戴天，豈反兵哉？』投州將陳顯達，使屬部伍白日手刃其仇，自縛歸罪，州將義而釋之。梁天監中，爲東莞太守。會母亡去職，廬墓側，每慟嘔血數升。後爲巴郡太守，號良吏。累遷衛尉，封安陸縣侯。

司馬暠字文昇，温人也。幼聰警，有至性。年十二，丁内艱，哀慕旬不食。服闋，以姻戚子弟入問訊。梁武帝見其羸疾〔二三〕，太息久之。字小字，謂其父曰：『昨見羅貌顦顇〔二四〕，使人惻然。是能不易家風，爲有子矣！』後累遷正員郎。父亡，哀毁逾甚，廬墓側，日進麤麥粥一升。墓在新林，接山阜，舊多虣貙，𥃍結廬，數歷年所，皆它往。嘗有晨風烏鵙棲廬上，馴異常。承聖中，除太子庶子。魏尅江陵，隨例入長安。梁宗屠戮，太子殯瘞失所，及周受禪，𥃍以宮臣，乃抗表求還江陵改葬，辭甚切。周優詔之，即刺荆州，以禮安厝。陳太建八年，自周還，宣帝特降殊禮。歷位通直散騎常侍、太中大夫，卒。有集十卷。

韓懷明，上黨人，客居荆州。十歲，母患尸疰，每發輒危殆。懷明夜祈星下，忽聞之曰：『童子，須臾永差，無勞自苦。』未及曙，母平復。十五喪父，幾滅性，賻助無所受。免喪，與鄉人郭麻俱師南陽劉虬。虬嘗一日廢講，獨居涕泣，懷明竊問虬家人，曰是外祖亡日。時虬母亦已亡矣。懷明聞之，即日罷學，還家就養。母年九十，以壽終，葬于城南，有雙白鳩巢廬上，字乳若家禽焉，服釋乃去。及除喪，蔬食終身，衣衾無所改。

徐孝肅，汲郡人也。宗族率服美矜侉，孝肅儉能事親，以孝聞。雖在稚幼，宗黨每爭訟，皆至孝肅所平論，短者無不引咎而退。孝肅早孤，不識父，及長，問其母父狀，因圖其形搆，廟事之，如其生。爲人和，數十年家人未見其忿色。母老疾終，孝肅盛冬單縗。王父母、父母墓皆負土成墳，廬墓所四十餘載，被髮徒跣，遂以終身。其弟德備終，子處默亦廬墓側，奕世稱孝焉。

褚賁，字蔚先，河南陽翟人，晉太傅裒曾孫也。少耿介，以父淵附齊高佐命，墨墨恧之。淵卒，當嗣爵侯，服闋召見，涕泣不自勝，謝病甚，讓爵于弟蓁，退廬墓下，足不越閾。聞王儉卒，騎老州留往弔，繫門外樹，置生芻入奠，遇哀出涕，奠畢出，不與他語。座上皆起目之，莫知爲誰也。及病篤，子霄載以還。病中知非故處，不肯復飲食，内外閤悉錮塞之，數日才餘息。謝瀹聞其憊，往候之，排閤入，謂之曰：『夫人往不可復得者身也，身不可必全者名也，名與身滅俱也，曷爲乎名故滅身哉！』賁曰：『吾少無人間心，何名之慕？所願啓手足，歸先隴耳。霄不才，未達予，移尸徙殯，失吾素心，此爲恨耳。』卒後，蓁改封東郡邑侯，表讓還賁子霄。

任昉，字彦升，樂安博昌人。父遥，事齊爲中散大夫，以兄遐將徙荒裔，訴于朝，言未既，淚下沾纓，齊武哀而赦之。母裴夢鈴自天墜而生昉，昉生而魁岸，八歲能屬文，多知自將。丹陽尹王儉引爲主簿。父喪去官，廬墓側，臈月縗苴，無所表，泣血三年。有欲起爲建武將軍驃騎記室者，具啓固辭，人不能奪。尋喪繼母，摧毁如之。比外除，不可復識。奉世叔父母恪，禄入皆班之親族。與梁武微時善，歷給事、黄門侍郎。出守義興，以清潔著名。更守新安，公田奉八百餘石，昉第受十二，餘悉共貧乏匄貸，妾麥飯而已。卒，雜木爲棺，浣衣爲斂，百姓痛悼，爲立祠，歲時祀之。武帝方食禄沈瓜，聞昉卒，投瓜于盤，悲不自勝。贈太常，謚敬〔二五〕。

薛聰，河東汾陰人。不妄游處〔二六〕，不好狎辭費，雖闇室，終日莊，見者憪然。遭父憂，廬墓側，哭泣載路，里中每夜五里聞其聲。事魏孝文，爲侍御史，甚嚴，見憚。遷黄門侍郎、散騎常侍。

郭文恭，平遥人。爲太平縣令。年踰七十，父母亡，居墓次，晨夕跪泣，積年不已。尚書聞，標其門閭。

李顯達，陽翟人。父喪，廬墓側六年，天寒足跔，哭不絶聲。州牧高陽王雍以狀奏，靈太后詔表之。

荆可，猗氏人。性質朴，容止異人。方養其母，以時奉滫瀡，終無匱乏。母喪葬，廬墓側，菜食飲水，終三年。而彭城劉士儁亦然〔二七〕。

王崇，字乾邕，雍丘人。仕梁州鎮南府主簿。母亡，杖而後起，鬢髮墮落。未及葬，權殯宅西。崇廬殯所，哭無筭，鷰斯羣至。有白脰黑眸，形大于爵，入崇廬，朝夕不去。母喪闋，復喪父，哀毁猶之。是年夏，風雹，所經處草木摧折，至崇居獨無蕭落，越崇地風雹如初。

皇甫遐，字永賢，分陰人〔二八〕。累世寒微。少喪父，事母以孝聞。後遭母喪，葬西山，結廬其側。後于墓南作一禪窟，陰雨突之，霽營墓，夙夕勤勩。積以歲年，封高數丈，周迴五十餘步，禪窟重臺雨市〔二九〕，總成十有二室，中間行道，可容百人。初營墓，有鵶、烏各一，徘徊悲鳴，若助遐者，經月餘日乃去。時彭城劉仕儁亦廬墓云。

紐因，字孝政，安邑人。武成中，父母喪，廬墓側。廬前生麻一株，高丈許，圍之合拱，冬夏恒青。有隹其棲上，因舉聲哭，隹其爲悲鳴，時人異之。

華秋，臨河人。幼喪父，事母以孝聞。母終，遂絶總沐，髮禿。廬墓側，畚土纍墳。有助者，秋輒謝之。隋大業初，調狐皮，郡縣大獵。有一兔，逐之，奔入秋廬中，匿秋膝下。獵人至廬所，異而免之。于是兔常宿廬中，馴其左右。郡縣嘉其孝感，具以狀聞，降使勞問。後郡盜起，常往來廬左右，咸相誡曰：『此孝子鄉，勿犯也。』賴秋全者以萬衆。

陸印，代人。少美丰神，好學不倦，通五經大義。歷中書侍郎，修國史。以父憂去職，居喪骨立。詔以本官起服。文襄時鎮鄴，親詣門。尉薦之守，不奪，與兄弟廬墓側。卒服，當襲侯，不忍嗣。天保初，授給事黄門侍郎。遭母喪，如父喪，枕塊以痺。後當病革，聞弟摶卒，遂慟卒。

裴子野，字幾原，河東聞喜人。曾王父松之著晉紀〔三〇〕，王父駰、父昭明皆世儒業，駰撰史記注。子野生而母亡，鞠于祖母殷。殷自授以章句。年九歲，善屬文。踵先業，撰宋略二十卷。當世博洽士沛國劉顯、南陽劉之遴、陳郡殷芸、陳留阮孝緒、吴郡顧協、京兆韋稜每討論墳典，咸取衷焉。梁武愛其文壯，有符檄輒令具草。子野爲文不尚靡麗，言則古昔，始頗有詆訶者，後翕然重之。晚事佛，麥蔬終其身。

裴子通，繹州聞喜人，隋太中大夫。事母孝。母喪，廬墓側，哭喪明。有白烏巢家樾。詔旌門。

翟普林，楚丘人。事親以孝聞。州郡辟皆不就，躬耕色養。鄉閭謂爲楚丘先生。後大業初，父母俱終，血枯支甂，廬墓側，冬不繒絮，單縗而已。

陳孝意，河東人。大業初，爲魯郡司法，太守蘇威禮敬之。後爲侍御史，以父憂去職。居喪過禮，有㛥擾其墓廬。後爲雁門丞。節獨厲，卒死劉武周之難。其時如高平田德懋、臨漳陸彦師、河間王慶者，皆以廬墓致徵異焉。

論曰：晉武欲行三年，然未盡衷于禮。余于南北朝蓋君哉，魏之文也。馮太后之喪，勺水不入口五日，以楊椿諫，爲進粥。王公表請喪紀有數，宜以時定宅兆，詔徐之。太尉丕等以爲踰月葬，葬即吉，金册遺旨也。帝曰：『朕惟中代三年之喪所不終遂者，繇繼主初立，君德未流，臣義未正。故身襲衮冕，行即位之禮，固其所也。』言再三不可。秘書丞李彪曰：『今雖治安，然江南不賓，漠北未臣，臣等猶匡懼不虞。』帝曰：『如其虞，魯公帶絰，晉侯墨縗，亦聖人所許。今晏晏焉，可以豫念軍旅廢喪紀哉？朕當不言之日，不應喋喋以公卿執奪朕情，遂成往復，追用悲絶。』乃慟而入。明年三月，謁永固陵，猶終日不食。自是始疏食。明年九月祥，祭于廟，用晦前一日，帥羣臣哭。已，易服，縞冠，革帶，墨介幘，白綿單衣，烏履，復哭。越一夕，明日，易祭服，素紕，深衣，侍臣去幘易帢。既祭出廟，立久之，乃還。十一月禫祭，始服衮冕。會冬至祀圜丘大饗，猶樂縣不作焉。

嗚呼，三代以來甚盛德矣！周康釋冕反喪，遐弗及矣，故復紀之。江左靡靡，維治不常，孫、劉、桑、庾之倫，頗復數然，可不謂不拔與？天監中，君重孝行，親注孝經以廣孝，故其時爲多避螳蜋，楚致勇士，冠太白、東海以儉。上有好者，下必有甚焉，信夫！

校記

〔一〕遂反風越它得免　後漢書蔡順傳作『火遂越燒它室，順獨得免』。

〔二〕建元　據後漢書周磐傳，當作『建光』。

〔三〕監　據後漢書蔡邕傳，當作「寢」。

〔四〕弟　原作「事」，據後漢書蔡邕傳改。

〔五〕使　原作「史」，據後漢書蔡邕傳改。

〔六〕女　原作「大」，據後漢書蔡邕傳改。

〔七〕鬻　連理亭本作「粥」。

〔八〕傳　據浮山文集前編，當爲「傳」，指左傳。

〔九〕奕世尚儒敦純絜　晉書氾毓傳作「奕世儒素，敦睦九族」。

〔一〇〕墓　連理亭本作「州」。

〔一一〕三　晉書氾毓傳作「一」。

〔一二〕丘　原作「立」，據晉書儒林傳范宣及論語微子改。

〔一三〕城　晉書桓彝傳附桓雲傳作「成」。

〔一四〕仲　晉書王湛傳作「沖」。

〔一五〕裸　據晉書孝友傳吳逵，當作「裹」。

〔一六〕祖　據晉書孝友傳王裒，當作「父」。

〔一七〕衮　原作「兖」，據晉書孝友傳庾衮及下文改。

〔一八〕遺　疑衍。

〔一九〕枕　晉書孝友傳桑虞作「祝」。

〔二〇〕朔　晉書孝友傳桑虞作「寧朔」。

〔二一〕刺　連理亭本作「州」。

〔二二〕監　據南齊書顧歡傳，當作「鹽」。

〔二三〕羸　據南史孝義傳司馬暠，當作「羸」。

〔二四〕貌　南史孝義傳司馬暠作「皃」。

〔二五〕敬　南史任昉傳作「敬子」。

〔二六〕處　原無，據北史薛聰傳補。

〔二七〕此句連理亭本無。

〔二八〕分　據周書孝行傳皇甫遐，當作「汾」。

〔二九〕雨市　據周書孝行傳皇甫遐，當作「兩市」。

〔三〇〕紀　南史裴子野傳作「記」。

廬墓考卷之中

唐

張志寬，安邑人。居父喪，括髮不櫛，比禫乃沐，州里稱之。王君廓兵略地，不暴其閭，以全者百姓。後爲里政，忽詣縣，稱母疾，求急歸[一]。令問狀，對曰：『母有疾，志寬輒病，是以知之。』令謂其妄，繫獄，使驗如言，乃慰遣之。母終，廬墓側。高祖遣使者就弔，拜員外散騎常侍，賜帛四十束。

林攢，莆田人。貞元初爲福唐尉。母羸老，未及迎而病。攢聞，棄官還。及母亡，不水漿五日，自埏甓作冢，廬其右。有白烏來，甘露降。

元讓，武功人。擢明經，以母病革，不欲違，侍牀，足不出閾。母終，廬墓次，創瘍不治，未嘗襲衣。咸亨中，太子監國，下令表門。

許伯會，蕭山人，或曰玄度十二世孫。舉考廉〔二〕，爲衡陽博士。母喪，負土成墳，不御絮帛、嘗甘滋。野火將逮塋樹，號泣旻天，俄而雨，火滅。歲旱，泉湧廬前，靈芝生。

元德秀，字紫芝，河南樊人。少孤，事母孝。赴進士舉，負母偕之京師。比入官，自以板輿輦母行。母亡，廬墓側，食不鹽酪，居無爪剪者三年。德秀傷居貧不能及親而娶，不肯婚。人以無後喻之，曰：『兄有子男，先人之祀不曠也，足矣。』竟不娶終身。兄子在襁褓失母，貧無乳，德秀自乳之，居數日湩流，比能食乃止。長將爲娶，貧不能，乃受署魯山令，爲之婚。治恥刑辟。有盜宜岸，虎爲暴，請格虎自贖，許之。吏白：『彼自詭，得亡去，不可聽，且累君。』德秀曰：『許之矣，吾不食言。即有累，吾當坐，不相及也。』明日，盜尸虎而還。玄宗在東都，命三百里内州刺史、縣令各以聲樂集都下爲歡，時河内太守輦優伎數百，被錦繡，作犀象戲，環譎光麗〔三〕。德秀惟遣樂工數十人，聯袂歌于蔿于。于蔿于者，德秀所爲歌也。帝聞而異之，傾耳者數四，太息曰：『賢人之言也。』謂宰相曰：『河内民其塗炭乎？』乃黜河内守而獎德秀。德秀歲滿，笥一縑，駕柴車去。愛陸渾佳山水，定居焉，不爲垣扃基阯，家無僕妾。歲飢，並日不爨，彈琴讀書洎如也。人以酒殽從之，輒復衎爾。房琯每見之，嘆曰：『見紫芝，使人名利之心盡。』蘇源明常語人曰：『吾常恨不幸生衰俗，不見古昔人典刑。所不恨者，獲識元紫芝耳。』

熊仁瞻者，洪州海昏人。性至孝，爲宜春丞。喪母，卜兆歸義，其地岡阜嶄巖，喪轝莫能致。仁瞻以非水道不可達，誓掘地爲川通江流。會雨注水，自墓旁近地出成川，與江流接，舟得達。既葬，廬墓側以居六年，有鳫鵨來巢。江西觀察使路嗣恭上其事，敕表門。

支叔才，定州人。嘗歲荒饉，夜丐食野中，還進母，爲賊執，欲殺之。告之，賊閔之，解之。母病癰，叔才吮瘡注藥。及亡，廬墓，有白鵲止廬旁。高宗時，表異其家。

程袁師，宋州人。母病，十旬不褫帶，藥不嘗不進。代弟戍洛州。母終，日走二百里，因荷土築墳，號癯，人不復識〔四〕。二十年乃畢。常有白狼、黄虵馴墓右。永徽中，刺史狀諸朝，詔吏敦駕。既至，不願仕，授儒林郎還。

武弘度者，士彠兄子也，補相州參軍。永徽中，父卒，自徐州被髮徒跣趨喪所，親築塋，晨夕號，日一溢米。素芝産墓廬前，狸擾其旁。高宗下詔褒旌之。

安金藏，京兆長安人。在太常工籍。神龍初，引佩刀自刺心，明皇嗣不反者也。喪母，葬城南原。廬墓側，躬驅石結墳，夜不解。原故印燥，泉忽湧出，李冬華，犬鹿相狎。觀察使懷慎以聞，敕旌門。玄宗即位，以保明皇嗣功擢右驍衛將軍，封代國公，後贈兵尚書，配享睿宗廟廷。

梁文貞，虢州閿鄉人。少從軍北徼，還，父母皆卒，則穿壙爲門，磴道出入，晨夕灑埽其中，結廬墓側，不言笑者三十年。家人有問，但畫字以對。後浲水遽斷郵劇，驂馳原上，〔五〕經文貞墓廬前迴之，卒得毋害。刺史許景先奏請，宣付史官。

李興，安豐人。父被惡疾亟，興自刃股肉，饋獻之。父不能啖，一昔死。興號呼撫臆，口鼻流血。墳左作小廬，蒙以苦茨，伏匿其中，扶服斬版，踊哭無時。制表門。柳宗元作孝門銘。

陳子昂，字伯玉，梓州射洪人。家故豪，少未知學，尚氣決弋博。他日入鄉校，始感悔，修節就學。文明初，舉進士。時高宗崩東都，將西葬長安，而關中不年。于是子昂數上書，不用。子昂多病，居職恒鬱鬱。慶曆初〔六〕，以父老，表解官歸侍。父喪，廬墓，哭泣甚哀，聞者皆隕涕。子昂倜儻有須才，好交游，樂施予，篤于朋友，與王無競、房融、盧藏用善。射洪令段簡貪暴，聞其富，惎之，誣以罪，捕送獄，竟死獄中。唐興文章，承陳隋風，淫于流靡，競尚組麗。至子昂實始遠觀，尋阮生詠懷之緒，作感興詩三十六首〔七〕，非當世詞人所可及也。

侯知道、程俱羅，靈武人。居親喪，穿壙作冢，皆身執役，慘慘日瘁。鄉人賻者，哭卻之。廬墳次，哭泣無節，知道七年，俱羅三年。每踊哭，鶺鴒、春鉏爲之悲。李華作二孝贊，彰其行。

許法慎，清池人。甫三歲時，母疾，不飲乳，忉忉有憂色。或以珍餌詭悦之，輒不食，還以進母。後親喪，廬于塋，有甘露、嘉禾、靈芝、木連理、白兔之祥。天寶中，表異其閭。

徐仲源，望江人。有至性。母疾，刲股湛羹以愈。母卒葬，廬羊麃牛爲疊土。母素畏雷，雷輒伏墓。侔君仲偉元意郡爲築孝義墩，搆白華軒。竟以毁卒，瘞親墓之左。

杜誼，字漢臣，廣巖人。繼喪父母，卜葬，徒跣。念取燥土爲固，往來十餘里，日度澗，泥水没骭，雖甚雨雪未嘗告瘁，手足皸瘃血流，以漆塗之。每覆一畚，必三繞墳，號而後去。既葬，遂茇舍墓旁。終喪，人往視之，輒遣去。日淅飯不浮，雖伏虣交處，誼泰然。明年，吴越大水，山洚推巨石走十數里。台州山高最，水夜至田垣，畜牧漂圮者甚衆，誼不及。邑人狀其事，以聞。

張進昭母患狐刺在手，墮而終。及殯，進昭截左腕，廬于墓。

張士巖父病，藥須鯉魚，冬月水合，有獺銜魚自前，得作之共。父愈，母病癰，士巖吮血。父亡，廬墓側，恒有虎狼依之。

焦懷肅母病，每嘗其唾，若殊，輒啼號幾絶。母終，升屋復方弗見之，躍空中墮，蘇而更起者三。結廬守墓，日一食。繼母没，亦如之。

萬敦儒，廬州人。三世同居，喪親足跣，無繩菲杖不能起。廬墓，刺血書孝經，斷指復生。州改所居曰成孝鄉。

成象〔八〕，流江人。以詩書訓授里中，事父母以孝聞。母病，割股食之。詔賜束帛、醪酒。會盜起，郡縣愴囊。象父母悖死，燼骨寄浮圖舍〔九〕，象號泣營葬。賊平，鄉里率錢三百萬贈之。固不受。象廬墓側，以衰服襟盛土爲墳，日三斗。每慟，聞者戚愴，未嘗炙肉衣帛。或贈之，固不受。服終，猶未還。知禮者爲書諭之，乃歸教授，遠近目爲成孝子。其時廬墓者，如薛萬備、黄桓、張無擇、陳集原、潘晃、李貞古、何起門、楊炎、劉常、魯季、文章、成緬、費冠卿、廖洪、朱寶積、陳屺、尹嗣宗、張常洧、許利川、樊漪、張球、尹務、應光、韋弘宗、竇羣、唐海、孫既、吴海、賈會、袁鳴忠。它若清泌、南鍛輩，往往皆然。

論曰：元文行哀親不娶，獨乳兄子爲繼祀，生六十年未嘗識女色，君子以爲難。金藏刺腹，觀其意，實不郤殊死〔一〇〕。其于湧流、冬華、犬鹿相狎也宜。詠伯玉感興〔一一〕，頗反綺靡，不類盧楊，故知其于行篤耳。韓鄧州以爲唐盛文章，子昂爲能高蹈，柳州稱著作比興雅有其長，一人而已。胡爲乎射洪之豻？抑才之過與？張、林、元、許諸人，皆具至性，不繇外作。永徽、咸亨來，刺史、觀察使多上其事，故旌詔爲盛。文武皇帝夜不安，惟興行之本莫刺。史重書姓名屏風，蓋其慎哉！

宋　南宋

祁暐字坦之，膠水人。淳化三年進士。性介不善仕，家無儋石，彈琴詠歌，不汲不戚，豁如也。其友謂之曰：『韓嬰曰：「窘其身以約其親，不可以語孝。」仕莒而得粟三秉，敢曰不重禄乎？奉檄心動，非爲干也。故君子矯褐趣時，當務爲急。』乃爲度支員外郎。已，直集賢院。天禧中，出知濰州。母卒，葬州南。暐既解官，就墳側搆土室，守護不去。蔬食，經六冬，足二指墮。州人以狀聞。有詔賜粟帛。蓋自五代來，如韓德、張建立、李澤、宗修亦稱廬墓，然皆著于宋，故附此。

陳思道，江陰人。喪父，事母，鬻醯爲晨夕。貿物不酬實，以所素與之。母病，不緫拂纓緌者數月。微至爛，不治飲食，以其親多寡。洎母喪，水漿不口者七日。既葬，哀鬻醯者得錢十萬，奉其兄。誅茆墓側，不塗居三年，其妻時以兒女詣之，拒不與見。夏日種瓜亭皋，連畛自灌，曰：『吾迹無故侯之慨，中亦乏子山之耻。爲問我者，以爲佐脱粟已爾。』咸平元年，知軍上其事。

姚栖雲，河中永樂人。唐貞元中，栖雲父有兄當戍邊，曰：『兄尚未子，不可。吾其往矣。』行，竟不還。時栖雲方三歲，母改適，栖雲鞠于伯母。既長，母事伯母。伯母卒，既葬，痛父死邊，招魂葬之，廬墓次終身。河中尹渾瑊上其事，詔優賜表門閭。栖雲生岳，岳生君儒，君儒生師正，自岳至師正四世廬墓。慶曆中，以十世同居聞，詔復家。歷三百餘年，經唐末五季之亂，而子孫保墳墓、聚骨肉不解，世稱希有云。

常眞，項城人。父母死，踊無筭。廬墓終喪，負土成墳，毫髮畢落，衣毛承衰，不茹血鱻。詔旌門閭，復其繇役。

易延慶，字餘慶，上高人。父贇，以勇力任南唐，至雄州刺史。延慶幼聰慧，涉獵經史，善聲律，以父蔭爲奉禮郎。顯德四年，周師克淮南，贇歸朝，授道州刺史；延慶亦授大名兵曹參軍，後除大理評事，知臨淮縣。乾德末，贇卒，葬臨淮，延慶居喪摧毁，廬于墓側，手植松棆數百株。紫芝生于墓之西北，已，又生玉芝十八莖。州將表之，延慶使辭焉，曰：『喪親而哀，人子豈敢以爲名？喪親而哀，而以爲名，得罪于禮滋重矣。是芝也，其毋乃傷我心乎？昊天何弔焉？』或畫其芝來京師，朝士多爲詩賦，稱其孝感。服闋，延慶以母老，稱疾不就官。母卒後，藁殯數年。延慶出爲大理寺丞，嘗司建安市征。母葬有期，私歸營葬。知軍扈繼昇言其擅去職，坐免，復廬墓側數年。母生嗜栗，延慶衍平陸，具樹栗，栗成連理，蘇易簡、朱召符爲之頌焉。後知端州，卒。

趙抃，字閱道，衢州西安人。第進士，累殿中侍御史，彈劾無回撓。神宗即位，召入知諫院，參大政。時安石信用，坐論事忤，以殿學士知杭州，復詔知成都。居三歲，乞守東南，得越州。復知杭州。卒謚清獻。抃爲人敦厚，父喪，廬墓側三年，嫁兄弟之女十數，爲人嫁孤女二十餘人，其行率此。

岳鄂王飛，字鵬舉，湯陰人。好讀左氏春秋，有神力，學射于周同。同死，歲時祭報之。應宣撫劉韐募，禽劇賊冠軍。謁康王，補承信郎。磁守宗澤歎以爲古良將也。李成犯洪州，俊功飛力也。以是顯名，爲右軍副統制权後，封武昌。生平用兵最神武，其大者襄難卻賊，復唐鄧，解廬州圍，平楊么，功爲多，不具述。觀其入覲自歸爲帝言中興之業，何切切也！乃爲主和者所陷，悲夫！嘗爲將，母在河北，亟迎母養母，卒扶櫬還葬，廬墓側，豈非以其孝爲忠耶？

何保之，通泉人。業進士，有至行。母卒，躬畚臿纍土，其高可隱車也。廬于其側。日有羣鸒斯載止墳上，哀鳴不去。又嘗有欣馴于坐隅〔一二〕，人稱異焉。大中祥符降詔旌恤。

江白，建昌人，景德三年進士。父禹錫，有節義，高年不仕，躬自教授。大中祥符初，獻東封詩十五篇，有詔嘉美，賜粟帛，歲時遣使存問。五年，卒。白自鄞尉還，遵父遺命，不遠兆域。時喪事中欲侈觀聽，凡柶毦、縢簜之設，池紐、采貝、綪披、笠翣之儀，務崇飾廣制，多禎少素，盛鼓吹以爲榮。白慨然曰：『失之矣！且也有其文而無其情，俾里歌舂相，華靡爭詫，執紼送弔，聚譃劇談，將以九京知之乎？九京能爲慰乎？吾寧戚爾。』及發引，一切縞素，惟聞悲號，道路見者爲感泣。既葬，廬墓側，藜羹芒屩，若將終身焉。

羅居通，成都人。母死，家貧，喪不具稱，歎曰：『孔子曰：「啜菽飲水，盡其懽，斯之謂孝。斂首足形，還葬而無椁，稱其財，斯之謂禮。」嗚呼！夫安能免季路之傷也？』葬畢，廬墓三年，有甘露降廬前榎楸云。

李玭，宗城人。性篤孝，力耕事母。母卒，讓田與其弟堅，遂廬葬所，並夙夜築墳，墳高丈餘。又以二代及諸族父母藁葬者盡禮築之，凡三年成六墳，皆丈餘。不食肉衣帛，不預人事，望望然如有不及也。墳成，復留守三年。常令兄子賣藥自給。年六十餘，足未嘗入縣門。不其難與！

王光濟，廬州人。喪母，因爲室墓側。卒服，建祠畫像，事之如平生。每遇忌日，輒服衰絰，哭甚哀，如始喪者。曰：『君子有終身之喪，忌日是也。吾豈以久故循俗輕之哉？』至耄，猶之行也。咸平二年，本州以孝聞，有詔旌之。

李祚，豐人。侍親，未嘗欠伸唾洟，一切治具柔滑，皆操作燂湯，用餕末也。親喪，廬于墓側凡二十有七年。

支漸，資陽人。年七十，母喪，既葬，廬墓側，操笨虆墳，蓬垢，哭無時，嗀血，瘠甚。㺜貍擾其旁，皠鳥黄爵至萬餘，翱翔悲鳴，若助哀者。鄉人句文鼎自娶婦，違父母居，父母嘗飢，見之出涕，曰：『若獨不思所生乎？』怒曰：『田舍翁，它人遺子黄金滿籯，乃者一縑不足，何以所生爲與？』其婦從而詈之。覩漸行，悔之，慟而歸，卒以孝聞。

鄧宗古，陽安人。父死，自培土斬板，足根龜瘃，不惜況瘁，浹旬已覆夏屋矣。廬其側，晨夕號慟，甘露降于椐櫝。里中號爲鄧孝子。

毛安興〔一三〕，嘉州洪雅人。年九歲，父死，自襟土以封，廬其左三年。知益州張方平聞之，遺酒饌，狀其事以聞。

李訪，韶州人，業進士。廬父母墓，有白烏鷭雉集墓上木。訪爲人方，多與人侮，故不顯仕。嘗悲歎曰：『樹欲静而風不止，子欲養而親不待。皋魚所以擁鎌哭道傍也。嗚呼！吾今而後可以高尚吾志，以明吾父母教也，亦足下從黄泉爲慰矣。』遂披褐終身。

龐天祐，江陵人，以經籍教授里中。父疾，割股肉食之。疾愈，又病喪明，祐號泣祈天，舐之。父年八十餘，大中祥符四年卒。天祐結廬其側，晝夜號不絕聲，亦幾喪明。知府陳堯咨親往致奠，上其事，詔旌表門閭。

虞允文，字彬甫，隆州仁壽人。幼失母，毀瘠骨立。葬，廬墓側，有兩烏巢墓傍枯桑。父老疾，跬步不離。第進士，秦檜當國，棄不調。在郎省，于相康伯同太學有舊，洎如也。紀興末〔一四〕，金亮自清河口入淮，允文以督府參謀官奉命，趣李顯忠代王權軍，且犒師。比至江，亮已悉大軍臨采石，欲渡矣。時敵兵號四十萬，我師僅萬餘，士方解鞍束甲，坐采石道傍，無主者。允文立招諸將將兵禦之，大破之。是役也，微允文以身抗難，事幾殆夫！以陳俊卿薦，參大政，知樞密院事，出撫蜀。閱實諸軍，第壯怯，差其食，汰萬人，歲減緡錢四百萬。已，召相，以人才爲急，籍人才爲三等，有見聞輒記，號館材録〔一五〕，次第舉用所甄薦，如洪适、胡銓、李燾、應辰、必大、十朋、汝愚之倫，皆時名賢。改左丞相，舉梁克家自代，以病告。後諜者言金以祈陵寢故，欲興師。荆襄帥請增戍〔一六〕，允文曰：『金懲亮自焚，動決不敢輕。』金使至，請帝降榻，問其主起居，跪，不興，固要之。允文請帝還内，下諭之曰：『帝還宫矣。使人來，旦隨朝班上壽矣。』金使慙而起。蕭之敏劾之，帝爲出之，而允文請留之。復出，撫四川。卒後四年，帝幸白石大閱，見禁旅桓桓，喜曰：『允文清汰效也。』贈太傅，謚忠肅。

吴芾，字明可，台州僊居人。少豪，人呼之豪吴。宗留守死，士女傾都下哭。芾于宗非有故，爲嗚咽賦詩哭之，語遒壯激烈，人爭傳之，無何，郵館殆徧。既舉進士，官秘書正字，凡六領郡，各追俗爲寬猛。晚，力請老歸。芾遭二喪，廬墓側，終制不交人事，先產悉推與其二兄。里歲歉，屢傾橐賑之。平居毅不可犯，而嗛退好問，不間微賤。年八十餘卒，贈光禄大夫。

朱光庭，字公掞，河南偃師人。父喪，廬墓側三年。舉進士，調萬年，簿最。時純公主鄠縣，簿關中，舉以並稱。元祐初，以温公薦，召爲右正言，遷右諫議大夫、給事中。黨論作，補外數月，復召。劉丞相摯罷政，封麻還，落職。知亳州，有惠政，人尸祝之。改潞州，鄰境飢，流民載路，勞徠安集，日爲食食之，至不暇食，遂病卒。

徐積，字仲車，楚州山陽人。從安定胡先生學。少失父，母使讀孝經，涕下不能止。父諱石，終身不御石器，行遇石避弗踐。事母孝，母所嗜，拮据奔走必致之。上食時，率家人左右爲兒戲，或謳歌。年逾壯未娶，或勉之，積憮然曰：『娶妻以爲養，聽而惋，所以爲柔而正也；非其人，爲母憂，敢曰忘嗣？』母終，絶而復甦者七。廬于墓三年，苫塊衰絰終不易，未嘗寢有席也。天雨雪，哀號伏墓所，跽問安否〔一七〕，如平生。中年屏居里巷，蓬茅不蔽，農夫樵父瞻仰如神明，有爭訟必造，猶之太丘長風。以近臣薦，授楚州教授。有自遠方致巨軸求教者，大書一『正』字歸之。卒，謚節孝先生。

孔旼，字寧極，仲尼四十六代孫也。事父母孝。居父喪，廬墓，臥一破棺中三年，日食米一溢。壁間生紫芝數十。郡以聞，賜粟帛，復家。以薦除守光禄丞。晚篋它書〔一八〕，惟讀周易、老子。張太玄圖于壁，外列方州部家，而規其中處之。或問之，曰：『此易所謂寂然不動者耳。』蓋深造如此。

王炎午，吉州安城人。宋季爲國子生，文丞相勤王，炎午上書言：　願公毀家産供軍餉以倡士，購淮卒習戰法者錯行間以訓士。天祥善之，留與俱，以母老謝去。及再執，未有死問。炎午懼其遲回久，或乃隳前節也，度道當出贛至洪州，乃作生祭文，于驛途徧張之，以速其就義。炎午奉母孝，母歿，毀甚，鄉人趙生慰之書，炎午持不變，竟廬墓終喪。

毛洵，吉州人。以親疾解官養，執藥調膳，嘗而後進，不入寢。父母没，營葬，親板鍤，手胝面黔，親昵莫識也。廬于墓，袒括不變。諸生請質經義，輒相對流涕。與兄溥俱以毀卒。

蓋宋閭巷氓以廬父母墓致祥者，資州黄德興，蔡州董道明，楚丘侯義，晉江錢褎，齊州王浂，河南李繼成，滄州胡元興，長垣鄧中和，汝州沈宣，永嘉仰忻，興化郭義，滁州苟與齡，龍泉王珠，雙流周善敏，項城晏父子，大寧王文義，贛州盧世豪，泰寧鄒長孺，全州朱道誠，福清林正華，湘潭陳道周，鄄城李肅之，梁縣沈宣，永豐艾君瑜，麗水趙文澤，吉水毛溥、李籌、李衡，崇安胡師徐，臨淮李稙，仙遊陳亨運，雩都羅避，新昌鄒致、沈麟，泰和曾肅，長樂鄒異，鄱陽史本，泉州王凱，豐城徐定，江夏黄觀象，建昌熊仁贍，黄巖杜誼，莆田徐膺，富順劉孝誠，蘭谿金景文之倫，情過杖菲，充充有窮，終無廓然，草木鳥獸之若亦有繇也。

論曰：五代易君如踐更，士亡行。深州李自倫，雲中折從阮，石昂于楯前誦尚書，杜曉布衣幅巾自廢十餘年，斯其卓矣。宋興，監㪷反之正，一切過示子諒，故繼世無慮多仁柔，然于風有餘也。國大喪，自其祖宗來，公除用易月制，而宫中尚素服。至孝宗獨衰絰三年。孝宗崩，光宗以疾不任喪，皇太子即位，詔行孝宗三年服。迄今覽紹興紀，觀其與相淮言，情見乎辭。小祥日，設素仗，詣殯宫，毁甚，軍民見者感泣。比禫日，百官請聽政，不許。既百日，宫中猶麤衰。晉武、魏文莫逮也。故篤孝于宋最。忠肅鄂王襄難甚力，亦猶其少慕耳。李祚祖德廬墓且數十年，或終身，而支以老傳〔一九〕。毛未幼學皆荷插自封〔二〇〕，詭號致毁。詩曰：『孝子不匱，永錫爾類。』諸公有焉。

元

王庸，字伯常，歸信人。事母李氏以孝聞。母卒，毁哀幾絶，露處墓前，旦夕悲號。一夕，雷雨暴至，鄰持寢櫎往，欲蔽之，見庸臥所獨燥不溼，咸嘆異之。復有蜂百房止其家，歲得資以共祭祀。

李彦忠，永平人。父喪，廬墓，泣血盩肝，八年不至家。

譚景星，茶陵人。幼失父，追念之，每誦詩『民莫不穀，我獨不卒』。廬其墓十年。

郭城，亳州人。年七十一，母喪，食粥，廬墓一年，朝夕哭臨，人哀其老而孺子，君子以是知孝子爲能貴其身也。

王克己，中部人。父伯通歿，負土築墳，廬墓側。貊高縱兵暴掠，縣民或挈家、或爲黨數百人以逃，克己守墓獨不去。家人呼之曰：『事亟矣！亟行未必免，況不行乎？』曰：『吾誓守三年以報吾親。雖死，不可棄也。』已，兵至，見其身衣衰絰，形容憔悴，仰天大號，聲不掩鉦鼓，兵將兵之，其長曰：『此孝子也。』遂不遇害。

尹莘，洧川人。至治初遊學京師，忽夢母疾，心怪之，馳歸，母且葬矣。乃爲廬其右，蔬食哀毁，每晨夕詣墓所哭之，風雪不廢。

旱也速答立〔二〕，迷裏氏，家秦州。父喪，廬墓次，晝夜悲號。有飛鳥翔集，墳土湧起。

尹夢龍，中興人。母喪，親畚燥土爲冢。結廬居側，泣血不見齒，庶幾高子矣。嘗手録孝經千餘卷，日不足，輒篝燭炳蕭，終臘不倦，散鄉人讀之，鄉人亡有以不孝聞者。君子曰：『非夢龍之難也，其鄉人蓋古人也。』

王士弘〔一二〕，中部人。父摶有疾，士弘傾貲求醫，見必拜，禱邑里諸神，額以瘡。父殁，哀毁越節，廬墓三年，足未嘗至家。廬上有鶻鷵數百來巢，每奠必翔集，與士弘狎，衆咸異之。終喪，復建祠塋前，以守終身。士弘爲人故孝謹，然易不備，不握引齱好荷禮〔一三〕，所貯輒見偺者即給之，每曰：『世人以謀食終其生。凡一切示陰重不泄，不惟其中賊也，見其貌鄙甚。』嗚呼！仲回撻子有以爾。其守祠也，蓋終身不見人云。

吳國寶〔一四〕，雷州人。性孝友，父喪，廬墓。大德八年，境内蝗蝨盛，傷禾稼，阡陌連州邑，十一莫存者。國寶獨穰穰豐甚，穫得數百斛，曰：『浩浩昊天，不駿其德，獨以私我，我豈敢貪功哉？』盡與其鄰者均之。

胡光遠，太平人。母喪，廬墓。一夕，夢母欲食魚，晨興將求魚以祭，見生魚五尾列墓前，俱有齧痕。鄰里驚異〔二五〕，方共聚觀，有獺出草中，浮水去。衆知是獺所獻，以狀聞。

姜兼，淳安人。七歲而孤，與二兄養母至孝。母死，兼哀至幾絶。既葬，獨居墓下，朝夕哭奠，闃焉荒山中，躬自樵爨，蔬食飲水，一衰麻寒暑不易。同里陳氏、戴氏子不能于父母〔二六〕，聞兼行，慙忒，皆迎養焉。

丁文忠，偃城人。業鼓治〔二七〕。母和氏疾，與弟文孝力調侍。母卒，文忠廬墓側，不與妻子面者三年。

趙榮，扶風人。母素有疾，榮割股肉啖之者三。又登太白山禱于神，得聖水飲之，乃痊。年七十五卒，榮號痛不食，三日飲水，七日乃粥。葬之日，白雲庇其墓前後十五里，葬畢而散。榮廬其側終喪。

邵敬祖，宛丘人。父喪，廬墓。母繼歿，河決，不克葬，殯于城西。敬祖露依之，風雨不去。人哀之，爲縛草舍庇之。前後居廬六年，兩髀以瘻。至治三年，旌其家。

扈鐸，蘭陽人。蚤孤，養于世父。及壯，事世父如所生。世父老無子，鐸爲家，歲餘生女。其妾性昏寐，厭之死。久之，世父卒，鐸喪之甚哀。遺腹生一男，鐸懲前失，告其母及妻視之，己復廬户外，中夜未嘗安寢。弟能食，常自抱哺，與同臥起，七年不少怠。弟有疾，鐸夜稽星斗曰：『天不伐余家，以全罔極，幸也；必然，鐸爲可，勿喪吾弟，使世父無後也。』明旦，弟愈。母卒，哀毁無飾，廬墓側，不事家事。宗族勸之歸，鐸曰：『今歲不成，多盜，吾家故窶，安知墓中無可欲乎？若吾親之靈有所不寧，何生爲？』卒守廬不去。

黃道賢，泉州人。適母唐無子，道賢在襁褓，生母蘇以疾去。久之，道賢念生母不置，屢請于父，得召歸。道賢奉，免薨滫瀡，必得所耆。父病篤，鄰老爲致越名醫，曰：『禮曰：「醫不三世，不服其藥。」敢以親徇名故嘗之乎？』乃自晨夕祝，願減己筭益父，父愈後十二年卒。躬築墳，廬側終喪。

郭全，遼陽人。幼喪母，寧戚如成人。壯失父，居廬三載，饘粥㥦墨。繼母唐古氏生四子，皆稚，全躬耕以養，撫諸弟甚恩。及各娶婦，求分異，全不能止，以爲孟嘗之行可則也，田廬器物畢願其薄惡者，奉唐古氏以居，餌醷必甘。唐古氏卒，全六十餘，廬其墓終喪。

張恭，河南偃師人。爲兵部椽〔二八〕，以親老辭歸養。父喪，毁甚。廬墓所，臥矗越席。樹松柏，自日灌之。事母馮尤謹。歲凶，夫婦採野蔬爲食。母有疾，躬除溷穢，哺之。天曆初，盜起江南，居民盡奔。恭度母疾不起，獨守眂不去。盜至，項被劍。母歿，居喪如之。

蓋自元來，廬墓者温石、周良佐、孔全、楊皡、吳希曾、何從義、廉希憲、匡國政、張聚、楊明、楊惠、吳大中、劉從竹、梁琮、杜祐、李原禮、馬英、馬安、段德隆、王忠、葉志道、馬仲弼、耿昌、李全、戚敬、蕭翊、趙天爵。至乃若王搆、任梓、張暈、梁訥、穆諟、閻讓之流，不可勝數，然無他行事可紀，故略之。

論曰：太史公表六國秦事，歎以爲世異變、成功大也，悲之也。至蒙古則世異變劇。秦之禍天下也以坑儒，元以賤儒；秦酷法，元裂冠裳，一毁棄之，又甚矣。然卓行不乏，何也？自宋學大昌後，北方學者具誦法洛閩，斤斤爲其主道之。即其國世臣宿將以受學，故咸師德憲慮，下逮守吏特良，故閭巷篤孝，猶之稱顯君子，以是知宋學之足以風也。

校記

〔一〕歸　原無，據舊唐書孝友傳張志寬補。

〔二〕考　當作「孝」。

〔三〕環　疑當作「環」。

〔四〕人　原無，據新唐書孝友傳程袁師補。

〔五〕「後洚」二句　舊唐書元德秀傳作「其後山水衝斷驛路，更於原上開道」。

〔六〕慶曆　據舊唐書元德秀傳，當作「聖曆」。

〔七〕興　當作「遇」。

〔八〕本則見宋史孝義傳，當入「宋」。

〔九〕寄　原無，據宋史孝義傳補。

〔一〇〕郤　疑當作「欲」。

〔一一〕興　當作「遇」。

〔一二〕欣　宋史孝義何保之作「兔」。

〔一三〕興　宋史孝義毛安輿作「輿」。

〔一四〕紀興　當作「紹興」。

〔一五〕館材録　據宋史虞允文傳，當作「材館録」。

〔一六〕戎　據宋史虞允文傳，當作「戍」。

〔一七〕跽　連理亭本作「跪」。

〔一八〕據文意，「它」前疑漏「無」字。

〔一九〕支　連理亭本作「支漸」。

〔二〇〕未　連理亭本作「安興朱」。

〔二一〕旱　元史孝友畢也速答立作「畢」。

〔二二〕弘　原作「引」，據連理亭本改。下同。

〔二三〕引　連理亭本無。

〔二四〕賨　原作「賓」，據元史孝友吴國賨及下文改。

〔二五〕鄰里　原作「鄰異」，據元史孝友胡光遠改。

〔二六〕于　元史孝友姜兼作「事其」。

〔二七〕治　當作「治」。

〔二八〕椽　當作「掾」。

廬墓考卷之下

國　朝[一]

丘鐸，字文振，汴之祥符人，故御史中丞劉基先生弟子也。通百家指，兼習方書言。至正末，父誠爲湖廣儒學提舉，鐸侍母馬夫人留吳越。欲御車往從，江右兵大起，武昌陷，二浙繹騷，鐸恇懼不知所爲，急避地四明。暨江南皆歸職方，復奉母至建業。每西向翹首，嘗見雲氣赤，有人告之：『汝父不與難，從武昌乘蹶舟已抵三山。』須臾入雲，彷彿如寐。與家人語而録之。已而，父果至自武昌。鐸賣藥市中以給饔餐。亡何，母弟鈞擢會稽上虞巡撿。鐸與父母具赴官。夫人疾，鐸夜稽天祝，寧悔于余身。久之，纇爲墳，赤血縷縷見。及卒，喪不能歸，卜兆鳴鳳山之原，結廬墓側。其地多虎豹，攫𦊰援簭，夜必傷人，聞鐸哭聲輒避去。會稽人異之，稱爲眞孝子云。鐸在四明從王父母居，汴者八人傛不能自存，鐸咸迎養之，死皆返葬先塋，人以爲難。其姑適河南匡氏者，年十八夫亡，誓不再，鐸義之，養之終身，凡二十年如一日。其制行皆類此。

孫敏，武陟人。初登洪武丙子鄉試，王父行戍，敏憫其老，曰：『古舉孝廉以其行也，吾可以厚誣其名哉？請代之。』十有四年而歸。母喪，廬墓，躬築臺，蓋丈有五許。年幾百齡而卒。

權謹，徐州人。甫十歲喪父，毀哀幾絶。洪武中以薦知樂安，除光禄署丞，迎母禄養。疾，籲天以身代，越翼日，乃瘳。年九十卒，躬爲塋具，廬墓三祀，昕夕大臨。事聞，拜文華殿大學士。謹北面再拜稽首曰：『母死之，謂何不能與俱免其罪戾？所獲多矣，敢賣死母以邀爵禄哉？』固辭不允，原讓者三。上憫之，爲改通政司。

喻德昭，家臨川。洪武初，父以户徽移鳳陽，爲人傭。昭六歲育于懿親，年十四知之，詣鳳陽弗得。間關十年，見于漢中屯所，而母已殁，乃扶父歸。病卒，廬于墓，哀慟不食，竟以身殉。

于顯偲，新塗人。未及幼，喪父，踰年求像，每過必拜且號泣。家無擔石，事母必致養無窘。母卒，志死以殉。既而曰：『母朝夕窀穸之事，未有卜也，何敢若是？』乃粒。營葬具，廬于墓所。

高巍，字不危，遼州人。事母蕭至孝，蕭老而痼，巍奉湯藥不懈。母亡，廬墓蔬食三年。洪武十五年，應貢入太學，十七年以孝行旌，尋授前軍督府試左斷事。十八年上疏，欲墾河南、山東、北平兵後荒田，及抑末技、慎選舉、惜名器數事，上嘉納之。後坐斷事不稱旨，當罪，以議賢謫戍貴州關索嶺，仍許從子代役。建文即位，上疏乞歸田。未幾，知州王欽應詔辟巍。赴銓曹，上書論政事，建文奇之。會靖難兵起，命從李景隆出師參贊軍務。巍復上書言：『臣願使燕，披忠膽，陳大義，喻以骶福及親親之誼。』遂遣往燕。巍自稱國朝處士臣某，上書燕國大王，詞激切。再上，不投〔二〕。景隆兵北，巍自拔南歸。建文二年五月，遇鐵鉉于臨邑，相持慟哭，共誓效死，遂趨濟南守城拒退靖難兵〔三〕。及京城破，縊死驛舍。

程通，少有至性，嗜學不倦，年十四補弟子員。洪武乙丑貢入太學，時年二十二。丙寅遭喪歸，廬墓三年，日一溢米。妻子至，問始知之，初不識也。戊辰復上太學，時祖平謫戍延安，年耄耋，通乃上書言：『臣幼而無父，祖猶父也，更相爲命，猶之李密之于祖母也。今邊徼戍卒如林，顧豈少臣祖者？』辭極懇切。書奏，高皇帝憐之，持其章不下，私命兵部驛召平，既至，迺并召通，東西立殿陛下。上顧通曰：『汝識此人否？』通爲人木彊敦厚，既卒見平，相持哽咽，不能卬視。上問，無以對，涕出而已，不知天子之尊也。上歎曰：『孝哉！』命除籍。

羅瑋，字宗器，江西吉水人也。其先曰復仁，國初以弘文館學士從太祖定天下，辭封爵，太祖嘉之，賜歸田里。孫汝敬登永樂甲申進士，歷官工部侍郎。瑋，敬孫也。幼徇齊，善屬文，以廕補太學士〔四〕，授布政司經歷，屢遷同知，所至清慎有善政。居母喪，擁籬于墓，三年不内顧，自力役。嘗隨一白犬，哀息與俱。山故無虎，于是一虎渡江，周旋塋次，狎犬處。瑋偶疾臥，其杖竹倚壁，比愈，猗猗生枝葉。白鵲爲鳩鳴不去，良生芝，荷華生于原。徐太史舜和爲敘其事，薦紳多爲詩以詠之。後邵寳視學江西，爲立傳，且述其忠信博雅云。

焦鑑，大同人。父喪，廬墓。成化六年，旌爲孝子。

張綸，潞安人。居母喪，服苴寢地三年而孺子泣。既葬，穴居。或盛風雨，雖中夜必倚墓嗚嗚。有天馬環其次。成化十一年，旌之。

趙讓，肥城人。事母孝，傭力以給。母終，廬墓，有虎夜至，聞讓悲，殺威而避。刼入廬，惟弊甕貯米可數掬，刼欲爲一夕之積，讓泣曰：『是爲母忌祭資。』賊感之，反其米，復遺百錢，垂涕而去。永樂中，旌曰行孝。

崔克，内黄人。父卒，廬墓。詔旌表。

甘澤，開州人。歷官御史、廣西副使。已，謫滁州。天順初，召還。至張秋，聞父喪，徒跣三百餘里歸葬。廬墓，旦暮泣，奠盡哀。有兔蛇馴擾墓傍。

侯英，開州人。與弟侃俱篤孝。官江西按察使，聞母喪奔還，偕弟廬于墓。後節越中州。

王鼐，東明人，補邑庠生。居喪執禮，廬墓三年，致平地湧泉。事聞，旌表。弘治壬子鄉薦，歷官監察御史、浙江僉事。

李得成，淶水人。母張氏，避兵度不能脱，投于河。得成夢母河冰下，臥冰七日，冰泮，卒不得。洪武中，以孝廉舉，授光禄寺署丞，遷尚寶司丞。永樂間，歷陞陝西右布政使。

何清，許州人，由貢授環學訓。聞母喪，遂治任歸。百舍重繭，比達，手爲龜冽，襄事不輟。守墓側，每泣，有黄狸輒呼若和，數月狸爲失聲。紫燕二巢，歷冬不去。清卒，俱莫知所之。

吕仲和，歸德衛人。少喪父，事母路氏稱至孝。路喪明，傾橐集醫，罔有療者。仲和無已，惟朝夕號泣。忽有人甚之曰：『曷不爲禱？』乃乞于神監。寐有頃，又甚之以舐而愈。如之，明倍于初焉。後卒，廬墓，竟以自殞。

沈忠，亦歸德衛人。父疾，私爲壇，籲天〔五〕，願以身代。及卒，母姚氏行哭失明。忠送死養生，罔不揆于禮。無幾，姚卒，棺周于身，土周于槨，封之崇尺，悉身執役。更築室于坊，終身不養。後以思鬱患癰，長子潑吮之。忠卒，季子瀚亦如忠之廬父之喪。人謂一門三孝云。

王中，登封人。家世農。母没，廬墓。嘗自言曰：『吾未學禮，惟盡吾心耳。』寢茅枕塊，未常櫛髮，治禮者無以尚之。易衣以水，天正藴隆，浚智井四丈餘不得。中環井再拜，籲天者三〔六〕，泉乃溢，無遠邇咸得濟。至誠感神，其中之謂乎？

劉進，光州人。登鄉試，除太平府判。父母繼卒，喪禮縱縱，雖遽不陵節，封從若斧，悉已致之。爲舍于墓，身還焉，致烏鵲鷗鷺。上聞，陞太僕寺丞。子廷璽，舉人；廷瓚，進士，官監察御史。

趙説，麻城人。性孝友，以詩書訓鄉里。父母同日卒，説號慟欲絶者累日。反壤爲樹，廬于墓。人有詰之曰：『古不廬墓，先王制禮不敢過也。』説曰：『説不能事父母以及于亡也，俾歸荒壤，身日進子若孫之奉，安居而食，誠竊痛之。親喪自盡，期恔于心而已。』行孝三年，鄉人乃格。

邵敏，湘陰人。事母孝。殁，廬墓三年。一夕虎至，敏無懼色，隨有數鹿與之狎，旁産紫芝，人多之，以爲誦。敏不自謂能，愈益篤節曰：『吾何忍以是市名？』涕泣不輟，人益多之。

方觀，武岡人。年十四喪母，哭泣踰于禮。及長，父卒，廬墓三年。事繼母，亦其父若母卒。遂終身無家，終于次。

何宇新，字子完，廣東博羅人。幼失父，事母至孝，鄉人稱之。及母没，貧不能葬，聞者爭賻。比發引，奠者七十餘。時天降淫雨，及輀車届道，隨在輒霽，若爲避者。既葬，縛草廬墓側。夜有二虎牙其門，宇新祝曰：『罪惡之人不自死，以及于親，盍蚤食我？』虎左右馴如也。既旦，則盡去，夜復至。每浹旬則易二虎子，猶代守然。宇新忽危疾，鄉人舁歸治之。居近市，虎亦尾之。先是家畜一黄犬，三五日輒候墓所，有所需即書以繫其頸，往來達無失也。鄉人爲白于藩司，司以聞，旌之。後舉鄉貢，入南太學，尚結衰絞帶以示終身之喪。

顧仲禮，保定人。幼孤，事母以孝聞。歲洊飢，里之豪又因以爲利，遏糴爲貨殖焉〔七〕，子弟不養而出離者無筭。仲禮歸，見螟螣爲災，害我田穉，仲禮曰：『數年于外，一旦如是，傷哉！生何以爲養也？』呼天者久之。俄風雷晦冥，霽則蝗已盡去，苗得不傷。母卒，廬墓三年，哀慟如初喪。

邊靖，家慶都，由太學生爲廣寧經歷。幼以孝聞。父友諒卒，靖哭之慟，蘇而復絶者三，以水飲之，免。俄有泉出爲渠，居人賴以攸溉。上聞，表閭焉。

朱顒，字景南，長州人也。父病，不櫛不翔，比御不入，食無變味，冠服蟣蝨莫之澼也。平時剛直，術無有邇者。于是出卜迎醫，躬親無斁，倀倀奔市中若狂。父死，附身附棺，必誠必信，築室于墓，泣血枕塊，未嘗以三年間也。

錢敏，舒人也。幼失怙，煢煢孑立，室如懸罄。每痛父没，母無有依，執書以泣曰：『賈者以贏，耕者以力，余恃在是矣。母老，不能俾衣有帛、食有肉也，我則使然。』乃力學，以名聞于序。及成進士，因辭就養曰：『吾以悦親也，又以違，庸何貴？』遂乞還侍。母患瘍于體，吮之，無難色。凡湯藥，必先嘗之。逮殁，治廬于墓。詔表厥宅里焉。

楊智，介休人。母亡，貧無以爲葬，鄉之人爭賵之。其計給塋外，悉稽顙壁于門，謂：『吾有親，吾不能歸，以爲諸人憂，戾莫逭矣，重之以貧，罪又甚。』乃即墓所哀戚三載，毀容骨立。鄰里見者，莫識焉。

高興，合肥人。性至孝，聞于鄉里，無間言。父歿，哀毀骨立，誅茅于墓，冠不櫛，雖創，終以不沐。饘粥三年，不敢有飽，免死而已。歸，有白鵲數百擾于宅。人異之，以孝上聞。

王約，猗氏人。比喪父，猶無知也，然已異于孺子。及其長也，力勤孝養，曰：『吾不幸不能逮事父，猶幸逮事母，敢不如二人養以將母？』後母遘疾，牀蓐數歲不行，約朝夕躬湯藥，數歷年所，不敢自假易。母亡，廬墓，凡飲食服數一執于禮，而又過之。正統初，旌行焉。

孫孝子惟中，濰州昌邑人。世爲農。孝子身頎美髯，晝業裺耩，夜焚薪讀，善談古今事亹亹也，雅愛宋名臣言行録，亟稱之。爲寧海州史用推擇，上益都。會父卒，皇皇如不欲生。既葬，結廬其側。曠野匽薄，孤處其中，深夜哭隨悲風遠聞，人爲泣下。日啜淖糜二盂而止，晨起掬雪頮面。已，輒詣墓前拜，久之，手足皴瘃。或屬其反，哭不對。事聞，縣令中夜攜二蒼頭往廉之，見孝子蕭然塊處風雪中也，太息去。娶劉氏，從孝子化，孝子居廬三年，劉亦居堊室，不近酒肉者如之。

湛若水，字元明，廣東增城人。性穎敏，自少知學。弘治壬子，以書魁其倫。尋從白沙先生遊，然路引，誓不復仕。後以母命出，僉事徐紘爲功駕，赴南雍，祭酒章懋甚重之。乙丑會試，學士張元禎、楊廷和主考，撫其卷曰：『此非白沙之徒不能爲。』拔第二，賜進士，選爲庶常，擢編修。時陽明王公在吏部，相與倡道，京師棘闈所録士，修撰吕柟、主事王崇輩和之，學者稱甘泉先生。久之，使安南，册封國王黎晭，卻其餽不受。正德丁亥，奉母喪，歸葬荷塘，廬墓三年，墓産瑞瓜。嘉靖初，趨朝。九年，陞侍讀，尋加南祭酒，開講院，與諸生論學。遷禮部侍郎。疏凡數十上，總爲獻納編。累推南禮、吏、兵三部尚書。置新泉、三山二莊，講學于新泉書院、江都、休寧、貴池諸處。所著有遵道録、樵語、古文小學、四書測、二禮經傳測、春秋正傳、古易經傳測、學庸訓測、前後詩文集，不啻千百卷。門人在監者，永康程文德、武陵蔣信最知名。庚申四月丁巳，卒于所居小禺洞，年九十五，有大星隕于廣州之河南，其聲如雷云。

楊孝子，淮安人，名旻，字克彰。父蚤亡。母歿，每哀至輒僵仆不能聲。及葬，廬墓側，晨奉櫛、夕奉濯如生時，坐臥越席未嘗易衰絰，括髮面黑如囚垢。時左布政使蘭陽丘陵爲太守，兵部尚書王竑爲都憲控淮，聞孝子名上奏，旌其門。自後以其子理貴，封刑科給事中。東海張弼曰：『予嘗過淮，問楊給事則有知不知，曰楊孝子則皆能道其行事，指其里巷。噫，孝子之孝，誠可謂人不間于其父母昆弟之言者乎！』

郭威襄母夫人嘗疾篤，懸燈告天，求以身代，疾遂愈。後母卒，公廬墓，晝夜號泣不絕，臥寢于地，毀瘠日甚。一夕，夢母夫人告曰：『地濕則致疾傷生。汝固純孝，惟竭忠報國，爲父母光，墓不必廬也。』公感悟歸家，三年之中，哀痛如一日。

唐儼，全州人。少游鄉校。父蔭，嘗知郴州，歸老于家，得危疾。時儼年十二，侍疾不懈，迎醫眂之弗能療，儼泣曰：『是非藥石所能爲也。吾聞刲股以救親疾者，尚可治耶？』乃潛割右臂肉，鼎臑進之。父啜之，良愈。其師窺而知之，以語其家，家人始驚嘆。無何，疾復作，遂歿。儼創距絶食，襄禮如成人，見者傷焉。儼游學，從兄亳地〔八〕。其適母蒙于家寢疾，儼妻鄧氏年十八，奉其姑甚篤。蒙疾劇，鄧曰：『吾婦人，安知和苓朮？吾夫子鄉有以療吾舅，吾獨晏焉，視吾姑也無能爲乎哉？』于是刃右脅肉進蒙，蒙病亦愈。儼聞母疾，馳歸，比歸，無恙也久矣。儼拜其妻曰：『此吾分也。當亟召我，乃者何自苦如此？』鄧曰：『子事母，婦事姑，事一也。事危矣，召雖亟，害及焉，事必罔濟。孝子安用娶婦？』儼嘆曰：『吾得子，吾無憂不得親矣！』事生母宋，燂湯淳熬，必躬操作，然儀節視適殺焉，曰：『庶不敢踰禮也。』蒙即世二十年而宋歿。儼葬宋于金盆山，廬其次三年，惟從一童子，虢貓貒貔縱横其間，莫之怔忪也。儼躬析薪烘煁爲朝夕，罷甚，樵牧相其勞，儼曰：『吾爲母氏爾，豈敢以煩諸君？』卒謝遣之。金陵顧璘知全州，賦詩詠其事，書山之壁曰『望母巖』。先是，觀風者多重儼，欲上于朝。儼曰：『儼之不能廓然也，儼之情也。自吾母而不得吾情，吾烏乎用吾情？苟其以親故得名，非儼情矣。』嘉靖乙酉，儼以貢至京師，縉紳聞儼名，羣欲見之，儼輒避去。後儼肆業南雍，有司奏之，詔表其門。儼終于太學生云。

南嶺劉居士，名和，字元中。喪母，葬玉華山，自刈茆，居其左，朔望有奠物，不給則織家屧易之。明年夏，大風雹，戕屋拔木，獨其廬不壞。山故多熊貍，夜繞廬不相害，鄉人倚踦始以爲詐，已而察之，果然。賢士多往慰問。然譸張者惡所行異俗且不利己，謀陰跋躓之，詆娸其事。又明年，聞知且滿喪，乃結黨僞爲盗，夜火其廬，執而苦鞭之。久乃得脱，抱木主徑山寺中避焉。時天爵發，或以衣進，色不能素者卻不受。黎明乃歸，納主于廟，終喪于外寢。君子曰：『鄉之不可居也如是。才者嫉之宜行，至于馴熊貍而人反暴之，不若多矣。鄉之不可居也如是。』羅洪先曰：『居士當年十三時，父理豫溺死池州，痛哭嗀血，以母周氏解譬得不死。自後，往來其處輒悲悼，旬不食，設酒殺江滸，號而招焉，同舟之人皆爲屑涕。後客九江，事嫦鬻，聞母喪，棄貲奔，家益壁立。平居寡言笑，事必效古，剛戾忍詢，覯閔不少，自矢益堅，不喜戲劇。或強之，即擁户不顧。子廷翰，廷翰子天曙生一歲，值居士喪，能茹素助哀，與之肉泊，輒哭不食。嗚呼！夫誰其訓邪？天有以厚之也。劉氏自廬陵遷南嶺北坑，十傳而得滎陽尹深〔九〕，深生桃源丞砥，砥生修，修生理豫，世皆不顯，豈俾爾單厚者更有在歟？』

劉閔，字予賢，莆田人。幼有至性。少長，動循古則，不苟訾笑。敝褞不完，力養母。母或怒，則冠綏跽牀下，竟多不敢起〔一〇〕。以父、王母二喪不克葬，遂斷醪胾，遠室，訓徒鄰邑，朔望則號于殯所，如是者三年。鄰族憮然爲助其葬。母殁，廬墓側，衰絰蔬食終其喪，祭祀必齋沐，率男婦奠獻必準諸禮。妻失愛于母，出之，終身不復娶。林少保俊起留臺疏于朝，曰：『劉閔學行高古，明于禮，不事浮藻、徑時趣，有古隱者風，人非所及。宜徵侍青宮講讀。』不報。御史宗彝、知府陳效又薦。詔授本縣儒學訓導，前後按部大夫及守令時致餽以贍其乏。所著有家禮考註、昭穆圖、宗子説、五倫啓蒙、孝經刊誤諸書，藏于家。

劉文和，居家至孝。母歿，廬墓三載。事其父誠敬尤篤。父歿，亦廬墓，因致疾，遂不起。鄉人感化，號其所居曰仁里，建祠祀之。

楊公斛山，授御史一載，告歸侍養。其友止之曰：『御史三載，勑贈與有榮施焉。禮曰：「大孝尊親，其次弗辱，其下能養。」』公曰：『菽水之懽，天也。今之人莫之養而以爲尊也，古之人豈爲尊之而養可解也？』後母死，廬墓六年，哀毁骨立，屢薦不起。朝貴嫉之，革不復用。己亥復起，以直言逮獄八年。

論曰：高皇帝以仁祖忌辰詣廟，祭訖，御便殿，泣數行下，不自休，謂起居注詹同言：『往吾父以是月六日亡，兄以九日，母二十二日，一月未踰，三者相繼，人生何堪？終天之痛，念之罔極。』因悲咽不自勝，左右皆感泣。嘗行後苑，見巢爵翼哺，慨然久之，令羣臣有親老者許歸養。嗚呼！誠所謂統天大孝高皇帝矣。御史高原侃言京師喪葬設宴作樂娱尸，爲弊已甚，乃詔中書省，令禮官定官民喪服之制。律，匿喪爲持峻。二十三年，奔喪始除期年。故宰輔下逮庶民無慮皆三年如禮，無容稱矣。丘高諸公往往過制，谿乎至誠。而吕涇陽獨廬中門外，自絞衾、奠祖、卒哭、三虞、大小祥禫，斟酌各有儀注。楊東江輩咸踵其遺意行之。蓋謂先王制禮而弗敢過也，至之者俯而就之，不至焉者跂而及之。世之鮮效子公也，束于法也，豈爲習禮故跂及與？祖括辟踊〔一一〕，往而不反，苴絰饘粥，不御于内，久矣夫！亡其情矣，獨不謂先王制禮，不敢不至乎？

同郡 附

生域于鄉，耳目黯淺，國史所書，下略棲逸。夫篤孝之行間出，往往不乏。九區殊風，志傳莫稽，故多所遺缺。即一二有聞，以不備，悉不敢録。兹復于同郡自國初逮今，旁記傳，近詢之故老，别次其事，以當後之君子考爾。

吴本清，懷寧人，邑諸生。父茂，疾篤，本清夜輟，扶服稽顙告廟神：『吾父老矣，體叜脃，神其愸遺之〔一二〕！不然，本清丁壯，即不能多材藝，然性恪于事神有餘也。』已而愈。母項氏久療，亦若是愈。後相繼卒，本清廬墓三年，靈芝生，湧泉出。郡守鍾蕃以聞，詔旌之。

後訓導監利。

龍湧，望江人，邑諸生。有至性。家失火，具缶塗不及，火道廣，宅前後十餘家並大然。湧祖母武氏髦耋不能出，湧迫莫之爲，突入火中，負之出。時煙薄天，五里望者道皆明，湧出入烈焰中，竟無恙云。父書卒，廬墓三年。父髩蚤，侍櫛沐必存之，所貯盈笥，每對之哭如始喪。終身純素大布，未嘗衣紈縑。廬墓三年。詔旌其門，曰慈順。唐徐仲源，亦望江人，具唐傳中。

李悦，灊山人，孝廉。事父母篤孝。父病革。已，母亦病革，求醫眂之，不可爲也。悦出涕跪牀下曰：『悦不天，犬馬若此，無所竭力。若有不諱，悦惟下從九京侍而已！』父母瞿然曰：『呼鬼猶求食，李氏之鬼不其餒而！』遂歿。説哭踊不食旬日。將絶，忽有馮之曰：『若忘親之詔若邪？』乃悔而粥。朝夕祭，及疾將死，猶不輟。既獲葬，躬營冢，榟草杷土斫堊葺廬墓側，饘粥不茹蔬，面目黧黑，手足疲需。卒喪，妻子往視之，初莫識也。

程維，字廷翰，懷寧人，籍國子。父母卒，俱廬墓，服闋而後歸。長兄早世，維悉産字孤。秋大飢，傾橐振宗族及鄉鄰之賢者。或謂曰：『盍不爲昆封也？』維曰：『出舉興生，侔張晰筭，交鄉窩佃，古人謂之虜。子孫不賢，土未乾而蕩之，鄉里以爲快。吾每痛甚，又何忍自蹈焉？』

檀郁，字道清，桐人。家貧，母汪氏卒，卜兆北山之陰，呰不可穴。郁泣叩神，越四日，其鄰來告曰：『余今昔夢大夫冠黄冒朱綏、哀衣玄帶者，大呼曰：「覺檀有湧泉穴道。」其處猶明見也。』因得土于山麓，郁廬其側。山故無水，每食必下汲，艱甚。忽石罅有泉仄出，觱沸而洌，郁資之，終喪而泉竭。正統丁卯，詔旌其門。

朱文林，字士先。須捷穿空，竭力養母。母病思魚，市弗得，文林禱水，投竿獲之。有姊寡且盲，母念之，文林迎歸同養。嘗宿于程氏羡陂中，魚網得惠之日，莫且噎噎，朱忽失。旦日或告程曰：『文林得魚思母，夜行三十里達家，漏盡即躬治餉之。』母卒，葬西山。廬墓側，依樹結苫，層林蘦蘙，悲號達于莊逵，鄉人感動，魄壺飡踵相錯也。文林竟卒墓所。余曾王父曰〔一三〕：『文林窶人子耳，當其孝聞，無遠邇欽之。其廬墓且老，尚未字。』趙先生鋭始字之曰士先，謂士先孝也，孝思維則其有焉。

夏子孝，初名恩。父龍疾瀕危，甫九歲，不知所出，假屠兒刀，潛暗室刲左股一臠以進，父食之瘳。翼日創臥，父詰何創，乃知乃者子羹也。鄰人聞于府。太守吳麟先一夕夢瑯琊休徵來謁，詰朝申文至，大詫曰：『孺子殆祥後身哉！』更名子孝，字以忠。父終，廬墓，里中嘗夜出者遥見墓有火炬百，人尺許者千，良久滅。且詢孝子，無所見。獨居三年後，督學耿公定欲類奏旌之，子孝固辭曰：『不肖子不忍以亡親賈名。』耿公曰：『遂成子以辭名。』迨卒，囑其子曰：『必葬我于父側。』人稱瞻雲先生。今後昆寢昌。

周聘，字延聘，弱冠，籍邑博士諸生，不事華言。丁外艱，辟踊營壙，迄服闋，未嘗踰次。歲餘，忽見鬼神，不假占候，言如筮。余嘗聞諸友人周農父，延聘，其從叔也。農父曰：『延聘常旦戒家人豫爲食。晡時，有客自西北來，深衣乘牡馬，公使也。』已，果邑令李公表其宅。嘗至校所，博士先生曰：『知今歲鄉薦乎？』對曰：『舉者三。』卒如之。鄉人見其神也，事先恒爲請。延聘絶不爲言，第曰〔一四〕：『吾惡能前知，偶然爾。』無何，直内艱，欲附隴，宗人難焉。延聘殯于家，十年不去衰絰，深墨如始免，宗人之許之。邑長復捐金，命諸生爲營葬。延聘亦不告營焉而廬，復服三年。嗟夫！何子平居喪八祀，不異祖括，太守爲營冢；　延聘十二載，殆又過之。故卒能動邑宰，格宗盟，有覺而順，不亦云乎！

論曰：　吾皖故村僿，士大夫惇敘，未習于封靡，率禮閑家，成教不肅，委巷黎氓各得其親，比比然也。俗之敝也，怙侈相競，禮用昏不明，葬祭服屨之末失其十九，水漿不入，杖而後起，又奚論于主人焉？惟今之人不尚有舊，惜也！有之，能不以爲求變俗與？余每觀郡邑先賢傳，未嘗無契契于今也。本清、文林諸公，蓋性之矣！入火而出，知誠可以不焚。散金好施，其德不匱。得土出泉，譺然來格。延聘之知來也，非術也，倘孝經所謂『孝悌之至，通于神明』者是邪？

列女附

女子子，在室，笄笄終喪三年；　有家，爲舅姑、爲夫，通義矣。廬，嚴者也，不及婦人。露紒之儀，帷堂倡踊不杖，謂其不能病也。乃或以廬墓稱，故復擷而傳之，爲覽者惻焉。

宋會稽三女者，姓陳氏，家窶無丁男。王父母耄期且憊矣，父篤癃，母不安其室。三女相率于西湖採菱蒪，日鬻以尸饔焉。鄉里尚之，因媒妁言者無虛日。三女誓曰：『吾家不造，無期功彊近之親。吾三人女子也，實職男事，若他適，奚以置老者？』各折簪珥毁容自絶。已，王父母及父卒，三女營殯葬，居墓側。君子以爲生男不如女也，男惟能分其財。

霸城人王氏，衛敬瑜妻也。年十六失夫，父母舅姑憫其少，欲奪志。王曰：『吾一婦人而事二夫，有死而已，尚奚言？』侔沛桓氏、譙夏侯女意，刑耳置諸盤，誓曰：『所不如夫子終者，有如此耳。』流血及履，觀者錯愕垂涕，不敢卬視。王于墓結廬，東西植柏，枝葉盤曲，煩挐交横，成連理焉。燕雌雄蜚來巢，失其雄，仲秋不去。王感之，綵縷繫之，三歲復來如故也，每出入必尾王。後旦夕哭，輒還鳴若和者。王素善屬詩，爲賦孤燕之章。其卒也，環櫬者三而降。雍刺史爲樹閭表焉。

唐楊舍妻蕭氏，父歷爲州長史，卒于宦，母繼殞。蕭年十六，與弟渭皆韶淑，執喪毁瘠。蕭折笄總纖纊鞶衺粔籹之屬，載二喪還。中路困乏莫給，舟次戰馬山，舟子委柩去。蕭結廬水濱，率婢力壙納棺，手爲龜裂，不惜也。植松柏甚茂，朝夕哭，有馴烏、縞兔、芝菌之祥，長老爲立舍，歲時進粟缣佽之。既祥，不釋縗，人義之，爭請室之。女曰：『我力弱，不能北還。誠有爲致二柩葬故土者，請事君矣。』于是舍以高安尉罷歸，請如約納采，蕭許之〔一五〕，辭其幣，舍爲致喪還葬之。訖，釋服歸焉。

夏侯氏孝女者，胙城人。父爲監城丞，以老歸家，日削倦勤，莫能事事。女適邑人劉寂數年，生女二矣，念父母甚，請大歸，侍其父湯藥，寂聽之。既歸，辟纑無日夕，得贍以供事後母〔一六〕，如所自出。五年父没，致毁不勝喪，被髮徒跣，斬版封崇，悉身執役。葺廬其左，寒不挾纊，食無飾味者三稔。有司致粟帛，再拜不受。女卒，女之女居女之喪如之，蓋其感也。詔表『世孝門夏侯氏』。

武后時，汴女李少失父，能哀。少長，母欲使之纓，女泣，謂母：『無舅弟，煢煢孑立，何忍廢遠以爲母憂，願乞終養。』遂不櫛。哉明盥饋，卒食，餕餘其私。母疾病，左右牀蓐，毋少離閒，獲終身志焉。及母卒，號泣幾斃。童無應門，自營葬具。州里欽之，送葬洎賻者千人。女遥拜送者賻，寘諸地，再拜壁之。鄉之男女莫不以孝聞其化也。葬畢，廬于墓，負土固爲園塋。詔表門。

李孝女妙法者，瀛州博野人。禄山反，被劫，徙泗州。聞父死，欲間道奔喪，念子不忍去，割一乳留以行。至，已葬，己號踊〔一七〕。啓視之，舐其壟，散髮拂治，結廬次焉。或謂獨不念子乎？女曰：『吾不幸不及父死，猶幸間歸得近于墓，惡忍復事鄙遠？吾子賢，當入唁我；不賢，吾無子矣，焉往依之？』事後母視其父。母卒，刺血書母臂葬之，廬墓終身。

徐州王孝女者，父兄防秋死吐蕃，女聞之，局曲覆髽，行丐抵屯。比達，則尸骨枕藉，莫辨遺骸。女號哭中野，浸假假寐，見神告之曰：『眢井之上，虜敗而于思、首北正者，女父也。肢裂餘赤紱者，兄也。』女寤，遽起，審尸中獲之如夢，哭之慟。裂蔽襦裹骸還，凡百日夜，跣足重繭。莫致告瘁，即築冢，治廬其側，永矢終身。每烈風雷雨，必號泣繞墓不即廬，蓋達旦而風雨弗迷。

鄭孝女，瑕人也。父戰死慶州，母卒，無兄弟，女欲從母亡，既而曰：『女父暴骨于郊，女死也，誰其任之？』乃葬母，虛埏隧，艾茅以覆，泣告于鄰姥：『瑕距慶千里，父委于路，時痛之，吾義必歸父合塋。』行矣，復顧反曰：『是孤墓無主也，幸善視之。』母存，素疾弱，風雨幸爲尉。』拜于地，號泣失聲，鄰人皆出涕。遂易服跣行，朝夕虔祝：『吾父爲忠死，願神庇之，至即獲。』至，已有收之者。護喪歸，合坊閉隧，治廬于側居之，垢衣惡容終身云。

元惠士玄妻王氏，大都人。惠病篤，執王手以妾子屬，反席而殁。王自殺不殊，驚以爲死則于我終矣，若所屬者安託？乃療創，鬀髮治喪，廬墓右，朝夕抱子臨于次。臨罷，欷歔而言：『君命鞠子于未亡人，未亡人害敢貳？較之始服，衣三易矣，猶有鬼神，其來眡之。』子弱多疾病，王輒廢食不寐，祁寒溽暑調護不解，愈乃已。昊天不鑒，終喪而子死。戚里陳酒饌祭墓，方會食，王抱死子出廬，撫墓號曰：『天乎天乎！兒不復矣！吾將下從君黄泉矣！』雉經于墓樹而死。

國朝范氏者，無錫新安鄉儲福妻也。儲福隸燕山衛籍，年二十，尚氣節，建文末以母妻逃。文皇帝即位，詔購故戍卒，福在録中，調曲靖衛，復逃，日夜泣不輟。范曰：『盍泣乎？立朝者怡之。』福曰：『吾雖一介賤卒，義不爲叛逆臣。』曰：『然則盍避乎？』曰：『天下豈有不隸之土哉？吾避也。』不食而死，范爲營地瘞之。姑韓氏老不勝憂，范每哭其夫，輒走山谷中大號，不欲姑之聞之也。范年少美顔色，官有聞其寡者，欲委禽焉。既聞其事，曰：『此節孝婦也，安忍犯之？』一日，范浣衣澗谿，草見其傍，生若蘇席，因取織席，售以養姑，姑賴以康，餘年七十乃卒。范營葬，爲廬于側，年八十餘。比卒，席草亦絶。初，福死，范去飾，不脂澤，以姑在，猶盥數，姑死，盡廢。君子曰：『范氏可爲知禮也已。』至今土人感之，即其廬葺爲庵，集尼以居，名之曰崇孝庵。

吾邑人張氏者，吳汝惇妻也。祖合、父綖俱受學于王父成公〔一八〕。張氏幼端静，不事繁飾，父愛之，曰：『吾家大家也。』受禮、孝經、列女傳。歸吳兩越月，汝惇痢卒。張甫十八，不食，謀自縊。姑捄之，執手而號曰：『吾老矣，子已不禄，吾二人更相爲命。婦死，吾將疇依？必爾，吾寧先。』張乃粒。請于舅姑曰：『立從子，不可使吾夫無後。』許之。身誅茅，葺廬于墓左，鄰里之賻者，姑不欲受，曰：『無以往也。』張曰：『受之。喪而賻，禮也。』吳家甚窶，糧無斗儲，張辟纑供給，晨夕無闕，教嗣子以禮，居常不容，奉飲必櫛縰，蓋不飾不敢見舅姑，古所稱也。守節踰四十，不遠墓所。及卒，泫然流涕曰：『吾之不獲如桓少君、李穆姜也，命夫！猶不失爲淮陽陳孝婦。』怵愁而没。

論曰：敬姜之爲穆伯、文伯喪也，仲尼曰知禮。既練而歸，禮故輕之，娶以爲養也〔一九〕。從一，婦人恒德也。東海、廣漢、荀采、吕榮之倫，往往以孝養、以貞烈聞職也。夏侯、李、蕭各能裁義執喪，自爲主，致哀毁。會稽三女不嫁，以代聖善，君子多之，蓬垢終身。即安成、吳寧莫之踰也，豈直曹娥、淑偉哉？二王于夫子、范于姑，鈞之難矣。嘔喻闔闟而爲其所難，蓋以媿夫男子而不子者。

校記

〔一〕國朝　連理亭本作『明』。
〔二〕投　清畿輔叢書本明書作『報』。
〔三〕濟南　連理亭本作『南』。
〔四〕士　連理亭本作『生』。
〔五〕籲　當作『籲』。
〔六〕籲　當作『籲』。
〔七〕糴　當作『糴』。
〔八〕毫　疑當作『亳』。
〔九〕榮　疑當作『滎』。
〔一〇〕多　當作『夕』。
〔一一〕祖　當作『袓』。
〔一二〕慗　當作『慭』。
〔一三〕余　連理亭本作『智』。

〔一四〕第　原作『地』，據連理亭本改。

〔一五〕許　連理亭本無。

〔一六〕贍　連理亭本作『膳』。

〔一七〕己　疑衍。

〔一八〕父　當作『文』。

〔一九〕要　連理亭本作『要』。

方以智全書之十七

膝寓信筆

諸偉奇　整理

整理説明

膝寓信筆，不分卷，方以智撰。明崇禎七年（一六三四）至崇禎十二年（一六三九），方以智卜居南京，宅名膝寓，取『容膝』之意。本書即其間所撰隨筆，記載了他在游寓金陵期間，與南都諸友詩酒文章、談藝論道的生活，是其青年時代的重要實録。文中對古今學術的然否、宋明詩文的評判、書畫琴棋的鑑賞等都有論及，對當時的黨爭與民亂亦有反映。其中還追述了仲姑方維儀對他早年的撫育和他受教王宣及在長溪接觸西學的情況。全書筆墨極簡，而信息量極富，如文中直接出現的人物（多爲其復社之友）即達百人之多。

本書有精抄本存世。該本共五十九頁，每頁九行，行二十五字，抄寫極精。卷首書名下題『宓山隨手』。全書於清諱全然不避，似爲明末或明清之際抄本。又有清光緒十四年（一八八八）桐城方氏七代遺書本。本次整理即以精抄本爲底本，校以桐城方氏七代遺書本。

諸偉奇

二〇一五年九月

膝寓信筆

浮山愚者流寓白門，僦居城南，移而城西，土人呼鐵獅子宅，茅止生之舊居也。軒堂洒落，複道逶迤。旁有曲徑，疊石爲隴，有花樹扶疏其間。宎室三五，足容書榻，顔曰膝寓，取容膝乎。妹夫孫克咸與我爲鄰，周農父隔一二巷，笑曰：『君自歌瑯琊寓適居此中，可以同觀大略矣。』舅氏吳子遠適來，書我兩柱曰：『嘗與天下士，笑讀古人書。』集達夫、摩詰句。子遠名道凝，農父名岐，克咸名臨。

克咸挽弓百二十斤，馳馬中鵠，罷即促尊倚紅聽曲。酒後耳熱，輒自談兵，以手貫燭，熖而誓曰：『吾他日不能將十萬兵，有如此指！』衆皆壯之，不能不笑。其詩最工，初類文房，後喜温李，其骨則杜也。舅氏亦集一聯贈之：『安得壯士挽天河，且與少年飲美酒。』

周農父，温克長者，蒼嶼左公之内弟也。老父請爲吾弟之師。早服勝牡，有自得處。嘗坐塾中，桃葉之飲〔一〕，皆所不與，人與對坐，浮氣自消。一日閒敘，遂成一長五言古詩。農父曰：『所期者漢傳騷雅之後，其曹、阮、陶、杜乎？此則永叔、子瞻之所擅也。昌黎生割，取其莽蒼耳。』愚曰：『且暢吾懷，意有所至，何暇更擇？』因舉悉索之二曰：『久坐且散步，東風撰良辰。後園呼老叟，與之出城闉。路逢一貴客，僮僕隨車輪。多敘長安交，云是朱門親。余心雖笑之，然以爲上賓。老叟呼我飲，不問何如人。』又曰：『薄田數百畝，連年屬煙塵。家僮復乾没，九月不食新。鄉里故舊至，一飯飲以醇。嗤我何鄙吝，憐我何苦辛。望君者甚多，不但君家親。自恨不巨富，又恨不赤貧。巨富可結客，赤貧可謝人。』農父曰：『又成一格。』

童僕謠曰：『何事主人門，四方多知己。隨車往復還，一日數十里。』南都寥遠，過客見顧，有來必往，又當飯之，毋乃太勞，謹白箋曰：『凡答拜，期以十日，幸勿見責。』郄甚，則閉關。一年之中，閉關三月。吾郡阮堅之先生每日讀書有課，雖宴客演劇，彼自翻書。余則以囊自隨，車中亦可展卷。其有所考，託一友爲之，積日而以語我。

永社十體，七言排律百韻〔二〕，一日成之，亦雄矣，偶然鬬寶遊戲耳。今年克咸贈李臨淮七律百韻，工麗絶倫。劉无疆見余上范大司馬六十韻，面逼余成四十韻。此事在讀書人不奇也。若以論詩，詩不係乎此；然長篇章法、次序、轉折不亂而韻老詞新，流利不複，大非容易。如元白五言律百韻，則重字甚多矣；子美、義山排律，故是能手。王麟洲曰：

『必空拳而當萬人乎。轉法華，不爲法華轉。使事之妙，不可言傳。』唐子西曰：『時忌博聞，率談道以自飾。』玄暉曰：『安能藴其才智，使蘭艾不分？』元美曰：『少年且讓開花，老自葉落耳。』農父曰：『遊戲則可，嬌人則病。』

全州滕伯倫甚豪，寓桃葉渡河房，挾馬生度曲，每夜宴客，有索頭毾，輒盡數十毾，則自歌其詩，詩既險峭，聲又悲激。屬予作歌，美人磨墨〔三〕，爲浮一毾，據紅罽書之。不屑李費、張憲之和鐵崖也。每書一行，伯倫爲一叫絶，響振秦淮。遊船過客皆駢泊而驚視此大叫者何爲。

臨淮侯李玄素能詩好客，三十初度，宴會瑶華堂，詞客凡百餘。歌舞既罷，共立前臺上，限韻，先成者坐第一坐，不願者立臺下觀。余詩先成，玄素圍紅妝，以玉觴觴我，堂中雷鼓催詩，詩次第成者十五人。可謂豪舉。

拜表忠祠，吾五世祖斷事伯通公在焉。公諱法，中洪武應天己卯〔四〕，正學先生門人。爲四川斷事，靖難時沉江。吾祖魯岳公上請入表忠祠，後以大理卿封蜀藩，立祠成都，王爲賦詩，羣公和之，是爲錦江燕詒録。聞朱白民好談遜國時事，將以貽之，感念祖德，敬書長

律一篇。[五]

丁菡生年家弟兄，爲其嫂氏求予仲姑清芬閣白描大士[六]，並送其所藏丁雲鵬諸像。超宗亦致鄭千里諸藁，祖堂水陸，是其筆也。貫休羅漢，皆一臨之。仲姑素以家藏李龍眠過海揭鉢五十三參爲法，艱於着色，故止白描。嘗曰：『所難者，吴道子一筆圓光耳。静坐作觀，久乃落筆，吾以棲吾神。』

仲姑爲姚心甫侍御之嫂，十七而寡，大歸依母，居清芬閣，憐我喪母而撫教之。有宫閨詩選、清芬閣集。伯姑歸張鍾陽方伯，亦能詩文，有紉蘭閣集，故世以『二閣』稱云。自甲戌桐變，仲姑奉大母來南都，老父爲父老遮留在邑。事變卒起，疑忌繁興，外支持，内奉養，智性疏散，不知事事，言語過失，多不能免，賴有仲姑提撕，是小子之幸也。伯姑山左寄書曰：『汝父向爲名職方，頃年靖變退賊，不憂不起官，正恐談兵是沙場户耳。吾姪讀書，講求實學，何徒苦吟痛飲耶？天分無限，正當塵務經心。』

歸葬先妣宜人吴太君於浮山。浮山皆巖洞，而北麓爲面，土岡環繞。曲尺峯下，暗迎湖水，蓋廷尉公所卜者也。小子十二喪吾母，今二十五，頭顱如許，未有寸進。願留封碑，以待異日。每捧瓶佩遺集，淚沾綵帊[七]。先外祖恢復浮山道場，吾母布金爲多。今歸於此，當得讀書巖上，謹棲一冬，業已流寓白門，安得不往返僕僕乎？修丹丘之三洞，連野同於海島，是異日之志也。

楊龍友有園在馴象門外、賽虹橋西，野色芊眠。鍾山聳翠，遠嶂其北。長干之塔，雨花、鳳皇山之喬木，靄黛其東。敞軒臨池，松柳環之，曲檻長廊，與荷香相展轉，勝地哉！龍友有晉人風度，善畫山水，落筆最秀，余請其旨，曰：『鬆。』

龍友遊山記曰：『有得不欲失者，人情也；有得必有失者，天道也。清福錫之上帝，盈忌偏深；飲啄隨之一身，流行自衍。吾身亦天地之拳石，隨地置之；吾身亦天地之涕唾，隨遇安之。豈特山遊也哉！』余賞其語。

五月十三遊燕子磯，金陵俗也。是日，與楊龍友、鄭超宗駕卷篷往，孫克咸以王月生至，李大生、朱大方舟適合。酒一再行，朱生倚簫爲度一曲。王生爲觥録事，苛律龍友、超宗，苦不能嚼，許以畫償。朱生曰：『糾官受賂，燕子磯一幅，當予出首者。』共笑曰：『且上燕子磯。』磯踞江流，古松欹立。長亭爲遊人所席，雜沓叫號，是將作清明上河圖耶？寧罰酒耳。乃移弘濟寺。寺後傾崖，如郭熙手，一窗可坐。超宗下筆，雪屑有聲，少頃黃鶴山樵出矣。龍友作燕子磯，羣松石磴，煙潤秀媚，兼倪黄而爲之。克咸曰：『是有命在，能飲十斗者持去。』諸公散步，已屬大力者趣矣。克咸取觶見責，愚畢之曰：『以一爲十，將軍舊例。以詩償畫，兩生許矣。』遂歌一絶：『山水逢場待笑看，玉簫一曲一壺乾。儘教雙鳳銜將去，不礙旗亭壁上觀。』是夕也，諸公狼藉方舟中，余獨息於山閣。乍陰，忽風轉之，月出崖上，江光瀲灩，睁目坐對良久，自賞此一幅更在楊鄭之上。

超宗作雪朝蘭社，集諸名家於從叔子岡宅。龍友後至，秉燭作一古幹屈强，其下生蘭，前未有也。因爲賦一長歌。

完德、子岡全用鉤勒。超宗鉤花與莖，以飽墨作葉，曰趙子固法。

鄭赤符有力千斤，今雖隱山中，頗率土人殺賊無數。老父之再守城也，自山中突烽火入城，眞壯士也！當事欲用之，不肯應。忽聞其逝，哭之以詩曰：『雄劍無生氣，雌風吹死灰。』

今年老狟狟諸營往來潛桐，一年圍城三月，何相國醻餉〔八〕，請師以援之。老父適在桐，小子與克咸急裝北渡，適黄將軍先鋒至，城中衝出，大破賊，斬級無算。此連年江北之第一大捷也。當和州之破也，南中咫尺不能捄，徒張皇上城，夜懸燈於女牆。若官軍追賊，豈至殘躪中都明樓哉！

道鄰史公五日一肉，而發奸擿伏如神。鄉市村落之間，或醫或卜，或急裝，或麻帽，或傳以爲乃公〔九〕，奇哉！連年與賊對壘，幾危再三，近日亦困於灊，得黃營至而解。議設皖撫，以公任之，此舉公道。

老父來南都爲大母壽，令兩孫歌詩。大母述明善、文孝兩先生少小艱苦發憤之事，今因賊亂，移家江南，草次即安，勿復求備。世且多事，宜習勞苦，克勤克儉，不自滿假，不可一日忘也。

蜀孝廉高守恒有才使酒，同里范宗伯醇敬搆陷死罪。老父在嘉，鋭身雪出，臬司閔公夢得讞活之。今梁平叔來，言其後嗣貧苦能自立，爲之欣慰，重寫四重行一卷寄之。平叔亦老父本房門人。四重，法子雲也。詳環中集。

覽黃巢本末，劉巨容曰：『朝廷好負人，不如留賊以爲地。』今賊日蔓一日，誰是劉巨容，能一創而留之者？事大可傷！

何次德以紙屬余書其堂對，因集唐詩：『三顧頻繁天下計，兩朝長在聖人前。』相國甚喜。

我祖廷尉公教人作文，以辭順意達爲質。叔祖户部公時取左、國、史、漢而咀嚼之。安石師傳堅之阮公之指亦然。六經而下，莊騷適變，史漢敘事，八大家衍之。子華曰：『不離於中之皇焉耳〔一〇〕。』錢太史曰：『史漢正局也，晉、南北史變局也。人心好變，文運初剽，班馬再變而子，又變而佛，牛鬼蛇神爭出爲政，於是目班馬爲芻狗，詆書史爲無奇，辟之雲擾之代，莫適爲主。久之而清言遞起，無論房玄齡正史不入魚腹，即世説、語林半供殺兔。又久之而漸綺也，則李延壽南北史之作稱「豔史」矣。』張元長曰：『近世好詆濟南，如笑子雲以艱深文淺易。不知言子雲者，必眞見子雲之爲淺爲易，歷歷可揭示人，而又自能滔滔汩汩，不艱不深，以成一家之言，可以俟後之作者而不惑。然使後世有子雲，猶未必其言之盡是也，今之人何鑿鑿也？嘗覆按其人之文矣，鼓掌盱視，自喻滿志乎，則未有不爲險句累詞，又何嘗不顯然出於濟南而無所顧忌？猶曰文須獨造，安能爲昔人所嘗爲，今之人何鑿鑿也！』老父曰：『文以析理、敘事、紀物，此外則溢言偏詞，曼衍遺放耳。典故爾雅，所以遠鄙倍，觀其深也。不學無識，浮躁任氣，安得不空疏以爲靈，漁獵以爲怪耶？』智以爲才自天分，各有獨至，終不能忍。然如此者，已屬間出。學識養氣，是士子所當自造者也，不敢不勉。

陶周望與弟君奭書：『今人不曉作文，動言有奇、平二轍。吾論文，以内外分之。凡自胸膈陶寫出者，是奇是平，爲優；從外剽賊沿襲者，非奇非平，爲劣。骨相奇者以面目，波濤奇者以江河。風恬波息，天水澄碧，人曰此奇景也；西子雙目兩耳，人曰此奇麗也：豈有二哉？』安石師曰：『博約作述，皆此一心，何内何外？合今古而陶鑄之，無奇無平，亦不妨有時奇、有時平也。陶所言逼人深入自得，平即是奇；如其不然，以鄙倍杜撰爲出自胸膈，而詆好古考核爲剽賊沿襲，何異嗤先王禮樂爲芻狗，而甘爲魑魅者乎？』

子長曰：『其言不雅馴。』孟堅曰：『函雅故。』傳曰：『言之不文，其行不遠。』虚舟子曰：『里老皆能歌，所貴於成章九奏者，爲其中節也。』臥子曰：『雅人天下稀。』

壬申遊西湖，遇陳臥子，與論大雅而合。熊伯甘公車過桐川，亦舉宫聲。徐巨源在沈崑銅處，見賞『北風吹微雨』，寓書商榷，各取古人之長。癸酉晤陳士業、張爾公於南都，始知學各有所從入，豫章之響，亦有草木絲竹焉。愚者反視數年以來不無變調，蓋一人一時亦有草木絲竹焉。臥子有『楚風今日滿南州』之句，豈指豫章哉？一變而趣，趣則日下，自有救之者；救之太甚，自有救救者。曹能始曰：『詩如書者、奕者、謳者，若無傳授，任一己聰明，則必趨於邪路，終身不能精進；然稍就規矩，效法古人，其難乃若登天。伯敬詩歸，病在學卓吾評史。評史欲盡，評詩欲不盡。』范仲闇曰：『自詩歸行，無一人敢向伯敬言，誤伯敬不小。伯敬好裁而筆下不簡，緣胸中不厚耳。内薄則外窘，遂有繃曳之病。』愚者笑曰：『木有癭，石有鴝眼，皆病也，而人好之。惟病則異，異則奇。元之輕，白之俗，郊之寒，島之瘦，賀之鬼，何往不然？然古人各有其時，有其地，有其致，不知其然而病。今人專襲古人之病，則怠學而自便耳。以世説新語爲道，以帖括評語爲詩，莫便於此。』

李端叔曰：『作字詩文，初必謹嚴。造語須有所出，行筆須有所自，涉前人轍迹則爲可喜。久之，語以不蹈襲爲上，字則縱横皆中程度，故能傳世，自成標準。』

永叔不喜杜而喜韓李，介甫以杜爲第一。山谷不滿坡詩，坡亦不滿山谷。山谷讚淵明，而楊龜山取陶如孔門伯夷之説，大家則杜也。吳華、劉道原皆病吕居仁之宗派，陳無己謂退之於詩本無所得，而張戒以杜、李、韓並尊。果是其人成一家，亦各從所好耳。都邑川原至安也，奇必在峻峯崖瀑；野苑溪亭至逸也，終不可廢臺閣寢廟。

讀吾祖所刻陽明録纂，語皆切近，不可以舉業爲學，亦不礙其爲舉業也。小子未敢談道，每事但行其心之所安，率眞毋欺，切忌僞飾； 然又不可以僞加勉强之賢，習氣横流，安得不用藥？藥自勉强，既已不能，則悔愧自反，猶救一半〔一一〕。高曠之語，且以遣放焉耳。津津以排突聖賢爲新奇，爲豪雄，是將誰謾？

仲尼不爲已甚，老子曰『去泰』『去甚』。大不近人情事，若非上古至人，或有殊慕如仙舉耳； 不然，必有所不得已； 不然，吾疑之矣。莊子言『無情』，惠子迫之。莊子曰：『所謂無情，謂不以好惡内傷其生。』然且不能無己，幸有詩歌，足以自消。孔子曰：『我歌可乎？歌雖悲，心則寫矣。必使反之而後和之，正可陶情。』

『驚心生死三年淚，次面平安一紙書。』梅朗三詩也。天才風逸，爲人温厚，向在周仲馭署齋深談，相期甚遠。近聞其大病，當是飲酒過度，體肥多痰，吾甚憂之。沈眉生來言少差又豪，未必節養，因寫道書一段，相寄珍重。

周仲馭近益好學，躬行下士，爲貧士之舟航，眞難及也。自奉淡薄，特挽封靡。眉生出門，數百里皆徒步，如何可學？

『市井得官爭伏闕，公卿持論亦從時。』孩未伯爲之擊節，然誡余曰：『伌詩十首，大非諸生所宜言，即以詩論，勿恃老杜，且用王孟何如？』

麻孟璿集古逸詩，屬余序之，宛陵諸公勤矣哉！余輩僑寓白門，終爲宴飲賓客，玩愒過半，學業不就，固其宜也。前言詩紀中，刻一弓爲一弓，包衡曰：『説郛用道書之弓，容齋用佛書之則，黄長睿以弓爲古卷字。』余又見篆函作弓，因悟𠃊音糾，而升菴讀爲周。耳八米語，昨見吳虎臣作白八采名，近是。考究之事，不妨互進。温公謂正叔曰：『辨證古人誤處，當兩存之，勿加詆訾。』升菴、元瑞、元美可以爲資，有所疑，且記之，不又忘矣。物惡其棄於地也，不必爲己；有力惡其不出於己也，不必爲己。

或謂鄭端簡吾學編有褒無貶，其所聞異詞乎！觀其今言六卷，是非井井，侍御彭宗孟始流布之。焦太史獻徵録、弇州史料、尹起衡史竊，可合存以備考。

陸游南園記、閲古泉記，皆爲平原韓侂胄作，倘其時上容有不得已者耶？拱璧之瑕也，因此並嫌其詩，難免王述之踏鷄子。

白白齋貨殖傳評曰：『古帝王將相之烈，雖無太史必傳，而獨貨殖諸人有聞者，太史力也。子雲削之，孟堅斥之，而後知傳貨殖者，固諸人之聖書也。諸人骨與貫俱朽矣，今之尊其教者，皆諸人之子孫也，則太史之子孫不當食報于此輩耶？』又曰：『朱公長子知財所從來，故重棄財；少子不知財所從來，故輕棄財。乃朱公亦知財所從來者也，何以能棄？然則朱公之貨殖也，殆支公之馬、阮孚之屐歟！』石塘子曰：『卓吾謂王戎隱於鑽核，而伯敬訾之。毋爲鄙人護法，若使欄牛果慕法言，能免後世太史不爲護法耶？』子長傳貨殖，與莊子盜跖同旨，正言若反，直洩世人之秘，正所以繼春秋也。

稽古之堂，忽有所得則録之，有所疑亦録之，物之難記而待考者録之，相知之言善者録之，久而帙。周子見過曰：『樂哉！無意爲文，其文至矣。』愚固不知其何以樂，愚固不知其何以文，物如其物而止耳，事如其事而止耳。浮夸弔詭，都不欲襲之，人自有其性情面目，無所假於人，聊足以爲消閒之具，覽者如見其狀，不覺鼓掌。蟬抱高枝，飲露而吟，本不自意入人之耳，洋洋然樂也，因以爲蟬樂。

半山園在皇城之東北，荆公劄請顔報本寺，求俞清老出家住持者此乎？或曰非其半矣，園有迴塘，石磯斜踞水中，蓋鍾山之趾也。城南賈氏園，亦有天然石骨，陂陀入池，長三四十步，蓋鳳皇臺之趾也。大抵城中淵澄登頓之處，以烏龍潭爲第一，唐宜之、丁菡生皆宅其上，閒坐水閣，竹樹交影，何異印渚、曲阿？

倪雲林曰：『復以憒憒，從彼榛榛乎？便命扁舟，寓村落中，調氣静坐，得以少抒其中磊磊者。司馬子長、蘇長公悲世憤俗，有不勝其哀，後百世而不及見古人，則求古迹觀以自解。』愚者曰：『登廣武，過黄公罏，不增悲歎乎？不如與酒徒飲。』

古道湮矣，閭井少年稱之曰善則厭，稱之曰惡則喜，此不可解也。陳普曰：『天下有不善之善，其始如鸞鳳，其後如豺狼。』是何所指，人可不自慎諸！

蘇潁濱楚九曲亭記曰：『方其得意，萬物無以易之；及其既厭，未有不洒然自笑者也。』蘭亭記曰：欣遇蹔得，不知老至，倦則感慨係之。將謂潁濱之自笑，優於右軍之感慨乎？

沈公獻過曲，宗梁伯龍。余爲詢唐宋二十八調，今雍熙存九宫譜，南曲止十三調，何也？彼亦不知。其論者，歸韻以德清，合洪武正韻爲主，如此而已。一日，同王衡之昆仲演鳴鳳，摹寫如太史公手筆，修本鬼哭，余竟爲之大哭。

珊珊集盛傳，詞皆强湊，甚矣才之難也！苦於務頭合譜耳。袁令昭自媚此道，其西樓江兒水『舞榭歌臺薰蘭麝』，依嘯餘譜，以『六十日夫妻恩情斷』爲案，余嘗言其非是。琵琶兩江兒水，其一曰『眼巴巴望得關山遠』，若準前式，何不云『望得巴巴關山遠』乎？務頭，其發音陰陽等字是也，但曰偶對，施俊語於其上，何名務頭？

范質公先生招同王在明、鄭超宗後堂小集。公曰：『謝安石既任國事，賓從如雲，遊燕不輟，是何道而閒至此？』王在明曰：『賭墅棋盤有先着，東山絲竹自優游。』公曰：『安知非旁觀之助耶？』超宗作畫册二十幀，皆取公詩句而寫其意，内有賭墅圖，則其叔千里筆也。

王在明言，梅惠連、劉濟甫甚念『江山新落葉，風俗舊悲秋』之句，然陳臥子有『邊關新堠火，風俗舊悲歌』之句，不知誰脱誰骨？愚曰：『弓影劍花，太白自襲，東坡直用子美之句，當其意到，原不相及。』

侯廣成吏部集同人於洪武岡東之園。太平盛事，諸部寺各有游燕地，猶唐曲江。吏部園獨深折，古樹婆娑。南曹本閒，侯公意致甚閒，固以枕籍山水爲樂者也。明聖在上，天下有事，公何以得閒？范仲闇詠濂溪句曰：『是處塵勞皆可息，時清終未忍辭官。』想見古人平實，其致愈深。

曹根遂年伯樓上觀東坡破硯、翡翠花觚、商金天鷄注、漢蟬文卮、鏤銅鴟夷榼、豳山罍、漢玉合巹杯。杯並立而向，下有孔相通，不知碾工初用何法。罍緑易得，觚翠欲滴，甚難得也。倪、黄、沈、文畫片，各有其致，因以黄爲太白，倪爲浩然，沈文爲老杜，亦足一笑。堂上列環屏三十六扇，高秋甫點染花卉〔一二〕，以摩詰雪蕉終。四時行焉，苟以寓興，謂匽董爲雪蕉也可。

阮長子飯客以提梁卣，盛肴以周三足盉，其蓋皆三環。啓其蓋，仰置案上，亦可援具染〔一三〕。愚曰：『定涪所沾，當各以銀膽緣其裏；不然，不如窑器。』

同鄭超宗、千里、完德觀吳充符珍藏黄大痴畫。周傳於吳宗道處見之，有楊鐵崖題詩，王逢、趙鎮和之。又一幅溪堂秋樹，崖石兩層，以大遠山襯之，倪雲林題云：『子久雖不能夢見房山，要亦非近世畫手可及。』何其狂也！雲林一幅，有顧敬、高啓、張羽、吕敏、王行、俞允、卞同、陳則、金震題。高彦敬尚書夜山圖卷，有趙孟頫〔一四〕、虞集、曹山、雄覺、鮮于士。此五人題跋，而四人蹈義，誠無愧文山矣。正統九年，海虞吳訥識。克咸臨抄以歸，梁王把都，忼慨不屈，被害；陳謙子平，與兄不屈張士誠而被害；鄭元祐明德，元季名者：張翥仲舉，元末翰林，不爲逆臣孛羅草詔，憂憤而死；王禕子充，洪武壬子諭雲南曰：『老馬翻迷路，羝羊竟觸籓。』是則子貞非獨不知聖與，而亦弗考指南録之詩也。題卷吳萊立夫稱其志節孤峻，論議高古，二傳文類遷固。竊考出使一事，信公亦嘗自悔，有詩哉？』龔開字聖與，同陸秀夫君實在李庭芝祥甫幕府，國亡晦迹，作信公及秀夫傳。金華爲本齋王公所藏。』陳方子貞云：『淮陰龔開議公不當出使，時國亡在咫尺，焉計尋常張翥曰：『公歿已久，家人理篋得爛紙，公之子季境適至，識爲信公書，豈非神護之歟！今

文信公筆迹書邳州哭母小祥及亂離歌六首，寄妹，以示其妻，妾柳女、環女。史官河東

實無所加其上。

肴核皆宣嘉窑，深者官汝杯，成五色也。几上一宣銅魚耳，藏金色，望之爛然，如生水雲，時人所造。唐伯虎延陵挂劍圖，半工，文甚。諸畫册不能悉記，鼎彝玉器留俟他日。小酌蓋異筆也。以無濃墨，苔遠近兩重，皆次第淡，故顯其夜月耳。石田仿倪迂，皴法老秀，非樞、盛彪、湯炳龍、姚式、屠約、周密、仇遠諸公題，金華吳福孫又跋，從吳門申氏轉歙吳氏，

使智書其後，因歎曰：忠義本乎至性，亦以理明而勇，氣正而開。或謂信公初次被羈，何乃沾沾靚妝璚英，念忽游移，將若之何？不知蹈白刃易，蹈義難；報國義也，臨難決矣，而達此恩情亦義也。仁者之勇，達士之閒，不兼之，能磨墨濡毫、書此諸詩乎？崇禎丁丑冬桐山諸生方以智拜書。

李臨淮處有持來者，小李將軍、趙千里團扇，李成、范寬、荆浩、關仝、馬遠方册，或金碧鉤斫，或濯絳斧劈，蓋殿筆乎？又摩詰輞川圖，直千金。愚笑曰：『六百年而神去，七百年而紙壞，況絹耶？』或謂何必阻人，曰：『殷富豪貴，改易其朱提麟趾之氣色，則旁觀者惟有贊歎，此人太爹，若酬其工，亦足一鎰，且安知後人不愈於前？亦視其筆耳。』因記一事：吳兢唐闕文曰：『有獻古盎於裴休，款曰：「齊桓公會於葵丘之歲鑄。」門人劉蜕曰：「僞也。葵丘第八盟，諸侯五月葬，反虞乃謚。葵丘在生前，不得以謚稱。」裴公立碎之。』

楊中蕃言周雪坡爲劉性初篆『破窗風雨』『吾子行』，爲錢翼之篆碧山學士一首，凡夫臨之。陸友仁八分，范比玉取之，皆佳。愚謂新翻正訛，其小篆整嚴而神舒，可想其墨迹矣。東雲雛臨曹全碑，正匾而有逸動之致。篆則宜長。長睿謂鍾王之匾本隸，而抑歐虞之長；愚謂歐虞之長本篆，不亦可乎？

吾郡阮臨江花卉甚活，有時仿張溪雲鉤勒竹、趙子固蘭，皆有別致。水影芙蓉，其獨創之慘淡經營乎！

程九屏職方處見盧陵五先生像，王沂子輿跋曰：『文章發明正學，暢韓昌黎，自盧陵歐陽文忠公始。盧陵忠節爲天下勸，自楊忠襄邦乂始。忠簡胡公[一五]、文忠周公[一六]、文節楊公繼之[一七]。楊忠襄以通判刺血衣裾，爲南渡第一。同時編修忠簡乞縣檜藁街，朱子稱爲日月爭光。周文忠相，首薦朱子。文節著書立説，振「江西詩派」。于忠襄同姓師友，忠節著焉，文學振焉。川胡氏寶藏遺像，徵言當道，此千萬世不泯，安知景慕者將來不如五公之當日乎？』劉辰翁曰：『盧陵前珠後璧，此圖盛矣！孰非諸公之福，獨不知扶輿四合之氣猶有似此者乎？抑觀此已也？』以智展拜，昨夢五丈人共坐，教余作字，今得覩此。詩曰『高山仰止』，其何敢忘！

曹梁父善彈琴，欲聽之，無忤色，不讓阮千里也。疾若風雨，微若太息，使人浮氣俱盡，何況彈者？方悟樂能養人之故。余妹亦知琴，舉案同聲，余愧太沖、明遠矣。

嘗問琴師，調從何分，曰『以音』。音從何辨，曰『傳久自知，吾亦不能言』。因問大樂之琴何以設而不作，曰『失其傳矣』。曰『曾疑否？』曰『自今日始』。

觀李賢甫與崔逸生奕，初受三子；過兩日，止可二子。與汪幼青、張君才止受長先，賢甫爲勝。然周懶予少年，乃贏賢甫，賢甫老矣。此事關乎精神，旁觀最樂，當局者迷。孫魯山最好，然亦終與我等。旻昭、百史在魯山下，而百史偏不受國手饒，因有句曰：『丹青紙上常遮眼，黑白盤中誰肯降？』

王粲以覆局不差一道爲奇，今凡善奕者皆能之，余非有意强記，而自不忘。若專心一年，可至國手；然不必也，各有事在。此事享夙生之天分，又有坡公二語解圍，豈不閒泰？

旻昭長齋，與集生余公同皈依博山，而血性感慨，常自突兀。好圍棋，畫山水，案列諸器，暇則自摩挲之。隱賑好古，略掩俗氣，貧士則一僻也。然賞鑒自有學問，非讀書窮物理者不知。

輟耕所載礝土丹翠之法，今時更巧。俞氏一花樽〔一八〕，飛戟出口，周鳴仲一借觀之，未幾成兩，主人亦不辨其孰爲眞、孰爲贋也。古今事之難辨也，毋乃類是？

超宗曰〔一九〕：『膽壯筆老，法足故也。』龍友曰〔二〇〕：『疏秀深穩，得于意外。』魏子一曰：『幹筆埃筆，烘染破墨而已。』雖分南北二宗，然未有不備北法而能行南意者。士夫天分或高，一二筆有致，豈可以絶句而廢律，且掃長篇古風乎？千里所陳是也。有小家，有别家，有名家，有大家，猶之詩文。陳旻昭曰：『古人一技，各造其極。生平幾許經營鑪錘，重巒叠嶂，長江邃壑，一一歷過，全攝於毫端，不差纍黍，然後謝卻筌蹄，忽爾意到，淡墨枯穎，亂而不亂，横道乘除，各得自在，咫尺千里，漫漫皆入神化，所謂絶後重甦，立處即眞者乎！今人見今人意到之筆似古人者，便摹仿之，烏能及古人？』

石塘子曰：『標季欲速而畏難，凡學不精，臆竊高言以自飾，實趨苟簡而已。』字畫亡於董雲間，詩、古文亡於鍾竟陵、王山陰，理學亡於山農、心隱〔二一〕，禪亡於天童。畫鬼魅易，畫犬馬難，掠虚易，核實難，無怪其然。

朱子與楊元範書：『字書音韻，是經中一事。此處不理會，卻枉費無限亂説牽補，而卒不得其本意，亦甚害事。但恨蚤衰，無精力整頓得耳。』楊誠齋曰：『無事可看韻書，愈於搆虚詞，驚愚俗，爲劉子玄所斥。』

今日得西儒耳目資，是金尼閣所著。字父十五，母五十，有甚、次、中三標，清、濁、上、去、入五轉，是可以證明吾之等切。

沈約但明平仄四聲〔一二〕，未明七音。宋因孫愐本而班禮部韻，故學士從之，亦以莫究其故耳。德清定中原音，發明陰陽，但少入聲。洪武正韻，宋文憲所定，以同文而不遵，何哉？楊去奢箋之，可惜王伯良所歎尚有音路未清者，孰正定乎？范仲闇用正韻，自引一正韻章。愚謂論明此理，則萬世自永奉矣，目前且聽兼用。

李孝光元人，與楊廉夫善。題鐵崖琴書眞樂窩曰：『舉世之樂，無如鼓琴。琴可以禁人之邪心，易人之哇淫。舉世之樂，莫如讀書。書可以絶小人之狹邪，履君子之坦途。世人爲樂千種巧，不如我樂常可保。彼有嗜酒樂飲，逢毒若酖；豔妻懽虞，自令身枯；溺心貨殖，爲盜賊積；崇勢凌人，鬼神最嗔；蚤官驕子，疾爲禍始。或世所樂，自詭神仙。累萬人學，無一長年。有樂放恣，毀除鬚髮。捐棄父母，終竟不覺。有察於獄，謂俾不僭。性習浸移，久而泰甚。凡此衆樂，豈不可懷。不如我樂，無患與菑。鐵仙左琴右書傳，終日危坐笑以哈。忽見吾詩仰天歌，鐵仙豈不大樂哉！』

毛弁爲尤袞之序曰〔一三〕：『識天道之精微，揆人事之終始，究物理之變化者，其惟書乎！』倪文節曰：『天下之事，利害常相半。有全利而無少害者惟書。』陳眉公曰：『吾讀未見書，如得良友；見已讀書，如逢故人。吾性樂賓客，而憚尤悔，庶幾仗此，其可老而閉户乎！』蘇潁濱曰：『於書雖無所不讀，然皆古人之陳迹，所以激發其志氣當有在也。』朱子教人半静坐，半讀書，又好遊山水。學記曰：『藏焉脩焉，息焉游焉。』人非平心，讀書不入；非閒不能平心，非静不能閒，非息不能静。浮氣正多，且自調攝，還自鼓舞。

陳臥子讀余七解及答舒章詩文，大念之，寄書曰：『君近下筆頹激過當，人無故而如此，不祥。』農父亦深誡余，然不知其然而然，不知其謂何？且當以考究之事，沉潛其飛揚跋扈之氣可也。

沈眉生、萬茂先、陳士業、劉伯宗皆保舉。茂先過此，病腰而逝。眉生北上，余送之以詩曰：『太傅從前痛哭非。』

得朱宗遠一幅雪，憶壬申秋與臥子、舒章同集宗遠園亭，觀宗遠長江萬里風雪卷，使人對之生寒，而意氣已伉，急以巨觥澆之。今見此幅，猶昨日事也。皴用鉤斫，而渴筆無起止，隱漫解散，似乎錯亂； 然石棱聳出，枯枝屋角，層曲儼然，故是叔明別調。又得李存我書九歌册，仿諸家法，自蘭亭、曹娥、樂毅、十三行，虞、褚、米、趙各爲之，中邊俱肖，又未嘗不按毫藏鋒，圓順自在也。與近代自便而故持玄論者，豈非置的而中鵠乎？不則仰笞向天而侈然曰：『吾矢中秋毫耳。』金申之道人賣藥而風雅如此，送我二寶，何以酬之？適有高郵苦蒿，與之同醉。

克咸典漁仲圖章，銅玉水晶，蜜珀蠟凍，五色粲然。金申之爲鐫『飛將軍，方寸鐵』，妙甚！余笑曰：『方寸鐵當以屬我，我可以「寸鐵」爲別號。』朱伯盛善篆石，張伯雨以此名題之。申之不能玉，余以淬刀一方相送，刻玉刻磁，利若切泥，豈必購金剛鋒作昆吾刀乎！

申之爲余篆名，左作古『智』字，右作『方以』二字相綰，此出新意。『宓山』二字、『愚者密』三字、『連理亭』三字，皆滿白方填。魏子一爲余刻『江北讀書人』五字尤妙。

劉宋時，建康新亭在朱雀航西五里，俗名鵝頂。程大昌謂晉之新亭在長干寺南，不當在鵝頂。按晉劉氏世説，吳新亭舊基已淪，隆安中司馬恢徙創今地，今則並非王導正色之地矣。長干里即報恩寺前，無復有亭，且以木末亭當之可乎？拜見正學先生，遊者觸目，豈無感歎？

魏子一刺血上疏白父冤，不衣華帛，不食兼味，不入青樓，其血書孝經，煌煌金石哉！今年在冒辟疆河亭，坐客雜沓，倚几作畫，旁若無人。或謂其已倨，余曰：『彼在武塘，歲碎彦林之盤席不知凡幾，此則温矣！』

雲間、龍眠唱和相得，故舒章有『雲龍』之目。頃言少年英發，有宋轅文，飛兔也。吾亦言吾里輩出，才故日生，惟以學識藴藉相勉爲貴。

六叔曰：『汝尚晉人之風耶？吾今學宋人之矩矣。』張爾公，袁臨侯之友也，甚勤於諸儒之説，與人期不失信；宴會見曲中較書，則先去。余敬之。不可以己之高興潦倒，而嫌恭士也。〔二四〕余慕古人内行甚修，而不必色莊蹜蹜。至於使酒傌坐，姚佚非禮，闘説害人，從不敢犯。文湛持先生誡余篤實輝光。嘗退而枯坐，别生一病，不如讀書；忽爾不樂，發詞偏宕，蓋時有之，安敢自欺？

吴次尾慕陳龍門，亦善爾公。爾公呰千子，臥子不屑千子，各有其指，維斗或暗取其説。千子論時文不必盡文之變，然在乙丑後亦一蘗也〔二五〕；功令是也，不足以壓才人。

講學在躬行，時文自夸云乎哉！

復社之案起矣，甚哉！文字客氣之釀禍也。周五溪曰：『諸名公不免慁有司，而以氣食人，又欲令之請教，是以難爲人耳。』天如序遇莊曰：『受先近好之，蓋因感而入此乎！事有相激，不得不然。藏恕喻人，是莊子用心若鏡之底本也。』

陳百史喜唐宋大家，制義宗先民，深言法脉，詩則以余言爲然。寄書閣古古，古古草復近體，皆悲壯大雅之聲。其書法宗如園宋公，結搆瀟洒。余方事篆、分，取以入楷，彼笑爲倔强。余故愛其人樸直而嗜誦讀，手不停批也。

蘇武子序余九將，余序其薊西雜詠。爲人有壯思，詩歌清勁，讀之如聞邊塞鐵甲之聲，大有所以望之。忽聞其作古人，悼惜不已。

劉赤存日録紀老父定桐民之變，因道鄰史公之記也。老父曰：『善不可爲，古人歎之。居鄉遇此，殊爲不幸。又欲干巨公之譽耶？』廣石言一册，知己知其苦心足矣。

徐闇公讀書深心，論史中窾綮，不徒以翻案駭人爲捷捷也。臥子曰：『余考古論史有疑，則問闇公。」

子遠舅氏廣永社，集諸公於南園，余病不能赴，後補古詩五首。永社者，龍眠之十體詩社也。是日，湯日、六叔、農父、克咸皆他遊，不在此，故云『始信龍眠人，一可以當百』。于皇曰：『太豪。』

鍾山偶集，范仲闇爲主，時劉客生、劉阮仙、謝孺玉、劉杜三、任仙孟、杜于皇及龍眠數子在坐，劉伯宗適至。伯宗正有白門偶集之選，今日徵詩，亦稱『偶集』，天下事皆偶也。余賦三律。

茅止生新其該備堂於武定橋北，以宛叔壽宴客，止生再三求吾清芬閣老姑爲題一幅。吾甚難其請。姑曰：『彼才如此，死心事一偉人，高於李易安多矣。』爲之命筆，蓋破格也。

東便門紀事，言孫高陽相公事甚悉。老父甲子在職方時，覆疏留孫樞輔，正爲八城功可惜也，奈忌者媒蝎何！不妨外從其撫，實修戰具，熊司馬之指也。與談三晝夜，止生觸痛，爲之忼慷羽聲。因言天下事，政府體國計斷斷無他，言路不以私見煅煉封疆之肘，安得裴晉公請勿置監軍而見聽耶！欲集一書，附老父全邊略記之後，而力未逮也。止生客多，何不起草？吾寧當一客之用。止生大喜曰：『固知非吾不辦。』

劉漁仲攜客釣魚巷，日與阮仙、客生潦倒，時目之爲『三劉』。余爲賦劉招云。漁仲，閩之喜俠者，供事石齋先生十年，其書法亦相類；爲客生作鷄冠鴛鴦，亦能手也。一日，與止生酒後言往來虞山、石巢之機局，而又許魏子一。識者曰：『未免乎孟門。』

侯朝宗美才而豪，不耐寂寞，六叔以『貫索』句贈之。朝宗曰：『今日爛醉澆西園，明朝拜杖下北寺。』

錢鏡水先生少子幼光〔二六〕、子遠舅氏之從鑑在、農父之從子緼、吾弟直之，與陳默公、劉臣向共坐，才皆敏贍，當其得意，三峽横流。今年，老父命智教其弟，閉關治城，謝絶一切，專令窮經。數子常至，所齒齒者經旨而已〔二七〕。少間時一臨池，可以平心養氣。

少所比輯經史之業，前在荻港沉舟，盡失之矣。欲屬友人共編之，人更懶於我。於是剪書，令僕黏之，或删而抄之。

黄山谷與方蒙書：『近世少年，多不肯治經術及精讀史，乃縱以助詩，故致遠則泥。』

李洞除花鳥風月等，則諸人窮矣。

關中課： 晨起治經，少選讀史，講解； 午後游衍，隨分抽雜編詩文寓目； 薄暮互相徵質； 夜删纂。三七日作文。

日視數年前所見，稍有進矣，安知後日不又惜今日之未盡乎？好學不已，自有火候，且記於此。

舒章言樂事莫過於好友同讀書。愚者若得世資，當建草堂，養天下之賢才，删古今之書，而統類之經解、性理、物理、文章、經濟、小學、方技、律曆、醫藥之故，各用其所長，各精其極致，編其要而詳其事，百卷可舉； 惟史事與文詩至煩，補綱目而約二十一史，各以小傳，比黄東發加詳焉； 詩文選二編足矣。身握其總，以其閒聽而徵之，十日一遊山水，豈不暢哉！

陰雨連日〔二八〕，讀我祖廷尉公書，四體肅然。外祖吴觀我宫諭精於西乾，與廷尉公辨證二十年，然小子未嘗深入其藏，未敢剖也。門庭各别，入主出奴，惟心則本同耳。蒿目天下之故，猶欲功名一展，何容自欺？嘗夢吾母告以信心，覺而泣。且持十齋，以俟異日。

道書反復玄指，始於心息相依，終於取坎填離而已，特多方異其名耳。愚嘗因病學醫，讀黄帝素問，哼哼少嗔恚，恬愉自得，是實指也。漢志列神仙於方技家，而神仙必託老莊，老莊何曾相及？

王虚舟先生衍河圖變洛書，愚觀金火易位，古人亦見其端，非今創也。葉兼山陳列重出，其刻畫處當必有所自授。問以京房公侯卿大夫，何以限定諸卦，彼不能答。嘗疑象數專門，須明律歷，考察天地人身之故，乃可旁徵而會通之。今天下羣役於帖括，千百而一二，不過摹效詩古文章句，何暇及此？適有所疑，皆無從問，必當自作宓義、大撓，豈不難哉？

西儒利瑪竇泛重溟，入中國，讀中國之書，最服孔子。其國有六種學，事天主，通曆算，多奇器，智巧過人，著書曰天學初函，余讀之多所不解。幼隨家君長溪見熊公，則草談此事。頃南中有今梁畢公，詣之，問曆算奇器，不肯詳言，問事天則喜。蓋以七克爲理學者也，可以爲難。

頤生微論宗内經，附上診脉，上候上，下候下，而世醫皆循滑訣。李時珍表奇經八脉引朱子、吳草廬、戴起宗諸公之説，深有所見。劉河間、張子和、朱丹溪、李東垣、薛立齋、繆仲淳其論各異，余未知所决也。此事宜上智者專門究之，不可草草。

太玄因三統曆而衍者也。張平子、邵康節皆服之。温公爲太玄集注：或云諂莽，曰：得已哉？子雲品藻莊子眞、李仲元，靡不及焉。莽宰天下，自況伊周，敢遺諸乎[二九]？何鮑之死，不可不畏也。雖然，莽自況伊周，則與之；況黃虞，則不與也。蓋曰爲伊周而止，斯可矣。曾子固以雄爲箕子之明夷。潛居録曰：『子雲恬淡寡營，不兢時名，以賈文自贍，文不虛美，人多惡之。及雄卒，其怨家取其法言，益之曰：「周公以來，未有漢公之懿也，勤勞則過於阿衡」云云。多寫而行於世，至今靡有白其心迹者，痛哉！』焦弱侯筆乘引簡紹芳説：『子雲卒於莽篡前，美新則子雲作，孟堅忮前人耳。』潛居、筆乘，蓋憐才而行忠恕者乎？綱目、振維不及考也。平子、康節謂其知曆理，得作易之本，退之、君實，則以其能尊聖人也。

朱子因汪玉山往反激辨，故其論寧贊安石而抑子瞻。此無他，蓋爲子瞻與伊川齟齬耳。此是兩家門人之過，若子瞻於濂溪，則服之不容口。

守禮者護隄防，經濟者取權略；　才士標新，達人遺放；　謹飭者從狷入，高曠者從狂入：　此所以衆喙不齊也。平心論之，行觀其大，才各取長，求全責備太甚，殊非中和，病安能免？且得不欺，以虛受人，猶可服藥。

張二無先生與老父談則竟日〔三〇〕，大無外，細無間。小子竊聆之，嘆其妙，而未敢自領，爲受用不及也。先生徐顧小子曰：『隨分自盡，尊所聞，行所知，他日自能深造，不須我語。』

二無先生多述淇澳孫先生之言：　不昧同體爲仁，不爲一切所惑爲智。不破生死關，則仁者之勇不足，雖淳謹無虧乎，擔當大事，必多爲瞻顧所奪矣。膽屬氣魄，理明可勝一半；　如或未然，幾先之哲早在事外，則曳尾之流，易所謂涣血者也。當涣而涣，即具膽智，即成其仁。羅近溪問道顏山農，顏曰：『孰不爲生死利害所動，猶是制欲，非體仁也。』近溪下拜。謹記於此。

校　記

〔一〕桃葉之飲　七代本作『朋好游讌』。

〔二〕排律　七代本作『近體』。

〔三〕美人磨墨　七代本無。

〔四〕應天己卯　七代本作『己卯科應天鄉試』。

〔五〕此處七代本有方昌翰按語：『斷事公有絶命詞二首，附録於此：「休嗟臣被逮，是報主恩時。不草歸降表，聊吟絶命詞。生當殉國難，死豈論官卑？千載波濤裏，無慙正學師。」「聞道望江縣，知爲故國濱。衣冠拜丘壟，爪髮寄家人。魂定依高帝，心將愧叛臣。相知應賀我，不用淚霑巾。」』

〔六〕予　原作『爲』，據七代本改。

〔七〕綵帕　七代本作『襟袖』。

〔八〕醵　原作『劇』，據七代本改。

〔九〕或　七代本作『咸』。

〔一〇〕耳　七代本作『爾』。

〔一一〕『然又不可以』至『猶救一半』三十七字　七代本無。

〔一二〕卉　原作『蕙』，據七代本改。下同。

〔一三〕染　七代本無。

〔一四〕趙　原無，據七代本補。

〔一五〕胡公　七代本下有小字注『銓』。

〔一六〕周公　七代本下有小字注『必大』。

〔一七〕楊公　七代本下有小字注「萬里」。

〔一八〕一　七代本作「有」。

〔一九〕超宗　七代本作「鄭超宗」。

〔二〇〕龍友　七代本作「楊龍友」。

〔二一〕山農心隱　七代本作「顔山農何心隱」。

〔二二〕仄　原誤作「反」，據七代本改。

〔二三〕毛弁　當爲毛幵。毛幵，南宋信安人，字平仲。有樵隱詞。

〔二四〕「余敬之」至「恭之也」十七字　七代本無。

〔二五〕乙　原作「已」，據七代本改。

〔二六〕鏡　原誤作「澄」，據七代本改。

〔二七〕齒齒　依文意，應作「齗齗」。

〔二八〕陰雨連日　七代本無。

〔二九〕諸乎　原作「謂子」，據司馬光迂書辨揚改。

〔三〇〕則　原作「到」，據七代本改。

國家古籍整理出版規劃重點項目
國家出版基金資助項目

安徽古籍叢書

【明】方以智◎撰
黄德寬　諸偉奇◎主編

方以智全書

第三册

黄山書社

方以智全書第三册

方以智全書之五

性故

張永堂　整理

整理説明

性故，不分卷。

性故大約撰於方以智四十一歲（清順治八年，一六五三）逃禪初期。其自問自答的體例與一貫問答相似。一貫問答五問，以『一貫』爲中，其餘四問『格致』『仁智』『忠信』『克己』爲四邊；性故十五問，則以第一問爲中，餘十四問爲邊。

性故封面題『先文忠公』『會宜編』，内頁題『此藏軒會宜編』。顧名思義，『會宜編』是會通古今，折衷衆説，以得其宜之意。方以智早年便企圖坐集千古之智而折衷其間，旨在探求所以然之故與一貫之方，會宜編應是這一類作品的總集。會宜編迄今未見全書，但由性故一文可知其一斑。

『性故』，即『性之本來』，或『性之所以然』，語出孟子離婁下『天下之言性也，則故而已矣』。方以智認爲要探索性之所以然，必須合觀歷代諸家性説，『反復合觀而自參之』。如果能『知其故』，則『忍性、盡性、節性、率性、見性、無性，本一貫也』。

全書共十五問十五答。第一、二、三問討論儒家性説。第四、五問討論佛禪性説。第六、七問以河圖中五討論性善説、性惡説、性爲善爲惡説、性無善無惡説，最後以至善一説統四説。第八問討論中庸與易性説之一貫。第九問闡述聖人與衆人皆性善，所不同者聖人率性而衆人率情。第十問、十一問討論性與命之一貫。第十二問旨在會通孟子與告子之性説，即禮義之性與食色之性。第十三問在會通氣質之性與義理之性。第十四問在會通性與情。第十五問在會通宋儒義理之性與氣質之性。方以智認爲，性説爭論皆出於有無之見，故最後引周敦頤及方孔炤之語作爲結論，提出『毋自欺而好學，享其中和，豈復作有無之見？』

方學漸倡性善説而反對性無善無惡説，與東林學者同調。方以智主張無善無惡即是至善，旨在調和性善説與性無善無惡説。方以智折衷方氏家學性説，而集其大成。他的性説與方學漸性説表面上似有差異，而性善之旨則同。

明末從性善説與性無善無惡説的爭論又延伸出性與命、義理之性與氣質之性的爭論，方以智運用公因反因、圓∴三點，認爲都不可分爲兩橛，都可一以貫之。

本書引用柳宗元、陳摶、袁宏道、方孔炤、法華經、大智度論、唯識論、楞嚴、般若之説，所討論以儒家性説爲多，其次爲佛家，再次爲道家。方以智以儒家性説而貫通三教，可謂三教一貫而歸於性善。性故與一貫問答均貫通三教，而與易餘、東西均思想相通。比如，性故之第十問言性與命之異同，而易餘性命質則言性與命不可一又不可二，兩文主旨相通。因此性故、一貫問答、易餘、東西均也都是方以智重要的理學著作。

安徽省博物院藏有方以智六世孫方寶仁手抄本性故。方昌翰桐城方氏七代遺書云『性故尚有家藏抄本』，似指方寶仁抄本。王士禎感舊集卷三言方以智有古今性説合觀，應該即指性故。本次校點以方寶仁抄本爲底本，分段亦依抄本。

張永堂

二〇一五年九月

性故

或問：性説紛然，何以折中？

答曰：説皆不離對待之二也。説善則對惡，説有善惡即對無善惡。惟通先後天而明其本自如是、正當如是、適可如是者，絶對待貫對待，是何理乎？知止至善而揚之，深幾神哉！姑衍舊説：性相近也，習相遠也，此就性在氣中而言之也。言性善，舉其性之不受變于氣者而言之也。可以爲善爲惡，止就習相遠而言也。有善不善，止就上智下愚不移而言也。言無善無惡者，指其全氣全理爲人事人語之所不到，而形容其泯云爾。程子曰：「『人生而静』以上不容説，纔説是性，早已不是性。」告子之言『生之謂性』，豈如程子之言『生之謂性』乎？荀言『性惡』，正痛荒委氣質之弊，而以禮法節之，責重人事也；抑故爲此激言，以待人之合參耶？楊韓言『混』，終未明其所以然也。孟子道性善，又曰『不謂性，不謂命』，又曰『動心忍性』，又曰『天下之言性也，則故而已矣』。書曰『惟天生民有欲，無主乃亂』，安能奪欲而不予以天乎？又言『降衷』、『恒性』，又言『節性，惟日其邁』；夫性而待人節之，則猶有不衷者乎？何不反覆合觀而自參之？

以稱名而言之： 因其生之所本曰性，無所不稟曰命，無所不主曰天，共由曰道，自得曰德，密察其中曰理，虛靈曰心，稱性之德曰善。稱本體爲善，猶稱本色爲素也，非惡所敢對也。即曰不思善、不思惡，請問有誰面目不思善惡事耶？不起善惡念耶？自證忘言耶？果然坦懷放下，自平自公，不稱至善，以何稱之？況原非執此不思爲面目耶？故曰：縠，美種也，豈以嬰兒傷飽、大盜因糧，而謂此種爲不美乎？入事而言，子還其子曰孝，臣還其臣曰忠，隨位表名，皆其本具者也。即用是體，主必統僕； 揚是生機，自揚其善。舍政府之尊，又安有至尊之尊耶？泯則本泯，豈以無名而禁錮之於先天乎？

以質論之，氣交凝形，而氣籥棲靈，此生後之氣質也； 即未生前，亦緣氣以爲質也。闢天地一氣質也，混天地一氣質也，所以爲氣者，貫乎混、闢氣中者也。氣凝形者壞，而氣不壞； 氣習聚者散，而大心無聚散。故稱性之質爲氣，而明氣之中曰理。物各一理而共一理也，謂之天理。氣分陰陽則二其性，分五行則五其性。人物靈蠢各殊，是曰獨性，而公性則一也； 公性在獨性中，遂緣習性。故學以剝復而用之，明辯而晦養之。誠者君道必合臣力，誠之者擇善，得一善而止至善矣。若欲通而謂之，以爲氣則無非氣也，以爲心則無非心也，以爲理則無非理也。正鐸爲萬世善用，開口則恆言理云爾。藏罕于雅，則就事言事云爾。

袁石公曰：『孟子説性善，亦説情一邊耳。性安得有善之可名？且以惻隱爲仁之端，而舉乍見孺子入井以驗之。然今人見妹而蕩，見金而動，豈矯强耶？』灊老夫曰：『胎中即氣習矣，且如赤子知乳耳。環陽文於前，陳金玉于案，與彼無與也。出胎以後，一點愛敬之善不爲胎乳所昏；長而日習利欲之事，屋漏公心終不爲嗜慾情見所没，奸憝至死亦不能揜其肺肝，衆中呼賊必且面赤，五更枕上必且汗下。此何故乎？曾子曰：「人之將死，其言也善。」是則日在世習之惡中，而此幾希不可昧也。故曰：「乃若其情，則可以爲善矣！」』質而核之，性寓于氣而粹然在中，稱則稱其德耳。以情事而實之，灼然分矣！止表其惻隱之端者，蓋謂主僕兩端必以主統僕，豈以僕統主乎？希夷曰：『惡者善之餘也。』性静而情動，性微而情顯，姑析之耳！不涉動静，顯微無間，是何理耶？聖人裁成，止立公平中節之法；節情即性其情，此不落有無之大有，所以『遏惡揚善、順天休命』也。泝而上謂之命，順而下謂之情，心統性情而不知其然而然者謂之天，才則其性命精神之資質也。不能歷然，正須三番折攝。

柳子厚曰：『佛推離還源，合于生而静者，不背于孔子。六祖始以性善，終以性善，不背于孟子。其持身之嚴，任道之篤，殆儒門之律師也。』

三一曰：『莊生言「聖人之静也，非曰静也，善故静也」；「善吾生所以善吾死」，此柱漆之揚善也。法華曰：「初中後善。」大智論曰：「體理常妙，衆生自粗，惟善用心，即得總持。」曰：「卜善，攝人天。」而羅漢偏眞，滅有歸無，曰無漏善。菩薩得中，即有是無，曰勝無漏善。至于即邊是中，爲立處皆眞之佛，曰最上勝無漏善。此曇宗之揚善也。』出世者欲超於世以顯其勝，則以善治惡，爲人天法，而更尊稱之曰菩提，曰眞如，曰妙湛，曰清淨。止就體言，夫眞如、菩提、妙湛、清淨，非至善而何？從大用現前言之，則經權常變，合爲一體，隨物現身，遇緣即宗。天之至私，用之至公，不二不測，無所不用其極，不謂之善用，而謂之何哉？如見一名字而掃之，則亦不容説矣。既知五乘一實，直下如何茶飯？

或問：父之生子，能必其皆善乎？

曰：不必其子之皆善，而繼父者必孝子。貴知心師，莫師於心。主中主之相續，微哉！危哉！鑽火燃燈而用其光，若推其理，則未有燈火之先已具此光；是光理貫明暗，而燈與火乃其質體之名耳。光之理，乃燈火體中所以然之神。

或問：天地主生成，聖人主教養，果兩層耶？

曰：提生成而言之，則教養之法即是生成；提教養而言之，則體其生成即是教養。

超天地之先而言之，將謂混沌爲根乎？曾知混天地之前依然闢天地耶？超乎闢天地，又超乎混天地，則有不落混、闢而貫乎混、闢者；寂歷同時，本不壞也。天凝地而生人，人宰天地，故曰人者天地之心。自非聖人，烏能決信全樹全仁之至理，而揚其灌根、護幹、除蠹、結實之宰理乎哉？誰不爲天地所包？誰不包天地？而包中之秩敘條理絲毫不壞也。主持天地者，必中正之人也，特不能固達而知，則不能正用其中而中用兩端耳！安日用而不知，則遵大人繼善官天之法可也。大人藏神於明，藏明於神，明貫明、暗，神貫形、神，故主持三才，統御時宜，三立三與，即是貞一；混之不得，果然無疑，又安所用諸見耶？況倚之爲自便計耶？

問：宗教之言性也定乎？其以無爲宗乎？但執總乎？

曰：唯識論言善性、惡性、無記性，分之爲三；又分心所與心王爲二；又分現量、此量、非量爲三〔一〕；又言有白浄識在阿賴耶識之中。何其不定也？楞嚴曰：『本非因緣，非自然性。』又曰：『刳其正性。』何其不定也。般若曰：『緣生無自性。』又曰：『無性之性，是爲眞性。』又曰：『止有一實。』安公曰：『萬化本于無生，而生生者無生；三才兆于無始，而始始者無始。然則無生無始，物之性也；有化有生，人之聚也。』遠公法性論曰：『至極以不變爲性，得性以體極爲宗。』或曰：此見至法身邊，未知宗門有法身向上事。或曰：虚空爲座，更須推倒。或曰：教以性爲體、心爲用，宗多指心爲體、性爲用，互换指之。或遇心性，急口掃去。此空耶？不空耶？若曰以無爲宗，遠之遠矣。佛旨不落有亦不落無，若執不落，依然遠之遠矣！將謂善巧騰疑，使自參耶？將謂質核通幾，大義微言，自不同耶？離心、意、識而參之，離亦遠離。嚗地一哇，哇出何物？謂之見性，見見者誰？夫執别迷總與執總惡别，其病一也，畢究如何折合〔二〕？舉茶杯曰：山泉甘冽原無變，恰享今春自製茶。

問：教家轉識成智，禪家提惟心而貶識乎？或曰智不是道，或曰識即是智，何以決之？

答曰：八識名阿賴耶，一名如來藏，所謂白浄即在其中。七識但能思量，而分别用事則六識也。六識所用，八識隨之；六識事已，八識藏之。世法以起念行事、安分時宜而決之，則善惡當否犂然；充類致盡而惡之〔三〕，則皆心識所造也，無心則免矣。恨不一刀兩斷，果可斷乎？不得已而曰：苟如嬰兒，又何過焉？故曰：『集起名心，思量名意，了别名識。』一切謀慮詷械，皆比量偏計爲用，以至非量；若現量心，一切固平善也。精而析之，赤子亦妄誠也，明則不明也； 必通先後天而明其所以然之理，主僕秩敘，歷歷孤明，乃不受惑。由明以通神明，則此量爲觀察之政府〔四〕； 銷鑛成金，大其赤子，功莫最焉。明養于神而用其神，則依然攝乎現量之知，稱性分别而已。正鐸以理決之曰： 現量、此量、非量〔五〕，君在臣中，一來俱來，物則即是帝則，當然即是本然。心外無法，法外無心，内外先後本一者也。與民正用，安所迴避？苟無自欺，隨分本平泯也。别傳善巧，煅煉堂奥，教亦多術矣！識得知解起處，即與知解儔侶； 或尚明或尚晦，烏可執耶？上根者少，詎免訛傳？所貴大死甦來，然且識法者懼。

客曰： 黄帝經曰：『六合之内，不離於五。太陽、太陰、少陽、少陰爲四種偏高之人，惟陰陽和平之人居中。此五種之屬，各有五五二十五種，則凡人也。』然則得天地之正氣者如此少乎？

曰： 内經因問運氣經絡而知心之大小、高下、偏正，此其槩也，皆就後天之質，而言其獨性之靈蠢也，以此質測，易簡而約知之耳！人受天地之中以生，故靈于萬物，此擴而約知者也。天地同根，萬物一體，此又擴而約知其本同者也。天眞篇曰：『眞人提挈天地，把握陰陽。』夫恬愉自得即不爲陰陽所累，而況通晝夜而知者乎？即差别是大本，舉其同然歸于平平，是公理也。戴侗曰：『質論人性，止是無所不學則無所不能者耳！』如水汙之而本體自在，澄之即見其初，不謂之善而何謂耶？即曰鏡照好醜，夫能照好醜之鏡非好鏡耶？況鑄之、磨之、藏之之善用可暴棄耶？聖人就民視聽，而質論即藏通幾矣！故或統言三才，或無人物，或專言人性。試會通之，理本自圓。或即流而表源，或稱先以化後。權在政府，宰民并以宰君； 主僕一家，森森即是渾渾。果會通乎？何礙偏舉！

客問： 黄帝五中叶于小衍，是别是總，亦可詳言之乎？

答曰： 言善，言惡，言爲善爲惡，言無善無惡，是四説也。統其中而無先後，絶對待貫對待，無心有心，皆一者，非至善耶？或曰源頭自清，先善而後惡； 或曰物極必反，惡終歸善； 或曰善中有惡，惡中有善，不能禁世之無惡，而當隨拈其善以化之； 或曰惡既已化，善不自名，赤子習氣，惡亦是善： 此亦四説也。尊先天者曰： 善惡皆因人事而名，天道有何過患耶？然追封之，何妨名之？質核者曰： 迅不停機，習伏衆神，任其各習，而公道終不可昧； 本不自知，而知即無知，惟知之而乃不惑，統其中者此乎？明堂正令曰：『以性爲善，探本心所自具也； 以性爲惡，極食色之所至也； 以性爲無善無惡，而曰不任食色之所向，非盜鍾掩耳乎？』決曰： 人生惟此日用，法明正用，教必正名，隨汝言性善耶？

學問茶飯，必言善用。若言性惡耶？尤當善用；若言無善無惡耶？尤當善用。即用是體，何故贅疣？必有事行無事、不害天下萬世者，方享其本來之不變。一揚至善，豈非萬古位育哉！莊子曰：『聖人達綢繆，人則從而命之也。』愚曰：不得已而名性、名道乎！人則從而名之也。無名而名，當名者即本無名者，曾豁然耶？且説不徒法、不徒善、時中統類之大人，是名善耶？惡耶？醫王明運脉症藥之故，不執古方，能用古方，應病予藥，名作善醫耶？惡醫耶？五乘歸于一實，遇緣即宗。浮山遠曰『成佛之後，由菩薩行』，『事圓理畢，平懷常實』，必不名惡知識，而名善知識，是何幾耶？或曰：就民之視聽也。夫斯民之公道，是何幾耶？一自覺而全理和平，則山河大地、水鳥樹林無有不善者，是何幾耶？故曰：無名則已，名則名之爲善。

問：中庸言性，與易言性，有别乎？

曰：中庸以三句約萬理矣。易傳又以『天命之謂性』一句析爲三句而言之，蓋從本體上合質通之幾也。繼善成性而道陰陽，誰是統仁智百姓之君子，而容萬世之專門攻玉耶？鼓萬物而不憂之體，即在聖人之憂中。或出或處，或默或語，謂之不落語默、出處，可乎？以不用善其用，以用善其不用，張弛代錯，自不容已；猶不信公因泯反因，而善用貫有無之深幾神哉！微危妙叶，總别同時。若非死心參究，何能折合無疑？

問曰：人情孝父不如愛子，聖人教孝詳于教慈，何耶？

曰：叮嚀其向上耳。

曰：然則性有率之而不善，必待于修道主教之聖乎？是性有不備矣。

曰：聖非性中之聖耶？天待日而後明，可曰天不備？可曰天不善耶？核中之仁，根幹花實皆具，汝見之耶？汝以不見爲不備，又何怪焉！人用之而有善不善，益可以信性之本善矣！故曰：衆人生性，聖人始是成性。聖人見物即見物之則，知天即知天之理，舉性即尊性之德，情復性而情中節，即費見隱，而邊皆中矣。衆人隨氣質而不知其性之理，但順流而率情耳。率性之謂道，率其天然之秩敘也；修道之謂教，表此公理而析中于事事之中節也〔六〕。經絡脉理，身不自知也，不中節則病矣。聖人之表天下，猶一身也；四時運序，天不自知也。聖人之于萬物，猶四時也；窮理盡性以至于命，不知其然而然，天何言哉？教則止言其理，而詳節于事。緣督以爲經，即達道是大本者也。自誠明謂之性，自明誠謂之教，此第二句、第三句之釋也，天命之性何容更舉？故曰：第二句、第三句即第一句。

或問：性以理言，命以氣言乎？

曰：將謂氣聚則生、氣散而死者，命根乎？將謂不待生而存、不隨死而亡者，性體乎？神明者得其實際，用其通幾，不二而不執一也。四端之心盡乃能知性，而知性即所以知天。彼求知天于陰陽之説者，外矣！不離陰陽，能轉陰陽，即陰陽以徵知之，則一陰一陽之謂道即繼善成性之用也。幾希之心存，是爲養性，而養性即所以事天；彼求事天于主宰之帝者，疏矣！即心是主宰之帝，而尊稱帝以神其主宰，是亦養養事事之幾也。知所謂性而存心以致其養，善養其性而盡心以用其知。事之、物之，覆載皆身；依之、游之，膏沐皆修。而修身即以立命，彼求立命于夭壽之數者，末矣！彭祖亦夭，顏子亦壽，而夭無礙、壽亦無礙矣。凡夫聖人共此者，性乎？言性則期于盡私，求盡其性之所欲，而秉不彝矣！故言一定之命以矯之，使有制伏而不敢騁；夫是之謂以命忍性，不以性衡命。彼若獨豐、此若獨嗇者，命乎？言命則主于安，苟安于命之所限，而降不衷矣！故言本同之性以振之，使有所鼓舞而不容罷；夫是之謂以性立命，不以命棄性。

或曰：是則應病予藥而時出一説耳！言性所自而曰天命之謂性，究何謂耶？

曰：孟子注之矣。莫之爲而爲者天也，莫之致而致者命也，不可知之謂神；言天命言天命則無不可容其怨尤矣。子所以孝，臣所以忠也，此聖人之一其致也；則無所容其怨尤矣。智無所用其謀，勇無所施其力也，此聖人之密以宥也。

或曰：不可知則委之乎？

曰：盡其可知者，而不可知者自致也。聖人就可知之物，而神明其不可知之理；即以日用可知之學，而藏其不可知之天。俯仰遠近，範圍三五，仁智百姓，曲成不遺。豈曰荒委混湜，而不盡繼善官天之職哉！一絲尚疑，請自剥復而研極之。

或曰：物之吉凶、生死，皆以其性自爲其命，弗可奈何矣！或曰半天半人；或曰言天則無人，言人則無天；或云統之曰性，降于人曰命，氣足而知覺用之曰心，自踐其形曰身，與天下共之，名之曰世。

平叟曰：吾安知性命之先後哉？立其在我而已。我本無我，而皆備于我者也。我用性，性用命。夫無善惡而善惡依焉！不定而一定者，此性命之才也，知止至善者在我也。雖然，安知吾之自主者不爲命乎？因而決之曰：俱不是而使歸不可知之天者，所以轉物之權，使自求其主中主，而即能自主者，究竟予人以權。由此言之，因物、用物、轉物而盡人即天者，非理之至公者乎？非天命之至神者乎？故曰：一門深極而精致神明，反復剥爛而不惑不動，究竟無息而神藏諸用，此元元本本而當當者也。俯仰遠近併爲一畫，則萬物皆備于我； 萬物皆備于我，豈復分物我？又豈待合物我乎？是謂窮理盡性以至于命。知其故矣！忍性、盡性、節性、率性、見性、無性，本一貫也。

問曰： 君子以論先天下，不務立其道，而徒護性善之名，使天下恃性以往者，危矣！儒執禮義爲性，俗執食色爲性。惻隱愛也，食色亦愛也。知義而恥不義，知富貴而恥不富貴，是生于好勝、形于不及羣而有也。若斷愛根，非土木耶？若滅恥心，不如禽獸。以是而言率性，稍涉勉强便云非性，勢必公然縱惡乃爲眞耶？君師不已危乎？夫言性善者以實爲道之本然也〔七〕； 本然之理自歸本然，不必鉤深疑性而混其道也。言性惡者以重爲道之當然也； 當然之理即是自然，不必誣性而罪天也。

答曰： 一切皆性者，大之也。大固善也，善用其性而享其大。此善用之靈明，非性所自具者乎？性無爲，心有覺，動念、行事過當，乃有不善耳。果能不動念、不行事耶？有動上之不動焉，有事所無事者焉。故于物而明其則，于事而素其位，于時而措其宜，約于自反而養于全知後之無知，是逆泝順理之幾也。知即無知，子奉其父。性之塞兩間也，理之塞兩間也，本泯而左右逢源者也。遏惡揚善，止于至善，萬物以聲光用其生機，揚之可不重乎？

問曰：　君子所性仁、義、禮、智根于心，宋儒尸之。今掩四端以言性體者，止謂其氣質耶？抑重信耶？抑諱名耶？

曰：　天無春夏秋冬，而春夏秋冬即天也，猶不悟耶？核中之仁，與根幹花實之樹，二耶？一耶？貫核仁根幹花實者，生理在生氣中，猶不信耶？或姑舍其分名而會其總耳。或剔出其氣中之理而標之，或洋舉其統理氣之理而一之〔八〕。拘者外理于氣而執其名，蕩者執一而荒逞矣。即依汝云性無不是，寧許執嗜慾而芟仁義于性中乎？萬物一體之仁，各得其所之義，乃本具也；　不昧同體之仁，善用差別之智，所謂致也。君師論常〔九〕，順情田而畜靈仁義之實，中節而已；　所以中節，中和而已。絶嗜慾者藥也，又掃仁義之名亦藥也。君子不謂性，不謂命者，節人之有餘，而正表其主以統僕耳。主統僕者，中制餘而用餘之説也。然而性有獨至，用有偏勝；　賢智之過，其聖人之大黄、附子乎？理得而成位乎其中，惟聖人神明之。凡人氣勝其志，蔽不見也；　若不洗磨，何能精一？

客歎曰：　食色謂性者昧性之德而外之，必至殉形而失性；　索隱者遺形色而内之，必至黜形而鑿性。惟知形色天性爲一，而後廣大精微，高明中庸，无妄、大畜，一多相貫，而更不作有無之見矣！

愚者曰：今豈無倚形色即天性而率獸者乎？如田駢之謑髁縱脱、舍是與非者，正其標奇以駭人者也。孔子曰『有物必有則』，所以破踐形之訛似也。格知物則，全樹全仁，而護幹灌根之日用中節，歷然不可壞矣！

問：以性静情動定性善情惡之説，可乎？

曰：一端也。『正大而天地之情可見矣』，『聖人之情見乎詞』，情亦善也。聖人才三而物各成才，才亦善也。縱情而不中節則惡，斷滅以爲無情亦惡。至人無情無不近情，但化其驕妬鄙吝之我，善用其心，即謂無心，豈必土塊彼淬礪之偏詞爲破執而製藥耳！

問：宋儒氣質之性、義理之性，果可分乎？

曰：委氣化者但言子得其母，精其源者乃明子生于父。好渾淪者嘗言一家，明統御者必言一家之主。六合萬古，一氣而已！聖人知所以爲氣者因而理之，所謂心與理來而理與知泯者也。特尊之以修教，曰於穆之命自命，氣數自氣數，降衷之性自性，氣質自氣質，此孟子之兩不謂也。因以心理其事，事理其心，灼然分即是合而離微之，使人格致，乃專而通，心物交泯，事理豈二？全盂是水，全盂是潤，全盂是甘，此一喻也，曾知味否？故曰氣無在無不在，理亦無在無不在。曰無在者，不物於物也；曰無不在者，物物者也。今深談者止以生前生後相奪相化，而聽者遂顢頇矣！既曰生後之樹即未生前之仁，則根幹花實之中節秩敘歷然，又可混乎？仁即是樹，則仁中之秩敘歷然，又可混乎？理欲憂患，戰勝而肥；無我備我，先咷後笑。約萬事而理其要，公化私而私亦公矣。就一念而提其因，先化後而後即先矣。精而致其一，中統偏而偏亦中矣。精入神而神不自知，何容言乎？惟天下至誠爲能化，化豈可以致力？而況虛談乎？盡心而已。人肯盡心，欲即無欲。循理故静，是眞無心。快口無心，非蟲豸即横竊也。似是之莠，惡能不芸？

形爲氣所凝，神爲氣之靈，聖人見其中之理而表之。嘗因物、事、位、時而顯，因心而知，知其故乎？此折攝之言所由起也。如曰形不是氣，又曰形即是氣，可乎？如曰神不是氣，又曰氣即是神，可乎？理不同于神、氣、形，而在神、氣、形之中，因心而知。心不生時，理何在乎？此泯也。泯乃本泯也。不以自受用之心自不知，而謂兩間無此理也。惟聖人然後可以踐形。向正行者言『氣』之一字，乃所不甘；向了當人言『性』之一字，吾不喜聞。

性以氣爲質，凡夫所共見共知者也；氣質中之理，則其所不見者也。因天地已分後之氣質，而舉出天地未分前之氣質，此智者之巧也。貫混沌與開闢，乃能不作兩橛。偏人便倚貫混、闢之氣質，而聖人必表其貫混、闢氣質中之理。一表之而即化其氣質，即用其氣質矣。立教之言，皆略人生之有餘而舉人生之所不足，淺言已甚，則與人生相反；聖人止舉其中道耳。如來發明五種中道，所謂即程途是究竟，而遇緣即宗者也。因疑激悟，是通塞之幾也。一味造疑藏奸以稱尊，不盡爲所欺耶？今日具全眼者，安得不一正決？

人身一元氣也，通身皆靈知也；寒暑中于皮毛而臟府不知者，何耶？經脉時動而心不知者，何耶？由此證之，知與不知爲反因，正用知時，其不可知者即在其中，急曰知即無知，不亦可乎？公因何在耶？可指者中和，中和之可指者中節而已。舉此不可知之神、不自知之密以消心則已矣，衒此不可知、不自知以匿影詭駭也，可乎？故曰知而無知，不是不知而説無知，恐其專取無記之混沌，而執昏昏默默以爲道也。言空虚者，破氣質之執；必言理，乃破氣質與虚空之弊。理且破理，而理與事泯，智與物泯矣。以不用善其用，而以用善其不用，則善用爲經矣。故決曰：無心則泯善惡，而善用則貫有無。此言人生必不免于用，而用必中節。謂之踐形，即是忘形，恐其托於無處不是之洸洋，而執昭昭靈靈以爲道也。

周元公曰：『性者，剛、柔、善、惡、中而已矣。剛善爲義、爲直、爲斷、爲嚴毅、爲幹固，惡爲猛、爲隘、爲强梁；柔善爲慈、爲順、爲巽，惡爲懦弱、爲無斷、爲邪佞。惟中也者，和也、中節也。聖人立教，俾人自易其惡，自至其中。』又曰：『誠無爲，幾善惡。誠則無事矣！』潛草曰：『正信則自敬，敬則入誠明，確然不惑，始是眞不動心。』行無事必有事，毋自欺而好學，享其中和，豈復作有無之見？

校記

〔一〕此　當作『比』。
〔二〕究　疑當作『竟』。
〔三〕惡　疑當作『思』。
〔四〕此　當作『比』。
〔五〕此　當作『比』。
〔六〕析　當作『折』。
〔七〕爲　原無，據後句『以重爲道之當然也』補。
〔八〕洋　當作『渾』。
〔九〕論　當作『倫』。

方以智全書之六

一貫問答

張永堂　整理

整理説明

一貫問答，不分卷。

一貫問答的寫作與完成大約與性故同時，即清順治八年（一六五三）左右。該書完成後，又陸續有所增補。

全書共五問五答：依次爲『問一貫』『問格致』『問仁智』『問忠信』『問克己』。『問一貫』闡述一以貫之的道理，可視爲全書導言。後四問則是以一貫之理闡明學界長期爭論的四個議題，意欲會而通之。

一問一貫。『一貫』語出論語衛靈公。方以智以兩端用中解釋一貫：『一多相即，便是兩端用中；舉一明三，便是體統相用。若一多相離、體用兩橛，則離一貫之多識，多固是病；離多識之一貫，一亦是病。』方以智又以大易圓∴三點解釋一貫：『合看圓∴之舉一明三，即知兩端用中之一以貫之，則三無非一而無非中，四不得中，無五無非五矣。』又説：『透過大易之一多相即與華嚴之陰陽參伍，則可以六經、五燈作家常伎倆矣！』可見論語一貫，通大易圓∴三點，又通華嚴陰陽參伍。總之，一貫即一多相貫、體用合一、存泯同時，即圓∴三點。方以智一方面認爲一多相貫，既不可執一，亦不可執多；一方面認爲聖人之幾本一，而一卻在二中。

二問格致。『格物致知』出於大學。方以智把大學八條目化爲心、物二條目，而以大學的心物一貫會通中庸的内外一貫，進而指出心物内外一貫，此即『合内外、貫一多』，目的在矯正心物、内外兩橛之弊，同時化解程朱、陸王格物之爭。

三問仁智。『仁智』語出論語雍也及易系辭上。方以智認爲仁、智雖可以分言，但兩者本來合一，終究仍是一貫； 由仁、智一貫，進而智、仁、勇三達德一貫，進而仁、義、禮、智、信五常一貫，進而儒、佛一貫，最後以智統仁智，『智即心也』。方以智在仁智中强調智，即以出世之智而行入世之仁。以仁智分别而言，仁是入世，屬行、誠、物，智是出世，屬知、明、心； 以仁智一貫而言，則智在仁中，出世在入世中，知在行中，明在誠中，心在物中。

四問忠信。『忠信』語出論語學而及易乾文言九三。方以智採納楊簡『無思無慮即忠信』之説，認爲無意就是忠信，就是誠意。他説：『無心即是直心，無意即是忠信。無意者誠意之至。』劉宗周主張誠意，王畿主張無意，兩派爭論不休。方以智認爲誠意之至即是無意，兩者相通，可以一貫； 忠信就是直心、眞心、無心、無意、誠意。

五問克己。『克己』與『由己』皆出自論語顔淵。方以智解『克』字爲盡、爲能：『克之言盡也、能也，爲其克而能生也。』故説『克己即由己』，克己就是盡己之心之仁。方以智由克己之仁推至復禮，進而推至踐形，因此説『復禮即是踐形』。華嚴極於事事無礙法界，正是復禮踐形之實相義。總之，『克己即由己』，克己與由己一貫，即仁與禮一貫。

以上五問討論的都是思想史上長期爭辯的議題，方以智一以貫之，不作兩橛，但仍不忘窮其差别，主旨仍是一在二中、藏虚於實。忠信如此，格致如此，仁智如此，克己亦如此。

最後，方以智以佛之三諦釋一貫，可以説是一貫問答的結論。方以智以三諦釋所以、何以、可以。『所以』就是不落有無之太極，即中諦、正因；『何以』就是妙無極，即眞諦、了因；『可以』就是妙有極，即俗諦、緣因。又以圓∴三點申論一貫之旨，作爲總結：上一點『所以』在下兩點『何以』『可以』之中，亦即公因在反因中，悟在學中。即使領悟了一貫之理，仍須以學問爲茶飯。『君子一顆印』，即學而不厭之謂也。君子不可持一偏之見，必須認識『恆一是三，恆三是一』的道理，認識兩端而不陷入兩橛，知二仍須知一，并知一在二中。全文所謂一貫者指此。總之，方以智以圓∴三點會通儒家長期論爭不休的格物、仁智、忠信、克己等議題，進而會通三教，以爲都是一多相貫，有分别而無分别，無分别而有分别。最後歸於明善實學，總歸於孔子『學』字。

圓∴三點是方以智重要的易學觀點，此一觀點已見於易餘，但在一貫問答中纔正式提出這個符號，到了東西均的三徵纔專章加以系統的發揮。我們可以説圓∴三點之説貫穿於易餘、一貫問答、東西均三書，它是易餘的結論，也是東西均的導言。方以智圓∴三點歸於『一在二中』『藏一於二』，因此『藏心於物』『藏仁於智』『藏無意於誠意』『藏克己於復禮』，乃至『藏悟於學』『藏理學於經學』是必然的結論。方以智一貫問答即『藏一於多』，與上述觀點一致，都反映了明清之際思想史的變化。方以智以圓∴三點會通儒、佛，這是他逃禪初期關心的議題。因此方以智在討論了一貫、格致、仁智、忠信、克己等議題以後，用了很長篇幅討論圓∴三點與三諦的會通問題，而此一儒、佛會通的努力也是後來冬灰録的宗旨。

王士禛感舊集及光緒六年桐城桂林方氏家譜皆列有一貫問答，孫殿起清代禁書知見録亦列此書，并云有刻本而『無刻書年月，約康熙此藏軒刊』，但迄今未見。現只有方以智後人方賓仁抄録本，共六十六頁，單頁九行，每行二十字，共五十二段。本次校點所據即此抄本，分段亦依此本。

張永堂

二〇一五年九月

一貫問答目次

一貫問答

問一貫

曰：聖門之幾本一，而本不執一，其圓如珠。朱子曰：『以一理貫萬事。』未嘗不是个『理』字，而聖人不説定『理』字；分明是『心』，而聖人亦不説出『心』字。試看孔子一呼，而曾子唯矣。及對門人，便換一卦，一个字換作兩个字。設有人再問，曾子決又變矣。不能變即是不能權；不能權，不可與幾；不可與幾，豈可謂之貫！當機覿體，兼帶縱横，希爛囫圇，何嫌註脚！老子曰『得一』，堯舜曰『中』，繫詞曰『貞一』，信心銘曰『一即一切，一切即一』，當下看破，何在不是。如何是『一』？曰：『乾、元、亨、利、貞。』如何是『唯』？曰：『煙、煎、乾、顛、邊。』然未能蒸透『一以』二字，挼團『貫之』二字，所呼之『吾』，『吾』是甚麼？『吾』何有『道』，『道』是甚麼？只管隨口亂統，又是糞土砂糖。

世知言一貫矣，必每事每物提之曰『勿背吾心宗』，多少迴避，多少照顧？偶然權巧可耳，以爲絶技而習之，豈真一貫者乎？究竟一際相應之寔相，茶則茶，飯則飯，山則山，水則水，各事其事、物其物，如手其手、足其足，而即心其心；　未嘗有意曰：　吾持時貫心于手，行時貫心于足也，此天地之一貫也。　贊述罕雅，分合淺深，隨處自得，不待安排。華嚴樓閣，正是擊石翻身，後之大車，而前此乃方便耳。　正信之子，只學天地，更爲直捷。　是故設教之言必迴護，而學天地者可以不迴護；　設教之言必求玄妙，恐落流俗，而學天地者不必玄妙；　設教之言惟恐矛盾，而學天地者不妨矛盾。　不必迴護，不必玄妙，不妨矛盾；　一是多中之一，多是一中之多；　一外无多，多外无一：　此乃眞一貫者也。

一貫者无礙也，通晝夜而知；　本无不一，本无不貫；　一眞法界，放去自在。　若先立一意，惟恐其不貫，惟恐其不一，則先礙矣！故有爲礙所礙，有爲无礙所礙。　于四不得中始得一貫〔一〕，若是執定四不得，則又爲一貫所礙，是爲死一，非活一貫也。　直須磨碎一貫籤題，碾爛无礙窠臼，則托意爲玄妙、迴護之鬼話，原自正經；　信口打兩舌散板之葛藤，俱成秘密。　然須知官天、繼善之正一統，方是不知不識之順帝則；　含哺鼓腹，庶免賊魔偷卻那伽大定耳！

一多相即，便是兩端用中；　舉一明三，便是體統相用。　若一多相離、體用兩橛，則離一貫之多識。　多固是病，離多識之一貫，一亦是病。　最捷之法，只從絕待處便是。　兩間无非相待者，絕待亦在待中；　但于兩不得處，即得貫幾。　以先統後，即无先後；　二即是一，

『統』字、『化』字、『无』字，俱是一樣。

則无二无一。孟子『塞』字最爲得神，子思剔出『至』字，易經標出『太』字，此與『超』字、

隱怪是執无，遵道是執有。世自遯世，則不落有无，唯聖者能之。此乃剔出聖體，與人着眼，而无可无不可之庸用，則圓∴環中矣！龍德而隱，亦剔出費隱之體而言之。遯世豈隱士哉？乃藏天下于天下而不得所退也〔二〕，此大宗師一篇泯天人、化眞知之眼目也。須看莊子『所遯』之『所』字，與觀音『入流忘所』同。人執逢世與執出世〔三〕，皆有『所』而昧『遯』者也；聖人遊于物之所不得遯而皆存，即无悶不遯之遯矣。肥、嘉、好、係、執、厲，即潛、見、惕、躍、飛、亢；而亡『所』之遯，以體潛而遊六，即體肥而游六也。六十四卦皆潛，即六十四卦皆龍也，堯、舜、伊、周，皆中庸遯世者也。混沌遯于天地，太極遯于卦爻，古今遯于現前，寂滅遯于法界；佛、老之庸，遯于佛、老之中；孔子之中，遯于孔子之庸。衆人不知无悶之潛體，而味于所遯之情用，故執求多悔。聖人成能，不廢述行，則悔亦无悔矣。潛之妙極于亢，肥遯之妙始于厲。蓋復初即勿用之大用，而時乘六龍之初體；惟潛遯確不可拔，爲眞常法身。隱怪之奇變，可寓化身；遵行之規矩，可寓報身。夬亢以直其潛復，肥感以革其小貞。孔子獨于亢龍稱兩聖人，而子思舉遯世以贊聖者之能，正喚醒人于體處見用，而後知全用是體也。子思眞神于讀易，透悟乃祖雜卦傳結尾顛倒決過之旨

者乎〔四〕？

大學心有所是，有病；心不在是，无病。去健羡，无適莫，无可无不可，則不落有无矣。執則俱病，化則雙妙。莊子言『照天』『寓庸』，即是庸有，此妙有也；其曰『環中』，即『未始有』，此妙无也。中是妙无，庸是妙有。无妄是妙无，大畜是妙有。天是妙无，地是妙有。德是妙无，業是妙有。知崇禮卑，進修即是崇廣。悟學妙无，博學妙有。細分有无，則兩端之中又有兩端；交綱連枝，无不回互。究竟妙无即妙有，猶眞空即幻有也。我特要裂破之，説个不落有无之妙无妙有。會者妙會，豈可執定我所説耶！總來地之成能皆天，夜氣用于日中；下學上達，即是貫代錯之眞天。卦爻无不反對，而貫其中者即是貫寂感之易，即是貫震艮之无息，即是貫是非之公是、化善惡之至惡〔五〕，即是貫生滅之眞如，即是貫去來之无住，即是超羅漢、菩薩之佛，即是融性相之无性實相。合看圓∴之舉一明三，即知兩端用中之一以貫之，則三无非一而无非中，四不得中，无五无非五矣。透過大易之一多相即，與華嚴之陰陽參伍，則可以六經、五燈作家常伎倆矣！然未大透徹得到『由己』田地，則捉个不落有无、捉个无所得，依然是病。

有事勿正、勿忘、勿助，正恐其落无事窟求休歇也。不得管帶，不得忘懷，即是此事。行无事者必有事，即透徹交濟之反因，而受用一貫之公因。勿正則不執上點，勿忘則不執右點，勿助則不執左點；　一切俱從兩不得逼至三不得，知到三不得，即三皆得矣。知有此事，遂可了事；　既然了事，了事无事；　无事之事，何妨多事。心即是天，天休歇耶？自强不息，於穆不已。无住生心，正以能休歇，乃知此无休歇處；　知此无休歇，乃爲大休歇。放下着，擔將去；　此即殺人刀，即此活人劍。

校記

〔一〕得　龐樸注本作「礙」。下同。

〔二〕退　龐注本疑當作「遯」。

〔三〕逢　龐注本疑當作「遯」。

〔四〕決　當作「夬」。

〔五〕至惡　當作「至善」。

問格致

曰：邵子云：『以物觀物，猶以道觀道也。』『道不離物，物有本乃有末；格物爲事，事有終必有始。』『上一句先説本，下一句先説終，毋乃顛倒乎！須知一本一終，源流並握，知至至之。易智信于水土之位，縫亢潛于亥子之交，正所謂『乾知大始』、『大明終始』者也。仲輿云：『知譬則火，物譬則薪。火麗薪而然，知燭物而至。離薪則火熄，離物則知隱。物以形體言，事以作爲言；天地間无非物，職分内无非事。治平八事，出知只六事内〔一〕，八者非可執次第而言。舊説泥矣，姑析言之：心以意、知爲體，意、知以物爲用，總是一心；離心无物，離物无心。但言心者，包舉而不親切；細推及意，又推及知，寔之以物，乃所以完知分量而明諸天下者也。心本虚明无意，鑒空衡平，有何不正？諸妄從意起，故正心先誠意。意動心自知，知覺妄即破。此知常存，妄自不妄，故又先致知也。至此難言所先，惟在事理通一，格物物格而已！知由意運，亦由意昏；意由知起，亦由知化。一覺則萬慮自清，而石火電光、一曲之明作不得主。透不過事，轉不動物，爲勢所眩，利害所阻，表裏不洞達，心境不圓通，施爲不恰當，即是知不能格物矣！』愚曰：動上有不動，豈守无意以爲无意乎？知致則意亦无意，物格則知即无知；因觸而通，格合外内，則心物泯矣！

格，至也，方也，正也，通也，感也，有『格君心』之『格』義。子詔記杖人説曰：『明明德即致知也，止至善即格物也。大學无格物傳，即在好惡自慊中。好好色，好至矣；惡惡臭，惡至矣；而物不已格乎？知不已致乎？意不已誠乎？』吾師此指，若決江河。物物而不物于物，格物物格，心物不二，即可謂之无物，无物即是无心。踐形、復禮、博文，俱是打通内外，不作兩橛。祖師令人于機境上迸破，正是此旨。『若能轉物，即同如來』，以此合參，更見全體作用；一直輥去，自然不落兩邊。其執『格去物欲』之説者，未徹此耳。心一物也，天地一物也，天下國家一物也，物格直統治平參贊，而誦詩讀書、窮理博學俱在其中。但云『今日格一物、明日格一物』，以爲入門，則膠柱矣！知即是行，誠明合一，非『窮理博物而一旦貫通』之説，亦非『既得本莫愁末』之説；然未嘗不可曰『窮理博物而一旦貫通』，又未嘗不可曰『既得本莫愁末』。至于善巧方便，更不拘此。盡心者果能當下豁然，心、意、知俱无，並甚麽『覺』字、『明』字一齊打破放下，更有何物可格？此是格致到極化處，便刻刻在事物中打滚放賴，不沾灰矣。此處難以語人！

唯識論以『集起』名心，『思量』名意，『了別』名識，袁中郎便云『大學无第八識』，此眞井蛙看字眼矣！大學以一个『知』字包天包地，原非兩個。教家以无分別之眞智爲般若，以分別之妄識爲煩惱，又何異天理人欲之分兩邊字面耶？化欲之理，即統理、欲之天理，層樓乃是一屋，分别即无分别，可了然矣！

聖人廣大精微，只是善因爲革、革亦爲因，故能盡性盡物、化育參贊，而萬世不知其功。其曰『行人難行、忍人難忍』，乃先難法製之藥；『忠信篤敬』，『不厭不息』，一个『慎獨』，即塞天地：此聖人之所貴動心以知不動，忍性以知不忍也。佛祖三藏、五燈，老莊正言若反。千枷萬鎖，濺血刳腸，總是磨見獨之金剛鋒，淬安生之匕首藥。以見獨即爲至慎，无生乃能自安，此一方便，可謂最妙。好高奇者，聽着白髮三千丈，要尋遠山青又青；膠習藥語，刻舟求劍；遂有專辣拂性〔二〕，離棄一切；以爲行人難行、忍人難忍，使人不可及，號爲絶頂。其始能行之，而後多不能自行，況責天下人乎？『但中』尚爲佛教所呵，而況『偏眞但空』乎？今時雖斥二乘，而未免依此以换人眼，不則根小，故聾啞于華嚴者比比矣！邵子臨終，開兩手示伊川曰『面前路徑須寬』，是也。道不遠人，人之爲道而遠人，不可以爲道。鳶飛魚躍，即性其情。然世界皮厚已極，亦不可少此絶頂高奇之毒，以格塞世間之熟流〔三〕，作蛾眉天半之涼散也。中庸則並蛾眉、熟流而泯之，而又容之，此所以爲中庸也。中以内攝外，庸以外攝内；无内外而不壞内外，乃爲中庸。中如庸，庸如中；古如今，今如古；凡如聖，聖如凡；心如境，境如心；佛如魔，魔如佛。以此覺體无成壞，内外如如，自然平等；不必解定平等爲如如，而自如其如，无往不自如；高平俱是平，參差俱是等，中邊俱是中，奇庸俱是庸。異即无異，動即不動，故曰『如如不動』；非以我如眞如，若賢賢之解也。

『中庸不可能也。』一切不居，一切俱渾，自然到此；到此依然好學不息，是謂中庸。纔欲竭力以爲能之，已非中庸矣。中庸時中，一時自有一時之中；前後不相到，而中節恰當。斷不矜高，而高不可及；斷不好奇，而奇到極處。无過不及，而不可以无過不及爲中；不在兩邊，而不可以不在兩邊爲中。如蹈白刃，亦有蹈白刃之中庸；辭爵禄，亦有辭爵禄之中庸。中庸與鄉愿異處在此。時時直心，時時是中。无心即是直心，直心只是一眞。周子曰『誠无爲，幾善惡』，誠則无事矣！剥復繼以无妄，无妄繼以大畜；『无妄之往，何之？』『多識，日新其德。』此即修詞立誠、時中寓庸之道，即天全用日、日妙代月之道也。誠到无妄，則誠僞善惡所不論；學到大畜，則一多損益所不論矣！至矣！

校記

〔一〕只　當作『止』。

〔二〕辣　龐注本疑當作『竦』。

〔三〕熟　上古本作『熱』。下同。

問仁智

曰：虛舟師曰：『入世以悲爲體，悲則與物爲一；无悲則佛命自我斷矣。出世以智爲因，智則與物无競；无智則佛慧自我斷矣。入世之悲亦是智因，出世之智亦是悲因。悲是因，衆生是緣，即生種種度生之法，而度即是智。智是因，理是緣，即生種種窮理之法，而理即是仁。智以靈明爲知，仁以通貫爲行；究竟知行誠明合一，則仁智本合一也。』愚者曰：『仁者見之謂之仁，智者見之謂之智，百姓日用而不知。』仁智多了一見，百姓少了一知。聖人知而无知，見而无見，不事知見，而无不可用之知見；則仁智之見，百姓不知之知，聖人皆能容之，皆能用之。用即是體，分即是合。知之所到，則性命交關，總貫此處；精神所聚，則天地、古今總歸此眼。圓滿周偏，覿體靈明。醫言一身不覺處謂之不仁，總是一心，不必自解其非二也。故分言智動、仁静，智及、仁守，智利、仁安，似乎瓔珞紛綸，只是圓光一顆。用仁智者禮也，歸仁智者信也；故禮處南方致用之地，而信則收智出仁，爲貞元始終之位。義以成仁智，猶秋以成春冬，即仁者之勇，所謂金剛心也。圓覺表金剛藏菩薩，毘盧有師，法身有父；此皈依者必先皈依金剛上師也。故仁、智、勇爲三達德，而禮、信在其中。

智、仁、勇即是三諦。論語嘗舉不惑、不憂、不懼，故中庸括舜之知、顔之仁、路之勇。知統一切，仁入一切，勇斷一切。因孔子言三近，而愚以三諦近之。大約貫、泯、隨即理、行、教。統則自貫，入則能隨，斷則能泯，究竟一三三一，无分別也。

裁義即勇，復禮即仁，眞信是智；猶重卦爲六爻，六爻兩合之，一與二，二與三，三與四，四與五，五與六，則共有五象。洞山之『疊而爲三』、『變盡成五』，乃天地之至理至數也。六爻五象，餘一爲閏，猶支之餘干二也。五常餘勇，勇爲金剛上師，初、後以之，當位夏季，而與義同收成之用，秋之前猶夏之後也。中五爲土，土當屬信；北方爲水，水舊屬智。乃者文王開頭繫曰『乾，元、亨、利、貞』，此以貞信居冬，而換智爲乾，以統四德，豈无説乎？乾知大始，知爲道源，乾是健行，明知、行合一也；易信于智位，示明、誠合一也。一生水而始，五生土而終；乾始而貞終，即知始而信終。故曰『大明終始』，故曰『下襲水土』。五音終羽，水之位于西方〔一〕，而立宮土之始于子位，豈非有妙叶者乎？

心王若正，則十大弟子即自心十善數：富樓那，謂想也。迦葉，善欲也。迦旃延，論義更樂也。身子，慧也。優婆離，念也。謂念持不忘。羅云，思也。密行。善言，解脱也。阿那律，憶也。大眼，開天眼。目連，定也。阿難，痛也；痛通言受，謂領納也。〔二〕華嚴十藏曰：『信、戒、慚、愧、聞、施、慧、念、持、辯。』十度曰：『施、戒、忍、進、定、慧、方便、願、力、智。』愚開恥、願、力、巧，與六爲十。十不出六，六即五，五即四，四即三，三即二： 曰仁、義，即仁、智也。總歸于知，知即心也。曰『好學近乎智』，則了悟爲大智；『力行近乎仁』，則自在爲大仁；『知恥近乎勇』，則解脱爲大勇。然智不學則蕩，仁不學則愚，勇不學則亂狂，故必以好學爲首，而義悟于中。

校記

〔一〕西　龐注本疑爲『北』之誤抄。

〔二〕『痛通』云云　龐注本疑爲篇内自注。

問忠信

曰：　直也。直即古『眞』字，四聲通轉；　叔重化形登天之説，非也。无心即是直心，无意即是忠信。无意者誠意之至。『无』字即是『化』字，无善惡者善之至矣。空處即是寔地，化處即是不變易處。縣水三十仞，圜流九十里，孔子使並流止之，而丈夫不以措意，遂渡而出者〔一〕，忠信也。敬仲曰：　『忠信有何奇巧乎？惟无思慮，直而行之。知「天下何思何慮」，即知所以「主忠信」矣！禹履遺而不取，冠挂而不顧；　劉安以爲趨時，豈不陋乎！』此説『誠』字痛快處，三德萬行，皆此爲主；　親見此至眞至直、何思何慮之主，則任憑千思百慮，俱是雲影潭花。而敬仲遂詆大學、孟子爲非，則感寒罵風矣！臥輪能斷百思想，六祖不斷百思想。人皆曰：　『會則兩皆藥，不會則兩皆病。』或曰：　『畢竟當斷者斷，不當斷者不斷。』愚者曰：　何處説斷不斷？白雲起處分明斷，處處青天處處雲。近世劉念臺先生以誠意爲主，而宗龍溪者定言无意，咬牙爭辨，未免執指忘月。譬如一勸人曰：　學好；　一勸人曰：　好事不如无。説好事不如无者，即是好到極處。『好手手中呈好手，紅心心裏中紅心』，要須會取言先，莫看舌頭扶倒。

『可離非道。』離者分析之名，不但背道爲離，凡顯微、隱見、知行、事理、頓漸、内外，種種破裂，打做兩橛，皆非自然不二不測之神。然必條分縷析，始免顢頇；窮源不能窮流，止是囫圇吞箇棗耳！果然徹悟，一切現成，捏得粉碎，捏得一團，可合亦可分，分處即是合。只管離析，自非離析；全不照顧，自然照顧。只要磁針養熟，何問七十二龍不聽鋪排？

校記

〔一〕遂　原作「逐」，據孔子家語改。

問克己

曰：　克己即由己，无我之我即皆備之我。天地間相反者常在一處，心是妙物，即是累物。克之言盡也、能也，爲其克而能生也。仁藏己内，如果實之仁藏甲内，其根、幹、花、葉皆具。但甲閉則生機不復，如形骸隔則三千、三百之用不顯；　萬物一體之量，局在軀殼之内，不得與天下通。克己者如果實墮地，震雷一發，孚甲迸裂，千枝萬葉敷榮而出，復還舊觀矣！孫淇澳先生曰：　『剥，爛也，爛即是克。剥爛復反，消息相因。』『解定克是剷除費力固非，執定克爲不用力者亦非。下邊四勿即是四无，自克自由，則不必勿之而自无矣！猶言非禮則勿能視、聽、言、動也。車不横推，理无曲斷，即是悟門，即是本體，即是工夫，即是方便。體其理之謂理〔一〕，體其理者，最初之直心從天降、從中出者也。三百、三千亦是節文此直心處。心不直即不自由，不自由即非禮。自由之幾在乎自克。』李卓吾説亦近是，然太現成。要知聖人不廢庸衆之法，但識无爲爲妙道，須知有作是根基。若知公因即反因，則一心有作，即是无爲；　到得无爲，不妨有作。陰符經『三反晝夜，用師萬倍』，无非兩轉參折。日午出寅反子，子反亥，亥又反午之幾。

老父嘗云：　『非義勿視，亦可説得；　必然曰禮，何也？禮是合外内、位南用北者也。』

内之直心發爲外之節文，便中規矩；　日用无别，故光影門頭，假借不上。聖人制禮作樂，實實有个物事在，而神化寓之，與人性情相爲貫蒸。若仁、義、智，則難描畫他到事物上來。大學、中庸乃禮經之心，此是即有而无，本末一貫，不落有无底；　猶大學言心、意、知，必言格物，乃爲不落虚實。顔子後感善誘，博文約禮；　文、禮俱是從中發出，花、葉皆本，所謂效天法地者也。復禮即是踐形，華嚴極于事事无礙法界，正是復禮踐形之實相義。

一个克己復禮，亦如佛身隨人所見。上者見禮即是自己，博約不分。次者先博後約，約益可博；　不離規矩，而久與爲一。次者以四个『禮』字作四把刀，時時放在耳目身口上。

荀子曰：　『可以而不可使，執塗之人皆禹也〔三〕；　雖不能爲禹，无害可以爲禹。』孔子俱是善學顔子處，此魯男子之學柳下也。〔二〕

曰：　『視其所以。』佛曰：　『所以者何？』又曰：　『何以故？』吾因是而提所以、何以、可以之説。『所以』即中諦之正因，太極不落問答无學之學也。『何以』即眞諦之了因，妙无極問破難答之學也。『可以』即俗諦之緣因，妙有極共問答自答問之學也。『視其所以，觀其所由，察其所安』，三句各具三法，此醯眼也。凡曰『可以』者，以其有『所以』者也。『臧三耳』，謂有所以爲耳者；　曰『見見』〔四〕，謂有所以見者。今後與人言難言之言，但云『所以』足矣！所以心，所以氣，所以理，千百億化身，豈有兩个？説法家以意識爲病而尊心，則所以者即心也。今曰所以心，以常人皆呼肉心爲心，故如此説。猶如有个對待之天，又有个无對待之天，而无對待之天即在一切對待中，則所以之心即在一切心中。

〔子夏問五至。〕孔子曰：『志之所至，詩亦至焉。詩之所至，禮亦至焉。禮之所至，樂亦至焉。樂之所至，哀亦至焉。哀樂相生，是故正明目而視之，不可得而見也；傾耳而聽之，不可得而聞也。志氣塞乎天地，此之謂五至。』子夏問三无，孔子曰：『无聲之樂，无體之禮，无服之喪，此之謂三无。』子夏曰：『敢問何詩近之？』孔子曰：『「夙夜其命宥密」，无聲之樂也。「威儀逮逮，不可選也」，无體之禮也。「凡民有喪，匍匐救之」，无服之喪也。猶有五起焉！』子夏曰：『何如？』孔子曰：『无聲之樂，氣志不違；无體之禮，威儀遲遲；无服之喪，内恕孔悲；无聲之樂，氣志既得。无體之禮，威儀翼翼。无服之喪，施及四國。无聲之樂，氣志既從。无體之禮，上下和同。无服之喪，以畜萬邦。无聲之樂，日聞四方。无體之禮，日就月將。无服之喪，純德孔明。无聲之樂，氣志既起。无體之禮，施及四海。无服之喪，施于孫子。』子夏曰：『敢問參天地？』孔子曰：『天无私覆，地无私載，日月无私照；奉斯三者以勞天下，此之謂三无私。天有四時，春夏秋冬，風雨霜露，无非教也。地載神氣，神氣風霆，風霆流行，庶物露生，无非教也。清明在躬，氣志如神；耆欲將至，有開必先；天降時雨，山川出雲。』看此一篇，大似著語，不妨三諦，亦不可作三諦。

奉三无私以勞天下，正是哀喪發來。曰大有，曰地藏〔五〕，曰在躬，此表天地之法，而統以皆備之我也。

知哀樂相生，知哀樂不能入矣。三无私，公之至矣。會天地萬物以爲己，則公之至正是私之至。陰符曰：『天之至私，用之至公。』忽然一笑，笑聖人佛祖會占便宜。

『无非教也』三段，是華嚴胎本。中庸『仲尼祖述』數章，即是法界毛刹。

燕居縱言，子貢越席，而此中提出『即事之治』、『古之君子不必親相與言，以禮樂相示而已』，此知順從物格，全身滚入事中，事即是理。

一个『塞』字，孟子悟去；只惜子夏一翻，蹶然負牆，似爲西河享用所耽閣。幸子夏出田子方，子方出莊子，莊子乃爲孔顔滴髓，處處點出三身，其激發之妙，全從哀、喪、風霆變化出來。風霆者，天地之怒教也。同時孟子與莊子各不相見，各以『怒』得迸裂。何以言之？天之煅物在冬，元、亨、利、貞即是興、觀、羣、怨；人至于怨，則傷心之至乃能復興。此篇從『志』説詩、禮、樂而收以『哀』字，三无收以『喪』字，此正習坎心亨、生于憂患之骨髓也。莊子『怒而飛』、『怒者其誰耶』，故能激出滑疑翻天之手。孟子以『懼』字傷心此道，『哀』『怒』入骨。試看『藐大人』、『視寇仇』、『浩然直塞』、『我不動心』，處處以『怒』傳眞。一日引『文王一怒』、『武王一怒』、『今王亦一怒』，大機大用，无不現前，讀者莫忽去好。

孔子没後，有漆雕開之儒，有子張氏之儒，有子夏氏之儒。獨子貢歎『性與天道不可得聞』，始知返聞之妙〔六〕，竟尔廬墓六年，不知下落。孟子作七篇，後亦杳然不知踪迹。俊哉翻身去，千巖萬壑无尋處。〔七〕

孟子『有三樂，而王天下不與焉』，孟子非塵視世界者也。古人只全其確不可拔之潛體，則三百八十四爻任其周流。子思破有无，而教人看聖者之能于遯世處，即孟子之不動心而踐形以直塞者也。佛爲三乘，先説无常、无樂、无我、无浄，而究竟只言常、樂、我、浄；故知顔子舍不得一瓢，此一瓢中樂不過耳！往有句云：『指尖樓閣不招風，陋巷无門天地空。三萬二千獅子座，朝朝談笑一瓢中〔八〕。』孟子之三樂，即是一瓢之鹽醬。須知孔子少孤，其第一樂亦自在也；俯仰亦是一心具足，非論事業也；育才有一个半个亦是，不必一千五百人過堂也。此是畫出倫常日用傳心受用境界。説苑有九十翁對孔子言三樂，即是此意；假如顔子，豈讓此翁一樂耶？愚將拈此『樂』字以表『无悶』、『不愠』之體，謂作易之『憂患』、中庸之『戒懼』、詩人之『怨』、五至之『哀』，皆是極樂國土也可。

守身事親，前邊發此大論頭，後邊乃言曾元養酒肉事，人便從此着倒。不知古人指東劃西，總是形容養志。如雷首采薇，正是稱觴獻孤竹之壽；泰伯斷髪，正是綵衣含太王之飴。

齊人一章，即是圈點人間世。須看齊人是一尊布袋大菩薩，寧可乞墦忍妻妾之辱，不肯向顯者頷下討生活。陶有乞食詩：『叩門拙言詞』；如此可憐，正見得腰礙如鐵〔九〕。摩詰雖然證悟，理佛便加呵斥，要知未夢見此眞化身在。

師冕見一章曰『階』、曰『席』、曰『某在斯』，記他何用？須知法住法位，吾无隱乎爾。子張不識好惡，特地挑出个『道』字向前一拶；孔子全不傷鋒，只是據款結案，以一个『固』字打發便休。學者莫錯過好。玄沙見僧，曰：『作甚麼？』曰：『普請。』玄沙曰：『去。』學者莫錯過好。

『非其鬼而祭之，諂也。』『其』字着眼，亦如『觀我生』、『觀其生』，不當忽略也，豈非人各有鬼乎？果是人各祭其鬼，這聖人毋乃惑亂愚民乎？此可知微顯、費隱之故矣。即曰天子祭天，諸侯、卿、大夫各有所祭，此亦是華嚴之表法。守理先生勿謂我是寓言，此乃至理。天地非混沌之表法耶？卦爻非眞如、太極、十世古今之表法耶？

近溪公曰：『「知之爲知之，不知爲不知，是知也。」「多聞擇其善者而從之，多見而識之，知之次也。」合二處拈之，甚妙。』海門並取『是邱也』、『是禮也』，與此『是知也』合指，亦妙。『合』字下『處』字上落一『二』字〔一〇〕。

桃應設此鼓叟之棘栗蓬〔一一〕，塞入令師之口，逼得孟子借戲鳴鑼，踢出一隻破草鞋來，說到欣然，樂而忘其天下；　與逍遥堯見四子，窅然喪其天下，恰是一中滴血。　蓋惟忘其天下，故能治天下，故能有天下而不與。　飯糗茹草，與玉食萬方无别也。

道重于身，惟知有道；　法重于天下，惟知有法。　不過借身行道，以不壞法住法位之常住；　摹寫若決江河、確不可拔之潛體妙湛，可謂極致丹青手矣！　殺人者死，此是太極之地獄。　虧得有舜做个破家國、放舍身命之子，故心王如是自在，地獄即是浄土，阿賴耶即是如來藏。　如此説來，惟有孔子與佛信得及，餘者未免説我説夢。　咄！　且問孟子是説夢否？〔一二〕

愚嘗以无對待之公因，在對待之反因中。　本无頓漸，猶本无迷悟也。　而即有迷悟，即有頓漸。　頓漸即相反相因，此一消息也。　天與地交，人與天交；　天生人是順，人學天是逆。　交則爲爻，爻即是學。　故孔子只説『學』字，而不以悟道挂招牌，此是孔子大悟處。　世人樂便畏難，一聞最高掃蕩之説，則一切遷就，一切避忌。　近見人習龍谿、海門之説者，不知其苦心，而竟謂有頓無漸，乃大誤也。　意在合禪，而禪亦絶非如此。　佛祖明言：　『須盡今時，由次第盡。』一了百了者，貴看破也；　看破之後，安能不茶飯乎？直捷示人，要説尖陗陡絶話耳！　赤子即大人，此頓也；　赤子必學而後成大人，此頓即漸也。　歲即四時，此頓也；　知冬即夏而仍舊春、夏、秋、冬，此頓即漸也。　華嚴『因該果海，果徹因原』，人法齊彰，包含頓漸；　統因果者，乃眞圓也。

『吾十有五』一章，正聖人防超越者之一棒；　故示此逐年帳簿，其寔即見聖人不自欺處。今一開口，則以爲落階級矣，落分別矣。不知不落階級而不妨階級，不待分別而不礙分別。人多不知圓∴之用代錯，所以不知无可无不可兼帶之妙。

凡學一技，必有入處，必有出處。先是逆，後是順；　順到即逆即順，遂无順逆。有正入，有正用；　有旁通，有倒用。古德云：『以生作熟，由變而化。』大概有初心，有末後心。初末何别？總是一心。而理法界，事法界，事理无礙法界，事事无礙法界，總是一眞法界。淇澳先生言：『聞深于睹，毛猶有倫，无聲无臭，至矣。』此與耳根聲教之旨可以相參。千萬世之上，千萬世之下，相感相通，總謂之聞；　聞到不可得聞，則寂感並忘矣。『世尊无説，我乃无聞。』百丈曰：『无一切聞，亦无无聞，是名正聞。』聖人踐形，特地不避嫌疑，旁提萬古之耳，知則无寂不感，順則无感不寂。滿了花甲，方説『順』字，則學當返聞逆入可知矣〔一三〕。五十而得，七十而忘；　從心即順之至，猶言隨他去耳。心即是矩，甕裏何曾走卻鱉。而聖人畢竟婆心煞尾，我故知聖人只要成個萬劫學人而已！李元卓曰：『吾知其忘，猶未忘也；　使進此道，不忘亦忘。孔子行年六十而六十化，又奚貴忘？』熟至无可熟，斯謂不學之學，斯謂『未之或知』之神化。

知天命，則以天爲吾矣。順則聽古今之往來交吾而皆通，逆則隨吾之往來于古今而无礙。此乃合不礙分，不煩提總。

聖人之『順』『從』，與舜之『若決江河』有别乎？『若決江河』，乃摹寫囫地一聲也。居深山中，與木石、鹿豕无情无知之物打做一片；忽然觸着一毫，若決江河，攪成酥酪矣！孔子指示學人，先須逆入；其『順從』也，乃是天然尊貴。别本是同，同不妨别。〔一四〕

齊物論正謂其不可齊即是至齊。此之謂『以明』，乃所以『知止其所不知』也。古德云：『這竿恁麼長，這竿恁麼短。』雲門舉法住法位，可明長短即无長短矣。混不得，類不齊；因是因非，因非因是；容是非乃能明是非，明是非乃能容是非。老子曰：『惟容乃公。』公則平，平則无心，无心則明，是即般若无知，无所不知。今人捉着一箇死无知、死无意，正壽昌謂東苑『莫落此大險坑』者也〔一五〕。

宰我最善言語之科，乃作痴問，此有妙于痴者矣！既以短喪逼出夫子『於汝安乎』，定萬世之鐵案，忽又設『井有仁焉』之鐵橛子。舊説改『仁』爲『人』，眞痴人矣！夫子冷答四句，旨别有在。僧問趙州：『古澗寒泉時如何？』曰：『苦。』曰：『飲者如何？』曰：『死。』會得此公案，即會得孔子答井仁公案。

『有放心而不知求』，『知』字是人生第一方便門。放心如何去求？纔一知，則放心即回來矣。覺了，隨他放去；放去，一覺即收。收放自如，則放如收，收如放；謂之如如可也，即以此爲一橛可也。知此即是消而息、息而消，張弛、來往、代錯、交輪之故盡于此矣。有心即放，无心亦放，牧牛亦妙在放牛。操則存，舍則亡，正是消息。世人以操存爲求放心，捉定不放，豈不苦殺！兜風網索，障水籬笆，沙裹壓油，枉費氣力。存存者，正謂亡而存，存而亡。亡亡存存即曰无存亡，消消息息即曰无消息，可也。聖人婆心，只説半邊話，即如『善與人同』内，亦有『舍人從己』之時。而只説『舍己從人』，蓋世病在這一半，故須説那一半也。到得化境，人皆是己，即无人己；則舍人從己正是舍己從人處，放心即是收心處，亡亡即是存存處。未到此地，鐵錘下楔，正不可少。即到此地，則如耳目手足于自己，以各各不相知之求，爲不期然而然之知。非如今人，捉定箇死空空，以爲極則也。『貪觀白浪，失却手撓』〔一六〕，面面東風，名无相相。女偊告子葵曰：『守三日而外天下，七日外物，九日外生，而朝徹，而見獨，而无古今，而入于不死不生，名曰攖寧。』此中國之禪也。禪者時變也。『齋戒慎獨，洗心藏密』，忽曰『聰明睿知，神武不殺』，此非金剛刀乎？雜卦特取中互之八，而首拈『大過，顛也』。大過送死不懼，而終之以決〔一七〕，朝聞夕可，此非金剛刀乎？顏子而外，夫子不以輕語，而莊子頗窺見之。吾師提正，眞摩醯眼矣！

愚謂莊子者，易之風也，中庸之魂也，禪之先機也。『外』字從『退藏』來，『朝徹』從『朝聞』來，『攖寧』從『震艮』來。『天游』寓庸。庸，用也，通也，適得也。以刑爲體，以禮爲翼；果蓏有理，人倫相齒；原是知崇禮卑、戒慎神明之學。今參禪人多住『見獨』境界，便捉此以逼人；不知眞徹者天下古今俱是獨，而不在泥土槪也。入道深淺、先後，自有根緣，各各不同，豈能執定大黄將軍，家居而户滅乎？老子虛心實腹，得一守中，尚嫌他死描艮背行庭之影本；必得鯤怒鵬從，鳩笑蝶化，方不是箇死天死海。鑿破中央，遊南即北；不免註解之曰：『背即北也。北化南，則艮而時行，敦而虩虩矣。』小心坎一，原後天之始；大心乾一，返先天之終。習險者信中，知險者專直；總是以死善生，以危入微。陰符到手，原是陽符；物盜天地，即是子受父財；寶藏家珍，任憑揮洒。費而隱者有而无，中寓庸者息而游矣。使老莊當事，不得已而應，彼亦能爲伊尹、爲伯夷，豈便限他以柳下爲委蛇耶？彼所謂委蛇者，金剛堅忍之劍也。彼因人情貪生，故特地排突夷比一流，以寬庸人之地步，而勸其莫貪名利，自可曲全耳。至其大義正經，已銛淬于『无所逃于天地之間』一語。養生主提出養親，即是以善刀爲大孝。曠以天海，正爲洗心。洗心即是放下，放下方能无累，則曠覽乃愼獨之礪石。眞透六經而讀莊子者，不增放而加愼。嗣宗放達乃爲至愼，叔夜、太初皆于莊子有幾分相應處，俱是主敬、存誠、愼獨眞境界；莫以俗眼斷他死得不好，使一筆抹殺也。〔一八〕

『子之所慎：齋、戰、疾。』謂此三事當慎。當慎豈獨三事乎？此摹寫千聖所慎之獨，空空如也之秘旨耳。有如齊明祭祀，對越上帝，洋洋在上，敢自欺耶？然在他人，或有欺怠處。戰則輪刀上陣，不顧死亡，而自念其性命，敢自欺乎？此或趁一時血氣之勇，人有能者。疾則生死關頭，非身外之法所能代，亦非血氣精神知見道理所能持者；以此磨吹毛之心法，豈復挂一絲乎？維摩經曰：『居士以神力空其室内，除去所有，及諸侍者，惟置一牀，以疾而臥。』吾師嘗同拈之。人能消其心室中所有閙法，則黄蘗所云『臥疾爲菩提蓍域』，固慎獨之第一斬截方也。

千言萬語，无非矢上加尖；至日閉關，即是心如牆壁。本自古今不隔，四面无門，萬機寢息自如，何礙露地超逈。試問不睹不聞之先，有甚麽處容得戒慎否？故知大膽、小心，解脱、承擔，總是一箇，只没奈何如此説法耳！『无妄之疾，勿藥有喜。』无妄之眚，莫大于功利、得失、死生。故以疾爲乾中之心法，此豈更待藥乎？故象曰：『无妄之藥，不可試也。』老子曰：『惟其病病，是以不病。』莊子曰：『其病病者，未嘗病也。』須知一大藏教，千七百葛藤，俱是爲病病增修枷鎖；自此玉律金科，遂成刊版網捕。正眼看來，无妄之藥，瞎試不少。

龍惕公曰：『使窮世皆水，指何爲水？才有陸地，水始可名。中庸言戒懼，惟聖人常戒常懼，无有畔岸，故不見其戒懼。衆人惟有放佚，而戒懼始形。然則戒懼者固天命之性工夫，本體何嘗有工夫？』文長曰：『此可以知先生之號惕矣！人在暗室不能見物，苟得日光，還見秋毫。不至盲瞽〔一九〕，日亦不見；及復眼光，乃仰圓魄。則知光有得失，見體无爲。惟耳目手足，莫不皆尔。故人心既失，其顛倒悖逆，甚于耳目手足之病，而惕體依然。』愚者曰：惕者幾也，閑居揜著，此惕海也，惕則潛者皆住矣！老之黑，莊之玩，皆惕也。禹惕勤儉，故視龍猶蝘蜓。孔惕發憤，故无可无不可。故曰：古人大膽俱是小心，絶非畏葸之説。〔二〇〕

孔子『志』字，即是『貫』字，即是『塞』字。文殊曰：『虚空无中邊，諸佛心亦然。』神无方，易无體，可以悟『塞』字之妙。

『苟志于仁矣，无惡也。』即此提起，即此放下。新建有立志、責志之説，正是金剛王劍，神武不殺，倚天逼人。楞嚴曰：『若能轉物，即同如來。』正是志能帥氣，擔荷便行。子輿直塞養知，親見夜氣，則薄暮亦是平旦。莊子曰：『古之眞人，其心志。』以『志』字爲形容之詞，狀其專直也。『直』『塞』二字，即志仁之狀也，即轉物之全體作用也，即放下之一際眞空也。『我未見好仁者惡不仁者』一章，正是逼出『志』字。『惟仁者能好人能惡人』，此率直心即『如好好色、如惡惡臭』之本來。中峯嘗言『愛憎是生死根本』，然即是菩提捷法，只在

反世俗而用之。〔二一〕

『舉一隅不以三隅反，吾不復也。』『深造自得，居安資深，則左右逢原。』此孔孟用狹小門，把至日之關，煅煉衆生處。百原老人于此迸破圓神，方知四分用三之妙。宗門全體作用，總是激人之憤悱，以自發其三祇之憤。舉舉反反，原來總是總不是，則左不得、右不得，正是有日子左右逢原處，吾故拈『塞』字爲『貫』字先幾。

『朝聞道，夕死可矣。』聞道之日，方筭得初生之日，夕可之日，即是不死之日。且説『道』是甚麽？『道』如何『聞』？『未知生，焉知死』，此二句，人『聞』得否？向子平曰：『吾已知貴不如賤，富不如貧，但未知死何如生？』此『未知』二字最親切，正是『知』生處。面赤不如語直，現前无貴賤、无貧富、无死生之朝夕，有人『問』得否〔二二〕？有人『可』得否？

論語終以『知命』、『知禮』、『知言』，此尼山∴字也。始于『志』『立』，終于『順』『從』，乃所以爲『知命』，此是三一一三弄丸一際。孟子之『知天』、『踐形』、『知言』，亦此三昧；荀子之『雲』、『蠶』、『針』，亦此三昧也。心性本无名而有名〔二三〕，『命』即古『名』字，自貫先後天者。命先天，先天命天地，而人受之。名即无名，猶生即无生、性即无性也。知此即知命、知天矣。知天，而原、反不作兩橛矣。此格天人、格生死之物也。有體有用，而貫體用者惟此无禮之禮。禮處南而用北，正踐天命之形者也。知禮，則眞諦中節，而性相不作兩橛，此格内外、格本末之物也。有默有語，而貫語默者，惟此言即无言。言感幾而通寂，正以直塞於穆之氣者也。知言，則世諦立誠，而人我不作兩橛，此格彼此、格古今之物也。可與惟幾也、惟深也、惟神也合參。

乾知大始，三德首知。知辟則巧〔二四〕，知天知命，大明終始，通晝夜而知。此天地間惟此靈明，至尊至貴。世人不知，變爲妄想，故又須明知即无知。所謂『般若无知，无所不知』，非无記也〔二五〕。

明此論語之終，益知開首三節之旨：寂而悦，即无隱怪之述；感而樂，即无半塗之廢；歸于確不拔之潛體，則貫寂、感之易，而有无思无不思、无爲无不爲之能矣。首尾專提君子者，以至人爲性，聖人爲率，君子爲教，恆一是三，恆三是一，而君子乃緣事掌印者也。『仁者見之謂之仁，知者見之謂之知，百姓日用而不知，故君子之道鮮矣。』可見君子一顆印，統仁、知、不知；若但仁、但智、但不知，皆不能掌君子之印者也。『隘與不恭，君子不由。』清、任、和，三圓爲時，即是極則。

校　記

〔一〕之謂理　龐注本疑當作『之謂禮』。東西均譯諸名：『體其理曰禮。』

〔二〕以下龐注本分出第六節，題曰『孔子三無』。

〔三〕執　龐注本據荀子性惡篇，以爲當作『故』。

〔四〕曰見見　龐注本疑爲『目不見』之誤抄。又，楞嚴經曰：『見見之時，見非所見，見猶未見，非見所及。』

〔五〕『大有』『地藏』　龐注本疑當作『天有』『地載』。

〔六〕返　龐注本疑當作『反』。一般作『返聞』。

〔七〕以下龐注本分出第七節，題曰『孟子三樂』。

〔八〕瓢　原作『飄』，依前後文意改。

〔九〕礙　當作『硬』。

〔一〇〕龐注本認爲，本句『乃抄手所記；　所落「二」字，已由校者補訖』。

〔一一〕鼓　當作『瞽』。

〔一二〕以下龐注本分出第八節，題曰『説學』。

〔一三〕返　龐注本據楞嚴經卷六『反聞聞自性，性成無上道』句，以爲當作『反』。

〔一四〕以下龐注本分出第九節，題曰『以明』。

〔一五〕宛　當作『苑』。

〔一六〕撓　當作『橈』。

〔一七〕決　龐注本疑當作『夬』。

〔一八〕以下龐注本分出第十節，題曰『慎獨』。

〔一九〕至　當作「幸」。

〔二〇〕以下龐注本分出第十一節，題曰「貴志」。

〔二一〕以下龐注本分出第十二節，題曰「尼山∴字」。

〔二二〕問　當作「聞」。

〔二三〕有名　龐注本疑當作「有命」。

〔二四〕辟　龐注本據孟子萬章下「智，譬則巧也」句，以爲當作「譬」。

〔二五〕記　龐注本以爲係「知」之誤。

方以智全書之七

青原愚者智禪師語録

張永堂　整理

整理説明

青原愚者智禪師語録，除卷首以外，分爲四卷。

青原愚者智禪師語録是方以智逃禪後的説法記録，由方中通編輯，於清康熙十一年壬子（一六七二）完成。首次刊刻流通在康熙十五年（一六七六），由方中通與方以智弟子興斧主其事。康熙十九年庚申（一六八〇），該書與天界覺浪盛禪師全録由興斧一并專程送存嘉興藏。卷首爲正志序一篇，卷一上堂，卷二小參，卷三法語偈贊，卷四佛事。書末有方中通與興斧跋文各一。全書包括方以智從廬墓、新城、泰和至廬陵，以及辭去浄居寺住持至泰和爲止的活動，時間自清順治乙未十二年（一六五五）至康熙辛亥十年（一六七一）以智逝世。

該書依一般禪宗體例編纂而成，以入主青原山浄居寺爲主，故其入主前的語録反而編在青原之後。其内容大多見於冬灰録，除正志序及方中通、興斧跋文以外，還有五十六則爲冬灰録所未收。此書可以看出方以智逃禪後的住持地點、説法内容、交往人物、思想主張，也體現了方以智的儒學見解。其序跋有意爲方以智逃禪、三教歸儒思想定位，甚有參考價值。卷三示侍子中履一文談及物理小識、周易時論、藥地炮莊的價值，體現了方以智對自己著作的評價。

此書有邢益海校注本，附於冬灰録，華夏出版社二〇一四年版。本次校點所據爲嘉興藏版本，同時參考了冬灰録。

張永堂

二〇一五年九月

青原愚者智禪師語録目次

卷首

卷一　上堂

卷二　小參　示衆

卷三　法語　偈贊

卷四 佛事

青原愚者智禪師語録卷首

序

以鏡爲有像，珠爲有色，非知鏡與珠者也。謂像呈而鏡不受，色至而珠不隨，亦非知鏡與珠者也。謂鏡受像爲塵，珠隨色爲類，必離像以求鏡，屏色以求珠，尤非知鏡與珠者也。

予於智大師蓋三遇而失之，而今始憮然如有當也。潛夫先生嘗撫楚軍，忤要人得禍，矢爲不佞詩成衷。歲壬午得解，謂予楚産，所見略同，屬爲之序。時大師周旋左右，温柔敦厚，粹然容止間。竊謂是聞詩不愚者，猶之以像爲鏡、色爲珠也，而不知其世深於易，潔静精微也。

壬辰，避人臣之極位，以比丘身訪予匡廬。肩大布衲遊行，即以爲臥具，别無韄袋鉢囊，亦復不求伴侣，日類十百里，無畏無疲。至使予覿面不相識，審眎乃寤爲故人，則又驚歎曰：『大丈夫現大人相若此，豈將相所能爲？猶之謂世有不受像之鏡、不隨色之珠也，而不知其一無有乃能容衆有，百不緣乃能涉衆緣，初非遺棄世務、徒取聲聞人涅槃爲樂也。」

是後山川間阻，彼此問遺率浮沉不達，祇聞其于莊易之書深入無際，將以了杖人所未了，傳家世所不傳，至韋編絶不休也。則又拊几曰：「衲僧手脚，提一寸鐵，直下斷人命根；拈一莖草，立地起人痼疾。何取于鋒攢刃簇、馬載驢馱，得無其熟難忘乎？猶之謂像爲鏡塵，色爲珠纇，必屏棄色像，而後鏡與珠覿露也。而不知一無有之法不可見，正于其容萬有見之；百不緣之妙無可徵，正于其涉衆緣徵之。欲離相像以求鏡，而已之像已先在鏡中；欲屏色以珠，而身所有色已先在珠中。更有何術能舍之别求耶？」

越二十年，庚戌，其門人至黄山，出大師語録見示，併得其所爲鼎薪一編而讀之，而後知言默不載之道：言非默亦非；言默不載之人，默得言亦得也。不然世尊説法五十年，而于人天罔措中，獨有取乎破顔笑；祖師航海千萬里，而于羣然呈解時，獨有取乎依位立：豈非第一等傳？持而爲之子孫者，顧有君臣、父子、玄要、主賓種種别異，獨不虞道火而口燒乎？蓋天然節奏，天然錯綜，初不以思議起，亦不容思議没，一一住其法位，而後破顔、依位之旨可得而明也。亦猶萬像雜陳，不但無損于鏡之明，而鏡之明乃益顯；五色互見，不但無染于珠之浄，而珠之浄乃益彰。若祇取澄潭月影，怖見波瀾，或徒以莽蕩儱侗，蓋其孤陋，求免于大師癡狂之誚，不亦難乎？然世尊三昧，迦葉不知；迦葉三昧，阿難不知；狸奴白牯三昧，諸佛不知。吾于大師雖幾幸屢失而得之，過此以往，仍未之或知也已。苟讀是録，而輒以爲大師盡于是，猶爲大師謾過，未可謂大師知己也。

寓黄山雲谷法弟正志題。

青原愚者智禪師語録卷一

上堂

甲辰冬吉州諸護法請住青原七祖道場

師至祖關，云：『聖域、祖關，舊時穿過。此番直到裏頭，爲苦心者點破。』

三門：『八字打開，何云把手拽不入？劃出白雲呈谷口，只因身在此山中。』

彌勒殿：『盡道將來下生，且看今朝新到；你也好笑，我也好笑。』

韋馱殿：『多少人疑着只護三洲，不知正用着北風律律；末法謾心獅子蟲，煩金剛杵從内打出。』

伽藍祠：『一自祇園布金，四天下莖草盡是功德林。今日水草現成，但待知音。始終親囑咐，只要求人不負心。』

祖堂：『四七二三，虚空釘橛，惹得婆娑鼻孔，左扭右捏。今日到這裏，正則總正。』卓拄杖云：『只許拄杖子喝，不許人喝。』

佛殿：『昆侖迸出三點血，眉毛冷覰諸方説。土果然生金，天從地下掘。不免大展三拜蓋覆着，省得旁觀者罔測。』

方丈：『徹一切藩籬，没處躲跟；總在黄土紅爐中，八角磨碎。截三世佛祖，不容開口；只許青山白日下，兩脚承當。』

據室：『據此室，行此令，無迴避處。莫道大尊貴生，一路泥水不少。若是過量出格相逢，自在北窗背後握手。不見道：别搆一天，風斯在下。』

是日合郡當道同九邑紳士請上堂

師至法堂，云：『微塵未剖，卍字森然。六種成時，白雲有主。多生慧種，已露毫端。千古風流，當機微笑。且因舊例，别展家風。』付維那宣啓迄，師指法座云：『挫針治綁太支離，按捺雲頭下翠微。今日捨身衣敝垢，長拖兩袖拂須彌。』遂陞座拈香云：『佛在靈山傳正法眼藏，囑付國王、大臣、居士、沙門等，各各承此恩力，爲内外護。只以一念無私三昧，頓入普光明殿，同時供養。今日特爲拈出，一祝天壽平格，一酬本師法乳，一爲檀護福德同圓。伏願聖人御宇，萬物咸熙。正喜大衆讚摩訶，迸入香煙塞天地。』遂斂衣就座。

斯懷維那白椎云：『法筵龍象衆，當觀第一義。』師曰：『此是第二義。如何是一？一又作麽生觀？即心即佛，黄葉啼丹嶂，椎碎了也。非心非佛，露柱笑燈籠，椎碎了也。不是心，不是佛，不是物，急水抛毬子，椎碎了也。更教説箇甚麽？若能於説箇甚麽處直下碎了，亦可耳聾舌吐，不負椎聲。如或蹉過，不免將我杖人集大成底葛藤，上下四維打一周由也。只如中土第一箇聖人，以馬毛龜甲爲桃花竹子，忽然迸出一箇大方圜圖，卦卦交參，爻爻互變，總是箇對待法門，且問如何是一？末後來尼山夫子，臨老下箇註脚：「與天地合其德」，一連四句。仔細看來，四箇「與」字，四箇「合」字，大費分疏。釘釘得麽？膠粘得麽？佛以五乘、十界、五教、十二分，空有周遮，四十九年費盡伎倆，只到末後稍頭，拈花塞白，反不如初生略較些子。只爲此中難於開眼，半吞半吐，口大舌乾。逗得箇崧山石髓，帶累骨堆，五葉分宗，空花亂墜。拄杖一畫，扇子打動鯉魚；點壞空中，唤作永字八法。洞山祇這是，立出五位君臣；臨濟無位眞人，攞出玄要賓主。雲門一字關，又添三句；法眼一滴水，又提六相；潙仰兩口一舌，又畫出九十六箇圓圈。一隊囉囉娑娑，你道説得出麽？枉費鏤塵吹影，究竟描邈不來。未過絶蘇，徒勞側耳。新青原則不暇及此，現前凝翠屏壁立參天，待月橋横身濟物，石動巖下瀑布成潭，象鼻嶺頭擎拳作舞，此中還有第一義、第二義麽？如或見道忘山，見山忘道，仁者智者，棒喝交馳，直饒不作境話會，豈堪嚼破廬陵米耶？又不如從他分域無封，入關出關，聽道路上遒人木鐸去也。青原七祖後，齊、信、如、立，歷歷晨星。繼起者修復莊嚴，捋荼相接。直至我嘯峯法兄，以杖人一條拄杖子，弔箇無孔鐵鎚，推前拶後，復還七祖舊顔，竪起毗盧閣頂，守家有子，玉殿苔生。忽然諸檀護，把藥地病夫再三逼到此席上差排，事不獲已，將何應此時節？只得呼杖人所托的木行者出來，與大衆相見。』

僧問：『鉢盂吞七曜，錫杖振乾坤，如何是今日境？』師云：『雪裏開花。』進云：『西江吐出，四海拱迎，那箇所在是和尚親切處？』師打云：『杖頭有眼。』進云：『禹力不到處，河聲流向西。』師云：『爭奈逆風把舵。』僧一喝，師打云：『斬新王令森嚴。』進云：『果然賞罰分明。』師云：『空傷老力。』僧禮拜，歸位。師復舉法燈禪師云『山僧本欲幽棲巖竇，隱遁過時，只爲先師有箇未了公案，出來爲他了卻。』『今日木行者跛挈一場，了箇故事。且道先師未了底公案，將何爲他了卻耶？依舊是法燈前八字了也。畢竟如何道得箇收拾句？鼓腹壤中三頓擊，傳心堂背一團青。』維那結椎云：『諦觀法王法，法王法如是。』下座。

元旦上堂

維那白椎竟，師云：『一元午會，萬法全彰。我杖人兼中妙叶之符，曉告枕頭。今日香爐，惟願神明代出。時集大成，乃使正法久住于世，以荅天地君親師，普供人天賢聖佛。軒轅鏡裏，洋溢光雲；翹肖倫中，同熏化乳。』僧問：『君臣道合即不問，五位王子事如何？』師云：『冬雷急雨洗晴梅。』進云：『如何是誕生王子？』師云：『不從今日始。』進云：『如何是朝生王子？』師云：『北面拱金微。』進云：『如何是末生王子？』師云：『孤行不相背。』進云：『如何是化生王子？』師云：『大用轉紅輪。』進云：『如何是内生王子？』師云：『看看五雲尊貴墮。』進云：『王子未登殿時如何？』師云：『無瞻仰處。』進云：『已登殿時如何？』師云：『垂拱不容窺。』進云：『登殿後如何？』師云：『風行草偃。』進云：『今有不受鉗鎚、享現成福者，還許他撞來麽？』師一喝，僧一喝。師便打，云：『還知痛癢麽？』僧禮拜歸位，乃云：『向上不傳，綱宗歷歷。舉以獻歲，聊當書雲。』師互示左右拳掌，又合手，又散開，乃袖手曰：『會麽？古今磨盤，古今旁午；頭頭第一，日日新鮮；常在其中，内秘外現；指畫質俟，毫髮無欺；覿面圈來，信得及否？若非花劈，詎免芒芒？纔形齒牙，翻愁特地；會既不會，信亦周遮；只是恁麽流傳，又能免冒昧耶？鏡清説有，明教説無，二老拳掌，要且元旦失利。今日畢竟道箇甚麼句？得與萬世不失利去。』良久拂袖曰：『堂裏香知鐘磬眼，山中花笑古今天。』結椎下座。

解制上堂

僧問：『結也與麼，解也與麼，如何不結不解好？』師揮拂曰：『怎奈年年惱亂此春風。』進云：『不結也與麼，不解也與麼，因甚帝網交蘆、鉤錐四布？』師曰：『怎奈進退塵中離不得？』進云：『截斷者兩頭，以何爲解脱？』師劈頭打一拂。進云：『恁麼則覿體分明去也。』師旋拂云：『坐住反成勞。』乃曰：『我有一聲長嘯付與誰？直告既不信，曉曉徒爾爲。罷！罷！罷！各自去。去者去，草鞋有刺妨爛泥；住者住，過堂不悮雲版椎。且讓一箇人逍遥無所事，提燈蒼翠裏吟詩。然且一向叮寧所爲何事？』擊拂子曰：『知非。』豎拂子曰：『無解、無結底，又是甚麼？』放拂子曰：『我不知。』

師誕日侍子中通請上堂

中通問：『檜樹即荆條，死路走成生路。祖關穿聖域，鐘聲敲出鐸聲。河圖五十五點，恰應地户天門，如何是參天立地處？』師云：『揮空一斧，幾人知恩？』進云：『半生先天，半生後天，未免打作兩橛。』師云：『直下火爐，是奉是背？』進云：『尼山、鷲嶺已同時，誰能不辜負去？』師云：『絶壁奔雷，莫耳聾麽？』進云：『冬煉三時傳舊火，天留一磬擊新聲。』師云：『室内不知，兒孫努力。』禮拜退。乃云：『鼎炮洞上君臣藥，斧透曹山父子恩。驀地奮身天外看，香爐峯讓曉雲吞。今日是山僧母難之晨，恰有窮子就父，將碗白米供養雲堂，請來此坐，舉揚一上。你道曝背銜寒的老病夫，方且撫躬自悼，又來舉揚箇甚麽？恰有汋林主送此木如意。』舉起左右敲擊，復卓一下，云：『機上造機，角上生角，奇則也奇，到此没交涉。鷹爪奪毛，虎口攫肉，快則甚快，到此没交涉。若更説箇不生不死的爛貫索，來祝無量壽，不知此老還受也無？木如意子摇頭不肯了也。到不如我遮裏，堂内堂外，箇箇都似木鷄，事事還他魚貫。未經桶底，卻自忘機。現前松風石澗，擺脱厲色淫聲。碓觜茶鐺，陶盡凡情聖解。莫道美食不中飽人，且道木如意子作麽生消繳耶？正襟垂袖參天地，擁腫何心八面揮？』下座。

結制日孫魯山居士請上堂

僧問：『火焰爲三世諸佛説法，三世諸佛立地聽，是何意旨？』師云：『燒卻汝眉毛。』進云：『識得本來眞面目，方知脚下有來源。』師震杖云：『識得麽？』進云：『觸着當門露柱子，方明自己立地處。』師云：『瞎撞木頭。』僧作舞。師云：『亂跳作麽？』僧禮拜，歸位。乃云：『盡宇宙是箇禪堂，以元會爲呼吸而結制，十界情塵，跳跟不出，可惜不自知。針鋒上亦是一座禪堂，以刹那收天地而結制，十身器界，當下齏粉，可惜不自知。』直木子笑道：『大鵬背脊，郎當太甚。焦螟睫上，土曠人稀。大無邊處，受用不着。細無間處，又鑽不入。二俱不涉，汩没何依？不如且在長連單上，面面相對，壁立萬仞去。直木子保汝的時節因緣，決定不欺。』

恰好孫魯山居士，從曹溪來訪青原，隨喜藥樹新堂，顧瞻枯荆再發，靈壽當前，面面光明，人人壁立。因問：『結制事如何？』老僧云：『過冬。』士云：『四季木犀香，難禁春消息。』老僧云：『幸賴過量人來證明。』士一笑。因分玉粒，飽灑雲堂，磨片石頭，因緣斯許。福城多生，相遇且置，只如同歸一笑，直下幾能豁破也無？』

良久，舉大慧杲禪師因不動居士至上堂云：『眼空宇宙渾無物，大坐當軒孰敢窺？選佛選官俱已了，同途把手不同歸。敢問大衆，既同途又把手，爲甚不同歸？』『壁立萬仞的還曾夢見麽？』『昔陸亘大夫問南泉曰：「肇法師甚奇怪，解道天地與我同根，萬物與我一體。」南泉遂指庭前花曰：「時人見此一株花，與夢相似。」徑山今日判斷，若向理上看，非但南泉謾陸大夫一點不得，亦未摸着他脚下一莖毛在；若向事上看，非但陸大夫謾南泉一點不得，亦未夢見他汗臭氣在。或出來道：「大小徑山，説理説事。」即向他道：「但向理事上會取。」』『諸仁者！大慧尋常血濺梵天，爲甚又在平地上喫交？且如同途把手不同歸，與今日的同歸一笑，可能向理事上會取否耶？如會取不得，自有時節，禪堂前問取靈壽木去。』下座。

重陽晦山和尚到山引座上堂

雙桂重陽待客開，撒花水底看天裁。橋梁界破雲霄路，紫氣從南過嶺來。可笑病龍鍾，一向三不管。就有箇驪龍領下探珠、猛虎口中奪骨的漢子來，卻也湊泊不上。反覺得水碓中一粒米，鈍置殺人。忽然一陣風，吹得晦山和尚到此，自江北四祖打南華回，吐西江頂上之波，掃七祖無縫之塔。多生故人，啼笑不了。同堂鐘鼓，異響旋宫；億萬毫毛，一齊豎立。好箇節拍，豈容錯過？諸仁者猶傖儜耶？或者興化躲雨，不妨盤礴演祖；若是咬嚼玄要，正好叩擊汾陽。掀天浴日，但去摩捋虎鬚。騰擲一上，毋論搆得搆不得，決有一段痛快，不負汝等過重陽也。惟憑氈拍板，知得九韶音。

竺菴和尚訃至上堂

萬里灘山碧化雪，波斯擲卻連環訣。黄龍角攪滄溟竭，紙灰騰空天破裂。痛絶！痛絶！竺菴和尚和盤倒卻去也。兩點眼珠，一場滴凍。有分痛者觸著，便可瓦解冰消。若猶一膜依稀，莫嫌今日叨怛。念我杖人一碗硇沙，被竺法兄打頭吸盡。所以徑山拚命，見賊攢刃生蓮；省侍太平獄中，親磨干將。自此接圓通之鼓槌，興壽昌于瓦礫。金殿嵯峨，功成不處。翛然南岳，毗洞再開。奔天界之訃音，造棲霞之無縫。重泝西江頂上，廩山之塔巋然；拜掃東苑、武夷，不跨石門、雷鼓。竭灘掀天，突然脱去。自題火把，粉碎須彌。大吼一聲，八紘震動。平生自叶雲龍，不輕許可。且喜異苗雙茂，付托有人。雖然正幢乍折，愁殺邪氛；蓋信好山鋤頭〔一〕，凌霄蹴岳。大衆！且問雲居一棒，刀斫不開；出没洪濤，原無涓滴。你道承誰恩力？要歸何處聻？若舉雹激風馳，鬼神罔測。宜乎搆湊不來，但論事竟堅固。嚗嚗石頭，難道有徵不信。何況末後一擊，又且硬塞牢關。秖如分付紅爐徹底煎，還有于此瓦解冰消者麽？』良久云：『如其無也，不須噥噥，且隨我上供去。』下座。

上堂

師陞座，白椎竟。有僧出問。師曰：『今日天寒，不煩久立。』便下座。

劉平田居士浴佛日請上堂

僧問：『迦文降誕，劉公皈依，和尚陞座，將何指示？』師云：『一頓齋有分。』進云：『如何是萬象之中獨露身？』師云：『曾到雪山頂上麽？』僧便喝，師便打。進云：『這一棒早已喫過也。』師云：『可惜許。』進云：『眞心有在。』師云：『敗將莫談兵。』乃云：『必眞解脱，始是擔當，削鐵斬釘乃大夫事。秖如初生，自言獨尊，何故雪山六載，乃叫奇耶？莫是入胎習氣難忘耶？莫是瞥地乃爾冷笑耶？將謂兩指四顧，在六合中桑弧蓬矢，是誰出像耶？將謂白日射人眼花，暗室光纔自見，一經雪地剥落，始能享其四時耶？謾落商量，閒疑且置，只要是箇削鐵斬釘漢子，定然拔俗，不肯因循。即今發願，初心原在，拄天拄地，無我備我。本來尊貴，不用雲門，訝爲希奇，多生一笑。自盡今時，早已攪長河爲酥酪。今日平田居士，全身拶入青原，作箇白髮嬰兒，供養索訶世界，换骨脱胎，忍俊眞奇三界。忘言已周七步，盡古今是一大浴盆，誰不手舞足蹈？又何待即心即佛，非心非佛，作指頭餳？又何待嚼乾矢橛、綑麻三斤、爲麻胡嚇哉？且喜大衆各沾一杓，共飽一頓，又道箇甚麽句子酬他慶快譚？九萬里鵬從海出，一千年鶴遠天歸。』下座。

戊申元旦洪浪淵請上堂

師云：『向上一句，釋迦未曾投胎；末後一句，彌勒只堪捧腹；中間一句，空累文殊、普賢。兩眼兩脚爭差，尚且惹人擯出。青原今日即不然。三世諸佛，百千祖師，一齊按過。滿口道不得底，峯頭海眼噴雪；盡力舉不起底，閒居閣裏拏雲。只爲矜茫錯過，太無事生，所以盤錯相逢。』又從頭起拂，拂云：『此話且置，祇如洪崖浪起，跳出西山。二十夏剩此眉毛，三千里不忘磬眼。故鄉本色，笑出上風。特地臘底逆流，恰值百年中半，以此元旦作第一齋。浄居雲版，生大歡喜。又道箇甚的好譚！但願春風齊着力，一時吹入我門中。』下座。

庚戌十一月初一日讓浄居院辭衆上堂

師舉白雲端云：『他人住處我不住，他人行處我不行。不是與人難共住，大都緇素要分明。』大慧杲云：『他人住處我亦住，他人行處我亦行。瞥喜瞥嗔誰理會？新羅夜半日頭明。』只二老，一箇大煞偏拗，一箇自無主張。藥地愚者即不然，拄杖子如蟲禦木，一毫端上與時行。

廩山瑞如監院請上堂

維那白椎竟。僧問：『如來爲一大事因緣出現于世，和尚陞座，是同是別？』師曰：『靈山會上，秪借一花；今日堂中，以何爲據？』師豎拂子。進云：『王宮雪嶺一乘雲。』進云：『即今覿面相呈，和尚又如何指示？』師揮拂曰：『只看遮一下。』僧禮拜曰：『將此身心奉塵刹，是則名爲報佛恩。』師曰：『日磨長劍倚天寒。』乃曰：『長年占斷白雲封，一枝迸出笑春風。諸仁者！看廩山老祖磨劍出處麽？古人眞疑迸出，只是了卻自己一段蓋天蓋地光明；尋常煮月烹雲，便是掀天浴日。隨分一莖草上，儼然玉殿層臺。原非驢門挂彩，鬧鼓販椎，可冒濫也。昔壽昌談金剛義，廩山祖曰：「宗眼未了，非爲究竟。」壽昌問：「如何是金剛眼？」廩山拂衣而起，且道是何等神鋒？壽昌從此鋤破大好山，且道從何處迸出？于此了得，盡兩間白雲一封，盡古今春風一笑。正可信步來往，蹴蹋乾坤。若此一封一笑，猶涉遲徊，直饒占斷長年，乃是寒崖焦種耳。此山銜霄壁立，元公題爲「不是人間」。藥地來，飲水知源，遂爾因巖依樹。十年倏忽，曳耙青原。竺兄和尚，重來壽昌，塔頂再紅，圓此公案。瑞如監院，率諸緇素，請一舉揚。你道舉揚箇什麽？依舊柱子上，北斗光中磨礪石，西江頂上灑淵泉。」拂衣而起，結椎下座。

壽昌楚雲大師率兩序請上堂

師指法座云：「是法平等，何故特地涌出須彌王座？西江頂上，占定青雲；智上座來唱太平，不妨信步。」遂陞座拈香云：「靈山付囑，内外善護不分；請看「壽昌」二字當空，便祝香煙，萬年無盡。此地乃壽昌老祖開西竺之山，一時龍騰虎嘯，鼓震炎午之運。二世和尚克家厚載，請我師杖人特主此席，大闡無私。嗣後竺兄和上瓦礫再造，雙其二老，善奏塤篪。兄唱弟酬，金聲玉振。今日一總燒卻，與他炙地熏天去也〔二〕。」楚大師白椎竟，師舉拂云：「藥地彌縫孤不孤，一椎今古下紅爐。山川風雨穿心過，環轍堤眉只兩噓。」左右拂云：「還有激揚此兩噓者麽？」

問：「風行草偃，電閃雷轟，萬壑奔流，千峯競秀，横説豎説即且置，五位君臣請師宣。」師曰：「千年曆本費唇皮。」進云：「如何是正中偏？」師曰：「梅吐三更月。」進云：「如何是偏正中？」師曰：「溪回一徑風。」進云：「如何是正中來？」師曰：「青山凝古翠。」進云：「如何是偏中至？」師曰：「白日舞殘紅。」進云：「如何是兼中到？」師以拂子旋拂曰：『無汝撈摸處。』進云：『偏正已蒙師指示，秖如諸祖寶塔崔嵬，和上又作麼生下帚子？』師便棒。進云：『可謂打麵還他州土麥，唱歌須是帝鄉人。』師曰：『遮莫承當，如何證據？』進云：『爭奈有眼者見、有耳者聞？』師曰：『不必賴他人。』僧禮拜云：『與麼則專爲流通去也？』師又棒曰：『流漫假承當。』僧歸位，云：『和尚不得壓良爲賤。』師曰：『李豐石璽，終自愕然。』

問：『泗州見大聖，意旨如何？』師曰：『汝見拂子麼？』進云：『今日和尚坐法空座，拈起一莖草，作麼生普利四州？』師曰：『盲龜自不見。』進云：『如何北斗挂須彌？』師曰：『切莫望空啓告。』進云：『黄龍頂上浪滔天。』師曰：『浸殺你。』進云：『恁麼則海底泥牛銜月走〔三〕。』師曰：『湊不上。』乃曰：『向上不傳，向下文長。何必爭？如不必，通身詎若偏身？但作話會，徒辱家風。只如老祖云：「醍醐上味出乎乳，滴水攙中便不成。」還曾親過此鍛煉關麼？「三十棒頭開正眼，何曾傳得祖師心？」還曾歷過此囦地候麼〔四〕？冒雨衝風，分明指示。還信此跳出後之受用麼？世無眞願，畫少掠虛。絶甦不親，折攝猶惑；不用則死水，一用便莽蕩。麻三斤、乾矢橛，都攙作情識窠臼。直饒掀倒禪牀，喝散大衆也。襲成逐塊隨邪？又不如瞎驢趁大隊去也。疑此自問，即是眞參。雖然恁麼，不必氣急。現前斧口磬眼，節拍歷然；大樹繞庭，靈苗自茂。且道箇甚麼收科好？幸是内生王子統功功，姑射山前五穀熟。珍重！』結椎，下座。

東苑山主熊魯子咸初衆居士請上堂

『此來掃出石屏心，擊櫂聲中無古今。偶向讀書坊下過，破塵一句待知音。此是東苑老祖磨劍之地，早從石屏巖下，齏粉乾坤。撞着大好山頭，飛鳶踢破。一逢夢筆，觸落巖花。虎嘯龍吟，普天震動。大隨不壞，逝者如斯。山阿一堂，舊基重搆。皆諸檀護，不忘屢世法乳，共出隻手，莖草莊嚴。適山僧從武夷掃塔而來，諸公堅請于此，據坐一舉。且道老祖眉毛，即今何在？』良久，擊案一下，曰：『東苑老祖咳唾了也，猶記當初與余繼泉居士三問。第一句：如何無始以來一念不生的？第二句：如何是二六時中正受用的？第三句：如何是生死牢關打破的？卻怪何故分作三句，莫是怕人顢頇麼？即今有破口揑碎者麼？』确一下曰：『若于此處透得，可信絶甦過關。顧佇徒然，反勞側耳。且道今日幸會前緣，又將何者來應箇時節讏？岱嶂開雲鋪座下，鯉池躍浪在峯頭。』下座。

冬至日岱嶂居士余雨辰游子六等請師一枝山上堂

僧問：『莫看仙人扇，别峯藏妙高。寳秘形山，從何作眼〔五〕？』師曰：『橋板仙船多眯目，扣舷誰向櫂歌看〔六〕？』進云：『三教峯前，創開虎嘯；一枝、東苑，卻在書坊。請問薪火相傳，誰是主中之主？』師曰：『閣造太虛收萬象〔七〕，爐中寶劍動星文。』進云：『輞川容夜吠。』僧禮拜。師以杖稍曰：『瞎撞習家池。』乃曰：『「六六峯前已展眉，扣舷曾和隱屏詩。聽泉閣上重敲唱，賺殺浮山一局棋。」此是東苑老祖句，眉已展了，詩已和了，浮山一局，何故賺殺？且問今日，誰知先着？若未透脱，怎説過關？猶記當年枝山冬至上堂，舉及紅爐煖閣，以至邊地寒冰，設身處地，更莫相謾〔八〕。現今套在金剛圈子裏，儘力跳不出，能免六道輪迴耶？有現在圈子裏，不爲寒暑苦樂所干者麼？有現在圈子裏，而能遍諸國土作佛事者麼？若非大死甦來，盡被冷煖迷倒。七日來復，都成套話。然則所謂關内句、關外句、非内非外句、内外兼收句、翻身跳出句，俱不得已，造化開閉耶？壽昌、博山、東苑、杖人以及巨兄，皆于一枝山過化，當時余猶龍、繼泉、熊仰宗諸居士，都以法喜盤桓。屢世所熏，種子自熟。浮山一局，鼓唱同時。今諸公兒孫發心設齋，請登此座，重新舉揚。何妨先王閉關，頓作華嚴樓閣。且道結齋後，道箇什麼好譚？冬日背上，識取陽春。』下座。

蘆中余太師一家同鄭牧仲林祖夏黄任者方雲師衆居士暨諸山法侣迎師黄石通天寺上堂

師揮拂曰：『遊山竿木駕雲龍，偶畫葫蘆卻不同。黄石當機堪一笑，點睛專待老壺公。』僧問：『應以宰官得度，即現宰官身而爲説法；應以比丘得度，即現比丘身而爲説法。今歲蓮花現瑞，通天顔面重光。妙叶雙超，如何指示？』師曰：『穀城雲裏白毫光。』進云：『兩點水墨，一處成龍。』師曰：『黄石眼睛，闍黎拈得出麽？』進云：『男兒自有通天路，不向如來行處行。』師曰：『未許冒昧承當。』僧一喝。師曰：『枉費氣力。』

乃曰：『浮山遠公上堂云：「第一句：水泄不通，緇素難辨。第二句：十方通暢，大地全光。第三句：高低一顧，大地齊瞻。若是衲僧陌路相逢，須具通天正眼始得。」既以摩醯迸出，卻又抹去別拈。若是總不相干，何故一場虚設？將謂非天非人、能天能人，是箇三不收麽？將謂瞎者打開、開者打瞎，兩折三番，定勞之繞麽？蚊子鐵牛，猪灸左膊，料踔無涉，何以應時？千里奇緣，不可漫過。是花是草，揀擇何辜？猶憶古人曰：理家膠柱，紗縠未掀；教家牛毛，數寶何益？宗門毒藥翻成，靠着依然不是。然則目空雲漢，只叫蒼天也乎？不則渾沌無記、盲龜浮木而已。通天正眼，如何即是？我杖人集大成妙叶之宗，難道舉揚不及耶？今日就地參天，偶有三問：第一問曰：圯橋墮履，何以識得是弄椎兒？留侯願棄人間，何更寶祠黄石？遮兩隻眼，在甚麽處？第二問曰：壺公使季咸逃走，鈍置列子，還有出身處也無？第三問曰：九鯉化龍，未審金翅還來結款否？出格通天者，試下一語看。』良久曰：『直饒杜湊將來，崖州萬里，轉見支離了也。此事非情識唇齒所能差排，顧佇即非，不如且罷。各人隨分，現在玄同。如此寺爲吾師一家建立，香火祠堂，供養龍象，兼盡妙叶，即此通天。比年劫火蕩灰，原自巋然不動。衲僧厮守，鐘鼓鏗鏘。今朝一筆開顔，觸着蓮花起舞。且道承誰恩力、享此通天蕈？超出乾坤惟一掌，山中星月自呼潮。』揮拂下座。

汋林浴佛日蕭孟昉小翮兩居士爲太常伯玉老居士冥誕請上堂

師至座前云：『從來徹底掀翻〔九〕，何故臨出門時一上？只爲撞著生死知音通一信，不妨蹋潑九龍湯。』遂登座。良久云：『今日絶妙因緣，還有出來掀翻者麽？』僧問：『神龍無首，獅子迷蹤。至人無欲，大道無言。按下雲頭，相借一問，得麽？』師云：『雷龍花劈普天聾。』進云：『當年此日釋迦生，居士今朝薦太常。請師陞座，且道慶生即是？薦亡即是？』師云：『兩行水墨一齊飛。』進云：『恁麽則居士不忘親付囑，靈山一會儼然存。』

師云：『讚則不無，歎則退後。』

乃云：『嬰兒白髮可憐生，一步周遭破古今。日日人人初下地，圓通一信報知音。我杖人在圓通時，曾寄蕭伯玉老居士一張白紙，此話未圓。今朝孟昉居士，恰以世尊降生之日月，永爲長者追薦之道場。生死一團骨肉，好箇當機。到來苔殿花飛，不如自問。且道問箇甚麽？別峯一往，挂處無痕。狹路相逢，難禁失笑。且道笑箇甚麽？曹溪逆流過嶺，此間截住青原。春浮手造山川，古寺重興般若。金粟太常，不食粒米，蕭齋一榻，坐斷浮雲。初生本寂，空不待歸。起信相傳，指頭猶在。所以世人盡説如來生日，愚者説原不曾生；世人盡説是老居士忌辰，愚者説原不曾死。諸仁者！者是一部起信論切脚，信得及否？今朝浴佛，無不信者，試浴浴看！生也一杓，死也一杓，生中死也一杓，死中生也一杓。直饒説得箇不生不死，更須一杓。你道古今一箇大浴盆，還浴得快活否？你道嬰兒白髮，還知痛癢否？若不知伯玉老居士來處，如何透得黃面老子落處？若不絜著兩指四顧的痛癢，如何能絜著春浮起信的痛癢？有者道：月胎冰骨，多生慧種；有者道：宿世輞川，天然頹放。搔則任搔，痛癢未在。萬丈光芒，不經煙火；三徑撒手，燒卻龍坪。煎銷金礦，直刳兜率之胎；打瞎悟門，豈與諸方荅話？到者裏須索喚起狗子，吐吞雲門；煮滾鑊湯，薑椒大慧，始與獨尊出氣，回來遊戲人天。自有得力兒孫，受享普光明殿。諸仁者看看！春浮老居士踍跳來也，一場親荅杖人書。』

校記

〔一〕蓋　冬灰録作『益』。

〔二〕灸　疑當據冬灰録，作『炙』。

〔三〕月　原作『且』，據冬灰録改。

〔四〕候　原作『侯』，據冬灰録改。

〔五〕作　冬灰録作『著』。

〔六〕櫂　原作『擢』，據冬灰録改。

〔七〕太　原作『大』，據冬灰録改。

〔八〕相　原無，據冬灰録補。

〔九〕來　原無，據冬灰録補。

青原愚者智禪師語録卷二

小參

晚參

舉梵志擎兩株花供佛。佛召仙人放下着，志遂放下左手花。佛又曰：『放下着。』志又放下右手花。佛又曰：『放下着。』志曰：『我兩手皆空，更放下箇甚麼？』佛曰：『汝當放捨外六塵、内六根、中六識，一時捨卻。無可捨處，是汝免生死處。』梵志言下悟無生忍。師云：『黄面老子不合恁麼註脚，你説十八界幾人放得下？又孤負了兩株花。今日于慧男居士送來兩石鐵，遯圃居士送來兩種花，鐵也在這裏，花也在這裏，鋤钁增氣，春色新添，且道青原，還説三箇放下否？老僧只向他道：埋下着。右邊桃花埋在山門前，左邊梅花埋在殿閣後。若有人再問：外六塵、内六根、中六識如何消繳？我則道：諸仁者濟濟同心，人人脚跟下有一把鐵鋤頭，直教盡娑婆世界都埋下了也。雖然，恐還是生鐵，明日開爐打起。珍重！』

晚　參

此事不可以有心求，不可以無心合。静沉死水，動落今時； 超出二途，棲心無寄，猶是暗癡。恁麽看來，不是昭昭靈靈，便是昏昏默默。直饒説箇不落有無，尚未是到家時節在。天奇瑞曰：『透過劫外，劫外自然無心； 透過今時，今時自然無心。』諸仁者！你説遮無心，還靠着昭昭靈靈麽？還靠着昏昏默默麽？

時方大雨，師指云：『檐前雨滴聲，古人舉着便有省會。瑞鹿曰：「點點不落在別人眼裏。」你道此處作麽生透過？然切忌張着一雙血肉眼去見，尖着一雙血肉耳去聞； 離又離不得，即又即不得，作麽生透過？假如透過，又作何語？田夫戴笠㩐栽種，泥路行人欲斷魂。喜得到家廊下走，如何消受此時辰？』

起七小參

一二三四五六七，七六五四三二一。逆中順，順中逆； 無順無逆，是誰恩力？古人恁麽道，着甚死急！歷過者到此温疤，艾團再灸； 新參者初生兔兒，首尾畢直。一歸何處麻三斤，刹竿頭上穿靴立。走不出，鑽不入，竹篦子言語道斷，交付香版，時不可失。

解七小參

坐一走七，朝三暮四，畢竟何爲？從上應病予藥，莫是隨其顛倒、就藥捄藥麽？須知善用皆是藥，不善用皆是病。湯頭隨症，不執古方，亦用古方。試看天道變化，一寒一暑；炮製火候，一武一文。緩急無非中琴之節，張弛無非養弓之用。且道不落寒暑天，不問文武火，穿卻緩急、張弛底在甚麽處？今日初七了也，正午三更，日日從頭起；各人得力不得力，以不欺三昧回光自驗看，藥地老夫只在背後等着。如仍茫然，青州布衫重七斤，喫粥了也洗鉢去。

晚參

白雲端禪師云：『一句道盡，與佛祖爲師；一句道不盡，與人天爲師。』青原則不然：一句道盡，秖可與人天爲師；一句不道，便與佛祖爲師。與古人誰較親切？且道如何是不道底一句？揮手一下。

冬至晚參

老天三不齊，歲實毫不易； 三萬年追差，呼吸輪迴例。彌綸者何物？是誰通寤寐？面南看北斗，日日是冬至。面前大圓鏡，反觀最容易； 濁識奈迷封，都成眼中刺。今朝拄杖子，忽過釣臺背。種藥得浮盧，飛龍垂鳳翅。冰霰轉雷霆，獅象雲門峙。舉似雪爐人，正可吐閒氣。梅花占臘前，消息破也未？今日古人閉關，山僧不妨開關； 且作黃鍾候管，引諸公一噴，得麽？第一問曰： 誰能出不由户？先王至日閉關，且問楞嚴一門，法華狹小門，楞伽無門，作麽生爲他一句折合去？第二問曰： 舍身爲藥樹，徧地一莖草，如何得殺活同時？第三問曰： 涅盤堂上塗毒鼓，聞者無不死； 且問打鼓的站在什麽處？諸仁者各下一語看！維那云： 『一狀領過。』師曰： 『何乃爲大衆擔枷？』首座曰： 『一時聽不明，請和尚寫出來，明日禪堂繳上。』師曰： 『且放一着。』

爲陳旻昭居士對靈小參

師舉永嘉云： 『大丈夫秉慧劍，般若光兮金剛焰。不但能摧外道鋒，早曾落卻天魔膽。』如我旻昭法兄，千生示此一生，慧劍放光，非偶然也。以世義言，南宮捷後，御史持符，諸生之田，不增一畝，北門之屋，不樹旗竿。旁無妾媵，齋五十年；善護金湯，放捨身命。世豈輕易有此等耶？皈依博山而事杖人，受天界印而事棲霞，攪翻法身向上，識破鬼窟獸場。霹靂琴歌，應病予藥。只爲遮箇，承虛接響。知恩者少，負恩者多。痛念杖人借莊托孤，乃與竹關約期炮集。既化死水枯椿，尤悼惡空莽蕩。長書論症，不覺噓噓。十載西江，爲君了卻。今日對靈舉出，送慰孝子。鵬搏蝶夢〔一〕，不堪狙公作計。知我罪我，聽此赤烏之飛。自歸委化，因是公懸。嗟嗟！且道離即斷常之中，天然時節版眼。午會正決，不疑者誰？傷盡偷心，正開繼照。涉江雲中砍額，當何如耶？因寄聲曰：「竹關大笑此炮場，霹靂琴歌老法殤。燒着紙灰相供養，種蘭階上一爐香。」

聞三宜和尚訃音小參

金山劈翅，偶示雲門。乾灑破塵，不留鴻影。以愚菴而挂睦州之草鞵，借聖湖而吹性空之水笛。將謂抛擲世界，别造乾坤。詎知掃蕩佛祖，不存性命；隨場噫氣，有竅共聞；逸格超宗，讚歎莫及。至于一生與杖人在刀兵水火中換手搥胸，又豈世出世人之所知耶？忽折法幢，悲風四散。牯脅不須作字，麟角早已參天。只可惜浮廬之孤，不曾來孤山，與我法叔摇櫓，爲悵耳！即今一衆念摩訶，還知笑破老人口麽？前日奉懷一絶，不免重舉：

『愚菴菽水老來聾，門泊虚舟萬頃中。一則西湖餧魚話，倚天長劍挂西風。』

林豁軒昆仲就東山石宸請小參

『三萬二千獅子座，菴羅室裏青天墮。文殊入門敲啞鐘，金粟前身但高臥。』擊几云：『此處豁然楞嚴堂，雲門一鏃三關破。作麽生破？分段生死破，變易生死亦破。今古廢興，人我是非，殺活權實，一齊都破。破破破後，笑此滯貨。今古廢興，人我是非，殺活權實，喚作三昧，未嘗不可。如未豁然，時光勿惰。易則因風吹火，難則逆風把舵。獨不見張無垢悟後雙趺儼然〔二〕，誰不在楊大年八角盤中磨？此處豁軒金玉，枕藉絃歌，愚者來遊九漈，乘雲一過。題作石宸，東山相賀。乃請指示，先念苾馱。向上無上，説箇甚麽？孤峇不住，自己切磋。多生慧種，此番唱和。止有一事實，大丈夫如何做？六合拂一團，得句惟一唾。從上叨叨的根本、差别，是兩箇不是兩箇？正因、了因、緣因，是三箇不是三箇？寶鏡重離回互，是五箇不是五箇？若尚折攝朦朧，怎辨魔羅？只恐盡九洲鐵，鑄一箇大錯。因而笑曰：呵呵呵，部臨何似楚詞些？酸湯可解醒，糠粃也須簸。萬頃不耕何貴田，白飯不甜請一餓。祝勉交參，業在其中，應時及節，一句如何？中秋月正皎，八月潮來大。』下座。

示衆

安職事示衆

石頭大師參同契有曰：『本末盡歸宗，尊卑用其語。』『萬物各有功，當言用及處。』學者幾幾能見〔三〕，不虛度耶？天無七曜、五行，天復何用？船無帆、檣、篙、櫓，舵手何爲？既建叢林，自安職事；紀綱條理，法位現成。譬如一人，五官、百骸，各稱其職，而元氣自運，神明斯享。必執以心爲内、以法爲外，身首異處，豈得復爲全人？翻笑達磨分皮、分骨、分肉、分髓，猶是批剥火候，特地一場支離耳！所叮嚀者：形骸既分，即有血氣之我；有血氣之我，即有衣食之我；有衣食之我，即有是非之我；有是非之我，即有毁譽之我。情識一熾，護短掠虛，驕妒斯起，蔽賢凌慢，晚季爲甚。然其初來，非爲蔽賢也，只是求道不切，則多一種希求放佚念頭，便增長一種護短求勝念頭。日熾日偏，纔有一事不順情，一點不次第，便没奈何，便自作主不得，即恩義如君臣父子，亦顧不得。如此澆薄，又何怪法界之不變亂、叢林之不廢墜耶？眞正學道人，便從這裏看破，最爲省力；不得已看話頭、起疑情，猶是方便矣。既已不相應，只請以不自欺爲本參，放在脚心裏踏著。

鑄燧堂示衆

陽燧鏡能於空中取火，然古人必於冬至鑄之，此豈無謂耶？滿空皆火，惟此燧鏡面前，上下左右光交處，一點即燃，夫豈無謂耶？杖人有『五行尊火』之論，金、木、水、土四形皆有形質，獨火無體，而因物乃見。吾宗謂之傳燈，豈無謂耶？雪峯曰：『三世諸佛在火焰裏轉大法輪。』玄沙曰：『火焰爲三世諸佛説法，三世諸佛立地聽。』藥地則曰：『土竈茶鐺，油盞香爐，爲火焰現三世諸佛，三世諸佛吐舌笑。』且道雪峯鑄燧，玄沙鑄燧，與藥地鑄燧，還有先後、顯密也無？若於這裏會去，原自一燈千燈，愈分而愈不窮。如或未然，滿空皆火，尚且不知，又如何會得取火？又如何會得用火？又如何會得藏火耶？家家門前火把子，反來燎卻面門，如何近傍？今日特題『鑄燧堂』，爲諸仁者發機，果然當下銷鎔，金剛體露。不則隨各人自己鍛煉去，亦不相孤負也。

古人云：『學道如鑽火，逢煙莫便休。直待金星現，歸家始到頭。』佛望人發金剛心，又要金剛後得智；如是二心，先心爲難。今人難得遇正師、正友，遇了又須親自痛切，始有生機；不自痛切，則心發不起，寧有真疑？要放下又放不下，要提起又提不起，但圖體面，説我參過禪來。或向册子、口頭學些骨董，塗説見長，境風一吹，全用不着。一等閉門作活，但守寒灰； 究竟如石壓草，於本分事全無交涉。自謂潔浄無依，寔未到潔浄處，皆是業識心所計邪見，直饒到潔浄，亦未許有參學分。一等淺見，私計豁達，硬作主宰，寔圖自便。妄謂有甚禪可參、甚道可學，坐在無事甲裏，依然不能無事； 妄語横逞，眞可憐憫。一等疲極而歇，或於電光一瞥，便認爲是汩没不能跳出，卻被貼體無明蓋覆了，將來發出，依前溺水沉舟。以上數種，且道過在甚麽處？只爲不知有，不發金剛心，不自痛切，一暴十寒，豈能成片？便打退鼓，十有五雙。夫鑄劍者，既在爐中燒紅，又向水中淬黑。淬了又燒，燒了又淬，金剛始出。是箇漢，將從前積習一齊翻轉，戰勝而肥，始有箇倒斷處。不見道：『射人先射馬，擒賊必擒王。』惟其一門直入，故得此一番痛快。到這時節，方能迸出自己一句子，始許見人叩擊，來與拳頭、拄杖商量。山僧從不曉得甚麽，只是一片赤心相爲，要各人得箇眞寔受用處，非敢一例作胡盧禪，互相欺誑去也。

結制貼單示衆

『肯心自許』，『寶鏡道底』；『一切依舊』，趙州道底。信得及麽？更有何説？一衆儼然。曰： 有結集，依法而住，故爾鼓舞。一日一盆洗面水，如何免得？今冬最可喜者是我叶妙法弟到來。彼以英奇猛烈，行脚眞參，且二十年； 踏破諸方，投針臯亭，號爲叶妙。杖人一生以妙叶發揮兼中宗旨，求人擔荷，舉此囑之，上下包決，智行一眞，何等珍重！去年在壽昌輔弼，今又來助臂青原。屈尊就卑，行起解滅，古佛家風，挽回末習，全賴在此。藥樹堂中，開爐煅煉；浄居雲板，領衆鏗鏘。讓老凍膿坐而視之，豈不慶快？又有無倚首座，肯爲知浴，將得蕭山主一門誠心，供養大衆，可謂一彩兩賽。且道以何相酬賽？須一箇箇不負頂踵始得。

落堂示衆

參禪無别訣，只要生死切。眞疑現前，古人拚定一生兩生，只是一箇痛切發憤，自不容已。及乎囫地，非從人得。開爐煅煉者，時時助一陣鼓耳！汝若肯切，三世諸佛没奈汝何；汝若不肯切，三世諸佛亦没奈汝何。今既在此堂中斬新舊令，不得動着，木行者決不相饒。

示　衆

出家兒將世間割不斷底恩愛都割斷了，所爲何事？若又于生死大事不明，既爲生死所迷惑，又爲談生死者攪亂，不能自決，不能作主，反去揣摩影子，粉餙欺人，與流俗一般躭滯擾攘，豈不可悲可痛哉？趁此火爐，大家做一場冤家，貴在一切放下。單單一箇話頭頓在面前，切忌起第二念。不但塵勞舊事，不知不覺，纏縣勾引，即計較此事難易，遮裏搆不上，是第二念。將心待悟，且捱一期，亦第二念。更去穿鑿話頭，擬着轉語，將諸語録上記的揣摩杜湊，只要當機答得好看，愈是第二念了。古人奉勸者，只在心切生死，自然制之一處，努力做去，迸破時節，不期而然。若如時流，夾雜名色體面參禪，此則煮砂終不成飯，老僧不敢與諸公互相賺悞去也。古人云：『只愁不成佛，不愁佛不解語。』閻羅大王豈怕汝口頭三昧耶？所以叮嚀以毋自欺爲本參，從正路入，此事決定不是做與人看的。故曰：不要你參佛祖禪、棒喝禪，只要參自己禪。半邊竹篦，斬新分付。

示衆

此事至易至難，何以故？此事只在自己，不是他人替得的，不用向外馳求；一念回光，即同本得，豈不至易？然無始以來，生滅情識糾纏，欲一時翻向無生滅那邊去，徹底脱換，豈是容易？菩薩一聞千悟，俱係多生久積浄業之因。今既不能相比，便從鈍處下手，眞實更爲得力。

示衆

不遠千里，尋師問道，是爲生死大事求一決擇。若是學了諸方語録上古董，逢人便逞一上，滑煉口頭，以爲了當；遇着明眼人一拶，都無用處。費盡心機，不知與自己生死何干？與自己初心何干？此處經冬，彼處過夏，究無一件眞有所長，只是檢點他人過失。或以慈心三昧覆之，則曰：此凍膿，不是峭辣手。若以金剛三昧制之，則曰：太煞不通方，我與此處無緣。不知曾一返問自己發心處否？如斯之流，蓋爲衣食放佚起見，又要裝老參腔。你道諸佛出世，作麽生救得他？古人賣俏、放憨之句，理楫長謝，是他眞了當後，天然風流，不是造作而來。後人不求正知見，便云恐爲正知見所礙；未琢先磨，枉費氣力。卍菴曰：『叢林所至，邪説熾然。』甚矣夫！名色、體面之不能入道也。果是其人，自有全體八面，隨名色還名色，何曾動着一絲毫耶？其如黠踐黠智，見小欲速，何哉？所以杖人只望個大傷心人，與之本色盤桓。今日遮裏聚首，非有此等。只是老夫觸着痛腸，忽然衝齒，旁觀寧無笑其惡口小家者乎？藥因救病出金瓶，緣不得已。

示衆

從上本欲人死盡偷心，弄到如今，反是長人偷心，且道過在何處？只爲于建化門頭，撇些光影；貼體無明，乘之作自便計；于學道分中，去之愈遠。向來謂開此火爐，曲爲中下根。我道：正要煅煉上根人。何以故？上根人聰明伶俐，才能過人；一種驕心勝氣，最難降伏；即使會禪，乃是學語之流。又況絶無才能，而空腹高心、恣大我慢者乎？所以古人立『不語堂』，要人言語道斷，心行處滅；立『枯木堂』，要人違其現業，榨乾情識。既到遮裏，大家如生冤家相似，總不容情。是肯心人，從此煅煉，固是一慶幸事，非爲依樣葫蘆，了此鋪面云云也。

冬至開新鍋示衆

平氣齊天，今年恰好順時納祐，疾病稀少。適有張塘善信，特來開鍋。湊巧柴頭，不勝慶讚。偶成一箇口號：『金木水火土共功，爛煮古今没昏曉。大家鼓腹好山中，雲板連聲曰多擾。』

庚戌十一月初一日退院法蔭堂示衆

師云：『秖爲老病退休，舉賢且代新硎。堂中首座，多年老將，杖人特以「叶妙」之號舉之。太阿出匣，正好與諸人磨淬一場； 抖搜歸雲閣上，可以撫掌唱太平歌矣！即今到中五堂迎首座，入噴雪軒去。』

首山茶筵示衆

大雪後，冬至前，陰極陽生，好箇時節！恰遇我青原諸法侄，新起箇烹雪堂過冬。又有首山中千監院設茶，爲病僧祝壽。不肖之子，劍刃一生； 母難之辰，何堪壽祝？幸有達孝覺皇一句無生法乳，足以超脱世間煩惱，舉來報荅，正可破顔。昔年博山和上盧墓過桐，先外祖吳觀我公于一喝下，忽脱桶底，先母亦皈依取名。今日説起，多生業緣，啼笑同時，有何可避？每聞先外祖『雪裏打春雷，中有大父母』，後從刀兵水火中，息喘杖人之門，又聞『死是大恩人，乃祝無量壽』。由今看來，以雪埋雷、以死祝壽，不妨奇特。有觸此語，徹底放下，得一場大慶快者麼？果然絶後重甦，通身白汗。回視一切利害得失、人我生死，瓦解冰消，由我自在出入香水海中。浮杯執杖，俱是報恩。未出母胎，指天指地，何勞雲門更費力耶？如或蹉過，問著自己的大父母落在何處？越發茫茫。不如且進堂去，一念萬年。盡此一報，普作供養。珍重！

師退居陶菴聞虎入浄居示衆

數百人不能制一虎，而又不能與之相忘，又何怪乎古聖人不用虎乘虎耕，而益有焚山之法，使民自備居處器禦，此其所以與虎相忘也。知虎畏日、畏火，是盡性之一端也。一火不繼，以衆火而能破之乎？虎能盡其用，而人不能盡其用，不可羞乎？虎能拚命，而人護短以怯生，又不貟自護其短，而復露黔驢之足，益可笑矣！詩曰：『階前虎心善。』此寂感藴中、受命如響之至理也。道人他不必論，知此亦可矣。越諺曰：『虎去山乃吼，居山亦舊山。無端發其機，何能勝其頑？』

合明山墓下結一欒廬題曰不擇地拈以示衆

高座閉關三年，博得一場終天絶地。今日者不擇地而蹈之，三條椽子下，賴得幾柯柏樹，與他攀折。楞嚴、金剛，哭聲震地，你道回避得麼？汝等諸人，不肯相離，識得遇緣即宗，須信久長難得。且道今日以何相告？烹飯砍柴，是第一義。

示　衆

祖師户限，一脚踢倒，門外漢卻請進來洗盞烹茶。生死道路，千古坦平，客作奴亦堪與他量晴較雨。只是欺心底斷然閉門不納，油㸕底斷然大棓趁開。雖然大地山河説無間歇，若把來唤作佛法流傳則不可。以手拍案，曰：『住！』

沩林結制示衆

師云：『諸方唤做結制，沩林唤作過冬。休論其名，止貴其實；只在真切，豈是牢籠？者裏不要參機鋒棒喝禪，不要參佛祖玄妙禪，只要參自己本分禪。從上條例，有尊正規，職在維那。若緊切中求請益工夫，可問西堂、後堂。病僧但有一笑相待，只是二六時中，不得動著；一條直木，不肯欺人。』

佛誕日金樓茶筵示衆

昨日雷雨中來，今宵上弦出月。人人指地指天，恰遇周行時節；青山倒入茶杯，滿堂一口無别。此宗中興，本自西江，在我壽昌鋤頭上發泄；總在受用一真法界，不必播弄千般話説。似此金樓再造，殊虧知予老宿一段眞實。不見道：『拖犁拽杷，全彰古轍。』在此祖翁田地，各人本分無缺。脚跟放光，脊梁鑄鐵。便將泥水洗天，穿卻春風冬雪。等閒平地家風，正是峯頭眞訣。只要自問：喚甚麽作鋤頭？見今相對時，不可空手釘橛。恰好過夏因齋，不覺慶贊中帶累廩山饒舌。

廩山南谷示衆

此是廩山南谷，舟旋一澗環林麓；通玄頂上不自知，平田回首孤峯緑。今日涂萬年居士請住安福，藥地愚者特爲指出面目。且謾道證龜成鱉莫胡猜，翻自問青牛可是襄陽鹿？幸此方總覆壽昌雲，一任風吹別調新豐曲。

示　衆

舉地藏琛禪師曰：『諸方浩浩説禪，何如我者裏種田博飯喫？』師曰：『雖然如是，蹉過者多，錯會者亦不少。古人爲生死發心，逢者一杯茶、一碗飯，眞不容易。只如茶不是茶、飯不是飯時，還委悉麽？諸仁者！即今在者片田地，事事見成，水足草足，比世人火坑業纏，輕便多少？總是佛恩浩大。但出家時不愁衣食，正好向鐮刀上、钁頭邊一心辨道，以眞參實悟爲期。若此處一念汩没，便昧本來，便負佛恩。諸仁者！佛法難聞，善友難遇，當生難遭想、生慚愧想。世人病根，起於只圖安飽，因循過時。一些些境風吹來，便受人我嫉妒之害，不能作主。反將日來辦行好事，都變成了業障。何獨到眼光落地時，業識茫茫，無本可據，乃自哀哉、痛哉！莫説此話尚高遠了。古人嘗曰：「袈裟下失卻人身，更可憐憫。」今日安得不一告報？時不待人，急須努力。珍重！』

南谷示衆

出家兒貴出生死利害之家，非謂出兩片大門之家。似此五濁苦海，三毒家親，如何能一刀兩斷、得大自在？此大自在，其實當人箇箇本具，不假外求。只是情生智隔，想變體殊，習氣所緣，如油入麪，纔説放過，瀑水横流。所以佛祖立出種種安心法門，原非得已。且問十二時中，全被外物所轉，有一碗飯喫，便要作箇體面，何況敝屣王侯？略罵一句，便自瞋忿如山，何況舍卻頭目髓腦？若云我是出家兒，便説已脱俗了，當受世間供養，此處自欺，知慚愧否？空腹高心，果如潙山警策所説否？南谷道場，轉禪已久，碗竈具足，俱是多生所基。恰好病夫過此聚頭，因茶開口，如何得不孤負此茶杯去？亦無别樣新説，只在從頂至踵，一心辦道，放下世俗體面、苟安心腸，始不犯口轉心不轉之笑話。諸仁者本分見成，辦道至易。只如今夜茶杯，相較德山一棒多少？人人滿口，自問胸堂，莫孤負茶杯好。

校記

〔一〕摶　疑當作『摶』。

〔二〕趺　原作『趺』，據冬灰録改。

〔三〕見　冬灰録作『及』。

青原愚者智禪師語録卷三

法語

室中正訓

佛有一語三昧、正語三昧、愛語三昧。學者先從正語入，將世味、道味劈作兩開，只要作得主，不爲外物轉，立志既定，根基堅固，始有信入參究分。起信論曰：『衆生有自力廣聞取解者，或自力少聞多解者，或無自力、因廣論得解者，或樂總持、少聞攝多義取解者。』雖以無思契同，必從聞解信入。靈源曰：『法門有樂説者，以無言爲非；有尚默者，以多語爲過：皆據一知一見爲局量，而不知無量之量爲通途也。具正見、建圓機人，忽倦普慈，如天澤無心，物均獲利。』白樂天舉佛經同異問濟公，覺範代云：『「方便智」三言而已。一代時教，以法相宗、破相宗、法性宗攝之。法之所本，要本于理而當于義，不必守名句以自滯。至于言謂之不及，而可以模鑄佛魔、了辨同異者，又未可遽言也。』永明壽曰：『解但爲遺情耳，説但爲破執耳。情消執謝，則説、解何存？眞性了然，寂無存泯。』一庵曰：『物各還其物之則，即是物不遷。』稱權無我，斤兩不爽，是則方便智乃本自現成者也。特人不能死盡偷心，而享此善用耳！

靈源謂圓悟曰：『學者雖有見道之資，若不深蓄厚養，發用必峻暴。非特無補於教門，將恐有招禍辱。』圓悟告大慧曰：『須防自己三業忽起。』此語最切。單方顯勝，撮弄筒子，氣急殺人，誤而可乎！

古人道德學問，藏於腦後，不露圭角；事不得已，吐出還吞。今人出一叢林，入一保社，纔見一隅，不能三反；竊得語録上奇言妙句、機鋒知解，便逞口頭，惟恐人不知我之長處。是則參禪一回，止成得一肚皮我慢貢高而已，不知於生死上有何相干？嗟乎！末世凡夫，根器頑鈍，識見偏淺，立行不遠，操心非寔。中此邪毒，道聽塗説，永嘉所歎『莽蕩招殃』，安能不齰舌耶？惟有當下知非，便許立地成佛。

溈山禪師曰：『事理不二，即如如佛。』圓覺經言事障、理障，何也？事本無障，以貪欲昏蔽而障之也；理安有障？以黠智偏執而障之也。銷鎔情識，全體自露；然自無始以來，習氣流轉，便欲一刀兩斷，豈容易哉！故須以參究爲事，提起此事，則一切自然放下，久久自得。

古人道：『愛之則是愛鑛，棄之則是棄金。』此處指出甚難。一番烹煉，何故蹉過？依舊半青半黄，菽麥不分，安得不去自欺欺人也耶？即能遮掩得來作僞，心勞日拙，大可憐憫。言至乎此，皮下有血，能不猛省？回心自照，一掌翻轉，慶快有分。

昔之高人，浮雲富貴，淡於勢利者，不自名其高，故往往自寓曰『懶』。今學者入門，未得一角，如何餙詞、藉口放逸？切須警敏盡職，參學自勉。若是正人開眼，自然行起解滅。笑和尚曰：『人生下地皆有職，職盡方能無媿色。衰年本欲討閒身，不是百忙閒不得。』

覺範禪師曰：『爲學日益，百川浸灌也；爲道日損，水落石出也。苟非爲學日益，又安知爲道之日損哉？』正義曰〔一〕：『損是損其情慾，益是益其正知。』故曰：學事以成務致用也，學道者自反至誠而已！果然徹上徹下，由此中行，則學事猶茶飯也。本茂則末自榮，不見道：本末盡歸宗。

或問曰：『理雖可以頓悟，習氣難以卒除，須盡今時。一等倚混沌無記空者，便云誰見有習氣可盡。是否？』曰：『習氣不可盡而可化，故以學問爲茶飯。若以差别言之，有必不免之習氣，饑必食、寒必衣、倦必眠之類，節之而已。有必當化之習氣，驕妬、鄙倍之類是也。當仁不讓，見義不避，堅志不移，好學不厭，是亦謂之習氣乎？是不可以總殺、總赦而混之也。上根大人，超一切法之外，而遊一切法之中，正用時宜，彼不唤做習氣。樵夫十字衔，何問中書堂事？且去擔柴，保不誤汝。』

示蕭小翮居士

高峯妙禪師曰：『紅塵堆裏學山居，寂寞身心道有餘。但得胸中憎愛盡，不參禪也是工夫。』秖爲衆生情膠識錮，佛以種種方便，如剥芭蕉。紅塵中汨汨茫茫，無本可據；枯木崖前差路多，誤中執著，其病愈深。故學道人必須開眼，必須參究，從專門深入。不能專深，故令從疑處入。没奈何，提箇話頭。大慧杲教人提狗子無佛性，博山教人提一口氣不來，畢竟向何處去？提此一句，即金剛刀一切截斷，人人自有迸破時節。紙盡且住。

示蕭虎符學易

逐今時之後，但覺動頤紛紜〔二〕；推空劫以前，便覽杳冥寂感。智者互换舉之。新建云：『鐘未鳴時，轟天赫地；鐘既鳴時，寂天寞地。』尚疑此耶？大小、長短、虚實，一切代錯，惠秉琦辨，豈逃此乎？程迴曰：『太極者，大中也。』禮記提爲大本，易言『成位乎中』，中何物乎？宗鏡言三種權中，三種實中；又言五中道，又曰中不定中，又曰無中無邊；曾疑此耶？此中之秩序條理，隨在畢具，隨物可徵。聖人表之，變變不變，神無方，物有則，全符如是。故知一不可言，言則是二。易以象數爲端幾，而至精、至變、至神在其中；研極者知之，物格無物，知致無知，又何言哉！儒者人事處分，株守常格；至于俯仰遠近、曆律醫占、會通神明，多半茫然。夫物物一太極，即物物一河洛，而信不及乎？宗門止提了心方便，而一切實法置爲不屑。夫法住法位，五明一實，原自妙叶，時人得少爲足耳！惟易統之，以費知隱，以隱行費，即無費隱矣。逆幾於先，順理於後，即無先後矣。格物之則，即天之則，即心之則；繼之以法，因物用物，是眞無我。大我至尊，深幾神哉！予行天下，鮮見有好學不厭者；高明既肯研極，邇靜正而遠不禦，神明默成，請從此入。

示侍子中通興磬

深幾之中，忽有悟入，此其一長，當一切以方圓圖通之。其綱宗曰『秩敘變化同時』，即華嚴之行布不礙圓融、圓融不礙行布，即費即隱，三教妙叶矣。汝復于象數有入處，正所以享其不墮諸數者也。公因反因，藏于此矣。天地人物皆器也，皆道也，有法則而無情識，故曰：格物之則，即天之則，即心之則。故倚此秩序變化、寂歷同時之符，處處皆然。慾忿一平，發皆中節矣。易其可不學哉？所以破有無之説曰：『天無先後，中有條理；舍後窮先，所以引人入勝地而變化之也。』

示趙眉魯興翺字藥雲

李翺爲鼎州刺史，躬謁藥山。山執經卷不顧。侍者曰：『太守在此。』守性急，曰：『見面不如聞名。』拂袖便出。山曰：『太守何得貴耳賤目？』守回拱謝，問曰：『如何是道？』山以手指上下，曰：『會麽？』守曰：『不會。』山曰：『雲在青天水在瓶。』守忻惬作禮，述偈曰：『煉得身形似鶴形，千株松下兩函經。我來問道無餘説，雲在青天水在瓶。』云云。

示魯兩吉興準

兩吉居士名喆。一日入青原，求更其字。愚者引抑之什，字曰『辰告』，此謝安石所舉蔽三百之一言也。辰，時也，時義大矣哉！兩吉寂然感通，因禮而求取法名。愚者曰：『不見準提心印之爲佛母乎？易以天地準，變變不變，損益時行，證惟心者，我即天地。然其深入，必在研參。支公曰：「世可説兩，入三則亂」，信耶？疑耶？即從此研。研以專眞，用以會通，是眞所謂兩吉乎？』因名曰興準，字研參，題辰告軒。願與天下時損益而言之。

示即幾興偉

惟深也，故通天下之志；惟幾也，故能成天下之務；惟神也，故不疾而速、不行而至。此易所以極深研幾而冒格適綸也。天下之理得而成位乎中，中何物乎？時出措宜而惡動頤〔三〕，又何物乎？今人聞甚深則怖，豈悟深無深淺而止實哉！聖人立象以盡意，繫詞以盡情僞。佛祖表法以最神，而因幾以盡情僞。楞嚴雙非非，而曰非即非離，又曰是即非即，何故多此一句，猶疑此『即』否？向上不傳，向下文長。折攝離微，此中難言，惟端幾可研耳。以不自欺入，豁然一即一切，一切即一，猶嫌匝匝之波？即務養神，事同理舉，猶嫌屑屑之勞歟？幾失神明，欺則不能享矣。眞疑即此立參，脱桶即此茶飯；能逃不能逃，汝自驗之，非干他事。

示山足興斧

静住禪人，舊事祖堂石谿大師有年。還里，又炙西生大師，教乘滋茂，回互宗趣。今來青原，訊其本分，不昧疑關。以山足字，更其名。愚者曰：『青原垂一足，住山唯鉏斧。且劈古今薪，冷竈自燒煮。』因命之曰興斧。且問：『揮八極碎一切者，是何斧耶？不犯大軏、當門露刃、用了急磨、四顧善藏者，鈯何鈯耶？無上兩足尊，與一足行，千古有同别耶？此處砉然無滯，則盡六合是青山，一切森羅，供我之磨藏矣。深入一門，猶專煉通，擔荷保任，豈屬空言乎？勉之！勉之！」

示中千賢監院

忠禪師云：『悟道易，明道難。明道如禁蛇，人信其藥力咒力，以蛇綰弄，揣懷袖中無難。未知藥咒等力者，怖駭棄去。但諦見自心，情見便破。』此無他，知其故而不惑耳！楞伽曰：『諸法無法體，而説惟是心；不見于自心，而起于分别。』或舉以問雲居齊曰：『見自心遂分别乎？』齊曰：『非然也。譬如調馬，馬自見其影而不驚，何以故？以自知其影從自身出故。吾是以知不斷分别，亦捨心相。』此無他，智度論所謂善用其心者。博山曰：『毫釐繫念，三途業因，瞥爾情生，萬劫枷鎖。將以有念爲有念、有情爲有情耶？將以無念爲無念、無情爲無情耶？』一菴曰：『兩末三窮，遇緣即宗。』用中猶不豁乎？紫柏曰『以四大觀身而無身相』，所謂無身有事之雙超也；『以前境觀心，有心用而無我執』，所謂因物付物之本空也。法外無心，即是心外無法，而法中之秩序、物則之差别，其可茫然混用乎？心本無體，神自無方，何更空勞穿鑿乎？銷鑛成金，必資知識；此事盡時，乃享現量。

安得絶甦發願，與定綱宗？

示非渠會書記

常念汝胃脘氣痛，須静攝乃愈。今兼室安居過夏，事亦不煩。毋論痛不痛，不可坐在無事甲裏。古人謂一日不空過者，何故叮嚀耶？大抵一半自調養，一半自煉本分、自試薪火。偷心歇，天機活，比、現更何計較？古人云：『心本無體，正用即得』，尚疑此耶？切忌靠著放憨語錯認，最是誤事。

示即幾偉侍者

薪火調御，動静不失其時；法住法位，比量皆現量也。天機自活，偷心自亡。古今總是我底，眞擔當即眞解脱。如或未然，十二時中管帶，切不可忽。處處回光，消歸自己，即是管帶。必有事行無事，何用更言管帶乎？善自調御，病亦不生。

又

體道集虚，處事平實爲貴；不可認著，慌忽一切，便流入莽蕩矣！及盡今時，惟在知有，而奉重自己，閒居鼓舞，只以學問爲茶飯。故曰：戒懼是一刻之樂事，此超無學者之飛躍也。學而不厭，是大聖人之隨緣放曠也。

又

偉子且住静，不見潛道十年之青膺乎？臨濟曰：『諸方火葬，我這裏活埋。』此時親受用著，不徒説鑊湯爐炭，衆苦不能到也，氈蒲團與汝。

跋宙輪宇矩説示山足斧

宙逝宇素，彌範綸圍，而無中無邊，享此條理，中矣！歷盡理法界，煉事法界，乃享此無礙。信解行證，火候豈可欺哉？末流竊一句荒委，寧不喈喈。宇宙本一際也，眞空妙有，妙叶兼中，非窮盡者，烏可以言到乎？眞心細心，即行布是圓成，混不得也。偶然蕳出舊紙〔四〕，正好吹毛用磨。斧子勉之！

命山足斧爲浮山監院

浮渡爲遠祖道場，兩宗一脈，杖人所最存注者。今吴山主一家同合邑來請，愚者以青原祖堂未畢，面依山主約，先發執事人。今命山足斧往，監理其事。古人叮嚀，悟心識法，止有一事實；行起解滅，豈復容一念離岐？靈源叟曰：『悟道守道，惟求諸己；而行道之時，一味捨己從人。』自非等心死誓，則不能擔此擔子。末流發願不眞，輕浮淺躁，襲虚凌傲，動見眉目，又安望其和衆辦行，而成徑大傳遠之務乎？常住當家，公心爲法，反躬先衆，不辭勞苦。所謂一行三昧，行之不變，自然感乎十方，則祖翁田地庶幾有賴矣。努力！努力！

又

悟道明道，只在一番打徹根本、差别而已。行道難者，全在放下自己，與衆生一般隨順中接引，而針錐變化之。故曰：『佛不住佛，而用大菩薩行。』

示當人鑒副寺

不自欺爲種，以學問爲茶飯而神化，則豈筆舌所可言乎？南泉所送一敘，亦言混沌與開闢爲反因，但發至誠公願，統之而日用，隨薪泯火，自享深造，隨其更端，我皆得其所宜，而不爲所惑。蓋有貫乎混沌、開闢之中而隨時中節者，忽爲其波瀾所紛也。牧潛爲天隱子，元時禪師，其手筆乃覺範以後之一人。將來穿出，不可被混抹也。

示瑞如

廩山源遠流長，我杖人夢寐爲此一事。竺菴、笑峯二和尚相繼注神，而未遑得遂。今幸時節開端，樹起梁柱，舊山田地，次第自然渠水。我今出門，瑞如老成，監事料理，自有壽昌主之，寶坊又近，但礪鐵脊，又何憂焉？古人化米化炭，桶箍自脱，破屋縮項，唱雪珍珠，看是何等家風！豈使兩橛？固知三斤鑁頭，斷然不相負耳。勉之，勉之！

示喪偶老宿

永豐程天修過訪陶菴，見喪偶老宿在葉聲閣上禮大悲。熟視之，乃豐橋德幢主人也。愚詢之，天修曰：『二十年前修吾邑石橋，成四萬金功德，邑侯方旌禮謝之，彼必不受；又强之，遂夜不知所往。合邑作德幢菴，塑師像其中。後十年師回，知之，自推其像而去。今何在此？』愚者曰：『此多生藥樹之蔭乎？』天修請書之。遂占數語曰：『陽豐橋起，德幢不居。敝屣遠遊，天下吾廬。恰遇故人，爲君道破。稽首大士，一葉聲墮。南郭嗒然，東方眉先，莫住龍老請安眠。』

示侍子中履

『物惡其棄于地也，不必爲己有；　力惡其不出于己也，不必爲己。』此物理小識之隨人集證也。託人問人，皆不犯其鋒芒，而以通幾護質測之窮，何所礙乎？時論以秩序變化、寂歷同時爲宗。方圓同時，奇恒之府，即多是一，皆統類於此矣。神無方，凖不亂。宗門多言神無方而凖不亂，則以象數爲端幾，而信倫理之爲固然者也；　但用之，則在乎推行化裁耳。大凡推之于先，多屬洸洋；　任之于後，則動頤而迷〔五〕。兩頭俱抹過者，剔中乎？中不定中也，正明其時也。此中之秩序條理本自現成，特因幾務而顯耳。格物之則，即天之則，即心之則，豈患執有則膠、執無則荒哉！若空窮其心，則倏忽如幻，故吾以莊子談虚無而乃曰極物而止，以有形象無形者而定矣。佛亦是以費知隱，乃能以行隱費，但不露其金針耳。炮莊是遺放之書，消心最妙者，不執也，不計也，妙于藏鋒，無所不具，可細心看之。

與西峯蠡測澥静主

古人所謂能超一切法，能入一切法，應病予藥，恰當窾胷。鏡照谷響，開門落臼，俱享眼明。已正爲大自在，非傍水按葫盧，而以苟且唐捐也。叢林依止，以蓮池意整理接待，正是我壽昌不二家風。遇其人來，手眼不失，雲居行履，話寶鏡，收場句，塵塵三昧，不動絲毫，詎容造作推諉耶？在事依法管帶，更享天然。火柴頭，三斤鐵，截卻玄妙，不讓人躲跟，明矣！即以此院鉗鎚可也。勉之！勉之！

偈

示劉若孩居士 并序

知止是以夜而通晝夜者，格物是以晝而通晝夜者也。三反晝夜，尚有疑乎？既曰『潛龍勿用』，又曰『無所不用其極』，亦晝夜也。定乃能格致，格致是謂大定。以不用善其用，以用善其不用，用之中皆不用者也，尚有疑乎？如其舉一不能悱三，且從一門深入。

谷王非下，頂門無上；　齏粉中間，誰卓拄杖？蓏理相齒，物則知天。其神無方，別傳不傳。既以易證，就路履旋。一句畫前，須破重玄。止一事實，畢卻後先。三反晝夜，通因乎專。生成裁成，時宜乘權。日午三更，歷然寂然。

示王若先居士 并引

萬物皆備于我，萬我皆備于物。轉山河大地歸自己則易，轉自己歸山河大地則難。適來舉此，然疑作耶？且從下二句看。

一飲一蔭，思我然疑。公因反因，從來未提。幬覆代錯，掌不可欺。無我備物，中旁先迷。生死發藥，來處唯唯。分心分識，紗縠難窺。甕外運甕，治正兵奇。縣崖絶甦，大願綸彌。午會中天，消息偕時。核仁全樹，且請研幾。

示梁懿孫居士

見見之時見不及，物物不物休氣急。三科七大何郎當，薪火交蘆誰主張？圓滿菩提，歸無所得。且問一切事究竟堅固，那箇著力？噥噥空累優陀南，一噎自不欺消息。

示廖生公居士

宇觀人間宙觀世，山谷狼藉三藏秘。是誰點燧照一際？不攀斷貫索凡例。柷敔訛傳疑啞鐘，韶舞拍板定不易。穿過千生未生前，桑弧蓬矢一囦地。方圓亦是栗棘圈，欣逢許劍眞法器。跳出三籠隨類示，可破五雲書卍字。

示陳高也居士

無作無受報不忘，維摩經中已露布。蓮花法位三如是，窮子何乃復驚懼？四邊火起誰上車，虛空消殞歸何處？若疑且過趙州關，問事即得禮拜去。

示梁山甫居士

一切法無我，得成於忍；莫羸其瓶，呼出井應。無所住而生其心，八角磨盤休沉吟。不取於相，亦不取非相。子午雙破，紅輪光放。金剛如是降伏住，書懋緩筋請平步。豁然大笑歸去來，檐下雙扉，不悞主顧。

示非渠會

渠今正是我，我今不是渠。以驢覷井井覷驢，從上直須破紗縠，曹山四禁非糊塗。

又

首楞珍重盡今時，寶所蓮花不負伊。磨淬金剛揮紫電，轉輪擊節是誰知？

示即幾偉

偉哉造化笑棲苴，不負其材乃丈夫。大屈大伸天煅煉，藏刀淬火看回途。

示山足斧 時己酉臘八日

青原垂一足，住山唯鈯斧。且劈古今薪，冷竈自燒煮。

又命斧住浮山

浮渡棋聲在眼前，通天陌路讓誰先？石頭壁立常伸指，一斧供薪足煮泉。

爲蠡測瀨維那更字

傳瀨只在一滴： 吸上須彌背脊，鐵鞋踏乾重溟，莫教人笑蠡測。

除夕示中子興磬

念汝隨予學，環中竟左旋。冬春看兩度，頭尾筭三年。風送新花雨，詩將舊夢圓。沖之傳曆意，誰與問青天？

示當仁鑒副寺

岱堂三年瓦生角，浄居三年扶木杓。泥猪癩狗了尊貴，雪爐霜刃鋪禮樂。獨喜石頭裂出眞肝腸，潛道青鷹展血覺。

示焦泉澄知客

眞金本以火爲恩，不閡無門四出門。久祝沃焦泉上頂，針鋒眼裏造乾坤。

示洞先山侍者

過水不是渠，覿面不是水。曹山當門劍，孝滿者善使。如何爲洞先？將來慎牙齒。

示還子徵侍者

八還卻向無還者，虛空流汗天地啞。正淬金剛磨處藏，豈怕打殺四天下？

寄芥菴璨并杖人全録

還鄉曲調露旛竿，納盡須彌已轉丸。唯有杖門莖草在，待伊招手與人看。

示襄藏藴侍者

石頭引汝吸西江，日用吾諧何處藏？看破漉籬還可賣，超宗亦不數襄陽。

十年劈出血肝腸，今日新硎何處藏？正顯罩籬神變化，一雙赤手舞風霜。

示王青蓮法名興詢字南指

福城東際見文殊，須許南詢道不孤。樓閣指頭開復閉，急須穿過莫黏塗。

示林祖涵法名興雷字蟄叶

冬雪藏雷春莫驚，八風圖上自何生？此中見得無先在，九野重霄總帝京。

示魯維參法名興參字靈注

靈源流注問參同，明暗回機莫倚空。主中相續須親見，毋擲光陰四境風。

示劉兆公法名興奉字曉藏

黃閣簾前奉者誰，三更天曉甚東西？多生鑄此當空鏡，藏在森羅十二時。

爲劉寒竹孫取法名法周字華始

縱横卍字本周天，立地揆方統大圓。無首履旋何内外，此中包決在龍淵。

溪　示

翠屏把住水雷奔，收入茶爐蟹眼吞。噴雪軒中肝膽句，西風爲我掃蓬門。

示學者

一句話頭如鐵橛，百層冰釜烹丹雪。冬關埋出一聲雷，驚風又涉花枝血。

一句話頭如鐵橛，壁立銀山四面絶。從中起一陣風雷，丹枕三更爲汝説。

一句話頭如鐵橛，當風掃帚無車轍。誰能一躍上縣崖，舍命乘雲囙地絶。

棲霞和尚新定天開巖遺僧展拜兼禮笑大師龕

天開巖下合龍文，生死同條石火焚。今在西江流片紙，一爐燒作故山雲。

禮遠公塔

劍鋩山頭慣放脚，雙關一帶同殺活。殘枰敲破通天眼，那問黑白落不落！

寄孫魯山居士

須彌頂上種青玉，縮作方壺供金櫓。且引襄陽舞袍笏，愚公自笑移香谷。

寄吴湯日居士 時命山足斧住華嚴

三一齋中白眼青，通晝夜灑甘露瓶。憂患憂盂與塗炭，魭斷謑髁者何限？洗出浮渡一片石，三十六巖聽揮斤。白雲老挂先著堂，坐隱遠公棋道場。卻拓鉗斧期爛柯，從今没奈旁觀何。

自讚

首山賢監院請

濯熱蓮花消永晝，笑煞觀河眉不皺。摩羅果抛擲掌中，拄杖放在背後。無所可用，乾坤消瘦。後來人切忌從壁上看，料定虚空看不透。

雙嶺淵西堂請

蒼天過水看三墮，右袂自嗤肩臂左。怪殺禮樂鋪在紅爐欹，漫説當堂不正坐。多少人論量敝垢丹青，誰知它解衣磁礴羸。

蠡測海維那請

一張紙，雲遮海樹；一拂子，劈破鐵圍。忽然在西峯壁上，不覺垂此霜眉，換卻眼睛。初不知滾滾聽人隔岸揮，朱紫敝垢皆支離，不可便道是青原老古錐。

非渠會書記請

南北東西無所住，爲甚走入芥子煙中去？木葉三毛勞顧虎，迸破面門，誰得而相汝？

即幾偉書記請

白刃舞毫端，紅爐書卍字。世出世間，要且不識；三十年後，呿一口氣。虚空特地費丹青，且莫嫌寒山一帚敝。

浮山斧監院請

一杯浮渡，黑白未分前已露。須知袖手滿盤先，谷口傳聲，是誰常住？將以華嚴樓閣爲毗目，故處依然；此藏軒裏一指隨寓，聊且懸崖。背後讓煙熏，休管萬世旦暮遇。遇則遇，還看席卷竿頭步。

當仁鑑副寺請

六合中間擲一拂，依然豎起殘榾柮。且問這個東西是何物？擊節一下答不出。雖許三拜掩灰塵，畢竟以何爲它雪屈！

像讚

血畫接引佛

今古漫天都是血，無端浸破衣裳折。一雙窮相手長伸，脚下蓮花望誰接？

彌勒佛

雲頭墮在街頭挂，一幅包此人間大。樓開閣閉指尖間，撞倒背後拍一下。滿布袋是甚東西？百雜碎無人著價。待問他時，有理難伸，但消得一個嗄嗄。

達　摩

杖人常有些兒藥，留待他年毒達摩。祇爲折蘆面壁，太煞捏怪。隻履歸去，一場懡㦬。忽遇點睛者，如何崑崙粉碎揚秋波。

觀音大士

此一筆，當頭劈。蘭葉太軟，鐵線太直。衲衣下事，從來讚嘆不及，爭似泥塑木雕換飯喫。

又

第二筆，蒙頭屈膝，看他不出。不妨數九，不可打七。脚酸且坐斷虚空，冷風卻笑人獨立。

又

第三筆，通身濕，乾卻洛伽波。平地擲楖栗，千手千眼在那裏？依舊眉橫鼻直。

蒲團像

粉碎崑崙不問津，春風冷眼笑紅塵。漫勞雲裏金剛杵，一個蒲團到處尊。

送子像

楊柳灑水呼麒麟，寶髻放光如車輪。是誰蒿筆成五色？蓮花瓣裏乾坤新。

壽亭侯

金剛刀挂兩眉前，燈下春秋聽世傳。莫問本來何面目，且看血色濺蒼天。

鼓山永覺老和尚

不跨石門三十年，捧腹垂涕看蒼天。早知不肯打這破鼓，且樂得在沸鼎裏安眠。

天界浪老和尚

一張白紙放毫光，莫認紅衣與面黄。返擲依然在坐下，且認手中如意子，可是金剛王？

又

三五縱横只一畫，千花萬石夢中抹。佛祖位裏留不住，白刃紅爐鋪禮樂。縫起來雙袖托孤，可怪是兩頭一脚。且道今日以何報答？震聲一喝。

校記

〔一〕義　原作『氣』，據冬灰録改。
〔二〕頥　當作『賾』。
〔三〕頥　當作『賾』。
〔四〕蕑　原作『簡』。
〔五〕頥　當作『賾』。

青原愚者智禪師語録卷四

佛事

七祖塔拈香

曹溪逆流第一滴，兩脚登山衣不溼。卻笑落與不落猶是階級。雖然廬陵米價遇貴即賤，到底無人酬值。且看無影樹下荆條生，一任青天掃蕩建立。

石頭遷祖像前拈香

推倒南嶽，跌殺隱峯。一柄鍤斧子，至今常削風。但插三枝黄屑香，不妨注破你的參同。

鍤補處縣天界老和尚眞拈香

鼻孔向上，齒暴當門。雪劍倒揮天出血，洞簾常捲月無痕。今朝送入青原鍤補處，斧斤風裏返香魂。拈香云：『只如這一爐香，不知是藥地燒杖人，不知是杖人燒藥地？聞麽？毒哉！』以手左右揮，云：『大衆退後，近傍不得。』

天界老和尚生辰上供

横身水火慰縣弧，正命如絲老托孤。一掌竹關逢債主，達磨盤子踏翻無？看！看！杖人生也。三杯冷茶，如何爲他洗屈聻？誰聽猫兒囮地喊，九龍一口吐江湖。

臘月十三日七祖忌辰上供

千年一臘不曾忘，晴放毗盧背後光。巖下梅花齊報喜，殿前二桂久昌昌。不肖初忝祖庭，無能爲獻。聊以荆條來掃地，古爐倒插一枝香。

臘月二十五日石頭遷祖像前上供

山中傳下無虚實，是生是死在今日。雲門臘月二十五，遂與一掌即三十。酹茶云：『從今記取，年年一滴。』

二月二日七祖生辰上供〔一〕

無死生，至今生。本地劉村，記下今辰。二月二，當中春，攀條拂地飛香雲。且道脚下濟濟，以何供養？天在山中青不改，桃花松桂四時新。

二月二十三設潛夫府君位上供

我父晚徑十五霜，公因反因開天荒。中五旋四縣天綱，準不亂亨神無方。晝夜生死歸大常，層樓奥室陽爲堂，井瓢竈火傳燈光。生生本無生，代明而錯行。今日青原燒此香，時乘午會當闡揚。別峯酌水朝故鄉，供養萬世恩無疆。

母吳太恭人忌日燒香

師云：『忽然四十有三年，孝滿曹山發酒顛。今日西江烹雪水，不知忉利是何天？吾母太恭人，秉蓮池戒，受博山乳，總是三一之淵源。孤兒撞入天界毗盧閣，拈出四大性自復，了卻金字華嚴。昨夜通兒忽到，言及一喝嚴背，芝産甘泉；十孫具足，清芬八十。念此天邊，又定建報親菴于觀音巖前。且道此處以何爲供？恰度了剗草僧一員。』

笑峯和尚龕前拈香 時倪止先請回白下

特地重開七祖顔，五年冷笑碧潺潺。今日逼出鰲山弟，暫把黄荆一字關。噫！

起　龕

師以杖打圓相云：『見麽？葉落冬春無去來，荆條有口没安排。太陽山上歸根處，刀斧知恩砍不開。祇如我笑峯和尚，江東夫子，内紹靈苗，末遇杖人，舍身藥樹。熄邪一吼，敓西震東。瓶洒西江，重顔七祖。金鳳宿龍巢，别峯無非玉殿；麟角藏水牯，出關仍唱還鄉。毗盧有父，全身室内不知；獅子教兒，返擲終歸本位。萬古之徽猷不昧，寶鏡之奉順昭然。有於此見得透者，立處知恩報恩；如或未然，直須途中竭力。即今法嗣載上青原，血胤請歸白下。玄沙報父，羅睺克家。此一往反，旁觀不識。正因有在，智者撫心。且道正起龕時，撫心一句，作麽生寫照？正命靈光亘今古，負天一笑五雲中。』以杖敲云：『起！』

紹宗堂爲笑和上設供

隨擲蒲鞵已六年，棲霞風雨到青原。相牽水碓舂新米，斧劈柴頭冷竈煙。便拈香云：『不用叫蒼天！』

笑和上衣鉢塔成設供

師云：『霜曉翠微白，日落黄原紫。案山無縫塔新縣，年年一杯古澗水。大衆看看！笑老人開口麽？是誰禪牀震動，尚勞挂齒？』

爲不釐務芝潁化禪師起龕

惟我芝公，織芒立地，冰凌加霜。信手吹毛，刺天出血。少年隨隱石船，早被嚴菴逼出；遍蹋諸方不顧，乃脱桶于青原。正謂鞭岳轉風，不意抽身太早；病中水火正急，讓你笑傲一春。午時四句，臨行還塞高峯一問。且問：白馬曇照之苦苦，何似大梅鼯鼠之唧唧？青原大衆爲君結舌，還識得此晴空霹靂麽？老僧則更請芝公纉出涅槃堂，爲天下苦心人一場痛快去也。

舉火

瓦針艾團，自己剿絶。更有火柴頭，爲人須爲徹。千生哭笑太淆訛，到此用得用不得？然則芝公粉碎一句，作麽生與人受用聻？鶻鴿原上火燒碧，待月溪流常不歇。

設供

閉門風雨相看啞，倚柱雷霆亦不聞，豈非蕭江相見一絶？看不盡時皆壁立，到無餘地一潭收，豈非梅陂相賞一絶？青又菴裏，幾月苦茶；今日面前，一杯噴雪。不如仍舉碗撻丘作供親切。旁觀者痛笑老人失卻靈芝骨血，我則謂：即今一問，脱穎尤捷。噫！眼淚落也，復有何説？象石橋流，爲汝嗚咽。

移鐘版上中五堂

玉界金繩，千聖不越。今日從左手向背上一槌，不妨奇特。天地聽其指揮，狡狐聞之膽裂。將謂頑銅斷木，儼然金口木舌。且道超出人天，號令人天，移將來不移易一絲毫，是何等恩力？擊鐘版一下，曰：『前後際斷，天然中節。』

爲泯菴心維那起龕

維那一生鐵脊，青原累汝兩冬。釣臺、凝翠亭間，龍洲劍挂眉峯。一病待我武功來，送汝夏月冰條風。我到單前問：『子作麽生？』曰：『一切不煩常住。』我問：『生平底事，到此何如？』曰：『惟乞和尚一把火。』維那！今日藉大衆手，更爲汝拶出遮窠臼，直令黄金骨照青山紅。

舉　火

橋下水流何浩浩，藥籠風割夏枯草。且看脱體無依亂石場，驚起鐵牛銜束槀。以矩打圓相〔二〕：『秖如生死不道，大衆如何證得此炬恩力耶？圓光直徹威音前，爍破形山，誰是摩尼寶？』

入　塔

指骨云：『泯菴維那，一條硬木，風削千章。撞着青原，劈碎宫商。生也鴈字過江，死也劍倚天長。全身送入青原裏〔三〕，不似人間釘野樁。大衆到遮裏，轉位回身一句，作麽生吐氣覃？』以杖擊地云：『大地一彈皆起舞，萬峯雲裏響飛泉。』

爲曇白御禪人起龕

笑雙二老處，六年侍者；撞到青原，一年結款。曇白！你高峯一句，罷參了也。只可以剿截臨行，風雨策勵，不可讓人漫道：白髮龍鍾送少年。

芝穎大師忌無門師設供請于塔前拈香

翠屏背面千秋緑，恰將老人衣塔藏靈骨。今日芝公死也生，無門逼汝伸雙足。師一笑，友一哭，旁有嚴菴鼓一曲。誰知碗躂丘，迸碎蒼龍窟？大衆！澆此一杯穀雨茶，看見芝公爲人漱口麽？

祈雨拈香

一滴甘露瓶，從來不着價。囑付娑竭龍，爲民護苗稼。百尺深潭飛半空，中間起雲四邊下。

爲知客幻菴慧舉火

永嘉過嶺幾冬春，滑到青原了此因。去冬末後句，咄咄莫欺人。一病四旬，竟不呻吟；豈待如今，來問疏親？且道翻身向何處去？依然劫火横身。

爲侍者夜露舉火

相隨十六年，一拙送汝老。興曉！如今曉了？將謂是禿帚撒花，秖引箇火牛銜草。

爲大覺菴知客元長入塔 以虎終

卓杖云：『看見此公一場奪食徹骨流風麽？慧消平等，善長歸元。行脚一回，幾緉草鞵生耳；復還故處，栴檀瑞像偕來。護木叉而享三昧，佐大覺以接十方。末後一着，不妨驚人。今日摻到此處，今古同參，渾忘主伴，江濤山月，供養千秋。且道咬斷命根，入穴得子，又作麽生呵氣潭？試問長沙岑大蟲，牛頭何引祖師怕？』卓杖云：『吽！』

九月初七日天界老和尚忌辰上供

重陽節到霜風飄，眼珠秋水嘗滿瓢。三百首詩不容人見，踢翻盤子半字無交。半字無交，爲甚年年此際觸着今朝？燒香云：『啼笑難分總一燒。』

爲幻菴慧知客入塔

作圓相云：『環此蒼蒼誰出没，投林入火空录录。雖則師子座前少一擲，無縫塔裏添眞骨；又且有伴同歸，誰信黄金一國？既到此處觸着，聊將何語證痛耶？不須重與解連環，黄葉滿天啼不足。』

荆樹下建新禪堂上梁

青青煉就眞丹土，荆條鞭作金剛杵。順水把關，從誇雙象；須信截流，在此伏虎。試看縱十八、横十五，劈碎虚空，天然規矩。漫説功全憑一斧，且道今日如何喝采？天明向上只平看，千手同心一時舉。

藥樹堂成挂鐘版

師云：『新堂古法，時至舉揚；號令人天，鉗鎚佛祖。只須從遮一下證入，即從遮一下粉碎。』乃擊鐘版云：『灼然不移易一絲毫許。』

禪堂安文殊菩薩拈香

漫疑黑豆未生芽，開閉樓頭眼易花。莫戀福城東廟住，忽然垂臂怎酬他？燒香云：『大衆！文殊菩薩來也，在山僧指頭上，作大獅子吼。鑽入諸人頂門，從脚尖上出來，道：「恭喜！恭喜！一箇箇立地成佛作祖去。」見麽？且道如何酬他？』乃彈指一下。

聞三宜和尚訃上供

面未相識，天外回頭。多勞寄信，以沉爲浮。共道西湖舞棹，三寸離鈎。休！休！覆卻虛舟。聊獻一杯寒澗水，雲中開口滿天流。

竺和尚訃至設供

骨肉雖同門，一生不相識。方期南浦會，撞倒海波泣。炮莊頭上，太煞逍遥；三彙灰中，依然未集。今日聊烹雪水，恰是除年齏粒。伏維法兄和上來中五堂，破口一吸。顧左右云：『見麽？哭不及，笑不及，是誰嗅着些氣息？』

小年供西歸日送眉菴秀和上木主入祖堂

刮地剛風，祖庭冰冷，眉菴和上于兵燹裏扶起刹竿。鎔銅浴佛，騎殿當門；捨骨掩泥，披鎧出岸。恰是五逆聞雷，吹光度刃；不妨鼓鐵綽板，唱大江詞。有時穆滿駕八駿，固令汲冢放光；有時紀信乘九龍，换卻重瞳叱咤。奇哉魁壘，足勝赤幡。移步龍須豎拂，臨行筋斗翻空；繼聲塗毒鏗鏘，好聽祖堂合奏。今請入此大香爐中，長熏鼻孔。露柱與古帆稱賀，有伴即來；倒荆與雙桂同拈，望峯作禮。且道長熏鼻孔，作麽生一句爲後人通噓耶？普供西歸冰臘水，眉毛尚饗剔燈看。

設供

瞎驢滅卻，粒米何消？此中無位次開交，古澗寒泉一度澆。且問今日在何處，與前後放光蹔？遂爇香云：『燒！』

掃廩山忠祖塔

磨得青萍倚石眠，拂衣而起金剛穿。十年冷地疏泉源，塔頂再紅白日圓。且道今來一掃，將以何者了此時節因緣？確然卓筆衝蒼天。廩山孤立數百仞，舊題『參天一筆』。

掃壽昌老祖塔

鋤破好山，翻身跳出；西江頂上，吞吐霹靂。炎午中間，開宗第一。卻讓不肖兒孫，苕帚上五花八劈。且道以何酬恩力耶？一莖草上千秋碧。

掃二世見如老和上塔

闢中迸出一聲蛙，指據青天挂彩霞。二十年不動聲色，立此山家。白雲谷口，多少手叉？今我重來苔徑綻，千生只潑一杯茶。

爲竺菴和上設供

同門雙眼不識面，載回南岳舟中見。重來師表堂，雙手聊一獻。且喜多子塔，錦縫披金殿。到底功成不處返毗盧，且看屋痕光閃青霄電。插香云：『正恁麼時？還在南岳、在壽昌潭？古爐再插三檀條，香雲覆卻娑婆遍。』

爲雙峯和上設供

咬指流胸好兄弟，南岳西江一口氣。黄龍背上留藥地，重來毗目開不閉。無開閉，松枝挂劍霜風礪。

爲其天和上設供

竹關一聲，奉送石耳。飛鳶過嶺，空傷脚指。雖然坐斷是非門，換手搥胸今未已。靈苗栽石長新枝，且澆萬年橋下水。

到長慶爲空隱和上設供

騎牛入佛殿，貪程不覺曉。末後一聲不辜負，回頭擲杖山山好。金輪白氣信夙因，華首海幢乘月笑。等閑坐斷準提壇，金殿重重彈指造。七箇蒲團懶道場，鍬鋤榔栗叉手笑。且道青原智行者到此，以何爲供養？從誇鄉果荔枝紅，滿林古幹青相照。

掃鼓山永覺老和上塔

金鷄啄破碧琉璃，棒下翻身爲甚疑？不跨石門穿過也，掀天吞海有何奇？如我鼓山永覺老和尚，人人盡道九峯岳降示金剛師，壽昌嫡骨，午運總持。是誰見他鎔銅淬雪施禮樂？又誰知他移山喝水嬰兒嘻？不免五千鈍置黄金鎖，八十捧腹嗟瘡痍。最後留毒龍擺尾，换人錦縫丹青闉。多生此生信啼笑，千里一埽誠萋萋。卻笑何必來打遮破鼓，也是沸地墮枕齁此時。且道今日承何願力，當得供養？海潮歸岳頂，渴筆蘸天池。

報親古航和上塔前上供

一航舞渡無今古，兩岸中流都不住。人人盡道是博山滴乳，按其生平，不打遮鼓。滴水滴凍，爲着何來？寓言答問，誰知辛苦？磨碎五位，齏粉圖書。煉人垂足，只是一斧。獅狐齊掃放龍光，問取報親菴露柱。祇如今日上供，還道得甚麽好聻？究竟無語。

到武夷石屏掃東苑老祖塔

烹壽昌乳，令夢筆吐。盡謂海底吞龍，又道巖邊嘯虎。多少人望崖而返，自問雙蛾長幾許？遮莫來打瞎悟門，别行一路。到遮裏，大王峯、獅子峯立在兩傍，石屏巖、定命橋白雲封住。不肖兒孫遠來一掃，又作何句？九曲千秋流不去。

東苑老祖像前上供

撞壽昌之牢關，奪博山之險砦。向在石屏巖下二十年，也只爲着推倒趙州莫作怪。今日一杯白水，欲望受供，未審以何爲驗耶？咳！便插香。

廩山上梁

木頭不解語，指出天心柱。澗水滴碎五更鐘，半夜雷雨爲伐鼓。北窗石壁直塞青霄，南抱岡陵爲我分土。一枝夢筆偶爾揮空，莖草刹竿一時横樹。以拄杖擊梁，令衆起，云：

『大家看取，是甚東西作主？』

天界老和尚生忌拈香

神前臺盞，紙灰供養。後世批毛刮髓，只得者滴眼泪。拈香云：『影裏傳聲，生生晦氣。且道將牛糞作香燒，畢竟爲著何事？年年臘月下一場雪，梅花迸破山門翠。』便禮拜。

嘯峯大師訃至設靈炷香

半生倪夫子，七載白雲庫。劫火入杖門，棲霞只一步。樸菴、遯厽改笑峯，不覺一笑天地通。熄邪之雷不可少，捄東震西一莖草。青原鈯斧破虛空，笑趁蒲鞵一齊掃。竹關三載感雪恩，濺血迸碎玄黄門。今日香爐安得不倒地，倒此灰堆，如何出氣？啐！

天界老和尚周忌拈香

黄花剛謝西風吹，鷓鴣依舊三更飛。自從刀頭撞倒太平攔路錐，十年并作一年啼。醍醐毒藥塗虎皮，托孤異類哀支離。以香熱爐中云：『即今不得唤作燒香，不得唤作詩題。烈煙觸著傷心處，不是傷心人不知。』便拜。

先老和上忌辰拈香

師云：『風風雨雨近重陽，歲歲朝朝一斷腸。恰有汋林寒澗水，曹溪嶺背點蒿湯。無色味，不聞香，此毒何人肯再嘗？』

爲五中兼禪人起龕

師云：『五中禪人，半生屹嶫波咤，末後孤危壁立。十三年前許了天界，卻在汋林八箇月。拌命酬直，秖爲倒卻刹竿一句，塞斷咽喉。五中！你如今了也，送汝烈焰斜陽看佛日，從今燒卻無生窟。』

舉　火

師云：『西風急，蒼煙直，四面八風吹不入。』以炬打圓相云：『萬里神光破碧飛，且得通紅痛快金剛骨。』

壽昌其天和尚訃至設供

師云：『暖多變雨北風怒，又聞吹折黄龍一枝樹。壽昌主人重過飛鳶嶺，途中撒手來時路。雖道不同條，隻履何嘗有來去？莫問其天法兄向何處，今日一杯溪澗水，且荅十年燒佛句。』

爲敬梅老僧火

師云：『汋林多年，飯足汝口。百不會中，撞彩也有。直等到烹雪堂裏許多人來，轉雨爲晴，大家出手。』舉火炬云：『者箇火把，能成一切，能壞一切；且道不受成壞底在甚麽處？』擲炬云：『只問金剛心，決不隨他走。』

校　記

〔一〕二月　原作『正月』，據冬灰録改。

〔二〕矩　疑當作『炬』。

〔三〕原　原作『青』，據冬灰録改。

跋一〔一〕

孔子集堯、舜、禹、湯、文、周之大成，藥地老人集諸佛祖師之大成：時也，非人也。孔子時無諸佛祖師之教，故集堯、舜、禹、湯、文、周之大成，而諸佛祖師之教寓其中。老人本傳堯、舜、禹、湯、文、周之道，轉而集諸佛祖師之大成，而堯、舜、禹、湯、文、周之道寓其中：時也，非人也。

教以時起，道以時行，何莫非異類中行乎？何莫非因法救法乎？何莫非乘午會叶兼中乎？杖人翁於刀兵水火求天下大傷心人，爲之托孤；老人南北兩逼煴火，捨身不二。破籃莖草，遇緣即宗，是天地因時而生老人，復因老人之時而生杖人，可思議哉！

夫時之不得不病，病之不得不藥，藥之不得不就醫王也。一概者一概，昆侖者昆侖，别路者别路。無記頑空者暗癡膠執，標幢鬬勝者莽蕩滑疑，惟以不立文字爲了涅槃，不以不離文字用窮差别，卒歸護短强勝，妄執愈增，差别未明，涅槃亦未曉，佛祖冤乎哉！

老人之時乘也，以無我爲過關，以不自欺爲薪火。合尼山正示、鷲嶺大過、漆園旁擊而一之。明乎公因反因、正知偏知，證此五位天然秩序、寂歷同時之大符。所謂透過向上、打殺向上，同患盡分、決於中節，然後知醫王集大成，而後能應病予藥也。如或專提向上，則赤子之惡亦善矣，鑛土之善亦惡矣！赤子、鑛土非惡也〔二〕，不當乎理，不適乎用，善而不得謂之善也。

興磬向侍青原，兩閉冬關，父子恩深，刀斧莫入。亥子之交，守櫬五雲，苫塊瓦燈，重蒐語録編之，歸而藏諸浮山。時主席浮山爲吾法兄山足大師，觸着痛處，急願流通。既成浮志之餘，共襄剞劂，相與拍掌而喜，謂老人爲杖人托孤，〔三〕即爲諸佛祖師托孤，即爲堯、舜、禹、湯、文、周托孤，實爲孔子托孤也，火焦露日，枯笋生光：時也，非人也。繼而悲，謂以此報前之大傷心人，復以此望之天下後世之大傷心人，識法者懼，知音者稀：時也，非人也。

藥地侍子方中通，法名興磬，百拜敬識。

跋　二[四]

己未首春，華嚴禮先老人塔，遇襄兄于山兄山足諱興斧。方丈。偶及老人所示諸兄，語句雖多，淺深各别。通曰：『然。不特此也。通向侍青原，嘗拜而請曰：「向上原無肯路，今者逢人便許，醫王藥將安施？」老人曰：「非也，勉之也。淺者可使進而深，深者亦易退而淺。惟自肯以承師旨，方是其人。果能行解相應，不辜負生死者，他日當爲證盟。」惜今諸方隔遠，無由一悉。而一兄、一輪諱興月。洪兄、洪浪諱興淵。洞兄，洞先諱興山。又皆回首，故序次未列耳！』通也不肖，安敢妄持斯論，顧老人之命在先，又不敢不書數行，暫附語録之末，仍俟他日諸兄有不辜負者，集老人塔前，再爲列之。

方中通又識。

跋 三

余觀從上聖人，未有不處困而亨者。尼山統仁知而不得其位，老子談道德而未廣其傳，釋迦證眞常而人多不信。然而三聖之法，至今塞天地不衰，誠所謂處困而亨者也。至華嚴五地菩薩，具無量智，現無量身，説無量法，寓仁義道德、忠信節孝及醫卜曆數，皆歸眞常，又非恆等所及。

吾師藥地老人，臨難捨身，踏完天地而歸不二，窮盡一切而乘中和，以大才而成大孝，移大孝而持大節，全大節而秉大願，總持三教，烹炮古今，歸于鼎薪，非現五地身而説三聖之法者歟？非處困而亨者歟？末後受囑于杖人翁，擔荷曹洞大法，計出世二十餘年，説法多處，語録若干卷。位白兄于萬安患難苦次中編輯成帙，此又以處困而亨者，爲刀斧不開之一證也。斧奉老人命，住浮渡華嚴，勉力既成兹山之志，復與位兄謀爲語録流通，因緣時節，或自有在，庶不負老人因法救法之苦心也。

時丙辰重九，吉州門人興斧百拜敬識。

校記

〔一〕此跋亦見方中通陪古卷一，名藥地老人語録跋。

〔二〕『赤子』句上　陪古卷一有『夫』字。

〔三〕『謂老』句　陪古無。

〔四〕嘉興藏本青原愚者智禪師語録原無，據陪古補。

方以智全書之八

冬灰録

張永堂　整理

整理説明

冬灰録，除卷首外，共分七卷。

該書是方以智逃禪後，在合明山廬墓、新城稟山、泰和汋林、廬陵浄居寺時期的説法語録，依説法時間先後編輯，只收到清康熙六年丁未（一六六七）出遊福建。每卷皆有録者姓名。編輯成書則在方以智身後，由其子方中通完成，時間爲康熙十一年（一六七二）。

興翱在冬灰録序中指出，冬灰録之名取自覺浪禪師所云：『冬煉三時，乃享無冬無夏之天。』與易餘一在二中、寂歷同時之旨相通。就全書内容而言，方以智鑑於明末儒佛之弊，説法每致力於禪宗各派以及三教之會通，因此『冬灰』當有會通三教以復興儒佛之意。方以智堅信宋邵雍『元會運世』之説，而明末清初適逢午會，萬法當明，因此『冬灰』亦有期盼學術轉否爲泰之意。方以智忠於明室而拒絶降清，因此冬灰録似亦隱含反清復明之意。又，『冬灰』猶如周易復卦冬至閉關與一陽來復，不但爲傳統心性修養所重，而且也涵蓋了以上學術、政治諸義。

冬灰録目前只存方以智六世孫方寶仁抄本，分裝五册，共分爲七部分，未標卷數。我們依方以智著作的一般體例將其分爲：卷首、卷一、卷二、卷三（以上爲首册）；卷四（册二）；卷五（册三）；卷六（册四）；卷七（册五）。

卷首除序言外，還有藥地蒼天語、念佛孤頌、中五道場衍説三篇，相當於全書總論。其中中五道場衍説有『弟子興盅敬梓』字様，似曾單獨刊行。卷一是合明山欒廬三年期間所作，共十五則。卷二是廬山時期語録，共二十五則。卷三是泰和汋林時期語録，共十三則。卷四至卷七是住持青原山浄居寺時期語録，每年一卷，每卷占抄本一册。卷四是康熙三年甲辰（一六六四）語録，共二十二則。卷五是康熙四年乙巳（一六六五）語録，共四十一則。卷六是康熙五年丙午（一六六六）語録，共四十八則。卷七是康熙六年丁未（一六六七）語録，共三十四則。以上除序言外，共二百〇一則。

方以智於康熙九年庚戌（一六七〇）十一月纔正式從浄居寺退院，因此，從康熙七年至九年前後三年應仍有説法文字，但卻未見收録。如果依每年一册計算，冬灰録至少應還有戊申年卷、己酉年卷、庚戌年卷，即抄本應該還有第六、七、八三册。

冬灰録幅度遠大於青原語録，内容上可補青原語録之不足。本書依説法先後順序編録，因而有助於了解方以智逃禪之後的行迹。考察方以智在各地交往護法及其弟子的情況，可據以補充方以智的交友詳情，如新城有徐芳、楊東曦、塗宜振、塗萬年，泰和有蕭孟昉、彭舉，廬陵則有施閏章、于藻。從中可以看出方以智師承覺浪道盛以及振興曹洞宗的努力，有助於理解明末清初禪宗發展以及禪宗各派之紛爭；可以看到方以智三教合一與三教歸儒的主張，可與易餘、東西均、藥地炮莊諸書互相輝映。冬灰録雖是語録，但與一般語録體例不同；方中通依時間先後編輯成書，似亦有意把它當作儒學文獻，似乎這也是冬灰録不送存嘉興藏的原因之一。

青原愚者智禪師語録與冬灰録都是方以智逃禪以後的説法記録：前者是刻本，依一般禪宗語録編輯；後者是抄本，依説法時間先後編輯。由於兩書内容頗有重復，因此冬灰録的校點必要時也參考了語録。

冬灰録目前有邢益海校注本，華夏出版社二〇一四年版。本次整理依方寶仁清抄本。

張永堂

二〇一五年九月

冬灰録目次

卷　三

卷四

卷五

卷　六

卷七

冬灰録序〔一〕

生死發藥見於大宗師，易則以寂感藴示端幾，而神明其故者也。卓立幾幾，誰肯研極？而與語通神明、類萬物，質俟不惑，其詎信乎？關尹曰：『以可得、可行者善吾生，以不可得、不可行者善吾死。』牛翼馬手，是悟出否？佛以因果障狂瀾，以戒定慧、仁智交圓爲理事，以拈花爲契證，以法住法位爲誠諦，此其槩也。生來死去爲疑城，天竺外道以有無四見矯亂，而惟惟決之，猶不豁然感佛恩乎？麻三斤，乾矢橛，一種棘栗蓬，果爲何而設耶？習氣難以卒除，及盡今時，藥病展轉，噓噓固然。遯世貴滑疑之耀，瑰士造閉以困駭。或掩行布以求圓，而詭隨冒之，安得無午會之醫醫者，乘夙願力、因法救法哉！

藥地大師，淵源三世，覯閔窮盡，息喘杖門，點睛飛潛，非偶然矣！世無具眞心、細心者，疇能合鼎薪、炮莊而通其故乎？公因反因，殊破天荒，實乃如此。自上叩之，時乘現身；自下鐸之，隨分自盡而已。此册切切，豈無攻堅以解者？杖人曰：『冬煉三時，乃享無冬無夏之天。』此冬灰之旨乎？石頭大師曰：『本末盡歸宗，當知用及處。』妙叶何疑？但背與庭代錯爲用耳。特爲流通，以待神明者。

東海學人興翱趙嵊謹識。

校記

〔一〕此序不見於青原愚者智禪師語録，然見於嘉興大藏經第三十四册天界覺浪盛禪師全録。

冬灰録卷首[一]

藥地學人興月録

藥地蒼天語[二]

千門萬户三條椽，一片基爲先，不見遺教經最後傳？齋戒是把神武劍，截風揮日平山川。奈何失此恩力？蒼天！蒼天！

口必不嚼糞塊，脚必不踏漏船；自性戒，無所逃所天地之間[三]。如臨深淵，誰不孤負？蒼天！蒼天！

塵埃惹不惹，衣鉢總成冤。有無二見空磨磚，靠着影響二句，何曾卷簾？從來轆轢鑽頭偏。蒼天！蒼天！

寧可起有見如須彌山，不可起無見如芥子尖。飯則不饑，因果歷然；不落落處，八角皆圓，莽蕩招殃。蒼天！蒼天！

可憐生，生可憐，且莫説一口氣不來，畢竟向何處去；試問一口氣來時，何故干連？可惜口如扁擔。蒼天！蒼天！

牽者牽，纏者纏，無本可據茫茫然。現前作不得主，無夢無想主人公，與你何緣？急水風車。蒼天！蒼天！

人怕去後黑漫漫地，不知現前黑漫漫地更可憐。多口說無常生死事大，不知現前刹那死死生生，如何免得黑漫漫？離四句，絶百非；燈籠露柱，猫兒狗子，有甚相干？蒼天！蒼天！

八臂那吒，捺不入地；千手大悲，推不向前。到此始是半邊，如何是全？蒼天！蒼天！

推磨三不然，嚼碎所以然，始信鏡照谷應當當然。三三後，三三前，爻爻自占，依位而立，滴髓隨緣。誰能跳出此圈？蒼天！蒼天！

貪奇鬬險，着着求先。遂失故步，不知履旋。遊兵遠出離營盤，將錯就錯相訛傳，一齊捉敗倒刹竿，孟八郎踰垣。蒼天！蒼天！

利器不可示，正人可以權。權即是實。飲食毒藥，奇正燎然。惟善分別、勸耕耘〔四〕，高山平地皆良田，若欲夷丘填壑。蒼天！蒼天！

表症與米煎，陰症與芩連。庸醫殺人可憐，奇醫殺人尤可憐。不明運氣經絡，不明藥性脉原，死執單方不對症。蒼天！蒼天！

宗耶？教耶？同別正偏。夏葛冬綿，自脱自穿。鳥窠布毛爛，誰使街頭錢？拍盲一拳。蒼天！蒼天！

皮下無血，叫天亦是枉然。若實未透過究竟者，蒼天中更添冤苦矣！藥出金瓶，豈得已哉！

金樓識。

念佛孤頌〔五〕

白毫先直指東方，北斗南看古道場；一句西來還送去，燃燈只在此中央。

繞殿琉璃分外光，七重穿徹四迴廊；毗盧彈指開還閉，花落竿頭草滿堂。

萬語千言總是閒，誰能一鏃破三關？號天曬熱玻璃鏡，點着紅爐煮雪山。

奇哉半夜叫明星，大似呼桓鬼怕名；只爲庸醫醫不得，憑空霹靂一聲驚。

一心七日復何疑？透過三祇眨眼遲；鳥道重關啼不住，舍身非望別峯知。

來時無口葉歸根，火宅蓮香不見門；鐵壁銀山車撞破，牧牛笛裏送黄昏。

木魚一躍三際斷，狐尾獅毛埋兩岸；歸墟漩破舊慈航，過瀨麻鞵看鐵漢。

破鏡拋毬總不荅，摩醯首在杖頭瞎；塵塵八萬四千門，只是晝夜一百八。

水鳥樹林皆念佛，紅桃翠竹黄梅熟；野人忘卻衣裳恩，布袋街頭愁鼓腹。
劈澥鵬知灰未乾，君臣賓主滚成團；雙輪不讓明珠死，常在金山頂山寒〔六〕。
二勝三摩合十方，破家雨淚痛還鄉；汙泥總是蓮花國，甘露傾瓶掌上香。
西來白社是東林，山色溪聲葬古今；法眼攢眉休借問，觀蓮池和没絃琴。

樹林水鳥，山河大地，同放光明；説無間歇，已是曲爲中下。三大老陳編累牘，非得已矣！墨歷大師十二首，曲盡三老苦心，豈自得已而出耶？有心人當向此中字字着眼始得！

壽昌大存敬識。

藥地大師，善知一切藥病中之病症，而以一眞之火燒盡古今者乎？偶閲念佛孤頌而歎曰：此正今時對症方也。庸奇相矯，藥鋪借題，遂乃險譎鬬尊，不惜塗炭。非陷羶途樂苦，即墮解脱深坑。果肯平心，一念自心之佛，則刀山劍樹悉爲浄土寶林矣。又況百匝千重，迸消影事，乘雲氣、騎日月，與水鳥樹林合掌、拍掌者哉？馬師曰：『即心即佛。』王老師云：『不是心，不是佛，不是物。』鋒芒八面，觸背俱非。且問是圓通乎？偏廢乎？是合掌、拍掌乎？三一老人曰：『此一「念」字，即莊之「怒」字，易之「乾」字。』善遊息者，一怒而鯤可爲鵬；善統用者，一乾而潛可爲飛矣。衆生一念成佛，何更疑乎？

可惜念不眞者不能善用，亦徒勞兩片皮耳。鬬諍堅固之世，方且雄販招牌，實則忌醫諱疾。藥地醫王摇此一聲佛鐸以救之，豈得已乎？稠公飛錫以解虎鬬，曾知此一聲呼醒之神力，何人不具眼耳？乃反不如水鳥、樹林之受命命如響耶〔七〕？吾知此番必有醒者！

笠山大寧題。

蛟嘗問藥地大師曰：『參禪、念佛，不二法門，今專家者各抑揚矣！或曰：參禪自謂看破一切，多飲狂泉；念佛自謂一心不亂，依然漆桶。或曰：專門必偏，方能深入。或曰：誠明一際，愚蕩雙超。果孰是耶？』大師曰：『自肯一心，何事不辦？放下提起，不分兩層。看破一切，豈是顢頇横逞？一心不亂，原非執守暗癡。曾悟念念無念之透七日三祇乎？曾悟法住法位之皆水鳥、樹林乎？只爲一眞汩没，販成欺頑；借專借通，皆以護短。是誰一聲呼醒？自心之佛，本自中和，有何人我鬬諍、不消鎔耶？天界杖人爲石谿題楚詞，以招魂與念佛同參。三一老人椎無生、鐸安生，以聖諭與念佛同參。隨處呼人，人曾醒否？如不得已，請念孤頌。』蛟歎而起曰：『立地坐我等于蓮花露中矣！敢爲偏灑。』

半廬弟子騰蛟敬梓。

中五道場圖

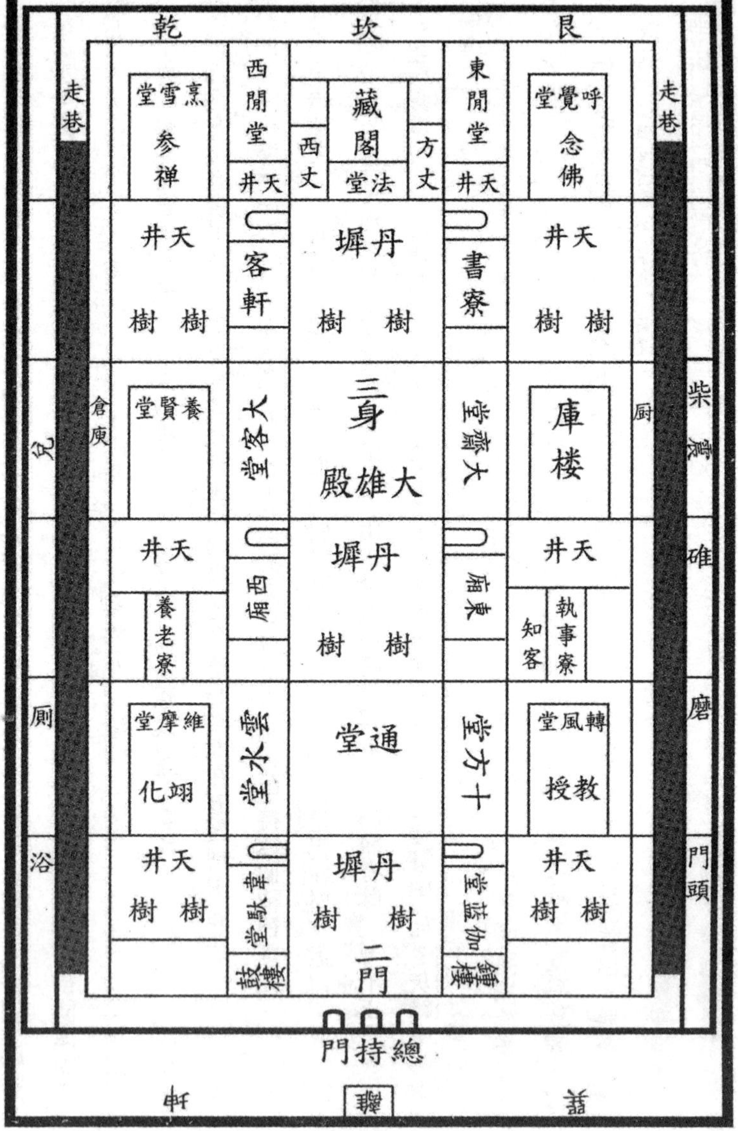

中矣敢為偏灑

半盧弟子騰蛟敬梓

中五道場衍説〔八〕

弟子興盅敬梓

會祖尊正規鑑示道場圖，大者七七，中者五五，合宗、教、律而統一切法，以易表之，誰知其旨乎？愚請表以小衍之五，畢矣。

中建大雄殿，前建通堂，開三門焉。北建法堂，上樓爲毗盧之藏。法堂之東爲浄土堂，法堂之西爲參禪堂。通堂之東爲教授堂，通堂之西爲維摩堂。正東爲廚、庫、飯堂，正西爲客堂、養老、委積之所。周環爲房，是從屋也。西則偃廁、浴舍，東則磑、碓、薪、蓄諸雜務寮，北爲閒簝、方丈，後爲别室，前立總門，森然備哉！各堂牆壁，各爲一院，各當其位，各盡其職，三根隨分，路路接引。首領可以分合，而學人不相往來，同中之别也。各堂有互換者，煅煉省發者。近法堂而親炙，閲藏學古，類情歷事，通諸差别，乃能正用無礙。百丈之規本如是也，世出世妙叶矣！惟其妙叶，仍可分領各堂。佛在菩薩幢林中，覆本垂迹，别中之同也。豈以向上掠虚、彊護貢高，而不肯爲人下乎？

法王立一切法，泯一切法，而統一切法。立泯於統，統泯於立，主中主之相續，神在其中，詎容言耶？姑以表法言之，河圖變爲洛書，即用是體，中建皇極。三身之普光明殿，以無相相相者也。天無冬夏而歲始冬至，此朔易也。鄉飲之禮，表以至尊之位，習坎心亨，南面嚮明，故以統御之法堂負扆焉。西北之乾，金剛上師，乂用四克，乃享平康正直，顔曰『烹雪堂』，表西乾之參禪最上乘也。東北之艮，始終敦止，以發坎中之眞陽，爲帝出之雷，顔曰『呼覺堂』，表當人自心之佛即凈土也。洛書四五六獨順巽順乾，以制用也，故爲天地門户，四陽四陰，於此乎交，剛以自治，柔以化物，柔用其剛，剛柔節矣！顔曰『轉風堂』，表風力聲氣必轉於教授也。坤上善合金火〔九〕，地即是天，致役主養，經維成能，世即出世，治世資生，一乘不悖，誰不飲蓮花之甘露耶？顔曰『翊化堂』，表靈山之付囑，是教養精一之兼廣門也。正南通堂設扆，而隨時開闔，表離明相見之通塗也。正東主發生利用，故廚、庫、飯堂表之。正西主收斂歸化，故客堂、養老、困庾表之。又周垣而圍廡之，畫九而分垣之，垣皆廊之，廊皆房之，經行於楹，備廡務、育衆材也。法王居中負北，而無所不統矣！黄帝靈樞之表風候診也，明堂之四面各三，巽梯中樓也，皆取此也。指南本定，法位歷然，所至道場，何能屑越？浮山之孤曰：　有明此九宫旋八之五位、無中無邊者乎？一室亦具，隨寓亦具，語亦具，默亦具也。爭奈交輪不息何？□通規鑑〔一〇〕，其心苦矣。主代錯者，誰續此調御耶？神而明之，存乎其人。有倡之者，必有和者。先衍其圖，亦雷雨出雲之候也。猶夫人耳，各有時位，得地則布，何必自我哉？

華嚴法界，即行布是圜融。易神無方而準不亂，秩序變化，寂歷同時。李伯紀曰：

『易猶華嚴也，當處歷然分別，當處寂然無分別也。』黄元公曰：『易無體，故變變不窮，八八變爲四千九十六，始卒若環，而卦卦爻爻之義，不雜不亂，各循其方，與華嚴法界符合〔一二〕。』至矣哉！吾師小衍道場，隨寓皆具，語亦具，默亦具，指其掌矣。自非剥爛復反，難言神而明之。

學人興裁、滕楫謹識。

校記

〔一〕卷首　抄本無，整理者補。

〔二〕此條不見於青原愚者智禪師語録（以下簡稱語録）。

〔三〕逃所　當作『逃於』。

〔四〕勸　疑當作『勤』。

〔五〕語録未收。

〔六〕頂山　當作『頂上』。

〔七〕命命　衍一字。

〔八〕語録未收。

〔九〕上　疑當作『土』。

〔一〇〕□　疑當作『圓』。

〔一一〕華嚴　抄本誤作『華連』，今據黄端伯易疏卷首易圖改正。

冬灰録卷一〔一〕

行者興種謹記

合明山墓下結一欒廬題曰不擇地因拈示同住者〔二〕

高座閉關三年，博得一場終天絶地。今日者不擇地而蹈之，三條椽子下，賴得幾柯柏樹，與他攀折。楞嚴、金剛，哭聲震地，你道回避得麽？汝等諸人不肯相離，識得遇緣即宗，須信久長難得。且道今日以何相告？烹飯、砍柴，是第一義。

雪中問〔三〕

孫魯山、劉瀼溪皆有書來，引博山無異和尚廬墓遇雪詩曰：『天憫緇衣孝，青山盡白頭。』欒廬度臘，風雪交冥，破壁寒威，涕冰呵凍。因問博山老漢曰：『喚甚麽作孝？喚甚麽作天？天爲甚麽憫汝？』代曰：『日出後一場懡㦬。』

室中垂語〔四〕

祖師户限，一脚踢倒，門外漢卻請進來洗盞烹茶。生死道路，千古坦平，客作奴亦堪與他量晴較雨。只是欺心底斷然閉門不納，油㨨底斷然大棓趁開。雖然大地山河説無間歇，若把來唤作佛法流傳則不可。以手拍案一下，曰：『住！』

偶答〔五〕

士問：『教以哭泣爲濁識，如何法雲禪師奔喪慟哭，拘此世禮？』愚者曰：『淚出痛腸，不起一念。』曰：『問取柏樹。』曰：『杖人云「一切由感生」，柏樹無情，因何能感？』曰：『紫芝白兔，從何而來？』曰：『葉落歸根，與全樹全仁，還有同别也無？』曰：『樹欲静而風不休。』曰：『不擇地無安排處。』士作禮，曰：『明教嵩公孝論，今日得注脚矣！』曰：『也是蟲禦木。』

藏一曰：『汝中標四無，而三一老人捄之，謂專以虚無自然爲宗，乃佛所呵爲外道也；然則佛言空者，何耶？』愚者曰：『法鼓經曰：「空者，大乘之初門。」紫柏大師曰：「以空藥醫世病，以妙藥醫空病，佛祖只是應病予藥耳！」維摩經曰：「無我、無作、無受者，善惡之報亦不忘。」曾知無身有事之雙超，而因物付物之本空耶？楞嚴非因緣，非自然，又雙非之，其中安在？何不一參！』曰：『大庾嶺上接道明，何以偏提乎？』曰：『一歇過關，乃能正决；撥剔影草，原不執方。止有一實，豈猶惑有無之見哉？今人不悟應病予藥，而立幟標高，取便護短，故可歎也。焦澹園荅耿天臺，蓮池大師荅周海門，曾細定當否？曹山云：「類不齊，混不得。」五更摸摸胸膛，如何是混不得處？」

興畜按：焦澹園荅耿天臺書云：『無作、無受者，言於有爲之中識無爲之本體云耳，未嘗謂惡可爲、善可去也。』又云：『善能分別諸法相，於第一義而不動，言分別之中本無動搖云耳，未嘗謂善與惡漫然無別也。是無我、無作、無受也，是不動之第一義也。』蓮池大師答周海門曰：『諸惡莫作，衆善奉行；當下布毛滿地，何待拈吹，那更說同說別？直饒是同，早兩橛矣！一心行善止惡，不會旨亦無礙。若偏從不斷惡性與兀兀不修善處會，爲禍不小。』周曰：『會旨人來，何以接之？』曰：『是誰奉行？是誰莫作？』周曰：『既識阿誰，何善何惡？』曰：『水以清濁而月別昏明，豈可執性無善惡而作惡耶？』

古岸乞書〔六〕

爛破古今，剩有光風霽月，與我過活。一瓢水，一把火，原自須彌岌峇，渤澥騰波。無端撩起葛藤，塗汙白紙，不見文殊問不二法門，維摩默然，此是第一棒，已將東語西話抹殺了也。没奈何將錯就錯，別路傍通，驀然無根樹下起一陣風，無底瓮中出一段雲，請空劫烏王與今時鳳子相見。若云隨順，偏逆曳向混沌以前；若不耐煩，偏推墮在喧湫鬧市。周憧兩喝，暫惶殺人〔七〕。更思照舊躲跟，早已進退無路。世界原是一新新不舊之世界，今已新到極處，即問舊底，舊亦不知，不如與他新到劫火洞然後邊去。我者裏別有三百八十四枝毒箭，四千九十六重刀山；把斷要津，勘驗凡聖；飛影無痕，刀環濺血。眞正開口不得，閉口不得。文殊、維摩，一齊退走。還有跨得過者麽？切忌鑽龜打瓦！

金谷葬吳觀我太史公致香語〔八〕

先外祖諱應賓，號觀我，別稱三一老人。生嘉靖乙丑，中萬曆丙戌榜第五人，入史館，以好道失明，歸居一室，長齋至老。鄉里服其化，如亢倉子無容聲也。遠公道場久圮，力鳩復之。受戒蓮池，聞法五乳，末後博山相見，助拍一掌，雷霆交迅，谷嚮唱酬，金剛種智，詎夸一宿也乎哉！著有宗一聖論、學庸釋論、三一齋藁、方外遊、學易全集。圜三宗一，代錯彌綸，集大成，破羣疑，其功大矣！先廷尉公特疏舉揚，當宁嘉歎，即其家拜左春坊、左諭德，錫誥命焉！崇禎甲戌卒，年七十，無病而去。其龍巢金鳳乘願再來者乎？卜兆鯤池，子遠舅氏以不吉，淺葬金谷峊下。又二十一年乙未，子遠逝矣。以白生之子集萬爲嗣。會湯日、亞侯、約之諸公，皆以中興浮山之摩詰，正當與遠公紅塔同時放光。此三一老人久轟破子孫窠臼者也。龍門之書久布，漆書之恩難忘，劫火煅煉，感此鑊鼎。適值衲子披麻，繞衡凋丹丘之廬；水牯自騎，雪中會葬，不覺大哮一聲，灑此冰淚。

三一齋灰中舊額，九十歲破此新顔。聞從大慧聲先，一獅輥地；撞在博山棓下，六龍衝天。生來脚赤城頭，緣會眼紅塔頂；華嚴草貴，長者園寬。浮丘盡是縣崖，火宅不留寸土。運斧斤，於筆尖上開樓閣，捲不二而二、不四而四之半簾；豎刹竿，於鍼孔裏轉磨盤，貫恆三非三、恆五非五之一綫。皮裰揮翻局面，升鐺懶煮方壺。油瓶踢倒法身，寶鼎並鎔圜鑑。髑髏帶喜，鬚髮何驚？嵩前急水抛球，墳下石翁吐舌。休歎人間血脉，別拖天外眉毛。忽然古路橫碑，分付名山起冢。任疑幢影，轟破棋聲。白骨衣冠，兩隻手中，正好隨泥作佛；紅爐冰炭，三千里外，誰來燒紙成團？碧碎琉璃，華表恰懸露布；黑穿日月，古旛長挂銘旌。折臂踢慣刀山，滴髓拜依雪窟。隨場栲栳，匝地榛蕪。末指三鳴，到頭一喝。

三一頌〔九〕

網珠宫裏依帝目，大一交垂天地足。墮入桐山三一齋，故鄉田地烹金粟。比屋激揚連理枝，荷薪主伴吹莖齏。卍字剖胸灌玗頂，三光代錯渾天儀。渾天黑逼阿那律，髻珠光屈吡盧膝。踏浄蓮根海底泥，正縣楷木壇前日。庭柏相思棠棣華，漆園蜨走雪峯蛇。蟭螟睫上放龜馬，六龍無首翻三車。兩間一間同殺活，鑽頭觔斗半邊鑿。盡此兩間是寶鏡，盡此兩間是閶闔。盡此兩間是醍醐，盡此兩間是毒藥。不礙藥籠君治臣，不礙八觚分六幕。以此一瓢甘露漿，徽國象山流玉觴。總歸大幬覆華藏，教父遮奪收荒唐。因緣浮渡一船鐵，浪頭不怕棋盤裂。九帶衝關無黑白，一著著出金谷血。空橈打斷罛籬柄，靈炤痴兒草草滅。怪引世家肉眼哭碑銘，只有一隻過海麻鞵笑不徹。笑不徹兮哭不徹，瘂椎破鐸鐃木舌。幸得夜鳴三十六巖鐘，無縫塔邊鬧時節。我斬苴麻點火把，燒此道場無片瓦。衡間丹丘萬古灰，一鍬紅爛築三下。三下掀翻品字堆，墓門棘迸梅花開。異苗叢竹冬抽筍，雪山劍樹重新栽。摇不動，栽何用？曾知空劫前頭種。咄！大衆，痛痛痛！自牽白馬謝青蠅，豈憂蟻國消蝶夢。堪歎菹淹跛鱉難逃瓮，幸得麒麟化作龍巢鳳。一句假，一句眞，一句無眞無假埋冤親。一場芻狗千丈身，眉間光轉雙趺輪。指與子孫葬蝓蠕，鳶魚糞祭蜣螂神。寫至此，止止止，水流石磨磨不已。毒鼓雙槌雷不死，葛藤莫怪殘牙齒。

遠祖塔院飯田記〔一〇〕

會宫社田，乃先中丞與嗇菴銓部、玉河諸文學所倡各安生理之鐸者也。衆議奉之遠祖塔院，供養十方。適值不肖智蹋完天海，歸寓祖翁田地，樂觀時節因緣，縣崖伸手。因拍掌慶讚曰：浮山自先外祖三一老人興復，朗、澹、清三公相續總持。一向洞口雲横，草深一丈。剩有意生耆舊，平實接待。壬寅至今，忽忽周甲矣！宗一圜三，竟在此地指天樹骨。蓮池、博山，合一滴水，天界杖人嘗舉此爲不二社。盡大地是一鄉約所，種田博飯，亘古開花。止有『各安生理』一句，即是三際俱斷，吼倒佛魔，雷電風雨，不容思議。且問牯牛水草之田，與見龍、禮運之田，同乎？異乎？田自萬古不壞，所貴時時耕耨而已矣。天地吞吐同時，泉鎛共聞鐘鐸。此通天之陌，本來一帶雙關，畢竟如何申傳囑護耶？塞卻咽喉，普請飯碗。

遠公塔〔一一〕

劍鋩山頭慣放脚，雙關一帶同殺活。殘枰敲破通天眼，那問黑白落不落。

老父庚寅一瓢棲仙迴山。辛卯以法場供養，與冰舍於梧州。壬辰還匡廬，歸省。癸巳圓具天界，閉關高座。乙未奔喪，遵先祖中丞公遺命，葬合明山，結欒廬焉。同學相從，隨紀於此。侍子德、通、履謹識。

藥地易簡約〔一二〕

窮得規矩，來處還規矩，輪扁安心無甘苦。方圜一屋破虛空，井底舊索穿常住。日日灑掃，開關漏當補，吹柴敲竈超寒暑。莖莖草奉主中主，滴血分身本一處。皮肉骨髓豈容分？動著絲毫原不許。谷中拍掌今呼汝，雲門普梆催作務。基石者基石，鉏土者鉏土；三三五五大火聚，燒得頭上白日午。此是炮地蒸天古藥杵，全身放下大家舉。見在因果，即是歷劫因果。凡昧滅侵欺、犯根本戒者，不同住。一精明享六和合，六和合始是一精明。主伴交參，各盡職分。凡人我妒諍、巧罔兩舌者，不同住。

輕慢不消，拜立謂何？凡怠慢師長、忽侮十方者，不同住。

約法三章，頂踵一橛。金剛證明，半月作白。

高峯云：『開口動舌，無益於人，戒之莫言。舉足動步，無益於人，戒之莫行。舉心動念，無益於人，戒之莫起。』信此三者一心，十方無處不可同住。參此三者原故，直下得自性戒，又何人我？知此三者是一，包管三際俱斷，萬古如斯。

墨歷崖警示〔一三〕

發眞實心，行眞實行，方肯眞實參。眞實參，方有眞實疑。眞實疑，方有眞實悟。眞實悟，始信悟同未悟，始是眞實踐履，不作兩橛。是琉璃瓶貯獅子乳，方好徹底翻騰，破鏡鑄鏡。本無願力，只來乾討便宜，切忌問者箇事，苕帚柄不得閒，潑一杯茶去罷！

或曰：達磨直指，專接上根。汝是上根麽？果然應不得。便教達磨今日到此，還敢高聲麽？煮飯破柴，斬新號令。

不論麤細，到此總須放下。若放得下，行堂洗碗，事事見成。此是第一句話頭，不容計較，自然脚跟下眼睛迸出。

紫柏老人曰：『或以曹溪「本來無一物」横計於心者，請問：人舉手揖我我隨喜，人以手戟我我隨怒；此又何物乎？』圓覺經曰：『若知我空，無毁我者。』今人總要奉承，纔聽一句逼拶，便臉紅了，何況古人鉗錘？

且莫説生死到來作不得主，見前憧憧念起念滅，即是生死。如油入麪，怎得脱離？加以見物，攀緣逐外；及乎惡物，鉤距向内。七上八下，更添煩惱。即饒汝捏拳咬牙，莫管他依然瞎撞；即饒汝休歇得定，又是死水。衝口亂統，滿腹膨脹，去之愈遠。與麽看來，大難！大難！且放下著，狗舐熱油鐺，又放不得。既然如此，作死馬醫。提起本參，爲金剛劍揮舞去。

聰明人聞道易，入道難。階下看七層塔、説輪相，豈不明白？卻不曾身入塔中。何況大事已明，如喪考妣，識法者懼，須盡今時。説著厭聽，厭聽是何心耶？眞參徧參，誓願不退，豈但盡卻今時耶？圭峯説頓悟漸修，晦堂説佛迹迹生〔一四〕。欣便厭難，十有五對；願力一眞，習氣即菩提矣。刀兵水火，惟怕至誠；過得冬關，即無冬夏。長安到者方知，千里始於一步。

樸實者近，卻要知有此事；樸實到底，敢保不差。纔一埋怨，便可惜矣。只如金剛言：『今世爲人輕賤，前世宿業，應時消滅，得阿耨多羅三藐三菩提。』直下受用得著否？千言萬語，都向自身上消。若以無我、無人爲平等，便可僭竊亂分，此是我見否？因此認賊爲子，便云惟我獨尊。欸！

古人説懶，是看破富貴、貧賤、死生，作賣俏語。今人説懶，是躲跟，又貢高。學者藏此偷心，反去簡點他人，於己何益？

即心是佛，黄葉止啼，便謂參學事畢。且問以何爲心？將認血肉爲心耶？錯！將認著地、水、火、風耶？錯！將認著虚空爲心耶？錯！於是靠著昏昏默默便落無記？錯！於是認定昭昭靈靈便弄精魂，錯！没奈何又説非心非佛，一發茫茫無據，錯！於是便説將錯就錯，弄成第一大錯。噫！

既悟自己，須明大法。誓願爲大乘，須善自他宗。古人何故恁麼道？心外無法，硬作主張；法外無心，便掃除了。噫！

黠智不學而能，正智便用不出。此處何故不疑？

杖人嘗舉三參、四與。何謂三參？曰：『立身當參，處世當參，造命當參。』何謂四與？曰：『與天地立心，與生民立命，與千聖繼絶學，與萬世開太平。』此即四弘願也。止爲根器不一，直告不信，責望太奢，便打退鼓。惟有『生死』二字，是世出世間逃不得底，故用以發藥。然不知病證藥性，但衒招牌，轉生别病。此事自肯方親，非可按牛喫草。故曰：一切法皆是佛法，因二以濟，誰知其因？

古人云：『大疑大悟，小疑小悟，不疑不悟。』今又説疑情發不起，者裏且有一句最直捷底見成佛法相告。是那一句？但肯放下，便不疑也不妨。

墨歷崖切問〔一五〕

生不知生所來，謂之生大；死不知死所去，謂之死大。纔一問起，業識茫茫。有者聽得道：『原始反終，知生死之故。』有者聽得道：『生死如晝夜。』便將業識靠倒。且問説始説終、説晝説夜，總趨兩頭。如何原？如何反？如何始是不生不死之一？試原、反看。『死了、燒了，作麽生？』忽然問著，冷水澆背，亦得暫時清涼否？如何得念念相續去，二六時中，少分相應否？若不徹頂徹底，夜半鐘聲，寒潭月影，全未！全未！尚且不得少分相應，何況？何況？

輕慢心盡之牆壁，覓不可得之安心；三拜依位立之得髓，此是西來第一行解相應之印，舉得出否？且問既然覓不可得，如何又云得甚麽髓？且問皮肉、骨髓分開，還成得箇人麽？

不淫、不移、不屈，大丈夫得過否？通晝夜而知，又是何事？如人飲水，冷暖自知。吞此一杯，是冷？是暖？

只爲本命元辰不知下落耶？畢竟要提者一句子，頭上安頭。若道無此一句子，斬頭求活。放在一邊，著甚死急？有般學語者，亦道放在一邊，著甚死急？實未曾了，突出難辨。生死到來，渠不哄你？

有者認著箇物物事事；物物事事，只是箇物物事事，如何是本體？有者認著箇一念不起；一念不起，只是箇一念不起，如何是本體？有者揀著箇兩邊不著；兩邊不著，只是箇兩邊不著，如何是本體？

逐物徇事，便是釘釘膠黏； 怕物廢事，便要虛空逃雨。 如何得自在？此既不是，彼又不是，無彼此又不是。 楞嚴所説矯亂不可究詰之魔，何以別之？

道人行處，如火消冰。 一切當前，如數一二； 静沈死水，動落今時。 超出二途，棲心無寄，尚是暗癡； 縣空弔箇影子，忽後忽前，看他不破，愈不自在。 既曰：『寧可空諸所有，不可實諸所無。』又曰：『寧可起有見如須彌山，不可起無見如芥子許。』不似自語違背耶？如何折合？

或謂有頭無尾時如何？石霜曰：『口吐黄金，堪作甚麽？』壽昌又曰：『有始無終，衲僧活計； 無始有終，衲僧常規； 有始有終，衲僧家異； 無始無終，衲僧巴鼻。』緇素得出麽？

凡可説者，俱成兩端對待，如何是絶對待者？絶對待與對待，不又成兩端耶？佛云：『三界惟心，萬法惟識。』黄面老子要消説有説無、非有非無之矯亂，一生費力，折合到底，依然分心、分識，打作兩橛了也，作麽生一句救得？

『涅槃心易曉，差別智難明』，不話作兩橛耶？『明道者多，行道者少。』龜洋忠曰：『悟道易，明道難。』畢竟如何分疏？

『至道無難，惟嫌揀擇』，『毫釐有差，天地懸隔』，早揀擇也。枯樹崖頭蹉路多，何況瓜甜蒂苦？

『制之一處〔一六〕，無事不辦。』依然乞世間便，且問辦得甚麼事？作鬬勝會耶？教揉升木〔一七〕。汝會禪耶？鐵枷重似須彌山。

鬬勝貢高，是尊上慢。甘處行下，是卑劣慢。如何免得？『知是般事便休。』又曰：『此事不是説了便休。』休得麼？若休不得，説亦不得。既然要説，打破頭時莫惱。

念念相續，三際俱斷。更有一句未透，難過斷常阬。

『道無定相，遇緣即宗。』今曰『宗無定相，遇緣即辨』，辨得麼？

一見知歸，此是平素脚蹋實地。倘搆不上，一心不退，脚蹋實地，終保必得。不觀根性，揠苗犯稼，救暍贈火。難道只圖熱閙門庭、語録扮俏而已耶？

古人常説箇末後句，今且提箇先一句；　從來不荅話，問他作麼？

浮山別拈〔一八〕

六合中間弄兩指，王宮習氣雪山洗。知非何又叫奇哉？明星落在花心裹。金襴付囑從何來？門前刹竿猶倒栽。西天四七二十八，總是指端一座塔。自從望氣泛重溟，功德聖諦風運斤。雪壁安心覓不得，三拜髓化漫天血。纏風懺後深山處，平懷泯然誰縛汝。栽松早應黄梅雲，破額拽轉牛頭横。葉落歸根來無口，風幡攪得曹溪走。磨甎打牛石頭滑，一喝耳聾鈯斧殺。蒿枝三頓報三拳，潑賴冤家痛白拈。撥火吹柴紙燭滅，大蟲低頭蛇鼻鱉。雲門一棒纔透關，六不收時花藥欄。雪霽當年安片石，華嚴六相水一滴。過河睹影打破鏡，三墮盤桓滲漏盡。法身大病嗟同門，藥籠五位煎君臣。向上末後牢關鎖，生鐵秤錘綿絮裏。別峯不必當堂坐，異類中行無不可。兒説弟子久解閉，松竹彌縫一枝奇。龍雷震得獅狐碎，大幬自不愁蠅蚋。只爲應病予藥須醫王，毒草不負神龍嘗。夢筆揮來空斷腸，歲寒燈下寫殘方。

信　叶〔一九〕

三界唯心，萬法唯識，齏粉古今誰呷汁？不落有無並不落，沃焦浪裏弔桶索。迅不停幾，烏飛兔走何東西？實無而成，徙癰卻説蜣蜋精。置之一處，無事不辦，盲龜浮木撞何限？大火聚不容近傍，一鍋水底乾柴放。清涼地四面可入，塵塵刹刹不相識。被于身爲律，藏腑只看眼耳鼻；説于口爲教，臍喉脣齒可相拗；悟于心爲禪，沸湯捲柏翻新鮮。持戒方知自性戒，狗會看家又識怪。静亦定，動亦定，風吹不入金剛命。定慧相生莫相怪，鑽燧井養常不壞。諸惡莫作，衆善奉行，布毛滿地吹來平。羣魔已降，佛亦推倒，兒孫得力爺罷了。非自然，非非自然，四時八角裁蒼天。非因緣，非非因緣，馬毛龜甲圖方圜。莫存于忘，莫忘于勤，奇偶不是中邊分。逆中順，順中逆，寒暑錯行謝天日。一切裁成，一切見成，一二三四五縱横。一爲無量，無量爲一，算盤珠子不成十。寧作心師，莫師於心，此處不容差一鍼。知幻即離，不作方便，華陀慣用麻沸散。心外無法，芥山毛海風匝匝；法外無心，燈油竈火家家明。不落不昧，埋卻野狐自無事；賓主歷然，隔年梅蕊在春先。千聖不傳，千聖不然，熱碗鳴聲，破鵝眼錢。天地未分前著力，鷄卵空處長羽翼。天地分後吞棗仁，枝葉根株自轉輪。誰非天地包，誰不包天地，經絡條理自相制。直告不信甘悔氣，早被惑亂空花墜。漫夸道子畫圜光，急水翻車著甚忙？十二闌干閒倚遍，敲冰煮茗又何妨？

退藏軒咷笑行〔二〇〕

一口氣不來，畢竟何處去？切忌鬼窟裏解鋸。一口氣來時，又向何處住？切忌長連牀上動步。唤作竹篦子則觸，何勞杓卜？不唤作竹篦子則背，從來不會。死了燒了作麼生？燈老竈垂肉愁見人。吾常于此切，一回飲水一回咽。丙丁童子來求火，夜行船裏渴殺我。燈籠沿壁上天臺，破脚又穿新草鞵。海底泥牛銜月走，翁仲猜拳不出手。牡丹花下睡猫兒，牛角老鼠知不知？乾矢橛，門牙缺；　麻三斤，龜毛繩；　臘月扇，茶爐便；　破沙盆，猫飯盛。秖者是，行貨滯。道甚麽？没處躲。萬法歸一，一歸何處？貼身扯破青州布。庭前柏子蘿蔔頭，喫粥了也洗鉢去。父母未生前面目，向後看來笑得哭。八十翁翁入場屋，老老大大看不足。門裏出身易不易？荆棘參天脚點地。身裏出門難不難？月明簾下轉身閒。句亦剗，意亦剗，黑雲曜卻頂門眼〔二〕。句亦到，意亦到，長笛截雲山谷笑。又要死，又要活，燒紅淬黑兩邊奪。活不礙死，死不礙活，一莖草摟斷貫索。業在其中，矢人函人馬牛風。不入保社，街頭布帒不借借。平地生波，錯會者多。從上老漢，止是一半。專門用偏，如何是全？全無肯路，怎免回互？從地倒，從地起，在大瀣中，即用瀣水，只許老胡知，不許老胡會。何故飲人狂藥、責人正禮？放行中把住，重疊關山路；　把住中放行，拄杖見全身。皮下有血，又怕人説。絶後甦來，不要使乖。以楔出楔，各有一橛。看破果然，何避業緣？壓良爲賤，王令刷卷。合取狗口，旁觀出醜。三點如流水，旁邊似曲鐮。早知飯是稻，依舊種荒田。

校　記

〔一〕卷一　抄本無，整理者補。

〔二〕即語録卷二合明山墓下結一欒廬題曰不擇地拈以示衆。

〔三〕語録未收。
〔四〕即語録卷二示衆。
〔五〕語録未收。
〔六〕語録未收。
〔七〕暫　疑當作「慙」。
〔八〕語録未收。
〔九〕語録未收。
〔一〇〕語録未收。
〔一一〕即語録卷三禮遠公塔。
〔一二〕語録未收。
〔一三〕語録未收。
〔一四〕佛　當作「拂」。
〔一五〕語録未收。
〔一六〕制　信叶作「置」。
〔一七〕揉　當作「猱」。
〔一八〕語録未收。
〔一九〕語録未收。
〔二〇〕語録未收。
〔二一〕曜　疑當作「矐」。

冬灰録卷二[一]

學人傳□謹録

廩山緣起[二]

萬曆間，蘊空忠和上棲止峯頭，壽昌從兹而崛起焉。此峯爲黎川之北峙，屹然石立，白雲出没，萬山在下。羅近溪、鄧潛谷諸公往來遊息。黄元公下帷最久，所題『通玄峯頂』者也。既飲壽昌之乳，爰修廩山之塔。其谷有泉，軌出甘洌。不肖飲此，倉況泠然。遂因舊址，欲施數椽。徐仲光、楊東曦、涂宜振、萬年諸居士，共發歡喜，許建精舍。乃題之曰：『參天夢筆掃煙痕，杖指泉源在石根。扶起破盆齊出手，西江頂上一瓢吞。』

禮　塔[三]

磕睡虎，攔古路。積雪埋雷，雲龍起舞。且問一錐插空，根在何處？今日兒孫，不許父祖作語。遂燒香云：『唵！』

謝壽昌諸禪者〔四〕

壽昌雙和上，發禪堂人爲廩山運木，舉青林虔令人搬三轉柴，與今日是同是別？藥地愚者時在龍湖，大雨初霽，謂諸禪者曰：『木已運了，爲我各鋤一頓。』拱手云：『脚下泥深，頭上日出。』頌曰：『且慢道有事百家忙，各鋤一頓莫商量。此回不是空奔走，脚下泥知頭上光。』

上梁語〔五〕

木頭不解語，指出天心柱。澗水滴碎五更鐘，半夜雷雨爲伐鼓。北窗石壁，直塞青霄；南抱岡陵，爲我分土。一枝夢筆，偶爾揮空；莖草刹竿，一時横樹。以拄杖擊梁，令衆起，云：『大家看取，是甚東西作主？』

佛誕日金樓茶筵普示〔六〕

昨日雷雨中來，今宵上弦出月。人人指地指天，恰遇周行時節。青山倒入茶杯，滿堂一口無別。此宗中興，本自西江，在我壽昌鉏頭山發泄。總在受用一眞法界，不必播弄千般話説。似此金樓再造，殊虧知予老宿一段眞實。不見道：『拖犂拽杷，全彰古轍。』在此祖翁田地，各人本分無缺。脚跟放光，脊梁鑄鐵。便將泥水洗天，穿卻春風冬雪。等閒平地家風，正是峯頭眞訣。只要自問：喚甚麽作鉏頭？見今相對時不可空手釘橛。恰好過夏因齋，不覺慶贊中帶累廩山饒舌。

普　示〔七〕

昔地藏琛禪師云：『諸方浩浩説禪，何如我者裏種田博飯喫？』雖然如是，蹉過者多，錯會者亦不少。古人爲生死發心，逢者一杯茶、一碗飯，眞不容易。只如茶不是茶、飯不是飯時，還委悉麽？諸仁者！即今在者片田地，事事見成，水足草足，比世人火坑業纏輕便多少？總是佛恩浩大。但出家時，不愁衣食，正好向鐮刀上、钁頭邊，一心辦道，以眞參實悟爲期。若此處一念汨没，便昧本來，便負佛恩。諸仁者！佛法難聞，善友難遇。當生難遭想、生慙愧想。世人病根，起於只圖安飽，因循過時。一些些境風吹來，便受人我嫉妒之害，不能作主；反將日來辦行好事，都變成了業障。何獨到眼光落地時，業識茫茫，無本可據，乃自哀哉！痛哉！莫説此話尚高遠了，古人嘗曰：『袈裟下失卻人身，更可憐憫。』今日安得不一告報？時不待人，急須努力。珍重！

廪山南谷緣起〔八〕

此是廪山南谷，舟旋一澗環林麓。通玄頂上不自知，平田回首孤峯緑。今日涂萬年居士請住安福，藥地愚者特爲指出面目。且慢道證龜成鱉莫胡猜〔九〕，翻自問青牛可是襄陽鹿？幸此方總覆壽昌雲，一任風吹别調新豐曲。

南谷警衆〔一〇〕

出家兒貴出生死利害之家，非謂出兩片大門之家。似此五濁苦海，三毒家親，如何能一刀兩斷、得大自在？此大自在，其實當人箇箇本具，不假外求。只是情生智隔，想變體殊，習氣所緣，如油入麪，纔説放過，瀑水横流。所以佛祖立出種種安心法門，原非得已。且問十二時中，全被外物所轉，有一碗飯吃，便要作箇體面，何況敝屣侯王？略駡一句，便自嗔忿如山，何況舍卻頭目髓腦？若云我是出家兒，便説已脱俗了，當受世間供養，此處自欺，知慚愧否？空腹高心，果如潙山警策所説否？南谷道場，轉禪已久，碗竈俱足，俱是多生所基。恰好病夫過此聚頭，因茶開口，如何得不孤負此茶杯去？亦無别樣新説，只在從頂至踵，一心辦道，放下世俗體面、苟安心腸，始不犯口轉心不轉之笑話。諸仁者本分見成，辦道至易。只如今夜茶杯，相較德山一棒多少？人人滿口自問胸堂，莫孤負茶杯好。

龍湖不二社茶話〔一一〕

子宣問曰：『請問不二法門，還是因有二纔説箇不二？還是没有二説箇不二？還是一即是二、二即是一説箇不二？還是無有一、無有二説箇不二？請師開示。』師曰：『一口吞得盡，一口道不盡。』

宣曰：『今日折中舛馳，惟望詳明正告。』師曰：『説箇不墮諸數，不落有無，尚且不親切，何況説甚麽一不成、二不是？止爲代明錯行，是幬載内之端幾迴避不及者，故指點其爲物不二耳。按下雲頭，脚踢實地，見在龍湖放生道場，願與諸公放一箇萬古之大生，何如？』

曰：『將如何放？』師曰：『各各放下無始劫來驕妒鄙吝之我，則經絡官肢毫毫孝順，山川草木處處謳歌，箇箇當下舞蹈浴風，日日碗中宣説聖諭，豈非放一箇萬古之大生耶？如此不二排場，一眞打滚，且將中庸之鳶魚，大學之黄鳥，逍遥遊之鯤鵬，七金山之金翅，作一箇放生會，得麽？果然親證到此田地，自然不説二、不説一、不説有、不説無矣！不能放此大生，則我見自鄣，執成徒法之門，救弊千岐，又鬬矯偏權巧。此三一老人三十年前拈出如如當當，以明法住、法位之善用；　杖人提出中和、易簡、勤儉、精一，而傳大公妙叶之正宗者。　老漢何不自護其專門？而乃不避潦倒耶？識法者懼，傷心托孤，有誰知其苦耶？』

五章曰：『兩門各護，必須托孤，乃明此旨也耶？果妙叶矣，孤安用托？』師曰：『諸公信得兩端用中否？兩端叩竭否？若信不及，豈信無中無邊、正叶時中？豈信主伴正偏之華嚴法界本叶寂歷同時之大易耶？只問自己性與命二不二？精與神二不二？我與物二不二？此處紗縠不得見前，則有用之用與無用之用二不二？有體用與無體用二不二？自雲霧矣。何能識眞孤乎？世出世法，不爲生死情欲之我所累，即爲空寂隱怪之事所累，起此二見，墮鐵圍山。又況詭隨晝少，護短販荒；不揀題目附道理，即躲棒喝雄顢頇；誰是固達而知，夫焉有倚者乎？道本平常，平常不可爲道；道本玄妙，玄妙不可爲道；道本自然，自然不可爲道。楞嚴「本非因緣，非自然性」，孰知旨耶？「見不能及，是不名見」，誰親證耶？世尊回憑寶几，説五十魔，皆以先習迷心而自作息，一作聖解，諸魔競起。故曰：「静沈死水，動落今時。」超出二途，棲心無寄，猶是暗癡。曾知生寄死歸，止是勤儉之精一乎？曾知勤儉之精一，止是不自滿假，便會極乎？曾知必有事之爲勤、無我之爲儉乎？曾知强恕反身，而見萬物皆備之我爲無我乎？曾知無身有事之爲精一乎？人之生也直，直心是道場。不二法門，惟毋自欺。鬼神水火，皆怕至誠。格至研極，乃是茶飯。仁智不能交圜，偏執一見，鬬諍堅固，反不如日用之百姓矣。以故念佛、參禪相訾，宗、教相訾，而兩宗亦相訾，理學、經濟、文章相訾，朱陸之門亦相訾。因笑夷惠之門人，能保不相訾耶？惟時乘統御者能集大成。孟子兩不由，而又雙取其風；二不二之代錯，猶不悟公因彌反對，而善用貫有無之密藏乎哉？所以今日不挂高幢，但摇平心之鐸。只是心如何平？各請自問。終日茶飯，知味者誰？

文始曰：『嚼飯餵嬰，尚恐孤負？』師曰：『茶不是茶，飯不是飯，曾到此否？到此舌頭知味，腸胃曾知味否？還須自問。』

東曦曰：『大死一回，乃享生生之茶飯耳。且如養生主言帝之縣解，縣解之味如何？』師曰：『大死一回後，還是縣耶？解耶？神仙方技，切忌誣莊。知味是誰？誰解爲帝？只因人戀養生，遂孤負養生之主。既不識莊子之薪火，又豈識莊子之縣解耶？不見莊子之蘧廬，而告子以爲桎梏耶？安知達磨之牆壁，非莊子之蘧廬耶？止爲生于憂患，故須以死治生，乃無生死。惟無生死，乃能善用其生死。大畏知本，寒變物情。艮背行庭，平在朔易。戒懼飛躍，死心放生。放生只是放下，放下即是擔當，非兩橛也。天無冬夏，而以冬煉夏，夏即是冬，非不二之干證乎？養生主之四顧藏刀，慎獨知幾之吹毛手也。』

宜振曰：『知幾其神，請問幾在何處？』曰：『生死不停中，見聞不到處。』曰：『如何得知？』師曰：『吉凶貞勝，是何幾耶？幾先止有一吉，是何幾耶？處世之幾，立身之幾，歸于造命之幾。若不從慎獨死其俗我者，終不能知至與幾也。不覩不聞，研幾甚深；覩聞即不覩聞，研幾更深。易大傳曰：「惟幾也，故能成天下之務。惟深也，故能通天下之志。惟神也，故不疾而速，不行而至。」不精不一，不深不通，豈能知幾？豈能神而明之？專直自然會通，幾候不可思議。惟剥乃復，惟塞乃通。眞信乃能眞疑，眞疑乃能眞參，眞參乃能眞悟。悟同未悟，乃受用放此大生之眞操履。且説參前否？卓立否？雌伏否？鵙視否？冬至之復，過此關否？子思指出未發之中，引人研極，有不孤負幾先者否？或舉天地未分前，或舉父母未生前，或舉一畫以前，曾信此否？曾疑此否？此即不二之初門，此處不慎，即無忌憚。及乎事務到來，乃始跛跛挈挈，手忙脚亂，如何能放此大生耶？』

文始曰：『易知鬼神之情狀，此是何幾？』師曰：『以費知隱，即知不落費隱，本寂歷也。人物如此，鬼神即如此。一切惟心，其幾甚近。聖人正以倏忽難徵，故因圖書卦策之原、反徵之。元會呼吸，大小同符，質諸鬼神，如數一二，故能奈何鬼神，鬼神没奈聖人何。邵子曰：「一念未起，鬼神莫知。不由乎我，更由乎誰？」此知情狀之先幾也。統類彌綸，一切不逃兩端之好惡，此知情狀之細幾也。可信未發之中，三教總門；切莫爭炫招牌，只貴應病予藥。招牌亦所不免，最怕諱疾忌醫。』

諸公歡喜禮謝曰：『比見玄談，動成戲語，今乃知日用中有眞實微妙法門，一毫端冒天下之道有如此者。幸甚！幸甚！從此洗心。』師曰：『向下文長，且看一日。』

廩山學人揭暄、涂景祚仝録。

答木心〔一二〕

刀山上過，大非偶然；達士了此，只是偶然。有等拍盲一拌，不著所在；有等漠然頑硬，不知痛癢。將謂足稱了當者耶？即如來引田光以死送荆卿，侯嬴以死送朱亥。古來成一事者，決幾固爾！何況吹毛在手，豈挂一絲？又如華亭船子和尚，三橈釣鱗，覆舟煞尾。雖然、雖然，不可錯會。每笑那箇禿丁，逼殺恩師，竟不迴顧。者箇老漢，一場拌命，不值一錢。詎覺漚生泡滅，自然電不停機。將謂別有稀奇，不禁和盤潑卻。何暇説到旁無證驗，揑造遮空，以鼶鼠之張湯，斷化鵬之招藁耶？此是衝破琉璃第一場痛快之霹靂，不妨與呂梁、汨羅洗發相鮮。皮袋浮沈，何堪逐浪？虛舟並没，誰要慈航？翻笑釋迦、老子作毒龍時，舍身與獵師。如此顛連，又成滯貨。雖然、雖然，免錯會麽？請弔以詩曰：『傷風犯手欲何爲？逼出人間破浪詩。試問朱涇波上月，冷風嘗似覆船時。』

雙選社傳語〔一三〕

全身是易，全易是身，果肯平心，當下具足。曰『止至善』，曰『知天命』，是貫先後天而直指者也。人者天地之心，不欺即不負矣。曰『格致』，曰『慎恕』，是盡心學問之善用也。通晝夜而知，在深造自得耳。曾究此俯仰遠近迸作一畫者乎？虛空皆象數，象數即虛空；秩敘藏變化，變化仍秩敘；易簡知險阻，險阻皆易簡：此對待流行、寂歷同時之易簡也。約之則一二而已，塞之則曰『一不成、二不是』，會之則曰『二不是一，二即是一』。眞參則總不得，大悟則不容言。悱三竭兩以盡其心，有出此者乎？日用立法，則典禮、數度也。徒法非也，廢法更非矣。有善用其法者，有所以爲法者。觀會通以行典禮，制數度以議德行，有先幾焉。立仁與義，以宰其陰陽、剛柔，此人宰天地、理爲政府之說也。仁義、剛柔、陰陽之大本，則未發之中也，不落有無之太極也。悟全樹即全仁乎？以屢空之瓢，用多識之器，和即是中，一多相貫矣。天下之理得，而成位乎其中。攝末于本，攝本于末，無入而不自得，謂之無本無末、無體無用。猶不悟有非刻舟守株之有、無非龜毛兔角之無耶？乘雲氣、騎日月，六龍牛馬之寫生畫耳。以畏難樂便、情欲錮蔽之人，執其習見習聞，方詡詡然矯妒鄙吝之我，矜其所知，呲所不知；與之言深幾神明，豈能信乎？仁愚智蕩，蔽在偏勝一端；

井竈養火，學以游息。或爲説火欲熱，不妨因溺罪舟。舉世皆俗人，覓一畸人而不可得；舉世皆機械，求如泥龜、水牯，又何可得？若謑髁縱脱，而以鬼獸鬭勝，豈不冤哉！又不如依教之清涼，遵路之黔首矣。

物物各具此無冬無夏之天，而用于一冬一夏之時；人人各具此喜懼不及之性〔一四〕，而用於一喜一懼之情。以冬煉夏，以夏用冬。因懼以制其喜，因喜以神其懼。掩二見一，逆機也；一在二中，順理也。混沌之先，萬理歷然；開闢以後，萬象寂然。黄天舉天與日以喻之，猶不豁然寂歷之同時、明暗之交參、順逆之同用耶？先明善曰：『動心以知不動之心，忍性以知不忍人之性。』知幾慎獨，入門冶鑛，端在此矣。離已離人而立於獨，此何幾耶？萬物皆備之獨，與空空無知之獨，一耶？二耶？一日克己復禮，天下歸仁焉。無我無無我，果當三番兩折耶？究而言之，則故而已矣。若不知其故，止是一生跛挈。未有眞至不疑不惑而建考質俟者，何謂神明乎？何謂徹上徹下乎？何能統因創而隨物見形也乎？嗟嗟！且得平心不欺，各安生理耳。百家淆亂，豈能責人借題温飽，但勸主法者慎之。賢者有其善喪厥善，必須竿頭進步，窮至無可窮，而仍以學問爲飲食，本于大一，協于分藝，即器是道，就薪泯火，此萬世之鼎烹知味也。自强厚載，先當責志。

小子半生虛過，中年歷諸患難，淬礪刀頭，乃始悟三世之易、虛舟子之河洛、宗一公之疑信。又以煴火鑿坎之逼，得息喘于杖人。杖人曰：『處世必知出世法，始悟身心性命、常樂我淨之道，而不爲情欲、名利、生死之業所迷。出世者必知處世法，乃知天下、國家、倫物、時宜之道，而不爲虛無寂滅、隱怪偏僻之事所累。免此二者，不執死中，鑑明谷應。易之元用統御，習坎繼明，時乘六龍，即法住、法位之一乘也；故標之曰：中和、易簡、勤儉、精一而已矣。博我以文，春夏之勤也；約我以禮，秋冬之儉也。未發之中，續主中主，戒慎于不睹聞，幾先之門也；剥爛復反，塞通之候也。先天後天，妙叶兼互；錯綜三五，本自圓成。誰是親證親見、以公受用爲自受用、而享其本平本泯者乎？棣華黄鳥，天何言哉？宗門不存軌則，又況別路更別路，望崖而反，無怪也。』浮山之孤不妨打破，曰：『即差等爲平等，雙選托孤，時哉！時哉！先請死心，從冬關入。』

善世門哀詞〔一五〕

天生天界，出格全提。塗鼓雙槌，讚悼不及。自感刀頭餘喘，恰遇吹韛。曠劫相逢，隨場冤債。竹關迸破，血濺古今。以三不收之廢人，行混不得之鳥道。迴視環中、宗一，妙叶時宜，是甚東西？托孤傷絶。破破墮墮，蒼天！蒼天！火泯薪燒，自不容已，豈復望青蠅解胡蝶耶？出門炮藥，發願醫醫。嶽倒菜流，忽傳末後蒲鞵之信。洪波鋤骨，斧砍不開。觸著痛腸，一聲寸斷。夢筆衝開身裏門，好山虎嘯一鋤翻；龍蛇混處金剛吼，烏兔場中鐵案尊。雪劍倒揮天出血，洞簾長卷月無痕；臨行喝得眞丹戰，淚灑西江不勾吞。集成大鼎煉眞金，干戚形天忍不禁〔一六〕；筆掃三丸歸一夢，壁傷雙選托孤心。報恩宵煉空傳劍，遁世支離善挫鍼；柏樹開花蓮五色，杏仁嚼碎種香林。十年萬死一瓢還，熖滅投機閉竹關；押不盧將冰水下，眉開尺在鑊湯閒。彌縫發願琴傳指，痛哭歸家血破顔；知得連環何用解，招魂更與結連環。水牯泥龜任汝疑，何勞黄鵠問何之？靈衣不挂五千字，挽歌自和三百詩。下士蒼蠅聲可弔，上樓胡蝶語遺誰？中宵滴滴枕頭淚，世出世間皆不知。乃與紙錢同燒云：『咦！』皋亭返天界，杖人作尊天命詩三百首。

天界老和尚生忌拈香〔一七〕

神前臺盞，紙灰供養。後世批毛刮髓，只得者點眼淚。拈香云：『影裏傳聲，生生晦氣。且道將牛糞作香燒，畢竟爲著何事？年年臘月下一場雪，梅花迸破山門翠。』便禮拜。

登舟示衆〔一八〕

同舟遇風，寇讎如左右手；舵知水性，浪頭白晝灘錢。能不負從上叮嚀否？只爲性命都在者裏，無汝迴避處。凡同行者，波心站定脚跟，拳踢不得紅臉，手足回互頭目，齒牙不得相咬，眉毛覷破鼻尖，有口不得説話，不得動著，帶累竹篙。

愚者自廩山赴景雲請蕭元聲劉廣生朱濟寰吴芳仲鄧幼立冏仍日生諸居士設供同景雲資聖禪侣茶話 一春風雨，是日初晴〔一九〕

廩山無粒米，恰赴景雲齋。且喜一春風雨裏，藐姑今日爲誰開？諸公特汲龍門橋下神泉，共享蕭曲峯頭茶味。藥地愚者偶觸著魯公石片，搔癢痛快，一齊拈來。不見蔡經纔想長爪搔背，便與一頓鐵鞭。可惜王方平下箇註脚：『此鞭甚不易得。』生怕蔡經著惱，俗氣未除，早是埋没蔡經了也。正笑者片石塊，如何許人著想？穿透嵩山牆壁，難逃棒喝交馳，賓主歷然，痛癢何在？且與諸公搔一搔看！莊子牧羊，視後鞭之，一鞭打養外的張毅，一鞭打養内的單豹。將謂柴立中央，一鞭遂可免耶？此處痛癢，搔得著否？外道不問有言，不問無言。世尊良久，外道悟去。阿難疑之，世尊曰：『良馬見鞭影而行。』此處痛癢，搔得著否？宋時資聖南禪師曰：『野老不知黄屋貴，六街慵聽静鞭聲。』此處痛癢，搔得著否？且問麻姑、莊子、世尊、資聖四鞭，有同異否？有者以莊子鞭麻姑，有者以世尊鞭莊子，有者以資聖鞭世尊，有者云世尊弄影亦是外道，妙在救出蔡經不惑。若到藥地者裏，不分有無、内外、中央，各予一鞭。惟有野老略較些子，然亦時嘗思得一頓。何以故？自無始劫來，生死不能脱離；背上一鞭，原無避處。可笑見茶不飲，只管漱齒嗑牙。是誰吞得下？是誰吐得出？就能吞吐，料踔何干？要須打得痛快，庶幾囡地一聲，知此鞭影承誰恩力？飲水冷煖，痛癢方親。卻道如何是痛癢方親處？起身曰：『今日朝杯謝好天，明朝山頂攬飛泉。大家親到縣崖上，擊石馳雷看電鞭。』

嘯峯大師訃至設靈炷香〔二〇〕

半生倪夫子，七載白雲庫；劫火入杖門，棲霞只一步。樸菴、遯齋改笑峯，不覺一笑天地通。熄邪之雷不可少，捄東震西一莖草。青原鉏斧破虛空，笑趁蒲䝙一齊掃；竹關三載感雪恩，濺血迸碎玄黄門。今日香爐安得不倒地，倒此灰堆，如何出氣？啐！

天界老和尚周忌拈香〔二一〕

黄花剛謝西風吹，鶺鴒依舊三更飛。自從刀頭撞倒太平攔路錐，十年并作一年啼。醍醐毒藥塗虎皮，托孤異類哀支離。以香爇爐中云：『即今不得唤作燒香，不得唤作詩題。烈煙觸著傷心處〔二二〕，不是傷心人不知。』便拜。

資聖除夕請示〔二三〕

年年過年節，天地無分別。恰聽古聖人，判斷作十二箇月。七十二候和盤過，三十六旬從頭截。念珠掐貫索，鐘聲早漏洩。紅梅不見根，萬古春不歇。喚做除夕，有何不除？道流著眼瞥不瞥？者箇資聖寺多年破缺，幸有輪公與吳芳仲居士二十年來一片心血；平實修行，種田待客。藥地病夫遊麻姑山，撞到者裏休歇；各各相忘，制無解結。一句受用瘖聾，今日推車拄壁。從上古老提撕生死，每將盡頭日子築著人嚗地斷折。如今大家歡喜，不妨閒説。

春夏秋冬年年不動絲毫，老天如何恁麼應時及節？到者裏，徹不徹？成壞元會，穿來萬劫，與呼吸刹那因果循環，斷非兩橛。如何過節？到者裏，徹不徹？百年生死無常，一念生死更迫，斷非兩橛。如何過節？到者里，徹不徹？爆竹一聲，星飛紙裂。盡古今來過一箇大年，是何消息？本分蕭然至足，有何妄想結業？可惜蹉過，茫茫起滅。忽然問著是甚麼物？如何能主宰得生死、成壞？如何得不爲生死、成壞之所管攝？一發茫茫，轉見漆黑。因爲者裏，不曾剿絶。眼前境風，降他不得。何況到頭來，措手脚不迭。所以多口叮嚀，要人預先打徹。既没奈何，把箇没意味話頭頓在面前，金剛寸鐵。有朝一身白汗，方磕著冤家路窄。仔細看來，莫似推東牆打西壁，倩者臘月扇子，也令東風齊著力。換門符，挂紙錢，各各門庭施設。砍柴得熟飯，牧牛得粟麥。來年没蝗蟲，全慶春前雪。如此自在道場，且祝香爐發熱。放下葛藤過年，大家普請一杯結舌。

棲霞和上新定天開巖遺僧展拜兼禮笑大師龕〔二四〕

天開巖下合龍文，生死同條石火焚。今在西江流片紙，一爐燒作故山雲。

機　緣〔二五〕

嗒然舉當時在壽昌，竺和尚落堂，問牛過窗欞尾巴過不得話。阿劍曰：『描也描不成，畫也畫不就。』明妙則不然。問：『下何語？』明妙曰：『業在其中。』藥地愚者曰：『我更不然。』嗒曰：『如何？』愚者曰：『者畜生！』

僧問：『廩山云「磨得青萍倚石眠」，如何是青萍？』愚者與一掌，曰：『倚石眠意又如何？』又與一掌，曰：『且磨看！』

問：『壽昌云「翻身跳出祖師關」，如何是祖師關？』愚者曰：『汝曾上到峯頂也未？』曰：『知道始知山不好。』曰：『上且未上，何處知他好不好？』曰：『未出門時，早跳過也。』曰：『祖師關容汝不跳，藥地關無汝跳處。』僧繞階一周而立。曰：『直饒拂袖便行，亦跳不出。』

有士問禪。愚者曰：『信得四書及否？』曰：『安敢不信？只是行不到。』曰：『既然恁麽，何必又來問禪？』

一士曰：『未嘗不知有此理，及乎遇境遇物，不覺又失卻了。』愚者曰：『公猶自覺爲境物所轉耶？』曰：『然。』曰：『何曾失卻？』

一士曰：『浩然至足，非第一義耶？』愚者曰：『浩然至足矣，何故配義與道？曰配曰與，莫成三個；下文集義，何故總不提起道耶？』士無語。愚者曰：『那得浩然？』

西昌般若寺茶筵請示〔二六〕

師云：『此般若寺，三十年前，不調禪師與伯玉長者合手創建，漚若耆宿同孟昉居士護守到今，種本分之田，培庭前之樹，連經搶攘，獅座儼然。不用諸方浩説，獨拈芥子當門。閒人步過春浮，正喜草深丈二。到此不覺春盡，拄杖又欲他遊。苦留不獲，因求曲示。一向懶廢，何以相酬？

『常言太末蟲無所不緣，不能緣於火焰之上；衆生心無所不緣，不能緣於般若之上。

愚者謂盡虚空是烈焰，原無避處。般若爲大火聚，四面即是清涼。只爲汩汩見成，難得箇入處。不曾鑽出眞火，求入不退地伴侣甚難。世緣爲貧富之生死所累，便與般若背馳。法門爲空有之生死所遮，反添般若狂惑。册子、口頭，徒增我慢。拈鎚、面壁，轉見支離。然恐安坐，滴水難消。業瀨茫茫，突出難辨。忽然提起，依舊七上八下。此般若寺，如何得不孤負去？若是點著眞火，生死心切，自然徹底放下。一切外物，決定動我不得。更放下其放下，從赤裸裸、脱灑灑處，旋天卷地，使十二時。方知門裏出身，即是身裏出門。大地爲我田園，古今總是齏醬。毫端钁底，珍御全彰。蟲鳥風花，廣談般若。繇此看來，古寺新牌扁，一句本參，出入當前，何處避逼拶耶？

『且如不調禪師爲吴觀我老人所燒，踐蹋山嶽。忽遇蓮池大師，兩箇難難，便拂袖去。今有觸著大火聚，信是清涼門者否？惟是拂袖的人，方能善創；惟是拂袖的人，方能善守。香嚴禪師曰：「去年貧，未是貧；今年貧，始是貧。去年貧，還有立錐之地；今年貧，錐也無。」眞淨禪師曰：「去年富，未是富；今年富，始是富。去年富，一領破偏衫；今年富，百衲雲山任我看。」者二大老，説貧説富，不避世情。若是拂袖的看來，徹骨風流，水火不入。可信至貧至富，無冬無春。見前殿角薰風，何恨歸無覓處。寒食鑽火，頓頓吹柴。天地間一箇大般若寺，人人隨身一箇大般若寺，安用病漢重打葛藤？』

舉茶杯曰：『春在此中無去住，大家珍重雨前霜。』

浴佛日蕭孟昉小翮二居士爲太常伯玉老居士冥誕請陞座[二七]

師至座前云：『從來徹底掀翻，何故臨出門時一上？只爲撞着生死知音通一信，不妨踢潑九龍湯。』遂登座，良久云：『今日絶妙因緣，還有出來掀翻者麽？』僧問云：『神龍無首，獅子迷蹤。至人無欲，大道無言。按下雲頭，相借一問，得麽？』師云：『雷龍花劈普天聾。』進云：『當年此日釋迦生，居士今朝薦太常，請師陞座。且道慶生即是，薦亡即是？』師云：『兩行水墨一齊飛。』進云：『恁麽則居士不忘親付囑，靈山一會儼然存。』師云：『讚則不無，歎則退後。』

問：『世尊今日降生，三峨居士示寂。降生且置，且道居士於寂光中聞和尚説法，未審功超何地？』師云：『常光幢亘道場先。』進云：『即今更有箇不向諸佛求，不從先聖得，未知和尚以何法接？』師卓拄杖一下。進云：『千峯勢倒嶽邊止，萬派聲歸瀨上消。』師云：『須是其人，始堪受享。』僧拜云：『大衆證明。』師云：『且黯黯着。』

乃云：『嬰兒白髮可憐生，一步周遭破古今。日日人人初下地，圓通一信報知音。我杖人在圓通時，曾寄蕭伯玉老居士一張白紙，此話未圓。今朝孟昉居士，恰以世尊降生之日月，永爲長者追薦之道場。生死一團骨肉，好箇當機。到來苔殿花飛，不如自問。且道問箇甚麼？別峯一往，挂處無痕。狹路相逢，難禁失笑。且道笑箇甚麼？曹溪逆流過嶺，此間截住青原。春浮手造山川，古寺重興般若。金粟太常，不湌粒米。蕭齋一榻，坐斷浮雲。初生本寂，空不待歸。起信相傳，指頭猶在。所以世人盡説如來生日，愚者説原不曾生；世人盡説是老居士忌辰，愚者説原不曾死。諸仁者！者是一部起信論切脚，信得及否？今朝浴佛，無不信者，試浴浴看！生也一杓，死也一杓，生中死也一杓，死中生也一杓。直饒説得箇不生不死，更須一杓。你道古今一箇大浴盆，還浴得快活否？你道嬰兒白髮，還知痛癢否？若不知伯玉老居士來處，如何透得黄面老子落處？若不槊著兩指四顧的痛癢，如何能槊著春浮起信的痛癢？有者道：月胎冰骨，多生慧種；有者道：宿世輞川，天然頽放。搔則任搔，痛癢未在。萬丈光芒，不經煙火；三徑撒手，燒卻龍坪。煎銷金鑛，直刳兜率之胎；打瞎悟門，豈與諸方答話，到者裏須索。喚起狗子，吐吞雲門；煮滚鑊湯，薑椒大慧。始與獨尊出氣，回來遊戲人天；自有得力兒孫，受享普光明殿。諸仁者看看！春浮老居士踍跳來也，一場親荅杖人書。」

金蓮山嵩月監院臘八請示〔二八〕

去年在青原，一臘嘗下雪。此日金蓮山，茶澆上弦月。諸仁者再三相强，有何可説？仍舉世尊雪山睹星而悟曰：『奇哉！一切衆生皆有如來智慧德相，但以妄想執著而不證得。』愚者日嘗歎曰：『悲哉！一切衆生皆有如來智慧德相，但以妄想執著而即證得。』愚者到此忽然笑曰：『樂哉！一切衆生皆有如來智慧德相，但以不妄想執著亦不證得。』且道：奇哉！悲哉！樂哉！何以熾然成異耶？有等虛空釘樁，常淹齏瓮。有等舉了便會，效嚬成殃；有等崇嗟狂慧，便護癡頑；有等鑽燧無煙，反來敲竈。冷眼看來，雪山六年死浸，捏目生花。四十九年葛藤，止好一場顔破。至今教家五薰十玄，交蘆折攝，證得者誰？更添一種妄想執著。宗門拈椎、豎拂，棒喝交馳，證得者誰？更添一種妄想執著。若説都是妄想，都是智慧德相，如此氣急張口，一發顢頇。弄得今日，油麪餕餿，樂更增悲，奇爲大病。若非絶後重甦，那識冬春消息？處處雪山星落，祇消自撈初心。愚者一向垂簾蹋地，佛法不提。智慧德相，妄想執著，即證得不證得，決非齒舌所能分疏，不如且置。

金蓮山爲月舟禪師開山，蕭老居士重建，孟昉、小翮護持，冰白、象生、攀玄守其祖地，本分接待。水草自足，牧護易恬。鋤钁不言，詎忘恩力？時節因緣，恰有兩句：『今冬甚煗，雪山付與紅爐；數九聞雷，驚碎中庭冷月。』你道是奇不是奇！

坐香垂示〔二九〕

此一條香，隨場傳火，原自不落斷常，應時及節。既然大家撞在一處過冬，豈可孤負？乃提起鐵火抄曰：『勞汝監香，不得動著，動著帶累一頓。』

彭夐夫孝廉舍其祖狀頭公宅爲菴施愚山大參題爲浮來精舍請藥地愚者居之進院日諸山浮侶請小參〔三〇〕

何處浮來一葉舟，天淵賓主破瓢收。碧田莖草無今古，藥地單提鐵鑁頭。此一片地，山水奇勝，三獅采石，内護幽園。彭敷五狀頭公建宅其中，其後人夐夫孝廉今日出來結款。以數百年之璚林奕葉，化爲六合相之寶所蓮花。恰有長蘆一耆舊，胼胝瓦礫，砌起山門，柴水田園，見成不乏。因而白鷺使君題作『浮來精舍』。此一因緣，不妨奇特。正笑浮廬愚者，且得息病閒居；卻勞雲集相隨，更欲重宣一句。不知宣箇甚麼？若道諸方舊例，未發棹時，早已掀翻喝散了也。直饒諸佛到來，無開口處。只者『浮來精舍』四字，一入門來，四圍露布，更那裏得箇有無生死，尚然滯觸程途。然非豎起脊梁，剔起眉毛，峯頭潭底，盤礴一回，粉碎挼團，重新篩磨，我者瀟瀧白飯，亦未許同嘗在。適纔進瀟瀧，有一個口號，舉似諸公，試嘗嘗看！『山喝水，水喝山，仁者智者齊破顏。雙手扶犂青拍浪，白雲開閉幾重關。』

侍者興䄂謹録。

校　記

〔一〕卷二　抄本無，整理者補。
〔二〕語録未收。
〔三〕語録未收。
〔四〕語録未收。
〔五〕即語録卷四廩山上梁。
〔六〕即語録卷二佛誕日金樓荼筵示衆。
〔七〕即語録卷二示衆。
〔八〕即語録卷二廩山南谷示衆。
〔九〕慢　語録作『謾』。
〔一〇〕即語録卷二南谷示衆。
〔一一〕語録未收。

〔一二〕語録未收。

〔一三〕語録未收。

〔一四〕各具　原無，依前後語意補。

〔一五〕語録未收。

〔一六〕形　當作「刑」。

〔一七〕即語録卷四天界老和尚生忌拈香。

〔一八〕語録未收。

〔一九〕語録未收。

〔二〇〕即語録卷四嘯峯大師訃至設靈炷香。

〔二一〕即語録卷四天界老和尚周忌拈香。

〔二二〕煙　疑當作「熖」。

〔二三〕語録未收。

〔二四〕即語録卷三棲霞和尚新定天開巖遣僧展拜兼禮笑大師龕。

〔二五〕語録未收。

〔二六〕語録未收。

〔二七〕第一段與第三段收入語録卷一汋林浴佛日蕭孟昉小翮兩居士爲太常伯玉老居士冥誕請上堂。

〔二八〕語録未收。

〔二九〕語録未收。

〔三〇〕語録未收。

冬灰録卷三〔一〕

侍者興化謹録

汋林禪堂上梁語〔二〕

師云：『方圓廣廈，觸目見成； 輻輳羣材，不謀而合。快逢冬煐時節，恰好露布汋林。半夜珠輝，洪鐘雲集。塵沙盡能壁立，刀斧削出準繩。果然截破虚空，在此撑柱天地。石基奠位，貞幹沖霄。八風不摇，五雲候曉。何待開閉重門，卷簾瞻仰？即今渾堅大樸，彈指莊嚴。秪如旁羅卦象，森然無不呈祥。卻問中心柱子，將謂在甚麽處？此時法喜，且慶開場。但請大家肩臂同扶起，朝日來看一字關。』喝云：『上！』

安職事示衆〔三〕

汋林一枝，幽棲養病，不謂諸仁者聚頭，屋中架屋，逼出病僧來，少不得一場帶累。古人依止行化，總以無住而住，法不孤起，爻位森然。破沙盆裏八音，也須版眼中節。輪扁斧中繩尺，指臂原自相忘。文殊爲七佛之師，卻爲世尊輔弼。嘗見得盡大地無不是大菩薩舍身命處，所以爲人任勞任怨，都是自己本分，不起一念。到恁麽田地，説甚有人我、無人我，也是謗他了。諸公都是久參上士，横擔榔栗，撥過荆棘一遭來，忽到者裏放下，屈尊就卑，難逢難避。壁上老人，歡喜不過，拍起病僧，事無一向，不肖自許署事，權充首座。今日一狀白過，大衆堂内堂外，各各自盡，無容嫌避，大似副末，交付排場。病僧坐嘯畫諾，依舊多謝去也。有箇公案舉似：昔陳睦州尊宿上堂曰：『首座呢？』首座云：『在。』『寺主呢？』寺主云：『在。』『維那呢？』維那云：『在。』乃曰：『三段不同，收歸上科；向下文長，付在來日。』汋林今朝，更無别話，來日聽鐘聲。

結制落堂語〔四〕

師云：『諸方唤做結制，汋林唤作過冬。休論其名，止貴其實；只在眞切，豈是牢籠？者裏不要參機鋒棒喝禪，不要參佛祖玄妙禪，只要參自己本分禪。從上條例，有尊正規，職在維那。若緊切中求請益工夫，可問西堂、後堂。病僧但有一笑相待。只是二六時中，不得動著；一條直木，不肯欺人。』

亦菴中千師設茶筵請示〔五〕

大雪後、冬至前，陰極陽生，好箇時節。恰遇我青原諸法姪，新起個烹雪堂過冬。又有亦菴中千師兄設茶〔六〕，爲病僧祝壽。不肖之子，劍刃一生； 母難之辰，何堪壽祝？幸有達孝覺皇一句『無生法乳』，足以超脱世間煩惱，舉來報答，正可破顔。昔年博山和尚廬墓過桐，先外祖吴觀我公于一喝下，忽脱桶底，先母亦皈依取名。今日説起，多生業緣，啼笑同時，有何可避？每聞先外祖『雪裏打春雷，中有大父母』。後從刀兵水火中，息喘杖人之門，又聞『死是大恩人，乃祝無量壽』。由今看來，以雪埋雷、以死祝壽，不妨奇特。有觸此語，徹底放下，得一場大慶快者麽？果然絶後重甦，通身白汗。回視一切利害、得失、人我、生死，瓦解冰消，由我自在出入香水海中，浮杯執杖，俱是報恩。未出母胎，指天指地，何勞雲門更費力耶？如或蹉過，問著自己的大父母落在何處？越發茫茫。不如且進堂去，一念萬年，盡此一報，普作供養。珍重！

師誕日蕭居士入山普齋祝壽請陞座法語〔七〕

師云：『木上座，你者孤兒，一向埋在紙灰裹，今日初生下地了也，還有析骨析肉的文殊、普賢出來供養，伴他啼笑者麼？」僧問：「鷲嶺拈花，泃林結制，是同是別？」師云：「六合劈開花襁褓。」進云：「大轉法輪，師子兒出窟事如何？」師云：「析看。」進云：「如何獅子開口處？」師云：「咬殺也不知。」進云：「莫登天子位，任運法王尊。」師云：「禮拜去！」

僧問：「把住乾坤扶色，放開海嶽光輝，新創紅爐，點鐵成金，如何是點鐵成金的意？」師云：「聾人抱子出問雷。」進云：「雪裏徹開金縫鎖，杖頭敲破玉麒麟，如何超出見量句？」師云：「無汝湊泊分。」進一喝。師云：「遲了。」僧禮拜歸衆。師曰：「還有問三玄、三要、五位的麼？還有問五家宗要者麼？」衆無出者。師乃曰：「向來不弄此琵琶，兩指含羞鼓一撾。臨老頭陀笑不得，楞嚴雨淚挂煙霞。」良久云：「正恁麼時，還有佛祖玄妙麼？還行棒、行喝麼？還立照、立用、立權、立實麼？直下薦取，蹉過星飛。若勞顧佇，白雲萬里。少不得痛析一揚，擲出刀斧。又嘆奇方換骨，翻引鬼車。啼成笑，笑成啼；啼不得，笑不得；虛空蹋倒老毗盧，泥土開爐煮彌勒。此話且置！祇如蕭山主入山普齋，諸仁者拖泥雲集，大雨中打不濕脚，團瓢裏漲不壞父母未生前定痛，兒孫不識處攢眉。天，畢竟承誰恩力耶？內生王子，天然福德有在。」復舉太原孚上座問鼓山：「父母未生前，鼻孔在甚麼處？」山云：「即今生也，鼻孔又在甚麼處？」孚不肯，乃云：「你問，我與你道。』山舉前話問，孚但摇扇而已。『汋林也有一柄臘月扇子，有題無字，中甚麽用？』良久曰：『明日爐中扇火看！』

歸方丈。一居士曰：『有人疑析骨肉是那吒太子，如何差排文殊、普賢？』師曰：『請師析看！』師曰：『昨夜文殊『你道者兩箇漢，雙眼雙脚，是不曾析過來底麽？』曰：一喝，嫌普賢是擔版。普賢一喝，罵文殊是知見，被世尊貶向二鐵圍山。今日山僧特爲救出，可惜無人更下刀斧。』曰：『作麽生救出？』師曰：『窮毗盧，富彌勒，又相打在一團。若要析彌勒以尊毗盧，又析毗盧以藏彌勒，安得不請文殊、普賢出來？』曰：『走出鐵圍山，又入布袋裹矣！』師拍背曰：『今朝囥地否？』曰：『何處更下刀斧？』師曰：『若不粉碎，宿食難消。』居士禮足曰：『恁麽將三世諸佛供養閻浮提啼笑去也。』曰：『吞此聲者，能有幾人？』

侍者云：『適來當東上西下。』師曰：『我正是東上西下。』曰：『畢竟是誰顛倒？』師曰：『我俯視背北面南，汝仰視背南面北。』曰：『然則何從？』師曰：『隨其所宜，皆非顛倒。』曰：『寧可首鼠兩端？』曰：『一輪日月隨天運，兩足行時自不齊。』

先老和上忌辰拈香〔八〕

師云：『風風雨雨近重陽，歲歲朝朝一斷腸。恰有汮林寒澗水，曹溪嶺背點蒿湯。無色味，不聞香，此毒何人肯再嘗？』

爲五中兼禪人起龕〔九〕

師云：『五中禪人，半生屹嶫波吒〔一〇〕，末後孤危壁立。十三年前許了天界，卻在汮林八箇月拌命酬直，祇爲「倒卻刹竿」一句，塞斷咽喉。五中！你如今了也，送汝烈焰斜陽看佛日，從今燒卻無生窟。』

舉　火〔一一〕

師云：『西風急，蒼煙直，四面八風吹不入。』以炬打圓相云：『萬里神光破碧飛，且得通紅痛快金剛骨。』

壽昌其天和尚訃至設供〔一二〕

師云：『煖多變雨北風怒，又聞吹折黄龍一枝樹。壽昌主人重過飛猿嶺，途中撒手來時路。雖道不同條，隻履何嘗有來去？莫問其天法兄向何處，今日一杯溪澗水，且答十年燒佛句。尚饗！』

機　緣〔一三〕

室中喫茶次，偶舉黄龍因夏公提肇論『萬物與我一體』話。晦堂以尺擊桌一下，又擊狗，狗走。堂曰：『情與無情，如何得一體去？』夏無語。『著個什麽語，方好喫茶？』一僧云：『待舉尺時，抽身便出。』師曰：『抽身便出，與狗何異？』一僧作掀桌子勢，潑卻茶杯。師曰：『何用傷鋒犯手？』唤侍者，將抹布來。時著語者甚多，因示偈曰：『當時花鳥順飛風，莫訝東風兩様吹。此尺何人堪一擊，驀然换卻目前機。』

母吴太恭人忌日燒香〔一四〕

師云：『忽然四十有三年，孝滿曹山發酒顛。今日西江烹雪水，不知忉利是何天？吾母太恭人，秉蓮池戒，受博山乳，總是三一之淵源。孤兒撞入天界毗盧閣，拈出四大性自復，了卻金字華嚴。昨夜通兒忽到，言及一喝嚴背，芝產甘泉；十孫具足，清芬八十；念此天邊，又定建報親菴於觀音巖前。且道此處以何爲供？恰度了剗草僧一員。』

爲敬梅老僧火〔一五〕

師云：『法雲多年〔一六〕，飯足汝口；百不會中，撞彩也有。直等到烹雪堂裏許多人來，轉雨爲晴，大家出手。』舉火炬云：『者個火把，能成一切，能壞一切，且道不受成壞底在甚麼處？』擲炬云：『只問金剛心，決不隨他走，也不負你供養大衆一番抖擻〔一七〕。』

奉常三峨老居士會葬設靈小參〔一八〕

師云：『多生奇緣！多生奇緣！一箇示見在家猶子，承佛恩力，在平地上豎起骨堆。一箇示見出家猶子，從佛化生，在華表上吹著香煙。起信論下箇註脚，早用一碗橘皮湯，烹澆佛祖性命。春浮園本無片瓦，只有一簣玄黃土，手造三千大千。西陽慟作王官谷，奉常自報毫端天。中間只疑杖人寄一封信，直得維摩居士榻上默然。如今馬鬣封前開口了也，喚甚麼作生死？有甚那邊、者邊？且道今日煩汋林大衆念讚，是何眞言？不免將寒山的掃帚，爲他打一箇大圈。』

校記

〔一〕卷三　抄本無，整理者補。
〔二〕語録未收。
〔三〕語録未收。
〔四〕即語録卷二汋林結制示衆。
〔五〕即語録卷二首山茶筵示衆。
〔六〕亦菴中千師兄　語録作『首山中千監院』。
〔七〕語録未收。
〔八〕即語録卷四先老和上忌辰拈香。
〔九〕即語録卷四爲五中兼禪人起龕。
〔一〇〕屹　原作『吃』，據青原愚者智禪師語録改。
〔一一〕即語録卷四舉火。
〔一二〕即語録卷四壽昌其天和尚訃至設供。
〔一三〕語録未收。
〔一四〕即語録卷四母吳太恭人忌日燒香。

〔一五〕即語録卷四爲敬梅老僧火。文字略有歧異。

〔一六〕法雲　語録作「汋林」。

〔一七〕「也不」句　語録無。

〔一八〕語録未收。

冬灰録卷四〔一〕

侍者興化法鼎録

甲辰冬吉州當道紳衿諸山禪侣笑和上法子及倪止先居士敦請主青原

進院法語〔二〕

師至祖關，向諸護法云：『聖域、祖關，舊時穿過；此番直到裏頭，爲苦心者點破。』

到山門云：『八字打開，何云把手拽不入？劃出白雲呈谷口，只因身在此山中。』

彌勒佛前云：『盡道將來下生，且看今朝新到。你也好笑，我也好笑。』

韋馱前云：『多少人疑著只護三洲，不知正用着北風律律。末法謾心獅子蟲，煩金剛杵從内打出。』

伽藍前云：『一自祇園布金，四天下莖草盡是功德林。今日水草現成，但待知音。始終親囑咐，只要求人不負心。』

祖師堂云：『四七二三，虚空釘橛。惹得婆娑鼻孔，左扭右捏。今日到這裏，正則總正。』卓拄杖云：『只許拄杖子喝，不許人喝。』

佛殿云：『昆侖迸出三點血，眉毛冷覷諸方説。土果然生金，天從地下掘。不免大展三拜蓋覆着，省得旁觀者罔測。』方丈云：『徹一切藩籬，没處躲跟；總在黄土紅爐中，八角磨碎。截三世佛祖，不容開口；只許青山白日下，兩脚承當。據此室〔三〕，行此令，無迴避處。莫道大尊貴生，一路泥水不少。若是過量出格相逢，自在北窗背後握手。不見道：别搆一天，風斯在下。』便起。

上堂〔四〕

微塵未剖，卍字森然；六種成時，白雲有主。多生慧種，已露毫端；千古風流，當機微笑。且因舊例，别展家風。付維那宣啓訖，師指座云：『挫針治繲太支離，按捺雲頭下翠微。今日捨身衣敝垢，長拖兩袖拂須彌。』遂陞座拈香云：『佛在靈山傳正法眼藏，囑付國王、大臣、居士、沙門等，各各承此恩力，爲内外護。只以一念無私三昧，頓入普光明殿，同時供養。今日特爲拈出，一祝天壽平格，一酬本師法乳，一爲檀護福德同圓。伏願聖人御宇，萬物咸熙。正喜大衆讚摩訶，迸入香煙塞天地。』遂斂衣就座。斯懷維那白椎曰：『法筵龍象衆，當觀第一義。』師云：『此是第二義，如何是一？』一又作麽生觀？「即心即佛」，黄葉啼丹嶂，椎碎了也。「非心非佛」，露柱笑燈籠，椎碎了也。「不是心，不是佛，不是物」，急水抛毬子，椎碎了也。更教説箇甚麽？若能於説箇甚麽處直下碎了，亦可耳聾舌吐，不負椎聲。如或蹉過，不免將我杖人集大成底葛藤，上下四維打一周由也。只如中土第一箇聖人，以馬毛龜甲爲桃花竹子，忽然迸出一箇大方圜圖，卦卦交參，爻爻互變，總是箇對待法門，且問如何是一？末後來尼山夫子，臨老下箇註脚：「與天地合其德」，一連四句。仔細看來，四箇「與」字，四箇「合」字，大費分疏，釘釘得麽？膠粘得麽？佛以五乘、十界、五教、十二分，空有周遮，四十九年，費盡伎倆，只到末後稍頭，拈花塞白，反不如初生略較些子。只爲此中難於開眼，半吞半吐，口大舌乾。逗得箇崧山石髓，帶累骨堆；五葉分宗，空花亂墜。拄枝一畫〔五〕，扇子打動鯉魚；點壞空中，喚做永字八法。洞山「祇這是」，立出五位君臣。臨濟無位眞人，擺出玄要賓主。雲門一字關，又添三句。法眼一滴水，又提六相。潙仰兩口一舌，又畫出九十六箇圓圈。一隊囉囉娑娑〔六〕，你道説得出麽？枉費鏤塵吹影，究竟描邈不來；未過絶甦，徒勞側耳。新青原則不暇及此，現前凝翠屏壁立參天，待月橋横身濟物，石動巖下瀑布成潭，象鼻嶺頭擎拳作舞，此中還有第一義、第二義麽？如或見道忘山，見山忘道，仁者智者，棒喝交馳，直饒不作境話會，豈堪嚼破廬陵米耶？又不如從他分域無封，入關出關，聽道路上遒人木鐸去也。青原七祖後，齊、信、如、立，歷歷晨星。繼起者修復莊嚴，捋茶相接。直至我笑峯法兄，以杖人一條拄杖子，吊箇無孔鐵鎚，推前搊後，復還七祖舊顔，豎起毗盧閣頂，守家有子，玉殿苔生。忽然諸檀護，把藥地病夫再三逼到此席上差排。事不獲已，將何應此時節？只得呼杖人所托的木行者出來，與大衆相見。」

泯菴書記出，問：『化被此土，學士吞佛祖之光；大集雙輪，於穆定東西之命。正恁麼時，祇隨願力時乘，爲是付囑不忘麼？』師云：『金針指處穿烏兔。』進云：『只如祖窟新臨，猊座高踞，請垂方便，指示大衆。』師揮杖云：『木行者全身點破了也。』進云：『與麼則行思再至，於今驗矣。』師云：『贊歎且置，闍黎椎下作麼生碎？』僧顧左右云：『大衆看取令行時。』師云：『照顧脚下好。』進云：『只憑補衮和羹手，撥轉如來正法輪。』便禮拜。師云：『漫勞伏地掃香塵。』〔七〕

僧問：『鉢盂吞七曜，錫杖振乾坤，如何是今日境？』師云：『雪裏開花。』進云：『西江吐出，四海拱迎，那箇所在是和上親切處？』師打云：『杖頭有眼。』進云：『禹力不到處，河聲流向西。』師云：『爭奈逆風把舵。』僧一喝，師打云：『斬新王令森嚴。』進云：『果然賞罰分明。』師云：『空傷老力。』僧禮拜歸位。師乃舉法燈禪師云：『「山僧本欲幽棲巖竇，隱遁過時，只爲先師有箇未了公案，出來爲他了卻。」今日木行者跛挈一場，了箇故事。且道先師未了底公案，將何爲他了卻耶？依舊是法燈前八字了也。畢竟如何道得箇收拾句？鼓腹壤中三頓擊，傳心堂背一團青。』結椎云〔八〕：『諦觀法王法，法王法如是。』下座〔九〕。

七祖塔拈香〔一〇〕

曹溪逆流第一滴，兩脚登山衣不溼，卻笑落與不落猶是階級。雖然，廬陵米價遇貴即賤，到底無人酬值。且看無影樹下荆條生，一任青天掃蕩建立。

石頭遷禪師拈香〔一一〕

推倒南嶽，趺殺隱峯；一柄鈯斧子，至今常削風。但插三枝黄屑香，不妨註破你的參同。

笑峯和上龕前〔一二〕

特地重開七祖顔，五年冷笑碧潺潺。今日逼出鰲山弟，簪把黄荆一字關。噫！

鈯補處縣杖人眞拈香〔一三〕

鼻孔向上，齒暴當門。雪劍倒揮天出血，洞簾常捲月無痕。今朝送入青原鈯補處，斧斤風裏返香魂。拈香云：『只如這一爐香，不知是藥地燒杖人？不知是杖人燒藥地？聞麽？毒哉！』以手左右揮云：『大衆退後，近傍不得。』

安職事示衆〔一四〕

石頭大師參同契有曰：『本末盡歸宗，尊卑用其語。』『萬物各有功，當言用及處。』學者幾幾能及〔一五〕，不虛度耶？天無七曜、五行，天復何用？船無帆、檣、篙、櫓，舵手何爲？既建叢林，自安職事；紀綱條理，法位現成。譬如一人，五官百骸，各稱其職，而元氣自運，神明斯享。必執以心爲内，以法爲外，身首異處，豈得復爲全人？翻笑達摩分皮、分骨、分肉、分髓，猶是批剥火候，特地一場支離耳！所叮嚀者，形骸既分，即有血氣之我。有血氣之我，即有衣食之我。有衣食之我，即有是非之我。有是非之我，即有毁譽之我。情識一熾，護短掠虛，驕妒斯起，蔽賢凌慢，輓季爲甚。然其初來，非爲蔽賢也，只是求道不切，則多一種希求放佚念頭，便增長一種護短求勝念頭，日熾日偏，纔有一事不順情，一點不次第，便没奈何，便自作主不得，即恩義如君臣、父子，亦顧不得。如此澆薄，又何怪法界之不變亂、叢林之不廢墜耶？眞正學道人，便從這裏看破，最爲省力；不得已看話頭、起疑情，猶是方便矣。既已不相應，只請以不自欺爲本參，放在脚心裏踏着。

鑄燧堂切示〔一六〕

陽燧鏡能於空中取火，然古人必於冬至鑄之，此豈無謂耶？滿空皆火，惟此燧鏡面前上下左右光交處，一點即燃，夫豈無謂耶？杖人有『五行尊火』之論，金、木、水、土四行皆有形質，獨火無體而因物乃見，吾宗謂之傳燈，豈無謂耶？雪峯曰：『三世諸佛在火焰里轉大法輪。』玄沙曰：『火焰爲三世諸佛説法，三世諸佛立地聽。』藥地則曰：『土竈茶鐺，油盞香爐，爲火焰現三世諸佛，三世諸佛吐舌笑。』且道雪峯鑄燧、玄沙鑄燧，與藥地鑄燧，還有先後、顯密也無？若於這裏會去，原自一燈千燈，愈分而愈不窮。如或未然，滿空皆火，尚且不知，又如何會得取火？又如何會得用火？又如何會得藏火耶？家家門前火把子，反來燎卻面門，如何近傍？今日特題『鑄燧堂』，爲諸仁者發機，果然當下銷鎔，金剛體露。不則隨各人自己煅煉去，亦不相孤負也。

古人云：『學道如鑽火，逢煙莫便休。直待金星現，歸家始到頭。』佛望人發金剛心，又要金剛後得智；　如是二心，先心爲難。今人難得遇正師、正友，遇了又須親自痛切，始有生機。不自痛切，則心發不起，寧有眞疑？要放下又放不下，要提起又提不起，但圖體面，説我參過禪來。或向册子、口頭，學些骨董，塗説見長；　境風一吹，全用不着。一等閉門作活，但守寒灰；　究竟如石壓草，於本分事全無交涉。自謂潔浄無依，實未到潔浄處，皆是業識心所計邪見，直饒到潔浄，亦未許有參學分。一等淺見，私計豁達，硬作主宰，實圖自便。妄謂有甚禪可參，甚道可學，坐在無事甲裏，依然不能無事。妄語横湜，眞可憐憫。一等疲極而歇，或於電光一瞥，便認爲是，汩没不能跳出，卻被貼體無明蓋覆了。將來發出，依前溺水沈舟。以上數種，且道過在甚麽處？只爲不知有，不發金剛心，不自痛切，一暴十寒，豈能成片？便打退鼓，十有五雙。夫鑄劍者，既在爐中燒紅，又向水中淬黑。淬了又燒，燒了又淬，金剛始出。是個漢，將從前積習一齊翻轉，戰勝而肥，始有個倒斷處。不見道：　『射人先射馬，擒賊必擒王？』惟其一門直入，故得此一番痛快。到這時節，方能迸出自己一句子，始許見人叩擊，來與拳頭、拄杖商量。山僧從不曉得甚麽，只是一片赤心相爲，要各人得個眞實受用處，非敢一例作胡盧禪，互相欺誑去也。

大覺戒子成祐請上堂〔一七〕

師陞座。僧問：『君臣道合即不問，五位王子事如何？』師云：『冬雷急雨洗晴梅。』進云：『如何是誕生王子？』師云：『不從今日始。』進云：『如何是朝生王子？』師云：『北面拱金微。』進云：『如何是末生王子？』師云：『孤行不相背。』進云：『如何是化生王子？』師云：『大用轉紅輪。』進云：『如何是内生王子？』師云：『看看五雲尊貴墮。』進云：『王子未登殿時如何？』師云：『無瞻仰處。』進云：『已登殿時如何？』師云：『垂拱不容窺。』進云：『登殿後如何？』師云：『風行草偃。』進云：『今有不受鉗鎚、享現成福者，還許他撞來麽？』師一喝，進一喝〔一八〕。師云：『兩喝交參，結角何在？』進云：『也要和尚識得。』師云：『三十棒有分在。』僧禮拜退。〔一九〕

僧問：『心留能所，即滯程途；大道本圓，何分門户？今日青原有何方便，頓令彼此無分。』師提杖云：『四面青山皆拱手。』進云：『又如從上諸祖，一生權巧説法，盡力道不得的句，請和上道看！』師打云：『一條白棓正當關。』進云：『如遇眞龍、眞虎，和尚還是垂鉤是？按尺是？』師云：『還勞幾杓。』進云：『解牛果是庖丁手。』便禮拜去。

師云：『只好懡㦬。』師乃舉手掌開拳云：『一一二三四五，何人袖中不會數？』收掌爲拳云：『五四三二一，多少面前黑漆漆。受戒者信，參禪者疑。眞信始有眞疑，拳頭有時笑；眞疑始有眞信，巴掌有時怒。今日律、教、禪，總在這拳、掌裏，何勞惟寬尊宿更吐出餿酸耶？只如怒笑不及底又在何處？若能當下頓斷，也是六七八九。如或未然，就此嚴淨毗尼之場，請五方如來作證。看看！東方如來來也，現青毫光，説青色法，萬物從此發生。西方如來來也，現白毫光，説白色法，萬物從此收成。南方如來來也，現赤毫光，説赤色法，萬物從此相見。北方如來來也，現黑毫光，説黑色法，萬物從此閉藏。中央如來來也，現黄毫光，説黄色法，萬物俱在此保合。恁麼看來，引得巴掌怒、拳頭笑否？你道興化遇着急風暴雨，在古廟裏躲過；又道四面八方來時，打中間底，是何意旨？有人怒、有人笑否？一時理會不來，這話且止。今日大覺院主成祐，是修復青原立禪師之曾孫，披堅固鎧，行悲苦行，從刀兵瓦礫中莊嚴殿閣，接待十方。如此十餘年，直到今日，來向新青原受戒。這段因緣，大非偶然。古人云：「惟琉璃瓶，貯獅子乳。」果是這般根器，方堪受用本分鉗鎚，歷過作家爐韛，令他徹上徹下，擔荷將去，不戀窟巢。不則現成茶飯，汩没殺人，如何得透拳透掌，卷舒合節？可以正令當陽，可以異類鳥道。論此一拳一掌，不惟掀翻凡夫生死，打破二乘但空，喝倒外道自然，直饒從上諸佛菩薩，俱不許他坐在不生不死極樂國裏，都要來青原門下，拖犂拽耙，搬石運土，不容偷安。何故聻？雪後始知松柏操，事難方見丈夫心。』

下座。

臘八上堂〔二〇〕

師陞座云：『適才如意子説戒，如今拄杖子説戒。且道拄杖子孝順人，何如人來孝順拄杖子，有麼？』僧問：『離幻爲幻，又復遠離。到恁麼時，用那一機？』師打云：『重新徹骨從頭起。』進云：『假如寒山、拾得撞出饒舌豐干，山谷、晦堂插入冷齋夜話，先後不同，用機無二。如何是今日一乘機？』師擊杖云：『只此一機，也須打倒。』僧拈布毛一吹，左右嘘二聲而退。

師云：『秖如臨濟一問兩打，與石頭兩嘘，相去多少？』進云：『説來也不識。』師云：『莫匿影朦朧。』進云：『再須一棒。』師云：『念汝新參。』進云：『和尚棒有賞罰，非同草草。』師云：『賣菜傭。』僧禮拜。

僧問：『五家宗旨即不問，千七百中借一則。世尊初生，兩指四顧，七步稱尊，文采已露；爲甚六載雪山，夜覩明星，方乃悟道？』師打云：『不如一下更奇哉！』進云：『與麼則萬象之中獨露全身了也。』師云：『脚點地看。』僧拂袖歸位。師云：『仍掠虚去。』

僧問：『拂拭掃開迷雲路，改換皮毛骨轉新。菩薩今日圓戒，意旨如何？』師云：

『徹頭徹底。』進云：『菩薩未受戒是如何？』師云：『四香常涌一爐雲。』進云：『有一人毗盧頂上屙屎撒溺，還許他受得麽？』師云：『三十棒。』進云：『彼肯受否？』師云：『誰教你來？』進云：『龍披一縷袈裟，得免金翅之難；僧披一縷，又作麽生？』師云：『穿破者自知。』進云：『依教奉行。』師打云：『破否？』僧禮拜歸位。師云：『龍頭蛇尾中甚麽用？』下座。

謝戒日示〔二一〕

師室示云：『樓閣千門，基貫始終，上律下襲一彈指。體無内外，道無彼此，三代禮樂在此矣！古人道個如如當當，亦是曲爲今時。且問「如」是箇甚麽？「如其如」又是箇甚麽？「當」是箇甚麽？「當其當」又是箇甚麽？此一大事，直須徹底批駁掀翻，方能門裏出身、身裏出門，得大自在去。如或未然，照顧頂踵，不可在語句上餖飣，總是情識波浪，轉弄轉失，反負卻一片初心者，不知多少。昔洞山問：「僧名甚麽？」僧云：「某甲。」山云：「阿那箇是闍黎主人公？」僧云：「見祇對次。」山云：「苦哉！苦哉！今時人例皆如此，只認得箇驢前馬後的，將爲自己。佛法平泥〔二二〕，此之故也。賓中主尚未能分，如何辯得主中主？」僧云：「某甲只道得賓中主，主中主請和尚道。」山云：「恁麽道即易，相續也大難。」此事人人本具，如何説相續也大難耶？汝等乘此初發心，入不退地，一甑蒸熟，豈不更直截哉？但不可學些子計較體面心腸，不可作伎倆鬬勝會，除非死柴頭上吹著時節，再來喫棓。』

曾曼長居士托西大師侍者設食供茶茶話〔二三〕

青原一粒米，有事人忙，嚼他不破；無事人閒，亦嚼他不破。既嚼不破，定不知味。終日受人供養，怎免不孤負耶？匡原曾曼長居士，是信心人，先修白業。顓和尚門下，有西生大師亦居此處，相依盤桓。今日曼長居士，特地請西公侍者來青原辦食供茶。大衆！如何謝他供養？有段舊話，不免舉似。當日龐藴居士見馬祖，聽説一口吸盡西江水，便將家私抛在洞庭湖裏。若令龐居士到青原，便教他變大地作黄金去，豈不快哉？亮座主聽馬祖説虚堂講得經，便翻向西山，千巖萬壑無尋處。若是青原，還要扯他出來，不教蟠住蒼龍窟。且道青原有何長處，便與馬祖接待不同？就中有嚼破剖斷得麽？如有，許他端坐受供養，亦許他善能供養天下人。如或未然，非爲忙所昏沈，即爲閒所鈍置。直饒不忙不閒，猶是囫侖吞吐不下，仍舊可惜了也。連日病僧，閒忙可笑，偶成半偈，爲大衆作謝，又當箇砍額句子，托來人寄去：『匡原吹夢到青原，支許依棲共一天。若到此間看碓磨，廬陵米價不虛傳。』

倪止先孝子重請笑老和尚龕回白下舉揚〔二四〕

千生歷此一生，原自不動寂然；一生即是千生，正好瞻仰取足。浮山遠公曰：『聖人成佛後，必爲菩薩利導衆生。』行解相應之祖印，詎可以末流葫盧禪闢譎機者當之。如我笑峯老和尚，乘夙願來，隨法位住。前半段爲一代之圭璜，瘞還神烈；後半段爲三門之柱石，掌破虛空。兼五備萬而平泯倏然，鞭象騎獅而放身隨類。揀邪磨劍，功不下禹。破鏡鑄鏡，誰敢顢頇？諸仁者幸在青原目擊，可不生難遭想、一番親切曝地也耶？此地塔基已築，止先孝子至誠請回，猶疑有彼此麽？今日青原一隊，有親承法乳者，有遠被風雷者，前前後後，不負法幢，作麽生着力？且隨我在龕前上香着。

龕前拈香〔二五〕

爇此一辦香，欲語舌頭忘。惟念西庫早拜蓮花光，竹關錐劄痛非常。欒廬出遊吞西江，寄扎壽昌安明窗。别十三年來此堂，黄荆汁點廬陵湯。一曲没弦琴，妙指隨風涼。子期、伯牙空回腸，高山流水天蒼蒼。

笑老和尚起龕法語〔二六〕

師以杖打圓相云：『見麽？葉落冬春無去來，荆條有口没安排。太陽山上歸根處，刀斧知恩砍不開。秖如我青原堂上笑峯和尚，江東夫子，内紹靈苗，末遇杖人，舍身藥樹。熄邪一吼，敓西震東；瓶瀉西江，重顔七祖。金鳳宿龍巢，别峯無非玉殿；麟角藏水牯，出關仍唱還鄉。毗盧有父，全身室内不知；獅子教兒，返擲終歸本位。萬古之徽猷不昧，寶鏡之奉順昭然。有於此見得透者，立處知恩報恩；如或未然，直須途中竭力。即今法嗣載上青原，血胤請歸白下。玄沙報父，羅睺克家。此一往返，旁觀不識。正因有在，智者撫心。且道正起龕時，撫心一句作麽生寫照？正命靈光亘今古，負天一笑五雲中。』以杖敲云：『起！』

老和尚生辰上供〔二七〕

横身水火慰懸弧，正命如絲老托孤。一掌竹關逢債主，達磨盤子踏翻無？看看！杖人生也，三杯冷茶，如何爲他洗屈聻？誰聽猫兒囥地喊，九龍一口吐江湖。

臘月十三日七祖忌辰上供〔二八〕

千年一臘不曾忘，晴放毗盧背後光。巖下梅花齊報喜，殿前二桂久昌昌。不肖初忝祖庭，無能爲獻，聊以荆條來掃地，古爐倒插一枝香。

臘月二十五日禮石頭大師〔二九〕

山中傳下無虚實，是生是死在今日。雲門臘月二十五，遂與一掌即三十。酹茶云：『從今記取，年年一滴。』

室寮正訓〔三〇〕

佛有一語三昧、正語三昧、愛語三昧。學者先從正語入，將世味、道味劈作兩開，只要作得主，不爲外物轉，立志既定，根基堅固，始有信入參究分。起信論曰：『衆生有自力廣聞取解者，或自力少聞多解者，或無自力因廣論得解者，或樂總持少聞攝多義取解者。』雖以無思契同，必從聞解信入。靈源曰：『法門有樂説者，以無言爲非；有尚默者，以多語爲過：皆據一知一見爲局量，而不知無量之量爲通途也。具正見、建圓機人，勿倦普慈〔三二〕，如天澤無心，物均獲利。』白樂天舉佛經同異問濟公，覺範代云『方便智』三言而已。一代時教，以法相宗、破相宗、法性宗攝之。法之所本，要本於理而當于義，不必守名句以自滯。至于言謂之不及，而可以模鑄佛魔、了辨同異者，又未可遽言也。永明壽曰：『解但爲遣情耳，説但爲破執耳。情消執謝，則説解何存？眞性了然，寂無存泯。』一菴曰：『物各還其物之則，即是物不遷。』稱權無我，斤兩不爽，是則方便智乃本自現成者也。特人不能死盡偷心，而享此善用耳。

靈源謂圓悟曰：『學者雖有見道之資，若不深蓄厚養，發用必峻暴。非特無補於教門，將恐有招禍辱。』圓悟告大慧曰：『須防自己三業忽起。』此語最切。單方顯勝，撮弄筒子，氣急殺人，誤而可乎？

古人道德學問，藏於腦後，不露圭角；事不得已，吐出還吞。今人出一叢林，入一保社，纔見一隅，不能三反；竊得語録上奇言妙句、機鋒知解，便逞口頭，唯恐人不知我之長處。是則參禪一回，只成得一肚皮我慢貢高而已，不知於生死上有何相干？嗟乎！末世凡夫，根器頑鈍，識見偏淺，立行不遠，操心非寔，中此邪毒，道聽塗説，永嘉所嘆『莽蕩招殃』，安能不齰舌耶？惟有當下知非，便許立地成佛。

溈山禪師曰：『事理不二，即如如佛。』圓覺經言事障、理障，何也？事本無障，以貪欲昏蔽而障之也；　理安有障？以黠智偏執而障之也。銷鎔情識，全體自露；　然自無始以來，習氣流轉，便欲一刀兩斷，豈容易哉？故須以參究爲事，提起此事，則一切自然放下，久久自得。

古人道：『愛之則是愛鑛，棄之則是棄金。』此處指出甚難。一番烹鍊，何故蹉過？依舊半青半黃，菽麥不分，安得不去自欺欺人也耶？即能遮掩得來作僞，心勞日拙，大可憐憫。言至乎此，皮下有血，能不猛省？回心自照，一掌翻轉，慶快有分。

昔之高人，浮雲富貴、淡於勢利者，不自名其高，故往往自寓曰『懶』。今學者入門，未得一角，如何飾詞、藉口放逸？切須警敏盡職，參學自勉。若是正人開眼，自然行起解滅。笑和尚曰：『人生下地皆有職，職盡方能無媿色。衰年本欲討閒身，不是百忙閒不得。』

覺範禪師曰：『爲學日益，百川浸灌也；　爲道日損，水落石出也。苟非爲學日益，又安知爲道之日損哉？』正義曰：『損是損其情慾，益是益其正知。』故曰：學事以成務致用也，學道者自反至誠而已。果然徹上徹下，由此中行，則學事猶茶飯也。本茂則末自榮，不見道：『本末盡歸宗。』

或問曰：『理雖可以頓悟，習氣難以卒除，須盡今時。一等倚混沌無記空者，便云：「誰見有習氣可盡？」是否？』曰：『習氣不可盡而可化，故以學問爲茶飯。若以差別言之，有必不免之習氣，飢必食、寒必衣、倦必眠之類，節之而已。有必當化之習氣，驕妬、鄙倍之類是也。當仁不讓，見義不避，堅志不移，好學不厭，是亦謂之習氣乎？是不可以總殺、總赦而混之也。上根大人，超一切法之外，而遊一切法之中，正用時宜，彼不喚做習氣。樵夫十字街，何問中書堂事？且去擔柴，保不誤汝。』

五位綱宗〔三二〕

書記超心謹録

一日侍立次，有士問：『諸方舉揚向上，輒云何不向下看，意在於何？』師曰：『笑殺兩頭芒。』曰：『向上向下即不問，五位宗旨請師宣。』師以拄杖作㊉字。曰：『如何是正中偏？』師豎拄杖。曰：『如何是偏中正？』師横按拄杖。曰：『如何是正中來？』師倒卓拄杖於頂。曰：『如何是偏中至？』師便打。曰：『如何是兼中到？』師擲拄杖。進曰：『五位已蒙師指示，向上關棙事如何？』師曰：『且拾起拄杖來。』士取拄杖呈上曰：『今日木頭開眼也。』師打曰：『還須打瞎。』士禮拜歸位。師曰：『大衆人人一雙眼，難道覷不見？』

退後，中通列諸家論五位宗旨者呈曰：『雲巖寶鏡三昧曰：「重離六爻，偏正回互，疊而爲三，變盡成五。」洞山因立五位正偏而兼收之。寂音尊者曰：「道愈陵遲，至於列位之名件，亦訛亂不次。如正中偏、偏中正，又正中來、偏中至、兼中到，總成五位。今乃易偏中至爲兼中至，而老師大衲亦恬然不知怪也。其爻六畫，回互成五卦，重疊成三卦也。如重離之二三四爻成巽，三四五爻成兑，謂疊三也。下巽上兑成大過，下兑上巽成中孚，謂變五也。是以正中來爲大過，偏中至爲中孚，正中偏爲單巽，偏中正爲單兑，兼中到爲重離也。」天界老和上以⁘示之，復以覺範之互爲未善，而定之曰：「䷝重離之偏正，混融也。初奇疊上爲䷸重巽，正中偏也。初偶疊上爲䷹重兑，偏中正也。此後用變䷛大過，正中來也。又變䷼中孚，偏中至也。疊變既盡，則兼到於本重離而成五，太極含四象之兼中到也。」鼓山和上尊正中來，而先列正中偏、偏中正爲一配，後列兼中至、兼中到爲一配。其疊三者，連變三爻也。變五者，重離變既、未濟、損、益也。嘯峯和上則曰：「以重離之三疊觀之，下一疊爲⚎，正中偏也。上一疊爲⚍，偏中正也。中一疊爲⚌，正中來也。所謂疊而三者，自其不變者觀之也。又就本卦三疊變五而觀之，初與二爲⚎，順觀爲正中偏，迴互觀之又爲偏中正，此一變也。二與三爲⚍，順觀爲偏中正，迴互觀之又爲正中偏，此二變也。三與四爲⚌，順互觀之皆正無偏，爲正中來，此三變也。四與五爲⚎，此與初二不同，四乃陽居陰，五乃陰居陽，以其金針雙鎖，曰兼中至，此四變也。五與六爲⚍，此與二三不同，五乃陰居陽，六乃陽居陰，以其夾路全該，曰兼中到，此五變也。」位中和上，以臣不居臣、君不居君言二五，以重乾、重坎言變五，又一説也。聚訟無已，畢竟何從？「至」字「到」字，剖析終混。「兼」之一字，不宜再見。單巽、單兑既違重離，而大過、中孚太費翻轉。以重離分三疊，是矣！然以雙夾註二兼，似覺有疑。如以君臣道合爲兼中到，則兼中至不宜與兼中到相比偶矣，何以有「金針雙鎖、夾路全該」之分註耶？如以正中來爲純陽居中，則兼中至不宜與正中來相比偶矣，何以有「轉位就功、轉功就位」之分註耶？至於爭辨位次，更不可解矣！天界老和上曰：「重離如太極之含四象者，○五中之十，○兼中到也。○東方一圈，正中偏也。○西方一圈，偏中正也。○南方一圈，正中來也。○北方一圈，偏中至也。」古航和上以河圖言回互，以洛書言臨照，殆協中五之極乎？未暢斯旨，敢問其詳。』

師曰：『學道得本，須明綱宗；綱宗既明，其本自立。自開全眼者觀之，舍大本無差別，舍差別無大本；到此當處歷然，當處寂然，秩序變化，方圓同時；圓融不礙行布，行布不礙圓融；是豈人力思量之所能及哉？涅盤心易曉，差別智難明，得少爲足，昆侖吞棗，不肯偏參，自不知大定中之條理細定，物物如是。又況情識之我見未瑩，而儱侗滑疑、護短强勝者，欲其徹此，難矣！古德各就所知而言之，各不自欺，一曲皆道所收。如舉其全，須明公因反因者正知偏知，乃能證此大符，未易言也。彼或依火候而言，或從機下而言，或執六爻之自下而上爲言。或執言宇而不知宙，或執言宙而不知宇，豈能全舉夫方圓、寂歷同時之一切生成、一然俱然者哉？愚者嘗言：萬法皆兩端交網，兩端皆相反、皆相因，而公因貫乎其中。人尚不信兩間萬古之皆兩端，又況掃兩見一，又況一二俱泯、不二不一之故？又況二不是一、二即是一之故？又況一二之泯於千萬動賾中、隨舉皆具者乎？正、偏也，先、後也，混沌、開闢也，發、未發也，皆宇藏於宙之兩端叩竭也。正、偏對待，而統貫絶待。夫兼者統也、貫也，此寂音之特見合符者也。其取互卦，則一説也。護教者將嫌偏中至爲偏得極耶？正偏兼中，本然妙叶，豈絲毫容人造作哉？鼓山和上獨尊正中來，而前列正中偏、偏中正，後列兼中至、兼中到，則一説也。以火候言之可也，非萬物萬法處處皆具五位之本符也。古航和上之以回互言河圖、臨照言洛書，其特見合符者也。洛書即河圖，所異者四邊之數也。中五四破，何嘗易乎？嘯峯和上以離六爻疊三變五，而不用互卦，止以二畫分之，其特見也，但未圓其圖耳。白巖以二五君臣相交，其特見也。疊變疑人有之，獨舉變乾、變坎，亦未盡也。杖人之⸭至矣！河洛中五，康節提爲小衍。如來之卍，杖人之⸭，豈非天然同符之端幾哉？」

愚者更曰：『試黈之而五本具也，不黈而五亦具也，何待卐、⸭而後顯耶！如是則河洛百圈，點點皆具五也。如是而宇宙萬法，法法皆具五也。機上亦具，火候亦具也。然必以費表隱，乃能以隱貫費。且問不落費隱，不離費隱，其中安在？』良久曰：『有笑者否？』中通曰：『世尊良久，本非坐住；正用時節，必破顢頇。以易爲徵，更請明示。』師曰：『易神無方而準不亂，無方之神，其準歷然。秩序變化之準，皆神之所爲也，皆以佑神而享其神者也，豈待呼心、呼天而乃醒乎？目之於日，直視則炫；映以盆水，五色乃昭。人聲具五音、六律而不自知也，必徵諸絃，乃以自格。此大一之難言，而以象數爲端幾之符也。專門爲執行布名相者引入圓融，故設爲芭蕉之剥；若遂執一行布外之圓融，則爲行布差別所礙，其不圓融也甚矣！杖人妙叶，範圍曲成，是方圓同時之大圓也。洞山所示黑正白偏，若以立處即眞言之，立處皆中正也。只是花擘一句，自不可少。正位與偏位，兩端四破，而兼中到者統之。正中偏、偏中正，人所易曉。正中來、偏中至，猶言有時從正位中來現此幾，有時從偏位中來現此幾也。六爻藏五，亦就嘯和上者圓而圖之，爻從下而上變，亦可從上而下變，而中可知矣！疊三變五，明其可三可五，非三非五，提其奇也。方生於圓而規成於矩，則偶何嘗不藏奇乎？兩即藏三，四即藏五，六亦藏五，如播五行於四時，而六氣隨五運也。謂之可二、可四、可六，非二、非四、非六，可也。就易以表別，即是圓之幾焉！下離、上離而重離，非疊而爲三耶？變下卦而成未濟，變上卦而成既濟；但就重離而變二五中爻爲乾，變餘四爻爲坤。其重離之伏重坎，則直下本伏者也，非變盡成五耶？如此言之，六十四卦，卦卦具此疊三變五，所謂一切本然也。獨表離者，習坎繼明，北藏南用，中虚邊實，還先天乾統乾坤之乾，非此莫表，不獨心火一説也。中兼南北，無中無邊，豈有先後之可割截哉？若從此極物而數落焉！千之萬之，互爲君臣，互爲父子，互爲賓主，皆大二也，而大一更何容言？萬物皆備於我，尚不信乎？謂萬我皆備於物也，可乎？謂一句中具六爻、一爻中具三百八十四爻，可乎？宙與宇交，如燧取火，悟其固然，中無先後，神而明之，存乎其人。噫！自非情識蔽消，門庭執化，豁然心外無法、法外無心，而會通一切、即别是圓者，烏能與之言通神明之德、類萬物之情也哉！不如一杖拄天地，且任縱横來往參。』

中通稽首而讚歎曰：『妙哉綱宗，正偏兼中。中無中邊，兩互三重。冥樞臬表，宙輪于宇。備萬森羅，天然規矩。執有者滯，倚空者荒。晝穿前後，俯仰昂藏。不用贅疣，無體無方。分科質核，向下文長。博而不亂，約而不混。歷然寂然，證此正印。出入以度，用在中節。一切現成，不容浪説。人宰天地，政府乘權。夢不欺枕，旦奉穆天。維雪以雷，維花以雨。無冬無夏，且歌鷺羽。有開必先，雷雨出雲。時當午會，人法具陳。正語彌綸，無迴避處。或云狼藉，切忌露布。天地聖人，和盤如此。縱浪情識，蹉過久矣！羲皇無隱，迦文合符。大成斯集，别路托孤。偷心不盡，正智不伸。待人而行，敬沐以薰。

藏一曰：『安公云：「佛以至極不變爲宗」，而法華經云：「法住法位，世相常住」，是兩層耶？』師曰：『曾知「法住法位」之歷然即「至極不變」之寂然乎？執歷然而迷總，執寂然而惡別，非也。執寂歷一際而不許分指者，尤非也。但謂機無實法，而不信一切見成之法位、交輪，此則畫少而竊荒冒者耳！』曰：『各舉一説，毋乃摸象，而謂皆道所包，何也？』曰：『譬如頭、手、足三部候脉，又以六表裏寸口候脉，而周身本一靈也。周身一靈而神氣在血氣中，循環經絡原不礙其承制互化也。譬如樹之于核，分指先後，而或言澆根，或言保榦，或言結實，或言辨種，其仁之貫於核中、樹中則一也。當其變化，眇忽難見，而宇宙輪盤，毫毫備具。原自正偏互藏，豈復有兼中之可名乎？且如黄帝曰「六合不離五」，將以爲宇耶？「天地分未分」，將以爲宙耶？且如黄山谷云：「以宇觀人間，以宙觀世。」三藏非剩語耶？然未能顯出宇宙、心物之一際也。今問宇與宙交，而輪網森然，除卻離即、斷常，别道一字，得麽？』曰：『請和上道。』曰：『不辭向汝道，道即可惜許！』

飯後雨霽，相隨遊潄青峽，中路憩棋盤石，以杖攪水，左來者滸水濺之，右來者滸水濺之，後來者滸水濺之，前來者滸水濺之，坐在中路者亦滸水濺之。一曰：『和尚自己如何發放？』曰：『無下手處。』曰：『和上又恁麽去也？』曰：『一連五下有分。』一作禮曰：

『今日不虛遊矣！可惜此處無人搆得；直饒搆得，又來帶累拄杖。』師曰：『回去罷！』

左銳合十而正頌曰：『至矣哉！午會中生我藥地大師，具自然智，具一切智，以發揮杖人之⁂，合其三世之研極，以易爲證，質俟不惑，確然易簡、精微、廣大備矣！因見古聖人之統類神明如此，故能賾不惡、動不亂，隨物表則，觀其會通，所謂無身有事之雙超，因物付物之本空，天然中節，即不知而闇合，何嘗不平泯乎？不論儒、釋，出、處，語、默，誰能逃此費隱、代錯、因二貞一之範圍哉？時當宣布，非可錮也。學人愼毋自欺，各隨時位，自盡本分，有研極而時乘者，庶不孤負耳！』

傳中曰：『如易之畫後森然，畫前穆然，河洛方圓，非其中之綱乎？執後或迷賾動，執先或匿混沌。聖人見其中之秩序而表端幾焉。變化用中，隨處見則，而隨處本泯也。詎執宗無寔法而躲跟耶？噫！』

示　衆〔三三〕

古人云：有時抹過綱宗，單提向上；何以故？宰相非天子。有時推倒無上，但舉綱宗；何以故？政府即朝廷。今日青原又不恁麼道。抹過綱宗，單提向上，癡人面前不得說夢。推倒無上，但舉綱宗，道路雖明卻誤人。若非各人自己徹頂徹底一回，安能過荆棘林，得眞自在，不被人翻騰惑亂耶？死骷髏上活眼自開，火候本不相欺。若只靠跛驢、狗子，多統一句，作鬬勝會，境風吹來，不勝顛倒，豈不苦哉！即此便是魚符勘驗關，絲毫原瞞不得。參須眞參，何爲虛費光陰？噫！

小參 因有辨佛法道者〔三四〕

僧出問曰：『欲知佛性義，當觀時節因緣；今日決誵訛，以何指示？』師震尺一下。一僧出問：『向上不傳，一場特地，許多絡索，畢竟何爲？』師震尺一下。一僧不出班，歎一聲，師震尺一下。乃曰：『春風雨送花香色，堂奥門穿燈火光；一顆印文無首尾，當臺倒押卻乖張。猶不了了耶？朝宗、箬菴、笑峯三老，一齊笑倒了也。今日事不得已，索性與諸人説破。若從第三句薦得，堪與佛祖爲師。止從第二句薦得，堪與人天爲師。止從第一句薦得，自救不了。且道與古人誰較親切？』又震尺一下。曰：『道這一下，在三句内？三句外？於此透得，許他一掌九洲；如其未也，切忌錯認。』

校記

〔一〕卷四　抄本無，整理者補。

〔二〕即語録卷一甲辰冬吉州諸護法請住青原七祖道場。

〔三〕語録本句前有『據室』之稱呼，且另成一段。

〔四〕即語録卷一是日合郡當道同九邑紳士請上堂。

〔五〕枝　語録作『杖』。

〔六〕隊　抄本作『墜』，據語録改。

〔七〕此段語録未收。

〔八〕結椎　語録作『維那結椎』。

〔九〕下座　語録作『下堂』。

〔一〇〕即語録卷四七祖塔拈香。

〔一一〕即語録卷四石頭遷祖像前拈香。

〔一二〕即語録卷四笑峯和上龕前拈香（時倪止先請回白下）。

〔一三〕即語録卷四鉏補處縣天界老和尚眞拈香。

〔一四〕即語録卷二安職事示衆。

〔一五〕及　語録作『見』。

〔一六〕即語録卷二鑄燧堂示衆。

〔一七〕語録未收。

〔一八〕進　語録作『僧』。

〔一九〕自『師云』至『拜退』　語録作『師便打，云：「還知痛癢麽？」僧禮拜歸位。』

〔二〇〕語録未收。

〔二一〕語録未收。

〔二二〕泥　疑當作『沈』。

〔二三〕語録未收。

〔二四〕語録未收。

〔二五〕語録未收。

〔二六〕即語録卷四起龕。

〔二七〕即語録卷四天界老和尚生辰上供。

〔二八〕即語録卷四臘月十三日七祖忌辰上供。

〔二九〕即語録卷四臘月二十五日石頭遷祖像前上供。

〔三〇〕即語録卷三室中正訓。

〔三一〕勿　語録作『忽』。

〔三二〕語録未收。

〔三三〕語録未收。

〔三四〕語録未收。

冬灰録卷五[一]

書記一鑑侍者寂常録

乙巳元旦上堂法語[二]

維那白椎竟。師云：『龍象衆，新年頭，新耳朵，新聞得麽？忽然各各聞無所聞，豈不慶快？今日春風普徧，一切閒家具，放過一邊。若于五燈百家外，置得箇簇新問頭，恐怕没有。即能改换餿酸，出應時節，也好慶賀新年，當做庭前戲彩。』

僧問：『昨唤除夕，今唤新年。請問除的在那裏？新的又如何？』師云：『恁麽問話，笑殺當門大肚皮。』進云：『大衆看看，記取恁一轉語好？』師云：『不得扯前補後。』進云：『不動煙霞三尺浪，禹門且看透飛龍。』師云：『餿酸且放過新正。』進一喝。師云：『打播箕過年麽？』僧掩耳歸衆。

僧問：『聖人出世，倒荆再生。舊令新符，神人合拍。且問龍象翻騰，如何是不落新舊的符令？』師云：『適才有人問過。』進云：『與麽則神劍一揮天地静，萬邦拱手盡來賓。』師云：『何似桃符换對聯？』進云：『恭賀和尚，履端萬福。』師云：『履端於始，幾乎忘卻。』僧禮拜歸位。師乃云：『病僧五更頭折本，適才半上午補還，正在羲皇香雲裏，忽被諸仁者催上此棚來，應個春王正月。到這裏作何敷揚聻？尋常將如意子拈弄一上，弄得兩手冰冷。拂子出來，笑他頑銅鈍鐵，那得如你的意？便將拂子東拂一拂，西拂一拂，拂得人眼裏生花。拄杖子跳出來，笑他是個軟丁當，强來硬掃，不如恁麼也一下，不恁麼也一下，略較些子。噫！如意肯底，拂子不肯；拂子肯底，拄杖不肯；拄杖肯底，如意又不肯。將謂剿絶，轉見誵訛。躲閃套來，餿酸愈重。若欲化臭腐爲神奇，將仗誰力？』因舉手中念珠云：『不如還請這箇道友出來，不打圓象，提起現成；粉碎拍來，隨手應節。周天萬法，總在其中；無頭無尾，歷然四破。隨輪迴，超輪迴，誰磕著耶？一向埋没，不曾敷揚；纔一敷揚，恐成話會。且道今日祝香普供一句作麼生道？』乃以手輪念珠，下座。

解制副寺請上堂法語〔三〕

師咳嗽一聲曰：『偶然咳嗽起來！祇這咳嗽一聲，賓主歷然，三五具足。有能于此中得入，又于此中得出者麼？有能于此中放得去、收得來者麼？』又唾一口曰：『還須透過此一唾始得。若尚不契病僧意，何能契得佛祖意？不□□在衆中下喝〔四〕，出來下箇語。』芥子問云：『三月期場已滿，如何是衲僧巴鼻？』師云：『咳嗽中一句，你試道看！』

進云：『與麼則芥納須彌，毫吞瀖瀣。』師云：『如何是一唾的落處？』進云：『諸佛見之膽碎，魔外聞之魂飛。』師云：『放去收來，爲着甚麼？』進云：『和上也須打退鼓。』師云：『眼見收不來。』僧禮退。師云：『也是卓伐迎春面。』

龍石問：『千生無解結，百日且開收，手持足行，人人自由。請問如何是結？』師云：『雪霜堅縠地。』進云：『煮飯掃地，年年不變，如何是解？』師云：『凍後足春風。』進云：『禪堂有個無解、無結底漢子，住青原縱横自在，意旨如何？』師云：『出坡聽板即得。』進云：『又有一等漢子，不知何結，不知何解，終日無繩自縛，和尚作麽生通箇消息。』師云：『糞箕也好堆牆土。』進云：『不肖則不然。』師云：『試道看！』進云：『一把斧子，斬斷葛藤。』師云：『門前溪水，試斬斷看！』僧一喝。師云：『略彴橋上，聽是何聲？』進云：『蹋碎了也。』師云：『可惜許。』僧禮拜歸位。

僧問：『把守牢關即不問，放行一步事如何？』師云：『你還去司庫。』進云：『步步登高易，全身放下難，未審放下個什麽？』師云：『問取地上唾。』進云：『此時春色陽和境，無根草子盡曝芽，金剛種子還曝也無？』師云：『可惜不自知。』進云：『恁麽則一撥迴超千聖外，家家門向月明池。』師云：『莫失脚下水麽？』進云：『金鷄抱子出，誰人懷母恩？』師云：『鹽醬不可狼藉。』進云：『畫爛虚空路，疑殺世間人。』師云：『火烘日有時解制不解人，有時解人不解制；有時人制兩不解，有時人制兩俱解。此是我杖人尋常四句。病僧也有四句：有時結即是解，有時解即是結；有時以無解、無結爲大結、大解，有時從無解、無結中分出細結、細解。若非絶甦不自欺者，頂踵回旋，一一歷過，在堂裏有禪，出堂便失了也。突出難辦，硬掃亦癡。也説參過幾期禪，當堂問過話來，前途跌折，恐成賺悞。然則今日解制，祇是無條攀例耶！咳唾作麽生？火牄喉嚨〔六〕，只得唾出，偶然咳嗽，蓋爲傷風。』下座。

天界老和上影前上供拈香焚炮莊稿〔七〕

破藍嘗毒〔八〕，一掌劈破圜光。批判漆園，塞卻竹關，別去十年，藥地支鼎重炮。吞吐古今，百雜粉碎。藐姑猶是別峯，龍珠聊以佐鍛。今日噴雪軒中，舉來供養，將謂撤翻籬笆，隨場曼衍耶？將謂土苴掟漏，新機彌縫耶？將謂不犯大軏，別路報恩耶？將謂緣不得已，安於所傷耶？一任卜度，料踔何干？唤侍者取火來，燒作一堆灰。將者來漢一片心血，伴在千古人齒齦骨髓中，聽他萬世簸揚數眯去也。

即日小參〔九〕

芝穎問：『夢筆不芸其田，卻爲漆園提正。浮廬既安易寓，藥地又來炮莊。將爲解拘救蕩，别峯叩竭耶？還是打瞎悟門，齏粉造適耶？請決一句。』師曰：『雙眉一足莫安頭。』芝曰：『佛入天龍人鬼以度生，而不以佛名也。少伯以蠡霸越，而以朱公名陶，毋亦不以隋珠彈雀也乎？』師曰：『鳥道挂疏雨，人家殘夕陽。』芝曰：『雙選托孤，苦心難識。炮莊佐鍛，三俱不收。畢竟望誰着力？』師曰：『逢緣不借誰燒着，爐耳抽箱那敘功？』穎禮退，曰：『桑户拈花去也。』師曰：『放在藥籠中。』乃曰：『半肯半不肯，洞山未免騎危。先師無此語，光孝空勞鐵觜。藥地只有一個火爐供養。』作推勢云：『看看推下去也。炮炮炮是趙州茶，秋露春風總一家。割水吹光聊鼓舞，火爐揮出血蓮花。』

晚參〔一〇〕

徵問罷，舉梵志擎兩株花供佛。佛召仙人放下着，志遂放下左手花。佛又曰：『放下着。』志又放下右手花。佛又曰：『放下着。』志曰：『我兩手皆空，更放下箇甚麼？』佛曰：『汝當放捨外六塵、内六根、中六識，一時捨卻，無可捨處，是汝免生死處。』梵志言下悟無生忍。師云：『黄面老子不合恁麽註脚，你説十八界幾人放得下？又孤負了兩株花。今日于慧男居士送來兩石鐵，遯圃居士送來兩種花。鐵也在這裏，花也在這裏。鉏钁增氣，春色新添。且道青原還説三箇放下否？老僧只向他道：埋下着〔一一〕。右邊桃花埋在山門前，左邊梅花埋在殿閣後。若有人再問〔一二〕：外六塵、内六根、中六識如何消繳？我則道：諸仁者濟濟同心，人人脚跟下有一把鐵鉏頭，直教盡娑婆世界都埋下了也。雖然，還恐是生鐵，明日開爐打起。珍重！』

二月二日七祖生辰上供〔一三〕

無死生，至今生，本地劉村，記下今辰。二月二，當中春，攀條拂地飛香雲。且道脚下濟濟，以何供養？天在山中青不改，桃花松桂四時新。

二月二十三設潛夫府君位前上供〔一四〕

我父晚徑十五霜，公因反因開天荒。中五旋四縣天綱，凖不亂享神無方。晝夜生死歸大常，層樓奥室陽爲堂，井瓢竈火傳燈光。生生本無生，代明而錯行。今日青原燒此香，時乘午會當闡揚。別峯酌水朝故鄉，供養萬世恩無疆。

笑和上紹宗堂設供〔一五〕

隨擲蒲鞵已六年，棲霞風雨到青原。相牽水碓舂新米，斧劈柴頭冷竈煙。便拈香云：『不用叫蒼天！』

小　參〔一六〕

春將過矣！大衆聽見麽？割麥插禾。有僧出，師曰：『人不如鳥。』

斷臂老宿六十請上堂法語〔一七〕

斷臂老宿出問：『立雪慇懃事已彰，山林衣鉢付神光。那時得的眞消息，今日如何爲舉揚？』師云：『無量壽板手，請自祝祝看。』進云：『與麽則釣魚臺畔揚宗旨，凝翠亭前拍野歌。』師云：『且道無量壽佛鼻孔落在何處？』宿作叉手鞠躬狀。師云：『臨老風流還作舞？』進云：『西來祖意即不問，不涉春秋事如何？』師云：『青原鉏破一條青。』進云：『庭前鐵樹開花，別是一般春色。』師云：『即刻齋堂碗裏，與大衆七花八裂去也。』進云：『謝師答話。』

僧問：『鐵鼓雷轟，木鐘朝吼；大椿咀片，藥地烹泡。即今不勞嚼舌舉棒，畢竟作麽生祝壽始得？』師云：『現前松桂四時香。』進云：『恁麽則和尚未出方丈時，早已慶生了也。』師云：『且看荆條笑椿樹。』進云：『祇如報恩一句，又作麽生舉揚？』師云：『拾薪汲水久相忘。』進云：『昔日那吒太子析骨肉還父母，且道還有報恩分也無？』師云：『風雨筍尖重下楔。』進云：『今日斷臂禪師之無骨肉可析〔一八〕，也無恩可報；祇是領箇癡菴道人設齋供養，且道與古人有同異否？』師云：『草根踢著路傍人。』進云：『如是則將此身心奉塵刹，是則名爲報佛恩。』師云：『竈觚擊版大家吞。』進一喝，歸位。師云：『依然吞不下。』乃云：『畫風前貌，展格外機；巧何如拙，眼不若眉。昔賓頭盧尊者應阿育王齋，乃策起眉毛曰：「會麽？我於阿耨達池龍王請佛齋，亦預其數。」你看遮漢，冷面撩人，只是因齋慶讚麽？幾千年來啄啗遮點滋味，便謂金山劈翅，以龍爲飯，膠布設械，奪虎分羹。仔細看來，奇則甚奇，成得甚麽邊事那〔一九〕？何如我遮青原裏有箇斷臂老宿，躑躅草鞋二十餘年，越山吴水，犓蹋一遍，如癡似兀，竟不咬人鉤線。即如石雨大老父子門庭，許多軟索强繩，也牢絡他不得；瞥地迴來，依然在青原寮下，與雲版隨肩，和水碓度日。號因可祖，何消末後調心？名取巖頭，不滯他鄉舞棹。今日是他周甲，恰有箇癡菴居士，爲他做了許多饅頭，與堂内外横嚼竪嚼，忽然嚼動牙齒，也曉得遮漢依棲祖庭，有不肯放過處。

智上座因此也放他不過，常住山後有大饅頭，正好安頓鉏钁，要他臨老氣力，吐在青山，豈不快哉！且念兩句快口著：　碧池照見雙眉老，春雨新添萬壑青。」

江大廳周道尊郭太守新天王殿浴佛日蕭孟昉居士普齋請上堂〔二〇〕

介山問：『天現五雲，入門辨主。華光三昧，化外來賓。賓主交參即不問，如何是跳出天關、踢翻玄海底事？』師云：『縱横歲月穿心破。』進云：『福智妙嚴，天心本寂。人法俱遣，施受何歸耶？』師云：『六合中間誰報恩？』進云：『我宗原無一法與人，揚眉瞬目，便已了知。如何又有五宗，種種戈甲旗槍，許多絡索譚？』師作潑勢云：『今日只與一杓。』進云：『須鍮裨販〔二一〕，拾礫遺金；　壁畫癡龍，如何點醒？』師云：『還要第二杓麽？』進云：『門下松鱗先起舞，峯頭石甲已騰雲。』師云：『早被張僧繇換卻眼睛了也。』

芥子問：『崔趙公云：「弟子欲出家，得否？」國一祖師云：「出家乃大丈夫事，非將相之所能爲。」還是袖裹金鎚，爲是撩天畫彩？』師笑云：『金甲當門誰捧腹？』進云：『若無舉鼎拔山力，千里烏騅不易騎。』師云：『且問騎向那裏去？』進云：『後來石門聰和尚舉似李都尉，都尉於此悟去時如何？』師云：『喚即回頭，拄杖猶有事在。』進云：『須借風雲力，獰龍破界飛。』師云：『無影樹下笑鵾鵬，培風背上如何答？』進云：『祇如今日蕭護法，不勞動口，知有此事，特請陞座，爲衆結般若緣，與都尉相去幾何？』師云：『一般白芥碾來香。』進云：『即今保固後裔一句，作麼生道？』師云：『但了粥香長者意，詎嫌家富小兒嬉？』進云：『但願世世春浮慶道場。』師云：『嚼壞板牙有分。』禮拜歸位。

環菴問：『石女眉毛長八尺，嘉州大象鼻撩天。世尊指顧休重問，齊吼三獅是甚言？』師云：『半邊瞳子看得眞麽？』進云：『如何是在窟獅子？』師拍案一下。進云：『如何是出窟獅子？』師便打。進云：『如何是出與不出獅子？』師默然。進云：『與麽則羣狐遯迹，野獸潛蹤。』師云：『莫在冷水中浸殺了也。』進云：『洞雲倒卷新豐曲，山雨斜飛少室宗。』師云：『念話且置，如何得出窠臼？』進云：『掀翻公案去也。』師云：『未信你在。』乃云：『盤輪歲月穿心破，六合中間誰報恩？天幸開顔當面笑，一場晴雨浴翻盆。一春諸護法爲四大天王結此十年之款，今朝浴佛，五色放光，恰遇蕭孟昉居士，追報先德，保護嬰兒，入山辦齋，令此大衆飽齁齁地。將謂安坐受供養，施主常安樂麽？須生慙愧，作何舉揚？』良久曰：『大衆看看！釋迦生也，兩指四顧，周行七步，無聲一句，惟我獨尊，還見麽？信麽？若眞見得，則未生前本自如是，何用大驚小怪？又煩打瓦鑽龜。如或未然，青原浴盆中同浴浴看，上方佛來也予一杓，下方佛來也予一杓，四方佛來各予一杓，中間無佛處也予一杓。』舉扇子云：『不是囫圇澆，綱宗秩序，盡在裏許。變化粉碎，盡在裏許。智慧福德、受命如嚮，盡在裏許。向上向下、無上無下，盡在裏許。可惜馬毛龜甲，無端特地分張。此土蓬矢桑弧，依様葫蘆蹉過。直饒跛脚阿師，受了秦時鑽毒，來此一棒雪屈，則不無遮塊古董骨肉，依然析不出在。又況情識、我見未消，鬬勝、護短成套，要他穿過生前、生後，見此眞印，毋乃螢火燒須彌山。又何如護法一頓齋，塞住咽喉，一個個亡鋒結舌，反令默受福德，尚免淆訛。天王大笑曰：長老且休去，福慧吉祥，當讓我爲你兩句收科：須識誕生王子父，恩波齊慶浴盆寬。』

笑和上衣鉢塔成設供〔一二二〕

師云：『霜曉翠微白，日落黄原紫。案山無縫塔新懸，年年一杯古澗水。大衆看看！笑老人開口麽？是誰禪牀震動？尚勞挂齒。』

晚參〔一二三〕

此事不可以有心求，不可以無心合。静沈死水，動落今時。超出二途，棲心無寄，猶是暗癡。恁麽看來，不是昭昭靈靈，便是昏昏默默。直饒説個不落有無，尚未是到家時節在。天奇瑞曰：『透過劫外，劫外自然無心；透過今時，今時自然無心。』諸仁者！你説遮無心，還靠着昭昭靈靈麽？還靠着昏昏默默麽？

時方大雨，師指云：『檐前雨滴聲，古人舉着便有省會。瑞鹿曰：「點點不落在别人眼裏。」你道此處作麽生透過？然切忌張着一雙血肉眼去見，尖着一雙血肉耳去聞，離又離不得，即又即不得，作麽生透過？假如透過，又作何語？田夫戴笠攉栽種，泥路行人欲斷魂；喜得到家廊下走，如何消受此時辰？』

五日茶話〔二四〕

師舉龍牙偈云：『學道先須有悟由，猶如鬬勝快龍舟。雖然舊閣閒田地，一度贏來方始休。』鬬勝且置，以何爲舟？且問把舵底是誰？』良久云：『今日且引箇故事，與諸公作龍舟會看。荆楚歲時記云：「三閭大夫以午日投汨羅死，後人裹角黍以祀之，刻龍舟以度之」，莫是衆人傳實麽？魏了翁、王介甫諸公云：「屈子原未曾投水。」道家又云：「屈子成仙而去。」孫文介云：「入水登天，乃屈子悟道之語。」我杖人又請出莊子、孟子，與屈子一堂供養。你道這幾家競渡者，還有勝負也無？』

藏一曰：『靈均本不曾死，何必説到入水登天？』師曰：『若非入水登天一回，如何能贏了休耶？』藏一曰：『止博得漁父一笑在。』師曰：『將謂澤畔行吟者，與鼓枻之漁父，是兩箇乎？』藏一曰：『莊子雖然畫出妙高絶頂，藐姑射猶是化身。固然總在唐帝胸中，不妨且讓許由拍背。』師以手作打鼓勢，曰：『看看！青原競渡龍舟，何如雪浪裏横身，縣崖中作舞，一連三橈，渡過去也。你道他贏得箇甚麽？還有勝負也無？』藏一曰：『大家入水登天，遊此兩間，看人勝負，豈不快哉！豈不快哉！』師曰：『且問畢竟往那裏休去？』

因事垂示〔二五〕

學道末流如此，總爲八箇字：『道聽塗説，以訛傳訛』去也。今日特地因邪打正，曰：『官通車馬，私不容針。』

泯菴書記呈八問代語〔二六〕

『若能轉物，即同如來；前是翠屏峯，後有飛來塔。且道作麽生轉？』師代云：『莫被面前背後轉卻那〔二七〕！』泯云：『賊不打貧家。』師云：『莫謂怕風空袖手，直穿寒暑轉蒼天。』

『倒插荆拄地撑天，因甚蓋覆七祖塔不得？』師代云：『更出一頭地。』泯云：『恭惟萬福。』師復云：『荆條鞭坐地。』

『枝葉花果，鬬異爭芳；片雲石上，吐霧爲霖。畢竟承誰恩力？』師代云：『且覆着。』泯云：『只恐知恩者少。』師復云：『行到水窮處，自知雲起時。』

『五笑亭終日呵呵，爲復笑和尚拖泥帶水？還是笑别人把燈乞火麼？』師代云：『果然惟有一笑。』泯云：『與麼則刀鎗遍地。』師復云：『大好供養。』

『把住牢關，水泄不通，因甚釣魚臺畔，白浪滔天？』師代云：『爭奈釣何？』泯云：『赤鯉摇頭去也。』師復云：『離鉤三寸作麼生？』

『待月橋清輝滿目，橋流水不流，意旨如何？』師代云：『過橋時蹋斷也未？』泯云：『學人到遮裏，也須尊重。』師復云：『吹毛鉳斧藏何處？倒岳傾湫日夜磨。』

『星月孤圓，光吞萬象，卓錫泉中影重重，如何分疏？』師代云：『多少人被影子弄！』泯云：『莫是認奴作郎麼？』師復云：『問取曹山禁。』

『聖域、祖關，同途異轍，未審何人并駕齊驅？』師代云：『且打車牛着。』泯云：『何不道從來無伴侣？』師復云：『不可打作兩橛。』

小　參〔二八〕

落草接上機，拈花接中機，拄杖接下機。忽拈拄杖打虛空，曰：『是花是草？』時有僧出，以手作拈花勢，師便打。

溪　示〔二九〕

翠屏把住水雷奔，收入茶爐蟹眼吞。噴雪軒中肝膽句，西風爲我埽蓬門。

隨　示〔三〇〕

師遊祖關下，以杖點空云：『古人道是永字八法，是那一法？』僧曰：『請和上楷書。』師頓足曰：『識得魯公撥鐙麼？』又拂袖曰：『識得山谷努曳麼？』僧曰：『情知臨摹不來。』師曰：『孤負埽曌帚。』曰：『順朱如何下手？』師曰：『上大人有末後句。』僧問：『如何是末後句？』師曰：『歸堂與汝説。』僧禮拜。師曰：『上大人，可知也。』

一士禮問曰：『學人久疑末後句，乞師指點。』師曰：『有時如古釵脚。』問：『如何是巖頭密啓其意？』師曰：『何如屋漏痕耶？』問：『如何是三年活？』師曰：『夏雲多奇峯。』士禮曰：『謝師答話。』師曰：『蘇才翁何必補千字文？』

爲不釐務芝穎化禪師起龕〔三一〕

惟我芝公法侄〔三二〕，纖芒立地，冰凌加霜。信手吹毛〔三三〕，刺天出血。少年隨隱石船，早被嚴菴逼出；遍蹋諸方不顧，乃脱桶於青原。正謂鞭岳轉風，不意抽身太早。病中水火正急，讓你笑傲一春。午時四句臨行，還塞高峯一問。且問：白馬曇照之苦苦，何似大梅鼯鼠之唧唧？青原大衆，爲君結舌，還識得此晴空霹靂否？老僧則更請芝公躦出涅盤堂，爲天下苦心人一場痛快去也。

舉　火〔三四〕

瓦針艾團，自己剿絶；　更有火柴頭，爲人須爲徹。千生哭笑太淆訛，到此用得用不得？然則芝公粉碎一句，作麽生與人受用耶〔三五〕？鷓鴣原上火燒碧，待月溪流常不歇。

設供哀詞〔三六〕

閉門風雨相看啞，倚柱雷霆亦不聞，豈非蕭江相見一絶？看不盡時皆壁立，到無餘地一潭收，豈非梅陂相賞一絶？青又菴裏，幾月苦茶； 今日面前，一杯噴雪。不如仍舉碗撻丘作供親切。旁觀者痛笑老人失卻靈芝骨血，我則謂即今一問，脱穎尤捷。噫！眼淚落也，復有何説？象石橋流，爲汝嗚咽。

代答高峯第一問〔三七〕

芝穎臨終時，諸公圍坐。芝公舉高峯云：『大善知識本脱生死，爲甚命根不斷？大家下一語。』維那曰：『東壁挂葫蘆。』西堂曰：『放下雙槌驗鼓聲。』後堂曰：『推門落臼。』噴雪軒老人適來，曰：『去即便去，寐語作麼？』芝公曰：『蒼天！蒼天！』遂瞑目去。

室中偶示〔三八〕

五更頭占得暌之歸妹，其繇曰：『載鬼一車，見豕負塗。先張之弧，後脱之弧。匪寇婚媾，往遇雨則吉。』有人爲我斷斷看。

遊永和覽諸遺迹蓮社會衆弟子請陞座〔三九〕

師云：『隔岸横趨，何似截流覿面？今日有出來爲古人一筆者麽？』問：『莛草在手，竿木隨身，還是神通妙用？爲復法爾如然？』師云：『截流石問堆花井。』進云：『秖如昨宵端坐噴雪軒，今日法施蓮社會，還有同異否？』師云：『桂樹黄花一樣秋。』進云：『與麽則拄杖子朝往西天，暮歸東土去也。』師云：『須還常不輕一拜。』

居士問：『昔日世尊在靈山會上拈花示衆，今日和尚在永和蓮社會上以何法示？』師一拍。進云：『還有向上事也無？』師云：『問取脚跟下。』進云：『恁麽則靈山一會儼然未散。』師云：『也須蹋乾草露，始享蓮池。』

士問：『鐘鼓齊鳴，龍象交參，請師陞座，説法利生，如何是利生一句？』師云：『當前莫當隔江招。』進云：『昔日蘇公曾到此，今朝和上復重遊。昔日今朝，是同是别？』師云：『陌路通天，幸逢一笑。』進云：『蘇公遺疏有金錢，師留何物記長年？』師云：『亭亭孤立往來知。』進云：『恁麽則弟子耑爲和尚流通去也。』禮拜歸位。

師云：『喜同野老報青山。』師乃曰：『藏中云：「八十轆轤，一心常住。」遮句話説，參透者誰？古人椰子迸破，吞吐千秋，所以千秋之下，一處觸着，無不放光動地。如或蹉過，早被盛衰窮通轉卻了也。秖如不被盛衰窮通之所繫縛的，是件甚麽東西？水火不能燒他，刀兵不能壞他聻？此處是永和衆居士蓮社之所，山僧偶爾散步孤亭，過江植杖，望嚴陽佛母之墓，登蘇黄擲錢之臺，問堆花井水之奇，訊鷄嶺截江之石，諸公信口，皆能一一舉揚，此是承誰恩力耶？昔嚴陽尊者問趙州：「一物不將來時如何？」趙州曰：「放下着！」曰：「一物不將來，放下箇甚麽？」州曰：「放不下，擔取去！」有根當時不曾轉得一語者。山僧曰：「即今萬古萬物總在遮裏，還是放？還是擔？」有于此處透過的麽？且如現前指示的，佛母墓前，鄰人拜掃。盡此一報，忉利雷傳。金錢開花，墮履無迹。石窟之水，偏灑曹源。若問作麽生放？作麽生擔？正笑放又放不下、擔又擔不去聻？倘尚遲徊、空勞之繞，何如蓮池街心不起一念。且道恁麽便謝得衆居士一頓齋麽？青原岸上亭招手，覿面雲藏第一峯。』

又云：『早間向西堂説爲蘇黄圓兩則話，不妨重舉。昔東坡訪佛印禪師云：「借禪師四大爲我坐具。」印曰：「有一問，答得，請坐；如答不得，解下玉帶來。」坡曰：「請問。」印曰：「四大本空，五蘊非我，居士向甚麽處坐？」坡無語，遂留玉帶鎮山門，印以衲衣贈東坡。今日有爲他圓得一句者麽？』衆無語。師云：『居士以玉帶授記長老，長老以衲衣授記居士；此處白拈，誰是好手？』乃大笑曰：『多少人被玉帶衲衣轉卻，然則應作個什麽語好？』曰：『不坐在此處，便下座。』西堂曰：『兩堆灰相見，和尚何不爲山谷一語？』師曰：『不須更嗅木犀花。』

中元日王聚明居士薦母請上堂〔四〇〕

即幾知客問：『諸佛歡喜日，人天聚會時。蘭盆供寶座，何處顯加持？』師云：『香煙盡處彌天地。』進云：『恁麼則處處皆彌勒，無門無善財。』師云：『你權做個焦面鬼王，待老僧一一與你勘問。』進云：『只有兩個獠牙，恐驚大衆。』師曰：『本來無口，不用謾人。』進云：『昔時世尊命目連尊者以鉢飯往餉其母，未審承誰恩力？』師云：『且道母與子是一是二？』進云：『秖如今日永和王聚明居士揮金薦母，得生何地？』師云：『現前大衆慶摩訶。』進云：『支那光中無住足，蓮花國裏不容伊。』師云：『塞口䭔子有分。』僧問：『薦往一句，還有向上也無？』師曰：『此番不答話。』進云：『樓閣門開，請師方便。』師曰：『何不道爲甚不答話？』進云：『陽春有路千花布，萬象無心錦畫開。』師曰：『虧你記得一聯。』進云：『轉身踢活雲中路，不礙穿溪一道流。』師曰：『仔細爛版橋陷汝脚跟去。』問：『楞嚴經云：「如母憶子，如子憶母。」今日王居士母子兩離，畢竟向甚麼處合？』師云：『且道憶者是誰？』進云：『今日居士禮念齊應，和尚作麼生更爲指示？』師云：『案山捧出鉢盂寬。』進云：『能舉吹毛劍，難斷紅線針。』師曰：『莫倚毗嵐風躲跟。』進云：『同途用各志，到岸不須舟。』師云：『問取從地湧出者。』

位白居士問：『一斧揮空無不删，如何是刀斧知恩處？』師云：『兩點淚下。』進云：『恁麽則得力不得力，兒孫總不知。』師云：『且罰你世代作個癡人。』禮拜歸位。師乃云：『月傳黑路千年白，秋染青山一葉紅。』師云：『幸有靈山笑在。』進云：『四大性自復，如子得其母。青天鑽入黄泥土，千花萬樹飛紅雨。須識毗盧父，續此主中主。翻轉帝車誰作輔？斷虹攔路迷終古。今日永和王聚明居士，趁此中元，至誠薦母，特請山僧出來一舉。你道薄伽梵涅槃門，作麽生吞吐？池底吞，橋下吞，割水吹光難告汝。直須跳出人鬼關，撞破天門並地户，方可隨類現身拔諸苦，散饅頭與焦面語。嗚乎世間奈何許，卓錫震動雲門普。娑婆多少未招魂，一聲齊謝金剛杵。正恁麽時，且道以何爲杵？若不知何者是杵，又爭知得孝子薦親受命如嚮底落處？』以麈尾柄擊一下，云：『現前知落處不知落處？秋後千峯黄葉舞。』

移鐘版上中五堂〔四一〕

玉界金繩，千聖不越。今日從左手向背上一槌，不妨奇特。天地聽其指揮，狡狐聞之膽裂。將謂頑銅斷木，儼然金口木舌。且道超出人天，號令人天，移將來不移易一絲毫，是何等恩力？擊鐘版一下，曰：『前後際斷，天然中節。』

進堂云：『開點雪爐，鑄軒轅鏡，何故卑棲廡下？正宜負扆當軒。今日斬新條令，以何開示？五更頭，新梁柱，縱横迴互，爲汝説了也。到中五堂，層樓一屋，明暗塞空，爲汝説了也。徒勞顧佇，白雲萬里。若去學德山棒、臨濟喝，正是鵂臭布衫。更去仿秘魔杈、道吾笏，也是尋椿獵犬。何不將從前所寳惜的，用龜毛縛起，抛向東流，豈不俊哉！正恐未能耳。且提起本參著，信得龍淵經水火，百燒百淬愈光明。』

翼日結制上堂〔四二〕

師云：『噴雪軒中，枕子未動，有箇人掀倒禪牀，與他三十棒，何故？爲伊黑地傷鋒。大雄殿上，金革齊聲，有箇人掀翻法座，與他三十棓，何故？爲他效顰逐塊。如今覿面堂堂，豈没有透歷重關激揚包決者麽？』有僧衆中下喝。師云：『學的用不得，速速出來。』僧曰：『不出來。』師云：『縮了也自領一頓。』顧東邊曰：『遮邊也有一喝的出來。』

僧問：『三世諸佛在火焰裏轉大法輪，向甚麽處證明？』師云：『燒。』進云：『倒插黄荆千古意，毗盧頂上一枝新。』師云：『過。』僧禮拜云：『一任掀翻去也。』師打云：『顛倒不相干。』乃云：『杖人一向要求箇大傷心人，傷盡偷心，從胸襟裏迸出來，方有敲擊分。雖然，三世諸佛開口不得，千七百則葛藤套爛，何怪埋没今時？智上座今日也有一句子普施大衆： 自己推倒桌子歸方丈。』

落　堂〔四三〕

參禪無別訣，只要生死切。眞疑現前，古人拚定一生兩生，只是一個痛切發憤，自不容已。及乎囦地，非從人得。開爐煅煉者，時時助一陣鼓耳！汝若肯切，三世諸佛没奈汝何； 汝若不肯切，三世諸佛亦没奈汝何。今既在此堂中，斬新舊令，不得動着，竹行者決不相饒〔四四〕。

警　策〔四五〕

出家兒將世間割不斷底恩愛都割斷了，所爲何事？若又于生死大事不明，既爲生死所迷惑，又爲談生死者攪亂，不能自決，不能作主，反去揣摩影子，粉飾欺人，與流俗一般躭滯擾攘，豈不可悲、可痛哉！趁此火爐，大家做一場寃家，貴在一切放下。單單一個話頭，頓在面前，切忌起第二念。不但塵勞舊事，不知不覺，纏綿勾引，即計較此事難易，遮裏搆不上，是第二念。將心待悟，且捱一期，亦第二念。更去穿鑿話頭，擬着轉語，將諸語録上記的，揣摩杜湊，只要當機答得好看，愈是第二念了。古人奉勸者，只在心切生死，自然制之一處，努力做去，迸破時節，不期而然。若如時流，夾雜名色，體面參禪，此則煮沙，終不成飯；老僧不敢與諸公互相賺誤去也。古人云：『只愁不成佛，不愁佛不解語。』閻羅大王豈怕汝口頭三昧耶？所以叮嚀以毋自欺爲本參，從正路入，此事決定不是做與人看的。故曰：不要你參佛祖禪、棒喝禪，只要參自己禪。半邊竹篦，斬新分付。

此事至易至難。何以故？此事只在自己，不是他人替得的。不用向外馳求，一念回光，即同本得，豈不至易？然無始以來，生滅情識糾纏，欲一時翻向無生滅那邊去，徹底脱換，豈是容易？菩薩一聞千悟，倶係多生久積淨業之因。今既不能相比，便從鈍處下手，眞實更爲得力。

不遠千里，尋師問道，是爲生死大事求一決擇。若是學了諸方語録上古董，逢人便逞一上，滑煉口頭，以爲了當。遇着明眼人一拶，都無用處。費盡心機，不知與自己生死何干？與自己初心何干？此處經冬，彼處過夏，究無一件眞有所長，只是檢點他人過失。或以慈心三昧覆之，則曰此凍膿不是峭辣手。若以金剛三昧制之，則曰太煞不通方，我與此處無緣。不知曾一返問自己發心處否？如斯之流，蓋爲衣食放佚起見，又要裝老參腔。你道：諸佛出世，作麼生救得他？古人賣俏放憨之句，理楫長謝，是他眞了當後，天然風流，不是造作而來。後人不求正知見，便云恐爲正知見所礙，未琢先磨，枉費氣力。卍菴曰：

『叢林所至，邪説熾然。』甚矣！夫名色、體面之不能入道也。果是其人，自有全體八面，隨名色還名色，何曾動着一絲毫耶？其如黠踐黠智，見小欲速，何哉？所以杖人只望個大傷心人，與之本色盤桓。今日遮裏聚首，非有此等。只是老夫觸着痛腸，忽然衝齒，旁觀寧無笑其惡口小家者乎？藥因救病出金瓶，緣不得已。

從上本欲人死盡偷心，弄到如今，反是長人偷心；且道過在何處？只爲于建化門頭，撇些光影，貼體無明，乘之作自便計；于學道分中，去之愈遠。向來謂：開此火爐，曲爲中下根。我道：正要煅煉上根人。何以故？上根人聰明伶俐，才能過人；一種驕心勝氣，最難降伏。即使會禪，乃是學語之流。又況絶無才能，而空腹高心，恣大我慢者乎？所以古人立『不語堂』，要人言語道斷，心行處滅。立『枯木堂』，要人違其現業，榨乾情識。既到遮裏，大家如生冤家相似，總不容情。是肯心人，從此煅煉，固是一慶幸事；非爲依樣葫蘆，了此鋪面云云也。

落堂坐香後問答，不録。徹底無私去，心空及第歸；驢前馬後漢，不許昧離微。戀着殼漏子情識不破，便説回頭石馬出紗籠，安得不認賊爲子耶？香嚴是何等人？問一答十，後于藥山問未生前面目，彼亦不肯自欺，故至後來擊竹，始乃豁然。大慧是何等人？諸方皆許可他，他不自肯；直至東山水上行，薰風自南來，始是脱灑灑、赤躶躶没可把〔四六〕。

後一段且慢説，只爲此關難得親切耳！趁此火爐，提起金剛刀去。

起　七[四七]

一二三四五六七，七六五四三二一。逆中順，順中逆。無順無逆，是誰恩力？古人恁麽道，着甚死急！歷過者到此温疤，艾團再灸；新參者初生兔兒，首尾畢直。一歸何處麻三斤，刹竿頭上穿靴立。走不出，鑽不入，竹篦子言語道斷，交付香版，時不可失。

解　七[四八]

坐一走七，朝三暮四，畢竟何爲？從上應病予藥，莫是隨其顛倒、就藥捄藥麽？須知善用皆是藥，不善用皆是病。湯頭隨症，不執古方，亦用古方。試看天道變化，一寒一暑；炮製火候，一武一文。緩急無非中琴之節，張弛無非養弓之用。且道不落寒暑天，不問文武火，穿郤緩急張弛底，在甚麽處？今日初七了也，正午三更，日日從頭起；各人得力不得力，以不欺三昧回光自驗看，藥地老夫只在背後等着。如仍茫然，青州布衫重七斤，喫粥子也洗鉢去[四九]。

師誕日侍子中通祝壽普齋法語〔五〇〕

師陞座。中通問：『檜樹即荊條，死路走成生路。祖關穿聖域，鐘聲敲出鐸聲。河圖五十五點，恰應地户天門。如何是參天立地處？』師云：『直下火爐，是奉是背？』進云：『半生先天，半生後天，未免打作兩橛？』師云：『揮空一斧，幾人知恩？』進云：「尼山、鷲嶺已同時，誰能不辜負去？』師云：『絶壁奔雷，莫耳聾麽？』進云：『冬煉三時傳舊火，天留一磬擊新聲。』師云：『室内不知，兒孫努力！』禮拜，退。

問：『長將日月爲天眼，卻指須彌作壽山。龍象幾多環法座，一枝誰透萬重關？』師云：『破沙盆覆千生笑。』進云：『空手不下種，處處靈苗生。如何是無種底靈苗？』師云：『核中仁滿樹，休更覓空花。』進云：『拾得曹山半莖草，打翻靈鷲五高峯。』師云：『猶笑副車椎誤中。』進云：『青原克家的種草，可以相見麽？』師云：『橋邊隻履試拳頭。』進云：『何須小玉頻呼喚，從此高樓認得聲。』師云：『可憐摇尾畫風雲。』禮拜，退。

問：『向上宗乘即不問，未離兜率事如何？』師云：『衰柳蟬聲，自忘蝘蛸。』進云：『兩途不涉，聖諦不爲。如何得到遮邊？』師云：『水土不服，煮草豨湯。』進云：『峯巒秀色，鶴不停機。畢竟着落何處？』師云：『睹影漫差排。』進云：『離湖就水別無天。』師云：『撥棹非撈摸。』僧禮拜起，頓足一下。師云：『果是傷心，自領三十棒去。』

乃云：『鼎炮洞上君臣藥，斧透曹山父子恩。驀地奮身天外看，香爐峯讓曉雲吞。今日是山僧母難之晨，恰有窮子就父，將碗白米供養雲堂，請來此坐舉揚一上。你道曝背衝寒的老病夫，方且撫躬自悼，又來舉揚個甚麽？恰有汮林主送此木如意，舉起左右敲擊。』復卓一下，曰：『機上造機，角上生角，奇則也奇，到此没交涉；鷹爪奪毛，虎口攫肉，快則甚快，到此没交涉。若更説個不生不死的爛貫索，來祝無量壽，不知此老還受也無？木如意子摇頭不肯了也。到不如我遮裏，堂内堂外，個個都似木鷄，事事還他魚貫。未經桶底，卻自忘機。現前松風石澗，擺脱厲色淫聲；碓觜茶鐺，陶盡凡情聖解。莫道美食不中飽人，且道木如意子作麽生消繳耶？正襟垂袖參天地，擁腫何心八面揮？』

荆樹下建新禪堂上梁法語〔五一〕

青青煉就眞丹土，荆條鞭作金剛杵。順水把關，從誇雙象；須信截流，在此伏虎。試看縱十八横十五，劈碎虚空，天然規矩，漫説功全憑一斧。且道今日如何喝采？天明向上只平看，千手同心一時舉。

冬至垂問〔五二〕

今日冬至，恰好是十一月中。嘗説刻刻遷流，年年定一個冬至。然不能年年定當十五日，非太過即不及，故黄帝定爲平氣齊天之紀。且問大心衆生于此定不定外，還別證個甚麽消息否？天地之心何處不在？然而非復不見，非剥不復。現前念起念滅，迅不停幾。且道貞夫剥復之一者在甚麽處？黄鐘以此時候氣，先王以冬至閉關。秖如衲僧家日日是冬至，且道以何爲關？此際一陽生也。透過生即無生之理者能轉陰陽，到此際還爲陰陽所轉否？冬至是好時節，平氣齊天，尤是吉祥，且放一會假，下個語看。善頌者頌出一首，慶此吉祥時節，也好。

室中參請〔五三〕

僧問：『冬關下語，未中肯綮，伏請和尚代一語看。』師曰：『冬至雖陽生，大小寒要過。』僧曰：『願從今日被春風。』師曰：『依舊舉將來。』僧曰：『刻刻遷流是不定，年年冬至是一定。且問悟廣大心的衆生，于定不定外，還別證得個甚麽消息麽？』師曰：『今日大衆恭喜。』僧曰：『天地之心，何處不在？然而非復不見、非剥不復。現前念起念滅，迅不停幾，且問貞夫剥復之一者在甚麽處？』師曰：『山中薪火足千秋。』僧曰：『黄鐘以冬至候氣，先王以冬至閉關。衹如衲子家日日是冬至，又將以何爲關？』師曰：『過者方知。』僧曰：『此際一陽生也。秪如透過生即無生之關者能轉陰陽，到此際還爲陰陽所轉否？』師曰：『阿阿折攝轉黄鐘。』僧曰：『秪如施使君壽日，殿上唪金剛經，此一轉幾落在何處？』師曰：『冬日春風聽磬聲。』僧曰：『白鷺振鐸，青原結齋，還有同別也無？』師曰：『直饒説個分身，猶是色見聲求了也。』僧曰：『曹山不斷聲色墮，又作麽生？』師曰：『誰知無首見羣龍。』僧禮拜曰：『謝和尚答話。』師拂曰：『未許領在。』乃曰：『一日天下歸，萬年歸一念。正恁麽時，還有轉不轉也無？於此反觀透得，則米舂水碓，堪報不報之恩；十字街心，共泯雲天之化。同躋仁壽，不礙巴歌。如或蹉過，住在閉上，便爲死水；執在開上，便患瀑流。直饒無閉無開，認個「無」字，又是虚空釘橛。無量壽王鼻孔，如何摸得着耶？』因拈一偈曰：『一開一閉反成仇，無閉無開可得休。未信樞機通晝夜，縱然外户亦生愁。』

楊弱生居士問曰：『寒變物之情，故三時以冬爲關。康節云「大寤在夏」，則夏又一關耶？』師曰：『冬煉三時，乃享無冬無夏之天，曾疑天無冬夏否？』士無語。師曰：『疑即是關。』士曰：『卓立是顔子之關乎？』師曰：『若不憤悱竭力，瞻仰亦是空花。』士曰：

『先王閉關，終以開爲用。善財童子彈指，樓閣盡開，開已復閉，是何意旨？』師曰：『雖欲從之，末由也已。』士躍起曰：『學人于和尚語下，會得洞山無寒暑話矣。』師曰：『作麽生會？』士舉僧問洞山：『如何是無寒暑處？』洞山曰：『何不向無寒暑處？』僧曰：『寒暑到來，如何迴避？』洞山曰：『寒時寒殺闍黎，熱時熱殺闍黎。』師曰：『别道看！』士曰：『舉過了。』師曰：『恁麽則仍爲陰陽所轉也。』士曰：『和尚作麽生？』師曰：『寒時開爐，熱時用扇。』士曰：『過此以往如何？』師休去。

遊山垂示〔五四〕

青原惟信禪師上堂：『老僧三十年前未參禪時，見山是山，水是水。及至後來親近知識，有個入處，見山不是山，見水不是水。如今得個休歇處，依然前見山只是山，水只是水。大衆！遮三般見解，是同是别？有人緇素得出，許汝親見老僧。』〔五五〕愚者曰：若作山不是山、水不是水見，坐在法身死水，不即流爲矯亂外道？若作山是山、水是水見，依然葬在凡夫窠臼，總未免逐物茫茫。有超出遮二邊者麽？切忌倚着混沌無記。除卻三般見解，緇素得出，許隨青原遊山。

戒子冬春請上堂[五六]

僧問：『宗、律交參，頂、踵一橛。請問沙彌鼻孔與禪堂鼻孔，是同是別？』師見其澀，笑云：『今日手冷，不拿拄杖打你。』進云：『百尺扭得鼻頭痛，因甚耳聞三日聾？』師云：『爐中火熱，且埋在灰裏看。』僧打圓相云：『明眼人看。』師云：『正須打破。』僧一喝，師打云：『野鴨子鼻孔在那裏？』進云：『恭喜雷振宗風遠，雪留天澤長。』師云：『領取棓頭痛。』

一僧問：『隔江招手是何機？』師振杖云：『是招是不招？』僧一喝。師拄退云：『不堪共語。』僧曰：『資福德山，空勞粉本。』師打曰：『又來贓誣古人。』

又僧問：『黄面拈花遮不住，五家陣法請揚旗。』師云：『今日寒風塞牙齒。』進云：『如何是潙仰宗？』師云：『一圈重劈破。』『如何是臨濟宗？』師云：『噴血濺蒼天。』『如何是曹洞宗？』師云：『閣簾中露刃。』『如何是雲門宗？』師云：『晴雷衝破柱。』『如何是法眼宗？』師云：『險崖潭墮影。』進云：『五家宗派同中異，莖味金剛寶鏡開。』師云：『將謂別有新機，如何縮卻？』僧一喝。師打云：『吃得多少？』進云：『先鋒陷陣，卷土重來。』師云：『敗將不斬。』

介山問：『有一人在荆棘中，竟日不知饑寒，未審憑何意氣？』師云：『早知挂破青州布。』進云：『又有一人常在大舍宅中，未識安身之所，不知過在於何？』師云：『一擊還知痛癢無？』進云：『恁麼則二途俱不涉，舉步上高峯。』師云：『剛風吹下來時如何？』進曰：『今日高沙彌證、戒，作麼生待他？』師云：『你道藥山兩個「不是」，還是證他？是戒他？』僧吹衣云：『萬派聲歸鐘上消。』師云：『切忌掩耳。』僧拂袖歸衆。師云：『偷鈴賊露也。』乃云：『冬春一際，縣寓光明；瀟灑莊嚴，道場不二。猶沾顧佇，萬里浮雲。直饒棓如雨點，喝似雷奔，終是無風匝匝之波；問似雲興，答如瓶瀉，也是空裏錚錚之響。恰喜就此毗尼壇，上下消歸第一義。五十五位幢林路，覿體全超；八萬四千三昧門，一基厚載。秖如夜明簾外，臣退位以朝君；古鏡臺前，子轉身而就父。卻笑多年撈摸，爭如初發金剛心者。且道一株藥樹，全具核中之仁，還信得及麼？雷雨迸開，妙在冬春合節，還信得及麼？有者道：盧行者何故在獵户中多年？丹霞何故于聖僧頸上揑怪？若在青原遮裏，但依法□□□造作周憧〔五七〕。踐踏虛空，止有一實，只是當人苦不自知。自非窮盡腦髓，又豈能享藥樹之如如當當耶？男兒既具沖霄志，正在如來中獨行。〔五八〕』

書中德感應篇後〔五九〕

『無我、無作、無受者，善惡之報亦不忘。』維摩經揭出矣。大易之一在二中，一不壞，二亦不壞，非明證耶？六祖化蒙山之執，猶是撥剔影草。此等處以有所知心而解會之，相去遠矣。況情識錮蔽，而竊冒以荒逞乎？永嘉深歎『莽蕩招殃』，亡羊補牢未晚也。法華經曰：『是法住法位，世間相常住。』知無我，則因物中節；知不忘，則回光返照。眞不昧者，眞享其不落者也。曹山曰：『類不齊，混不得。』五更摸摸胸堂，如何是混不得處？從今打破頑空窟，枕子鷄鳴不可欺。

因事垂示〔六〇〕

古人云：『遇不平之事，勿懷不平之氣，反觀審理可矣。』猶未也。理若我是，更長勝氣，故須以威音那畔一着子了之，方能眞放下，方能因事了事，行無所事。昔有顏息，射物中眉，自責曰：『我無勇，本欲中其目。』此亦一方便也。達人先幾，不與人敵；庖丁解牛，不犯大軱。誰知其火候耶？聖人成佛後，爲大菩薩，則又不消作此語矣。將三世諸佛，來供養六道衆生。

除夕晚參〔六一〕

僧問：『一切今朝除舊話，明年新色自何來？分明前後同時斷，何故空伸兩手猜？』師擲香云：『再點着看！』僧以指頭吹一吹。師曰：『將香還我！』僧一喝。師曰：『又被狂風逆竈煙。』僧禮拜。師灑香灰曰：『埋！』

又一問：『爆竹聲中粉碎，梅花枝上精神。和上今日以何者與人過節？』師擊楖栗曰：『粉碎否？』僧曰：『盡道枯枝封凍雪，誰知隔歲送春雷？』師曰：『耳聾幾個？』僧禮拜曰：『煮雪烹茶看鼓浪，不消叩齒大家吞。』師顧維那曰：『今夜不必布薩。』

一士問：『一個圜圈，如何掐作十二個月？』師曰：『三不齊中盤卍字。』士曰：『年年盡說今宵度，如何又要三萬年中議歲差？』師曰：『不是青天自古差，聖人指頭難掐破。』士作禮曰：『原來今夜也過三萬年。』師曰：『且去問鐘聲。』乃曰：『徹不徹，爆竹紙聲消剩雪；除不除，松盤烈火喜柴枯；定不定，鐘聲忘卻三更盡。大衆！正恁麽時，除得盡否？除盡處，新又來，明年更有長條在，多少行人隔岸猜。』大衆禮拜。師拍一下曰：『除。』

校記

〔一〕卷五　抄本無，整理者補。
〔二〕語録未收。
〔三〕語録未收。
〔四〕□□　抄本原空。
〔五〕哂　疑當作『晒』。
〔六〕牄　疑當作『嗆』。
〔七〕語録未收。
〔八〕藍　當作『籃』。
〔九〕語録未收。
〔一〇〕即語録卷二晚參。
〔一一〕着　原空，據語録補。
〔一二〕若有　原空，據語録補。
〔一三〕即語録卷四二月二日七祖生辰上供。
〔一四〕即語録卷四二月二十三設潛夫府君位上供。
〔一五〕即語録卷四紹宗堂爲笑和上設供。
〔一六〕語録未收。

〔一七〕語録未收。

〔一八〕之　疑當作『也』。

〔一九〕那　疑當作『耶』。

〔二〇〕語録未收。

〔二一〕裨　當作『稗』。

〔二二〕即語録卷四笑和上衣鉢塔成設供。

〔二三〕即語録卷二晚參。

〔二四〕語録未收。

〔二五〕語録未收。

〔二六〕語録未收。

〔二七〕那　疑當作『耶』。

〔二八〕語録未收。

〔二九〕即語録卷三溪示。

〔三〇〕語録未收。

〔三一〕即語録卷四爲不釐務芝穎化禪師起龕。

〔三二〕法侄　語録無。

〔三三〕手　語録爲『守』。

〔三四〕即語録卷四舉火。

〔三五〕耶　語録作『聻』。

〔三六〕即語録卷四設供。

〔三七〕語録未收。

〔三八〕語録未收。

〔三九〕語録未收。

〔四〇〕語録未收。

〔四一〕第一段收入語録卷四移鐘版上中五堂。

〔四二〕語録未收。

〔四三〕即語録卷二落堂示衆。

〔四四〕竹　語録作『木』。

〔四五〕即語録卷二示衆。語録分爲數條，皆題示衆。最後一段語録未收。

〔四六〕赤躱躱　疑當作『赤骒骒』。

〔四七〕即語録卷二起七小參。

〔四八〕即語録卷二解七小參。

〔四九〕子　語録作『了』。

〔五〇〕第一段及第四段收入語録卷一師誕日侍子中通請上堂。

〔五一〕即語録卷三荆樹下建新禪堂上梁。

〔五二〕語録未收。

〔五三〕語録未收。

〔五四〕語録未收。

〔五五〕全文見青原志略卷二僧傳惟信禪師。

〔五六〕語録未收。

〔五七〕□□□　抄本原空。

〔五八〕潙山靈祐禪師説：『男兒自有沖天志，不向如來行處行。』方以智改説：『男兒既具沖霄志，正在如來中獨行。』

〔五九〕語録未收。

〔六〇〕語録未收。

〔六一〕語録未收。

冬灰録卷六[一]

紀録興偉興紘録

丙午元旦上堂[二]

維那白椎竟。師曰：『有出來獻歲者麽？』僧問：『魚龍以江海爲歸，衲子以叢林爲歸。且道愛住即住、愛去即去時如何？』師云：『湧泉穴還點地麽？』僧一喝。師云：『若當爆竹，猶嫌不響。』進云：『從來活計不在他人手，崖頭天外自家看。』師云：『龍吟何故蟠枯木，直待春分始弄雲？』進云：『擺尾定摇頭。』師云：『難逃金翅飯碗在。』問：『曆本萬年原不改，大機大用事如何？』師云：『拄杖子旋風。』進云：『萬劫縱衡惟一指，五雲回互現三門。』師云：『且道不新不舊底曆本，從何現出指頭來？』進云：『建寅出震，如何限定新年頭？』師云：『蓂莢未萌芽。』進云：『積雪繁霜，如何除得舊年尾？』師云：『梅花先凍破。』進云：『如何是拈尾作頭？』師云：『門前戴草鞵者疑否？』進云：『如何是拈頭作尾？』師云：『殿裏蹋毗盧者何人？』進云：『頭尾皆已蒙師指，入理深談事若何？』師云：『巡照三更頭，捉得正犯麽？』進云：『左右手擎天日月，後先脚蹋古今雲。』禮拜，去也。

師云：『不可白日犯夜。』乃曰：『五更頭祝延了也，又推出來坐此何爲？將謂從前舊例麽？燈籠露柱，石牛木馬，諸絡索一夜俱除卻了。現前風雨霽，紅日在雲中，猶煩晻瞎也耶？不嫌再打葛藤，有一舊話重新舉起。昔我壽昌老祖上堂云：「有始無終，衲僧活計；有終無始，衲僧常規；有始有終，衲僧家具；無始無終，衲僧巴鼻。透得一句，生死自在。透得二句，來去自由。三句透得，可以爲人天師。四句總透得，可以爲佛祖師。大衆且道作麽生透？」又不嫌再舉一段舊話。先人云：「乾有始無終，坤有終無始。乾無始終，坤有始終。」秖如君臣道合者，以那一句消歸妙叶耶？若有一絲疑，切忌與牽牛過窗欞者亂下註脚。』畫一畫云：『住！且説今日元旦，郭太守遣供入山，大家書雲獻歲，慶歸誠諦，作麽生道？野老不知堯舜力，鼕鼕打鼓鬧青山。』結椎，下座。

解制上堂〔三〕

師云：『又過一冬春，有不空過者來還飯錢。』僧出禮拜曰：『某甲夢占同人五爻，先號咷而後笑，其兆如何？』師振杖云：『大師克相遇。』曰：『相遇後如何？』師云：『野人喪馬不乘墉。』僧頓足，又拍掌，歸位。

師曰：『依然不值一文。』一士拍掌又頓足。師曰：『作麽生？』士曰：『開已復閉，是華嚴指頭麽？』師曰：『南詢去。』曰：『無去、無來亦無住，現在何處？』師曰：『知北遊。』士禮，曰：『開閉頂門尊兩足，紅蓮座上謝文殊。』師曰：『聊化啼爲笑。』乃云：『元會一結一解，冬春一結一解，晝夜一結一解，生死一結一解，念起念滅一結一解。且道中間受享無結無解者在甚麽處？遮裏蹉過，怎怪得石霜底一條白練，與雲峯底鬧市刀山，竟作兩頭忙耶？若非先行太過、末後不及，多是棲心無記、落在暗癡。所以古德發急，南來者也三十棒，北來者也三十棒。雖然剿絶，翻成造作了也。何似青原未結以前，大門打開；既解以後，案山壁立。來者隨他來，去者隨他去，住者隨他住。或説時流會謾人，不知終不能自謾。在屋裏，面盆謾不得；出門去，草鞵謾不得。盡大地是個青原，何苦枉着急耶？秖如適纔問華嚴無去、無來、亦無住，作麽生消歸覃？除非直上毗盧頂，蚩尾參天；穿破中五堂，回文卍字；來與我遊古釣臺，方有語話分。』因拂兩拂曰：『竿頭絲線從君弄，不犯清波意自殊。』

爲泯菴心維那起龕〔四〕

維那一生鐵脊，青原累汝兩冬。釣臺、凝翠亭間，龍洲劍挂眉峯。一病待我武功來，送汝夏月冰條風。我到單前問：『子作麽生？』曰：『一切不煩常住。』我問：『生平底事，到此何如？』曰：『惟乞和上一把火。』維那！今日藉大衆手，更爲汝拶出遮窠臼，直令黄金骨照青山紅。

舉火〔五〕

橋下水流何浩浩？藥籠風割夏枯草。且看脱體無依亂石場，驚起鐵牛銜束稾。以炬打圓相云〔六〕：『祇如生死不道，大衆如何證得此炬恩力耶？圓光直徹威音前，爍破形山，誰是摩尼寶？』

入塔〔七〕

指骨云：『泯菴維那，一條硬木，風削千章。撞着青原，劈碎宫商。生也雁字過江，死也劍倚天長。全身送入青原裏，不似人間釘野樁。大衆到遮裏，轉位回身一句，作麽生吐氣？』以杖擊地云：『大地一彈皆起舞，萬峯雲裏響飛泉。』

浴佛日圓戒興瑩設普齋請上堂〔八〕

僧問：『陞座即不問，未出方丈事如何？』師曰：『指天指地子也。』進曰：『莫不是度人已畢的消息麽？』師曰：『枉費雲門力。』進曰：『今日親見和尚。』師曰：『在那裏見？』進曰：『土上何必加泥？』師曰：『泥多佛大又如何？』進曰：『水不洗水。』師曰：『怎奈火煎！』

又僧出問：『忽釣獰龍驚海岳，離鉤三寸事如何？』師曰：『闍黎鼻孔作麽生避？』進曰：『祇如大海鯨翻巨浪，和上又作麽生？』師曰：『早鉤着了也。』進曰：『掀翻海岳求知己，撥動煙塵定大平。』師曰：『掀翻看！』僧禮拜。師笑曰：『鰍以伏爲飛。』僧起，以坐具旋拂，歸位。師擊指曰：『可惜搶榆枋。』又向東邊曰：『還有出來者麽？』無出者。乃曰：『山前産了許多靈芝，一個個指天指地，目顧四方，還與他澆一杓水麽？』忽豎木如意曰：『遮個東西，指天指地，目顧四方，五乘、十界總在裏許，戒律、宗風總在裏許。本自時時指顧，且道誰能指顧？又何消特地指顧耶？定耶？不定耶？怎奈看不見何？闍後梅花入正定，殿前桂樹從定出。雙象、石峯入正定，三溪流水從定出。諸佛身中入正定，凡夫身中從定出。法華龍女入正定，華嚴善財從定出。誰是眞解脱了當人？纔一眨眼，電拂去也。且説今日癡菴道伴，周甲瞀然。捷過龐公，易消百草。今以浴佛日圓戒設齋，請來此處舉揚般若。你道舉揚個什麽？昔日東苑和上，有個問頭絶妙，一時忘卻；昨有僧從東苑來，不免問他。』遂唤靈芝。維那曰：『病眼。』師曰：『且喜點即不到，還有人別舉一機麽？』良久，師曰：『漫驚凌行掌，甘贊一家劄。遮提答文殊中有一句，恰將恁麽酬齋耶？』竪木如意曰：『多勞指顧。』結椎，下座。

晚參〔九〕

白雲端禪師云：『一句道盡，與佛祖爲師；一句道不盡，與人天爲師。』青原又不然〔一〇〕：一句道盡，秖可與人天爲師；一句不道，便與佛祖爲師。與古人誰較親切？且道如何是不道底一句？揮手一下。

爲曇白御禪人起龕〔一一〕

笑雙二老處，六年侍者；撞到青原，一年結款。曇白！你高峯一句，罷參了也。只可以剿截臨行，風雨策勵；不可讓人漫道：白髮龍鍾送少年。

芝穎大師忌無門設供請于塔前致語〔一二〕

翠屏背面千秋緑，恰將老人衣塔藏靈骨。今日芝公死也生，無門逼汝伸雙足。師一笑，友一哭，旁有嚴菴鼓一曲。誰知碗蹉丘迸碎蒼龍窟？大衆！澆此一杯穀雨茶，看見芝公爲人漱口不？

大覺禪堂落成寄幻寺主請上堂時于慧男劉平田胡萬咸毛大可陳康侯劉襄友暨蓮社弟子俱在會〔一三〕

師至座前揮拂子云：『盡千生是個大覺道場，盡十方是個寶華王座，何須特地秖爲鼎建圓成，從青原來撞彩？不妨垂手拍案，留笑人間。』時兩僧並出，師云：『兩個問頭，是誰喝彩？』右僧曰：『今朝尚右，請師單指。』師曰：『教東邊人答西邊人話。』左僧曰：『兩足無雙，何分先後？』師曰：『且教西邊人替東邊人問。』右僧問：『入舍衛城即不問，德山托鉢事如何？』師云：『何爲背手發銅符？』進云：『雖然一片婆心切，那個男兒不自强？如何是巖頭密啓其意？』師云：『黑雲都繞中軍帳。』進云：『金繩覺路無弦曲，流水高山有子期。如何是巖頭拍掌大笑云「且喜老漢會末後句去也」？』師云：『細柳營中按轡行。』進云：『鷺洲突爾舞三臺，螺頂卓然截二水。』師云：『切忌承虚接響。』僧掩耳歸位。師云：『奈鼻孔何？』

僧問：『一杯浮渡，收盡青青；覺岸横江，如何接引？』師云：『兩堂喝下齊伸手，不隔江知落處無？』進云：『天地面前，原無生死；福城東際，漫指南詢。且問大覺香煙，還受他供養否？』師擲香下。僧拈起香，復擲下云：『抛綸擲釣，還立法塵；竿木龍飛，畫睛誰點？』師云：『剥盡芭蕉雷迸出，何妨摩詰雪中圖。』進曰：『昔日師虔禪師問洞山云：「步步蹋紅塵，通身無影象。」洞山無語句，今請和上代一語。』師云：『乘雲穿市又如何？』進云：『不落今時，更請一上。』師云：『饒汝二十棒。』進云：『只此一棒，掀翻天地去也，何用二十？』師云：『念汝年老，還救得一句麽？』僧禮拜，彈指一下，噓一聲而退。師曰：『還有一噓在。』乃曰：『殿閣休驚一指奇，福城東際大江西。青青滿地皆莖草，信手拈來覺者誰？覺者誰？瓦片遮天幾個疑？疑者誰？柱礎窗櫺且築基。忽見刹竿尖上千年鐵，穿破金襴第一機。』揮拂云：『覺此大覺麽？背觸不得，佇思遠矣。有者道：本覺、始覺、究意覺，冷水沸湯知幾杓？』因拂一下。『有者道：本浄本不覺，能迷非所迷，浙米矛頭煩罩籬。』又拂一下。『有者道：圓覺中無取覺者，架上黄鐘一半啞。』又拂一下，云：『此三下中，是覺不覺？弄到二千年來，麻三斤，破沙盆，三脚驢子弄蹄行，牡丹花下睡猫兒，愈出愈奇，爲着甚麽？』又旋拂云：『果是其人，横身直過，是覺不覺？決非齲齒所能分疏。且説此刹爲宋朝敕建覺報禪寺，萬曆間立禪師爲青原竭力莊嚴，因復開此基址。又五十年，其孫寄幻成祐，從兵燹中再造。一行三昧，頗有乃祖之風，遂能感大護法，爲之寶蓋。垂成，合蓮社友，相與把臂哪哢。目今塞者蔽雨，通者迎風；明窗享天，暗室履地。令往來者經行坐臥于其中，你道承誰恩力耶？其中有不昧此大覺柴頭者否？如其不覺，何能不疑？一步竿頭，總須努力始得。且道乘雲穿市，供養旁觀，作麽生結款聾？有個舊對子：門外青山皆屋裹，東家流水入西鄰。』向上擲拂子下來云：『此中更有一句，自待知音，續韻去也。』下座。

白法菴茶話 時遊武功山〔一四〕

此白法菴，萬曆間白雲禪師所開，隱公繼之，重新鼎建。一莖草上，樓閣莊嚴。出没層雲，萬峯在下。目今衆數千指，鐘鼓肅然，煮雪鉏雲，承誰恩力？創者既難，守者不易。自是多生中發願眞參，始能於絶頂處全身放下耳。今偶以遊山之緣，得與諸仁者相見，住此勝境，高高深深，如何得不蹉過耶？適舉僧問夾山：『如何是夾山境？』夾山曰：『猿抱子歸青嶂裹，鳥銜花落碧巖前。』法眼道：『老僧二十年，秖作境話會。』浮山遠曰：『直饒不作境話會，亦未夢見在。』瑯琊覺云：『且道如今作麽生會？』良久曰：『上士遊山水，中人坐竹林，你看遮一隊郎郎當當，爲著甚麽？諸仁者亦疑此否？若云不立一塵，須彌、殑伽，都該掃蕩，何有境話可會？若云不捨一法，水松、雪竹，俱談般若，何分上士、中人？中間一句，尤涉淆訛。直饒能于未有山先，一坐坐斷，吾則正好推上懸崖。若非各各自己絶甦一回，便説高高處立、深深處行，早是兩頭茫茫了也。其或不然，久住此山，亦不知有山水。作境話、不作境話，又豈情識所可商量者乎？且嚼澗底之葬根，一謝白雲之茶味。

圖坪西葯菴話〔一五〕

楞嚴于十仙八定之上，褒舉正覺；武功以仙壇朝拜之路，白法成林。勝地勝因，各有時節；金殿重重，乃顯至尊；只令眦目還故處耳，豈以妙高抹殺別峯耶？今日倚仗此處，佛法放在一邊，且就山水言山水。鶴峯之妙，妙在乎高；圖坪之妙，妙在乎深。西葯居此有年，曾到最深處否？明日提把斧子，爲他重開生面去。

晚　參〔一六〕

夢笑老人提曹山偈曰：『學者先須識自宗，莫將眞際雜頑空。無身有事超岐路，無事無身落始終。出語直須燒不着，潛行應與古人同。妙明體盡知傷觸，力在逢緣不借中。』山僧因爲注破：學者先須識自宗，乾三連。莫將眞際雜頑空，坤六斷。無身有事超岐路，震仰盂。無事無身落始終，艮覆碗。出語直須燒不着，離中虛。潛行實與古人同，坎中滿。妙明體盡知傷觸，兑上缺。力在逢緣不借中，巽下斷。撞個漢曰：『若是半偈，又作麽生？』幾乎錯下注脚，忽然驚覺。且問：妙明體盡，爲甚麽知傷觸？汝諸人三日内得力處，試爲我圓此夢看。

曾曼長居士訃至設靈小參〔一七〕

匡原掐定香煙去，可知道『力在逢緣不借中』？歲歲拒霜花不變，隔江招手露金風。匡原曾曼長居士，夙學明經，龍淵在匣。卻能齋戒白業，信心行持，且三十年，就三徑作雙林，以一報攝四智。一切家事，付與得力兒孫。直趣菩提，泯然自盡。末後預知時至，沐浴披剃，總緣正信，一心不亂。當此秋晚之際，灼然長劍倚天。去年在汋林，聞舉僧問雲門：

『樹凋葉落時如何？』雲門曰：『體露金風。』泠然有省。一日聽西生大師講楞嚴，于『是不名見』有個入處。山僧徵之曰：『圓滿菩提，歸無所得；如何「首楞嚴」三字，譯云「一切事究竟堅固」？事究竟堅固，是有所得了；若無所得，則一切事如何又究竟堅固？作麽生折合？』公曰：『不見道：無身有事超岐路。』山僧曰：『曹山後語，又作麽生？』公默然。山僧曰：『是不名見潭？』後又因九峯與首座拍背公案，不覺眉毛廝結。送我入青原，辦齋供衆。相期今歲剗草，進青又菴。不謂此款待結，自己孤行。山僧聞得，便請青原一衆爲公薦一杯噴雪之泉。顧衆曰：『且道曼長居士即今受此否？』又呼曰：『曼長如今放下眉毛了也。然則九峯拍背，如何消繳？索性爲曼長居士布施大衆，當時首座待九峯云云。』即打鼓三下，曰：『石霜家風，那裏容得遮様侍者？若是行此正令，豈不使他三千里外重出冷汗，又免得後代兒孫妄想卜度耶？』師兩手牽念珠作圓相云：『匡原雲中，應當一笑。』

客司六問〔一八〕

不論船來、陸來，如何是左不得、右不得的？

住且無住，來去俱非。不但左不得、右不得，如何是前不得、後不得的？

左右前後既不得，如何興化古廟裏，又打中間底？

愛之則是愛鑛，棄之則是棄金。立處歷然，如何是曹山混不得的？

古德云：『第一親切，莫將問來問。』如今多飣湊一聯。不管語脉契不契，又念一聯。如此便當得宗乘麼？不知背心裏何故汗出？

斷不可認着個馬後驢前，又不許認着個寒潭月影，兩皆不是，便靠着混沌無記空。到此祖關，不透正眼，三番山水，亦孤負矣！不得巔頊一句，方許入禪堂。

祈雨拈香〔一九〕

一滴甘露瓶，從來不着價。囑付娑竭龍，爲民護苗稼。百尺深潭飛半空，中間起雲四邊下。

與左藏一〔二〇〕

黄元公問天童云：『如何是西來大意？』密云：『三十棒更教誰喫？』余集生問博山和上云：『未有天地以前，請師垂示。』山便打云：『莫錯過。』劉孝則問耑愚大師云：『宗教之外，請師垂示。』耑曰：『吾嘗于此切。』趙太常問雲門湛曰：『阿師得力句，從前如何得大自在？』界曰：『成人不自在，自在不成人。』此近代大老叩擊點睛處，公猶礙膺耶？昨見出泥寄語：『讓天下人悟，容我不悟。』愚者擊節，公亦爽然。此處爽然，那得從上猶礙膺耶？噓！」」」」舉似誰？』湛曰：『火炙胸前煖，風吹背上寒。』李夢白問天界老和上曰：『

沈葵菴金及菴居士入山設齋請上堂〔二一〕

師至座前曰：『等閒漱垢垂衣，也是半邊拂袖；一向掀翻喝散，依然窠臼草深。恰好十五日前，藥樹堂成，諸大菩薩湧出。應此好時，不覺按下雲頭一蹴。』維那白椎。僧問云：『綠花叢裏垂鞭過，主客相逢無一言。還是神通妙用？還是法爾如然？』師云：『且喜孟冬一日罩晴雲。』進云：『以宰官身得度者，即現宰官身而爲說法；今日法王，以何垂手度盡閻浮？』師云：『冬日陽春背上知。』僧豎一拳。師云：『天大將軍到來，汝作麽生？』僧作舞而去。師云：『矮人觀場，也作常羊一舞。』

居士問：『如何是無上兩足尊、知法常無性？』師云：『水車雷碎金剛命。』又問：『如何是塵中能作主、化外自來賓？』師曰：『橋門殿閣揖紅輪。』士曰：『無上即不問，兩足還有賓主也無？』師拂拂子曰：『一蹋没商量，拈來成剩語。』士禮拜。師曰：『且立右邊着。』乃曰：『適間舉：無上兩足尊、知法常無性、水車雷碎金剛命、塵中能作主、化外自來賓、橋門殿閣揖紅輪、一蹋便没商量，爲甚拈來剩語？』擊拂子曰：『是其人即從此入。法耶？性耶？主耶？賓耶？作麽生看？』又放下拂子，阿一聲，曰：『正與麽時，直饒德山、臨濟來。若動手脚，枉費氣力，一毫也用不着。』拂一拂曰：『直須峯頭磊落，信步坦平，澥底揚塵，周行無迹，不動干戈，坐致太平的，庶爾少分相酬，不負時節。如或未也，一切是塵，那個是主？既要見性，又云無性，先後中邊，賓主角立，三生六十刼，咬嚼勾矣！何如初發心菩薩，一眞不退，卻許他坐斷前後，立地參天。即今葵菴、及菴居士，皈依三寶，齋心多年，入山飯衆，請山僧舉揚。只消一滴眞誠，逼塞太虚流汗。』阿一聲曰：『汗不欺人，是誰恩力耶？但慙安坐受供，無以塞白喉間；少不得就齋堂中饅頭菜梗，任諸人横咬豎咬。或有咬出恩力者，未可知。』向拂子曰：『汝作麽生道？照顧牙齒。』一擊，下座。

朱誠吾居士設齋請上堂〔一一〕

師云：『立冬進新堂，期前圜正座。今日不用枉湊閒言，有切生死者，出作對一問。』有僧出禮。師震尺一下。僧云：『答話已竟。』師抛尺擊之。僧歸位。師曰：『咦！』乃曰：『堂堂不昧，佛祖齊立下風；歷歷當陽，天地掀翻上座。擬欲承當，遠之遠矣！』歎一聲曰：『世間法不過開消矢溺、安頓飯碗，三乘十二分教，與他整理手脚。十法成乘，祖師別傳，專用無門，使人自蒸自曬。五宗設坑陷虎，愈出愈奇，千七百則葛藤，誵訛不了。羣以膠錮之習氣，巧偷最上之名言。弄到如今，攢砌玄妙。説食豈能飽人？棒喝機鋒，都成情識窠臼。變此症候，又用何方？藥地病漢，與諸仁者相期，本是正大光明磊落丈夫，直須死心究竟，徹頂徹底，方能掃蕩建立，到眞自在田地。今日齋主，遠來瞻風，好個彩頭，將以甚麽爲諸人相酬耶？有段舊話，不妨舉出。昔人夢見文殊的眼鏡，普賢的皮韉，毗盧的帽子，彌勒的兜肚，都被青州布衫包裹了。有如是奇特，信麽？自穿自脱，自脱自穿，冷暖自知，非干我事。參！』

示永和蓮社〔一三〕

永明壽禪師曰：『有禪有浄土，猶如戴角虎；現世爲人師，當來作佛祖。』中峯本禪師曰：『禪外不曾談浄土，須知浄土外無禪。兩重公案俱拈卻，熊耳峯頭問白蓮。』將謂夷丘塡壑耶？將謂扭捏膠黏耶？若作計較，失之愈遠。青原爲拈之曰：『禪即浄，浄即禪，念本無念中間穿。白蓮花上抛隻履，眼横鼻直誰能拈？』永和蓮社以白業助正因，久在我笑老人熏陶中，忽來求示，爲拈四字，早已不勝都盧。諸仁者不須別換題目，只要一直穿去，哇地自有其時。此外閒言，不須再舉。

爲知客幻菴慧舉火〔二四〕

永嘉過嶺幾冬春，滑到青原了此因。去冬末後句，咄咄莫欺人。一病四旬，竟不呻吟；豈待如今，來問疏親。且道翻身向何處去？依然劫火横身。

爲侍者夜露舉火〔二五〕

相隨十六年，一拙送汝老。興曉！如今曉了。將謂是禿帚撒花，祇引個火牛銜草。

爲大覺菴知客元長入塔以虎終〔二六〕

卓杖云：『看見此公一場奪食徹骨流風麽？慧消平等，善長歸元。行脚一回，幾緉草鞵生耳；復還故處，栴檀瑞像偕來。護木叉而享三昧，佐大覺以接十方。末後一着，不妨驚人。今日拶到此處，今古同參，渾忘主伴，江濤山月，供養千秋。且道咬斷命根，入穴得子，又作麽一句呵氣耶？試問長沙岑大蟲，牛頭何引祖師怕？』卓杖云：『吽！』

爲資聖一輪寺主小參〔二七〕

師彈指云：『資聖寺主了此輪麽？延津舊寶，透劫騰雲，度刃不驚，逆流脱白。恰遇芳仲居士，重興資聖，以寺主勞其𥝩鉏；竺菴和上，樹梧黄龍，以維那試其霹歷。適遊姑山過夏，題額「來風」。自此隨杖同遊，途中撥火。三不是觸着傷心，破沙盆忽然脱底。一眞濺血，攖者吹毛。正在翠屏待月，望爾浪鞘排爐。惜哉！玉筋長垂，瞥然凌空去也。臨行一拍，聞者拊膺。今日在此，拈出毫毛，且道以何一句當大招耶？衝破琉璃無限碧，雙丸推轉一輪天。』彈指，下座。

九月初七日天界和尚忌辰上供〔二八〕

重陽節到霜風飄，眼珠秋水嘗滿瓢。三百首詩，不容人見；踢翻盤子，半字無交。半字無交，爲甚年年此際，觸着今朝？燒香云：『啼笑難分總一燒。』

爲幻菴慧禪人入塔〔二九〕

作圓相云：『環此蒼蒼誰出没？投林入火空录录。雖則師子座前少一擲，無縫塔裏添眞骨； 又且有伴同歸，誰信黄金一國？既到此處觸着，聊將何語證痛耶？不須重與解連環，黄葉滿天啼不足。』

晦山和尚到山上堂引座〔三〇〕

雙桂重陽待客開，撒花水底看天裁。 橋梁界破雲霄路，紫氣從南過嶺來。 可笑病龍鍾，一向三不管； 就有個驪龍頷下探珠、猛虎口中奪骨的漢子來，卻也湊泊不上。 反覺得水碓中一粒米，鈍置殺人。 忽然一陣風，吹得晦山和上到此。 自江北四祖打南華回，吐西江頂上之波，掃七祖無縫之塔。 多生故人，啼笑不了。 同堂鐘鼓，異響旋宫。 億萬毫毛，一齊豎立。 好個節拍，豈容蹉過？諸仁者猶傖儳耶？或者興化躲雨，不妨盤礴演祖。 若是咬嚼玄要，正好叩擊汾陽。 掀天浴日，但去摩捋虎鬚。 騰擲一上，毋論搆得搆不得，決有一段痛快，不負汝等過重陽也。 唯憑氍拍板，知得九韶音。

結制日孫魯山居士設齋請上堂〔三一〕

僧問： 『舊基新造，遇大醫王； 爐鞴重開，十方雲集。 造化在手，先用何方煅煉？』師打一棒，曰： 『從頭起。』進云： 『盡大地是個紅爐，諸人還許那裏着脚？』師云： 『又要潑惡水聻？』進云：『紅爐裏消盡破銅爛鐵，還有事也無？』師云：『鉏钁鉤錐，一毫不廢。』進云：『精金鍊就撩天價，豈肯和沙賣與人？』師云：『脚指上辨得否？』進一喝。師云：『好一喝，只是不知落處。』進云：『也要和尚驗過。』師打曰：『遮一下少不得。』僧便禮拜。

問云：『虛空不假金椎煉，日月何曾待照人？今日大開紅爐，煅煉聖凡，又作麼生？』師云：『莫驚山勢向天行。』進云：『他家自有沖天氣，不向他人行處行。』師云：『須信河流從地轉。』進云：『一把柳絲收不得，和煙搭在玉欄杆。』師曰：『到此處，何不哮吼一聲？』僧一喝。師打曰：『因語生解漢。』

問云：『火焰爲三世諸佛説法，三世諸佛立地聽：是何意旨？』師云：『燒卻汝眉毛。』進云：『識得本來眞面目，方知脚下有來源。』師震杖云：『識得否？』進云：『觸着當門露柱子，方明自己立地處。』師云：『瞎撞木頭。』僧作舞。師云：『亂跳當百獸麼？』進云：『正是當機。』師云：『何堪錯下註脚？』

又一僧問云：『官不容針，望和上開一線之路。』師云：『我常道：官通車馬。』進云：『學人纔到總不知，門頭户底事如何？』師云：『我只要你私不容針。』進云：『如何是目前獨脱一路？』師云：『莫忘想。』進云：『目前有路，還許學人進前也無？』師曰：

『誰禁汝？』僧退。

師曰：『念汝初參。』乃曰：『盡宇宙是個禪堂，以元會爲呼吸而結制，十界情塵，跳跟不出，可惜不自知。針鋒上亦是一座禪堂，以刹那收天地而結制，十身器界，當下齏粉，可惜不自知。』直木子笑道：『大鵬背脊，郎當太甚；焦螟睫上，土曠人稀。大無邊處，受用不着；細無間處，又鑽不入。二俱不涉，汩没何依？不如且在長連單前，面面相逢，壁立萬仞去。直木子保汝的時節因緣，決定不欺。』

恰好孫魯山居士，從曹溪來訪青原，隨喜藥樹新堂，顧瞻枯荆再發，靈壽當前，面面光明，人人壁立。因問：『結制事如何？』老僧曰：『過冬。』居士曰：『四季木犀香，難禁春消息。』老僧曰：『幸賴過量人來證明。』居士一笑。因分玉粒，飽灑雲堂，磨片石頭，因緣斯許。『福城多生，相遇且置。只如同歸一笑，直下幾能豁破也無？』

良久，舉大慧杲禪師因不動居士至上堂云：『眼空宇宙渾無物，大坐當軒孰敢窺？選佛選官俱已了，同途把手不同歸。敢問大衆：既同途又把手，爲甚不同歸？』『壁立萬仞的，還曾夢見麽？』『昔日陸亘大夫問南泉曰：「肇法師甚奇怪，解道天地與我同根，萬物與我一體。」南泉遂指庭前花曰：「時人見此一株花，與夢相似。」徑山今日判斷，若向理上看，非但南泉謾陸大夫一點不得，亦未摸着他脚下一莖毛在；若向事上看，非但陸大夫謾南泉一點不得，亦未夢見他汗臭氣在。或出來道：「大小徑山説理説事。」即向他道：「但向理事上會取。」』『諸仁者！大慧尋常血濺梵天，爲甚又在平地上喫交？且如同途把手不同歸，與今日的同歸一笑，可能向理事上會取否耶？如會取不得，自有時節，禪堂前問取靈壽木去。』下座。

笑和上生忌上供法語〔三二〕

師云：『笑老人初代座青原時，僧問：「佛法大意如何拈出？」曰：「空庭横螮蝀。」又問：「向上宗乘如何通得消息？」曰：「斷碣偃龍蛇。」〔三三〕還有人知他兩句生處麼？今日聽聽，更有兩句：活火參禪筍，清泉透佛茶。』

藥樹堂成挂鐘版法語〔三四〕

師云：『新堂古法，時至舉揚；號令人天，鉗鎚佛祖。只須從遮一下證入，即從遮一下粉碎。』乃擊鐘版云：『灼然不移易一絲毫許。』

堂中示語〔三五〕

師云：『七祖背後，垂下右手，逆流把關。笑峯和上早指此基，今日儼然巍巍堂堂了也。倒荊千載，枯皮上重發新枝，移來靈壽木，于黄葉中一莖青碧，誰不道是兩彩一賽耶？龍象雲集，開爐煅煉。既到此處，直須親過絶甦，自己胸襟迸出天地來，方不孤負此祖關去。不則依草附木，能免笑那〔三六〕？且道其中事作麽生？』卓拄杖一下。

禪堂安文殊菩薩拈香致語〔三七〕

漫疑黑豆未生芽，開閉樓頭眼易花。莫戀福城東廟住，忽然垂臂怎酬他？燒香云：『大衆！文殊菩薩來也，在山僧指頭上作大獅子吼，鑽入諸人頂門，從脚尖上出來，道：「恭喜！恭喜！一個個立地成佛作祖去。」見麽？且道如何酬他？』乃彈指一下。

冬至晚參〔三八〕

老天三不齊，歲實毫不易；三萬年追差，呼吸輪迴例。彌綸者何物？是誰通寤寐？面看南北斗〔三九〕，日日是冬至。面前大圓鏡，反觀最容易。濁識奈迷封，都成眼中刺。今朝拄杖子，忽過釣臺背。種藥得浮盧，飛龍垂鳳翅。冰霰轉雷霆，獅象雲門峙。舉似雪爐人，正可吐閒氣。梅花占臘前，消息破也未？今日古人閉關，山僧不妨開關，且作黄鍾候管，引諸公一噴，得麽？第一問曰：誰能出不由户？先王至日閉關，且問楞嚴一門，法華狹小門，楞伽無門，作麽生爲他一句折合去？第二問曰：舍身爲藥樹，偏地一莖草，如何得殺活同時？第三問曰：涅盤堂上塗毒鼓，聞者無不死；且問打鼓的站在什麽處？諸仁者各下一語看！維那云：『一狀領過。』師曰：『何乃爲大衆擔枷？』首座曰：『一時聽不明，請和尚寫出來，明日禪堂繳上。』師曰：『且放一着。』

爲陳旻昭居士舉揚〔四〇〕

永嘉云：『大丈夫秉慧劍，般若光兮金剛焰。不但能摧外道鋒，早曾落卻天魔膽。』如我旻昭法兄，千生示此一生，慧劍放光，非偶然也。以世義言，南宫捷後，御史持符；諸生之田，不增一畝；北門之屋，不樹旗竿；旁無妾媵，齋五十年；善護金湯，放捨身命：世豈輕易有此等耶？皈依博山而事杖人，受天界印而事棲霞。攪翻法身向上，識破鬼窟獸場。霹歷琴歌，應病予藥〔四一〕。只爲遮個，承虚接響〔四二〕。知恩者少，負恩者多。痛念杖人借莊托孤，乃與竹關約期炮集。既化死水枯樁，尤悼惡空莽蕩。長書論症，不覺嘘嘘。

十載西江，爲君了卻。今日對靈舉出，送慰孝子。鵬摶蝶夢，不堪狙公作計。知我罪我，聽此赤鳥之飛。自歸委化，因是公懸。嗟嗟！且道離即斷常之中，天然時節版眼。午會正決，不疑者誰？傷盡偷心，正開繼照。涉江雲中砍額，當何如耶？因寄聲曰：竹關大笑此炮場，霹歷琴歌老法殤。燒着紙灰相供養，種蘭階上一爐香。

十月二十六師壽日請上堂〔四三〕

僧問：『常將日月爲天眼，指出須彌作壽山，是甚麽人？』師云：『剔起眉毛看。』進云：『口吞佛祖，氣蓋乾坤，又是甚麽人？』師云：『教他捧盤子。』進云：『遮兩個没量底大人，與靈壽木是同是别？』師云：『誰敢擬議？』進云：『心傳千聖無先後，古樹花知核裏仁。』師云：『也須析骨一面始得〔四四〕。』問：『某甲從偏位中來，請和上鳥道玄途展手。』師云：『不行鳥道。』僧近前。師揮木如意云：『向遮裏道一句來。』僧遂拜。師曰：『塞白聻？』僧起問云：『摩耶當年産英孩，石女今朝又懷胎。天明生個白頭子，敢問生從何處來？』師云：『大好啼笑。』進云：『和上生知即且置，如何是獨尊之旨？』師云：『誰敢覷着〔四五〕？』進云：『忽遇雲門來，如何回避？』師云：『粉碎供天淵。』僧擬議。師云：『退後三千里。』僧禮拜云：『報恩須是英靈漢。』歸位。師曰：『敗後論功。』問：

『如何是和上深深處？』師云：『你那裏得知？』進云：『未出母胎，度人已畢，盡大地人論量不及；已出母胎，迦葉微笑，盡大地摸索不及。畢竟承何恩力？』師彈指。進云：『佛頭位中留不住，又將何以報先人？』師云：『今日放生，普請念誦，且道與殺盡安居，是同是別？』進云：『獅子吼時芳草緑，象王回顧落花紅麽？』師云：『放出一聯詩。』僧便瞬目歸位。

又僧問：『星斗山河，何以祝壽？』師曰：『細抹將來。』進云：『寶鏡當軒，祝壽已竟；拄杖當場，如何收科？』師曰：『今日且放過一頓。』僧云：『恁麽則萬峯頂上掀翻去也。』師曰：『更高爭奈有天何？』僧作禮而退。

士問云：『昔韓文公問大顛壽多少，大顛云：「晝夜一百八。」今日學人祝壽，和上以何垂示？』師以如意打圈曰：『還見一百八麽？』士曰：『後於首座叩齒三下，得個入處，是何道理？』師曰：『山僧頓足一下。』士拜曰：『今日親拜壽了也。』師曰：『後來擯出意旨如何？』士無語。師曰：『再來參我七日期。』乃指掌曰：『萬古相傳，祇遮些子；千聖不傳，祇遮些子。寂歷同時，是誰收放？』乃作拳云：『若于此定當得，則可攪翻天地未分前，便能裁成以報覆載。捉著佛祖下落，便能粉碎以報覺皇。透過父母未生前，便能合萬世之孝覺，以報其親。八荒開壽域，一氣轉鴻鈞，非分外也。如仍茫然，遮提一句，生即無生，帶累文殊費力久矣！大雨忽晴，恰值病僧初度，邑内山前諸公來龍潭作放生會，好個節拍，索性放開打葛藤去也。佛只爲人逐逐貪生，反致喪身失命，直須大死一回，方纔能亘十法界，放一個大生。面前飛飛躍躍，瀰闊天空，只爲濁識迷情，纔有所滯，便受用不着了。就是已學道人，重疊關山，全身荆棘，要放放不得，帶累多少？别即是圓之樓閣，指便茫然。法住法位之蓮花，不能中節。一句不來，七上八下，硬撑亂走，愈絆網羅。有等孑然獨異，不咬鉤線，自云眼裏着不得沙，耳裏着不得水，我今日也不受遮個蟠桃核。有等迅鋒馳突，拍盲爭奇，自云眼裏着得須彌山，耳里着得大海水，我今日也不賞遮個錦纏頭。唯有木如意略較些子，有時放出一朵雲，蓋覆天下人；有時放出千丈絲，酬唱知音者；有時放出苕帚、燈籠來，席上吐氣；有時放出猫兒、狗子來，背地吞聲。驀然舉扇子，踔跳上三十三天，觸着帝釋鼻孔。東海鯉魚打一棒，雨似盆傾。你道開壽域、轉洪鈞的，落在甚麽處？』擊如意云：『住！且同諸公放生去。雲起龍淵深不測，紅輪縣布覺皇恩。』結椎，下座。

臘月朔新戒成圓設齋請上堂〔四六〕

僧問：『從前圈繢，雪掃風翻，棓喝休拈，請師别調。』師鞭�竹曰：『别不？』進曰：

『瓦缶拍黄鍾，且打冬烘去。』師曰：『十年離樂器，方可許崑崙。』進曰：『盡道赤松堪辟穀，誰知四皓侍王宫？』師曰：『直待雪淋頭。』僧禮拜，曰：『蓋覆舊乾坤。』師放杖曰：『寄打雪竇，幾乎絶板。』一僧喊云：『天冷，和上請歸方丈。』師曰：『出來香爐撥火看。』僧出，師便打。僧曰：『卻笑雲居，也攙臨濟。』師又打，曰：『是攙四料揀，是攙三滲漏。』僧歸位曰：『誤入背水陣，卻憶李左車。』師曰：『燎卻面門了也。』

士問：『屐齒上下，遠路勞煩；露頂風寒，定加幅布。請舉應時一句，不用綴旒。』師曰：『能見羣龍，自知無首。』進曰：『絶迹易，無行地難。正疑藏身肥遯，何以别於掠虚？』師曰：『藤條無背面，雲氣護山川。』進曰：『火島不礙郁洲還，龐公應受臥龍拜。』果是自處無爭爲不可勝耶？』師曰：『旁觀着着先，非坐黑白外。』士曰：『死生利害背行庭，兩足果然無上士。』師曰：『臘月三十日話，初一早知否？』士作禮曰：『日午打三更，謝師當面舉。』師作伊嘎聲，乃曰：『一向謂世相面前底，佛教背後底，戒是脚下底，宗是頂上底。拂子今日重新掀揭，不許割裂，不許顢頇。面前底從東過西，背後底從西轉東，脚下底向上看，頂上底向下看。上襲下律，天地不言；代行錯明，香雲蓋覆。此中透得，不礙縱横。緣是支離，且消一拂。秪如戒乘妙叶，語默雙超。拂子用處，看得見否？』拂一拂，曰：『且喜戒壇未説之先，坐斷一年除月之首。』以拂子擊香几曰：『于此薦去，不惟初發金剛，直下徹頭徹尾；多少老參宿將，亦皆環立亡鋒。如猶跎蹬耶？詎能一擊亡三際？且聽鐘聲披七條。』又舉大慧杲禪師上堂云：『今朝臘月初一，一年此月將訖。過去現在未來，彈指一時頓入。舉拂子曰：只有遮個不入遮保社。今日拂子躍然曰：『盡三際是個大保社。』拈拂子一絲云：『各一絲頭各一個保社，作麽生説入、説不入聻？透脱得否？』良久云：『但辦肯心，我爲汝保拂拂子。』下座。

具足戒日宣如瀛暹惠遠設齋請上堂〔四七〕

問：『苔生古殿，何以利見飛龍？』師云：『有眼共睹。』進云：『娑竭乾時，正恐雷霆破柱。』師曰：『無耳同聽。』進云：『金翅劈開當宇宙，個中誰是出頭人？』師云：『且問金山鳥王，何故慞惶七日？』進云：『那顧奔騰六合雲。』拂袖歸位。師曰：『何曾答得問頭來？』

問：『結制説戒，造此紅爐；清浄本來，將何煅煉？』師曰：『刹竿頭上鐵花枝。』進云：『世尊未生已前，以何爲戒？』師曰：『寒月幅巾遮兩耳。』進云：『娑羅樹在地撐天，因甚被雲遮卻？』師曰：『不須揑目生花。』進云：『如何是逆流家風？』師云：『毒藥君臣。』進云：『如何是寶鏡親切句？』師曰：『刀斧父子。』進云：『龍圖眞骨髓，別路報恩奇。』師云：『圓禮看方甎。』

問：『黄葉殞時丰骨露，今日露個什麼？』師曰：『埽葉堪燒火。』進云：『坐看紅爐點雪去也。』師曰：『飛灰不辨雲。』僧一喝。師曰：『今朝慵聽静鞭聲。』乃曰：『刹竿頭上鐵花枝，藤條不怕剛風吹。今日忽問受戒者是誰？聲前句後翻狐疑。若認着現前秪對次，洞山呵爲驢前馬後底。且問死了燒了時，衣是何人着？鉢是何人持？然則神明亘萬古，寂感通晝夜者，決定不滯在殼漏子上，甚撩然矣！雖然，苟非窮盡又盡，啐地爆天一回；不是望空啓告，即是釘樁摇櫓，又去刻舟痕上亂針錐。』師良久云：『正恁麽時，華光三昧，是何東西？不須着急，汗不欺背，夢不欺枕，各各反問去，畢竟不自欺。』下座。

臘八上堂〔四八〕

僧問：『周行七步，不問初生；六載雪山，明星何睹？』師云：『青天白日，不叫奇哉！』進云：『説法四十九年，因甚不曾説着一字？』師曰：『風雷起處曾知否？』進云：『枯荆千歲，重發一枝。感應道交，别傳何意？』師曰：『不涉比況道將來？』進云：『銅山西崩，洛鐘東應，以感爲體，遠公何不答話？』師曰：『問取東林如意子。』進云：『大地山河齊點額，百城煙水渺無窮。』師曰：『崖州萬里，額如何點？』

問：『瞿曇失卻眼睛時，雪裏梅花放一枝。只此一枝，作何分辨？』師垂拂曰：『看見春風開落否？』進曰：『瓦餅滴凍，又設香爐。』師曰：『雪立深山鷲見日。』進云：『絶壁相逢難擬議。』師曰：『當門蹉過知多少！』僧曰：『今朝不錯定盤星。』師曰：『何不離鉤三寸道？』進云：『恁麽則人人具大人相去也。』師曰：『何必借常住物來遮羞？』

問：『師唱誰家曲？宗風嗣阿誰？』師曰：『外人那得知？』進云：『一等没絃琴，請師高側耳。』師曰：『上起絃來看。』進云：『撥綽龍齦，曾親石耳。信是書傳不到，定知一足垂慈。』師曰：『既然不慕諸聖，不重己靈，何故歸到青原重覓斧？』進云：『削堊運斤無覓處，歸家分付住山風。』師曰：『要即不到。』僧禮拜歸位。

問：『一條澗水横龍舞，兩繞松山拱象門。如何是青原境？』師曰：『流峙交參。』進云：『飯後攜笻月橋畔，笑看連理野田晴。如何是青原人？』師曰：『頂天立地。』進云：『洪開大冶鎔凡聖，蹋者方知徹骨寒。如何是人中語？』師曰：『老將惟長笑。』進云：『我化煙塵久晏息，日將北斗面南看。如何是語中意？』師曰：『旁若無人。』進云：『人境已蒙師指示，平分句子再親宣。』師曰：『袖手垂衣。』進云：『久在沙場無眷屬，清風明月伴他歸。』師曰：『何故燒燈把劍看？』進云：『小南城在玉崖東。』師曰：『將謂忘卻。』乃曰：『雪山覩星叫奇哉！一則公案，古今拈提，離跂不了，今日只好呵呵大笑。黄面老子當時若呵呵大笑，也省得數千年來離跂不了。忽有個漢云：恁麼大笑，能免後人離跂耶？且作麼生道個圓戒收科底句？臘八粥後，歸堂喫茶。」下座，歸方丈。師曰：「不慕諸聖，不重己靈，爲甚麼歸到青原重覓斧？還有人別轉得一語者麼？」一僧云：「好手手中呈好手，紅心心裏中紅心。」師曰：「出來！」僧出。師曰：「是要？是到？」僧無語。師曰：「可惜許！」

聞三宜和尚訃音小參〔四九〕

金山劈翅，偶示雲門；乾瀨破塵，不留鴻影。以愚菴而挂睦州之草鞋，借聖湖而吹性空之水笛。將謂抛擿世界，別造乾坤；詎知掃蕩佛祖，不存性命。隨場噫氣，有竅共聞；逸格超宗，讚歎莫及。至于一生與杖人在刀兵水火中换手搥胸，又豈世出世人之所知耶？忽折法幢，悲風四散。牯𦟛不須作字，麟角早已參天。只可惜浮盧之孤，不曾來孤山，與我法叔摇櫓，爲悵耳！即今一衆念摩訶，還知笑破老人口麼？前日奉懷一絶，不免重舉：「愚菴菽水老來聾，門泊虚舟萬頃中。一則西湖餧魚話，倚天長劍挂西風。」

上　供〔五〇〕

面未相識，天外回頭；　多勞寄信，以沈爲浮。　共道西湖舞棹，三寸離鉤。休！休！覆卻虛舟。　聊獻一杯寒澗水，雲中開口滿天流。

竺菴和上訃至上堂〔五一〕

萬里瀰山碧化雪，波斯擲卻連環訣。　黄龍角攪滄溟竭，紙灰騰空天破裂。　痛絶！痛絶！竺菴和上和盤倒卻去也。　兩點眼珠，一場滴凍。　有分痛者觸着，便可瓦解冰消。　若猶一膜依稀，莫嫌今日叨怛。　念我杖人一碗硇沙，被竺法兄打頭吸盡。　所以徑山拚命見賊，攢刃生蓮。　省侍太平獄中，親磨干將。　自此接圓通之鼓槌，興壽昌于瓦礫。　金殿嵯峨，功成不處；　倏然南岳，毗洞再開。　奔天界之訃音，造棲霞之無縫。　重泝西江頂上，廩山之塔巋然。　拜掃東苑、武夷，不跨石門、雷鼓。　竭瀰掀天，突然脱去。　自題火把，粉碎須彌。　大吼一聲，八紘震動。　平生自叶雲龍，不輕許可。　且喜異苗雙茂〔五二〕，付托有人。　雖然正幢乍折，愁殺邪氛；　益信好山鉏頭〔五三〕，凌霄蹴岳。　大衆！且問雲居一棒，刀砍不開；　出没洪濤，原無涓滴。　你道承誰恩力？要歸何處耶？若舉電激風馳，鬼神罔測；　宜乎搆湊不來，但論事竟堅固。嚗嚗石頭，難道有徵不信？何況末後一擊，又且硬塞牢關。祇如分付紅爐徹底煎，還有于此瓦解冰消者否？良久乃云：『如其無也，不須噥噥，且隨我上供去。』

設供致語〔五四〕

骨肉雖同門，一生不相識。方期南浦會，撞倒海波泣。炮莊頭上，太煞逍遥；三彙灰中，依然未集。今日聊烹雪水，恰是除年齏粒。伏維法兄和上來中五堂，破口一吸。顧左右云：『見麽？哭不及，笑不及，是誰嗅着些氣息？』

小年供西歸日送眉菴秀和上主入堂〔五五〕

刮地剛風，祖庭冰冷，眉菴和上于兵燹裏扶起刹竿。鎔銅浴佛，騎殿當門；捨骨掩泥，披鎧出岸。恰是五逆聞雷，吹光度刃；不妨鼓鐵綽板，唱大江詞。有時穆滿駕八駿，固令汲冢放光；有時紀信乘九龍，换卻重瞳叱咤。奇哉魁壘，足勝赤幡。移步龍須豎拂，臨行筋斗翻空；繼聲塗毒鏗鏘，好聽祖堂合奏。今請入此大香爐中，長熏鼻孔。露柱與古帆稱賀，有伴即來；倒荆與雙桂同拈，望峯作禮。且道長熏鼻孔，作麽生一句爲後人通噎耶？普供西歸冰臘水，眉毛尚饗剔燈看。

設供致語〔五六〕

瞎驢滅卻，粒米何消？此中無位次開交，古澗寒泉一度澆。且問今日在何處，與前後放光輩？遂爇香云：『燒！』

爲劉寒竹孫起法名法周字華始〔五七〕

縱横卍字本周天，立地撥方統大圓。無首履旋何内外？此中包決在龍淵。

與了菴〔五八〕

大慧云：『士大夫聞道易，入道難』。初祖云：『明道者多，行道者少。』龜洋曰：『悟道易，明道難』。許多老漢婆心太切，齒牙打作兩橛。然明與行分，人猶易知；悟道、明道亦作兩句，曾疑此否？三祖曰：『一有多種，二無兩般。』二無兩般，今時易于顢頇；一有多種，作麽生透？寧可不知其故，而稱決法眼耶？不然，先爲乾矢橛、麻三斤所惑亂矣！上根利智，力在多生，須發願者頭正尾正，始能辨邪揀異、應病予藥耳。了菴了處，豈徒兩片唇皮也哉！

示學者〔五九〕

一句話頭如鐵橛，百層冰釜烹丹雪。冬關埋出一聲雷，驚風又涉花枝血。

一句話頭如鐵橛，壁立銀山四面絶。從中起一陣風雷，丹枕三更爲汝説。

一句話頭如鐵橛，當風掃帚無車轍。誰能一躍上縣崖，舍命乘雲囦地絶。

除夕晚參〔六〇〕

『歲歲如是除，其中事作麽生除？只此一問，且當黑月作白麽？莫有烹露地、燒紙錢者，出來與他合煞？』良久無出者。師云：『昨日問打佛魔話，有下語曰：「惟我獨尊。」何不出來？』久亦不出。師曰：『遮僧頗似見幾？渠若出來，未免垛生招箭。情知殘年打鼓，暨合放過。』乃云：『烹露地白牛，理上支吾；燒夜錢王老，事上亦錯。何如遮裏，鐘聲自知時節，爆竹虚空迸破。然則「除」字如何消繳耶？』拍案一下曰：『過。』

校記

〔一〕卷六　抄本無，整理者補。

〔二〕語録未收。

〔三〕語録未收。

〔四〕即語録卷四爲泯菴心維那起龕。

〔五〕即語録卷四舉火。

〔六〕相　據語録補。

〔七〕即語録卷四入塔。

〔八〕語録未收。

〔九〕即語録卷二晚參。

〔一〇〕又　語録作『則』。

〔一一〕即語録卷四爲曇白御禪人起龕。

〔一二〕即語録卷四芝穎大師忌無門師設供請于塔前拈香。

〔一三〕語録未收。

〔一四〕語録未收。

〔一五〕語録未收。

〔一六〕語録未收。

〔一七〕語録未收。

〔一八〕語録未收。

〔一九〕即語録卷四祈雨拈香。

〔二〇〕語録未收。

〔二一〕語録未收。

〔二二〕語録未收。

〔二三〕語録未收。

〔二四〕即語録卷四爲知客幻菴慧舉火。

〔二五〕即語録卷四爲侍者夜露舉火。

〔二六〕即語録卷四爲大覺菴知客元長入塔。

〔二七〕語録未收。

〔二八〕即語録卷四九月初七日天界老和尚忌辰上供。

〔二九〕即語録卷四爲幻菴慧知客入塔。

〔三〇〕即語録卷一重陽晦山和尚到山引座上堂。

〔三一〕第三、五、六段收入語録卷一結制日孫魯山居士請上堂。

〔三二〕語録未收。

〔三三〕以上笑峯問答，見青原志略卷二僧傳笑峯大然禪師條。

〔三四〕即語録卷四藥樹堂成挂鐘版。

〔三五〕語録未收。

〔三六〕那　疑當作「耶」。

〔三七〕即語録卷四禪堂安文殊菩薩拈香。

〔三八〕即語録卷二冬至晚參。

〔三九〕面看南北斗　語録作「面南看北斗」。

〔四〇〕即語録卷二爲陳旻昭居士對靈小參。

〔四一〕應　抄本作「病」，據語録改。

〔四二〕接　抄本作「結」，據語録改。

〔四三〕語録未收。

〔四四〕面　疑當作「回」。

〔四五〕着　疑當作「看」。

〔四六〕語録未收。

〔四七〕語録未收。

〔四八〕語録未收。

〔四九〕即語録卷二聞三宣和尚訃音小參。聞　原作「問」，據語録改。

〔五〇〕即語録卷四聞三宣和尚訃上供。

〔五一〕即語録卷一竺菴和尚訃至上堂。

〔五二〕異　抄本作『喜』，據語録改。

〔五三〕益　語録作『蓋』。

〔五四〕即語録卷四竺菴和上訃至設供。

〔五五〕即語録卷四小年供西歸日送眉庵秀和上木主入祖堂。　木主　抄本作『主』，據語録改。

〔五六〕即語録卷四設供。

〔五七〕即語録卷三爲劉寒竹孫取法名法周字華始。

〔五八〕語録未收。

〔五九〕即語録卷三示學者。

〔六〇〕語録未收。

冬灰録卷七[一]

書記傳瀨興會録

丁未元旦上堂[二]

師云：『一元午會，萬法全彰。我杖人兼中妙叶之符，曉告枕頭。今日香爐，惟願神明代出。時集大成，乃使正法久住于世，以答天地君親師，普供人天賢聖佛。軒轅鏡裏，洋溢光雲；翾肖倫中，同熏化乳。』維那白椎竟。僧問：『元正啓祚，萬物咸新。第一義諦，阿誰親承？』師曰：『孟春猶寒，闍黎脱得敗絮麽？』進云：『有個萬象主，不逐四時凋。如何是萬象主？』師曰：『杲日當空。』進云：『仁者見之謂之仁，智者見之謂之智。智不到處，作麽生參？』師曰：『鮮。』進云：『光天化日無雲影，大地山河總是恩。』便禮拜歸位。師曰：『且讓角巾長掃地。』[三]乃云：『向上不傳，綱宗歷歷；舉以獻歲，聊當書雲。』師互示左右拳掌，又合手，又散開，乃袖手曰：『會麽？古今磨盤，古今旁午；頭頭第一，日日新鮮；常在其中，内秘外現；指畫質俟，毫髮無欺；覿面圈來，信得及否？若非花劈，詎免芒芒？纔形齒牙，翻愁特地；會暨不會[四]，信亦周遮。只是恁麽流傳，又能免冒昧耶？鏡清説有，明教説無，二老拳掌，要且元旦失利。今日畢竟道個甚麼句？得與萬世不失利去。』良久拂袖曰：『堂裏香知鐘磬眼，山中花笑古今天。』結椎，下座。

立春日法慧静主入山設茶供衆茶話〔五〕

善哉三下版，知識盡來參。既善知時節，吾今不再三。新春一日，法慧静主送茶入山，供養大衆。有吞得者，通身汗下麽？且道新春茶與舊冬茶，是同是别？遮裏辨得，便唤作知時節耶？所謂不被四時凋者，又將安在？若信得三下版不被四時凋，亦信得茶杯不被四時凋。鐵蛇鑽入金剛眼，崑崙騎象鷺鷥牽。若復再三，遠之遠矣！老僧病脾，也要自罰一碗。何故譚？不合下註脚。

正月十四晚參〔六〕

『解制恰值燈節，燈籠早説破了也。且道燈籠説個什麽？』良久，衆無出者。師云：『何不點燈來？今日信口爲汝一一註破，也當作白。猶疑「用心恰恰無心用」耶？舞龍跳獅村裏哄，猶疑「置之一處、無不辨」耶〔七〕？成甚東西一長歎。猶疑「時節理自彰、法身粉碎毫毛長」？如如不動琉璃光，雲鑼鼓板同當當。猶疑「個中無肯路」？水上燈毬抛不住。猶疑「明破即不堪」？黑漆屏風墨牡丹。然非絶甦折攝過關人，以上歷歷皆不親。若問家家門前火把子，土竈燭臺一齊下。」喝曰：「止！」

解制上堂〔八〕

僧問：「蒲團禪版對龍牙，誰辨當機老作家？祖意西來無可問，如何庭柏自開花？」師曰：「新參頭作麼生爲衆出手？」進云：「洞水逆流。」師曰：「恰好澆他柏樹子。」進云：「禹力不到處，河聲流向西。」師曰：「還知流上須彌山麼？」進云：「大海若知足，百川應倒流。」師曰：「老僧不知足，更有一問：心不見心，無相可得；如何今年雨落上元燈，恰應舊年雲掩中秋月？」僧歸位，作圓相。師曰：「猶是半邊。」

又僧問：「結也與麼！解也與麼！何如不結不解好〔九〕？」師揮拂曰：「怎奈年年惱亂此春風？」進云：「不結也與麼！不解也與麼！因甚帝網交蘆、鉤錐四布？」師曰：「怎奈進退塵中離不得？」進云：「截斷者兩頭，以何爲解脱？」師劈頭打一拂。進云：「恁麼則覿體分明去也。」師旋拂云：「坐住反成勞。」乃曰：「我有一聲長嘯付與誰？直告既不信，嘵嘵徒爾爲？罷！罷！罷！各自去。去者去，草鞋有刺妨爛泥；住者住，過堂不悮雲版椎。且讓一個人逍遥無所事，提燈蒼翠裏吟詩。然且一向叮寧，所爲何事？」擊拂子曰：『知非。』豎拂子問曰：『無解無結底，又是甚麽？』放拂子曰：『我不知。』

竺和上約會鼓山同禮東苑已而圓寂遺書言傳燈事故師過壽昌掃廩山塔〔一〇〕

磨得青萍倚石眠，拂衣而起金剛穿。十年冷地疏泉源，塔頂再紅白日圓。且道今來一掃，將以何者了此時節因緣？確然卓筆衝蒼天。廩山孤立數百仞，舊題『參天一筆』。

廩山瑞如監院請上堂〔一一〕

僧問：『法隨法行，法幢隨處建立。今日廩山一衆，請青原老人陞座，還是圓成舊案？還是指示後來？』師曰：『點點水墨總龍睛。』進云：『與麽則一彩兩賽去也。』師曰：『不妨瞻仰五雲中。』進云：『昔日廩山，今朝藥地。』師曰：『白雲封裏笑春風。』僧禮拜。師曰：『若是獅子兒到此，正有事在。』僧一撲。師以拂子擊曰：『被語聲轉卻了也。』

問：『昔日如來爲一大事因緣出現于世，和尚陞座，是同是別？』師曰：『王宮雪嶺一乘雲。』進云：『靈山會上，秖借一花，今日堂中，以何爲據？』師豎拂子。進云：『即今覿面相呈，和上又如何指示？』師揮拂，曰：『只看遮一下。』僧禮拜曰：『將此身心奉塵刹，是則名爲報佛恩。』師曰：『日磨長劍倚天寒。』乃曰：『長年占斷白雲封，一枝迸出笑春風。諸仁者看稟山老祖磨劍出處麽？古人眞疑迸出，只是了卻自己一段蓋天蓋地光明。尋常煮月烹雲，便是掀天浴日；隨分一莖草上，儼然玉殿層臺：原非驢門挂彩、鬧鼓販椎可冒濫也。昔日壽昌談金剛義，稟山祖曰：「宗眼未了，非爲究竟。」壽昌問：「如何是金剛眼？」稟山拂衣而起，且道是何等神鋒？壽昌從此鉏破大好山，且道從何處迸出？于此了得，盡兩間白雲一封，盡古今春風一笑。正可信步來往，蹴蹋乾坤。若此一封一笑，猶涉遲徊；直饒占斷長年，乃是寒崖焦種耳。此山衝霄壁立，元公題爲「不是人間」。藥地來飲水知源，遂爾因巖依樹，十年倏忽，曳耙青原。竺兄和上，重來壽昌，塔頂再紅，圓此公案。瑞如監院，率諸緇素，請一舉揚。你道舉揚個什麽？依舊柱子上：北斗光中磨礪石，西江頂上灑淵泉。』拂衣而起。

掃壽昌老祖塔〔一二〕

鉏破好山，翻身跳出；西江頂上，吞吐霹靂；炎武中間〔一三〕，開宗第一。卻讓不肖兒孫，苕帚上五花八劈，且道以何酬恩力耶？一莖草上千秋碧。

掃二世見和上塔〔一四〕

闕中迸出一聲蛙，指據青天挂彩霞。二十年不動聲色，立此山家。白雲谷口，多少手叉。今我重來苔逕綻，千生只潑一杯茶。

爲竺菴和上設供〔一五〕

同門雙眼不識面，載回南岳舟中見。重來師表堂，雙手聊一獻。且喜多子塔，錦縫披金殿。到底功成不處返毗盧，且看屋痕光閃青霄電。插香云：『正恁麽時，還在南岳、在壽昌潭？古爐再插三檀條，香雲覆卻娑婆遍。』

爲雙峯和上設供〔一六〕

咬指流胸好兄弟，南岳、西江一口氣。黄龍背上留藥地，重來毗目開不閉。無開閉，松枝挂劍霜風礪。

爲其天和尚設供〔一七〕

竹關一聲，奉送石耳。飛鳶過嶺，空傷脚指。雖然坐斷是非門，換手搥胸今未已。靈苗栽石長新枝，且澆萬年橋下水。

壽昌楚雲大師率兩序請上堂〔一八〕

師指法座云：『是法平等，何故特地湧出須彌王座臺？』『西江頂上，占定青雲，智上座來唱太平，不妨信步。』遂陞座拈香云：『靈山付囑，内外善護不分。請看「壽昌」二字當空，便祝香煙萬年無盡。此地乃壽昌老祖開西竺之山，一時龍騰虎嘯，鼓震炎午之運。二世和上克家厚載，請我師杖人特主此席，大闡無私。嗣後竺兄和上，瓦礫再造；雙其二老，善奏塤篪。兄唱弟酬，金聲玉振。今日一總燒卻，與他炙地熏天去也。』楚大師白椎竟，師舉拂云：『藥地彌縫孤不孤，一椎今古下紅爐。山川風雨穿心過，環轍堤眉只兩噓。』左右拂云：『還有激揚此兩噓者麼？』

問：『聖諦不爲，不落階級。畢竟向甚處行履？』師曰：『黄龍背上翻身去。』進曰：『鉏破好山，衝風冒雨。未審得何三昧？』師曰：『雙鳳銜珠作案山。』進云：『殿閣莊嚴，塤箎迭奏。且道承誰恩力？』師曰：『不可隨鑾軍逐隊去也。』進云：『昨日和上掃塔，于苕帚上五花八劈，已見全機。今日特請陞座，更作麽生舉揚？』師當面一拂云：『將謂石峽停舟耶？』進云：『與麽則萬人叢裏奪高幖去也。』師曰：『過橋截流，不得忘卻。』

問：『風行草偃，電閃雷轟；萬壑奔流，千峯競秀。横説竪説即且置，五位君臣請師宣。』師曰：『千年曆本費脣皮。』進云：『如何是正中偏？』師曰：『梅吐三更月。』進云：『如何是偏正中？』師曰：『溪回一徑風。』進云：『如何是正中來？』師曰：『青山凝古翠。』進云：『如何是偏中至？』師曰：『白日舞殘紅。』進云：『如何是兼中到？』師以拂子旋拂曰：『無汝撈摸處。』進云：『偏正已蒙師指示，秖如諸祖寶塔崔嵬，和上又作麽生下帚子？』師便棒。進云：『可謂打麪還他州土麥，唱歌須是帝鄉人。』師曰：『遮莫承當，如何證據？』進云：『争奈有眼者見、有耳者聞？』師曰：『不必賴他人。』僧禮拜云：『與麽則專爲流通去也。』師又棒曰：『流漫假承當。』僧便歸位云：『和尚不得壓良爲賤。』師曰：『李豐石璽，終自愕然。』

問：『靈山一會，迦葉親聞。請師陞座，有何祥瑞？』師曰：『東枝影向西。』進云：『燈燈續焰，祖祖相傳。且道傳個甚麽？』師曰：『西流還向東。』進云：『獅王踞地如雷吼，震動乾坤萬古新。』師曰：『掩耳不及。』僧禮拜。師曰：『也當奏鼓啬夫馳。』

問：『言前見得，未爲作家；句後翻身，非是好手。除此二句，請師垂示。』師曰：『面南看北斗，立在何處？』進云：『急急疏通大好山，如何是大好山？』師曰：『問取草鞖。』進云：『如何是祖關？』師曰：『能跳出麼？』僧禮拜。師便打。進云：『和尚不得亂打。』師曰：『草草要喫多少？』進云：『鷩羣須是英靈漢，敵勝還他獅子兒。』師曰：『笑殺公孫刻掌文。』

問：『傾湫倒嶽即不問，洞水逆流事如何？』師曰：『今朝雷雨，還見紅輪麼？』僧便喝。師曰：『遮一喝落在甚處？』進云：『落在和上開口處。』師曰：『未開口前，又作麼生？』僧禮拜歸位。師曰：『將謂龍頭，原來蛇尾。』

問：『泗州見大聖，意旨如何？』師曰：『汝見拂子否？』進云：『今日和上坐法空座，拈起一莖草，作麼生普利四州？』師曰：『盲龜自不見。』進云：『如何北斗挂須彌？』師曰：『切莫望空啓告。』進云：『黃龍頂上浪滔天。』師曰：『浸殺你。』進云：『恁麼則海底泥牛銜月走？』師曰：『湊不上。』乃曰：『向上不傳，向下文長。何必爭？如不必，通身詎若偏身？但作話會，徒辱家風。只如老祖云：「醍醐上味出乎乳，滴水攙中便不成。」還曾親過此煆煉關麼？「三十棒頭開正眼，何曾傳得祖師心。」還曾歷過此囥地候麼〔一九〕？冒雨衝風，分明指示。還信此跳出後之受用麼？世無眞願，畫少掠虛。絶甦不親，折攝猶惑；　不用則死水，一用便莽蕩；　麻三斤、乾屎橛，都攙作情識窠臼。　直饒掀倒禪牀，喝散大衆也。　襲成逐塊隨邪，又不如瞎驢趁大隊去也。　疑此自問，即是眞參。　雖然恁麽，不必氣急。　現前斧口磬眼，節拍歷然；　大樹繞庭，靈苗自茂。　且道箇甚麽收科好？幸是内生王子統功功，姑射山前五穀熟。　珍重！」

到長慶爲空隱和上設供〔二〇〕

騎牛入佛殿，貪程不覺曉。　末後一聲不辜負，回頭擲杖山山好。　金輪白氣信夙因，華首海幢乘月笑。　等閑坐斷準提壇，金殿重重彈指造。　七個蒲團懶道場，鍬鉏榔栗叉手笑。且道青原智行者到此〔二一〕，以何爲供養？從誇鄉果荔枝紅，滿林古幹青相照。

掃鼓山永老和上塔〔二二〕

金鷄啄破碧琉璃，棒下翻身爲甚疑？不跨石門穿過也，掀天吞海有何奇？如我鼓山永覺老和尚，人人盡道九峯岳降，示金剛師，壽昌嫡骨，午運總持。　是誰見他鎔銅淬雪施禮樂？又誰知他移山喝水嬰兒嘻？不免五千鈍置黄金鎖，八十捧腹嗟瘖痍〔二三〕。　最後留毒龍擺尾，換人錦縫丹青圍。　多生此生信啼笑，千里一埽誠萋萋。　卻笑何必來打遮破鼓，也是沸地墮枕鞘此時。且道今日承何願力，當得供養覃？海潮歸岳頂，渴筆蘸天池。

病起垂示〔二四〕

早知鑊湯避暑，到處菴蘿一蹋。莫錯怪荔枝光餅，空帶累木香黃連。遮兩日略覺好些，不妨藍輿兜上岦崱。回臥牡丹堂裏，又思扶杖喝水巖前。笑殺支離，何辭擁腫？聖箭方丈既不上堂，來此與諸公相見了也，不負椎聲，儘堪出汗；詎勞裝面？空費周張。適纔禿筆收科云：『石門不跨爲何事？岦崱峯頭曉日紅。』拈此奉送諸公回寮。

怡山答話〔二五〕

得愚居士曰：『青原門面絶壁，然否？』師曰：『聊堪挂口。』曰：『其聲如雷？』曰：『不防瘖啞。』曰：『昔常瞻北斗，今喜會南溟。』曰：『鵬背上作麼生？』曰：『視下總蒼蒼。』曰：『瓠尊無用處，亦是坳堂杯。』曰：『從此斟茶去也。』曰：『烹煮古今有分。』士禮謝。嚴介聞之，曰：『蹉過了也。』旁有問者，介曰：『將錯就錯，不妨疑着。』師聞之，曰：『鄭康成錯下注脚，郊天之鼓，必麒麟之皮乎？』

又記因醫垂示〔二六〕

張爾玉送陳雪潭醫約至。劉岸矣因論藥止可以醫血氣，而心病還須心藥醫，故曰治神爲上。藥遊老人曰：『不二不一，猶不信乎？』岸曰：『病人者火，養生者火，而又曰火與元氣不兩立，何也？』老人曰：『調御丈夫，從此入理。』岸曰：『人迎喉旁胃脉，氣口寸肺病，誤久矣。』老人曰：『南北氣交輪，升降分左右。一在二中，尚有疑耶？』岸曰：『内經附上與叔和脉訣，何從？』老人曰：『兩端互徵以審信，分位通類以化裁，尚有疑耶？』岸曰：『仲淳廢運氣，然否？』老人曰：『三才之輪，盛衰各變；經臟之節，緩急各變。是誰盡變裁成，以享大本者乎？以苟簡爲易簡，以不學爲絶學，殆通弊矣！』岸曰：『尺寸不應，然歟？』老人曰：『年年有不應者，運氣本君火也。』岸曰：『五行尊火，算一言而終乎？』老人曰：『醫瀉南方補北方，是何妙訣？』岸曰：『有時滋陰，即是降火；有時升陽，即是散火。』老人曰：『痦知夏至皆冬至，是何湯頭？』岸曰：『醫王大病望誰醫？』老人曰：『無病而妄藥者，誤豈少哉？』因舉鹿湖頌曰：『死生來處知誰造？色裏膠青説不明。體盡自愁傷觸後，一瓢薪火與時行。』岸作禮曰：『萬世謝指掌矣。』于是紀之。

答理士〔二七〕

理士問：『如何是定静？』師曰：『夜通晝夜。』問：『如何是物格？』師曰：『晝通晝夜。』士憬然曰：『爲物不二，是知至耶？』師曰：『天自無冬夏，歲寒須過關。』士曰：『貞父謂鬱輪袍進步，王摩詰是羼提。埋菴謂佛骨表告君，韓退之是眞供養。陽明許朱子晚年出家，一菴送達磨重新上學。其意如何？』師曰：『人人五臟相生剋，交濟誰知水火功？』士曰：『石頭云：「回而更相涉，不爾依位住。」既是兼中到耶〔二八〕？』師曰：『童習白頭看不見，幾多迷殺錯行中。』士曰：『助忘談頓漸，依舊兩頭忙。』師曰：『窮盡後先看立處，冬裘夏葛自家穿。』士曰：『菴遮提一句，穿卻了也。』師曰：『萬古今日，千里一步，猶被空花摇亂耶？』士曰：『歷過方知。』師曰：『趙州道底，問事即得。』士禮退。

定公房書紙尾〔二九〕

定公房見千山集，語語刺天，吹毛濺血。一身新骨肉，萬里舊生涯，眞丹震動久矣！定者曰：『三世諸佛，是一血性男子。』愚者曰：『須從威音前畔穿一回來，方能四稜塌地。』定者曰：『正愁碧落碑難讀。』愚者曰：『讀者重燒歷劫心。』岸公曰：『杖人所謂怨怒致中和，炮莊以桑户一聲爲大宗師出首結案。吾今日長伸兩眉矣！』因見勝公畫册，别出一種埃幹；峻嶒喬灌，以巨然陶鑄荆關。九曲、九鯉，爭奇陽朔；中宵、硯北，瀑布有聲。』定者曰：『此固血性佛不平之鳴也。』乃爲題紙尾曰：『死生看破啼成笑，山水相逢筆作聲。』

余全人奉本師書來三山黄石通天寺僧來迎因示隨行者〔三〇〕

蘆中本師，容窩垂白，通天香火，是其夙因。既已出嶺到此，相去三日程，扶病親省函丈，是我隨緣自盡，無迴避處。故以二侍者，行回不出一月也。青原隨來者，現寓功德祠，隨堂粥飯，課誦出坡，不可放懶。

示當人琴島抄續正宗記〔三一〕

杖人云：『道自包舉，事以正決；傳燈所重，以統系也。』鼓山和上，本無他意；考證有補，故勸成之。此來幸得就事了事，正決森然。何必分河飲水，而諍長無明，無了休耶？明教嵩禪師正宗記業已續起，文簡事舉，汝二人便楷録一部。至于别路拈提，則格外手眼所寓也，不得向人輕語。并報谷師，可免譊譊。

蘆中余太師一家同鄭牧仲林祖夏黄任者方雲師衆居士暨諸山法侶迎師黄石通天寺設齋請上堂[三二]

師揮拂曰：『遊山竿木駕雲龍，偶畫葫蘆卻不同。黄石當機堪一笑，點睛專待老壺公。』僧問：『應以宰官得度，即現宰官身而爲説法；應以比丘得度，即現比丘身而爲説法。今歲蓮花現瑞，通天顔面重光。妙叶雙超，如何指示？』師曰：『穀城雲裏白毫光。』進云：『兩點水墨，一處成龍。』師曰：『黄石眼睛，闍黎拈得出麽？』進云：『男兒自有通天路，不向如來行處行。』師曰：『未許冒昧承當。』僧一喝。師曰：『枉費氣力。』

老僧問：『虎溪纔過，陶令攢眉，還會得遠公意也無？』時此老僧口齒不明，師笑曰：『闍黎請説官話。』僧云：『謝和上，答話了也。』師曰：『年老且讓鄉談。』

僧問：『不求名於朝，不求利於市，今日在遮裏又求甚麽？』師曰：『汝脚蹋在何處？』進云：『一輪明月通天照，大地山河徹底清。』師曰：『臨陣不得吹脣。』僧禮退。

乃曰：『浮山遠公上堂云：「第一句：水泄不通，緇素難辨。第二句：十方通暢，大地全光。第三句：高低一顧，大地齊瞻。若是衲僧陌路相逢，須具通天正眼始得。」既已摩醯迸出，卻又抹去別拈。若是總不相干，何故一場虛設？將謂非天非人、能天能人，是個三不收麽？將謂瞎者打開、開者打瞎，兩折三番，定勞之繞麽？蚊子鐵牛，猪炙左膊，料踔無涉，何以應時？千里奇緣，不可漫過，是花是草，揀擇何辜？猶憶古人曰：　理家膠柱，紗縠未掀〔三三〕；　教家牛毛，數寶何益？宗門毒藥翻成，靠着依然不是。然則目空雲漢，只叫蒼天也乎？不則混沌無記，盲龜浮木而已。通天正眼，如何即是？我杖人集大成妙叶之宗，難道舉揚不及耶？今日就地參天，偶有三問。第一問曰：　圯橋墮履，何以識得是弄椎兒？留侯願棄人間，何更寶祠黄石？遮兩雙眼，在甚麽處？第二問曰：　壺公使季咸逃走，鈍置列子，還有出身處也無？第三問曰：　九鯉化龍，未審金翅還來結款否？出格通天者，試下一語看。』良久曰：　『直饒杜湊將來，崖州萬里，轉見支離了也。此事非情識脣齒所能差排，顧佇即非，不如且罷。各人隨分，現在玄同。如此寺爲吾師一家建立，香火祠堂，供養龍象，兼盡妙叶，即此通天。比年劫火蕩灰〔三四〕，原自巋然不動。衲僧廝守，鐘鼓鏗鏘。今朝一筆開顔，觸着蓮花起舞。且道承誰恩力、享此通天輩？超出乾坤惟一掌，山中星月自呼潮。』揮拂子，下座。

林豁軒昆仲就東山石宸請垂示法語祖夏、祖涵〔三五〕

三萬二千獅子座，菴羅石裏青天墮。文殊入門敲啞鐘，金粟前身但高臥。擊几云：『此處豁然楞嚴堂，雲門一鏃三關破。作麽生破？分段生死破，變異生死亦破，今古廢興，人我是非，殺活權實，一齊都破。破破破後，笑此滯貨。今古廢興，人我是非，殺活權實，喚作三昧，未嘗不可。如未豁然，時光勿惰。易則因風吹火，難則逆風把舵。獨不見張無垢悟後雙趺儼然，誰不在楊大年八角盤中磨？此處豁軒金玉，枕藉絃歌，愚者來遊九潦，乘雲一過，題作「石扆東山」相賀；乃請指示，先念苾駄。向上無上，説個甚麼？孤耇不住，自己切磋。多生慧種，此番唱和。止有一事實，大丈夫如何做？六合拂一圍，得句惟一唾。從上叨叨的根本、差别，是兩個不是兩個？正因、了因、緣因，是三個不是三個？寶鏡重離回互，是五個不是五個？若尚折攝朦朧，怎辨魔羅？只恐盡九洲鐵，鑄一個大錯。」因而笑曰：『呵呵呵，部臨何似楚詞些？酸湯可解醒，糠粃也須簸。萬頃不耕何貴田，白飯不甜請一餓。祝勉交參，業在其中，應時及節，一句如何？中秋月正皎，八月潮來大。』下座。

回莆田黄改菴諸公啓〔三六〕

伏以坎離繼照，於穆之命我者儼然；鐘鐸交參，妙叶之開宗也大矣。比肩千里，本自同風；握手一函，惟留後話。恭惟諸護法老居士，神州柱石，奕代典型。素業丹書，早破微塵萬卷；白心黄理，嘗瞻皎日重輪。緑野懸車，與時消息；彩虹化玉，自奉神明。或留則堂之紱鱗，嘗念擎天之靈鳳。香爐作記，遠社同遊。石肯安名，笏傳法席；秤將答話，帶鎮山門。喜三代之禮樂在斯，知千古之風流不墜。緣逢一旦，信自多生；適接徽音，已成露布。讀書人請進，雲門舊著此家風；通天陌相逢，浮山以何爲正眼？只爲一門深入，醫藉奇兵；又以各路相逢，藏于異類。大人統御，一切彌綸。就路還家，本無我而因物之則；應症予藥，窮諸變而適措其宜。到此忘言，于我何有？方外遊無内外，環中誰計中邊？正坐未可當堂，犍椎亦是凡例。何緣連牘，舉及病夫？自笑顛連，附陳記室。智本散櫟，鈍笑棲蘆。偶曳尾于青原，近訪師于黄石。夢遊九鯉，海見羣鴻。偶爾竿木逢場，取笑四衆；其實葫蘆依樣，不及一籌。忽承專席見迎，爭奈單瓢歸去；未了浄居舊債，且爲杖人傭書。以此奉辭，幸恕方命；久憐才盡，殊愧文來。昔有玄沙，嘗封白紙；眼前烏石，已答雪峯。端獅子下座不辭，老龍山燒菴亦贅。面目已見，不拘形骸之去來；法界分身，且托煙雲爲酬唱。臨風瞻越，信筆嚶獰；庇恃慈雲，久同香海。

回雲門檀越及闔山法侣啓〔三七〕

雲門向來握腕，卻豎刹竿；石船自有長年，相逢海岸。袈裟布地，福德至今。老護法居士，舊閥閲家，大功德主。天毬東序，世傳琬琰圖書；金奏西紘，學自弓裘禮樂。五明、五備，長者鬻香；三諦、三身，大家覆幬。歸宗高閣，本逸少之墨池；建業織山，乃僧紹之舊宅。今古傳爲盛事，道場業已重興。幢蓋求賢，檀波善護；信是香煙熏沐，自然乳酪流通。智適漂萍，路經美蔭；東山偶過，北首遂行。忽奉華箋，迎主法席；自嗟老病，不足扶持。年來拽耙青原，已嗤啌臂；遥許同心白社，不礙龍山。自托神交，善應讚歎；千峯非隔，共仰月明。一紙先迴，且呈顔笑；芙蓉答話，只好遊山。棗柏散人，莫嫌少禮；未能如命，以此遠辭。希恕不恭，垂雲在宥；抱忱無盡，臨楮屏營。

報親古航和上塔前上供致語〔三八〕

一航舞渡無今古，兩岸中流都不住。人人盡道是博山滴乳，按其生平，不打遮鼓。滴水滴凍，爲着何來？寓言答問，誰知辛苦？磨碎五位，齏粉圖書；煉人垂足，只是一斧。獅狐齊掃放龍光，問取報親菴露柱。秖如今日上供，還道得甚麼好譚？究竟無語。

到武夷石屏掃東苑老祖塔〔三九〕

烹壽昌乳，令夢筆吐。盡謂海底吞龍，又道巖邊嘯虎。多少人望崖而返，自問雙蛾長幾許？遮莫來打瞎悟門，别行一路。到遮裏，大王峯、獅子峯立在兩傍，石屏巖、定命橋白雲封住。不肖兒孫遠來一掃，又作何句？九曲千秋流不去。

東苑老祖像前致供〔四〇〕

撞壽昌之牢關，奪博山之險砦。向在石屏巖下二十年，也只爲着推倒趙州莫作怪。今日一杯白水，欲望受供，未審以何爲驗耶？咳！便插香。

山主熊魯子咸初衆居士請師東苑上堂〔四一〕

僧問：『靈芝稱地瑞，秋茗發春香。吸盡西江口，蒼山爲舉揚。今日在此東苑道場，緇素儼然，以何法示？』師曰：『掀天一杖碎山川。』進云：『萬法不侶者，畢竟承誰恩力？』師曰：『脚踏甚麽處？』僧豎一指云：『全憑遮個調羹手，撥轉如來正法輪。』師曰：『秖如東苑推倒趙州，其撥轉又在何處？』進云：『突出好山眞面目，分明一點個中圓。』師拂一拂云：『何不劈碎？』僧一喝。師曰：『是喝趙州？是喝東苑？』進云：『和上莫分別。』師曰：『可惜雨淋頭。』

居士問：『法王宣令，古佛重光；祖父田地，契券分明。髻上寶珠，請示大衆。』師曰：『東苑老祖在此垂示的，居士還記得麽？』進云：『如何是妙唱非千古？』師曰：『無絃屈指，宮商何在？』進云：『如何解針枯骨吟？』師曰：『若飲上池，早知垣外。』進云：『如何是死蛇驚出草？』師曰：『飯龍吞象，蝶夢方醒。』進云：『如何是鐵鋸舞三臺？』師曰：『水鳥樹林，是何節拍？』進云：『四句已蒙師指示，火裏眉毛撿出看。』師曰：『更須一杓潑鍋頭。』進云：『恁麽則圓同太虚，無欠無餘。』師曰：『不須冒語，且問居士眉毛，得力在甚麽處？』進云：『不敢辜負。』師曰：『何不翻身去？』進云：『謝師答話。』師曰：『且讓老年。』士禮退。

師乃曰：『此來掃出石屏心〔四二〕，擊櫂聲中無古今。偶向讀書坊下過，破塵一句待知音。此是東苑老祖磨劍之地，早從石屏巖下齏粉乾坤。撞着大好山頭，飛鳶踢破。一逢夢筆，觸落巖花；虎嘯龍吟，普天震動。大隨不壞，逝者如斯；山阿一堂，舊基重搆。皆諸檀護不忘屢世法乳，共出隻手，莖草莊嚴。適山僧從武夷掃塔而來，諸公堅請於此據坐一舉。且道老祖眉毛即今何在？』良久，擊案一下，曰：『東苑老祖咳唾了也〔四三〕。猶記當初與余繼泉居士三問。第一句：如何無始以來一念不生的？第二句：如何是二六時中正受用的？第三句：如何是生死牢關打破的？卻怪何故分作三句，莫是怕人顢頇麽？即今有破口捏碎者麽？』確一下曰：『若于此處透得，可信絶甦過關；顧佇徒然，反勞側耳。且道今日幸會前緣，又將何者來應個時節聻？岱嶂開雲鋪座下，鯉池躍浪在峯頭。』結椎，下座。

冬至日岱嶂居士余雨辰游子六等請師一枝山上堂[四四]

師曰：『此一枝山，四圍無倚。初晴日至，遇此勝因。透過冬關，正好出來敲唱。』居士問：『古傳冬至一陽來復，陽復之時，亦有迹否？』師曰：『昨宵千嶂雨，今日一枝晴。』進云：『一陽之復，七日之復，是同是別？』師曰：『曾於此中打過轉身來否？』進云：『恁麼則昨夜撥盡寒爐，今朝聽地雷淵淵動也。』師曰：『冬春不成兩橛耶？』進云：『謝和上開示。』師曰：『直須翻騰得盡。』士禮退。

僧問：『莫看仙人扇，別峯藏妙高。寶秘形山，從何着眼[四五]？』師曰：『橋板仙舩多眯目，扣舷誰向棹歌看？』進曰：『三教峯前，創開虎嘯；一枝、東苑，卻在書坊。請問薪火相傳，誰是主中之主？』師曰：『閣造太虛收萬象，爐中寶劍動星文。』

進曰：『僧問雲門家風，門曰讀書人請進。莫猶是日出後事麼？』師曰：『萬卷破塵無半字，人操天地立時尊。』進曰：『無人所在必須到，七個蒲團又若何？』師曰：『晴日登山，林央不念。』

進云：『九重春色鳳樓開，十字毬門獅子滚。』師曰：『那裏見得是獅子？』僧一喝。師曰：『輞川容夜吠。』僧禮拜。師以杖稍曰：『瞎撞習家池。』

又士問：『杖人托孤，其意安在？』師曰〔四六〕：『今時不可綺中啼。』進曰：『東語西話，便當得東西密相付耶？』師曰：『僕策楚公子，微服乃出門。』進曰：『如何是藏身處没蹤迹？』師曰：『楚地不收，秦地不管。』進曰：『如何是没蹤迹處莫藏身？』師曰：『入市垂簾，逢竈撥火。』進曰：『辟如景略畢世護江南，堯夫臨終問薊北。錯行異類，誰是知音？』師曰：『鐵馬追風還夙願，雲龍垂翼自時乘。』進曰：『然則德山棒爲桃茢，臨濟喝亦呼桓耶？』師曰：『未知本地三無倚，誰賞雲門六不收。』進曰：『果然隱屏放櫂，鐵笛借吹，幸瞻浮渡一杯，棋聲先着。』師曰：『攪翻黑白未分前，爛柯莫歎旁觀速。』進曰：『隨示毫頭，贊歎不及。』師曰：『孤兒依舊可憐生，山水證盟今奉托。』士禮拜曰：『專爲流通。』師曰：『佐鍛有分。』

乃曰：『六六峯前已展眉，扣舷曾和隱屏詩。聽泉閣上重敲唱，賺殺浮山一局棋。此是東苑老祖句。眉已展了，詩已和了，浮山一局，何故賺殺？且問今日誰知先着？若未透脱，怎説過關？猶記當年枝山冬至上堂，舉及紅爐煖閣，以至邊地寒冰，設身處地，更莫相謾〔四七〕。現今套在金剛圈子裏，儘力跳不出，能免六道輪回耶？有現在圈子裏不爲寒暑苦樂所干者麽？有現在圈子裏而能遍諸國土作佛事者麽？若非大死甦來，盡被冷暖迷倒；七日來復，都成套話。然則所謂關内句、關外句、非内非外句、内外兼收句、翻身跳出句，俱不得已造此開閉耶〔四八〕？壽昌、博山、東苑、杖人以及巨兄，皆于一枝山過化，當時余猶龍、繼泉、熊仰宗諸居士，都以法喜盤桓。屢世所熏，種子自熟；浮山一局，敲唱同時。今諸公兒孫，發心設齋，請登此座，重新舉揚。何妨先王閉關，頓作華嚴樓閣。且道結齋後，道個甚麼好聻？冬日背上，識取陽春。』下座。

雲衢鄭玉友北堂請師回龍菴上堂〔四九〕

僧問：『白雲嶺畔含松際，明月堂前輥繡毬。如何是回龍境？』師曰：『萬木聳層雲。』進云：『眼空四海，捧接人天，如何是境中人？』師曰：『當軒揮兩袖。』進云：『人境已蒙師指示，向上宗乘事如何？』師曰：『鐘鼓交參聽不見。』進云：『恁麼則百尺竿頭重進步，須彌頂上再翻身。』師曰：『曾蹋過幾番荊棘林否？』進云：『透過萬重關。』師曰：『莫被自眼瞞。』僧禮退。

問：『華嚴半偈，作麼生受持？』師曰：『黑豆未生芽，是何章句？』進云：『太平本是將軍致，因甚不許將軍見太平？』師曰：『吹毛用了作麼生磨？』進云：『撥塵見佛，直須揮劍；若不揮劍，漁父棲巢。』師曰：『露刃曹山託酒顛。』進云：『醉後巴歌，阿誰合拍？』師曰：『至今耳聾。』僧作聽勢云：『萬籟有聲聞不得，龍峯無耳卻知音。』師曰：

『饒汝湊拍。』僧禮拜歸位。乃曰：『與麽！與麽！爛泥膠屐齒。』拂一拂曰：『且放在遮裏。不與麽！不與麽！逐日鄧林西。』拂一拂曰：『且放在遮裏。與麽中不與麽！不與麽中與麽！殘雲紛落葉。』拂一拂曰：『也放下着。此事不容進傍〔五〇〕，本絶迴遮；若是作意夸毗，去之愈遠。直饒毒蛇戴角，乳虎生翼，轉見乖張，都何所益？到不如初發心衆生，一念至誠，卻自塞天塞地，所謂匹夫不可奪志，一步即爲千里。確然菩提種子，諸佛護持。此間鄭玉友北堂，信心三寶有年，今日於回龍菴設齋供衆，請山僧來舉揚第一義。第一義山僧早忘卻也，正好問取從地湧出諸菩薩。』

答子六語〔五一〕

游子六問綱宗。師曰：『空劫前五臟歷然，見否？』士曰：『杏仁碩果甚分明。』師曰：『天無先後，猶蹭蹬耶？』士曰：『宰相非天子，政府即朝廷。窮盡四維上下，方感激耳！』師曰：『迷悟兩忘，人法俱遣，共語話者，又是阿誰？感激高峯乎？到此處如何剖析肺肝始得？』士曰：『明破不堪，原非金口。』師曰：『歲差日食休疑錯，勾股弦弧自高傳。』士曰：『奇哉曲尺手裁天。』師曰：『一切見成人不知。』士曰：『時論、鼎薪，報恩在此。』師曰：『千年故紙正堪醫。』士禮謝而紀之。子六精曆法，安貧養親。

爲蘇待公對靈小參[五二]

多生看破，一生恰過。萬里神光腦後相，北風吹裂空中磨。石埭待公，湖海磊落；一片熱腸，香煙證佐。奇是北變南來，同驚天墮。後在金樓見訪，重述謙菴種火，投地皈依，齋心可賀。今從東苑、武夷來，撞着藥籠口破？我問曰：一切放下得麽？連點頭顱，披裘兀坐。待公！待公！你如今安身立命，將甚麽做？于此擲碎，呵呵一個。且道老僧如何爲公點過？又如何來爲公供養娑婆壈？破！破！破！

熊仰宗像贊[五三]

親切望桑梓，落木秋風寒。分合既不得，剔起眉毛看。

校　記

〔一〕卷七　抄本無，整理者補。

〔二〕即語録卷一元旦上堂。文字略有歧異。

〔三〕自『維那白椎竟』至此，内容與語録全異。

〔四〕暨　語録作『既』。

〔五〕語録未收。

〔六〕語録未收。

〔七〕置　疑當作「制」。辨　疑當作「辦」。

〔八〕第二段收入語録卷一解制上堂。

〔九〕何如　語録作「如何」。

〔一〇〕即語録卷四掃廩山忠祖塔。

〔一一〕第二段收入語録卷一廩山瑞如監院請上堂。

〔一二〕即語録卷四掃壽昌老祖塔。

〔一三〕炎武　語録作「炎午」。

〔一四〕即語録卷四掃二世見如老和上塔。

〔一五〕即語録卷四爲竺菴和上設供。

〔一六〕即語録卷四爲雙峯和上設供。

〔一七〕即語録卷四爲其天和上設供。

〔一八〕第一、第三、第七段，收入語録卷一壽昌楚雲大師率兩序請上堂。

〔一九〕候　語録作「侯」。

〔二〇〕即語録卷四到長慶爲空隱和上設供。

〔二一〕道　抄本作「到」，據語録改。

〔二二〕即語録卷四掃鼓山永覺老和上塔。

〔二三〕捧　抄本作『棒』，據語録改。

〔二四〕語録未收。

〔二五〕語録未收。

〔二六〕語録未收。

〔二七〕語録未收。

〔二八〕既　疑當作『即』。

〔二九〕語録未收。

〔三〇〕語録未收。

〔三一〕語録未收。

〔三二〕第一、四段收入語録卷一蘆中余太師一家同鄭牧仲林祖夏黄任者方雲師衆居士暨諸山法侶迎師黄石通天寺上堂。

〔三三〕縠　抄本作『穀』，據語録改。

〔三四〕比　抄本作『北』，據語録改。

〔三五〕即語録卷二林豁軒昆仲就東山石宸請小參。

〔三六〕語録未收。

〔三七〕語録未收。

〔三八〕即語録卷四報親古航和上塔前上供。

〔三九〕即語録卷四到武夷石屏掃東苑老祖塔。東苑　原作『東院』，據語録改。

〔四〇〕即語録卷四東苑老祖像前上供。

〔四一〕第三段語録卷一東苑山主熊魯子咸初衆居士請上堂。

〔四二〕來　抄本作『乃』，據語録改。

〔四三〕東苑　抄本作『老苑』，據語録改。

〔四四〕第二、三、六段收入語録卷一冬至日岱嶂居士余雨辰游子六等請師一枝山上堂。然語録有部分内容詳於冬灰録。

〔四五〕着　語録作『作』。

〔四六〕曰　抄本作『白』，據語録改。

〔四七〕相　語録無。

〔四八〕此　語録作『化』。

〔四九〕語録未收。

〔五〇〕進　疑當作『近』。

〔五一〕語録未收。

〔五二〕語録未收。

〔五三〕語録未收。

国家出版基金項目
NATIONAL PUBLICATION FOUNDATION

『十二五』國家重點圖書出版規劃項目

國家古籍整理出版規劃重點項目
國家出版基金資助項目

安徽古籍叢書

【明】方以智◎撰
黄德寬　諸偉奇◎主編

方以智全書

第四册

黄山書社

方以智全書第四册

方以智全書之九

通雅 上册

諸偉奇 紀健生 阮東昇 整理

整理説明

通雅，五十二卷，首三卷，方以智撰。

方以智自幼好學，手不釋卷，本書最初或是他的讀書筆記，因『强記甚難，隨手筆之』（通雅凡例），久而久之，遂依類成撰。是書藉爾雅之體例，倣通志之規模，或因之名通雅。方以智徧覽羣書，排比分析，『或折衷誰是，或存疑俟考』（通雅凡例），重在徵考古今之通變。書稿初成於明崇禎十二年己卯（一六三九），崇禎十四年辛巳撰通雅自序，崇禎十五年壬午作者再序，崇禎十六年癸未撰通雅凡例；其後鼎革巨變，世事滄桑，作者於生死之間、顛沛流離之際，對書稿又進行了增補和修訂，積三十年之心力，終於成就此書。

是書卷首一音義雜論，卷首二讀書類略提語、雜學考究類略、藏書删書類略、小學大略，卷首三詩説、文章薪火。卷一、二疑始，專論古篆古音；卷三至卷十釋詁，合爾雅之釋詁、釋言、釋訓爲一，包括綴集（即歷代忽略之語詞）、古雋、謰語、重言；卷十一、十二天文，包括釋天、曆測、陰陽、月令、農時；卷十三至卷十七地輿，包括方域、水注、地名異音、九州建都考略、釋地；卷十八身體；卷十九稱謂；卷二十、二十一姓名，包括姓氏、人名、同姓名、鬼神；卷二十二至二十五官制，包括仕進、爵禄、文職、武職、兵政；卷二十六、二十七事制，包括田賦、貨賄、刑法；卷二十八禮儀；卷二十九樂曲；卷三十樂舞、樂器；卷三十一至卷三十五器用，包括書札、碑帖、金石、書法、裝治、紙筆墨硯、印章、古器、雜器、鹵簿、戎器、車類、戲具；卷三十六、三十七衣服，包括彩服、佩飾、布帛、綵色；卷三十八宮室；卷三十九飲食；卷四十算數；卷四十一至卷四十四植物，包括草、竹葦、木、穀蔬；卷四十五至卷四十七動物，包括鳥、獸、蟲、魚；卷四十八金石；卷四十九諺原；卷五十切韻聲原；卷五十一脉考；卷五十二古方解。細繹全書，通雅在義例内容上，比爾雅、廣雅等要廣博豐富得多；在折衷考辨上，又較通志、文獻通考更爲清通明晰。尤其首三卷，更爲全書之主旨，集中體現了方以智治學之精要。其定稿的時間，亦應較正文爲晚。通雅一書，既涉及文字、音韻、訓詁，更涉及天文、地理、政治、經濟、歷史、文學、藝術、倫理、風俗、博物、醫學，乃至西學等諸多方面，幾乎涵蓋了十七世紀中葉之前中國封建社會文化的全部内容，『不僅是當時條件所能達到的各種知識的彙集和考證，更重要的是在其中包含實事求是的科學精神，開明廣闊的歷史眼力，和綜合會通的知識分類』（冒懷辛通雅校點説明）。作者還結合考辨内容，對當時的學術文化乃至社會政治進行了一定的分析批判。

通雅在成書過程中，或曾以抄本流傳，這個抄本或十卷或四十卷，然今皆未見。迄今可知本書最早刻本，當屬清康熙五年丙午（一六六六）姚文燮刊刻之此藏軒本（簡稱此藏軒本或姚刻本）。姚氏刊刻此書時，方以智尚在世，其弟子揭暄承擔了全書校勘工作。此藏軒本五十卷首三卷，該本單頁十行，行二十四字，小字雙行；白口，單黑尾，四周單邊，版心標書名、卷次、卷名、頁碼、版刻名『浮山此藏軒』。扉頁中欄標『通雅』二大字書名，右欄上端標『方密之先生手輯，姚經三先生校定』，左欄下端標『浮山此藏軒藏板』。卷首依次有姚文燮序，落款『康熙丙午夏日龍眠姚文燮題於芝山之春草堂』；錢澄之通雅序；方以智辛巳自序和壬午序，自序文末鐫『方以智印』（陰文）、『密之氏』（陽文）兩印，序文末鐫『浮山愚者』（陰文）、『曼寓』（陽文）兩印；姚文燮凡例；方以智通雅凡例，文末署『崇禎癸未夏方以智記』；通雅總目録。書中各卷卷首標『桐山方以智密之輯著，同里姚文燮經三校訂』。該本方體字，版闊字大，墨黑如漆，爲清初建刻之上品。

由於方以智其人其書（主要是詩文集）觸犯清代忌諱，方氏著述多被列入禁毁之目。通雅亦一度遭禁，除此藏軒本外，通行的還有清乾隆四庫全書本，該本亦五十二卷首三卷，列入子部雜家類，并於提要中稱『考據精核……一掃懸揣之空談。雖其中千慮一失，或所不免，而窮源遡委，詞必有徵，在明代考證家中，可謂卓然獨立矣。』對明代學術頗多輕視的四庫館臣來説，這個評價已是很高了。再一個就是清光緒六年桐城方氏重刻本（簡稱方氏重刻本）。該本五十三卷，增出的第五十三卷爲刊誤，單頁十二行，行二十五字，小字雙行；粗黑口，左右雙邊；版心標書名、卷數、頁碼。該本版式、字體等皆不同于此藏軒本。另，湖南省圖書館藏有清抄本，五十二卷，裝爲十八册。海外著名的有日本文化二年（一八〇五）立教館刊本，亦五十二卷首三卷，同此藏軒本。

清乾隆時期，桐城學者張裕葉根據『當日原本，校正者十之七，葉補校十之三』，編成通雅刊誤補遺。該編對通雅的準確傳播發揮了重要的作用。

清代書目對通雅亦有著録，如：黄虞稷千頃堂書目小學類：『方以智通雅五十卷。』朱彝尊竹垞行笈書目青字號：『通雅六本。』其經義考作五十五卷，當併首三卷爲數也。孫星衍孫氏祠堂書目外編諸子雜家：『通雅五十二卷，明方以智撰。』丁日昌持静齋書目子部雜家類雜考：『通雅五十二卷。刊本。明方以智撰。』周中孚鄭堂讀書記子部雜家類所記亦爲浮山此藏軒刊本。

後世亦有將通雅部分内容單獨析出刊刻的，如卷首三文章薪火、卷五十切韻聲原、卷三十二器用之印章，都曾單獨刊出。前者還收入昭代叢書，後者以印章考名刊出，并收入篆學瑣著。

必須鄭重説明的是，侯外廬先生主編、其團隊歷經二十餘年艱難過程、最後由冒懷辛先生完成整理工作的方以智全書第一册通雅（上下）於一九八八年由上海古籍出版社出版（簡稱上古本）。該本準備充分，體例周密，校點精審，編校用心，爲方以智著作的整理與研究做出了重大貢獻。

我們對通雅的校點并方以智全書的編纂，始於上世紀九十年代，之後因種種原因，時斷時續，逶迤結糾亦近二十年。本次校點，以此藏軒本爲底本，以方氏重刻本、日本立教館本爲主要校本。諸偉奇承擔了卷首三卷、卷一至卷十三、卷二十三至卷二十五的校點，阮東昇承擔了卷十四至卷二十二的校點，紀健生承擔了卷二十六至卷五十二的校點，由諸偉奇釐清全稿。整理中，吸收了上古本的成果，并以向前輩致敬的心願，盡力做到有所提升，精益求精。

諸偉奇

二〇一五年三月十日

通雅上册目次

通雅序

詩有四始，雅居其二。周公詁詩，爰作爾雅。太史公考黄帝以來之書，擇其言尤雅馴者，著爲史記。雅之於文，尚已。傳記宣聖「雅言」，註稱「恆言」。然則言非聖人所恆言，即謂之不經，謂之俚語；語之近于俚者，聖人絶口不道，可知也。吾嘗疑上古無俚語。上古之俚語，皆雅言也，有如般之盤庚諸誥，諄諄訓民遷都，此即今之曉諭耳。其文詰曲聱牙，後世博士家窮年呫嗶，尚未盡通其義，當時閭巷編氓，何以一見而即曉然於上指也？則盤庚之文句，後世以爲艱奥，必當時所爲淺近通俗者矣。司馬長卿作賦，奇麗沉博，讀者倉卒不知其意思所在，吾不知武帝誦之，何以飄飄有凌雲意也？大抵漢去古未遠，其發言蘊藉之深，字句之奥，風尚以然，上至人主，下逮細民，皆習之以爲邇談，是故一聞即悟，所謂古人之俗語，即雅言是也。後世風氣淺薄，文字隨之，方言里諺，漸染既久，習而便之，而於典謨載籍之文，少所見，多所怪，反視爲古文奇字，非訓詁不通。俗學日深，雅道日蕪，可勝歎哉！

吾鄉方密之先生天資絶世，讀書十行俱下，又好學覃思，自童迄白首，手不釋卷，每有所得，輒登諸油素。聞之西頑道人曰：『自先生未通籍，即有通雅一書，書成三十餘年矣。凡天人經制之學，無所不該。其大指，尤在乎辨點畫，審音義，因而考方域之異同，訂古今之疑譌。有畫具而音訛，有音存而字謬；有一字而各音不等，有一音而數義以分。引據古文，旁稽謠俗，博而通之，總之不離乎雅者近是。』先生生平著作等身，今一旦盡棄之，而講出世之學，豈欲復以故紙問世乎？然此三十年之心力，所以嘉惠後學無窮，雖先生之土苴，實後學之津梁也。爰躅資付梓，用公海内。讀是書者，儻能探賾以觀其通〔一〕，矯俗以歸諸雅，即文章風氣，古道復興，則先生之功當不在禹下矣。

時康熙丙午夏日，龍眠姚文燮題於芝山之春草堂。

校　記

〔一〕賾　原作『頤』。

通雅序

往予與愚道人同學時，竊見其帳中恆有秘書，不以示人，間掩而遽閱之，則其所手抄成帙者也。凡生平父師所詁，目所涉獵，苟有可紀者，無不悉載，即一字之疑、一音之訛、一畫之舛，亦必詳稽博考，以求其至是。人言道人生平手不釋卷，搦管處指爲之胝。要其三十年心血，盡在此一書矣。書成，名曰通雅，猶之鄭樵之爲通志，馬端臨之爲通考，以言乎無所不該也〔一〕。

予嘗謂道人曰：『吾人讀書，觀大義而已。若夫研陰陽之理，窮天人之故，考政事之得失，辯學術之異同〔二〕，以及古今制度之異宜，中外風土之殊俗，如子所載者，吾以盡心焉。至於器數之末，詁釋之煩，點畫之細，世自有竄句博物之徒，子何以役志爲？』道人曰：『嘻！吾於此疑有夙習焉。吾小時即好爲之，吾與方伎遊，即欲通其藝也；遇物，欲知其名也；物理無可疑者，吾疑之，而必欲深求其故也；以至於頹牆敗壁之上有一字焉，吾未之經見，則必詳其音義，考其原本，既悉矣，而後釋然于吾心。故吾三十年間，吾目之所觸，耳之所感，無不足以恣其探索而供其載記。吾蓋樂此而不知疲也。』

今道人既出世矣，然猶不肯廢書。獨其所著書好作禪語〔三〕，而會通以莊易之旨，學者驟讀之，多不可解。而道人直欲以之導世〔四〕，若所謂通雅，已故紙視之矣。姚子曰：『通雅者，道人今日之唾棄，而昔日之秘藏也。既久秘而不章，今又棄焉，將此三十年心血付之流水乎〔五〕？且天下聞道人之風而欲學其學者甚衆，今不以此書示人，而徒使惘惘慰瞖於不可解之書，豈其導世之本意乎？吾梓焉。』夫藐姑射之神人〔六〕，其塵垢糠粃，猶將陶鑄堯舜，茲集固道人之糠粃乎，而姚子樂得而傳之，吾知其所陶鑄者廣矣。

田間同學弟錢澄飲光撰。

校記

〔一〕乎　錢澄之田間文集卷十二是篇作『其』，黄山書社一九九八年版，下不另注。
〔二〕辯　田間文集作『辨』。
〔三〕好作　田間文集作『多』。
〔四〕而道人直欲以之導世　田間文集無此句。
〔五〕將此三十年心血付之流水乎　田間文集無此句。
〔六〕夫　田間文集作『莊子稱』。

自序

函雅故，通古今，此鼓篋之必有事也。不安其藝，不能樂業，不通古今，何以協藝相傳，詎曰訓詁小學可弁髦乎？理其理，事其事，時其時，開而辯名當物，未有離乎聲音文字，而可舉以正告者也。爾雅之始於釋詁，而統當名物也，十三經從之，博而約哉！自篆而楷也，聲而韻也，義而釋也，三蒼、五雅、註疏、字説、金石、古文，日以犂然。匿庸嗜奇，一襲一臆，兩皆不免；沿加辯駁，愈成紕繆。學者紛拏，何所適從？今以經史爲概，遍覽所及，輒爲要删；古今聚訟，爲徵考而決之，期於通達，免徇拘鄙之誤，又免爲奇僻所惑，不揣愚瑣，名曰通雅。雖挂一漏萬，然從今以往，各出所核，歲月甚長，備物致用，採獲省力，諒亦汲古者所樂遊之苑囿也。

辛巳夏日，皖桐方以智密之題於上江小館。

序

學惟古訓，博乃能約；當其博，即有約者通之。博學不能觀古今之通，又不能疑，焉貴書簏乎？古有博於文畫者，博於象數者、典制者、箋註者、詞章者、名物者、隱怪者，經史既別，各有專家，小學原流，忽爲細故。上下古今數千年，文字屢變，音亦屢變，學者相沿不考，所稱音義，傳訛而已。上古眇矣。漢承秦焚，儒以臆決。至鄭許輩起，似爲犂然，後世因以爲典故。聞道者自立門庭，糟魄文字，不復及此。其能曼詞者，又以其一得管見，洸洋自恣，逃之虛空，何便於此？考究根極之士，乃錯錯然元本，不已苦乎？摭寔之病，固自不一：屬書贍給，但取漁獵；訓故專己，多半傅會。其以博自詡者，造異志怪，學子横、子年且不逮，豈許差肩曼倩、茂先間乎？反不若君道、至能草木狀、虞衡志，爲足佐景純、元恪，有裨多識矣。宋之編考，夾漈頗有所見，馬章次之，伯厚次之。金石則比輯於歐、趙、呂、王，而原父、子固、彦遠、長睿，辯考爲力。朱子每慕六一，而於存中、泰之雜說，亦無不留心也。洪武初，劉宋之根極，瓊山、荆川之編彙，潛谷、本清之圖纂，皆冒大略，少有是正。子元、仁寶，瑣瑣記之。陸文裕、于文定，時有一端。京山若有所窺矣，支與流裔，未委悉也。李大泌、阮霧靈，可謂强記；李屬方子謙補韻會，其疏略猶之直翁，無大發明也。新都最博，而苟取僻異，實未會通。張東莞學新都，竊取尤多，嶺南之九成、子行也。澹園有功於新都，而晦伯、元美、元瑞駁之不遺餘力。以今論之，當駁者多不能駁，駁又不盡當。然因前人備列以貽後人，因以起疑，因以旁徵，其功豈可没哉！今日之合而辯正也，固諸公之所望也。

壬午夏，以智又記。

凡例〔一〕六則

一　是書成於先生己卯以前，大抵呫嗶之餘，旁搜雜采，間出己意，佐以辯論，誠博物之要典也。自庚辰通籍以後，待詔之暇，益加詳核，業有定本，爲當時名公鉅卿序以行世，值多事未果。幸際昭代，功令聿新，士崇古學，特爲蠲資授梓，公諸海内，非惟不忍没作者之苦心，亦祈有資於學人之稽考也。

一　先生規萬古法，避諱惟謹。其一時廟諱，以及家諱，或難悉避，俱增減點畫；或通用古字，未嘗輒犯。兹刻悉遵原本，不欲擅改以違雅志。

一　先生言必稱先，以志家學之有本也。即尋常聞見，得諸師友者，亦不肯昧其所自。如集中所稱「明善先生」，則其曾大父本菴公也；「文孝先生」，則其大父廷尉公也；「宗一先生」，則其外大父吴觀我宫諭公也；「貞述先生」，或稱「鹿湖老人」，則其尊公中丞公也；「霧靈山人」，則前輩阮堅之先生，邵武太守也；「虚舟」「石塘」，則其受業師王化卿、白瑕仲兩先生也。諸公皆吾鄉賢達，名字久著四方，或未悉其别號，特表而出之。

一　先生累代文章，一門博雅。如長公田伯中德、次公位伯中通、季公素伯中履，令姪有懷中發，皆自相師友，著作有聲。兹集悉經手校，故考訂最精，應紀之，以見其家學之盛。

一　是書初爲盱江何印尼、徐仲光諸公領袖募梓，已得十之一二。或人刻數卷，或數人共刻一卷，陸續成編，多不合式。燮未敢因以爲功，獨力創舉。特選善手，逐字較訂。點畫悉依正韻，剞劂頗稱精良，庶令觀者心目朗然。

一　是書係先生門人廣昌揭子宣攜至建溪，會吾鄉西頑道人極歎其佳，因同吾師陳二如先生、吾友吴炎牧慫慂行世。遂竭力付梓，幸爾告成。至於曉夜校讎，一字無譌，則子宣之勞，不可誣也。

羹湖燮識〔二〕

校記

〔一〕凡例　方氏重刻本題作『康熙刻本姚文燮發凡』。

〔二〕羹湖燮識　方氏重刻本無此四字。

通雅凡例

此書本非類書。何類也？强記甚難，隨手筆之，以俟後證，久漸以雜，雜不如類矣。亦子謙愚公俟子孫之意也。爾雅爲十三經之小學，故用其分例。釋詁則合其言訓，而附以謰語、重言。一字之詁，則别編字書，此可不必矣。其餘釋地、釋天、釋器之類，則有專有合。服食樂附器，皆器也。古人不似後人之求詳整也，然後人之詳整便，故分之。草木、鳥獸之後，畜各爲條，此則附焉，其意猶之爾雅之箋、翼也。常所稱用，不煩疑辨者，無所事載矣。

古人倣爾雅體，若廣埤之類，皆與方言、釋名同規，不載所出，直是以意取玉篇之字耳，無益後學。此書必引出何書，舊何訓，何人辨之，今辨其所辨，或折衷誰是，或存疑俟考，使後者之因此加詳也。士生古人之後，貴集衆長，必載前人之名，不敢埋没。

此書每則，上標一語，倣爾雅之遺，使觀者望而知之，然後尋繹下方。

此書主于折衷音義。其無辨難者，或爲語不經見，又所忽略；或舊名紛糾，爲删舉其要，以便省覽。又有異者疑者，偶書以俟正，故無斷詞。

經傳字義連用者，此則引之，以爲原本。至于解經大指，大經大制，此不及也，別載經學編中。少受河洛于王虚舟先生，又侍中丞于法司，聞黄石齋先生之易，別有折中論說。此天人大原、象數律曆之微，盡本諸此。通雅類中，或偶舉大概，不敢細述，別作圖考。

辨證以經史爲本，旁及諸子百家，志書小説，難可盡信，然引以相參，自可證發。方域、官制，容編一圖，此舉其錯亂之尤者。經制諸款，本非小學所收。偶有音義論及，因撮其概。此書主于辨當名物，徵引以證其義，不在鈔集編纂也。

草木鳥獸之名，最難考究，蓋各方各代，隨時變更，東壁窮一生之力，已正唐宋舛誤十之五六，而猶有誤者。須足迹徧天下，通曉方言，方能核之。爾雅、詩注，漢晉即多謬缺，存中、漁仲、元晦、伯厚、升菴、元美諸公，皆不能定古人之名物，而可責人乎？

天地歲時推移，而人隨之，聲音亦隨之，方言可不察乎？古人名物，本係方言，訓詁相傳，遂爲典實。智考古今之聲，大概五變，此事無可明證，惟以經傳諸子、歌謡韻語徵古音，漢注漢語徵漢音。叔然以後有反切、等韻矣。宋之方言與韻異者，時或見之，至德清而一改。終當以正韻爲主，而合編其下爲一書。

考究之門雖卑，然非比性命可自悟、常理可守經而已也，必博學積久，待徵乃決。故事至難而易漏，若待全而後録，則前者復忘之矣，此藏智于物之道也。人失弓，人得之，古今相續而成。物惡其棄于地也，不必藏于己；力惡其不出于身也，不必爲己：此則顒望後之君子。

臨文不諱，然同太之例，自古有之。此有論字者，惟減其畫也。

崇禎癸未夏，方以智記。

通雅卷首之一

音義雜論

考古通説〔一〕

古今以智相積，而我生其後，考古所以決今，然不可泥古也。古人有讓後人者，韋編殺青，何如雕板；龜山在今，亦能長律；河源詳于闊闊，江源詳于緬志；南極下之星，唐時海中占之，至太西入，始爲合圖，補開闢所未有，可畫定禹貢之積石、岷山；太初之天官不必求多哉。子思在魯繆時，核以遷表，自不得見孔子。焦弱侯曰：『伯魚生子思，而卒在孔子前。』猶不決耶？不告而娶，在底豫後。孔子無誅少正卯之事，三一公斷斷然也。吳觀我宫論，别號三一。學庸貴闡禮經之心，不必苦辨古文；畫卦即是文字，不必苦辨倉帝。詩之爲樂，琴曲之爲兔園，左傳非丘明：夾漈得之。俊卿之論魯禮，戴埴之言泮宫非學，戴和之論雎和，張束之明二十五月禫，史繩祖明常儀爲官，升菴以修文御覽定西施之死，郝京山之言周官、春秋，明辨類函言老子出於管子，頤生微論明内經之附上：此皆獨發。虚舟子衍河圖爲洛書，王化卿先生長於吾桐，最精河洛。漳浦公衍天方圖，庚辰，中丞公與石齋先生在西庫論易衍此。中丞公嘆曰：『此方圓同時圖。』尤爲絶學，曠代始聞。

智常見數千年不決者，輒通考而求證之。春王正月，聚訟詞費；明堂朝廟，不悟通稱。昭穆祫禘，膠執其名；繪繡齋斧，遂成典故。合止祝敔，乃限六聲；黍離王風，豈得言降？四時五行，即爲六宗；娶妻生子，辟卦周七。春官廟樂無商〔二〕，二十八調無徵，蓋必非缺一之説也。生今之世，承諸聖之表章，經羣英之辯難，我得以坐集千古之智，折中其間，豈不幸乎！客有過曼寓者，問通雅音義而及之，且識其小。

辛巳涂月，浮山愚者密記。

古人説理事之音義，轉假譬喻爲多，不可執後人之詳例以論也。況有庖寓附會者乎？楊氏曰：『説築傅巖之野。』築，猶居也。楚詞『予築』，如云『卜築』。王楙曰：『傅説胥靡，乃傭也，而古今以爲刑人。』蓋板築胥靡，刑人相沿也。莊子曰：『傅説騎箕尾。』此後世取以名星耳。瀛草曰：『鼎有實，慎所之。』伊尹負鼎，言負才也。乃謂庖人，遂作湯液。天問『緣鵠飾玉』，竟有修飾玉鼎之註。弋説曰『割烹如借箸聚米』，説命『和羹』之云也。韓嬰引詩『漢有游女』，而稱孔子至楚，見佩瑱浣女，使賜挑之。王逸、方朔皆曰：『路女方桑，孔父取以自待。』子高答平原君曰『阿谷漂女』之言，出于近世，何待容齋之辨乎？裨諶草創，左氏遂謂謀野；甯戚飯牛，遂作相牛之經。青鳥來時，註稱簡狄吞卵；卯酉互取，而旗畫烏兔之象。共觸媧補〔三〕，夸逐羿射，上古荒唐，隨人傅會。如云蛇身牛首，猶鳶肩燕頷也。爾雅云『西至于王母』，穆傳『西王母獻享天子』，其爲西方國名，明矣。章亥步地，不必胼胝；閶闔天門，非關冲舉。挂瓢惡聲，仍是枕流漱石之話；騎龍弄鳳，其寔不過鷦鷯之枝。自子思答樂朔觀之，訓詞喜于深厚，加以上古方言，後世屬文，襲取生割，是用約通其故，以助讀書者，但會其意，勿爲刻畫讔語所迷。

孔融曰：『郊天鼓，必麒麟之皮。』寫孝經，當曾子家策乎？漢儒解經，類多臆說。宋儒惟守宰理，至于考索物理時制，不達其寔，半依前人。廟中行禮，天子永無南面；沂必温泉，正月何愛風涼？半月周御，分日可笑；大房夏屋，明證反遺。束皙補六笙詩，大學補格物章，贅矣！或問：西山餓夫，不食周粟，有之乎？程子曰：『不食周禄耳。』樂正子三月不下堂，果禁步乎？速貧速朽，蚤知有爲；靡有孑遺，不以詞害。鄭聲淫，非鄭詩淫也。可知回何敢死，決不上告天子〔四〕。血流漂杵，孟子多此一疑。美丘欲葬，則瑗請前，決不如陳澔之解矣。

學易齋稿曰：『世以莊列寓言，而寓實始于易。』方圓圖書，萬變畢具，初未嘗言理言事也。畫前畫後，非造閉解閉之所出耶？龍狐牛馬，杞莧梯茹，皆象教引觸，不作譬況者也。化而言之，曰法身，曰牛車，曰醯眼，曰六臂，曰千手。摩尼寶珠，隨人變色。破塵經卷，龍樹入瀨，嗅而知之，果恃鼻乎？如梛子大，貯萬卷書；天在山中，大畜之象。乘雲氣，騎日月，惟達觀者方可與語。

硎谷雜燒，周易、靈素，以卜筮醫藥而全。博士所職，圖籍可收，原自歷歷，不獨弇中共壁也。陳農購後，託者、加者、謁者應不免耳。古文尚書，梅鷟議之。『郭公』『夏五』，顯然闕失。明堂、戴記，漢儒補苴。他如山經、穆傳，周末好事。握奇、六韜，以兵而造秘焉。堯日至虛，而汲冢周書起牽牛。秦節曰臘，爵曰庶長，而乃見春秋左氏傳。豨黥韓覆，乃載李斯之蒼頡篇。若鶡冠、鬻子、鬼谷、子華之類，詎免張霸、劉炫之忍俊耶？劉子玄云：『郭子橫洞冥、王子年拾遺，全搆虛詞，用驚愚俗。』任昉述異，殷芸小説，沈約四公子，唐杜陽雜編、天寶遺事，宋雲仙散録、清異録，相沿蝟起。温公作通鑑，亦誤取天寶遺事，況下此者乎？西京雜記本葛洪作，而以僞劉歆。亢倉子本唐王士源作，乘、檮杌乃吾衍作。元經出阮逸，世以逸作。孔叢出宋咸，世以咸作。朱子以麻衣出戴師愈，黄東發以文子出徐靈府，宋景濂以關尹出孫定，元美以元命包出張昇，元瑞以三墳出毛漸，升菴疑陰符出李筌。

赤鳥果然飛去，龍威何處蔽辜？　賢劫追辨七言，大是癡人説夢。　貝編、壺史，總屬諸皋隱形；　硟碌、雲騢，何爲而受欺乎？　姑妄言之，姑妄聽之，但以消閒。　小學技藝皆可，東坡招人説鬼，固不如博奕也。

馬子卿以石鼓爲宇文時造，弱侯以蘇綽傳證之；　吾衍、鄭瑗之斷比干盤，永叔、少游之斷季札碑；　黄伯思以詛楚亞駞在烏氏，而董斷爲滹沱，是也。　會稽李斯碑，元申屠駉所刻，范雲所讀在秦望山，後分吳會，蓋古會稽大也，何疑塗山爲會稽乎？　元瑞據晉武咸寧五年，譏升菴太康二年魏安釐王之誤，則未見廣川書跋與書史也。　秦少游言南齊雍州發楚王冢，得竹簡，則襄陽也。　秦璽久亡，段義、楊桓、熊翀所上者，炫也，周敬山之疏，當矣。

書不必盡信，貴明其理。　或以考事，或以辨名當物，或以驗聲音稱謂之時變，則秦漢以來之所造所附，亦古今之徵也。　即如素問、本草，業者沿加，豈可以漢郡名而疑神農？周公爾雅，學者隨時增益，自是通訓，豈可以張仲而黜之不列十三經乎？　周髀捐閟互乘，疇人傳之，寔乃有用之度數，天然之至理。　禹之所治，不可忽也，何疑吐哺中無商高乎？若嗜淺惡深，一切疑之，永叔疑文言，象山、慈湖疑繫傳，至今郝京山、何元子信文王八卦而疑伏羲先天圖，豈不可笑？

辛巳，曼寓隨筆。

辨證説

是正古文，必藉它證，乃可明也。博狼葆祠，䕸約果隋，皆以史漢互證。蘇武熅火，有召信臣之爇蘊火爲證；與語區脱，有漢書傳之甌脱爲證。食貨志一黄金一斤，得晉灼説巴志黄龍而證。觀于假貸乞匃，而匃貸以明。觀荀子之區蓋，刊謬之丘區，而丘蓋亦可明矣。焦字孝然，是光非先；匡續子孝，因訛俗而訛裕。田疇子春，史避作泰，陶言無終，其明證也。觀公卿表、通鑑之張譚，可知匡衡傳之甄譚即張，觀古今人表之尾生高、尾生畝，與小顏之尾生注，而論語之微生爲尾矣。楚策黄歇説秦昭，鬼神狐祥無所食，得春申之孤傷，新序之潢洋而明。楊由傳風吹削哺，得家訓削林滸滸而明。本草留師蜜〔五〕，得郭璞黑蜂爲笛師而明。葵菘通稱，何疑菜部？得詩傳之園葵、論衡之葵韭而明。盌脱、跳脱，足明平脱；昆吾、木吾，足明金吾。僕姑胍肚，瓜椎終葵，土瓜曰鉤𤔨姑，足明瓜葵魁椎之聲。碑下叭嗄〔六〕，足明負下未易居之語。如旖旎十四變，逶迤三十二變，皆謰謱通證而得也。智每駁定前人，必不敢以無證妄説。坤後得主，六二直方之讀，明有文言；猗嗟名兮，居居究究，明見爾雅。故敢于補考亭耳。觀于三獻爓一獻熟，羹獻而汁獻涗于醆酒何疑？浴尸必先掘坎爲池，推柩時填之，則填池何疑？康成竟讀汁獻爲汁斘，填池爲奠徹，非猶是箕子荄兹、旅獒酋豪之臆耶？

刊落折中説

虞仲翔斷柹丣之失，杜元凱有門閏之辨。緇衣注疑割厥之聲，西京雜記言璞朔之類。魯論之通歸、饋，雞口轉爲雞尸，往往而然。漁仲謂武从乇〔七〕，古「舞」作「𦏸」。「撫」作「㧑」，可證左傳附會「止戈」耳。右軍改陳从車，稚川加彡爲影，于理苟通，雖創何硋？洞、㴑可別，而㐀、邱則衍。圖經：兖州洞水，申州㴑川。三蒼作㐀，説文有邱。逄、逢可分，而佮、敆實複。安石喜爲鑿説，何異王育？宧光主爲專別，甚于佩觿。蓋自篆、籀流爲眞、草，衛包改去古文，所存舊迹，定有乖異。北齊大顏曰：「世間小學，不通古今，必依小篆，是正書記。凡爾雅、三蒼、説文豈盡蒼頡本指哉？亦是隨代損益。」何況後來夾漈所謂「眼學、耳學」，日以難矣。管子六㞑，光武紀繡䮲，沮渠人趙畋，山海經之㞑，廣韻、字彙、韻會小補皆漏；謂宜略耶？孫休名子，武曌强造，何具録乎？不羹音郎，金選音刷，陸法言、孫愐皆遺之，而先儒已誤者。犧尊音娑，業見辨于劉董；劉杳、董逌。玉篇之黯，久條論于家訓，之推。反皆收列，全不分疏；又況道、䛗、蹈、函之承誤，較、顛、講、斠之紛辨，而望其考定耶？孔平仲曰：「荀子禮論云：『郊止于天子，社至于諸侯，道及上大夫。』言祭門及行也。曰井、曰行，皆謂路也。別本史記作䛗。司馬貞因曰：「含苞也，士大夫得苞立社也。」楊倞曰：「當是道誤爲蹈，又誤爲啗。」今史記直作函字，音含矣。一字而四變也。』升菴譏温公通鑑改斠作較。元美曰乃漢書改也。智按：今監本、凌本皆作講，若畫一，注：『或作較。』師古曰：『講，和也。』史記作『顜若』，注：『徐廣音古項反，一音較。』漢書作『講』，一作『覯』。楊王各見本耳。無作斠者，以斠音較而誤。

隸變傳寫，偶爾隨筆有之，後人專主僻異，則過矣。七發之㕟毋，乃胥毋山也。戚伯著碑作㕟，馮煥詔作諝，韓非子作胥。賈子之騡牙，升菴所引即騶虞，山海作騡吾。此芻訛刍耳。頌趨作趍，芻借多也。杜林以荄爲芰。逸少之郄公，郗，綌聲轉。郗借郄也。郄乃卻字。南史之僧𥜥，因孟郁碑以孺作𥜥。常璩之秭䴢，紀產碑作歸，孔龢碑作䴢，歸藏作䴢匪。北周書之莫鄏，宇文普回生莫鄏。北史作莫那。南梁書之惣督，鄭烈下旬碑總作揔，訛作惣。婁壽西狹督作昝，从日。此隨筆也。以闖門爲闖門，而反譏韋昭之誤；以士雅爲士稚，而反指晉書爲訛。陳霆引魯語：『文伯之母，季康子往焉，闖門而與言。』韋昭注：『闖爲闢。』今按：闖，馬不出門也。智考國語是闖門，音委。弱侯音喎，是也。水南誤矣。陳眉公據宋小説謂祖逖字士稚。智徧考諸本，無作稚者。魏書：『英結壘士雅山。』三省謂山以逖名。以龜茲爲黿茲〔八〕，朱龜爲侏虬，亦與通志不合。漢譯何爲用奇字乎？漢書龜茲音丘慈。升菴曰：『古黿音虬，龍子也。漢有侏黿，讀如朱虬。龜茲國之龜，从此。』智按：通志略龍子有角曰黿，無角曰虬，則黿與虬爲二。朱龜碑在亳州界中，龜字伯靈，無作黿者。至西域龜茲，原未有字，譯者求明顯，何不以虬茲譯之，乃故用多畫不經見之黿字乎？蓋古龜有丘音。説文：『龜，舊也。』馗、逵、頄、頯互通。宄从九，紂醢九侯，即鬼侯。馬融頌芋渠即芋魁。才老以厨珠殊灰入尤韻。范曄『龜茲』作『屈沮』，即此可推。柳縠作櫝，縠見説文，櫝屬訛誤。改昳爲映。梁元帝纂文：日𣈶因作日映，而月令廣義承訛。昃訛吳㕯。說文引日㕯之離，才老作㚖。丩造弓、弓。升菴音周，因𠃌音蚪。長睿以弓爲卷省。說郛詩紀作弓。智按：弓，古函字。小黄訛小王，京傳『焦小王』，訛。蓋贛作小黄令。牢丸作牢九。雜俎可證，東坡誤。袄自非袄，唐官品有袄正，音軒，徐鉉所補。張有、戴侗作袄，非。葖自非葖。爾雅：『葖，蘆萉。』陳李作葖，音要。紫菘即蘿蔔，蘇頌不知，謂菘入北而變。封禪書『導一莖六穗于庖』，而造瑞禾之䆃，凡夫不知，反譏漢志導官。河鼓訛黄姑，伯勞歌、杜詩皆用之。馬永卿不知爾雅兩牽牛，而王道俊猶謂黄姑爲牛宿。閼氏讀胭脂，而竹坡怪樂天用燕支，貢父譏顔解皇后，豈知遏、安、焉之轉乎？甲歲閼逢，史作焉逢，董安于作閼于，可證。馬流即馬留，而程泰之但引夜奢馬人。龍家即驪家，而元美但記入水崑崙爲龍户。李謩擫笛訛厭笛，而子賢奇之。婁女訛漊女，而仁寶異之。穆護轉木斛，而山谷竟作木瓠。孫愐以𩩲爲𩩲，而季疵遂作罄欬。音備。志林誤引相訊，樂記：『治樂以相〔九〕，訊疾以雅。』相、雅，皆節樂器也。筆叢猶用九京。檀弓京，古原字，人遂訛京。李濟翁以行李作岑，而永卿、彭乘皆誤。夏彦剛以襟穿爲船，而王元之、覺範皆誤。八采盧郎，虎臣證以白八采名，而今猶用張祐八米詩。孔毅父續世説云：『北齊盧思道挽歌八首，時人號八采。』姚寬引秦語七米八米，詩紀刻之。劉蜕靄迺歌，次山作欸乃歌，而洪駒父遂作『娿靄』。柳注：棹聲，一作襖靄，而山谷實之。冷齋遂引『娿靄』。蓋『欸』與『欵』近，欵有靄音。咄嗟、咄唶、咄叱自通，貢父以司空圖咄喏而辨，譏石崇之咄嗟，則不必矣。剛卯㬱𥿋，訛爲㬱𥿋，陶九成謂無此字，則未考漢志也。陸友仁訝吴彩鸞鈔二十三先，則未見孫愐韻也。鑿空，掠虚也。唐詩謂空中行，而升菴猶引開山洞。然騫鑿空，史斷語也。謂弄空媚武帝也。注鑿孔，泥矣。禦兒亭訛語兒，陸廣微附會之，而陳胡反以訾楊耶？

注釋正字説

伯于爲公子，公羊已識仲尼之歎；助語爲鳥名，爾雅亦有鷽斯之誤。朱子改素隱爲索隱，因班孟堅；退之改晝寢爲畫寢，得水經注澅邑而信。彖言全體，爻言分體，不必引毛犀，不必篆已亥。魏篆作彖。楊引茅犀。餘冬序録近是。按：古易遯卦作遂。管子豚豚，取團團之聲。豚是體，薦爻是折俎，加肉爲肴。宗祀即尊祀，伯宗，公羊作伯尊，可證。明堂别于壇。圜丘是壇，宗祀屋之。齊有明堂，天子之行在所也。漢説紛紜，别有評論。側匿論月魄，漢五行志作仄慝。朓朒猶贏縮，蔡許之説，決無此理。邕曰：『元朔月見西方，謂之側匿。』慎曰：『朔而月見東方，謂之朒；晦而月見西方，謂之朓。』漢太初炏至此乎？宗廟彝器用繪，衣裳用繡。郝辨鄭甚明。最細曰纖，粗白曰縞。厥篚青纖縞，青白二色，而纖縞二種：祥而縞，禫而纖。舊解縞爲細繒，纖爲黑經白緯，臆也。歲以星一周，祀以祭一偏，年以禾一熟，載以一歲事畢，纔終又始。唐、虞、三代，原通用也。羊〔一〇〕、遂通歲，或曰越也，或取步戌，一端之説。且月爲焦，涂月爲除。爾雅：『六月爲且。』言熱也。上林賦巴且即巴焦，可證。『十二月爲涂』注：『音徒。』智謂歲將除也。李石：『臘丙作橘滁。』鑑：『修堂涂。』亦音除，即今滁州，可證。左个即左間，河干即河間。讀書通：介于間，聲轉。尚書百姓爲百官，公姓、子姓謂公孫、子孫也。『振振公姓』，注：『公孫也。』玉藻：『子姓之冠。』田蚡傳：『跪起如子姓。』大麓爲大録。孔叢、桓譚皆同。張萱云：『大麓者，古爲壇，國外，會諸侯。』智按：大傳曰：『招樂興于大麓，報事還歸，談然作大唐之歌。』此亦一證。内録謂宰相也。桓温讓内録，人稱道子東録，元顯西録。玉敦音對。猶瓚盤，唐盛器瓚盤可證。周禮玉敦當音堆。舉案猶禁巌。孟光舉案，子元讀案如椀，楊取之，元美譏楊，非也。智謂玉人案十有二寸，非几也。房俎，非屋也。萬石君對案不食，案猶棜禁。魯用梡蕨，梡即椀，以卮舟杯盤。思之可知。五更爲五叟，伯喈以嫂作嫂，字本叜、叜相近。田更爲田叟。晉張湛注列子。鄂不爲蕚萼，鄭云：『承華曰鄂。不，柎也。』不象蒂形，與萼、萼、芙通。不顯爲丕顯。不、丕、丕通。詛楚、秦鍾皆然。昧谷爲栁穀。婁柳注引書曰『度西曰柳穀』，日没色曰穀。虞翻奏鄭氏違失古篆。古栁、丣同字，而以爲昧。今作『宅西昧谷』，是鄭改栁爲昧矣。其殆栁訛丣，丣訛卯，卯音昧乎？吳澄遂謂昴宿當作留。執禮爲蓺禮。陸文裕説，兼禮樂儀事言也。智按：説文引『我執黍稷』，可證。蓺、執古通。翦商是戩商。胡庭芳取説文。放桐爲教之。孫奕示兒編教訛放。考據故實，自當收存。因昆吾知昆于，許氏曰：『壺，昆吾，圜器。』歎，昆于，不可知。』智按：吾、于通轉。因孰哉證安哉。仲雍字孰哉，李尤有安哉，銘器也。可證説文、石鼓之叡字。雉噫侯兮，于蔿輿謣之聲；揄沈衈勿，樊纓負劍之説；黄淡鬱泥，卷婁歈鼾之名。韜沓即燼涪定之解，九拜謹空鹽鹽之辨，雖屬細故，隨見而識之。偶得之雞肋，亦足供後人之一匕也。

卷爲衮，端爲冕，佛時爲弼，調饑爲周，旦明爲神，相傳久矣。敦弓之爲雕弓，手仇之爲手斞，此以器徵。菆塗爲攢，縿幕爲綃，紂衣爲緇，此以事據。臺駘爲狐苔，惡池爲滹沱，此以地知。故赤白翟之圜洛，以銀州而定爲圁洛；鄧禹傳之元二，李賢直改爲元元，吾則是之。洪容齋言楊厥石門頌『中遭元二』，孔耽碑『遭元二坎坷』，爲是元年、二年。王勉夫取之。此是楊碑之誤，容齋泥之，而勉夫又泥之。魏了翁言賈公彦誤爂爲爨，王勉夫喜師古解割炙爲名，雲母屏風爲雲岳，鄭弘傳。呂覽瞽叟拌瑟爲瞽棍，玉海訛。寔則訛耳。漢時載籍，類多別本，石經碑刻，文畫假借。然後世好古之士，宜博稽廣參，取其近理者從之，疑則闕之，異則并存之。直去本文，徑加改字，此京山之笑康成，吳師道之恨鮑彪也。鄭好改字，如包蒙改彪，蕃庶改遮之類。南宋鮑注國策，詆高誘；元金華吳正傳因陶宏本極詆鮑氏，如以魏幾、鄢陵爲人名，公子牟非魏牟，魯連約矢書爲後補之類。又有爲國諱者，通嚴曳人之類，而陽秋、景午，至今猶不知改。王伯厚序四部書曰：景部丁部，葛常之作韻語陽秋。非其時矣。司馬康没于靖康前，何乃預以烏桓爲『烏元』邪？『寒鼈改炮鼈。三奇戌』，在彭州導江，今作三城。『白鷗波改没。浩蕩』，『夜闌更改互。秉燭』，『曾閃朱旗北斗殷』。作閑，『閑』乃子美父諱。酷吏傳之『媮快勝任』，今作『愉快』。世不知媮音偷，而讀愉，故作愉。貨殖傳之『千樹萩』，今刻作『荻』。左傳：『雍門之萩。』方朔傳有『萩竹』。今不知此，云是荻誤。相習而忘之。晉之干寶，鄧潛谷、趙凡夫作『于』。荀勖公曾，馬維銘刻爲『公魯』。新刊監本爾雅、李時珍本草綱目，陸元恪皆作『士衡』，是則所當急改耳。

古書參差説

古人稱引，略得其概，則以意摛辭。『予乘四載』，孔注、尸子、淮南、説文、史、漢各異。孔注謂：『水乘舟，陸乘車，泥乘楯，山乘樏。』尸子：『泥行乘蕝。』淮南子注：『澤行乘蕝。』説文：『山行乘樏，澤行乘輴。』史記：『陸行乘車，水行乘舟，泥行蹈橇，山行即橋。』橇音蕝。徐廣曰：『橋，一作輂。』漢溝洫志：『泥行乘毳，山行則梮。』瑚璉之制，明堂位與論語、春秋正義、左傳注異。明堂位：『有虞氏之兩對，夏后氏之四璉，殷之六瑚，周之八簋。』論語：『夏曰瑚，商曰璉。』説文作『槤』。春秋正義依明堂位，而包咸等注論語，賈、服、杜注左傳，皆云『夏曰瑚』。康成則以論語爲誤。菑畬、新田，爾雅與鄭氏異。爾雅云：『一歲曰菑，二歲曰新，三歲曰畬。』鄭曰：『一歲曰菑，二歲曰畬，三歲曰新田。』甯戚飯牛歌凡三見。淮南子、劉向别録、高誘吕覽注謂『戚所歌乃詩碩鼠之詞』，則誘初未見南山白石之歌也。介山龍蛇歌凡五見。吕覽、史記、新序、説苑各異。智嘗怪新序、説苑皆子政作，而説苑載舟之僑歌與介之推歌同，何自決漏如此？國語、左傳皆丘明作，而單襄火覿，里革斷罟，雞丘異年，『妃支』異名，不特『叔嚮』『咨才』一字之訛也。單襄論朝覿道茀，里革諫宣公夏濫泗淵，皆左傳所無。襄三年會雞澤，作四年會雞丘。『鳶緹』作『妃支』，『叔向』作『叔嚮』，『咨事』作『咨才』。又奚問扈樂、頃熊、履綸、軒、酌、歐蛇、屈銀、浩油、郜、郎之於公穀乎？又奚問蔿臘艾之於列女傳，棼冒勃蘇之於戰國策乎？圉人犖弑子般，公羊以爲鄧扈樂。宣八年，敬嬴，公穀作頃熊。隱二裂繻，公穀作履綸。昭元國弱，公作國酌。罕虎，公作軒虎。桓十二曲池，公作歐蛇。昭十一厥慭，公作屈銀。定四皋鼬，作浩油。莊時禚，公穀作郜。滑，公穀作郎。諸如蔑作眜，駭作侅，州作祝，郕作盛，頵作髠，繹作蘱，鸜作鸛，輒作痤，麇作圈，夔作隗，首作手，秀鄭作犀師之類，不可勝數。蔿賈子蔿艾獵，即孫叔敖，列女傳作『蔿臘艾』。申包胥哭秦庭，國策作『棼冒勃蘇』。至于諸家經本，易字甚多，焚後闇記，口傳或誤。方漢購之，容無僞邪？子長言楚莊王相孫叔敖，有虞丘子薦。左傳無所謂虞丘子也。樊姬言虞丘子爲相數十年。而左傳宣四年，令尹越椒殺蔿賈，楚遂滅若敖氏，即鬬氏。宣十一，孫叔敖爲令尹。趙世家景公二年，司寇屠岸賈殺趙朔，程嬰、公孫杵臼匿趙孤十五年。左傳無此三人與如許年也。成五年，爲通莊姬，放嬰齊。八年，姬譖討同括。即以韓厥言，立武，反田。與史全異。自漢以後，班馬異同，吾可得而折中矣。一人之書，文重思煩，刊落不盡，時自牴牾。『毋寡』或爲『毋鼓』，『粟客』或謂『票客』。表殊年月，温公嘗以歷知；荀紀有差，凌氏考定其失。西域傳：與貳師伐大宛。一作毋寡，一作毋鼓。韓信傳：歸漢，爲治粟都尉，表以爲票客。按：史記作典客，索隱以爲粟客。師古以爲票疾而賓客禮之，此解非也。司馬公曰：史記將相表：『八年七月辛巳，審食其爲太傅；九月丙戌，復爲丞相。後九月免。』漢書百官表：『高后七年七月辛巳，左丞相食其爲太傅；八年九月丙戌，復爲丞相。』以長曆推之，八年七月無辛巳，九月無丙戌。二表皆誤。凌氏按翟方進以永始二年二月爲御史大夫，至十一月而貶，凡居官八月耳，故曰八月貶。荀悦漢紀因以爲秋八月貶也。即莫煩於姓名地里，合集諸證，亦有緒也。同名如漢兩王莽、兩京房，同時有兩王章、兩王商之類，甬東俞寅詳矣。地里之同，如丹陽、東陽、新安、石城、硤石、歷山之類。霧靈曰：『屯田必舉充國，而趙寔未嘗屯也。』東坡歎二疏見韓楊之誅，則年次差矣。垣護之裔避欽宗諱，改亘氏，因曰亘護之，自非史訛。李密表『少仕僞朝』，亦後人改也。史記以張良爲申徒，潛夫論以良爲信都，即司徒也。楚漢春秋謂韓王名信都，知幾訛遷固，羅璧識遺又訛知幾。歐陽集古，子固且議，而彦遠又議。考究隨筆，本待後證，豈相諱乎？

六書形聲轉假説

用修曰：『六書當分六體，班固云「象形、象事、象意、象聲、假借、轉注」是也。四象爲經，假借、轉注爲緯。』漁仲論假借是，以偏旁諧聲爲轉注則非。老从匕，音化，考从丂，音巧，非反考爲老也。毛晃、蕭楚、程端禮、王柏皆駁叔重。張謙中曰：『假借者，因其聲，借其義，如甲拆借爲甲乙兵甲〔一一〕。轉注者，轉其聲，注其義，如賁敦七音。』弱侯曰：『轉注爲六書之變。』而趙古則所云『雙音並義，旁音協音』，又轉注之變也。

愚者曰：漢時碑記過於通，如漯顯、羊陽、形刑、陸睦之類。説字家過於别，如同詷、合佮、敆詥之分。叔重主分别者也，加以附入，舛抵益多。夾漈乃明假借，撝謙、楊、焦乃明轉注。凡夫復主考老，以偏旁爲轉注，拘矣。請通論之：人所貴者心，而不離五官。始造文字皆意也，而不離五者，則當以意爲第一。然先形事者，以就可見者起意也。名爲五官，用時並用；名爲六書，一字並存。如見日月之形〔一二〕，即指日、月之事，即有日、月之聲〔一三〕。而指爲日、月之意，即會焉。特以因形立事，附聲見意，而意多字少，轉借爲多。總言之，惟形與聲兩端，而意在其中；意事與形聲爲兩端，而轉借寓焉。形聲事意，皆有轉借，而縱之平仄，横之宫商，填字歸韻，倫論必不可紊。使宣尼生今日，吾知其必樂遵正韻，用新譜也。

説文概論

庚元威云：『許慎穿鑿賈氏，乃奏説文。同時鄭氏即駁之，何待少温、漁仲、辛泉、合溪、子才、敬甫輩乎？』孫徐尊許，尤多回穴。姑概論之，以俟明者。有草無皁，有纱無妙，有頪無頻，無躐而通作獵，猶有説也。有瀏、鎦而無劉。漢姓可遺，但訓殺乎？無妥而綏从妥，無春而有萅，萅即春，萶、蠢从之。無蹤而車部有蹤，無跬而趌下讀若跬。無鴉而有鷦〔一四〕，與專切，則是鳶。説文亦不載鳶。無希而禾部有稀。俛、浼、勉、冕皆免聲，而無免。各部引由聲，而無由。即非紕繆，豈無傳訛？其他通用異筆，輒乃複載而複訓之。鼓鼔、鬲鬷，不應爲二。此猶孚子、𦣻百耳。漢令作歷，或作甌，與鬲鬷同。鞠分爲五，鞠、籟、匊、趜、窾。企別爲四。（企、㑨，舉踵也。跂，多指也。歧，頃也。）踖又有趞、遣，矚又有矚。（引書矚咨。）徐本䫂復有脈，踐有衡、伐，涅、涅雙從，兩吁重出。孌、攣訛嫚，發鳩無涑。（楊去奢按：水經無涑，惟漳出上黨長子發鳩山。）嬰婉何分于婉？孚、保互引古文。其解字立義，更多牽强。麥爲金生，火死从來。有穗从文，逐爲遯走。頫从逃省，臼爲合爪。止爲取象于艸，勞爲熒火燒門。舟竟兩岸爲亙，變形登天爲眞。至孫徐之妄析造音，尤不知所據矣。古自傳疑，抄或錯簡，必爲曲説何益？説文本多嵫令所加，雲勝所注，（宋僧。）楚金所繫。今皆遺失，固當因他書搜集之，備參考也，守殘何爲？

説文引逸周書有『㫬匠』『士分民之秝』，周書『維緢有稽』。緢，旄絲也。『戔戔巧言』，自是遺文，可無論矣。引易『噬乾夤（揚雄説从胏。）』『乘馬驙如』，引傳『癹夷藴崇之』『以備陳三窓』，孟子『澆淅』，詩『既禡既禂』，周書『王三宿三祭三託（當故切。）』，此或古文。他如：因亢龍作忼，因再三瀆作黷，其牛掣作觢，豐其屋作寷，的顙作馰，五品不遜作愻，藻火粉米作璪黺絑，剛塞作寋，鉼罄作窒，諼草作藼，啓予之足作跢，立卓作立𥫗，敵王所愾作鎎，費誓作粊，（凡夫引用宏兹粜。）諒闇作㾖痦，叢脞作腞，（鉉作𥈠。）會弁作膾弁，我興受其敗作退，雜而不越作逑，既微且尰作瘇，曾點作黵，言偃作㫃，有能俾乂作嬖，我之弗辟作辟，菲飲食作餥，秣馬作餘，常伯作皷，弼成五服作邶，褻裘長作䄇衣長，（又載褻，暬媟。）毁宗躐行作䠯，惟家之索作索，壹戎衣作殪，彝倫攸斁作殬，服牛乘馬作犕，瑟彼玉瓚作璱，振振鷺作踬，衣裳髗髗，信誓悬悬，冕旒作鎏，含玉作琀，率循作逵，將率作衛，枯骨作骷，厖涼作牻，潰爛作殨，大夫死曰卒作猝，黧黑作黷，神主作宔，朞作稘，石作祏，然作嘫之類，不可勝數。皆因有一義，即專一字以別之。又如引『容畎澮距川』，川訓引作濬；祩字引『静女其祩』，殺字又引『其殺』。又有殳字，好也。秩秩，或引詩戴戴、鶗鶗、秩秩。夭，或引作祅，又引作䄏。几几引作擊，又引作己。齹而隴切。羽獵韋絝，或作褻。引鳥獸㲝毛，毪字亦引毪毛。汜，引詩江有汜，洍又引江有洍。蔪、菥、菰三字，通言江夏亭名。訓愉爲薄，而引私覿之愉愉；訓坫爲屏，必誤重上文之樹塞。朱子曾以此問程大昌。夕惕若夤，乃合艮之列夤。詔、志、峯、免，諸敘注有之而無其文，可謂之不漏乎？考叔重時，石經已定，何獨異如此？大氏漢以後，名多事起，稱謂易淆，故稍別之，或轉其音，晉唐所加，附録牴牾。愚者曰：爰歷、凡將、訓纂皆没，漢籍惟此巋然，因以考古，自是苑囿歷代辨論，今可集成。金石漢碑之通，何必强合；説文重複之文，又何必强分乎？學者但當依石經、史、漢，旁證諸家，以通古人，比時義耳。同文盛事，有正韻在。

趙宧光長箋：也必作殹，注必作丶，好作㚲，像作橡，畢作縪，重作緟，方作匚，入作㞕，姑論其一二。乜籀爲乜，本匜器，音迻。因用助詞，加匜別之。凡夫惡其訓醜耶？豫章之，廣州海，何以避之？匚本是筐，古方作口，太簡，故借方。舊説方舟作𠃓。智按：方本旁字，象旁視人形，古方、旁聲近耳。士喪禮『握手，緇纁裏牢中旁寸』注：『旁爲方。』荀子『方皇周浹』，方音旁。今不借數千年所常用之也與方，而乃新借匚與匚乎？

説文漏略，李巽岩歎之，如直翁、伯厚考異所引，多非今本。合溪動引唐本、蜀本、徐本，吳正儀之説文亦不同，正當輯之。而凡夫于六書故所引尚書之亮皆不信，別書所引則似未過目也。大約止翻字書，未淹經史。如『旅于泰山』，不知旅與臚通，故爲祭名。不知夏屋爲房俎，不知鳩鋪鼓之出爾雅，不知椽飾之出急就章。外戚傳『日月爲易』，乃漢儒説，虞翻主之，吾衍不從，凡夫但云周伯琦改『日月爲易』，豈知伯琦抄合溪之説乎？极字以懷素改爲負笈，而不知負笈先見于李郃。痃痏見内經，薛宣傳而乃以翻胃釋痏。叶用見五行志，而笑宋人之舌，則未讀漢書也。米襄陽天馬賦籋雲，出天馬歌，而乃訝籋字，則未閲樂苑與漢志也。琅玕似珠，而欲改株，則未閲素問也。既泥五十作卒，亦不知乃劉元城之説，則未見易解也。茜酒是鄭司農説，而不引以證，則未見周禮注疏也。改子雲、令升之姓，强責昌黎名愈之非，寧知兪、愈古義，姓苑昭然哉？又可訝者，史傳百家從不援引，而數引渚宮舊事。後周余知古著。何其獨愛此書也？如引渚宮『茹黄之狗』，則吕覽甚詳，何不引吕覽耶？惟論門法可取，而改音又失。颮颸颸之訛，主臣皇恐之草，猶可存證。專精竵扁之法〔一五〕，是其所長。

韻會小補、字彙盛行，舛誤不少，姑舉一二。魏了翁曰：『左傳「齊無豸」「魯無鳩」，爲好對。』襄十六年：『宣子曰：「匄在此，敢使魯無鳩乎？」』宣十七年：『范武子曰：「使郤子逞其志，庶有豸乎？」』韻會小補曰：『鳩有紙音，春秋傳「庶有鳩乎」。徐邈讀。』按：此則大誤矣。鄺食其傳『握齱』，增韻誤見握齷之本，而直翁、升菴引之。吴越春秋『甘密九欓』，直翁誤作丸欓以證越椒。子謙誕生皆對本抄載。他如漢書于越不考，徇高誘之于越；王會『於越納』。伯厚云：定哀三書於越，漢書于越注〔一六〕：『于，發語詞。』荀子亦是『于越』。高誘注吕覽訛耳。列子『墨屎』不考，竟收墨屎之訛。顧遯園因作嚜屎，共作一笑。『漆城光光』踵升菴，考諸本，俱是『漆城蕩蕩』。『天命不謟』仍書林。昭廿六，王子朝曰：『天命不謟。』廿七，子家曰：『天命不慆。』音叨。謟、慆从舀。噫！歐陽歸田録：有論打字，本謫耿切，當是滴耿切。今見字彙，竟云打音滴，更舛矣。何異鮦音紂紅反，而今音紂乎？智按：打从丁，二王草等作才，乃借打字也，今都瓦切。耶與邪同，耶乃後作，字彙耶反音斜，非矣。目部矖引莊子『以矖合驩』，耳部又有聏，亦引莊子此句。其寔莊子以聏合驩，音兒，與宰夫胹熊蹯同，熟和也。何況『明星晰晰』之借爲嘶，『麾城撕邑』之訛爲撕。『箬言蹏唬』，載其出于何本；『裦衺爪仉』，詳其詳于何因乎？

古籀用篆不必改楷説

魏華甫、熊與可以篆寓隸體，王師魯賞蘭臺碑，爲書法取態也。俞、菻、槼、畾。禹益、冏、虒。之類，王起啇啇，泰丙。劉杳㮤酒，㮤音震，楊音鄀。識之則已。藏弆亦可藏庢，考陳遵傳作藏去。字書加弆。鄭氏作庢。湑粕不若糟魄。見莊子。盡傷内㖡，可矣；盡哭喜㖡，可乎？如康作㾴，石鼓譯。即作『㕝』。弟子職執即，注作𥄉。𡨉作匎，董逌用堌匎。𠀠作囙，𡿨作𠀤，𡚁作𡲬，𡘊作𡘋，𠆩作户，𠯑作𠯑。召、攀、奏、長、克、申。字彙例收，欲篆則篆，改楷失矣。周禮之飌、槕、䢭、𢶀，風、枛、原、拜。史漢之𩰲、潰、黽、䨓，遷、沸、朝、霏。尚且不必獺祭，況緯書之䚂、卄、𢉖㡴，耀莽、吟㡴。碑本之嶆漯、昭隔乎？郙閣碑：嶆漯即潮溼。泰山碑：昭隔内外，史記作昭融。宋人必從碑本。金石古籀，摹印則雅；複篆漢隸，可用顔署。文以析理敘事，詩以比興陶情，所貴流動，入人自深，餖飣奇古，反傷體致。

古篆隨意增減説

六書略云：古今殊文者，如黄帝貨貨作斤，帝嚳貨貨作八，高陽貨貨作忻，又作𠂢之類是也。有一代殊文者，如太昊金昊作合，又作𠀠；高陽金高作𠯑，又作仓，又作𠀚；堯泉堯作𠙴，又作垚，又作𦬶之類是也。有諸國殊文者，如晉姜鼎通作𠃑，虢姜鼎通作𨑢；宋公鼎公作㒶，魯公鼎公作𠙴之類是也。嶧泰之篆弓卤、亶𠀠，漢碑𠀤𠀤、𡳿之，皆一篇間作，可知古篆或複或減，時出新意矣。六書統言庚拜作子孫尊彝隹寶等字，多至百計，豈非三代之增減，倍于鍾王乎？秦一于秦，漢漸別之，晉唐乃嚴。好事家倣碑隸者，皆陸顏所指爲俗書者也。以古文正小篆之失，直至夾漈，乃得大端。□□□□，牙、目、舟、車。由縱而横；□□□，犬、豕、龜、离。各還本象。後來楊、戴、周、魏、王、吴、朱，皆因此推論。今用以屬文則不可，存以泝源則有合者，安得謂後人不如前人哉？

推論

止戈、受辛，皆一時隨意之言，如賦詩斷章，取所求耳。後之推論，豈可少哉？平之从水，古作□。亙之从月，古有亙，左蒼嶼曰：『亘从日，主舟非。』者之爲穗，□，古穗象形。□之象形，古冕與弁，皆象形。重𡐓从車，或謂从□土。□之爲簋，象形。㬎之爲踞，亦作冋。□之象髮，古□从人，上聲。□之爲呵，象呵氣。□之爲腎；古□即腎，與□皆象形。□今脈。少温之論首虫，□、百、頁一字，蟲、蝨、虫一字。漁仲之論戓戌，从亾戌。季昭之論古𤔔，手治絲也，𤔔爲古治。辛泉之載□凿，□即漢，凿即著，表著也。合溪之論㿝𦉫，𦉫象簫形，㿝音香，因鍾鼎會旁知之。伯温之言□亞，□本爲岸之交會處，借爲辰宿，古文作□。子才以爲七政。亞、惡一字。子才之論冈亥寬完；丙从冈，亥爲荄，作豕，象形。完本寬字相易。泝原以單爲儺，喧除里中之意，鼉龏从之。總要反身爲臣，□即身字。鬱儀之言㾗昊。㾗即病字，昊从冃，冃即柜鬯之鬯。皆有補于前人。不能盡引，姑舉大端。若疑之省文爲兆，癸之如射相擬，画即爲畫，寸即通又，由義因田，温从𥁕曰。今从昷。斷萑繇、台吳之訛，決剬利、迣迾之別。因用之从才，而知周爲古琱；𠣾爲官守，而知官从宧省。戴作𠣾，魏朱从之，吾衍駁之。家因伏几之形，而轉从豕牙犬。伯温與牢並論。毌丘音貫，而知毌爲古冠。屋履从尸，而義非从尸；卧古作𠨍，而監非从卧。春𡗗華卉，其原相因。⊙日。☉☉星、○圓。□圍，稍方刓。其形初變。因毋畁音囧，而足知晅爲亞訛。因觜觿巂觹，而雋巂之象鳥尾。推至●音主，又音丸，丸即圓。、音點。丨音丁。丁點聲形相轉。一之始，正可相商。

方言説

劉歆取方言書曰：『詔問遒人軒使，歲八月循路，采童謠歌戲，欲頗得其最目。』因从事郝隆求之，但有其目。聞子雲採取先代絶言、異國殊詞，非子澹雅沈鬱，不能成此。欲驗考坐知。』雄曰：『先代輶軒奏籍，皆藏周秦之室。』嚴君平、林間深好訓詁，猶見輶使所奏言，君平財有千言耳。』是固國職而好學者增訪也。北史劉延明亦著方言，蘇林曰：『如今秘書學外國書也。』漢北海劉熙作釋名。吳韋昭作辨釋名。北史李鉉正經注中謬字，曰字辨。永徽中，符璽郎顔揚庭上父師古刊謬正俗。唐祭酒李涪亦有刊誤。服虔通俗文阮孝緒云：『李虔蓋俗説也。』愚者曰：古今方言亦變矣。左傳『鬬穀於菟』，虎也。高誘注淮南：

『楚人謂恨不得爲杯治。』謂『牢曰霤』。招魂餘聲爲些，去聲。陳涉傳『夥頤』。貨殖傳『果隋』，注：『今語爲果搖。』服虔曰：『楚人謂橋曰圯，音頤。』蘇林曰：『南方人謂抱小兒爲面雍樹。』如淳曰：『齊人以不知爲丘。』章懷謂『漢以蜀爲叟』。水經注謂『冢爲琴』之類，今皆無此鄉語。方言所載，十半與今不合。即郭璞所云『惓憸、閱穀、們渾、肥膿、懨㦬、遽矜、黠姑、了戾、胎䏶、律踞』等語，亦在彷彿間。世説朴近，如所云寧馨、爾馨、何乃訇、犕瓦弔，俱無此聲。於江南則聲與讀兩相轉耳。其可推者，『些』去爲平，『乃訇』爲『那行』是也。漢匈奴謂天子爲『撑犂孤塗』，謂孝爲『若鞮考』，北魏以後史有之乎〔一七〕？可知鄉談隨世變而改矣。不考世變之言，豈能通古今之詁而是正名物乎？互詳諺原。

漢以來傳注，每用方言。黨，所也；踊，豫也；恇，狂也；昉，適也；于諸，置也。如即不如，讀伐，長言之。殷如衣，帨爲紛，斛爲鼓，祭爲隮，潩作滌，疾爲戚，衡如根，綌爲雉，地堅爲洛，湯熱爲觀，浩酒曰滌，穿地曰竈，蛤灰爲义灰，土釜爲牟器。禿髻、楬櫫、繩緘、杯杅、掉磬、挾提、脾肶、烏翅、轉鱗、伏兔、胡子、侏大等，皆以此訓解。後世卷帙浩汗，何暇于察邇言？間見才老讀務爲蒙，新都讀日如熱，京山轉母爲模，豈無稽者乎？欲通古義，先通古音。聲音之道，與天地轉。歲差自東而西，地氣自南而北，方言之變，猶之草木移接之變也。歷代訓詁、讖緯、歌謠、小説，即具各時之聲稱，惟留心者察焉。

四聲通轉説

桓帝時謡曰：『嚼復嚼，今年尚可後年鐃。』鐃叶鐸。提之爲擲，毬之爲鞠，嘯或讀歗，亞烏轉惡。西方字母，阿或兼遏，固已明矣。考許慎，召陵人；鄭氏，高密人；服虔，滎陽人；何休，任城樊人；蔡邕，圉人；應劭，南頓人；高誘，河東人；徐邈、徐廣，東莞姑幕人。沂青相近，亦北人也，音皆有入聲。如莽啗鰒魚，登萊呼近報字，而注音『蒲角切』，可謂正矣。吾故曰：古不似今，中原之入聲，皆寄入三聲也。四聲通轉，惟所用耳。

荀子石中人觙，音觸，以笛軸鈒稍聲，可証也。伯厚云：『巵、觝、觶相通。』日磾讀密低，低从氏，而月氏音支，故知古呼觶、磾、鼎、簞，時轉也。禮記『薦豆執校』，執豆之跗也。沈瓚戲犯王亮父猷之諱曰：『犬傍無骸尊。』骸即脚也，可知校、脚一。

漢晉變古音沈韻填漢晉音説

漢書當蔡謨集解之時，有二十四家，而孟康音義，或云服虔。史記自後漢延篤乃爲音義，又有音隱，直至徐廣音注、裴駰解釋，始略詳定。自服、鄭、應、許之時，已變古音，廣等沿之。及沈韻出，特取漢晉之音填入耳。挺齋盡恨休文用四明土音，能無誣乎？然嚴切始于孫炎，講求見于東晉。是其音轡，江左爲多。杭州呼負爲阜，三吴呼家麻，皆與沈合是也。所以能知前代之音者，如允吾音鉛牙，中國竟譯以鉛牙，而乃作允吾乎？譯南模爲南無，亦其類也。康成鉏牙即齟齬，景純迮牙即錯互，孟堅規槫即規模，則漢晉時猶有牙如吾、無如毋之聲。羅敷行『言可共載不』，不與敷叶，則不歸尤韻，可知矣。『洚水者，洪水也』，周末已具二音，而孟子合之。紫玉歌雙協凰光，則已江、陽合韻矣。不字平聲起杯，讀佳畫爲加化，果待温公、戴氏哉？浮本从孚，雋本从隹，狻、竣本从夋，其音涪、剪、酸、旋者，皆方言之轉；一儒偶注，而後人典據也。智嘗曰：廣韻遵沈，而古音盡泯，亦有功焉。舉世不知其故，不能正論，亦不敢妄改，正叶時宜，端在今日。嗟乎！以千年中原儒者，不特著中原之音，而待德清耶？德清無入聲，今賴正韻，其萬世所當永奉者乎！

辛巳夏日筆〔一八〕。

音韻通别不紊説

旋韻，以中和均平之聲音爲四正，支灣放閉爲四隅，倫論森然，其通轉之幾，于發送收餘，可知矣。旋韻因康節、一行指出，别詳圖説。都、俞，發聲也。喉中滿呼合唇爲否，否從丕口。◎從東呼，喉音圈脣爲阿，張口大放爲哇，阿哇即吾也。◎恩翁切〔一九〕，總毋也。吾侷脣爲余，書曰「其如台」，音怡，余之轉也。台轉治，音持。淮南子「梧治」可證。余又轉邪，漢書「歸邪于終」，即歸餘，斜舍皆从余。余又轉噫，噫送氣爲兮。見後。撮脣爲都，抵齒爲諸，瀉齒爲遮，相如賦「于遮」，曲名，即于諸也。此聲見公羊。上林賦「諸柘」，蔗也。張協都蔗賦，即諸蔗。此模、麻韻之通也。瓠子歌「吾山」即魚山。朱鷺注魚魚雅雅吾吾，讀衙衙。御略迓一聲，烏鴉一聲。周亞夫印作惡，惡谷侯作亞，董逌知銅互呇即亞倉。谷永傳「盤互」，一作牙。郭璞「牙見」即互見，「茶陵」即荼陵。藏經四十二字荼作佗，作擇。曼荼羅即茶羅。于轉噫，吾轉唯，此魚、支之通也。漢書「彡姐」音姊。日斜即暆。匜也相轉。李夫人傳注「定知以否」，即與否也。衛波傳孔子雉噫之歌，甘泉賦「辛雉」即辛夷，劉勰「嗚雉雉」，紫芝于蒍，皆此聲也。淫人呼餘作圍，於戲、戲下，可證。胡與喉轉，侯與維轉，此尤、支、模之通也。詩「侯栗侯梅」，猶言維也。史樂書過沛三侯之章，即三兮也。凡維、兮皆喉音。漢書捽胡謡歌「鼓嚨胡」即喉。淮南鯩夷，與鴟夷相轉。于轉爰云，圓轉環丸，此先、魚、寒、山之通也。聊樂我員，爰居爰處，于時廬旅，皆助詞。串夷即昆夷。烜有二讀，嶺南呼丸爲园。些之助詞，猶斯也。磨从麻，礳从靡，此支、歌、麻之通也。楚些音梭去聲。張氏曰：恩斯勤斯，與些同。有兔斯首，箋云：斯，白也，俗語鮮白。孔子臨河歌，斯與波叶。左雄傳「職斯祿薄」，謂些小也。佌佌，石經作傞傞，即些些。班彪用磨。賈山「自下劘上」，礳，古磨字。洪适曰：儀、義古音俄。何、奚音通，捫、摸音通。噫亦轉優，此皆、支之通也。優見禮記。漢書郎位星哀烏，即依烏。揚子王翦牙欸，即倀呀聲。他如東、陽、庚通，眞、先、寒、山通，蕭、尤、侵、覃通。通以脣舌，分倫而填韻，自各别也。

雙聲如：彷彿，遠遊篇髣髴。典引彷彿。練時日章『相放悲，震澹心』，師古作方弗。陸雲用佩佛。郝并通方物、怳惚、荒忽。傍徨，禮書『房皇周浹』，一作傍偟。荀子作方皇。集韻有徬徨。并通張皇、倉黄。徜徉，郊祀歌常羊，楚辭相羊，上林儴佯，李善本襄羊，柳作倡佯。亦通彷徉。匍匐，檀弓引詩：扶服。霍去病扶伏。范雎傳蒲服。韓信蒲伏胯下。秦和鍾銘匍百四方。紛紜，赤雀詩六紛員。郊祀志：紛云六幕。唐扶頌用汾沄。説文作闅䡈。赺趄，易作次且，或作趑趄，亦通恣睢。栖遲，嚴發碑作西遲，蘇氏作徲徲。肹蠁，子虚賦肸蠁布寫。漢作肸蠁。笛賦翕響。蕭森，上林蕭蔘。六臣作蕱蔘。張衡用橚槮。考工注摯參。踟蹰，劉宋書樂志引五馬立峙躇。説文峙䠧。楊作跢跦。富嘉謨用遲佇。通作躑躅、彳亍。龍種，荀子：隴種而退。埤倉作蹱踵。韓詩：白首夸龍鍾。李穆鞭宇文泰曰：籠東軍士。方言瀧涿。説文瀧涷。䑻舵。韓非：跀危藏子皋。李白作峴屼。杜甫用臬兀。太玄闑首：圜分杌棿。或作捏抓。説文引易曰槷䵝。

謰語如：昆侖，言渾淪也。山作崑崙，人貌渾侖，亦稱崑侖，并通混沌、坤屯、困敦。昆吾，圜器也。爲國名。出劍作錕鋙。以寶作琨珸，焦收騉駼。侏儒，短貌。因以袾襦，短衣；株儒，短木；又㑚獳獸。滄浪，水名。有蒼筤竹、倉琅門鐶。東門行：倉浪天。嵻峎，山空貌。因分㡣㡣，室空；磏硠，石聲；軁躴，身長；蝀蜋蜓。泭漚，浮渤也。大釘曰鉜鏂，似泡。又䥷飾也。餢䬳，飽食也。屨婁，爲骨爲劍，因以金骨旁分。驌爽，馬名。鳥名，加旁，或作鷫鷞，裘。䡹躨，足佶立也。説文：『桒，棒雙也。』因爲䑼艭舡，䡹豇豆。忽雷，胡琴有大小忽雷，馬有忽雷駁，鰐亦名忽雷。鎕銻，火齊也。怪石磄磃。虫名螗螃。弱侯刊誤又載棠棣音唐銻。戚施。詩注讀爲蹴鼀。集韻作規倪。韓道昭作頍頌。説文引詩『得此䵶鼀』，即戚施，故薛君章句以戚施爲蟾蜍，升菴遂以鼀䵶爲戚施。蘇弘家作薑蠆，音去秋，誤。大約謰語亦雙聲也。崔嵬、澎湃，以聲形容；岣嶁、巃嵸，各隨所讀。此舉以論聲轉。俱詳通雅。

姓氏三十二類概矣。賁音肥，不音彪，玉音肅，遺音惟，吞音天，能佴音耐。柏伯、袁爰之同，疏棘、桂痛之變。京嵇自取，賀師避諱。統譜詳哉。然兒倪本爲一姓，鄩尋又合斟尋。顔籀不知求即裘，伯厚且分角甪。員半千慕子胥，何必音運；伍員，杜注：音云。毌丘即貫，而毋丘音無，何也？至如甗、軒、褐、叓、萬、呼、喧、暴。罾、旼、𣂷、侖盤、亥、昨、丑。之類，直自造耳。觀𠩄𠩄之因厥，㐂虵之因妲，奇姓傳訛何限，不如聽之。漢賜衡山妾厥氏，丁度韻古作𠩄，今有𠩄氏。按：古尚書厥作𠩄，則括、厥音近而訛𠩄耳。漢彡姐羌，後合爲㐂，音陜。博雅有虵，即姐字。今字彙作員，又訛矣。

地名多異，且舉得證者例之：曲逆，音去遇，大顔譏之。因曹參傳『破楊熊曲遇』，而注户牖侯傳也。按水經注：『博水、濡水出蒲陰，回湍曲復，謂之曲逆水，故縣名曲逆。』今焦張猶泥去遇耶。銅陽，孟康音紂紅反，陰就傳訛。字彙音紂，止是踵誤。菼人，樊噲傳『霍人』注作菼人，音雖。孫愐音鎖。智按：雪賦『靃靃霏霏』。石崇傳論『春畦靃靡』。蓋隹音追，唯、誰、雖从之，故靃、霍本音萎而音雀者，攉因搉，鶴因鶴，形近也。萎，上聲爲鎖。狋氏，音權精，在代。按豻音獾，訛犾轉權。讀支如藺而轉精。鄘，説文音孚。智按：包、麃近，而包、孚通。邪龍，邪音牽，此汧、邢之訛。番吾，眞定蒲吾也。番君音婆，番禺音潘。此音蒲。同並，音伴。智見吳元滿徽人，讀半如笨而解。⿱畎皿町，音倏。盤江所出，或云盤訛，恐是⿱畎皿訛。朐䏰，洪陽音瞿閏；字彙作朐〔二〇〕，音閏，皆誤矣。按：合溪朐䏰音瞬忍，巴多此虫。淳于。以敦圩名。晉語：『戰以錞于丁寧。』樂器，如碓。始興王鑑得之，後周斛斯徵識之。既音敦，則姓同音。

物名異者：荼首，音蔡茂。按博物志：蔡，余義。本草：蔡，苴機。段柯古耶希皆兩頭鹿。聲形互訛。屏蓬，即山海經之并封。用修收垹字。江隣幾以徐積見物如小兒手，即白澤圖之垹也。山經：敦隅視肉。郭云：封，封篆[illegible]而訛耶？此類蓬蓬然，故有此音。押不盧，周密載殺人復活之藥。勝略曰：默德那有押不盧，即本草活鹿草。酋耳，即尊耳。騶虞，方朔作騶牙。牙、吾、虞通。服匿，單于與武者。音避匿，陸澄答竟陵王。程泰之又言高麗服席。阮堅之曰：扁瓶可佩者。説文服牛作犕，知其音通。方良，張衡賦『腦方良』，即罔兩。世家：夔罔閬。魯語作蛧蜽。郝以罔象、方相皆通。榻布，史記注：白疊也。或作答。馬援衣都布。曹溪志屈眴即吉貝。或作古貝。按劫貝與吉近。得董，郭朝請曰：唐歌『得董紇那邪，紇那得董邪』。得音丁紇反。計有功紀事作紇囊得體邪。體音都董反。韋堅令陜尉唱得寶歌。太眞外傳曰：得鞡，恐是韐訛，瑇之别也。紇那得董之音，即今骨董。説文：匱，古器也。當作匱董。小説有骨篤犀、骨董羹，皆此聲。罣鹿，樂苑有獨漉篇。荀成相辭曰『獨鹿棄之江』，注：網也。元美作罣鹿。訛。蓋罣从中土之㞢得聲，訛爲主。罣則音卦。鄭箋曰：樔，今擦罟，殆獨漉類。篤耨，音禄。張子賢曰：宣和異香有篤耨、亞悉。泊宅編市舶：張苑進篤禄香，得學士，號篤禄學士。按：是都盧之轉。都盧，漢有都盧。唐名戴竿，或曰緣株。釋名曰：都盧，負屋，侏儒柱也。按：都从者有株音。胥臣對晉文曰：侏儒扶盧。韋昭謂扶緣盧秘。智按：小顏曰都盧國人善高跟，挂腹旋。鹿盧，禮注以紼繞碑間之鹿盧。子雲賦『轠轤』，一作櫨轤。轒轤，音雷盧，即兜零也。光武紀注：烽燧有兜零。古玉圖考有鹿盧，謂連轉者。搔勞，隋帝覡戒師銅搔勞一口，南榴夾膝桃。按：搔勞，簍籮也。明皇作銀漉籬與禄山，其類也。漢書窶數，音摟搜。凡呼郎當摟揪之物皆然，不必定執經戴〔二一一〕。夾膝桃，桃與挑同。陸魯望以竹夾膝贈皮襲美，即急就章所謂家也，伏几也。南榴即鬭斑枏、癭子木也，張子布有枏榴枕賦。不落，不音桮。説文：䈬，滿爰也；𠥟，桮也；箺，答也；籌，答也；檟，負戴器也。檟、𠥟同。方言：『桮落謂之豆筥。』筥，周官笲簝類，則説文以藍籠爲桮落。古郚即部，皆不之音。滿爰，竹盛器，如土器名撲滿也。香山詩『銀花不落從君勸』，開運馮相水晶不落，退之用鑿落，則竟指酒器。柹心，遯園載柹心筆格，即棗心。朱子跋蔡藻筆，棗心樣。山谷言郎奇棗心散卓。古柹即柿，柿、棗聲轉。羊柹一名楝棗，可証。枕杫，方言俎几，蜀漢曰扯。郭璞音賜。按：藥菘枕杫，杌，木器也。几如碗案，舉案可証。集韻作梚，以辿，訛。偏諸，賈策緁以偏諸緣。顏引腰襻，又云絛。按：光武紀『諸于繡擳』。元后傳注：袿衣，繡擳半臂。宋曰半除。鄺音偏遮。師比，見國策，即犀毗，史記作胥紕。淮南注私紕鞮帶也〔二一二〕。遼東鞊韘，阮諶解鉤韘，謂螳蜋拘。毋追，音整堆。大傳冒而句領，荀作務。務、帽、冕、牟，聲通。禰衡岑牟可証。布毋縛鷂袴也。和門，周禮『旂建和門』。尹賞傳桓門東棺前曰和。蓋横、桓、和，通聲。誃門，音池，遂作誃。文選：誃門曲榭。劉曜傳『誃門旦空』。陸雲云：曹公誃堂。子謙引作誃塘。按：爾雅簃通作郛，吕覽夕室音迤室，皆以聲。辟祴，鄭注考工：中督邊迤堂涂注令甓祴，即瓴甓階。笙師祴夏，音陔。伯厚以南陔作祴。梁有階步歌。可証祴、陔、階通。央瀆。荀子央瀆，御覽引莊羊溝，即傳之匽豬。今陽溝也。詳通雅。由此論之，隆準音頔，文穎即以服應爲非矣；魚須音斑，庾氏已知陸氏之非矣。存中譏欒天以殍音孚，田汝成笑顏籀讀廷爲定，問奇集譏人讀椵爲古，沈寧菴譏德清收浮于模，夫豈知其故乎？檀弓免音問，馬鬣封音窆，算選率刷，壽熟璹東，夫豈知其故乎？靈素之炅，當與熱同；沈約雌蜺，亦可平聲。退之詠芍藥，何必附文選之勺略；京山知劉杳，何更以羲獻父子附犧娑。落魄不必音拓，繁纓不必作鞶。杜用張翰音漢，中興音仲；香山一番音泛，舍偑喎而造天音歪。元美譏王敬夫以物作護，正吳編論晚、挽同收而異讀。史照蜀音，三省辨誤，必以太守環攻，與上治同例，總是古通後別，不得不然。詩律、詞譜，時借用耳。愚者曰：漢末孫炎爾雅音義始爲反切，魏通釋書，此法大行。音一定，故莫逃；字有盡，故轉借。然有古可通，今不必通；楷可借，篆不可借者。郭恕先分屯乇、虵蛇、勳動、鼲鼸、審審、兕況，則造説也。鄭魏推古意，吳楊考古音，是也。執古廢今則非，若執古之訛誤者，更不必矣。斷之曰：古通有倫，謬誤宜正，雅音宜習，正韻爲經。學者講求聲韻之故，旁參列證，以補前賢之未盡，使萬世奉同文之化，是所望也。『詩書執禮，皆雅言也。』孔鄭注典法，必正言其音。邵子歎韻，一行旋應，韻鑑縱橫，中原陰陽，確矣。智嘗因悉曇泰西，兩會通之，酌正韻，定正叶焉，別作一編，以俟知者。

音義始論〔二三〕

音義何始乎？無聲有聲而義生焉。音心曰意，而用于形聲，其事咸宜，其義乃顯。嘗自思惟：風輪噫氣，寓竅唱于，冬雷艮震，帝與物出，風雷益，雷風恆，聖時思睿，萬古不壞。此貫乎有聲無聲而冒如斯者，果何義耶？人生下地，徼觀其竅，中發而收，何人不同？阿哇之聲，即是吾余，脣喉豈有造作哉？五音止是宮商，而商皆歸宮；平、上、去、入，止是平仄，而仄皆歸平。試以五方而音之，中起東南西而斂于北，東西南北中，惟北爲入聲。一二三四五六七八九十，惟三爲平聲。仄聲直而入聲斂，足驗字頭。平聲則有餘聲，發喉收喉，皆其用也。六七八九，即一二三四，而十即中五之四破，旋爲四時，分十二律。以此辨字頭，辨發送，辨餘收，其用寧有遺乎？萬法盡於小衍，請以聲衍。吾余者，中五之聲也。一之聲爲噫，二之聲爲呪，三、四之聲爲思。陰陽意言，皆一之因也。你、汝、若、人，皆二之端也。生、死、時、事，皆三、四之參也。二舌聲，三、四齒聲，一與五喉聲，而脣、腭會矣。九専腭，八専脣，七則齒之精，六則舌之盡。十者宮、商之時也，中者宮、商之統也。東爲舌頭，西爲齒收，南爲舌收，北則専合脣以會宮者也。春聚聲，夏放聲，秋收聲，冬偪聲，秩敘變化，妙哉叶乎！不入微至之門，且置勿論。

校記

〔一〕考古通説　原誤作小字，附音義雜論之下。

〔二〕商　原作「啇」，據通雅刊誤補遺（以下簡稱刊誤補遺）改。

〔三〕媧　原作「蝸」，據刊誤補遺改。

〔四〕天子　原作「夫子」，據刊誤補遺改。

〔五〕蜜　原作「密」，據刊誤補遺改。

〔六〕刊誤補遺云：「碑下」脱「霸下」二字。

〔七〕从𢦏　鄭樵通志六書略作「从戈从亡」。

〔八〕鼀　原作「鼁」，據刊誤補遺改。

〔九〕樂　禮記樂記作「亂」。

〔一〇〕羊　原作「羋」，據刊誤補遺改。

〔一一〕拆借　「拆」原作「折」，據文義改。

〔一二〕形　原作「事」，據刊誤補遺改。

〔一三〕「即指」二句　原爲雙行小字，據刊誤補遺改爲大字。

〔一四〕蔦　原作「蔦」，據刊誤補遺改。

〔一五〕彌　原作『彌』，據刊誤補遺改。

〔一六〕於越漢書　原無，據刊誤補遺補。

〔一七〕『漢』至『有之乎』　原作『愚歷考古今音義』，據刊誤補遺改。

〔一八〕刊誤補遺云：『「辛巳夏日筆」五字當删。』并云文末脱雙行小字：『楊時偉箋正韻而世不遵者，直是不明聲音之故耳。吾師闡發考證，以俟知者，其功大矣。反和雅音，自當中節，訓經協藝，何故不慶同文耶？温陵門人黄虞稷謹記。』

〔一九〕恩　原作『思』，據刊誤補遺改。

〔二〇〕朐　原作『朐』，據刊誤補遺改。

〔二一〕經　原作『經』，據刊誤補遺改。

〔二二〕刊誤補遺云：『「注私紕」三字當改「作鴂鷁」三字。』

〔二三〕刊誤補遺云：『音義始論下脱雙行：聲音通微，非思慮所到也，老父隨舉一端，闡固有之理，惜著察者少耳。不肖中通謹記。』

通雅卷首之二

讀書類略提語

士以讀書明理爲業，猶農工之刀耜也。志道游藝，外内一致，張弛鼓舞，全以此養之而化之。文章即性道，豈曼語哉？進德必居其業，立誠用在修辭。大畜日新，道寓于器，會通典禮，賾不可惡，效天法地，道不遠人。所貴振衣挈領，播種培根，一樹全仁，何礙葱蔚。吾嘗曰：詩、書、禮、樂，擴充之灰斗，優游之桑薪也，會心開眼，乃第一義。發爲手筆，揮灑天然；力能考究，取資證據，仲尼不厭叮嚀罔殆。子思曰：『吾嘗深有思而莫之得也，于學則寤焉。』見性之人，學問視爲衣食；中材出楔，古今即是參苓。子弟少年，先洗温飽面目，好古礪志，庶免波流。敦詩書、悦禮義之人，無忝立本，即未能葉落歸根，且隨夏秋氣候。故專就讀書一門，列其博約之概，書示弟子。古今大矣，隨人所好，殊途同歸。吾祖、父相傳中和正論，汝等勉之！澹泊貞實，其本也；閒雅瀟灑，其度也；枕籍今古，徵舉詠歌，其飲食也。

崇禎壬午浮山愚者識于曼寓〔一〕。

桐川寧澹語，禔躬警心，備矣。孝弟學文，詩禮象勺，終世如斯，貴知味耳。周公但無驕吝之我則材藝，即無技也。孔子博學無所成名，即空空也。士首三民，文傳四教，知心必泯于事，故合内外先後而表其倫物之經，以詩、書、禮、樂安萬世之井竈，費其智力，即隱其智力矣。朱子曰『時時窮理之謂居敬』，終身考究事物不厭。廷尉公曰『毋自欺而好學』，正謂道存于志，志忘于勤。材智之士，豈甘鬱塞？因此養之而熏之，不則欄牛遂鄙耳，畫鬼掠虚耳！烏能禁乎？天倫師友，羣居麗澤，一室自娱，詩書交古，山川適性，筆墨唱酬，福有大于此者哉！

明經正業，今尚大全。夫曰大全者，謂合諸家之異同而使參詳也。執一乎？水濟水耳。四明施公曰：『天下病虚，考亭救之以實；天下病實，新建醒之以虚。』王虚舟師曰：『用實者虚，用虚者實，虚實本一致也。當合漢宋及今，參集大成焉。』文孝先生曰：『虚靈備萬，本如是也。理明而貫實事，乃享中節時宜。君子虚受，即是充實；願力誠實，自然虚公，豈以我見滯實之病，而掃倫物學問之實務乎？豈以掠虚欺人之病，而諱虚明神化之本體乎？躬行自賢，而凌物嫉人，是以誠實而爲虚憍也。逃空護短，而訕惡實學，其爲我見滯實也大矣。』究竟人不一事，而理自會通。時位有常變，而君子道其常。各煉短而用長，勿欺則同然，而好學不厭，統御萬世者，此聖人之所以光大中正也。

白安石曰：『朱子教人半日静坐，半日讀書，有錯行之用焉。鬼神通之，精神之極也，有翕闢之幾焉。聖人表中正以與萬世化，諸子各出一奇以與天下争。達士遺放自怡耳，才士標新博趣耳，策諷必中隱情之利害，琦辨必用惠秉之顛倒，讀書知言，主僕明矣。讀聖作當虚心以從經，覽百氏當化書以從我，察其兩端，由中道行，中備四時，隨其環應。』惠秉者，惠施、公孫龍也。

廿一史爲緯，通鑑爲經，其旁史則猶之涑水考異也。邵子編年、温公目録，加酌略焉。開卷徵盗賊之起止，宰相諫官賢者之去留。天下事皆係宰相與諫官，每一事，追視所言，按其時勢，豈不犁然？

學校、選舉、賦役、兵屯、河漕、鹽錢諸事，利弊時宜，貴知要領。漁仲約通典爲志，洪洲續貴與通考，稗編、函史，可撮會之。理原易簡，史事自繁。經濟類編、古論大觀、實用編、學古適用編、弋説、千百年眼、尚論快編，皆可折衷。指其偏礅拘膠之兩病，以醒後人，約編在處寘之謨，文詞可略。

治在君相，人在師教，學在實講，公明而已。不明時勢而執成式者，迂腐之弊愚；一以翻案見奇者，偏鋒之弊蕩。井田封建，可印泥乎？牛李、蜀洛，賢者不免。追論古事，好惡蝸争；何況同朝，能無朋黨？歐陽朋黨論，高忠憲暢之，不可不知也。唐丹稜言：『各盡其説，不以同異爲誅賞；貴和賤同，臣下同則人主孤矣。』唐太宗曰：『卿等勸朕納諫，卿等亦納諫否？』宗一公以此暢藏恕之喻，切矣。鄧潛谷曰：『古方物出謀，明于事情與權，不激其心也，以不激于言。宋賢方守徑遂，主犯不知諷，復過求，不合則仇，多拂物理而病人情。』湛六公曰：『姚安偏才自遂，因官敗而敢于隱怪，詬名以爲名。贊壆賞瀛，翻案見奇，偏詆洛閩，以媚縱情滅禮者，楚望、幾亭痛矣。』二無公曰：『今謂宋儒與晉清談同弊，過矣。伊陽守禮嚴閑，而文人尚灑脱，經濟言權變，故齟齬耳。蜀洛則争，子瞻之服濂溪，何如耶？』疆埸危疑，豈堪局外吹疵；高人遁迹，寧以常規自白？體道者，不刻深膠柱也。大人統天從類，辨而容之，張弛互用，時爲大矣。胡安定教學分科，安石選材以驗古今，皆一法也。約于大學之休休，公也；能好能惡，明也。仁智乃不偏見矣，政府立而宰君民矣。泰二晉五，鼎鉉井收，匪躬即涣，羣盍簪即由頤矣。讀書者，有宰古今之權焉。薛文清曰：『國制禮律，皆觀考之。』正虞好古而戾時宜也。舍之則藏，淵明曰『因疾守閒』，得體矣，豈自高而壞世法耶？

虛舟師曰：『生死鬼神，疑城也。既爲生死所惑，而談超生死者，又惑之。告之曰：萬物皆備于我，去來皆備于今。一神于二，即器是道，必反隱鶩希奇，詎自信乎？孔子屢稱鬼神，而黄帝曰「道無鬼神」。蓋體道者，鬼神無如之何，通晝夜而知之，惟心識造。莊子曰：「以有形象無形而定矣，善吾生所以善吾死。」通一寓庸而緣不得已，神明至誠，貴貫仁智百姓之用耳。』三一公曰：『仙定者，出世之毛道也。莊、禪者，出世之圜幾也。』秋濤曰：『二氏，隱士之深者。遁世無悶，消心果有方便，知其故乎？無欲從心，過生死關。造命知命，非言所及。』

河洛卦策，徵其端幾，物理畢矣。岐伯曰：『六合之内，不離于五。』邵明小衍，其約幾乎？肢官蜕蟆，象緯聲光，是造化物理之符；歷律醫占，爲盈虚損益通類引觸之籥。世士苦于世累，好修則守常理，有才則溺詞章，豁達則喜放懶，誰肯精致開成，以決質俟之疑乎？平子、冲、塬、一行、康節，間出難遇也。太西質測頗精，通幾未舉，在神明者之取郯子耳。朔易大衍，聖人以曆徵幾；律襲旋宫，倫類不差節度：人身一天地也。醫驗微密，受命如嚮，占攝誠神。此種論辨，别彙一編，以俟研極可也。石齋先生曰：『吾道最忌儱統，交盤不得。』

開眼者轉文字，不被文字轉，乘物天遊矣。澄懷喪我，龔牆遇之，設身别路，隨物卷舒，貫蝨弄丸之候，在人自得。

雜學考究類略

博物君子，優游太平，養士講問，是飛耳長目也。歐陽歸田，原父遺以『漢』字，存中筆談，朱子采問大昌。識威斗之承天，周譜訪杳；老昏屈于劉顯，陸倕擊節。贊寧知晝夜牛，猶之劫灰；韋若虛辨豹鼠，而畧疑未竟。詎以藻廉桐魚〔二〕，附會萍實、羵羊一例耶？策事聊以嚾酒，書厨正可代勞。奇文欣賞，疑義相析，豈不樂乎？戊辰，與周農父、孫克咸澤社讀書，暇相問難，皆以經辨、史疑、藥性、物理爲條，不獨董逌之瓜、吕徽之之驢也。且曰消閒。

温公曰：『備萬物之體用，莫過于字；包衆字之形聲，莫過于韻。』是理事名物之辨，當管庫也。正韻注取毛晃、孫吾與，韻會取黄公紹，黄取孟昶書林，而子謙補之，字彙抄之。大約字書沿集，未淹經史，何怪其舛漏訛謬耶？今遵正韻牋，詳考諸家，上收金石，古今辨難，皆決其下，此小學必不可少者也。

近代魏校、王應電、吴元滿、朱謀㙔，因鄭樵、楊桓、戴侗、周伯琦而造附古文。二徐鍇、鉉、張有、郭忠恕、二趙撝謙、宧光、柴廣進、李士龍，專守説文。古人寄託通用，後加分别，今不可不知其故。臨文通九經、史、漢，而概依正韻已矣。署書行稿，取態不拘。字從篆始，方知畫沙印泥之妙。

沈約知四聲，珙温譜七音，德清明陰陽，士龍並濁複，呂坤、張位約字母。愚者偏考經籍，證出歷代之方言，始知其所以訛、所以通耳。音定填字，倫論不淆，豈人力哉？今日定序正韻，爲萬世宗，免王伯良音路未清之議，固楊去奢之志乎！聲度妙叶，通于樂律，此物理微至之門，别有精論。

虚舟師授河洛，爲詳約之綱宗，而乃歎圖學之妙也。秩敘變化，頓時全舉，使人會通，多即一矣。天文、地理、器象、制度之類，非圖豈易學哉？秦不焚圖，蕭何取之，故律令章程綿蕝，指掌而定。向歆略圖，任宏七略，于兵有圖。王儉七志，一志專收圖譜。鄭夾漈見楊佺期洛京圖，方省張華知漢宫千門萬户之由；見杜預公子譜，方覺武平一知魯三桓、鄭七穆之故。近世章本清作圖書編，韓苑洛于象數禮樂有圖，盧廬江刻天祥圖于石，亦饒羊也。馬貴與曰：『漢易、詩、禮，訓詁家傳。而制氏鏗鏘，徐生之容，京費之占，無能知者，數既亡，則義孤行。』而襲談虚冒，久之陳腐，翹明者厭之，逃于洸洋，于是乎圖書之秩敘奥衍，萬物之倫變幾表，竟絶學矣。

郡縣更變，最易淆亂。孟子指夫差之邗溝以爲禹迹，墨翟、相如誤説江湖。桑欽水經，江入會稽，酈道元遂謂楊子有口通淛。淛即漸江，以古會稽郡大，後分吴會也。陶弘景不知沙苑。孔安國不知大别，襄、鄢、荆、郢，安陸乃建郢曲陽春之樓。宋之應天乃是歸德。伯厚不知沮縣之沔；退之南陽乃在懷慶，而傳作鄧州人。何責一統勝略不能分歷山、首陽，新刊資治通鑑卷首妄以城固爲廣固乎？當以修攘考、朱思兼圖，約一統志。

官制貴與爲概，而王鄧纂之。侍中，漢加官，六朝爲宰相。尚書、侍郎，古小今大。唐之舍人權重，漢太守方面統兵，今皆遠甚矣。小顔誤注金吾，歐公不知有秩，況後人乎？當編一圖。

自子長冤宰我，分伯翳與費益，姓名本末，苦于紛糾。不識撑犁乃皇甫謐，而永叔以爲陸機。知豹鼠者竇攸，而藝文類聚以爲終軍。裴松之以憑黠爲憑默。名畫記以虎頭將軍爲小字。長睿譏崇文總目不知德山爲宣鑒。捫虱譏古今人表分士會與范武子。仁寶曰都南濠，誤以王倫爲王旦。葛常之韻語陽秋誤以三國吴人曹弗興爲曹霸。李少温見于宣和書譜，吾子行乃云陽冰爲潮之子，亦猶晁公武以張唐英爲張君房也。唐英，商英兄，仁宗時狀元。見黄東發古今紀要。升菴辨矣，而以劉德昇爲劉表，索幼安爲管寧，王筠誤融，孫奕誤慥。孝標、孝綽，本非一家。王褒、陳咸、張敞、王渾，自非一人。若删統譜，附僧杲録，一經揭出，便自不淆。

朱子緑竹不從箋，而執幽蘭不可佩。貞白笑佉不識樝，而信蘇合爲獅屎。閒因段柯古、吴虎臣而考之，病學本草而辨之，傳訛甚多。然考究以資後人，後人因辨加詳，則皆前功也。段曰：伯喈反舌，謂蝦蟆，淮南蝼蟈，謂蛩。詩義螻蛄，謂蝨。高誘乾鵠，謂蟋。吴曰：伯厚搏黍謂鶯，朝英不知麥秋。郭璞以梗爲杞，顔籀以鶪爲鵙，張揖以螻爲鼫，叔重、元恪分巂周與周燕〔三〕。研北友仁。因野王以椶爲蒲葵。因誤陶駁祝蛉，實則螯殺呼活之。爾雅並舉六魚，而毛許謬解。草木狀、金樓子一木數香，而成式礬爲玉蕊。筆叢辨瓊、蕊、礬、梔爲四。存中取石棗核，醫皆棄之。山谷以士卵爲芋，景盧以山以鳥獸草木與事君父並稱，儻亦方言物理有足引觸者乎！楊鄧以鬼芋爲蒟醬，焦顧以鱖爲鮎鮰。核實難哉！孔子猶未也。學者各有一證，集以貽後。醫尤貴明，時珍辨唐宋，十半

宓山解曰：茹吐古今，一切淡泊矣。一多相貫，深造者泯薪火矣。理學經濟性命樹幡愈高，覯而多責。逃虚空乎？勿欺而已，時宜而已，中和而已。賢者識大，不賢者識小。樂天曰：『人各有一僻，我僻在章句。』東坡曰：『君看厭事人，無事乃更悲。』故知學問，飲啖也。百物不廢，各以類統，不安其蓺，不能樂業。臯比尊幢，願以奉人。其卑卑不屑爲者，隨手度日，以省後人之力，是賢于博奕耳。然何不可以萬物爲坐隱耶？更堪浮白。

藏書删書類略

經部凡十：　易，附性理、象數、曆律、圖考。　四書，附孔子集語、名物考、正註、餘註、道統録、聖學宗傳。　孝經，附五倫全書。　尚書。　詩。　三禮，附禮制。　樂記，附樂律器考。　春秋三傳。　爾雅，附正韻、音義。　諸經總解别解。

若徹上徹下者，删注疏于前而旁通諸家，則一書而天人理事畢矣。名物音義辨訛考證歸于正韻，而小學易簡矣。

史部凡十四：　正史。　編年。　實録。　備史。　雜史。　傳記。　典故。　職官。　儀注。　經濟諸務。　譜諜。　地志。　雜志小録。　書目，各載何代何人著，判其大意，一覽瞭然，此最易通統類。

删古今史爲緯，以編年大略爲經，典故、經濟分類，删通考編之，則三書足矣。姓譜、統志各一，雜志記聽采可也。

子部凡十二：　歷代儒學。　楊。　墨。　名法。　縱横。　兵。　象緯算測，附太西算學奇器。　醫農。　卜筮，附三式堪輿等。　藝術小説。　物理總書。

説之通者，俱附經下，諸子各約一條，明其長短，不過一帙，而農書、醫學、算測、工器乃是實務，各存專家。九流各食其力，聽之而已，總爲物理。當作格致全書。

集部總别凡七：　騷賦。　詩，附詩話、詩餘詞。　奏議論策各體文。　制舉。　金石諸録。　書畫法。

詞達而已。有奇古正大于六經者乎？莊騷别通其變，史漢敘事體雅，八大家通使也。駢儷者一種，題跋者小品耳。詩以比興轉風，賦事亦比興也。各就所長，歸雅爲近。如此約之，總選詩文二編足矣。

餘部凡六：釋。道。神仙。西理。類書。雜書。

志略分門，該于四部，二藏舊列子部，類書舊列集部，皆不下數萬卷。今分五者，以卷帙相等也。至理無多，止爲專門侈勝，可約兩編，類書給用而已，止須一部。

白鹿語曰：斯文者，天地古今之橐籥也。載籍極博，統類而删之，斯易簡矣。道德、經濟、文章、小學、方伎，約之爲天道人事，精之止是性理物理，而窮至于命，即器是道，乃一大物理也。踐形者神，理泯于事，物自獻理，事貴時宜，治教轉風，出處一致，室既自娱，後來省力，一覽書目，而主統僕矣。大成貴集，述妙于删，千古之智，惟善讀書者享之，幸勿蹉過〔四〕。生長流離，虚承四時之學，貧悴冗散，徒爾露抄，專精分任，願告同心，豈無大度者養賢，爲之萬世，幸甚。

皖桐方氏不肖子中德、通、履謹識。〔五〕

小學大略

小學有訓詁之學，有字書之學，有音韻之學，從事蒼、雅、説文，固當旁采諸家之辯難，則上自金石鐘鼎、石經碑帖，以至印章款識，皆所當究心者。謹略論其源流，以便省覽。歐陽永叔曰：『八歲入小學，習六甲四方書數，至成童後，授經學，以次第後大也。爾雅出於漢世，正名物講説資之，于是有訓詁之學。文字既興，隨世轉易趣便，三蒼始志字法，許慎作説文，于是有偏傍之學。篆隸古文，爲體各異，學者務極其能，于是有字書之學。五聲異律，清濁相生，而孫炎始作字音，于是有音韻之學。』永叔以偏傍字書爲二，則以字書爲筆法。智以筆法乃字學之緒餘，故明六書之源流，謂之字書之學。吳敬甫分三家，一曰體制，二曰訓詁，三曰音韻。胡元瑞言小學一端，門徑十數，有博于文者、義者、音者、蹟者、考者、評者。古今博洽，蔑能相兼，其可易哉？

困學紀聞曰：『誠齋云：「畫非卦也，伏羲之字也。乾鑿度以八卦之畫爲古文天、地、風、山、水、火、雷、澤字，此是推原而闇合耳。」眞誥曰：「三皇之世，演八會之文，爲龍鳳之章，雲篆之迹。凡書分破二道，壞眞從易，配別分支，乃爲六十四種之書。」而竺典言造書凡三人，曰梵，曰伽盧，曰倉頡。梵者光音天人也，以梵天之書傳于印度，其書右行。伽盧創書于西域，其書左行。其季倉頡居中夏，其書下行。』王弇州笑之。智曰：聲明之原，起于西方，理自闇合。左右兩行，而季下行復上，殆表緣因中道乎！

自倉頡創六字〔六〕，周保氏教六書，秦有大篆、小篆、符書、蟲書、摹印、署書、殳書、隸書之八體。漢興，有尉律學，課最，爲尚書史，書字或不正，輒舉劾焉。大篆十五篇，宣王太史史籀著也。倉頡一篇，又云七章，秦李斯作。爰歷六章，車府令趙高作。博學七章，太史令胡毋敬作。所謂秦篆，即小篆也。秦官獄繁多，以趣約易。下杜人程邈爲衙獄吏，得罪繫雲陽獄，獄中作篆，始皇出以爲御史，使定書，世人以邈徒隸，謂之隸書。新莽甄豐改定之時，止有六書：一曰古文，孔壁科斗文字，北平侯張蒼獻春秋左氏傳，書體與孔壁類者也。二曰奇字，即古文異者，隋、唐志有古文奇字一卷，衛宏爲之序。三曰篆書，小篆也。四曰佐書，秦隸也。五曰繆篆，以摹印也。六曰鳥蟲，以幡信也。漢閭里書師，合蒼頡、爰歷、博學三篇，斷六十字爲一章。武帝時，司馬相如作凡將篇，無複字。元帝黄門令史游作急就章，成帝將作大匠李長作元尚篇，皆倉頡中正字也。急就有曹壽解，顔之推、崔浩、豆盧氏注。北史劉芳亦作急就篇續注音義證三卷。陸暐擬急就篇爲悟蒙章。而顔之推孫師古解訓爲善。今有全本相傳，是吴皇象寫，亦有筆改，以洞爲隤之類。元始中，召天下通小學者以百數，各令記字未央庭中，杜鄴、爰禮、秦近曾此被賞。蒼頡多古字，俗師失其讀。宣帝時，徵齊人能正讀，張敞從受之。揚雄取諸家有用者，作訓纂，易蒼頡重復之字，凡八十九章。班固復續揚雄作十三章，今皆不存。而張竦家之學，傳至外孫之子杜林，爲作訓。隋志云：『梁有蒼頡二卷，漢司空杜林注。亡。』考工記注：蒼頡篇有鞄甍。又曰：有柯欘。安紀注：春秋釋文、文選、廣韻注、曲禮疏皆引蒼頡篇。藝文類聚引凡將篇曰：鍾磬竽笙筑坎侯。蜀都賦注引凡將篇曰：黄潤纖美宜制禪。史記正義引訓纂云：户、扈、鄠三字，一也。後魏書江式祖强上書三十餘法。延昌三年，式表甚詳，欲撰集古來文字，以許慎説文爲主，上篆下隸，其書竟未能成。愚考隸書，即今楷書，淳化帖有邈『天得一以清』一則，甚明也。黄伯思皆以爲僞，然體本楷式，後人摹倣耳。徐鉉曰：『賈魴作三蒼之書，皆爲隸字。隸字始廣，而篆籀轉微。』誤以八分爲隸，則自歐陽修作集古録耳。自是凡漢石刻，皆目爲漢隸。東魏大覺寺碑題曰隸書，今楷字也。千文曰：『杜稿鍾隸。』唐孫過庭草書譜曰：『元常專精于隸書，伯英尤工于草體，二美逸少兼之。』此以眞、行爲隸也。八分者，書苑曰：『蔡琰言割程隸八分取二分，割李篆字二分取八分。』或曰：『邕有八體，各分其一也。』漢石經乃蔡邕八分書。鍾繇善八分，太山銘有隼尾波。章草以章帝名，或以急就名。若淳化首則，詎可信乎？北海敬王睦善史書，世以爲楷則。永平中，帝驛馬令作草書尺牘十首，杜伯度、張芝昶、崔子玉所善者也。文選『鶴書』注：『蕭子良古今篆隸文體曰：鶴頭書與偃波書，俱詔版所用，在漢謂之尺一簡。』自秦廢古文，漢教學童，幷稿書、楷書、懸針、垂露、飛白、偃波、鶴頭、芝英、倒薤等二十餘種之勢，因事生變也。李陽冰云：『秦始皇時，王次仲制八分書。』蕭子良曰：『漢靈時，上谷王次仲與秦人同姓名，作八分書。』元常謂章程書，始爲楷法。云出新意者，言鍾王增減筆法也。』由今考論古篆，即有新意，錯綜取態增減矣。其稱最古者，頡墓、禹碑，孔壁、汲冢，石鼓、壇刻，比干、季札墓，秦篆則詛楚文，斯篆則嶧泰、會稽是也。歐陽修始爲集古，而劉敞〔七〕、吕大臨、趙明誠、王楚、黄伯思、董逌、夏竦、宗子克繼。薛尚功、洪适、葉夢得、王俅、蔡珪、吾衍、楊慎、都穆、陳鉅、徐獻忠、王家瑞、趙崡、田汝耔、朱雲等俱事編集。而印章之篆，則自蕭子良合刻符摹印之體，宋宣和譜之。楊克

一、王厚之、顔叔夏、姜夔、趙孟頫皆有譜録，班班可考。至書法筆勢，則又小學中之緒餘矣。並詳見書札、碑帖諸條下。

雅蒼者，概言五雅、三蒼也。揚雄答劉歆，以爾雅爲游夏之徒所記。謂爲周公書者，因劉向以史佚教其子以爾雅。三朝記：孔子曰：『爾雅以觀于古，足以辨言矣。』元命包曰：『子夏問夫子，作春秋不以初、哉、首、基爲始何？』是以知爲周公所造也。竇攸豹鼠之對，其業乃顯。由今論之，周公吐哺，用人之長，安知非彼時集之，而卜商弟子沿加乎？叔孫通、梁文有增補者，猶神農本草而别録大觀補之也。有犍爲文學注及劉歆、李巡、孫炎、樊光、郭璞等注，陸德明、毋昭裔音義，邢昺疏。今注疏主郭邢。小爾雅乃陳涉博士孔鮒撰。揚雄方言、劉熙釋名，皆倣釋詁而作者也。廣雅乃魏博士張揖著，隋曹憲爲之音解。避煬帝諱，更名博雅。唐志有劉伯莊續爾雅一卷。梁劉杳撰要雅，李商隱蜀爾雅，劉温潤羌爾雅，皆取其名耳。宋元豐中，陸佃爲埤雅，羅願作爾雅翼，鄭樵有爾雅注。饘糊㰒袍，古多通音，譏之非是。其曰㦸㦸丁丁之不達物情，則果然矣。謂其釋離騷涷雨，呼草木筍茭，爲江南人或後補者，豈足概全書乎？隋志言郭璞注三蒼。漢和帝永元中，郎中賈魴叔郎作滂喜篇，爲蒼頡、訓纂之下卷，曰三蒼。又張揖撰埤蒼，樊恭撰廣蒼。説文繫傳以蒼頡、爰歷、博學爲三蒼，并訓纂爲四篇。吴敬甫謂史游急就倣爾雅作，非也，乃倣凡將，皆從三蒼一例者，列字而無訓。唐志：蔡邕勸學篇二卷，聖皇章一卷。班固太甲篇、在昔篇各一卷。崔瑗飛龍篇合篆草勢三卷，黄初篇一卷。陸機吴章篇一卷。吴項峻始學十二卷。晉陽方少學集十卷。朱嗣卿幼學篇一卷。束晳發蒙記一卷。顧愷之啓蒙啓疑記各三卷。王羲之小學篇一卷。葛洪要用字苑一卷。馮幹括字苑十三卷。宋顔延之詁幼文三卷。荀楷廣詁幼文一卷。易晉卦疏引蔡邕勸學篇云：鼫鼠五能，不成一伎術。初學記引項峻始學篇、曹植飛龍篇。南史劉杳傳引何承天纂文、葛洪字苑。後漢志注引顔延之幼誥。文選注引顧愷之啓蒙記、顔延年纂要。郭忠恕佩觿集一序言前人之誤甚詳，然亦未觀其通也。

漢石經，靈帝熹平四年所立〔八〕。洛陽記曰：『太學在洛陽城南，開陽門外。講堂長十丈，廣二丈。堂前石經四部，本碑凡四十六枚：西行，尚書、周易、公羊傳，十六碑存，十二碑毁；南行，禮記十五碑悉崩壞；東行，論語三碑毁。禮記碑上有諫議大夫馬日磾、議郎蔡邕名，爲古文科斗、小篆、八分書。』隋志：『三字石經：尚書九卷，又五卷；春秋三卷。』唐志：『三字石經：尚書古篆三卷，左傳古篆書十二卷，又蔡邕今字石經論語二卷。』水經注曰：『漢光和六年，刻石鏤碑，載五經，立大學講堂東側。』又蔡邕熹平二年，自書丹于碑，使工鐫之，豈兩刻邪？智以爲范史之熹平，其經始也；水經之光和，其告成也。魏陳留邯鄲淳特善蒼、雅、説文。衛恒曰：『正始中，又建三字石經于漢碑西，即淳所書。』又言左傳正義石經，古文虞作㕦，魯作衣。趙明誠金石録曰：『石經字，蔡邕小字八分書。後漢書儒林傳敘云「爲古文、篆、隸三體」者，非也。蓋邕所書乃八分，而三體石經乃魏時所建也。』洪适隸續曰：『石經見于范史帝紀及儒林、宦者傳，皆云五經；蔡邕、張馴傳則曰六經；惟儒林傳云「爲古文、篆、隸三體書法」。』三字石經，唐志所載古篆兩種，與隋志所書異同。其目又有一字石經，相承以爲七經正字。東魏末武定四年，自洛陽徙于鄴，至河陽投于水，至鄴者不滿大半。此高澄遷洛陽漢魏石經五十二碑于鄴，齊皇建元年列學館，周大象元年徙洛陽。隋開皇六年，又自鄴載入長安，置于秘書内省，議欲補緝，立于國學。隋亂事寢，營建之司，用爲柱礎。貞觀初，魏徵始收聚之，十不存一矣。一字石經者：易一卷，尚書六卷，魯詩六卷，儀禮九卷，春秋九卷，公羊傳九卷，論語一卷，典論一卷。魏明帝有詔：『先帝典論刊石，與石經并以永示來世。』晉裴頠轉祭酒，奏修國學，刻石寫經。世説新語注：嵇康寫石經古文于太學。後魏孝文太和十七年九月幸太學，觀石經。神龜元年，祭酒崔光請命博士李郁等補漢所立石經之殘缺。唐開元著録所載今字石經：易篆三卷，書五卷，鄭玄書八卷，毛詩三卷，儀禮四卷，左傳經十卷，公羊傳九卷，蔡邕今字論語二卷，三字石經尚書古義三卷，左傳古義十二卷，合五十九卷。由此觀之，則所稱一字石經者，皆補立今字也。字説曰：『天寶中，刻九經于長安，禮記以月令爲首，從李林甫請也。』此其命衛包改古文之時乎？大曆十一年，司業張參承詔定諸經鑱石。文宗太和七年，鄭覃以宰相領祭酒，建言準漢舊事，鏤石太學。乃表周墀、崔球、張次宗、孔温業等是正其文，刻于石，唐玄度覆定。開成二年冬，石經成。其曰九經字樣，則唐玄度請附以通古文者也。後唐長興三年，令以西京石經本，抄寫刻板，頒天下，命馬鎬、陳觀、田敏詳勘。後周廣順三年，字樣版成，田敏上之。蜀相毋昭裔取唐太和本，琢石于成都學宫，與後唐本不無小異。乾道晁公武參二本，著考異，亦刻于石，張㚇又爲注文考異焉。宋石經七十五卷，楊南仲書，具眞、篆二體。石室十三經，即孟蜀所鐫者，故周易後書『廣政辛亥』。惟三傳至皇祐方畢，故公羊傳後書『大宋皇祐元年己丑九月工畢』。周易，孫逢吉書。尚書，周德正書。周禮，孫羽吉書。毛詩、儀禮、禮記，張紹文書。論語、爾雅，張德釗書。春秋經傳、公、穀、孝經、孟子，不書題人。至和石經者：至和元年，命皇姪右屯衛大將軍克繼書國子監石經。以上所寫石經論語書石，帝從其請。嘉祐石經者：仁宗命國監取易、詩、書、周禮、禮記、春秋、孝經爲篆、隸二體，刻石兩楹。嘉祐三年，王洙薦大理丞楊南仲石經有勞，草澤章友直篆石經畢，詔補將作監，友直不願仕，賜銀絹。同篆殿中丞張次立與堂除〔九〕。紹興御書石經者，紹興十三年，内出御書左氏及史記列傳，宣示館職，又内出御書周易、尚書、毛詩，上又書論語、孟子，皆刊石立太學首善閣及大成殿後之廊廡。淳熙四年，詔知臨安府趙磻老於太學建閣，置碑閣下，墨本閣上，以光堯石經之閣爲名。是則石經本固已多矣。胡三省曰：『既已七經爲蔡邕書矣，又云魏立一字石經，乃其誤也。范曄時，三體石經與熹平所鐫，並列于學宫，故史筆誤書。其後人襲其僞錯，或不見石刻，無以考正。趙氏雖以一字爲中郎所書，而未見三體者。歐陽氏以三體爲漢碑，而未嘗見一字者。至公羊碑有馬日磾等名，乃云『世用其所正定之本，因存其名』，豈非謬論？北史：江式云：『魏邯鄲淳以書教皇子，建三字石經于漢碑西。』按：此碑以正始年中立，漢書云：『元嘉元年，度尚命邯鄲淳作曹娥碑，時淳已弱冠。』自元嘉至正始亦九十餘年，式以三字爲魏碑則是，謂之邯鄲淳所書非也。智按：式依衛恒説耳。今在陝西榻來者動即一車，且經向拱、韓縝之厄，或有補者，總非其舊。嗟乎，是又何可據乎？筆麈曰：『唐文宗以宰相鄭覃判國子祭酒，創立石壁九經，即今陝西石經也。孟蜀毋昭裔刻石經有注，故知今是鄭書。』升菴曰：『朱子論語注引石經者，謂孟蜀石經也。宋淳化刻于汴京。』然亦有掘碑舊榻如長睿、彥遠、伯厚所載『毋劮毋兄』之殘文者，亦有如賈虞石經大學，東溟信之、汝稷駁之者。又見夫温陵黄虞稷俞邰有石經考〔一〇〕，言張孟奇以熹平四年爲謝承書石經，則誤矣。承，三國人，嘗著後漢書也。西安石經，金至大中省幕王公琛、元駱天驤兩修立之。

説文分别部居十四篇，九千三百五十三文，立一于耑，畢終于亥。永元庚子孟陬，演贊其志。安帝建光元年九月二十，慎子冲上之。前以詔書校東觀，教小黄門孟生、李喜等。

詔召冲詣朱雀右掖門，賜布四十匹。弦令吕忱因之作字林〔一一〕。陳顧野王因之作玉篇。陸法言采爲切韻，孫愐廣之。後蜀林罕撮爲偏旁小説。梁有演説文、庾儼默注。宋雍熙三年，右散騎徐鉉等獻新校定説文三十卷，反切異同，以孫愐爲定。元豐，詔知禮院王子韶置局，光禄丞陸佃同修；五年，賜銀幣百，而書不行。鉉弟鍇作説文繫傳，朱翱反切，當時稱之。熙寧中，李行中制字源，吴淑正儀撰正義，張有作復古編，僧曇域、包希魯、倪鏜、許謙皆有補説。智按：説文有唐本、蜀本、二徐本，中有新附。今字學家但執鉉本殘書，又未淹貫經籍，何從知其漏與複乎？智決之曰：泝其原，當因古籀而推之；備小篆，當徧考諸籍以補之；慶同文，當因正韻牋而詳載其源流焉。通此，則無書不可讀，而字學家紛然者，皆土苴矣。豈不幸甚！隋志：張揖古今字詁三卷，難字、誤字各一卷。揖，魏天和中爲博士。周氏雜字解詁四卷。晉吕忱字林七卷。吴恭字林音義五卷。晉王延文字音七卷。何承天纂文三卷。戴規辨字一卷。阮孝緒文字集略六卷。左校令李登聲類十卷。晉安復令吕静韻集六卷。静，忱弟也。張諒四聲韻林二十八卷。段弘韻集八卷。羣玉典韻五卷，陽休之韻略一卷。夏侯詠四聲韻略十三卷。梁太傅沈約四聲一卷。李概音譜四卷。周研聲韻四十一卷。陸法言合之作切韻五卷。陳左將軍顧野王玉篇三十一卷。唐志：趙氏韻篇十二卷。陸慈切韻五卷。蕭鈞韻音二十卷。孫愐唐韻五卷。又武元之韻銓十五卷。玄宗韻英五卷。李舟切韻十卷。顔眞卿韻海鏡源三百六十卷，釋皎然編也。釋智猷辨體補修加字切韻五卷。

先儒音止譬況，孫炎始爲反切。晉謝安舉徐邈專撰定五經音義。隋仁壽中，陸法言切韻取之。韻纂則秦王俊召學士爲之。桂苑珠叢則唐曹憲與諸儒撰者，太宗有奇難字，輒問憲，具爲音注。諸葛穎撰略要。後魏字統則陽尼造，其從孫承慶撰成。陸德明經典釋文三十卷，其總集也。大氏自吕静、夏侯該、周思言、李季節、杜臺卿等，各有乖互。唐儀鳳二年，多田縣丞郭知元拾遺緒，正朱箋，而孫愐因之，天寶十載書成，號曰唐韻。元美曰：『自有陸法言撰本，長孫訥言箋注，而同撰者爲劉臻、顔之推、魏淵、盧思道、李若、蕭該、辛德源、薛道衡。後又有郭知元、關亮、薛峋、王仁煦、祝尚邱、孫愐、嚴寶文、裴務齊、陳道固各增加字，至宋成廣韻。』此抄韓氏者。唐開元文字音義三十卷，韻英五卷，則玄宗天寶十四載四月付集賢院。張九齡所奏，吕證、鄭欽、甘暉、衛包音釋者。干禄字書，顔玄孫撰，從子眞卿書，號顔氏字様；婁機廣之，以四聲爲次，具俗、通、正三體。宋乾德四年，陳鄂受詔編韻對；天禧五年，鄂之孫僧溥上；雍熙召句中正等定正，景德四年頒行。丘雍亦定韻略。祥符元年，改爲大宋重修廣韻。景祐元年，詔直史館宋祁、鄭戩、王洙刊修廣韻爲韻略〔一二〕，命知制誥丁度、李淑詳定，寶元二年書成。若吳棫韻補乃集協古韻者〔一三〕，王安石字説則臆解耳。崇文目有程迥古韻通式，劉熙古切韻拾玉。舒知雄獻字母圖。陳淳作字義。李燾、劉鎔、錢承志皆有集音。賈昌朝曾請禮部韻略窄韻十三，聽學者通用，又作羣經音辨，康定刊行。紹興十一年，進士黄啓宗隨韻補輯。十四年，楊朴上禮部韻括遺。三十二年，毛晃上增修互注韻略，張貴謨上補遺。乾道中，郯升卿撰韻類。熊忠舉要。王文郁、劉淵皆有韻略。元韓道昇、道昭有改併五音集韻。黄公紹韻會撮孟蜀之書林韻會也。有明孫吾與因之〔一四〕，方日升因爲小補。

辯許氏者，鄭氏、顔之推已然矣。李陽冰刊定説文，鄭漁仲六書略、七音略，益從而辨證之，詳論假借，推古文，正小篆之失。元楊桓作六書統，門人劉泰暢之，永嘉戴侗起而訓定，是非相半。周伯琦正譌，大半侗書也。孫季昭示兒編，趙叔向肯綮録，則時取一端論説耳。昭代趙古則著六書本義〔一五〕，魏校著六書精藴，造形附理。王應電因作同文備考。吴元滿有泝原正義、六書分類，宗夾漈而更創之。楊升菴有轉注古音略、字説、六書索隱。朱謀㙔、焦竑間論，皆拾前人之辨。況李士龍、張位、朱光家、程至善輩乎？諸家推論字原者，不肯並列，聽人折衷。乃盡廢以往，獨立臆説，徒亂學者耳目，反不如恪守陳迹爲愈矣。趙宧光説文長箋止守徐鉉本，痛詆鄭、戴、魏、吴、升菴爲臆，而匸毆之類猶臆也。烏知説文新附非盡許氏書，又烏知許氏之未盡漢學邪？郝楚望一掃而通之，又過矣。古自可通，今不必通，學者要當知其原委耳。閩綏安謝兆申序朱欝儀奇字曰：『楊桓統而博，薛尚功、釋道泰韻鍾鼎而不辨，王楚、黄伯思博古而不釋，羅更翁、吕大防、王球考古集古而弗倫，徐鍇、張有、趙古則膠舊而好强，魏校、王應電、吴元滿徇臆而立變。惟朱公忠古而理。』智按：其書亦未會通經史，如以紗、沙當從𠃌，而謂少聲不近，則全不知古音轉注之原委；

以名從▽爲鳥至夕而鳴噪，則全未見古命、名通用爲一字也。又何異武子之以竄爲寫，子才之以蘭造𣏌乎？

等韻之學，元魏時釋神珙始顯。唐元和陽寧公、南陽釋處忠撰元和韻譜。崇文目有三十六字母圖，僧守温撰。四聲等第圖，僧宗彦撰。切韻指元論，王宗道撰。九弄反紐圖序略曰：沈約創紐字圖，皆以平聲，碎尋難見。唐陽寧公、南陽釋處忠撰元和韻譜乃列五圓圖爲五聲圖，又列二方圖爲九弄圖。傍紐者皆是雙聲，正在一紐之中，傍出四聲之外。焦弱侯引釋廣宣諸經音義序曰：『説文在漢字止九千，韻集出唐，言增三萬。自佛教東翻，六百餘載，梵篋中積三千餘卷，隨部出音，聞之往説，殷鑒羣録。』末曰：『大觀玄應法師校讎勘閲，由半字、滿字之教也。』智騫造衆經音及蒼雅字苑，宏敘周贍，皁素共推。其所定楚詞音，朱子取之。相浄著天竺字源，以華梵對翻，景祐中進，仁宗御製序之。鑒聿爲韻總，歐陽永叔序之曰：『必待乎用心專者而能之，然後儒者有以取焉。』

指掌圖乃治平四年司馬光上者，四十五卷，文三萬一千三百一十九，因爲指掌圖。以字母總三百八十四聲，別爲二十圖。遞用則名音和，傍求則名類隔。同歸一母，則爲雙聲；同出一韻，則爲疊韻。同韻而分兩切者，謂之憑切；同音而分兩韻者，謂之憑韻。無字則點窠以足之，謂之寄聲；韻闕則引鄰以寓之，謂之寄韻。鄭樵有字始連環，有象類書，又論梵書。隋史載後漢得西域諸書，以十四字貫一切音，文省義廣，謂之婆羅門書。龍龕手鑑，遼僧行均撰，兼釋華梵，智光後題統和丁酉，時至道三年也。黄公紹韻會則論音一本温公者。趙宧光遵許太泥，而論門法之病則甚得理。陳藎謨黄極韻圖則發源邵子，而聲字取正韻者也。郝氏但删爲十二韻，要之，切法吕獨抱、李士龍約之甚便。西域音多，中原多不用也。又當合悉曇等子，與大西耳目資通之，詳見雜論。

中原音韻，高安周德清著。以答蕭存，存託張漢英作詞之問也。學士虞集序之。其平聲分陰陽，前所未發也；入聲派入三聲者，廣其韻耳。張萱謂之『北雅』。智謂北人未嘗無入聲也。洪武正韻，宋濂、王僎、趙壎、孫蕡等定正，本高安而存入聲，依三衢毛居正論字畫，楊時偉箋之。王應電曰：『正韻間以小篆正楷書之譌，而未嘗以古文正小篆之謬，且嚴於章奏，而略於經史，故刀筆之吏或所玩習，而經生學士多未識知。』愚者曰：世豈無暢楊去奢、范仲闇之志者乎？

崇禎辛巳，桐城方以智密之編。

宋景濂遺子仲珩受業于趙撝謙，故仲珩較正韻，用其説。趙卒于嶺表。有門人柴廣進作聲音文字通，鄭氏取之。老父後采其説。所論定者：説文止是小篆加别，尚有晋唐增厠之謌，非考古不能泝原，非博洽旁通不能知古。知其故矣，仍遵正韻徵用，則十三經、史、漢是藝林也。同聲易簡，惟是音和；門法支離，乃不達前人方言而附會者耳。詳見等切聲原。

不肖次男中通拜識。

校記

〔一〕刊誤補遺於此下，補與時術齋、寄吳子遠舅氏兩篇。因兩篇皆書簡，與通卷不甚相協，故未録。

〔二〕廉　原作「兼」，據刊誤補遺改。

〔三〕周與　原無，據刊誤補遺補。

〔四〕其下原有「男以智敬述」五字，據刊誤補遺删。

〔五〕「生長流離」至「謹識」　刊誤補遺作雙行小字，據之補。

〔六〕六字　當作「文字」，蒙下「六書」而誤。

〔七〕劉攽　疑爲「劉敞」之誤。攽與兄敞齊名，然無金石著作，而敞有金石著作，爲宋代金石學名家。

〔八〕熹　原誤作「熙」。

〔九〕刊誤補遺云：「「堂除」下補雙行字：朱錫鬯經義考：「宋太學石經在開封，惜未有好事者摹搨，今則沉於黄河淤泥之下矣。」葉案：黄叔璥中州金石考：嘉祐二體石經，易二碑，尚書一碑，凡六排，各三十六行，篆隸相間，表裏鏤字，在開封府學東廡。又周禮二碑，每面六排，各三十行，在陳留。考石經異文，易「貞吉行階」，階作偕；「困利用祭祀」，祭作宗；書洪範「明作哲」，哲作晰；酒誥「厥心臧」，臧作藏；周禮「大喪存奠彝大旅亦如之」，舊本在「司尊彝凡酒修酌」下，石經在「司几筵左右玉几」下。」

〔一〇〕又見夫　刊誤補遺作『中履曰』。其下『温陵』至『兩修立之』皆作雙行小字。

〔一一〕惤　原作『强』，據刊誤補遺改。

〔一二〕韻略　原誤作『廣略』，據刊誤補遺改。

〔一三〕協　原作『恊』，據刊誤補遺改。

〔一四〕有明　原作『當時』，據刊誤補遺改。

〔一五〕昭代　原作『當時』，據刊誤補遺改。

通雅卷首之三

詩説　庚寅答客

姑以中邊言詩，可乎？勿謂字櫛句比爲可屑也。從而叶之，從而律之，詩體如此矣，馳驟迴旋之地有限矣，以此和聲，以此合拍，安得不齒齒辨當耶？落韻欲其卓立而不可移也，成語欲其虚實相間而熨帖也。調欲其稱，字欲其堅。字堅則老，或故實，或虚宕，無不鄭重；調稱則和，或平引，或激昂，無不宛雅。是故玲瓏而歷落，抗墜而貫珠，流利攸揚，可以歌之無盡。如是者，論倫無奪，嫺于節奏，所謂邊也；中間發抒藴藉，造意無窮，所謂中也。措詞雅馴，氣韻生動；節奏相叶，蹈厲無痕；流連景光，賦事狀物；比興頓折，不即不離。用以出其高高深深之致，非作家乎？非中邊皆甜之蜜乎？又況誦讀尚友之人，開幬覆代錯之目，舞吹毛灑水之劍，俯仰今古，正變激揚，其何可當？由此論之，詞爲邊，意爲中乎？詞與意皆邊也。素心不俗，感物造端，存乎其人，千載如見者中也。俗之爲病，至難免矣，有未能免而免免者存。聞樂知德，因語識人，此幾知否？

關尹子曰：『道寓，天地寓。』舍可指可論之中邊，則不可指論之中，無可寓矣。舍聲調字句雅俗可辨之邊，則中有妙意，無所寓矣。此詩必論世論體之論也，此體必論格論響之論也。韓修武曰：『汲汲乎，惟陳言之務去。』數見不鮮，高懷不發，此誦讀詠歌之情，即天地之情也。如天地則不舊，乾坤寰宇則舊。莊禪最與詩通，然矢橛巴鼻亦太粗生，理語典奧有時亦湊，又況數百年之時文批語耶？秋風而爲商飈，曉日而爲朝暾，殊屬可厭。然兩間風力所轉翻字法門，奈黑豆何！要以體格時宜論之。假如退之生割，義山刻鱧，長吉詭激，宋元朴俚，果是其人，成語成家，何妨別路？冒以急口媮快，優人之白，牧童之歌，與三百乎何殊？然有説焉，閩人語閩人，閩語故當，閩人而與江、淮、吳、楚人語，何不從正韻而公談？夫史、漢、韓、蘇，騷、雅、李、杜亦詩文之公談也。但曰吾有意在，則執樵販而問訊，呼市井而詬誶，亦各有其意在，其如不中節奏，不堪入耳何？此一喻也，謂不以中廢邊。

法媚矣，詞贍矣，無復懷抱使人興感，是平熟之土偶耳。倣唐泝漢，作相似語，是優孟之衣冠耳。天分有限，又不肯學，良工不示人以樸，不如勿作。然有解焉，不作詩論，隨人示樸何傷乎？

詩以言志，言之不足，故長言之；長言之不足，故詠嘆之；詠嘆之不足，故不知手之舞之，足之蹈之。一石一葉，性情畢具，誰非舞蹈毫端者乎？

經解曰：『温柔敦厚而不愚，深于詩者也。』孤臣孽子，貞女高士，發其菀結，音貫金石，憤奮感慨，無非中和。故曰怨乃以興。猶夫冬之春，貞之元也。五至而終于哀，三無而終于喪，志氣塞乎天地，曾知之乎？此深于温柔敦厚，而愚即不愚者也。苦此心之難平，困以必不能而消之，塞以不可解而寘之，頓引寥闊以曠之，息諸濛汜以冥之，亦壎篪之牖耳。至人無情，無不近情。必貌此冒語以爲至語，以爲至語而忌諱一切，以責永言諭志之正叶乎？時而述事，時而遊覽，時而詠物，神在其中，各有不得已者存焉。不用相强，果一眞乎？無汝迴避處。

詩者，志之所之也，反復之，引觸之，比興而已矣。世亦有知比者，未可以言興也。興之爲比深矣，賦之爲比興更深矣。數千年之汗青蠹簡，奇情冤苦，猶之草木鳥獸之名，供我之谷呼擊節耳。何謂不可引故事？何謂不可入議論？何謂不可稱物當名？何謂不可逍遥吞吐，指東畫西，自問答、自慰解耶？故曰『興于詩』『何莫學夫詩』。詩之廣大配天地，變通配四時，惜乎日用而不知，雖興者亦未必知也。水不澄不能清，鬱閉不流亦不能清。發乎情，止乎禮義，詩以宣人，即以節人。老泉曰『窮于禮而通于詩』，立禮成樂，皆于詩乎端之。春秋律易，言之者無罪，聞之者足以戒，皆于詩乎感之。道不可言，性情逼眞于此矣。言爲心苗，有不可思議者，誰知興乎？知易爲大譬喻，盡古今皆譬喻也，盡古今皆比興也，盡古今皆詩也。存乎其人，乃爲妙叶，何用多談？

有讀千載上之一言而下泣者矣，有誦千載上之一言而起舞者矣，此自當人之所志所造不同耳。『前不見古人，後不見來者；念天地之悠悠，獨愴然而淚下。』淚下不亦誕乎？彈琴而見文王，魂來而愁蛟龍，月明而嘯峯頂，謂之誕皆不免乎誕。

古人奇懷突兀，躍而騎日月之上，憤而投澒汙之中，不可以莊語，故以奇語寫之。奇者多創，創創于不自知。俗人效步邯鄲，則杜撰難免矣。然而奇之極者，又轉平地，或險諢，或故問，或影略，或冷汰，或即事實敘，或無中生有。瞿唐、龍門乎？通都橋梁乎？宮闕參差乎？荒村茆舍乎？各從其類，自行其開闔縱橫頓挫之致。不以平廢奇，不以奇廢平，莫奇于平，莫平于奇。時因時創，統因創者，存乎其人。

清新俊逸，子美嘗稱太白，自謂不如也耶？太白得古詩之奇放，專效之者，久則索然。老杜以平實敘悲苦，而備衆體，是以平載乎奇，而得自在者也。

姑分體裁而言之：古詩直而曲，近而遠，質淡而不籫，追琢而不劌。或以數句爲一句，或分章以爲篇。或平衍而突立別峯，或激起而旁數歷落。或中斷以爲迴環，或瑣屑而寓冷指。轉折之法，如作古文，奇矯屈詰，嘗類謠諺，殊非黔淺所能夢見也。人不能反復于三百、楚詞、漢魏樂府，烏有能蘊藉温雅者乎？六朝組練駢麗，別爲選體，佳者不數篇。倣之者似乎遒鬱，實拙滯耳。河梁十九首之後，其曹、阮、陶、杜乎？昌黎太生割，取其莽蒼可也。太白奇放，次山朴直，東野痛快，高岑取黄初之爽健，王孟取靖節之清遠。後而元白，後而宋元，各有所長。日趨纖薄，其能免乎？七言古，若李杜之奔騰，長吉之險激，文昌、子初之峻踔，宋元至今，各有陡峭之篇。至于陶鑄莊騷，風驅電卷，猶有待焉。近體因陳隋之比儷，而初、盛以高渾出之，氣格正矣。調至中唐乃稱媚雅，刻露取快則晚唐也。究當互取，寧可執一？杜陵悲涼沉厚，以老作態，是運斤之質也。錢、劉、皇甫之流利，義山、温、許之工豔，香山、放翁之樸爽，何不可以兼互用之？自然光焰萬丈，寧須沾丐殘膏？後世尊杜太過者，溲泄亦『零陵香』矣。不善學古人者，專學古人之疵累，徒好畫龍，見眞龍必怖而走，何怪乎？

近代學詩，非『七子』則竟陵耳。王李有見于宋元之卑纖湊弱，反之于高渾悲壯，宏音亮節，鏗鏗乎盈耳哉！雷同既久，浮闊不情，能無厭乎？青田浩浩，無所不有；崆峒秋興，深得老杜諸將之氣格；歷下、婁東，固不逮也。文長從而變之，公安又變之，但取卑近苟癢而已。竟陵詩歸非不冷峭，然是快己之見，急翻『七子』之案，亦未盡古人之長處，亦未必古人之本指也。區區字句焉摘而刺之，至于通章之含蓄頓挫，聲容節拍，體致全味。今觀二公之五言律，有幽淡深峭之情，一作七言，則佻弱矣。時流樂于餙其空疏，羣以帖括填之，且以評語填之，趨于亡俚，識者歎户外之琵琶焉。

宋後好注詩，詩有不必注者。『挂席拾海月』，海月爲江瑶柱，使風帆而拾蚌，是何況耶？『竹林爲我啼清晝』『王母晝下雲旗翻』，竹林、王母，鳥名。襲王、蔡、魯、黄之解。且曰不讀萬卷，不行萬里，不能知老杜。嗟乎！老杜之破萬卷，豈在此乎？此宋景濂所歎揎攘而叢脞者也。一飯不忘君，有之矣；率爾詠嘆遷就而爲之説，則所不必。

山谷曰：『庾信止於清新，鮑照止於俊逸，不能兼互。渭北地寒，故樹有花少實；江東水鄉多蜃，故雲色駮。文體亦然，欲與白細論此耳。然乎哉？』此山谷見宗門之語，映帶表法，而取以論詩耳。其實杜意不如此也。宋以山谷爲杜之宗子，號曰『江西詩派』。嚴羽卿闢之，專宗盛唐。然今以平熟膚襲爲盛唐，又何取乎？

『或看翡翠蘭苕上，未掣鯨魚碧海中』；『龍文虎脊皆君馭，歷塊過都見爾曹』；『别裁僞體親風雅，轉益多師是汝師』：此子美之論也。横空盤硬，妥貼排奡，垠崖崩豁，乾坤雷硠：此退之所取也。讀書深，識力厚，才大筆老，乃能驅使古今，吞吐始妙。如或未然，又增嗤點。且從王、孟、錢、劉入，而深造及此可耳。才各有限，學必深造，然後自用所長，豈必執一以相訾耶？崇禎壬午夏與姜如須論此而筆之。

漢立樂府，練時日諸篇，詞皆雕組。鐃歌芳樹、石流不可讀者，大字屬詞，細字屬聲，聲詞合録耳，收中吾、妃呼豨、奴何奴軒是也。鄭漁仲集解題，郭茂倩、左克明、梅禹金皆以其名彙之，實不可奏諸管絃也。唐宋以來二十八調，今傳十三，無言其分合者。所謂樂府之題，約如二郎神、新水令，隨人填詞，豈據郎神、新水而解意乎？初起或然。唐之明漢樂府題作歌者，借名自行其意耳。相傳清平調旗亭，則絶句也，今故難強。詩人擬古，自有別致。嘗與同社約取古一解二解之句，而各寫其懷，何不可以填詞和古，作因創之嚆矢乎？

休文知四聲韻多江南之音，豈能知陰陽七音之精乎？詩可寬叶，正韻時宜，古仍可通也。詞則必論挺齋内外中聲矣。七言二六既諧，其餘自諧，非謂可不諧也。拗體亦諧拗體之響，古風自諧古風之調，作家老手，定叶天然。

『我有萬古宅，青陽玉女峯。常留一片月，挂在東谿松。』寫景乎？懷抱乎？『秦山忽破碎，涇渭不可求。回首叫虞舜，蒼梧雲正愁。』此老會心處不在遠，亦不在近也。『繁霜被野草，歲暮亦云已。黄鵠遊四海，中路將安歸？』此哭途中之休歇處乎？『萬物各有託，孤雲獨無依。』此北窗之休歇處乎？

虚舟子曰：『青青河畔草』，絶不是青青河畔草，但可曰『青青河畔草』。知此比興外之比興否？一氣敘至他鄉異縣，忽然曰『枯桑知天風，海水知天寒』，拘者必謂針線不續矣，乃以雙魚曲折，收以『上言加飡食，下言長相憶』，知此格否？老杜之『在山泉水清，出山泉水濁』，韋蘇州之『熱者不思火，寒者不思水』，知此格否？鷄鳴、孔雀諸篇之長敘斷結，北征諸篇用之，香山亦用之，而各自爲致。太沖詠史，以遇貴即賤二語斷之，此『振衣』『濯足』之奇格也。『璧遺鎬池君，明年祖龍死』；『秦人相謂曰，吾屬可去矣』；『一往桃花源，千春隔流水』：此太白之奇格也。蜀道難、有所思，其以明遠之行路，而從騷變者乎？

六朝堆滯中而得爽句，故以句傳，『天際識歸舟』『楓落吳江冷』之類是也。唐五言古以造句傳者，『狂風吹歸心，馬上續殘夢』之類是也。一句之致易曉，通章之致難論，況言先乎『劍截雲』『瀧白雨』『割昏曉』『海水立』，此以一字逼出。

長吉好以險字作勢，然如『漢武秦皇聽不得，直是荆軻一片心』，原自渾老。杜陵之『馮夷擊鼓羣龍趨，黑入太陰雷雨垂』，何嘗不作奇語嚇人。

山谷曰：『寧律不諧，勿使句弱；用字不工，勿使語俗。』故古詩中亦可過對指點，律詩中亦可直行不對。東坡曰：『燦爛之極，乃歸平淡。』外枯而中膏，淵明、子厚之流。張爲列賓主句，司空圖一鳴集皆刻峭中平淡者也。寒郊瘦島，正以冷蒨寫生；臺閣香奩，總是鑑空谷響：豈以乾剥剥爲清眞乎？

鍊字如壁龍點睛，鍊句如虫蛀印文，鍊章如黄回舞劍，鍊意如山川出雲，使事如幡綽啼笑，狀物如大帝彈蠅，頓節如撾鼓露板，滑聲如笛弄歌喉。極工巧，極天然，極渾成，極生動。以弄丸之胸懷，出點金之手眼，其樂何如？

『杵聲不爲客，一絃清一心。』『禹力不到處，河聲流向西。』造語刻至，匪夷所思。謝皋羽曰：『紛紛古人呼不起。』鄭所南曰：『至今首陽山，不生周草木。』如此快痛，非吹毛之劍乎？有一意而出之不同者。『磧裏征人三十萬，一時回首月中看』，則凄切于『一夜征人盡望鄉』矣。渼陂行『向來哀樂何其多』，則落節深涼；『如何不飲令心哀』，則索然矣。又有一意分取其致者。退之云：『長安百萬家，出門無所之』，與『出門無至友，動即到君家』，孰勝耶？『避人焚諫草，騎馬欲鷄棲』，與『君恩深漢帝，且莫上虛空』，孰勝耶？『如今腐草無螢火，終古垂楊有暮鴉』，與『禾黍高低六代宮』，孰勝耶？『軍敗鼓聲死』，與『霜重鼓寒聲不起』，孰勝耶？庾信、吳均之『合浦葉』，太白云『因爲洞庭葉』，各自爲致耳。『雨色風吹去，南行拂楚王』；『嶺上千重萬重雨，斷絃收入淚痕深』；河梁曰『長當從此別，且復立斯須』；沈約云『勿言一樽酒，明日難重持』；杜云『別離已昨日，應見古人情』；豔歌何嘗行云『吾中道與卿共別離』：各寫警切，亦互相取。杜云：『落日辭王母，微風倚少兒。宮中行樂秘，少有外人知。』諷天寶也。義山云：『武皇內傳分明在，莫道人間總不知。』長恨歌辭、津陽百韻，諷亦激矣。懷古感今，妙在借事反復，冷風中人，不知所指。

各體雖異，藴藉則同，起三百之人於今，安知其不七言而長律乎？聲依永，律和聲，以樂通詩，則近體之叶律定格，謂爲補前人之未備也可。愚者曰：一菀一枯，一正一變，一約一放，天之寒暑也。過甚則偏，矯之又偏，神之聽之，誰和且平。是其人，不欺其志，皆許之矣。窮則變，變則通，通則久。使人繼聲，繼其志也。詩不必盡論，論亦因時。

詩未嘗不可以析理，析理之詩，非詩之勝地也。『手無斧柯，奈龜山何？』今問夫子曰：手有斧柯，奈龜山何？夫子豈再答乎？『利劍不在掌，結友何須多。』以何爲劍，以何爲斧乎？曰心，曰性，曰静，曰理，詩歸望見，必極賞之。或以爲禪，此禪家之醯鷄耳，况老將不談兵耶！聖人之教，書敘正語，詩以興之，苟知興之，側語、反語皆是矣。禮以制節，樂以和之；苟知和之，有聲、無聲皆是矣。

格莫奇于三百牛羊之章，先敘飲訛之狀，忽曰『牧人乃夢』，變魚變旟，從而占之，何其幻乎？采緑憶遠，忽而作計，此後永不相離，薄言觀者，冷綴便收。至于正月、小弁、雨無之沉悼，萋菲、彼何人斯之激怒，章法次第，最稱神品，皆非後人所能彷彿也。離騷之登天入水，作如何會？華胥之鈞天，作如何會？古詩之結婚遺鯉，書字不滅，作如何會？淵明之干戚擲杖、乞酒與年，作如何會？其指遠矣。

漁父鼓枻而去，屈原似爲所訶矣。且問是一人耶，二人耶？『東方有一士』，又曰『我欲觀其人』，我是誰，東方之士是誰？曾知王駘之廢足，爲孔子之支離鼓筴乎？曾知垓下之歌爲子長之顛頭濡墨乎？未過此關，難與言詩。〔一〕

无忝曰：『夫子昔貴宫聲，今日之調毋乃變乎？』老人曰：『時哉時哉！六月、民勞，不知其然而變雅矣，八十四調孰非宫耶？三十年前力倡同社，返乎大雅，伯甘公車，握手興歎，鳩茲北風，巨源相許，然感時觸事，悲歌已甚。臥子謂不祥，豈能免乎？庚辰，白雲庫中見黄石齋先生亦切謂之，然悲且激，一時倪鴻寶、楊兼山、葉潤山諸先生與先君感結之聲不期各盡其變，沉痛冷刻，刺人入骨。此時舊士，無不激歌，黄陶菴、劉存宗、戴敬夫一以慷慨出之。所未見者，大氐皆然。其變雅乎？遠社、滁山、易堂、樸巢互彙唱酬，其月泉乎？闕風氣于不及覺，自發其所不得已，終矣。』老父舊有龍眠淺説，直之叔戊寅刻之，選定古今詩風初録一稿，曰：『俟之將來，學識自日長也。』後在京師，與姜如須年伯舉少陵之别裁，深矣大矣。感時觸事，聲出金石，又何能避及乎？瞻旻淪鋪，轉側瘴徼，封刀濺血，餘此萍梗，異類中行，嗒焉身世，有時衝口。喬宇侘傺耶？滑疑曼衍耶？不容自已，變不及知，所謂鶴唳半空，噫風濟樹耳。然戒小子輩不可亂學，閒提古人，表其自得，聞而記之，以眞懷爲本，以好學爲藴，以雅叶爲度，二十年來反覆合觀，可以興矣。

皖城方氏不肖子中履謹録。〔一〕

文章薪火

灊草曰：『性道猶春也，文章猶花也。砍其枝，斷其榦，而根死矣。併掘其根，以求核中之仁，而仁安在哉？言掃除者權奪也，欲人之讀眞書耳，非必懲咽廢食也。固陋託以夸毗，而絃誦反自廢耶？』夫核仁入土，而上芽生枝，下芽生根，其仁不可得矣。一樹之根株花葉，皆全仁也。聖人知之，故老任斯文，删述大集，與萬世共熏性與天道，豈憂其斷乎？既知全樹全仁矣，不必避樹而求仁也明甚；既知全樹全仁矣，培根也，護榦也，除蠹也，收實也，條理灌輪，日用不離也明甚；以冬煉夏，乃貫四時，則無寒無暑之在寒暑中也明甚。无妄、大畜，一多相貫，兩間森羅，無非點畫，俯仰遠近，皆備于我矣。文明以止，用光得薪。雷雨出雲，有開必先。羲、文、周、孔，不能違時，酬酢佑神，此最上之神于文章者乎！道統且置，姑就文章論文章。

文傳四教，士首三民。生乎圖書經史明備之後，簡畢猶耒耜也。本于大一，協于分藝，不興其藝，不能樂業。乘物遊心，一室自娛，鼓舞可羣，萬世相告。筆舌之緣，均無所避，有正用、通用之中道焉，有中理、旁通之發揮焉，有統類焉，有體裁焉，不可不知。

三知終于知言，此格人我、格内外、格古今之大用也。不能知言，又安能自達其所言乎？有專言德行者，專言經濟者，專言文章者，專言技藝者，專言權勢者，專言兵符者，專言法紀者，專訓詁者，專記事者，專寓喻者，統而言之，無非道也，無非性命也。而有專言性命之道者，離事離法以明心，而舉其冒統者也。因有專言生死鬼神者，因有廢世事以專言仙定者，因有專言養生者，因分忘世之言、出世之言，因有别傳善巧若奇兵者。要不出于質論、通論，考測天地之家，象數、律曆、聲音、醫藥之説，皆質之通者也，皆物理也。專言治教，則宰理也；專言通幾，則所以爲物之至理也，皆以通而通其質者也。百家紛如，何以折中？聖人罕雅藏用，彌綸道器，優優乎，洋洋哉！

讀書必開眼，開眼乃能讀書。三才之橐籥，萬理之會通，有所以然者存。不明所以然中之各各當然，而用當然之所以然，則百家堅白同異之舛午，何一不可疑我？我則惑矣。支離動賾之象數，何一不可難我？我則惡之。非白首紛糾，則芒芒虫豸；非飾陋巧通，則强銲馮河：安能不徇不遺，物物而不物于物乎？由此言之，苟非專精深幾，眼何能開？又況閉而開之，開而閉之？習此坎窞，喪身失命，故知不少。雖然如此，亦視其人。

文章之先，當知所以爲文章者。文章成列，當知爲何等之文章。或大或小，或正或奇，或中或偏，是其人皆可，不是其人皆浮逐也。不知爲不知，而就事言事皆可；未得爲得，而專作夸己掃人之詞，又不如藏拙矣。

易奇而法，謂因物之天然而衍之者也。方圓密顯，同時變化，人能讀此書者鮮矣。龍馬狐豕，杞瓜葛藟，圭紱黄矢，躋陵涉川，有謂無謂乎？無謂有謂乎？滄溟寶珠，隨人變色。揚眉舉步，何非雷雨日風？

程子曰：『繫辭之文，化工生物。』虚舟曰：『靈光衝旋，倏忽異常。』更生曰：『聖人贊易如趙宧跋禊帖，一條又一條，隨曲生瀾，不知重沓。』

典謨爾雅，訓體約厚，隆古尚簡故耳。春秋乃以事還事之筆，不可增損。禮記、論語，則通方時義之雅言也。詩道性情，窮于禮而通于詩，觀其深乎？

左傳巧練，未免雋傷。國語仲之，與戴記近。鄭漁仲辨左傳者十。郝京山曰：三晉之文士筆，劉歆以爲丘明，便讓博士耳。鄒夾不傳。公穀皆未親見尼山者也，刻核推斷，文則峭矣，臆故不免。戰國短長言，則捭闔飛箝之技也。

周末文勝，生才若是，後未有盛于此者。鄒邑正正之旗，密轉握奇之籥，神于懼創不避者乎？屈子開漁父之眼，而甘以誒詒竭忠，故其詞沉篤，氣塞穹蒼，神于怨創不避者乎？莊子休具黑白之眼，而甘以巧激旁寓，善用奇兵，神于怒創不避者乎？三子同時而不相遇，屈專盡人而冥于惟危之心，莊專得天而冥于惟微之心，孟合天人而以不得已爲用，本可會一宗，其文亦可合而互之，此當俟之間出之士。

老子、楊、墨皆近孔子前後。自老子正言若反，而惠施交易之，其歷物也，大其小，小其大，長其短，短其長，虛其實，實其虛而已。公孫龍遂爲隱射距鈎之機，皆楊墨之流也。莊宕于無何有之鄉，而樂在冥應。善用之因物還物，天載兩忘，是有見乎無首者。不善用之，比之無首矣，其詞近于爲我，其機則破相宗也。楊子執其隨，墨子豐其蔀，告子艮其限，別墨之謑髁、縱脫，倍譎不仵，則浚恆振恆者也。其見偏至，其文亦偏至。

管子在老子之前，其内業篇與老子合。其治近功，故名、法之家祖之，因而附益之。申、商、韓皆是也。商韓文最決絕，如其法然。荀子主禮法，文故明當。

關尹子後起者也，其論道器頗平。鶡冠、亢倉搜剔銛鋒，甚則爲陰符。奇其事爲山海經、穆天子傳。守其業而浸廣之，靈樞、素問也，皆周末筆。陰符、關尹、鶡冠、亢倉，則晉唐筆也。

吕覽、淮南，則養客撮衆人之英者也。不韋預知焚書而寓之一束，始發此智，更巧于招隱矣。嗟乎！周公不驕吝而收天下之材藝，此無繼矣，吕劉之智亦無繼之者耶？將以虞預、何法盛、宋齊丘爲智耶？不堪噴飯。

子長以鬱折而成史記，收合百家，洽古宜時，散近乎朴，變藏于平，善序事理，眞不虛也。自莊生剽剝鈎縣，嘗借人物敘事藏其議論。史記直爲敘事，據款結案，何用犯手裝面而强浚之、强括之乎？以此讀者更快其情，以爲天然。

孟堅整嚴之中亦能錯落，范史因東京平對而順載之，伯喈則喜比偶矣。趣至六朝尚麗掞藻，勢也。徐庾始媚，唐宋遂爲别體。吾取其流爽者。

韓修武振起八代之衰，爲其單行古文法也。子長爲質，上泝周秦，氣骨自古，曲折作態，盡乎技矣。其言正直，潤色雅故，故超于技。徒謂平淮西碑爲媲典謨，毛穎傳酷似子長，淺之乎！退之有時生割，刻意形容，琢古磨石未免乎痕；痕亦何累乎退之！斯文後死，存乎其人，不在鈎章棘句以爲工，不在鄙倍蕪累乃爲篤論，爲學道之亞也。

去其痕而一以平行之，則歐曾也。蘇則鋒于立論，而衍于馳騁。八家大同小異，要歸雅馴。學者鼓篋，門從此入，至于盡變，更須開眼。

文章之開闔、主賓、曲直盡變，手眼之予奪、抑揚、敲唱雙行，何非一在二中之幾乎？以過而化其不及，以不及而化其過，以中而化其過、不及，以過、不及而化其中。易之參兩錯綜，全以反對顛推，而藏其不測。有悟此爲文章者，張旭之聞鼓吹、觀劍器，紀昌之目承挺、貫蝨心，不是過矣。

『君安驪姬，是我傷公之心也。』以約過而吞吐始悲。『使眇者御眇者，跛者御跛者。』以詳數而形容生色。

『且緩急亦人之所時有也。』鋭發一論，遂轉別論。『聽訟吾猶人也，必也使無訟乎！』『下士聞道大笑之。』非虚語也。歷引不繹。錦絅、輶毛之章，歷引而繹之，各盡其致。『亦古今得失之林也，何必異聞。』反掉作波，不抑不揚。平準書敘至卜式曰『烹弘羊，天乃雨』，借刀殺人，不置一斷，突然而住。

荆軻傳『倚柱而笑』，此點睛也。前有魯句踐，後有高漸離，奇峯湍流，互相穿激。昌黎敘睢陽，述南八，詳其聞此者張籍云，正法此傳，惟恐其冷落無餘聲耳。此善請客之妙也。妙高峯七日不見，而見之别峯，道寓于器，正意寓于旁意，何往不然？

琢句割字，刻畫之小品也。長河千里一曲，不在乎此。然點綴之間，神亦與之俱動。周公曰：『坐乎，將母？』子産止兀者曰：『子母乃稱。』灌夫曰：『畢之。』姬得赫蹏書，問上何如，曰：『愷也。』考工、檀弓、儀禮，敘事狀物，俱以簡盡。論語『鮮矣仁』，孟子『豕交之也』，何常不奇？韓退之賞樊絳碑，和盧月蝕，稱長吉之『鯨呿鼇擲』，正以爲人不可行怪，而忍俊不禁，何妨筆墨間洩其奇氣耶？由今論之，鬼母泣天，蝦蟆蝕月，多祇生厭，何奇之有？若如『黄原玦天』『銑溪虬户』〔三〕，則鉛粉惡裝，並不得以棘刺母猴、畫策龍蛇相例。

古人用意，更善奇變。劉須溪曰：『宰我問短喪，所以激聖人之定案也。』宗一曰：『劍逼乎，子貢之問去食與信也，二者何先？此待問乎？此謂答在問處。』使民戰栗，激發哀公。尼山三聲，雪上加霜耳。今人竟作呵宰我説，何啻千里？宰我、子貢擅言語之科，井有仁焉，豈必改字？

桃應一問，不必以事實論也。師弟互相逼唱，不過欲蹴出一『敝屣』耳。莊子逍遥遊：『堯見四子汾水之陽，窅然喪其天下。』歌舞排場，費盡撩天之舌，曾有出乎敝屣之外者否？世必以膠柱爲篤論，豈可與神遊康衢見藐姑耶？元氣不足，一浴一風，猶恐外感。

子長作史記，常尊其父諱『談』爲『同』，自序甚明。年表用『臣遷謹按』，則『太史公』爲褚輩所加，未可知也。班彪曰子長一人之思，刊落不盡，故明授其子孟堅，漢書竟不稱歸于父，何哉？蔚宗目睫，徒飾笑耳。

黄溍言『文章非應用，應用非文章。著論本本，而布嚴雍容者。澄湖不波，一碧萬頃，魚龍潛伏不動，而澒洞不可犯』云。

吴萊立夫言：『作文如用兵，有正有奇。正者文之法，奇者不爲法縛，千變萬化，坐作擊刺，一時俱起者也。及止部還伍，則肅然未常亂。』

馬存贈蓋邦式序曰：『子長之文章不在書，以書求之，則終身不知其奇。予有史記一部，載天下名山大川壯麗奇怪之處，將與子周遊而歷覽之，庶幾可以知文矣。子長生平喜遊，將以盡天下之大觀，以助吾氣，然後吐而爲書。』

程子云：『子長著作，微情妙旨寄之文字蹊徑之外；孟堅之文，情旨盡露于文字蹊徑之中。』讀子長文，必越浮言者，始得其意；超文字者，乃解其宗。班氏文章，亦稱博雅，但一覽之餘，情詞俱盡。張輔以文字多寡爲優劣，此何足以論班馬哉？

馮開之曰：『讀書太樂則漫，太苦則澀。董遇之百遍，考亭之半日，淵明之不求甚解，東坡之每事一過，庾嵩之開卷一尺，王筠之重覽興深，其各得于輪扁之甘苦者乎？』吳季子書憲曰：『短册恨其易竭，累牘苦于難竟。讀貶激則髮欲上衝，讀軒快則唾壺盡碎；讀滂沛而襟撥，讀幽憤而心悲；讀虚無之渺論而譎誕生，讀拘儒之腐陳而谷神死；讀遯照者欲盡相以窮神，讀岨峿者期妥貼以愜志；讀闕文而思補，讀朦朧而思參；讀寂漠者非爕吻不開，讀奇藻者非清華則靡。故每讀一册，必配以他部，用以節其枯偏之情，調悲喜憤快而各歸于適；不致輟卷而歎，掩袂而泣，則配之説也。弄風研露，輕舟飛閣，山雨來，溪雲升，或豪集，或孤訪，鳥出啼，花冷笑，則配之適也。』崇禎辛巳秋，書此數條與表弟吳鑑在。〔四〕

動則曰『唐宋大家』，抑知唐宋大家皆有深造之火候乎？今欲一蹴而偃襲之，唐宋大家未許也。韓退之答李翺曰：『古立言者，無望其速成，無誘于勢利，養其根而俟其實，加其膏而希其光。學二十餘年矣，非聖人之志不敢存，處若忘，行若遺，儼乎若思，芒乎若迷。注于手也，惟陳言之務去，戛戛乎難哉！如是有年，識古書之正僞，徐有得也，汩汩來矣。人笑之則喜，譽之則憂，猶有人之説者存也。如是有年，浩乎沛然矣。平心察之，其皆醇也，然後肆焉，然不可不養也。水大而物之浮者大小畢浮，氣盛則言之短長與聲之高下皆宜。雖如是，敢自謂成乎？處心有道，行己有方，用則施諸人，舍則傳諸其徒，垂空文而爲後世法，亦足樂乎！志乎古，必遺乎今，吾誠樂而悲之。』柳子厚曰：『吾少以辭爲主，及長乃知文以明道，不苟爲炳炳烺烺，采色夸聲也。未敢輕心掉之，懼其剽也；未敢怠心易之，懼其弛也；未敢昏氣出之，懼其雜也；未敢矜氣作之，懼其驕也。本諸書以求質，詩以求恆，禮以求宜，春秋求斷，易以求動，此取道之原也。參之穀梁厲氣，孟子暢支，老莊肆端，國語博趣，離騷致幽，太史公著潔，此旁推交通而以爲文也。』李習之曰：『六經創意造言，皆不相師。故讀春秋也，如未嘗有詩；讀詩也，如未嘗有易；讀易也，如未嘗有書；讀屈原、莊周也，如未嘗有六經。義深意遠，理辯氣厚，則辭盛而文昌。今尚異者曰奇險而已，好理者曰敍意而已；溺時者曰文當對，病時者曰文不當對；愛難者曰宜深不宜易，便易者曰易通不宜難：此皆情有便滯。古人深于義，當于理，文之以其辭而已，不知其對與否、易與難也。學古文者，説古人之行，愛古人之道也，持己莫如恭，自責莫如厚，接衆莫如弘，用心莫如直，進德莫如勇，受益莫如擇友，好學莫如改過。』蘇明允曰：『孟子之文，語約而意盡，不爲巉刻斬絶之言，而其鋒不可犯。韓子之文，如長江、大河，渾浩流轉，魚黿蛟龍，萬怪惶惑，而抑遏蔽掩，不使自露，而人望見其淵然之色亦自畏避，不敢迫視。歐陽子之文，紆餘委備，往復百折，而條達疏暢，無所間斷，氣盡語極，急言竭論，容與簡易，無艱難勞苦之態。此三者，斷然自爲一家之文也。惟李翺之文，俯仰揖讓，其味黯然而長，其光油然而幽，其别有以服之乎？』又曰：『二十七始知讀書，後困甚，覺古人之出言用意與己大異。時復内顧其才，則又似夫不止於是而已者。盡燒曩時所爲文，取論語、孟子、韓子，介然端坐，讀之者七八年。久之豁然以明，若人之言固當然者。試書之，渾渾乎來之易矣。若或啓之，若或相之，詩人之優柔，騷人之清深，孟韓之温淳，遷固之雄剛，孫吴之簡切，投之所嚮，無不如意。然未敢以爲是也。』潛谷曰：『子瞻名理類莊，治體類賈陸，其嘻笑怒罵，猝然憤然，皆成文可書。其大者馳騁縱逸，如行雲流水，渾淪光怪，雄視百代，所自得爲多矣。子由深思澄蓄，汪洋澹泊，不願人知，如其人，然秀傑之氣不可掩。』謝疊山曰：『東坡自莊子覺悟來。』袁中郎曰：『坡評道子畫如燈取影，横見側出，逆來順往，各相乘除。余謂公文亦然。舞女走竿，市兒弄丸，横心所出，腕無不受，其至者如晴空鳥迹，水面風痕，有天地來一人而已。』阮霧靈曰：『坡長於馳阪，而短於頓鬱，故惡揚之艱深。今學蘇者，平衍易襲，而精奥不傳矣。必學六經、史、漢，僅乃韓蘇。』愚者曰：極深研幾，因象數而會通之，斯文錯綜之本乎？宋人好平易一往，其時尚然也。故韓魏公不與永叔言易，子厚非月令、國語，執道之變動相詰難，彼烏知有統類秩敘之端幾哉？放翁曰：『東坡嶺外喜子厚文，及北歸，與錢濟明書，乃痛詆子厚時令、斷刑、四維、貞符詩篇〔五〕。』可見學問轉變，好尚頓異，未可以殺活語也。好學不已，歷年必變，平而奇，奇而平。不好學而依趣彷彿，即執一而不變矣。極深變盡之後，無深無淺，然後知聖人之文章皆致中和。如未至此，或平或奇，聽人之才，亦可互救以爲鼓舞。要期於自成節奏、遠鄙倍而已。

李文饒謂：『氣不可以不息，不息則流宕而忘返。』李翰言：『文如千兵萬馬，寂然無聲。』曹子桓謂：『氣之清濁有體，不可力强而致。然小大異量，各自完吾分耳。』陳龍川曰：『君子行權於正，用智以理。過於智，而不以仁義禮信行之，則賊矣。』昔人謂胸中先有六經、語、孟，然後讀前史；史既治，則讀諸子。是古人治心積學之方，往往有敘有要。奈何涉獵凌鬭於尺幅間，況非史非子，徒以凌鬭之氣壞吾人乎？合從、連衡熾而六國入秦；顧、廚、俊、及標而漢祚爲墟。即至濂洛諸君子倡明理學，厥力不細，而韓侂胄猶誣爲僞學而殘噬之。豨斯以觀，豎一説者伏一敵，至乎各樹其説，並對一敵，而天下事不可爲矣。今時流輩大率淵源無素，愛奇者聞詭而驚聽，浮慧者觀綺而躍心，迂疏者以淺俚爲古朴，填砌者以六朝爲治麗。此由胸智不多，未更老成故也，又好詆訶前輩，旁人甚憐其愚，而造之者揚揚以爲得意。蓋文士之矛足釀兵争之禍，歷觀古來，應若指掌，陳興霸之言應矣。癡山曰：『前輩論文，有專取厚重以爲風教所關、福澤所出者，固也。其間政自有辨。阿犖山身重三百五十斤，顧當時見稱，乃在運其三百五十斤之軀盤舞如飛。不然，司馬保八百，孟業千斤，劉荆州大牛何異哉？鐘有徑，廣者容可萬石，顧其肉郭必不能厚，厚則石而音咽矣。惟其靈也，惟其動也。小巧以爲靈，凌轢以爲動，又弗取也。臨以生平之魄力，收古人之精英，久而出之，古人與我鬱勃而不可已。心醞而口咀，迫而吐之，其聲乃流。至於泣風雨，驚鬼神，歌舞憤涕，不形于外而洋溢于毫端，如是者謂之能盡其才。能盡其才而養之，方爲貴耳。』

宋九青曰：『先輩豈生今而薄今耶？時未至也。其智之變，亦不暇至此也。不學則前人之智非我有矣，學而徇迹引墨，不失尺寸，非鹽鐵論所謂「呻吟枯簡，誦死人之句」乎？柳子謂淮西碑有帽子習，楊大年謂杜陵爲村夫子，子美謂太白少縝密，太白謂子美困琱鐫，秦少游謂醉翁亭用賦體，尹師魯以岳陽樓用傳體，大約才人各伸其所獨至。少陵欲倣漢魏不難，子瞻欲摹周秦亦易，惟不肯蹈襲耳。然末世之空腹高心不能茹吐古今者，率其鄙倍，亦曰我不蹈襲也，未可藉口。』智謂世以智相積，而才日新，學以收其所積之智也。日新其故，其故愈新，是在自得，非可襲掩。

石塘師曰：『自以拖沓爲篤實，而古文風致盡矣，何謂遠鄙倍乎？好古者，以史漢之追章琢句拔之，久而襲爲剽賊矣。貴神識者，以唐宋大家救之。侯廣成曰：雜怪難識以爲博，空疏不學以爲靈，此謂妄居其創者。至狂子僇民，羣起糞掃六經，師心杜撰，於是乎冥趨倒行，愈變愈下，嫌鐘鼓玉帛爲芻狗，而遂甘爲鬼魅也，可乎？末世才固日生，而好學者少。文以禮樂，尼山所望。即以文章致其中和，亦安藝息游，琢玉繼聲之道也。辛巳孟夏將之登州，書與曼公。』

譚苑醍醐曰：『「辭達而已矣」，恐人溺于辭而忘躬行也，淺陋者借之。易傳、春秋，孔子之特筆。其言玩之若近，尋之益遠，陳之若肆，研之益深，天下之至文也，豈止達而已哉？夫意有淺言之而不達，深言之而乃達者；詳言之而不達，略言之而乃達者；正言之而不達，旁言之而乃達者；俚言之而不達，雅言之而乃達者。故東周、西漢之文最古，而其能道人意中事最徹，今以淺陋爲達，是烏知達哉！夫脫于口謂之言，爻于文謂之辭。書曰：「政貴有恆，辭尚體要。」以言乎政令之辭也。儀禮聘記曰：「辭多則史，少則不達，辭苟足以達，義之至也。」以言乎禮聘之辭也。左傳曰：「辭之不可以已也如是」，「非文辭不爲功，慎辭哉！」以言乎使命之辭也。記曰：「有其容則文以君子之辭，遂其辭則實以君子之德。」又曰：「情欲信，辭欲巧。」以言乎相接相示之文辭也。凡謂之辭，未有不貴達者，亦未有達而猶貴枝葉者也。夫子惡巧言，而曰「辭欲巧」，則知辭非言例也。「易有聖人之道四焉，以言者尚其辭」，「聖人之情見乎辭」，「修辭立其誠」，所以居業也。韋編三絶，鐵擿三折，漆書三滅，曰：「假我數年，若是，我於易則彬彬矣。」彬彬者，辭達之謂也。繫終六辭，盡天下之情哉！藝苑巵言云：『吾嘗論孔荀以前作者，理苞塞不喻，假而達之辭；後之爲文者，辭不勝，跳而匿諸理。六經，理而辭者也；兩漢，事而辭者也，錯以理而已。自儒林、道學岐分，而經義帖括爲剥啄之瓦，賢者捨經，而樓上駕樓以講道，高自標目，而不肖者滉瀁自恣，莫可窮詰矣。』鄧潛谷曰：『宋賢等文學于功利，於根本固篤，而苛求多拂物理，徒生其鷹擊飈去之心。』虚舟子曰：『尼父轍環至老，終以志事，託之斯文，安萬世之火於竈，使之可羣樂業，而薰陶自化。聽上者之通神明，類萬物；次亦各食其力，各消其智。或依循，或達材，皆鼓舞不能自已，掃除者無乃暗倣别傳乎？曾知爲宋元王造閉解閉之滑疑哉？』虞叟曰：『正嘉以剿襲傳訛相師，而士以通經爲迂，萬季以繆妄無稽相夸，而士以讀書爲諱。至今俗學晦蒙，繆種膠結，胥天下爲鬼語，而不知其所從來，噫！』潛草曰：『好學者理明事正，辭自然達。惟詖遁之辭不達，方且以不達紿人。』浮山之孤曰：學必悟而後能變化，悟必藏於學而後能善用同人，達辭之道亦然。通其故則不爲所惑；不爲所惑，則善用之皆藥矣。學足識盡而用其才，行乎不得不行，止乎不得不止，秩敘變化，同時中節，知達之神者乎！不以辭害意，言近而指遠，吾無隱乎爾，造適不及笑，知達之本者乎！游兆芮漢日在箕四，合山墓廬書與德、通、履。〔六〕

道無在無不在，而英才之士苟必干霄，豈能禁之經濟，係乎遭遇？而以文會友，鼓篋詠歌，則窮達無間也。凡人枯則不堪，不學古則誕，不因其知而熏之，烏能久相安耶？故因文章而誘入經史，熏于經史而暴戾消、鄙倍遠矣。今世之事制義也，博富貴也，當其發揮稱題，不覺神暢而爽然四解，未嘗念及富貴也。又況上下其觀，茹吐古今者乎？我師天才横逸而好學不厭，立論平恕而因才自達，淵源三世，旁通百家，出其緒餘，範圍皆備。寬而栗，大而精，雅言而觀其深，即此閒舉，統類歷然。讀者遇之，幸無漫過。

白笴門人曹晟謹跋〔七〕。

子厚略爲比興、著述二流。老父則曰：析理、舉事、極物，文之正用也；達志、陶情，文之樂羣也。士業生于典籍之後，何樂而不因其井竈，續其無欺之火也乎？閉防已甚，大決傷多，故以經學藏道，雅音作人。所慺慺于末世者，高標不可與争，而時風若以熏之，此即薪泯火之中和飲也。謹取辛巳至今前後條説彙而録之。

皖桐方氏不肖子孫中德拜記于浮山。

知道者，有言無言皆可也。物不得其平則鳴，鳴謙則吉。聖人知道不容言，而興藝樂業，宣之即以節之，養之即以辨之。故雅言詩書，化以禮樂，必待學易知天命，而後能以忠恕作春秋。姚義曰：『志定而後及也。』宋景文曰：『曾子少以孝行顯，晚年該洽，乃能著書。』故初學宜熏陶，中年宜考辨，晚年乃可論定。不驕不吝，則多才多藝，即中和也。一眞無避，則孤孽之哀怨亦中和也。淵明、元晏、雲貞，皆以枕籍自化其高而養中和者乎？我師道備四時，一多相貫，潛亢肥遁，歸于中田。其所雅言，無非罕言，特未嘗剥爛復反歷盡者無由知之耳。此一卷語，皆二十年中之隨問隨舉，而田伯彙録之者。謹奉同心，以公醇飲。

祝犁大淵獻秋相提月，學人揭暄敬跋。

校記

〔一〕『曾知垓下之歌』至『難與言詩』原無，據刊誤補遺補。

〔二〕方中履跋文原無，據刊誤補遺補。

〔三〕户　原作「石」，據刊誤補遺改。

〔四〕「崇禎」至「吳鑑在」　原作「時辛巳秋書」，據刊誤補遺改。

〔五〕詩　陸游老學庵筆記或作「諸」。

〔六〕「游兆芮漢」至「德通履」　原作「愚者偶書」，據刊誤補遺改。

〔七〕此跋及後兩跋原無，據刊誤補遺補。

通雅卷之一

疑始 專論古篆古音

副墨洛誦，推至疑始，始作此者，自有其故，不可不知，不可不疑也。世變遠矣，字變則易形，音變者轉也。變極反本。且以今日之音徵唐宋，徵兩漢，徵三代，古人多引方言以左證經傳。方言者，自然之氣也，以音通古義之原也。若後世已成之義，則諸儒辯難，已著典要，但須考耳。

古寤即悟。　悟字不見六經，昉于西乾乎？黄帝經云：『神乎神，耳不聞，目不明，心開而志光，慧然獨悟，若風吹雲。』然不必此也。子思曰：『吾嘗深有思而莫之得也，于學則寤焉。』寤即悟也，悟者吾心也。邵子曰：『天之大寤在夏，此與復見天地之心，顯南面而看北面矣。』

貞即眞。眞字六經不見。昉于莊子，亦昉于黄帝之經。許慎説文以眞爲化形登天，支矣。愚按：慎獨之慎從眞，何謂眞非古有乎？正亦平聲，貞與眞通。篆作鼎，因貞悔而設也。古作卢，則貞眞之通明矣。文王于剥復之後，不曰貞卦，而曰無妄，亦可參也。因貞有妄，覺妄歸眞果然無妄，眞亦不立。慎獨之中，安得不研幾至此乎？大畜天衢，一多相貫之薪火正因也。柴廣進曰：『眞從正聲，善從神聲，體從理聲，用從容聲，專從中聲，通從同聲。』即此聲明一端，亦可引觸。

學、教、覺俱從爻。學字本于斈，聲生于覺，斈、覺始于爻交，而爻則二乂也。乂古五字，一畫倍之而交午也。古斈從爻，從子，作斈，謂子效父也。效、斈通矣。古斈即通爲學，以人子而交古今、孝天地也。加冂，冋之也。臼，左右手奉之也。古斈即通爲斆，加攴也。後作斆。禮記引説命曰『學學半』，非其通乎？從教發聲，則覺之聲也。小篆乃分别斈從老部耳。可信學也者，覺悟交通，誦習躬效，而兼言之者也。心外無物，物外無心，道以法用，法以道用，全用全體，吾人本具者也。悟從吾心，吾從五而口自問之，中乂加二爲五，此一用二之交格交貫者也。吾所從來，請從此入。

宗、尊一字。　禮有宗，從宀從示，藏神祇而尊之于室中也。孝經『宗祀』注：尊祀也。宗、尊同音。古帝尊盧氏，一作宗盧。左傳『伯宗』，公羊作『伯尊』。禋于六宗，宗亦爲尊，宗彝乃尊彝。賈逵以宗盟爲尊盟也。升菴曰：『儀禮注：布八十縷爲一宗。宗，古升字也。按古音升作宗。易象傳曰「天險不可升也」，與「以剛中也」叶，是其證。』智按：中叶軍，如風別即分別之類耳。『因不失其親，亦可宗也。』吾人所最親切者在何處耶？是何因耶？莊子曰：『以天爲宗，以德爲本，以道爲門，兆于變化，謂之聖人。』提宗寔見于此。子思提於穆之天命，而標未發之中，然不急口曰我以何爲宗也。仲尼不鐸悟而鐸學。孟子道性善，明仁義，切切人道，不得不爾。後世談道之病，躁于標宗，而行解不相應，則管東溟所謂『高標絶學，導浮啓僞』者也。時至機發，又不得已，惟在開千古眼，發大願力者，因邪撥正，綸而彌之。

疑、𠤕一字。　疑，惑也，魚其切，從子從止。幼子多惑，會意，𠯌聲。徐鍇曰：𠯌，古文矢。正譌作𠯌。説文又曰：『𠯌，鋒也。』孫氏昨木切。𠤕字亦魚其切。説文曰：『語未定也。』伯溫曰：『從𠤕，古化字，變化未定。會意。』智以爲即疑之省文也。周疑生豆銘曰：𩰫𠯌生𠤕豆𠯌。朱雲亦載王庶子碑作𠯌。郭昭卿字指作𠹌，存乂切。韻作𠹌，省文作𠯌。魏子才創𠆭爲𥏼字。吳元滿作𠃬，以爲佁。佁即癡字。古疑實有疑、癡、凝、嶷四聲。然以爲佁，惜他無足證也。趙凡夫泥𠃬訓語未定，而疑訓惑，則凡遇疑詞斷之當用𠃬字，不知未定之訓即是惑意。且許氏說文亦自用疑，無用𠃬者，其爲重文更何俟辯？或以㚖爲擬。

有吳無吴。　古人少家麻音，皆入他韻，智前論之詳矣。詩曰：『不吳不敖。』吳音話，亦家麻入魚模之一端也。何承天以爲『話當作吴，從大口，訛爲吳。』此由不知古音，吳從口從矢，亦人身卬首之形，話言之義，其所當然，何爲復造吴字乎？楚金好鑿，惟此爲是。王仲行知天吳娛斧之音誤，已見談藪。戴合溪乃更主承天之說，生立吴字。後人且引魤魚爲吳魚，愈支離矣。吳之爲吳，猶角本有禄音而復造角字也。王伯厚博矣，而詩考亦引說文作不吳不敖，豈未見徐氏本邪！張子厚理窟專主吴字之說，楊升菴信之，乃云吳自吳，吴自吳，並戴就傳之娛斧，亦作娛，甚可笑也。吳慎之知吴字，而又曰謬音吳爲華，此不知古漢相轉處耳。

有角無角。　角古音禄，詩以叶屋，東方以叶足，仲長統以叶俗。升菴曰：『宋史崔偓佺對眞宗分刀下用與一撇者，笑其不考古，而作傳者亦盲。』弱侯曾以對壬辰主考陳玉壘，而歎士俗不可醫，可謂明著矣。智按：孫愐唐韻載角于沃韻云：又音覺。韻學大成，莫如唐韻。而郭恕先佩觽乃致辯角、甪爲兩字，因而王伯厚之博洽，作姓氏、急就亦分角、甪而不知其誤。此猶在前。如近代李士龍、朱光家、張位、程至善各著字書，以此自任。李士龍之音義便考，又弱侯序而刻之者，經升菴、弱侯累辯明析，而諸公仍復斷斷以角、甪爲二，此何故邪？升菴言宋史崔偓佺傳事，見東都事略〔一〕，宋史無崔傳，升菴滇南書所記憶，一時失考耳。

有繇無䌛。繇之有宙音，始於顏師古，其說曰：左傳始作繇，曰：漢典引五繇。前文紀注：『占謂其繇。本作籀字。』籀乃史籀之名，後因以大篆爲籀文，或者占辭亦籀文也。方子謙曰：『韻會原注又尤宥韻，而宥韻字誤作䌛，集韻本作繇。』近見周啓明考誤云：『䌛、繇二字不同，蕭、宥二韻當各出。』按：說文止有從系作繇，字書並無䌛字。子謙之辯，可謂明甚。今見梅氏字彙分出䌛字，議之且確，此類正誤後學，不得不爲提出。智方謂左傳所稱占辭之繇者，仍是謂其來由之詞耳。以古史之名爲篆書之名，因而爲占詞之名，殊不必也，又況分作此䌛字乎？說文作繇，隨從也。漢朱龜碑作繇，省作䌛，推原毋母，亦屬周秦間分別之學，又況窀宅、仝全、底底、圯圮之類乎？然世變既繁，不得不爾，所以合所以分皆當知之。世以六書爲細故，復古編、佩觿集之所以分，原在所忽，又何由詳所以合乎？如吾所論，道本易簡。

免，讀爲娓之原。　檀弓『免焉之免』注：『鄭氏曰：以布廣寸，從頂中而前交于額，又卻回繞髻。別作絻，音問。』管子『夏三月五政』，其三政曰：『禁扇去笠，毋扱免。』注云：『禁扱衽免袒者，不欲惡盛陽之氣也。』信如此説，則禁扇去笠何爲？蓋不過作其敬耳。免，謂免冠也。後世相沿，稱五服爲袒免。唐有議袒免禮。宋有詔：『宗族袒免之後不復推恩，袒免之内以試出仕。』袒，袒其衣；免，免其冠。今之始喪者，披髮以布裹頭，是其遺也。如此則止當讀勉音，何必更音問？問之音蓋鄉語，謂以布蒙頭也。陳書：『娓以鴨肉數臠。』胡三省曰：『江東以物蒙頭曰娓。』此其漢人之遺音乎？程泰之確言免不當音問，董彦遠、戴合溪皆然，郝公主之。推其原，蓋漢時事變義起，不得不分別，故未分字，先分音，取其易記耳。

汶、嶓、文、免之音。　汶有三音，岷多作汶，注去聲。遼東汶城讀如文。此皆各處方言分別耳。按汶，書作岷，注：『在齊南魯北境上。』晉書成帝紀：『濟岷太守劉闓降于石勒。』

『嶓山導江』，亦作『嶓』。以岷山爲北嶓，汶上爲南嶓，可知古人皆讀汶如民，轉而讀文。文音近氳轉而爲問，故免亦讀敏。敏轉而穩，故分免爲穩，因轉而讀免爲娓。淮南子：『芻狗之始，文以青黃，纏以綺繡。』注：文、纏皆去聲。此文字即娓字、免字音義。

封，別爲堋、窆。　禮記『縣棺而封』『請似機封』，皆讀爲窆字。窆，方驗切，下棺封土也，亦作堋。封之爲義，以手封土。易曰：『不封不樹。』其義甚明。後人好分別而借音，則止當用堋。廣川書跋曰：『元祐二年，永城下得石如豐碑，其上刻銘曰：「沛國臨淮時窆石室，永建六年。」鄭衆曰：「窆，謂葬下棺也，讀如氾祭之氾。」左氏謂之傰，檀弓謂之封，昔人謂其聲同也。蓋周漢之聲，與今自異。嘗謂墓誌有銘，在漢則杜鄴、甄豐，然樹之于外。其後如繆襲輩，刻官代納之壙中，皆在永建後。然刻銘墓中不知何時，而于所見者永城窆石最先，由此言之，則窆音方驗切，乃漢末方言之訛者也。』智按：賈公彥改音窆方驗切，又載劉音窆，後人止知仲師讀氾音梵耳，不知古泛亦通渢。凡亦生風，故泛駕造覂字，音捧。呂后傳『自起泛孝惠卮』，徐廣音捧。今欲別封，則轉聲爲堋可也，正合仲師之訓。

犧獻不當音娑，須不當音班，準不當音拙，魄不當音拓。　犧尊音娑，五歌韻收之。此緣鄭氏注周禮犧尊故也。康成注禮器云：『畫作鳳凰尾婆娑然，故音娑。』此何所據？直是臆説耳。南史劉杳傳曰：『刻木爲鳥獸，鑿頂及背以出納酒。魏時魯郡得齊子尾送女器。永嘉中，賊曹嶷于青州發齊景公冢，得二樽，亦爲牛象。』阮諶三禮圖畫爲牛象。王肅主此説。按此，則直作本音，原無娑音，五歌韻不當收入矣。董彦遠、黄長睿言『從首受酒，後復合之，非鑿背』。以此斥阮諶、劉杳之誤。智謂古器不拘，豈無有鑿背者如今寶鴨之類乎？董黄偶見一種耳。其可笑者，孫愐收歌韻，而今日韻書不敢删去。陳皓集禮記注，尚依鄭氏之謬説，周獻豆，亦曰刻畫鳳羽故名。夫物之婆娑，豈必鳳羽邪？郊特牲曰：『醆酒涗于清，汁獻涗於醆酒。』注：『汁獻讀如汁挲，言爲摩挲秬鬯及鬱金之汁。』夫可獻神者曰汁獻，甚通，而乃以摩娑改獻爲挲乎？山草堂必知其誤，而讀書通載犧獻爲娑，且云右軍父子以此名。試問右軍七子，何以處操之、徽之乎？可以一笑。『笏，大夫以魚須文竹』，陸德明音須爲斑，而疏引庾氏説，以鮫魚須成文，與應氏説合，駁之明矣；而字彙須字尚收班音，正如鬙從重，顔氏家訓已明辯玉篇之誤收鬙矣，而各書尚載鬙字也。以準音拙者，服虔音漢高傳隆準而誤也，蓋臆與頔通。頔字見素問，文穎即以服應二説爲非矣。以皇象之碑觀之，則拙乃當日之方言相混也。準字本之允切，以水取平也。考工記『權之然後準之』。或曰寇萊公爲相，行文書者改之，或曰蔡京家諱也。然唐韻及顔氏干禄書已並出準、准二字，以准爲俗書。漢酈食其傳『落魄』，鄭氏音薄，應劭如字。今問奇集乃音落拓，而指南從之。總因編書者胸無考核，就便抄襲耳。字彙因韻會，韻會因唐韻、玉篇，經史諸儒之辯論，全未寓目也。近日方公禹修因張洪陽作問奇廣，誤皆此類。吾獨訝焦氏刊誤，如顏之推駁曲逆不當音去遇明矣，而焦仍音去遇。王元美載台台爲二字。王焦讀書人，何乃與凡夫、謙甫隨行逐隊邪？

鮦誤音紂。汝南郡有鮦陽縣。應劭曰：『在鮦水之陽。』孟康曰：『鮦音紂紅反。』襄四年左傳『猶在繁陽』注：『在鮦陽縣南。鮦音紂。』每訝其奇。後漢書陰興子慶封鮦陽侯，注：『鮦音紂。』孫愐東韻鮦字下云：『又直蒙、直柳二切。』字彙：『鮦，丈九切。』此皆地理志注之『音紂紅』而訛失其下『紅反』二字也。戴氏定爲徒紅、篆蛹二切。韻會補定音家，則緣紂紅而改爲上聲也。鮦從同，自音同，推因古人口齒同、重相混，如種、穜通用，衝、衝、鐘、鍾皆是一聲。後漢書引爞爞爲炯炯，可證。今人所爭而是正者，皆守晉唐之音釋也。

橐皋之音拓姑。九江郡有橐皋縣。孟康曰：『音拓姑。』此或因春秋洛姑而誤及橐皋耳。春秋『橐皋』注『在淮南浚道東南』，乃浚遒縣也。今廬州府巢縣有拓皋河，疑即橐皋。或當時有此方言，而今變邪？恐是訛音。然未如鮦有紂紅反之確證，故不敢決。

羹音郎之原。左傳：『楚城陳、蔡、不羹。』注：『羹音郎。漢書作更。』蓋古八庚多通七陽，更字讀如岡，岡又訛轉爲郎耳。諸公但知楚詞皆讀羹爲郎，而不知其爲更，古人韻粗，更郎相近，則直音爲郎，或此之故。

繁不必音鞶。左傳曰：『曲縣繁纓。』又曰：『其可以旌繁乎？』繁讀如鞶。周禮曰：『王之玉路錫樊纓，金路鉤樊纓，象路朱樊纓。』康成曰：『樊讀如鞶。』蓋繁本附袁切，絲采繁縟也，或作緐馬之飾。有繁纓，亦借用樊字。何必讀爲鞶乎？說文：『緐馬髦飾也，每聲。』按：繁通用樊字，則當音樊明矣。鞶乃鄭氏泥而不通處也。繁則有婆音，繁延壽、繁欽之姓，音婆，一作緐。

選音刷之原，乃音算也。蕭望之傳：『張敞曰：有金選之名。』應劭曰：『選音刷。』師古以選作鋝。智考之，因史記『其罰百率』即百鍰，鍰即鋝也。漢末讀刷如率，故以刷音之。若今人刷在札韻，則益遠矣。其實選豈音率？乃算字之訛。古選、算通音，如漢書武帝詔引詩：『九變復貫，知言之選。』音算，叶貫。齊語『選具』，左傳『鍼懼選于寡君』，并與算同。公孫賀傳贊引『斗筲之人何足選』，即論語『何足算也』。韓進學解『不可選記』，謂算記。其曰率者算之要也。今唐韻、韻會諸字書，不但不知此義，并不載金選有刷音矣。當是以刷爲選聲轉入耳〔二〕。

麤之於觕，等之於埒，此不可一也。世之學古者，皆以觕即麤字，此緣陸孫而誤也。廣韻麤、麄、䴲、觕，皆收爲一字。俗作粗。韻會因之，引公羊傳曰：『觕者曰侵，精者曰伐。』殊不知觕乃粗義，而非粗音也。即如麤爲草履，皷爲皮皷惡，其音同粗，皆後人所造。漢書藝文志曰『庶得麤觕』，一處用二粗字，有是理邪？考公羊傳注『觕音才古反』，是也。廣韻卻以俗作之粗爲徂古切，此則當時鄉語矣。世人亦讀埒爲等。淮南子等、埒用在一處，則亦藝文志之麤觕也。埒當音鋝。又按：説文『䌨，觕纇也』，箋云：『觕當是觸誤。』智按：纇訓絲節，則觕爲粗意何疑？古蓋各造粗字，至漢分之，麤爲塵起之粗，平聲；觕爲一切之粗，上聲。故班固連用之耳。然古人有連用則異聲，分用則同字者，亦當辯。揭暄曰：即雙聲謰語也。〔三〕

丘之于區，斗之于主，抌之于揄，此可通者也。　刊謬正俗曰：『曲禮「不諱嫌名」，謂宇與禹，丘與區』，宇禹合矣。丘之與區，今呼則異。然尋古語，其聲亦同。陸機詩：『普厥丘宇〔四〕。』又晉宮閣名所載若干區者，別爲若干丘，今江淮田野人猶謂田丘爲區。俗書驅字作駈，亦遺音也。楚元王傳謂空爲丘，王武傳訓丘爲區。桓十二年『曲池』，公羊作『歐蛇』，則讀曲爲區，讀歐亦如區也。溝洫志涇水一石歌『其泥數斗』與『長我禾黍』叶韻。古文易『日中見斗』，作主。鄭氏注『酌以大斗』音主。儀禮有『科譯』〔五〕，音主，科，斟水器也。亦與斢通。詩『賓載手仇』，讀爲斢，即主音之轉也。周官春人『女舂抌二人』，康成注引詩『或舂或抌』，詩本作揄，可知虞尤韻通矣。丘區聲通，故區有甌音，楚有僕區之法，晏子言豆區釜鍾，皆音甌。韻瑞收僕區于虞韻，誤矣。蘇武傳『區脱』，邊外空土室也，一作甌脱。平阜之圩曰甌臾，亦作區臾，故鬼臾區取以爲號。博物志：『甘泉歌：千人唱，萬人謳，金陵下餘石，大如篋土屋。』可以知區脱爲當時之語。

沴不當音戾。　沴字本當音章忍切，其義則戾也，妖氣也。説文：『水不利也。』孫氏音郎計切，與戾爲一字，又即盭字，故今人有用沴戾、沴盭者，博古之士皆笑之，以爲是重用戾戾也。不知沴原從㐱，㐱乃止忍切，故軫、胗、畛、紾、袗、鬒、駗、診皆以㐱諧聲。説文引詩『㐱髪如雲』，與㐱通。㐱，新生羽而飛也。由此論之，㐱何從獨有戾音乎？類篇曰：『㐱，沕溗相著也。』黴黰之黰亦作㐱，其音可知。説文、廣韻但以㐱有戾義，遂入霽韻，此明是前人之誤，而後人泥古不覺耳。

古我、義字通，台、余、吾、我一聲。陳球碑釋文曰：『漢人隸法有所謂省文，如爵之爲时，鶴之爲隺是也。』經傳多書蟻作蛾，似亦是省文。左傳『蛾析』，戴記『蛾子時術』，列子『末聚禽獸蟲蛾』，黄帝紀『淳化鳥獸蟲蛾』，元帝紀『白蛾羣飛蔽日』，長楊賦『扶服蛾伏』，皆讀蛾爲蟻。隸釋仲秋下旬碑有『蛾附』之句，此云『蜂聚蛾動』，亦蟻省也。魯峻碑釋文曰：『周官注云儀、義二字，古皆音俄。詩以「實惟是儀」協「在彼中阿」，「樂且有儀」協「在彼中阿」。太玄亦以「各遵其儀」協「不偏不頗」。徐廣音檥船作蛾。漢碑凡蓼莪皆作蓼儀，此碑又作蓼莪。』智因此益知台之爲我也。按義，説文本云「宜奇切」，故韻補專辯此音。今凡夫乃改宜奇作宜寄，而謂韻補之誤，此直不知古音耳。古余台一聲，而余亦通吾，如騶虞亦作騶吾，魚山亦作吾山是也。石古文辭即𢦏字。吾、我一聲之轉，吾從㐅，古五字，作乂因作㐅，可證也。吳氏以反身爲臣，以𠂤爲身，是矣。而以我篆作𢦏，與子才之𢦏則太造。蓋𢦏本戟名，古作𢦏，可推。以聲借吾，而吾轉爲烏可之音耳。𢦏，古文戈，則古之我當是𢦏形，或從勿作豸，義即我加羊。鹵簿儀刀儀鍠，沿起自漢，豈非古之遺稱？其曰威儀之鍠者，本臆説也。可笑元美列台㒳二字，台音苔，㒳音怡，陋至此乎！周易『豫怠』叶來，來音犁，怠音怡。國語『得時勿怠，時不再來』，亦然。乃推知古人怠怡一字，一音而二義也，專以怡悦爲事則懈怠矣。後因我台之台，有三台之音，則怡有怠音。分别之學既起，專以怡爲悦而怠爲懈耳。按顔氏刊謬正俗曰：『世因鄭氏云「予、余，古今字」，皆讀予爲余。爾雅并列，説文一以爲「予，相推予也」，一曰「余，詞之舒也」，各有意義，非古今字别也。考詩叶韻，予皆上聲。』郭忠恕亦曰：『予本無余音，後人讀之也。』智按：古實相通，曰『予一人』，義既爲余，則聲亦隨之矣。古以余爲斜，故以予爲余。俣衙讀語與可平聲，牙讀互，此其證矣。説文專主分别，有不得不如此立説者。

以似巳之原。趙撝謙曰：『分隸有匕 音比。無七，音化。有ナ無又，有冖 音冪。無冂，音坰。有禾無禾，音稽。循而至於攴、攵 普木反。同書，殳 音殊。殳 音没。並作，桼、音秦。桼、音泰。㚘、音奉。𡗗 音春。之首無異，已、巳、音似。弓、胡感反。㔾 音節。之體莫别，好古君子，論至於此，豈直三嘆而已哉？』智按：胡感切者作㔾，以作㠯，巳時之巳作㔾，卩作㔾。李斯作𠄌加人。説文唐本作𠄌，而徐本作𠀍。李陽冰曰：『㔾爲虵，象形，借爲巳止之巳，反巳爲㠯用也。』劉勰曰：『子思弟子「於穆不似」，音訛之異。』此非子思弟子之訛，乃後人所見本㠯，書加人之㠯，則爲似矣。王右軍帖『此心以馳于彼』，俱用以爲已可證。敬甫分㠯㠯㠯。

叜宎相近。蔡邕明堂論：『三老五更應作五叟，嫂字女旁叟，今亦作⿰女更，以此驗知應爲叟也。』此説最是，而當時諸儒斷然不从，何其執邪？後且有議伯喈者。説文繫傳云：『蔡邕碩學，而云色絲爲絶，殊不知絶字糸旁爲刀，刀下爲巴。』即卪字，音節，色字則从人下卪。郭恕先引李陽冰曰：『蔡中郎以豐作豊，李丞相持束作亦。』今焦弱侯引將束作采。按色絲乃古人取巧之説，毋論其果伯喈也。自止戈爲武、止干爲戰，古人亦隨文就形，猶之歌詩斷章，豈似章句家之泥耶？豐之于豊，乃是隸筆从省耳。丁固夢井中生桒，以爲四十八字。東方曰朔來朔來，知爲棗。郭璞言永昌二日。一行言兩角女子爲安。此可據以爲典要而責之哉？升菴且引漢時隸書棗字从二來，蓋似來而非也。引史游作棗。困學紀聞言列子『禾生子伯宿于田更』，更亦老之稱。升菴取之，則伯厚與升菴皆不从蔡説。智曰：安知列子之更非叟誤乎？按列子有張湛注，湛注曰：『更當作叟。』此足以爲伯喈之助。蓋更乃夊，即鞭字，見説文从人持攴加畫作夊，或作叜，取丙聲。古文之打鞭，讀頂丙，丙轉爲扁，故更亦轉鞭也。古叟作穸，象老人持杖形，與父同意。穸象老人瘦形，不必鑿説，故瘦从之。穸形與叟近，其訛復何待言？伯喈豈無見而發此論乎？倉公大小溲，後遂作大小便，此與晉人㛹帖俱可互證。注列子者晉張湛，非白馬生愎諫之張湛也。

賡本爲續，藚本爲𧮫。説文續訓下『賡，古文續，从庚貝』。臣鉉等曰：『今俗作古行切，此甚無謂，急當還本音者。』而古已讀庚，謂其形近也。𧮫，徒到切，翳也，舞也。詩『左執翿』，後人遂作藚，而讀若毒，則愈遠矣。弱侯刊誤作藚。智按：从毐得音耳，毐本音歺。世説：『林公曰：「檀越既以載藚，貧道何爲不執鑰？」』蓋以盜偷會意。是晉人猶讀藚爲道也。

温不當从囚。溫从昷。昷，烏渾切，㬈也。字書、韻會等書，皆曰：凡昷之字，从囚从皿。智以爲从囚者非，正當从日作温，見日自温，此是正理，从囚實無義也。史記有曣昷字，揚雄傳作晏温，謂日晏而温，𥁕乃人增加耳。篆日或作囚，或作圓，明或作朙，皆由取筆太簡，故增畫以取遒態，昷遂有从𥁕者，皆日之訛也。

伯百从白。　百，白聲。説文曰：『百从白，古作[glyph]，从自。』白亦自也。今子才作[glyph]，謂自一至百也，鑿矣。合溪曰：『伯从人，白聲，百亦當以白爲聲。鐘鼎文凡百皆通作白，以白爲自，鑿而不通。』然古文白亦作[glyph]，又是鼻，此則敬甫、子才作[glyph]者近之。

丁字有尾，非字。　升菴丹鉛總録：莊子曰『丁字有尾』，以證古有隸筆。外集又云：『世人謂曲波爲尾，丁子二字左行曲波，亦是尾也。觀此，則莊子之時已有八分書，不始于秦王次仲矣。』此已大誤。智按：莊子末篇言惠施曆物之意曰：『惠施以此爲大觀于天下而曉辯者，天下之辯者相與樂之。卵有毛，雞三足，郢有天下，犬可以爲羊，馬有卵，丁子有尾，火不熱，山出口。』此皆言物理變化，本無定形定名，自我言之，無所不可耳。舊注：『丁子有尾，丁子蝌斗也。爾雅名活師，蝦蟆也，初生正如丁有尾，及長則有足無尾。』楊復所刻莊子注甚確，而盧陵羅勉道著莊子循本乃云『丁字子字即有尾，與荀子之鉤有鬚、卵有毛同。』夫曰鉤有鬚，謂鉤有倒鬚也，若鉤鬚爲字尾，則卵毛何字乎？　莊子上下文犬爲羊，馬有卵，火不熱，山出口，何字乎？　升菴亦云『李頤注云丁字曲波』，此注者之謬也。不能辯前注之謬，但欲取快一節之論而引之，不論其通與不矣，即以字論，小篆作个，古作●，丁父丁卣作一，戊丁爵作[glyph]，汗簡作[glyph]，則直下即爲尾矣，豈必左右波邪？　陳晦伯作正楊一書，專辯升菴之失，而此一條反云曲波非向右也。以此駁升菴，升菴服否？元美巵言亦因王琳以不識丁爲个，或即十字，引莊子丁子有尾，左引非右引。又秦苻堅載記：秦州别駕姜平子詩，丁字直而不曲。則元美亦未細讀莊子者也。焦弱侯筆乘：莊子此語論字尾。其作莊子翼且删去舊注，此何見乎？或曰惠施反言。此正語乎？或曰施呼蛙爲丁子，謂蛙有尾，指後而見初也。若謂丁字子字有尾，亦正語矣。

致乃𩐳之譌，𩐳乃𩐳之譌。茶經曰：『其馨致也。』注：『香至美曰致，音備。』徧考無此字。洪芻香譜曰：『香至美曰𩐳。』智見惟孫愐收𩐳字。『香至美也，音使。』則茶經之致確爲𩐳字無疑。其音備者，則使轉去聲而方言記訛耳。然説文有『𩐳，列也，音肄』，豈孫愐收之，誤从史邪？

咼本音竵。周禮『華離』注，華讀爲㼌哨之㼌，㼌邪離絶也，即今歪字。説文：『竵，不正也。』故董逌言程邈四簡篆書，竵扁應勢。弱侯引國語闖門而與之言。闖音堝。今按韻會㼌在淮韻，而闖音委，説文『闢門也』，當與撝通。此弱侯見集韻有闖字耳。陳水南引作闖門，更誤矣。今字學指南合闖㼌爲一，而無竵字。智按：魏武帝陽爲面喎，此正音歪。蓋説文：『咼，口戾不正也。』咼乃咼屬，鍋也，亦借其音，不如用咼字爲正。白樂天自夭斜爲歪，則是未看説文，又不記孟德事，而隨用俗説之字耳。今字彙又收嗝，以爲喎字。按嗝見文心雕龍，引緑圖嗝嗝與雉雉叶，不必用也。

駌因于駇，駇因于涴，涴因于宛，宛有鬱音。韋莊應天長詞云：『想得此時情更切，淚沾紅袖駌。』字書並無此字，惟元詞中『馬驟駌，人語喧』，北音作平。韋詞意則涴，而叶韻必轉入。智按：乃駇字耳。駇見唐韻，於月切。蓋以古宛有菀音，从鬱轉越，詩菀柳、菀結，荀子宛暍，是也。此等字，正無所事用之，然升菴提出，又未正其源流，故及之。古以涴爲污，古今文詁云：三染絳爲駇，亦謂其污也。污、勿、鬱，亦此一聲相轉耳。

無通爲无、亡、勿、毋、莫、末、没、毛、秏、篾、微、靡、不、曼、瞀，蓋一聲之轉也。反有爲無。易經無俱作无。一曰从天，天烝虚無也。又通作亡，論語『亡而爲有』，與無同。又通作勿，論語『非禮勿視』。又通作毋，論語『毋意毋必』，書無逸、史魯世家作『毋逸』。洪範『無偏無鄙』，史宋世家作『毋偏毋黨』。春申君傳『毋望之福』『毋望之禍』，凡史記無多作毋。又通作莫，莫、毋、無聲近相通。詩『莫敢不來享』，俱與無同。又通作末，論語『末由也已』，禮記文王世子『末有原』，皆與無通。又通作没，盡也。論語『文王既没』『没階』，俗謂無爲没。南齊豫章王嶷臨終，召諸子曰：『吾無後，當共相勉厲。』即没後。又通作毛。後漢馮衍傳『飢者毛食』，注：『與無同。』毛晃音耗爲毛。佩觿集曰：『河北謂無曰毛。』智按：河北讀没爲門鋪切，而江、楚、廣東則呼無曰毛。黄幡綽賜緋毛魚袋，則信古有此語矣。無又通作蔑。左傳：『蔑以加于此。』史孔子世家：『蔑由也已。』又通作微。詩：『微我弗顧。』國語：『戰也微謀。』又：『微我，晉不戰矣。』又通作靡。詩：『靡不有初。』楊子曰：『刺客之靡者也。』月令：『靡草死。』皆與微同，細草也。又通作不，詩『不識不知』。又通作曼，楊子寡見篇『曼是爲也』，注：『無同，言學者無如是爲之。』又漢書高帝紀『韓王信將有曼丘臣』，注：『曼丘與毋丘同。』智按：毋丘自是貫丘，而當時口語與注者之語，皆以無、曼、毋聲近互通也。字从無，與从曼同。如蔓菁作蕪菁，後漢桓帝永興二年，『詔郡國種蕪菁助食』，即蔓菁。又通作瞀，不明兒。莊子：『伯昏瞀人』，『列子之齊，遇伯昏無人射，措杯水於肘上』。無人即瞀人。智又按：盧仝詩：『左道官雖樂，剛腸得健無？功名生地獄，禮教死天囚。』自注：『無，武侯切。』蓋讀無如牟也。今字以毋从禁止，母从二乳，乃字書家説也。古蓋毋轉爲没，没轉爲無耳。此郝公所彙，因而詳之，謂其相轉則然，謂其共是一字，則不可也。故並舉相類者數則附于左方，其始本一音也。因有一音則借一字配之，學者知此原委，則解書省力，可免費辭。揭衷熙曰〔六〕：『字之紛也，即緣通與借耳，若事屬一字，字各一義，如遠西因事乃合音，因音而成字，不重不共，不尤不愈乎？』

爾、你、而、若，乃一聲之轉。爾又爲尔，尔又音寧禮切，俗作你，猶兒之有倪音也。祖禰爲姓，亦音你。

徒、特、獨、但、第，同聲相轉。第亦用地。丙吉傳：『西曹地忍之。』

欸、唉、噯、譻。欸，烏開切，又於解、於亥、於皆三切。楚辭曰：『欸秋冬之緒風。』當平聲。亞父曰：『唉！』當去聲。又作譻。方言曰：『欸，譻然也。』孫氏唉讀若埃。又欸乃搖櫓聲，詳釋詁條。又爲飽聲，亦作噯。古皆从伊轉艾，故噫優有二音，可即以此推之。

喑、啞、伊、優、嘻、噫。史記：『項王喑啞叱咤。』漢書作『意烏』。喑，於今切。啞，倚下切，又乙格切。震卦『啞啞』，笑聲也。又於加切，東方朔『伊優亞』，或因爲歐啞、伊啞、優亞，今用喑噁，噁從烏音，古亞惡通也。嘻，許其切，嘻嘻，微笑聲；噫嘻，歎聲也。開聲爲嗚呼啞呀，闔聲爲噫嘻，嘻或作欸、歖、譆、巇。誒亦通作戲，太白蜀道難首用之。噫又於介切，飽食息也，今有讀五噫爲於介者，誤也。互見釋詁。

謳、歐、嘔，古皆通用謳字。　古用謳，謂氣出而歌也，俗亦作謌字，猶之謳也。説文：「歐，吐也。」「謳，齊歌也」，通亦作嘔，平聲。朱買臣「歌嘔道中」，嘔吐亦作歐，上聲。漢書曰「歐泄霍亂」，張良傳「欲歐之」，音嘔，謂拳歐也。

欨、呴、响、煦、姁、咻。　歆、翕、歙、呷、欲，皆内氣也。欷、歔、欨、呼、呵，皆出氣也。欲别作哈歛，歔别作嘘。欨，況于切，温吹也。欨呵爲陽，吹呼爲陰。欲暵者欨之，欲涼者吹之。以氣暵物爲欨，去聲，亦通作呴，又作响、煦。記曰：「煦嫗覆育萬物。」鄭曰：「體曰嫗，氣曰煦。」漢書「愉愉呴呴」。又借用休，傳曰「民人痛疾而或噢休之」。亦作咻，又作姁，漢書曰：「言語姁姁。」互見釋詁。

培、坪、坯、陪四字，書傳多互用。　培篆作坮，爲栽培，蒲枚切；又爲培塿，薄口切。晉語「松柏不生埤」，部靡切。埤本避支切，爲埤益。培塿一作部婁。坪，步枚切，以土封罅隙也。記曰『坏牆垣』，又『蟄蟲坯户』。亦作阫。莊子曰：『日中穴陪。』又步侯切。坯，鋪枚切，塼墼土也。磚瓦之未燒者爲坯。俱从㐬。論見不字下。

暄、暵、熯、煖互用。　煖本與暖同，皆乃管切，在上聲旱韻；而大宗師『煖然似春』音暄。豈漢末音異邪？諼、諠皆音喧，宜煖之从爰，當有暄音也。暄又作晅，皆許元切。按書傳晅、暵、煖、熯多互用，大氏从耎者當乃管切，从爰从亘者當許元、況晚切。煖、暄之相通則以意通。

歉、嗛、慊、謙、慼、嫌，經傳多互用。　孟子曰：『吾何慊乎哉！』晉語曰：『嗛嗛之德，不足就也。』穀梁傳曰：『一穀不升謂之嗛。』則以慊、嗛爲歉。孟子曰：『不慊于心則餒。』莊子曰：『必齕齧俛列盡去而後慊。』史記曰：『先生以爲慊于志。』則又以慊爲慼。大學『自謙』，則又以謙爲慼。漢書曰『嗛讓而弗發也』，則又以嗛爲謙。説文曰：『慊，疑也。』荀子曰：『臭之而無嗛于鼻。』漢書亦曰：『偷得避慊之便。』則又以慊嗛爲嫌。大氏古書雖多通用，亦有傳寫錯互者。歉、嗛皆苦簟切〔七〕。歉，氣餒也，廣韻又作苦減切。嗛，猿藏食處。慊亦同音，爲慊恨。歁，苦感切，歉之甚也。歁别作欿、炊、歁。

來、斄、厲、瀨同聲。隱十一年會時來。公羊作祁黎。左文作郲。注：『滎陽縣東有斄城，鄭地也。斄音來。』此不知來字古音黎，又豈知斄音來之故？史記『亡賴』，注：『江湖謂無利入於家曰亡賴，猶言亡俚。』石瀨亦作厲。漢南越傳下厲將軍，與東越傳下瀨將軍同。『瀨鄉』亦作『厲鄉』，有老子祠。莊子厲即癩字。歆敦銘𠬝𢿱釋文作受斄，从𢿱，則古斄殆从釐字。永叔言鄧乂碑即艾。書『乂用三德』，一作『艾用三德』，蓋古佳、來、皆與齊、微通。

俚、聊、賴相通。季布傳：『其畫無俚之至耳。』晉灼曰：『無所聊賴，今或言無聊無賴。』小補引朱子楚辭後語曰：『孟子「不理于口」，漢書「無俚之至」，皆訓爲賴，則理固有賴音也。』此不知古賴有利音，而改理音賴。鄂州曰：『來牟又爲斄麰。説文：「來麰，一來二縫；秠，一稃二米。」則秠即來牟也。』智按：爾雅疏引鄭志答張逸曰：『秠稃皆皮，古今語耳。』公紹以鄭解失實。劉向封事：『貽我斄麰。』古者來、斄、秠三字相通。方言：『江淮謂之貅，北燕謂之貊，關西謂之貍。』彼雖説獸，而以一名通三音，則此物亦然。

啐、嚌、嘄、噍、咀、嚼，同聲義。嘄，即入切。粒食曰噍，肉食曰嚼。啐，子内切，又子律切，小歠也。亦作啐。嚌，在詣切，飲沾唇至齒也。又啑，子狎切，亦作嚁、唼、嗞。嗒，作答切，亦作咂、喈。皆欶也。吮、欶从唇，啑、嗒从唇舌。

惟、維、唯通用。其本義惟，思之專也；維，繩索匡繫也；唯，爲應之速，『父命唯而不喏』；因爲口開翕皃，詩：『其魚唯唯。』喏即諾也。鐘鼎文惟皆作隹，本音追，借用爲口聲。曰伊、曰侯、曰猗、曰繄，皆其聲。詳見釋詁『雉噫』條下。

擾、撓、攪，聲義相沿。擾，篆从擾，尔沼切，指纷繞也，因生馴擾之義。書曰：『敷五典，擾兆民。』撓，女巧切，以手斡旋物也。攪，古巧切，旋攪抄翻也。擾，又尼交切，搔也。俗作㧞，㧞又女教切，撓之而曲也。撓與橈通。

敲、攷、敂，聲義相因。輕重如其聲。敲，口交切，説文『横擊也，擊頭也』。又作擊，公羊傳曰『以斗擊而殺之』。或又作搞。攷，苦老切〔八〕。敂，擊也。通作考。詩曰：『子有鐘鼓，弗鼓弗考。』敂即叩，又作扣。訽，苦厚切，又去聲，小擊也。説文曰：『扣，牽馬也。』此乃惑于扣馬之説。

貉、貈、狢、貊、貘，多錯互用。　辯者曰：説文曰『貉，北方豸種』，蓋以此爲蠻貊之貊矣。『貈似狐，善睡』，引論語『狐貈之厚以居』，舟聲。鉉曰：『舟非聲。』字林亦曰：『貈似狐，善睡。』郭氏曰：『牝名貍，乃考切，江東通呼爲貒貄，音烏郎、山吏切。』以爲各非貊音，舟非貉音，固也。貈之爲貉，蓋本爾雅『貈子貆』，注『乎各切』也。貉之與貊古音相借，如掩骼音各，又音格。顔氏曰：『角有支曰觡。』記曰：『角觡生』，亦古百、路洛二切。且安見蠻貊之稱，非因北地多狐貉而稱之乎？　北地多此種，常夜入人家，取食人氣弱者，爲彼所攝氣而去，人能嚇之，則彼忽然不見。色白有尾，小如狗。智在京師，曾五更醒而見之，一喝不見。北人謂之皮狐子，又曰獐子，讀若媷。蓋北人讀貉字入聲，轉而成媷音耳。敬甫以貌即貊。

圭、蠲、涓同聲。　蠲，古絃切。説文曰：『馬蠲也。明堂月令曰：「腐草爲蠲。」』此蓋指蠲耳。書傳用爲蠲潔，與圭涓通。詩曰：『吉蠲爲饎。』禮曰『哀子圭爲而哀薦之。』漢有中涓、涓人。師古曰：『涓，潔也，主知潔清灑掃之事。』周禮曰：『除其不蠲。』因爲蠲除、蠲赦、蠲免。吕尊師篇：『務輕煩必蠲潔。』注：『絜一作祭，蠲讀曰圭。』

榭、序、豫，音相近而轉也。　屋無室曰榭，亦謂之序。禮又作豫。臺上之屋四達亦曰榭。鄉射禮曰：『豫則鉤楹内，堂則由楹外。』又曰：『序則物當棟，堂則物當楣。』序淺而堂深也。豫，序也，西廊也。序又借爲次序，與敘同，用爲文序。

簀、笫、榨同聲，而迮、笮、窄、措因之。　簀，阻戹切，牀先用簀也。屋椽上必用窄，窄之後安瓦，今人曰棧，即爾雅所謂筄也。筄，羊昭切。壓酒者曰笮，又讀側嫁切，與榨通，本作泲。笫亦簀也，篆作𠦃。迮、窄、措，見謰語。

漐、湁、潗、湒、霵、霫、雭、漝、雴。　漐，子集切，小雨不輟也。醫書言『漐漐汗出』，因作濈霵。其聲相近者，有湁、潗、湒、霵、霫、雭、漝、雴，子入、阻立、七入、丑入、似入、仕戢、是汁、色立、失入、直立凡數音。相如賦：『湁潗鼎沸。』郭璞曰：『水微轉細涌皃。』説文曰：『湒，雨下也，一曰沸涌皃』；『濈，和也』；『湁湒，沸也』。蓋即以湒爲潗。孫愐曰：『漐，汗出皃；霵，水溼；湒，雨皃；霵，雨下，又暴雨；雴、霫，大雨也；潗，泉出；漝，水皃；雭，小雨聲。』諸書一義而有數字，一字而有數音。形容雙聲，率不過假借，何必强爲分析乎？

仆、踣、僨，三聲合一，而匍伏、百服因之。　僨，夫問切。踣，覆也。仆，夫遇切。僨、仆同聲，其義一也。古無仆字。又普小、芳豆二切，别作踣、�。莊子注音踣爲匐，今在職韻，亦音蒲北切。餘見謰語。

喉、胡、嚨。　一音之轉。喉前咽後，又謂之胡。金日磾「捽胡投莽何羅」。漢童謡曰：「士買馬，君具車，請爲諸君鼓嚨胡。」戈頸因謂之胡〔九〕。

哇、嘔、噦、咯、喀，各象其義聲。　咯，古通作彀，吉角切，大喀也。

柄、秉、柲。　柲，兵媚切，柄也。考工記曰：「戈柲六尺有六寸。」蓋柄、柲同聲，皆秉之轉也。周禮柄作棅，古未有柄字。士喪禮：「弓有柲。」鄭氏曰：「弓檠也」，引詩「竹柲緄縢」。升菴以柲爲今之攢竹，極確。漢時曰積竹。

綏、緌、妥，多互用。　挼、染、擩、撋、挼、捼，皆相轉之聲。　記曰：「武車綏旌。」陸氏耳隹切，此以綏爲緌者也。記曰：『執天子之器上衡，國君平衡，大夫則綏之。』又曰：『國君綏視，大夫衡視。』康成皆讀爲妥，此以綏爲妥者也。楚詞『揉方爲圓』，揉轉爲染，染轉爲撋，撋轉爲擩，擩轉爲挼，挼轉爲捼。士虞『取菹擩于醢』，謂入醢中染之以祭。左傳『染指于鼎』，與擩同。詩注『煩撋之』，與擩同。或作㨎，作捼。擩之與撋，猶需之與輭也。捼之與挼，如緌之與綏也。挼音搓，又音那。

不有十四音。不，方于切。詩云：『鄂不韡韡。』鄭氏曰：『承華者曰鄂，不當作柎。柎，鄂足也。』夾漈曰：『不象華萼蒂形，與萼通。』疏：『柎作跗，又作趺。』故束皙用白華絳趺。又俯九切。説文曰：『不，鳥飛上翔不下來也。』亦作否，借爲否唐詩『紅萼青趺』，因之。又平聲，孫愐甫鳩切。又否卦音痞。德明備美切。孫愐符鄙切。否、痞同音，古詞。又平聲，孫愐甫鳩切。又否卦音痞。德明備美切。孫愐符鄙切。

切尚疎，其拘者又守門法。備美符鄙，皆輕重交互門也。韻會小補又宥韻，方副切，弗也。又分勿切，音弗。又沃韻，逋沃切。項安世家説曰：『孫弈言浮否，押詩賦可也。官吏指揮，鄉校教訓，必以逋骨切呼之。』陳正敏云：『舉世同辭，必有自始；逋骨一切，殆不可廢。』廣韻勿韻不與弗同，而禮部韻不出此音，徒見佛書作弗聲讀。今以司馬温公切韻指掌圖考之，明舉一杯字以發聲，信乎有此音矣。本四音，禮韻有二，廣韻有三，蒙古韻略于逋入聲襮下收「不」，音與卜同。』自正敏説而始疑，自温公圖而音始定，故表出之。智按：陳項謂四音，則尚未收鄂不，直翁收之。章道常言有七音，謂北人讀不爲幫鋪反，與否、浮、弗、卜、専、痞爲七。　韻會小補有八音。　細論逋骨，亦用門法，未快今讀，故戴氏作布没切。依沈韻布没切，如今揚州人語矣，其布木乎？　逋骨、布木二音，韻脚不同，曉然易别。或唐宋先有逋骨之音，而温公乃定爲杯入以正之。　子謙曰：『昌黎子爲俗用多，故創立幫母。』則當時俱有數音，而韻書守舊不收耳。　又轉注略曰：悲虬切，與彪同。晉有汲郡人不準。　又讀爲比，孫愐卑履切。阮籍詩：『願爲雙飛鳥，不翼共翱翔。』不翼即比翼。蘇氏又采才老諸説，『何用不臧』，不臧即否臧。蓋恕先之説，否塞之否與比聲近，宜其借也。智按：論語『予所否者』，論衡引作『鄙』。荀子賦篇：『簡然易知，而致有理者與？君子所敬，而小人所不者與？』謂小人所鄙也。蓋古人口齒如此。今依中原定音痞，貧弭切；音比，邊美切。不用門法，使人易知。　又考此字有攀悲切，通爲丕。張參曰：『石經作平。』六書總要『不或作帝』，則丕乃帝之轉形，平乃丕之通丕也〔一〇〕。書曰：『丕顯丕承。』詩曰：『不顯不承。』舊説以爲『豈不顯乎』，仍是『豈不韡韡乎』之見解耳。泰和鐘銘曰：『不顯皇祖。』詛楚文曰：『不顯大沈久湫』，『不顯大神巫咸』，『不顯大神亞駝』，此最可驗者。爾雅：『左顧不類，右倪不若。』注：『不，發聲也。』淮南『杯治』之杯，亦發語，音呸，可互證也。大誥：『爾丕克遠省。』陳士元曰：『丕，馬融作不。』又讀上聲。又按：丕與負背通。書曰：『是有丕子之責于天。』史記作『負子』，索隱引鄭氏曰：『丕讀爲負。』石經尚書亦作『負子』。京山尚書辯解『丕子之責』，注作『背』，正以古負、背一字也。按史記『鯀負命毁族』，注作『背命』。淮南『女媧氏背方州，抱圓天』，文子作『負方州』。負郭即背郭。杜詩『背郭堂成蔭白茅』，以此證知丕亦讀背，背即不之第三聲也。又爾雅『隹其鳺鴀』，古作夫不，詩疏亦引夫不。本草亦載小鳩皆曰隹，曰夫不。不音鋪，以説文之鋪鼓後訛爲布穀，今俗呼勃，以此知之則有十四音。彪、比二音，升菴所出。丕、背、鋪三音則自直翁韻會。升菴古音、弘家韻輯、道常大成、子謙小補皆未收入，以不知不顯即丕顯，負、背、丕、不相通，布穀、鋪鼓、夫不一鳥也。細推本原，則發口之不音坏者，乃音之母，凡坏、阫、郁、杯、郶皆从之，借象華不與否辭，而鳥不下來乃許氏之説也。諧聲之字，惟𠂹从華不，絶無从鳥不與否辭者。以此推知不字爲母。

賁字十四音。陸德明釋文云彼僞反。徐廣甫寄反。李軌府瓮反。傅氏云『古斑字』。王肅『符文切』，似與李軌同，然瓮、文異韻，陰陽亦分。今據訓詁，故仍分列之。古文尚書『黑賁』，『用宏茲賁』。淮南：『鼈三足曰能，鼀二足曰賁，人食化爲水。』俱音墳。禮記：『廣賁之音作而民剛毅。』荀子：『下比周賁潰以離上矣。』音父吻切，與郭象注『馮氣』之馮同，猶憤也。又沸也，穀梁傳：『覆酒于地而賁。』又方問切，禮記『賁軍之將』，與僨同。劉昌宗讀虎賁爲奮。又音肥。周勃爲襄賁令，地在東海。史顆布傳『趙將賁赫』。又音奔，『虎賁氏，舍則守王閑』。閑，梐枑也。又音潘。山海經：『桂林八樹在賁隅〔一二〕。』今廣東番禺，讀潘。集韻、韻補音孚袁切，則爲蕃字。又音陸。韓文注：陸渾山古作賁渾。集韻引山海經賁渾山，即陸渾。智按：昭十七『荀吳滅陸渾之戎』，公羊作賁渾，可證。又與濆通。『叔弓敗莒師于蚡泉』，音分，穀梁作賁泉，公羊作濆。濆泉者，直泉也。按濟志濆泉即湓泉，湓音匹問切。據唐韻，濆、噴一字，普魂切，今中原讀噴去聲，即與湓同。郝氏曰：『淮南子賁海，即渤海。』子謙言『賁星一作孛星』。升菴言：『釋文賁有七音，當有九音。』智按：釋文止有五音，今考有十四音。一曰賁渾，因鹵字而訛。

敦有十七音。筆乘、問奇集皆云敦有九音，今小補列十四音，日月燈抄之。灰韻音堆，詆也。詩：『敦琢其旅』，『敦彼獨宿』。注：『獨處不移皃。』賓戲：『欲從堥敦，而度高乎泰山。』堥、敦，皆小丘名。元韻音惇，大也。姓敦名洽，衛之醜人。又音豚，敦煌郡名。詩：『鋪敦淮濆。』鄭箋音屯。寒韻音團，聚皃。詩：『敦彼行葦。』蕭韻音雕，畫弓，天子弓也。一作弴。　準韻音準，布帛幅廣也。周禮內宰：『出其度量敦制。』　阮韻音遯，左傳『渾敦』。　隊韻音對，器名。周禮：『珠槃玉敦。』　願韻音頓，豎也。又太歲在子曰困敦。智又按：爾雅『敦丘』，注引詩『至于頓丘』。　號韻音導，覆也。覆燾一作敦。周禮司几筵『每敦一几』，鄭氏讀。　晧韻〔一二〕，陸德明讀敦一几。　尤韻，劉昌宗讀敦一几，直由切。又他昆切，與憝同。　則又可音懟。　子謙載真韻，殊倫切，與敦同。鄭氏引『淳制』。　又先韻，都�切。　凡十七音。蓋古人亦未必是。以淳制即純，音準，純轉真韻，而敦亦隨之。每敦一几音燾，而燾又音倒。音紬，則自燾字音也。此皆漢人之强，而後人無特見，姑且從之。至音都�切，乃以東坡賢叶敦，遂改此音，子謙不知賢叶忻，如天叶人之類也。

苴有十七音。　升菴、弱侯曰苴有十四音。日月燈曰十五音。子謙十四音。今有十七音。苴，子余切，有子麻。　莊俱切，漢時姓。　宗蘇切，茅苴，藉祭也。與蒩通。　布交切，天苴，地名，在益州。見史記注。　又天苴，與巴同。　鋤加切，水中浮草。　子邪切，菜壤。　似嗟切，苴芧，城名。　再呂切，履中草薦。　側下切，糞草。　才野切，慢也。　水草曰苴，將預切，糟魄也。　側魯切，說文：『酢菜也。』　又平聲，臻余切，亦酢菜也。

一作薝，又作泋。今作渣非，是又有直家切之音。　又諸賈切〔一三〕，土苴不精細也。張位曰：川䕩苴，音鮓。　智按：焦弱侯所載子余切之苞苴，即子閭切之苴杖，乃一音二義也。若吕豫石所編曰七余切，麻子也。又曰子余切，有子麻也。音義豈有二平？今已删二公之同者，而乃多至十七音。以中原音韻增入時運所轉之音，車遮、家麻兩分兩轉，加古之爲魚模韻讀之，則三處通平上去入，三通分輕重，查鮓嗟葅租祖之例呼之，則三十音矣。凡字皆有陰陽平上去五聲，轉一韻即有十聲，但古人未盡借用，今方言未盡呼及也。我故曰音有一定之轉，而字隨填入，無如後世定爲典要，則不得不重考究以通古今耳。

擐、拴、捊、擳之因。　顔之推曰：『王制「嬴股肱」，鄭氏注：「捊衣出其臂脛。」今書皆作擐甲之擐。國子博士玄該云：「擐當作捊，音宣。擐是穿著之名，非出臂之義。」』智按：捊不別見古書，何因而有宣聲？誕生書，前載孚爲古文受字，秦惠文王詛楚文應孚皇天上帝。智見金石文載鐘鼎有𠬪，説文受从孚舟省聲，師毛卣作㕚，秦鐘志作㕚，豈可以意改作楷書孚字？今捊加手耳，何不作授字讀邪？誕生亦收擳字，子略切，摑也，捎也，擇也。再考孫愐于爵字後載古𢍜字，作𩰫；又載擳字，捎也。捎亦韝衣可通者，必是擳字。然則前人之宣音，或當如世俗所呼拴字乎？而捊自是孫愐之擳，拴音當近霜關反，俗謂拴衣是也。

升菴載賈生攌若囚拘，蘇林音欺全反。智謂漢晉時方言相通耳。董仲舒『日朘月削』，孟康朘音揎，謂轉褰踧也，俗語謂縮朒爲朘縮。升菴嘗不知章衡、陳振孫用揎釀字。智以孟康解合之，詳見諺原，則此語自漢至今用之，古作揎，今呼拴。轉注曰：『俗有裸袖揎拳之語。』東坡詩『玉腕半揎雲碧袖』，則揎正拴字。

殍音从孚。野客叢談曰：『沈存中筆談云：「唐士人專以小詩著名，而讀書滅裂。如樂天詩『俱化爲餓殍』，作夫字押。杜牧之杜秋娘詩『厭飫不能飴』，飴乃餳，非飲食也。」晉王薈以私粟作粥，飴飢者。郗鑒甚窮，鄉人共飴之。飴字豈不作飲食用？然考晉音乃音飼，非貽字也。牧之用作貽字，必别有所據。又觀後漢許揚傳舉謡歌曰：「飴我大豆，烹芋魁。」飴字無音，乃知牧之用字有所祖也。餓殍之殍作夫字用。按唐韻𢾾字下收之，撫俱切；又平表切，皆餓死也。是則殍字有二音。樂天所押，蓋从唐韻之平聲者。二字皆有所據，存中自不深考，安可以讀書滅裂非之？揚雄箴曰：「野有餓殍。」』智按：古用飴爲飼字，與飤同。晉盛彦傳『婢使蠐螬炙飴之』，與王薈飴飢者飤同，謂之借音則可。殍之音孚則本音，孚之與保古當通聲。説文曰：『𠈃，古文保，保从人从𤓰省。』又曰：『𤓰，古文孚，從禾。』按保既從古文孚，孚又從古文保，前氏譏其錯戾，以孚與孚字相近，故致差耳。𥝠、菜、粟，以□爲聲；桴、莩、浮，以孚爲聲。智論其原，古从□从孚一義，故相借。詳見下。

包、孚、乾、干、安、焉、亶、單、耑、叀之原。　包、藨聲近。禮記：『苞屨不入公門〔一四〕。』儀禮疏：『屨者，藨蒯之菲也。』相如賦『苞荔』，注：『苞，藨也。』魚胞俗呼魚鰾。麃以鹿走，俗呼跑。馬肥俗呼膔。故就今之方言，可推古之方言。惟人遵字説之音釋，反不察本來大原委耳。如葭莩之莩，何以又爲餓莩之莩？此何解邪？餓殍如莩，後別作殍，殍本音孚，後別爲標。存中笑白香山，寧知此故邪？古包與孚通，包从□，象子在胞中。易中孚象鳥孚子，从爪从子。京山曰：『元氣動于子，妊于巳也。』竹中膜亦曰孚。生氣在中，孚包于外，故包通孚。字从包與从孚同，如脬與胞，桴與枹，莩與苞，浮與泡，捊與抱之類互通。左傳隱九年『及莒盟于浮來』，公穀作『包來』。包犧一作庖犧、炮犧，即伏羲。孚、俯、付、伏，可知古呼包如孚矣。浮从孚，中原音韻收入魚模，而沈韻在尤，故吳人譏德清，此皆習字書之訓而忘其本耳。説文飽古文餝，□古文保，□又引古文孚，後人譏之，蓋本同原相因，即許氏亦未之知也。人知乾有干音，而不知虔亦有干音。詩：『是斷是遷，方斵是虔。』謂山木斵斷之使乾燥也。今贛州即古虔州，猶虔有干音。京山又云：『乾从龍省，虔以虎變。』自笑字説之鑿而亦效之邪？古讀乾卦亦如干。繫詞爲乾卦，可證也。虔之以干，猶干之與閒，个之與介，壇之與墠也。南史周顒傳『鉏脯』，即䱇魚。䱇又作鱣，楊震『三鱣』是也。今作鱔，蓋襢與袒、禪與襢、殫與勯、馯與鱣之類皆然也。安之與焉，猶干虔之喉音也。呂覽：『其主安重，其主安輕。』與焉同。禮三年問：『焉使倍之，故再期也。』荀子禮論作『案使倍之』，即安使也。又呂覽月令：『季春，天子焉乘舟。』淮南作『天子烏乘舟』。注：『烏，猶安也。』左傳『趙簡子家臣董安于』，韓非子十過篇『董安于，簡主之才臣』，儲說七術『董閼于，趙上地守』，即安于也。故知閼本音遏，其平聲爲安。閼氏爲焉氏，閼逢一作焉逢，是也。六書統以[illegible]爲焉字，此據舊金石釋文音安爲焉也。安之于閼，猶何之爲曷也。轉注古音引『行夫焉介之焉，音夷』，音夷則居字首，音烟則居字末，此拘矣。焉本鳶字，借與安焉相轉，其音夷者，注書之方言也。耑、叀、摶、團、揣、縛、捲、溥、湍、輲、輇、輴之轉，猶安、焉、干、乾也。耑古端字，車从專爲轉，从耑爲輲，惴慱从心，端竱从立，溥湍从水，篿篅从竹，其音亦相借。如禮『輲車』，注：『團也。』通作輴，音春。而『大夫之輴』，鄭注改作輇，音船。莊子『輇才諷說』，注『音權』，則又一變矣。大司徒：『其民專而長。』音團。漢五行志：『蜺再重，赤而專。』亦團字。賈捐之棄珠崖議：『顓顓獨居大海。』注：『圜兒，與團同。』新序：『以百金與摶黍示兒子。』考工記『摶身而鴻』，即團身。賈誼賦『何足控揣』，即控摶。長笛賦『冬雪揣封乎其枝』，謂摶聚封閉也。爾雅：『十羽謂之縛，百羽謂之緷。』縛舊音團，今音捲。緷即緄也。莊子『摶扶搖而上』，舊音團，今音捲。故揣之音轉爲捶，或作垂改反。如『圖山』本即團字，今讀爲垂，又讀爲殊、爲船，皆方言轉變也。平陰陽上去入共五聲，京山謂入聲後增一聲，非也。陽起而陰收，中國以平統之；西字父多入，入聲簡而多轉。中國上古固以入聲分諸聲，又能以諸聲轉入用之，不似今日中原之無入聲也。入無餘聲，聲短則音准，入聲之餘聲皆平聲也。方言開口便有餘聲，故入最易混。試舉一二：如滑稽銅歷之即隔，荊尸授師孑之即戟，劉懷眞傳『劣通車軸』、胡藩『劣容指』之即略，素問『凝泣』之音澀，此本聲易知也。如提之音擲，以支止至擲也。提本音持，持與支近。史記『冒絮提文帝』，蕭該音抵。吴王濞傳『引博局提吴太子』，索隱音底，其實提即擲也。『夏無且以藥囊提荊軻』，淮南説林『握火提人』，俱與擲同。古文作擿，非音謫也。革之即更，以更之即革也。管子山權篇：『丁氏婦革築室，賦籍藏龜。』注：『革，更也。』吕覽：『子肉也我肉也，尚胡革求肉而爲？』魏策：『吾已許秦，不可革矣。』俱與更同。語『植其杖』，與檀弓『行並植于晉國』，音置，與贄音至同。莊子『贄然至』，則又轉入聲。至則執之去聲也，摯、贄、質、鷙通用。吕覽月令：『孟春行冬令，霜雪大鷙。』即大至也。他如由之爲笛，因由有丢音，丢入則笛矣。笛又作篴，古笛、逐聲近也。故車軸象形从之，猶倜之爲俶，蕭之从肅也。杓之爲標，則勺轉平，與標叶。馬援『都布』，注：『即答布。』毋轉爲没，没移而莫，啞之音戹，惡之音烏，州之爲祝，嗟之爲咤，捭豚之音擘，趣之爲促，故知卑陬爲迫促，亦在人因此推彼，勿以叔然、休文横據胸中，以爲典故，則可以推經傳屬文之原矣。

㐆，本隱也。加殳，轉爲殷勤、殷色。六書正僞竟曰『反身爲依』，而廢依字，此大謬矣。子才主之。智按：經傳及金石古文無作依字用者，不過古方言有依聲耳。中庸『壹戎衣』，注疏：『衣讀爲殷，聲之誤也。齊人言殷聲如衣。』吕覽慎大篇：『湯爲天子，夏民親郼如夏。』注：『郼如衣，兖州人謂殷曰衣。』又吕覽憤勢篇：『湯其無郼，武其無岐豐也。』郼，殷舊封國名。升菴特取『郼』之爲『殷』。智按：不韋之稱郼，乃稱殷之封邑，豈以『郼』爲『殷』字哉？然呼殷爲衣，漢時有此方言，明矣。虞、夏、商、周氏者頗多，今姓有衣者，殷之胄歟！元命包曰『月靡返』，月音隱，退也，即㐆字。今字書又有作㱄者，皆因譌故别耳。而趙氏本義、朱氏奇字乃从伯琦之説，可笑！戴氏亦倚謹切，轉身也。智推論轉身即是隱義。詩『殷其雷』，注疏音隱。相如賦『雷殷殷』，吕覽『殷殷』，皆音隱。漢劉熙碑『民隱』作『民殷』，可證。其轉十五删之殷者，猶隱之爲暗、陰之爲韽也。史漢稱古文未改，皆用依字。㕋亦从衣，負、依通用，此最明顯。衣即有依身之聲義矣，乃反舍之，而因古人一處之方言，穿鑿定説，以爲典要哉？

鈃、銒一字。　鈃，户經切，盛粥器也，又作銒。漢書『歠土刑』，單作刑。銒，經天切。説文曰：『似鐘而頸長。』字林曰：『似小鐘而長頸，一曰似壺而大。』莊子曰：『求銒鐘也，以束縛。』按二字多互亂。莊子『宋銒』，即孟子所謂『宋牼』，牼、銒聲相近。郭象讀爲堅，而銒鐘之銒讀爲鈃，皆誤也。智按：古硎亦作研，則鈃銒之通用可知，銒之爲硜爲牼，則借耳。

委不從禾。　隝毁切。説文曰：『委，隨也，从女从禾。』戴氏曰：『按鐘鼎文皆作□，乃从□省。』竟改委作妥，則不必矣。

受訛爲紂。　受从爪。秦鐘志文作□，師毛卣文作□，尚書皆作商王受，他經傳皆从紂。一人不應兩名，且自商紂之外皆無用紂字者，蓋受之訛也。方言以爲緧，緧即鞦。敬甫則以□爲爰，爰當从于省得聲爲是。

豩以豕聲。　説文从豚省。徐鍇曰：『豚走而豕追之。』不通甚矣。且遯已从遯，逐乃豕聲。漁仲猶不知此，而以逐列于第三之例。

胥、疋、雅相通之原。　　𤴔，所葅切。説文曰：『足也。从止，上象腓腸，弟子職曰：「問疋何止。」古文以爲詩大疋字。或曰胥字、足字。一曰疋，記也。』或曰大疋，即大胥、小胥也。升菴又引三盄爵音雅。智按：古無家麻韻，疋有胥音，胥有斜音，或曰古雅字省作牙，牙訛爲疋也。胥訛爲骨，故胥母山訛爲骨母。七發：『弭節五子之山，通厲骨母之塲。』韓非子曰：『胥之骨今折矣。』即胥字。鬱儀以疋爲華夏之夏。

止即趾。　　象足掌形，二止爲步。説文曰：『下基也，象草木出有址，故以止爲足。』按：足、辵、癶、步之屬，皆从止。止乃足，非取象于草。暄曰：人至足而止，故借爲止足。〔一五〕

校　記

〔一〕都　原作『郭』，據刊誤補遺改。
〔二〕『當是』句　刊誤補遺作『揭暄曰：刷以選聲轉入耳』。
〔三〕小注原無，據刊誤補遺補。
〔四〕厥　先秦漢魏晉南北朝詩陸機元康四年從皇太子祖會來堂詩作『厤』。
〔五〕譯　原作『譯』，據刊誤補遺改。

〔六〕揭衷熙　原作「辯之者」，據刊誤補遺改。

〔七〕苦　原作「若」，據刊誤補遺改。

〔八〕苦　原作「若」，據刊誤補遺改。下文「苦厚切」亦同。

〔九〕戈頸因謂之胡　原無，據刊誤補遺補。

〔一〇〕下「丕」字　疑當作「不」。

〔一一〕在　原作「作」，據山海經海内南經改。下文「賁隅」亦作「賁禺」或「番隅」。

〔一二〕晧　原作「皓」，據刊誤補遺改。

〔一三〕諸　原作「都」，據刊誤補遺改。

〔一四〕屨　原作「履」，據刊誤補遺改。

〔一五〕小注原無，據刊誤補遺補。

通雅卷之二

疑始 論古篆古音

頁即首，糸即絲，虫、蚰即蟲。説文𦣻、百、頁，分三部。百，頭也；𦣻，古文，以象髮；頁，頭也，从𦣻从人，古文䭫百如此。孫氏胡結切。夫𦣻之爲百，猶學之爲子；百之加人，猶靁之加雨。説文俱訓頭，不當分爲三。説文頁訓頭，以爲古䭫𦣻之𦣻，未嘗有他音。孫氏『胡結』之音非也。李陽冰曰：『頁音𦣻，不當音頡。況自有頡字，而頁無他義。古今書傳，未嘗有用頁字者。凡頭、顱、顛、頂、顙、額之類，俱从頁。頁之即𦣻明甚。』合溪發明陽冰之説是也。如絲，糸部，蟲、蚰，虫部，亦然。蓋亦非叔重所分矣。説文曰：『有足謂之蟲』；『蚰，蟲之總名也』，『虫，蝮也。』孫氏：『虫，許偉切，蚰音昆。』按虺特一物，何以爲虫類之宗？古書無有以虫爲虺者，而融則以爲聲。以此知虫與蚰特爲蟲之省文，非有二字也。字有象其多者，于天文則有🞋，于動物則有蟲，于植物則有艸、有竹。焦澹園猶譏試録以蟲作虫，則拘于字説耳。昆蟲者，謂渾而言諸虫也。孟子『昆夷』，即詩之『混夷』。而混混即渾渾，古昆、混、渾通用，可證。陸孫以下，乃以蚰附會昆蟲之昆，豈不可笑？有明眼說破矣，而猶守陸孫之金科玉律不敢移，可爲浩歎！子才謂頁爲䪿𦥑之䪿，惜其無據，而古虺作它，象形，遂與它近，理或有之。虫象其蟠形，虺象蛇形也。其言蛇亦作虫，而它作它。

絲象絲出於縨。息兹切。說文曰：『糸，細絲也，讀若覛。糸，古文。』『絲，蠶所吐也。从二系。』徐鍇曰：『一蠶所吐爲忽，十忽爲絲，系五忽也。』按絲非一縨之緒，故兩其象以立義，其有偏旁者，則从省文耳。縨或省作縨，可證。音莫狄切者，亦陸孫輩附會分别之學也，直當音絲。

古文亥作豕，即荄字，後人加艸耳，豕、彘、豨、彖皆一聲。李陽冰曰：『古文亥比豕減一畫耳，豕本象豕形，篆文乃作二首六身。』說文謂彖爲豕，彖爲修豪豕，彖爲豕走，豕則既爲古文豕，又爲古文亥，是彖、豕二字，而音義則一；彖、彖、豕一字，而音義有三也。戴氏曰：『彖爲豕頭，猶㞢之有屮，羊之有从，馬之有彡也，自不得别立爲字，況可爲母乎？』凡此皆文之亂也。說文之讀已難據，而孫氏之音又與說文舛。說文豕讀與豨同。而孫氏于豕則式視切，于豨則虛豈切，此一舛也。說文彖讀若弟，而孫氏羊至切，此二舛也。說文謂今世誤以豕爲彘，以彘爲豕，以啄琢从豕，蠡从彘明之。按啄、琢乃以豕爲聲，與涿、㧻同，而蠡亦未嘗从彘，故徐騎省以此爲後人所加〔一〕。凡此皆聲之亂也。按墜、蠡皆以豕爲聲，漢書蠡吾侯單作蠡，从豕。瑑、篆、遂、緣、喙、橡、掾皆以彖爲聲，當自有吐亂之音。豕之老者爲彘，加彑焉牙長也；稺者爲豚〔二〕，加肉焉：通謂之豕。晉語曰：『小溲于豕牢。』韋昭曰：『廁也。』豕蓋與矢同音，式視切與豨之虛豈聲相近也。豕韋氏又爲豨韋，封豕又爲封豨，豨苓又爲豬苓，明一字也。豨自虛喜而轉，又有虛改之音，故藥有豨薟，亦謂海薟，海、亥聲相近也。豕，亥物也。虵，巳物也。巳亥既爲辰名，故虵豕不得不自爲文，猶烏於之爲二字也。彖彘特一字，直例切。彘从彖而諧以矢聲，猶𪗉之生聲，齒之止聲。自直例而轉，則有直掾之音；自直掾而轉，則吐亂之音焉。方言曰：『北燕、朝鮮謂之豭；關東西或謂彘，或謂豕；南楚謂之豨。其子或謂豚，或曰豯，吴揚之閒謂之豬。』今定以彖篆爲𢑱，又作䝑。二䝑爲肆，篆作𢑚。以丕爲亥，説文作𠀅。智按：何孟春餘冬序録言：『彖爲豚，易借以言全體，而以爻言分體，因爻爲卦爻，故又作𩠐，加肉焉。』郝氏從之，此説甚當。蓋遂爲古遯字。漢書曰『遂逃竄伏』，戴遂音遯。豚，彖之音轉也。吴敬甫以亥象滋荄之形，推古文作丌，此論有理，而創形太奇，當是丕字。豕、彘、豨、亥、荄同聲。轉注略亥音几，易林叶起，管子叶徵。説文：『亥，荄也。』趙賓以箕爲荄，則荄箕同音可知。子才特創𧰨字爲彖，則更甚于日月爲易矣。

爻即古肴字。　象，豚也，全體也；爻，肴也，體解也。爻从二乂。乂古五字。説文曰：『象易六爻頭交也。』按易因文以名書，書初不因書以立名，叔重支矣。亦通作殽、淆、肴，孫氏力凡切，亦無謂，爾字从此。

𢑱爲古肆。　息利切，陳牲也。取二象並陳之義。周官：『奉牛牲，羞其肆。』又曰：『祭祀羞羊肆。』詩曰：『或肆或將。』皆謂解而陳之也。周禮：『縣鐘磬，半爲堵，全爲肆。』故樂有肆，市有肆，刑戮有肆。引之爲放肆，爲發語辭。説文曰：『𢑱，古文篆之譌也。』又作肆，説文曰：『極陳也，从長，隶聲。』此許氏不知其原而分之。

𠃉當爲鼉。　徒何切。説文曰：『虫也，从虫而長，象宛曲垂尾形，上古艸居，故相問無它。』孫氏湯何切。鼉音同。説文曰：『水虫似蜥蜴而長大。』郭璞曰：『卵如鵝卵，甲如鎧甲，皮堅厚可冒鼓。』晉安海物記曰：『鼉宵鳴如桴，江淮間謂之鼉更，以其夜鳴也。』按：它、鼉疑寔一字。説文以它爲虵，謂象虵之宛曲。觀其文，絶不類虵，而黽則从它，鼁、鼈、鼁、鼉類也皆从黽，故知它即爲鼉。說文魚部又有鱓字，魚名也，皮可爲鼓，亦鼉之衍文也。

鼂借鼂聲〔三〕。　直遥切。說文曰：『匽，鼂也。』揚雄說匽鼂蟲名，杜林以爲翰旦。鼂篆文从皀。林罕曰：『从皀，篆文省作鼂。子雲以爲虫，杜林以爲朝夕之朝，失矣。』或謂鼂自是虫而音近朝，古人借爲朝夕之朝。臨海水土記云：『鼂䵷音迷麻，又有鼂，俱以鼅鼊，生海邊沙中。鼂腹如羊胃，可啖。』

龜古文龜。　居追、居求二切。說文曰：『从它，龜頭與它頭同。天地之性，廣肩無雄，龜鼈之類以它爲雄。』按：說文以它爲蛇。龜鼈皆有雌雄，野人目擊其尾接。龜乃有能食蛇者，其頭不與蛇同。許氏之說殆牽紐矣。爾雅載十龜。龜爲神物，故以卜。龜背中十三，圍廿四，備陰陽之數也。老陽策十三，老陰策二十四。

亙从月爲正。　古登切，月弦也。詩：『如月之恆。』引之遂用恆瑟，別作絚、緪。又竟兩端曰亙，去聲。別作桓。說文恆在二部，曰：『常也，从心从舟。在二之閒，上下心以舟施恒。』桓在木部：『竟也，古文作亙。』徐鍇曰：『舟竟兩岸。然古文从月，引詩「如月之恒」。』按：許氏、徐氏之説，甚曲而不通。古文从月，乃見于[seal]，其義炳然。从舟，月之訛也。古則、士龍皆主舟竟岸之説，何其無見也？子才从月，而別作[seal]，以好作迂談故耳。一曰二即恒字，天地定位，有常所也。後加月爲上弦，中天之象，後又加心爲恒，而亘專爲去聲。或曰左蒼嶼氏以爲莫恒于日，當从日。

[seal]、[seal]同文爲望。扶放切，又作[seal]。説文朢在𡈼部：『臣朝君也。从月从臣从𡈼。𡈼，朝廷也。又作𦣠。』望在亡部。戴氏曰：『按易以「月幾望」爲疑于易，日月遥相望不得謂之臣朝君，𡈼之爲朝廷甚牽强，从臣者，亾之變體也。』智按：師望敦銘作[seal]，穆公鼎作[seal]，師秦宫鼎作[seal]。大約古之書史各以意變，以望于人者惟臣，本反身屈服之形，[seal]亦从之，而臥朢亦聲相轉。但今字家定望朢爲兩用，則愚矣。𡧍古之重文也。朱氏曰：『[seal]古望字，从[seal]諧聲，[seal]古誑字，後乃作[seal][seal]。』

[seal]，晨之原。因[seal]作[seal]，説文又有[seal]字，从臼，無謂。或从[seal]作農，省文作晨，以別十二辰之辰，而晨則農之譌也。敬甫反以从臼者爲正，非是。

𠑹自有此篆，而兜不从𠑹。　當侯切。説文曰：『从𠑹从皃。𠑹象左右雝蔽，讀若瞽。』戴氏曰：『兜自象人被首鎧，初非取象于𠑹，而从皃尤無義，且𠑹亦不成文。』凡文有相類而非相資者：　皇非取圜于口，丘山非取地于一，兒非取囟于臼，半非取角于屮，萑非取角于羊，燕非取尾于火，廌非取足于匕，魚非取鱗于巜、取尾于火，果非取實于田，壺非取蓋于大，觀其通可也。凡夫直欲廢瞽字而專用𠑹字，竟改禮記『𠑹之無相』，荀子成相篇『如𠑹無相』，因魏吳氏之𠑹也。

母聲之轉。　滿鄙、莫古、莫后、莫假四切。古書母、馬同音，皆莫古切；今俗馬、母同音，莫假切。淮南子曰：『西家子謂其母曰社。』説文曰：『蜀人謂母姐。』齊人謂母妳，又謂㜷。吳人謂母媒。方音不同，皆自母而變。今魚有馬鯊，蝨有馬蝨，薊有馬薊，皆其類之特大者，蓋母之訛也。俗遂作媽姥。文子爲學，老女爲母，更生爲蘇，皆齊梁閒俗書。妳又作嬭。唐韻曰：『妳，乳也。』別稱曰嫗，曰媼。嫗，衣遇切；媼，烏皓切。郝氏並不分毋、母二字，以爲母音轉没，没音轉無，其曰禁奸，則字學鑿説也。愚以爲上古本通爲一字，而隨後即分，毋之別母，自周列國時即分矣。轉爲無莫等，詳別條。

大、亣一字。說文分二部，孫氏音大爲徒蓋切；亣籀文，孫氏他達切。按：古籀特字勢少差，許氏分一字爲二部，孫氏又別其音，尤非矣。箋亦議之，而子才尚分二字者，何也？

夷从弟轉。　展足箕坐也。說文曰：『从大从弓。』或曰弓何義，疑乃㠯聲。智謂執紼以弔，古作弗，象垂繞之形，弟从弗省，亦非持弓，弚轉爲弟，而加丿以別之。

勑、敕、勅、敇、飭之原。　歐陽公跋漢韓明府修孔子廟器碑：『永壽二年，青龍在涒灘霜月之靈，皇極之日。』蓋桓帝永興三年，改元永壽，明年丙申，云霜月、皇極，莫曉其意。智按：霜月言九月，皇極之日，言中五十五日也。『韓明府名勑，字叔節。前世史傳未有名「勑」者。』董逌曰：『勑从朿，謂誡也。韓明府自名勑爾。古者以勞賚爲勑，勑爲賚音，其文爲徠別體。當南齊時有劉勑，爲始興内史，則古人名勑，何世無之，永叔何疑乎？往時文嘉謨作縣樓，架敕書於昌樂，榜爲敇書。蜀中縣多作敇者。說文敇自音策，馬箠也；敕音奇，木別生也。嘉謨蓋勛之子。』智按：古列國之篆，惟取文美，形近則混。如敕作勑，猶棗作棗也，古多互用。易『明罰勑法』，即飭法。飭因飾，省巾加力耳。齊語：『飭其子弟，相語以事。』張良傳：『明飭長吏守丞。』馬援傳：『謹勑上。』孫愐賫、勑兩韻，皆附勑字，司馬氏定以爲徠字。韓字叔節，名勑自指敕字，彦遠何必爲强説乎？凡夫箋『敕』字曰：『唐御筆草書，每作制字，謬讀作敕。』非也。勑見于易矣，特古人借筆耳。焦氏謂『勑非而敕是，則説文之馬策也』。智以敕爲策，亦是説文誤分，从攴从文，何别乎？蓋勑馬之聲近于敕，古人借之也。若依説文，則董彦遠所主之勑字，亦俗書矣。楊大年言『古不見用勑字，始于周興嗣』。元美舉北齊百年書勑字見殺，南徐龍駒代帝畫勑以駁之〔四〕。

葰霍之音。史記絳侯世家：『从高帝擊反韓王信於代，降下霍人。』注：『邑名，音鎖。』樊噲傳：『從攻韓王信於代，自霍人以往至雲中。』注作『葰人，音雖』。孫愐音鎖，又數瓦切，則雖之轉聲也。漢地理志：『太原郡葰人縣。』郝京山曰：『爾雅「大山宫，小山霍」，謂大山在外，圍繞小山，即鎖義也。』郝公鑿矣。此乃荾音轉鎖，豈有鎖義乎？又曰：『説文：「葰，可以香口。」即霍音。』按説文：『葰，薑屬。』乃荾也，即今之芫荾，其味辛臭。古人有氣觸者統謂之香，豈定霍香？考霍亦苗之總名，偶以之名霍香，郝公通人，何復勉强如此？智按：霍自有雖音。何也？葰之音雖，謂其綏綏然。儀禮既夕：『茵者用茶實綏澤焉。』綏即胡荾。澤，薌澤之類，如澤蘭也。文選雪賦：『靃靃霏霏。』靃音雖。晉石崇傳論：

『春畦靃靡。』梁書武陵王紀傳：『殿柱生花，靃靡可愛。』蓋霍靃从隹，隹本職追切。唯、誰、睢、雖等从之，應有荽音。其音鶴者，因與隺近也。故擢因搉，鶴因鶴而得其音。後人沿習說文，聞霍音荽，則以爲奇，即雪賦之『靃靃』，今作霍霍，亦以隺讀之，而不考其本注音雖矣。

𦥷、臾、塊、凷之原。　𦥷，去衍切。許氏曰：『𦥷商，小塊也。从臾，古蕢字。』引論語何臾象畚形也。金石韻府又載汗簡作[illegible]，說文作[illegible]，今無此字，豈唐本邪？林罕曰：『臾，古㽞字，徐鉉誤以爲古蕢字。』此罕因臾而誤也。臾或作臾。鄺氏曰：『臾與塊通。』按塊古作凷，而郝氏謂凷、塊、蕢、簣、墤、蒯、傀、魁、魏通用，言莊子魏然即塊然，列子塊然即魏然，此恐不必耳。禮運：『蕢桴而土鼓。』論語：『方覆一簣。』即一塊，荷簣者，擔土墣者也。周禮注：『蒯桴葦籥。』史記孔子弟子傳：『蕢聵、孔悝亂。』春秋作蒯聵。荀子『傀然獨立』，注：『塊同。』東方客難『魁然無徒』，注：『與塊同。』又見升菴以墤𡊅爲塊字，𡊅本地名，𡊅里舊音魂，孫愐作𡋯誤。趙古則以𦥷爲山形似甂臾者，亦作㦸，借作甗。吳敬甫以𦥷从自，不當从自。古人以形借用之，義未嘗不通，敬甫輩止見其一不見其二耳。

㚶乃𡥅之訛，𡥅即好也。說文有『好，美也』；又有『㚶，人姓也』。引周書『無有作㚶』，去聲。故周伯琦專以㚶爲好惡之好。智按：今有𡛂姓，音丑去聲。下引周書與切，乃後人誤入也。凡夫改作妞，戴氏本載𡥅字。蓋𡥅即好，篆子傍訛爲丑耳。說文偶載之而穴虫見小者附會其說。夫一好字止轉上去二音，尚欲專立一字，則古人不通甚矣。今高麗國以好作姦，以姦作好，使中國當日如此，今亦相沿从之。如甘本舌字，象形；舌本甘字，从干入口。自小篆顛倒用之，今豈可改乎？可見六書亦易之象也，可以爲典要，而不可爲典要也。子才以子女爲好不可爲訓，改从母作𡥧，迂哉，迂哉！ 揭衷熙曰：如有著無着，有閒無間，俗分用之，亦不可改。〔五〕

眚爲古省。　鄭夾漈曰：『眚从生从自，是古文姓。』鄭氏疑爲古省，今篆作眚，借作災眚，夾漈从自者，或有是重文耳。說文眚从𡕒省，敬甫謂省从𡴆，而𡴆是相字，小篆訛作相。戴氏作𥄉，从少冏。則漁仲所云少目之說，得一佐矣。

𦥨夤本即寅。　說文：『夤，敬惕也。𡖍，籀文。』引易曰：『夕惕若夤。』今無此文，應誤記。艮其限，列其夤，厲薰心，以夤厲互用也。徐本翼眞切，从夕寅聲。或曰寅有虎形，故从寅，與戱畏同義。説文于寅爲髕寅之説，更曲而不通。鄺氏曰：『以同寅之義思之，當是往古以寮爲寅，而臣於寅簷祇候，故有寅恭之訓。』戴氏祖張氏，以寅、夤皆申聲，而夤則作⿱夂申，據王輔嗣解易，列其夤，當膂肉也，从肉爲是，从夕者訛耳。説文有胂，後人或訛作胛，夤⿱夂申應是重文，明矣。許氏以夤附夕部，已誤。引夕惕若之易，則从夕又安可據乎？六書本義言本爲脊月，而借爲寅恭寅時，寅或加夕，古作□，皆象形。智按：秦和鐘銘有龔夤，即恭寅，蓋信脊肉爲本，而敬與時乃借用也。愽南引墮淚碑寅作寅，蓋寅从肉，古肉字，訛作宍，从□，象脊月之形，甚確。考古文寅作□，則更可驗矣。

□□總从申束，以形會意。長箋曰：『申本形作□，像草木萌芽如申之形。』許氏强从臼，會意遠矣。古文有作□者，有作□者，或作□者，則許氏濫觴也。或以七月屬申，與十二時之申則萌芽不合。不知先有屈申之義，而後借此以爲十二時之申。説文言：『申，神也。吏晡時聽事，申旦政也。』此語爲拙。若『體自申，束从臼』六字之訓，未嘗不是。蓋象人身之申，臼象腰脊也。或曰與古文不合，余曰上古繆篆取態，且安知非上古象萌芽之申，而斯篆會通象人身之申乎？□字，孫氏居玉切，蓋合□臼爲一字，以□申度之，則臼自爲一篆矣。智又考周禮注：『信圭，音申，刻人形，伸也；躬圭，刻人形，屈也。』晉書樂志：『七月之辰謂之申，申者身也，言萬物身體皆成就也。』此可合看説文申束之意。敬甫以申爲取字，則尤非。

画、畫、劃，皆一字。戴侗分画、畫爲二字二音，此何異今之分畫音或、畫音化乎？古止有一字，或音一轉而爲化耳。画，本字也，因用聿作畫；畫因古用刀筆，又作劃。後人因音同，不便專主，故分爲二字。趙凡夫曰：『本當作畫，加聿。』則字畫之畫，若田界用筆，何説也？升菴引『莊公六年寔來』，公羊曰：『慢之。曰何以慢之？化我也。』穀梁曰：『畫我也，故簡言之也。』按：是桓公六年。寔來，州公名也，州公自曹朝魯，以失國而名之也。化畫同音，則春秋時之中原音，何不據此，乃从江左乎？智按：古化有訛音，或周末漸轉有之。

乖又作𦢊。子亦切。説文：『乖，背吕也，讀若侐。』即今乖字。唐本作𡗗，从大。又有𠂢字，背吕也。李陽冰曰：『乖，背心也，手足之所不及，故謂之乖。千，背文；仌，肉文。』按乖、𦢊寔一字，後人加肉，猶雲、雷之加雨也。今世不虚心服李公之説，而且辯乖之音乖，非侐之乖，而改造一乖字，徒紛紛耳。

甸、乘同音，猶陳、田通音也。　『渾良夫乘衷甸兩牡。』杜預曰：『一轅卿車。』陸德明曰：『甸，之證反。』賈公彦曰：『四丘爲甸，出車一乘。』古者甸與乘同，故詩『維禹甸之』，與命叶。荀子王制篇注亦云，蓋古田與陳通。戰國策陳軫，史或作田軫。陳敬仲，世家作田敬仲。荀子『田仲、史鰌』，田仲即陳仲子。詩『應田縣鼓』，宋書樂志引詩『應朄懸鼓』。今詩注疏應田作朄，文从陳。周禮音朄爲應，亦非，當音陳。

匚爲古筐，方爲古旁，口爲古方。　説文匚，府良切。又有匸，巫禮切。趙古則并爲一，可也；然終以爲方。故凡夫廢方字，而用匚爲四方之匚。智按：匚古作[illegible]，象形，即筐字，後人加竹从匡耳。或古人筐方音近，如吴人之讀罔、無等字乎？非孫叔然之音非，則必門法初出時，輕重交互門，以輕切重之所誤也。如必方舟專用而不可通，則旁、放何以又从方得音而不从匚乎？鄺氏言方即防字，智以爲古旁字。[illegible]皆古人字，象正側之形，方蓋傍立全人之象。士喪禮注：『樓爲縷，旁爲方。』荀子『方皇周浹』注：『方音旁。』可證。借爲方舟。[illegible]乃漸起，或訛筆，未可知也。口乃古文方，因與圍圓混，故借用方。

器以从工爲近。　器，説文从犬守器，其説甚支。鄭氏、吴氏作器，从工，有理。伯琦作罡，六書統作㗊，朱王孫以即𠾂，車虺虺有聲也，器物有方有圓，𠾂省作𠱠，又省作器，乂訛爲犬。智按：古罍作𤮚，𠾂即器，省作罒。月令『其器疏以達』，陸釋文作罡。

多夕皆有宜音。　多有移侈之音，台有怡、蚩之音。侵、覃兩韻相通，猶陽庚也。夕亦有平聲，如宜从多、亦从夕也。吕覽『正坐于夕室』，謂宫斜而正其坐也。夕與邪同。鵬賦『庚子日施』，漢書作日斜。褒斜谷，漢碑作余，古怡、余同音也。今人見夕爲宜音則怪之。隻本从隹，當平聲，反讀爲擲。賈誼書：『楚昭與吴戰，何惜此一踦屨？』管子：『其獄一踦腓，一踦屨。』注作一隻屨。漢五行志：『匹馬觭輪無反者。』注：『隻輪也。』蓋隻乃踦之入聲，夕亦宜之入聲也。古人脣齒相近則借之，不推至此，何以知古今之原流邪？敬甫不知此原，而造彡字，音移，因古文夠朋也。辛泉云：『宫中二人當夕。』謬甚。鬱儀以爲古晦字。智疑是先以揣迤之形生揣迤之聲，而後轉爲得何切也。

心古作[glyph]，自象形，不必倒火倒[glyph]立論也。　眉公秘笈：『畢少董論水字中直不須曲，只画一坎卦出耳。余因思張有言心字是倒火字，豈知心字画一離卦☲哉〔六〕？上一點，中二點，下一包上之一鈎也。』智按：喻子才云：『王介父以心从倒，言無不；張謙仲謂凡火炎上，而心火欲下，故从倒火，非倒也。』王說已鑿，辯之亦鑿，眉公又鑿矣。字豈有从今日楷書立義者哉？古篆象形耳，師灚敦作，小篆作。

得臣爲賢，古但作臤。得，古文，楚辭作㝵，乃㝵之訛。戴氏作，以手得貝爲義，又即手，寸即。㝵臣爲賢，古省作臤，亦得臣之意也。聲則臣臤賢一聲。陳重、雷義善，語曰『膠漆自謂堅，不如雷與陳』。白虎通曰：『臣者，堅也。』漢人好以韻解字，于此可推。臣乃反身，故望人事人藏身皆用之。，古文身字，小篆改作，溧陽長潘乾校官碑，洪景伯釋文剗去其刀，賢去其貝，可作臤爲古賢之證。

得貝爲得。說文作㝵，又作得，鄭、趙、楊皆从見，六書故作㝵，从貝。朱氏曰从咼省。又曰从見，又曰从貝，何無見也？蓋古文有、、、諸文，今據正貝形，見乃訛耳。又按：則字从貝，或从鼎，以貫貝爲準則也。得貝爲得，从寸从，意同，可與得臣爲賢同會意。

訔不音訛，莭不音拙。孫季昭示兒編云：『訔音訛，𣥂音凶，作𧦝音非。俗以㷿釁爲欣，以柰糯。爲耐〔七〕，以莭拙。爲約。』今考各書，訔乃訔之訛。巧言曰辯，亦作有功曰辨，俗字也。隋有柳訔，傳燈録有衢州靈曜寺訔良，又訔光善書，自隋唐以來用之，無音訛者。莭亦音約，無音拙者。宋孫季昭名弈。升菴云『孫慥示兒編』，不知何據，得毋以曾慥爲奕邪？

麋壽即眉壽，眉原作𦒋。荀子用『須麋』。集古録曰：『漢故北海相景君碑銘有云「不永麋壽」，余家集録三代古器銘有云眉壽者，皆爲麋壽，蓋古字簡少通用，至漢猶然也。』六書索隱曰：『三代鼎彝眉壽字多作𩕍、𩔚、𩕄，轉爲亹字。易詩用之，説文偶遺，而徐鉉遂以娓代亹，誤矣。』智按：亹有門音，爾雅『虋冬』是也。亹本象兩立之形，如門，門眉音近，故借之。按伯碩父鼎作𩕍。史頃鼎作𩔚。穆公鼎作𩕄。叔液鼎作𩔢。而合溪則曰鼎文眉作𩕍𩔚𩕄，則齊莽史鼎銘、孟姜敦銘也。故鄭氏作𦒋𦒋字。若論款識文，則鬱儀載之甚詳，要皆訛異耳。

亹、亹、𥉅、釁、𦥑、𦥑之分。楊南仲曰：『亹古作釁，釁芑之釁。用之爲聲，今爲許刃切。』

智按：亹、門、眉、釁、亹，古皆相通，後人从酉，以爲許刃切，謂亹牲者于門外也。升菴曰：『亹亦作釁。』賈誼傳『亹面呑炭』，注：『薰也。』周禮『女巫亹浴』，謂薰香沐浴也。或作衅，樂記『車服衅而藏之』。亦作興，禮記『既興器用幣』。亦作㷊，若輕㷊用火，則音剽，作㷊，非㷊也。合溪以㷊作㷊，若𦥑則與𦥑同。

互聲之例。說文顛、蹎、闐，以眞爲聲；煙、咽，以甄爲聲；馴、紃，以川爲聲；詵、駪，以先爲聲。此皆先、眞韻中互爲聲也。如天亦叶人，田之音陳，可知古先、眞多通，亦猶覃、侵、東、蒸之通，麻多入虞，灰多入微，庚多入陽之類也。升菴曰：『舜居陶甄，爲甄氏。孫堅入洛，見甄官井氣得璽，以甄與己名音叶。後吳人爲諱，故改音眞。』又引莊季裕雞肋篇：『甄徹登第，林攄唱名爲堅音，上以爲眞音，攄不遜，坐貶。』智按：墨莊漫録載：『元豐五年，曁陶登第，蘇頌呼入聲。大觀三年有甄陶者，唱名爲堅，不應，陶自言之人切。』則所傳何參差若此？至引王逸楚辭：『鹿谿兮蹦蹦，猯狢兮蟫蟫；鸇鷂兮軒軒，鶉鴿兮甄甄。』以爲音堅，此不知軒亦可音欣，蟫亦音尋，不足據也。孫季昭嘗怪學者不知甄押眞韻，爲歐陽氏之誤。張華女箴以甄叶人，則固可不拘矣。智按：古無甎字。說文止有『𤮊，匋也，从瓦垔聲，居延切』。博雅曰：『甄，陶窑也。』則古以甄爲甎無疑，沿漢以來，呼甄爲眞，故又立甎字。

正邪之原。　漁仲曰：『左氏曰反正爲乏。正無義也，正乃射侯之正，象形也，正以受矢，乏以藏矢，正相反也。邪正之正無所象，故正用侯正之正，邪用琅邪之邪，並協音而借者也。』智謂正本指四方平正之形，射侯之正亦指其在中正方也，猶今俗簡面寫正字耳。邪从地名，地名何因乎？古邪音余，如漢書歸邪音歸餘，牙音吾，故與互通，允吾縣音鉛邪，本外國之呼，中國以字配之，何不竟配牙字而配以吾字？則漢人猶有讀牙爲吾之音，此可證也。邪爲余，余爲斜，褒斜谷亦作褒余，此又一證也。不正則斜，人行不正亦謂之邪，故用邪字。後又以衣裔殺縫作衺字，故亦通用。『奇衺之民』，而衺則衣之餘幅斜池也。餘亦有斜池奇零之義。推原其始，丿即斜字，音移，賈賦『日斜』，又作日施、日晻，與吕覽『夕室』俱音移，可證。

厶了之原。　漁仲曰：『韓子曰「自營爲厶」，厶象男子之勢，故又音鳥，ㄛ與了象形也。』智按：ㄗ乃了字，ㄛ乃私字，古謂陰亦曰私，則厶即了也。漁仲何辯之有？書史嘗有陰私之私，ㄛ太減，故从私。了爲完了之義，自漢有之，借音也，古文奇字了作ᑫ，即繚字。又按：

漢時有椓也二稱，別詳諺原條。

畾疊之原。　子雲以疊爲古理官，決罪三日得其宜，乃从三日从宜，此説已支。漁仲謂疊，古作疊，祭肉之積在器也。从晶，音精，象積肉形。宜，祭器也。智按：子才以品爲疊，敬甫以厽爲疊，合溪謂厽古絫字。智以畾、厽、⿱◎⿰◎◎皆象累形，後加土、糸作纍、壘，漢書用『絫黍』『絫息』，則畾即厽明矣。疊正取畾之意，宜形也。子雲三日之説，漁仲晶肉之説，皆支。乃象畾物于器上也，从晶者，畾之省文，厽之增文，或篆作疊耳，古文疊作[illegible]。説文無畾，而从畾者多，皆言从畾，而不言从靁省，明畾自爲一字。徐鉉曰：『畾不成字，當从靁省。』故此辯之。蓋古畾畾或三四，皆象疊累之形，初作△，或⊟、⊠，非从田从日也。

以韻訓字，不可執一。　漁仲言⿱耂亡从亡，戰从單，戮从翏，戢从咠，戣从癸，是矣。又曰：記曰祖者且也，祖非从且，徂祖之類从且，音徂。又曰刑者侀也，謂刑之若井而有侀之義，則刱也、井也、耕也，亦可曰刑乎？智謂古人解字皆屬借義，如歌詩斷章，自左氏止戈已然，不必責以正體也。若周末至漢，皆以韻解之。如韓嬰曰：『君，羣也；王，往也；先生，先醒也。』鄭玄、賈逵、劉向、班固、劉熙、杜預諸人皆襲此以爲正訓。如父，矩也；母，枚也；

兄，況也；弟，悌也；子，孜也；孫，順也；男，任也；女，如也；姑，故也；姊，咨也；夫，扶也；妻，齊也；妾，接也；宫，中也；商，章也；角，觸也；徵，祉也；羽，宇也；冬，終也；夏，假也；秋，愁也，⿰韋焦也；春，蠢也；德，得也；祖，且也；舍，舒也；寅，螾然也；卯，茂也；辰，蜄也；巳，陽氣巳盡也：率以己意牽合。此弱侯之所以痛恨也。然亦有闇合者，皆屬借意，不爲不可。如祖之爲且，且乃借聲，助詞，其諧馬韻，乃是周末漢初之音。若古之且夫之且，亦音祖，猶藉古音籍。如開口用猗、用維、用侯、用爰之類，轉聲則用緊、用祇、用即、用庸渠，其用逎字亦讀同爾，故賦中有爾乃之語。其用且字，常使即字，今史漢中語猶然。漁仲直以今之家麻上聲呼之邪？彼時以韻解字，祖者且也，如今讀則不諧矣。説文且，子余切，乃孫氏誤也。且本俎豆之且，象形，因爲借義所專，故加半仌作俎，即以曾子之言可證。説文子余之誤，而漁仲乃笑之邪？吳氏總要亦作且㞙，謂且古作𠀃，小篆作且。智見鐘鼎有作𠀃者。戴氏作𠀃。弱侯嘗恨漢儒之解姊、姑等字，而自解亦鑿。如姑从古，齒德俱尊，覲舅从臼可知也。姊从市，古紱字，蔽膝在前，覲妹从未可知也。此不惟義强，而六書亦誤。姊从𠂈，篆作𠧪，非市也。妹从未，篆从𣎴，若从末則作𣎳矣。其實姑、姊、妹，皆諧聲耳。子象形，男、女、夫、婦皆特立之字。父象老人持杖作𠔏；母从女加乳；夫與大同意，象人肢立；男从力田會意，或曰从囟；妻古文作𡜌，从齊諧聲，小篆改妻，亦如婦持箕帚事人之意也。

率更不音律。弱侯謂唐率更今皆音律，因升菴之説也。智按：胡身之注十率府與率更，皆所律切，彀率、藻率則音律耳。弱侯又曰：量名音刷，此緣金選音刷，本百率，即百鋝而誤也。蓋選有算音，而古人通用之，諸家皆未知也。

鼠有施聲。史記灌夫傳『首鼠兩端』，後漢鄧訓傳『首施兩端』，注：『猶首鼠也。』西羌傳亦云『首施兩端』。按古已呼鼠爲施矣。今吴中呼水爲矢，建昌人呼水爲暑，即此可推古鼠施之通聲。

黽不必音蔑。升菴曰：『抱朴子語曰：「寒素清白濁如泥，高第良將怯如黽。」泥音涅，後漢書引論語「泥而不滓」，可證。黽音蔑，爾雅引黽勉或作「蠠没」，可證也。晉書作「怯如雞」，蓋不得其音而改之。』智謂泥自有涅音，然説文有鼃字，『水虫，人食之』。今人稱蛙爲水雞、田雞，是其字也。奚即蛙音，此爲重文。晉書改雞，亦鼃字之訛也。凡夫則並以『鼃雞則鳴，蒼蠅之聲』，爲青蛙之聲。

濕、溼、漯、顯、顯，以形相借。 說文：『濕，水名。音他合切。』即禹貢之漯、孟子瀹濟漯也。漢志：『俊靡縣漯水至無終入庚水〔八〕。』魏書：『道武帝如馬邑觀漯水。』注：『即紫河也，出雁門陰館縣補頭山。一曰治水。』師古曰：『漯，力追切。』丁度集韻：『漯、灅、濕三字同，水出雁門。』合而證之，則古濕水音榻，今漯水音累，二音相通。智按：濕水从㬎。說文㬎，五合切。或以顯从㬎，而音㬎爲顯者。蓋古文𢇇象繭出絲形，後作𢇁，而𢇇爲兩絲相合之形，音五合切，其聲近榻。今績麻者，亦呼榻麻。㬎有搨音，亦有積音，故臯濕从之，而字別有溼。累則纍省耳。漢人見形相似即借用之，如鄗閣碑嶱漯即潮溼，熊君碑顯作顯之類。古人求書甚難，郡邑二三操筆爲文之士，以意隨用，豈盡皆考究之儒者哉？

誄、讄一字。 力軌切。說文曰：『誄，謚也；讄，禱也。』引論語『讄曰禱爾于上下神祇』。今語解不然，非以誄爲禮也。誄者，謂撰其德行以哀悼之，因而命謚。竟以誄爲謚，亦誤。合溪曰：『謚字宜从益。』徐本說文作謚，兮聲；而謚爲笑皃，益聲。孫氏伊昔、呼狄二切。唐本無謚，但有謚，行之迹也。字林謚从㿽。智按：史漢皆用謚，漢書『賜之令謚』，又作謚，乃知謚、謚、謚一字重文也。凡夫以『史漢誤用謚』。按：謚爲笑，不見經傳，多因嗌誤，而嗑因笑言啞啞而誤。

鐘鼎之□即若。説文：□，擇菜也，从艸从又。□，日出東方，榑□木也。□，籀文。孫氏而灼切。按：書傳不聞以若爲擇菜者，榑桑□木之説無稽。古鐘鼎文凡若皆从□，蓋从口而□訛爲□耳。籀□，即若字也。石鼓詩『□而出奇』。□，正若字。又有□，乃箬字也，宋元諸家主此説。

□、□皆見商鐘，□楊桓説，□楚王彝。説文無□而有□、□，後人遂以補□字。丹鉛四録：『古鑑銘春、夏、秋、冬作□、□、□、□。或曰春，屯聲，从日，暖也。』以古文他文考之，□、□皆从卉。由此推論，卉乃花之聲，花古作華，讀如㚒，作夸，轉而爲輝音，如今閩中之讀花爲輝也。花既近輝，或轉爲卉，遂作蕙字。蔿字、蘤字，後人乃分用，若春、若、花、卉之原。

則从卉，而聲則从花蕚轉也。

□、啻有抑音。説文曰：『意从音心，察音而知意也。』此甚牽附。蓋音爲聲，或啻訛爲音也。史記喑噁，漢書作意烏，音與意同聲也。説文又有□字，即億字，俗作憶字。論語『抑與之與』，漢石經作『意與之與』，可見意有抑音，古通用也。 如愔亦有抑聲，有諳聲，可證。
詳見重言條。

寧、甹、甯皆本于寍。 囊丁切。 説文：『从宀，从心，在皿上。』又：『寧，願辭，从丁，寍聲。』又：『甹，定息也，从血，甹省聲。』漢郊祀歌：『穰穰復正直往甯。』王莽傳：『永以康甯。』甯與寧通。 漢書甯成，史記作寧，甯越一作寧越。 即寍、甹、寧三字亦必相因，許氏殆牽合耳。 蓋从宀覆器，象安置之形，丁則加聲从心，象皿中之形，何必作安心之説邪？ 石鼓詩有寍字，即寍。 春秋甯毋，穀作寧毋；公孫寧、儀行父，公羊作甯；滕子寧卒，公作甯；鄭伯寧卒，公作甯。 商洛鼎銘，劉原父以丁爲寧，彥遠是之。

𠬞，共從交手。 矩悚切。 又借爲共敬，別作恭；爲共奉，別作供，平聲，因爲同共，去聲。説文曰：『共从廿，𠬞古文。』共之从廿，其義迂曲，古文交手，乃其正也。 隸書趨省爲廿耳，吳氏以拜爲共。

聿即筆。 説文：『聿，手之疌巧也。』孫氏尼輒切。 肄與肅皆从聿。『聿所以書也。 楚曰聿，吳曰不律，燕曰弗。从聿，一聲。』孫氏余律切。按：書傳無肀字，且手之乑巧何以取義于巾？其實筆、聿一字，後加竹耳。借爲發語詞，别作欥。慎之主此説。

𤔔有辭、治、變之音。　説文：『𤔔，古文䜌字，亂也，一曰治也。』孫氏呂員切。集韻盧玩切。古孝經同。又作𠆡，説文曰：『𤔔，治也，幺子相亂，𠬪治之也。讀若亂。𤔔，古文。』又：『亂，治也，从乙。乙治之也。』孫氏郎段切。按：辭以𤔔爲聲，説文蓋以𤔔爲治，而敽爲郎段切，孫氏誤以郎段付𤔔，而今古淆矣。　辭爲辭受之辭，辤爲古字，詞爲言詞，籀文作辝，以台叶音也。合溪曰：『𤔔與𤔔即治字，書治皆作亂，殆𤔔之訛也，从𤔔从辛，猶言理辠也。』孫奕季昭示兒以乿爲治字，𠬪平小切。　子才以𤔔爲禮幹切，以乿爲治字。總之，觀辭之从𤔔，或作辝，則治之得聲灼然矣。　觀變鸞之聲，則𤔔之爲亂灼然矣。而古或以形聲相借，猶烦儒輲團枹桴之類，故加乙加攴以爲筆態，猶高頤碑後昆作緄，呂君碑蕭條作蓨也。

頄、頯、顴一字。　馗，渠追、渠爰二切，頯骨也。又作頯。戴氏竟曰與顴一字。説文曰：『馗，九達道也，似龜背，故曰馗。馗，高也。』頯，權也。按：爾雅九達謂之逵〔九〕，亦借作馗，許氏不知其爲假借，故爲曲説如此。　顴馗通聲，猶魁渠、毬鞠、丘區之類。詳别條。

𤇾自有聲。說文：『从力，熒省。熒，火燒門，用力者勞。𢡚古文，从悉。』許氏之說鑿矣。犖亦以𤇾爲聲。二火當門，爲燎力之聲，義亦合。敬甫曰：『當作勑，或作𢡚，因作勞。』趙氏專立𤇾，音熒。余謂从二火，冂聲。

剿、勦後分。六書刊誤以『無勦說』『安用勦民』爲从力，平聲，征勦之勦爲从刀。然古書時有借用者。智按：古勦作剿。王莽傳『剿巫子』是也。陳氏九經考異引漢書作剿，恐是剿訛。

寸與又通義。六書故知又之爲手，不知手以關上爲寸，關下至腕臂爲尺，尺寸之本也，故从寸即从手之意。石鼓詩㲃字、𩣡字，本㬅旁也，寽又皆作寸。可知古人篆法，ㄋㄋ隨時加減，見鐘鼎甚明。必拘拘如㕞、㝈、尻之類，一旦改之，何怪人之怪乎？如貝有古文□，豈能盡貝傍皆作□，則可笑矣。貝亦篆文，將欲存□而廢貝乎？甚矣其泥也！

爿即牀。在良切。說文牀从木，爿聲。李陽冰曰：『右爲片，左爲爿。』徐鍇曰：『說文無爿字，李妄也。』夫牂、壯、狀、牀、戕、牆，皆从爿聲，唐本説文有爿部，張參五經文字亦有之。鄭樵曰：『殳也，亦判木也，音牆。古作𠕁〔一〇〕，後作𠀂，又加爿。』敬甫主之。今隸皆作片，正與木左半之説合，鼎即析字，古皿象形，傎作旁。

蒯、㪇之合。　庫拜切，屮也。諸家作蔽字。説文曰㪇聲。徐鉉曰：『説文無㪇字，當是𥨍字之省，而聲不近，未詳。𥨍，疾正切。』説文無㪇，乃遺耳。總要以菷爲蒯。

宀當音密。　説文『宀，深屋也』，武延切。合溪以鐘鼎文之宀而竟改广从个，此甚不必。但魚儉切爲無據耳。智以宀从冂，如鼏爲鼎之扃，音密。儀禮古文鼏皆作密，則密鼏一字。招魂『靁勺』，即密勺也。蓋或有把，故作宀，而屋之介象宇形，後小篆與宀同。而説文音綿，以密音而轉也。子才、敬甫宫室从介，其穴从宀，則太造矣。

家非豭省。　伯琦曰：『家與牢同意，畜豕，故从宀，因用爲室家有之家。牢牛屋，因借用爲牢獄之牢。説文謂从豭省，謬甚。』辛泉从口豕爲家。合溪从豖，即族字，訛爲豕。智按：　𥏻本矢鏃，而閡，才六切，从众。墮淚碑衆作从，衆从豖也。吳氏竊合溪之説，而又音伭爲吟，則更牽强矣。又急就章：『家，伏几也，今謂之夾膝。』王伯厚曰：『猶楊子所謂槧人也。』隋煬帝嘲戒師有夾膝，唐陸魯望以竹夾膝贈皮襲美。總按古文家，或作□、□、□、□、□、□、□、□、□、□，則知本伏几之器，借聲爲家，古讀近姑，即吾字之聲也。因有从犬从豕者，言家先畜也，亦有从身者，吾所居之意也。从牙者，諧聲也。

竊从宊而禼聲。說文曰：『盜自中出，从穴从米从廿，禼諧聲。』戴氏改爲竊，則隨手杜撰矣。或以糲爲聲，萬之首訛爲甘也。鄭氏曰：从宊而禼聲，訛爲竊耳。

㴱即宊。式鍼切。說文曰：『深也。一曰竈突，从穴从求省。』類篇：『又所禁切。俗謂深黑爲窨宊。』商頌曰：『宊入其阻。』說文作罙。按毛氏曰深也。疑即宊字。作罙無義。伯溫主罙入，曰罙，周也。突則爲深字之本。凡夫則又取『罙入其阻』之說，而撝謙乃作宊字。智以宊無別用，即是深字。止有李鼎祚載晉人宊衷。升菴考舊本音森。智謂森深音近，即是一字。古人釋字，口齒微粗耳。如今松江人深森有別否邪？

官从宦省，秦權作官。古丸切。說文曰：『吏事君，从自。自，猶衆也，與師同意。』戴氏以『官，□聲，□古環字，訛爲㠯。秦權文官正作□』。吾子行非之，謂□爲寰字。夫又安知古寰官之不相通乎？六書統：□、□、□公舍也，推論古因宧省作官。詩『三歲貫女』，石經作『宧女』，可徵古宧轉擐音，則轉官音明矣。漢張公廟碑『國無災稆』，即災患。以官有宧音，此又一證也。備考與精蘊从環，古文守字或从□，或作□，則𠂤臣通用，此又一證也。鐘鼎有从官、綰有作□者，秦權从□，各國立文隨取耳。説文謂从𠂤省，孰與从宧省乎？徐曰：與師同意。師本□，象獅，改作師耳。師旅以統率得聲，率轉借帥，猶今省筆作帥，爲將率也。

㐅、□、午，杵之原。　斷木爲杵，借爲子午，説文『五月陰氣午逆』之説甚曲。所以知其爲午臼之杵者，□从午从臼，此明證也。昌與切。父乙鼎文作□，庚午鬲文作□，借爲子午、午貫、錯午，戴氏主此，伯琦、撝謙俱从之。子才、敬甫別作□爲午字。京山曰：『古午、五通，日中爲午，一縱一橫之象推之或作□，變爲午。』

鑲、餉，曩之原。　式亮切。又作鐊、鏑、鋿，又有鑲。説文曰：『周人謂餉曰鑲。』孫氏人羕切。陸氏式亮切。其實餉、鑲一字，吾尚欲合曩者爲向者，何況餉鑲乎？

䰜、鬲一字。　郎激切。說文：『鬲，鼎屬。實五觳，斗二升曰觳。象腹交文，三足。』或作融，漢令作歷。又曰：『䰜，歷也。象熟飪五味气出。』按：䰜、鬲一字。猶□與□，𦣻與百，不當分也。亦作鬲，借爲阻鬲。

畐即鍑。　方復切，無足鬲也。又作畐，別作鍑。按：說文福、輻、葍、逼、副、富、幅、匐、蝠並畐聲，而籀文副作疈，稫作稫。以此推之，畗乃畐之變，畐即鍑也。

皀即香。　說文皀，孫氏皮及切。合溪曰：『鄉从皀，齊侯鍾鄉作□，宋君夫人鼎餗作䬨，楸季敦、伯庶父敦、邦敦、牧敦其旁皆作皀，簋亦从皀，疑此特皀字。皀字象形，其下訛而爲匕也。』伯琦从之。敬甫从其形而不从其音。夫烏知香之爲吸，乃平轉爲入乎？子方作□。朱王孫曰□古粒字。

尸爲一部。　戴侗云不可曉。智以履屨从尺省，屋从户广變形，亦象屋上有宇而後有㞒也，尸之爲主爲陳，亦从此生意，非从尸也。□象人僵形，故作屍，祭尸从尸主義。吳氏別作㔾，各處自爲象形，形偶相近，非从尸也。

气爲古氣。　郤利切，象气起皃。借爲乞與之乞，又轉爲气匄之气，郤訖切。今作乞。反以氣稟之氣爲气，而加餼，黄老家又作炁。子才作𣱛，敬甫作𣱛。

標、票从䙴。　卑摇切，説文从𡦟。戴氏作𡦟，从要諧聲，要即腰也。篆𡦟象形。朱氏曰：『古文作𡦟，𡦟即肋。』魏吴俱从之。

㔾即危。　魚爲切，人在厂上，危也。又作𢀚。又爲㔾，以己諧聲，猶壘之復諧以生也。或曰危、妃、肥、配，皆以己爲聲。

𡖑即耎。　軟从車欠，不可解。又作偄、腝、愞、輭、輀。素問耎弱皆作耎。又奴亂切。按：需有濡音，與耎近，故多互錯，皆以从耎爲是。説文耎，而兖切。鄭司農説柔需之需可證。六書統作𡖑。

捫、摸一字。　捫，莫奔切。又摸字末各切，捫也。説文以此爲摹字。古無摸字，即捫也。音有二轉，故説文並收摹、捫。而隸書猶以摹勒爲橅勒，因規模爲規橅也。

𦡋即擲。　直隻、治革二切，投也。説文『搔也』，又作摘。莊子『擿玉毁珠』，又作擲。古無擲，故借提，見史漢。

㝵合工器寸，以彡爲聲。　士箴切。唐本不从口而从几。唐玄度、林罕云古文从寸从尺。推原古讀㪉如穰。又讀如寧，凡囊褰多从之。字从卭者，示凡器物之狀耳。此从又、寸、度器，而彡則參之聲也。

反正當爲丏。　𠀀𠀀皆古文正字。左氏『反正爲乏』，藏矢之具。或曰『反正爲丏』。丏，蔽矢短牆也。鄭玄曰：『四尺曰正，二尺曰鵠。』鄭説失之。正居候三分之一，不可定也。反正當爲丏，訛爲乏爾。正月之正爲平聲，相傳避始皇之名。然正自有平聲，詩云『不出正兮』，與名、清、成叶。

㢟从行來。余忍切。長行也。延从此。説文又有延字，曰『安步延延也』，从廴从止。孫氏丑連切。按書傳未嘗有用延者。

𢁉从巾几，皆象形。定作𢁉，以爲从巾不从几，此合溪之泥也。冊亦虎頭，几非虎尾乎？小篆之變筆也。

鞠分爲五。説文同音而異字凡五：一曰『鞠，蹋鞠也，匊聲』。或作𥷚，从𥫗。其二曰『𥷚，窮理罪人也。从夲从人从言，竹聲。』或作𥫗。其三曰『𥷚，曲脊也。𥷚省聲』。其四曰『𥹜，窮也』。其五曰『𥬱，窮也。𥫗聲』。𥫗與𥷚同。俗又有𥹜，皮毛丸也。又有𥷚𥷚𥷚𥷚，文淆亂而義不明。蓋説文載者，漢人所分，又太多事矣。

丣戼之分。卯酉，丣開而丣合也，後乃別作酉，酉乃酒字，故用酉，不得不加水〔一一〕。鋈、卣、駠皆以丣爲聲。王莽謂劉爲剛丣金刀，蓋已不知矣。虞翻曾論之。

鎛、鏄之分。又作鏄，補各切。許慎及鄭氏皆以鎛爲鐘之大者。國語則鏄細于鐘，鎛鏄多互。說文則以鏄爲鐘，而鏄爲田器。可見當時皆是臆解。

𠦝、乾、榦之原。居寒切。唐本說文曰：『榦，溼之榦也。』徐本無榦字。又作漧。借爲支榦，去聲。又作榦。蓋古干、虔二音通呼，如虔州即贛州可證。詳見前。凡夫不信有說文別本，故謂爲俗字。余見他書所引說文語爲今本所無者甚多，凡夫自不廣讀書耳。

匕非反人。卑履切。雜記曰：『匕以桑，長三尺，或曰五尺。』少牢饋食禮：『左手執俎，卻，右手執匕柄，縮于俎，以受于羊鼎西。司馬在鼎東，二手執桃匕柄挹湆，注于疏匕，升以受尸。尸卻手，授匕柄，坐祭齊之。』〔一二〕此所謂挹湆也。鄭氏曰：『桃讀如「或舂或抌」之抌。作桃者，秦人語也。桃長柄，可以抒物于器者。今文桃作抌。』鄭氏又曰：『二匕皆有淺深，狀如飯橾。』說文誤从匕爲反人，又謂匕一名柶，非也。柶小于匕，古以扱醴及醢醬，匕之類也。𠤎从匕，象形也。化則从倒人爲𠤎。

也即匜。弫伯仲姞也字，以支切。又上聲，沃盥器也，有流以注水，象形。亦作𠃵，又作匜，秦刻石文作𠃵。說文：『𠃵，女陰也。』此說甚舛，或當時有此方言耳。伯琦亦从匜說，借爲詞助，羊者切。凡夫因説文女陰，遂廢也字而借殹。

𢦏以亾爲聲。亾甫切。左氏曰：『止戈爲𢦏。』鄭夾漈曰：『𢦏非从止，乃亾聲也。古文有歌舞之舞作䍿，撫綏之撫作㢸，廊廡之廡作庑，有無之無亦从亾，皆以亾爲聲。古文𢦏，作戉者，象執戈揚盾之形；有作䥈者〔一三〕，取習用干戈之義。既曰止戈，而又曰偃𢦏〔一四〕，則複矣。』伯琦亦宗夾漈此説，而敬甫反不从，乃沾滯左傳，又宗子才。子才好作理談，以止戈易立論也。亾則古廡字，象屋覆形，亼古旅字，人在亾下。轉王音。資暇集以亡爲無，以亾爲亾，蓋未知其原耳。

戊茂古通。莫候、亾遇二切，月父已㲋、戊祖戊匜、戊沈子盉、父戊㲋同戊周姜敦。鄭樵曰：『戊，亾撫切，即㱃字。許氏中宫六甲五龍之説妄矣。』趙彦衛曰：『戊，本讀茂，茂避唐諱，讀如㱃，或如務。』宋永亨搜採異聞録：五代史梁開平時，司天監言日辰内戊字請改爲㱃，朱温父名誠，以戊類成也。按：茂以戊爲聲，詩『吉日維戊』，與阜、醜叶，趙説是也。魏吴作𣎵，楙晟也，象根柢分布形，後加艸作茂。

鼗鼓多分。　說文又有鼗。按：鼓不應有二字。說文于豉字又曰：『豈，垂飾，與鼓同意。』蓋不能自一其說。从攴爲是。擊鼓爲鼓，猶著衣爲衣，非有二字，豈乃攴之訛。

佳嘉入麻韻。　說文曰：『美也。』人部又有佳字，『善也』。古膎、古牙二切。蓋古無佳字，楚辭始有之，實一字也。智謂佳既有古牙切，許孫何故不入麻韻？六書統煎即嘉，从匡者，加禮也。

幺無二字。　說文：『8，小也，象子初生之形。』陸機賦『絃幺徽急』，注：『小也。』爾雅『幺，幼』，注：『豕後生者俗呼幺豚。』班彪論『幺麿』，即今所用么麽也。又有幺貝，亦小貝也。俗訛作么，丁度乃云：『么乃詞令名，有小么令。幺么不同。』夫六么本于骰子之小點，豈有二字之理？韻會小補復收此說，而不正之，故爲說破。鶡冠子曰：『無道之君，任用么麽。』退之詩曰：『么麽微螽斯。』

羌乃羊聲。　說文曰：『牧羊人也，从羊，𢍲，古文。』按：羌，羊聲。許氏說非。

肅、蕭聲轉。說文曰：『从聿在𣶒上，戰兢也。』甚牽强。按歗、嘯、蕭、鱐皆以肅爲聲。詩『條其歗矣』，與淑叶。𣶒古文箫。按蕭與肅實同聲，肅轉平聲則合也。𦘔古文，从心，从𢀳。才老以簫、蕭、嘯皆音肅。智按：陸本『條其嘯矣』，即歗。甸師『共蕭茅』，鄭大夫云：『肅字或爲莤〔一五〕，莤讀爲縮，縮酒也。』可證。

崧、嵩一字。　孫愐、徐鉉合爲一字者通，戴侗非之，不必矣。說文止有崧，嵩乃新附。

汜、洍重文。　詳里切。爾雅曰：『水決復入爲汜，一曰窮瀆也。』說文與爾雅同，引詩『江有汜』。又洍，水名，引詩『江有洍』。分詩一字爲兩，必誤矣。洍乃汜之重文也。

一二太減，故時作壹貳、弌弍。　丶冫之爲主凝，亦猶是也。　程大昌曰：『在顔師古時，江充傳固已訛「大臺」爲太壹，薛宣傳「壹笑爲樂」而乃作壺矢，可知古以壹爲一。』智按：李斯刻即有以一爲壹者，古取文畫茂密耳，以聲通用。左傳『自參以上』『顔子不貳過』，豈知後世作柒捌玖拾，欲使人難容奸僞邪？　隸筆以一文太減，故加弋爲聲，弌弍則从弍轉。　仌文亦減，故加水作冰，而加疑作凝。　丶文太減，故通用主，而加水作注。　今長箋必用爲注字，用宔爲主字，泥矣。如仌筆陵切，徐傳説文必以冰爲凝，故張位且讀李陽冰爲佞字。宣和譜陽冰字少温，其爲冰明矣。張孟奇曰：仌于隸楷不能獨成文，故後人加水别之，凝之从仌从水，無義，當从今文。智謂六書之道，知其原而以適用爲主，非謂後人必無當也。

三、兀、呬通用。四即道書吹呼吸呬之呬，从口从八，作咒。張平子賦：『呬河林之蓁蓁。』注：『呬，息也。與呬同。』蓋古以一二三亖爲文，四乃呬也。胡一桂書三亖字作兀，或以四爲呬，而咒爲數，古蓋通用，後乃分之。暄紀年曰〔一六〕：中土之音滿，一音一名，或兼二名，而數目自十後，十一、二十一，悉以二音三音呼一數，于文尤難諧協，乃用單字易之，如廿之爲入，卅之爲颯，卌之爲昔，皕（二百并）之爲秘。原有并字，即卒（音卒）、𠦃（音保）、𠦄（音族）、亖（音乾）、亗（音回）、穴（音别），雖非數名，亦妙有適合。然不全耳，因于字類求其相近可假借者，編成一百，誦注記算，乃易易也。太西氏十字皆只一畫，作1 2 3 4 5 6 7 8 9 0，不煩兩筆，亦取其簡便耳。

劦乃諸家新造。諸家字書皆造一劦字，音務。鄭漁仲曰：『列也。又作㔟，又作㔟。荔、珕从劦，協、勰从劦。説文有劦無劦，故荔珕不得其聲，故曰剬券从刀。』智按：荔从力耳，且曰荔枝非刀不割，尤爲牽强。如颿之風不叶而凡叶，故又作帆，至鳳之以凡，則建類也。建類者，弌凰之類也。貫休曰：『書家作字，省文如鳳皇、鴛央、廟郎，下一字俱省，其例起于六書建類。如弌字以弋聲，而弍弎非聲，以弌爲建類。鳳从凡聲，而凰非凡聲，以鳳爲建類也。』

漢隸隨筆之異。隸釋所載急就章曰：『自三蒼、滂喜亡，李斯作蒼頡篇，揚雄作訓纂篇，賈魴作滂喜篇，名曰三蒼。魴者，漢和帝時郎中，以隸字寫三蒼，隸法始廣。小學不絕如綫。字書行于今者，篇莫加于類篇，韻莫善于集韻，所載隸古，以石刻校之，則攟摭尚多脱略。隸法皆以悠作悠，此碑又省作悠。稽之篇韻咸無焉。聊因論此，擬急就之一章云：滂喜悠悠歍窣繼，滂喜悠悠獨無繼，出袁良、孫叔敖、司馬君、鄭固、劉寬、楊厥碑，一字有數出處，不再見。粲瀍乖離昮枽世，隸法乖離昉中世，出繁陽令、無極山、張納、孔耽、袁逢、戚伯著、富春丞碑。駒異爭新隊筆意，駒異爭新墜筆意，出周憬、陽著〔一七〕、韓勅、孔耽、繁陽令、戚伯著、樊毅碑。斷摖圖籍載一二，斷據圖籍載一二，出楊厥、孟郁、靈堂、元賀、魯峻、祝睦、平輿令碑。姙羲農，氏羲農，出費汎、老子、清河相碑。邦舜禹，邦舜禹，出鄭固、帝堯、孔宙碑。綡眷龘，終春秋，出孔宙、孔謙、楊著碑。陳鄒魯，陳鄒魯，出楊震、孔宙、袁良碑。戔暴羸，剗暴贏，出潘乾、孔宙、郭仲奇碑。禽𤕤楚，禽霸楚，出孔耽、魯峻、袁良碑。𡍲字𢓜，基字恢，出劉修、孔耽、靈臺碑。𥎋劉祚，啓劉祚，出逢童、周憬、祝睦碑。𡦗𡖖𡘂，皋夔棄，出苑鎮、劉寬、剡令碑。鼂弼聚，朝弼聚，出楊厥、張壽、孫叔敖碑。殖葉𦿆，解葉曹，出逢童、華山亭、北海相碑。𧚀盉吕，衮孟吕，出王純、景謁者、孟郁碑。秉箕禮，秉典禮，出帝堯、祝睦、孔和碑。𠂹律度，垂律度，出孔耽、樊敏、孟郁碑。偄術顯，儒術顯，出魯峻、孟郁、郭仲奇碑。𧈢褸屢，爵禄屢，出熊君、度尚、李翕碑。鳳雲霜露星雷燀，風雲霜露星雷燀，出夏承、郭仲奇、衡方、李翕、商彪、周憬、孟郁碑。壺遵垂兕瑱鼎彝，簠簋壺兕瑱鼎彝，上出孔宙，次一字出韓勑，餘出孔宙、楊統、三公山、孫根碑。黍稷香馥薦血犧，黍稷香馥薦血犧，出三公山、史晨、袁逢、祝睦，次二字靈臺，下帝堯碑。滌齋蠲禱靈響歸〔一八〕，滌齋蠲禱靈響歸，出蔡湛、淮廟、孔彪、蔡湛、帝堯、孟郁、孔和碑。鳥獸鼠蚌鳩麟龜，鳥獸鼠蚌鳩麟龜，出孔耽、樊毅、唐公房、靈臺、唐扶、孔宙、戚伯著碑。道邊通達遭過隨，道邊通達遭過隨，出高彪、劉脩、唐扶、宋恩、武梁、馮煥、劉熊碑。測深闕奥表出之，測深闕奥表出之，出袁良、孔謙、吴公、韓勑、唐扶、孔耽、戚伯著碑。凡此之類，皆非假借，字書所不應棄。蔡伯喈奉熹平之詔，列鴻都之碑，晚學咸所取正，未嘗一字好奇也。如前急就，雖曰漢人典刑，亦石經之所不取。今之學者，事不師古，乃緣手隨筆，變點畫，纂偏旁，以取新尚怪爲能，間有所據，不過魏晉以後字體爾。此膏肓之疾也〔一九〕。』弘農太守張君碑釋文曰：『漢人用字有假借者，有通用者，有奇古者，有變易偏旁及減省者，隸釋皆已表出。其間點畫小異，尋之而可識者，皆不復釋，如此碑農上安西之類是也。顔之推論揖下無耳，鼓外設皮，離則配禹，皋分澤外，咸以世俗爲非，今隸字皆然，蓋各是一家之書，不可拘以古法也。其詳已類之隸韻，略舉數字于此：平聲則窂牢、靈靈〔二〇〕、過通、濡濡、遷遷，上聲則響響、覽覽、秉秉，啓啓、典典，去聲則㩀據、裔裔、孟孟、驗驗、舜舜，入聲則術術、屬屬、隲陟、惻惻、壹壹。凡巍字山皆在下，魏字却有山在上者。惟字皆从心，獨尚書維字从糸爾。』智以永叔集古時記異文，如識方、錮辭、隤納、鄉鄙之類。宗資、宋均且合爲一，非子、扉子定是秦先。南豐旁考曲紅，李翕囟亾證三之説；東觀論定文參，任衞、王純、州輔、成陽、仲定之實；廣川致辯孫饒、高朕、闟漯、圈禄自亮、矜寡乃憲既延之故，洪景伯所釋尤詳。而文徵仲尚言蕩陰張君碑、金石、隸釋皆無其文。升菴言魯峻碑陰，歐、趙、洪皆未收入。以余所見，往往有之，或是宋元人倣古耳。至如墮淚碑潛作潛，逮作逮，寇作寇，衆作从，寅作寅；大暦扶風夫子廟碑子作堈，唐作䮽，遊作遻，曹作𣍘；碧落等碑尤尚古僻，皆後人追放前迹，多有取法奇矯而失其本指者。自泰山之以隔爲融，吾即已不信矣，況後來者乎？周時列國各有造書，秦并天下，但令从秦篆而已。李斯之法行于世，書碑之事，自有任之者，何所見爲斯自書邪？少温僻古，故作驚服言耳，豈有李斯之學而偏借隔爲融者乎？余故録此二則，使人知分隸之變，大概如此，萬勿采以行文也。

校記

〔一〕騎省　原誤作『省騎』。

〔二〕者　原無，據刊誤補遺補。

〔三〕鼉借鼉聲　重複，疑有誤。

〔四〕南　或作『南齊』。事見南史卷六七恩倖傳。

〔五〕小注原無，據刊誤補遺補。

〔六〕離卦☲　『離』下原衍一『☳』形。

〔七〕柰　原作『奈』，據刊誤補遺改。

〔八〕後　原誤作『後』，據漢書地理志改。

〔九〕謂之逵　原作『謂之達』，據刊誤補遺改。

〔一〇〕皿　原作『皿』，據刊誤補遺改。

〔一一〕不得不　原作『酒乃』，據刊誤補遺改。

〔一二〕所引見儀禮有司徹，非少牢饋食禮，引文有節略。

〔一三〕䤈　原作『䤈』，據刊誤補遺改。

〔一四〕曰　原作『臣』，據刊誤補遺改。

〔一五〕肅　周禮甸師鄭注作『蕭』。

〔一六〕暄紀年曰　原作「按年月表」，據刊誤補遺改。

〔一七〕陽　應作「楊」。

〔一八〕滌　原作「滌」，據刊誤補遺改。下小字同。

〔一九〕肓　原作「盲」，據刊誤補遺改。

〔二〇〕靈　原作「靈」，據刊誤補遺改。

通雅卷之三

釋詁 綴集

爾雅分釋詁、釋言、釋訓。始以一言釋一言，前人已悉矣，無所事曳踵也。今合三者爲一，凡屬文所常用而歷代忽略之者，爲折衷其音義云爾。事起於綴集，故先類之，敢以比輯略乎？詩文諸體則别有論敘，此不悉也，可與書札、金石文字條通閲。

執禮乃蓺禮也。論語：『詩書執禮。』傳者云：『禮獨言執者，以人所執守而言。』似費分疏。陸文裕公曰：『即執字，執、藝古通用，所謂游於藝也。執禮之文無再見。況子不語怪力亂神，與此章互相發。各是四者。古稱六經，亦謂之六藝。此之雅言，或是詩、書、禮、樂耳。蓋易具性命，子所罕言。樂一執也，故又曰成於樂。』智按：説文：『執，種也，从坴丮。』引詩曰：『我執黍稷。』魚祭切。王子侯表『宛朐侯執』，師古曰：『執，音藝。』魯公倣右軍東方朔碑改作藝，以此益確文裕之言。敬甫作執。注疏本作『子所雅言詩書執禮，皆雅音也。』注孔鄭曰：『讀先生典法必正言其音，其義乃全，不可有所避諱。』揭衷熙曰：『記者蓋謂詩書執禮皆雅常之言，故夫子亦雅常言之。』

固實即故實，固籍即故籍，或曰故志，或曰故事。楚語：『莊王使士亹傅太子葴，問於申叔時，曰：「教之故志。」』周語：『樊穆仲曰：「魯侯賦事行刑，必問於遺訓而咨於故實。」』史世家作固實。趙牛贊諫曰：『國有固籍，兵有常經。』晉士伯曰：『吾視諸故府。』檀弓曰：『夫魯有初。』注：『初，謂故事也。』魏相傳：『甚稱上意，好觀漢故事，及便宜章奏。』鼂錯傳：『爲太常掌故。』應劭曰：『主故事。』侯霸、張純、郭賀皆以曉習故事稱。野同録曰：『用虛于實，即事顯理，此治心游心之薪火也〔一〕，「感而遂通天下之故」。子輿曰：「苟求其故。」此故之原。』

雅故，雅言訓故也。爾雅者，藏遠于邇而以深厚訓之也。孟堅敘傳曰：『函雅故，通古今。』張晏曰：『包含雅訓之故也。』管子曰：『聖人博聞多見，蓄道以待物，知其故乃不惑。』心必函外以爲內，本通而兩忘也。申公爲魯故，韓嬰爲韓故，皆訓故也，通作詁。爾雅第一篇曰釋詁。爾，邇也；雅，正也，常也，子思所謂訓詞深厚也。薰化其燥而遠鄙倍也。史遷首提雅馴，知言哉！鄭氏曰：『雅者，陰陽宜一之音也；故者，古文也。烏雅通轉，而一與五之通聲，可知其原矣。』詩說：大小疋即雅，正也。戴、周、魏、吳故从古久；說文从攴，故使爲也，古久不已複乎？詛楚文久湫即古湫。或合久古以成篆，隸从古文，許氏增故耳。說文：『古，故也。』徐曰：『十口所傳，是前言也。』則古已函詁義，而故乃故欠也，欠即舊字。在今連用，可用訓故，單用則爾雅之詁正矣。凡夫且以叶爲古。智按：叶从日作叶，見漢五行志，省作叶耳。豎古文古字，朱氏以爲鼓，象建鼓之形，加古諧聲。按圖即固。

離經者，丽經而時習也。離辭者，學文而摛詞也。句度者，句讀也。倍文者，背書也。通而聲之曰誦，睦于物而熟之曰讀。日月爲易。四時和于春秋。礼本大一而麗器曰禮。象樂在簴曰樂。持志曰詩。筆著曰書。學記：『離經辯句。』謂麗于六經，使時習之，先辯其句讀也。徐邈音豆，馬融賦『察度于句投』，丁度作句讀。皇甫茂正云：『讀書未知句度，下視服杜。』度即讀，所謂句心也。大司樂注曰：『興于詩者以善物喻善事，道以書者言古以剴今也。倍文曰諷，以聲節之曰誦，發端曰言，達述曰語。』疏曰：『倍文者，謂不開讀之。』

誦亦背文，又加吟詠，如文王世子春誦。』智按：倍、背古通。柴氏曰：『誦從通省，𡕥，古睦字，賣音育，聲通于誦，緣熟于讀也。』教學詳前。鄺氏曰：『習，順雙手而日月相循曰習，猶學之爻[illegible]音撝。也。』元鄧錡曰：『習坎從二月一日作[illegible]，訛爲羽，表月有明暗而日統之，習伏衆神，所謂繼明而享其不習也。』鄭厚曰：『包㊀㊁爲易，此變易不易本旨也。』虞翻主漢儒日月爲易，凡夫謂伯琦改已陋，而定主蜥蜴。羲自畫卦不能命一易字乎？禮運曰『本于大一』，故古作礼，禮取文茂耳。即器是道，履其體理也。樂象形，好樂音要、悦樂音洛，中和之生機成于樂也。志所之而時持之曰書。聿即筆，説文：『書，著也。』璿璣鈐曰：『書，如也，如其心也。春，熏也；秋，揫也。生殺仁義用二貞一，表冬夏酷寒暑之日少，而春秋和平之用多也。』姚義曰：『春秋斷物，志定而後及也，恐人尅刻也。易以知命而後及也，恐人玄虛也。故藏罕言于雅言，而詩尤易興，書先釋詁，三物一貫，六深自造矣。』史記『屬書離辭』，猶屬文攡藻也。子雲作攡。古丽即麗，潛草曰：『火麗薪而用其光，安于竈而享其熟物之功，心物交格而享其通，所謂麗正麗澤也。用在繼明分辯之，所謂攡也。以斯文藏性天，聖人所以大畜古今之神而安萬世之竈乎！』

蒯通著書八十一篇，曰雋永。説文曰：『雋，肥肉也。从弓，以射隹。』雋永者，味旨也。

曰雋永，言其味長也。許冲曰『達神恉』，得旨而甘，别加從心也。按：雋是鳥尾象形，从弓鑿矣。陸羽茶經，其第一者爲雋永。又爲姓，漢有雋不疑、雋舍。又地名，下雋屬長沙，今辰州沅陵縣并武昌之崇陽、通城，皆下雋地也。顔師古於雋不疑傳音徂兖反，於蒯通傳音字兖反，其聲近翦，俗讀俊者固非，讀忝者亦未正也。公羊曰：『得雋曰克。』今本爲儁。雋與俊通，子峻切。别作儁。傳曰：『壺何爲焉？其以中儁也。』後漢朱雋字公偉，今通鑑書作儁，加山者譌耳。巂，户圭切，而越巂則音髓，此合溪所以復附將遂切于雋也。王子侯表：柳康侯儁，無音，當是雋字。智細思説文進从巂省，則巂从誰乎？蓋从雋省聲也。古當讀俊，翦隨讀耳。雋有翦音，猶平有便音，甄有堅音，竣有全音也。試問狻猊何以音酸，鵕鸃何以音俊乎？蓋古文音隨，象形，孫氏音上聲，㕙夋从之，轉而爲俊、梭、酸、竣四音。漢人注書，偶以方言注之，後人别無所考，遂據爲定案。既知其原委，仍之可也。

曰比輯，曰整比，曰讎比，皆謂讎對排比而綴輯之也。儒林傳：『公孫弘比輯其義。』唐志：『玄宗命馬懷素、褚無量曰：「内庫篇卷錯亂，卿爲朕排比。」乃敕於東都乾元殿東箱部彙整比。』『開元八年，命元行冲整比羣書。』『宋咸平元年，詔朱昂、杜鎬與劉承珪整比三館秘閣書籍。』『陸魯望讎比勤勤。』比輯整比，舊皆去聲，猶字櫛句比之比。高誘序淮南，言

『朝晡事畢，比方注解』，則音上聲。按：後漢『東觀讎校』，注：『讎，對也。』則比亦對也。輯又與楫、揖、集、緝通用。如漢輯濯令即楫櫂。兒寬傳『統楫羣元』，注：『楫、輯、集，三字同。』詩『揖揖』即緝緝，史記注以『揖志』爲輯，京山積集並通。

攈摭，采獲也，或作攟摭、攗拓、捃摭，通作捃拾。刑法志：『蕭何攈摭秦法。』注：『攈，九問反。摭，之石反。』孫愐與捃字同收入問韻，音居運切。攈又作攟，攗與捃皆一字。史記年表：『捃摭春秋。』藝文志：『楊僕捃摭遺紀，奏兵録。』『范冉捃拾自資。』韻會引刑法志作攟摭。集韻曰：摭，古作拂，本作拓。唐書用攗拓。一作捆拾。柴氏捆撫，以古庶作庻也。『夏侯建左右采獲。』『淮南聘善易九人從之采獲。』履曰：『猶采掇掎摭而得也，采從爪木，俗加手。』

分占，分其所口占也。漢：『陳遵口占書。』增韻曰：『隱度其辭，口以授人曰口占。』與流民自占之占同音，皆章豔切，去聲。唐：『王劇當五王出閤，劇召五吏分占，其辭粲然。』東漢『虞延占拜可觀』，謂拜起致詞有儀度也。唐：『張薦字孝舉，占對詳敏，三使絶域。』『源乾曜占對有序。』『蘇頲於後閣口所占授。』陰氏分占、占拜，皆收入平聲。或曰五吏分占，分其口占而書之也。

青史，言汗青也。藝文志有青史子五十七篇。風俗通引青史子書。大戴禮保傅篇：『青史氏之記曰：古者胎教。』隋志有梁青史子一卷。文心雕龍云：『青史曲綴於街談。』新書載青史氏言就於蔓室一則，即胎教之文也。古者殺竹青以成文曰汗青，以削刀書之。元美曰：『汗，炙去其汙故不蠹，此青史所由名也。』北史言：『劉向受詔校書，每一書竟，輒言臣向書，長水校尉臣恭書〔二〕，太常博士書，中外書合若干本，以相比較，然後殺青。』列子定著八篇，或字誤，以盡爲進，以賢爲形。及在新書有棧，校讎從中書已定，以殺青，書。』風俗通曰：『劉向典校書籍，皆先書竹，爲易刊定，可繕寫者以上素也。』吳祐傳：『父恢欲殺青簡寫經書，祐諫止。』注謂『汗青』。孔子韋編三絶，顔淵鐵鏑三折，皆指竹書。揚雄鉛槧，亦書竹板者也。

曰流別，曰種別，言區別其流裔也。摯虞撰古今文章類聚，區分爲三十卷，名曰流別集。隋志總集類文章流別等一百七部、二千二百十三卷。謝混流別本十二卷，孔甯續流別三卷。自劉子政有別録，歆乃集六藝羣書，種別爲七略，言各種分別也。孟堅曰：『亦六經之支與流裔。』遂有流別之稱。唐集庫分爲三，曰楚辭，曰別集，曰總集。子厚但以爲文有二道，著述者流，比興者流。汪藻曰：『左屈稍與經分，至後世流别而爲六也，去經愈遠矣。』

閒編，言閒厠而編之也。楚元王傳後，載歆責讓博士書言：『孝成帝陳發秘藏，校理舊文，得此三事，以考學官，所傳經或脱簡，傳或閒編。』師古曰：『脱簡，遺失也。閒，古莧反，閒編謂舊編爛絶，前後錯亂也。』智按：古但有閒，後人增閒，因閒厠其閒，遂爲去聲。

淹中，佚禮也；稷下書，天口駢也。北史云：『淹中稷下，八儒三墨之異。』漢書：『禮古經出魯淹中。』蘇林曰『里名』。智謂即弇中。『哀十四年，失道於弇中』，注：『狹路也。』論衡謂『宣帝時，河内女子壞老屋，得佚禮。』即劉歆所欲立逸禮也。道家『田子二十五篇，名駢，游稷下，號天口駢』。吕覽作陳駢，蓋古田陳通音。或曰〔三〕：華嚴梅茶字母第九韻兹列可證〔四〕。

連叢，孔臧續孔叢子也。以爲孔甲盤盂，非矣。邯鄲書目曰：『孔叢子一名盤盂，取事雜也。嘉祐四年，宋咸上注，賜三品服。』子止云：『孔鮒撰，孔臧以所著賦與書，謂之連叢。漢志儒家、雜家各載之。』又云：『鮒或名甲。而田蚡學盤盂書，注：「應劭曰：黄帝史孔甲銘也。」』文選注引七略云：『盤盂書，黄帝史孔甲爲之。』而人遂以附會孔叢子。直齋言：『其記問篇，子思與孔子問答，孟子言魯繆公與子思同時，則孔子没且七十年矣。』元瑞謂孔氏子孫雜記其先世之言行也。宋景濂因咸注而以爲咸僞作，又疑之太過矣。伯魚卒在孔子前，則子思無不見孔子者。史記表不足信也。

中黄子，慕黄帝問道於中黄之名也。伯厚載書目：『唐嚴從撰中黄子三卷。開元中著作郎。』按：抱朴子言：『黄帝到青丘，見紫府先生，見中黄子，受九品之方。』水經注引作九加之方。嚴從慕此名耳。

聱隅子，因聱書而作也。聱隅子歔欷瑣微論十卷。晁氏曰：『黄晞撰。序曰：聱隅者，枘物之名。』智考晞，蜀人，嘉祐韓琦薦爲太學助教。又按唐沈顔有聱書十卷。説文：『聱，不聽也。五交切。』退之用『詰曲聱牙』。

類書始於皇覽。通考：『類書始於梁元帝同姓名録。』晁氏曰：『齊梁喜徵事，類書之起，當在此時。』智按：唐志類事之書，始於皇覽，而直齋止於祖珽。李徵撰修文殿御覽，不引前有皇覽、類苑、徧略等書，則世已無其書，皆并合入新編内矣。考魏志劉劭傳：『黄初中受詔集羣書，以類相從，號皇覽。』魏略云：『常侍王象撰八百餘萬字。』隋志雜家：『皇覽百二十卷，繆卜等撰』，何承天、徐爰合之，蕭琛抄之。而史記注：『皇覽，記先代冢墓，是魏人王象、繆襲等撰。』則當時亦止就修文御覽等書引用，未及核其全書也。宋李昉等太平御覽、楊億等册府元龜，各千卷。然御覽之類，見一字相同則連引之，而本類之應有者反不載，於雜書多引，而見正史與注疏中者往往遺漏。册府愛抄文章，三十一部千一百四門，各序尚有可觀者。近時永樂大典，洪洲云命解縉纂集，初名文獻大成。復命姚廣孝、劉季篪等徵四方宿儒，增輯二萬二千九百卷。仁寶曰：胡廣、王洪等輯大典目録六十卷，其表文載蟫精雋中，蓋創見書也。弘治中曾重抄之，今散失矣。履按：永樂大典藏于文樓，嘉靖中火，上亟命捄得免。復命儒臣摹抄，隆慶元年始竟。萬曆中因三殿火，書遂亡。〔五〕

成相，助力之歌也。荀子有成相三章，相者助也，舉重勸力以申其邪許嘘喻之聲也。史所謂『五羖大夫死，而舂者不相杵』是已。淮南王有成相篇，漢藝文志有成相雜辭十一篇。正如荀卿之説，託此以諷諭也。東坡志林曰『不解「成相」爲何語』，乃引及『治樂以相訊也』。此大誤矣。樂記：『治樂以相，訊疾以雅。』相與雅皆二樂器，相以糠實其中。

佹詩，蓋譎諫之意也。荀子曰：『天下不治，請陳佹詩。』佹即詭，詭譎其詞以爲諷也。僖九年，晉侯詭諸卒。左氏作佹諸，公穀作詭。李百藥佹得不死。相如賦『連卷欐佹』，猶考工之『蓄爪不相佹』也。皆與詭同。方子謙小補失載佹詩，亦不知佹即詭字。周禮大司樂『大傀異裁』，言大怪也。傀，劉音詭，蓋从鬼。當先有詭音，後轉爲怪。

屏風格，詞頭式也。漢武帝令相如視草。唐以後除命皆有詞頭，其制敕有底，有宣，有案，詳書札類。博物志：『太原以北生屏風草，依岸而生。』故帖舊文屬稿者曰屏風草。履按：別録：『屏風草，即防風。』東軒筆録曰：『人言陶穀宣敕，太祖有葫蘆之誚。』周必大玉堂雜記：『儤值未詳其體，院吏必以片紙録舊作，謂之屏風皃。』何子元曰：『此所謂葫蘆樣邪？人以屏風語爲納被祭魚比者非。』

障車文、卻扇詩，皆催妝也。柯古言北朝婚禮，設青廬，夫家領百餘人，挾車呼新婦子，催出來。唐遂有催妝之語。中宗時守歲，以乳媪配竇從一，令誦卻扇詩數首。三省曰：『即催妝詩。』李義山代董秀才卻扇詩云：『莫將画扇出帷來，此中須教桂花開。』孟奇言唐天祐中，南平王鍾傅女適江夏杜洪子，時又昏暝，令人走乞障車文於湯篔。篔命小吏四人執紙，倚馬而成，即催妝也。

何論，試題也。宋韻略載進士所習，有何論一首。陸務觀云：『施肩吾及第敕，亦列其所習何論一首。』何論者，如三傑佐漢孰優，四科取士何先。智謂：如今吏部考假之類，假如者設爲趙甲、錢乙之事而判之。

奇侅，一作奇胲、奇咳、奇賌、兼垓、兼晐、胲存，皆以兼該立義也。賌猶該也。莊子『胲而存』，言該備也。漢藝文志有五音奇胲用兵二十三卷，五音奇胲刑德二十一卷。淮南子兵略訓：『明於星辰日月之運，刑德奇胲之數。』注：『奇賌，奇秘非常術也。』史記倉公傳：『教唐安以奇咳。』即奇胲，蓋謂奇秘兼賌也。說文：『侅，奇侅非常也。垓曰兼垓。晐曰兼胲，而該曰軍中約也。讀若心中滿該。』故凡夫用兼晐。虛舟子曰：『漆園寓言游心，歸于極物而止，西乾本藏表法，而滑疑以護其神，非大奇咳邪？遣放消心，知則不惑。』

流演、軌革，易占也。卦影，圖占也。子止言周易流演五卷，唐道士成玄英撰。演九宮直年月日。或曰釋仁英撰。又易軌一卷，僞蜀蒲乾貫撰，專言流演。智謂本於京君明。隋有逆刺，唐有錯卦，即其書也。元祐八年，高麗進書，有京氏周易占十卷，伯厚以爲即隋志之占十二卷也。景迂曰：『前是小王變四千九十六卦，後有管輅定乾之軌七百六卦，復有入坤之軌六百七十二，知之者可以語邵子三易矣。』智按：伯厚言焦小黄。蓋漢書焦贛補小黄令，舉最當遷，增秩留，卒於小黄。漢陳留郡有小黄、外黄縣，晁氏未必訛。今吳中刻易傳皆訛作『小王』，以土語黄、王不分也。京管以來，遂行軌革之説。孟奇以分野猶軌革之分爻。通考：『火珠林一卷，即京氏法。』軌革之道，又有卦影。東坡志林曰：『費孝先言得之眉山老人，壞一竹牀，書定年月當壞，遂師之。老人授以易軌革、卦影。』東軒筆録曰：『孝先常爲李璋作卦影，爲五鳳五圖，後驗。獨王平甫不喜，曰：「卦影驗於事後，何足問邪？」』今推背圖之類也。李筌傳驪山老母之言，百言演道，百言演法，百言演術，此所傳陰符元義也。春秋有演孔圖，宋五行志言劉向廣演洪範，皆因大衍而流爲此名。

聿斯，星算家言也。宋史藝文志有都利聿斯經、四門經。陳振孫曰：『唐待詔陳周輔撰。聿斯歌，青羅布衣王希明撰。』貴與未判原委。按唐志，都門聿斯經二卷，本梵書。唐貞元初，有都利術士李彌乾至京，推十一星行曆，知人命貴賤。陳輔修之，即文殊所説宿曜經。宋楚衍、劉熙古皆明聿斯説。珞琭三命，吕才言本季主，而李虛中論之。晁氏曰：『小運本説文，空亡本史記，叢辰日苑，有自來矣。』人溺禍福，反不安命。聖人在陰陽中能轉陰陽，所貴知命，豈指此哉？俗餬口而已。

旋式，抱陰陽式法也。靈棋經，棋即占局之棋也。羅經，本旁羅也。方圓圖，大式也。日者傳：『旋式正棋。』周禮：『太史抱天時。』鄭司農云：『抱式以知天時。』藝文志有羡門式法。隋志有黄帝式經三十六用一卷。唐李鼎祚有連珠明鏡式經。唐六典：三式曰雷公、太一、六壬。其局以楓木爲天，棗心爲地，刻十二神，下布十二辰。月令正義：按陰陽式法。梁元帝洞林序曰：羡門五將，韓終六壬。後漢高彪傳：太一五將三門。注：太一式。今之所謂三式，則太一、奇門、六壬也。通考：靈棋經，東方朔撰。又云：張良、劉安、晉顔幼明、宋何承天注。唐李遠敘曰：『棋者，即旋式正棋之棋也。』南史載靈棋經之繇。羅經亦式也，所謂旁羅日月星辰也。河洛方圓圖非太式乎？潛草曰：『神無方，準不亂，環中四旋，旁羅本具。洪範嚮威，徵紀稽疑，易示吉凶，貞勝因濟。平時以静正通神明，而問則受命如嚮，物物皆蓍龜也。觸其端幾，何思何慮？須信心自本靈，誠自不爽，末世捷術紿人而汩陳矣。』

萬畢，言萬法畢於此也。　唐志：淮南正萬畢術，一卷。龜策傳褚先生云：『臣爲郎時，見萬畢石朱方。』此即漢之遥輿、輕舉、倒景、黄冶、淖溺、五倉之術也。厚齋曰：唐陰陽家有王燦、吕才二家。他如白澤圖、黄帝集靈、武王須臾、淮南萬畢、周宣占夢，咸著於篇。潛草曰：『劉向獻黄冶而下獄，退之戒服食而斃于硫，何如范文正卻化金，東坡勘破致夢之黄衣邪？非通易而知其故，難免不惑〔六〕。』

岐黄曰内經，言身内也。内業篇，言大道也。内景者，黄庭之義疏也。　靈素今號内經。管子内業篇專言道，故詹以元謂老子出于管子。智按：漢志別有内業篇，蓋古有是書，而管老取之乎？六一題跋曰：『黄庭經，永和中刻石，世傳右軍書，而筆法非右軍。今道藏別有三十六章，曰内景，而謂此一篇爲外景。蓋内景者，乃此一篇之義疏也。流俗有中景，尤爲繁雜。余一本得於殿中丞裴造者。』周益公題向薌林家藏曰：『山谷書南華玉篇，即内景也。』後漢方技言内學，爲秘術讖緯之事。今日内事，專指容成等術。德曰：儒合内外，而出世小乘，掃外重内，故曰内典。關尹曰：『聖人知内外之本合。』故或言内，或言外。〔七〕

玉帳，兵書也。斗擊，厭勝之方位也。　子美送嚴武入朝云：『空留玉帳術，愁殺錦城人。』

王洙云：『兵書也。』智按：唐藝文志有金匱緜囊玉帳經一卷。筆乘：按顔之推觀我賦云：『守金城之湯池，轉絳宫之玉帳。』又袁卓遁甲專征賦云：『或倚直使之游宫，或居貴神之玉帳。』玉帳乃兵家厭勝之方位，出於黄帝遁甲。以月建前三位取之，如正月建寅，則巳爲玉帳。李白司馬將軍歌：『身居玉帳臨河魁。』戌爲河魁，謂玉帳在戌也。漢志曰：『推刑德順斗擊，因五勝。』智按：曆謂冬至斗建曰斗分。戌爲河魁，斗魁所抵也，此即斗擊之説。

接要即捷要。魏武紀注：『抄集諸家兵法，名曰接要。』接與捷通。鄭伯捷，公羊作接，可證。

黄伯思校讎師春，非杜預所言之師春也。黄長睿校讎師春五篇，乃汲冢古文。杜預言别有一卷，集老氏卜筮事，而伯思所見全異。紀諸國世次及十二公歲星所在，并律吕謚法等，末乃書易象變卦。則預所見，非全書也。師春乃鈔集人名也。其書繼乃宋景公名，與宋公繼餗鼎合，謂是西晉人集録。元瑞曰：『伯思説與通考陳氏説同。然紀年即今冠以竹書者，而黄以師春當之，亦大鹵莽矣。』智按：升菴所稱瑣語，亦不得見，不過所引數條；此師春一卷，何以獨全？杜預所見或尚是真，伯思所見則後人附之者。瑣語固妄，生封繳書可知也。自周末至晉歷年近六百，安得竹簡無恙邪？

雞次之典，乃離次之典也。楚策：『昭王反郢，五官失法，蒙穀獻雞次之典，而百姓治。』注：『一作離次之典。』當以離次爲正。古離猶麗也；次，次第也。一曰書有畔官離次，因立法治之，遂爲書名。

諸皋有三説，夷堅之支甲、支癸，猶續俎之支動、支植也，天咫、玉格、壺史、貝編，亦猶金海、玉海、甘膳、樹萱、金荃、蘭畹也。吳曾言姚寬以左傳獻子諸巫皋事。晁伯道談助云：『取寄生木，咒曰諸皋，能隱形。』抱朴子言諸皋，太陰名，見遁甲經。陶九成言續集有支動支植，因悟干支之支，夷堅志有支甲支癸，正取此也。成式篇名天咫、玉格、壺史、貝編，皆立名造語，宋人多駭其稱。按天咫言七曜事，玉格言玉檢事。壺史言道術，貝編言釋門。梁武帝撰金海，張融撰玉海，朱遵度麗藻，三曰玉海九流，應麟效之。李商隱作甘膳子，言悦口也。温飛卿詞名金荃，荃，蓀也。元好問詩『金荃怨曲蘭畹詞』，唐人詞曲，集名蘭畹，如王銍樹萱録，設怪以忘憂耳。唐劉餗樂府解題曰：『淮南大山、小山，猶詩之大雅、小雅也。』而高濮陽謂爲人名。按：既云安與蘇飛、李尚、左吳、田由、雷被、毛被、伍被、晉昌八人，則八公指此矣。大山、小山或是篇名，如支甲、支癸之類，未可知也。

秘辛，猶令丙也。　令丙，猶令甲、令乙也。漢秘辛一卷，亦以次第名。唐之甲曆，則奏鈔底案也。樊南甲乙集，則李義山之四六也。叢書甲乙丙丁，則陸魯望之笠澤集也。江東生甲乙集，則羅昭諫之詩也。丁卯集，許渾詩也，渾居丁卯橋而名。荀勖因鄭默中經，更著新簿，即分甲乙丙丁，伯厚載景部丁部，此唐諱丙也。北史孫惠蔚依盧昶撰者，即北魏甲乙新録也。宋以甲乙名書者多。

齊諧即莊，夷堅即列。　齊諧、夷堅皆古志怪之名，後人或作續齊諧説，洪邁遂作夷堅志。胡元瑞曰：『志怪小説，率以祖齊諧、夷堅，然齊諧即莊，夷堅即列。』升菴言張華作博物志，漢前已有博物記，元瑞因類書有載博物記言魏郭后事，證非漢人。夫安知漢前不更有博物記邪？茂先續之耳，李石又續之。如廣客談通本，輟耕録皆鈔之。贊寧物類相感志十卷，説郛載一卷，曰東坡著。今見曹明仲格古要論全抄之。

脞說，猶叢談也。目叢脞之語也，揣篇、摩篇附會蘇秦摩燕烏者也，捭闔訛爲押闔，越絶疑傳越紐，揣摩通作揣靡。　小説家或曰叢談，或曰脞說，許慎引叢䁪〔八〕，徐鉉作脞〔九〕，从目。智按：脞爲肉之紛脞，从目反曲。鬼谷子有揣篇、摩篇、捭闔篇，人或信蘇秦揣摩本此。鬼谷即鬼庾區，曾知爲無是公乎？僞作者因秦揣摩成而附會耳。前人四六曰：『誰傳洞歷，懶解王鈇。押闔不藉聊蒼，圉弋難拘堅白。空藏越紐之姓字，何論駕辯之宫商？且隱櫟園，閒抄术序。』按七略，縱横家有聊蒼一篇，晏子有圉弋篇，鶡冠子有王鈇近迭篇，論衡引周長生洞歷十卷，記故事，或以爲趙曄神淵、張衡算罔之類，非也。越紐即越絶，升菴曾言之，而元瑞駁之，其實絶、紐文近。大招：『伏戲駕辯，楚勞商只。』注：『伏羲造瑟，始造此曲。』皮日休詩『白月半窗抄术序』，道藏有紫微夫人撰术序，卮言據之。押闔襲用久矣。智按：乃捭闔之訛，排而奪之，闔而閉之也。

副寫，謂副書也。　文選家有副書，指班斿傳，賜以秘書之副。春官『内掌書王命〔一〇〕，遂貳之』。注：『康成曰副寫藏之。』今稱正本、副本。

廋辭、讔喻，謂隱書也。離合詩，井謎、商燈其流也。　晉語有『秦客廋辭於朝』，注：『廋，隱也。』新序曰：『齊宣王發隱書而讀之。』東方朔曰：『乃與爲隱耳。』漢志有隱書十八篇。呂審應篇『成公賈之讔喻』，高注曰『讔語』。劉勰曰：『讔者，隱也。還社喻眢井，叔儀歌佩玉，伍舉言大鳥，齊客言海魚，莊姬託龍尾，臧文書羊裘，皆隱也。』吴虎臣言廋辭起於春秋傳『范武子廋辭於朝』。東坡和王定國詩：『巧語屢曾遭薏苡，廋詞聊復託芎窮。』宋靖康時，歙人汪東叟若海遊張叔夜幕，作麟書，亦廋詞也。胡元瑞以隱書爲隱士之書，非矣。此孔融作離合詩，曹娥碑陰八字，參同契後序，與越絶書隱袁康、吴平，皆後漢人伎倆也。此後如大明寺壁、東坡硯，蓋遂爲商謎燈牌矣。謎見玉篇，鮑昭有井謎，京師記有商燈，皆隱語也。智按：曹娥，上虞人。舊説曹孟德不及楊修三十里，孫權據越，曹何以至？因楊修知『雞肋』而附會耳。或曰榻碑也。解此等事，别有機穎，非關博學。鄭欽悦之解鍾山銘，新唐書采小説而載之，商洛隱者非創名乎？沈存中嘗謂李嗣眞喪車一鐸求得砧石者，妄也；張率更叩潤州玉磬而東掘應閏者，欺也。一人傳虚，衆人傳實。

會稡、薈蕞，其語本於會最，轉爲會撮。檃栝，言隱括也，或作檼括。馬永卿曰：『鄭虔著書，目爲會粹。老杜哀台州司户詩云「薈蕞何技癢」，後人乃誤呼爲會粹。』智按：古有此語，聲韻入泰韻。莊子『項椎爲會撮』，音轉入聲，謂其會撮而起也。虔之書名則本爾雅序云『會稡舊説』。劉向别録曰：『鐸椒抄撮八卷，授虞卿。』三國志：『桓範抄撮漢書。』劉之遴亦言：『撮搜，猶之會稡也。字本作萃。』虔本傳：『蘇源明名其書爲會稡。』柴氏曰：『會撮合音爲括，因有隱括。』荀子：『隱括之側多曲木。』揉邪者爲隱，正方者曰括。故今祖構編書家，亦曰『隱括成書』。後漢鄧訓傳『考量隱括』，魏書張吾貴傳『隱括兩家異同』，即隱栝。凡論文曰删拾，曰采掇，曰鉤鋠，曰刊落，皆喻言也。士安所云祖構，以匠喻；士衡所云警策，以馬喻也。崖穴喻深隱也，鞶帨喻表飾也。揚子曰『學者繡其鞶帨』，猶相如之言合纂組也。後漢儒林贊曰：『繁其章條，穿求崖穴。』猶子幹之言回穴也。子長曰『欲自彫琢』，即琱篆。鹽鐵論『畫脂鏤冰』，關尹曰『吹影鏤塵』，言鑿空也。因客泥升菴譏窈窕爲宫室，非爲女容，故舉此以解之。通曰〔一一〕：括，篆从昏〔一二〕。

騷賦之末，用亂用歌，或用訊，或用誶，或用歎。字曰文，行文曰言，成篇曰章，然古可通也。屈原用亂曰，賈生用誶曰，史記作訊曰，劉向用歎曰，此猶章句論解之家，在漢曰故，曰林，曰微，曰箋，曰注，曰疏，曰解，曰通。然後人各以意名書，千百其變。而楚詞尚守此數法，歷至今日，三李、楊、王無别創者，其曰永言之道，近於性情乎？國語指那頌卒章爲亂辭，摘小宛首章爲篇目。左傳所引數章之末謂之卒章，一章之末句亦謂之卒章。一句謂之一言，一字亦謂之一言。蓋古人不拘也。

連珠始於韓子。文章辯體：『連珠體，陸機演之，陳證、黄芳、劉祥、梁武帝、謝靈運皆作，未知所始。』北史李先傳：『魏帝召先讀韓子二十二篇。』任彦升文章緣起謂連珠之名始於揚雄，非也。沈約、劉勰皆言雄始，韓子比事，初立此名，而組織短章之體則子雲也。勰曰雄覃思文閣，碎文瑣語，肇爲連珠，是可想已。三輔決録注：趙岐擬前代連珠之書四十章，上之。韓説奏連珠，蔡邕、傅毅、劉珍皆著連珠。漢時已盛，人止見文選演連珠而定體耳。或作聯珠。竇氏聯珠集則詩也。五竇之父叔向字遺直，左拾遺，出爲溧水令，唐書稱其以詩自名。詩苑類格：上官儀云蕭蕭赫赫，爲連珠對。

二十四名，詩之流也。十二體，博學宏辭之科也。賦二十體，賦林衡鑑所析也。三十六體，儷偶之體也。元稹樂府古題序：『詩之流爲二十四名：曰賦，曰頌，曰銘，曰贊，曰文，曰誄，曰箴，曰詩，曰行，曰詠，曰吟，曰題，曰怨，曰歎，曰章，曰篇，曰操，曰引，曰謡，曰謳，曰歌，曰曲，曰詞，曰調。』博學宏辭十二體：曰制，曰誥，曰詔，曰表，曰露布，曰檄，曰箴，曰銘，曰記，曰贊，曰頌，曰序。范文正公賦林衡鑑析二十門，分其體勢，如敘事、紀功、假象、體物、旁喻、雙關之類是也。李之儀姑溪集以過對語爲律半格。唐書：『用儷偶相夸，號三十六體。』以李商隱、温庭筠、段成式三人皆行第十六。金鑾密記：唐翰林學士入院試文曰五題，謂賦、詩、制、書、批答也。藝文志：杜元穎五題一卷。

歇後、影略、尊題、建除、百一、宫體、香奩，皆因體而名也。鮑明遠有建除詩，號建除體。應璩有百一詩，號百一體。宫體起於徐摛。和凝作香奩，託名韓偓，而弱侯猶爲偓惜，則王建宫詞，趙與時何復爲沾沾十詩邪？元和體、長慶體則以年號名也。淵明詩『再喜見友于』，杜亦用之。到藎傳：『得毋假手於貽厥乎？』六朝用『盍各』『則百』之語，皆歇後也。鄭綮特以歇後詩名耳。當時應久有此語。賈島有影略句，韓退之喜之。韻語陽秋曰：『作文强此弱彼，謂之尊題。』鍾常侍詩品『嵇康良有鑿裁』，司空表聖言『賈島附於寒澀』，因徐彦伯之澀體也，謂其不流便耳。流便，言清便也。任昉傳：『用事過多，不得流便。』世説言『洮洮清便』，言洮汰世故而清且便也。嚴羽儀卿曰：『玉臺體因徐陵所序玉臺集之纖艷而名。西崑體即温李及本朝楊劉諸公而名。』又謂『文選古詩爲選體；七言句句一韻者柏梁體，起漢武也』。八病之外，又有折腰、聯句、轆轤，又有退韻、回文、反覆、扇對、探題。詩格固多。杜云：『或看翡翠蘭苕上，未掣鯨魚碧海中。』眞能詩者，豈斤斤此乎？

險諢、覆窠，猶曼倩之口諧、少孺之詼笑也。楊詩品云：『吴均詩「秋風瀧白水，鴈足印黄沙」，爲沈納所笑。』唐人以此爲險諢句。太平廣記有伊風子詩，時謂之覆窠體，猶云打油也。杜公謂之俳諧體。唐人有張打油。北夢瑣言有胡釘鉸詩。

書不盡信，明其理事文氣時變，而無逃矣。喬宇嵬瑣，謑髁弔詭，各視其才，不爲所惑可也。淵明歎六籍無一親，敢輕議乎？梅鷟之駁古文尚書，安石之廢麟經，永叔不信文言，楊簡且疑繫詞，不必矣。周末文勝，諸子各造一奇，即託者亦可觀。漢出之七十二緯，則無足取。因仲尼傾蓋有子華，因柱史出關有尹喜、鬻文、鶡冠之類，往往而然。葛洪之託劉歆，衛元嵩之託蘇源明，趙蕤之託關朗，慶虬之託相如，又奚似何法盛之于郗紹，宋齊丘之于譚峭邪？元瑞謂王士元補庚桑而元美不知也；王禕言吾子行作乘、檮杌與晏子相似，元瑞亦未之知也。智以爲俶詭連犿，各出於才不能忍，知其隱劣而顯勝，不爲所惑斯已矣，亦視其有開必先之理事，何者實長耳，不必概以阮逸、毛漸、宋咸、孫定、戴師愈、李筌一例而讞也。於忽操是王禹偁擬作，宋文粹載之，亦猶蘇武妻答詩、李陵答武書也。『人生而静』四語，升菴謂出鬻子，豈知子書摭禮記乎？文言四語，永叔謂先見于穆姜，豈知傳取文言措筆乎？王銍信之作龍城録，託名於柳，猶杜註之託名於蘇也。周輝所得之碔碌，即魏泰託名聖俞之碧雲騢也。李德裕門人作周秦行紀，以構奇章，有之乎？大抵小説可一覽而置之，其志怪頻襲者尤無謂。洪何必夷堅，胡何必集異苑邪？搆虚驚愚，劉知幾早歎之矣。喬宇嵬瑣，荀子之非諸子也。喬，譎也；宇，大言也；嵬，奇怪也；瑣，細也。莊子言弔詭，猶釣奇也。慎到謑髁，謑言詼諧也。髁言炙轂輠之滑也。參云理本易簡，盡于聖經，事則宜詳，後世尤貴辯當。而考究之家，水落石出，於己甚勞，後學有益，此其功苦，豈與冒虚者、搆詞者較難易哉？天地律歷，質測其故；醫藥小學，别紀存野，要非會通者亦不能也。詠歌題跋，陶情自娱足矣。至於淫狂詭誕，疊架相襲，絶無奇也，何不以雅馴爲至樂？

七略、七志、七録相因，荀勖始爲四部，而後因之。劉歆七略：首曰輯略，曰六藝，曰諸子，曰詩賦，曰兵書，曰術數，曰方術。王儉七志：一經典，二諸子，三文翰，四軍書，五陰陽，六術藝，七圖譜及佛道二家，各七而九。又作九篇條例。阮孝緒七録：一經典，二紀傳，三子兵，四文集，五伎術，六佛，七道。魏荀勖始因鄭默中經爲新簿，分四部：甲六藝小學，乙諸子兵術，丙史記、皇覽，丁詩賦圖讚。至唐而史居子上，次經，佛、老附子，而終之以集。定爲四庫。元載當國，增爲十二庫，仍四部也。宋相沿襲。景德二年龍圖閣下列六閣，則四部加天文、圖畫也。鄭氏通志略十二類：一經，二禮，三樂，四小學，五史，六子，七星數，八五行，九藝術，十醫，十一類書，十二文。又總天下古今書籍，爲羣玉會記三十卷〔一三〕，又作求書闕記七卷，外記十卷。今馬氏通考並遺此數名。馬氏於經籍分四部，經十二類：一易，二書，三詩，四禮，五春秋，六論語，七孟子，八孝經，九樂，十讖緯，十一儀注，十二小學。史十三類：一正史，二編年，三起居，四雜史，五傳記，六故事，七職官，八地理，九刑法，十時令，十一譜録，十二史鈔，十三史評。子二十類：一儒，二道，三法，四名，五墨，六縱横，七雜家，八小説，九農，十天文，十一曆算，十二五行，十三占筮，十四刑法，十五兵，十六醫，十七神仙，十八佛，十九類書，二十雜藝。集四類：一别，二詩，三歌，四總集。藏書家皆四部法，而獻臣邯鄲圖書志於四部外又增四焉，共成十志。莆田鄭寅仍爲七録。又按陸子淵目，一曰經，二曰性理書，三曰史，四曰古書，五曰子，六曰文，七曰詩，八曰類書，九曰雜史，十曰諸志，十一曰韻書，十二曰小學、醫藥，十三曰雜流。又特爲一録，以次宸章，目曰制書。

西漢三萬三千九十卷。劉歆七略總目，舊唐書九十作九百，非。據班志所省十家，又增入五六家。東漢萬三千二百六十九卷。班藝文志原注本七略，增入劉向、揚雄等三家。然尚有杜林并蹴踘二三家，省伊尹、墨子、兵類十家。光武遷都，書籍二千餘兩，諸家以爲三倍于前，固非實録，而時少篹輯。范史無志，惜哉！晉二萬九千九百四十五卷。荀勖四部目，見隋志序。東晉三千一十四卷，李充校定。孝武增益三萬餘卷。徐度校，見崇文目序。劉宋六萬四千五百八十二卷〔一四〕，謝靈運校。此據舊唐書。隋志以爲六萬。齊萬五千七十四卷，王儉校。永明增益萬八千一卷。謝朏、王亮修。梁二萬三千百六卷，任昉部集。文裕云：梁武時公私七萬餘。梁晉通增集三萬餘卷。阮孝緒七目録。隋志萬五千，見牛弘表。大業中三萬七千。柳晉校〔一五〕，總嘉則殿書三十七萬卷，正本止此。隋志作正本八萬九千，陸文裕以爲七萬七千餘。唐開元中八萬二千三百八十四卷，新唐書序。開成中五萬六千四百餘。舊唐志敘載。宋慶曆中三萬六百六十九，崇文總目太平初正副止八萬。淳熙中四萬四千八十六。陳騤四庫目載。考諸史藝文志，往往與當時書目相左，或所記之異也。洪容齋謂御覽引用一千六百九十種，與姚鉉所類多不全有，而中興乃多於崇文，蓋增新籍也。桓譚新論言『漢梁子初、楊子林手録萬卷』，梁任昉四萬，唐蘇弁二萬，李泌三萬，皆存總目，而阮孝緒之四萬類例足徵。宋世家藏各目俱不見，惟尤延之遂初堂目今傳，若説郛節本則寥寥矣。李淑二萬三千三百八十，田鎬三萬。晁陳二目最善，見馬氏書。晁氏二萬四千五百，南陽井度傳録蜀中書甚富，舉以與公武，遂作讀書志。周密謂陳直齋宦中得五姓之書，乃能至五萬一千八十卷。又言前代杜兼萬卷，韋述二萬卷，吳兢西齋萬三千四百。周密家亦有四萬。濮安懿王之子宗綽蓄書七萬卷，南都王仲四萬三千今時刊本多，但有其資，亦易集也。因撮其數於此，令後人一覽而興懷焉。

古今書籍之大厄有十，而小厄不與焉。其曰八水二火者，誤也。牛弘謂五厄：秦火也，王莽也，漢末也，永嘉南渡也，周師入郢也。後又有五厄：大業也，天寶也，廣明也，靖康也，紹定也。大業時燼於廣陵，見通考。僖宗廣明，黄巢稱齊。厄水者：董卓遷都，載舟西上，罹寇沈溺，僅數船存，此見舊唐書經籍志後序；又隋嘉則殿書，亂後存八萬卷，王世充平，命宋遵貴舟載之，經砥柱漂没風浪，十僅一二，見隋志。王伯厚引之。此厄不在十厄之内。隋志又云：『齊末，兵火延燒秘閣，梁初任昉、殷鈞復部集之。』此亦一厄也。祥符八年，三館火。玉堂逢辰録亦記榮王宫火，典籍都盡，焚屋宇二千餘間。陳振孫曰『唐末五代之僅存，又厄於此』。亦一厄也。合此論之，朝廷書籍之厄凡十有三。魏了翁言江元叔所藏，爲僕竊入於安陸張氏者亦焚。宋宣獻書，元符中焚。晁文元累世之書，政和甲午焚。李端叔言宋綬家藏書〔一六〕，爲火所盡。周密亦言無不厄於兵火者。其家藏亦失。王仲言云：葉少藴藏書於霅川，丁卯與宅俱焚，而李泰發家書亦是歲火。物聚必災，亦其理也。

智每歎藏書難，讀書難，編論尤難。漢、隋、唐之志，皆因朝廷之力，此王堯臣、陳騤所以易從事也。宋士夫藏書，如李淑、宋綬、尤袤、晁子止、陳振孫之輩，皆稱好事，各有書目，閒爲評敘，較唐吴兢西齋、杜信東齋爲盛矣。夾漈之略，貴與之考，此至今昭昭者也。夾漈言前人編録有見名不見實者，有見前不見後者。以雜史上下分爲二家，隋唐二志不成條理。崇文目評廣記云：博采分門，則何以異於御覽？又譏孟堅之無倫類。不知班依子駿之舊也。貴與乃痛詆之，以竊通典之細注，而疏於田賦等。夫七音、六書，前所未發，經制之事，俱有成文，彼詳於難者耳。夾漈之卓犖，豈可没哉？編志依通典，猶漢書取史記，史記取國策、世本，不得不相因也。以董無心爲墨氏弟子，玉格入譜録，樹萱入草木，則誠爲少室山房所笑矣。貴與所編之經籍考，但取公武、直齋二録，中亦未免重誤，何以譏人？如李濟翁之資暇，一云『李匡義』，一云『李匡文』，文乃義之訛也。渚宫故事，云後周余知古撰；又渚宫舊事，云唐知古撰，載荆楚事。此晁氏少載其姓，而以其書言事止於唐也。西夏須知一卷，晁云：『劉温潤守延州，編蕃爾雅一卷，不載姓名。』而別條又有羌爾雅。元瑞亦並載之，不知其即蕃爾雅也。按宋史藝文志直載劉温潤蕃爾雅，此應據崇文目也。編年通載，晁氏曰『有朝張衡撰』，又見別條斷論，亦作章衡。按衡乃得象之孫，嘉裕二年進士第一，則是章衡浦城人矣。黄長睿譏王堯臣之失，而不知張萬福、酈炎皆有同名。書史緣羊欣之目，而附會學士陳遵，程懿卜原治篇遂據之。王洪洲自云補通考之漏，而自漏不免，又多以宋人書置元人之後。升菴以示兒編爲孫愷，以抄書者爲王融，猶云刻誤，如玉海、筆叢之毋照、尤襄也。而敘毋煚爲毋昭裔後，引管寧別傳以證幼安銀鉤之語，無乃如晦伯之所料乎？曩在都門，有聞見略記少爲廷尉公所藏。家君從璽卿還，逐日課之。所有經史諸監本、諸子百家及諸大類書、文集，表表者皆具，但無異書，及宋元諸經解、小説、天下志書未全耳。年二十出遊，徧訪諸藏書家，就抄其目，許借者借之。欲走越就祁公之四部，又以家信返止，與臥子定交，問其所藏書，正不必異書也。流寓白門，收焦顧兩家之遺。吳中所刻小説亦多。方選古今詩風，從事文集，終日諧際，潦倒詩酒，僕僕中偶然過目而已，固常自恨。通籍後即值老父在西曹，不與宴會，掩寓則讀書。又與鞏鴻圖、吳恭順往來，所收金石古文、漢唐碑搨，生平未見之書，舉其副悉以相遺，或得抄之。因以所見，録其大略，不必盡我所藏也。其宋唐以上有名無書者，輒列其名，或他書所稱引，如升菴、弱侯輩所載，皆別記條目；或好事家藏有論敘者，因而記之，概之曰聞。大約異書多僞，亦無大書，如永樂大典俱不可得見。然吾家藏，亦自足枕籍也。詎知流離至此，盡棄不問，追憶所記，彷佛夢中。嗟乎！若天許我還故鄉，抱少伯之漆書，畢朱虛之木榻，欲求尋常書册盈尺皆難，況其異乎？

嗟乎！生平雅志在經史，而不自我先如此，從刀箭之隙，伏窮谷之中，偷朝不及夕之蔭，以晢一旦之鼎鑊，隨筆雜記，作挂一漏萬之小説家言，豈不悲哉！愚道人今年三十六矣，讀書固有命。

校記

〔一〕游心　原無，據刊誤補遺補。

〔二〕恭　北史文苑樊遜傳作「參」。

〔三〕或　刊誤補遺改爲「暄」，即揭暄。

〔四〕玆　刊誤補遺改爲「並」。

〔五〕刊誤補遺云：「『始竟』以下十字宜删。」

〔六〕『非通』至『不惑』　原無，據刊誤補遺補。

〔七〕小注原爲大字，據例改。

〔八〕瞶　原作『聵』，據下文『从目』及刊誤補遺改。

〔九〕睉　原作『脞』，據下文『从目』及刊誤補遺改。

〔一〇〕内　周禮春官作『内史』。

〔一一〕通曰　原作『又按』，據刊誤補遺改。

〔一二〕从　原作『以』，形近而誤。

〔一三〕玉　當作「書」。

〔一四〕六萬　原無，據刊誤補遺補。

〔一五〕昚　原誤作「晳」。

〔一六〕綬　原誤作「緩」，據刊誤補遺改。

通雅卷之四

釋詁 古雋

鑿空，猶弄空也；鑿行，謂生事也。鑿隷作鑿，泝古作鑿。前漢書張騫傳云『然騫鑿空』，注顔師古以爲空讀如孔，謂鑿孔以通山路。此則迂謬極矣。後人遂以遠征用鑿空字。唐詩胡無人行曰：『十月繁霜下，征人遠鑿空。雲摇錦車節，海照角端弓。』升菴以爲征人向空中行，如鑿空然。不察其沿誤，而又賞之，且引唐地記『開山洞，置珍州』。鑿空文言之；開洞，質言之。如此足噴飯者，何晦伯、元瑞遂讓此老邪？智按：騫鑿空者，史斷語也。謂武帝好大，騫善爲遠大奇瑰之言以動至尊，猶今人所謂弄空、走空耳。又按：公羊傳曰：『公鑿行也。』猶更造之意。公本欲會晉伐秦，途過京師，復生事修朝禮，故曰鑿行。此可相證，亦將以鑿孔解之乎？鑿，集韻作鑿、鑿、鑿，又作鑿。巵言曰：『漢司隷楊厥碑「鑿通石門」，洪适不識爲何字。蓋即鑿字。如匝作迊，匹作辶，匣作迊，陋作陋，謂之隷變。干禄字書可考。唐人書葉法師碑，宋人書杜詩「禹鑿寒江」之句，皆作鑿。』智按：鑿亦訛，乃隸作逹。陳大科曰介甫父子穿逹，是也。然今隸韻楊厥碑作鑿，而六一題跋載楊厥碑文：『「巛靈定位，川澤攸用，余谷之川，其澤南隆。凡此四道，垓鬲允艱。至於永平，其有四年，詔書開余，鑿通石門。中遭元二，四荒虚殘，橋梁斷紀，子午復循。於是楊厥字孟文，奏請度經。至建和二年，漢中太守王升字稚紀勒石頌德。」辭大略如此。以巛爲坤，以余爲斜。獨建定帝位以漢詆焉，未詳。建和，桓帝年號。』此永叔時已釋鑿字，何言洪适不識邪？智在鞏鴻圖處，見有翻刻榻者亦不作逹，或翻者改之乎？永叔且記巛爲坤，余爲斜，詆未詳，倘是逹字，豈不指出？或卮言亦抄他人語邪？張公神作鑿，鄘閣頌作鑿，禮殿記作鑿，六書統作𣪠。總考説文，鑿從凿，象舂形，而無凿。蓋凿即古𣪠字，象形，而小篆分加鑿、鑿耳。逹乃逹之省文變體也。

六岺，六計也。管子輕重戊篇曰：『虙戲作造六岺，以迎陰陽，作九九之數，以合天道，而天下化之。周人之王，循六岺，行陰陽。』舊以岺字未詳，一切字書皆不收入。智按：委宛編以六計解之，升菴之説也。則當爲計音，以企本是跂音也。又辛子文號計研，漢碑作岺研。王若谷曰：『六岺，其如周髀算法乎？』又按：宋景祐中得一鐘，有銘在其腹，曰：『岺作朕皇祖文考寶龢鐘，岺其萬年子子孫孫永寶用享。』與王朴夷則清聲合，而其形側垂。王伯厚載之。今釋作歪矣。篆從大，屈其一畫向上，非從山也。鄺湛若言峷爲司計之官名。智以爲人名。董逌跋此鐘曰：『託於下歪，自漢如此，周人未嘗有此。夫以作宗器薦之祖廟，宜刻名以自列，況於子孫，其可以名廢邪？禮官曰：銘稱皇祖文考，謂祖文王也，世數雖遠，蓋推本原。不然，昔衛莊公曰皇祖文王，列祖康叔，文祖襄公，古人稱文祖文考，不必舉謚。如襄公曰文祖，則可以考矣。豈必文王之子而謂文考，以其皇祖稱考，又不可不附其説。古器刻銘，若赓作文考尊，師餘作文考彝，戠作文考敦，豈皆以文王享乎？』今考鐘銘篆作峷，古法歪從夭，此非歪明矣。當是作鐘之人名，或即峷字，未可知也。

亭毒，存養也。列子曰『亭之毒之』，注：『亭以品其形，毒以成其質。』此毒音餘六切，古毒與育同。周易『以此毒天下』，歸藏易大畜小畜作大毒小毒，蓋毒亦畜也。今人每用亭毒，而呼爲荼毒，誤久矣。其言荼毒者，説文：『毒，厚也。害人之草，往往而生。从草从毒〔一〕。』徒沃切。孫陸復收毒字，後人省草，借義久，而正義本音反忘之矣。毒有歹音，從土，當有讀音，此必有所因。而今流失爲從士耳。荼毒之毒從草，育毒之毒上從生，下從母，今尚有毓字，從母從㐬，㐬音突，子初生也。余斷以爲毒害之毒從艸，毒聲。孫愐未詳，更加毒字，梅氏亦未分明。又有毒音買，當是音歹，若欲楷別，當從毒。元滿曰：『毒，生厚也，音篤。説文訛從艸毒，混毒。』按：篤、竺、畜、育古通音，則音篤可通，而從毒之原不可廢。

款乃，摇船聲也。　此字用款乃，音襖靄久矣。黄公紹案項氏家説曰：『劉蜕集有湖中靄迺歌。劉言史瀟湘詩有「聞歌靄乃深峽裏」。元次山有湖南款乃歌。後人因柳子厚有注云「一本作襖靄」，遂欲音款爲襖，音乃爲靄，不知彼注甚明，非竟音也。黄山谷不加深考，遂從而實之。』智又按：昭武嚴次山有款乃集。陳氏曰款音靄，乃如字。蓋靄迺、襖靄，不妨並行。戴合溪豈未見直翁、貴與之書乎？其云款者欸之誤，欸有靄音也。閱冷齋夜話載『洪駒父曰：柳子厚詩「欸靄一聲山水緑」，欸音奥，而世俗乃分欸爲兩字，誤矣。』其第五卷又重載一條曰：『欸靄，三老相呼聲。』此必詳考矣，豈所傳之本異乎？姚寛言：『今人誤合二字爲一』，王元美並不引諸説，但曰：『子厚之「款乃」〔二〕，湘中人泣舜之餘聲也。』此説殊支，趙凡夫作丂款，專附襖靄之聲。

相於，猶阿與也。　杜詩『良友幸相於』，曹子建樂府曰『廣情故心相於』，向以爲『相於』二字如此。智閲孔北海集與韋甫休書曰：『閒僻疾動，不得與足下岸幘廣坐，舉杯相於，以爲邑邑。』則漢末常語也。字書説爾汝之汝作女，女者相於之辭，後人借汝水以別之。方言：『謳，誨與也。荆秦曰誨與。』猶秦晉言阿與，阿與阿誨皆口聲。朴言之曰阿與，文言之曰相於，即如今人稱交好爲相與，於字之轉也。

於于，舒緩也。莊子：『於于以蓋衆。』注以爲夸毗，非也。此蓋謂其揖讓舒緩之貌。易則易，于則于，于于然亦謂此也。於爲發聲，于爲氣出，連用之，正狀其聲容耳。

株橜，言高橛不動也。退之送文暢師：『胸庨豁剾株橜〔三〕。』此用莊列也。列子曰：『吾處也若橜株駒。』李頤曰：『橜，豎也。株駒，樹木也。』崔譔曰：『斷樹也。』莊子作橛株枸。説苑曰：『吴王曰：今日吾譏晏子也，猶倮而訾高橛者。』古人皆以好高拘執爲橛株之目，猶今云一橛頭禪。荀子言『周公身如斷菑』。菑立木，亦謂如橛也。

昆于，猶昆吾也。説文：『歠，昆干，不可知也。』古渾切。箋云『未詳』。余久疑之。一曰見六書索隱載『歠，昆干，不可知也。禹父名，今作鯀、鮌、鯀，並非音混，古渾乃孫氏之音，渾亦可上聲也』。王昭明同文備考，亦引説文『昆干不可知也』。䍃爲古文混。張氏曰：

『㚔乃鱓字。今草魚曰鱓魚。歡正從雈，小篆作眔加魚，筆改爲罤也。』按説文『䖵，昆吾圜器也』。始知昆吾、昆侖者，古皆以爲圓渾之通稱。故山象之而名崑崙，言其狀混侖，猶言混沌也。昆吾是圓椎之象，如漢執金吾，程大昌考爲金釦之仗，執金吾爲駕前侍衛也。智見茶經『搵，若今河隴軍人木吾』，可知當時呼圓椎之類爲吾。師古謂金吾爲鳥名，誤豈待言哉？吾之聲多通爲于，古稱我爲吾，亦爲予。瓠子歌『吾山』即魚山。騶虞一作騶吾。吾丘壽王文選作虞丘，可證也。如淳于之形，敦敦然圓渾，故呼之。其匾者曰盂，亦謂其圓也。説文訓歡，蓋言爲圓椎混侖之狀不可知耳。屈原言鮌倖直，或狀其厚貌渾淪而名之。證昆干爲昆于〔四〕，確然無疑。錞于音淳，似有淳于縣也。古淳與敦同，自當讀錞于爲敦于。又按吾于之聲，喦唇點舌，則爲都盧。唐人以觜尖爲都盧。國語曰：『侏儒扶盧。』韋氏謂『扶，緣也』。上高竿者，漢曰都盧。師古曰：『都盧國人善緣。』陳後山以唐人名都盧緣，謂矛戟之柲也〔五〕。按考工記之廬讀作盧，洪景盧奇之。凡圓者謂之盧，古語因吾于而轉也。戈戟之柄圓，故謂之盧，不必引攢竹爲柲也。瓠曰瓠盧，後以其可盛曰壺盧，頭圓故名頭盧，後人加骨加頁別之。可證。

久之，猶拄之也。　説文：『久，从後灸之，象兩脛後有距也。』引周禮『久諸牆以觀其撓』。

今考工：『盧人灸諸牆，以眂其撓之均也。』注：『灸，拄也。橫拄之兩墻閒，以審其盧柄、本京、强弱均否。』許氏所云從後灸之，亦謂從後拄之也。士喪禮：『夏祝鬻餘飯，用二鬲於西牆下，冪用疏布久之。』康成注：『久謂若灸，以蓋塞口也。』公彥曰：『灸，塞義。』既夕曰：『苞二、筲三、甕三、甒二，皆木桁久之。』合溪疑所久者在木桁，此不必矣。注：『桁，所以庪也。』古久注音通，正猶斗之音主，丘之與區，揄之爲九也。考工疏『灸音救』，故康成別之，猶今言拄有去聲。

詩負之，詩懷之，猶言持之也。內則：『世子生，卜士負之，言者齋宿，朝服寢門外詩負之。』注：『詩，承也。』少牢饋食禮：『詩懷之，挂於季指。』注：『詩猶承也。』京山曰：『詩，志也，志在負之。』愚以爲詩、持聲通，注疏亦言『維持扶抱』，而不指通聲之原。曰『詩負之』，慎重其事，負之而又持之。『詩懷之』，謂懷之勿露，而又持之恐失，故挂於季指。挂猶掛一之掛，言夾也。

古俗好吹竽，故有盜竽、濫竽之喻言。老子曰：『服文采，帶利劍，厭飲食，資貨有餘，是謂盜竽。』今本作盜夸。弱侯依韓非子解作盜竽。竽五聲之長，竽先則鐘瑟皆隨，言大姦唱則小盜和也。然陸希聲、蘇子由、吕吉甫、李息齋皆主盜夸之説。升菴載文子亦有盜竽之語。今人曰濫竽，則因齊宣王吹竽必三百人，劉實崇讓論亦引之。庾易傳有『懷鼠知慚，濫竽自恥』之語。

列禦寇篇：『小夫之人，不離苞苴竿牘。』注：『相問遺竿摩，猶干劘也。竿牘，竹簡也。』雁門太守行：『財用錢三十，買繩禮竿。』升菴曰：『即莊子所謂竿牘也。』京山曰：『古呼澗爲干，呼簡爲竿，則竿牘即簡牘，猶鳿之爲雁，个之爲介也。』智按：『考槃在澗』，韓詩作『干』可證。董卓傳：『時人號爲竿摩車。』竿摩，猶干劘也。今俗以事干人亦謂相竿摩。今人合而解之曰竿牘，干瀆也，因事借説可耳。升菴轉注古音，亦不知干之爲澗，不之爲丕，負之爲背。

道應訓曰：『玄鬢齹然，盧敖上駕，柸治悖若有喪也。』注：『柸音坯，楚人謂恨不得爲柸治，猶今之癡也。』癡轉爲獃，猶咍之有嗤音也，柸乃柸治與誒詒、僜佁互通，蚩誒即癡誒。

發語聲。説文：『詒，相欺詒也。』音盈之切。莊子達生篇『誒詒數日』，注：『僜佁，失魄魂貌。』李軌音台，今代韻音怠，此二字可讀噫蚩，可讀愛泰。史記『紿』注：音治，江南呼欺曰詒，通作紿。三國志裴松之曰：『毛嘉蚩騃，語輒自謂侯身。』蚩騃即癡騃。方言曰：『殘罵謂之鉗，又謂之痕，癡騃也。』景純音吾駭反。此晉時語。『昌邑王清狂不惠』，注：蘇林曰：『清狂如今白癡。』林字彥友，魏秘書監。則魏時先有白癡之語。

升菴引楊子與衡波傳孔子雉噫之歌，彼雉噫之聲，猶兮噫之聲也。兮與侯通，侯與唯通。婦歌是也。雉噫，歌歎聲。智按：子雲甘泉賦『列辛雉于林薄』，即辛夷，則子雲讀雉平聲也。且以足其歎聲之意。文心雕龍所引嗚嗚雉雉，亦聲也，雉雉蓋哈哆之轉。淮南『啳睽哆嗚』，正言開口出聲之醜，而高誘音權葵夸麾，説文音哆爲丁可切，皆非也。毛詩音扯口微張貌，得之矣。如哈今音台，不知本音蚩也。三侯，三兮也。史樂書：『高祖過沛，詩三侯之章。』索隱曰：『侯、兮，皆語詞。沛大風詩有三兮。』按古兮、侯通用，侯又與唯通，唯多作維，或用詩末，或用發語，唯從口隹聲，轉而爲應聲耳，本義固與嗚通。唐歌于蔿于，蔿亦嗚聲也。以六書本指論之，出口爲亏，啓齒爲兮，嘬口虛送爲乎，滿口爲唯。後因唯爲應聲，故或用唯，或用嗚耳。呼與胡近，胡與喉通，謡歌鼓嚨胡即鼓嚨喉，可以推矣。開口或作伊，或作繄，或作於，或作爰。於爲歎詞，而輕則爲于，又轉爲爰，于時爰處是也。兮亦作猗，亦作忌，秦誓『斷斷猗』，大學作『兮』。大宗師『我猶爲人猗』，詩『叔善射忌』，皆語詞。

或以論語雌雉三嗅爲三噫，乃彼婦出走四句之後一章。

丘蓋，區蓋也。　申公傳：『疑者丘蓋不言。』如淳曰：『齊人以不知爲丘。』師古曰：『非也。引蓋有不知而作，我無是也，用孔子之名。』直翁曰：『丘與區通，區蓋，不言也。』智按：說文「表傒，有所藏匿也。區，踦區，藏匿也。从「音傒，胡禮切。是凡言區者有所藏也。荀子曰：『言之信者，在乎區蓋之間。』若依顏說，引孔子之名而下連蓋字，則比六朝人之盇合，更不通矣。丘之與區，古人通用。楚元王傳謂空爲丘，王武傳訓丘爲區，刊謬正俗言丘區宇禹。余前論引詳悉，可以互證。

逗留，止也。　光武紀『逗留』注，李賢曰：『逗，古住字，今有豆音。』以古之斗有主音，斗與逗通也。唐韻收入宥韻，作逗遛，俗乃作逗露用。

朅來、忽來，猶何來也。　今語詞用朅來，猶聿來也。楚辭：『車既駕兮朅而歸〔六〕。』舊注：『朅，去也。』又呂覽：『膠鬲見武王於鮪水，曰：「西伯朅去，無欺我也。」武王曰：「不子欺，將伐殷也。」膠鬲曰：「朅至。」武王曰：「將以甲子日至。」』升菴曰：『朅，猶盍也。以盍而來爲更勝。』鄺氏曰：『朅，忽也。忽與朅同韻，不惟其義通，其音亦近矣。朅而歸，與膠鬲之言朅去，皆以忽訓爲順。文選注：劉向七言曰「朅來歸耕永自疏」，顔延年秋胡詩曰「朅來空復辭」，亦作忽來解，佳。』按：朅從何來，何轉入聲，是矣。得其原，又奚争盇與忽？

幾將，猶言幾欲也。荀子曰：『時幾將矣。』注：『將，去也。』此解非也。蓋言幾將是矣，歇後語也。列子注：『佹成者，幾欲之貌。』漢郊祀歌：『九夷賓將〔七〕。』將，從也。北史『將牢太過』，猶言持牢耳。此各有聲意，不可執一。

危得，猶言殆也。漢書宣元六王傳：『我危得之。』注：『危，殆也。我殆得爲天子，猶今之言險不得之也。』唐李抱眞傳：『餌孫季長二萬丸而病。季長謂太玄曰：「危得仙。」』後人曰：殆字直如幾將之意。南史：顔師伯樗蒲曰幾得。

敻求，即營求、讂充，言營營而動也。管子曰：『讂充，言心也。心欲忠，末衡言耳目也，耳目欲端。』讂音楦。按：從敻，音呼正切，近兄去聲。營求也，又音絢。説文引尚書『敻求諸野』，則敻即營字矣。典引曰『上哉敻乎』，則言其迥遠也。吕覽『敻明』，古樂府『于嗟敻兮』，上林賦『倏敻遠去』，敻與迥同，亦與洞通，遠也。蓋因營而轉爲上聲耳。今作夐者誤。讒充當是營充，言心之營求充動也。

鴟夷之言因於鴟夷，謂踞而熟視也。淮南子『鴟夷』，熟視貌。按：夷者，踞也，鴟夷爲壺名，亦謂踞地之狀。故芋魁庳遝，亦號蹲鴟。水經注曰：『漢水之山，開山圖謂之仇夷，其頂平，有田百頃，煮土成鹽。』因頂平曰夷。夷踞謂與地等夷也。王觀國學林新編論鴟夷子，引范蠡及酒箴，升菴辨西施之死，以伍子胥曾盛鴟夷投之江。猶未及墨子鴟夷一事。墨子曰：『孔子怒景公不封己，乃樹鴟夷子皮於田常之門。』孔叢子作詰墨，言孔子無此事。陳水南辨鴟夷子皮告闞氏之難，非范蠡。

每生，憑生也。賈誼賦『品庶每生』，孟康注：『每生，貪生也。』班固敘傳：『每生有禍。』又後漢孔融贊曰：『豈有圓刓委曲可以每其生哉？』史記作『品庶馮生』。馮猶憑河之憑，一往憑恃之意也。方言：『憑齘苛怒也。楚曰憑。』天問曰：『康回憑怒。』蓋憑恃即有怒意。淮南『帽憑而爲義』，言冒昧憑恃而爲之。則每生有冒生昧生之意。古尚書昧昧與梅梅、媒媒、每每通聲。古人以聲狀義，多半如此。

墨杘，借爲多詐貌。列子『墨杘，借䉛器之滑而狀人之詐也。杘本屎，李士龍音你，絡絲器，借爲多詐貌。列子『墨杘單至，眠娗憋懯，㛸斫𤡬忦』，皆言詐狀。孫愐寘韻收杘，尸利切，杘嚜多詐。方言：『央亡墨杘，姡獪也。』戴侗引墨杘音眉癡。何子元餘冬序録曰：『列子墨杘單至，眠娗。音眉癡，戰咥緬澳。』皮日休反招魂：『上暖妹而下墨杘。』方子謙止收紙韻之柅，本作杘，而杘字下復云寘韻嚜杘，欺也。別見列子本乎？此大誤矣。顧遯園詮俗：『笑曰嚜杘，音迷兮。』亦是因訛而造。杘自有希音，『民今方殿杘』是也。説文引詩『民之方唸吚』。郭璞讀方言脈蜴如覓析，慴恑如麗醯，謂輕易蚩弄也。則與顧音嚜杘之意同。

温蠖，言塵滓深曲之狀也。楚辭漁父篇：『安能以皓皓之白，而受世俗之塵埃乎？』史記作温蠖。朱子曰：『白音薄，與蠖叶韻。然或漢時楚人改之，必當時解温蠖爲塵埃也。』智謂北人讀曰爲幫該切〔八〕，則正與埃叶，不必以此正史記之是也。甘泉賦：『天子璇題玉英，淵蜎蠖濩之中。』注：『屋中深廣也。』黄公紹曰刻鏤貌。此言温蠖者，温去聲，言塵滓深曲之狀也。郝氏謂温蠖之合音爲污。

歀款，言轂式也。　秦權銘：『有曰不壹歀款者，皆壹明之。』彥遠書：『開皇二年，長安得秦權，旁有塗金鐫字，家訓所傳鼎從鼎，而此從貝；壹從壺，吉聲，專也。顏之推嘗被詔爲讀，謂史記「隗林」當從權作狀，久遠書訛也。李元吉又得一秦權，銘曰平陽斤，其文同。京兆田氏亦得銅鍰有篆，即秦權銘。說文作欵，省作款，今所見權篆作款，則款反有自來矣。歀款，言天下不一而歀于款者，猶轂式也。說文違背宜作轂。』智按：此說是，一作壹者，取其文茂美耳。嶧碑已用之矣。必以專壹解之者，彥遠之拘也。

鉤𧸛，分析也。裁木爲器曰𧸛，裂帛爲衣曰槻。　漢藝文志曰：『礊者爲之，則苟鉤𧸛析亂而已。』礊，音叫。訐也。𧸛，普狄切。破也。智按：錫韻不收，當是劈之緟文。蜀都賦曰『𧸛槻兼呈』，注：『裁木爲器曰𧸛，裂帛爲衣曰槻。』𧸛從𠂢，見方言，今作𧸛。此二字他無合用者。太冲取其爲梁益方言耳。升菴作䖤，䖤爪是韓道昭所收，從𠂢者聲，從爪者意。

俷德，猶偝德也。　偝與背、倍、北、悖皆通。史記三王世家『毋俷德』，注：『俷，敗也。』其寔與背字通。楚望引之。智又按：班幽通賦：『滔滔而不葩兮，卒捐身乎世禍。』注：『葩，避也。一本作腓。』此亦悖字之義。履按：漢書作『毋棐德』。棐薄也〔九〕，與菲同。

監寐，假寐也，或作鑒寐。後漢劉陶傳：『屏營傍徨，不能監寐。』南齊武帝詔：『永思民瘼，弗忘鑒寐。』梁武帝詔：『興言夕惕，無忘鑒寐。』並與假寐同。監，視也，寐而未瞑，故借監、鑒作字義。

譙詬，言譙讓垢辱也。譙讓，一作誚讓。呂覽曰：『鷄狗牛馬，不可譙詬遇之。』賈生㚖詬亡節，伍員剛戾忍訽，訽詬皆與垢同。石奮傳『不譙讓』，一作誚讓。説文：『譙，嬈譊也。』讀若嚼，才肖切。誚古文譙。』書曰：『未敢誚公。』讓，相責讓，今讀上聲。

康回，言安思回邪也。圖迴，言回環匑思也。久湫文：『康回無邍。』邍即道，釋者欲改康爲庸，非矣。猶左傳言州吁阻兵而安忍也。荀子：『圖迴天下于掌上。』迴即回。墨子迴車。歐陽曰古無迴字，蓋回即雷，水回爲回，後人加別爲迴。天問『康回憑怒』，即共工。

滿讕猶謫讕也，言詑謾而嚂口也。元命包：『醜㹫㹫，音臻。言讕讕，音闌。到也。』毛晃曰：『詆讕也。』丁度亦作調讕。前書谷永傳：『滿讕誣天。』唐郎餘令傳：『兄餘慶爲交州都督，有司馬裴敬敷與餘慶雅故，以事詟餘慶婢父，婢方孌，譖敬敷死。又哀貨無藝，民詣闕訟之，使者按餘慶滿讕。』則滿讕即謾讕也。謾古作謾。謨官切。漢表有面謾，急就有謾訑。音夷。九章曰『或訑謾而不疑』，楚辭用慢訑。龜筴傳『誕謾』，注：『誕一作訑。』

午達、交午、午割，皆謂中分四達也，旁午一作蓬午。禮記外傳注：『主四向孔穴，午達相通。』内則：『翦髮爲鬌，男角女羈。』注：『夾囟曰角，午達曰羈。』疏云儀禮注曰：『一縱一横曰午，言在頂正中，角則兩角相對，羈者隻也。』旁蓬通音，亦謂直衝曰午，横旋曰蓬。漢有交午木，亦指交午之象。特牲饋食禮：『肵俎心舌，去本末午割之。』注：『午割，縱横割之，勿没勿絶也。』謂四破如副瓜，亦交午也。魏書張淵傳：『或取證於逢公，或推變於衝午。』謂午之對衝爲虚宿，禆竈占知周王楚子死。

愅詭，猶弔詭也。荀子『愅詭』，注：『變異感動之容。』直翁引説文愅音革。今按：説文無愅有諽，餙也，更也。讀若戒。北人讀革爲戒耳。革有極音，故亦稱極詭。莊子弔詭，舊説如弔由靈之弔，至也。愚謂弔詭猶釣詭，今之釣譽，非詭而何？

熏轑，言熏灼轑轢也。　前書：『杜鄴奏方進熏轑天下。』又曰『熏胥』。又曰『刻轢宗室』。熏轑即熏轢也，音歷。轑爲車弓椽，輪亦有轑，輪而踐轢，聲義皆通。漢書『得之重轢』，或言重橑，可證也。後漢馬廖傳：『聲熏天地。』隋書李德林傳：『崔諶減騎餘五，曰不得令李生怪人熛灼。』唐書『熏爲太平』。宋表『熛匋』。熛、薰、熏同。

通侻，猶輕脱也。　王粲傳：『劉表以粲體弱通侻。』隋書陸爽傳：『侯白性通侻。』蜀志：『李譔體輕脱。』

渾脱，猶言活脱也。　唐郭山惲傳：『宗晉卿舞渾脱，張洽舞黃麞。』王省曰：『長孫無忌以烏羊毛爲渾脱氈帽，人效之，號趙公渾脱。』如意初，里歌曰：『黃麞黃麞草裏藏，彎弓射爾傷。』杜有公孫大娘渾脱舞詩。渾脱者，亦卞戲拍張之遺也。哀紀：『時覽卞射武戲。』甘延壽傳『試弁』，注：『弁，手搏也。』弁卞同。吳興有卞山，形如弁。緯略作抃戲。文按韜韃，以殺小牛羊爲渾脱。曰渾脱舞者，亦蕃語也。中國渾脱蓋活脱之轉。草名活兑，音活脱，即通脱木，言其靈通活脱也。則當時人有此語可知。三國志：『子建見邯鄲淳，科頭拍袒。』正拍張渾脱也。

論倫，辨而有序也。樂書：『論倫無患。』論雅頌之詞，倫律吕之音。郝氏曰：『論，辨也，猶皦如也。倫，序也，猶繹如也。』此解是。鄭氏易：『屯象以經綸。』陸德明曰：『一本作「經倫」。』

磨蝎，忌犯也。梁書：『太清元年行大捨曰羯磨。』東坡志林曰：『退之詩云「我生之辰，月宿直斗」，乃知退之磨蝎爲身宫，而僕乃以磨蝎爲命，平生多得謗譽，殆同病也。』術家之磨蝎，本於羯磨。梵云蝎磨，此云作白。作白，猶布薩也。受戒三番，每月自白其所犯。作白，令其白也。

歍欽〔一〇〕，猶歍歈也。伯牙水仙操曰：『歍欽傷宫仙不還。』伯姬引亦用『歍欽何辜』。説文『歍歈』，歈，才六切。歍即嗚。説文又有歑。則烏乎、於戲、嗚嘑、歍歑，一也。漢樊敏碑『歍嘑懷氏』，可證。

听然，即囅然也。　哈，嗤也。　呂安謂嵇康：『我輩稍有菜色，反爲肉食輩所哂。』通作听。上林賦：『無是公听然而笑。』注作齗，齒本也。　又通作吲。　晉書：王猛辭司徒疏：『田千秋一言致相，匈奴吲之。』又通作矧。　曲禮『笑不至矧』，注：『齒本也，大笑則見。』宋書王弘傳：『孫叔未進，優孟見弞。』又通作囅。　音賑。　莊子：『桓公囅然而笑〔一一〕。』一本作囅。左思：『東吳王孫，囅然而哈。』並與哂通。　此字當從説文之弞爲正，笑不壞面也。　通作矧，别作哂、吲、听、囅，囅通作吲，楚人謂相笑爲哈。　楚辭曰：『衆兆所哈。』舊音胎。　余按：即是嗤字，古台音怡，觀今治怡之音，則可想矣。

嗢噱，大笑也。　魏志注裴松之曰：『鍾繇得書嗢噱。』陸法言曰：『嗢噱，大笑也。』『班伯談笑大噱。』或作嘘，通作谷，啣亦通作腰。　廣韻曰：『腰腰，大笑也。』校獵賦注：『口中之上下曰噱。』則是『嘉肴脾臄』之臄也。　余嘗不解笑字之義，以爲竹得風而笑，未敢安也。　長箋曰：『笑，竹笥放二葉也。』漢書多作咲。　薛宣傳『壹关相樂』，注：『关古笑字。』則當以咲爲正。　宋温革隱窟雜志：『塗抹鞋底之事，傳爲嗢噱。』嗢，乙骨切。　張彦遠載庾元威論書曰：『許慎門徒，居然嗢噱。』

盧胡，笑在喉閒聲也。　後漢應劭傳：『宋愚夫寶燕石，緹緭十重，觀之者掩口盧胡而笑。』孔叢子曰：『盧胡大笑。』按：胡，喉也。漢書『捽胡』，捽其喉也。盧胡正狀其掩口之聲。或曰『狼跋其胡』，亦跋其喉閒肉也。喉閒肉垂，故云。又曰掩口則笑不出聲，非哄然大笑矣。

軒然，軒渠也。　後漢方技薊子訓傳：『軒渠笑自若。』天禄閣外史曰：『韓王軒然仰笑。』即軒渠也。軒本前昂，故借爲軒軒與軒仰也。東坡書山谷草書後云：『他日黔安見之，當捧腹軒渠。』正用此字。捧腹出日者傳。黄朝英曰：『軒渠字義，舉體就之也。』

與謣、邪許，舉重唱呼也。　舉大木者，前邪後許。邪在中原韻爲亨遮反〔一二〕，許音虎。古聲紀有邪許歌〔一三〕。又有嘘嘆歌，注與邪許同。劉晝曰：『牽石拕舟，必歌嘘嘆。』昔有謂聲重爲邪許，聲輕爲嘘嘆者。由今論之，嘘嘆亦不讀作許與矣。凡將篇曰：『淮南、鄭、蔡舞嗙喻』，樂苑載螃喻、於遮，皆曲名。是皆指其聲也。南史曹景宗傳：『宅中邪呼。』可以知亨遮之音矣。樂府有企喻歌，當亦嗙喻之遺。呂覽淫辭篇：『舉大木者前呼與謣，後亦應之。』淮南子作『邪許』。方子謙曰：『今人上梁之中，稱兒郎偉，即邪虎類也。』此何孟春説也。

覬費，猶出納之吝也。太冲吴都賦：『簡其華質，則覬費錦繢。』吕延濟曰：『覬費，依稀也。』按方言：『貪而不施曰覬，或謂之嗇。』覬音意。漢書『不足以壹費』，訛爲覬。方言臆造，而左思采獲之耳。

震攄，猶搴挐也。蜀志：『許慈、胡潛時尋楚撻，以相震攄。』攄，虚晚反。孫愐曰：『以手約物曰攄。』説文有掕字，因掀重其聲即掕也，巨言切。漢書『矯虔吏』，即撟掕也。趙氏曰：『吴言以肩負重曰掕，借相訐告曰掕。』孫愐不收掕字，增攄字。或曰攄乃攐字之轉耳，攐但當作搴。

駊歷，言明揚閱歷也。汪太函、李本寧、阮邵武下筆嘗用『駊歷中外』，後人襲之，訛爲駊歷，又訛讀爲踼歷。殊可笑也。按温公鑑：『牛仙客加尚書，九齡曰：「惟舊相及駊歷中外者爲之。」』按説文：『駊，古文揚，與章切。駊，侮也，以豉切。』今人讀踼歷者固非，即讀試歷者亦非。若以書序有歷試諸艱之文，則當用歷試，何必駊歷。豈張曲江誤邪？駊歷則是侮歷矣。温子昇舜廟碑：『感夢長眉，明皦仄陋。』可證。

介倪，猶那倪也。　莊子曰：『馬知介倪。』音義云：『介倪，猶那倪也。崔云：介出俾倪也。介音戞。』愚謂讀如戞囓。韻會隉作戣，集韻又作掜。可證。

拱押，猶拱挹也。　荀子議兵篇：『湯武之誅桀紂，拱挹指揮。』仲長統傳：『拱押天人矣。』注：『拱，執也；押，檻也。』此不知古音也。邑有壓音，拱押即拱挹之轉也。挹本與揖通。晏子曰：『下車挹之。』即揖也。或曰拱押即撿押。楊子『蠢迾撿押』，注：『隱括也。』

垄梁，即陸梁也。陸溺，猶陸沉也。　史記：『南越陸梁。』言屈强也。説文『垄』訓下，一曰垄梁。此自是古人口語也。東方朔歌『陸沉于俗』，桓温言『神州陸沉』，言陸地沉陷也。鶡冠子用『陸溺』，亦是此意。

直禄、尸禄，猶持禄也。　漢書馬宫傳贊：『醖藉可也，然皆持禄保位。』鮑宣傳：『默拱尸禄。』朱靈傳：『亡以益民，皆尸位素餐。』許后傳：『曠職尸官。』師古皆曰：『尸，主也。』智謂惡之之辭，蓋謂行尸持禄耳。韋賢傳曰：『豈不牽位？』亦云主位乎？管子曰：『上惛則隟不計，而司聲直禄。』謂言者素飱也。郊祀志：郂鼎銘，張敞迹古文曰：『王命尸臣，官此栒邑。』師古曰：『尸臣，主事之臣也。』此則主訓爲是。

拊膈，猶拮隔也。荀子：『尚附之膈。』司馬貞曰：『拊膈謂懸鐘格。』長楊賦：『拮隔鳴球〔一四〕。』師古曰：『拮隔，擊考。』公紹音拮爲戛。

睢剌，禍亂也。南都賦『天地之睢剌』。太史公書：『私心剌謬。』劉向傳：『朝臣舛午，膠戾乖剌。』此數剌字，皆讀如謚法之剌，從朿從刀〔一五〕，音郎達切〔一六〕，與刺字不同。刺繡、刺面、刺船，皆七迹切，謁人名刺則音次，以剌刺別之。

些、之助辭，猶斯也。楚辭注音蘇个切，韻會又入麻、哿、霽韻。存中曰：『夔、峽、湖、湘人，凡禁咒語末，皆云娑婆訶，三合而爲些也。』巖下放言非之。博物志有止些山。杜詩『和親邏些城』，則因羅娑川而借用也。其實些字之音，本于斯字。張氏曰：『詩「恩斯勤斯」「彼何人斯」之類，並與些同。』方子謙曰：『斯字亦在先韻，音鮮。詩「有兔斯首」，箋云：

「斯，白也。今俗語鮮白之字作鮮〔一七〕，齊魯之閒聲近斯。」孔穎達曰：「鮮而變爲斯者，齊魯之閒，其語鮮、斯聲相近。」歌韻叶音梭。孔子臨河歌：「狄之水兮風揚波，舟楫顛倒更相加，歸來歸來斯爲斯。」斯合韻音莎，如楚辭之些。此知些、梭、斯、鮮爲一音也。俗今以少爲些，漢左雄傳：『鄉官吏部，職斯禄薄。』言官小也。斯與些同。凡時少曰『斯須』，物少曰『些須』，其義本同，一聲之轉耳。晉後則專用入車遮韻。升菴引唐人呰呰爲些字，智則以𡖖爲古些字，見石經『𡖖𡖖有屋』。

恫疑，猶洞疑也。陰喝，猶虚喝也。遷後小序：『惠之早霣，諸呂不台。大臣洞疑，遂及宗禍。』此得力大臣之疑也。國策：『蘇秦説齊宣王曰：「恫疑虚喝，高躍而不敢進。」』注：『喝一作偈，恫痛也。言疑之甚也。』智謂恫正是史記之洞，言秦以虚聲喝齊，故作險譎深洞之謀，使人疑也。竇憲傳：『陰喝不得對。』喝又作猲。王子侯表：『平城侯禮，河間憲獻王子也〔一八〕，坐恐猲取鷄，免。葛魁侯寬坐縛家吏，恐猲受賕，棄市。』升菴引此表，恐猲作愒猲。

供張，供具張設也。疏廣傳：『供張東都門外。』黥布傳：『供張如王者居。』龔遂傳：『王生爲水衡丞，典上林禁苑，共張宫館。』張去聲。左傳：『張吾三軍。』又曰：『羸師以張之。』班超傳：『雄張南道。』張紘亦曰張。侯鯖録載晏叔厚詩『主張繁華得幾時』，亦用去聲。左傳：『君謂許不供。』供亦去聲。漢文帝詔『共養於高廟』『共養長信宫』，華嚴『法供』，東坡『怪石供』，皆去聲。

梯几，凭几也。山海經：『西王母梯几而戴勝。』注：『梯几，凭几也。』説文：『凭，依几也。皮冰切。』周書『凭玉几』，今文作馮。馮，馬行疾也。俗又加作憑，而不用正凭，似以凭爲俗，何也？梯言斜倚也。古從梯從夷相通，如梯一作稊是也。古謂階如梯，階梯亦斜倚之意。

汙邪，猶甌臾也。滑稽傳：『甌窶汙邪。』甌窶音樓，高地狹小之區。汙邪，下地也。智謂汙邪當音汙臾。古家麻韻，歸魚模韻。曆書：『歸邪於終。』邪音餘。此明證也。『流丸止於甌臾』，正謂平阜而中圩，爲能止丸也。淮南曰『屬臾之貌』，注：『恭也。』或曰猶甌臾，以其爲平阜，故以比龐厚之貌耳。

支閡，猶叀礙也。　陳遵傳『一曰叀礙』，叀音絹。『隗囂多設支閡』，支與叀，皆言其有枝角易罣碍也。『虞詡謂太守乞不拘閡』，即礙也。後方術傳序：『雖云大道，其硋或同。』『隋設無㝵大會於太極殿。』注：㝵與礙同。法言曰：『無所繫輆。』智亦曰礙也，俗作碍。測術有曰叀術者，言罣於空中而算得之。

砥屬，平服也。　史記五帝紀：『莫不砥屬。』注：『砥，平也。四達皆平，而來屬服。』砥音止，一作底。說文『柔石也』，與底别。底在薺韻。其在紙韻作底者，底柱也，音諸市切。敬甫言古不分底底，而後人分之。史記『抵掌而談』，抵音止，今多讀底。或分抵抵〔一九〕，本自通聲。

剬義，以義斷制也。　顓頊紀：『依鬼神以剬義。』索隱注：『剬，古制字。』淮南主術篇曰：『人君揄策廟堂，剬有司。』高誘注：『剬音端。』此以聲言也。六書故但有制爲古文，以剬爲朱耑、旨兖二切。說文：『剬，斷齊也。』『𣃔、剸，截也。』如此，則剬竟是剸字，兩注皆失之。法言因魯仲連易而不剬，注曰：古制字。余亦作剸字讀。蓋古者專、耑不分，猶丘區、魁渠之聲，如湍與漙、甎與𤭢之類可推。若以爲古制字，則形近而訛，或連義而借也。因剸制而即以剌爲制，猶飄渺而即以翲爲杪。然此例斷不可用。

表薄，在野也。　莫敖子華曰：『葉公諸梁，身獲於表薄而財於柱國。』注〔二〇〕：『表，野外；薄，林也。言其初起側陋也。』周勃傳『織薄曲』。薄，葦薄也。韋昭曰：『北方謂薄爲曲。』其稱林薄者，木爲林，草爲薄也。

斦乩當是乩〔二一〕。　筆談曰：『西戎用羊卜，謂之跋焦，卜師謂之斦乩。』智按：説文引書：『七卟，疑。』集韻：『或作乩，通作稽。』今稗海注乩音『必定反』，非也。緯略：宋祁言蘇頲頌曰：『有乩虞氏。』不識乩字。後得楊備古文尚書釋文，乃知爲稽字。此開元以楷易古文之失也。

弟靡，如梯之靡也。　埤雅曰：『列子：「因以爲弟靡。」弟讀如稊，詩言「荑荑」，稊荑也。月令「靡草」，故知與頹靡義通。』智按：莊子應帝王：『因以爲弟靡。』注：『弟作頹〔二二〕。一本弟作黽。』蓋篆弔從弟，弟又從之，此乃古文之近者，以弟頹稊音近，相借耳。

揃搣，欲其妍𤅊也。　謂鬄拔眉髮也。小顔曰：『去其不齊整者，使其妍𤅊也。』𤅊，才性反，即静字。石鼓詩静字，即𤅊也。莊子外物篇『眥搣可以休老』。眥一作揃。三蒼曰：『揃猶翦也。』字林曰：『批也，千米反。』公紹引莊子眥搣曰𡟭，滅也。伯厚解急就自序揃搣之所出，取於莊子者，此也。智以揃即剪字，歬從刀，複，乃俗字也。左傳：『翦滅此而朝食。』公紹曰：『當作揃搣。』史記：『成王病，周公自揃其蚤投之河。』李翺曰：『吾先人曾以揃大盜。』

主臣，皇恐也。　陳平謝曰『主臣』，注：『主，擊也；臣，服也。言擊服惶恐也。』此説甚曲。智謂發語敬謝之辭。猶主在上，臣在下，自然敬恐也。凡夫曰：『當是草書皇恐二字，訛爲主臣。』

匄貸，猶假貸也。　『朱建母死，匄貸服具。』貣，師古曰『音土得反』。史記作貸。蕭何傳：『客又説自污貰貣。』皆謂借貸也。樓護傳：『使郡國獲假貸。』注：『謂官以物貸貧人也。』韓王信傳：『旦暮乞貣蠻夷。』『主父偃排擯匄貸。』一用匄貣。陳湯傳：『匄貣無節。』『朱買臣上計吏更乞匄之。』春秋傳：『棄疾在鄧不强匄。』廣川王越傳：『盡以善繪匄諸宫人。』

注：『匄，與也。』『賨武匄施貧民』，亦與也。漢高武負貰酒。相如就陽昌貰酒。石氏賒貸郡國。貰即賒也。古人用去聲。若揚終坐事，貰出之。晉周敏劾阮裕，謝安上貰之，此借作赦字用也。舊説乞音氣，與也；音乞，求也。按：乞如字，求也，其與人之乞即給字。晏子曰：『免粟之食飽，士之一乞也；炙三弋，士之二乞也；五卯，士之三乞也。』嬰無倍人之行，而有三士之食。』注：『乞與給同。』謝安曰『以墅乞汝〔二三〕』，杜詩『願有蘇司業，時時乞酒錢』，皆給也。夘是卵。

都養，扈養也。公羊傳：廝，式支切，又去聲。役扈養。韋昭曰：『析薪爲廝，炊烹爲養。』張耳傳曰：『廝養卒。』亦賤卒通稱耳。『倪寬爲弟子都養』，亦謂炊食。淮南子：『儲與扈冶。』扈冶，褒大意也。跛扈之扈，亦是大意。

掉磬，差訏也。見周禮『介婦』注。『雖有勤勞，不敢掉磬。』庾氏云：『齊人謂之差訏。』崔氏曰：『北海人謂相激之事爲掉磬。』隱義曰：『相絞訏爲掉磬，即賈生反唇相稽之意也。』今人訏辨謂之掉舌，或謂之刁肯，刁即掉之轉，肯去聲，亦磬之轉也。

趄張，斜立而撥弩也。漢令曰：『趄張百人，車者切，距也。』韻會音恥格切，在陌韻，跬步也。毛晃曰：『半步也，一曰距也。』梅氏音且去聲。以手發弩曰擘張，以足發弩曰蹶張，空手拳舞曰拍張。

校記

〔一〕毐　原作『毒』，據刊誤補遺改。
〔二〕子厚　原誤作『子雲』，據刊誤補遺改。
〔三〕韓愈原詩作『下開迷惑胸，㝹豁劚株橜』。日本立教館刊本（以下簡稱立教館本）『胸』外有方框，當爲删去之意。
〔四〕昆干　『干』原誤刻爲『于』，據上下文意改。
〔五〕柲　原作『秘』，據刊誤補遺改。下同。
〔六〕既　原作『即』，據刊誤補遺改。
〔七〕夷　原作『荒』，據刊誤補遺改。
〔八〕曰　立教館本作『白』，是。
〔九〕桀　原脱，據刊誤補遺補。
〔一〇〕歁　原作『歍』，據刊誤補遺改。
〔一一〕䮖　原作『䮖』，據莊子達生改。下文『一本作䮖』，可知原本上『䮖』字係筆誤或刻誤。
〔一二〕亨　原作『享』，據刊誤補遺改。

〔一三〕聲　立教館本作「詩」，是。

〔一四〕鳴　原作「鳴」，據刊誤補遺改。

〔一五〕刀　原誤作「力」。

〔一六〕郎　原作「即」，據刊誤補遺改。

〔一七〕鮮白　毛詩注疏本鄭箋作「斯白」。

〔一八〕憲　漢書王子侯表無此字，當爲衍字。

〔一九〕抵抵　原作「抵抵」，據刊誤補遺改。

〔二〇〕注　原誤作「柱」。

〔二一〕據文意，下「乩」字疑作「卟」。

〔二二〕弟　原作「弟」，據刊誤補遺改。

〔二三〕墅　原作「野」，據刊誤補遺改。

通雅卷之五

釋詁 古雋

淑離，言獨善也。橘頌篇曰：『淑離不淫，梗其有理兮。』注：『淑，善也；離，離立，猶孤特也；梗，强也。』智以梗爲橘梗，解爲强者非。

洒湝，治路也。漢律曰：『及其門首洒湝。』說文：『湝，所以壅水。』山責切。孫愐收入陌韻，毛黄皆略之。

冰衿，猶言冷也。世説曰：『郗鑒欲規王導，意滿口重，言殊不流。王勸郗莫談，郗大瞋，冰衿而出。』欒預傳：『人笑褚公，至今齒冷。』雲臯書『冰衿齒冷』，正用此。

搏撠，挶持也。孫臏傳曰：『救鬬者不搏撠。』訖逆切。子雲賦『撠膠葛』，五行志『物如蒼狗，撖高后腋』，通作戟。戟古作戟，詩傳注『戟挶』。居足切。

弊梗，弊敗梗塞也。管子：『春令，謹禱弊梗。』謂時方開通，而有弊敗梗塞，禱神以通之。文瑩以繁華對弊梗。

批伉，椎擊其要也。淮南曰：『解捽者，不在於捌格，在乎批伉。』高誘音沈。韻書皆無此字。説文有抌字，竹甚切，深擊也。又蕭韻，又作敨。今唐韻沁韻惟有揕字。史記：『右手揕其胸。』揕，即伉也。批又作搥，挺以指也。孫臏『批亢擣虚』之批，則又音薄結切。直翁以爲批與捴捩之捴通。

雥集，雜遝而至也。趙古則以雥爲集，升菴非之。按許善心神雀頌曰：『嘉貺雥集。』雥音雜，雧乃集字。

呰窳〔一〕，猶苦窳也。行敝，言脆薄也。行窳，猶行濫也。漢書曰：『江南民呰窳媮生，而無積聚。』顔籀曰：『短弱也。呰窳音紫愈。』『舜作什器於壽丘，器不苦窳。』苦讀如鹽，粗也，病也。史記貨殖作呰窳。荀子曰：『窳楛不便利者弱。』楛與苦同。唐韓琬傳：『器不行窳。』又『默啜寇嬀檀曰：「與我金銀器皆行濫。」』三省注曰：『市列爲行，行作濫惡也。』郭璞曰：『勞苦者多惰窳。』又注毳爲脆，謂物之行蔽也，言行敝也。焦澹園曰：『懶人不能自起，如瓜瓠在地。又懶人恆在室中，故從宂胍。』攻苦即功沽。

鬳綰綽，即祈綰綽，謂盤旋而延長也。晉姜鼎銘百二十一字，中有『取乃吉金，用作寶尊鼎，用鬳綰綽眉壽，保其子孫，三壽是利。』伯碩父鼎銘五十字：『惟六年八月初吉巳，子史伯碩父追孝于朕皇考釐仲王母乳母尊鼎，用祈丏百祿眉壽，綰綽永命，萬年無疆。』又孟姜敦銘：『叔孫父作孟姜尊敦，綰綽眉壽，永命彌生。』綰綽甚古，今工云綰綽雷文，謂貫穿也。又伯碩父鼎『鬳丏百祿』，釋作祈。困學記聞引石湖曰：『綰綽，是古人祝延常語。』按：漢書安世房中歌『克綽永福』，師古曰：『綰綽也，亦謂延長。』蓋在鍾鼎雲雷回互之文，謂之綰綽，取其盤旋延長之意。

媒伹，詭譎也。鴻烈解曰：『媒伹者，非學謾也，但成而生不信。』高誘曰：『伹，猶詐也。』智以伹與誕通。說文：『誕，詞誕也。』徐曰：『妄爲大言也。』然又爲語詞，如『誕寘之隘巷』，明借用誕。是發語之誕乃借但之音，而媒但之但乃借誕之義也。但又與亶通，又與亶通。説文解曰：『古文但爲袒字，袒爲綻字。』以是知但字轉通多也。鹵簿有誕馬，亦謂但引馬不騎也。媒但之媒，則取媒孽之媒意，蓋齊人名麴欶爲媒，謂醲蓄詭詐也。

厭案，厭服也。國策曰：『舉左案右，舉右案左，厭案萬乘之國。』厭音益涉反，與揖按通用，即按驗也。又通作頞。史西南夷傳〔二〕：『秦嘗頞略，通五尺道。』注意按。

登來，立至也。公羊隱五年『登來之也』，注：『登讀言得來，齊人名求得爲得來，作登來者其言大而急也。』今廣州諺以來到爲登。按薛用弱集異記，敘『蕭穎士遇二少年，登令召至』。『邢曹進夢僧拔眼鏃，及寤，登言于醫。』暄曰：今諺嘗稱登時，亦然。〔三〕薛，唐人，可知彼時多以登爲立至之義。登得之聲相轉也。

遺苞，言苞苴也。字苑云：『䩘苴，履底。』因説文履中艸之訓也。孔叢子：『吾于木瓜，見苞苴之禮行。』詩箋：『以果實相遺者，必苞苴之，故曰遺苞。言以此苞相遺。』管子曰：『大凶則衆有大遺苞矣。』注：『升斗包裹以相遺。』春官『葅館』注：『杜子春作葅飽，茅裹肉也。』則葅飽即葅苞。

軥録，拘摟之轉也；拘摟，傴僂之轉也。丁度曰：『拘摟，聚也，言卷聚也。』荀子『軥録力病』，正言拘摟用力之疾也。傴僂或在語韻，或在尤韻，古多通用。抱朴子言拘録，則術家拘魂之術名。

乾没，猶言白没之也。張湯傳：『始爲小吏乾没。』如淳曰：『豫居物以待之，得利爲乾，失利爲没。』此解非也。蘇鶚謂乾没如陸沉。隋書王劭贊：『乾没營利。』宋子京撰劉待制墓銘：『吏得傍緣乾没。』乾，猶言乾得之也。没，猶言没爲己有也。今人動言落錢，没即落字意。乾從幹得音，本音干，借爲乾卦之名，音虔。集韻乃更作漧字，俗分乾字，或又分乾字，皆非。

臯牢，或作僗侔，猶牢籠也。馬融傳『臯牢陵山』，注：『猶牢籠也。』孫子『臯牢天下』，郭璞注方言曰：『僗侔，𪓰大皃。』僗，洛膠反，則臯牢之聲也。淮南子『牢籠天地』，高誘注：『牢音霤。楚人謂牢曰霤。』此自方言，然須知古牢有留樓之音。易林『同枕共牢』，叶『子孫封㑘』。儀禮士喪禮：『握手用玄纁裏，長尺二寸，廣五寸，牢中旁寸，注組繫。』鄭注：『牢讀爲樓，樓爲削約，握之中央，以安手也。今文樓爲緩，旁爲方。』德曰：臯，當作皋。

啻提，猶諦視也；瞻諦，言風止也；昧揥，猶言未審也。　說苑：扁鵲曰：『于物故有昧揥而中蛟頭。』韓詩外傳作『昧投而中蝨頭』。毛傳提提之詩曰：『媞媞安諦，謂行步安舒而審諦也。』魏志：『韓宣閡潦障扇，不避曹植道，文帝免其縛，褌腰不下而去。帝曰：「此家有瞻諦之士也。」』張融『風止詭越，可動瞻諟』，言風度舉止也。說文：『啻諟也。』方言：『㾾諦，審也。諲諦，諟也。吳越曰諲諦。』郭璞曰：『亦審諟牙見其意也。音帝。』智按：諦、揥、諦一字。牙見者，互見也。

以胹合驩，言調和也。　莊子：『宋鈃、尹文以胹合驩，以調海內。』注：『胹和萬物，合則驩矣。』此字從肉。而丁度遂收作聏，公紹收作眲，一從耳，一從目。今字彙耳部、目部並載之，並引莊子。即以二者言之，必有一訛矣。論其義則胹和正調和也，又有唐韻足證，三家之訛更何疑乎？　胹，熟煮也。方言：『秦晉之郊謂熟曰胹。』左傳：『胹熊蹯。』史記：『臑熊蹯。』內則『濡豚』注：『濡讀爲而。』集韻作䏧、㶊、臑，廣韻亦作臑、䏧，龍龕亦作䏧。

希顔，猶之希世用事也。　公孫弘傳：『希世用事。』晉虞溥傳：『希顔之徒。』希皆與睎同。説文：『睎，望也。海岱之間謂眄曰睎。』

淹數，言遲速也。　數讀如速。曾子問『不知其已之遲數』，注：『讀爲速。』集韻曰：『速，古作警，籀作遬，通作數。』賈誼賦『淹數之度』是也。

呼㕷，猶呼暴也。　灌夫傳：『謼服謝罪』，注：『晉灼音服爲㕷。』㕷，與考工薜暴之暴同聲，音弼角切。關西俗謂小兒啼呼曰呼㕷。

握齱，猶握齺也；卑陬，乃迫促之轉也。　司馬相如傳：『委瑣握齺。』廣韻：『齷齪，迫也。』酈食其傳：『間勝梁將，皆握齱好荷禮。』注：『急促之貌。荷與苛同。』增韻或作齷，引前酈食其傳『握齷好苛禮』。今無此字，或所見有別本乎？唐玄宗泰山銘：『方士虛無，儒書齷齪。』其曰䞶起、樸樕、局促、卑陬皆是者，非也。卑陬乃迫促之轉也。莊子注亦未注明。郭若虛畫記：『趙邈齷齪以不修飾稱〔四〕。』正握齱之聲也。今俗有此語。齱當從耴，今監本皆鄹。

踔絶，猶趻踔也；趨趙，猶釗超也。　踔，敕角切。孔光傳：『踔絶之能。』韓文集序曰：『汗瀾卓踔。』莊子：『趻踔而行。』楚辭曰：『春秋逴逴而日高。』霍去病：『逴行殊遠。』逴與踔同。趙岐注孟子曰：『子張踸踔。』趻踔，不常也。京山曰：『挾泰山以超北海。』超即掉字，聲轉有之。』智又謂與趙、釗通。方言：『釗、超，遠也。』説文：『趌趨，怒步也。』『趨，趙也。』則釗正趙之音義。詩『其尉斯趙』，則是釗字。朱氏謂趙即逍，則或先有肖聲。

唫囈呻呼，衆聲也。一作唵嗽、喔咿嚅唲，在喉舌間也。　見列子『唫囈呻呼』。升庵引列子注作『唵嗽』。余嘗曰：唫，語含口也。囈，寐語。謂語不成句也。呻，儵呻而唫也；呼，有聲而無字也。唫音庵。唐楊瑒傳：『公卿唫默唯唯。』可知四字爲形容嚅囁之聲。長箋引卜居作『促訾粟斯』『喔咿儒兒』。此皆形容之詞。粟斯，一作栗斯。以聲狀之，無不可者。豈必改訂附合？

撢掞挺挏，以手狀之。　淮南子曰：『撢掞挺挏，世之風俗。』言求利便之狀也。撢，徒含切。周官撢人：『掌誦王志，道國之政事，以巡天下之邦國而語之。』陸氏他南切，與探同。徐本説文曰『探也』。唐本曰『掬也』。孫氏他紺切。掞音閃，可上可去，此用撢掞，當讀探毯挺撊，皆上聲。

讘㥷凌誶，以言狀之。讘㥷，一作讘極、謇喫。列子曰：『讘㥷凌誶。』好陵辱責罵人也。誶字張湛音碎，字林及殷敬順音崒，公紹收昨律切。賈生之亂亦用『誶曰』，注：『告也。』史記作訊。㥷，吃也。説文曰：『急性也。』方言：『讘㥷，吃也，或謂之軋，謂之𨇨。』郭璞曰：『江東曰嚷。』皆謂口吃好言之狀。長沙弔屈，而亂辭用誶，正謂狂憒無聊之至。朱子釋告，尚不足以盡其意耳。升菴因史漢同異必以爲誶即訊字，此不必也。蓋有孟堅所改者，如灌夫畢之即屬之乎？世説：張敏集頭責秦子羽文：『或謇喫無宮商。』喫，廣韻音𣪠。

唶嘖爲小聲，嚄唶則爲大聲，咄唶則爲叱聲。嚄唶一作護譜，咄唶一作咄嗟。咋唶、䆛窋，轉爲叱咤、猝嗟。信陵傳：『晉鄙嚄唶。』司馬氏曰：『多辭句也。』嚄，屋虢切。唶，側伯、士革二切。聲煩雜也。亦作嘖咋。傳曰：『嘖有煩言。』亦爲歎聲。説文曰：『嘖，大呼也，或作讀。譜，大聲也。』集韻曰：『唶，歎聲。』合溪曰：『爾雅「行扈唶唶」，白居易詩「嘖嘖雀引雛」，樂府烏生篇「唶我」是也。皆是細微之聲。』傳曰：『季桓子咋謂林楚。』蓋噍口聲也。許氏大呼大聲，不知何據。合溪迂矣。古人借音開合，隨時形容，何必以字同爲碍邪？柳子厚晉問：『跳浮嚄唶。』既云跳浮，豈小聲乎？唶我，惜我也，斂口之聲與『唶唶』同狀，細微嘖嘖也。嚄唶，則唶隨嚄音，大呼大聲也。當以側白之切爲是。故丁度作護譜，正欲別之。若咄唶則音窋咤。晉書『咄嗟而辨』，集韻作咋唶，古樂府作咄唶。『孫權見呂蒙病中咄唶。』靈光殿賦：『緑房紫菂，窋咤垂珠。』潘岳芙蓉賦：『窋咤星羅。』韓信傳：『意烏猝嗟。』即喑啞叱咤也。嗟從差，本可差去聲，而人忘之，因所習深耳。劉貢父以司空圖『咄喏而辨』，斷石崇之『咄嗟而辨』爲誤，則又拘泥可笑。

此見宋玉風賦，蓋形容小民被雌風，愁病中風，促口啗齰嗽獲，即嚄唶之聲而痛言之也。漢灌夫傳：『齰舌自殺。』史作齚舌，通作咋。答客難曰『狐豚之咋虎』，此嚼齒之聲狀也。風賦語意，齰因唶聲，獲即嚄聲，言其嚼齒欲啗，促口嘖嚄，累而狀之。古人齰之本字也。無此成語，自玉輩創撰，下字之驚厲痛切如此。必曰獲，得也，豈能曰嗽而有所得乎？惟聲音可通古今人物之情，文字其寄託者也，即此小節，可見一端。

担撟，矯然飄拂之意也。矯虔應作撟捎。楚辭遠遊曰：『欲度世以忘歸兮，意恣睢以担撟。』担，丁但切，拂之重也。撟，居桀切。朱子曰：『担撟，軒舉也。』愚謂担撟者，有拂袖揮麈、矯然高放之意。撟，居小切，猶矯也。説文曰：『舉手也，一曰擅也。』史記：『舌矯然而不下。』漢書：『矯虔吏，乘埶以侵下。』此因書之奪攘矯虔以生意也。考工記曰：『撟幹，欲熟於火而無贏；撟角，欲熟於火而無燂。』〔五〕士師之八成，五曰撟邦令。皆矯枉、矯激之義。『强哉矯』與『矯矯風節』則贊詞，非專爲矯强也。但以矯反其偏釋撟，則義漏矣。莊子『喬詰卓鷙』，喬亦音矯。説文因矯虔，有捎字。

煩撋，猶捼莎也。字略云：『煩撋，捼莎。』此見詩『薄污我私』，注：『煩撋也。』捼即挼字，挼音儺，謂摩挼也。禮曰：『共飯不澤手。』康成注曰：『澤，挼莎也。』亦作摩挲，即摩挼也。廣韻：『撋，或作擩。』公紹音撋爲而宣切。唐藝文志：『嚌擩道眞。』集韻亦作撋捼。擩又音乃度切。集韻作㨎字，誤矣。晉書：『劉裕與劉毅樗蒲，裕挼五木久之。』『王珍國、張稷以黄油裹東昏首，遣范雲送石頭，右衛將軍王志取庭樹葉挼服之，僞悶不署名。』身之曰：『挼，奴禾反。』西京李暠謂梁中庸曰〔六〕：『我何能千里外挼長繩絞其頭邪？』成式用挼挼，即捼挲。

掍格，猶批掍也。　毛晃曰：『吳楚俗謂牽引前卻爲掍格。』博雅曰：『掍，攎引也。』韻會引灌夫傳『引繩枇根』，根與掍通。掍，胡恩切；格，曷各切。轉注略曰：『今本誤作根株之根，非也。』黄山谷送公定詩『引繩痛排掍』，自注：『掍音病。』今宗吾刻本一條，字字作根，不又誤矣？　山谷謂排擯也。愚按從艮，當以痕、狠、艮爲聲者近，山谷之音未敢信。

連犿，謂宛轉連環也。　莊子：『謬悠荒唐無端崖之辭，不傲倪于萬物，其書雖瓌瑋，而連犿無傷也。』注：『犿音汴，言書雖驚世駭俗而善體物情，連環宛轉也。』毛晃竟收入元韻，以犿音翻，不知何據。　章黼韻犿即獾，音歡，即懽、忭本相通，而後人分爲二音並用。

心儀，心擬也；切儗，猶比擬也。　漢外戚傳：『皆心儀霍將軍女。』儀音螘，即心擬也。高唐賦『殊爲物類之可儀』，與互折曾累叶，則亦音擬。　擬議有揣度、準擬之意，故有比擬、借擬之意，通作比儗。　舞賦：『經營切儗。』記曰：『儗人必於其倫。』食貨志：『遠方之能疑者，並舉而争起。』師古曰：『疑讀曰擬。』蘇秦傳：『疑於王者。』从擬轉嶷、凝，故儀禮『疑立』即嶷立，禮記『疑丞』即凝承。

枝梧，猶支拄抵捂也。　項羽傳『莫敢枝梧』注如淳曰：『音悟。』臣瓚曰：『小柱爲枝，邪柱爲梧。』字當作捂。　司馬遷傳『或有抵捂』注師古曰：『抵，觸也。捂，相支拄不安也。』方言：『支註，謂以言語支拄也。』史記序：『今屋梁上斜柱是也。』斜觸謂之捂，下觸謂之抵。抵捂言其參差也。　枝言枝梧也。　説文嬉字訓『好枝格人語也』。　凡夫因玉篇『媞，伎也』，疑爲伎格，非矣。

摸㨆，捫搎也。　此解見唐韻、韻會。今俗實有捫搎之語。南史『暗中摸索』，始有此二字。戴氏譏爲俗字，余以爲即摹字。楊子：『三摹九据。』今特移手于旁耳。後人特轉平聲爲入聲。　如蘇味道摸稜，尚是平聲。　增韻又載摸㩧。　卮言、盧氏雜記：『味道拜相時，以手摸牀稜。』焦氏曰：『當作莫索。』漢逢盛碑摸作囩。

鄭重，即珍重之轉，漢注：『頻煩，猶言殷勤也。』　漢王莽傳稱『非皇天所以鄭重降符命之意』，注云：『鄭重，猶言頻煩也。』顔氏家訓云：『吾亦不能鄭重，聊舉近世切要以啓寤汝耳。』沈存中筆談言石曼卿事云：『他日試使人通鄭重，則閉門不納，亦無應門者。』魏志倭人傳云：『使知國家哀汝，故鄭重賜汝好物也。』智謂鄭重乃珍重之轉。芥隱筆記引樂天謝庾順之送紫霞綺詩云『千里故人心鄭重』，可知即珍重矣。

遮莫，猶言儘教也，蓋侔莫也。陳騤雜識云：『方言「侔莫，强也」，若云努力。』欒肇言：『勉强爲文莫，儘教即是强意，猶解鄭重爲頻煩，當以言外會之。』干令升記『雷孔章謂茂先以犬誡狐，狐曰：「遮莫千試萬慮。」』則自晉人已有此語，不自『遮莫鄰鷄下五更』也。或曰遮莫猶諸莫也。方言：『抾摸，言持去也。』諸莫亦抾摸之聲，若公莫篇則曰『公莫舞，公莫舞』，非此解矣。

八米，當是八采。姚寬西溪叢話曰：『八米，關中語，歲以六米、七米、八米分上、中、下。北齊盧思道，文宣帝崩，文士各作挽歌，魏收、湯休之、祖孝徵不過一二首，思道獨有八篇，時人稱爲「八米盧郎」。』唐張祜寄載詩：『少見雙魚信，多聞八米詩。』智按：吴虎臣以孔毅父續世説載北盧思道此事作八采〔七〕。又以五木戲其八爲珉采，王采之中有采曰白，因謂之白八。近時姚寬蓋臆説也，而今之古詩紀仍刻西溪叢話。

健慕〔八〕，猶健羨也。徐文長路史載健慕見廣記。智按：關尹去慕，文子忘鍵，皆本史記去健羨也。莊子鞬韄與適莫畔羨同旨。去健，正謂去鍵。

解何，問其何分疏也。匡衡傳：『樂安鄉閩佰爲界，聽曹爲之解何。』猶分疏也。張辟疆謂陳平曰『解未』，言能解否也。膠西王傳『故爲無訾省』，猶言不省事也。説文：『姸，一曰不省録事也。』可以推知省録事爲漢人嘗語。

于諸，寘也；于遮，即于諸之聲也。哀六年公羊傳：『于諸其家。』何休注：『于諸，寘也，齊人語也。』六飲疏曰：『「紀莒之間名諸爲濫。」内則：「桃諸梅諸。」言乾蓄者曰諸。』賈誼『偏諸』，襻也。光武紀『諸于』，半臂也。相如賦『于遮』注：『曲名。』亦于諸之音也。智謂諸者，古人語詞，猶今之言這、言着也。着又轉而爲子，今吴人多曰子，是也。

差須，猶少待也；選間，猶少間也。淮南：『屈宜若憂吳起之差須。』言少時也。呂覽：『選間食熟。』古文或用頃之，或用俄頃，或曰亡何，或曰少選，或曰少焉，或曰未幾，或曰已，曰既，義皆通用。

孰何，問之也，猶曰誰何也。過秦論：『陳利兵而誰何。』音苛。苛，細詰問也。漢有『大誰卒』，師古曰：『大誰，主問非當之人。有大誰長。』黄圖曰：『王褒帶劒入北司馬門，至非常室中，乃公車大誰也。』集韻或作嗺，亦作譙。史記衛綰傳：『景帝立歲餘，不譙呵綰。』注：『譙音誰，呵音何，以譙呵爲怒讓。』此言不誰何，但不問之而已。漢書作不孰何。武帝册曰：『孰之，復之。』應劭以誰何爲掌讙呵者。後學輒改此書誰字爲讙，違本文矣。貴與説。

進孰，言進成孰之言也；文孰，言文法孰爛也。張騫傳：『少從進孰。』謂以孰言進于天子。乾鑿度曰：『自上古及下帝孫文孰。』文孰者，孰成道法也。言世漸增文法，而人孰爛也。董仲舒曰：『孰爛如此。』古孰从䄷，專主孰爛，後因誰轉爲孰，故火以别之。五行志：『以盛聖而易孰惡。』師古曰：『孰，成也。』此言文法，猶文具文爲之文也。嚴安傳之『文刻』，嚴延年傳之『文致』，趙禹傳之『文深』，周陽由傳之『文惡』，董仲舒傳之『文繫』，蕭何之『文毋害』，張湯之『舞文』，皆謂法律之文也。若翟方進所云『託文成』，許后所云『文陳』，則謂文書文字也。

無慮，都凡也，猶云亡論也。　廣雅曰：『無慮，都凡也。』趙充國傳：『亡慮萬二千人。』注：『大計也，與録同。』智按：此因慮囚爲録囚，而知其音相通也。若亡慮者，蓋言不待計慮而知之，猶言無論也。何必轉録字乎？如蔦艾『使封人慮事』，此乃録事也，而注乃云無慮計功。元美論無慮之慮音閭，非也。

發凡，猶汎言大氐也；最凡，諸凡之最目也；諸妄，言諸凡望此者也；望，猶視也。　左傳序：『發凡以言例。』景帝紀：『凡號石奮萬石君。』猶汎言之也。司會注：『謂簿書契其最凡也。』智按：如今印契，其凡目所最處印之。小宰疏『凡要亦是簿書』，又曰『簿書之最目曰契』。劉歆取方言書曰：『欲得其最目。』此明證矣。大氐即大抵，言大約也。漢書李廣傳：『諸妄校尉以下，材能不及中，以軍功侯者數十人。』注張晏曰：『妄猶凡也。』即諸凡。』郝京山遂以凡妄爲一，恐未必然。智按：妄猶望也，望猶視也。如『視二千石』之詞，即假司馬一例也。國策『朱英言無妄之人』，史記作無望，可證。大約或云大要，見陳萬年傳。子長用『要難』。張騫『不得要領』，其義始于腰領，後則爲通語矣。要束即約束。陸贄曰：『懷光都不要藉。』亦謂約結而藉其力也。

幾所，猶幾許也；里所，猶里許也。疏廣傳：『問金餘尚有幾所？』師古曰：『幾所猶言幾許。』張良傳：『父去里所復還。』師古曰：『行一里許而還。』古許所聲近，如『伐木許許』，漢人引爲『伐木所所』，可證。

以不，猶與否也。李夫人傳『是邪非邪』，師古曰：『言所見之狀定是夫人以否？』按：古以與之聲相通。詩：『不我以。』燕禮：『君曰以我安。』注：猶與也。魏書李順傳：『此年行師，當克以否？』即與否。退之剝啄行：『凡今之人，急名以官。』注：『韓文與多作以。』其解樂記之『噍以殺』之以爲與，則非矣。猶古詩之『萋已緑』也。『臨高臺以軒』，則尚可以與字解之。

將毋，得亡，毋乃稱，皆發問之聲也。韓詩外傳：『客見周公。周公曰：「何以道旦也？」曰：「入乎將毋？」曰：「請入。」曰：「坐乎將毋？」曰：「請坐。」曰：「疾言則翕翕，徐言則不聞，言乎將毋？」』方言：『無寫，謂相見有得亡之辭也。』莊子：『子産曰：「子毋乃稱？」』左氏用以轉語，莊韓用以結句。古人善摹人之聲音神狀如此。阮千里曰：『將毋同。』本謂得毋乃同乎，猶言能毋同也。葉夢得爲之解曰：『本自無同，何因有異？』此是東坡所謂設械匿形，推墮滉瀁之伎倆耳。

行李，行使也，即裝任也。春秋左氏傳昭十三年曰〔九〕：『諸侯靖兵，好以爲事；行理之命，無日不至。』古皋陶爲李，理官也。古李、理通用。僖三十年：『燭之武曰：「行李之往來。」』注云：『行李，使人也。』襄八年：『晉責鄭曰：「亦不使一介行李。」』注曰：『獨使也。』升菴引唐李濟翁資暇録云：『古使字作李。今按李文正作岑，此何據乎？』馬永卿懶眞子、彭乘墨客揮犀曰：『左傳注皆止解行李爲使，而今人以行裝爲行李，則非也。』永卿載亳州祁家收孫宣公奭書尺有云『行李鼎來』，蓋行使也。古李字从山下人，人下子，作岑，後人轉作李。此並非資暇所説之岑矣，不知本義爲行理，而使人行必有裝。鄭當時之『治行』，孟子之『治任』是已。則相沿以行李爲隨行之物，亦何不可？甚矣馬彭之拘也！孟子説解：『李與梩虆通，謂梩之可以擔物者。』

尋人招帖，一曰零丁。升菴引齊諧曰：『有失兒女零丁。』謝承後漢書『戴良有失火零丁』，猶今之尋人招子也。蓋古以紙書之，縣于一竿，其狀零丁然。

霝始霝終，即令始令終也。　廣川跋曰：『㽙鼎之銘曰：「霝始霝終。」跋叔䜌鼎銘曰：「三代鼎彝有銘多矣，而此曰霝終。古者以霝爲善，其文與令同。此其謂善頌者也。」』智按：書：『弔由靈。』靈，善也。古蓋令、靈、霝並通。凡令名、令聞之令，皆從靈來。以人爲天地之靈，心爲人之靈，故訓爲善，而多借令字。䜌音鑾。　智又按：集古録龔伯彝銘曰：『㽙其熙，萬年無疆，霝終霝始。』薛尚功釋曰：令終令命。

令命即令名，領聞即令問。　史記命與名通。禮：『生子咳而名之。』左傳：『君命太子曰仇。』『叔孫獲長狄僑如，以命宣伯。』與名同。史曰『命世之宏才』，即名世。天官書『免七命』注：『辰星謂之免，星有七名』。張耳傳『亡命』，謂脱名籍逃亡也。智又按：説文：『名从口夕，言冥不相見，故以口自名。』此説甚曲。朱謀瑋謂『鳥以夕而鳴，作▽』，則尤曲矣。蓋令从△从㔾，命从令，名从命，省作𠮛，本一字而平去二音也。令無重文，故平去聲通用之，命有重文之名，故分用之。又按長笛賦：『求偶鳴子。』曹植詩：『鳴儔嘯匹侶。』何承天詩：『日夕遊無際，歸禽命同棲。』命即鳴，則鳴且與命通，益足以破朱氏鳥因夕鳴之惑矣。楊子曰：『君子純終領聞。』郝京山謂即令聞。詩注『令聞』，禮注『謏聞』，皆去聲，故亦用令問。後漢馬融與高彪書『承服風問』，注：『謂風猷令問也。』漢書注李奇曰：『領禮所聞。』故後人曰領袖聲聞也。師古曰：『領，令也。』然如唐書『踵領』，謂踵前人而領其事。安知法言非造合者乎？故兩存其説。漢書：『元朔五年，詳延天下方聞之士。』謂大方多聞也。董仲舒傳『講聞高誼』，則平去皆可。

貫行，謂一皆遵奉也。東平憲王蒼傳：『光武營建陵地，詔裁令流水而已。孝胡大孝無違〔一〇〕，奉承貫行。』謂一一奉行也。谷永傳曰：『以次貫行，固執無違。』

摽季，猶叔末也。黨錮傳序：『叔末澆訛，王道陵缺。』注：『猶季世也。』太史公用輓近，猶晚近。谷永曰：『當陽數之摽季。』言摽末季世也。王莽『青戎摽末之功』注：『摽與藨同。』藨即秒也。淮南言律數十二藨可證。

縣遲，猶言思遲縣切也。趙壹傳：『昭其縣遲。』按肅宗詔『思遲直士』，遲去聲，言遲待也。縣遲正謂縣縣遲望之意。徐陵用『遲縣』。謝安與道林書：『計辰傾遲。』

醖藉，蘊藉也。潦倒，言頹落之態也。南史云：『宋武帝舉止行事似劉穆之。此非醖藉潦倒士邪？』又北史崔瞻列傳云：『自太保以後重吏事，謂容止醖藉者爲潦倒，而瞻終不改。』詩：『飲酒温克』，鄭箋云：『猶能温藉自持以勝。』陸音去聲。禮運：『温之至也。』注爲温藉。漢書作醖藉。

傾戲、揆廎，言傾斜也。漢樊敏碑：『立朝正色，能無揆廎。』音傾，言其方正。或曰揆傾，憿季也。或曰言揣度傾斜也。按：『喪祝勸防』注：『引柩也。』玄謂勸猶倡帥前引者，防謂執披以備傾戲。賈公彦曰：『音虧。使持制之不至傾虧。』然則揆廎當即傾虧之語。又記此碑有釋者，一作摇廎。俟有書可讀時，再考。

騎危、登極、騎衡，言其危也。魏世家曰：『范痤上屋騎危，而上書信陵以免死。』莊子：『夫妻登極者。』『蕭思話好騎屋棟打細腰鼓。』史記袁晁傳『騎衡』注：『衡，樓邊欄楯也。』大氏横者謂之衡，謂之登極亦可，總言危道，如垂堂之意也。

空外，猶單外也。何並傳：造王林卿曰『冢間單外』。後漢書張禹傳：『請鄧太后還宮，以爲久處單外。』杜詩：『用盡閨中力，君聽空外音。』空字去聲。

暴挫、鋸項、推減、蝮鷙，狀酷吏之猜禍刻治也。酷吏論曰：『馮當暴挫，彌僕鋸項〔一一〕，駱壁推減，殷周蝮鷙〔一二〕。』暴挫，言暴虐以挫人；鋸項，如鋸之刻挫，如鉅之鈎譎也；推減，能故深文以出入罪也；蝮鷙，狀之而已，猶鷹擊乳虎，毛鷙爲治也。袁盎傳：『絲欲刻治。』言以刻深治辨也。王温舒傳『請召猜禍吏』，應劭曰：『言善猜疑作禍害者用之。』史記作『徙諸名禍猾吏』，言吏之以禍猾名者。薛宣傳『使掾平鐫令』，如淳曰：『平鐫激切使自知過也。』古人亦隨意造字如此，何責退之輩邪？

媒蝎，言媒蘖而蝎蠹也。宋公稱過庭録曰：『景文記程元振惡李光弼，言媒蝎以疑之。春秋傳云：「雖蝎譖，焉避之者。」蝎音曷，木蠹也。言譖由中出，如蠹，殆合媒蘖與此而用之。』今按：唐書宦官列傳，又云『如媒而成，如蝎之蠹。』合用何疑？宋所引春秋乃國語也。

濫耳、濫口，皆謂濫説也。史記鄒衍傳：『始也嚂耳。』戰國策：『横人濫口利機。』淮南曰：『不嗛于辨。』相如：『虚詞濫説。』嗛，即謂濫也。説文引論語：『窮斯濫矣。』嚂、濫、嗛可通。

啜汁，猶拾瀋也。哀三年：『富父槐曰：「無備而官辨者，猶拾瀋也。」』注：『瀋，汁也，尺審反。』智按：魏世家『欲啜汁者衆』注：『冀功勳也。』與此互證，瀋即汁也。沈約『播酒』，有音汁者。斟、審、甚、汁同聲，故古人借之。禮記潘字，本泔也。或疑瀋之訛。而莊子之『審爲淵』，則蟠字，潘當音翻，姑存俟證。

苛廉，猶刻廉也。荷禮，苛禮也。苛問，呵問也。國策：『楚之史舉以苛廉聞于世。』漢朱建傳：『刻廉絃直。』苛、刻一意。苛，小草也，呼戈切。借爲苛細煩刻之意。酈食其傳：『握齱好荷禮。』即苛禮。王莽傳：『掖門僕射苛問。』即呵問也。苛、荷、呵通聲，今人讀爲谿母，又一變矣。古文奇字：苛、蚩、茍，皆从呵止爲義。苛乃借用。

偏宕，謂偏奇跌宕也。孔融傳：『發辭偏宕。』南史：『蕭惠開偏奇相尚。』鄒陽曰：『係俗牽世，繫偏奇之浮辭哉！』宕與蕩、逿、盪通，而説文分之，跌宕作跌踼，相盪用相潒，蕩止爲蕩陰，水名，上聲。 宕，洞深也。 顔瑯琊子急就序：『人用已私，流宕忘返。』即流蕩。 顔最明字學者，正以从水从宀，其借同也。

諧際，謂諧合交際也。 唐書房琯傳：『與呂向隱陸渾十年，不諧際人事。』此字曾見六朝人用之。 莊子『貴際』注：『貴交際也。』按説文：『際，壁會也；𡭴，際見之白也；隙，壁際空也。』則壁相交會之名，故借用之。

拆呼，猶罅漏也。 韓文：『補苴罅漏。』即罅字。 説文：『罅，裂也，燒缶善裂。』㙤作罅。 箋曰：『一字緟文。』張位特定罅漏音夏，乃因説文之呼訝切與陸德明之讀也。 爾雅『蟗醜罅』，注謂：『蟬屬，剖拆母背以爲孔罅而生。』鄭漁仲曰：『蛀蟲有角甲者，蠶桑類。 罅，張拆也。 此蟲之僻，在乎張角拆甲。』此解是矣。 鄭康成注易甲拆曰：『拆，呼也。』正以呼爲罅。 古家麻韻多歸魚、模，漢去古未遠，猶有此聲。 爾雅注孔罅之語，廣韻取之。 陸德明以當時方言定其讀，不知古人从虍甚明。 如『純嘏』本音古，與魯、許、宇叶。 今張、焦、李、朱之字説刊誤，反以讀假爲正，讀古者爲非，竟忘其本，皆此類也。 嗟乎！ 聲音之道，變極反本，何苦止守晉唐之泥格而强自然之原乎？ 諸公亦以讀書不深，有所不知耳。

望衍，望而延之也。招弭猶招敉也。男巫：『望衍授號，冬堂贈，春招弭，以除疾病。』注子春曰：『衍，祭也。』玄曰：『有牲粢盛者。延，進也。弭讀爲敉。招，招福也。敉，言安凶禍也。』子春堂贈爲堂𤢂。蓋贈猶送，上言贈惡夢，猶送惡夢也。訓雋曰：『望而延之爲是，何必指牲粢乎？』今謂弭，止也；止猶安也。敉寧本謂弭寧。

邦汋，言激亂者。司寇：『士師八成，一曰邦汋。』注謂斟酌。司農曰：『斟酌，盜取國家密事，若今時刺探尚書事。』疏言『斟酌私知』，此非也。訓雋曰：『夫盜賊而有斟酌量度之心，豈爲亂乎？』説文：『汋，激水聲。』邦汋者，奸民乘上之隙，而激衆以倡亂，如水之激而逆行也。

廞陳、廞興、廞塞、廞藏，皆隨文立訓者也。大喪『廞五兵』，司農曰：『故書作淫，讀作廞。』釋曰：『先鄭一部之内，廞皆從淫。』則廞爲漢字，先鄭所換也。訓陳。鄭氏訓興，因爾雅也。又因圉人廞陳並列，故主興義。訓雋主廞藏之説。唐崔祐甫獨孤及墓銘：『廞衣楚挽，徘徊墓田。』李華權文公墓銘：『廞隧納書，禮優職哀。』宋祁眞宗挽歌：『廞翣浮晨旭。』皆謂廞藏。智按：韻補引唐『滄州無棣渠久廞塞，薛大鼎浚之。』此因考工『善防者水淫之』，司農曰：『淫爲廞，水淤泥土，留著助之爲厚。』鄭氏不從，而宋祁復用此作廞塞。蓋嶔、巖有藏義，从山从广可通，而謂爲陳爲興，則借其音耳。説文廞，許音切，集韻嶔或作廞，可推。

屈笮，委曲也；迮狹，即窄狹。和洽傳魏武令曰：『高祖每在屈笮，蕭曹恭順。』此言受委曲也。古無窄字，笮即窄也，今人以處約不如意爲受委曲。唐宋間文以官家所商議爲委曲。于文定云：『亦稱從容。』張飛傳『山道迮狹』，即窄狹。後漢樊毅華岳碑言『十月齋祀西嶽，以傳窄狹。廟舍舊久，牆屋傾亞。』則漢已有窄字。傳，傳舍也。

推築，旁推覺之也。今人有用推築，其義若下石者，誤也。按三國志顔斐傳〔一三〕：『帝召軍市吏于斐前，杖一百。時典農私推築斐謝。斐白宣王曰：「典農竊見推築，假令斐謝，是更爲不得明公意也。」』推音他回切，蓋從旁推築令覺也。其曰築殺者，則用手擊人也。巩篆珁，故亦作箠、築。

關戾，機捩也。杜陽雜編言：『新羅獻萬佛山，擊鐘〔一四〕，則行道之僧禮首至地。蓋關戾在鐘也。』智按：羅隱妖亂志言：『張守一刻木鶴，中設機棙。』詞隱曰：『曲有偷吹、待拍，有務頭、顛落種種關棙子，優家有戾家把戲。』燈録：『黄檗謂牛頭尚不知向上關捩子。』蓋一義也。捩本力霽切。琵琶之撥曰棙。又木名，善破血。又音列，爲關捩之義。古通用戾、棙，後分用捩，从手。玉篇始收捩字，曰『拗捩也』，在屑韻。然今唐韻十六屑中亦收戾字，則古戾亦有列音。十二霽亦收捩字，解曰『琵琶撥』，則捩亦有麗音矣。古列、戾聲通，如祭法厲山氏，即烈山氏。鄭氏讀菑栗爲裂，厲禁爲迾禁，深則厲爲列石渡水是也。唐人所爲捩暈，則專音列。蘇鶚曰：『大中末，小兒疊布蘸水，向日張之，謂之捩暈。』物異考作拔暈。

溢河，因於范河活沙。存中曰：『越人謂淖沙爲范河，北人謂之活沙，予過无定河，度活沙，百步外，人馬湏湏然一陷，則馳車俱没。』此即流沙也。溢字書亦作𡑜，蒲濫反。術書溢河取此。按：今禄後一辰曰溢河，蓋謂陷運。唐六典亦載溢河之目。但𡑜字無蒲濫反，乃唐人造溢字耳。程泰之作陷河。

三命，謂受命、遭命、隨命之三科也。祭法：『七祠曰司命。』注：『司命，主督察三命。』孔穎達曰：『援神契云：「命有三科，有受命以保慶，謂年壽也；有遭命以謫暴，謂行善遇凶也；有隨命以督行，謂隨其善惡而報之。」』

阽危，壁危也；阽也，康也，簷也，皆一聲也。魏志和洽傳『阽危』注松之案：『文紀曰：「阽于死亡。」食貨志：「阽危若是。」注曰：「阽音鹽，如屋簷近邊，易墮之意也。」』堂廉、句廉，亦謂邊稜。阽、簷、廉，一聲而義亦因之。智按：亦可去聲。馬援傳『跕跕墮水中』，亦當音占去聲。或音帖，乃當時注者之方言也。楚辭『阽余身而危死』，亦有讀戰者。

生達有條達之義，故轉爲挑達，一作岦達，作事順利謂之遂達，汰過輕忽謂之休㨗，忽遽謂之忽達，相勉謂之争達。生民毛傳曰：『達，生也。』『驛驛其達。』正義：『苗達生也。』京山曰：『條達也，其音與挑達相轉。』青衿箋：『佻達，往來相見貌。』說文引『岦兮達兮』。漸子引許端夫曰：『遂達，易也；休㨗，言汰過輕忽也；忽達，言矜忙也。』余一時未有所證，忽閱方言而知之。方言曰：『忽達，芒也。』又曰：『茫矜，奄遽也。』吳揚曰茫。』智乃知古無忙字，故用芒。芒然亦作茫然，故茫矜又用茫字。郭言『草杪芒躰出』，此其本義耳。人忙則有忽達之狀。遂達之語，見康成『長發』箋，『能以德自遂達於天』是也。孫愐曰休㣯，又曰汰過，乃是滑汰意。韻會亦作㣯达，此因挑達生輕易之意也。智又按：漢人有争達之語，争去聲，謂强自争立發達也。沈汝納、胡孝轅所刻漢雜事：『太后謂帝曰：「吾入宫後，知有幼妹，中外隔闊，目所未見，不謂争達如爾。」』此書出於王子充，諸韻書皆未考出，故載於此。

頓愍，猶頓悶也；氐惆，猶怟慌也。方言：『倱愍、頓愍，惽也。江湘謂之頓愍，或謂之氐惆。』郭音丁弟、丁牢反。頓愍，頓悶也。智按：周本琱字，轉爲周。説文：『怟慌，不憂事也。』正讀氐琱平聲。又曰『袛裯短衣』，裯音都牢切。郭亦曰『袛裯弊衣』。可見氐惆之音乃漢晉之常語。

終古、終今，終之爲言常也。詩：『振古如兹。』毛曰：『振，自也。』鄭以爲『古古如此』。因爾雅曰：『振，古也。』智以此有脱簡，若訓振爲古，則複矣。考工記注：『齊人言終古，猶言常也。』楚詞曰：『吾焉能忍而與此終古？』南粤傳：『文帝賜佗書，願與王分棄前患，終今以來，通使如故。』師古曰：『從今通使，至於終久。』智以終古猶終身終世之例，古人有意多字少，即簡促言之。終今者，猶言自今以往，常如此也。振即常也，聲亦相轉。

詐諼、懷諼，皆言虚謾也。暖姝，則言其柔悦也。藝文志『上詐諼而棄其信』，師丹傳『懷諼迷國』。師古：『諼，詐也。』此據説文。智謂諼从虚聲旁轉，遂有虚泡之意，故曰詐曰忘。諼草，言忘憂也。因作萱。『終不可諼』，因作諠，或作愃，實一字相生也。莊子：『暖暖姝姝之狀。』崔烈傳：『反不知姝邪？』姝姝猶好好也。

校記

〔一〕呰　原誤作『呰』，據刊誤補遺改。下同。

〔二〕西南夷傳　『夷』原作『志』，據史記改。

〔三〕小注原無，據刊誤補遺補。

〔四〕齷齪　原脱『齷』字，據義補。

〔五〕引號内二『熟』字，刊誤補遺皆作『孰』。

〔六〕西京　當作『西涼』。李暠爲十六國西涼國主。

〔七〕北　當作『北齊』。

〔八〕慕　原作『摹』，據刊誤補遺及下文改。

〔九〕春秋左氏傳　原脱，據刊誤補遺補。

〔一〇〕孝胡　後漢書東平憲王蒼傳作「孝明」。

〔一一〕彌僕　原誤作「稱璞」，據刊誤補遺改。

〔一二〕殷　原誤作「般」，據刊誤補遺改。

〔一三〕斐　原作「裴」，據三國志顔斐傳及刊誤補遺改。下同。

〔一四〕鐘　原作「鍾」，據刊誤補遺改。

通雅卷之六

釋詁 謰語

謰語者，雙聲相轉而語謰謱也。新書有連語，依許氏加言焉。如崔嵬、澎湃，凡以聲爲形容，各隨所讀，亦無不可。升菴曾彙二字，楚望亦列雙聲，弱侯略記駢字，晉江蘇氏韻輯、駢複俱宗楊本。江右張氏問奇特編而定其音讀，穀城從而廣之，朱氏指南、艮齋字學，皆揭此例，然多鈔升菴，守以字學鉤鈲之說。惟郝公主通，然未免强合。故因撕其支離，補其遺漏，前後見者，偶從部居。此舉成例，列于左方，以便學者之因聲知義，知義而得聲也。

彷佛一作仿佛、方佛、放弗、髣髴、俩佛、放悲，通作放物、方物，蓋因恍惚而輕唇出之也。恍惚一作洸忽、慌惚、怳惚、荒忽，通作怳㥵。廣韻作放弗，又作方弗。甘泉賦：『仿佛其若夢。』典引『仿佛』注：『猶梗概也。』遠遊篇作『髣髴』。衛恆傳：『盜發魏襄王冢，得髣髴古書。』漢練時日章：『相放悲，震澹心。』師古注作方弗。俩亦古仿字。易林曰：『俩如旦飢。』楊氏引陸雲用俩佛。郝氏引漢郊祀志：『民神雜擾，不可放物。』與放弗同。按放物，即方物也。然古讀物與弗近，如没作物，蠠没轉爲密勿。別條詳論。古實相通，毋謂郝公好奇。如舊說『不可方物』爲不可比方其物，又何嘗非臆決乎？舊注仿佛爲梗概，亦未切當。智謂虚呼其聲爲恍惚，以輕脣出之爲仿佛，實一聲也。祭義：『以其慌惚，以與神明交。』史記：大人賦『西望崑崙之軋沕洸忽兮』，漢書作『荒忽』。又孝明八王傳『下邳惠王衍病荒忽』，老子『惚兮恍兮』〔一〕，莊子『心神恍惚』，凡夫引九歌『怳忽兮遠望』，韓退之和山南鄭相公詩『指晝變怳欻』，欻或爲歘字，亦忽之輕音也。焦氏刊誤言曶怳出法言，作惚恍，非。智按：曶即忽字，而不許人用惚恍，拘矣。

逶迆，一作委蛇、蟡蛇、逶蛇、委佗、遺蛇、委它、倭遲、倭夷、威夷、威遲、郁夷、禕隋、遹迆、禕隋、禕它、倭他、委移、歸邪、隝隋、委陀、逶徔、委維、委壝、靡匜、逶迆、委㐌、蝺虵、蜮虵、踒跪、逶迤、委池，各異，其連呼聲義則一也。左傳引詩『委蛇』。『蘇秦嫂委蛇蒲伏』，索隱曰：『面掩地而進，若蛇形。』此緣國策作『蛇行蒲伏』。蛇音移，言逶迤也。『蟡蛇澤鬼，紫衣朱冠』，齊桓所見。古人原以逶迤之狀名之。猶莊子『山有夔，野有方皇』，亦以徬徨名鬼也。後因加虫作蜲蛇。豈可反本此說以解逶迤邪？漢書禮志『旗逶蛇』，西京賦『聲清暢而蜲蛇』，莊子作『逶蛇』，韓詩作『逶迤』，任光邳彤贊『委佗還旅』，方朔傳『遺蛇其迹』，郝氏謂即逶迤。智亦以遺讀移，則與下複，古時遺從貴，必有饋聲，今用遺蛇爲逶迤，猶揚雄用遲遟爲棲遟也。後漢儒林傳：『方領矩步者，委它其中。』注曰：『它音迤。』詩：『周道倭遟。』與逶迤同。釋文作『周道倭夷』。文選注『周道威夷』。薛君曰：『威夷，險也。』又作威遟。爾雅『威夷長脊而泥』，注：『威夷，長而弱也。』漢地理志：『扶風有郁夷縣。』注：『師古曰「周道倭遟」，韓詩作「郁夷」。言使臣乘馬於此道。』王伯厚詩考載韓詩外傳禕隋即委迤。又衡方碑『禕隋在公』，即詩『委蛇在公』也。考隸釋有之，費鳳碑陰、逢盛碑皆作禕迤。方子謙引石經作禕迤，又作禕隋。爾雅音義引禕它，李鉉字辨作倭佗。離騷經『載雲旗之委蛇』，一本作『逶迤』，一本作『委移』。注：『雲旗委移長也。』劉向九歎：『遵江曲之委移。』韓愈詩：『委陀結斜漢。』即逶迤字。鄭氏字說曰：『天官書「歸邪」，讀如委蛇，言其狀逶迤也。說文：隝，鄭地坂，許爲切；陭，上黨坂，于離切。則二坂亦以地形逶迤而名。趙撝謙卒於嶺南，有遺文在東莞張氏，内用逶徥，豈以婁壽、嚴發碑皆有徥字邪？』智謂何必據漢碑？按漢書『徲徥衡門』，古從辵者亦以彳。又山海經：『赤水東蒼梧之野，舜與叔均所葬也，爰有文貝、離俞、鴟久、鷹賈、委維。』郭璞曰：『委維，即委蛇也。』又周禮：『爲壇壝宮棘門三行，平地築壇。』又『委壝土起眉埒』。徐廣音壝爲羊誰反，則委壝音義與委迤通。又玉藻曰：『疾趨則欲發，而手足毋移。』注：『移之言靡匜也。』疏言：『謂靡匜，摇動也，言疾趨則不必翔步，逶迤紓徐矣。』古靡如微，微字中原讀如禕，則靡匜亦逶迤之聲也。依戴合溪作逶迆，依魏子才作委㐌，依説文長箋則作蝺䖯、蝛䖯。又按易林大壯之鼎，曰『長尾踒䟺，其師之咸』。長尾蝼蛇一首與之同文，以蝼蛇證踒䟺，則讀逶迤以狀長尾可知。其繇下叶思字，中叶河字，蓋古蟻蛾通，多有怡音，則何讀奚明矣。洪景盧言逶迤有十二變。升菴轉注古音『委蛇』字下云：『韻會未盡，故廣之。』止有八變。方子謙所列有十七變，楚望止收十變。智今舉所知，凡三十二變。學究亦不須此。如合溪、子才輩，改篆作楷，勢所難從。子謙所引石經『禕隋』，恐訛未考。吾嘗笑升菴、弱侯，秭歸作秭䆿，䙰裸列䙰褵，䆿乃歸訛，褵乃褵訛，而顧效尤與？偶因二字之變，據古今而別之，見當以聲通義如此，豈欲學者用之哉？

傍徨，一作傍偟、徬惶、房皇、方皇、彷徨；急則爲張皇，一作傽偟、慞惶。通爲倉皇、蒼皇。禮書『房皇周浹』，即傍偟，一作傍偟。荀子：『方皇周浹乎天下。』注：『方音旁，猶徘徊也。』莊子：『芒然傍偟乎塵垢之外。』吴語：『王親獨行屏營彷徨于上林之中。』荆軻傳：

『傍偟不能去。』集韻有『徬惶』，即傍徨；有『偉徨』，即張皇。韻會：『彷徨，猶征營也。』陶弘景周氏冥通記：『整心建意，勿慞惶也。』書：『張皇六師。』不寧之狀。杜甫送鄭虔：『倉皇已就長途往。』北山移文：『蒼黃翻覆。』韓祭女挐文：『蒼皇分散。』舊唐書：『僖宗廣明二年，王處之衆，蒼黃潰亂。』李端叔曰：『楊元發蒼黃失據。』郝氏直以張皇爲倉黃。智謂徘徊爲徬徨；舒徐爲徜徉；急遽則舌齒激聲爲張皇；又穿齒憤聲爲倉黃，則更迫矣。

徜徉，一作倘佯、尚羊、常羊、相羊、相徉、儴佯、儴佯、襄羊、倡佯、常翔、相翔，通爲彷徉、仿佯、方佯。郊祀歌：『周流常羊思所并。』即徜徉。楚辭：『聊逍遥以相羊。』又用儴佯。文選上林賦：『招摇乎儴佯。』史漢及李善本作『襄羊』。郭璞曰：『襄羊，猶彷徉也。』西京賦『儴佯乎五柞』，馮衍賦『乘翠雲而相佯』，淮南俶眞訓『尚羊物之終始』，韓盤谷序『終吾生以徜徉』，柳子厚用『倡佯』，老子指歸作『常翔』，周禮有『相翔』，史記吳王濞傳『彷徉天下』，漢書作『方佯』，後漢東平王傳『消摇仿佯』，楚辭用『仿佯』。

敞罔，一作惝怳、敞惘，轉爲愴怳、滄況、倉兄、敞苋。難蜀文『敞罔靡徙』，注：『失志貌。』韻略加心。大人賦『聽惝怳而無從』，思玄賦『魂敞惘而無疇』，轉爲愴怳。九辨『愴怳懭悢兮』，詩『倉兄填兮』，即愴怳，或作滄況。齒兩之音轉則爲惆悵，他朗之音轉則爲懭悢。丁度集韻作『敞克』。蔡邕石經尚書殘碑：『毋兄曰今日，則兄曰敬德。』兄即遑字。蓋古兄、荒、皇、況通音。九經考異誤刻兄作凡。

洸洋，一作潢洋、瀇瀁、潢漾，通爲曠漾、罔養。史記言『莊子洸洋自恣以適己』，戰國策『狐祥不可食』，新序引此語作『潢洋』。可証太玄『井潢洋終不得食』，淮南子『瀇瀁極望』，馬融頌『瀇瀁沆漭』，上林賦『灝溔潢漾』，皆一也。鮑照賦『曠漾敞罔』，後漢書馬嚴傳『更共罔養以崇虛名』，皆潢瀁之聲所轉也。履按：罔養，猶之罔象，是亦一義。

徘徊，一作徘佪、俳回、裵回。思玄賦『馬倚輈而裵裒』，史相如傳『裵回』，關尹子分用，見重言。宋子京作唐書：『陸季疵擊木裵回。』應合鼎臣意，鼎臣言徘徊，衣寬貌，字當用裵回。按：徘徊，行佇傍偟之貌。高后紀：『徘徊往來。』息夫躬『鸞徘徊兮』，注：『徘徊不得其所也。』庾信文有『俠佪』，唐松陵集有『遲佪』，皆傍偟不進貌。茂陵書：『屋皆徘徊重屬。』屋兩翼亦名兩徘徊，蓋以行佇起意耳。焦氏刊誤曰：『裵回作徘徊並非。』泥徐氏也。

寂寞，一作宗莫、家漠、啾嗼、宗漠、淑漠、窜漠。説文本作『啾嗼』，即寂寞也。一作宗莫。鄘氏字説作『窜漠』。楚辭作『家漠』，又作『宗漠』。集韻宗一作諔，又作淑。按：『窜漠』字，恐因碧落碑上文。

泬寥，一作泬漻、泬廖、寱廫，猶寂寥也。寂寥，一作寂廖、寂寥、寂漻、宗嵺、宗寀，通作寂聊、淑湫。九辨用泬寥，一作泬漻。集韻『寥』本作廫，亦作寥。九辨七章：『老寥廓而無處。』王逸本泬寥作宗嵺。相如賦『寂漻無聲』，莊子『漻乎其清』，通作廖。退之華山女：『坐下廖落如明星。』安仁賦：『幽谷豁以窖寥。』窖音哮，高氣也。大宗師：『聞之參寥。』參，高也。寥，曠也，此字兼泠曠之意，从山从宀，象其遠寂也。凡夫以泬廖當作寱廫。四子講德論作『寂聊』。管子曰：『耳之所聽，非特雷鼓之聲也，察於淑湫。』即宗寀。智按：翏本寥、留二音，鍬乃音操，湫本音剿。尗有叔、宗二音，猶軸笛之有逐迪音也。倜儻即俶儻，故增韻寂寥讀作寂歷。唐詩『空山寂歷道心生』用之。古時四聲通轉，此異代所難解者。莊子『刁刁之翏翏』，翏亦音留，則刁亦音丢；丢轉入爲笛，笛與逐近，故古笛作篴，可證。又以笛管借車軸之管，兼指事而名之曰軸。推原論之，寂寥本有啾翏、焦尞、宗歷三轉，旁通則有寥落、寥歷、嘹戾、蓼泣、嘹亮、勞利諸轉聲。

拉沓，一作㧺䍡、鸊鶅、翻翻、䢌遢、䮾騔，猶拉雜也。拉雜一作拉颯，轉爲㩳臘。漢鐃歌云：『梟母五，梟子六，拉沓高飛暮安宿？』博雅遂有『㧺䍡飛也』。廣韻作鸊鶅，又作翻翻。拉又作擸、㩳。焦氏收䢌遢〔一〕，不謹也。䮾騔，馬拉沓不行也。拉，盧合切。晉孝武太元末京口謠：『黄雄雞，莫作雌，衣被拉颯栖。』猶拉雜也。有所思篇：『拉雜摧燒之。』東坡曰：『學者作拉雜變，便自謂長卿。』世説：『殷融曰：「㩳臘亦放，何必其鎗鈴邪？」』

旖旎，本作猗難、阿那、阿儺，因作榱欏、褭褭、婀娜、婑媠，亦作旖施、倚移、猗萎、猗柅、椅梔。楚辭『旖旎乎都房』，注王逸引詩『旖旎其華』，今詩作『猗儺』。長卿、子雲、子淵皆從詩、楚辭來，當讀阿那，亦可轉音。古旎讀儺，猶蟻蛾、儀俄也。升菴載古作『褭褭其枝』，又作榱欏，此乃分别家所作，附古文耳。洞簫賦『阿那腲腇』，注：『舒遲貌。』即猗儺。戴氏曰：『古單作猗難，與那同，或作衺。自子虚作倚柅，遂爲女矢切矣。』孫愐有『猗狔，從風貌。』上林賦則用『倚移從風』。一本作旖施，高唐賦用猗狔。江賦猗萎即猗移，正其字作椅梔。而阿那，又作婀娜。韓愈元和聖德詩：『天兵四羅，旗常婀娜。』又作婑媠，列子楊朱篇：『公孫穆好色，擇稚齒婑媠者。』

重俯伏之音爲匍匐，一作匍匐、扶服、扶伏、蒲服、蒲伏、匍百。俯伏輕唇，匍匐重唇，故古人之字通轉。檀弓引詩：『扶服救之。』左傳：『宋公子城射張匄折股，扶服而擊之。』漢書傳『扶伏稱臣』，霍去病傳『扶伏叩頭』，范雎傳『蒲服』，韓信傳『蒲伏胯下』〔三〕，七發『蒲伏連延』，即匍匐也。丁度又作『匍匐』。鄺氏曰：『秦和鐘銘「高引有慶，匍百四方」，言四方匍匐歸命也。』

逍遥，古作消搖，稍搖。消搖，又爲須臾。詩：『河上乎逍遥。』檀弓：『負手曳杖，消搖于門。』東平王蒼傳：『消搖仿佯。』漢書『消搖』即逍遥，又讀爲須臾。蓋古音搖、臾，抌、揄兩借。如詩『或舂或揄』，揄亦爲尤，是也。毗曇云：『一晝夜共三十須臾。』臾之本義，説文曰：『束縛捽抴爲臾，從申從乙。』後漢方術傳序有武王須臾一卷。言立成之法也。徐曰：『逍遥，字林所加，泥説文耳。』鬱儀曰：『古趙即逍。』京山引太玄翕首：『雖欲捎搖，天不之茲。』注作逍遥。智按：考工『捎溝』注：捎讀如桑螵蛸之蛸，可證。消搖者，輕轉其音也。飄然悠揚，則轉爲飄搖之聲。招指動搖，則轉爲招搖之聲。招搖一作招摿、招繇，見天文下。

飄搖一作飄颻、漂搖、彯搖、飄姚、髟䫿、嫖姚、剽姚、票姚、票鷂。詩『風雨所漂搖』，鮑照詩『飄颻無所定』，則以漂搖近於剥落，故專作飄颻，從風。馬融廣成頌『羽毛紛其髟䫿』，章懷注：『飛揚貌。音必由、羊救切。』此拘沈韻耳，實即飄颻。古尤、蕭固通音也。飛揚則以飄搖爲得聲狀，其音去聲者，注者之方言也。服虔音票姚爲平聲。王融曲水序『彯搖武猛』，則指票姚校尉之類。升菴主荀悦去聲，以票鷂取名爲武猛，不知古人不拘。如因杅、貳師、樓船，隨意取名，豈如後世稱龍虎鷹揚始猛邪？或言彯搖遠舉，或纓羽之容，票鷂之名，亦以能票鷂高飛也，以平聲爲悠揚。李夫人傳：武帝賦『縹飄姚乎愈莊』，即飄搖也。又郊祀詩『雅聲遠姚姚』，以搖聲通用，決無去聲之理。故子美『恐是霍嫖姚』，直用平聲。升菴博極，援引有功，然惜膠於好異，見音釋不同者必遷就從之，不暇問前人之訛誤矣。故驚漢晉之燕石爲元珠、火齊者，猶之奉沈孫之門户爲金科玉律也。但古人音讀常存之以證古今自然之轉變，勿爲所縛，乃能會通。

譸張，一作侜張、輈張、倜倡，通作周章、舟章、倜𠍓、周慞、侏張。書曰：『無或譸張。』一作侜張，一作侏張。漢書：『燕蓋譸張。』晉張華傳：『輈張跋扈。』南齊語曰：『莫輈張，付桓康。』劉琨詩：『自傾輈張。』即周張也。太玄去首：『物咸倜倡。』詩曰『誰侜予美』，注：『侜張予之所美。』陳忠傳：『周章道路。』蓋侜張、倜倡、譸張、侏張實一字。苻堅報慕容垂書〔四〕：『侏章幽顯，布毒存亡。』魏書恩倖傳：『侏張不已。』桓氏傳：『玄侏張。』北齊源彪傳：『吳賊侏張。』古周有侏音。泰伯後慕歌：『梧桐萋萋，生于道周。』宮樹徘徊，臺閣既除。』李興表武侯閭，以周叶餘可證。其用倜爲俶儻之俶者，則又一轉矣。周章微分，亦可通用。困學紀聞云：『大傳引樂曰：「舟張辟雍，鶬鶬相從。」樂，樂經也。舟張，周張也。』文選箋曰：『日周張于省覽。』字書有倜𠑡。蓋詞賦所用增加彳旁耳。觀佛三昧經言：『伽樓羅王八千歲，飢逼周慞求食。』此與貞白用慞惶同。

猶與，一作猶豫、冘與、由與。與去聲，本作豫。『楊敞猶與無決。』『代王猶豫未定。』陳湯傳『椎破印，將卒猶與。』謂疑也。猶，獸名，聞有聲則豫上樹。猶又作冘。後漢書來歙〔五〕、伏隆傳，皆用『冘豫未決』。冘亦音淫。高誘注呂覽作由與。老氏用『猶兮與兮』，淮南『猶猶與與』，俱以二字分用。河東賦『三軍窮冘闕與』，亦分冘與二字間用之。注：『冘，行也；闕，止也。音於庶反。冘又音遥。』智謂其分冘與字，則冘仍音猶矣。至容與之與，上聲。長卿用『翺翔容與』，閒適也。九歌容與叶渚。淮南子儲與扈治，則平聲。一作諸與。子雲賦：『儲與乎大浦，聊浪乎宇内。』服虔曰：『相羊也。』引淮南子『陰陽諸與』。聊浪，放浪也。與，音餘。履按：高后紀：『猶與未決。』鄒誕生音以獸反。

轗軻，一作坎坷、埳坷。軻平聲，轗軻則上聲，音同坎坷，蹭蹬意。毛晃曰：『轞轤，車不行。』轞即轗，轤音盧敢切。廣韻埳坷，從陷省，作臽者誤。

紛紜，一作紛云、紛員、汾沄、闋眃。赤雀詩『六紛員』，即紛紜也。韻會本作眃。智按：从員又从云，重複無義也。亦通作沄。揚雄傳：『汾沄沸渭。』唐扶頌碑亦用汾沄。張衡賦『沄沄涌濤』，則沄之正義矣。紛紜又作紛云。郊祀志：『紛云六幕浮大海。』六幕，六合也。相如傳：『戚武紛云。』趙凡夫據説文作闋眃。

坱軋，本爲坱圠。賈誼賦『槃物坱軋』，即坱圠也。槃，漢書作播。方言曰：『坱圠，不測也。』招隱士曰：『坱兮圠，山曲岪。』吴都賦：『地勢坱圠。』甘泉賦：『坱圠無垠。』賈生借用軋耳。軋之本義車輾也。漢書傳有罪小者軋。

傝㒉，一作闒茸、毾茸、毾毲。　公紹收傝㒉字，與闒茸通。賈誼傳：『闒茸尊顯。』師古曰：『下材不肖之人。』或作毾毲，㒉從宂，宂從宀，人宫中宂食也。俗作冗。

次且，一作趑趄、趀趄、趑趡、跌跙、恣睢。　易：『其行次且。』倶平聲。字書作趑趄，集韻作趑趡，又作跌跙，若趡則太贅矣。易經考異或作跌跙，古文作恣睢，王、鄭、馬皆作趑趄。子厚答問：『趑趄批捩。』

怗懘，一作沾滯、怘懘。　處廉，尺制切。見樂記。鄭氏曰：『敝敗不和貌。』史記引作沾滯，又作怘懘。怗又多忝切，静也；托恊切，服也。

靉靆，一作曖曃、靄靆、靉靆、挨䀹。　雲狀也。玉篇：『曖曃，不明貌。』又作靄靆、靉靆。張有復古編作挨䀹，俗改靉靆，以說文有䀹也。

晻濭，一作晻靄、晻薆、暗藹、奄藹、煙藹、菴藹。　郊祀歌：『露夜零，晝晻濭。』即掩藹之轉也。或作晻靄。諸家詩作奄藹、煙藹。甘泉賦：『儐暗藹兮降清壇。』相如賦：『晻薆咇茀。』則言草卉之芳蔚滃鬱也。晉左貴嬪作楊后誄：『本支菴藹。』香譜作醃藹。

奄忽，一作颮颬、雹䬍、颮颬。鳳亭編本載雹䬍、颮颬，以辛泉作雹䬍，省作颮也。李登聲類曰：『僾俙之作靉䨴，猶奄忽之作颮颬也。僾俙不明莫如雲，奄忽迅速莫如風。』因論奄靄，附舉于此。

嘈雜，一作嘈啐。嘈啐見博雅，此乃當時方言字也。丁度韻作嘈囋，囋亦音雜。墨莊漫録曰：『讀緯書，見引張平子天象賦云「河鼓集軍，以嘈雜囋」，囋與讚同。』丁黄誤引耳。

鏜鞳，一作鐺礚、闛闟、闛䦪。鏜鼓聲也。相如賦『鏗鏘闛鞳』，史記作『鏗鏘鐺礚』，潘尼釋奠頌：『鏗鏘闛闟。』闟音沓。集韻又作䡘䡲。晉摯虞思遊賦：『闛䦪兮識故居。』集韻又作䡘，則神人暢曰『鼚乎鼓之』，亦當音堂矣。丁度互引閶、闛二字。揚雄賦『西馳閶闔』，即閶闔。蓋古人讀昌與堂近。

蕭索，通作蕭瑟，本作蕭索。依説文當作蕭索，轉而爲蕭颯。謝靈運『騷屑出穴風』，東京賦『飛流蘇之騷殺』，莊子知北遊謂『衰颯』，皆此聲之變也。郝氏以酸削并合之，非矣。

夸毗，一作骻骫、骻䯗。韻會曰：『骻骫，體柔也。唐人所别製者。』集韻作骻骳。

戚施，一作規覗、頻頤、蹴䶮、䶮鼊、䗖䗖。集韻頤或作頷、頔，韓道昭作頻頤。詩『戚施』注讀爲蹴駝，叶鴻則離。古離讀羅，施讀駝。楊氏引詩疏作頻頤，説文引詩『得此䶮鼊』，即戚施。故薛君章句以戚施爲蟾蜍，而升菴遂以鼀䶮爲戚施，誤矣。蘇弘家韻輯載䗖䗖，注音去秋，出説文。此沿升菴鼀䶮之誤，而又收字書訛省之字也。

依違，一作猗違、伊違、依韋。師丹傳：『猗違者連歲。』師古曰：『猶依違也。又依又違，言兩可也。』郊祀歌：『五音六律，依韋饗昭。』注：『不相乖離貌。』漢書作『伊違』。蓋古丯丯象二體行步相違也。韋即違背之意。後人以此爲韋革字，借義奪正義，故加辵作違。

栖遲，一作棲遲、西遲、遅遟、徲徥。説文：『屖，遅也，从尸，辛聲。』徐曰：『不進也。』揚雄賦：『靈遅遟兮。』遅音栖，遟音遲。嚴發碑『西遲』即栖遲。蘇氏作徲徥。

蹣跚，一作媻散、蹁躚，通作媥姺、蹁躚。　平原君傳：『有躄者媻散行汲。』注：『與蹣跚同。』韻會引相如賦：『媻姍勃屑。』與武帝『姍姍來遲』，此音同跚，而義則美好，恐非一類。姍又有音先者，則姍姍竟是纖纖矣。　仍當音跚。　龍龕韻有蹁躚，即蹣跚也。　莊子：『跰𨇤而鑒於井。』正蹣跚字，而人讀作輕聲，如駢先之音，故韻會又以姍音先或作姺。　又引相如賦『便姍嫳屑』，則六臣本也。　史記作媥姺，徶徆。　郝氏謂與盤桓爲一，則何異升菴之以翠微爲崔巍邪？　盤桓者媻姍之重聲，激齶也，蹁當是古文㲋字，隸筆取之。

盤桓，一作磐桓、畔桓、洀桓、般桓、伴奐、半漢。　管子『洀桓』即盤桓。　漢張表碑有『畔桓利貞』之語。　隸釋引衡方碑作『畔桓』。　智以詩『伴奐爾游』，亦盤桓之聲也。　依說文義當作般桓。　張平子東京賦：『平樂都場，示遠之觀。　龍雀蟠蜿，天馬半漢。』半漢當讀盤桓。　九經考異失載漢碑云。　劉向傳：『兄弟據重，宗族磐互。』谷永傳：『百官盤互。』知磐、盤通。

陵遲，本作夌偓，通作陵夷。　說文徐説引史記夌偓，子謙引作夌犀。　史記：『泰山，跛羊牧其上，夌犀故也。』馮夷一作馮遲，可證。

呲弗，一作苾勃、馝馞。　相如上林賦：『晻薆呲弗。』漢書作苾勃。博雅：『馝馞，香也。』揚雄傳：『香芬茀以穹隆。』

旁薄，一作旁礴、盤礴、旁魄。　莊子『旁礴』。太玄中首：『昆侖天之氣，旁礴地之形。』又賦：『旁薄羣生。』相如封禪書：『旁魄四塞。』又畫史：『解衣盤礴。』

肸蠁，一作肹響、翕響、肸蚃。　説文：『肸蠁，布也。从十从肙，肙者振肙也。』引甘泉賦『肸響豐融』，又子虛賦『肸蠁布寫』，注：『盛作也。』漢書本作肸蠁。太冲蜀都賦『景福肸蠁之興作』，則有鬼神仿佛之意。注：『如蟲羣起而多。』又郊祀『罔不肸飾』，師古曰：『肸，振也。』玉篇作『肹響』。説文曰：『蠁，知聲蟲也。』蠁子入土爲蠅。毛氏曰：『古響即向，羊舌肸字叔向，是也。』肸，孫愐羲乙切。六臣注引司馬彪曰：『肹，過也。』吕延濟曰：『肹蠁，中天遊氣也。』論衡曰：『曉俗以鴻文，猶振聾以肸蠁也。』甘泉賦：『薌呹肸以棍根兮。』注：『薌與響同。』笛賦：『紛綸翕響。』

蕭條，一作蕭蓧、椱蓧、霄霏。　張平子碑作『蕭蓧』，淮南作『霄霏』，漢隸作『椱蓧』，吕君碑作『蕭蓧』。

蕭森，一作蕭蔘、掔參、箾蔘、橚槮。　史記上林『紛容蕭蔘』，六臣本作『紛溶箾蔘』。紛溶，猶丰茸也。張衡用『橚槮』，此聲乃蕭疏之轉也。考工注：鄭司農曰：『掔，讀爲「紛容掔參」之掔。』即蕭森。

參差，一作槮差、參縒、篸差、柴池、差池，又轉爲蹉跎、崔隤之聲。　相如賦：『柴池茈虒。』柴池即參差，作差池。説文有槮差、參縒、篸差之别，實一字累加也。差池轉爲蹉跎，古池、佗互從，可證也。左傳：『子産曰：「何敢差池？」』注：『一音蹉跎。』又作蹉跌。趙壹曰：『蹉跌不面。』蓋失與池轉也。又轉爲崔隤，一作摧頽。漢廣川王傳曰：『崔隤，時不再。』注：『崔隤，猶言蹉跎。』

茈虒，一作偨傂、柴傂、跐豸。　音此齒。相如賦『柴池茈虒』，又作『偨傂』，總言不齊貌。茈傂之聲，正因柴池。但上二字平聲，下二字上聲，故多互用。揚雄賦：『柴傂參差。』張衡賦：『增嬋娟以跐豸。』京山曰：『後漢志：「術氏冠，差池邐迤四重。」即傑僪。』

踟𨇾，一作峙躇、遲佇、踟躕、踶跦，轉爲躊躇、躑躅。本作彳亍，一作躑躅、蹢躅、蹢躅、躑躅。說文：『躇，峙躇不進也。』劉宋書樂志引『五馬立峙躇』，長箋引詩『搔首峙躇』，升菴引『踶跦』，富嘉麗色賦用『遲佇』，茅山碑用『遲𨇾』，陸士衡詩用『躑躅』，五臣本作『彳亍』，又作『躑躅』，又有『擲蠋』，亦謂其行貌也。易釋文：『古本蹢躅作蹢𨃰，一本作擲躅。』

酩酊，一作茗艼、茗仃。晉山簡傳作『酩酊』，世說作『茗艼』，升菴引簡文帝曰：『劉尹茗仃有實理。』今本一作茗柯，誤。此楊有見，而陳氏辨之非。

龍鍾，一作隴種、躘踵、儱偅，轉爲籠東、瀧涷。荀子曰『隴種而退』，注：『遺失貌。』余以爲即龍鍾字。埤蒼作『躘踵』，或作偅。然古多通用。杜弼爲侯景檄梁曰『龍鍾稚子』，王裒與周弘正書『龍鍾橫集』，裴度曰『見我龍鍾』，元載別妻詩『誰不厭龍鍾』，退之詩『白首誇龍鍾』，或言老，或言淚，或訓小人行，總皆狀其潦倒笨累耳。指南作『儱偅』。北史：『宇文泰戰敗，敵兵追及，李穆以鞭擊泰，罵曰：「籠東軍士，爾主安在？」』籠東猶隴種。說文：『瀧涑，沾漬也。』兵敗披靡而退，如冒雨衣濕之狀，俗謂水濕爲瀧涑。又三國吳志：『周魴誘曹休書：「卒奉大略，伀矇狼狽。」』伀音鍾，伀矇猶龍鍾也。郝京山以淮南『蘢蓯』『遼巢』爲一，則非矣。林氏曰：方言『瀧涿謂之霑漬』，音籠冢，此與説文相證，可存。姚文燮曰：『竹曰龍鍾，生羅浮地〔六〕。』亦謂其大而笨累也。

顛覆，一作蹎覆，通作蹎仆、顛踣、顛匐、蹎跙。貢禹：『一旦蹎仆。』蔡邕釋誨：『榮顯未副，從而顛踣。』柳宗元詩：『連蹇困顛踣。』魏書裴叔業兄子裴絢傳：『比因大水，蹎跙不免。』梁書：王僧孺辭府箋：『傾壓必然，顛匐可俟。』唐李石傳曰：『晉君臣夷曠，以致蹎覆。』即顛字。蓋因揚雄拜州牧箴：『太上耀德，其次耀兵，德兵俱蹎，靡不悴荒。』公羊：『爲已傎矣。』亦是顛字。晉志用『傎倒』。仆覆之通，猶負否也；仆踣之通，猶負之於背，背之於北也。

夷猶，一作夷由。楚辭：『君不行兮夷猶。』廣成頌作『夷由』。爾雅夷由，爲鼯鼠名。

優游，一作優猶、優啞、優繇。荀子：『優猶知足。』答賓戲：『陸子優繇。』楚相碑優游字作『優咥』。柳佩韋賦：『吉優繇而布和。』

佛鬱，一作弗鬱、茀鬱、沸鬱。　魏樂府曰：『中心何佛鬱。』漢書：瓠子歌：『魚弗鬱兮柏冬日。』景十三王贊『内茀鬱』，史記河渠書作『沸鬱』。

綽約，一作繛約、淖約，因爲婥約、趠龠。　説文本作繛。相如傳『便嬛繛約』，漢書作『綽約』。揚雄傳：『競淖約兮。』荀子：『淖約以察。』説文又有『龠，趠龠也。』箋曰：『本作黐豹。』

慞恅，一作嘻嘐。　吳曾引『陸機文賦曰：「慞恅欄慢。」埤蒼曰：「嘻嘐，寂静也。」文士以作事迫促謂之老草。』智按：王子淵洞簫賦有『慞恅瀾漫』，吳引誤也。嘻嘐即慞恅，今人作潦草。

屏當，一作併當、摒擋、栟檔〔七〕。　阮孚傳言『祖約屏當不盡』，去聲。劉平水作摒擋。吳虎臣言『世説：「爲曹夫人併當筐篋」，即屏當也。』冥通記：『竟夕栟檔。』字考收偋當，以荀子『併』即屏也。

齟齬，因有鉏鋙、鉏鎁、岨峿、齟齬、鉏牙。　牀吕、魚吕切，本齒相差著也。敔有三十六齟齬，因作鉏鋙，專爲不相當之意。文賦：『或岨峿而不安』，則又因山立義。説文本作『鉏鎁』。考工玉人：『大琮十有二寸，射四寸。』注：『射其外鉏牙。』疏：『言其外八角鋒也。』鉏牙即齟齬。古吾與牙聲通。都俞，古文字考作『鉏㗊』。

𤏡㢒，㢒廖同。　音琰夷，門關也。百里奚妻琴歌：『炊㢒廖。』顔之推曰：『一作𤏡㢒。』又曰：『㞐與㢒通，㡯與廖通。』

蓬勃，因有㶿㶿、烽㶿、㷭㶿。　韻略曰：『㶿㶿，煙塵雜起也。』俱見集韻、廣韻。詞賦家用之。總言勃鬱蓬起之狀，因義增加蓬勃之聲。又轉爲旁勃，見爾雅疏。

轇轕，漻漷，本于膠葛。　漻漷，水廣也。孫愐曰：『轇轕，戟形。又馳驅貌。』見子雲賦。通用膠葛。總言多而廣，相紛糾之狀也。指南乃作『輵轕』，不知何據，當是膠之誤耳。

混沌，一作渾敦、坤屯、困敦、倱伅。　莊子：『七日而混沌死。』元氣未判貌。通鑑：『盤古氏，一曰混敦氏。』左傳『渾敦』注：『即驩兜。』張衡靈憲注：『坤屯不分。』爾雅：『子曰困敦。』韻會作倱伅。

皓旰，一作皓涆、澔汗、浩瀚。　史河渠書：瓠子歌『皓皓旰旰兮閭殫爲河。』上林賦：『采色澔汗。』梁張纘南征賦：『觀百川之浩涆。』或作浩汗、浩瀚。

風裁，一作風采、風彩、丰采。　後漢李膺傳：『天下仰其風裁。』霍光傳：『天下想聞其風采。』南齊：『王儉謂庾杲之蟬冕所映，更生風采。』吳志諸葛瑾傳：『未嘗切愕，微見風彩。』或作丰采，謂丰容華采也。升菴嘗言『風裁』之裁，當上聲。

憔悴，一作蕉萃、癄瘁、嚁殺、焦瘁、顦顇、燋悴。　孟子：『民之憔悴於虐政。』吳語：『人民離落，日以憔悴。』又逸詩：『無棄蕉萃。』索隱引此詩作『顦悴』。後漢應劭傳引作『憔悴』。漢禮樂志：『纖微癄瘁之音作而民憂思。』樂記作『嚁殺』。班固答賓戲：『朝爲榮華，夕而焦瘁。』唐人詩：『爲報故人顦顇盡。』並通。説文專主『顦顇』。履按：廣雅作『嬰悴』。

汍瀾，一作萑蘭、汍濫、丸蘭。後漢書馮衍賦：『淚汍瀾而雨集。』陸機弔魏武文：『涕垂睫而汍瀾。』言流淚縱横也。又漢息夫躬絶命辭：『涕泣流兮萑蘭。』又班固答賓戲：『汍濫而測，深乎重淵。』又揚子太玄密首：『陽氣親天，萬物丸蘭。』注：『盛貌。』

堙鬱，一作抑鬱、抑惌、壹鬱、泱鬱、湮鬱、伊鬱。史賈誼傳：『獨堙鬱兮其誰語。』氣不通也。漢書作『壹鬱』。文帝紀注：奏請受禪疏『大禹必鬱悒于會稽之山。』何晏景福殿賦『感溽暑之伊鬱』，岣嶁碑曰『禋鬱昏徙』，左傳『湮鬱不育』，息夫躬詩『元靈泱鬱』，皆此堙鬱音義也。升菴引有『抑惌』。

忼慨，一作慷慨、忼愾、感慨、感槩。史袁盎傳引：『大體忼慨。』項羽本紀：『悲歌忼慨。』高帝紀：『慷慨傷懷。』後漢齊武王演傳：『剛毅慷慨。』魏武帝樂府：『慨當以慷。』晉陸機：『議論忼愾。』史季布傳贊：『婢妾賤人感慨而自殺。』漢書游俠郭解傳：『少時陰賊感槩。』後漢范滂傳論：『奮迅感槩。』

豈弟，今用愷悌。其用闓圛者，别一義也。　豈本『豈歌』之鼓，借爲豈悌；後『豈歌』作凱，而豈字爲虛助矣。『齊子豈弟』，箋：『豈弟作闓圛。古文尚書以弟爲圛。圛，明也。』疏曰：『古文尚書即今鄭注者也。無以弟爲圛之字。惟洪範稽疑論卜兆有五，曰圛，注云：「圛者，色澤光明。」蓋古文作悌，今文作圛。賈逵以今文校之，定以爲圛，故鄭依賈氏所奏。』智按：今尚書洪範七稽疑『曰驛』，言絡驛不絶，其兆爲金。鄭箋所云闓圛，亦云與『齊子發夕』同意，言絡繹也。今將以闓圛爲豈弟之奇文乎？按：凱風和樂也，凱澤亦和意，或作闓澤。史司馬相如傳『昆蟲凱澤』，漢書作『闓澤』。晉紀瞻傳『六合闓拓』，則是『開拓』音相轉借也。

凌轢，一作陵轢、轔轢、躪轢、凌獵，通爲陵厲、輘藉。　史灌夫傳：『凌轢宗室。』謂虐害也。漢書又有謂『陵轢邊吏』。後漢朱浮傳：『陵轢同列。』上林賦：『車徒之所轔轢。』漢書作『躪轢』。爾雅：『獵，虐也。』注：『凌獵，暴虐。』即凌轢。李白詩：『獨鶴思凌厲。』後漢廉范傳曰：『自相輘藉。』

從容，一作縱臾、將養、慫慂、從勇、從諛。　禮：『從容中道。』史衡山王傳：『日夜從容王密謀反事。』漢書作『縱臾』。　又『衡山王有逆計，日夜從容勸之。』漢書作『日夜將養勸之』。注：『獎勸也。』方言：『南楚凡己不欲喜怒而旁人説者，謂之慫慂。』漢書郊祀歌：『般從從，旌容容。』注：『如人相從勇作惡之從勇。』漢酷吏傳贊：『杜周從諛。』並與從容同矣。

嘔喁，本于吁俞之聲。　一作姁媮、呴愉、煦嫗、呴喻，轉爲愉呴、噢休、噢咻。　韓退之連理木頌：『畬垿姁媮。』注：『與吁俞同。』京山謂即『吁俞』。　郭璞曰：『忸愉，猶呴愉也。』晉書夏侯湛傳：『逐巧點妍，嘔喁辯佞。』嘔喁即姁媮。　子美賦：『小人呴喻。』記：『煦嫗覆育。』戴氏謂與漢書愉愉、呴呴同。　又借用休。　左傳：『或噢休之。』因作噢咻。　今問奇讀嫗許，謂噢休非，蓋不知本吁俞之聲，而因有出氣嘘育之義，故轉音爲嫗許亦可，轉音育休亦可。

閃揄，一作陝輸。　東漢趙壹疾邪賦：『榮納由於閃揄。』注：『揄音抒。』曹大家女箴：『動靜輕脱，視聽陝輸。』與閃揄同，皆輕脱意，猶閃爍。　吳志：『丁厷掞張。』掞與閃同，亦謂其閃灼張設也。

專一，一作摶壹、竱一、摶揖。孟子：『志壹則動氣。』注：『志之所向專一，則氣爲之動。』左傳：『如琴瑟之摶壹。』史：秦始皇琅邪臺頌『普天之下，摶心揖志』。與專一同。注以爲『輯志』，輯、揖自通，然此是專一。按：管子内業篇：『一意摶心，耳目不淫，雖遠若近。』韓愈鄆州堂記：『竱心一力，以借國家之職。』此可爲連稱分用之證。

排笮，即排迮，轉作迫唶、迫笮、迫堦、迫迮、迫蹙、偪側、逼窄、滵汨。迮，迮起也。南史江革傳『迮輕艚』，壓也。唐李商隱：『詭薄，共排笮之。』與排迮同。考工注：『司農云柞讀爲迫唶之唶。康成前注云迫笮。』則迫唶、迫莋，皆迫迮也。後漢竇融傳：『囂勢排迮，不得進退。』注：『迫蹙也。』王莽傳：『迫措青徐盜賊。』注：『措讀窄。』唐李逢吉傳：『裴度爲逢吉排迮。』唐元結春陵行：『祇有迫蹙期。』韓愈秋雨聯句：『萑宂何迫迮。』杜詩『偪側何偪側』，注引賦『滵汨』，即偪側。

隱賑，一作隱展、殷陳、殷軫。淮南子：『士卒殷軫。』南都賦：『邑居隱賑。』注：『富盛貌。』西京賦：『商旅聯槅，隱隱展展。』注：『重載聲。』與呂覽『輷殷』合。詳見重言。京山又引李斯逐客書：『民以殷盛。』與此爲一。

侵尋，一作浸尋、寑尋、浸淫、浸潭、浸潯。　武帝紀：『天子始巡郡縣，侵尋于泰山。』封禪書作『浸尋』，郊祀志作『寑尋』。上林賦：『浸淫促節。』漢書齊王肥傳：『浸淫聞于上。』又作『浸潭』，與『潯』同。劇秦美新：『景曜浸潭之瑞潛。』史難蜀文：『浸潯衍溢。』

辜較，一作酤榷、辜榷、估較、辜權，轉爲榷酤。　史鄭莊傳：『爲大司農，僦人多逋負。』注：『僦人辜較也。』索隱辜較作『酤榷』。榷，獨也；酤，賣也。又後漢宦者單超傳：『姻親爲州郡，辜較百姓，與盜賊無異。』董皇后紀：『辜較在所珍寶貨賂，悉入西省。』又陳萬年傳：『浸入辜榷財物。』注：『辜，罪也；榷，專也。』翟方進傳：『貴戚子弟，多辜榷爲姦利者。』注：『已自專利，他人取者輒有辜罪也。』此隨字作訓耳。後漢靈帝：『光和四年，豪右辜榷馬一匹。』注：『辜，障也；榷，專也。障餘人買賣而自利也。』又作『估較』。晉書南蠻傳：『徼外諸國齎寶物自海路貿貨，日南太守估較太半。』又作『辜權』〔八〕。王莽傳：『滑吏姦民辜而權之。』權與榷同。按：漢武帝始爲榷酤之法。榷較，通算也。官自酤酒，計較專利也。私酤者有罪，故後轉爲辜較。凡官稅民間，一例科斂者，皆謂辜較一切之名。孝經『蓋天子之孝』『蓋諸侯之孝』，注：『蓋，猶略也。』疏云：辜較之辭，猶梗槩云爾。

料簡，一作聊揀、料撿。張湛列子序：「且將料簡世所希有。」魏志趙儼傳：「料簡諸姦結叛者八百餘人。」裴潛傳：「奏正分職，料簡名實。」韓愈和侯喜詠笋詩：「婦懦咨料揀。」晉書周顗傳：「王導料撿中書故事。」蓋古讀料字平聲。

鼿甈，一作臬兀、槷刖、跀危、峴屼、扤杌、梲杌、倪仉，轉作杌梍、槷鼿、嵽嵲、墆霓、硉矹。易：「困于鼿甈。」言高而危也。杜甫太清宮賦：「神器臬兀，而小人呴喻。」文選長笛賦：「巔根跱之槷刖。」即臬兀。韓非子外儲説：「子臯仕衛，逃出門，跀危引之，逃于門下室中。」注：「跀者，行步危也。」又李白梁甫吟：「大人峴屼當安之。」或作扤抓，又作杌梍。太玄闕首「圜分杌梲」，京山曰：「又作嵽嵲。」杜甫：「御榻在嵽嵲。」韓退之豐陵行：「嵽嵲遂走元宮閭。」注：「山小而不進貌。」又作墆霓。文選「直墆霓以高居」。墆音迭。説文：「槷鼿，不安也。」引易曰「執鼿」。又杜詩瘦馬行：「骨骼硉兀如堵墻。」注引郭璞江賦：「巨石硉兀以前卻。」皆危意。蓋臬兀之聲也。智按：易「劓刖」，古作甈甈，一作倪仉，晁作梲杌，王、荀、陸作鼿甈，鄭作倪仉，則梲杌、倪仉，確是臬兀。

累垸，一作累丸。　列子：『痀僂者，纍垸五而不墜，猶掇之也。』與累丸同。　淮南時則訓：『圓而不垸。』即丸也。　考工：『重三垸。』亦以其丸之重爲權也。

功苦，一作攻苦、功沽。　國語：『辨其功苦。』功與攻同，堅也。　詩：『我車既攻。』精專曰攻，粗惡曰苦。　周禮注：『有功有沽。』又史：『舜陶于河濱，器不苦窳。』亦作楛，通作沽。儀禮喪服傳：『冠者沽功也。』注：『猶麤也。』論語『沽酒』，惡酒也。　古讀假爲沽，如純嘏與土字叶，家之爲姑，皆其聲也。　今京師言行濫物曰『假沽』，猶以二字連稱。

䪗䪘，一作䪗䪙、陪緦。　文選：『敷藻翰之陪緦。』注：『奮怒貌。』公紹作『䪗䪘』，丁度作『䪗䪙』，羽張也。　又有『䪗䫌』，鳳舞也。　音義同。

幼眇，一作要妙、杳眇、杳杪。　漢元帝贊：『分扐節度，窮極幼眇。』中山靖王傳：『每聞幼眇之聲，不知涕泣之橫集。』注作『要妙』。　老子：『是爲要妙。』北史魏世祖紀：『大延二年，詔：方寸玉印有三字鳥文，要妙奇巧。』上林賦：『俛杳眇而無見。』晉衛恆四體書勢序：『杳杪邪趣，不方不圓。』智按：說文無妙字而有紗，絲急也，後人遂作玅字。　而『妙』見於易。凡夫欲借杪爲妙，想取之衛恆爾。

落魄，一作落泊、洛度、落度、樂託、拓落、託落。史酈食其傳：『家貧落魄。』陳書：『杜稜少落泊，不爲當世所知。』晉佛圖澄傳：『鈴聲云：胡子洛度。』又大安童謡：『元超兄弟大落度，上桑打椹爲苟作。』注：『東海王越字元超〔九〕，苟謂苟晞。』蜀志楊儀傳：『往者丞相亡，吾舉兵就魏氏，寧當落度如此邪？』世説：『王者之樂託，出自門風。』又揚雄傳：『何爲官之拓落？』又晉慕容暐傳：『孤危託落。』

盰瞑，一作阡眠、阡綿。南都賦：『青冥盰瞑。』注：『幽昧貌。』陸機賦：『精麗芊眠。』又作阡綿。

條暢，一作條鬯、條昶。漢志：『條鬯該成。』長笛賦：『清和條昶。』即條暢也。魏王昶字文舒，可知取舒暢之意矣〔一〇〕。

離婁，轉爲麗廔。説文：『廔，屋麗廔也。』廣韻作『䴡廔』。皆平聲。離婁，言其透明也。

郝氏曰：『古之至明者，因以爲名。轉爲歷録。』余以歷録尚遠，若麗廔則實因離婁也。説文『瞴』，莫浮切。『瞴婁，微視也。讀若眸婁。』以此益證離婁爲至明，古有此語。或稱離朱，山海經作離俞，音近相借，如春秋邾婁爲鄒，可推。

劻勷，一作侹攘、㞂躟、狂勷。楚辭：『逢此世之劻勷。』一作侹攘，一作㞂躟。注：『狂遽貌。』韻會：『劻勷，急遽貌。』故子謙合之。韓詩：『渾奔肆狂勷。』

搶攘，一作傖囊、敍瀫、戕囊、戕蘐。莊子在宥篇：『卷𦡶傖囊。』注：『猶搶攘也。』賈誼傳：『國制搶攘。』唐武則天贊『敍瀫神器』。韻會引爲皴瀫，字彙引爲瓻瓢，子謙引作敍瀫，皆誤。敍瀫即搶攘，不知何所出。豈宋公自爲邪？師古讀搶攘爲傖儜。升菴引説文『戕蘐』，宜從之。又崔本莊子作『戕囊』，六書故別作勷、躟、纕。

諒陰，一作諒闇、㾗䈁、㾗瘖。『高宗諒闇』，語作『諒陰』。鄭氏讀如鵪。長箋于瘖字訓下引書作『㾗䈁』，又引作『諒瘖』。

旁羅，一作旁蠡、歷離。史記：『旁羅日月星辰。』考靈曜作『旁蠡』。升菴曰：『羅，猶地羅也。』晦伯引大戴禮作『歷離』。

倍遊，即陪遊。易林：『都邑倍遊。』即陪字。爾雅注：『陪位爲朝。』魯語：『士有陪乘。』故後人用爲趨陪常語。

校記

〔一〕老　原刻漫漶，據立教館本補。

〔二〕遏　冒校：疑當作『遏』，是。

〔三〕傳　原脱，據下文補。

〔四〕苻　原誤作『符』。

〔五〕歙　原作『翕』，據刊誤補遺改。

〔六〕地　刊誤補遺云：『地』字爲衍文。

〔七〕栟　原作『榒』，據上下文意改。

〔八〕權　原作『榷』，據上下意文改。

〔九〕王越　原作『王超』，據晉書五行志改。

〔一〇〕矣　原作『也』，據刊誤補遺改。

通雅卷之七

釋詁 謰語

征營，一作正營、怔營，通作屏營。　後漢鄧隲傳：『惶窘征營。』蔡邕、鍾離意、郎顗傳俱用『征營』。前漢書王莽傳〔一〕：『人民正營。』晉王濬自理書：『惶怖征營，無地自厝。』張奐傳：『惶懼屏營。』注：『與征營同。』三國志：周魴表『伀矇狼狽』，注：『伀，猶怔也。』方言：『濶沐、征伀，遑遽也。』郭璞曰：『濶沐，喘喈貌。』征伀，即怔忪之聲。

不庭，一作不亭、不享。　左傳：『以征不庭』，言不來在王庭者。史記作『不享』，索隱曰：『舊本作不亭。亭，直也。』今人稱日午爲亭午，即直午之義。此孟奇説。智以『廷』古讀去聲，廷、直相因，不廷即不直。今人作挺直。

帶介，通作蔕芥、慸葪、蠆芥、蔕介、蒂芥。　賈生賦『細故慸葪』，索隱『葪作介，慸介猶鯁刺鶡冠子世兵篇：「細故袃蒯。」

也。」相如賦：「曾不蔕芥。」升菴載蘁芥、薊介、慸葪，而指南復載蒂芥。

逕廷，即逕庭。　舊説激過也。又曰隔遠貌。莊子曰：「大有逕庭。」毛晃韻增與韻會皆收入去聲，音他定切。師古音朝廷之廷爲去聲，亦因此也。或曰逕庭，言逕路之與中庭，偏正殊絶，猶言霄壤也。西京賦：「望窈窕以徑廷。」

峯距，一作峯岠，言峯稜機距也。　王茂弘曰：「卞望之峯距。」言其神峯崖岸，峻然距閉，使人不敢犯也。毛晃曰：「凡刀鋒倒刺皆曰距。」趙廣漢「善爲鉤距」。晉灼曰：「距，閉也。」或作「鉅」。張揖注相如賦之「雄戟」曰：「胡中有鉅者。」毛氏曰：「鉤距，如鉤之有距，吐之則逆，使人入其術中，以鉤索其隱情也。」其曰「超距」，一作岠，搶頭撞地也。史注「拔距」注：「兩人以手共據地爲力，而能拔起之也。」臼許切，又作岠。晉書作「卞望之峯岠」。世説作「距」。食貨志：「元龜岠冉」，孟康曰：「冉，龜中緣。岠，至也。」依説文，以超距爲「超岠」。又曰啇即啐字，語相訶岠也。

呂鉅，即旅距。銷距，銷其距也。漢文曰：『吾未能銷距，且無議軍。』凡言距者，如鉤之有距也。恐後陸梁負固，尚以峯距我，未能銷之耳。馬援傳：『黠羌旅距。』莊子：『一命而呂鉅。』注：『呂鉅，驕矜也。』或曰距與怚同，怚本恇之訛。後周文帝紀：『歡稍懷旅距。』金華子雜編曰：『王式襖子半臂，曳履危坐，斬徐州銀刀都，無敢旅距者。』正用馬援傳之『旅距』。

儲偫，即儲跱，猶言儲置也。孫寶傳：『爲除舍，設儲偫。』後［漢］：『章帝巡狩，詔郡縣無設儲跱。』元和南巡詔：『無設儲跱。』又通作庤、峙。詩：『以峙其粻』『庤乃錢鎛』是也。說文：『庤，儲置屋下也。』郝楚望曰：『漢西域傳車師後國有新道通玉關，車師後王以道當爲拄置，心不便。』拄置猶言儲偫，遂以後世之處置當儲偫云。

狗齊，一作叡齊、彗齊。史：『黃帝幼而狗齊。』注：『狗，迅也；齊，疾也。』家語作『叡齊』。大戴禮作『彗齊』。智按：爾雅：『宣徇，徧也。』『疾齊，速也。』狗乃徇之訛，言聖哲徧知而神速也。

鍥薄，即刻薄。　劉陶傳：『寬鍥薄之禁。』按左傳：『陽虎借邑人之車，鍥其軸。』晉樂府『鍥臂飲清血』，鍥即刻字，且與契通。呂覽察今篇『契舟求劍』，張衡應間『契船而求劍』，淮南子『契其舟範』。陸孫別立一音，乃未知古聲爾。

翲忽，即嫖忽。古通秒忽。　史記自序曰：『間不容翲忽，五家之文怫異。』注：『猶秒忽也。』按：廣川王去歌：『背尊章，嫖以忽。』此即飄忽。嫖、翲，皆飄字。其曰通秒者，說文『秒定』，淮南作『蔈定』，故知古通。古人於連字，分則借之，如飄渺之眇，或借飄通眇，廟貌之貌，或借貌爲廟，前有此說。然史記本文，即謂其翲渺幾忽，于理亦順。

閔勉，閔免、僶俛，一也。轉爲密勿、蠠没，又轉爲侔莫、文莫。　漢五行志『閔勉』即黽勉。劉公幹詩：『僶俛安能追。』殷仲文表：『僶俛從事。』舊唐書：『朱全忠請討沙陀，天子僶勉從之。』俛乃俯字，此用爲黽勉。漢五行志：『谷永諫成帝微行，閔免遯樂。』注：『與黽俛同。』劉向封事引詩作『密勿從事』。注：『即黽勉。』文選注引谷風詩『密勿同心』。蓋古讀勿如末、如昧、如没，故『昧爽』作昒爽，『没身』作歾身。爾雅：『蠠没，勉也。』蠠亦作勔、偭，劉勔、孫偭以此取名，可推也。陳騤雜志：『方言：「侔莫，強也。」相勉以努力曰侔莫。』晉書欒肇論語駁曰：『燕齊謂勉强爲文莫。』莫之聲又轉爲務，又轉爲楙。黽之聲轉爲暋。故爾雅曰：『茂，勉也。務、暋，强也。』

儻蕩，一作儻蕩、惝蕩。轉爲跌踼，一作迭逿、佚蕩。漢書史丹傳『儻蕩不備』，陳湯『儻募』，猶言豁達也。募音蕩，又作逿。倉公傳曰：『重陽者逿心主。』徐廣音唐，逿也。王式『佯醉逿墜』，顔音蕩爲是。丙吉傳『皇孫敖盪』，正與逿通。俗有跌蕩之稱。丙吉『馭吏逋蕩』。阮嗣宗莊論『踼跌失迹』，『踼』去聲。揚子法言作『傷』。數蕩字皆相通。文選思玄賦『兒以迭逿』，即跌蕩。揚雄傳：『爲人簡易佚蕩。』禮樂志：『詄詄蕩蕩。』樂府：『天門開，詄蕩蕩。』皆讀如迭。廣韻、韻會跌、踼，俱因説文徐説。

槁槀、歊槀、歊剥、熇爆、嗃嗃。槁與歊同。呼高、呼報二切。考工曰：『以火養其陰，而齊諸其陽，則轂雖敝不歊。』注：『司農：歊，當作秏。玄謂歊，歊槀。陰柔後必橈減，幬革槀起。』戴氏作歊。謂木不孫理，歊剥也。荀子曰：『木揉以爲輪，其曲中規，雖有歊槀，不復挺者。』韻統載熇爆，即槁槀也。孫愐載嗃嗃，大呼也。

逢俉，猶逢遻也。寤生，猶遻生也。鄂謝，即晤謝。朗寤，即朗悟。俉音晤，相逢而驚也。史記『逢俉化言』，化爲訛。敘傳『遻神』，即此意。韻會作『迕』，與俉、遻同。爾雅：『遻，遇也。』注：『遻今爲晤。』左傳：『莊公寤生，驚姜氏。』言寐覺而生，則非矣。言遻生也，遻，逆也，如今之倒生。此筆乘載敬甫解也。按：史灌夫傳：『武安鄂謝』，漢書作『晤謝』。晉『温羨以朗寤見稱』，即與王戎『穎悟』之悟同。項羽傳贊『尚不覺寤』，亦覺悟也。相證益知古人之借。

吒悜、譇㥷，即侘傺。離騷：『忳邑鬱余侘傺兮』，注：『侘，立也；傺，住也。』宋玉九辨曰：『欲傺而沈藏』，謂冬時物陷止也。此因方言：『傺，眙，逗也。南楚謂之傺。』郭璞曰：『逗即住也，傺音際。』今字書：傺，尺制切。侘，丑亞切。智謂當以聲取之，狀其咄怪爾。趙凡夫曰：『侘傺，本又作譇㥷。』吴氏言當用吒悜。此取説文重文，合其音爾。

邪揄，一作歋歈、揶揄、歋瘉、冶由、邪歈。邪揄，舉手笑也。王霸收兵于市，舉手歋歈之。羅友見鬼揶揄。揄，動也。郊祀歌『神之揄』。廣韻：『揄揚，詭言也。』又抒也。『或舂或揄』，揄，摇之也。邪揄，乃笑人之聲與狀爾。别作歋歈，説文曰：『人相笑爲歋歈。』凡夫曰：『今改作挪揄。』張有復古編特正之。李白詩：『謔浪掉海客，喧呼傲陽侯。半道逢吴姬，捲簾出挪揄。』則讀揄爲尤。湘素雜記引李左車傳『邪廠』〔二〕，蘇鄂曰：『即今俗謂之冶由也。』今誤刻冶田。按：賈誼新書，冶由，女子笑貌，即邪揄轉尤之聲。小補曰：『歋廠又作擨，省作攄。』許顗彦周詩話引王元之詩：『澤畔離騷正憔悴，道旁山鬼謾揶歈。』此宋人隨意書者。

漫羡，即漫衍。漢藝文志：『盪者爲之，則漫羡而無所歸心。』羡音衍，本從次；次，涎也；心慕欲則口流涎，羊可羡也。借爲羡餘之羡，去聲。墓道曰羡，音延。老子『埏埴以爲器』，作埏。周禮典瑞『璧羡以起度』，音衍。地名沙羡，音夷。學者須别之。但以漫羡爲漫然可羡，則非矣。郭忠恕分羡慕從次，沙羡從次，字家説也。

踳駮、踳駁，即舛駁。梁書：『用律者多踳駮。』孝經序：『踳駁尤甚。』此本揚雄耳。舛，對臥也。唐韻作『踳駁』。亦作『僢』。淮南子：『分流僢馳。』舛、僢、踳一字。今韻書乃音踳爲尺尹切，誤也。按：王制『南方曰蠻』注『臥則僢』，疏云：『首在外而足向内。』典瑞注：『僢爲同邸。』庾元威曰：『衆議叢殘，音詞踳牙。』踳牙即舛互。

謑詢，即隻詬。升菴謂荀子『謑詢』，今本誤作『謑詢』。賈生用『隻詬亡節』。智按：説文有『謑，詬語』。故並存之。莊子：『失玄珠，使喫詢索之而不得。』喫，音口懈反。契古通刻，加口，契聲。稷、禼借音可證。蓋古人韻粗，殆隻詬之通稱也。至以喫作食，於聲實遠，而方言便之，已載説文。豈漢人有此語邪？然古人無用喫者，惟見莊子，又非本義。郝氏以莊『謑課』與隻詬爲一。林鉞誤作㚒詬。

跋刺，即撥刺。杜詩：『跳魚撥刺。』張衡賦：『彎威弧之撥刺。』注：力達反。李白詩：『跋刺銀盤欲飛去。』皆言其聲，何必分箭與魚邪？

薛越，即屑越。升菴引荀子：『薛越之中野，我今將聚之於倉廩。』賈閏甫謂李密曰：『民以食爲天，而有司屑越如此。』注：『狼戾也。』乃引『薛，草名，越可爲布』，則迂矣。説文：『糏粲，散之也。』即屑越之意，糏與屑通。

彫敁，本作彫攰，弊也。魏蔣子通傳：『彫敁之民，倘有水旱，不爲國用。』葛洪字苑：敁作皺，音九爲切。毛晃曰：『竇苹音媿，今字彙劸音貴，以讀媿如貴也。』智又按：韻會引廣韻：『劸，瘦極也。』升菴引作『疲極』。今按孫愐唐韻即廣韻本，止有『皺，瘦極也』，而媿字下無劸字。則知彫劸本作彫皺，即彫匱之音義也。又按：顔之推曰：『張揖、吕忱云支傍刀，是剞字。蔣濟自造支傍力。』

恒擾，本是恇擾。梁鑑：『吴承伯奄至吴興，吏民恇擾。』史照釋文作『恒擾』。註音亘。胡身之曰：『字書無恒字。梁鴻詩「恇恇」，陰氏引作恒字。』智按：恇、恒不應相通，定是訛耳。魏書裴燦傳『合家恇懼』，用禮記之『匡懼』也。升菴讀恒爲慌。周禮『擾萬民』，鄭氏音饒。漢書『劉景擾龍』〔三〕，顔師古音饒。按此當音上聲。

偃佒即偃仰，古作偃卬。莊子『緣循偃佒』，佒音恙。郭璞曰：『偃佒，不能俯執者也。』智謂仰有去聲，北人呼仰爲養，則通佒矣。詩『或栖遲偃仰』，釋文作『偃卬』，此古仰字。史大人賦『低卬夭矯』，則爲低昂。

辟倪，通作俾倪、陴隦、睥睨、埤堄。上匹計切，下研計切，斜目詹相也。古通作俾倪，亦作辟倪。信陵傳曰：『侯生辟倪故久。』魏其武安傳曰：『辟倪兩宫間。』漢書作『辟睨』。城上女牆，可蔽以瞻敵者，因名睥睨。别作埤堄。唐鹵簿有俾倪。宋志載『睥睨，漢乘輿用之，如花蓋而小。』顔籀注急就：『俾倪，謂持蓋之杠，在軾中央，環爲之，所以止蓋弓之前卻也。今曰俾倪扇。』

詀讘，即呫囁。顳顬，即讘吺。灌夫曰：『效兒女曹呫囁耳語。』呫，尺涉切，切切附語也。囁本作聶，尼輒、質涉二切，附耳語，聶之也。説文又有讘字，『多言也』，即囁字。或用爲讋、囁，孫愐葉韻兩收之，作呫囁。以喋爲便語，呧爲多言，而以囁爲口動，呫爲嘗也，音他協切。狐讘，縣名，在清河郡。又有顳字，用爲顳顬，即讘吺。吺，汝朱切。説文：『讘吺，多言也。』唐本殳聲；徐本投，省聲。韓昌黎『口將言而囁嚅』，殳聲是也。驩兜之兜，亦有作吺者，故孫氏音當侯切，而徐投省，則失之遠矣。葛洪字苑：『呧呰而囁嚅。』

遮迣，當作遮迾。漢書鮑宣傳『男女遮迣』〔四〕，注：『迣，古列字。』天馬歌『迣萬里』，注：『迣，逝字。』此何其兩借邪？按：迾，古列字，迣當專爲逝。廣韻迾下復引迣字，泥晉灼之注耳。史記：天馬歌作『跇萬里』；賈生賦『鳳漂漂其高逝』，音逝。南齊倖臣傳後，史臣曰：『式候還麾，遮迾清道。』正遮列字也。

阿匼，即阿邑。張湯傳『以知阿邑人主』，注：『諂諛迎合貌。同嗚唈之唈，音遏合切。』唐蕭復傳『諂諛阿匼』，楊再思『阿匼取容』，正阿邑也。增韻邑匼二字，附出唈字下，是也。而公紹分之。烏匼，巾名。匼匝，周繞貌。俱見杜詩。

璀璨，一作翠粲、綷縩、躃縩。嵇康琴賦：『新衣翠粲，纓微流芳〔五〕。』翠音崔。班婕妤賦作『綷縩』。升菴又引『躃縩』，直翁引説文『玉光璀璨』。老學菴曰：『東坡牡丹詩「一朵妖紅翠欲流」，乃知蜀語鮮翠，猶言鮮明。』

抏敝，猶刓弊。食貨志『百姓抏敝以巧法』，師古曰：『抏，訛也。』説文：『刓，剸也。』徐鍇曰：『印刓弊。』前漢書『刓印不予』，蘇林曰：『手弄角訛。』孔融傳贊注：『园即刓字。』莊子『五者园而幾向方矣』。注：『圭角泯鑠也。』集韻或作刓。韻會通作玩。史記：『印玩而不能授。』按：説文以剸解刓，則是同剜心割肉之剜字，借用作刓弊耳。

負茲，一作負子。方子謙引曲禮『不能則辭以疾』，注疏引白虎通云：『天子有疾稱不豫，諸侯稱負子。子，民也，言憂民，不復王也。』按：公羊傳『屬負茲』，注：『蓐席也。』史記『康叔、封布茲』。茲者，藉席之名。索隱曰：『一作苙，公明草也。』則負子者，茲，子之借聲相通也。白虎通鑿解耳。筆乘引呂覽：『今茲美禾，來茲美麥。』爲來年，則負茲爲負歲月，益牽强矣。

絜楹，一作絜盈。卜居曰：『突梯滑稽，如脂如韋，以絜楹乎。』絜楹，朱子未詳。一曰：『楹，屋柱，亦圓物。』梁氏謂『兩楹，酬酢之地』，此總言其圓轉逢迎，應答容悦之狀。絜楹，猶言盤旋酬酢也。御覽引作『絜盈』。公紹引説文楹，盈盈然對立之狀。考工之桯，與楹同，即柱也。猶欒盈之爲欒逞。岳珂作桯史。弱侯曰：『岳亦齋取此義。』莊子曰：『舉筳與楹。』楹即桯，謂皆圓物，小大不同耳。一曰屋四周爲楹，言旋轉也。一曰猶捧盈之語，言處盈也。

汙隆，一作窊隆、窳隆。後漢桓彬『辭隆就窊』。霍諝傳：『人心不同，辟若其面，窊隆醜美。』蜀志郤正作釋譏：『道有隆窳，物有興廢。』淵明命子詩：『時有語默，運同隆窊。』又詩曰：『肆志無窊隆。』窊、㼌，皆與汙通聲。

負扆，一作負依、背依、倍依。史魯世家索隱述贊：『周公攝政，負扆據圖。』傳、記多作負斧扆。漢嚴助傳『負黼扆』。徐樂書『南面背依』。史世家『南面倍依』。王莽傳『負斧依南面』，又『負依踐祚』，蓋古陪、倍、負、背、北，皆相通。『負尾』，即陪尾。『負郭』，即背郭。淮陰傳『吾豈可以鄉利而倍義』，與向、背同。詩『言樹之背』，謂北堂也。北，本二人分背之形，作𠔁，借作南北之北。漢『行幸萯陽宮』，李斐曰：『萯音倍。』

怐愗，一作怐瞀、瞉霿、怐愗、怉㥽、傋俯、區霿、備霿、溝瞀。五行志『區霿無識』，師古：『區，口豆反。霿，莫豆反。』又曰：『青眚，牛旣也，不敬而傋霿之所致也。』荀子『愚陋溝瞀』，溝音叩，無知也。又曰『溝猶瞀儒』，亦是分溝、瞀用之。楚辭『直怐愗以自苦』，一作怐愗。韻會作怐愗，或作瞉霿。湛若作怉㥽、傋俯，抄集韻字也。韓昌黎南山詩『堛塞生怐愗』，注引楚詞『怐愗』，即佝瞀，音寇茂。今直翁收二字于宥韻。古蓋務、貿、霧、雺、蒙、眊、毣，俱通。

減溜，即涵流。管子『減溜大成』，注：『減，盡也；溜，發也。君既均施，物盡發於善。』按：減與涵通。釋文引詩『僭始既減』，説文引作濸，即涵字。溜與流通。涵流，猶言涵泳同流，而歸大成之化也。存證。

沙劘、㧁磨，即磋磨。王褒九懷『貴寵沙劘』，謂陵轢之，猶磋磨也。與㧁靡同。㧁靡，則㧁音嗟，摩挲，則音梭。樂府曰：『一日三摩挲。』或作靡挼、捼莎。見古雋類。

虚戾，即墟厲。國策：『秦人遠迹不服，而齊爲虚戾。』注引莊子『國爲墟戾』。居宅無人曰墟，死而無後曰厲。又公子魏牟説趙王：『社稷爲墟戾。』

卓犖，一作逴犖、逴躒、卓礫。蜀秦宓傳『卓犖超倫』，犖音落。文選蜀都賦『卓犖奇譎』，班固傳作『逴犖』。文選注作『逴礫』。禰衡傳『英才卓礫』。吴志駱統表理張温：『卓礫冠羣。』

林離，一作淋灕、淋漓。通爲滲灕、流離。轉爲流麗、劉莅、飂戾。又轉飂戾、嘹唳。重其聲則爲勞利。相如賦「麗以林離」，後人用淋灕，省作淋漓。河東賦「滲灕而下降」，即淋灕之聲也。轉作流離。陸機賦「流離濡翰」，注曰：「林離、流離通用。」詩曰「流離之子」，則有流落之意。或以指鳥，亦謂鳥流離也。黄離留，此轉聲也。又轉爲流麗。上林賦「蔚莅㞌欻」，即流麗欻吸。唐詩「流麗鳴春鳥」。馬融傳「械汩飉戾」，即留戾。鮑照詩「飂戾江上謳」，亦作嘹唳。通作勞利，樂府有雀勞利。

卉汩，一作卉歙、軋忽，一作軋沕、軋芴。五神章曰「卉汩臚」。汩，于筆反，言疾忽也。臚，陳也。相如用「卉歙」，子雲用「旭卉」，亦是此意。或用「曶霍」，與忽同。升菴曰：「㞌歙即欻吸，古作𡵆，見石鼓文。省作㞌。而五臣以爲卉。」智按：郊祀詩用「卉汩」，則卉、歙一聲也。史記「瞋盼軋沕」，漢書作「縝紛軋芴」，天馬歌作「軋忽」。此皆聲轉。沕卉、欻噓，皆聲也。

流落，一作留落。孔平仲雜鈔曰：霍去病傳「諸宿將，常留落不耦」。今世俗多作流落。或議史記無此語，乃見漢書衛青傳「諸將常坐留落不遇」，注「遲留零落不遇合也」。智按：去病在青傳後，實去病傳語。凌本作「不遇」。萬曆十年，南監、高啓愚修本，依劉之同所校，此語正作『留落不耦』。方禹修問奇廣引作史衛青傳，誤。

暴樂，一作剥落、剥脱、駁犖。爾雅：『毗劉，暴樂也。』注：『樹葉缺落蔭希也。』太玄圖：『敗損乎七，剥落乎八。』漢五行志：『剥落萬物，始大殺矣。』水經『汾水東過晉陽』，注：『單碑獨存，文字剥落。』又荀子：『剥落之，砥礪之。』上林賦『赤瑕駁犖』，注：『采點也，不純之名。』韓愈納涼聯句：『大壁曠凝浄，古畫奇駁犖。』其聲又與薄落通。見後。

牢落者，寥落也。一作遼落、廖落。歷落者，磊落也。拓落者，脱落也。一作跅落。濩落者，吳落也。彫落者，刊落也。枳落者，籬落也。薄落者，各落也。鑿落者，錯落也。上林賦『牢落陸離』。文賦『心牢落而無偶』，一作遼落。退之用『廖落』，即寥落。權德輿詩『牢落寒原會素車』，蓋牢爲寥之洪聲，古常通呼。桓彝，周顗歎『茂弘嶔崎歷落』。即磊落也。北魏張淵傳用『磥落』。揚雄：『爲官拓落。』蓋脱落之意。又漢書注：『跅落，無檢局也。』莊子『濩落』，史記『吳落』，吳與濩通。爾雅『樓落』則木名。漢書『彫落洪支』，班彪傳『刊落不盡』，刊即彫意。後漢書『枳落』，言籓落也，籓籬也。吳徐盛從建業築薄落圍。袁紹在薄落津。此言地聚枳落，因以爲名。景福殿賦『欂櫨各落以相承』，言其狀也。王建用

『薄薄落落』，狀其紛亂貌。韻會曰：『錯落，閒廁貌。』退之用『鑿落』，指酒器，亦謂錯落也。

扶於，猶扶疎也。通作扶疏、扶蘇、扶胥、扶娖、扶疋、搏疋。史記上林賦『垂條扶於』，郭璞曰：『扶於，猶扶疎也。』五臣本竟作『扶疎』。疎乃俗字。故李善改作疏字。急就顏本『扶疎』，端拱本作『扶疏』。昔和人於字，用『相於』『白於』已竟，而客議無『扶於』字，以所見近本，作扶疎也。才老曰：『古赫胥氏，一作赫蘇。』智按：古於、疎、胥、蘇、餘，皆相通。扶蘇之詩，子貢詩傳作『鄭靈公棄世臣而任狂狡，子良憂之，賦扶胥』。徐景山引山有搏疋。考異又載毛氏作『扶疋』〔六〕。猶姑蘇之爲姑胥、姑餘也。太玄娖首〔七〕，小宋本作娖。升菴曰：『娖之解云「外物咸扶娖」，即扶疎也。』

孟浪，一作盂浪。何子元言：『莊子「孟浪之言」，古本作盂浪。』升菴言：『「孟獲」之孟音莽，則盂、浪同韻可證。』智按：古庚皆合陽，孟津作盟，古讀明爲芒也。孟卯爲芒卯，其證更明。孟今在徑韻，中原在送韻，轉而漾韻，與浪相應，與放浪、蕩漾同例，此其常也。

槎蘖，一作茬蘖、由蘖，一作甹枿、甹櫱。說文：櫱，引書『甹櫱』。櫱一作㞢、梓。國語

「山不槎蘖」，漢貨殖傳「山不茬蘖」，伯厚引説文作「甹枿」。

憋憋，即憋忒。列子「憋憋」「媥斫」。憋音撇，憋音付，媥音略。按方言：「鉗、疲、憋，惡也。」「相侮以爲無知，謂之眲。」諾革反。或謂之斫。郭璞注曰：「憋忒，急性也。」斫，郄斫，頑直之貌。則憋忒即憋憋，郄斫即媥斫之聲。董卓傳有謂「憋腸狗態」，謂惡腸也。

懷恊，即懷挾。後漢方術傳「懷協道藝」，即懷挾。挾又與夾、俠通。吴大帝「東興堤俠築兩城」。漢華山亭碑有云「吏卒俠路」。晉、宋書有「夾轂隊」。周禮「挾日而斂」。謂夾一日，言三日也。康成改爲浹，何費事邪？儀禮「婦人事男子俠拜」，謂夾一拜在中也。士喪禮「婦人俠牀東面」。俠，古夾切。考工注「俠鍾乳」，即夾字。叔孫通傳「殿下即中俠陛」，師古曰：「俠與挾同。」

鉤剥，即句駁，剥異即駁異。胡廣傳：「議者剥異。」「五家之文佛異。」唐楊崇禮在太常，每「句駁省便」。又韓太沖「深文鉤剥」，即句駁。宇文融傳「鉤撿」，一作鉤挍、鉤較。省，言節也。便，隨便取贏也。

縲絏，一作纍紲、累紲。　史記孔子世家『起纍紲』，『公冶長在累絏』。論語作縲絏。子長自序『幽于縲絏』，漢書作累紲。

淫佚，一作淫失、淫泆、姚佚、淫逸、婬佚、淫佾、淫屑。　漢地理志『漢中淫失枝柱』。久湫文『淫失耽亂』，與淫佚同。莊子『姚佚』，姚與淫通，姚乃轉借耳。依説文當作婬佚。左傳作『淫佚』。九經考異引書『淫逸于匪彝』『淫佚有辭』，陸作『淫佾』，馬作『淫屑』。

慢侮，一作嫚姆、嫚姆、嫚侮。　漢書張良傳『以上嫚姆士』，史作『嫚姆士』，一作嫚侮。侮見説文。陳平傳『資侮人』。又見中山王衛姬傳。説文以姆爲母師，音母。

沖澹，一作神禬、神禫。　荀子：『神禬其辭，禹行而舜趨，是子張之賤儒也。』注：『即沖澹。』嚴遵老子指歸作『神禫』。

顱顇即凹磽，説文作贅顇。　盧照鄰文用『顱顇』，即凹磽也。皮陸唱和，皆押此顱字。按説文『贅顤，高也』，五到、五弔切。此孫氏方音也。實即顱顤，古用磝碻，謂不平也，借以狀面部不平，遂造贅顤字。

選耎，一作巽蠕、巽輭、巽懦。史記『選蠕觀望』，注：『與巽輭同。』漢書西南夷傳『恐議者選耎』〔八〕，耎正軟字，不知何以用軟。後漢清河王傳『選懦之恩』。西域傳：『公卿選懦，容頭過身。』懦音軟。

柔需，即柔耎。契需，即怯懦。周禮考工『脂之則需』，注：『故書作劅。』少師曰：『讀爲柔需之需。即耎字。』六書統：需、耎一字。説文：『耎，稍前大也。从介，而聲。讀若畏偄，而沇切。』説文之説不明，但以偄爲軟。而楊桓並改而沇切爲人之切，蓋需、耎皆軟字。而需、濡、懦皆相轉，故少師以需爲軟。則許楊可謂糢糊矣。又『行數千里，馬不契需』。注：『司農云：契，讀如「爰契我龜」之契，需讀爲「畏需」之需。』釋文：『契，古結反。需音須，又乃亂反。』公彥疏：『謂從易需卦之需。』則并不知先鄭意，又何以解契需乎？前又何以解柔需乎？以愚論之，即讀怯軟亦可。京山謂『馬不喫擱，殆謂馬不喫援』，此不如怯軟之爲切近矣。

駿厖，一作駿蒙、恂蒙、駿駹。綴旒，一作畷郵、贅瘤。　荀子引『爲下國駿蒙』，大戴禮引作『恂蒙』。董氏曰：『齊詩作「駿駹」，謂馬也。』禮記注引『爲下國畷郵』。其實言贅瘤，與綴旒聲通。

窈窕，一作窅窱、窈窱、撓挑、杳窱，轉爲窵窕、窵窅、窀窔。　釋文引詩『窈窕』作窅窱。說文于窱，訓『杳窱也』；于窵，訓『窅深也』；于窔，訓『窀窔，深也』。皆上聲，則窵、窅，窀、窔，皆一聲之轉耳。西都賦：『杳窱而不見陽。』西京賦：『望窈窱以徑廷。』莊子『撓挑無極』，注：『幽遠之義。』杜詩：『影動窵窕冲融間。』鄭嵎津陽門百韻詩：『迎娘歌喉玉窈窱，蠻兒舞帶金葳蕤。』升菴曰：『方言：美心爲窈，美容爲窕。不宜專主女子。』凡夫以『窈窕專爲宮室用，而關雎窈窕，當作杳窱。』愚曰：古人形容，俱是借字，如狀宮室用『潭潭』，贊人曰『淵源』，必曰此言水也，又當作何字乎？　又按：方南明廣韻藻作窈窱，當是窅窱之誤。

蚴蟉，本作窈糾、夭蟜，一作蚴蟉。　詩：『舒窈糾兮，勞心悄兮。』糾音矯，與悄叶。猶秦糾作秦艽，音交也。窈糾，纏繞貌。史大人賦『低昂夭蟜』，屈折之狀。上林賦『青龍蚴蟉于東箱』，漢書用蚴蟉。總之，蕭尤二韻，古通。

窺窬，一作闚覦、闚闟，轉爲覬覦、企喻。晉陶侃傳：『潛有窺窬之心。』後漢樂恢傳注：『干人主之闚覦。』河間孝王傳『闚覦神器』。魏志齊王芳紀：『費禕陰圖闚闟。』晉書段灼傳：『奸雄之所闚闟。』左傳：『下無覬覦。』音計俞。古規有幾音，故轉爲去。或曰樂府有企喻歌，謂相覬覦懽好也。姑存。

襂纚，通作襳纚、褷褵。反之爲褵褷、籭簁、離纚、離簁。木華海賦：『履阜鄉之留舄，被羽翮之襂纚。』注：『秦始皇宴安期于阜鄉，留舄而去，其衣襂纚然也。』草堂刻作襂。西京賦：『被毛羽之襳纚。』退之詩『視物隔褷褵』，注引王維詩『獨立何褵褷』。又陸羽茶經作『籭簁』。嵇康琴賦作『離纚』，古樂府作『離簁』。

攫挐，通作攫搦、捉搦，後轉爲娖拿。揚雄解嘲『攫挐者亡』。舊唐書：高宗永隆二年，『商賈富人厚加越禮，嚴加攫搦』。『李德裕奏禁聖水，百姓渡江日三五十人，已加捉搦』。

可知是拿字。韓琬傳：『不務省事而務捉搦。』樂府有捉搦歌。郝氏以世俗捉拿合之是也，而未知其原。古挐從如，即音挐。衞青傳：『昏，相紛挐。』又曰『禍挐不解』，皆紛如之意。而擩亦從需，音濡，後轉爲耨音，又轉爲懦音，乃轉爲拿音。初以儒、汝、孺、弱四聲輪之，故知搦即挐字，而後人口角漸分。郭璞注方言：『渠挐，音諾豬反。』此呼挐爲奴也。魚、麻韻通，故奴轉爲拿，而搦有捻音，猶今青、登、萊人，呼那爲寧借反也。然唐人尚或呼捻爲稔、爲穩者，則皆弱字，如字之本音未忘也。

躡蹀，通作蹀躍、蹀躞，轉爲捷攝、擻屑。擻屑，一作黴徲、蹴躃。文選南都賦：『羅襪躡蹀而容與。』禰衡傳：『參撾，蹀躍而前。』或作蹀躞。白頭吟：『蹀躞御溝上。』鮑照行路難：『安能蹀躞重羽翼〔九〕。』趙壹疾邪賦：『捷攝逐物，日富月昌。』猶躡蹀。又屑送之，爲蹴躃之聲。相如賦『便姍擻屑』，史記『媥姺黴徲』，南都賦『蹴躃蹁躚』，或作重屑，爲勃屑。郝公收莊子『敝跬』爲擻屑，非也。

逡巡，一作遁巡、逡循，通爲遵循、蹲循、遵遁、巡遁、遯遁。上林『逡巡避席』。東都『逡巡降階』。莊子至樂篇：『忠諫不聽，蹲循勿争。』過秦論『遁逡而不敢進』。管子戒篇『蹵然逡循」。漢書「平當逡循有恥」。趙飛燕傳「逡循甚懼」。管子小問篇「公遵遁繆然」。晏子春秋「巡遁而對」。後漢楊倫傳「逡遁不行」。古人不惟借聲，見形義近者，時牽率書之，故遁以借逡，又以借巡耳。雲麓漫鈔因此欲以遁甲爲循甲。

鞅望、觖望，即缺望。元美引楚燕世家，劉澤「獨此尚觖望」，解爲缺字，今作鞅望解，非。按：漢書盧綰傳「爲羣臣觖望」，今又作鞅望。孫寶傳「擿觖」即擿缺。郝京山引史記淮陰傳：「守儋石之禄者，闕卿相之位。」今監本、凌本無此字，郝别見麻沙本邪？

宴娭，即宴嬉，古作燕喜。南娭，即南嬉。抵陒，即抵巇。房中詩「神來宴娭」，即宴嬉，詩之燕喜，即此二聲也。如妹喜，崔琦作妹嬉，可證。史相如大人賦「吾欲往乎南嬉」，漢書作「南娭」。娭又與戲、熙俱通，淮南「木熙」，莊子「鼓腹而熙」是也。漢杜周傳贊「業因是而抵陒」，注：「讀若戲，險也。」鬼谷子有抵巇篇。智按：戲有麾音，故與陒通。

皮傅，即皮附。張衡傳：「皮傅河洛。」本以左傳「皮之不存，毛將安傅？」山木篇：「從其彊梁，隨其曲傅。」東都賦「嬴氏傅翼」〔一〇〕，注引周書「無爲虎傅翼」，並與附同。而凡夫争以附益之附，當用坿，以説文附但訓附婁耳。不知從土從𨸏，有何異乎？

收責，即收債。責家，即債家。國策『馮煖爲孟嘗君收責于薛』〔一一〕，即收債。自周禮小宰稱責，即謂債。高帝紀『兩家折券棄責』，即棄債。後漢樊𠉀傳『責家聞者』，即債家。唐：『裴韋作相，天下無債帥。』此後多用債字，責有去聲，故多如此讀。

踵係即踵繼，卬系即仰繫。袁紹傳：『絶臣軍糧，不得踵係。』即踵繼。鄭弘傳：『汎海而至，沈溺相係。』即繼。晉謝氏傳：『蜀漢順流，幽并係至。』續晉陽秋：『許詢與劉眞長造郄賞對，夜以係日。』李固傳：『聖嗣未立，羣下繼望。』即係望。徐陵與智者禪師書：『傾心麥冷，仰係何言，憑此誓心，以策西暮。』毛尚書喜與智者書『累年卬係』，即仰繫。

鴈行，猶顔行。管子輕重甲篇：『士争前戰爲顔行。』史嚴助傳〔一二〕：『越人蒙死徼幸，以逆執事之顔行。』前行曰顔，通作鴈。韓非子：『先爲鴈行，以嚮秦軍。』戰國韓策：『韓居爲隱蔽，出爲鴈行。』燕策：『使弱燕鴈行。』晉王羲之傳：『我書比鍾繇當抗行。比張芝，猶當鴈行。』皆謂顔行也。本借用，後又爲之解曰：鴈飛大者居前，故世習稱鴈行。而不知用顔行。

證鄉即証向，徵辭即證辭。莊子秋水篇：『知量無窮，證嚮今故。』郭子言曰〔一三〕：『鄉，明也。』吕吉甫解爲：『向，猶曩也。莊子蓋曰：証其忽爲曩者，而今已成故矣。』古語向者作鄉。高帝紀：『鄉者夫人兒子皆以君。』向之爲曩，猶餉之爲饟也。字家因説文以證爲是，証爲俗。按：証見國策『士蔚以証靖郭君』，証爲左驗引據以諫也，從正於理更順。古以徵爲證，京山以『無徵不信』，讀證。智按：隱十一年『不徵辭』，註音證。宋人引谷永『庶證序于下』。厚齋引魏證即魏徵，避仁宗同聲也。轉注略曰：莊子九徵至而不肖人得矣，唐人有唐九證，命名本取莊子。魏子才以徵爲徵召，而以歖爲證。

辨數，即辯訴。陳涉世家『自辨數乃置』，注：『數音朔。』智謂即辯訴也，古借聲通用。管子版法解『微賤者無所告遡』，五行志引論語『膚受之訴』，則愬、遡從朔，亦如數之可音朔也。訴古作謕，劉宋書徐湛之傳『拜受辭謕』。

馬失、馬迭，即馬逸。軼事，即逸事。淮南：『孔子遊行，馬失，食農夫之稼。』吕覽：『孔子行道而息，馬逸。」家語：「東野畢，馬將迭。」與佚同。史記管晏贊：「以是不論，論其軼事。」即逸事。孔明與關公書：「未若髯之絶倫逸羣也。」即軼羣。古多借用。

石畫即碩畫，碩交即石交。按史記有石畫之臣，即碩畫。魏志裴潛傳注：「黄朗與右姓王惠朗爲碩交。」曹操與孫權書「明棄碩交」，即石交。孔明與張裔言「石交」，謂金石也。後漢書孫嵩字賓石，三國志注作賓碩。斗量之名亦作碩，漢志「歲收畝一碩半」。

目擊，猶目及。後漢郅惲傳：「子張但目擊而已。」人遂解爲頷額之意，蓋擊借及字也。莊子：「目擊而道存。」淮南人間訓：「將築修城，西屬流沙，北擊遼水。」並與及同。

慹服，即懾服。漢書朱博傳「豪强慹服」，即懾服。按説文：「懾，失氣也，服也。」「慴，心服也。」皆之涉切。「慹，怖也」，之入切。其實皆一字重文也。莊子：「慮歎變慹」，又曰：「慹然似非人。」今刻南華眞經本作「變熱」，焦本正作「慹」，郝氏謂懾服、讋服，與此爲一。

局趣，即局足、局促、趜趚、跼蹐、趨趚，通作跼蹐、局迹、局脊。武安傳「局趣效轅下駒」，

注：『音局促。』仲長統傳：『人事可遺，何爲局促。』鄭衆傳『局足狐疑』。崔靈恩詩注，以『趜逮』爲跼蹐。樂毅傳云：『豈其局迹當時。』陳氏九經考異引韻注曰：『説文作局脊，諸經音義作跼瘷。』逮、瘷之爲蹐，皆因説文『逮，側行也』。詩曰『不敢不速』，此從束，故音蹐。然古實通轉也。郝氏『趚趗、勃窣、瑟縮、卑陬爲一』，則强矣。

倉卒，一作蒼踤、蒼猝。漢平帝紀：『倉卒時，横賦斂者，儻其值。』杜詩：『貧窶有倉卒。』後漢、六朝多用『蒼猝』。説文：『踤，觸也。一曰蒼踤。』郝氏引盧植傳論：『當追帝河津之間，排戈刃，赴戕折。』按：戕折猶倉卒。智謂此自是戕折。倉卒二字，渾呼之曰突。方言：『卒相見，謂之棐相見。』郭璞曰：『倉卒也，當音弗。』

零落，一作苓落、霝零。尚書大傳用『苓落』，即零落也。説文：『零，霝零也。』秦和種用『霻』字。夏小正有『栗零』。

總擥，即總攬。漢刑法志『總擥英雄』，注：『即總攬。』史袁盎傳『並車擥轡』，梁昭明弔張緬書『擥筆無次』，皆攬字。

濯造，即濯竈。　士喪禮『濯造于西階』，即濯竈。按膳夫：『卒食，以樂徹于造。』注：『謂造作飲食之處。』即竈也。史龜筴傳『卜先以造灼鑽』，注：『竈也。』

木禺，即木偶。　劉表傳：『表欲臥收天運，擬蹤三分，其猶木禺之于人也。』漢郊祀志：『木寓龍，木寓車馬。』寓即偶也。史殷紀『武乙爲偶人』，孟子作『俑』，則寓之轉聲也。

宿夜即夙夜。宿心即夙心。　『祭莫重于武宿夜』，注：『武，曲名。武王至商郊，停止宿夜，士卒皆歡樂，舞以待旦，故名焉。』任昉表『宿心素志』，即夙心。依說文作𡖍𡖋，又古文作㑵、㑺。

捾抓，即摇刖。　賈誼策『人心捾抓』，與文選七命『摇刖峻挺』同。蓋兀者即刖者，馬融賦『槷刖』，即臬兀，可證。

雍睦，通作訟繆。　陳登曰：『閨門雍穆，即謂雍雍穆穆也。』淮南泰族訓『恬淡訟繆』，注：

『訟，容也；繆，静也。』穆一作繆。訟繆與雝穆同。

薄遽，即迫急。小極，即小欻。嚴助傳『事薄遽』，與迫急同。劇有極音，如晉人皆以欻爲極，可証。『王導小極，對之疲倦』是也。方言：『㛋，佻，倦也。㾊，極也。』郭璞：『㾊，户畏反。今江東呼極爲㾊。』於㛋下注，亦曰『呼極爲㛋』。外傳『予病㛋矣』。㛋、㾊一字，佻是欻之訛。相如賦『徼欻受詘』，注：『疲極也。』六朝亦稱『罷劇』。

底厲，即砥礪。鄒陽：『底厲名號者，不以利傷行。』蕭望之傳『底厲鋒鍔』，即砥礪。底有止、抵，古音通用。後分『砥磨』音止，『伊予胡底』音邸，『耆定』音致，遂分厎、底，字學家説也。

漸靡，一作漸靡、煎靡〔一四〕。韓非子：『罷露百姓，煎靡貨財。』枚乘傳『漸靡使然』，即漸靡也。

椎髻，一作椎結、魋結。貨殖傳：『程鄭冶鑄，賈椎結之民，富埒卓氏。』度尚傳：『椎結鳥語之人，置于縣下。」李陵傳：「巫服椎結。」西南譯傳〔一五〕：「魋結耕田。」陸賈傳：「尉佗魋結箕居」，注：「結音計。」莊子「竈有髻」，司馬彪曰：「竈神，赤衣。音結。」彪蓋呼結爲計。

肥磝即肥磽。淮南泰族訓：「察陵陸水澤肥磝高下之宜。」孟子：「地有肥磽。」磝之於磽，猶徼之於僥也。

跂匡，猶跂尪。荀子正論篇「傴巫跂匡」，注：「尪同。」此如檀弓「暴尫」之尫也。亦作尩，其王霸篇「賤之如尩」，亦尪也。

萆山，猶蔽山。並河即傍河。韓信傳「間道萆山」，注：「如淳讀蔽，依山自蔽而行也。」始皇紀「並河以東」，注：「謂傍河。」郊祀志「並海上」，莊子「並流而拯之」，鮑宣傳「貪吏並公」，俱訓依，與傍同。溝洫志作「旁南山」，周禮「牽傍」，謂在傍也。

元諆，即元祺。張衡傳「同志揭來同元諆」，注：「音基。」智謂即祺，言福也。說文以諆爲欺字，以欺乃氣也。

琦辨，即奇辨。倚人、倚事，即奇人、奇事。荀子非十二子『好治怪説玩琦辨』，注：『讀爲奇異之奇。』又云『飾姦言爲倚事』，又云『倚魁之行』，莊子『南方有倚人』，皆即奇字。

梨面即剺面。耿秉傳『梨面流血』。子美詩『花門剺面』。管子『博帶梨，大袂列』。淮南子『剖梨之』。皆與剺與離通。鄉飲酒『肺皆離』，注：『與剺同。』

捲握，即拳握。張堪傳：『樊顯言述破時，捲握之物，足富十世，而堪去，折轅車、布被囊而已。』捲握即拳握。古拳拳即卷卷，老子指歸『宛拳』即宛卷，可證。

末殺，即抹摋。退之貞曜先生墓銘：『與世抹摋。』或議此字太粗。智按：漢書谷［永］傳：『欲末殺災異，滿讕誣天。』即抹摋字，後人加手耳。則西京已有此語。

憻孏，即惰嬾。王丹傳：『酒肴勞勤農者，憻孏者皆厲。』唐李程『性孏』，即嬾字。『張敞衎衎，被輕婧之名。』注：『婧古惰字，乃言敞輕訬婑婧耳。』謂之古通可也。

答傌，即答駡。　賈誼傳『答傌之法』，注：『傌即駡字。』許氏好言正俗，乃反不收賈策之傌字，可知其漏。唐韻作䮾。

弭節，通作靡節。弭耳，亦作彌耳。弭定，即敉定。　相如賦『弭節徘徊』，子雲傳作『靡節』。淮南：『龍乃弭耳掉尾』，又曰：『狐之捕雉，乃卑體彌耳以待。』士喪禮『巫掌招彌』，注：『彌讀敉。』田齊世家『弭人民』，即敉人民。段熲傳『西羌于此弭定』，即敉定。

旦宅，即神宅。　京山曰：『莊子「有旦宅而無情死」，即神宅也。』郊特牲『交於旦明』，即神明。『昊天曰旦』，即神。旦，晨也。『不能晨夜』，晨即旦也。舊謂旦爲申字之譌，非矣。殆古以旦爲晨字，省文爲旦，而後人分之乎。

黎萌，即黎民。良萌，即良民。兆蒙，即兆民。　管子：『其人力同而宮室美者，良萌也，力作者也。』樂毅傳『施及萌隸』。三王世家『姦巧邊萌』。後漢宦者傳『剥割黎萌』。漢禮樂志『郊祀歌「兆蒙祉福」』，注：『即兆氓。』與民同。

海瀕，即海濱。　前［漢］書外戚侯表敘：『公孫弘自海瀕而登宰相。』龔遂傳：『海瀕遐遠。』又王莽傳引詩『率土之賓』，則賓、瀕皆濱矣。

沈墨，一作沉𪑣。　淮南盧敖汰沃篇：『猶突奧也，南遊乎罔㝗之野，北息乎沈墨之鄉。』論衡引之俱同，但突奧作『突屼』，沈墨一作『沉𪑣』，突一作『交』。

媿咨，猶勉咨。　魏繆襲注尤射一卷。擷俊民干時誦。太史脁采作尤射。惟媿咨，即勉咨也。『百姓蹻譹』，踊蹻而上譹也。方言：『抱媿，耦也。』郭注：『媿，音追萬反。耦亦迮牙見其義耳。』迮牙即錯互，則抱媿非媿咨之義矣，疑抱媿即今之分媿。

風別，猶分別。　周禮士師注〔一六〕：『傅別〔一七〕，故本作辨，辨讀爲風別之別。』『荒辨』注亦引之。今山西及旌德皆謂風如分，古有此音。升菴亦云古孚金切，詩騷韻可據〔一八〕。

珪潔，即蠲潔。　孟子『圭田』注：『圭之言珪潔也。』古與蠲通。儀禮：『饗禮圭爲而哀薦之。」圭與蠲同，蠲亦與涓通。

摩鐧，即磨鑢。　考工注：「少師曰：盧如纑，或曰摩鐧之器。」疏：「力庶反。」通典言「錢磨鑢」，即此二字。

履幭，即履隟。　易林「履幭自敵」，一作履隟。吳語注：「間，隟也。」世語有仇隟，即隙。

鮎鄆，即辜穰。　春官〔一九〕：「疈辜祭四方」，注：「疈，裂牲也。辜，磔穰也。」漢書地里志「馮翊雲陽縣」注：「有鮎穰祠三所。」與辜穰同。

回遹，一作回歗、回泬、迴穴。　釋文引詩「謀猶回歗」，薛君作「回泬」。文選注作「迴穴」。盧植傳：「今之禮記，特多回穴。」唐書裴延齡贊：「君臣回泬。」

孕育，一作嬴育、繩粥。　管子「鼆婦不銷棄」，注「孕同」。又「春嬴育，夏養長」，嬴即孕。太玄「好繩惡粥」。周禮薙氏「秋繩而芟之」，繩讀孕。

絪縕，一作烟煴、氤氲、緸縕、壹壺。說文引易作「䇃壼」。典引作「烟烟煴煴」。魏大饗碑亦用「烟煴」〔二〇〕。抱朴子用「緸縕」。魏元丕碑作「壹縕」。

醳榮，即釋榮。楊著碑「醳榮投黻」，即釋字。景君碑「農夫醳耒」，郙閣頌「醳散關之嶃漯」，皆用作釋。智按戰國策：「王欲醳臣，則臣請歸醳事。」史記魏世家：「與其以秦醳魏，不如以魏醳魏。」淮陰傳「醳兵」。蓋古人讀繹、醳、譯，皆如釋。射之爲言繹也。「重譯來朝」，謂釋其語言也。以此推知之。

澣洗，通作浣洒、盥洗。石建「浣洒」，即澣洗。郝氏曰〔二一〕：儀禮「盥洗」亦同〔二二〕。

齋肅，一作齊宿、齊速、齊遬。孟子：「齊宿而後敢言。」九歌：「吾與君兮齊速。」玉藻：「見所尊者齊遬。」

決驟，猶蹶驟。莊子：「麋鹿見之決驟。」注：「決音桂。」新都取之。蓋謂蹶驟也，蹶音桂。烏桓傳『句決』即句鐍，足證通音。

隃度，即遥度。隃謂，即遥謂。踰言，即遥言。趙充國傳『兵難隃度』，隃音遥。黥布傳：『隃謂布「何苦而反」。』馮衍賦『陟隴山以隃望』。皆與遥同。禮記投壺『毋踰言』注：『踰或爲遥，遠譚語也。』猶『或揄』爲或冘，『摇狄』爲揄狄也。

妖蠱，即妖冶。文選舞賦『妖蠱』，蠱即冶。廣成誦古冶子作『古蠱子』。平子西京賦『妖蠱』亦同。總之，古少家麻音，故冶讀如蠱，猶榭之爲序、迓之爲御也。

桃部，即桃棓。操杯，即操棓。新都曰：『文子「羿死桃部」，即棓。』山海經：『蛇巫之山，有人操杯而東向立。』注：『杯或作棓字。』史天官書『天棓』，蘇林：『音棓打之棓。』得之。索隱音皮，韋昭音剖，郭璞注山海音抔，皆非。智按：楊收棓于絳韻，即棒也。掊、排、榜、朴，聲皆相轉。如杯、阫、培、坏，皆其切響也。字本從咅，作棓。戴氏以棓作梧。司馬貞，河内人，讀皮如坏。韋昭音剖，與瓿音同。郭璞直音陪耳。蘇林音棓打之棓。後乃轉棒，觀『榜擊』音篣，『棰擊』轉揣，『敲朴』轉考，可推矣。

校記

〔一〕漢　原脱，據刊誤補遺補。此類書名中缺字者，後或以方括號標出，一般不再出校。

〔二〕湘　當作「緗」。

〔三〕景　據漢書，當作「累」。

〔四〕鮑宣傳　原脱，據刊誤補遺補。

〔五〕微　四部叢刊嵇中散集作「徽」。

〔六〕載　原誤作「戴」。

〔七〕姃　太玄作「妰」。

〔八〕夷　原作「譯」，據刊誤補遺改。

〔九〕重　當作「垂」。

〔一〇〕東都賦　應爲東京賦。

〔一一〕國策　原誤作「國語」。

〔一二〕史記無嚴助傳，嚴助傳見漢書卷六十四。

〔一三〕言　當作「玄」。郭象字子玄。

〔一四〕此處「漸靡」重出，存疑。

〔一五〕譯　據史記，當作「夷」。

〔一六〕士師　原作「少師」，據周禮注疏卷四十一改。

〔一七〕傳　原作「傳」，據周禮注疏卷四十一改。

〔一八〕據　原作「摅」，據刊誤補遺改。

〔一九〕官　原脱，據刊誤補遺補。

〔二〇〕亦用　原作「同」，據刊誤補遺改。

〔二一〕氏　原缺，據刊誤補遺補。

〔二二〕亦　原缺，據刊誤補遺補。

通雅卷之八

釋詁 謰語

踊躍，一作甬龠、涌趯、踊趯。李尋傳『涌趯陰邪』，裴光遠集綴作『踊趯』，或省作甬龠。

粃謬，即紕繆。盧植傳：『周禮諸經，特多粃謬。』唐于志寧傳：『本草紕繆四百餘物。』

姚文燮云：『謎語用訛謬。』

儗佁，即疑作。荀子儒效篇：『卒然起一方，則舉統類而應之，無所儗佁。』注：『謂疑滯慚怍也。』禺山用『疑佁』。

僂㮚，即悚慄。沈約宋書孝義龔潁傳：『追懼紕妄，内憎僂㮚〔一〕。』㮚即栗，僂即悚。見漢書刑法志。

罷敝，一作疲憊、罷敝。　田叔傳：『士卒罷敝』，他處作疲憊。漢書西域傳，杜欽説王鳳：『罷弊所恃。』

瀸濇，即漸漬。　淮南要略訓：『内洽五藏，瀸濇肌膚。』即漸漬也。朱穆傳：『當以天地順道，漸漬其心。』

綢繆，一作蜩蟉，蓋纏緜之轉也。　大人賦『綢繆偃蹇』，漢書作『蜩蟉』。

裒尅，即掊克。捊取，即裒取。　南齊書竟陵王子良：『守宰相繼，務在裒尅。』即詩之『掊克』。鄭氏註易『捊取』，謂裒取其多也。

媟黷，即褻瀆。貫瀆，即慣黷。　枚皋傳『媟黷』，爰延傳『上下媟黷』，即褻瀆。後人減作瀆，與『四瀆』別。左傳『貫瀆鬼神』，宋魏泰用『慣黷』。

昬怓，通作讙嘵。賈公彦于大司馬注引詩「以謹讙嘵」，退之嘗用「讙呶」。

作説，與鑿説通。王莽傳：「其文爾雅依託，皆爲作説。」作與鑿同，京山説。

雜厝，即雜錯。舉厝，即舉錯。漢志「秦五方雜厝」，注：「即錯。」劉氏傳：「爲陛下惜此舉厝，敗材傷錦。」

忸忕，與狃恃通。後漢西羌傳：「傅育死，忸忕邊利。」章懷注：「忕，時制切。猶狃恃也。」

劉流，即周流。張衡用「劉流」。智謂樛轉周。可知古人亦呼周爲樛矣。

虚霩，即虚廓。淮南「道始虚霩」，即廓。古霍、廓、豁聲近相借。高誘以爲「虚霍」，可徵。

朏遯、蜚遯，即肥遯。見西溪引古易。京山引作「朏遯」，若飛即蜚，乃嘗見者，如蜚龍、刺蜚之類。

威用，通作畏用。　洪範『威用六極』，史宋世家引作『畏用』。書『天明畏』，即明威。詩『鸞荆來威』，畏也。

無埜、無圻，即無垠。　楚辭：『其大無垠。』淮南：『蘆苻之厚，通於無埜』，又曰：『四達無竟，通于無圻。』皆與垠同。

南譌，南僞，即南訛。　史記引書：『平秩南譌』，王莽傳『南僞』，註：『訛同。』詩『尚寐無吪』，亦訛字。

雞斯，通作笄纚。　禮記：『親始死，雞斯徒跣。』注作『笄纚』。京山音𦡆，第二聲。猶今之網巾，古遂有此耶？〔二〕

諟正，即是正。　陳姚察〔三〕：『研覈古今，諟正文字。』即是正。蜀志：『來敏是正文字。』

相迿，即相狗。公羊傳：『推刃之道也，朋友相衛而不相迿也。』音巡。注曰：『先也。』按：即狗字。

斥執，即斥執。穀梁傳曰：『晉侯斥執』，又曰：『以晉侯而斥執曹伯，惡之也。』范注：『斥即斥。』

踶跂，與忮懻通。馬蹄篇：『踶跂爲義。』音直氏、丘氏反。按：即漢書『忮懻』字。

級兆，即綴兆。樂書『級兆疾徐』，樂記作『綴兆』，言舞者之行位兆節也。張氏引石經作『級兆』。

葆祠，即寶祠。葆就，即保就。留侯傳『葆祠黄石』，注：『葆與寶通。』西南譯傳〔四〕：『弘令犍爲自葆就。』漢書作『保就』。史記『九鼎保玉』，魯世家『無墜天之降葆命』，光武紀『珍琺萬倍』，皆寶字。古文寶字過百，以古器存者多，足徵三代時書法自以意造，然訛失不少。

顓己，即專己。漢志：『沛楚之失，急疾顓己。』劉歆書：『專己守殘。』五行志『顓斷』，即專斷。字書遂有䁢斷。

祝𧛁，好呪詛。漢五行志：『劉屈氂復坐祝𧛁要斬。』𧛁即詛，祝有冐音，故借爲呪。呪字從梵書出。

衰城，即蓑城。定元年，晉人執宋仲幾于京師。公羊曰：『仲幾之罪何？不蓑城也。』何休注曰：『若今以草衣城是也。』漢志曰：『宋中幾忘尊天子之心，而不衰城。』師古曰：『衰城，謂以差次受功賦也。一曰讀若蓑。』師古未見公羊邪？漢時公羊先盛，志正引公羊傳。若謂蓑城之義不安，則公羊高揣摩之説也。林鉞取差次之解。

钦㚖，即冀幸。希覬，即希覬。説文：『覬，钦㚖也。』钦，㚖也，居气切，與冀同。而冀爲地名，故立钦字。因左氏用『覬覦』，又收覬字，而不知其合。文王世子注：『大夫勤于朝，州里䚷于邑。』按：是援神契語。穎達曰：『希䚷慕之。』即希覬也。集韻驥亦作䚷，因韓勑碑。故人用希冀與希覬同，其用冀幸，則常語也。轉注略誤記『州里』爲卿士。

緒正，即序正。張蒼：『緒正律曆，作程品。』即序正。或用敘代序。爾雅：『緒，序也。』用緒與『紬金匱』之紬同。東坡祖諱序，凡序作敘。

財察，即裁察。財哀，即裁哀。張安世傳『財哀深辭』，言裁奪哀憐之也。古纔、才、裁、財通用。酷吏傳『上財察』，漢書作『裁察』。史魏其傳：『令財取爲用。』晁錯傳『資財』，即資材。

廉裾，即廉倨。貴居，即貴倨。『趙禹文深，爲人廉裾。』注：『裾即倨。』郅都傳：『條侯至貴居也。』居讀倨。吕覽懷寵篇『無道据傲』，即倨傲。

解后，一作邂逅、迦逅、解遘。太玄迎首『迎父迦逅』，注：『迦與邂同。』古用解后，别之加辵，説文載『邂逅』。釋文：『見此解遘。』解逅，不固之貌。

闒達，即豁達。後漢馬武傳：「嗜酒，闒達敢言。」即豁達。漢書：「辨知闒達。」即謂豁達有大度也。史記齊世家：「其民闒達，多匿知。」通鑑：「孫策闒達聽受，善於用人。」

失𠜱，即失策。鶡冠子：「邪臣失𠜱。」即策字。古策多作筴。「黄帝推筴」；漢書「天授漢筴」；史記「龜筴」，又曰：「諸靈數刾，莫或汝信」；書譜云：「眞行書，須略知篆文，如刺之與刾」。蓋漢人相承以朿爲夾。

襐飾〔五〕，即襐飭。顔注急就「襐飾刻畫無等雙」：「襐音象，襐飾，盛服飾也。」山谷曰：「襐，未笄冠之首飾。」端拱本作「襐飭」，古飭、飾通。漢書平后傳：「立國將軍成新公孫建世子，襐飾將醫往問疾，后大怒。」師古曰：「在兩耳後，刻鏤爲之。音丈，又音象。」當以盛飾之解爲正。説文：「襐，飾也。」因此收之。凡夫並不引急就、漢書，止創論形象當用襐，引易「象者襐也」，既陋又妄。

布濩，即布護。相如賦「布濩閎澤」，郭璞曰：「布濩，猶布露也。」封禪書「氾布護之」，師古曰：「言布遍也。」

才須，即才諝。　鄭氏注易『歸妹以須』，謂『有才須之稱』，即才諝也。

削蔑，即消滅。　易釋文：『楚俗有削蔑之言。削或謂消，荀蔑作滅。』

敗幟、敗薉，即敗穢。　『視其理，欲其易也。』注：『無敗薉也。』本作敗幟。

淫緬，即淫湎。　易林『淫緬無測』，有同文者作『淫湎』。

奸麗，即黖暈。　佛書：『天女顏色端妙，無諸奸麗。』升菴曰：『與黖暈同。』

華隫，即華洞。　急就章：『乘風懸鍾華洞樂。』皇象書洞作隫，音同，猶通也。

宛拳，即夗卷。　稸積，即畜積。　見老子指歸。舊解宛拳作欝拳，蓋夗卷也。說文：『蓄積，積一作櫝。』蓄當作菑，謂菑畜元田相因也。君平用『稸積』。

詆訶，作呧呀。鹵莽，作滷蕣。集韻所載，皆詞賦家用，此類甚多，不能盡引。

戟搨，通爲拮据。說文有戟搨之語，即拮据之通聲也。

露袒，一作路亶、路單。荀子『路亶』，新序『路單』，皆即露袒。凡夫云：『當用膻。』他如淮南『天下訟見之』，高誘注曰：『即公見也。』漢書王商傳：『周勃就國，卒無怵愁憂。』即怵惕。王褒傳『虞侍』，即娛侍。考工鄭注：『周，密致也。』疏『密緻』。易林『詘指』，韓詩外傳『詘身』，俱屈字。老子『憺怕』，即澹泊，唐人亦用『淡薄』。谷永疏：『將軍忘湛漸之義。』與沈潛同。儀禮『栗階』，注：『栗即歷。』公羊曰：『少遼緩之，祭仲之權也。』即聊緩。三王世家『愚憧而不逮事』，即愚戇。諸侯王表『姗笑邉滅』，即訕笑。西域傳『翔實』，即詳實。漢武悼李夫人賦『樔絶』，即剿絶。禮記石經『九秎』，即九齡。班固傳注『伶抹譯語』，即禁韎。淮南子『手柨』，即手撥。梁冀傳『洞精儻眄』，即矘盼。管子『吏轂敁以買譽』，即攘奪。墨子『圍心』，即違心。管子『詘信涅濡』，即澄濡。釋文：陸鄭皆以頻顣即嚬感。大約古多轉假，後多增加，綴文之士，隨手通書，推論之家，分別專主，中有異而同、同而異者，不能盡引。在學者因此而通之，通之仍遵正韻，好古屬文，經史連引可也。

岣嶁，本作句婁。　人句婁，謂其形也。因之龜有句婁，山有句婁，言其背高也。大禹岣嶁碑即南嶽也。岣，共于、居侯、果羽、古后四切。婁，龍朱、郎侯、隴丑、郎豆四切。史記注：音苟樓。問奇：音兩去聲。此皆各以其方言形容之聲而言，猶蘢蓯、蘢葱，可平可上也。東坡書單道開傳後，言『稚川乞岣嶁』，按葛洪乞勾漏令，非衡山也。抑此字可通用邪？

培塿，通作部婁、附婁、抔摟。　古文用部婁，其本字爲培塿，上聲。史記『甌窶』，注：『裴側之地，一曰抔摟也。』抔摟即培塿之轉。說文引古文左氏『附婁無松柏』。郝氏則以爲通于蓓蕾、蒲盧，總指其敦然一堆之狀。裴側亦以培側通聲。

崔巍，一作隹隗、嶉隗、嵔隗，或用畏隹。　平聲，亦上聲。崔別作嵟、隹、嶉。嵬別作隗、嵔、畏。莊子『山林之畏隹』，乃倒用嵬崔也。司馬注隹如崔字，可知皆聲通形狀之辭也。轉注略：『漢書崔嵬作嵔隗。』轉爲嵯峨，又爲嵯巖，巖別作巉。甘泉賦：『雲譎波詭，摧嗺而成觀。』舊注：摧嗺，上聲。余以爲即崔嵬。

峥嶸，或爲崝嵤、嶒嶝。外聲爲崚峋。轉爲嶙峋、峻嶒、崚嶒。説文：『嶸，崝嶸也。』高唐賦『俯視崝嶸』，揚子『似紫宫之峥嶝』，又甘泉『岭嶝嶙峋』。集韻嶸亦作嵤，又作嵘、宏。峥或作嶒。廣韻載峻嶒、崚嶒。

崎嶇，一作踦區、陭嶇、鼭嘘、踦𨇤、鼭嶇。説文：『區，踦區藏匿也。』晉書顧榮傳：『崎嶇艱險之中。』劉琨傳史臣贊：『踦𨇤汾晉，契闊獯戎。』宋書廬江王禕傳：『傲倖鼭嶇，僅得自免。』

巀嶭，一作巀辥，轉爲岊嶭。『節彼南山』，借用節。依字書作嶭，楷作岊。三都賦用之。説文：岊本音櫱。通作嶭巘，轉爲方崀、崒硉、欝嵂、嵽徒結切。嵲，五結切。皆是意也。巀今作巀。

嶔崟，一作磤硷，轉爲欽巖、欽岊；又轉爲嵁巖、嵌巖；又轉爲巉岊、嶃巖。公羊傳：『殽之嶔巖。』穀梁曰：『巖唫之下。』音欽。增韻：『嶔崟，或從石。』韻略：『嵌巖，山險貌。』莊子：『處嵁巖之下。』嵁音丘銜切，則與嵌同音矣。嶄嵒之嵒，乃古巖字。嶃，牀咸切，即是巉巖。漢相如傳『嶄巖』，尖鋭貌。杜詩：『虎飢下巉嵒。』説文：『碞，磛碞也。』韻會載礹嵒。總之，侵、覃、鹽、咸，聲皆相通，或詞賦家隨用者，韻書因而收之。計敏夫載李洞贈無可：『將法傳來穿泱漭，把詩吟去入嵌岩。』

康㝗、嵻㞁，山、宀可通。今武岡、新寧，有㞁山。嵻之爲空，因『寶康瓠』之注也。廣韻分康㝗爲宫室空，嵻㞁爲山谷空。爾雅作㾾，又作濂，空也。水、阜、山、宀皆可通用。蓋康空一聲，皆屬溪母。今正韻孔字，猶用康董切，爲音和，此爲確證。長門賦『委參差以槺梁』，注：『槺與康同。』則槺梁即是康㝗。

磝磽，一作嶅碻、敖鄗。磽确，一作硗埆。左傳：『晉師在敖鄗之間。』説文引『嶅鄗』。説苑『嶢埆之地』。吕覽『硗埆』。磽别作墝，确别作塙、嶨、硞。

問砢，一作闁礧。相如賦『抗衡問砢』，言顆砢也。韓次公用『闁礧』，其聲本于磊砢，選賦用之，此皆磊落之轉音也。遂有磊硌字。磊又作礨、磥、礧。説文『陙磊』，即陲畾。

谽谺，一作岭岈，本于唅呀。　唅虚甘切。呀，虚牙切。張口中空貌，因之以空谷爲谽谺，上林賦用之，懷英用岭岈。

砰磅，一作硑硼。訇礚，一作訇溘。　或以磞、硑、硼、磅，皆砰字。此蓋與磅聲相借。訇實與轟同音，碭又與礐、硜互通。他如島字，漢書作隝。堤或爲隄，隝爲塢，渚爲陼。砥、瑁、砇，通爲一字。其曰渚不當從陼，隗當從嵬，字學家説也〔六〕。

澎湃，一作滂濞、滂沛、澎濞。　文選上林賦『洶涌澎湃』，史記作『洶涌滂濞』。又與滂沛通，司馬彪又引『澎濞』。

渟瀯，一作瀞瀯。　音亭營，上聲。甘泉賦：『梁弱水之瀞瀯。』杜篤賦：『洛水之渟瀯。』唐韻迴韻有瀞，曰『瀞渟』。而無瀯字。復有汫濴字，小水也。庚韻有『濴，波迴貌』。濴從二水則複，當以瀯爲是，孫陸失載耳。

泓噌，或用噌吰，通作噌𠻘。　王沈釋時論：『空嚣者以泓噌爲雅量。』當在蒸韻，今附鎗下。其以噌吰爲鐘音，噌𠻘爲市人聲，無所别也。東坡石鐘記用『噌吰』。暄按：自『峋嶁』以下，當入地理。因爲虚轉形容，故附於此。〔七〕

較若，一作講若、顜若、覕若、較然。　元美嘗譏升菴譏温公改帷帳作幄，改斠若作較，不知較與幄，乃漢書改也。智按：今凌以棟本曹參傳作『講若畫一』，注曰：『或作較。』史記作『顜若』。注：『徐廣音古項反，一音較。』漢書作講，一作覕。』以此證之。以棟本之『講若』非訛矣。元美所見，温公所取，皆别本也。較若之較，亦音角，與詩『猗重較』同音。延篤傳：『闇於大較。』律曆志『大摧常數』，亦大較也，蓋本音角，轉爲去耳。大較，猶大略也。孝經注疏：『辜較，猶梗概也。』孔光傳：『較然甚明。』升菴作斠，則以公紹引説文『斠，平斗斛也。從斗，冓聲。徐曰：斠量之，通作較。』今説文無『徐曰』以下之語，公紹取孟蜀書林韻會本，此乃書林所引蜀本説文也。按：古但作角，禮『角斗斛』，角即斠字。

沱若，一作池若、沲若、篝若。　易『出涕沱若』，荀作『池若』，一作沲若，古本作篝。

憪然，猶介然。僩然，即撊然。漢書文帝詔曰：『朕既不能遠德，故憪然念外人之有非。』按注：『憪然，猶介然，不安貌。』京山主之，韻書收入撊然下，形音似近，而義則介然近矣。按説文：『憪，愉也。户間切。僩撊，武貌。』于此文不合。蓋古介與閒近，孟子『間於齊楚』，即介於齊楚。解嘲『范雎界涇陽』，謂離間秦王兄弟也。『左个』即左閒，古閒與个、與介、與千皆互通。今人猶有閒介之言。王叔文、王伾僩然自得，即左傳之『撊然』。宋子京本説文也。荀子曰『陋者俄且僩』，注：『晉魏謂猛爲僩。』古閒即間，而平去又通。

繟然，與坦然、嘽然互通。老子『繟然而善謀』，焦氏翼曰：『繟音闡。王作坦，嚴作默，不如作繟爲長。』智按：王輔嗣注作『坦然』者亦通，蓋單與亶古通，猶嬗之于禪、儃之于嘽也。嘽音單，亦音善，緩也。『其音嘽以緩』，故唐人用嘽然。

嘸然，即憮然。韓信傳『嘸然陽應』，嘸，文府切，不精明也。孫愐：『憮然，失意。』説文：『憮，不動也。』韻書失收嘸字。

傀然、魁然，即塊然。客難曰：『魁然無徒。』注：『即塊然。』陳湯傳：『耿育訟曰：使湯塊然。』荀子：『傀然獨立天地之閒而不畏。』注：『塊同。』

屑然，猶肸然。武帝紀：『用事八神，屑然若有聞。』注：『屑與屑同。』按說文，屑即屑，以無屑字，故人謂屑俗，其實當從肖也。屑從佾，當音肸。事神之意，當是肸然。

踹然，即揣然。鶡冠子：『濫首不足，益以累重，噎意爲摸，踹然其爲分等也。』即揣然，言善揣度也。

殺然，與洒然通。倉公傳：『望之殺然黄』，徐廣曰：『音蘇葛反。』一曰今北人呼殺爲沙，上聲。

窢然，即侐然。莊子『其風窢然』，注：『音闃。』按今無窢字，即是閾字。古文作閪、閪、侐，唐人用『侐然』是也。闃鄉乃音闃，從旻，此從狊。

懼然，即瞿然。去聲。朙本雙目視人瞿瞿之意。荀傳『懼然顧化』，注：『即瞿然。』東方朔、王莽、申屠剛、袁安傳用『懼然』，皆注『驚也，與瞿同』。

倏然、削然，即蕭然。莊『削然反琴而絃歌』，注：『即蕭然。』又大宗師：『倏然而往。』

舍然、奭然，猶釋然。秋水篇：『奭然四解，淪于不測。』即釋然。列子天瑞篇：『其人舍然大喜』，即釋然。

烝然，通作塵如。詩『烝然罩罩』，鄭箋引作『塵如』，古如即然也。

率然，即颯然。風賦：『颯然而至。』非有先生論：『率然高舉，遠集吳地。』注：『率然，即颯然。』

確然、确然，即確然。宋書良吏陸徽傳：『确然守志，不求聞達。』與確然同。崔寔『言辨而确』，即確也。魏書辛雄傳：『不能確然守正，論者譏之。』即確。

疑然、譺然，即嶷然。儀禮：『婦人疑立于席西。』舊註：『疑然，立定之貌。』即嶷然。褚先生補龜筴：『齋戒以待，譺然。』注『音疑』。

巋然、魏然，即巍然。莊子『魏然』，即巍然。又天下篇『巋然而有餘』，注：『亦作魏，與巍同。』張有爲林攄書碑，以巍、魏一字，林以爲非。謙中曰：『巍，一字二音，説文所無，手可斷，字不必書也。』

侃然，即侃然。北史李雄傳：『當官正直，侃然有不可犯之色。』吳志虞翻傳：『傍聽鐘鼓侃然之樂。』

蕭然，即騷然。食貨志：『江淮之間，蕭然有煩費矣。』師古曰：『蕭然，猶騷然。』故知騷屑之聲，本蕭索也。

喟然、嵞然，即喟然。史上林賦『喟然興道而遷義』，漢書作『嵞然』。嵞即卉，與喟聲通。晏子春秋雜上：『退朝而乘，喟然而嘆。』喟同。

扢然，即慨然。　讓王篇『子路扢然執干而舞』，即慨然。此京山説。蓋气，古氣字，轉气，凡曰乞與則音氣，古從气、從旡、從乞互通，故知扢即慨也。

葦然，即煟然。　漢書王莽傳『葦然』注：『變動貌。』唐書『煟然』，或作蔚然，蔚又音鬱。

惄然、抋然，即蹙然。　説文：『抋，惄然也。』孟子：『曾西抋然。』梁氏曰：『古人借聲，漢儒論義，故各附會之。』如易『戚嗟若』，子夏傳作嘁，子六反。韓氏集韻作㰗。宜閒居雜編之顣然、𪑜然，皆可用也。彼用蹙然，謂其蹙蹙之容也。

芒然，即茫然。　趙世家〔八〕：『丈人芒然。』莊子『芒乎』，即茫乎。列子：『恾然無以應。』總以艸生芒忽，而通滄茫也，恾爲今之忙。

府然，即俯然。　管子：『腐儒府然若渠堰』，注：『即俯然。』

䨮然，猶䌹然。方言：『䨮，色也。』郭璞曰：『䨮然，赤色貌，音奭。』按：白虎通引『韎韐有䌹』，即有奭，故知相通。䌹謂赤色也，唐人有赫赤之語。湛若曰：『䌹又與赫憪通，赫䟽亦作䌹蹄。』

傫然，即纍然。儽然，即頽然。趙世家『傫然』，退之用『纍然』。儽然，見外物篇。孫愐一作頽、壝、㾯。

鏗爾，一作㑦爾。莞爾，一作莧爾、唍爾、𩑶爾。考異曰：『集韻引論語作「㑦爾，捨瑟而作」。』智按：㑦與鏗，轉假無因，恐是誤記『莞爾』，而連文於『捨瑟』乎？集韻莞字下，或作莧，作唍，莧爲莧陸，即莞陸也，唍則專主笑矣。鏗字下無引『㑦爾』之語，後見王伯厚藝文志注引之，必別見一本。又文選注李善引論語『莞爾而笑』，依説文當作『𩑶爾』。趙氏以『莧爾』爲正。

帥尒，即率爾。甘泉賦：『帥尒陰閉，霅然陽開。』即率爾。

皤如，一作燔如、波如、槃如。『賁如皤如』，鄭陸作燔，荀作波，董作槃。

翰如，一作寒如。賁『白馬翰如』，一作『寒如』，音同借書也。

艴如、孛如，即勃如。考異：『色勃如也』，説文作『艴如』，又作『孛如』。

俛焉，一作强焉、僶焉。表記：『俛焉日有孳孳』，陸德明作『强焉』，熊安作『僶焉』。智謂俛、僶不相通，因形而訛。燮按：自『較若』至此，皆若然、焉爾之類。長箋助語之『然』作嘫。

亹夎，即亹亹。即宣侈。敃敃，即婚媚。龔龕，即恭寅。窺軏，即親巡。敹戚，即親戚。詛楚大沈久湫文：『兩邦砮奆，若壹。絆以敃敃，女在右旁。衸以齊盟，曰「枼萬子孫，毋相爲不利」』。今楚王熊相，康回無道，淫失耽亂，亹夎竞從，變輸渝。盟刺，内之鼽虩虐不姑，巫咸、亞駝並作辜。刑戮孕㱿，幽刺敹戚，兼㑇十八世之詛盟，率者侯之兵，任威我百牧，逑取吾我。邊城新郢及𨛜，今又悉興其眾，張矜忞音府，巫咸本作意。怒，飾甲底兵』等語。秦和鐘銘『龔龕天命』，即恭寅。古以龍爲寵，故加於其上耳。秦泰山刻『窺軏遠黎』，彦遠音親鄰，刻誤耳。

徐敦立音親巡，以史記『親巡遠方黎民』合之爲是。凡此等字，不可輕用，張平子用『心𡚱』，彼是漢人，聽其取合。我輩在數千年之下，剿襲一字，便覺席地冠毋追，不情甚矣。曩在北都，見有寫親家作窺家者，何不取亞駝作敥家邪？書津作滏，以説文流涉皆二水，長箋創作𣸧字而效之耳，受長箋之毒深矣。

槃香，即馨香。百槃，即百穀。見山海經，此結構異耳，無奇也。他如穆天子傳：『兏瓄』即長寶，『山隊』即山陵，『歕玉』即噴玉。乾坤鑿度『隂隱』即陰陽。元命包『倔弜』即倔强。亢倉子『夆物』即萬物。古文易『鼭匨』即歸藏，『初與』即初坤。歸藏易今作『初奭』，訛也，古作巛奥。愚者曰：金石鐘鼎，如晉姜鼎、孟姜敦之『用祈綰綽』，三詛楚之『枼萬子孫』，秦權之『不壹歉欿』，泰碑之『摶心揖志』，明載于史記，或見釋于諸家。即山海經、穆天子傳中，峑山歕玉，亦自可用。若鑿度之『隂隱』，亢倉之『夆物』，不必矣，故列以爲例。

陖陗，即峻峭。𡙇穿，即牽挽。焦弱侯言漢碑『陖陗』即峻峭，捺穿即牽挽。智按：古自〔九〕、山、土皆通，如陭嶇即崎嶇之類也。『捺穿』恐訛，考隸釋惟唐扶頌以牽作𡙇。又言䟫即致，肴即肴，𦙶即盤〔一〇〕，瑁即敏，𠆸即就，中有訛筆。按：嚴訢碑作𦚵，郭究碑作𦞦，今作䏿，非矣。肴是肴之訛，西狹頌作𢿱〔一一〕，非矣。瑁不知所出，西狹作敏，逢盛作敏。就但作就，楚相作䶂，江原長作䶂，今軏非矣。大氐翻刻之誤也。

𡾰漯，即潮溼。平㜗，即平燥。　鄐閣號萬柱碑，永叔嘗疑『醳散關之𡾰漯，徙朝陽之平㜗』。彥遠曰：『古字濕作䨙，又作漯，故漢人濕又作漯，則漯即借濕。燥通作㜗，蓋喿與㬱同體。醳則易也。至謂「遭遇隤納」，則以傾隤地壞，自納于淵。漢人文陋不足道，然用字亦本古也。』升菴以醳爲釋，甚是。智按：古人形相似，則隨筆用之，漯、濕、溼、㵘互通。而後漢熊喬碑顯亦作㬎。余嘗謂伯喈碑文，最無古意，況其下乎？郡邑之撰文書碑者，不盡皆漢之學者，何足責也？慕古太甚，雖古之敗筆、訛文，皆奉之若神工，沮頡復生，能無笑邪？

倐翬，即蕭暉。　衛覬華山碑：『神樂其靜，倐翬無形。』注：『倐翬與蕭暉通。』黄庭經：『姹女窈窕翳霄暉。』

錮辭，當是固辭。　六一跋後漢鄭固碑：『逡遁退讓，以疾錮辭。』錮當作固。又疑謂『疾已錮而辭』。又熊君碑、高頤碑『歐陽』作歐羊。北齊石浮圖記『黑太』即黑闥。

識方，即職方。永叔跋漢樊毅華嶽碑：『以職方氏爲「識方氏」，蓋當時周禮之學如此。』

比蹤，作比縱。外黄令碑『莫與比縱』，魯峻碑亦用『比縱』，郭仲奇碑『徽縱』，淳于表碑銘『縱先軌』，皆以縱爲蹤。

黎庶，作犂庶、葯庶。帝堯碑作『犂庶』，禮器碑作『葯庶』，或作蘂庶。他如繁陽令碑『犁儀瘁傷』，儀讀如旄倪之倪，吳仲山碑、張壽碑作『蓼儀』，即蓼莪。洪适載劉熙碑『民殷』，即民隱。楊引漢碑『景韻丙響』，即景響。楚相碑『涿摩』即砯磨。鄐閣碑『壅藹』即壅遏。楊統碑『駱驛』即絡繹。范鎮碑『頳頡』即鴛雛。譙敏碑『覃恩』即譚恩，『苞苴』即苞組。高頤碑後昆作『後緄』。費鳳碑遮幾作『遮邈』。郭仲奇碑奈何作『奈舸』，『爍的』即鑠灼。唐扶頌典墳作『典賁』。桐柏廟碑庭堅作『霆堅』〔一二〕，張掖作『長掖』。愚者曰：嘗以急就隸文『啚藉』即圖籍，『偄術』即儒術之類。今好奇者采以屬文，毋乃强乎？列國有各國之書，宜其不同，古人凡事通省，故多借用。漢人當秦焚之後，師承鈔筆，各守所傳，又郡邑之儒生，安能博考？偶爾爲文，就便雜陳，以意出之。今人生諸儒辨別之後，字有可通，有不必通者，經、傳、史、漢，或連引其文可也，何必特搜殘缺之碑，取漢之無名鄉里之臆筆，施之篇什，以爲奥内乎？然博雅者以備參考。

一簣，通作一匱、一凷、一壝。論語考異載作匱，而簣實凷，班固傳注作「一匱」。按漢王莽傳「綱紀咸張，成在一匱」是也。此似與匱通，史記「紬石室金匱」，漢書同。京山引蔡邕繹誨〔一三〕：「九河盈溢，非一凷所防。」又後漢書劉昭序〔一四〕：「爲山霞高，不終一壝。」古與臾、蕢、塊、魁俱通。

旅占，即臚占。儀禮士冠禮：「東面旅占。」古文旅作臚。智按：「旅弓」即臚弓。「旅于泰山」，祭名，謂臚也。升菴亦不知此義，而凡夫以「旅于泰山」爲師旅，可笑。

左股，作左般。「明夷于左股」，馬融、王肅皆作「左般」，云：「日隨天左旋也。」姚作「左槃」。智按：古從舟、從月相近，漢碑「盤或作股」，史記「股股之獸」，即班班，可證。

盍簪之簪，或作貸、戠、撍、臧、宗、戠、捷、攢。豫四「朋盍簪」，簪字古文作「貸」。一作「戠」。京蜀作「攢」，馬作「臧」，荀作「宗」。虞作「戠」，叢合也，希聲作「捷」，速也。李鼎祚曰：「舊讀作攢。」升菴取「戠」。

涇𦵔，即淫朋。洪範「無有淫朋」，石經作「涇𦵔」，見周應賓刻本。故書多作𠊳，如邦𠊳類是也。

平章，一作便章、辯章。平秩，一作苹秩、平豑、便程、辯秩。今文尚書「辯章」，史記作「便章」。馬融作「苹秩」，説文「平豑」，史記「便程」，漢書及尚書大傳作「辯秩」。

有截，即有蠽。勱相，即邁相。洮沫，即洮𩠐。庶訦，即庶獄。貿遷，即楙遷。審核，即審覈。伯厚載漢儒引書之異，姑載數端。

勖簡，即楙簡。「予其楙簡相爾」，石經作「勖簡」，周本刻作「勖」。説文引「勖哉夫子」，乃誤記爲楙字，曰從力、冒聲。下云許玉切，則附會勖音。或勖即古楙字，而漢儒讀束者。

『以勖寡人』，禮記作『以畜寡人』，注：『是魯詩，故有束音。』

勖建，即楙建。乃㓜乃憲既延，即乃逸乃諺既誕。毋兄，即無皇。鮮光，即耿光。此蔡邕石經殘碑字。

懲忿，一作徵忿、證忿。窒欲，一作恎浴、懫欲、瘠欲、窒欲。鄭劉易本作懫，孟作恎，陸作瘠，蜀本懲作證，陸懲作徵。

拖紳，或作紽紳、拕紳、扡紳。考異曰：『加朝服拖紳，説文作「紽」，龔勝傳作「拕」，正韻作「扡」。』

三嗅，或作三戞、三臭。『三嗅而作』，石經作『戞』，云：『鳴也。』爾雅作『臭』，云：『舒兩翼也。』智按：爾雅無此文，或云『三噫』之訛。韓愈作嗚。

扶尹、浮筠、膚筊，即孚尹。古文禮記作『膚筊旁達』，或作『扶尹』，鄭注孚尹作『浮筠』，采色。

嚚庸，即嚚訟。　尚書『嚚訟可乎』，馬融本作『嚚庸』，古訟、頌皆音容，故庸與訟通聲。

藳飫，即犒飫。　尚書有藳飫篇。升菴謂藳即犒，並以周官槀人爲犒，姑存疑。

字微，即孳尾。　轉注略：『史夏紀引「鳥獸字微」，即孳尾。』尾生即微生，可證古音。

掌這，即掌訝。　周禮『掌訝』，古本作『掌這』，後人用這爲遮，去聲。故恕先譏之。今人下筆既不遠鄙，避這寫者寫遮，亦不必也。

鞠凶，即吉凶。　劉向引詩『日月鞠凶』，古吉音鵠，故與鞠近。

秏斁，即秏斁。　秏射，即秏殬。　石經『秏斁下上』，繁露作『秏射』，説文『秏殬』。

執僥，即執競。周禮注引詩『執僥』，僥又爲僵，荀子曰『可吹而僥也』。

端頣，即朵頣。伯厚曰：『集韻引易「觀我端頣」，京房作「瑞頣」者，訛。』

滂池，即滂沱。史記引『俾滂池矣』，説文引『滮沱北流』，可以互證。

竹䪁，即竹秘。周禮注作『竹䪁』，儀禮注作『竹秘』。

謚我，即溢我。廣韻引『誐以謚我』，古假音我，或音古。

載發，即載旆。荀子引作『載發』，説文引作『載坺』，以旆叶撥也。

小疋、宵雅，即小雅。禮記作『宵雅』，申培詩作『小疋』『大疋』。

朋淫，作堋淫。朋來，作崩來。京氏易：『崩來无咎。』自上下者爲崩。書『朋淫于家』，漢儒引作『堋淫』。

踼之水，即揚之水。 菉衣，即緑衣。 蠓斯，即螽斯。 見詩傳。 相傳子貢所述。

儀鼴，即宜鼴。 曣晛，即見晛。 釋文引『如食儀鼴』『曣晛聿消』。

渥赭、渥沰。 釋文引詩『顔如渥沰』，韓詩外傳作『渥赭』，此借義矣。

靡腜，即靡膴。 釋文引詩『民雖靡腜』，猶言無幾何也。

祠兵，即治兵。 左傳莊八年『治兵』，公作『祠兵』，古治平聲近祠。

官女、宦女，即貫女。 詩考補遺引『三歲官女』，石經『三歲宦女』，借聲讀慣。

叶用，即協用。 漢書五行志：向言洪範曰：『叶用五紀。』説文劦部：『協，古文作叶，从日十，或作叶。』又與汁通，周禮注『黑帝汁光紀』，文選西京賦『五緯相汁』，皆叶字。蓍勳即謨訓。尹吉，即尹告。他如考異：石經『鎖鎖婣婭』，周禮婣即姻字。五經文字：詩『秉心無倞』，即無競。董氏及韓詩引『古之人無擇』，即無斁。楚辭章句引『肆筵設机』，即設席。韓詩釋文作『綠薄』，文選注作『綠蓐』，即綠竹。周禮注及集韻引『其鎛斯捆』，即斯趙。子夏傳盱豫作『紆豫』，京作汙，姚作旴。薛君章句、列女傳引詩『如燬』作『如焜』。尚書考異『大誥』即大誥。鄭氏說『涉級』即『拾級』。儒行徐作『隕獲』，即隕穫。漢書引『栞木』即刊木。『天畏棐忱』，馬本作『匪諶』。釋文『誰之永號』，作『咏號』。『用乂讎斂』，馬作『稠斂』。『沈潛剛克』，左傳作『沈漸』。陸釋文蘊隆作『熅隆』。韓詩『輖飢』即調飢。漢書『鬺之』，即觴之。顏注曰：『鬺，烹也。』儀禮疏引詩『輙涉』即跋涉。釋文引詩『二矛重鷮』，即重喬。石經『子袗』即子衿。孟子趙注引『七月鳴鵙』，即鳴鵙。漢書『小卞』，即小弁，音盤。釋文引『烝在蓼薪』，即栗薪。左傳『鬷假』，即奏假。子夏易傳『抍馬』，即拯馬。白虎通引『韎韐有赩』，即有奭。王肅：『告公用圭』，作『桓圭』。鄭氏注易：『桴多』，即裒多；『算德』即撰德。廣韻引詩『勿剪勿扒』，釋文、韓詩『勿剗勿伐』。申培詩說『窺臺』，即新臺。左『大青』，公羊作『省』。左『渝平』，公羊作『輸平』。如此類者，不可勝紀。愚者曰：說文所引經、傳異文，前已舉之。曩者嘗列十三經之異同，以便參證。今失其本，書少難編，略舉大概而已。此類皆古人各書所傳，可以徵當日之音，其中沿失，原自不少，學者因此旁考可也。

𠬧會，即要會。𠂈始，即終始。漢志作『𠀤』，即𠬧之訛也，韓氏收𠂈於亞部作𠀤，尤可笑矣。他如：『𡕒𠂻』即得失。『排㨾』即排斥。『𤕰𥁕』即乖戾。『㔭攜』即提攜。『𢜔愁』即憂愁。『惠㤅』即惠愛。『衕䢖』即率由。『𣏌𢿂』即散亂。『寀眎』即審視。『𠣾旋』即周旋。『𡬶咨』即疇咨。『鬾魋』即鬼神。『叚借』即假借。『𡬶咨』即疇咨。『分𠔁』即分別。『偁謂』即稱謂。『㷉細』即微細〔一五〕。『中𨽎』即中逵。『甄匋』即甄陶。『戚𢽊』即勇敢。『褢裒』即懷抱。『辻從』即徒從。『退徃』即徂往。『饔飧』即饔飧。『㪟敀』即敷施〔一六〕。『迻予』即移予。以說文之字，爲此等之語，不能悉載，舉此見端。其許氏自連語，則猶可引耳，別見條論。如升菴所引說文『䙆禱』『䙆禧』，今無此字。如所引『鍵𩰦』，乃合說文之字耳，則不勝合也。即此二字，餰𩱛、飦粥、䰞鬻皆可。吾故曰：若此類，不必用也。又如集韻『祉霸』，即徵羽。李商隱字略『照𪆁』，即照曜。鼎韻『飛𩙪』，即飛揚。裴光遠集綴『牲𢙣』，即性情。復古編集說文『𠣾帀』，即周匝；『𩃬𩂿』，即廉纖。王仲宣詩『莊馗』，即莊逵。周禮注『玄𩕗』，即玄纁。字林『𩔠囩』，即流蘇。奇字略『斑彰』，即斑闌。周成難字『緧輿』，即秋千。六書統『表喦』，即表著。六書故『訁言』，即訛言。廣川書跋『堌匌』，即古冢。此皆撮合字書之字而編之者，好奇者勿貪此爲陸離。魏華甫、熊與可以篆寓隸體，智謂圖書、碑署可也，名諱欲免雷同可也。

鉤章棘句，所謂生割聱牙者也。唐人組織，初汩没于綺藻，若修武者，殆放古隸之通，體召陵之訓，而陶鑄采獲者乎？紹述已險澀矣，然以並銑溪、虬户，所勝多多。宋景文規橅修武，識者猶或少之。用古人足矣，則今日而造者，誠所不必也。如退之文，苗薅髮櫛，韓弘碑：『苗薅而髮櫛之幾盡，不一揃刈，不足令震駥。』目擩耳染，房啓銘：『日擩耳染，不學以能。』劌目訹心，刃迎縷解，鉤章棘句，間見層出，貞曜銘。曹誅五畀，曹成王碑：『大選江州，羣能著職。王親教之，搏力句卒，嬴越之法，曹誅五畀。』著職，各任其職也。嬴越謂秦與句踐也。曹，朋曹也，有罪連坐。五謂什伍也，有獲則分畀之。此篇退之造字可謂奇琢。變索，倣子長之『能索』，索盡也。温公采之。噎喑。張徹墓銘曰：『世顧慕以行，子揭揭也。噎喑以爲生，子獨割也。我銘以貞之，不肖者之呾也。』噎喑二字，古無合者。言人喑噁，以聲音笑貌度日。呾音獺，相呵也。呾嗟，語不止也。莊子『嗒然』，同聲。蓋失聲而唾之意。他如喁噞，水急則魚噞，韓用喁噞。瘢疕，女黠切。韓詩：視傷悼瘢疕。婠妠，女刮切。小兒肥貌。韓用『巴豔收婠妠』。窋窡，張滑切。穴中見也。韓用『闖竇楔窋窡。』此類甚多，皆對廣韻鈔撮，而又顛倒用之，故意聱牙。鹿門以爲生割，甚爲退之不取也。若樊宗師絳守園池記『陴緬孤顛，句。跒倔，玄武踞句。』，『穹鞠覷蝨句。』，『巽隅閒。句。黄原玦天句。』，『墆援蹴墉句。』，險而不妥。袁淑謂王景元訴屈，豈相遠哉！黄長睿言段柯古靖居寺碑雖不似樊紹述之甚，亦軋軋難句矣。新唐書幸不至是，然亦好造，其有本者，亦自雅也。漢如亭伯用『紛纜』，公理用『鶱短』，仲任用『瀧漉』，孔才用『皭醴』，已讓西京人，況六朝以後乎？但深心于經、傳、史、漢，自能辨之。如元澹傳：『鈔掇整次，芟礱穴脞。』李淳風『詆摭』。張蘊古『上箴挺切』。陸贄『蹈竅』。王伾『蓬陋』。顔師古『踵領』。歐陽詢『寢侻』。啖助『甘足疏糗，縫綻屬綴，摭訕三家春秋，憑私臆決』。孫平子『爲博士所合軋，見迮于禮官』。房琯傳『箝索戎情』。儒學傳：『鉏纇要荒，風纚露沐，鋭情經術。秀艾負素，熠然勃興，踵堂八千餘人，紆侈袂、曳方履，誾誾秩秩。帝又讎正繆缺，稡爲義疏。玄宗博彙羣書，禄山之禍，一爲炎埃，官幐私楮，喪脱幾盡。』文藝傳：『唐初絺句繪章，揣合低卬。玄宗時稍厭雕瑑。大曆、正元輩出，擩嚌道眞，涵泳聖涯。韓愈倡之，宗元、翺、湜和之，排逐百家，抵轢晉魏，上軋漢周矣。』必簡傳後曰：『恃華者質反，好麗者壯違，人得一槩，皆自名所長。至甫渾涵汪洋，千彙萬狀，他人不足，甫乃厭餘，殘膏賸馥，沾丐後人。愈推曰「光焰萬丈長」，豈不信哉！』亦是題跋小品。石塘曰：『後來以朴近幽折爲趣，較若勝之，至其末流，趨於亡俚。蘇黄小品，皆具胸中藴藉深厚，偶爾流衍。無其學問，而欲倉卒效尤，自謂能創，非餖飣，則鬼彪耳。」

嗟咨，一作齎咨、鎈資。易『齎咨』，與嗟咨同。太玄樂首『哭泣之鎈資』，即嗟咨。

酬酢，一作醻醋、讐柞、詶昨。説文作『醻醋』。戰國策：『著之盤盂，屬之讐柞。』周禮注作『詶昨』。説文以酢爲今之醋，醋爲酬酢，蓋酢從作，作有做音，做有助音，故祚從之。

旗翼，與期頤通。『百年曰期頤』，荀子：『壽于旗翼。』

校記

〔一〕梟　原誤作『梟』，據刊誤補遺改。

〔二〕『猶今』至『有此耶』　原脱，據刊誤補遺補。

〔三〕陳姚察　即陳書姚察傳之省。書中此類省字甚多，不一一出校。

〔四〕譯　史記作『夷』。

〔五〕飾　原誤作『飭』，據刊誤補遺改。

〔六〕學　原脱，據刊誤補遺補。

〔七〕小注原無，據刊誤補遺補。

〔八〕趙世家　據引文，當作史記魏世家。

〔九〕自　原作『自』，據刊誤補遺改。

〔一〇〕晵　原作『晵』，據刊誤補遺改。

〔一一〕鍐　原作『鍐』，據刊誤補遺改。

〔一二〕桐柏廟碑　冒校：當作楚相碑，是。

〔一三〕繹　原誤作『譯』，據刊誤補遺改。

〔一四〕劉昭　原誤作『馬昭』，據後漢書及下引文改。

〔一五〕敯　原作『敯』，據刊誤補遺改。

〔一六〕敷　原作『敷』，據刊誤補遺改。

通雅卷之九

釋詁 重言

升菴駢字，其孫鳳亭較刻之。蘇石水韻輯與方穀城問奇廣，取其同聲而鈔之，未有所發明是正也。古人多通，而疊聲形容尤通，此其重言之原原乎？觀其流轉，一通古今，莫易簡乎此矣。摘古貪奇，未免踳駁，漢以來即有誤者，姑聽之矣，後人可復誤乎？如孫愐『穲穲』，伯厚『穛穛』，或屬別本，而陳氏又作『穛穛』；直翁以『秩秩』爲『秋秋』，韓氏集韻以『駃駃』爲『駿駿』，太平御覽之『簡簡』，陰復春之『恒恒』，皆列子之『滴滴』即『滂滂』，考異之『庾庾』即『瘐瘐』也。升菴以『麦麦』『屡屡』爲『戻戻』，以『欸欸』爲『嘻嘻』，猶非誤引『燊燊鰾鰾』之比矣。弱侯引爾雅之『佛佛偟偟』，子謙引注疏之『赫赫葉葉』，或因刊誤，而好奇者專采輯之，故書之以俟後之考者。

繩，升菴字説載：『憴憴，戒也。説文引逸詩。』今按：説文無此字，而爾雅有『兢兢、憴憴，戒也』。邢昺曰：『抑篇「子孫繩繩」，小心戒慎也。憴〔一〕、繩，音義同。』智以惟繩能直，『繩其祖武』，正言戒慎而繩法之。關尹子曰『譝譝兮如將孩』，言其直朴也。管子宙合篇『繩繩乎慎其所先』，孫愐曰：『譝，稱舉也。憴同。』則憴、譝、繩相通，明矣。詩考引外傳，抑篇『子孫繩』作『承承』。

憴憴、譝譝、繩繩、承承相通。

詵詵、駪駪、騂騂、甡甡、莘莘、侁侁、觲觲、觪觪、觲觲、𢓨𢓨、骍骍、兟兟、兟兟。升菴引詩『詵詵』『駪駪』『甡甡』，引宋玉賦『縱縱莘莘』，引楚辭章句『往來侁侁』註：『詩「侁侁征夫」』，國語亦引『侁侁』，引説文『觲觲角弓』『燊燊征夫』。智按：説文焱部燊字，訓盛皃〔二〕，讀若詩曰『莘莘征夫』，但證其同音耳，升公竟以換『莘』字〔三〕，誤矣。説文木部有『𣡕』，訓『衆盛也』，劉後村有跋樂平吳燊書説，以盛爲名，敬甫讀『燊』如升。莘莘可改用燊燊，則亦可用𣡕𣡕矣。考異『詵詵兮』，引説文作『騂騂』；『騂騂角弓』，引説文作『弲弲』。人或議之。此見注疏釋文。按説文『弲，角弓也。洛陽名弩曰弲。』烏玄切。今公紹先韻，遺收此字。而所臻切。聲義俱同。觲字下，實引『觲觲角弓』。韻會作『觪』。湛若曰：『王柏言「騂騂，𢓨𢓨之訛」』。此因集韻或作侁、𢓨也。』孫愐又收𨐌、兟、兟，此等皆漢人用詩之『駪駪』而造者，或分篆倣複篆而爲之，許氏收入耳。以人衆盛用侁侁，艸木用莘莘，馬用騂騂，角用觲觲，字學家之分別也。今韻書駪在眞韻，觲在庚韻，依説文俱从羊，有何分音乎！朱子注『騂騂角弓』，亦息營反，因德明，德明因炎恫也。漢玄儒婁先生碑『有朋自遠，冕紳莘莘』，則正謂往來侁侁衆多之意。此以知注疏所引『駪駪』『辨辨』，必當時有別本説文。子厚晉問『師師兟兟』，則取孫恫韻。

古文尚書昧昧，通用昒昒、溦溦、梅梅、媒媒、每每，可上可去，平聲則腜腜，即嵒嵒也。『昒昒我思之』，今作『昧昧』。楚辭『日昧昧其將暮』，淮南曰『昧昧晽晽』，左傳『何没没也』，音昧。玉藻『視容梅梅』，音昧。莊子『媒媒晦晦』，音昧。唐韻收『每』于『昧』後，曰『數也』。今人稱『嵒嵒』，數數也。莊子胠篋篇『天下每每大亂』，此亦數數也。今作上聲，唐人作去聲。説文『每』从屮作『嵒』，則本音當先平聲，『原田嵒嵒』是也。智按：『原田每每，舍其舊而新是圖。』以每叶圖，當音模。詩『周原膴膴』，亦作『周原每每』，肥美也。左思魏都賦『腜腜坰野』，即每每也，注引『周原腜腜』。古人讀『無』與『模』音近，譯『曩模』爲『南無』，則以『膴膴』證之，非其驗乎？鄺氏曰：『每即畝字，每每猶畝畝也。』智按：史記『異母同穎』注：『母即畝字。』又作晦，則每爲畝可推矣。狀腴田之禾爲『每每』，猶樂府狀『蓮葉何田田』也。又按：『没没』如字，亦自有義，猶淹淹、泯泯也。戴氏作『漫漫』。楚望曰『昧昧我思之』，猶耿耿也。説文夰部臩，引周書『伯臩』。『亞古文囧』，徐鉉不詳古囧，而但依孫氏居況切。戴氏作㷡，从火者近是。辛泉曰䆸，古囧字，囱牖開明也。䆸即亞，象牕櫺兩扇之形，故臩从之。子長『伯臩』即伯囧，杜佑疏云『伯景爲大僕』，是囧、臩古與景通可知也。然則晅晅乃亞亞之訛，慎之專以亞爲誑字，因孫氏之居況切。須知居況亦囧之轉聲，或古人曾一借用耳。唐書『毋㬠』，董衝音俱永切。則㬠爲㷡訛、晅爲亞訛明矣。魯炅，因㬠省作炅，而素問炅字無音，按：當讀熱。燮云：楚已有呼日如熱者矣。

扃扃，猶囧囧也。囧即炯，又與耿通。耿與景、熲、憬，古一字也。左傳『周道挺挺，我心扃扃』，叶上聲，注：『明察也。』退之詩『月吐窗囧囧』，即炯炯。炯炯即耿耿，小明也。漢碑作『耿耿』。

悠悠，通作遥遥、攸攸、繇繇、滺滺、浟浟、悠悠、㦢㦢，通作就就。説苑引雄雉之詩曰『遥遥我思』，則古人繇、猶兩通也。前敘傳：『攸攸外寓。』韋賢傳：『犬馬繇繇。』黄肅翁曰：『與悠悠同。』其指水者，引『淇水滺滺』，集韻『或作浟浟』。大招『弱水浟浟』，秦刻作汷。漢書引易『其欲浟浟』，則音滌矣。子夏易傳作『攸攸』，荀爽作『悠悠』，劉瓛作『跾跾』，蓋古讀由如丢，轉入爲笛也。此字通作悠。説文：『攸，行水也。』爾雅注引詩『攸攸我思』，漢碑作『慫慫』，則慫慫爲重文，後人所加耳。升菴又引『𩬊𩬊』爲悠悠，出石鼓文『旓旓𩬊𩬊』。智以爲是優優。又以管子『浩浩白水，儵儵之魚』，爲悠悠。智按：儵是倏，而莊子『儵魚』或音稠，其因此乎？或从攸从魚，有此音乎？説文有𢚧，故楚詞之『懮懮』當用𢚧𢚧。而加久之憂，則訓和行。優與優，蓋郭忠恕之所分也。吕下賢篇曰：『就就乎其不肯自是』，注：『就讀如由與之由』，今本或作『由與之與』。就从尤，轉平爲近，若『與』則遠矣。

洍洍、怡怡、召召、㚖㚖。　巸敦銘曰『巸其洍洍』，猶怡怡也，或曰即熙字。巸即頤字。吴越春秋采葛婦歌：『葛不連蔓，棻棻召召。』音怡。石鼓文『㥁㥁㚖㚖』，釋作『顯顯怡怡』，董逌作『㚖㚖』。

仍仍，猶𡚁𡚁也，意䏶也。　淮南精神訓：『窮鄙之社，叩盆拊瓴，擊建鼓，撞巨鐘，乃始仍仍然羞也。』子謙又收『仍』于支、魚二韻，而陾亦音仍，故詩借陾陾以狀築聲。𡚁乃耎字。按説文：『𢘆，意䏶也。』蓋以𢘆爲耎，而通用仍。長箋作『𡚁』。

㖡㖡，厭厭也。揭揭，偈偈也。愔愔，有懕懕、抑抑之聲義。淮南兵略訓曰：『因其怠亂凍暍，推其㖡㖡，擠其揭揭，此謂因勢。』㖡音諳，欲臥也。揭揭，欲拔也。㖡字諸韻書不收，蓋旌旗偃臥之意，當是㫃字加音耳。㫃音偃。揭揭，一作偈偈。莊子曰：『偈偈乎揭仁義。』毛萇曰：『偈偈，疾驅也。』漢書王吉解此詩曰：『揭揭者，是非古之車也。』韓詩引詩『愔愔夜飲』，列女傳引詩『愔愔良人』，則愔有懕音。而升菴乃以㖡爲愔，讀作祈招『愔愔』之音。智按：意音抑，愔亦音抑，轉爲平聲，入詩歌之調耳。以古人簪鐔淦黔之音考之，愔可讀懕，可讀諳，可讀音，可讀抑，無礙也。世說：『謝車騎見王文度，雖瀟洒相遇，共復愔愔竟夕。』此是悶坐淹抑之意。唐昭宗謂杜讓能曰：『朕不甘心爲孱懦之主，愔愔度日。』此二『愔愔』，豈當讀如祈招之『愔愔』乎？

録録，娽娽、碌碌、鹿鹿、陸陸、𨇤𨇤、琭琭、睩睩、黿黿、先先、坴坴、录录、逯逯。毛遂曰『公等録録』，廣韻引作『公等娽娽』。灌夫傳『帝在即録録』，注：『猶碌碌。』蕭曹贊注：『師古曰猶鹿鹿也，言在凡鹿中。』馬援傳『陸陸』，音義並同。淮南作『𨇤𨇤』。老子曰：『琭琭如玉。』馮衍用作『碌碌如玉』。又詩訓『歷録』，言歷歷録録也。王逸九思曰『哀世兮睩睩』，言視皃碌碌也。升菴引説文：『兂，詹諸也。』又博雅：『逯逯，衆也。』智按：説文作『兂黿，詹諸也。其鳴詹諸，其皮黿黿，其行兂兂』。又坴字，訓『土塊坴坴地。一曰坴梁』。录字，訓『刻木录录也』。逯字，訓『行謹逯逯也』。升菴何止曰逯逯出博雅，而不言説文，又不載説文之坴坴录录邪？此類借聲，不必論字，然與其用顓頊之妻婦，老子之琭玉，與鹿豕之鹿，固不若取説文之坴坴录录，爲字聲之本。庸庸碌碌，古亦用容容。左雄傳：『白璧不可爲，容容多後福。』猶庸庸也。寓諸庸，則容于世矣。若楚辭『雲容容兮而在下』，郊祀歌『旍容容，騎沓沓』，則與融融近，狀其紛沓耳。師古注外戚傳『傛傛』：『猶言奕奕也。』

梫梫、翛翛、颼颼、蕭蕭、颾颾、翏翏、飅飅，俱可蕭修二韻叶之。梫梫，翛翛也，音颼颼。詩話補遺載甄后塘上行『樹木何梫梫』，晉書樂志作『梫梫』。古本楚辭『風颯颯兮木梫梫』，今本作蕭蕭，而亦叶音颼，一作『樓樓』。此詩亦作『蕭蕭』，或作『翛翛』。颼字，丁度作颾。博雅：『颾颾，風也。』亦用颾飅，亦用飅飅，莊子『翏翏』，李本作『飅飅』。飅亦作飀，廣韻又有『飀，風行聲』，即飀也。九歎曰『秋風瀏瀏以蕭蕭』，乃不用翏翏、飀飀，而借『瀏其清矣』之瀏，重之以狀風。此豈足以後人之繩墨責之乎？

訑訑、詍詍、施施、訑訑、蛇蛇、𩢾𩢾、遺遺、䴕䴕、暆暆、延延。　訑訑，自得皃，猶睍睍也。孟子作『詍詍』，又作『施施』。集韻作訑。禮韻讀降作訑施〔四〕。又『蛇蛇巧言』，沈約讀委委蛇蛇，皆音訑。石鼓詩『𩢾𩢾』，音宜，旗動也，即施字之古篆文。趙策曰『出遺遺之門』，注：『此門義取胡者，古今所遺。』正義曰：『無據而繆。』智按：方朔傳『遺蛇其迹』，蛇音移，謂委蛇也。管子曰：『遺遺乎若有從治。』此遺遺之門，亦謂其路逶蛇耳。釋文引詩『其魚遺遺』。説文言『其行䴕䴕也』，式支切，引詩『得此䴕䴕』。説文又云：『日行暆暆。』吴越春秋漁父歌『日昭昭乎浸以暆』，今作施。延延猶迆迆也。桓帝末童謡云：『白蓋小車何延延，河閒來合諧。』延延，行皃。智按：延當音夷，乃與諧叶，諧字漢以前亦多讀奚。更始時南陽謡曰：『諧不諧，在赤眉。』周澤語：『居世不諧，爲太常妻。』則延之爲夷，曉然矣。

沈沈、眈眈、煁煁，通作潭潭，轉作啿啿、湛湛、磹磹。　陳涉世家：『夥頤，涉之爲王沈沈者。』注：『沈音長舍切，言宫室之深廣也。』初不解此音，蓋古沈與湛通，湛有耽音故也，注者亦以鄉音注耳。宋避暑録話竟引此作『耽耽』。又煁煁音淡，水聲，即沈字也。丁度通作潭。韓詩外傳：『逢天之暑，思心潭潭。』又退之詩『潭潭府中居』。鄒子樂青陽詩：『羣生啿啿，惟春之祺。』啿音徒感反。漢志注：『即湛湛。』亦徒感反。相如傳『紛湛湛其差錯兮』，湛湛音髧。實爲水名，荆州之浸，潁湛是也。束皙補亡詩『黮黮重雲』，亦徒感反。亦作霮䨴，蓋靎霸之雲狀也。毛晃曰：『嵁嵁，豐厚皃。』莊子『太甘而嘾』，亦徒感反，含深也，亦與嵁通。又碪碪，厚皃。

亹亹，本作斖斖，亦作娓娓。斖斖，勉也。易詩作『亹亹』，鄭注：『没没也。』禮記：『君子達亹亹焉。』楚辭：『時亹亹而過中。』漢書王莽傳：『斖斖翼翼。』郤正釋譏『粲乎斖斖』。通作娓娓。毛晃曰：『不倦也。』徐鉉曰：『字書所無，不知所从。當作娓。』崔靈恩集注作『娓娓文王』。六書索隱曰：『𡕗古文眉，三代鼎彝眉壽字，多作此形。後轉爲亹亹字，易繫辭傳、詩大雅皆有之。』説文偶遺此字，而徐鉉輩遂以娓代亹，誤矣。升菴獨未見漢書與蜀志之斖斖乎？从文以别之，説文補亦載斖字。蓋改古文从今文之後，惟史漢尚存古字，最可信也。

惓惓，通作卷卷、拳拳、捲捲。卷卷，猶拳拳也。讓王篇曰：『捲捲乎后之爲人，葆力之士也。』捲音權，今通用惓惓。宋邦乂刻吕覽，作『惓惓』。

襴襴襀襀，或即洄洄潰潰，又作聵聵憒憒。　說文引爾雅『襴襴襀襀』，徐云：『爾雅今無此文。』說文無襀字。世俗自唐有圈襀語，猶言文皃籠絡中也。說文又有『洄，泝洄也』；又有『瀾，濁也』；又有『潰，漏也』。湛若言用洄洄潰潰，正當用襴襴襀襀，則以爲洄潰之重文。說文：聵，耳不聰。潰潰也。别作聵。班固詩：『百男何憒憒。』三國志楊敏毁蔣琬『憒憒』。南史蕭恪傳曰：『主人憒憒不如客。』王導曰：『後人當思我憒憒。』

蕄蕄，即萌萌，通作瞢瞢、夢夢、儚儚、貿貿。　孫愐引爾雅『存存、蕄蕄』，則所見異本或古文也。詩『視天夢夢』，音蒙蒙，正當作瞢瞢。檀弓『貿貿然來』，高誘注吕覽引作『瞢瞢然來』。爾雅又有『儚儚』，亦平聲。古萌亦通東韻，非如今在蒸韻也。瞢轉爲貿，猶無轉爲没，没轉爲毛也。故蒙蒙、氄氄皆通。見後。

茇茇，當是芆芆，通作紼紼、弗弗。　凡夫曰：班婕妤擣素賦『芆芆移妍』，誤作『笑笑』。則升菴所引古文苑，誤矣。九辨曰『左朱雀之芆芆兮』，注：與紼紼同，狀其綏綏茸茸也。古詩紀載筆銘曰：『毫毛茇茇，陷水可脱，陷文不活。』茇音房月反，當是芆芆。按：見太平御覽。其戊加艸作茂，或借茂轉音末邪。管子曰『美哉弗弗』，則與紼紼同，言興起皃。至墨子弗弗字則不。墨子曰：『君必有弗弗之臣，上必有詻詻之下。』言匡拂之臣，獻可替否。古動言唯唯否否，弗弗正否否之意。若詩『飄風弗弗』，則狀風聲，今作颵颵、颰颰別之。

儃儃、墠墠、坦坦。莊子『儃儃然不趨』，荀子『墠墠非變也』，與易『坦坦』同。

首首，猶言頯頯也。鬻子曰：『其道首首然』，言首在上，昂昂示人，猶頯爲頄骨，常在面上，頯頯然也。公紹曰：説文引莊子『其顙頯頯』。智按：説文無此語，想是唐本、蜀本。今老子謂成績曰：而容崖然，而顙頯然。

恒恒，乃恇恇之譌也。梁鴻傳『嗟恒恒兮誰留』，注：『恐也，臼許切。又慢也。』古樂苑、古詩紀皆作『恇恇』，陰復春引作『恒恒』。唐韻竟無恒字，陰氏無恇字。説文：『恇，怯也。』即恇。記『衆不匡懼』，讀匡爲荒。

列子『滂滂』，乃滂滂之譌也，荀子作『汸汸』。荀子『汸汸如河海』，與滂通。升菴引列子：『美哉國乎，鬱乎芊芊，若何滴滴去此國而死乎？』音步郎切。智按：此非奇字，滂訛爲滴耳。

橋橋、佼佼、翹翹、蹻蹻，皆獢獢，喬起之聲意也。高允『獢獢風節』，文子『橋橋然』，即獢獢。俱喬起之聲意。劉盆子傳：『光武曰：「鐵中錚錚，庸中佼佼。」』鄺引『翹翹』『蹻蹻』，皆言獢獢出羣。廣韻佼又與姣通，好也。趙世家：『齊之事王，宜爲上佼，而今乃抯罪。』佼，猶行也。蘇茂相引後漢書：『鐵中鏳鏳。』

覺覺，惷惷之轉也。憧憧，一作憃憃。説文引左傳『王室日惷惷焉』，原本作蠢蠢，與憧憧同音，陟降切。京房作『憃憃』。陸德明音丈家反。説文又有覩，丑龍切。凡夫直引禮記：『覩覩其何之。』荀子：『兕無相，何覩覩。』丑龙之音，蓋與惷惷同聲。易林『賀春』，即是惷意。

殷殷陳陳，猶隱隱展展也。孫愐引吕覽：『輷輷啟啟，莫不載悦。』今文作殷殷陳陳。升菴曰：陳音軫。吕覽曰：『舜爲天子，陳陳殷殷，莫不被澤。』按：今本作『丈夫女子，振振殷殷』。史蘇秦説魏王『輷輷殷殷』，殷音隱。郊祀歌『靈殷殷』是也。文選『隱隱展展』，展與軫通，故又用隱賑之家。而文選又用『振振輷輷』，讀爲闐闐。孔雀篇：『隱隱復訇訇。』智按：此音輷，當作輷，輷輷即填填字，故韻書亦音呂覽之軥軥爲輷輷。其寔古陳、田通音，而輷訛爲軥，猶輷訛爲輷也。啟即振字無疑。易林『轞轞慎慎』，一作『轞轞墳墳』，蓋即隱隱填填也。存證。

瑟瑟，通爲槭槭、颾颾，因爲槭槭，通作索索、橚橚。瑟瑟，本碧珠也。借爲風皃，亦用颾颾。樂天琵琶行『楓葉荻花秋瑟瑟』，正言其蕭索也。公紹引此句作『槭槭』，音色責切。丹鉛四録曰：『梁武帝詩「瑟居超七淨」，瑟與索同。蕭索字亦作蕭瑟，則索居亦得作瑟居矣。』蓋瑟索借用，字正作槭。古詩：『淚如霜後葉，槭槭下庭柯。』韋詩『古刀寒鋒青槭槭，少年結交平陵客』。劉禹錫詩『松風自蕭槭』，依戴氏則作摵，摵从手。紀事曰：『鄭愚大溈銘「雨槭槭，風淒淒」。』陶弘景記：『比者情志，何甚索索。』元結詩：『令橚橚以梴梴。』皆借聲狀之。揚都賦『橚樕』，即楸杉。因山海經之橚，以肅之平聲爲蕭，蕭、尤通聲也。韻輯嘯、簫、蕭，皆息六切，引蕭牆施於門内，故肅敬之處也。陸德明『條其歗矣』，作嘯，可知其聲矣。韻寶曰：『淮南子「至陰飂飂」，與肅肅同。』可與戹戹條互觀。

悤悤，譌爲忩忩、怱怱、匆匆，因有匆匆之説，匆匆猶怱怱也。説文作悤，本囪，即窻也。或作囱，借爲囱霝，囱遽。晉王彪之傳：『無故悤悤。』魏志華佗傳：『李成見佗被收，怱怱不忍從求。』吳志孫和傳：『無事忩忩。』吕覽曰：『怱怱乎其心之堅固也。』注：『明皃。』則與聰明同。此古用怱怱之始，非囱遽之義也。顔之推曰：『説文：「勿勿，州里所建之旗也，所以趣民事。」故怱遽稱爲勿勿。』智按：此乃附會穿鑿，草書常有匆匆，乃悤字訛爲怱，而行草省作匆耳，何必强定勿勿乎？匆匆蓋怱怱之殘缺，記曰『怱怱乎其欲饗之也』，注：『猶勉勉也。』按義亦非勉，蓋恍惚也。關喜一字篇曰：『勿勿乎似而非也。』此明證矣。朱鬱儀曰：『檀弓「喪事欲其總總爾」，當是勿勿爾，訛爲總。』姚秦時有天水太守王松忽，不知取名何義。

從從，從從也。稯稯，總總也。因悤悤而轉也。華爗爗章曰『般從從』，音才公反，言騎從沓沓也。揚雄賦『風從從』，注：『又音竦。』陸孫收入腫韻，走皃。又用總總撙撙，皆衆皃。禮記『喪事欲其總總爾』，注：『讀作悤。』楚辭用『紛總總』，正謂其茸亂也。九辨『後輜乘之從從』，即從從也。皆以悤遽之義，即生茸亂之意，其平聲、上聲，則各隨方言轉耳。莊子：『孔子之楚，舍于蟻丘之漿，其鄰有夫妻臣妾登極者。子路曰：「是稯稯何爲者邪？」』注：

『極，屋棟也。』稯稯猶總總，言其髮蓬蓬也。左傳『余髮如此種種』，正是稯稯之意。升菴引汲冢周書『殷政總總若風草』，又作緫。兩存之。若言其亂，當是總總。

僔僔、譐譐、噂噂、蹲蹲、撙撙、壿壿、尊尊，皆樽樽之聲也。南都賦『森尊尊而刺天』，言其蔚多也。子雲賦『總總撙撙』，亦言衆多。皆上聲，音義正同。博雅：『僔僔，衆也。』亦作譐譐。易林『噂噂慑慑』，說文引『壿壿舞我』，俱是衆沓之意。說文壿从士，乃許氏特造之說，自監本爾雅以及王氏詩考、陳氏九經考異，皆作『壿壿』，从土。唐宋人有用壿壿者，細推壿亦撙之訛，从土無謂，況从士乎？

踁踁、礊礊、誙誙、脛脛、硻硻、硱硱、礥礥，猶硜硜也。晉范弘之傳『雖有踁踁之稱』，公紹以爲即硜字〔五〕。韓退之曰：『焉能守礊礊。』李頤曰：『誙誙，趣死皃。』增韻引莊子：『誙誙如也。』漢書楊惲傳：『脛脛者未必全。』亦言硜硜之狀。若曰脛去聲，則踁亦在徑韻，皆爲足骭，此借其聲，故知通也。趙岐孟子注引『悻悻然小人哉』，則聲訛耳。王昭明作硻硻。元次山文『怪石臨淵，硱硱自顛』，蓋硜硜也。集韻誤以硱爲硯字。升菴引作綺兢切，讀爲瑩字，此與怪石自顛不合。唐代文人多以意造字，硱硱爲硜硜，亦猶蟲聲之薨薨，改爲蘙蘙、翃翃，以石聲則爲砉砉，鼓之咽咽則爲鞳鞳，一類也。履按：太玄『礥礥』，即硜硜。

耾耾，猶薨薨，輷輷也。法言問道篇：『非雷非霆，隱隱耾耾。』乃大聲也。隱隱即殷殷，喻雷也。今字書乃云：耾，聾也。拘于耳字傍矣。實皆與薨薨、輷輷，皆以聲取字。砉砉、硡硡、硡硡，皆轟轟也。淵明後記：陳斐伯裘跳踉，訇訇作聲。

磕磕，即礚礚。相如賦『浪浪磕磕』，王褒九懷『東注兮磕磕』。

沸沸湯湯，猶涫涫也；涫涫，猶滚滚也；滚滚，即混混、渾渾也。西山經：『崒山丹水，注于稷澤，其源沸沸湯湯。』蓋言滚沸之聲狀也。今詩書注『湯湯』，皆音商，故唐韻、韻會以湯湯爲尸羊切。其寔當讀他郎切。又曰渾渾泡泡。莊子〔六〕：『涫涫紛紛，孰知其形。』龜策傳『腸如涫湯』，音沽灌切，沸也。此聲因滚字來，通用衮。孟子『原泉混混』，音衮。世説：『裴僕射談名理，混混有雅致。』揚子：『虞夏之書，渾渾噩噩。』荀子：『財貨渾渾。』史記上林賦『汩乎渾流』，漢書作『混流』。子美『不盡長江滚滚來』，即混混也。韻書平聲收渾不收混，蓋不知原是一字。郭璞詩『巨海混混』，與昆叶。灪即沸字。崒音密。

潨潨，猶淙淙也。子美太清宮賦『中潨潨以迴復』，此字前無人用，當因淙而重之，以狀水聲。盧鴻終南有雲錦淙，陳秋濤園在石淙。

粼粼，一作磷磷、潾潾。『白石粼粼』，陸德明作磷磷。説文：水生石閒粼粼也。韓氏韻作『潾潾』。又金潾，交趾地名，見張籍詩。

淈淈，猶汩汩也。上林賦『潏潏淈淈』，音骨。淮南子『混混汩汩』，亦音骨，其義亦同。蓋汨羅之汨，从日，音密。汩亂之汩，从曰，説文有㴬，有𡿪，皆重文也。魏子才取𡿪下之巛爲海字。

淠淠，猶汗汗也。上林賦『澔澔淠淠』。左思賦『彪彪淠淠』。江賦『汗汗沺沺』。駢字説引作海賦『汗汗洄洄』，誤矣。汗汁爲淠淠，猶彪彪作滮滮也。

沺沺，本于田田。廣韻：『沺沺，水廣皃。』郭璞江賦用之。古樂苑『江南可采蓮，蓮葉何田田』，正狀蓮葉耳。柯古與夢復聯句：『暾暾田田。』

簇簇，一作族族、鏃鏃、笑笑、叢叢。說文：『束之族族也。』石鼓文『鯸之鏃鏃』，又『彤矢笑笑』。注釋作簇。六書故以众爲族，而族專爲箭鏃之鏃，以閦才六切，从众得聲也。尚書大傳：『八風循道，卿雲叢叢。』注：『叢，一作族。』蓋叢之入聲即族。轉注略：『南史「掞叢雲之奧詞」，叢雲即族雲。』

唐唐臧臧，猶堂堂藏藏也。嚴君平文始經曰：『胡然唐唐爾，胡然臧臧爾。』楊氏又引『論唐唐，含冥冥』。今人語或云『昂昂藏藏』。

漫漫，縵縵、漫漫、曼曼。大傳：『冬伯之樂，舞齊落，歌曰縵縵。』卿雲歌『糺縵縵兮』。石鼓詩『魯之漫漫』，鄭音漫，即漫漫也。縵，莫半切，本無文之繒，借爲雙聲。雜樂爲縵樂，則音平聲。楚辭『長夜之曼曼』，亦漫漫也。今孫愐寒韻，皆遺此音。糺即糾，人或誤呼爲札。

豚豚，沌沌也。與暾暾、屯屯、焞焞、敦敦、推推，皆相通轉。管宙合篇曰〔七〕：『豚豚乎莫得其門。』玉藻：『圈豚，行不舉足。』注：『豚之言循，謂徐趨之法，曳轉循地而行也。』遯从豚，古亦借用。詩『寧俾我遯』，與聞叶，是也。圈豚之豚，注亦上聲。圈亦作圏，鄧析子曰：『獵熊虎者，不入外圏。』

啍啍，猶屯屯之聲也。廣韻引『大車啍啍』，説文作㖧㖧。焞焞、嘽嘽，則音堆。以聲則當从口，蓋敦本有堆音也。莊子『啍啍已亂矣』，注：『啍與諄同。』故廣韻以啍啍別之，解曰：『重遲也，他昆切。』智謂言其聲，非重遲也。吕覽注：『䡅，如車笔之笔。』笔即與啍啍同聲。

敦敦，推而不移之皃也。推推，猶堆堆也。敦音堆，詩『敦彼獨宿』，朱氏曰：『獨宿，不移皃。』諺云：敦敦不動。又『王事敦我』，注：『投擲也。』説文：『敦，怒也，詆也。一曰誰何也。』以都來之音想之，今人亦有此口語。素問『推推』，亦讀都來切。劉歆廟議引『嘽嘽推推』，可知其音。

霸霸、蓊蓊，本作翁翁，滃勃而起也。黄憲外史曰：『晉儒之名翁翁焉。』周禮注：『成而翁翁然，濃皃。」集韻：「霧霧，雲起皃。」方子謙載：「翁翁，葱白也。上聲。」章黼曰：「可平。」

廱廱，雝雝也。詩：「雝雝鳴雁。」楚辭：「雁廱廱而南遊。」郭璞引詩作「肅雍和鳴」。晉書：「闔門邕穆。」古作邕，壅水也；轉爲平聲，和也，通爲和鳴之聲。爾雅前云：「廱廱優優，和也。」後又云：「噰噰喈喈，民協服也。」則和鳴从噰，雝爲鳥名。廱爲辟廱。古人本分之，而仍通用。

穆穆，參參、森森、嵾嵾。南史王子年歌「三禾穆穆林茂滋」，即森森也。義熙謠：蘆橙橙。此兩疊字極古，升菴皆未引入，止以罙罙爲森森。按：罙當是深，而李士龍、張位皆音森者，本抄松江音耳。李鼎祚周易集解：晉有罙束，音森。思玄賦：「長余佩之參參。」水經注：「遠望嵾嵾，若攢圖之屹霄。」

飄飄，通作漂漂、縹縹、剽剽。賈誼賦「鳳漂漂其高逝」，揚雄河東賦作「縹縹凌雲」。古人通用，後乃分羽飛爲翲翲，長組爲彯彯，風爲飄飄。三都賦「清塵彯彯」，五臣作「剽剽」。

嗸嗸，通用謷謷、敖敖、熬熬、囂囂。食貨志：『天下謷謷。』荀子：『天下敖敖然，若燒若焦。』詩考版篇一作『敖敖』。陳湯傳：『熬熬苦之。』董仲舒傳『囂囂若不足』，注：『與嗸同。』郭忠恕曰：『䫏，牛刀切，喧也。囂，虚嬌切，聲也。』此乃字家强分，請問喧非聲乎？通志專作囂，囂本从頁，氣從頭出。今作囂，从貢，非。同文分㗊即㖀，音曉，囂音澆。

覢覢，睒睒、烎烎、閃閃。楚辭『皇烎烎』，謂光在上也。蒼頡篇：『覢覢，視皃。』亦作『睒』。韓詩：『殘月暉暉，太白睒睒。』注：『閃同。』王邵曰：『忽雷矆睒，今謂電也。』吴志『丁厷掞張』，亦當音閃。杜詩『閃閃浪花翻』。郝公既以睒睒爲閃字，又謂睒睒爲焰字，得毋遷就乎？然古亦有兩借者。

比比，猶即即也。毛晃曰：『比比猶總總，比音悠，次也。』房中歌：『磑磑即即，師象山則。』注：『即即，充實也。』郝氏以磑即爲堆積字。智謂比比，猶櫛比之比。即即，與稸稸、秩秩、翼翼、儗儗同意。退之用陛陛，亦猶比比，言衆多而層次也。其用籍籍，狼籍也。莊子『脊脊大亂』，注『猶籍籍也』。

乙乙，思欲出而屈鬱也，通作軋軋。士衡文賦『思乙乙其不抽』，注：『乙音軋。』李善本竟作軋軋。元結補樂章敘曰：『乙乙冥冥，有純古之聲。』乙，億姞切。燕乙作乙，其形舉首下曲，厄憂切。隸文既通爲乙，而音亦同矣。軋，乙黠切。律書：乙者，軋軋也。蓋古皆轉假，後因分之。甲乙，魚腸乙，玄鳥乙。子才分三形，臆也。子美南郊賦：『頓層成之軋軋〔八〕，軼萬户之熒熒。』伯思曰：『軋軋難句。』紀事載齊己詩『金梭劄劄文離離』，即用『札札弄機杼』。札札聲義，亦從軋軋來。

屑屑，切切也；契契，猶屑屑也；切切又與漆漆、竊竊通。崔駰達旨曰：『吾亦病子屑屑而不已也。』說文：『屑，動作切切也。』今作屑。智别有論。方言：『屑屑，不安也。』王良曰：『何其往來屑屑不憚也。』屑屑、偲偲，則爲呻吟之聲。祭義『濟濟漆漆』，鄭氏讀如『切切』。莊子用『竊竊』。

爚爚，猶爍爍、灼灼也。文選西都賦：『震震爚爚。』搜神記：『異兒眼爚爚。』集韻或作爍，亦作爚。摯虞思遊賦：『要華電之煜爚。』漢成許后傳：『咎敗灼灼若此。』古詩亦用『灼灼』，蓋即熠熠、爗爗之轉。右軍帖嘗用『恆灼灼』。

落落，猶硌硌也。馮敬通曰：『硌硌如玉。』韻略曰：『硌硌，石堅不相入皃。』耿弇傳：『落落難合。』則落落，正从硌硌起義，即磊磊落落，亦狀石，而因以狀人之魁儡也。山海經：『其清洛洛。』杜預贊：『落落乎其有𠘧飆者也。』說文：『詻詻，孔子容也。』玉藻：『言容詻詻。』墨子：『上必有詻詻之下。』五陌切。智謂詻从落，加言者也。當音落。升菴言老子『珞珞如玉』，與歷歷同，言其少也。按：今本作『本欲琭琭如玉，落落如石』，古本作『珞珞如石』，馮衍引作『碌碌如玉』。無讀歷歷者。詻又與噩通，見後。

鞅鞅，本爲怏怏。韓信『居常鞅鞅』。亞夫『鞅鞅，非少主臣』。石顯傳『塞其怏怏』。

曣曣，猶晏晏也；晏晏，猶安安也。後漢陳寵傳：『數詔羣僚，弘崇晏晏。』注引尚書考靈曜曰：『堯聰明，文塞晏晏。』即書之『安安』也。博雅：『曣曣，温温也。』因爾雅有『晏晏、温温』，史記有『曣嗢』字，揚雄傳作『晏温』，故博雅作『曣』字。說文以侒字爲晏，而又有晏字，引詩『以晏父母』。

逢逢，猶蓬蓬也。龜筴傳：「夏后開鑄鼎于昆吾，使翁難乙灼白若之龜，繇曰：逢逢白雲。」〔九〕淮南敘録引淮南謡：「一斗粟，飽蓬蓬。」又逢逢，鼓聲，别見。

𧍘𧍘、趌趌，氣動也。悚悚，即慄慄。唐：「揚齊莊自突厥逃回，與閻知微同誅，气殜殜未死，心趌趌然躍不止。」趌，起逸反，今韻會不載此字。老子：「聖人慄慄爲天下渾其心。」東都賦「悚悚黔首」，即慄慄也。

貌貌，亦作邈邈，古用藐藐。詩「藐藐昊天」，又曰「既成藐藐」，皆芒角切。與邈通。蓋邈字爲新附，古通用藐字。藐从貌，貌亦有「芒角」之音。韓文用「貌貌」，楚辭「神高馳之邈邈」，韻叶樂字。

彤彤，即融融也。張衡思玄賦「展洩洩以彤彤」，廣成頌「豐彤對蔚」，作彤非，彤从肉，商祭名。推論古作[illegible]，日光彤彤也，後因作彤，又取茂美作彤。非从舟，舟何謂乎？字説强分耳。

哲哲，非哲哲。　張衡思玄賦『雖司命其不晣』，小雅『庭燎晣晣』，音浙。又作晣。陳風『明星哲哲』，則音析，本从析、从白。

嫕嫕，即媛媛。　相如賦『柔撓嫕嫕』，音義與媛媛同。文選或作『娟娟』。鐘鼎文䁥，即顧字，加女爲嫕，以二目斜視也。

偞偞，即偞偞。　升菴引爾雅：『弈弈偞偞，美名也。』今爾雅無此文，乃方言有之：『奕偞，容也。自關以西，美容謂之奕，或謂之偞。』其字作偞，而非偞字。見韻會引玉藻『若祭爲已偞卑』，又與涉切。偞偞，輕薄美好皃。後人亦有用弈弈偞偞者，謂出爾雅則誤矣。按：今禮記亦作『傢卑』，必有一誤。郝氏解傢爲屑。鄺氏『赫赫葉葉』，乃因方子謙小補載爾雅疏引『赫赫業業』。按疏引『赫赫業業』，乃誤書也。

天天，炎炎也。　説文引詩『憂心天天』，从火干聲。詩無此語。焦弱侯謂廉察當作覝。覝正从天。按字林：『天，直廉切，小熱也。』廣韻誤作天。有䵒，赤黄色，其音畫，从天。説文有烎，乃正燚字，燚即周禮之爛爚肉也。則燚爲火炎之義明甚，烎以干火會意，干非聲也，與桰爲進火木之意同。或是炎炎之異文耳，憂心炎炎，狀如火熏，故爾雅云：『爞爞，炎炎，熏也。』陳氏九經考異『憂心如惔』，韓詩作炎，字書作焱，説文作烎烎。『如惔如焚』，韓詩、漢書引作『如炎』，以此足證。

的的，即的的。説文作的，从日，从勺。徐曰：『光的然也。』增韻：『實也，端也。』丁度韻作『黚皭』，亦丁歷切。增韻作『菂』，誤。易曰『爲的顙』。射鵠因曰的。女當姘變，以丹注面的的。王粲賦：『免先笄，施華的。』姘變，漢律『見姘變，不得侍祠』，謂月事也。升菴引玄的、丹的，論者謂本于守宫，亦泥矣。子夜歌：『我思歡的的。』淮南曰：『的的者獲，提提者射。』提音時。柳子厚用『熒熒的的』。轉注略：『丹的、玄的之的，音灼。』潘岳以的叶爚，故集韻作黚。許氏作的，从日。樂府作的，从白，未嘗不可。才調集杜羔妻趙氏詩『良人的的有奇才』，則的確義也。紀事作劉氏。

姼姼，媞媞、禔禔、提提、偍偍。漢書序傳：『姼姼公主，乃女烏孫。』音時。東方朔七諫曰〔一〇〕：『西施媞媞而不得見，嫫母勃屑而日侍。』姼、媞音義同。説文：『嫛，媞也。』因『歸飛提提』，音騠騠而然也。説文又曰：『徥徥，行皃。』是支切。衣部又有『禔禔』，則亦因『好人提提』而作者也。俱从是，則低、時二音皆通。禮『吉事折折』，本謂磬折揖厭之從容，而注疏音提，蓋讀如時。亦徵漢時折有時音，時之入即折也。

傳傳，摶摶、專專、顓顓、團團。九辨『乘精氣之摶摶兮』，摶音度官切，即謂團結也。石鼓詩『汪汪趰趰』，汪即洋，趰即摶。九辨又曰『計專專之不可化兮』，即傳傳也。詩『有敦瓜苦』，傳曰：『猶專專也，敦音團。』疏曰：『蔓生專專然也。』則注疏即以專專爲團團。賈捐之議棄珠崖郡『顓顓獨居一海之中』，注：『圜皃，與團團同。』揭衷熙云〔一一〕：『鄺氏作圞圞，正以豚、彖同聲。』

歊歊，即歗歗，通熇熇。説文：『歊歊，气出皃，高聲。』西都賦：『吐金景，歊浮雲。』漢書言『王根歊歊』，公紹引作『歗歗』。子雲解嘲曰：『泰山不嶕嶢，則不能浡滃雲而散歊蒸。』歊音澆，氣上出也。説文又引『多將熇熇』，高聲，轉入丁韻，作燣。毛云與歊通。

禗禗、諰諰、鰓鰓、䚡䚡，葸也。赤蛟篇曰：『靈禗禗。』荀子曰：『諰諰然常恐天下之一合而軏已。』漢書刑法志：『鰓鰓常恐。』唐韻收䚡入支韻。漢志注：上聲。魯靈光賦『心猥猥以發悸』，即論語之『葸』字。凡夫曰：『葸不成字。』不知何見。

眑眑，即窅窅，通作杳杳。　說苑：『將將之臺，窅窅其謀。』韓退之琴操『目窅窅兮』。唐山詩：粥粥音送，細齊人情，清思眑眑，經緯冥冥。』眑眑即窈窈，則與窅窅通。

儡儡，即纍纍、累累、縲縲、轠轠。　淮南子『不免于儡身』，注：『身不見用，儡儡然也。』三都賦『纍纍辮髮』。漢書『諸侯纍纍从楚』。牢石歌『印何纍纍綬若若』，古作厽，或作⿱◎⿰◎◎，作晶。易林：『捩絜縲縲，締構難解。』柳子厚用『轠轠轔轔』。

佹佹，猶姽姽也。　列子曰：『佹佹成者，俏成也，初非成也。佹佹敗者，俏敗也，初非敗也。故迷生于俏。』俏與肖同。說文：『姽，閑體行姽姽也。』過委切。此即佹佹，與詭本一字，詳佹詩下。神女賦『即姽嫿于幽靜』，亦古委切。列注：『佹音危。』蓋謂危得之耳。

眊眊，猶罷罷、貿貿也。　鮑子都上言：『極竭罷罷，退入三泉。』注如淳曰：『謹愿皃。』師古曰：『猶蒙蒙也。音沐。』公紹收入屋韻，然亦與眊眊通。檀弓『貿貿然來』，亦此聲也。韓詩外傳曰：『先生猶言先醒也，冥于得失，眊眊乎其猶醉也。』定音木者，亦一時一方之音也。荀子『瞀瞀然』，瞀與目、冒通。眊亦與髦、旄通，又與瞢、夢互通。其从耳者爲毦，仍吏切，氅毦羽，毛飾也。

繹繹，一作圛圛，通作驛驛、奕奕。羊益切。前五行志：『星隕如雨，繹繹未至地滅。』説文引商書曰：『圛圛升雲，半有半無。』蓋逸書也。鄭氏曰：『豈弟之弟，古文尚書作圛。』據賈逵所定也，古文寔無此字。魯頌駉駉篇『以車繹繹』，釋文：崔本作『以車驛驛』。廣釋名曰：『奕之下子，亦謂其連絡奕奕也。』世説：『奕奕在前。』周禮注引『新廟繹繹』，即奕，可證。

儵儵，或作欻欻、歘歘。王國寶謂王緒曰：『汝爲此歘歘，曾不慮獄吏之爲貴乎？』歘歘，猶言倏忽速變之意。元命包大壯：『㔉仡仡，趯歘歘。』注：『欻，許勿切。』説文：『有所吹起。』陸法言曰：『暴起也。』二火、三火，義同。甯戚見管仲，急稱『浩浩乎，儵儵乎』。即歘，俗作倏。

裔裔，亦通泄泄，一作洩洩。相如賦『淫淫乎裔裔』，羣行皃。本衣邊也，故四裔之義生焉。容裔，縱肆皃。加水爲溶滴，則爲水皃。郊祀詩：『神哉沛，般裔裔。』亦謂行旋容容也。説文于泄字下，載多人皃。詩曰『行者泄泄兮』，與『裔』皆以制切，則相通矣。洩洩，舒散皃。世本改爲『曳』，唐避諱也。爾雅作『洩洩』。

伈伈、廩廩、懔懔、凜凜。賈生曰：『歲惡阽危，直爲此伈伈也。』注：『危也。蓋與懔懔通。』食貨志：鼂錯曰『爲此懔懔』，本因寒氣凜凜，而有此危懼之義。集韻或作『沁沁』。平水曰：『沁，恐皃。』韻略曰：『伈伈、俔俔，恐也。』韓文作『伈伈睍睍』。

蕲蕲、棧棧、殘殘、戔戔。息夫躬詩『叢棘棧棧』，音仕山反。今諸韻書皆仕限切。當與巉通，巉一作巉。易『戔戔』，子夏傳作『殘殘』。説文引書『戔戔巧言』，此戔戔之本音也。尚書大傳曰：『微子過殷墟，見麥秀之蕲蕲兮，禾黍之繩繩也，曰：「此父母之國。」乃作歌。』蕲亦平聲。升菴引作『蠅蠅』，誤。智按：子貢詩説『漸漸作嶄嶄』，杜牧之杜秋詩『嶄嶄整冠珮』，與『蕲蕲』及『漸漸之石』，聲義皆通。

孶孶、孜孜、兹兹、滋滋，言其汲汲生也。說文：『孶，汲汲生也。』周書『孜孜無怠』，與表記『俛焉日有孶孶』同。孔叢子『滋滋汲汲』。史記陳杞世家贊曰：『苗裔兹兹，有土者不乏焉。』言至今在也。解者只引說文有兩字，一从𢆶，一从𢆶。史記『布兹』，公羊『負兹』，此爾雅『蓐謂之兹』也。此兹兹，則是孶孶之義。

彬彬，一作份份、旼旼、邠邠。封禪文『旼旼穆穆』，旼即彬彬也。說文：『份从人，文質備也。』蓋附會『文質份份』之言。古作『彬』。徐鉉曰：『俗作斌，非。』彦遠用邠邠。晉有江虨，爲虎文，實亦彬也。按：彣从彡，音彪，音標，音衫，文茂彰垂者用之。

彧彧，通作郁郁、馘馘、𧝁𧝁。彧彧，茂美皃，乙六切。詩云『黍稷彧彧』，古通作郁，别作馘。荀子佹詩『郁乎其遇時之不祥也』，則與鬱鬱同。或曰石鼓文『希微𧝁𧝁』，即彧彧也。

芸芸、云云、耘耘，通爲沄沄、魂魂、營營。慕容廆見封釋子悛抽曰：『此家芸芸千斤犍也。』說文：『耘，從高而下也。』楊子『鐘鼓不耘』，注：『聲也，則上聲矣。』智謂言其盛，猶芸芸也。老子『夫物芸芸』，注：『葉盛皃。』莊子『萬物云云』，與芸芸同。『其澶亭亭、云云』，則泰山下小山也。云云又與䰟䰟、沄沄通，見身體類。晉問用『榛榛沄沄』，同紜紜。

研研、妍妍。劉祥言事，蒙遜曰：『汝聞劉裕入關，敢研研然也，斬之。』魏書作妍妍，言得意皃〔一二〕。升菴以爲即憲憲，此未必然。按：易林『喭喭諤諤』，王文考『齒崖崖以齴齴』，喭、齴音義同，研研蓋喭喭之聲乎。

芃芃猶汎汎也，汎汎即渢渢也，通作蘴蘴、鳳鳳、颿颿、梵梵。說文引詩『芃芃黍苗』，徐曰：『汎汎然若風之起。』又『有芃者狐』，正義云：『言芃芃然也。』漢郊祀歌『泛泛滇滇從高斿』，當音帆帆田田。左傳：『季札曰：美哉渢渢乎！』師古曰：『浮皃。』玉篇曰：『水聲。』渢又在凡韻、梵韻。徐邈讀則竟以渢即汎字矣。故知鳳諧凡聲，泛駕即覂。古之方音相借不定，余故曰窆即堋，不當音皮驗切，而改封亦音皮驗切也。六書索隱：『漢街彈碑「蘴蘴」，聲也，音義與芃同。』智以此與牟子之鳳鳳，越王夫人之颿颿同，蓋梵梵也。

㟜㟜，通作芊芊、阡阡、仟仟。說文：『㟜，望山谷，㟜㟜青也。』『芊，草盛也。』箋引陸機賦

『青麗瑢眠』，今文選作『精麗芊眠』，而南都賦又有『青冥盰瞑』。又選詩『遠樹曖阡阡』，李善本作『仟仟』。列子曰『鬱鬱芊芊』。唐詩『古碑無字草芊芊』。李白賦『移草兮芊眠』。升菴拘説文之解而疑之，不知皆借千，加谷、加艸，可通用也。今韻會仍分瑢去聲，芊平聲。

篡篡，猶攢攢也。古樂府『棗下何篡篡』，古詩紀曰：『一作攢攢。狀其篡聚耳，重其聲則爲篡篡。』升菴引安仁賦『朱實離離』，而遂以篡篡爲棗花，泥矣。

分分、紛紛、闅闅。荀子：『分分兮，其有終始也。』淮南子曰『禍之生也分分』，同紛紛。凡夫作闅闅。或以分分，去聲，猶忿忿不平皃。

忡忡，當作憧憧，一作蛩蛩，通作衝衝、䡴䡴。秦焚之後，漢儒初出，各書其所記，以聲取義，偶作忡，忘其與忠字相混也。楚九歌『極勞心兮憧憧』，當是此字。石水引九歎：『志蛩蛩而懷顧兮，魂眷眷而獨逝。』與怞怞同。忡忡猶衝衝也，古素問作䡴䡴。心中怔忪，亦是衝意。古如怡怠、忠忡，移位異義，至相懸遠。蓋古人偶取一字諧聲，隨意通借耳，後始定爲典要也。

蟲蟲、爞爞、烔烔。『蘊隆蟲蟲』，周應賓考異本，載韓詩作『烱烱』，爾雅作『爞爞』。按韓詩作『烔烔』，爾雅『爞爞』，注引此詩。烱、爞之訛，恐誤後人，故正之。古蟲同聲合，如童重互用。心之爞爞，亦謂炎熏上衝，亦作衝。春秋夫童即夫鍾，可推也。轉注略引爾雅『爞爞』，省作『烛烛』。

姚姚，猶繇繇也，亦與遥遥、陶陶通聲。説苑指武篇曰：『孔子以由爲憤憤，謂賜僊僊，謂回曰：美哉德乎！姚姚者乎！』姚姚謂繇繇然也。繇古通摇音。禮記『猶猶』，訓如『繇繇』。説文：『欨，繇繇，气出皃。』又引詩『悠悠』作『遥遥』，則古之通讀也。祭義『陶陶遂遂』，注疏：『陶音遥，遂一作燧。』墨子曰：『大水不潦潦，大火不燎燎，王德不堯堯。』言高也。問奇：『姚姚，即堯堯。』恐未必然。堯堯本作垚垚，甘泉賦『直嶢嶢以造天』，即其義也。彙函刻説苑作『跳跳而侯』，晉陽評云：『跳跳太生。』此由不知其訛。

諄諄、啷啷，猶言廓廓也。管子曰：『諄諄乎莫得其門。』字書無之。余以爲即鞹，言其廓廓落落，猶無毛之皮也。樊紹述絳守園池碑『啷啷千幅』，亦言廓廓也。

諤諤、咢咢、鄂鄂、噩噩、詻詻。　韋賢傳『咢咢黄髮』，師古曰：『直言也。』史記趙世家『不聞周舍之鄂鄂』，與『不如一士之諤諤』同。楊子曰『周書噩噩爾』，義兼渾渾，而聲則通也。爾雅曰『作噩』，漢書曰『作詻』，則墨子所云『弗弗詻詻』，即『噩噩』，其義則諤諤也。

面岳岳謂之頵，嶽嶽，猶巖巖也。一作巖巖、礹礹。　荀子曰『巖巖兮其能欽已也』，舊音儼儼。按：羣經音辨引詩『維石巖巖』。君平老子指歸：『清風飂烈，霜雪巖巖。』漢書：『五鹿嶽嶽，朱雲折其角。』以嶽嶽狀人之圭角，猶以巖巖贊人之崖岸也。說文：頵，五角切，面前岳岳也。靈光殿賦：『神仙岳岳于棟間。』又九懷注：『嶷嶷、嶽嶽，海中山名，屬交趾。』太玄『礹礹』，京山以爲即巖巖。

嶷嶷，一作儗儗，轉爲嶷嶷，言其凝立也。　史記高辛紀：『其色郁郁，其德嶷嶷，其服也士。』詩『克岐克嶷』，嶷音鄂力切。孫愐『魚力切』。俗多讀作擬。龜策傳『嶷然』，音義與嶷同。九嶷山之嶷，舊說謂其相疑，當音疑，而戴氏以爲魚力切，謂其山形凝立也。總皆疑之四聲。說文引詩『岐嶷』，作㘈。儀禮『婦疑立于席西』，詩『靡所止疑』，疑皆入聲。前食貨志引詩作『黍稷儗儗』。

委委，通作禕禕、逶逶、緌緌。　爾雅音義引詩『禕禕它它』，晉唐人用逶逶、緌緌。

浼浼，通作浘浘、瀰瀰、沔沔、洋洋。　釋文引詩：『新臺有灌，河水浘浘。』一作浼浼。詩集補曰『其魚唯唯』，亦是尾尾。釋文：瀰瀰，又作沔沔。亦與浘浘聲通，或作洋洋。

瀰瀰，爾爾、耳耳、緝緝、𪐴𪐴。　『垂轡瀰瀰』，釋文作『爾爾』，毛曰：『衆也。』『六轡耳耳』，宗吾編引載『緝緝』『𪐴𪐴』。吳謡『黄金班爛耳』。按：詩之『耳耳』，猶瀰瀰也，耳、爾古通。

交交、噭噭、膠膠、嘐嘐、咬咬。　嵇叔夜詩『咬咬黄鳥』，集韻咬咬通作膠膠。然詩注『交交，好皃』，則與佼通。要自借字耳。太平御覽引凱風『簡簡黄鳥』，則因睍睆『睍』字之音而誤記也。説文有『噭，聲噭噭然也』。凡夫遂引噭噭黄鳥。

叟叟，一作溲溲、溞溞。浮浮，當作烰烰。　詩注疏作『溲溲』『烰烰』。爾雅『溞溞』，疏引

『釋之叟叟』，正作『浽浽』。

嬴嬴，猶盈盈。方言曰：『娥、嬴，好也。秦曰娥。宋魏曰嬴。』郭璞曰：『言娥娥嬴嬴也，嬴音盈。』按聲義如此，再無他見。則十九首之『盈盈樓上女』，即此嬴嬴矣。漢時即分別之，造此嬴字。直翁引説文曰：『楹之言盈盈然對立之狀。』按：嬴从嬴省，加女作嬴已複。蓋當時止欲別秦之姓耳。

粥粥、鬻鬻。四明周氏刻考異本，儒行『粥粥若無能也』，引徐作鬻鬻。按：注疏、釋文無鬻字。韻會不收。唐韻有鬻，生田也。道昭則載『鬻鬻，卑謙皃』。智以鬻殆鬻之省文而訛也，説文有鬻，鬻或作鬻。

慔慔，猶莫莫也，通作没没。詩：『君婦莫莫。』爾雅有『慔慔』。而説文立慕字，去聲；立慔字，入聲。因爾雅也。升菴以慔慔音慕。凡夫争以慔爲禁止之莫。智按：慔慔即莫莫，言静也，借爲禁止何礙？易林：『莫莫輯輯，夜作晝匿。』則字同而義異，謂摸摸也。釋文曰：『鄭氏云亹亹，没没也。』王肅曰：勉也。蓋古蠠没，與黽勉、侔莫通聲。

佌佌，小舞皃。佪佪，小皃。䰴䰴，猶言些些也。呰呰、訿訿，則詆毁也。説文引詩『佪佪彼有屋』，以囪爲小皃。囪門，言其小也。石經作『佌』。升菴言石經『䰴䰴彼有屋』，荀子引詩『噏噏呰呰』，皆平聲。而孫愐以佌收入上聲。訾訾即訿訿，管子『訾讆』，猶訿毁也。今詩讀平聲。漢書引『歙歙訿訿』，爾雅作『翕翕』。釋文曰：『訿訿，不善之皃。』智按：升菴于箇韻，引『些些，少也』。今轉遮韻。詩『屢舞傞傞』，説文引作『㛗㛗』。蓋古之『此』轉爲『斯』，如『恩斯』『勤斯』之斯，爲餘聲。後轉爲『些』，音梭。楚騷轉爲去，今又轉爲平。斯有撕音，即如梭轉些些之音。石經『䰴䰴』，从徙，从幺，可證。漢之方言，謂䰴䰴即些些，亦有因矣。升菴俗言集載唐詩『一名閑物要訾訾』，即些字。段成式引荆州『些些和尚』。

涣涣，通作洹洹、灌灌。漢書引詩『方灌灌兮』，後漢書引『方洹洹兮』。注疏：『韓詩作「洹洹」，音丸。説文作「汎汎」，音父弓反。』今本無此語，而『老夫灌灌』，又與懽懽、款款通。

菁菁，通作蓁蓁、漌漌。韓詩引作『蓁蓁者莪』。文選注薛君曰〔一三〕。集韻『漌漌者莪』，王伯厚以漌漌爲菁菁。

昄昄，即反反。版版，即板板。　韓詩『威儀昄昄』，釋文同。爾雅『版版』，指『上帝板板』也。板板，止當音反。

蔌蔌、驌驌，皆本速速。　後漢書引詩『速速方轂』，即蔌蔌也。蕪城賦『蔌蔌風威』，皆以聲取之，亦作遬遬。石鼓文『射驂驌驌』，即駷駷字也，言馬之速也。成式用蔌蔌爲縮縮，動皃。

韡韡，一作煒煒、韚韚、韎韎。　藝文類聚引『夫栘之華，萼不煒煒』。説文雩部引詩『萼不韚韚』，而又于車後立華部，彼不知古轉音也。愼之作韎韎，俗作韎。禮韻本出韡字。

罩罩，一作鯙鯙、罹罹。　説文引『烝然鯙鯙』，升菴引『烝然罹罹』，又作『羅羅』，蓋因説文有罹字。敬甫以爲罹，凡夫以爲罩。

俁俁，一作傴傴，通作扈扈。　初學記引詩『碩人扈扈』，釋文引『碩人傴傴』，蓋古吾、吳、衙、魚、虞、娱爲一聲。『麀鹿麌麌』，説文引作噳噳，亦此聲也。故衙衙亦可作上聲讀。俣俣，大也；或曰俣俣，猶懇懇也。尤射曰：『鷄鳴鷗鷗，白鶴捂捂。』即噳噳也。

嘽嘽，或作瘆瘆、驒驒，通作幝幝，或用縒縒、張張。説文引『瘆瘆駱馬』，漢書注作『驒驒駱馬』。又引詩『嘽嘽推推』，即焞焞也。釋文引詩『檀車張張』，音幝，别有見本，不可直讀『張張』爲『幝幝』也。石經作『檀車幝幝』，韓詩作『縒縒』。

英英，通作泱泱。白華詩『英英白雲』，韓詩作『泱泱白雲』。前漢書禮樂志云：『帝嚳作五英。』英英，華茂也。省作央央。

畇畇，即畇畇。周禮疏『畇畇原隰』，即禹甸之畇畇。文選：『原隰畇畇，墳衍斥斥。』

佻佻，一作苕苕、嬥嬥。楚辭章句『苕苕公子』，釋文引『嬥嬥公子』，即佻佻公子也。

校記

〔一〕憴　原作「繩」，據上下文意改。

〔二〕皃　原作「兒」，據刊誤補遺改。

〔三〕竟　原作「境」，據四庫本改。

〔四〕讀　原作「續」，據刊誤補遺改。

〔五〕即　原作「郎」，據刊誤補遺改。

〔六〕莊子　據引文，當爲荀子。

〔七〕宙合篇　據引文，當爲樞言篇。

〔八〕成　立教館本作「城」，是。

〔九〕黿筴傳　據引文，當爲墨子耕柱篇。

〔一〇〕東方朔　原作「東方」，據刊誤補遺補。

〔一一〕揭衷熙云　原作「愚又按之」，據刊誤補遺改。

〔一二〕皃　原誤作「兒」。

〔一三〕此處疑有脱文。

通雅卷之十

釋詁 重言

泜泜，猶蚩蚩也。蚩蚩，即痴痴。䓈䓈，即嘻嘻。其合欸欸者，非矣。詩言『蚩蚩』，即痴痴之聲義也。蔡邕釋誨曰：『泜泜庶類，含甘吮滋。』直借此聲。魏明帝紀注：『張飛謂秦宜禄：人奪汝妻，而爲之長，乃蚩蚩若是。』蘇茂相弘家韻輯載詩『氓之欸欸』，今作蚩。蘇氏皆抄南都所刻升菴字説，止載䓈䓈，省作㰦，或以爲咥字。又載欸欸，同上。而楊鳳亭編其祖學，乃並載㰦㰦、欸欸，下注『氓之蚩蚩』。智按：伯厚詩考、周應賓所刻陳應城九經考異並無此語。説文『䓈』字訓『䓈䓈，戲笑貌，从欠，之聲』，許其切。『欸』字，『咄欸無慙』，丑律切。丑律之音，近咥，唐人收在質韻，而收䓈于嘻下。智故定以爲䓈䓈即嘻嘻。升菴竟以欸欸作嘻嘻，未敢安也。字家雜説臆改者何限，可通則存以俟證，否則當辯正之。如成化間唐韻本嘻下之䓈，刻作欶，亦欲列欶欶邪？以咥爲蚩，止見韻寶。又答李仁夫舉之。咥之平聲，亦可通蚩，然無古引助證。且䓈䓈出説文本訓，而欸字未嘗連疊。經史又無用者，不過生合見奇耳。圣圣、殼殼其類也。因蚩通咥，因歅似坎，遂作歅歅。智以士生後世，人人横造，瀰漫何極？而博雅前輩復誤之，故不得不爲白其原委。

條條、怊怊，猶刀刀之聲也。皮日休悼賈：『浮沅波之湓溢兮，或漾棹以夷猶，望靈君之没所兮，覩其心之怊怊。』怊與猶叶。按莊子『刀刀之翏翏』，注：『翏亦音留。』則刀亦音丢，蕭、尤二韻無不相轉。蕭音修，凡从攸者有條、修二音，聊勞皆音留。升菴曰：『爾雅：「條條秩秩，智也。」條音由。』余亦以爲然。蓋丢轉入爲笛，笛之从由本此。此未可與拘膠刻舟之人道也。

嗃嗃，一作確確、熇熇、謞謞。考異『家人嗃嗃』，荀作確確，劉作熇熇。爾雅『謞謞』，音虚各反，則亦嗃嗃聲義。从言从口，何分乎？

滌滌，一作蔋蔋、菽菽、濯濯，言滌盡也。踧踧，通作儵儵、狄狄、躍躍、趯趯、徆徆、愁愁，言行躅也。轉其聲，則爲湫湫、逐逐。宗吾本説文引詩『踧踧山川』，又『蔋蔋』同上。釋文引詩『菽菽山川』。智按説文：『蔋，草旱盡也。詩「蔋蔋山川」。』詩考、考異所引俱同。其楊氏誤記邪？說文亦引『踧踧周道』。楊又引爾雅注『儵儵周道』。孟子『若彼濯濯』，與滌同。詩『躍躍毚兔』，音剔。韓詩、史記並引作『趯趯』。翟本有狄聲，儵从條，猶儵之音條也，條之入爲滌，故知爲一。說文：『行攸攸也，音狄。』荀子：『狄狄然，莫莫然。』楚辭『記潏潏其前後兮』，『悼來者之愁愁』。與惕通，然此詳文意，乃是行貌。攸攸、逐逐，見『攸攸』條下。

蹇蹇，一作謇謇。晉王豹傳引『王臣謇謇』。徐鉉曰：『俗作謇，非。』則楚辭之博謇，亦訛。李德裕述夢詩：『盡規徒謇謇。』凡夫遇說文分別之佮、詥、敆例，則定從之；如遇說文偶漏之『謇』，則定不許用，非通論也。

威威，一作畏畏。康誥『威威顯民』，漢書作『畏畏』。『天明畏』即『天明威』可證。

迋迋，即往往。子雲賦：『迋迋離宮，般以相燭兮。』又作迬。子雲傳：『橫江湖以南迬。』〔一〕師古曰：『迋即往，燭猶屬也。』吳王傳：『往往而有。』董仲舒、咸宣、匈奴傳皆用之。釋名作『睢』。蓋古往从㞷，而彳與辵又相通。从㞢土，非山也。今作山下王，亦訛。

彊彊，通作姜姜。　韓詩作『鵲之姜姜』，禮記注：『姜姜，賁鬬惡貌。』聱隅子用『强强』。

發發，因作鱍鱍、鮁鮁。　韓詩引『鱣鮪鱍鱍，庶姜轆轆』，釋文亦然。説文作『鮁鮁』。凡夫作『癹癹』。

糾糾，膠膠。　詩『糾糾葛屨』，升菴云：『讀如藥名秦艽之艽，音交。詩注：「糾糾，猶繚繚也。」今有繚繚、繞繞之語。』智按：莊子『膠膠擾擾』，舊説膠膠猶攪攪，以此觀之，膠膠與糾糾，固通聲也。然升菴止謂糾讀如艽，不知艽本音糾，以糾訛爲糺，故唐本草有秦糺。今神農本經：艽，音九，出秦中，羅紋交糾者佳。故方言轉爲交。後周書：『屨有糺發。』如以彪、蕭入尤韻例之〔二〕，則膠亦可讀糾，明矣。後漢書注引『糾糾武夫』，則與赳赳亦通。莊子又用『撓撓以遊無端』，注：『撓音擾。』弱侯言莊子之膠擾，古語也。

緡緡，猶泯泯也，與民民、綿綿通轉。　莊子：『喙鳴與天地爲合，其合緡緡。咸巾切。』循本曰：『如千絲之合也，音咸巾，則讀爲訢矣，因訢合之字也。』口義謂『緡緡』即泯泯，言無道也。呂覽：『衆庶泯泯。』常武詩『綿綿翼翼』，韓詩、釋文引作『民民翼翼』。

逮逮，與棣棣通。禮記與漢書注引詩『威儀逮逮』，朱穆注引『威儀棣棣，不可算也』。古棣、逮聲近，江左呼堤爲埭，南史何胤傳『此埭之遊』是也。今嶺南以堤爲埭。

黯黯，重沓也。諮諮，若水流沓沓也。一作譶譶、嗒嗒、䜌䜌。黯，託合切，音與闒同。顔氏家訓：『兗州號羊曼爲黯伯，此字更無音訓。梁孝元曰：惟張簡憲呼爲還，自爾遵之。又有黯黯語，蓋無所不施、無所不容之意也。』顧野王从黑，故廣韻遂收黯，此取重沓，黑無義也。荀子『諮諮然而沸』，謂多言也。又作嗒，詩註疏作『噂噂嗒嗒』，亦是多言意。元命包曰：『倔弜胥執，卒詍胥縶，直譶譶，曲咠咠。』倔音臻到切，弜音奇，卒音懲，詍音奇兩切，譶音蟄，咠音戢。倔，剛；弜，强；卒，罪也；詍，争；譶，訢；咠，諠也。字多不見字書。緯書多僞作，以此見奥耳。今諸家譶皆音沓，左思賦『澀譶槃瀠』，正音沓。則譶譶即黯黯也。三言言其多，亦重沓之意。柳子厚乞巧：『沓沓騫騫。』吳曾引程季明嘲熱客詩：『嗒嗒吟何多。』元美引字書有䜌䜌。今蜀呼屐曰踏踏。集韻又作謎謎。孟子以『沓沓』解『泄泄』，而說文引詩竟作『無然呭呭』。荀子：『辯利非以言是，則謂之詍。』注引詩：『無然詍詍。』

水、曰。

爾雅『洩洩』注引此詩。集韻亦作呭，詍。此非詩有别本，直是前人以意通之耳。沓从

嘵嘵，嘖嘖也。法言曰『通諸人之嚍嚍莫如言』，注：『猶憤憤也。』宋吳本作『嘵嘵』。禮韻新制，但引楊子作『嘵嘵』。廣韻又有憓字，『憓憓，快辨也。』出音譜。何遜詩：『蘧居向北闕，憓憓不道車。』集韻或作㖀。升菴故造㖀㖀。神女賦『即姽嫿于幽静』，韻會姽字下引作『姽嫿』。左思賦用以壆倮爲嫿。而韻書竟無嫿字，嫿是嫿訛。

訔訔，訢訢、言言、齗齗、齦齦。訔訔，争辨也。子雲曰：『後世之訔訔。』即誾誾，謂和悦而諍。而石奮傳『僮僕訢訢』，或作『言言』。公紹收入誾字下。禮記『三爵而言言斯』，康成曰：『和敬貌。』無争辨之義，其兼争辨者，乃齗齗也。齗即齦。地里志：『洙泗之間，齗齗如也。幼者患苦，長者憒愧自守，故讓渡，曰魯道衰。』按：此乃傅會之言〔三〕。太玄争首：『争射齦齦。』劉向傳『朝臣齗齗』，顔注：『忿嫉貌。』齗自有咬牙争辨之義，用爲雙聲，則隨人以聲取矣。齦齦，齗齗之聲，亦因狺狺來，見九辨。子美用『狺狺』。堅之氏曰：離騷『申申其詈余』，从狺狺來，猶古信有伸音。

譨譨、喁喁、謪謪，含口之一聲也。唔唔、嚾嚾，滿口喧喧之聲也。誶誶，諄諄而緩也。呿呿，臥聲也。局局，聲欲出口也。啞啞，鬱鬱之聲。㝮㝮，小兒號也。契契、唌唌，歎也。謪訣，則怒言也。王逸九思曰：『令尹兮謷謷，羣司兮譨譨，哀哉浰浰，上下同流。』廣韻：『謪謪，喁喁也。』撽巴蜀曰：『喁喁嚮風。』荀子曰『嚾嚾然不知其非也』，即喧喧也。喧本作吅。雚，从吅从雈。漢書曰：『五門讙讙，但聞豚聲。』即嚾嚾也。楊子『著古昔之唔唔』，或作『唔唔』。荀子：『衆積誶誶乎。』説文：『語諄誶也。』公紹曰：『呿呿，臥而呿呿也。』莊子曰：『局局然笑。』説文：『音聲啞啞也』，余六切；『㝮，小兒號㝮㝮也』，火滑切。契契，欺結切，讀气者非。唌唌，以然切。梁鴻適吳詩：『咸先佞兮唌唌。』韻會：『唌唌，讒急貌』，又音顛。説文：『唌，歎也。』

哼哼，即諄諄，一作訰訰，通作忳忳。莊子『悅夫哼哼』，即諄諄也。中庸注引詩『誨爾忳忳』，亦作訰訰。陸德明讀『諄諄』爲去聲。卓茂傳『勞心諄諄』，今當以平聲爲近。王伯厚詩考抑篇作『訰訰』。

譻譻、謍謍，小聲也。或作嚶嚶，借作謍謍、瀯瀯。説文引詩『謍謍青蠅』，小聲也。張衡賦：『鳴玉鸞之譻譻。』廣韻曰：『譻諄，小聲。』楊子曰：『諄言敗俗。』直翁以譻譻即嚶嚶。唐文粹『瀯瀯之聲與耳謀』，則亦借用謍謍也。

嘵嘵、憢憢、譊譊。後漢儒林贊：『譊譊之學，各習其師。』蜀志：『孟光與來敏争左氏，常譊譊讙咋。』今人用作『嘵嘵』。伯厚詩考作『維音憢憢』，因爾雅也。

聒聒，或作懖懖。説文曰：『銛，善自用之意。』引書『今汝懖懖』。古文作𦕌，从銽、耳。今本作聒聒，篆从𦕌，音括。若墨子『五錐銛銛者先挫』，則从舌，息廉切。

捷捷、截截，即諓諓也。諓諓，乃戔戔之轉也。咠咠，乃聶聶、聑聑之原也。書『截截善諞言』，諞即辨字。韻會截字下，不引尚書『截截』，以公羊之『諓諓』爲正也，何不據説文之『戩戩善諞言』乎？説文引書曰『戔戔巧言』，今無此書。智以公羊曰『諓諓善竫言』，自是从戔戔得音，與息夫之棧棧，子夏之殘殘同玩，音尖上聲，不必附尚書之截截也。截截與詩之捷捷通，廣韻作𧩁𧩁是也。説文又引詩『咠咠幡幡』，聶語也。今人作囁囁，即聶聶也。咠从口、耳，聶从三耳，會意最確。自以聶聶爲聲，或加口，或加言。爾雅之『楓，欇欇』，亦狀其聲也。卙卙，蠶盛貌，當即咠字畫訛，徐氏不敢合，而聽其分列耳。論見後。

卙卙、揖揖、緝緝相通。說文：『蠶盛曰卙卙，盛也。』又有咠字，引詩『辭之咠矣』，今詩作『緝』。吳氏曰：『卙亦音子入切，即是咠字。如詩用「宜爾子孫揖揖兮」，即是緝緝。揖、緝本二音〔四〕，尚通用，況卙現音緝，蠶盛一事，古人何必特爲一字？又況經史子傳，從無用之者乎？』荀子狀蠶以『呥呥、儽儽』，即裸，呥即吶。東方朔曰：『蠶之狀，喙呥呥似馬，色斑斑似虎。』董逌用作『喙䪼䪼類馬，色邠邠類虎。』今吳中刻作『䪼䪼』，誤矣。

嗝嗝，即喀喀。列子：『據地而吐之，喀喀然，伏而死。』今醫學作咯咯。王文考王孫賦：『或嗝嗝而噭噭。』嗝嗝即喀喀也。升菴又引『㱿㱿，即噭噭，出說文』。智按：說文『㱿』，即左傳㱿之之㱿，未有疊字。升菴之意，亦倣退之，則何不作㱿㱿，爲更古邪？

邑邑刺刺，抑抑戚戚也。節節足足、唧唧嘖嘖、迹迹屑屑、偲偲，轉爲敇敇力力，皆此聲也。短長說曰：『亞父歸彭城，邑邑刺刺，唇燥吻涸。』邑邑本當作悒悒，說文：『不安也。』史記：『安能邑邑待十數百年？』管子：『焉能去剌剌而爲咢咢乎？』焦弱侯音七迹切。秦和鍾銘『剌剌趄趄』，正篆作㓨。或爲唈，嗚唈也。成帝贊『可爲烏邑』，皆通用也。莊子『俋俋乎耕而不顧』，音雖同，義則爲行貌勇貌。張湯『阿邑人主』，唐書用『阿㔾』，遏合切，諂諛迎合也。剌字从朿，七賜切，轉音七；剌剌借其聲，猶慽慽也。俗以剌音辣，非。陰復春曰：『韓退之送殷員外文：「入直三省，顧婢子語，剌剌不休。」舊音盧達切，非。今收入陌韻。此蓋與唶唶通矣。』世説：『和嶠踢𨇾不得休。』晉書作『剌促不得休』。剌亦音七。程子止以剌剌音辣，則猶守舊説也。如古樂府『敇敇力力』，晉太初課惻惻力力，皆一聲之轉。天老言鳳鳴節節足足，本取説文『爵，節節足足』用之，猶唧唧嘖嘖也。嚴羽滄浪詩話曰：『木蘭歌「促織何唧唧」，文苑英華作「唧唧何切切」，又作「歷歷」，樂府作「唧唧復唧唧」。樂天詩：「嘖嘖雀引雛。」凡此皆以聲取。』方言：『迹迹、屑屑，不安也。』江沅曰迹迹，秦晉曰屑屑。或曰塞塞、省省。』蓋迹迹即剌剌之聲也。郭璞注爾雅：『音聲偲偲，音屑，即屑屑也。』廣韻：『偲偲，呻吟也，先結切。』

胡胡呼呼，猶譆譆出出也。　蘇鶚杜陽雜編：『代宗廣德元年，夢黄衣童歌：「中五之德方峩峩，胡胡呼呼可奈何。」』左傳：『叫于廟中，譆譆出出。』當作『嘻嘻咄咄』，皆是狀鬼神之聲。説文引春秋傳曰：『誒誒出出。』謂譆譆爲火狀者，非。易家人『嘻嘻』，張作『嬉嬉』，陸作『喜喜』。説文『欸欸』，即嘻嘻，見前。

阿阿則則，猶喝喝惻惻也，又作側側、測測。李端叔姑溪集云：『楚令尹子西將死，家老則立子玉爲之後，子玉直則則，于是遂定。昭奚恤過宋，人有饋彘肩者，昭奚恤阿阿以謝。爾後「阿阿則則」，更爲歎息聲。楊元發偶有所系，屢詰之，輒阿阿則則。』湛若作『喝喝惻惻』。智按：毛傳：『畟畟，猶測測也。』喝喝字見焦弱侯刊誤。或曰華嚴字母以阿阿爲第一音。

嘑嘑、嗎嗎、傿傿。子謙曰：『方言曰：「嘑嘑，歡貌。」集韻或作嗎。則嗎、嘑一字矣。』一曰嗎嗎，笑貌。大招『宜笑嗎只』，宋玉『嫣然一笑』，嫣即嗎也。漢書又用『傿傿青藤』。路史曰：『蔫蔫者菸也。』此音同而别一義。

喲喲、匈匈、兇兇、凶凶、洶洶、詾詾、恟恟。吕覽曰：『中主以之喲喲也止善，賢主以之喲喲也立功。』與詾同，通作匈。漢高帝紀：『天下匈匈，勞苦數載。』注：『喧擾也。』亦作詾。

趙雲謂公孫瓚曰：『天下詾詾，未知孰是。』通作凶。蔡邕傳：『凶凶道路。』荀莊皆用『匈匈』。翟方進傳：『羣下兇兇。』晉宣帝紀：『天下洶洶。』易林『争訟恟恟』，或作訩訩。

古之詹詹，猶沾沾也。其後呫呫與喋喋通，佔佔與襜襜通，而喋喋之聲，分爲聶聶、帖帖。魏其『沾沾自喜』，正義曰：『自整頓貌，音帖。』智以爲音帖，即與呫呫通矣。唐書：『王叔文呫呫小人。』張釋之傳『喋喋利口』，史記作『諜諜』。人見爲利口，即訓喋喋爲多言；見呫呫小人，與呫囁耳語，即訓呫呫爲小貌。詀讗音占，詀讘音帖，此因用者假借，故音者亦兩存之，大抵口旁、言旁，多相通也。有謂中行説謂漢使：『顧無多辭，令喋喋而佔佔，冠固何當。』喋喋、佔佔並用，而升菴乃以呫呫即喋喋，毋乃複乎？不知喋自借呫，而呫、佔、沾本音占。此緣正義誤音魏其『佔佔自喜』爲帖帖耳。黄公紹：襜，衣動貌。集韻或作佔，亦作袩。漢匈奴傳『佔佔』，注師古曰：『衣裳之貌。』通作襜。韓詩：『風條坐襜襜。』楚辭：『裳襜襜而含風。』升菴竟造裧裧。方岳貢問奇廣云：『諜諜一作詸詸，乃諜省作諜〔五〕，訛作詸。』得非見麻沙本乎？説文〔六〕：『子路盛服，孔子曰：是襜襜者何也？』注：『襜音籛。』此前人口齒不明耳。退之用帖帖，則从帖服立義。細論占有詹、貼二音。荀子『詹唯則節』，莊子『詹詹』，从产从言，謂沾沾而言也。从文減則作呫。其音貼者，聑也。音業者，聶也。从文減亦作呫。蓋占之入聲爲折，而帖、攝聲近，故借用之。其後字書乃定呫爲入聲，而佔、沾平聲耳。慎之曰：『聑訛爲貼，襜既與佔通，則詹詹豈不與沾沾通乎？』

裾裾，猶褎褎也。班固敘傳曰：『安樂褎褎。』匡衡封樂安侯，言其儀象開盛也，與褎通。漢詔『子大夫褎然爲舉首』，詩曰『褎如充耳』，褎，由救切，本義禾盛貌，詩所云『實種實褎』也。毛氏曰：『盛服也。』鄭氏曰：『褎然塞耳，如聾，聾者多笑。』朱因曰：『褎，多笑貌。』此說皆不通矣。盛則是也。褎即袖字，因有領袖之稱。荀子曰『由，是裾裾』，注：『衣盛貌。』與班固用『褎褎』，皆以裾袖重言之，以見其威儀之盛，此古人下字法。

庚庚，猶伉伉也。說文：『秋時萬物，庚庚有實。』漢文卜曰：『大横庚庚。』言文伉起也。庚庚有實，正言其伉伉而盛起也。後漢書：『難經伉伉。』劉太常亦言其名盛起之意，庚桑即亢倉可證。升菴引堪輿言：『甲甲喜晴，庚庚喜雨。』又引譚子化書：『東家之魚，可名庚庚。西家之魚，可名策策。』將以湊庚庚乎？智按：化書言庚氏以竹爲凭欄，辛氏爲木欄，其聲似之。是庚氏之魚，可名筞筞，辛氏之魚，可名堂堂，所引亦誤。

戴戴、𨇰𨇰、袟袟，雖見説文，然皆未指以爲秩秩也。説文于『戴』字曰：『讀若詩「戴戴大猷」，直質切，大也』。于『䟡』字訓：『走也，讀若詩「威儀袟袟〔七〕」，直質切。』于『𨇰』訓曰：『爵之次第也，虞書曰「平𨇰東作」，直質切。』箋引詩『左右𨇰𨇰』。趙凡夫意但以𨇰爲爵迭之秩，當作𨇰。而『秩秩德音』『秩秩斯干』，仍有原字。以人謂説文引詩『戴戴大猷』與『威儀秩秩』皆非也。智按：説文本爲諸家因殘補凑之書，其曰讀若某字者，或因上文而誤書耳。既曰戴戴、𨇰𨇰爲秩秩矣，又曰讀若詩『威儀袟袟』，豈非衣旁、禾旁相似而誤乎？以凡夫酷尊許氏者而猶不信，況今日哉！駢書彙抄，恐誤後人，故表之。唐儒學傳序『閶闔秩秩』，黄公紹引作『閶闔秋秋』，今亦將以『秋秋』列秩秩條乎？九經考異止載戴戴，而不載𨇰𨇰、袟袟。敬甫引『戜戜大猷』，則臆説也。

沛沛，猶怖怖也。升菴引説文引白華詩『視我怖怖』，即邁邁。今按：説文無白華字，而韓詩亦作『視我怖怖』，或以爲逸詩。然怖與邁近，其寔邁邁雋永，狀去去而不相顧也。漢王符自敘贊曰：『曆數冉冉，庚辛或際，雖懼終徂，愚猶沛沛。』即怖怖也，或解爲詩經『胡不旆旆』之旆，猶國策之『心摇摇如懸旌也』。旌旌猶旆旆也，王褒九懷：『過萬里兮旌旌。』

䅐䅐、穲穲、蘺蘺，因離離而設也。問奇廣引離離、穲穲爲一，蓋因『彼黍離離』。韻會載説文引詩『禾黍穲穲』，今説文無此字。王伯厚亦謂説文引詩『穲穲』。孫愐收『䅐』，云『䅐䅐，黍稷行列也』；而『穲』字下，則曰『長沙人謂禾二把曰穲』。此或見別本，亦或古人誤，不可不詳考。如升菴言説文引『四牡鸒鸒』，抄詩考耳。今止有鸒無鸒，或別載，當考之。陳氏考異又言説文作『穲穲』，而不載孫愐之『䅐䅐』、伯厚之『穲穲』。

墨墨、嚜嚜、默默、脈脈。屈原曰：『于嗟墨墨。』戰國策曰：『墨墨之化。』匡衡傳：『嚜嚜不自安。』十九首『脈脈不得語』，或作脉脉。

皞皞、翯翯、皓皓、皜皜、顥顥、灝灝、昦昦。上林賦：『翯翯乎滈滈。』楚辭：『太白顥顥。』詩：『白石皓皓。』古多通用，皆上聲，今或去聲。又因昦作昊，至皞从日从皋，俗用皋久，故加白作皞，誤矣。

矻矻、仡仡，猶搰搰也，與汲汲、劼劼通轉。矻，屰訖、苦忽二切，多石不夷也。漢書王褒傳『終日矻矻』，言用力狀也。説文：『馬行仡仡』，引詩『崇墉圪圪』。書曰『仡仡勇夫』，仡仡亦言用力勇貌，聲固相通耳。言凝立不動之狀，曰屹，或曰嶷，嶷亦魚力切，皆此聲也。矻之有苦忽切者，則又與搰通。莊子曰『搰搰然用力甚多』，郭象曰『用力貌』，古忽切。吳語曰：『狐埋而狐搰之。』韋昭曰：『發也。』則與掘同。又作搯，篆作[篆文]。荀子曰：『太古薄葬，故不搯。』楊倞曰：『穿也。』呂覽曰：『水之性清，土者搯之。』高誘曰：『濁亂也。』若韓退之諍臣論『孜孜矻矻』，韻會以爲楊子『禹、湯、文、武汲汲』之汲，未知是否。又韓文『人皆劫劫』，智謂此劫劫，乃汲汲之意。説文：『欲去，以力脅之曰劫。』退之深于古而好古，嘗自以意用之；而闇有古意，然吾不願人學其臆造也。柳州『仡仡還環』，正用力貌。坡公御試策曰：『矻矻乎難入。』或以爲岌岌，危貌，蓋亦言其費力無用也。升菴于『搰搰』下，又列『圣圣』，此字無用之者，不過因月韻中有圣字。汝穎謂致力于地曰圣，从又从土。則因而重之。若然則同音同義，有勖字、扫字，何不曰勖勖、扫扫乎？大凡字書奇字無連文，經傳子史未用，則多是俗所累別增加者，用自不必。

懤懤、怞怞。　九懷：『永余思兮怞怞』，又楚辭：『懼吾心兮懤懤』，音抽，憂也。皆從中心，且妯生意。

怦怦，當如㦬㦬。九歌：『心怦怦兮。』評直，心急也，中直也。曼倩七諫：『比干恲恲兮。』靈樞經曰：『㦬腹憹痛』，㦬音烹。恲亦以普耕切怦。

躬躬，猶鞠鞠也。史記魯世家：『躬躬如畏』，即謹懾之意，音窮。故平水韻增有窮字，『曲鞠也。』本因躬字，音窮。又曰『與㑋通』，則北人讀曲爲平耳，寔則曲鞠之狀。子厚佩韋賦：『退躬躬而莫服。』升菴字説亦作躬躬，複矣。音去聲，則依劉淵之音也。智謂並不必音窮，而況去聲乎。趙德甫言令狐先廟碑，劉禹錫撰碑本有『躬若奉盈』。弘家本作『躬躬若奉盈』，韓道昭訛作『𨈺𨈺』〔八〕。

沇沇，猶原原也。沇沇，水流貌。集韻作渷，古作沿。漢郊祀歌『沇沇四塞』，蘇氏引作『允允』。文選『沇沇溶溶』，孟堅『原原本本』。學問如水之源，木之本也。孟子『原原而來』，説文引作『謜謜』。姚孝寧説猶『沿沿而來』。

娖娖，一作齪齪、𪘨𪘨。漢書言陶青、劉含等『𪘨𪘨廉謹，備員而已』。史記作『娖娖然』。貨殖傳復言『鄒魯𪘨𪘨』，乃以分用見奇邪。文中子『齪齪焉自保』，音測角切，齒相近聲。

娖，辯也。酈食其傳：『握齱好荷禮。』注：『荷與苛同，急促也。』齱音與躖同，義亦躖躖之意。急促二字，不足以盡之。今江北、江左鄉語，皆以握齱二字之音，爲俗垢塵濁之稱。或曰躖躖从蹙蹙來。龍龕曰：『娖，本作竦，或作𡠟、婕。』使好奇者，又將列𡠟𡠟、婕婕矣。

狠狠，猶款款也。款款，一作欵欵、歀歀。謱謱，猶慺慺也。款款，通爲灌灌、懽懽之聲。劉向傳：『狠狠欲奸死亡之誅』，注：『誠款意。』詩注：『灌灌，猶款款也。』狠即懇字，俗或作懇。記曰：『頎乎其至也』，亦音狠，意亦正同。頎本音渠衣切。説文箋引『悃悃歀歀』，即款款。庾亮表：『悾悾屢陳丹款』，悾悾，誠也。慺慺，龍珠切，悦也，一曰慺慺，恭謹貌。楊賜傳『伯獻慺慺』注：『音力侯切，猶言竭其狠狠款款也。』又有用縷縷者，亦覼縷之意也。覼本作覶，音羅，柳子厚嘗用之。説文有『謰謱，拏也』。謱亦力侯切，謱謱，語不休也。謱覶，語煩也。管子：『婁婁然不忍水旱』，言歷歷也。爾雅：『懽懽愮愮，憂無告也。』疏引『老夫灌灌』。毛傳云：『灌灌，猶款款也。』灌、懽音義同，俗作欵，誤。

慅慅、慅慅、草草、操操。詩『勞人草草』，京山謂即慅慅、懆懆。智按：詩異同補遺引巷伯『草草』，作慅慅。而『念子懆懆』，亦通慘慘。抑篇『我心慘慘』，五經文字引『我心懆懆』，蓋即一聲也。京山未引諸證，故爲廣之。然草草二字，終以如字爲有怨歎。此乃漢人分別增造者，猶洞簫賦加心作愺字也。又按：考異『慘慘劬勞』，陸本一作操操，益知古从喿與从參通。

衎衎、侃侃、偘偘。唐薛延陀傳：『偘偘不干虛譽』，與侃侃同。南史『羊偘』即侃字。後漢樊宏傳：『樊準每讌會，則論難衎衎。』注：『和樂貌。』袁安傳『誾誾衎衎』。蜀志楊戲贊費賓伯：『當官理任，衎衎辯舉。』並與侃侃同。前書『張子高衎衎』，亦是此意。蓋敞任職，本侃侃也。又按：唐韻侃、衎二字，同收旱韻。侃，强也，又侃侃訓和樂貌，可知古爲一矣。京山又以『坎坎鼓我』，亦和樂也，則竷竷、欿欿並可合。

蔚蔚、鬱鬱、菀菀。仲長統昌言：『彼之蔚蔚，皆匈詈腹詛，幸我之不成。』注：『即鬱。』十九首『鬱鬱園中柳』，古本作『菀菀』。楊氏引『洛中何菀菀』。蓋詩『有菀者柳』『菀結』，荀子『宛喝』。管子『鬱下』，班氏序傳『蔚爲詞宗』，淮南『五藏無蔚氣』，皆讀鬱字。易林：『域域牧牧，憂和相伴。』猶鬱鬱、穆穆也。

曀曀、壇壇、翳翳。晏子：『星之昭昭，不如月之曀曀。』與文選張協詩『翳翳結繁陰，森森散雨足』同。董氏解詩曰：『壇壇其陰』，天陰塵也。説文亦引『壇壇其陰』。

秾秾、洸洸，皆本光光。泰和鐘銘：『其音秾秾，雝雝孔煌。』此言其聲之大也。詩言『武夫洸洸』，言其狀多而動容也。韻會以爲當作僙僙。集韻或作恍，或作趪。鹽鐵論引詩『武夫潢潢』。平子賦『猛簴趪趪』。郭憲：『語曰「關東觥觥郭子横」。』此正與趪趪、僙僙通。以觥即古周禮之觵字，古庚皆陽韻也。方子謙小補載史記優旃曰『漆城光光』，升菴亦引史記『漆城光光』，音曠。又引後漢書『天下光光劉子相』，選詩『光光大使』，古樂府『月明光光星欲墮』，蘇氏亦引『漆城光光』。智按：史記監本皆作『漆城蕩蕩，寇來不能上』。絶無作光光者，豈所見異本，或類書誤引邪？謂光光有去聲則可。

廣廣、曠曠、廣廣。漢書燕王歌『横術何廣廣兮』，注：音曠。莊二十八年『狄之廣莫』，注：『狄人曠絶之地。』洛陽廣莫門取廣莫風，言曠漠也。説文：『廣，廣也，大也。』湛若作廣廣。淮南曰：『將軍之心，滔滔如春，曠曠如夏，湫漻如秋，典凝如冬。』曠音壙，或作廣。前書光帝紀『衆僚久廣』〔九〕，師古曰：『空也。』古曠字，亦通作壙。武帝賦『託沈陰以壙久』，韋玄成賦『五世壙僚』，荀子『敬謀無壙』。又通作廣，前五行志『師出過時兹用廣』，荀子『人主胡不廣然』，注：『讀若曠。』

鑿鑿，猶言齒齒也。凡有鑿可枘之處，與齟齬之狀，皆名爲齒。鑿或音造，莊子音槽，古人常並言，如習鑿齒，取以爲名是也。退之柳碑：『白石齒齒。』劉勰引録圖曰：『嘽嘽嗃嗃，紛紛雉雉』，猶齒齒也。古讀雉上聲，而嗃字字書音翯，與闔嗝同。此疑爲碣字，碣古毁字也。又按：楊子『孔子雉噫』注：『雉噫，猶歌歎之聲。』梁鴻五噫，字可平可去。雉與嗃，皆形容其聲。緯書雖僞造，然可以察漢人之方言，以證古音之轉變，故載之。

頊頊、旭旭。莊子：『子貢卑陬失色，頊頊然不自得，行三十里而後愈。』頊頊一本作旭旭。説文：『頭頊頊，謹貌。』黄公紹曰：『旭旭，驕蹇貌。通作頊。』今頊爲敬謹，則與驕蹇相去遠矣，此當取其聲貌也。子雲：『嘻嘻旭旭』，正狀讙合之聲。頊頊則言其貌也。輕其聲爲旭旭，重其聲爲屬屬，禮記『洞洞屬屬』是也。淮南作『洞洞灟灟』，高誘曰：『洞音同，灟音钃。』

軒軒，猶言僊僊也。莊子：『僊僊乎歸矣。』説苑：『辨哉士乎，僊僊者乎。』詩『屢舞僊僊』，注：『僊僊，軒舉也。』内經：『軒軒儲儲。』莊子：『軒軒然笑。』淮南子曰：『軒軒然方迎風而舞。』蘇弘家引世説：『軒軒韶舉。』李白：『軒軒霞舉。』凡夫曰：『疊字曰軒軒，本當用仚仚，又溷讀僊僊。』不知軒軒古與僊僊聲近，而義則軒軒者，如車前之軒軒昂昂然也。然古讀僊僊，當如軒軒。弱侯以大人賦『僊僊有凌雲之氣』，讀爲飄，飄、僊古通用。智謂此未必然，蓋『翩僊』翩字，與飄字相轉有之耳。柳答問用『躩躩』。

懇懇，即與與，通爲于于、吾吾。因而有成行之魚魚、衙衙。敘傳曰『長倩懊懊』，弋於切。説文作懇，余吕切，趣步懇懇也。丁度作忢，故駢字有『忢忢』。黄公紹曰：『與與如也，舒也，威儀適中也。』玉篇曰：『謹謹貌。』智謂懊懊，舒徐有餘之貌。郊祀歌『㪅與萬物』，言開舒也。『黍稷與與』，平聲，謂其舒而有餘也。其聲則與于于、魚魚、衙衙相通。莊子：『其臥徐徐，其覺于于。』注：『自足貌。』又行貌，韓文：『于于然而來。』通作吾吾，因行貌而成行列者，謂之魚魚、衙衙。左傳曰：『暇豫之吾吾，不如烏烏。』則于于之意也。九辨曰：『通飛廉之衙衙』，則謂成行也。故退之用魚魚，皇甫湜爲元次山作詩曰：『石屏立衙衙，溪口楊素瀨。』説文曰：『芋，猶吁，吁，驚辭也。』亦从此聲。

槃槃，猶般般也。　晉語曰：『大才槃槃謝家安。』謂其般般也。古言班班，今言般般。禮記通解曰：弁，猶槃槃然。

嗛嗛，猶慊慊也。　晉語曰：『嗛嗛之德，不足就也。』嗛嗛，上聲，少之也。後漢志：桓帝時『尾畢逋』之謡云：『以錢爲室金爲堂，石上慊慊舂黄粱。』言永樂太后好聚金錢，慊慊常若不足。漢志『合于易之嗛嗛』，則謙謙矣。

姁姁，即嘔嘔、呴呴、煦煦。　吕覽諭大篇：『燕雀處堂，子母姁姁。』務大篇又曰『區區相樂』，注：『即呴呴。』漢書韓信傳『言語姁姁』，史記作『嘔嘔』。東方傳『愉愉呴呴』，與禮記『煦嫗』之煦同。易林：『候時煦煦。』吴志注：『魏三公奏孫權少蒙翼卵呴伏之恩。』呴與呴同。子厚與顧十郎書：『蜂附蟻合，煦煦趄趄。』

澤澤、釋釋、郝郝。　詩『其耕澤澤』，注：『猶釋釋也。』爾雅『郝郝』，注引此詩。郝从赤，故音近之，澤有鐸音，郝亦近之，古人無往不通也。

彌彌，言甚甚也。楊震傳『彌彌滋甚』，注：『彌彌猶稍稍。』韋孟在鄒詩：『彌彌其失，岌岌其國。』智謂彌彌言益甚也。穀梁傳爰婁傳：『君子聞之曰：夫甚甚之辭焉。』

適適，猶怴怴也。莊子：『適適然驚，規規然自失也。』顏氏家訓曰：『卜得惡卦，反令怴怴。』音適，愓也。此字別無所見，須知即莊子之適適，借聲用之。

𥈄𥈄、宀宀、䁯䁯。說文：『𥈄，目旁薄緻宀宀也。』武延切。𥈄字：『𥈄𥈄不見也。』聲義皆同。別本遂有矈矈。韻會音䁯。集韻作矏矏。或作䁯，通作䁯。大招曰：『靡顏膩理，遺視矊些。』方言曰：『䁯瞳之子曰矊。』戴氏引作『䁯䁯』。郭璞曰：『矊，邈也。』與䁯同。

睍睍，猶睽睽也，或作瞯瞯，轉作睆睆、暉暉。荀子曰：『學者之見，睍睍然。』即莊子之『規規』，韓文之『睽睽』也。規从見，已有目意。裴松之論郭修：『規規然糜身於非所。』亦謂小見也。睽睽，今音匱。張目貌。易林曰：『六目睽睽。』退之曰：『萬目睽睽。』章黼韻作『䁯䁯』，一作睍。唐韻睍去聲，凡兩見。而紙韻有瞯，火癸切，則阮籍莊論之『奕奕然步，瞯瞯然視』也〔一〇〕。莊子：『睆睆然在纆繳之中。』睆睆，窮視貌。暉暉，大出目。九峯問禾山遠來，暉暉音衮。隨衆，即睆睆一聲也。凡目周章曰睢睢，張目望視曰盱盱，恨視曰眄眄。下計切。淮南曰：『其行蹎蹎，其視瞑瞑，臥倨倨，興眄眄。』眄即眄。瞑瞑，侗然得和也。文選：『目矎矎而喪精。』即夐加目，上聲。韋孟曰：『睮睮諂夫。』睮睮，諂視也。

眐眐，猶瞪瞪也。楚辭：『魂眐眐以寄獨兮。』孫愐庚韻收眐，獨視貌。其寔即瞪瞪。莊子『瞠若』，漢書趙后傳曰『瞠也』，皆丑庚切，直視貌。與瞪訓同。韻會又作瞠。上林曰『留視瞠眙』，注：『直視貌。』湛若載瞠瞠瞋瞋。

練練之聲，因于爛爛其義則以練狀之。江淹麗色賦：『色練練而欲奪。』吳均詩：『練練坡中月。』杜詩：『練練峯上雪。』此言其白而艷也，聲本于爛爛。古樂府：『東方欲明星爛爛。』古漣亦爲瀾，欄亦音楝，連石音爛石。外其聲則爲燦爛，内其聲則爲瀲灧。

恂恂、逡逡、遜遜。祝睦碑云：『鄉黨逡逡。』劉修碑云：『鄉黨遜遜如也。』史記：『李將軍悛悛如鄙人』，漢書作『恂恂』。唐人用『循循』。李膺傳注引『夫子恂恂然善誘人』。可徵通用。

蕩蕩、湯湯、盪盪、惕惕。四書考異：魯論作『君子坦湯湯』。凡夫據説文作『蕩蕩』。古湯、蕩、盪通。漢天文志：『四星若合，是謂大湯。』即盪。詩：『蕩蕩上帝。』爾雅：『版版盪盪，僻也。』注引此詩，謂『邪辟亂濁』。鄭熊番禺記：『堉先飲一杯，曰盪風。』音湯。隋大業末童謡：『上山喫鹿獐，下山喫牛羊。忽聞官軍至，提刀向前盪。』則通音古矣。

愈愈、庾庾、瘐瘐。詩異同補遺載正月『憂心愈愈』作『瘐瘐』，不詳所出。按爾雅：『瘐瘐，病也。』注引此詩。今見陳氏引爾雅『庾庾』。按：説文有瘉，徐鉉曰：『今作愈，非。』而説文又引周書『有疾不愈』，愈謂瘳也。交相爲瘉，豈得爲瘳？至『憂心愈愈』，本謂甚甚也。爾雅有後人增者，見愈爲憂病，即作瘐字，而傳者或省作庾耳。鬱儀曰：『愈乃古豫字。』

赫赫、燚燚、焱焱。『赫赫宗周』，考異引讀詩記作『燚燚』。智按：鄺氏依説文作『焱焱』。易林『赫赫』，則嚇嚇也。郎顗傳引『赫赫王命』，考異曰：『即肅肅。』説郛嬾眞子：『漢大守菻菻』，即赫赫。

泥泥、苨苨，柅柅。　文選『總莖柅柅』，注引『維葉柅柅』，張揖作苨苨。

淠淠，一作滭滭。　韓詩外傳作『萑葦滭滭』，周氏本引，其畀从𢍏，而與𢍏混邪？

平平、便便、辯辯。　采薇詩『平平左右』〔一二〕，左傳引作『便蕃』，韓詩作『便便』。京山曰：論語『便便言』，即辯辯言。尚書『平章』作『辯章』。『剝牀以辨』，牀面版，與平同。漢武紀『便門橋』，即平門，古音通也。

斷斷、詔詔。　斷从㡭、斤。詔古文，㔁亦古文，从㠯，㠯古文叀字。周書曰『詔詔猗』，集韻作斵。伯厚引作『詔詔』。至九思曰『鹿蹊兮𨇤𨇤』，則曈曈也，有短儻二音。辛泉曰：詔，旨究切。朱氏以爲剸字。蓋古專、耑相通，而耑又轉通斷也。

綏綏，通作夂夂、隨隨。　『有狐綏綏』，齊詩作夂夂，解見下方。内經『隨隨然』，亦夂夂之音義也。

㞜㞜、夎夎，當作屐屐，通聲爲嬰嬰、謖謖、肅肅、蹜蹜、宿宿、粟粟。　説文：「屐，行屐屐也。讀若僕。」义卜切。　蓋即嬰嬰之聲也。　俱从夂夂來。　夂，楚危切，本訓「行遲曳夂夂，象人兩脛有所躧也」。　世説「謖謖如松下風」，與肅肅通。　儀禮「尸謖」，謂神去尸起也。　有收縮、疾速兩義。　屐字轉形即夋字，古未見有用屐者。　説文蓋以此當蹜蹜，玉藻：「舉前曳踵，蹜蹜如也。」馬作「宿宿」。　易林「有頭無目，赫赫粟粟」，與縮縮同。　六書總要：「屐音嬙，行㞜㞜而遲也，小篆作㞜。　梅氏音局。」升菴引「屐屐」，音僕。　明是説文之「屐」，又載「夎夎，行迅也，與夙同」。　按：「屐」見唐韻，即老子之「峻」，而説文作「朘」，乃董仲舒之「日朘月削」，孟康音「揎」者也。　大氐字書疑揣傳訛，一字當作數字，升菴瞥見，即引之，豈暇辨哉？

翩翩、篇篇、偏偏。　泰卦「翩翩」，陸德明釋文作「篇篇」，子夏傳作「翩翩」，向本同，云「輕舉貌」。　古文作「偏偏」。

徐徐、荼荼、余余。　子夏易傳困卦作『來荼荼』，王肅作『余余』。釋文：『徐徐，疑懼貌。馬云：安行。』

疊疊、轠轠、叠叠。　易林曰：『輷輷轠轠，歲莫編敝。』又曰：『疊疊累累。』蘇頌言『荳蔻花，叠叠作朵不散』。俗从省文宜，作宜也。鄘氏作曡曡，此因古文奇字作曡。楊雄作疊，魏氏作品，吳氏作厽，足徵象形通義耳。畾、厽爲累，◎◎◎爲晶星，或云▽爲疊。俱不必用。

昂昂、仰仰、卬卬、盎盎。　周禮保氏注引『軍旅之容，闞闞仰仰』。即卜居之『昂昂』。韓詩外傳用『盎盎然』，亦是昂昂。卷阿詩作『卬卬』。

都都俞俞、顒顒項項、裴裴回回、馮馮翊翊、烟烟熅熅、萋萋且且、岐岐嶷嶷、町町曈曈、婆婆娑娑、猶猶與與、卓卓犖犖、掣掣曳曳、剥剥啄啄、文文章章，皆可因成語而重之。　齊侯鎛鐘銘釋文：『外内開闢，都都俞俞。』又齊鈇鎬鐘銘亦有『内外傳詞，都都俞俞』之文。篆作[illegible]，將楷作戠戠礜礜邪？　此古人因『都俞』而叠用之者也。　說文訓『顒』『項』字：『頭顒顒謹貌』，『頭項項謹貌』。　後如關尹子以裴回作『裴裴回回』。　韓詩外傳以馮翊作『馮馮翊翊』。班固以絪緼用『烟烟煴煴』，故升菴亦造『奞奞奄奄』。詩箋疏以萋且作『萋萋且且』，則以岐嶷作『岐岐嶷嶷』。王充論衡有『町町如荆軻之廬』，石鼓文『原隰既垣，疆理疃疃』，則町疃亦可疊用。黄庭經『金鈴朱帶坐婆娑』，文選『修初服之娑娑』，則婆娑亦可疊用。淮南兵略訓：『擊其猶猶，陵其與與。』史記：『此其犖犖大者。』楚詞用『卓卓』。唐陳京傳：『卓卓特異，則卓犖可疊用。』海賦曰：『或掣掣曳曳于倮人之國。』韓退之剥啄行用『剥剥啄啄』。樊紹述絳守園池記用『文文章章』。王建夢看梨花雲歌云：『薄薄落落霧不分。』皆成語而疊之。

蠡蠡、負負、忍忍、變變、驅驅、起起、報報、復復、具具、色色、味味，非疊其聲而形容之也。管子曰：『心之所慮，非特知于蠡蠡也。』言蠡而又蠡也。後漢張步荅蘇茂曰『負負無可言者』，負而又負也。後漢崔琦傳『情懷忍忍』，言忍之又忍也。王令言曰『變變』。韓詩外傳：孔子曰『驅驅』。鄭玄夢孔子告之曰『起起』，猶唯唯否否也。巴志曰：『漢桓時，郡守貪，國人刺之曰：「錢錢何難得，令我獨憔悴。」又曰：「温温亂國民，業業仰前修。」』錢錢重呼之，温温重祝之耳。墨子曰：『報報之反，墨墨之化。』言此報彼，而彼又報此也。匡衡傳：『所更或不可行，而復復之。』注：『下復，扶目反。』馬永卿曰：『中興頌云「復復指期」，非謂復兩京。用二復字也。』荀子曰：『具具而王，具具而霸。』言具其所具也。列子『有色色味味者』，言有所以爲色味者，重玄也。三略：『世能祖祖，鮮能下下。』言祖其祖也。升菴云：『司馬法：驕驕、懾懾，人人、正正，辭辭、火火：不知何解。』智按：一火與一火，猶之人其人也，軍法十人爲火，有火長。

溱溱漉漉，汗出也。厭厭聶聶，脈澀而足也。招招，迢迢也。喘喘累累，言其寔也。責責辟辟，急也。瞀瞀，滑也。憎憎，動也。烏烏稷稷，言氣至而應也。俱見內經：累累如循琅玕，曰心平。厭厭聶聶如落榆莢，曰肺平。耎弱招招，如揭長竿末稍，曰肝平。如雞踐地曰脾平。喘喘累累如鈎，按之益堅，曰腎平。其眞肝脈至，責責然如刃，眞腎脈至，辟辟然如彈石。眞心脈至，如循薏苡子，眞肺脈至，如似毛羽中人。眞脾脈至，弱而乍數乍疏是也。肺腎脾毛折乃死。診以平旦，經脈未盛，絡脈調匀，定息五動，曰平人。又曰：『見其烏烏，氣至也。見其稷稷，氣應也。』此言九鍼也。又曰：『木形，則佗佗然、遺遺然、隨隨然、推推然、括括然。火形則核核然、肌肌然、慆慆然、鮫鮫然、頤頤然。土形則敦敦然、婉婉然、吹吹然、樞樞然、兀兀然。金形則錞錞然、廉廉然、脱脱然、監監然、嚴嚴然。水形則延延然、頰頰然、紆紆然、絜絜然、安安然。』又曰：『太陰之人，其狀黮黮然黑色，念然下意，臨臨然長大，膕然末僂。少陰之人，其狀清然竊然。太陽之人，其狀軒軒儲儲。陰陽和平之人，其狀委委然、隨隨然、顒顒然、愉愉然、𣉙𣉙然、豆豆然，衆人皆曰君子。』此黄帝時之疊聲，是疊字最初法也。或曰靈樞果黄帝言乎？然爲秦漢前筆明矣。

儻儻，猶儃儃也。迭迭，猶軼軼也。旬旬，言聚而視也。逃逃，言驚而獝也。茁茁，言乙軋之速也。停停，言樸遬不長也。關尹子曰：『心儻儻，物迭迭。鳥獸俄旬旬，俄逃逃。草木俄茁茁，俄停停。』舊説牽晦，蓋言心自適而物往來，忽静忽動、忽疾忽遲之貌，皆聽其自然也。此雖僞書，然見前人用字法。智按：旬本是旬，即眴字。如荀子：『綴綴然，瞀瞀然，是子弟之容也。儢儢然，離離然，瞞瞞然，瞑瞑然，是學者之嵬也。』子書善用疊聲，宗吾本末引，當補之。

員員，言頭暈也；岑岑，指其痛上顛頂也。内經『頭痛員員』，正謂作暈，故今人言頭懸。漢書：『許皇后曰：「我頭岑岑。」』謂顛頂上痛，以岑字狀之。子美伏枕詩『行藥病涔涔』，用此加水。

大大，猶夫夫，乃古篆借用也。秦碑、斯篆，大夫作大大，彦遠、德甫曰：『古文相似者則借之，猶禮記之夫夫也。』太玄用『赤子扶扶』，讀如夫夫，則以幼小相扶起義。

欠欠款款，气也。通俗文曰：『張口運氣，謂之欠款。』詩終風注：『嚏作款。』今俗云欠欠款款。款或作呿，莊子曰『呿而不合』。

納納，包容也。說文：『絲溼，納納也。』裴遜之詩『納納如海流』，杜詩『納納乾坤大』，正取諸此。然劉子政九歎曰：『裳襜襜而含風，衣納納而掩露。』蓋謂其縫絨納納，何必言絲溼乎？叔重在子政後二百餘年，當以子政爲是。漸子曰：直可省作内内。通作吶吶。

邴邴、崔崔，言喜而不能止也。文成張本莊子大宗師篇：『邴邴乎其似喜也，崔崔乎其不得已也。』邴，地名，當是倆倆。崔，猶催也。倆，古仿字。左傳『祊』，公穀作『邴』。會于防，公羊亦作『邴』。可證从方从丙，古有通音。丙指南方火位也，吳氏作㔷。

悢悢，猶眷眷也。悢，力仗切。後漢陳蕃傳：『天之于漢，悢悢不已。』韻略：『悢悢，悲也，又眷眷也。』抱朴子：『黄髮終否而不悢悢也。』按：河梁詩『悢悢不能辭』，有含語難吐之意。五臣本陸機表：『不能不悢悢。』韋左司詩：『還當守故扃，悢悢乖幽素。』問奇廣又載悢悢、惓惓，則抄升菴。升菴以集韻又作『悢』『惓』，而重之耳。小明『睠睠懷顧』，文選注引作『眷眷』。洛神賦：『執眷眷之款實。』

昔昔，夜夜也。列子：『昔昔夢爲國君。』樂府有昔昔鹽曲，即勞勞渚也。昔爲夜，故爲往昔之義曰通昔，曰在昔、疇昔是也。昔篆作㫺，乾肉也，上取諸肉，从日以晞之，借爲古昔之昔。又曰昔、夕同聲，義亦同，當通作夕。

曾曾，猶言伶伶也，本通層層。許冲後敘自言『曾曾小子』。吾氏賦『曾曾撓波』，則爲層層。相如賦『坌入曾宫』，子雲用『增宫』。蓋因層而有增義，曾象層也，借爲助詞。許氏未知而傳其説。

生生，猶進進也。孔安國注『生生』曰『進進于善』，又曰『進進皆自用功德』。按：説文『生』字訓曰『進也』，則孔正與許合。

折折，矩折之容也。　禮記『吉事欲其折折爾』，舊注：『音提提』，因『好人媞媞』而附會之。此蓋言磬折威儀、從容盤辟之容也。　淮南子『矩折之容』，言方步迂緩也。　管子內業篇：『折折乎如在于側，忽忽乎如將不得。』亦以媞媞解之乎？　而轉注略復收『折』于齊韻，則並非注疏之音矣。

鼕鼕淵淵，簡簡坎坎、逢逢咽咽、鼜鼜堂堂，鼓聲也。　隆隆，即鼕鼕。　淵淵本作鼘鼘、困困，因作鼝鼝。　咽咽因作鼘鼘。　逢逢作韸韸、鼟鼟。　坎坎本作竷竷，通作欿欿。　秦女休篇：『鼕鼕擊鼓赦書下。』至今各處方言呼之徒冬切。　說文：『隆，鼓聲也。』徒冬切。　孫愐作『鼕』，二冬有『韸』。　集韻『鼟鼟擊』。　說文引詩『竷竷鼓我』。　靈樞經：『鼜鼜然不堅。』唐有『側堂堂、撓堂堂』之曲，皆鼓聲。　堂與鏜通，音湯。　文選『闉鞈』是也。　淵淵、咽咽、逢逢、堂堂，皆狀鼓聲。　或分簡簡坎坎，爲擊鼓外緣之聲。　詩異同補遺引『欿欿伐輪』。　總皆假借，以形容其聲。

鳳鳳、熊熊、鶴鶴、鹿鹿、魚魚、雅雅，皆借物物而狀之。　山海經：『南望崑崙，其光熊熊，其氣魂魂。」魂魂猶營營，解見身體類。升菴引牟子曰：「鳳鳳列敘，蒼蒼舛度。」鳳鳳，讀梵梵。通史繳大鳳于青丘，音梵。謂鳳字，當从馬作颿，太怪，亦當作颿。吳越春秋：「越王夫人歌「颿颿兮獨往」。」白鳥鶴鶴，狀其色也。鹿鹿，狀其蹝蹝也。退之文：「魚魚雅雅，行成陳也。」蓋因鐃歌朱鷺「魚以烏」，烏與鴉一聲，雅即鴉字，又本衙衙吾吾之音，以合之。故雖杜撰，而直同爾雅。如法言之「儀儀師師」，即以威儀師表，狀麟鳳也。

以鱗鱗狀鱗次，猶儼儼之狀鬣起也。鬣鬣言分張，毅毅言樹立也。九歌曰：「魚鱗鱗兮媵予。」鮑昭詩：「鱗鱗夕雲起，獵獵曉風遒。」説文：「長壯儼儼也」，引「長儼者相」。今文爲鬣，又訓髮鬣鬣。字林：「髮鬣鬣也。」石鼓文「邋邋」，即躐躐也。日者傳「獵纓」，言馬鬣分張也。崔駰達旨作「擸纓」，注：「持也。」非矣。筆乘載瓢本漢書述云：「淮陰毅毅，仗劍周章。」毅毅本于豙，毛怒樹也。

蟫蟫蝡蝡，狀其動也。馬融廣成頌「蝡蝡蟫蟫」，物動貌。蟫，蠹書蛃魚也。馬懷素傳：「文籍盈漫，炱朽蟫斷。」蟫音淫。説文：「冘淫淫，行貌。」今用蟫蟫，與淫淫同。蝡音耎，即軟字。淮南子曰：「藜藿之生，蝡蝡然日數寸。」北魏呼柔然爲蠕蠕，即蝡蝡。北齊書作「茹茹』。唐褚遂良傳：『芮芮興，突厥亡。』茹茹、芮芮，即蠕蠕。

獿獿、獜獜、猲猲、獷獷，以犬狀之也。説文『獜獜』引『盧令令』。猲，犬猲猲而附人也。南楚相驚曰猲，讀若愬，式略切。獷，犬獷獷不可附也，古猛切。獿，犬獿獿咳吠也，女交切。用此者，班固敍傳曰：『獷獷亡秦，滅我聖文。』

瀌瀌，一作麃麃、爊爊、駓駓、伾伾、騃騃。俟俟，一作騃騃、駿駿。考異陸作麃，一作爊。説文作伾。馬融傳注作駓。韓詩作駓駓駿駿。智按：薛君章句作騃騃騃騃。駿，恐騃之訛。

秋秋，蹌蹌之轉聲也。子雲賦『秋秋蹌蹌』，以聲得之。猶之鏘鏘、將將、瑲瑲、鎗鎗、鶬鶬，皆鸞玉之聲也。説文引書『鳥獸牄牄』，引詩『管磬斃斃』，文選注引詩『應門將將』，考異却未引及。荀子『鳳凰秋秋』，注：『猶蹌蹌。』公紹引唐儒學傳敍『闔闔秋秋』，亦此意也，送其聲爲啾啾。今按：監本唐書作『闔闔秩秩』。

嘊嘊，牙牙也。管子：『齊人東郭謠曰：「東郭有犬嘊嘊，日夕欲噬我猳。」西郭、北郭重言之。』嘊嘊即牙牙，音義皆同。曹爽傳臺中三狗謠：『二狗崖柴不可當。』崖柴，音牙叉。司空圖文：『女則牙牙學語，男則雁雁成行。』此牙牙猶鴉鴉，言其聲也。

跦跦、几几。左傳『鸜鵒跦跦』，其字正合說文之『乁』，曰『鳥之短羽飛乁乁也』。孫愐收作『几』。俗多混几，故用『殳殳』。淮南作『跛跛』。

朱朱，猶喌喌也。角角，猶喔喔也。伽藍記曰：『沙門寶公曰：把粟與雞呼朱朱。』猶喌喌。程大昌曰：『紹興中，有詩曰：「呼雞作朱朱，呼犬作盧盧。」古人九與虞有相借者。喌又音祝，故喔喔爲雞聲。』王建詩『城頭山雞鳴角角』，讀如喔喔。退之詩『角角雄雉鳴』，轉注略云：『角音谷。』劉夢得詩：『城中晨雞喔喔鳴。』

關關、唁唁、雚雚。古文奇字曰：『𠁁，古唁字，鳥和鳴唁唁然也。即「關關雎鳩」之關。』湛若曰：『關關或作閔閔，訛也，當是雚雚。』

周周、鵃鵃、喈喈、嘖嘖、嚌嚌、咭咭、啞啞、楂楂，鳥聲也。周周銜羽之鳥，即其聲也，周从口可證。說文：『啁，則嘲也。』爾雅：『行扈喈喈，宵扈嘖嘖。』論語疏：『公冶長知鳥語，喈喈嘖嘖，白蓮水邊，有車覆粟。』則喈喈即節節之聲，嘖嘖即足足之聲也。說文總言雀鳴，而好事者專屬鳳鳴，反陋鳳矣。子建、師古不知鵠爲何鳥，而謂鵠鵠之聲，即咭咭也。鵃鵃，鵃鳴也。班彪北征賦『鵾雞鳴以嚌嚌』，李太白用『啞啞』。用『烏烏啞啞，引弓射之』，樂府也。退之用『烏鳴聲楂楂』，重鴉之聲也。此類甚多。又如鳥獸奇名，蛩蛩、跳兔。禺禺、魚牛。狪狪、秦山獸。蠻蠻、即鶼鶼。羅羅、北海，青獸。生生、欺羽。精精、海獸。鸓鸓、即狒狒。辣辣、秦戲山獸。獙獙、姑逢山獸。濩濩、青丘鳥。鯖鯖、敦水魚。鰼鰼、䴠水魚。鮯鮯魚。之類。神名如林林、央央。人名如七七、八八、同同、小小、青青、好好、田田、錢錢之類，俱不可勝載。至若衣佩之聲容，山野之气色，水泉風雨，花木烟月之間，學者讀書既深，隨意綴之，俱是古人所已用。生千載下，正不必古人不用者，然後用也。石鼓文：趚趚、鱳鱳、獖獖、騝騝、騂騂、僎僎、驐驐，可謂奇僻。其有旁證確釋者，掇拾賦頌可也。入詩古文，能免滯累哉？

說文疊字。頵頵、頭頵頵大也。烏倫切。闔闔、盛皃。灝灝、面瘦淺灝灝也。腆腆、設膳腆腆多也。冐冐、骨閒肉冐冐箸也。餘餘、小頭餘餘也。已恚切。訮訮、諍語訮訮。呼堅切。竱竱、短人立竱竱皃。傍下切。㚉㚉、行不正也。則个切。駠駠、馬怒皃，即今行行如也。吾浪切。琟琟、鳥肥大琟琟也。豸豸、獸長脊，行豸豸然也。池爾切。婡婡、得志婡婡。呼帖切。嫸嫸、女有心嫸嫸。媞媞、小人皃。橢橢、車笭中橢橢器也。徒果切。朵朵、樹木垂朵朵也。丁果切。芮芮、草生皃。而銳切。甬甬、草木華甬甬然。蔽蔽、小草也。必袂切。鈴鈴、雷餘聲鈴鈴，挺出萬物也。朷朷、日始出，光朷朷也。俗作軏，非。其引書『鳥獸牄牄』。引詩『其葉溱溱』『威儀佖佖』『鸞聲鉞鉞』『風雨湝湝』『四牡轀轀』『騯騯』『𩨍人𩨍𩨍』『衣裳䵷䵷』『伐木所所』『壿壿𩟄𩟄』『信誓悬悬』，前列亦多采之，故不具載。若『秩秩』三借，尚屬疑詞。『桃之夭夭』作枖枖，又作媄媄，『赤舄几几』作掔掔，又作巳巳，必有一誤。愉，薄也，引『私覿愉愉如也』，則已誤以媮薄之偷作愉矣。引書曰『來就惎惎』，音忌。此皆前人有者，不敢并。而義相通者，必分之，故往往冗列。其引誤，或後傳寫誤耳，不則與夕惕若夤同病，無疑矣。安知非釋文之『檀車張張』，太平御覽之『簡簡黃鳥』乎？大氏秦焚漢興之時，諸家師傳已異，抄寫又異，分別之學，起而增加。遇『四牡管管』作痯痯，彭彭作騯騯，孟子原原作謜謜，尚桓桓作狟狟，纖纖作攕攕。自左傳引『戰戰矜矜』，漢書引『有車轔轔』『歙歙推推』。韓、薛、釋文、注疏所引異字，皆當時所分別者，許氏取而載之耳，余前論之甚詳。好古汲汲一經，前人手筆，自當存之，以備觀覽。然如『信誓旦旦』，言每旦而信誓也，依說文作㤂㤂，反無意致。凡夫又欲以愓愓改蕩蕩，靦靦改伥伥，驚驚夅夅換兢兢業業，則更不必矣。

捪捪，一作濊濊、薉薉、泧泧。趙凡夫箋說：「濊本作薉，音近豁。」王伯厚載「薉薉」，一作泧泧。

校記

〔一〕湖　漢書揚雄傳作「湘」。

〔二〕蕭　原作「肅」，據刊誤補遺改。

〔三〕傅　原誤作「傳」，據刊誤補遺改。

〔四〕緝　原作「揖」，據上下文意改。

〔五〕諜省作諜　上「諜」字或當作「喋」。

〔六〕説文　據引文，當作「説苑」。

〔七〕威儀袟袟　説文作「威儀秩秩」，引詩假樂「威儀抑抑，德音秩秩」，合二句爲一了。

〔八〕韓　原作「轉」，據方氏重刻本改。

〔九〕光帝紀　據引文，當引自漢書元帝紀。

〔一〇〕莊論　當作「達莊論」。

〔一一〕采薇　據引文，當是「采菽」之誤。

通雅卷之十一

天文 釋天

唐韻有『萸』，古天字。智按：萸、墜字，一也。墜字各書皆載，即漢書用之不一，萸字則未嘗用也。从艸从曳，實與天無義，直是訛傳耳。精六書者，如張有、楊桓、戴侗、周伯琦、趙古則皆載『墜』字而芟『萸』字。升菴索隱、子才精蘊、敬甫總要，載『〓』象乾，而無萸字。朱鬱儀輯古文奇字，詳考六書統，古天字共十四文，而無萸字，已明證爲訛文矣。〓乃本字，後作〓、〓、〓、旡。漢以來變體用之，張平子墓碑作『〓』，說文『从一大』，已非本意矣。惟金石韻府載『萸』，出古老子。智以述異記曰：『瀨鄉石堂有老子篆書道德經，蔡邕于旁以隸書證之。』唐以李姓尊老君，人僞爲之，豈非如近日周易全書之篆文古易乎？又考碧落碑曰『〓〓〓〓』，釋爲『大道莫尊』。咸通十一年庚寅七月朔，鄭丞規奉命釋文。吾鄉徐守和，賞鑑好古士也，藏此本。豈非因本碑後有『〓〓〓〓』，釋爲『昊天不惠』，則前之『萸』字非『天』可知矣。永叔以爲總章三歲李漢爲黃公李訓譔朱晨考。依金石録載唐龍興宮碧落碑，咸亨元年陳惟玉書。永叔云據李璿之言也。以内有『碧落』字，故曰碧落碑。今碑中『□□□□□□』，釋爲『伏願棲禎碧落』，亦與碧落文異。唐潘遠言碧落碑有二本。廣川跋有別本碧落碑。宋吳烱曰：絳州碧落碑篆在石像背，澤州立佛龕西。翰王刺二州也〔一〕。或以爲陳惟正、李湛、李瓘書，不可辨，其字雜出奇怪。守和言『絳州殘缺不堪』，則今所傳者，豈非更刻者耶？金石韻府亦載碧落文，天篆作兲，益知近本之非舊矣。又考宰辟父敦銘，有□□字，釋爲鋚革，此一證也。姑且勿論，即以碧落之兲爲天，則亦不過唐人之好奇者拓拾耳。李陽冰但愛其筆勢，豈重其六書合古哉？自經傳、鍾鼎、漢隸皆無此字，而唐人始爲之，此後惟潛虚用兲字，乃温公門人續成，有意示瓌異如元包耳。又洪武二年，命翰林定官、民書禮儀式，禁革民間名字有先聖賢、大國君臣並『漢』『晉』『唐』『宋』等字。正統十年，進士登科録凡天字皆作兲，云出内閣意。景泰中，幸太學表内閣自爲之，中有『管窺霄』『蠡測海』，蓋亦避天字也。自宋宣和時，禁君、天等八字，非始洪武矣。武則天改𠀑、埊等字，豈兲亦唐制所改，而史不載此細事歟？講求博雅者，向未道破。近見張司業、朱謙甫各著字書，方引『兲』以見博，捃摭之士竄以行文，余故著之。又有引一大爲天、二小爲地者，則何燕泉引姚孝寧之説也。此皆因形借説耳。古天曰神，地曰示，篆从示，象旗，豈从二小乎？謂古天爲汀因切，與神同韻，地與示同韻，則可；而以此立義，則王安石矣。

仄慝，即側匿，言月魄也。　五行志作仄慝。蔡邕曰：『元朔而月見西方，謂之側匿。』説文曰：『朔而月見東方，謂之朒。晦而月見西方，謂之朓。』朓，健行。朒，縮遲。郝氏謂律曆志『贏朒』，蘇竟傳『盈縮』，縮即朒也。以曆法言之，則説文所言朔而月見東方，晦而月見西方，必無此理，乃失曆也。豈太初之疎至此乎？抑許氏之妄説邪？幽通賦『遭罹而贏縮』，吳志聶友與滕胤書『一朝盈縮，人情萬端』，皆借用贏縮字。

昒昕，曶爽也。厭旦，應旦也。　荀子『厭旦于牧之野』，注：『厭，掩也，夜掩于旦。』謂黎明、昧爽也。黎明，亦作邌明，或作犂。昧爽一作曶爽，曶又作昒，班固用昒昕，昒即昧字。周禮『厥明獻賢能』，又曰『質明，弊旗』，詩曰『鄉晨』，皆一義也。詩『明發不寐』，注疏：『从明而至夜，則地闇，至旦而明，則地開發。』此解亦費力矣。蓋言天將明而光發動也。昉，日初明也。大昕，日將出也。申旦，重旦也。　弟子職、對客章『應旦遂行』，正厭旦之義也。

三商，三刻也。　士昏禮：『日入三商爲昏。』公彦曰：『商謂商量。』詩東方未明，注疏云：

『尚書緯謂刻爲商〔二〕。』馬氏曰：『日未出未没，皆二刻半，三商據整數也。』夏文莊蓮華漏銘：『五夜持宵，三商定夕。』蘇子美亦云：『三商而眠，高春而起。』智謂商乃漏箭所刻之處，古以刻鐫爲商，所謂商金、商銀是也。刻漏者，刻其痕以驗水。又有謂三滴省作商者，升菴、弱侯取之。新毗奈耶云：『佛言應作商矩法，取細籌長二尺許，折一頭，四指，竪至日中，度影長短，是謂商矩。』可與商刻之商互證。

矊㬈，晏温也。史記封禪書『至中山矊㬈』，漢書楊雄傳『晏温』，謂日晏而温也。㬈當从日，不當从囚，已詳疑始條。郝氏以爲氤氲之轉，其説亦强。

柳穀，日色也。周禮『翣柳』注引書曰：『分命和仲，度西，曰柳穀。』疏曰濟南伏生書傳：『柳者，諸色所聚，日將没，其色赤，兼有餘色，故云柳穀。』吴虞翻奏鄭氏解尚書，違失古篆，卯字當讀爲丣。古柳、卯同字，而以爲昧。今本作『宅西曰昧谷』，如仲翔之言，則是康成改柳爲昧矣。古篆丣開而丣闔，丣即酉，柳正从丣。仲翔所説，亦未大較也。楊用修引爲『櫝穀』字，穀見説文。淮南言『日入崦嵫，經細柳』，柳非木也。櫝字諸書無及者，多是字海加日作槽，而升菴外集刻作櫝耳，學者不可誤用。

黅天，即黔天。素問：『丹天之氣，經于牛、女。黅天之氣，經于心、尾。』智按說文：『黔，黎也。』巨淹切，又古咸切，黄黑也。當是黅字而别其音。論其原，黔黎，即謂其黄黑色也。黔又音禽，唐韻兩收之。左傳：『邑中之黔，實慰我心。』黔敖，人表作禽敖。又作黚。地名楚有黚陽，蜀黚江，皆可二讀。如肣音禽，又音函。淦可音甘，男、南入侵，簪、潭、潛、湛皆是也。

昴，當作昴。吴澄書經纂言曰〔三〕：『昴音留。在天之西位。字从丣，音莫飽切。』非。詩疏：『昴之爲言留也。』漢志『二十八宿舍』，言陽氣之稽留也。後訛爲昴，便叶音旄。朱氏曰古作曐、𠁁，从丣省。

日仄，因作日昗、日昃、日側、日庂，通作日稷。西狹頌言『劬勞日稷』，用穀梁子『日下稷』之文〔四〕，與堯母碑『日稷不夏』、費鳳碑『乾乾日稷』同。按孟喜本易作『日中則稷』。晁氏曰：『稷，古文昃。』王嗣宗作仄。智以爲音近借用耳。按：說文引易『日庂之離』，鉉曰：『俗作昗，非。』而轉注略與才老韻補仍作日昗。昗乃昃之改體，疑庂亦仄之訛。而考異本又刻作『佰』。既夕禮曰『日側』，注：『側，昳也。』疏謂『日昃』。

倍僪，一作背譎、背穴。呂覽明理篇：『日有鬭蝕，有倍僪。』注：『日旁氣也，在旁反出爲倍，在上反出爲僪。』淮南覽冥訓作『背譎』，漢書天文志作『背穴』。今『泬水』或作『潏水』，可證。

頓于連石，冐呰也。淮南子曰：『頓于連石，是謂下舂。至于悲谷，謂之晡時。』注：『晡音逋。續博物志云：『連當音爛。』今各韻書、字書，皆遺此音。説文瀾或作漣，可知古連、闌音通也。鄰幾雜志曰：『同州民謂連雨爲爛雨。』文選用『東汜、西汜、西流、南流』，皆因濛汜造語。子建用『南流』，謂南陸也。字樣『冐呰』，即晡時。升菴曰：『冐，古餔字，申時也。吏以餔時聽事，申旦政也。』〔五〕

列缺，電光也，陽氣從雲決裂而出，故名列缺。毛晃曰：『電光照處謂之列缺。』服虔曰：『列缺天閃。』易元包曰：『噬嗑列缺搏，礮磹灼。』傳云：『列缺搏，雷之動也。礮磹灼，電之耀也。』楊雄賦：『霹靂列缺，吐火施鞭。』博物志以霹靂爲『劈歷』。張揖謂陵陽子明經云：

『列缺，氣出地二千四百里。』獅山掌録曰：『無厚，東方電名。順流，南方電名。隨光，西方電名。百生樹，北方電名。』此是臆造。仙傳言『天嚳嘘，開口而笑爲電』，則更誕矣。太平廣記：『月支獻獸，兩目如磯磹之炎光。』磯，先念切；磹，徒念切。智謂即閃電之音也，緯略取之，此因元包『磯磹灼』之語。字學指南復收蛃蝀字，加虫可笑。釋文曰：『蜀本易以霆爲電。』

雨霓曰霄，雪花曰霙。今説文止有霄字，升菴且曰：『徐鉉之誤，當作霄，音屑，稷雪也。即今之粒雪。』韓詩薛君章句曰：『霰，霙也。』馮嗣宗引曰：雪花謂之英。雪花六出，朱子曰『一六之數也』。雪古作霅。智以升菴亦未知。按：説文肖从肉，小聲，私妙切。㑹，振㑹也，从肉入聲，許訖切。新附：佾，舞行列也。而肸亦从十从㑹，古六㑹，即佾也。屑，動作切切也，从尸㑹聲，私列切。説文無屑字，故附解于此。而韻書以隸作屑。智以武帝紀：『事八神，屑然若有聞。』詳其意，是『肸然』，而注以爲屑，泥説文也。屑當从肖聲，説文殘夘，近于霄字可考。升菴亦仍拘屑从屑之説耳。謂霄有屑音則可。

日曬者，日暉也。日晻曰昳。梁元帝纂要曰：『初出曰旭，在午曰亭午，在未曰昳，晚曰旴，西落曰反照。』月令廣義引『在未曰映』，此因升菴也。外集載日𣊬字，出纂文，即日映也。别條又引王仲宣詩『山岡有餘映』，謂日昃也。此更可笑。元美亦引日映，其所刻嶧陽石篋之左逸有曰『代于時爲映』。智按：皆昳字，諸書誤作映，而月令廣義反以映爲正，誤之誤矣。蓋昳音迭，而古通帙音；𣊬从繩省，故亦有帙音。升菴所見本，偶訛作映。即果爲映字，又安知非梁元帝之訛邪？元美則沿升菴耳。天文志：候風有食至日昳爲稷。以昳證昳，益明。

格澤，旬始，妖氣也。天衡，怪雲也。　格澤音鶴鐸。相如賦：『建格澤之脩竿。』張揖曰：『格澤，氣如火狀，黄白色，起地至天，下大上鋭。』天文志云：『旬始出入斗旁，如雄鷄，其怒青黑色，象伏鼈。』李奇云：『怒當音帑。』晉灼曰：『帑，雌也。或曰怒則色青。』宋均云：『怒則芒角刺出。』河圖稽燿鉤曰：『填星散爲旬始，主招横。』春秋合誠圖曰：『旬始，主兵争。』春秋考異郵曰：『旬始照其下，必有滅主。』楚辭『造旬始而觀清都』，注者又謂之皇天名。文選東京賦：『欃槍旬始，羣兇靡遺。』明以爲妖星、妖氣，而召兹羣慝也。張伯起乃謂欃槍見，浹旬始退。卓徵甫注藻林，又以旬始爲皇天之居，此又訛矣。近術家所云旬始者，乃謂一旬之首見也。吕覽言『天衡者，雲若蒼衣，赤首白鵠』。又有雲旍、滑馬，皆雲妖也。

今本衡作衡，陳無功作天衝。

野馬，陽炎也。白駒亦非景。莊子注：『野馬，日光。一曰游絲，水氣也。』筆談曰：『野馬、塵埃是兩物。吳融云「動梁間之野馬」，韓渥云「窗裏日光飛野馬」，皆以爲塵，實乃田野浮氣耳。』龍樹大士曰：『日光著微塵，風吹之野中轉，名之爲陽焰。愚夫見之，謂之野馬。渴人見之，謂之流水。』翻譯名義云：『摩利支此云陽炎，在日前行。』或曰野馬，猶言白駒過隙耳。語見魏豹傳。師古曰：『白駒，日景也。』程大昌引劉孝標答劉紹書曰『隙駟不留』，李善注曰：『墨子言人之生乎地上，辟猶駟之過隙。』二世謂趙高曰：『人生居世間，如騁六驥過決隙也。』今人或于暑晨登高山，嘗見山腰以下，巨浸茫茫，惟夏秋間有之，故曰陽焰。實則霧也，少選日高則失。

九魁、九紀，皆北斗九星也。招搖，豁落也。酉陽雜俎云：『北斗，魁第一星，神名曰執陰；第二星曰叶詣；第三星曰視金；第四星曰洰理；第五星曰防午；第六星曰開寶；第七星曰招搖。』此是段誤。蓋七星曰搖光，第八星曰招搖，第九星曰玄戈。張東莞以豁落、招搖爲一。按李白詩：『身佩豁落圖，腰垂虎盤囊。』均藻云：『豁落，北斗名。因昔人有解招摇在上者，統稱北斗，亦可曰招摇，則即豁落爲北斗可也。』漢書招摇作招搖，才本作招搖。升菴言漢書作招謡，誤。星家言北斗九星，以應九州。王伯厚謂九星即九紀，指逸周書小開武篇，則非矣。劉向九歎曰『訊九魁與天神』，注：『九魁，北斗九星也。』王冰注素問『九星』，曰『天蓬、天内、天衝、天輔、天禽、天心、天任、天柱、天英』。乃後人立名耳。蕭該音義以招摇作臯摇。

天雁、地雁，彴約也。　彴約，奔星，見爾雅，郭璞云『流星也』。藝海『洞酌』云：『流星，色青赤。小者名地雁，墜則兵起。青赤，長二三丈者，名天雁。』

虹蜺曰挈貳，曰螮示，曰帝弓。　貳謂其副貳也，弓謂其如弓橋也。虹蜺，鮮者雄，闇者雌。一曰赤白曰虹，青白曰蜺。入聲，亦可平聲。沈約作郊居賦以示王筠，讀至『連蜷雌蜺』，作入聲，約大笑曰：『恐人讀作倪字。』然楚辭注遇雌蜺，則音入聲；遇雲霓，則音平聲。霓音研奚切，又倪歷切。虹平聲。范蜀公召試，用彩霓爲平，司馬公曰：『約但謂聲律便美，非謂不可平也。』爾雅『虹爲挈貳』〔六〕，郭璞云：『蜺，雌虹。挈貳其别名，見尸子。』白虎通曰：『天弓，虹也，又謂之帝弓。蜺者斗之精，失度則蜺見態，主惑于毁譽。』西域亦謂虹爲天弓。漢天文志「抱弭蚉蜺」，蚉即虹。史天官書「其蝁者類闕旗」，注：「蝁亦作蜺。」此因蜺音兒歷切也。升菴曰：天文志有毄蚉。諺曰「東鱟日頭西鱟雨」，指蝃蝀爲鱟。又曰旱龍，非今閩中鱟帆之鱟也。或稱挈貳，即蝁貳。周禮眡祲「九曰隮」注：「虹也。」甘氏星經曰「蝁示」，示音旗。夜郎、滇、越謂虹曰水椿。江北人呼虹如欗。今泗州虹縣去聲。陸佃曰：「以水噀日，自側視之，暈爲虹霓。」此可以證矣。馮嗣宗謂「飲薛願之酒，淫陳濟之妻」，則因主内淫之説而然也。或者又曰虹雖日映雲氣，亦由人目視之而成，雲實未變也。水噀日，晶側映，皆有之。水與晶，曷嘗變色耶？又曰虹本圓形，半在地者不見。

天精即天晴，陽晶即陽精。史記「天精而景星見」，注：「精即晴。」直翁引作「天暒」。今本注：韋昭曰：「精謂清朗也。」漢書作姓，亦作暒。正譌主姓。按：姓不見經傳，從夕生無義，反不若晴字之爲當也。六書統☽古月字，子才以爲晴。古文奇字收𣅓，爲古晴字，則晴正合古文。徐鉉不知耳。古精亦通晶，晶爲星光。易林「陽晶隱伏」，即陽精。朱氏以精爲米細，故精神亦作晶神。

雺凇，凝霧也。張子賢墨莊漫録曰：「寒氣如霧，結水如珠，見晛乃消，齊魯人謂之霧凇。

諺云：「霧淞重霧淞，窮漢置飯甕。」蓋歲穰之兆也。曾子固齊州冬夜詩：「香清一榻氍毹煖，月淡千門霧淞寒。」又有霧淞詩：「霧淞開花處處同，舞人齊插玉籠鬆。」東坡送曹仲錫詩：「祇有千林鬖髿花。」鬖髿即霧淞，音夢送。』智按：今唐韻淞在平聲，別有淞在送韻。凍淞，冰也。爾雅：『天氣下，地不應，曰雺。』雺在宋韻，音蒙弄切。霧淞之霧音夢，正是雺字。一日閱曾公衮與韓子蒼作泠語，有曰『千林霿凇水摇風』，此正得之。但霿字不見字書。集韻雺本作霿，又作霧。淞字則正爲吴淞江。淞字爲凍，反在平聲，此則前人未盡載通轉之音，而各時方言異也。今江北霿淞俱平，而呼雺如毛矣。鄭樵注爾雅，雺即蒙字，轉注去聲。漢書引易傳云：『有蜺蒙霧，上下合也。』又曰：『德不試，空言禄，兹謂主窳臣，天蒙起而白。下相攘善，兹謂盗明，蒙黄濁。下嵩刑，兹謂分威，蒙而日不得明。』古文尚書『雨霽雺圛克』，今作蒙。才老：『外禦其務，音蒙。』此其証也。有稱迷空步障者，此見清異録，柴世宗謂韓彦卿曰：『迷空步障，霧也。威屑，霜也。教水，露也。水子，雹也。氣母，虹也。屑金，星也。秋明大老，天河也。』凡此，是小家臆造之綺藻，終近俗豔，非雅故也。

祆神，即遂稱天神也。墨莊漫録曰：『東京城北有祆廟。』音呼烟切。孟元老亦載右掖門祆廟。祆神，本出西域。貞觀五年，大秦、穆護同入中國，俗以火神祠之，名波斯寺，更名大秦寺。字從天，誤作祆，从天。故張有、戴侗輩〔七〕，皆以祅、祆、妖、訞合爲一字。黃公紹韻會作馨烟切，于蕭韻『祆』字，引元結頌『蠲除祆災』；又虛烟切，故方子謙合爲一處。智嘗按：此字起于唐，唐官品有祆正，既通西域，因其言而造祆字，以爲其神，故在新附例。長箋曰：『旁門大半事天爲宔，釋典有九十五種外道』，又言『九十六小乘，禪在其中。漢時佛法初來，祆字未立。唐玄奘有西域記，始詳其法，故徐鉉補之。』又按：杜預注左傳有『睢入泗水，次有祆神，皆社祠之』。則火祆自晉已入中國矣。姚寬曰：『段成式載孝億國事祆，相傳漸入中國，自穆護之入唐，立祆正，則自唐始正其名耳。』同經佛謂心生天地，故壓天王。儒言所以爲天者大極，固統天地者也。物所以物，即天所以天，心也、性也、命也，聖人貴表其理。其曰上帝，就人所尊而稱之。

奔月當爲坌肉，猶黃姑當爲河鼓也。河鼓三星，見天官。説文引何鼓，是荷負也，故俗名擔鼓星。古樂苑東飛伯勞歌曰：『黃姑織女時相見。』子美用『星落黃姑渚』。蓋因河鼓音近，而訛爲黃姑也。王道俊玄象博議謂『黃姑乃牛宿之異名』。智嘗笑馬永卿不知爾雅有兩『牽牛』，今王君又爾邪？郝楚望曰：『淮南覽冥訓：「羿請不死之藥于西王母，姮娥竊以奔月。」當作坌肉，死畜之肉，以藥坋之，可令復生。後世誤作奔走入月耳。』高似孫引梁丘子：『鬱儀奔日，結鄰奔月。』七聖記曰：『鬱華赤文，日精也。結鄰黄文，月精也。』説郛宋敏求長安志引作結麟。六典作結鱗。此皆後造，『姮娥』即嫦娥。總以史繩祖『常儀占月』爲是，曰奔月亦是附會。

史繩祖以常儀爲官名。郝楚望以常娥、常儀、纖阿爲一。趙凡夫言姮娥爲嫦娥。姮娥即嫦娥，或作常儀，儀、娥古同音。趙凡夫言爲姮娥，後改恆娥，避文帝諱改常娥〔八〕，或作姮娥。郝公又以纖阿即常娥，則不必矣。方子謙曰：『古者羲和占日，常儀占月，皆官名也。』左傳有常儀靡，即常儀氏之後，一作常羲，後世訛爲常娥。此升菴因史繩祖佔俾緒論也。山海經曰：『羲和生十日，常羲生月十有二。』『生』蓋『主』字之訛，吕覽作占日、占月。

哀烏，即依烏。天官書『一十五星蔚然曰郎位』，漢書作哀烏。此蓋班馬各用字形容之，皆謂其攢聚紛芒之狀也。按：星經作依烏，故晉唐人皆作依烏，因謂郎官爲依烏府。郝氏以歸邪讀爲黿蛇，以蔚然讀爲哀烏、曖鬱，皆非也。歸邪狀如太白，注『邪音蛇』，此讀作夷，而非黿蛇也，郝公未考耳。古無皆來韻，哀字作衣音，如僾俙讀爲依稀。

月魄謂之決鼻。乾鑿度曰：『月八日成光，穴鼻始明。』注：『穴，決也。決鼻，兔也。』緯書爲漢人所造，則漢時方語，必有以月魄爲穴鼻者。

望舒月御，言月至望而舒也。古人造詞，嘗以意爲之。

蔚藍，猶碧落也。或曰紫落，或曰青冥，或曰黃乾，或曰泰鴻，猶今之言彼倉言穹蒼耳。老學菴筆記曰：『蔚藍乃隱語天名，非可以義理解也。杜子美梓州金華山詩云：「上有蔚藍天，垂光抱瓊臺。」猶未有害，韓子蒼乃云「水色天光共蔚藍」，乃直謂天與水之色，俱如藍。恐又因杜而失之。』智謂放翁泥矣，蔚藍者，正猶碧落，亦指天之色也。王勃曰：翟楚賢有紫落賦，即碧落也。以此知碧藍，皆指其色明矣。楚辭注：『青冥，天也。』東漢書：『黃乾，皇天也。』鶡冠子言『泰鴻』謂天也。無功引黃甲、青丙爲天名，此則算法立界之名耳。陶穀曰：晉出帝呼天爲碧翁翁。孟郁碑『浩蒼』即昊蒼。段成式言『天姓張，名堅，字刺渴』，妄之妄矣。

八風所引不同。陳侍中王叔齋籟紀云：『條風，一曰炎風，起自變天方土之蒼門，從東北來。明庶風，一曰谷風，起自界天開明之門，從東方來。清明風，起自陽天波母之門，從東南來。景風，一曰凱風，又曰薰風，亦曰巨風，起自赤天之暑門，從南方來。涼風，起自朱天編駒之白門，從西南來。閶闔風，亦曰盲風，又曰飂風，亦曰泰風，起自成天之閶闔門，從西方來。不周風，一曰麗風，起自幽天幽都之門，從西北來。廣莫風，一曰寒風，又曰涼風，起自玄天之寒門，從北方來。』呂覽『八風』：東北，焱風；東，滔風；東南，薰風；南，巨風；西南，涼風；西，飂風；西北，厲風；北，寒風。焱一作條，巨一作景。字彙作西颼，音歘。韻會作西颼，非颸字。今呂覽本：『西方曰飂風，東北曰炎風。』黄梅必有誤矣。閶闔一作閶廬。谷風一作穀風。王莽傳『其夕穀風迅疾』，即谷風。莽傳又曰列風，即烈風。説文作颲風。

颾颵，颶風也〔九〕。沈佺期夜泊越州詩：『颾颵縈海若，霹靂耿天吴。』颾颵音暗俞，蓋指颶風也。韻書向無此二字。子瞻颶賦〔一〇〕：『斷霓飲海而北指，赤雲夾日以南翔。』此其兆也，常以五六月發。颶音具，在遇韻，言東西南北之風皆具也。春夏、夏秋之交，見斷虹狀，名曰颶母。夏秋閒，大風拔木揚沙，謂之風潮。井水溢溢〔一一〕，近海之地多崩陷，名曰海笑，皆與颶風同作者也。元美以颶母，好對孟婆。趙凡夫以説文止有颶字，大風也，于筆切，遂不信有颺字，以爲颮訛爲颺。而好事者强解爲颺。智謂此字在海上相呼，上古造字時，何能一一名之？今惟颮字見于史册，唐有颮海道總管蘇海政，討龜兹又有謝颮、王特勒，而颺字止見于孫韻，是一疑也。故存其説。

天文 曆測

養渾天記：近世之術，一曰方天，二曰軒天。李石曰：『釋天六等，一曰蓋天；二曰渾天；三曰宣夜，舊説云殷代之制；四曰昕天，昕讀爲軒，言天北高南下，若車之軒，吴時姚信所説；五曰穹天，虞氏所説；六曰安天，晉時虞喜所論。』今按：黄赤二圈，切線二極欹斜，正似軒形。緯略引賀道昕天，軒天也。

九蒼、九重、九闢、九乾、九靈、九閡、九陔、九位，皆言九天也。阮籍用『九蒼之高』。天問云『圜則九重』。王逸注招魂：『九闢即九重也。』崔駰達旨用『九乾』。王褒九懷與魏張淵賦用『九靈』。揚雄用『九閎』。相如用『上暢九垓』。樂志『逝九閡』。垓、陔皆階也。靈顯言『天有九位』〔一二〕。道書言『九霄』。大霄琅書亦分九天之名。九天之名，分析于太玄，詳論于吳草廬〔一三〕，覈實于利西江。按：太玄經：九天，一中天，二羨天，三從天，四更天，五晬天，六廓天，七咸天，八沈天，九成天。此虚立九名耳。吳草廬澄始論天之體實九層。至利西江入中國而暢言之：自地而上，爲月天、水天、金天、日天、火天、木天、土天、恒星天，至第一重爲宗動天，去地六萬四千七百三十二萬八千六百九十餘里。地心至月天，四十八萬二千五百二十餘里。地球周九萬里。日輪大于地球百六十五倍又八分之三，大于月輪六千五百三十八倍又五分之一；而地球大于月者，三十八倍又三分之一。諸曜各以例推之。此九層相包如葱頭，日月星辰定在其體内，如木節在枝，因天而動，而天體本明通透如琉璃，毫無限隔也。恒星分爲六等，其第一等，大于地球一百零六倍又六分之一，次者漸減，此以自然之數度推之。地與海本是圓形，而同爲一球，居天球之中，如鷄卵黄在青内。有謂地爲方者，乃語其定而不移之性，非語其形體也。天既包地，則二極、周度、緯度、赤道皆相應。但天包地爲甚大，其度廣；地處天中爲甚小，其度狹。直行北方二百五十里，北極出，高一度，足徵地形果圓。周九萬里，厚二萬八千六百三十六里零三十六丈，上下四傍皆生齒居，如蟻之遊，大氣鼓之，各以足所履爲下，首所向爲上。利公自太西浮海入中國，至晝夜平線，見南北二極皆平轉；南過大浪山，見南極出地三十二度，則大浪與中國正對矣。又按西書，南亞墨利加瑪八作，正中國對足處。故以瓜喻之，自北蒂而南臍爲五帶，曰北極圈内；曰南極圈内，遠日而冷者也；曰在晝長晝短二圈之閒，其地甚熱，應赤道近日故也；曰在北極晝長二圈之閒；曰在南極晝短二圈之閒。此二地謂之正帶，曰迤照者也。又以地勢分五大州：曰歐邏巴，南至地中海，北至臥蘭的亞及冰海，東至大乃河墨河的湖大海，西至大西洋。曰利未亞，南至大浪山，北至地中海，東至西紅海仙勞冷祖島，西至河摺亞諾蒼，即此州。只以聖地之下，微路與亞細亞相聯，其餘全爲四海所圈。曰亞細亞，南至沙馬大臘、吕宋等島，北至西增白臘及北海，東至日本島、大明海，西至大乃河墨河的湖大海、西紅海、小西洋。曰南北亞墨利加，全爲四海所圍，南北以微地相聯。曰墨瓦臘泥加，盡在南方，惟見南極出地，而北極常藏焉，其界未審何如，故不敢訂之，惟知其北邊與大小瓜哇及墨瓦臘泥峽爲境。大約各州有百餘國。愚者曰：金水附日爲輪，其言日大于地百倍餘，余不謂然，日光甚烈，人在地上，必然死矣。暄曰〔一四〕：日大于地，以地影盡而言之也，不知光嘗肥、影嘗瘦，不可以直線取。

燈漏、沙漏，皆因漏刻而名也。曆家大抵以漏刻極長于六十、極短于四十。嘗聞前輩言，惟正統己巳官曆，晝刻三十九、夜刻六十一，以爲陰過，故有土木之變。元授時曆則長極于六十二刻，短極于三十八刻，以爲驗于燕地稍偏北故。然外國有蒸羊髀未熟而天明者，則短又不止于三十八刻而已。燈漏今不傳其製。沙漏今多有之，以瓶貯沙，漏下定刻，皆本于水漏，以水浮箭也。遠公弟子于匡山作芙蓉漏，浮水上，便于轉水。吳處厚曰：『龍圖燕公肅任梓橦青社，作蓮花漏刻，倣匡山也。』漏水之製，以銅作四櫃，一夜天池，二日人池，三平壺，四方分壺，自上而下，一層低一層，以次注水入海，浮箭刻分而上。每刻計水二斤八兩，二箭當一氣，每氣率差二分半，四十八箭周二十四氣。其漏箭以百刻分十二時，每時八刻二十分，每刻六十分，初初、正初各十分，故每時共五百分。十二時總計六千分。歲統二百十六萬分，悉刻之于箭。以今尺度箭之刻分，尺之一分準刻之十分，初初、正初如尺之一分，初一、正一如尺之六分，此其大略也。議者謂冬寒水澀，不能如法流行。近有以鐵丸圜轉代流水者，如今自鳴鐘，亦一法也。又元朝立簡儀，爲圓室一閒，平置地盤。二十四位于其下，屋背中閒作圓竅，以漏日光，可以不出户而知天運。此與日晷之用正同，才可施之晴晝耳。出外別有燈漏、沙漏，色目人有玲瓏儀，皆巧製也。〔一五〕

雲漢，細星之光也。夏小正：七月，漢案户，言天河直户也。埤雅曰：『河精上爲天漢。』楊泉物理論曰：『水氣發而升，精華浮上。』西學以窺天鏡窺之，皆爲至細之星，如郎位、旄頭而微，望之則若河耳。智來嶺表數年，又見一奇事，河漢以十月收，以二月見，天下皆然；而嶺表臘月晴煗之夜，仍見河漢，總不收隱，此從古無人道破者。今西圖增入微星，又測觜入參度四十分，皆前所未有。博物志言『天河與海通，浮槎見織女，歸訪君平』，乃寓言耳。

天官列宿，日月五星之所經宿也。史記天官書，二十八宿少一宿，北宫玄武不載壁宿〔一六〕，何也？爾雅有東壁而不載女。晉志始詳載。亢音剛。牛曰牽牛。女曰須女。室曰營室。壁曰東壁。室壁曰定。觜曰觜觿，音資。參罰一曰參伐。井曰東井。鬼曰輿鬼。楚語曰『龍豭』，言房、心、尾爲龍尾也。十二次舍降婁，降平聲。河鼓亦曰牽牛，與織女對河。後河鼓訛爲黄姑，梁樂府云『黄姑織女時相見』，因而爲牛郎織女之説矣。宿爲日月五星之所經宿曰宿，當音夙，後讀作秀。解頤新語曰：『元命包以柳爲五星，天文志星經以柳爲八星。心以三月見東，噣以正月見東。詩言「三五在東」，乃一時所見耳。心噣見東方，不能同時，則五非噣明矣。此即仁寳所以笑王厚齋、孫季昭不識天文也。』然又曰：『亢氐房心，合十五星。』智按：書言三五，言其稀耳，何必如此拘拘耶？如三光爲日月星，此常談也。鄉飲酒義注：『三光，三大辰也。』昭十七年『星孛大辰』，公羊曰『大火也』。北辰亦爲大辰。以此爲三，此可不謂迂乎？懶眞子言亢不當音剛，氐不當音低，觜不當音訾。

智謂亢如頭，頭亢原音剛。觜爲口觜，古原音資，後人轉爲上聲耳。氐爲天根，當如『四圭有邸』之底。

中宫黄龍，謂軒轅也。玄象博議曰：『五行，五緯，五事，而二十八宿何不言中央邪？』石氏星經曰：『中宫黄帝，其精黄龍爲軒轅，首枕星張。』又靈憲言『黄龍軒轅于中〔一七〕，與蒼龍、朱雀、白虎、玄武爲五』。然後知土位夏季，軒轅亦寄居鶉火，主雷雨之神、後宫之象，雷電風雨、霧霜露雲、虹蜺背矞抱珥十四變，皆主之。亦猶土之無定位，而金木水火，賴以成與？

章閏，閏法也。朱子言曆家以一日爲九百四十分，據當時之四分曆法也。所謂九百四十分日之二百三十五者，是一日内二百三十五分也。所謂餘分之積五千九百八十八者，一會餘四百九十九，以十二會乘之，得五千九百八十八也。所謂如日法九百四十而一者，如算日之法，以九百四十分爲一日也。得六者，得六日也。不盡三百四十八者，將餘分五千九百八十八除之，六日外，猶餘三百四十八分也。日行積三百六十五日九百四十分日之二百三十五，與天會，是一歲日行多五日又二百三十五分也。月行積三百五十六日九百四十分日之三百四十八爲十二會，是一歲而月行少五日又五百九十二分也。將日行所多五日又二百三十五分，合月行所少五日又五百九十二分，通得十日又八百二十七分，一歲之閏率也。三歲一閏，合三歲之閒，日行所多，月行所少，通得三十二日又六百單一分也。五歲再閏，合五歲之閒，日行所多，月行所少，通得五十四日又三百七十五分也。十九歲七閏，合十九歲日行所多，月行所少，通得整日一百九十。每歲餘分八百二十七，以十九乘之，得一萬五千七百一十三，以日法九百四十分而一除之，得十六日，猶餘六百七十三分；并一百九十日，通二百單六日又六百七十三分也。今爲七閏月，每月二十九，通二百單三日，每月餘分四百九十九分，以七乘之，得三千四百九十三，以日法九百四十分爲一除之，得三日猶餘六百七十三分；并二百單三日，通二百單六日又六百七十三分也。所謂氣朔分齊者，十九年合氣盈朔虛，得二百單六日，不盡六百七十三分也。閏月亦二百單六日，不盡六百七十三分。氣之分與朔之分，至十九年而皆齊，此所謂氣朔分齊而爲一章也。齊東野語：咸淳庚午十一月三十日冬至，至後爲閏十一月。浙西安撫作章歲積日圖，力言置閏之誤，謂曆法以章法爲重，章法以章歲爲重。蓋曆數起冬至，十九年爲一章，七閏，以第七閏在冬至之前，必章歲至朔同日，此其綱領也。閏法曆宗通義曰：回回曆，西域馬可之地，阿剌必時異人馬哈麻之所作也。其元起于隋開皇十九年己未之歲。其法以三百五十五日爲一歲，歲有十二宫，宫有閏日。凡百二十八年，閏三十有一月。又以三百五十四日爲一周，周有十二月，月有閏中，凡三十年閏十有一月。歷千九百四十二年，而宫、月、甲子再會。其白羊宫第一日，日月五星之行，與中國春正定氣日之宿值同。其用以推步分經緯之度，著凌犯之占，曆家以爲最密。元之季世，其法始東。齊東野語曰：『杜征南長曆，竊有疑焉。如隱公二年閏十二月，五年、七年亦皆閏十二月，然猶是三歲一閏，五歲再閏。如莊公二十年置閏，其後則二十四年，以至二十八年，皆以四歲一閏。僖公十二年閏，至十七年方閏，二十五年閏，至三十年方閏，率以五歲一閏。如定公八年置閏，其後則十年以至十二年，四年皆以二歲一閏，失之愈疏矣。閔之二年辛酉既閏，僖之元年壬戌又閏。僖之七年、八年，哀之十四年、十五年，皆以連歲置閏。愈疏之甚。至于襄之二十七年，一歲之間頓置兩閏。蓋曰十一月辰在申，司曆過也。尤覺其謬，殆不可曉。』沈存中云近世精于曆者，莫若魏朴〔一八〕。春秋日食三十六，諸曆通驗，密者不過得二十六，惟一行得二十七，朴乃得三十五〔一九〕。朴能不用算，推古今日月食，但口誦乘除，不差一算。至姚虞孫乃出新意，舛差不驗。至宣和間方士魏漢津，倡爲黄帝、夏禹聲律身度之説，不以纍黍而以帝指，妄也。由漢以來，以通書少曆之始，謂之上元，必以日月全數爲始，于前更無餘分，以此爲端首。曆數名家者惟太初曆。以四千六百一十歲爲一元，以八十一爲分歲已盡，都無絲髪之餘，重新起曆。是時定十一月甲子朔旦，夜半冬至，日月合璧，五星如連珠，乃新曆之第一日，故謂之曆元。漢元封七年，始當其時，故改秦曆用漢曆，改秦正用夏正。古曆十九歲爲一章，章有七閏，八章。三年閏九月，六年閏六月，九年閏三月，十一年閏十一月，十四年閏八月，十七年閏四月，十九年閏十二月。若于後漸積餘分，大率三十二月則置閏。每月三十日餘。以日月會爲一月，則每月惟二十九日餘。每月參差，氣漸不正，但觀中氣所在。閏前之月，中氣在晦；閏後之月，中氣在朔。無中氣則爲閏月。直指問曰：『扐按曆法，十九年七閏爲一章，其間五歲再閏者二，餘亦不滿六歲，故舉其大數曰五歲再閏。二十七章爲一會，三會爲一統，三統爲一元，四千六百一十七歲。冬至甲子朔旦無餘分，此太元之曆法也，是謂天統。千五百三十九歲，甲辰朔旦冬至無餘分，是謂地統。又千五百三十九歲，甲申朔旦冬至無餘分，是謂人統。凡元二百四十三章也。』揭東熙曰〔一二〇〕：西法行陽曆，以太陽爲歲，自今歲冬至至明歲冬至，三百六十五日，分十二月，三十日或三十一日爲一月也。所餘四分度之日爲三時，積四年而爲一日，故每四年閏一日。有閏日之月，無閏月之年。中國以大陰爲曆，故有盈虛，以月爲主，而大陽節氣，反分注于月之下。大陽曆則以節氣爲主，而朔望分紀于節氣下矣。

章、蔀、紀、元，曆之大概積數也。古法以紀、蔀爲宗。從伏羲先天甲寅，積周一千八百一十四紀，再入十五紀，人元，一十有二蔀，當癸酉蔀，歲在己丑，而生帝堯；至甲辰歲十有六即位；越二十有一歲得甲子而演紀作曆，是年天正冬至，日在虚一度。按乾鑿度、皇極經世及晉皇甫謐所載〔二一〕，并然。堯在位七十二年；舜五十年；夏四百三十二年；商六百二十九年；周八百六十七年；秦莊襄終二世四十三年；前、後漢合四百二十六年，至太初一百三年；太初至唐開元甲子，凡八百十七年；開元甲子至宋朝慶曆甲申，凡三百二十一年。三統曆七十六年爲一蔀，二十蔀爲一紀，積一千五百二十歲。凡紀首皆歲甲寅，日甲子，即以甲子之日爲初蔀，名甲子蔀，一也。滿七十六歲，其後年初，日次癸卯，即以癸卯爲蔀首，二也。從此以後，壬午爲蔀，三也。乙酉蔀，二十也。是一紀之數，終而復始。以今括而言之，漢至章蔀紀元之説，十九年七閏，而至、朔同日謂之章。七十六年四章。而至、朔同在甲子日，謂之蔀。凡一千五百二十歲，而至、朔同在甲子時，謂之紀。凡四千五百六十歲，而至、朔同在甲子年，謂之元。此作曆之本也。康節元會運世以年月日時爲確證，以二六與五六相乘，以通期自乘，十二萬九千六百之數符，元其元，無盡也。此恒法也。入曆自以盈虚質測定之。趙爽周髀算經：二十蔀爲一遂，三遂爲一首，首四千五百六十歲。周髀云：冬至日照三不覆九，夏至照九不覆三。謂分十二方而言也。又嘗按諸太西云：自開闢至崇禎甲申，六千八百四十年。依所製稽古定儀推之，止五千七百三十四年。先儒胡一桂云：『伏羲、神農，去洪荒未遠。』方崑山曰〔二二〕：『羲農以前，可以千計，不可以萬計。』其信然乎〔二三〕？

元史郭守敬之授時曆，一以考測爲主，以至元辛巳前，冬至日時分杪爲氣應，以冬至距朔之日爲閏應，而歷代積年之法俱廢矣。以日爲萬分，分百爲杪，而歷代日法俱廢矣。推其歲日加氣應，即來歲之冬至也。以歲實加閏應，滿朔實去之，即來歲之閏餘也。以今考之，古之曆自黄帝迄秦末，凡六改。漢凡五改。魏文迄隋末，十二改。唐高祖迄周末，十六改。宋凡十八改。金熙宗迄元末，凡三改。夫亦以理與數揆之，有不容不改者在也。嘗考堯時冬至初昏昴中，日在虚七度。漢元和三年，冬至日在斗二十一度。晉大元九年，在斗十七度。宋元嘉十年，在斗十四度。唐開元十二年，在斗九度半。宋改統天曆，在斗二度。元改授時曆，退在箕十度。至近時嘉靖間，冬至初昏室中，日在箕二度。起堯甲辰至于今，計年凡三千九百有奇，度之差已五十餘矣。自漢鄧平改曆，洛下閎謂百年後當差一度。漢末劉洪作乾象曆〔二四〕，有歲餘之法。晉虞喜始以天爲天、歲爲歲，立差以追其變而算之，以五十年退一度，然失之太過。後何承天倍增其數，約百年退一度，而又不及。至隋劉焯折取二家中數，爲七十五年。唐僧一行大衍曆，則八十二年。宋統天曆則六十七年。惟元郭太史守敬及許衡、王恂輩，測景驗氣，以至元辛巳爲曆元，減周歲爲三百六十五日二十四分二十五秒，加周天爲三百六十五度二十五分七十五秒，强弱相減，差一分五十秒。積六十六年有奇，而退一度，定爲歲差。上考往古，則每百年長一；下驗將來，則每百年消一。又推自春秋獻公以來，二千一百六十餘年，凡四十九事，而不合者僅十事耳。及至洪武中，刻漏博士元統以洪武十七年甲子歲前冬至爲大統曆，雖不用消長之法，而積分猶仍授時之制也。然行之已久，不能無差。如正統十四年己巳朔，二至之晷，有晝夜六十一刻之文；正德九年八月朔日食，十三年□月朔日食，曆官所報分秒起復數，俱不合。嘉靖初，掌欽天監事華湘奏：自元辛巳至元統上言時，僅一百四十，迨今則二百五十年。授時曆法，每歲差一分五十秒，約六十餘年差一度，今合差三度餘。西法定以六十六年八閲月而差一度，曆立經度緯度、日月食，分各省時刻分秒，可謂密矣。又王曰俞言每歲差一分三十五秒。蓋日纏者日之行，積三百六十五日四分度之一，而與天會，是爲一歲也。月離者月之行，每日一周，不及十二度十九分度之七，積二十九日九百四十分日之四百九十九，而與日會，是爲一月也。日與天會者，一歲一次，而二十四氣由之以生。然二十四氣，凡三百六十五日有奇而周，則是與三百六十外盈五日也。月與天會，一歲十二次，而十有二朔由之以生。然十二朔，凡三百五十四日有奇而周，則是于三百六十之中，虚五日也。日法者，分一日爲十二時，又細分之，則如四分曆以爲九百四十，太初曆以爲八十一，大衍曆以爲二千四十是也。蓋取其便于步推氣朔而已，日何嘗有法乎？斗分者，斗柄指十二辰，而又細分爲二十四氣；又細分之，則于太初以爲三百八十五，大衍以爲七百九十九是也。今西法改萬分百秒爲六十秒，以便于三分、四分，無奇零也，要之本無定法，惟善推者得力在捷耳。歲差二萬五千年而一周，約六十八年八閲月差一度。立局講求，而究不能定，則當事無決之者。北海薛氏曰：中曆不及西士者，湯羅兩西士。崇禎時立局修曆，玉山魏太乙奉旨别局，改修授時、大統諸法，已並用凡有數種。一曰經星度差，由于黄赤道二極不同心，星繫赤道，而執黄道之部次以求合，故自洛下閎以及郭守敬諸名家，測驗無符者。一曰宫分今古不同，由于黄赤交道西行，自有書契來，春分日纏角中漸西至進賢，又至左執法，于是而執一定之説，遂至寶瓶等十二宫，皆差八度有奇。一曰月將之差，由于節氣，二者皆太陽行度也，寧有節氣已到而月將未到者乎？一曰節氣之差，由於均分平年，太陽行度之有嬴縮，定朔與交氣皆用之，過宫之行，豈二十四平除可盡乎？一曰推步不同，中曆止于句股割圓，而西分正弦、餘弦、切線、割線等八法。二者其類不同，粗細亦分，焉能一一符合？一曰測景不同。中曆測于二至，西法獨重二分。太陽本輪既殊，赤黄交極各異。且青蒙差多，焉能在在不爽？一爲交食分數，日食本于月影，月食本于地影，即如大都之東近海，清蒙差多，西遠海，清蒙差少。非一日之嬴縮、月之遲疾，可無遺策也。一爲五星緯度。經度如二儀之朔望，緯度如二儀之交蝕，即如太陰犯昴、太陰犯土之類，每九年一次，十二月多然，此天地之情也，偶爾目力所及，暗陰互異，豈遂得眞也？天道十年一變，實無時不變也，今大統本于授時，授時本于大明，千二百餘年于此矣，焉得無差？而西曆于萬曆癸丑方經改定，崇禎戊辰尚多測改，其疏密可知也。至于五星，則自張氏至今千餘年，人未問及，測步不合，委之失行。何以西曆推其經緯，更眞于日月邪？法更立正弦、餘弦、正切、餘切、正割、餘割等線，始以三角對數法爲測量新義。詳見天步眞原。燮曰：列宿有進退，度數有增減，日月有上跳下跳，黄赤相距有遠近，非特古今之不同，究時時有差變也。未可立一定法算，惟隨時測之乃準耳。

唐之水臬，即考工之置槷、眡景也〔二五〕。匠人：『水地以縣。置槷以縣，眡以景，爲規。』此郝氏讀也。故書槷或作弋，玄謂即臬。通卦驗曰：『立八神，植八尺之表。』考靈曜曰：『從上向下八萬里。』故以八尺爲法。四角四中，故須八神，神即引也。伯厚曰：神即垂。非也。宋天文志韓顯符造銅候儀之制有九，九曰水臬，十字爲之，以水平滿而準也。

七襄，有七易之説。王道滚若谷曰：七襄更肆者，今占步家，將一夜昏旦五更中星，分之爲七，由昏而遞曉，中星凡七易，所謂七襄也。若云自卯至酉是七時，且專言日晝之事，如上文『維天有漢，監亦有光』，將謂日中見天漢之光，豈理也哉？下章『維北有斗，西柄之揭』，則斗柄指申，蓋秋時也。秋分晝夜均，星行之次，日與夜無以異，故曰『終日七襄』。智按：魏朴言日襄〔二六〕、斗襄法甚詳，蓋古時謂旁曰襄，二十八宿分四方，方爲七，而星家以七曜細配之。或當時有此語，而詩人借義言之，此篇正多借義。

距度，言赤道與黄道相距也。舊法：赤道去黄道，相距二十四度。西法考定二十三度。今更考之，得二十三度一分。蓋數千年而一遠一近者也。太陽之行亦有高有低，蓋數千年而與世近，又漸與地遠也。

星七分野，隋唐之志爲詳。然自西法圖成，則兩戒之説荒唐矣。兩戒即兩界。天文分野，秘占所云鬼料竅，青田書本之，相傳各有入度。余求其説難通，夫天常運而不息，地一成而無變，以至動求合至静，未易以齊，此其難通者一也。若以形象所主，必有相當，氣類之應，乃出自然，不應各有入度之限，况天之一度，當地之九千二百餘里，暄按〔二七〕：經星天依徑七周二十二率算，每度得五百五十五萬八千四百六十里。則天大而地小，尤礙膍合，此其難通者二也。且以輿地言之，閩、粵、交、廣，東通吳會，謂之揚州，實當中國之半，而分星所屬，止斗、牛、女三宿，則又地廣而天狹矣，此其難通者三也。智嘗謂隋志載見南極老人星下，尚有大星無數，此已明矣。利瑪竇爲兩圖，一載中國所嘗見者，一載中國所未見者。天河自井接尾箕，盡垓埏萬方，而分度界之，眞可謂決從古之疑。一行兩戒之論，辨若縣河，以今直之，皆妄臆耳。其以北斗分野、太極干支分野，或自一術云。兩戒即兩界，因天官書『星茀乎河戒』也。今天法一度，當地二百五十里，未見之星，如海石、火鳥、金魚、小斗，曰滿剌加星者，滿剌加國始見也。天官書曰〔二八〕：『甲乙四海之外，日月不占。』晉注曰：『甲乙主海外，以遠不關中夏事，故不占也。』智按：漢藝文志有海中占，豈漢時亦有言海外星者，中國置之甲乙科而不問邪？按：晉志，角亢氐屬鄭兖州。東郡入角一度，即魯地。東平、任城、山陰入角六度。泰山入角十二度。濟北、陳留入亢五度，即東阿縣。濟陰入氐一度。濟寧、曹縣、東平入氐七度。房心，宋豫州。潁州入房一度〔二九〕。汝南入房二度。沛郡入房四度。梁國入房五度。淮陽入心一度。河南陳州、魯國入心三度。楚國入心四度。尾箕，燕幽州。涼州入箕十度，即居庸關。上谷入尾一度。漁陽入尾三度。古北平入尾七度〔三〇〕，西河、上郡、北地。遼西東入尾十度。涿郡入尾十六度。渤海入箕一度，即登州。樂浪入箕三度，即高麗。玄菟入箕六度，即遼東、鴨緑之分理。廣陽入箕九度，即廣平府。斗牛女，吳、越、揚州。九江入斗一度。廬江入斗六度。豫章入斗十度。丹陽入斗十六度。會稽入牛一度。臨淮入牛四度。廣陵入牛八度，即揚州。泗水入女一度。六安入女六度。**虛危，齊青州**。齊國入虛六度。北海入虛九度。濟南入危一度。樂安入危四度。東萊入危九度。平原入危十一度。菑川入危十四度。**室壁，衛并州**。安定入室一度。天水入室八度，即鞏昌府秦州、秦安縣。隴西入室四度。酒泉入室十一度，今肅州衛。張掖入室十二度，今甘州衛。武都入壁一度。金城入壁四度。臨洮、蘭州、武威入壁六度。燉煌入壁八度，陝西沙州衛。**奎婁胃，魯徐州**。東海入奎一度。琅琊入奎六度，青州安丘縣。高密入婁一度。城陽入婁九度。膠東入胃一度，萊州。**昴畢，趙冀州**。魏都入昴一度，大名府。鉅鹿入昴三度，屬順德府。恆山入昴五度，眞定、趙州。廣平入昴七度。中山入昴八度。清河入昴九度，屬廣平。信都入畢三度，冀州。安平入畢四度，屬晉州。趙郡入畢八度，邯鄲縣。河間入畢十度。眞定入畢十三度。**觜參，魏益州**。廣漢入觜一度。越嶲入觜三度，四川黎州。蜀郡入參一度。犍爲入參三度，屬四川嘉定州。牂牁入參五度。巴屬入參八度〔三一〕。漢中入參九度。益州入參七度。**井鬼，秦雍州**。雲中入井一度，即忻州。定襄入井八度。雁門入井十六度。代州入井二十八度。太原入井二十九度。上黨入鬼二度，即潞州。**柳星張，周三輔**。弘農入柳一度，即陝州。河南入星三度。河東入張一度，山西蒲縣。河内入張九度，在懷慶州。**翼軫，楚荆州**。南陽入翼六度。南郡入翼十度，荆州江陵縣。江夏入翼十二度。桂陽入軫六度，廣西桂林。武陵入軫十度，屬常德府。零陵入軫十一度。長沙入軫十六度。又按：經星二萬五千餘歲行天一周，進退跳躍，故古今來各宿所距度分，前後增減不一。如天樞一星，古離北極二度，今更踰二度。有奇嶲觜距參三度，今且侵入參二十四分。方域所轄，亦各以世殊。如河西五郡，雍也反屬于衛。山西雁代本冀，乃屬雍州。職方輿圖，種種不一，以地戒天者，可以憬然矣。

校記

〔一〕此段文字引自宋吳炯五總志。『翰王』應作『韓王』。

〔二〕緯　原誤作『緝』。

〔三〕吳澄　原誤作『吳登』，據刊誤補遺改。

〔四〕日　原作『曰』，據穀梁傳定公十五年改。

〔五〕『升菴曰』至『政也』　原無，據刊誤補遺補。

〔六〕虹　爾雅釋天作『蜺』。

〔七〕戴　原誤作『載』，據刊誤補遺改。

〔八〕帝　原脱，據刊誤補遺補。

〔九〕颶　原作『颶』，據刊誤補遺改。

〔一〇〕冒校：『查東坡全集無此文，楊升菴文集「颶風」條引蘇叔黨颶風賦即摘録下述兩語，疑方氏即從楊書抄出，而改稱「子瞻」則誤也。當從升菴集作蘇叔黨。』冒説是。

〔一一〕井　原誤作『并』，據刊誤補遺改。

〔一二〕靈顯　當作『靈憲』，漢張衡撰。

〔一三〕廬　原誤作『蘆』。吳澄稱草廬先生。下同。

〔一四〕暄曰　原作『寫天』，據刊誤補遺改。張裕葉附按：『揭暄有書名寫天新語。』

〔一五〕其下，刊誤補遺有張裕葉按語：『皇朝禮器圖，測大陽大陰之法，有象限、紀限諸儀，驗時有星月諸晷。星晷所測，按節推時；月晷所求，則有正升、斜升、大餘、小餘之分耳。』

〔一六〕壁　原誤作『璧』，據刊誤補遺改。下同。

〔一七〕龍　原作『耳』，據刊誤補遺改。

〔一八〕魏朴　據沈括夢溪筆談及刊誤補遺所引，當作『衛朴』。下同。

〔一九〕據刊誤補遺，此處張裕葉補文如下：『按萬氏春秋隨筆，日食三十六，衛朴得三十五，獨莊十八年三月，古今筭不入食法，疑前史誤耳。梨洲先生曰：按是年乙巳歲二月有閏，實會四十九日一十三時合朔壬子未初初刻，交周一十一宫二十八度三四三七，正合食限。朴蓋不知有閏，故筭不能合耳。』

〔二〇〕揭衷熙曰　原作『大約論之』，據刊誤補遺改。

〔二一〕晉　原誤作『漢』，據刊誤補遺改。

〔二二〕方崑山曰　原作『不當知夫』，據刊誤補遺改。

〔二三〕其信然乎　原作『也』，據刊誤補遺改。

〔二四〕洪　原誤作『淇』。

〔二五〕眡　原誤作『眠』，據刊誤補遺改。下同。

〔二六〕魏朴　當作『衛朴』。

〔二七〕暄　原作『細』，據刊誤補遺改。

〔二八〕天官書　冒校：『當作漢書天文志。』是。

〔二九〕潁　原作『穎』，據刊誤補遺改。

〔三〇〕古　冒校：『當作右。』

〔三一〕巴屬　方氏重刻本作『巴蜀』。

通雅卷之十二

天文 陰陽

侌昜者，一昜之音也。　一而已，日月爲昜，加一爲昜，而覆云爲侌。一也，昜也，侌昜也，皆卷舌之喉音也，即音可知其原矣。加𠂤爲山之陰陽，鑿度作隂陽。

手足三陰陽，參兩而倍之也。五運周六氣，乘爲三十而倍之也。　一陰厥陰，二陰少陰，三陰太陰。一陽少陽，二陽陽明，三陽太陽。是陰陽二而參之，手足各三，則十二經矣。天五地六，而鬼臾區曰：『天以六爲節，地以五爲制。』示本一也。五六乘爲三十，凡千四百四十氣，而又兩之爲六十，則甲子一周。大輪元會，細輪呼吸，皆此幾矣。

運氣先舉丹黅，用五六之中數，而表坤艮也。新洛、陰洛，用八九之環維而表乾巽也。向以三月辰龍月建爲化。智按：十數中于五六而戊己當之，河漢在天經井尾爲坤艮。今見西圖，首尾相銜，此一徵也。先舉丹天、黅天戊己之分，火土終始化氣而相生次序也。是河圖之寅申丑未開幾也。坤土補夏季而四時環生，然君火耗而相火用事，坤土補不足，對衝艮土，以制有餘，歲中歲限之符也。心不用而用包絡與命門，曰心主，曰小心，亦是一證。靈樞九宫八風篇曰：『太一常以冬至居叶蟄宫四十六日，明日居天留，如是而倉門、陰洛、上天、玄委、倉果、新洛，周而復始，居叶蟄矣。太一日游，日從一處，至九日，復反于一，如是無已。』智按：洛書巽順射乾，分剛柔卦，此以新洛、陰洛稱之，表乾巽也。是洛書之已亥辰戌開幾也。鄭玄注鑿度、張衡傳注，皆言太一下行九宫爲洛書數。玄宗時蘇士言遯甲九宫貴神司水旱，請立壇。即今曆書三白圖法，一六八爲白，二黑，三緑，四碧，五黄，七赤，九紫，亦以四時一周論之。

陽隴陰隴，子午之橋起關也。内經言夜半陰隴，日中陽隴，而脈行應之。猶言擁起爲隴，而過此漸平迆也。莊子曰：『于是橋起。』

堪輿，一作堪餘、龕輿，古言歲時方位者也。保章氏注曰：『堪輿雖有郡國所入度，非古數也。』疏曰：『古黄帝時堪輿亡，後代有堪輿者，雖非古數，時有可言。』占夢注：『天地之會，建厭所處之晨，今八會其遺象也。』疏曰：『堪輿大會有八，小會亦有八。』堪輿天老曰：『假令正月陽建于寅，陰建在戌。』張逸問厭對之義，答曰：『案堪輿黄帝問天老事云：「四月，陽建于巳，破于亥；陰建于未，破于癸。是爲陽破陰，陰破陽。故四月有癸亥爲陰陽交會，十月丁巳爲陰陽交會。」』藝文志有堪輿金匱十四卷，注許慎云：『堪，天道；輿，地道也。』孟康曰：『堪輿，神名，造圖宅書者。』公羊疏引堪輿云：『九月日體在大火。』日者傳褚先生云：『孝武時，問某日取婦，堪輿家曰不可。』後漢王景參衆家數術，堪輿日相，集爲大衍玄基。唐呂才曰：『按堪輿，黄帝對天老始言五姓。』後魏殷紹以黄帝四序經文撮要爲四姓堪輿〔一〕，引漢志注：『堪輿，天地總名，猶言龕輿也。』龕，與堪、戡並通。楊子『劉龕』，南陽劉峻辯命論『龕亂在武功』，陸澄用『龕蝅』，郭璞用『堪黎』，即戡也。蕭子顯南齊書『拯溺龕暴』，即戡暴，可證。隋志：八會堪餘一卷，堪餘曆二卷，即堪輿。今則專指風水，稱引郭璞葬經，謂之形家。

叢辰日苑，日者家言也。漢藝文志有鍾律叢辰日苑。按日者傳曰：『叢辰家曰大凶。』蓋六壬以日干爲主，小則選擇者流也。吳越春秋有六壬課，如伍子胥金匱第八，及范蠡玉門第一，即六壬奇門之徵。

陽九百六有三説。漢書律曆志：九戹，四千五百歲爲一元，一元之中九度，陽戹五，陰戹四。陽爲旱，陰爲水。一説九七五三，皆陽數也，故曰陽九之戹。劉琨表曰：『陽九之會，其數四千六百一十七萬爲一元，初入元百六歲有戹，故曰百六之會。』董卓傳：『百六有厄，遇剥成災。』靈寶運度經：『三千三百年爲小陽九，小百六也；九千九百年爲大陽九，大百六也。天厄謂之陽九，地虧謂之百六。』洪景盧疑之者，則王湜太乙肘後備檢云：『四百五十六年爲一陽九，二百八十八年爲一百六者也。』大氐太乙論陰陽之阨，自是一數，託之陽九百六，乃傅會其名耳。邵子元會運世，又是一法，以年月日辰爲確証，以三百六十自乘爲數符。

許慎解干支之字，皆因『氣候直時書』之説也。書史言相如作凡將篇，妙辯六律，測尋二氣，采日辰之禽，屈伸其體，升伏其勢，象四時之氣，爲之興降，曰『氣候直時書』。又後漢東陽公徐安子搜諸史籀，得『十二時書』，皆象神形也。王愔目有『十二時書』。許慎説文于干支諸字，必有曲説陰陽之氣，可見當時好立此義久矣。或曰干支初爲閼逢、困敦等稱，並無甲子之名之字，而術家專以此配五行，談生尅，不推其原，安得不惑哉？

十二生肖，即『十二時書』而爲之説也。　方言以十二生肖配十二辰，爲人命所屬，莫知所起。周宇文護母留齊，貽書護曰：『昔在武川鎮，生汝兄弟，大者屬鼠，次者屬兔，身屬蛇。』當時已有此語。北方人每以十二生肖配年爲號，所謂狗兒年、羊兒年者，豈皆譯語邪？或曰皆不全之物，子、鼠，目少光，齒利。丑、牛，少齒，四蹄，足生骨四岐，實兩交剪蹄也。寅、虎，短項，五爪最利。卯、兔，缺唇，四蹄，耳長。辰、龍，虧聰，五爪，耳小。巳、蛇，無足，雙舌。午、馬，虧膽，獨蹄，圓蹄也。未、羊，乙木，上視，虧瞳〔二〕，四蹄。申、猴，虧脾，五爪。酉、鷄，隱形，無外腎，虧小腸，四爪。戌，犬，虧大腸，善走。亥。豬，無筋，謂無總筋也。王逵非之曰：『子爲陰極，幽潛隱晦，配鼠藏迹。午爲陽極，顯易剛健，配馬快行。丑爲陰，俯而慈愛，配牛舐犢。未爲陽，仰而秉禮，配羊跪乳。寅三陽，陽勝則暴，配虎性暴。申三陰，陰勝則黠，配猴性黠。卯、酉爲日月二門，二肖皆一竅，兔舐雄毛則孕〔三〕，感而不交也；鷄合踏而無形，交而不感也。辰、巳陽起而變化，龍爲盛，蛇次之，故龍、蛇配辰、巳，龍蛇者，變化之物也。戌、亥陰斂而拘守，狗爲盛，豬次之，故狗、豬配戌、亥。狗豬者，圈守之物也。』

子卯，因桀紂也。斷屠月，因帝釋之察也。月忌，避中宫也。　時日之忌，固小道也，世俗亦有所自來。子卯，謂之疾月。又有往亡日，劉裕、李愬，皆以往亡日成功。檀弓曰『子卯不樂』，蓋本於桀紂之事。唐朝新格又以正月、五月、九月爲忌月。至今仕宦上任避之，此本無謂。房玄齡等損益隋律，亦存之以不行刑，謂之斷屠月。此佛書智論言帝釋以三、五、九月察南贍部州也。月忌，以洛書一二三四五數之五值中宫，至十四二十三皆值中宫，故避之。

納甲有數説。蠡海集曰：『乾坤父母，總攝内外上下，故子午丑未配甲壬乙癸，而六子長中少，從上下生，以位配之。』乾甲子，坤乙未。艮丙辰戌，兑丁巳亥。坎戊寅申，離巳卯酉。震庚子午，巽辛丑未。乾壬午，坤癸未。京房易傳所謂『繫爻，制爻，義爻，寶爻，專爻』，即今之火珠林也。其納甲用乾納甲壬之説，虞翻曰：『日月縣天，成八卦象。三日暮震，象月出庚；八日兑，象月見丁；十五日乾，象月盈甲壬；十六日旦巽，象月退辛；二十三日艮，象月消丙；三十日坤，象月滅乙；晦夕朔旦則坎，象水流戊；日中則離，離象火就己，戊己土位，象見于中。日月相推而明生焉。』魏伯陽參同契則不列壬癸，今堪輿家用之。

凡氣始于東方而右行，音起于音起于西商，故納音甲子首金，猶六十律旋相爲宫法也。

西方而左行，陰陽相錯而生變化。所謂氣始東方者，四時始于木，右行傳火，火傳土，土傳金，金傳水。所謂音始西方者，五音始金，左旋傳火，火傳木，木傳水，水傳土。納音與易納甲同法。乾紀甲而坤紀癸，始于乾而終於坤。納音始于金，金，乾也；終于土，土，坤也。輟耕本于筆談，瑞桂堂暇録所載即王逵説也。今法曰納音。按：支位隔八相生，分三合三元，依序排列。首金者，金聲最清也。其位爲羽。羽，五音初輪之音也。觀天氣倚乎地，則十二干順布，用地支六，氣尊六甲以爲頭，逐地而右轉。察地位負乎天，則十二支逆排，用天干五，運列五子以爲首，隨天而左旋。堪輿家曰：干支相因遁演成六十，施于羅經内盤，名曰地紀。用于土圭外盤，名曰天紀。重六十而百二，名曰分金。皆宗納音五行也。訣云：『六旬甲子妙絶玄，七七抽除地與天。五減零求生數理，納音得此幾人傳。』此則又非王陶所説者。智按：漢志有五音奇胲用兵、刑德。一行以定八山，即古吹律聽軍定姓之法，觸幾于微至之門也。抱朴子曰：『黄帝審攻戰。』納音古有之。

日精在氐、房，言東方也。月精在昴、畢，言西方也。若谷曰：『日一星，在房之西，氐之東。日者，陽宗之精也。爲鷄二足，爲烏三足。鷄在日中，而烏之精爲星，以司太陽之行度。月一星，在昴之南，畢之北。月者，陰宗之精也。爲兔四足，爲蟾蜍三足，兔在月中，而蟾蜍之精爲星，以司太陰之行度。亦猶太白在亢，歲星在室，辰星在星，熒惑在心，填星在南斗，爲五星居廟也。』智按：星家有此説。然推其理，謂日生東方，氐、房，東七宿之中也。月生西方，昴、畢，西七宿之中也。後遂鑿附其説。

天文 月令

周公月令因夏小正，吕覽因月令，淮南因吕覽，記有異同，非後人筆也。陸德明以爲吕氏春秋後人所删，蔡邕、王肅以爲周公所作。先儒以贊傑俊，遂賢良，行爵出禄，非太尉之職，太尉秦官，決非周公之書。予謂不然。月令之書，自大撓作甲子，占斗所建，伶倫制十二律，以節四時之度。堯命羲和敬授人時，分四仲以定中星。驗之于人，占之于鳥獸，應之于事，終以允釐咸熙。此夏時之所由起。夏小正之書，辭簡理明，固已備月令之體。周以農開國，猶以時令爲先務，大概具見七月。周公制禮作樂，得無一代之成書？使此書盡出不韋之手，不應以十二令爲紀，各以數釋解釋于後，合爲六十一篇。太尉固秦官，所命冢宰、司徒、司空、司馬，與太史、樂正、樂師、澤人、虞人、四監之類，皆周官也。不韋不過改周司馬爲太尉耳。蓋贊俊傑，遂賢良，與行爵出禄，雖非太尉之職，而設儀辨位，進賢興功，制畿内封，則大司馬之任也。大率周公增益夏小正，不韋增益周公之書，其閒豈得無改竄？淮南時則訓比呂氏十二紀，又有異同，此可爲證。戴埴鼠璞，極重月令。唐明皇有御删月令，李林甫注，多異同。蓋唐有讀時令之典，即月令也。宋賈昌朝撰時令十二卷，一行議李淳風專用吕氏春秋，柳子厚言月令分行政事之謬。今取七十二候之説，分配以七十二卦，則月令未可全非也。智按：古人舉配位之端幾，而推行化裁寓矣。一切法皆可環之，若不列言，將土塊耶？章俊卿考索，以月令爲然。七修類稿曰：『七十二候，後魏載之于曆，欲民知驗氣序也。陳澔注多謬説，康成亦多譌處。王砅注素問〔四〕，亦引吕令。與今世行吕氏春秋及曆，迥有不同。如「雷乃發聲」下有「芍藥榮」，「田鼠化鴽」下有「牡丹華」，「王瓜生」作「箭生」，「苦菜秀」作「吴葵華」，「麥秋至」作「小暑至」，「半夏生」下有「木槿榮」，「蟄虫坏户」下有「景天華」。通卦驗亦引物候，而其書亡。』智按：郎瑛以五技爲鼫鼠，以螻蟈好夜出，而皆指螻蛄。既辯鳴鶪非蝦蟆矣，而復引博勞惡鳥即梟，鶡旦作鵔鸃之類，不必然矣。雉呴于朝，若呴于鼎之類，果雌雄交鳴邪？王砅，唐太僕令，自號啓玄子，陳晁皆作『砅』，本草、六書故、月令廣義皆引作『冰』。何子元曰：『月令章句：豕韋，孟春、立春、驚蟄；降婁之次，雨水、春分。至後漢志始依今序。』又漢以前，穀雨爲三月節，清明爲三月中。

歲以紀天步，故始于仲冬。年以序人事，故始于孟春。升菴引陸賈十二遂，元瑞辯之。六書索隱直引尚書四時成豕，以豕爲古歲。歲乃秦字，十月爲首，故從戌步也。焦弱侯引爾雅『夏曰歲』，取歲星，木生于亥而周于戌也。釋名云：『歲，越也；越，古限也。』智謂劉熙從戌〔五〕，以聲取義。曹子建平原公主誄：『城闕之詩，以日踰歲。況我愛子，神光甞滅。』則鄉音讀歲爲薛耳。陸佃曰：『禾千爲秊，步戌爲歲。秊取禾一熟，歲期兩稔，故步至戌謂之歲，九月建戌也。』智謂古呼稔字如秊，蓋稔有念音，故轉平聲。蓋古尚書『㦲』，丁度韻作『㦲』耳。宋奉先曆曰：『曆法布步歲之法，以冬至斗建所抵，至明年冬至所得辰刻襄秒，謂之斗分。』故歲文從步戌，戌者，斗魁所抵也。要論之，戌聲耳。陸佃取一熟兩稔，義已支矣。禾生春，成于秋，春作夏長，秋斂冬藏，人事周而復始，故秊從禾，四時周爲一秊也。歲以紀天步，故始于仲冬；秊以序人事，故始于孟春。周官太史，掌正歲秊以序事，此歲年之辯也。鄭玄以正歲爲孟春，夏之正月也；正月爲仲冬，周之正月也。于始和不得其說，則曰言始和者，猶若改造云爾。于凌人不得其說，則又曰以季冬爲正歲，可謂强矣。孫氏曰：『堯典「成歲」，舜典「歲二月東巡狩」，則唐虞不特曰載。禹貢「十三載乃同」，則夏不特曰歲。太甲曰「三年復歸于亳」，則商不特曰祀。洪範「惟十有三祀」，周禮「三歲計羣吏」，則周不特曰秊也。』蓋載以始一歲而終，歲以星一周，祀以祭一歲徧，秊以禾一熟，當時或班詔用之，示改朔之意，史官紀文，則可通矣。改月聚訟，亦此故也。猶知府知縣，不得稱守令也。

鼎銘十有三月之文，曾南豐以爲複篆。董彥遠以自即位之若數也〔六〕。劉原父得商洛鼎銘曰：『惟十有三月，傍死魄。』曾南豐曰：『古如作㚇，人作𠑹，此三特二字耳。』董逌曰：『或謂周十四月爲夏二月。』元命包曰：『夏以十二月爲正。』管子有『十三月令人之魯，二十四月魯梁之民歸齊，二十八月萊呂之君請復』之語。邢子才曰：『四十二月之科，一依恆式，彼自其君即位後，以月爲數，其時則已再改年矣。』此亦一說也。智按：王厚之印譜，漢關内侯印作肉，此作㚇，當時刻南豐跋語，誤肉爲㚇耳。原治編曰：『古器銘云十有三月，十有四月，十有九月或云正月乙子或曰丁子。』呂與叔考古圖謂嗣王逾年未改元，故以月數。乙子即甲子，丁子即丙子。世質人淳，取其同類。』彥遠曰：『用其剛，必取柔以成之。今術猶然。』

歲陽，歲名異同。閼逢、甲，史記作焉逢。淮南作閼蓬。旃蒙、乙，史記作端蒙。柔兆、丙，史記作游兆。强圉、丁，史記作强梧，音予。著雍、戊，著直略切。淮南作著雝。屠維、己，史記以戊作徒維，以己作祝犂，與爾雅抵梧。上章、庚，史記作商横。重光、辛，重平聲。史記作昭陽。玄黓、壬，史記作横艾。升菴引作玄弋，穀城引漢碑作玄墨。昭陽、癸，史記作尚章，而反以昭陽在辛，不知誰是。攝提格、寅。單閼、卯，音蟬焉，又音丹遏。史記作亶安，安音焉。升菴引作蟬焉。楚望引漢丹陽麟鳳瑞像圖銘「龍起嬋嫣，三月季春」。執徐、辰，淮南作執除。大荒落、巳，史記一作芒落。履按：一本作大荒駱。敦牂、午。協洽、未，史記作汁洽。履按：一本作叶洽。涒灘、申，涒易昆反。升菴引史記作芮漢，又作涒漢。作噩、酉，淮南引作鄂。升菴載籀文作詻，作略，作咢。漢志亦曰作詻。履按：史曰作鄂。閹茂、戌，閹音掩。升菴引史記作掩茂。今按作淹。漢志作掩茂。大淵獻、亥。困敦、子，敦音頓。赤奮若。丑。爾雅以干爲歲陽，支爲歲名，今人多雜稱之。漢人各記其所傳，或馮臆決，故多錯舛。劉曜時玉文曰：「噩酉小衰，困嚚喪。」謂酉與子也。

窉月，即寎月。三月爲寎。直翁曰：「郭璞音丙，故收上聲。孫炎音況病切。」按：疏音孚柄切，鄭樵音柄。唐韻引爾雅「三月爲窉」，或曰自正至三月甲乙丙也。余未敢必之。寎，實古病字。

且月，猶焦月。爾雅「六月爲且」。邢音子余切，漁仲從之，京山以爲焦月。蓋因上林賦巴且即巴蕉，知古音通。六月盛熱，故曰焦。

霜月、朽月，九月也。博南引宋詩『九月不虛爲朽月』，謂多霑也。漢韓敕修孔廟器碑『霜月之靈』，九月也。永叔笑其不成語。或曰稱菊月，竹醉月，與韓鄂『浴蘭月』，不尤可笑乎？

來月，亦曰明月，月晦曰提月。左傳『明月』，言後一月也。公羊傳：『提月，六鷁退飛。提月者何？逮是月也。』何休注：『提，月邊也。魯人語也。』

大月、良月，皆十月也。後九月，秦歸閏于終也。呂覽任地篇『草端大月』，高誘注曰：『大月，孟冬月也。』端字無訓。智疑長笛賦『冬雪揣封』之揣，音團。秦以十月爲首，故曰大月。韓鄂以十月爲良月，引傳曰：『使以十月入，良月也，就盈數焉。』秦二年後九月，即歸餘于終之法也。高后、文帝時屢書『後九月』，則漢猶未改秦曆也。

橘滁，言歲將除也。李石引『十二月得丙曰橘滁』。智按：爾雅作『十二月爲涂』，注：

『涂，音徒。』愚謂當音除，蓋謂歲將除也。故李石竟作橘滁。又按：通鑑『修堂涂』，亦音除，即今滁州，此可證也。

唐有兩除夜，謂除歲與冬住也。　老學菴曰：『陳師錫家享儀，謂冬至前一日爲冬住。』廣記盧頊傳：『是夕冬至除夜。』乃知唐冬至前一日亦謂除夜。詩『日月其除』，去聲，陳氏傳其語耳〔七〕。

八神，謂八引也。　轉注略曰：『易通卦驗：「冬至日，置八神樹八尺之表。」神讀作引。言八引者，樹杙于地，四維四中，引繩以正之。故名引。』智按：『禮其慎也』注作『引』。『應田縣鼓』注『田爲𤰈，即𩌦』。信亦謂伸，足證神之爲引。

吁茶，言長養也。　尚書大傳曰：『南方者何？任方也。夏者，假也。吁茶萬物，養之外也。』吁茶，讀曰嘘舒。

山谷以恢台釋長嬴。　山谷跋希圓禹廟詩『高閣無恢台』，直言無暑氣耳。楚辭『恢台之長夏』，恢，大也，台，胎也。爾雅曰『夏爲長嬴』，即恢台也。高閣無長嬴，可乎？智按：恢台，猶説文灰炱也，言火氣也，猶炎燀也。文選注引國語曰：『水無沉氣，火無炎燀。』音補延切。蜀王衍立當面廚烹燀。傅毅舞賦『舒恢炱之廣度』，其義大也。而字以炱，蓋火氣發揚，即有動盪廣大之意。希圓詩自不佳，然于恢炱之本訓卻合。山谷主大胎之説反謬。

遷方，西方也。前漢志：『少陰者，遷方。』白虎通云：『西者，遷方也，萬物遷落也。』郊祀歌：『象載瑜，白集西，食甘露，飲榮泉。』先俞山即西隃，則知漢時讀西爲遷，故毛晃收入先韻，音遷。余謂當音先，如洗在薺韻，又在銑韻也。説文有挦字，遷移也，可證西之先音。凡夫竟欲改『餘糧栖畝』爲挦畝，則不必耳。

陰溼之色，曰黴黰。黴黰音梅軫，一作霉黕。溼氣著衣物，生斑沬也。黰又作黲、沴。埤雅以梅子黄時雨曰黄梅雨，人遂以黴天爲梅天。今韻會是之。四時纂要云：『閩人以入夏逢庚入梅，芒種逢壬出梅。』今江淮以芒種逢丙始入，小暑逢未乃出。

溽暑曰宛暍。荀子曰：『夏不宛暍。』宛，讀作藴。詩：『我心苑結。』苑音藴，亦可音愠。

集韻亦作惌，又省作宛。倉公傳『宛篤不發』『有菀者柳』，音鬱。淮南子：『六月天子衣菀黄。』苑、菀、藴、宛，皆相通假。大宛及宛縣則音鴛。暍，受暑也。内經曰『中暍』『重暍』。

太惢，秋祀也。　升菴引管子：『秋至而禾熟，天子祀于太惢。』惢與葳蕤音義同，草木葳垂也。今廣韻分蕊惢爲二，而六書索隱復以惢爲古昊字，太惢乃太昊也。則何以又音蕊而訓葳垂乎？以式言『古多複篆，如星作⿱○⿰○○，累作畾，飍、焱之類。天有五帝星，心宿其一也。爲天子之心。心中一星曰天王，其次舍曰大火。秋爲七月流火之候，而東方宿屬木，金令克木，故祀之。惢乃心宿之聚象也。』姑存其説。又按：古太字亦作⿱大⿰大大，從三太，可以爲惢即心字之證。

揫斂，一作⿰革焦斂、⿱⿰革焦手斂。　漢律曆志：『秋，⿰革焦也。物⿰革焦斂乃成。』合溪引作⿱⿰革焦手，即揫字，將由切。禮記鄉飲酒『秋之爲言愁也』，注：『讀曰揫。』説文：束也。增韻：斂也。升菴引宋人秋日書啓：『金⿰革焦秩序，玉宇敷凉。』吾嘗笑升菴愛此等。前人用金商、白商，既可杜撰金⿰革焦，則亦可以白揫、素揫矣。或者讓前人杜撰而我用之乎？

觱發，一作畢發、滭泼。栗烈，一作颲颲、栗冽。考異：『一之日觱發』，說文作畢發，詩考作滭泼。『二之日栗烈』，說文作颲颲，董氏作栗冽。智按：說文未引詩，但颲讀若栗，以此知之。轉注略謂栗亦有冽音。

時雨曰澍，震雨即淫雨，小春月内三雨曰藥雨。繁露曰：『雨幸大澍。』易林曰：『沾洽時澍。』陸機要覽：『夏澍名錦雨。』說文：『霝，久雨也，胡男切。霢霎，小雨也。』南陽謂霖震，震，鉏箴切。陳士元韻注：『古月令「震雨蚤降」，即淫雨。』霑，雨霂也。今人曰入霑，亦曰入液。太玄經『溟沐』，即霢霂。歲時記：『小春月内三雨，則百蟲飲而藏蟄，呼爲藥雨。』寔義則液雨也。江鄰幾雜志：『同州民謂沾足爲爛雨。』梁益記稱大漏天、小漏天，皆謂霖淫也。杜詩『鼓角漏天東』。升菴言蜀九月曰汎月。

青旛土牛，著于漢志，其理則宋人論之矣。漢禮儀志：『立春日令吏服青幘，立青旛，施土牛耕人于門外。』陳氏曰：『土勝水，牛善耕。勝水故可勝寒氣，善耕故可以示農耕之早晚。』後世土牛法，以歲十幹色爲首，甲乙青、丙丁赤之類也。十二支色爲身，寅卯青、巳午赤之類也。納音色爲腹，以立春日幹色爲角、耳、尾，支色爲脛，納音色爲蹄。宋景祐元年以土牛經四篇頒天下，丁度爲序。

膢臘，謂秋膢冬臘也。　祈穀食新曰膢。類奇云：『膢臘，皆獵取禽獸以祭之名，膢以立秋，臘以十二月。』韓非子曰：『山居而谷汲者，膢臘而相遺以水。』後志貙膢以八月。一作貙劉。

蜡臘，在歲終，報神而祭祖也。　伊耆始蜡，蜡，索也。陳祥道曰：『蜡所以報本反始，息老送終也。』王玄冕，而有司皮弁素服葛帶榛杖。牲醴謳辜。樂六莖，豳頌，土鼓舞，兵舞，帗舞。夏曰嘉平，殷曰清祀，周曰大蜡，秦始謂之臘。魏紀曰：『王者各以其行，盛日爲祖，衰日爲臘。漢火德，用午祖，戌臘。』王肅曰：『魏未社丑臘。』今謂臘祭祖先一事。玉燭寶典曰：『蜡者報百神，臘者祭先祖，同日而異祭也。』前朝四孟享廟，户竈霤門井分五時。又于歲暮享廟，命官兼祭五祀。蓋本月令臘享五祀也，蜡祭缺焉，而各俗尚儺。

臘明，言臘明日也。　天文志：『魏鮮集臘明正月旦，決八風。』上文言『候歲始或冬至日，産氣始萌，臘明日，人衆卒歲，壹食飲食〔八〕，發陽氣。』言臘之明日也。

重三，猶重九也。張説之集以三月三日爲重三〔九〕。九日之節，以九九爲長久也。修禊謂之戒浴。司巫註疏：『一月有三巳，據上旬之巳而爲祓除之事。』見今三月三日水上戒浴，束晳『舉羽觴隨波』是也。

寒食有三説，漢有龍忌，唐猶鈔火，則因司烜狗火之故事也。荆楚歲時記云：『冬至百五日曰寒食。』連昌宫詞：『初過寒食一百六，特敕宫中許然燭。』後遂以三月三當之，謂之冷節。桓談新論〔一〇〕：『太原郡民以隆冬禁煙五日。』周舉傳『以介子推之故，太原有龍忌之禁，一月寒食。舉以盛冬去火，損殘民命，乃作書置廟而俗改』。則此節在仲冬。淮南『龍忌』注：『中國謂鬼神日忌，北塞南越，謂之避龍。』初學記載琴操注：『介子推以五月五日焚厄，晉文禁民閉不得舉火。』一作『子綏』，則此説有三。按：惟晉乘及新序言子推焚死事，殆不足信。晉乘傅會劉向耳。孟奇以左傳火記爲信。焚火之説，則始于『司烜氏，仲春以木鐸狗火禁于國中』，注云『爲季春將出火也』。今寒食適當其時，後人緣飾，遂爲別説，寔以息舊火，出新火，後世遂沿之。劉向亦多集戰國雜家之説，如申生雉經，而説苑以爲伏劍之類是也。魏武令不許絶火輦下。記言唐寒食鈔火，虎臣、泰之皆言鈔火搜人家火，其罰甚嚴。清明尚食乃鑽火。洪洲曰介子推姓王名光。

清明出遊曰棒脚。宋清明禁衛作樂四出，曰棒脚。棒音鞁。

四月有開煮。東京記：『宋時點檢所，以四月開煮，作臺閣妓樂戲，大脯也。』

上巳五日皆躤柳。文昌雜録曰：『五日走馬，謂之躤柳。』焦氏類林作躤，音札。元美作蹃柳。演繁露曰：『壬辰三月三，閱李顯忠軍，嘗折柳插毬場，走馬射斷之，曰躤柳，音藉，呼若乍，其矢鏃最闊，取其斷也。』其躤林之故事乎？

冬節有關撲。夢華録：『京師重冬節，更新衣，享先祖。官放關撲，一如年節，池苑内亦縱人關撲，有以一笏撲三十笏者。』以上數名，皆踵五代時人雜習，大半譯語，猶之寄庫、陶里樺也。

下元有寄庫，午日有討賽咿哯，上巳有陶里樺。通考曰：『十月十五日一時進垛，國主與押番臣僚望木葉山奠酒拜，番字書狀同焚，曰寄庫。』木葉山在薊州馬蘭外諸山，明初三衛地也。遼史：『爇節，午日曰討賽咿唲。上巳日射雉爲樂，曰陶里樺。』陳無功引作陶里化。六月十八宴國舅族，曰『忓里叵』。郎瑛曰：『金元正月十六日放偷，猶今之走街也。』

除日焚柴，曰粈盆。月令通考：『吳中風俗，除日送舊神，焚松柴，謂粈盆。或曰以松柏桃杏爇火，曰生盆。』孫愐曰：『粈，粉滓也。』韻會曰『粥凝』。歲時雜記：『除夕作蕢燭。以麻粈濃油如庭燎。律有元日油粈之義，今粈盆也。』或作䊆，音莘。青藤曰：『俗謂之喪盆，或燒冬青樹。武林舊事：「南郊用之。」』又元夕有蕢燭粈盆。

以亥日爲市，曰亥市。青箱雜記：『蜀有亥市。亥，音皆，言如痎瘧，間日一發也。諱痎，故曰亥市。』徐筠水志曰：『荆吳俗取寅、申、巳、亥日集于市。』又分寧縣本常州亥市。智按：吳曾曰豫章古漁父詩云：『魚收亥日妻到市，醉臥水痕船信風。』張籍江南曲云：『江村亥日長爲市，落帆度橋來浦裏。』後見李淳風易鏡占漁獵勝負篇云：『取魚卦宜二水。』又云：『魚宜見水，忌土。』蓋亥子屬水，乃知魚收亥日所自。

天　文　農時

勞田，及時摩勞也。歐陽公通進上書云：『久廢之地，其利數倍于勞田。』本六韜『勞地』之勞。諸刻作『榮田』。適姚叔祥得臨川曾得之較本，益知爲勞田。叔祥因著歐文考異。又齊民要術云：『春耕尋于勞，古曰耰，今曰勞。說文曰：「耰，摩田器。」今人亦名勞曰摩，鄙語曰：「耕，曰摩，勞也。」秋耕待白背勞。秋多風，若不尋勞，地必虚燥。諺曰：「耕而不勞，不如作暴。」蓋天澤難遇，喜天時故也。凡秋耕欲深，春夏欲淺，犁欲廉，勞欲再。再勞地熟，旱亦保澤也。』後漢書劉般傳『區種法、增耕法』，言『上農區田』。區，土壅禾根也。御覽：氾勝之奏曰：『湯有旱災，伊尹爲區田。』智按：區近漚聲。

藉艿，藉草也。艿乃仍字，時征切。張華博物志：『趙襄子狩于中山，藉艿燔林。』唐裴延齡妄言長安得陂艿數百頃。艿乃舊草未芟而新草生也。世說言『新亭藉卉』，亦藉草意也。青藤路史曰：『燒田中草木曰熪爐。』汲冢周書曰：『如草既薙厥聚，其猶有綴艿。』

劉殺，榃翳也。齊民要術曰：『凡山澤開荒皆七月，芟人之草，乾而焚之。林木大者劉殺之，葉死不扇，便任耕種。三歲後根莖枯朽，焚而耕之，中爲穀田。』劉，烏莖切。此即所謂菑也，从甾草。詩：『其菑其翳。』一作椔。荀子曰：『周公身如斷菑。』爾雅曰：『木立死曰椔。』借義與栽通。又爲災害之甾。

冒橛，土長也。月令『草木萌動』注：『農書曰土長冒橛，陳根可拔，耕者急發。』國語『土乃脈發』，注亦引之。漢書藝文志農書有九家，百一十四篇。鄭玄所引農書，先師以爲氾勝之書也。漢書注：『成帝時爲議郎，使教田三輔也。』土長冒橛者，謂置橛以俟土。智按：橛謂直立，則正可通解耳。急發，即撥也。一作垡，焦弱侯曰：『耕起土塊曰垡。』

樹稼，木介也。唐書：『寧王憲疾時，寒甚，凝霜封樹，謂之樹介。春秋：雨木冰曰木介，即樹介也。言象介胄也。憲見而嘆曰：此俗謂樹稼者也。諺曰「樹稼達官怕」，吾其死矣。』今問奇集直注木介之介音駕。凡夫曰：『稼樹當爲犗樹，俗訛爲稼。』此并不知木介耳。

騸樹，接樹也。月令廣義有騸樹法。崔寔月令『正月接樹』，則古有之矣。接則實大而甘美。俞宗本有種樹書，言接樹法甚詳。

宿麥，言隔歲種也。夷下，謂麥後種禾豆也。國史補言『五月有麥信』。月令：『孟夏麥秋至。』白安石師曰：『今山東呼麥熟爲麥秋。』薙氏注鄭司農云：『今俗間謂麥下爲夷下，言芟夷其麥，以其下種禾豆也。』氾勝之書曰〔一一〕：『子欲富，黄金覆。』爲瘞麥根也。夏至後七十日，寒地可種宿麥。説文曰：『春麥爲麰。』此芮切，猶言穩也。

校記

〔一〕姓　魏書殷紹傳作『序』。
〔二〕曈　原作『瞳』，據刊誤補遺改。
〔三〕舐　原作『砥』，據刊誤補遺改。
〔四〕注　原作『著』，據方氏重刻本改。
〔五〕戌　原作『戊』，據刊誤補遺改。
〔六〕若　方氏重刻本作『月』。
〔七〕傳　刊誤補遺以爲係『轉』字之誤。
〔八〕食　冒校：依漢書天文志當作『會』。

〔九〕之　原作「大」，據冒校改。張説，字説之。

〔一〇〕談　刊誤補遺改「譚」。

〔一一〕書　原無，據刊誤補遺補。

通雅卷之十三

地輿 方域

陸文裕曰：『予嘗欲取今之州縣，推而上之，以會於禹貢之命名，因以著古今離合遷改之實爲一書。』宋浦江倪朴文卿嘗作輿地會元志四十卷，惜當時以布衣著書，力不能傳。其自敘有曰：『今學者急於利禄，專務時文，故不識者不肯目，而識者未暇覩也。悲夫！』元符中，蜀人税安禮撰地理指掌圖，臨江吴澥著宇内辨。智皆不得見。郭景純注山海經〔一〕，寓寫意耳。酈道元注水經，身未得至南方也。嘗覽朱考亭、沈存中、吴虎臣、范公偁、王伯厚及楊升菴、章本清、馮嗣宗各有所辨，欲以朱思本畫方配里法，倣謝莊之截木分合，就各地古事編圖，會括諸志于修攘考，一時不及，姑鈔記所知以俟。崇禎癸未夏，方以智記。

河東、河西、河南、河北、河内、河東、淮北、淮西、江北、江南、山東、陝西，章潢所采，宋人之論詳矣。有兖州之河東，有并州之河東；黄河舊道，三代以前，自宋衛州之黎陽縣近折而北流，故北京及河北東路諸州，在河之東，即古兖州之域。故周禮職方：「河東曰兖州。」爰自周定王時，黄河舊道漸以湮塞〔二〕，秦漢以還，河堤屢壞，乘上游之勢，決而東下，故兖州之域隔在河北，而河東之名乃移在并州。戰國以來，子史中乃謂河東之地，皆指宋朝河東路而言之，即古并之域也。智按：此北京謂大名府。有雍州之河西，有涼州之河西；黄河源自崑崙，傍積石北流，餘二千里，至於宋銀、夏之交，稍折而東流，不盈千里，又折而南流〔三〕。故宋永興軍路鄜、坊、丹、延諸州，在河之西，而河湟之間鄯、涼、甘、肅諸州亦在河西。戰國之際所稱河西地〔四〕，即指鄜、房、丹、延之間而言，在雍州之域也。西漢以來所稱河西地，即指河湟而言，古涼州之域也。有中土之河南，有邊境之河南；有中國之河北，有邊方之河北：黄河大勢，如覆斗之狀，而關中正在斗間，中原適當如衡，故宋之京畿西路在河之南，斯中土之河南也。而綏、銀、勝、夏諸州亦在河南，即邊境之河南也。河北東西路在河之北，斯中國之河北也。而陰山瀚海之間〔五〕，有秦長城外地，亦在河北，即邊方之河北也。三代以前，河南之稱，止在中土；秦漢而下，奪外國南牧之地，列爲郡縣，亦名之曰河南。陳隋以前，河北之稱止在中國，李唐之初，塞外突厥之地，悉爲郡縣，亦名之曰河北。春秋傳中所稱河南、河北之地，皆指邊境等地而言，與前史至不相侔。有指一郡而言者，有指一州而言者，有指一道而言者。如中土河南之地，今古一名，而兩漢河南之稱，惟指一郡而言。即宋京西屬縣，兼鄭孟二周之境而已。姬周河南之稱則指一州而言，即宋東、西二京及京西南北路之地。李唐河南之稱，則指一道而言，包古青、徐、兖、豫四州之境，奄黄河以南皆是也。宋爲東西南三京及京畿四州之地。故周之河内異乎漢之河内，周禮職方「河内曰冀州」，即宋河北東西路地。漢之河内乃右郡，宋懷、衛二州是已。漢之河東異乎唐之河東。

漢河東郡即宋河中府及慈、隰、晉、絳、解五州，唐河東道乃宋河東路地。古之淮北乃宋之淮南，宋宿、亳二州，自開國以來至於李唐，皆在淮北。宋乃移屬淮南。而宋之河北乃古之河東。宋朝河北東路之地，三代以前屬河東。淮西一名也，有在京東，有在京西。淮道自西而東，時折而北流，故淮北之地間名淮西。如漢封劉交爲楚王，王淮西，則宋京東西路之地也。唐裴度身督戰，遂平淮西，則宋西北路之地。江西一名也，有在江北，有在江南。江道自西而東，時折而北流，故江北之地，間名江西，而魏志武帝紀稱「江西遂空」，則宋淮南東路之地也。晉紀稱「石勒陷江西，壁壘百餘」，則宋京西南路之地也。至五代史稱「鍾傳據有江西」，乃今江南西路之地。江南一地也，有稱江左，有稱江右。金陵居長江下流，前朝有江南者皆都之。據金陵而言，則江南居左。四瀆之流，皆自西而東，天下之形勢亦然。以中原而言，則江南之地居右。故前史兩稱之。山東一名也，有指河南而言者，有指河北而言者。前史有山東之稱者，皆據華而言之，則其所謂在華山之東也。其地正在河南，而稍及河北之近河南者。至杜牧之罪言，則所稱「山東」之地，專指河北而言也。陝西亦一地也，虞夏曰雍州，商周曰西土，春秋爲秦國，戰國稱關中，楚漢之際謂之三秦，兩漢又名山西，宋始爲陝西路耳。書稱河亶甲居相，即今之相州也。春秋衛侯燬滅邢，即今之邢州也。楚子入陳，齊師滅陳，皆今之陳州也。齊師滅萊，即今之萊州也。楚子圍鄭，即今鄭州之新鄭縣也。齊侯侵蔡，即今蔡州之上蔡縣也。若此類未易概舉，蓋履其地，不敢没其名也。然而遷徙不常，考証或疏，至有已非其地，而空存其名者：如春秋吳師入郢，近于今之郢州而非也；古郢城在今秦師入滑，近於今之滑州而非也；古滑國，今在西京偃師之荆南府界，去郢州三百餘里，宋郢州即承天。楚人滅舒，近於唐宋之舒州而非也；古舒國，今在廬州之舒城縣，去安慶餘三百里。楚人滅黄，近於今之黄州而非也；古黄國，今在光州定城縣，去黄州四百五十里。楚人伐徐，近於今之徐州而非也；古徐州，今在泗州臨淮縣之徐城鎮，去徐州垂五百里。傳稱允姓之戎居於瓜州，近於今之瓜州而非也；古瓜州地在今汝州，去瓜州垂三百里。有西亳、南亳、北亳，而皆非今之亳州也；西亳在今偃師，南亳在穀熟縣，北亳在考城縣。有東虢、西虢、南虢，而皆非今之虢州也；東虢在鄭州滎陽縣，西虢在鳳翔府虢縣，南虢在南陵軍升陸縣。有東楚、西楚、南楚，而皆非宋之楚州也；東楚今蘇州，西楚今徐州，南楚即今荆州府。古之酒泉在河南，而今之酒泉在河西；左傳『王與虢公酒泉之邑』，實在于河南。而西漢而下迄于今，有酒泉郡，漢屬河西，今在徼外。古之丹陽在荆南，而今之丹陽在江東；左傳稱『楚子邑于丹陽』，今在荆南府枝江縣内。今丹陽郡乃潤州也。古之豫章在江北，今之豫章在江南，而皆吴楚之境也；古之澶淵在河南，今之澶淵在河北，而皆宋衛之郊也。襄二十年，『諸侯會于澶淵』，實宋古都，所謂澶淵聚者，即其地，正屬河以南。而趙宋之澶淵，乃在河北天雄，今大名府開州。

慶州有樂蟠縣，本樂蟠、始臧、毛氏、新喻、中廬、丹陽、匡山、謝陽之譌，皆王楙之説也。後訛爲訮漢略畔道地，後訛爲樂番。鎮戎軍有笄頭山，隗囂使王元猛塞雞頭道，即此也。後訛爲訮屯山。凉州有姑臧縣，河西舊事謂舊塞外蓋藏城也，後訛爲始臧。婺州長山縣本長仙縣，其地赤松子採藥之所，後訛爲長山。北京館陶縣有屯氏河，漢溝洫志謂『河北決於館陶，分爲屯氏河』，後訛爲毛氏河。臨江新喻縣，本新渝縣，蓋有渝水，故名。而唐天寶後相承作新喻。隰州石樓縣，本漢吐軍縣，後魏置吐京縣，亦音語之訛也。楚鬻熊始封丹陽，則在今歸州秭歸縣，後楚文王徙都江陵府枝江縣，亦曰丹陽。漢於宛陵置丹陽郡，隋于丹州置丹陽郡，唐于京口置丹陽郡，其地不一，而西漢志乃以曲阿之丹陽爲楚所封，誤矣。漢文帝封淮南王長子陽周侯賜爲盧江王，應劭曰：『盧子國即盧庸之地。』按：左傳盧戎自在宜城山中，劭誤以中盧之盧爲盧江之盧矣。舜漁雷澤，正城陽之雷澤，而周處風土記乃以吳之太湖大雷山、小雷山，爲舜漁之所。子胥之胥山，在嘉興東南，而張晏乃以太湖之承胥二山爲子胥之山。李白少讀書于匡山，正綿州大小匡山，而寰海舊注乃指江州匡廬山爲白讀書之所，或白遊處焉耳。後漢樊丹封謝陽侯，正詩所謂『申伯番番，既入于謝』之謝地也，而傳乃以爲射陽。按：射陽在山陽西，即高祖封項纏之地，非丹封地也。樊毅碑曰『謝陽之孫』，此可驗也。

韓退之南陽，在修武，非鄧州也。南陽懷州修武縣有南陽城，左傳曰『晉於是始啓南陽』，即此。智按：韓退之正修武人，今爲懷慶府修武縣。孟縣亦有韓愈別墅，俗呼韓莊。金石志載『孟縣皇甫湜撰韓碑，世人以鄧州之南陽爲退之之里』，誤矣。其稱昌黎者，其先昌黎人也。愈封昌黎伯，今永平府昌黎縣有韓祠。馬融曰：『晉地自朝歌以北至中山爲東陽，朝歌以南至軹爲南陽。』應劭曰：『秦改名修武。』臣瓚云：『韓非書秦昭越趙長平，而伐修武。』時秦未兼天下，修武之名久矣。秦昭紀：『魏入南陽以和。』張儀傳：『魏絶南陽。』白起傳：『攻南陽，太行道絶之。』輿地廣記：『修武，本商之甯邑，武王伐紂，勒兵于甯，更名修武。』

蕭何南陽之酇，在楚之光化，非沛之酇也。當時在南陽者，今在襄陽之光化縣，此蕭何封邑也。沛縣之酇，本作鄌，音嵯，今亦不在沛縣，在歸德府考城縣之鄉閒，尚有酇城橋。古今分畫境界，學者一時未考，宜其隨聲聽訛耳。余嘗論之曰：漢地理志載南陽酇縣侯國，不言沛之鄌爲侯國，非明驗乎？沛之鄌爲酇，誤于班固之碑，王莽之改，水經注之引也。班固泗水亭碑曰：『文昌四友，漢有蕭何，序功第一，就封于酇。』合溪曰：『孟堅必知封地，則南陽之酇有嵯音。』智直謂古時韻粗，班固亂叶耳。江統徂淮賦言『何封于沛』矣，水經注：『渙水逕酇縣故城南。襄十年，公會諸侯及齊世子光於鄌。王莽之酇治矣。』朱謀墇曰：『鄌字誤，三傳皆作會于柤。古文柤通鄌，應劭曰「作嵯」〔六〕。漢地志沛郡酇縣注本作「鄌」，王莽曰「贊治」，故遂以鄌爲酇。古人讀書已浮，何怪今人邪？』又曰：『沔水過酇縣謂之酇頭，高帝五年封蕭何。薛瓚曰：「今南鄉酇頭。」茂陵書曰「在南陽」，王莽更名南庾。沔水又過筑陽東，師古曰「南陽蕭何封邑，音贊」，本春秋陰國，唐爲懷州陰城縣，有何廟。何薨，高后封何夫人同爲酇侯，小子延爲筑陽侯。文帝罷同封，封延。元時爲光化軍。今則爲縣，屬襄陽府。酇字本義則百家爲酇，音贊，寒韻，存此則聲轉，而廣韻收之，歌韻有酇，註曰封邑則誤矣。』升菴、弱侯定以沛鄌爲蕭何封邑，而云師古無據者，大謬也。一統志載『永城縣有酇侯城，爲何食邑。』以訛傳訛，亦猶承天府之陽春亭，以宋玉生此郢州耳。總之，漢志分侯國，延爲筑陽侯，二證最確，而班固之韻乃古通轉之口齒，猶攢之从贊，難之讀娜也。恕先云『江淮以韓爲何』，京山云『閒介之轉爲个』，此可推矣。

詩六月篇之『鎬』，非豐鎬之『鎬』也。靈夏等地，即六月所謂『侵鎬及方』也。有什賁故城，漢置朔方五原郡。孔氏曰劉向疏云：『吉甫之歸，周厚賜之。其詩曰「來歸自鎬」，鎬去京師千里。』王肅以爲鎬京，王基駁之。朱氏曰：『劉向以爲千里之鎬，疑即朔方也。』

昆明池，正鎬京地也。潘岳關中記曰：『昆明池曰靈池，堯治水訖，停船此地。蓋堯已有池，漢因而深廣之。』智按：此説大謬。昆明，滇池名。漢武開以名之，曰『習水戰』，已爲鑿説，况堯停舟乎？徐廣曰：『豐鎬相去二十五里。』通典曰：『京兆長安縣西北靈臺鄉豐水上是也。鎬，今昆明池鎬陂是也。』昆明鑿而鎬京爲池，隋城立而漢都爲苑。稱引古昔者，豐可不一覈耶？

古彭澤縣在今湖口縣東三十里，漢置，晉隋因之。凡彭蠡而北〔七〕，大孤而東，皆其地也。唐武德五年，改彭澤爲浩州，遷于浩山下，至今湖口九都號五柳鄉，八都號彭澤鄉，有三學寺，祀淵明，有洗墨池、玩月臺，吳草廬爲記。南唐始析五柳、彭澤二鄉之地爲湖口縣，見九江志。若以小孤江之彭澤縣爲淵明解綬地，則非矣。

陶令八十日之彭澤，非今小孤前之彭澤也。

孔氏言大別在壽州霍山縣，宋之六安也。史記索隱云在安豐大別在漢陽，非安豐也。

左傳楚拒吳濟漢而陳，自小別至於大別。小縣，此誤矣。其實在漢陽府，亦曰甑山、魯山。

世傳大別龜山，黃鶴樓磯蛇山也。智又考水經云：『決水出廬江雩婁別在汉川，今漢口。

縣南大別山。』注云：『俗名檀山峴，即安豐西南。』蓋大別有同名，而注尚書者誤。

嵞山有四。古會稽並轄淮南，塗山實在壽春，非山陰也。淮水過當塗縣，非今太平之當塗也。　塗山在壽春東北，濠州鍾離縣西九十五里。禹會諸侯，周穆亦會。智又按：晉常璩巴志言禹娶塗山，今江州塗山是也。江州縣郡治塗山，有禹王廟及塗后祠。北水有銘曰：『張太守於此仙去，有粉水，世謂江州墮林粉也。』水經注引哀十年『禹會諸侯于塗山』，杜預曰：『塗山在壽春東北。』史記索隱又以塗山在今九江。余按：國語仲尼曰：『禹致羣臣于會稽，防風後至，殺之，其骨專車。』劉向、王肅並有此說。則酈君似以塗山在會稽，王伯厚確以爲在壽春，或者禹所至山，別有會稽之名乎？地理志：『當塗，侯國也，淮水過之，禹娶塗山即其地。』呂覽曰：『江淮以辛、壬、癸、甲爲嫁娶日。』此足證也。太平之當塗，乃僑立名耳。杜預所謂塗山在壽春縣東，說者云今濠州是也。吳越春秋亦以會稽有塗山，又兼載塗山之歌。應劭云塗山在永興北，或云蕭山縣是，已疑矣。蘇鄂演義云：『塗山有四：一會稽，二渝州，三濠州，四當塗，皆有禹迹。』蓋傅會耳。章本清謂柳子厚塗山銘，蘇子由塗山詩，指在濠州，皆非，是此疑未決耳。王棶引翠微考異以宣之，當塗正禹之娶所，則棶猶無識矣。當是古之會稽所轄者大，如戰國之楚，則徐州、南京皆是也。句踐滅吳，則吳地皆越，故通稱會稽。漢分爲吳郡、會稽郡，故又合言吳會。或曰濠州之塗山甚小，豈能容諸侯，不知古言其會地，豈直在山上耶？

壽春有荆山，因遷郢而名也。楚自昭王之後，又歷十一傳至考烈王，始徙都壽春。韓非子所載卞和獻玉事，乃在厲、武、文三王之際，昭王上接武王，已越十世。當三王時，鍾離何嘗屬楚，而强謂卞和至此山邪？新序又謂抱玉而泣，在共王時；雜記又謂在懷王及其子平王時。平王乃昭王父，下距懷王九世，共王上至武王六世，差矣。陳霆尚以懷遠荆山爲卞和獲璧處，更誤。

首陽有三。一蒲坂，二隴西，三洛陽。王勉夫以夷齊在洛陽，論語註謂在蒲坂，非也。夷齊，令支人，冢在肥，如漢志遼西令支有孤竹城。水經注雷首名獨頭山，夷齊所隱。都穆謂中條爲雷首，下有水曰雷澤。

歷山有五。一河中府，二齊州歷縣，三冀州，四濮州雷澤縣，五紹興。曾南豐齊州堂記云：『舜耕歷山，漁雷澤，陶河濱，作什器於壽丘，就時於負夏。』鄭康成釋歷山在河東，雷澤在濟陰，負夏在衛地。皇甫謐釋壽丘在魯東河之北，河濱在濟陰定陶西南陶丘亭。耕稼陶漁，皆舜之初，事在一時，地宜相近。孟子又謂舜東夷之人。呂覽：『舜葬于紀市。』按：鳴條在今贛榆縣，有蒼梧山，近莒之紀也。歷山在齊者是。圖記謂南山爲歷山，以濼水出歷縣也。世因河東雷首山一號歷山，溈水所出，舜娶堯女所居。謂歷山爲雷首之别號，附會也。陸魯望云：『世謂舜田歷山，象耕鳥耘，聖德感之，非也。蓋耕深似象步，耘疾如鳥啄。』李石載周處記：『舜葬上虞始寧剡縣，多柞，吴會以柞爲櫪，故曰櫪山。』此尤附會。

趙之扞關，非楚之扞關也。趙扞關在陸道，楚扞關在水道。楚肅王四年，爲扞關以拒蜀。

李牧所取方城，非汝葉之方城也。左傳之方城，在汝州葉縣西南。唐勒論作萬城，方之訛邪？漢廣陽郡方城縣，後漢屬涿郡。一曰燕方城縣，唐貞觀時自章信城移固安縣，治此。李牧伐燕，取方城。王肅曰：『今涿郡方城縣有韓侯城。』又上庸堵水東逕方城，此亭名也。上庸，今竹山縣，有方城山。堵水注于漢曰堵口，下有㵾灘。

下蔡爲硤石城，非獨陜州之硤石也。通典：『梁大同中，于硤石山築城，拒東魏。』天監十五年，魏崔亮攻硤石，即今潁州下蔡也。水經曰：『淮水逕山硤謂之硤石。』周世宗克壽州〔八〕，徙州治此。魏諸葛誕舉事，王昶據硤石以通誕，即此城。又晉胡彬援壽春，既陷，退保硤石，亦此城也。

鍾離非今中都城。郡縣志：『濠州阻淮帶山，晉淮南郡鍾離縣，安帝立鍾離郡。宋兼置徐州爲重鎮，蕭惠休、蕭坦之、昌義之、康絢所守是也。隋唐爲濠州。』通典：『鍾離縣東四里，有古鍾離城，即魯昭四年楚城鍾離。又縣東一里有小東城，秦始皇築之，以鎮濠州者。』終犂即鍾離。史伍子胥傳：『吴拔楚鍾離、居巢。』注：『古鍾離子之國。』世本作『終犂』。

石城，非石頭城也。羊祜傳：『吴石城守，去襄陽七百餘里，祜以詭計令吴罷守。』祜以孟獻營虎牢而鄭人懼，晏弱城東陽而萊子服，乃進據險要，開建五城，收膏腴之地。石城以西，盡爲晉有。』郡縣志：『郢州長壽縣城，本古之石城，背山臨淮水，吴於此置牙門戍城，羊祜亦置戍焉。郢州西北至襄陽三百餘里。』水經注：『沔水南逕石城，西城羊祜所立。元康元年，分江夏西部置竟陵郡，治此。』即今之承天也。郢本爲荆州，承天爲郢州，則自北周改名，而唐因之耳。庾亮欲移鎮石城，蔡謨曰：『沔水之險，不及大江，非廟算之勝。』亮不果移。樂府有石城、莫愁。郢有莫愁村，弱侯爭以爲白下石頭城女子，誤矣。河中之水歌，是又一莫愁也。且石城非一，魏牽招傳：『孔明在祁山，遣使結連軻比能，比能至故北地石城，與相首尾。』又高州府、贛州府皆有石城，敘州府、金華府永康縣皆有石城山，山名『石城』『石門』者，不可勝數。孫權初都京，京口也。十七年，權作石頭城臨江。歐陽公于役志言『次江口，夜大風，次清涼』，則今之洲，乃數百年間事也。

石頭有四。韓退之有次石頭驛寄江西王中丞閣老詩，故今洪州石頭驛皆以爲證。大觀三年，汪藻彦章爲江西提學，作石頭驛記。吳曾言江西有兩石頭，石頭遷住南嶽地，名石頭，與白下石頭爲四。

姑蘇，或作姑胥、姑餘。卮言曰：『王順伯、高德基謂姑蘇乃姑胥也。凡山與臺，皆以伍胥得名。吳人鄉語以鬚爲蘇，故誤曰姑蘇，後遂爲蘇州。』按續圖經紀云：『姑蘇臺，一名姑餘。史記正義云：「在吳縣西南三十里。」山水記「闔閭作」，又云「夫差作」。越絶書云：

「闔閭造九曲路以遊姑胥之臺。」然則姑蘇之或謂姑胥，或謂姑餘不可知，而始于闔閭，成于夫差，豈得云因伍胥而誤也？』姑蘇自是故名，第古以名臺，今名驛，而正德中纂志書者冠以姑蘇，卻大可笑。

番麗，梅里也。　太伯居梅里，今之横山。

滸墅，本爲虎疁。　因唐諱『虎』，錢王諱『鏐』而改。『虎丘劍池』四字，世傳顏魯公書，乃僞也，魯公無不諱虎者。唐人修晉書，已稱武丘、武林、神武門矣。

皋橋，皋奉卿居也。蛇門，梅福所隱也。岝㟧，支硎也。　俱見吳地志。漢議郎皋伯通〔九〕，字奉卿，居皋橋。梅福隱蛇門，或稱夷門。支硎山，支道林所居，白馬升雲而去，今名岝㟧山。越中新昌縣天姥，對峙沃洲山，亦云支遁居之。

語兒亭，當爲禦兒。　嶲里地縣南有語兒亭，言蠡與西施通，生一子。此附會最可笑者。而陳晦伯、胡元瑞乃引以駁升菴西施沈死之説，豈不更可笑邪！按吳語曰：『吾用此禦兒讀此乎？

臨之。』韋昭注：『禦兒，越北鄙，在今嘉興。言吳邊兵若至，吾以禦兒之民臨敵之。』元瑞未

雅宜山，舊名娜如。　元美曰：『娜如山，元虞伯生改爲雅宜。』凡夫曰：『南朝張廷尉女曰雅兒，死葬處，訛爲雅宜。』吳士王寵，字履吉，别字雅宜。今其山又改爲筊箹。

干言二地，而今爲一山。　詩干與言二地，曹氏以爲發干縣。隋志：『邢州内丘縣有干言山。』今北直順德府唐山縣西北四里，有干言山。

汝陽之天中山，天之中也。　輿地以河南爲中，而汝寧又居河南之中，故汝陽縣北三里有山曰天中，云測影植圭，莫準于此。然則取黍于上黨亦偏矣。或曰：或言此地夏至，日中無影，非也。此地距北陸黄道十度，日晷恒在北〔一〇〕，廣州則無影耳。

醋溝在山氏城北。　岑參詩：『雁塞通鹽澤，龍堆接醋溝。』方回云：『醋溝不知何地。』升菴按：闞駰十三州志：『山氏城北爲高蹄淵，又東北，醋溝水出焉，水在中牟。』郭緣生述征

記：『醬魁城至醋溝十里。』鹽澤見穆天子傳，即鹽池。

盧睾，即盧溝。　吳起云：『夏桀之國，盧睾在其北。』升菴曰：『即盧溝也。睾古皋字，則今桑乾河矣。』

春秋之江黃，非今黃州、九江也。　江國在汝南安陽縣，安陽故城在蔡州新息縣西。黃國在汝南弋陽縣，今光州定城縣。水經注：『黃水入淮曰黃口，有黃城。』

公瑾破曹在烏林，非坡公之赤壁也〔一一〕。　韓子蒼知黃州，訪栖鶻之危巢，不復存矣，詢赤壁，乃赤嶼磯也。顧起元曰：『赤壁有五，漢陽、漢川、黃州、江夏，惟嘉魚西南八十里江濱烏林南岸赤壁是也。』牡牧有寄岳州李使君詩云：『烏林芳草遠，赤壁健帆開。』此則是矣。或曰謝疊山猶于嘉魚南岸石崖閒見『赤壁』二字。

山弗其山之汶，非水經壽張入濟之汶也。蜀之汶則岷矣。又有遼東汶城。　淮南子曰：『汶出弗其。』高誘云：『弗其，山名，在朱虛縣東。』酈氏曰：『是乃東汶，非水經所謂入濟者也。汶出太山萊蕪縣原山，過奉高縣、博縣、無鹽縣。自桃鄉四分，曰四汶：左二水雙流至無鹽郈鄉平陸故城，合爲茂都澱；次一汶，至壽張故城爲渚；右一汶逕舊宿國與洽鄉，注長直溝，然今不可考。惟汶上縣水至明。』若秦宓所云『汶山，江出其腹』，即岷也。又有遼東之汶城，盛輔之曰『即孤竹國也』。遼東音文，山東音問，四川音民。貉逾汶則死，岷山也。今一統志列爲三，曰塹汶、徐汶、青汶。本清曰：『入濟之汶見禹貢，論語之汶上，書傳謂之北汶，即今大清河。入濰之汶，見漢書。入沂之汶，見水經。齊有三汶，清河爲大。述征記：「泰山郡水皆名汶，有北汶、嬴汶、柴汶、牟汶，皆源別流同。」又在三汶之外。』升菴云古作南嶓、北嶓，或曰王又新汶志，言汶過于南旺，戴𤅷甚詳。

留侯封邑在沛，非陳留也。張良封留侯，留在徐州沛縣，今留城鎮有留侯廟存焉。或以陳留爲子房封處，廟貌巍然，誤也。王洙曰：『宋武北征，過陳留，下教修復，其失已久矣。』按：傅亮爲劉裕修張良廟教云〔一二〕：『塗次舊沛，佇駕留城。』本謂沛縣之留城，一統志已載之，王洙語誤。

沛之蘄非江夏之蘄也。苞水入漁，逕蘄縣。蘄縣，漢屬沛郡，洨水、潼水、蘄水皆注于淮。

陳涉起兵於蘄大澤，即此也。江夏有蘄春縣，有蘄水出五鑾中，晉改蘄陽縣，即今之蘄州也。

漢中有沔陽城，非今之沔陽州也。水經：『沔水逕沔陽故城南。』注：『蕭何所築，昭烈即漢王位於此。城南對定軍山有孔明廟，習隆表「召伯甘棠，范蠡金像」而立者也。』今沔陽州則屬承天府。

父城非城父，酈道元誤引爲一。漢地理志：『潁川有父城縣，而沛郡有城父縣。』水經注言『汝水逕郟縣故城，合溵水，溵出晉陽將孤山，東入父城縣，與柏水會，逕賈復城』。此正潁川之父城。乃忽引『楚平王大城城父，居太子建。杜預曰：「襄城之城父也。」』此誤矣。一統志汝州寶豐縣有父城古迹，云即左傳楚之城父城。

郢鄢即荆襄。鄢，襄陽府；郢，荆州府也。正義曰：『鄢故城襄州率道縣南九里，郢城在荆州江陵縣東北六里。』楚又自丹陽徙郢，後九世平王城郢，後十世秦拔郢，徙陳。吳曾曰：『郢，江陵之紀南城』是也。春秋有鄢水，左傳『楚屈瑕伐羅及鄢，亂次以濟』是也。其後曰夷水，謂之漢水；又曰蠻水，道元所云避桓温名改者也。白起壅灌，拔鄢爲縣。漢惠改曰宜城。春秋有數鄢：其曰鄢者，戰國策作鄢，楚昭陽伐魏取鄢。漢屬潁川，唐鄢城縣屬蔡州，宋屬潁昌府，此時屬開封府許州，即漢之潁川也。鄭伯克段于鄢，周語注：『妘姓國，爲鄭武公所滅。』漢陳留有鄢縣，應劭曰：『克段，此地也。』升菴引趙匡曰：『鄢，當作鄔，在緱氏縣南』爲近。後漢鄢屬梁國。又晉敗楚鄢陵，漢潁川有鄢陵縣。注云：『六國曰安陵。』宋東京鄢陵縣也。此時屬開封之鄢陵，鄭邑，戰國安陵也。郡縣志：『故鄢在宋州寧陵縣南五十二里，鄭伯克段於此。』今寧陵屬歸德府。莒亦有鄢陵，公孫敖逆婦于莒郊鄢陵，登城見之美。其曰郢亦不一：楚徙壽春，亦命曰郢。其爲郢州者竟陵，古鄖國。郡縣志云：『在今郢州長壽界，竟陵大城是也。』今爲承天府，明初安陸州也。三國魏曰郢州。晉分江夏西部，置竟陵郡。後周以其地置郢復二州。武昌府，劉宋時亦曰郢州。宋孝武分荆、湘、江三州之八郡爲郢州，鎮夏口，此武昌府也。隋平陳，改爲鄂州。今郢都白雪，概多誤用，而承天古迹且有白雪樓、陽春亭，其誤已久。沈存中皆以安陸爲郢，他可知矣。哀郢曰：『顧龍門而不見，孰兩東門之可蕪。』注云：『楚都南門三門，一名龍門，一名修門。兩東門，郢都東關有二門也。』今分荆鄢音焉，鄢城音偃。又有三荆，通典獨孤信略定北荆州，即今河南府伊陽縣；東荆州後改曰淮州，今唐州；西荆州，今鄧州。北史獨孤信都督三荆州是也。經外雜鈔曰：『東晉王忱督荆州，始于江陵營城府。』曾南豐言襄州韓公井，即昭王井，有楚故城，謂之故牆，即郢也。

西鄂，鄧州；東鄂，武昌。傳曰：『翼九宗五正，逆晉侯於隨，内諸鄂，音咢。晉人謂之鄂侯。』杜氏曰：『晉别邑，紂時鄂侯或此地乎？』輿地記曰：『今鄂州武昌，楚之東鄂也。漢爲江夏鄂縣，孫權改爲武昌。』鄧州南陽，漢之西鄂。張衡西鄂人，今南陽有平子墓。鄂君之歌，則東鄂也。

邾鄒，一也。邾、陟輸切。鄒側鳩切。聲轉。春秋邾莒用夷，故邾謂之邾婁。婁亦兩音，力俱切者，合邾婁之音爲邾；力溝切者，合邾婁之音爲鄒也。輿地廣記曰：『淄州鄒平縣，古鄒國也。兖州鄒縣，邾文公所遷，本繹邑也。楚宣王滅邾，遷之江夏，故江夏有邾城。』今爲黄州黄岡縣。

扈鄠，一也。書曰：『啓與有扈戰于甘。』説文曰：『鄠縣有扈谷、甘亭。』輿地記：『今京兆鄠縣有甘水，出南山甘谷，北入渭〔一三〕。』今鄠縣屬西安府。秦曰甘亭。魯莊會齊侯于扈，征南曰：『鄭地，在滎陽卷縣西北。』元爲鄭州原武縣，近朝原武縣不隸鄭州，而屬開封。漢之卷平聲。縣屬河南郡。又有扈瀆，在今上海縣北十里，本海鹽之東堰，晉袁山松築壘以禦孫恩者。西安府洛南縣有玄扈山。古讀扈如虎。

鞏之鄩，非斟鄩也。元凱曰：『北海平壽縣有鄩音尋。亭。』今在青州濰縣，即斟鄩也。『周子朝之亂，二師圍郊鄩，潰。』杜注：『河南鞏縣西南有地名鄩中。』水經注云：『洛逕偃師縣南鄩，鄩水注之。有上鄩、下鄩。又有鄩地，周大夫鄩肸之舊邑。』九江爲尋陽，今作潯。又廣西有潯州府。音皆同。或曰與鄩通，非也。揭衷熙夏中興考曰〔一四〕：『地志：青州壽光縣古斟灌城，北海縣斟鄩城。太康營陽夏，相徙商邱，相近而依之，非居也。』

鄎，新息也。魯會吳伐齊，師于鄎。音息。說文：『姬姓之國，在淮北，今汝南新鄎。』近時汝寧府有息縣，是新息，正當單作息。鄎乃齊地也。後漢書馬文淵封息侯，亦單作息。

白馬之口，定胥之口。韓非初見秦王曰：『決白馬之口，以沃魏氏。』張儀說趙曰：『守白馬之津。』後漢注屬東郡，今滑州白馬縣有白馬山，在縣東北。水經注：『黎陽東岸有故城。竹書紀年「梁取枳道與鄭鹿」，鄭鹿即是城也，故亦曰鹿鳴津。』又曰白馬，袁紹攻劉延于白馬，即此處。又名黎陽津。黎陽，今濬州也。慕容德從滑臺至黎陽津，冰合，夜濟。改爲天橋津。周世宗北征，命學士爲文祭白馬祠，訪于尹拙，拙歷數郡國，祠『白馬』者凡十餘處。杜牧曰：『黎陽距白馬津三十里。』五代屬澶州，今之開州也。濬滑皆爲大名縣定胥之口。正義曰：『淇水出衛州清淇縣，東至黎陽入河。』魏志云：『武帝于清淇口東，因宿胥故瀆，開白溝，道清洪二水入焉。』水經注：『宛水東南入淇水，右合宿胥故瀆，瀆受河于頓丘縣，遮害亭東黎山西北立石堰，遏水東北注。魏武嘉其功。』故蘇代曰：『決宿胥之口。』即指是瀆也。通典：『曹公于水口下大枋木成堰，遏淇水入白溝，時人號枋頭。』溝洫志：『黎陽遮害亭西十八里，至淇水口。』晉桓温敗于枋頭，即此。蒲洪歸枋頭，遣使來降，謝尚使戴施據枋頭。後魏移汲郡治此。頓丘今亦在開州地。又延津逕滑臺城，今開封府延津縣，即酸棗。曹公遣于禁守延津，曹公又北救劉延至延津，即其地。一名靈昌津，即左傳之廩延也。

黄卷坂桃林塞，即新安潼關也。潼，衝也。潼關在華州華陰東北三十九里，古桃林塞也。『晉使詹嘉處瑕以守桃林之塞。』注云：『華陰東潼關，關西一里有潼水。』秦函谷關在漢弘農縣，即陝州靈寶縣西南十一里。漢元鼎三年，楊僕爲樓船將軍，本宜陽人，耻居關外，請以家僮七百人徙關于新安。帝從之。初平二年，董卓脅帝出函谷關。自此以前，其關並在新安。至建安十六年，曹公破馬超於潼關，是中閒徙於今所。河之北岸則風陵津，北至蒲關六十餘里。黄卷坂在虢州閿鄉縣西北，即潼關路。水經注：『河水自潼關東北流，水側長坂曰黄卷，通謂之函谷關。』今考古函谷關在陝州靈寶縣西南，潼關在華州華陰縣。自潼關至函谷，歷陵華二州之地，俱謂之桃林塞。項羽坑秦卒在新安。世民入關，先破新安。今仍爲河南之屬縣名。潼音昌容切，謂河水自龍門南流，衝激華山，故名衝關，後訛爲潼關。智按：潼即有衝之音義，非衝訛爲潼也。

潯陽原在江北，柴桑在江南，晉曰江州，温嶠之所移也。潯陽，漢屬廬江。通典：『舊縣在江北蘄州界，晉温嶠移於江州柴桑。』漢屬豫章，晉志有湓口關，今爲九江府。

廬江郡，以大江望廬山名。敷淺原，廬山也。禹貢表山，豈彭蠡高山如廬而不表之邪？古華作専，如華不注山，以此稱之。唐韻『淺，流疾皃』，猶漸嶄之類，勿泥深淺也。原，古源字。廬山瀑最多，其爲敷淺原乎？廬江今爲一縣，秦漢以名郡，必以廬山爲望，明矣。水經『廬江出三天子都』，謂彭蠡出饒，而源于徽之大鄣率山也。率山名三天子鄣，鄣一作都。或曰敷淺原在德安，朱子辨之。一統志『崇陽縣西百一十里雲谿山是敷淺原』，亦附説也。廬山在山海經爲柴桑之山。張孟奇曰：『廬山舊名柴桑山，因匡君廬而稱廬山。』郭璞註曰：『柴桑山與廬山相連，據後世淵明柴桑里山爲廬山之麓而言也。』

東興即東關也。巢湖在巢縣西，周迴五百里，南出于東關口，北至合肥界，東南有石渠，是名關西，相傳云夏禹所鑿。嘉平四年，諸葛恪於東關作大堤，遏巢湖。巢，一名焦，後漢誌作灤。東關今在和州含山縣西九十里。含山，東晉龍亢地。

慎陽，當作滇陽。荀淑至慎陽見袁閎。師古曰：『慎字本作滇，音眞，後誤爲慎耳。』今獨有貞丘德陽縣，此時有眞陽縣，屬汝寧府，固當日之汝南也。闞駰曰：『永平王失印，更刻，誤以水爲心。』今猶有眞丘。

沙㴇，洮彊之漢也。吐谷渾復興，沙㴇皆附之。洮水出彊臺山東北，逕吐谷澤中。自洮彊南北三百里中地〔一五〕，草皆是龍鬚，而無樵柴，謂之彊川。與㴇通，渠良切。

僇海，先零之水也。　楊軌降于烏孤，西奔僇海。漢書有西匡曰先零。音憐。金城郡令居，亦力延切。令、零、僇實相通。遐荒之地名，記者隨音而記之耳。

士雅山，因祖逖而名也。　『梁武遣馬仙琕救義陽，元英結壘上雅山。』胡三省注：『「上雅」當作「士雅」，水經注「義陽之東有大木山，即祖逖將衆避難所居也」。』智又見魏書中山王英傳：『于士雅山結壘，與曹景宗相抗。』温公誤作『上』。宋人小説以祖士雅爲『士稚』，陳眉公以爲確，然今據此，仍是『雅』矣。

沮中，即相中也。　沮，亦音相。『吳赤烏四年，諸葛瑾取相中』，朱然傳『征相中』。相中在上黄界，去襄陽一百五十里。魏夷王梅敷兄弟屯此，沔南之膏腴。郡縣志：『相山在襄州南漳縣，漢臨沮界，東北一百八里。房陵東山，沮水所出。』

八陣圖凡四。　郡縣志：『在夔州奉節縣西七里。』薛氏曰：『圖之可見者三：一在沔陽之高平舊壘，即漢中府西，縣東南十里。一在新都之八陣鄉，即成都府新都縣北十九里，李膺益州記曰「稚子闕北五里」。其一在魚復永安宫南，江灘水上。』魚復即今奉節縣，現今府學是也，即白帝城，白帝因公孫述時白龍見。城與赤甲山接，東臨瀼溪，山上尚有魚復城古迹。成都圖經云：『在夔者，六十有四方陣法也。在彌牟者，一百二十有八當頭陣法也。新都縣有彌牟鎮。在棋盤市者，二百五十有六下營法也。南市一名棋盤市。』與元志『西縣亦有之』，則八陣圖凡四。薛氏曰：『漢都肄已有孫吳六十四陳。竇憲勒八陳擊北軍。晉馬隆又用八陣復涼州。是則武侯之前有八陣，後亦未嘗亡也。』桓温曰：『是常山蛇勢，徒妄言耳。』魏刁雍表采諸葛八陣。李靖對太宗曰：『臣本亮八陣法也。』孔明受封武鄉谷，在南鄭縣；葬定軍山，在沔陽故城南，今漢中府沔縣。

冥阨之塞，即鄳阨也。魏攻冥阨，即此。吕覽、淮南『九塞』，其一也。定四年，楚左司馬戌曰：『還塞大隧、直轅、冥阨。』春申君傳：『秦逾黽隘之塞而攻楚。』楚世家：『楚人對項襄王曰：「涉鄳塞而待秦之倦也。」』戰國策：『莊辛曰：「穰侯受命秦王，填黽塞之口，而投己于黽塞之外。」』蘇氏：『殘均陵，塞鄳阨。』均陵，即均州。鄳，申州羅山縣。申州，宋爲信陽軍，此時改州，羅山其屬縣，即漢鄳縣也。塞鄳黽，並音萌，戴氏音鄳，爲毋杏切。信陽州在漢爲平氏縣，魏爲義陽，後魏郢州。

入川有四棧道、三谷，舊志以爲一者，非也。何仲默三秦記曰：『自秦入蜀，有三谷四道。三谷者，其西南曰褒谷；南曰駱谷，從洋入；東南曰斜谷，從郿入。』其所從皆殊舊志謂首尾一谷，非是。其棧道有四。從成和階文出者，爲沓中陰平道，鄧艾伐蜀由之。從兩黨出者，爲故道，漢高帝攻陳倉由之。從褒鳳出者，爲今連雲棧道，漢王之南鄭由之。從城固洋縣出者，爲斜谷道，武侯屯渭上由之。此四道、三谷者，關之險阨，攻取所從來，固矣。舊志云：『駱谷、黨谷同一谷，褒谷、斜谷同一谷。』

馬鳴閣道，利州棧道也。徐晃傳：『與夏侯淵拒劉備于陽平，備遣陳式等絶馬鳴閣道。』水經注：『褒水出衙嶺山，逕大石門，歷故棧道下谷，俗謂千梁無柱。』孔明與兄瑾言云：『前趙子龍退軍，燒壞赤崖以北閣道，緣谷一百餘里，其閣梁一頭入山腹，其一頭立柱於水中。今水大而急，不可安柱。此其窮極，不可强也。』又曰：『頃大水暴出，赤崖以南橋閣悉壞。時趙子龍與鄧伯苗，一戍赤崖屯田，一戍赤崖口，但得緣崖與伯苗相聞而已。』此即褒斜道，一名石牛道，子房燒絶者。魏延先退而焚，亦是道也。後修路者，無復水中柱。陽平關在漢中褒城縣西北，與江關、白水關爲三蜀關，今在寧羌州。類要：『馬鳴閣在利州。』今保寧府廣平縣，即秦葭萌。地輿志：『昭化縣有馬鳴閣，劍州有劍閣棧道，褒城謂之連雲棧。』

郙閣，李翕所修西狹閣道也。漢武都太守李翕，建寧五年立碑。曾南豐跋辨永叔郙閣頌跋之失。

西陽，石陽。滿寵知吳必襲西陽。西陽在黄岡縣東南。石陽故城在黄陂縣西。吳征江夏，圍石陽，不克而還。劉表使黄祖于此築城鎮遏，因名黄城鎮。晉志：『魏文分汝南立弋陽郡，治西陽。』宋之光山縣也。晉爲弋陽郡，治黄州黄岡，永嘉後始移西陽，置故邾城上流五里。輿城廣記：『黄岡本漢西陵地，故今人多稱之。』而陸抗破步闡、陸遜所守之西陵，則今之夷陵州也。蜀分南郡立宜都，吳孫休分宜都立建平。通典：『峽州楚夷陵，魏武置臨江郡，蜀改宜都，吳黄武元年破蜀，改夷陵爲西陵。』邾城在黄岡東南百二十里，吳克邾城，使陸遜以三萬人城而守之。陶侃不肯分兵鎮邾城，亦是一見。庾亮以毛寶戍之，果敗。

下溠戍，鄧塞也。通典：『在隨州棗陽東南。』隋志：『漢東郡唐城縣，西魏改溠西爲下溠。』莊四年，楚除道梁溠，營軍臨隨。注：『溠水在義陽厥縣西，東南入鄖水。』今棗陽縣屬襄陽府，隨州屬德安府。義陽，今信陽州也。通典又云：『襄陽三百里，是魏馬圈鎮。陳顯達攻圍不拔，在鄧州穰縣北。』鄧州，即所稱沔北也。楚豫連接，分割易混〔一六〕。王祀言『屯宛，去襄三百里，急不相赴，遂從屯新野』。宋之穰縣，此時仍爲新野縣，屬南陽府。南陽即宛也，宛，平聲，春秋稱申。南陽，今有唐縣，古時唐縣大，故漢兼下溠之地，而今小耳。唐近楚，楚之重鎮在魯山，魯山爲襄蔽。漢之堵陽，今之裕州。汝州，即楚之方城也。魏時重樊。郡縣志：『襄州臨漢縣，本漢鄧州，古樊城也。』今襄陽府志古迹現在，仲山甫之國也。一曰鄧塞，吳陸士衡稱『下江漢之卒，浮鄧塞之舟』是也。曹操救樊，駐軍摩陂。摩陂在潁川郟縣，宋之潁昌府郟縣也。智按：宋潁昌是今開封之許州，而郟縣乃屬汝州。

郇陽在鄖漢之間，非順陽、新陽也。漢中旬陽縣，旬水南入沔。酈商攻旬關，正義曰『在金州』。金州，後漢末爲西城郡。魏改魏興，申儀爲太守，屯洵口。蘇秦所謂『郇陽』即洵。洵、旬、郇三字通。徐廣以爲『順陽』，順陽在鄧州穰縣西，新野也。索隱以爲『新陽』，新陽在蔡州眞陽縣西南，汝寧也。皆非也。今漢中興安州，魏之金州也。『楚與秦盟黃棘，秦復與楚上庸。』正義：『括地志云今房州竹山縣，及金州是。』『頃襄十九年〔一七〕，割上庸漢北地予秦。』正義謂『割金、房、均三州及漢水之北』。今漢中府之石泉縣亦漢上庸也。丁度云洵水在晉陽。

涂唐，今滁州也。　涂音滁，滁州也。晉瑯琊王伷出滁中，即此地。吴赤烏十三年，作堂邑滁塘以淹北道。漢堂邑屬臨淮，後漢屬廣陵。九域志：『眞州六合縣，楚之棠邑也。今名瓦梁河。』晉咸和議作涂塘。祖約曰：『棄我也。』太元四年，謝石帥行師屯涂中〔一八〕。

東陽不一。　劉裕滅廣固，築東陽城，沈文秀守之而陷。即青州府治東城。荀羨鎮下邳，屯田東陽石鼈，固是同名。漢臨淮郡有東陽縣是也。按：即邳州。今浙又有東陽縣，清河郡亦有東陽縣。清河，桓帝改甘陵，唐之貝州，宋之恩州。今恩縣屬東昌府。左傳『趙勝帥東陽之師以追齊』，是也。今廣平府清河縣，屬唐貝州。

散關，南北之界也。　寶鷄南二十里爲大散關，和尚原在焉。山自西來，即秦嶺一支，不獨爲秦蜀之界，亦中國南北之界也。凡水在嶺南者，南行，通名曰江；水在嶺北者，北行，通名曰河。朱子釋河，亦曰北方流水之通名。

校記

〔一〕經　原作「縣」，據刊誤補遺改。

〔二〕湮　原誤作「堙」，據刊誤補遺改。

〔三〕又　原作「而」，據刊誤補遺改。

〔四〕河西　原作「西河」，據刊誤補遺改。

〔五〕湺　原作「搻」，據刊誤補遺改。

〔六〕作　據漢書地理志注，當作「音」。

〔七〕彭　原作「左」，據刊誤補遺改。

〔八〕宗　原作「家」，據方氏重刻本改。

〔九〕郎　原作「即」，據刊誤補遺改。

〔一〇〕北　原作「南」，據方氏重刻本及刊誤補遺改。

〔一一〕壁　原誤作「璧」，據刊誤補遺改。下同。

〔一二〕傅　原誤作「傳」，據方氏重刻本及刊誤補遺改。

〔一三〕北　原誤作「此」，據方氏重刻本及刊誤補遺改。

〔一四〕揭衷熙夏中興考　原作「嘗按古輿圖志考」，據刊誤補遺改。

〔一五〕地　原作「莫」，據方氏重刻本及刊誤補遺改。

〔一六〕分割　其下原衍「分割」二字，據刊誤補遺删。

〔一七〕頃　原誤作『項』，據刊誤補遺改。

〔一八〕帥　原作『師』，據刊誤補遺改。

通雅卷之十四

地輿 方域

漢之南鄭，今漢中府縣是也。京兆，桓友封邑之鄭，曰西鄭，亦曰南鄭，今屬華州，無其名矣。因鄭有圃田，曰圃鄭，因遷曰新鄭。今屬開封之鄭州是也。滎陽、中牟、管城，則歷代分合，今仍存其名爲縣，皆新鄭之地也。墨莊漫録疑漢中南鄭，京兆有西鄭，亦曰南鄭。又疑新鄭之名因穆天子傳屢書天子入于南鄭，傅瓚謂穆王所都。第五卷祭父自圃鄭來謁，瓚所謂鄭父之丘是也〔一〕。智考之漢京兆有鄭縣，通鑑外紀『宣王二十二年，封季弟友于鄭〔二〕，都咸林』。括地志：『在華州鄭縣西北三里。』其曰西鄭者，以圃鄭爲東也；曰南鄭者，華州在鎬京之南也。瓚謂『鄭桓公無封京兆之文』，師古又曰『穆王以下無西鄭之事，瓚說非也』。此皆混于其名耳。穆王出遊，入必返西鄭，鄭近都，蓋圻内之邑也。或別宮在焉。應劭曰：『友封于西鄭，其子與平王東遷，更稱新鄭。』一統志：『漢中府附郭曰南鄭，即下鄭，桓公没于犬戎，其民南奔居此，因曰南鄭。』此皆附會之説，蓋漢中自在京兆之南也。鎬京稱西鄭曰南鄭，乃當時都人之稱也，穆王時已有圃鄭矣。地名相同者多耳。水經注：『竹書紀年：「晉文侯二年同王子多父伐鄶，克之，乃居鄭父之丘，名之曰鄭，是爲桓公。」世紀云「有熊氏之墟，黄帝所都也」。』服虔云：『鄭取鄶而不居其都。』杜預曰：『鄶在滎陽密縣東北，新鄭在滎陽宛陵縣西南。』由此觀之，或者桓先封華州，後伐鄶而封鄭乎？是未可知也。爾雅曰：『鄭有圃田。』注：『一名原圃。』漁仲曰：『在中牟西北七里，鄭州管城縣東三里。』管城，管叔所封。或疑宋時中牟管城相去僅得十里，而分兩縣邪？蓋謂縣距其澤邊如此耳。其澤東西五十里，南北二十六里，西限長城，東極官渡，上承鄭州管城，界曹家陂，又益西北流，爲二十四小陂，小鵠、大鵠、小斬、大斬之類，此見善長所記，猶有大灰、小灰、散嚇、羊圈等名。今開封府鄭州領滎陽，而禹州領新鄭，又别立中牟，即廣武地，而西北圃田澤在焉，則分其地也。今之陝西華州，在唐宋皆領鄭、下邽、華陰、渭南、蒲城五縣。於鄭則曰鄭桓公所封邑，有大華山、灌水、沉水。金改全安軍，以商州爲支郡，所領亦與唐宋同。元復爲華州，領三縣，至今因之。後以渭南屬西安府，惟領華陰、蒲城二縣。

下郢之郢如程。書序曰：『維周王季宅程。』孟子『文王卒於畢郢』。史記正義引周書云：『惟周王季宅郢。』郢故城在雍州咸陽縣，東周之郢邑也。詩正義：『周書稱文王在程作程寤、程典。』皇甫謐云：『文王徙宅於程，蓋謂此。』智來蒼梧，見土人稱梧州北四十里曰下郢，讀之如『程』，可知古郢字有程音，故相通也。

崆峒，或爲空桐、空同。　漢書作『空同』，爾雅：『北戴斗極爲空桐。』故云。在梁國虛城東三十里。焦氏誤刊：黃香九宮賦作『峜洞』。唐地理志『在岷州溢樂縣西』，今西和州。史記：『黃帝至空桐。』韋昭曰：『在隴右。』正義曰：『笄頭山一名崆峒，在原州平高縣。今平涼府西即崆峒山，有廣成子宮。臨洮府亦有崆峒山。』括地志：在肅州福禄縣東南。今肅州衛即漢酒泉郡。漢武亦于隴西登空桐。水經注：『獲水逕空桐澤。』『哀二十六年，宋景公遊空澤，卒，大尹奉公自空桐入』，是也。又贛州吉水、汝州、肇慶陽江縣皆有崆峒山。

北陵，雁門也。　山海經：『雁門之山無草木，雁出其間，有雁門。』水經注云：『即北陵，在高柳北。』高柳在代中。今雁門關在太原府代州，有句注雁門山。

廣陵之稱楊州自隋始也。　通鑑：『樊毅克廣陵楚子城』，非江都之廣陵也。按：魏太和中，蠻帥田益宗納土于魏，魏爲立東豫州，治廣陵城。五代志『汝南郡新息縣，魏置東豫州』，則此廣陵乃新息之廣陵也。又梁武帝置楚州于汝南郡之城陽縣，治楚城，即楚子城也。秦氏曰：『凡稱楊州者，東漢指歷陽，或壽春，或曲阿；中原自魏至周指壽春，或合肥，江左自吴至陳指建業，或會稽；隋、唐、五代乃指廣陵。』廣陵在二漢時爲吴國、江都、廣陵國、廣陵郡，劉宋爲南兗州，北齊爲東廣州，後周爲吴州，唐初亦爲邗州。其爲揚州，自隋始也。祖逖中流誓所，對京口，舊闊四十餘里，今闊十八里。合瀆渠，即吴掘之邗溝，東北道射陽湖〔三〕，亦曰山陽瀆。水經注曰：『下邳城，漢徙韓信爲楚都。』文穎曰：『秦置東陽郡，今下邳。』晉灼曰：『本屬臨淮，明帝分下邳，後分屬廣陵。』故張晏曰：『東陽郡，今廣陵也。』伯厚言唐韓皋誤者，因皋謂廣陵散指儉誕舉事而散於廣陵也。劉邠中山詩話謂『揚州治壽春，儉誕皆死壽春』，則韓皋之言誠誤矣。嵇康得廣陵散於華陽亭，則在密縣。

漢魏之揚州，今壽州也。通典：『壽春郡，後漢揚州刺史領郡六，治此。魏曰淮南，仍揚州爲重鎮。儉誕治此。晉元帝永昌中，豫州刺史祖約自譙還鎮於此。宋義熙劉義慶又鎮此。永元初，裴叔業以城降魏。後魏曰揚州。』梁武普通七年克之，置南豫州，後降魏。陳太建復得壽陽爲豫州。隋改壽州，今壽東四十里。宋殷琰築四壘於此。宋之安豐軍，古壽春也，其城築自楚考烈王徙都而經始焉。

陸口，蒲嶬口也。　魯肅、吕蒙屯陸口，在鄂州蒲圻縣南，寰宇記曰：即陸溪口也。水經注：『練浦東合練口，江浦也。直南練洲江之右岸得蒲嶬口，即陸口也，水出于下雋縣三山溪。』

一合塢城，宜陽也。　六國表：『秦惠文王二年，拔韓宜陽，韓昭侯廿四年也。秦武王四年，拔宜陽城，韓襄侯四年也。』漢屬弘農郡。隋志：『洛州宜陽縣，後魏置宜陽郡，東魏置揚州，後周改曰熊州。』通典曰：『河南府福昌縣，漢宜陽縣也，縣城即魏之一合塢城，東南北三面峭絶天險，宇文周重兵于此，以備高齊。』水經注曰：『一合塢惟築一面。』伯厚誤作一金塢。蓋黽池縣治南對金門塢水，南五里，舊宜陽縣治也。

吴會，吴郡、會稽郡也。　永建四年，分會稽爲吴郡。吴志：『朱桓部伍吴會二郡。』莊子釋文云：『浙江爲吴會分界。』是也。後人誤以爲一處，非矣。陸廣微曰：『漢順帝永建四年，分吴郡、會稽爲兩浙。』

淞江去水，乃以名郡。　松江本緣淞江得名，其地下每有水災，乃去水而作郡。　吳淞江今吳江寶帶橋一路是也，亦名松陵。　眉州有江，亦名松江，即蜀江分派，過州城與醴泉江合。

教山、教水，即崤也。　三崤又名嶔崟山。　在河南永寧縣北三十八里〔四〕。　自東崤至西崤三十五里。　輿地廣記：『崤連入硤石界，所謂南陵夏后墓，北陵文王避風雨者也。』晉敗秦于殽，陝州石壕鎮本殽縣，後魏改硤石。　汜水縣又有古殽關，其名同也。　山海經『教山、教水』，即殽字，『成山闟水』，即涿字。

蛾眉，謂其似也。　陸文裕曰：『峨眉本以兩山相對如蛾眉，故名，字當從虫。』今分三峨。又汀州歸化縣、邵武泰寧縣、廣西太平府汝州，皆有蛾眉山，而東西梁山名蛾眉，亦以采石望之似也。　字書加艸、加木、加邑、加山者多矣。

荆楚古通稱曰荆舒，舒古屬楚。　春秋莊十年書荆，僖元年始書楚。　孔氏曰：『殷武「荆楚」並言之，楚之稱荆久矣。　熊繹在荆山，後居郢，即荆州。　以其居荆，故稱「荆」。「荆楚」于字義，亦一物也。』舒有羣舒、舒鳩、舒蓼、舒庸之屬，今有舒城，其遺也。　舒鳩，今無爲州巢縣。舒蓼，在安豐，今之六安也。舒庸以爲東方國。謂之羣舒，皆偃姓，皋陶後。又有龍舒，地理志：『在廬江縣西』，今爲敝邑桐城。唐稱舒州，總言皖郡也。

楚伐吳至衡山，今之横山也。『楚伐吳，克鳩茲，至于衡山。』鳩茲，今蕪湖，非衡山明矣。然横山亦不一，南京溧水之南鄉有横山，廣德有横山，松江有横山，湖州有横山。顏魯公吳興地記：『烏程縣境有顓頊冢。』圖經云：『晉初，衡山見顓頊冢有營丘。』圖言衡山，即楚伐吳克丘茲之衡山也。今曰横山。顓頊都帝丘，今濮陽大名，豈有冢在此？豈舜葬蒼梧〔五〕、禹葬會稽之事乎？烏程又有杼山，言夏杼巡狩至此。杼，夏七世主也。禹會會稽，杼自至此。安知南方非舜禹所收，而商周復棄之耶？

魯口，夏口也，沙羡也。晉以武昌名郡，通典所謂鄂州也。庾亮南樓正在此，而伯厚以爲在武昌縣，則沿舊説也。春秋曰夏汭，自後漢末曰夏口，亦名魯口。吳録：『黄祖爲江夏太守，始于沙羡音夷。置屯。山簡自襄奔夏口。庾翼爲荆州，治夏口。劉毅以爲夏口二州之中，請劉道規鎮之。六年，自臨鄣徙鎮夏口城，據黄鵠磯。晉地理志：『沙羡、夏口對沔口。吳黄武二年，城沙羡。』通典曰：『即鄂州。』劉表傳注：『夏口即鄂。宋武平義宣，分爲郢州，鎮夏口。隋復爲鄂州。夏本江之沱，自江陵東南流，東過華容雲杜入沔，謂之睹口。冬竭夏流。總合襄漢至魯山，東入岷江，曰沔口，今曰漢口。江南即江夏黃鶴樓，今武昌府治也。沙羨，宋之鄂州，而武昌縣爲故東鄂，晉有鄂縣是也。伯厚因此遂曰庾亮南樓，非鄂也。豈孫吳已城沙羨，而庾鎮尚不居要地耶？凡都督必居形勝之地，一語可斷。唐武德中以此地稱武昌軍節度，而晉書庾翼爲荆州，治夏口。自黃祖屯此，知爲兵衝要地，豈建反取山僻邑耶？前人注解牽泥舊名，而考究家承之，實不然也。

劉錡順昌之捷，今之潁州也。宋趙彦衛曰：『一州四名，如會稽，郡名；越，州名；紹興，府名；鎮東，軍額。一州三名：如吳郡名蘇州，又名平江。有交互難别者，如潁州曰順昌府，許州曰潁府之類〔六〕。』

晉新亭，非吳新亭，今之新亭，非晉新亭矣。宋時建康新亭，在朱雀航西五里，俗名鵝頂。程大昌謂『晉之新亭，在長干寺南，不當在鵝頂』。按：晉劉氏世説：『吳新亭舊基已淪，隆安中司馬恢徙創今地』，安知此地不又徙乎？今則並非王導正色之地矣。丹陽記有三亭：司馬恢一亭，太元中謝石創征虜亭，三吳縉紳創治亭。

舊名北苑茶，今作北源。　丁晉公有北苑茶録三卷，世多指建州茶焙爲北苑。故姚寬叢語謂『建州龍焙面北，遂謂之北苑』。此説非也。李氏都建鄴，其苑在北，故得稱北苑。水心有清輝殿，張洎爲清輝殿學士，別置一殿于内，謂之澄心堂，故李氏有澄心堂紙。其曰北苑茶者，是猶澄心堂紙耳。今則徽州松蘿以北源名。

中潬，河陽之中城也。　河陽三城，南城在河陽縣西，即孟津，亦曰富平津。中潬城，東魏元象元年築，唐李光弼守此禦史思明。方勺曰：『河陽中城曰中潬，黄河西派貫三城之間。潬，音誕。』爾雅曰：『沙出也。』江東呼水沙堆爲潬，越人以川流淺急處爲潬，潬、灘寔一字，皆他丹切。説文曰：『灘，水濡而乾也。』引詩『灘其乾矣』。孫氏呼旱切，竟作暵字。楞嚴經：『乾爲州潬』，音誕。此方人據字書而抄其音釋耳。智曰：夫非房融筆受耶？

二州之地〔七〕，以東萊爲確，然成周謂之總名有之。　鞏洛，今河南鞏縣、洛陽縣也。二周，威烈王之後，西周，河南也，曰王城；東周，洛陽也，曰成周。徐廣曰：『東周比亡之時，凡七縣，河南、洛陽、穀城、平陰、偃師、鞏、緱氏。』自考王封其弟揭于河南，以續周公之職，是爲河南桓公，在陽城故地〔八〕。威烈王嗣位，西周惠公封其少子班於鞏以奉王，寔東周惠公。此東西周分之始也。按左傳：『昭二十六年，晉師克鞏。』周紀：『惠公封其子于鞏。』東周王所居洛陽也。鞏班之采邑也。馬貴與亦載鞏爲東周所居，誤矣。顯王二年，趙與韓分周爲二，顯王雖在東周，特建空名于上耳。周本紀云『赧王時東西周分治』，非也。赧王特徙都西周耳。吕東萊大事記曰：『西周河南，即夾鄏，武王遷九鼎，周公營以爲都，曰王城。東周洛陽，周公所營下都，以遷頑民，是爲成周。』鮑彪注國策，即以赧王爲西周君，爲正統，此誤也。邵子經世亦誤。公羊傳曰：『王城者何？西周也。成周者何？東周也。』昭二十六年，天王入成周。三十二年，城成周。蓋敬王定遷在既城之後，而孫莘老、胡康侯皆以成周即京師，亦未考王城、成周之實，而誤合爲一也。智按：續漢志：『河南縣，周公所城雒邑也，春秋時謂之王城。東城門名鼎門，北城門名乾祭。』豈非因郟鄏定鼎而名乎？帝王世紀曰：『河南城西有郟鄏陌』，在漢時河南郡有雒陽縣，成周也，有河南縣郟鄏，王城也。卜澗水東瀍水西，平王居之，今苑内故王城是也。又卜瀍水東，是爲成周，今河南府故洛城是也。地道記曰：『王城去雒城四十里。』今之河南府有洛陽故城，在府城之東，洛水之北，即成周。自東漢、西晉、後魏皆都之。新安縣則爲春秋時西周地。伯厚曰：『洛水之北，亦有鼎中觀。成周有狄泉在城中。』據通典則狄泉在洛陽城東三十餘里。

呂氏又曰：『洛陽雖有二城，而成周則其總名。』杜預、孔穎達皆以下都爲成周〔九〕，謂敬王避子朝之亂，自王城徙都之，其説非一端也。升菴再引之。而智謂總名，亦有其理。

華亭在密縣。史記：『秦昭王三十二年，白起攻魏，拔華陽，走芒卯，斬首十五萬。』司馬彪曰：『華陽，亭名，在密縣。』嵇叔夜常採藥于山澤，學琴于古人，即此亭，非松江之華亭縣也。唐李茂貞於隴州廢華亭縣，以縣爲州治。宋改儀州，後廢州，以縣屬渭州。

桐丘城在許。洧水又東南，逕桐丘城。春秋左傳：『莊公二十八年，楚伐鄭，鄭人將奔桐丘。』即此城也。杜預曰：『在潁州許昌城東北。』又兖州路有桐城驛。敝邑之名桐城，則自唐始。徐鉉稽神録言舒州桐城縣雙港有風吹錢過市事。又言僧德材至桐城。永叔傳梅聖俞曾歷桐城主簿。馬總曰：『咸通中，孔威刺舒，進龍骨，云桐善政鄉龍鬭死。』今志未載。

茉䰰，即大䰰具茨山也。水經：『溴水出河南密縣大䰰山。』注云：『即具茨，黄帝登具茨，升洪堤，受神芝圖于黄蓋童子。』史伯答桓公曰：『如前莘後濁，左洛右濟，主丕䰰而潧洧。』鄭語作『主芣騩而食溱洧』。韋昭曰：『芣騩山在密縣。』

田悦改魏州曰大名，而大名之魏在蒲州。　畢萬曰大名之魏，在今之蒲州，宋之永樂縣也。而唐魏州乃曰大名，今號大名府。五代以大名爲鄴都，李氏得之，改其府曰興唐。石氏得之，改其府曰廣晉，而其軍曰天雄。總之，故魏州也。田悦改大名，見國都下。

秦亭，即街亭。　馬謖與張郃戰于街亭，今在靈昌府秦州。所謂秦亭，即街亭也。以爲在南鄭，即誤矣。秦州，古成紀地，漢天水也。

蒙茶在蜀，非山東之蒙也。　諺云：『蒙山頂上茶』，乃今雅州之蒙山。唐李德裕入蜀，得蒙餅，沃於湯餅，移時盡化。而兖州費縣之蒙山，亦載蒙頂茶，青州蒙陰之蒙山，亦載其巔産茶，乃草藥也。夔曰禹貢『蔡蒙』。一云：蒙在雲南；蔡沉云：同在雅，誤。

齊桓葵丘在考城，非青州之葵丘也。　齊桓會諸侯之葵丘，據括地志在曹州考城，縣東南一里。考城，今屬歸德府矣，非青州臨淄之葵丘也。説文作鄈丘。又有鄈，地在臨汾，漢祭后土處。管子輕重丁篇有『崢丘』，注：『即葵丘。』

濮、潞、霍、瑯琊不一。伊尹爲四方獻，令『正南百濮』。鄭語：『楚蚡冒始啟濮。』通典有尾濮、木棉濮。爾雅：『南至于濮鉛。』不獨大名之濮陽也。南中志談藁縣有濮獠，又有閩濮。水經注：『異水逕長杜南濮北，漢水出焉，衛靈聞靡靡之樂於此。』漁陽有鮑丘水，又名潞水。檀州密雲縣有潞水，自塞外流入，今通州有通潞亭，非獨山西之潞安也。滁州全椒有瑯琊山、瑯琊谿。青州府諸城有瑯琊山，始皇常留此三月，即勾踐觀臺也，尚有瑯琊城，漢瑯琊郡治此。職方：『冀州山鎮，謂之霍大山，在晉州霍邑東北三十里。』今之霍州。又灊山縣天柱峯，名霍山，漢武所望封。廬州又有霍山縣。輿地記以鳳陽府之霍丘縣爲周霍叔所封，則稱平陽之霍州爲霍叔者，必有一誤矣。

熊耳介兩省，非有二也。洱記曰：『熊耳山在商州上洛縣南四十里。』商州，今屬西安府，其洛南縣即漢上洛也。禹導洛自熊耳，則在虢州盧氏縣界。盧氏今屬河南府之陝州。輿地記曰：『兩峯若熊耳，即達磨葬處。』是有兩熊耳矣。智按：熊耳在陝西、河南之界，輿地于商州熊耳載伊水所出，而伊水出盧氏悶頓嶺，經洛陽入洛，可徵矣。水經注曰：『宜陽有熊耳山，雙巒並舉。光武破赤眉，樊宗積甲仗與熊耳山齊〔一〇〕。齊桓登熊耳，望江漢極目也。山際有池，世謂之黽池，均水出，淅縣北山，即熊耳之枝。』

章華、乾谿有數處，皆譌傳也。筆談曰：『天下地名，錯亂乖謬，率難考信，如楚章華臺，亳州城父縣，陳州商水縣，荆州江陵、長林、監利縣皆有之。乾谿亦有數處。據左傳「楚靈王七年，成章華之臺，與諸侯落之」。杜預注：「章華臺在華容城中。」華容，即今監利縣，非岳州之華容也。至今有章華故臺在縣郭中，與杜預之説相符。亳州城父縣有乾谿，其側亦有章華臺，故其臺下，往往得人骨，云楚靈王戰死於此。商水縣章華之側，亦有乾谿。薛琮注張衡東京賦，引左氏傳，乃云：「楚子成章華之臺于乾谿，皆誤説也。」左傳實此文。章華與乾谿，元非一處。楚靈王十二年，王狩于州來，使蕩侯、潘子、司督〔一一〕、囂尹午、陵尹喜帥師圍徐以懼吳，王次于乾谿。此則城父之乾谿。靈王八年許遷于夷者，乃此地。十二年，公子比爲亂，使觀從從師于乾谿，王衆潰，靈王亡，不知所在。平王即位，殺囚，衣之王服，而流諸漢，乃取葬之，以靖國人，而訃以乾谿。靈王實縊于芊。他年，巾亥以王柩告〔一二〕，乃改葬之，而非死于乾谿也。昭王二十七年，吳伐陳，王帥師救陳，次于城父。將戰，王卒于城父〔一三〕。而春秋又云：「殺其君于乾谿」，則後世謂靈王實死于是，理不足怪也。』

成陽與城陽自別。　黄長睿曰：『永叔集古録靈臺碑，以爲史記、地志、水經諸書，皆無堯母葬處，予按漢章帝紀注：「述征記：咸陽縣東南有堯母慶都墓。」又按水經注：「今成陽城西二里，有堯陵，陵南一里有堯母慶都陵。」集古又云：「俗本多作城陽，獨此碑爲成陽。」予考成陽與城陽自別。成陽縣屬濟陰，城陽乃漢齊悼惠王之子章所封之國名。集古又云：「廷尉某姓名磨滅。」予按廷尉仲定碑云：「遷廷尉卿，託病乞歸，修堯靈臺黄屋三十餘。」而靈臺碑中有云：「濟陰太守、成陽令各遣大椽輔助仲君。」故知仲定無疑。』

傅險，傅説所隱窟也。　地理志：『傅險，即説所隱之窟名。』升菴曰：『險，古巖字。』聖人窟，今在陝州。

泰埛，即太行山。　升菴曰：『湯歸至于泰卷陶。』索隱曰：『「鄒誕生卷作埛，則卷當爲埛〔一四〕，與尚書同，非衍字也。」』慎按：泰埛即太行，行元有此音。列子作太形。山海經五行之山。按：行有刑音，則與埛音近耳。』

汲黯臥治之淮陽，在陳州，非淮安也。淮安，淮陰也。漢高夷彭越，分梁地爲二國，立子恢爲梁王，子友爲淮陽王。文四年，徙代王武爲淮陽王。通典：『漢淮陽郡故城，在陳州宛丘縣西南，汲黯臥治此也。』後魏尉元曰：『先定下邳，平宿豫，鎮淮陽，城東安，則青冀諸鎮可不攻而克。』輿地廣記曰：『淮陽縣在泗陽之間，有淮陽城。梁置淮陽郡，而隋廢之。唐貞觀省入下邳。』水經注：『淮陽城北臨泗水。』宋爲淮陽軍，今淮安府。漢屬臨淮郡，曰淮陰。晉曰山陽。唐宋之楚州也。祖逖屯淮陰，劉隗鎮守，即此地。南齊志：『永和中，荀羡云：「淮陰地形都要，水陸要衝，故立城池。」』寰宇記：『故淮陰縣城在山陽縣。』宋陳敏曰：『楚州爲南北襟喉，長淮二千餘里。河道通北方者五：淮、汴、渦、潁、蔡是也。其通南爲楚州運河一處。周世宗自北神堰鑿老鸛河，通戰艦，入大江，而南唐遂失淮南之地。』劉季裴曰：『謝玄八千人，當苻堅九十萬；揚行密清口三萬人，當朱全忠八州之師，則扼淮之力也。』薛氏曰：『自孫氏作涂中東興塘，鄧艾築石鼇以營田，在寶應西，荀羡填下邳，屯田于東陽之石鼇，南唐瓦梁堰障蔽長江，南唐修東西瓦梁城，皆爲扼淮之助。』其曰角城者，晉義熙中立，大寧中劉遐退屯泗口，即其地。蓋淮泗之會也。今屬宿遷縣。

中牟有二。　一在河南，一在河北，能改齋漫録辨之。

吕梁有三。　莊子吕梁，在吕梁縣南泗水上。有石梁。司馬彪曰：『吕梁在離石縣南。』水經注：『浦水出善無縣，歷吕梁之山，爲吕梁洪。』今吕梁在徐州下百二十里。

三河　唐堯都河東，殷都河内，周都河南，故稱三河。升菴曰：『黄河、析支河、湟河，亦稱三河。唐詩曰：「天子三河募少年。」』

三楚　淮北沛，陳汝南二郡，此西楚也。彭城以東，東海、吳廣陵，此東楚也。衡山、九江、江南、豫章、長沙，此南楚也。或曰楚文王都郢，楚昭王都鄂，楚考烈王都壽春，故曰三楚。

三秦　項羽三分關中地，封章邯雍王，司馬欣塞王，董翳翟王，故稱三秦。

三吳　圖經云：『漢分會稽爲吳，與吳興、丹陽爲三吳。』通典同。水經以吳興、吳郡、會稽爲三吳。指掌圖以蘇、常、湖爲三吳。其説不同。七類修稿云〔一五〕：『春秋之吳，都蘇常之間。漢封之吳，都會稽。即蘇、常、嘉、杭，非紹興之會稽也。三國之吳，初爲會稽太守，封吳侯。即蘇、松、常、鎮、杭、嘉、湖之地。備記之。」

三梁、三齊、三蔡。　謂南梁、大梁、少梁；齊及濟北、膠東；新蔡、上蔡、下蔡。

三關不一。　陽平、江關、白水，乃蜀漢三關也。平靖、武陽、黃峴，郡縣志載義陽三關也。晉秦始割南陽置義陽郡〔一六〕。上黨、壺口、石陘，馮衍傳上黨三關也。益津關在霸州，瓦橋關在雄州，淤口關在信安軍，此周世宗所取三關也。偏頭、倒馬、紫荆，山西之三關也。

五嶺不一。　張耳傳『秦南有五嶺之戍』。師古曰：『西自衡山，南東窮海。一山之限耳，而別標五者，裴淵廣州記曰：「大庾、始安、臨賀、桂陽、揭陽，是爲五嶺。」鄧德明南康記曰：「大庾一，桂陽騎田二，九眞都龐音龍。三，臨賀萌渚四，始安越城五。」』輿地記：『一曰臺嶺，一曰塞上，即大庾也，二曰騎田，三曰都龍，四曰萌渚，五曰越嶺。』按：九眞太遠，當以裴説爲是。伯厚曰：『騎田即郴州臘嶺，都龐即道州永明嶺，甿渚即道州白芒嶺』，則道州有二，可疑也。廣川書跋：唐李伺爲衡州刺史，言衡陽爲五嶺門，廣川辨之，以裴潛所說爲是，蓋或又一五嶺也。

有崑崙，有小崑崙，有崑崙塞，有崑崙丘。禹本記：『崑崙高二千五百餘里。』山海經：『内崑崙虚，帝之下都，方八百里，而有九折五門。』郭璞曰：『此自别有小崑崙也。』淮南子曰：『崑崙虚中有增城九重，木禾、珠樹、玉樹、琁樹、不死樹。』十洲記之『崑陵』，即崑崙，故曰有五角。神異經云『崑崙有銅柱』，因河圖天柱説也。『張騫渡西海，至大秦，烏遲國復有西海。海濱有小崑崙，高萬仞，方八百里』。永平竇固『出燉煌崑崙塞，擊破白水軍於蒲類海上』。章懷太子注謂『崑崙，山名，因以爲塞。在今肅州酒泉縣西南。周穆王見西王母於此，山有石室』。博物志引河圖括地象曰：『崑崙廣萬里，泉南流入中國曰河，八十城布繞之，中國居一分，是姦城也。』今南寧府永州永春縣皆有崑崙山〔一七〕。梧州陸川縣有崑崙水。燮曰：崑崙，言其形渾淪高大，不可測也。地球爲五大州，環海包之，每州必有中高，崑崙，亞細亞之中高也，故其水皆分面而趨。

九山、九川，九州之山川也。此禹貢『九山刊旅』『九川滌源』注，極是。史記正義以『汧、壺口、砥柱、太行、西傾、熊耳、嶓冢、内方、汶爲九山』。此汶，即岷也。索隱曰：『汧、壺口、砥柱、太行、西傾、熊耳、嶓冢、内方、岐是九山也。』古分爲三條。故地理志有南北條之荆山焉。馬融、王肅皆因之。鄭玄以爲四列，一行以爲兩戒。索隱之言，則以弱、黑、河、瀁、江、沇、淮、渭、雒爲九，瀁即漾，漾即西漢也。吕氏春秋：『九山：會稽、太山、王屋、首山、太華、岐山、太行、羊腸、孟門。』鄭樵曰：『州縣之設，有時而更，山川之形，千古不易。所以禹貢分州，必以山川定經界。使兖州可移，而濟河之兖不可移；使梁州可遷，而華陽之黑水梁州不可遷。後之爲史者，主爲州縣，州縣移易而其書廢矣。』

陘，言徑也。峴，言嶮也。太行八徑，兩路入燕。謝康樂詩：『苕遞涉陘峴。音刑顯。』陘爲徑之平聲，峴爲嶮之外聲。青州襄陽以峴著，太行以陘著。山海有少陘山，御覽謂在滎陽。齊桓伐楚，次于陘。楚世家魏取陘山。蘇秦于韓曰南有陘山，于楚曰北有陘塞。楚子治兵于汾，注在襄城。智按：屬汝州。所謂汾陘之塞，在汝鄭二州，非山西之汾陘也。太行八陘，專在北方。吕覽、淮南皆云：大汾、澠阨、荆阮、方城、殽阪、井陘、令疵、句注、居庸爲九塞。元和郡縣志：『太行山首起河内，北至幽州，凡有八陘：軹陘、太行陘、白徑陘在河内，滏口陘在鄴西，井陘、飛狐陘、眞定。蒲陰陘保定紫荆。在中山軍，都陘昌平居庸。在幽州。』鎮州獲鹿縣井陘關，曰土門，太行第五陘也。第四滏口陘，對鄴西滏水。燕慕容垂出滏口，入天井關。唐李光弼出土門，破史思明軍。韓信擊趙，東下井陘。今眞定有井陘縣，獲鹿與太原府平定州，皆有井陘關。水經注所云長嶺通道，即鈃陘也。穆傳之鈃隊三隥也。代州靈丘縣西北有石銘，題『冀州北界』，號石銘陘。愚者曰：紫荆北口浮圖峪，爲飛狐軍，都陘即居庸，此二陘爲燕背腋。李存勖命周德威出飛狐，入幽，執劉守光父子。同光三年，阿保機從居庸圍幽州。唐王遣李嗣源救德威。宣和四年，金阿骨打從居庸入燕。嘉定四年，鐵木眞克宣府、懷來。金保居庸，乃留兵拒守。而大兵趨紫荆，入拔易涿，反，自南攻破居庸，而卒入燕。此其勢也。

率山，即三天子都，今之張公山也。朱大同曰：『徽之張公山即率山，在黟績間。』智考之，在今休寧、婺源間，汪南溟辨證甚詳晰。吳澄地理表曰：『率山乃江南諸山之祖，山海經所云三天子都，實彭浙兩源，乃斷然知是張公山，而以昔所謂黟山、率山、大鄣者，本一山也。石上尚有「三天子都」刻字。』水經曰：『漸江，出三天子都』，『廬江出三天子都』，都一作鄣。『水，流彭蠡又流漸』，即浙也。堪輿承訛，言廬山出天子地，即以形家論彭湖之水過宮反背矣。

芝嶽，太和山也。即武當也，今曰太和山。玄帝之先，浄樂國王治麇，今均州也。有榔梅祠。玄帝曾折梅寄榔曰：『道成當結實。』後果然。舊爲武當縣。南山如負扆，惟玄武足以當之。其宫制視漢未央宫。宋諱『玄』，稱眞武。

闕里，因石闕而名。曲阜志：『西南三里，有雙石闕，即靈光之南闕也。』按：今兖州府有靈光殿，有闕里，云魯共王壞孔子宅處。

儀封屬開封。類考云：『開封蘭陽有儀城，即封人見孔子處。』智按：今開封屬有儀封縣、蘭陽縣。孔子初失位，去魯適衛，北自夷儀入；後又自蔡反衛，南自石門入。

互鄉，今在睢州。互鄉，名古廧里。王无咎云：『鹿邑之外有互鄉城。』

始興之鼻天子冢，非象庫也。有鼻，即有庳，零陵縣有有鼻墟。一統志：『始興鼻天子冢，有人掘得銅人無數。』三代以前，豈有銅人殉葬之事？必非象也。羅長源作路史，乃以始興鼻天子冢爲象庫。張東莞云：『舜墓，是商均所葬。』蓋因山海經『蒼梧，舜與叔均之所葬』也。

比景，當是北景。漢日南郡有比景縣，晉亦如之。隋平林邑，立比景郡。唐於驩州南境，僑立景州比景縣，非正比景也。貴與曰：『比，音芘蔭之芘。』按：古曰北户，謂開北户以向日。唐萬年縣尉段公路，文昌之孫，作北户録是也。太平御覽曰：『交州去路九千餘里。』孫悚云：『立表效景，景在表南。其古郡以日南爲名，其斯義乎？又有比景縣，比、北二字相似。』據此，則應是北景。周禮大司徒土圭正日景，有南景、北景之説，當時或以此名。然自漢以來，傳訛作比矣。

木葉城，在三衛。徐文長記木葉城在遼東。余于遼史始見有此名。今説詩者以沈雲卿『九月寒砧催木葉』之句爲地名，以對遼陽，則合掌癡極，毫無風致矣。智考木葉城在薊州外馬蘭諸山，今三衛地。文長以爲在遼東，亦非。

花門堡，在甘州。吴魯曰：『杜子美好言花門。』按唐志甘州有花門山堡，東北千里，至回鶻衙帳。故有留花門詩一首。又云：『花門剺面請雪耻。』又云：『聞道花門將，論功未肯歸。』又云：『聞道花門破，和親事卻非。』楊巨源亦有送太和公主和番詩云：『蘆井尋沙到，花門度磧看。薰風一萬里，來處是長安。』岑參送封常清西征敘曰：『天寶中朔方回紇寇邊，踰花門。』

三驍即三苗。　在堯時爲譯地〔一八〕，在今日則爲中國，乃湖廣江、鄂、嶽之三州。故今三州人尚有苗姓。升菴引國名記三苗作『三驍』。朱子曰：『三苗當作猫，與犵、狑、獠爲四種，溪峒之民。』説苑曰：『舜時有苗不服者，大山在其南，殿山在其北，左洞庭之波，右彭蠡之川。』以此言之，則當是衡州長沙之東，袁州之西一帶，今不知曾有苗獞之遺種。而五溪蠻乃在辰州，黑白苗乃在沅州麻陽之左，古寶慶、武岡、新寧所在有獞，其説苑臆耶？或古今變異耶？　三危，陳氏引韻注、説文作岊，古文尚書作𡵸，或作峗。　燮曰：舜所竄，止于三苗之君，故其種類仍居湖北也。

廣有蜑户。　南海記：『蜑蠻以舟爲室，蜑有三：一爲魚蜑，善舉網；二爲蠔蜑，善没海；三爲木蜑，善伐材木。』今廣東有蛋户，音旦。字書本作蜑、蜒，仍音延。常璩巴志曰：『涪陵郡諸縣北有獽蜑。』『劉宋時，廣州刺史羊希使劉思道伐俚。』李延壽曰：『其流曰蜑，曰獽，曰俚，曰獠，曰㐌。』㐌音夷。今則粵西有狼，有獞，有猺；瓊州之蠻曰黎人；沅、靖、貴州之蠻，通謂之苗。麻陽蠻有犵狫。或曰狚、音靼。獦、狑、音卿。狘，音出。又俚別種。

盤瓠，五溪蠻也，本于白犬，故附會高辛嫁女之說。　盤瓠蠻誓狀云：『某等既充山職，今當鈐束男姪。男行持棒，女行把麻，任從出入，不得生事。上有太陰，下有地宿，其翻背者，生兒成驢，生女成豬，舉家滅絕。不得翻面說好，背面說惡；不得偷寒送煖。上山同路，下水同船。男兒帶刀，同一邊一點，一齊同殺盜賊。不用此款者，並依山例。』山例者，蠻言誅殺也。具載范文穆公桂海虞衡志。陸文裕又載南詔乞書藥文，習夫子之言，便有華風。附詩亦是唐律。今辰州地，即古五溪蠻。長源引伯益經曰：『卞明生白犬，爲蠻人之祖。』乃人名也。後遂云：『高辛之犬，銜犬戎吳將軍首，以少女妻之，生六男六女。』風俗通載之。然高昌之祖，牝狼負人。劉宋元嘉婢爲狗婦。何訝古事，但定高辛以女嫁之，則荒唐矣。蠻溪叢笑多言彼中風俗。今山海經作『弄明生白犬』。

苴咩城，雲南近遵義之地也。　薛能聞官軍破吉浪詩：『越巂通遊客，苴咩鬧聚蚊。』又西縣詩：『野色生肥芋，鄉儀搗散茶。梯航經杜宇，烽火徹苴咩。』則咩爲迷麻反。唐書：

『李晟、曲環救蜀，合擊吐蕃、南詔，破之。異牟尋懼，築苴咩城。』今雲南大理府。一統志以爲咩地。

龍户，驪家。馬人，馬流也。　卮言曰：『韓退之詩：「衙時龍户集，上日馬人來。」吳埛云：「長安有龍户，見水即知有龍，或引出，但如鰍魚。」按：此是潮州時上廣帥作，非長安也。馬人，演繁露引「毘奢利王時，有如馬裸露，王分身爲蠶被，乃得衣，馬人感戀。」恐非也。按：俞益期箋云：「馬文淵立桐柱，岸北有遺兵居壽泠岸，南對銅柱，悉姓馬，號曰馬留。」又記一小説：「龍户在儋耳，其人目睛皆青碧，入水能伏一二日。」蓋即所謂崑崙奴也。』升菴則以象奴爲崑崙奴。智按：今方隅勝略自有龍家、馬人二種。龍家爲驪氏之後，其種有四。馬人散處南海，當是馬流耳。俞益期本作馬流，段成式作馬留。驪，當是駹，駹古與龍通，音如交州都龐音龍，可証。故駹家轉而爲驪家，又轉而爲龍家耳。

者樂甸，本馬龍他〔一九〕，即甸猛摩之地。　雲南有者樂甸長官司，或曰此亦名龍户。然則退之與馬人並舉者，乃龍户之在嶺粤者，而此亦其類也。

殑伽，天堂河也。大藏西域記云：『阿耨達地在香山南，大雪北，周八百里。東南流入海者曰殑伽河，西南流入海者曰縛芻河，西北流入海者曰徙多河。又潛流地下，出積石山，東北流入海者爲中國之河源。』阿耨達，華言無煩惱，似指所謂星宿海者。殑伽，華言天堂；縛芻，華言清；徙多，華言冷。殑，渠京切，字書：『殑殑欲死也。』不知譯者何獨借此字。

林邑，古越裳，而老撾亦古越裳地也。雲南有老撾宣尉司，俗呼撾家，通交趾、暹邏入海。

狼𦟛，𩪘國也。水經注：『九眞水度淮北岸，有橋，即彭龍、區粟之通逵，檀和之大戰東橋處也。水又逕船官口，源出徐狼外，衆皆裸身，以竹筒樹葉掩形，名狼𦟛。惟依冥夜，與人交市，闇中𩪘金，皆知好惡。』

離耳，即儋耳也。山海經曰：『離耳、雕題，在鬱水南。』林邑記：『九郡有儋耳民，徒跣，耳廣，垂以爲飾，以黑爲美。』離騷所謂玄國。然則儋耳即離耳也。淮南言『耽耳在其北方』，則南北皆有此名。今儋州屬瓊州府。

九彝，在徐州、莒、魯之間。　劉敞説也。馮厚齋以朝鮮東彝九種，非也。或曰孔子喜郯子與程本。

李白書禹穴在蜀。　丹鉛曰：『史遷言「上會稽」，總吴越也。「探禹穴」，言巴蜀也。後人誤解禹穴在會稽。按：禹生蜀石泉縣，古碑「禹穴」，李白所書也。古人文不重複，如「雲土夢作乂」，括江南北千里。「蔡蒙旅平」，蔡在雅州，蒙在雲南，亦括千餘里。』智按：『禹穴』，奇在委宛書耳。廬山禹刻亦云『石穴』，凡禹到皆名之。

校　記

〔一〕鄭父之丘是也　原刻漫漶，據方氏重刻本補。
〔二〕封季弟友于　原刻漫漶，據方氏重刻本補。
〔三〕道　方氏重刻本作『通』。
〔四〕永　原作『汝』，據刊誤補遺改。
〔五〕桐　方氏重刻本作『梧』。
〔六〕潁府　方氏重刻本作『潁昌府』。
〔七〕州　方氏重刻本作『周』。

〔八〕陽　方氏重刻本作「王」。

〔九〕穎　原作「潁」，據刊誤補遺改。

〔一〇〕宗　方氏重刻本作「崇」。

〔一一〕司督　方氏重刻本作「司馬督」。

〔一二〕巾　方氏重刻本作「申」。

〔一三〕王　原刻漫漶，據立教館本補。

〔一四〕爲　原作「作」，據刊誤補遺改。

〔一五〕類　原脱，據刊誤補遺補。

〔一六〕秦　晉書地理志作「泰」。

〔一七〕永州　方氏重刻本作「泉州」。

〔一八〕譯　疑爲「夷」之誤。

〔一九〕他　方氏重刻本作「地」。

国家出版基金项目
NATIONAL PUBLICATION FOUNDATION

『十二五』國家重點圖書出版規劃項目

國家古籍整理出版規劃重點項目

國家出版基金資助項目

安徽古籍叢書

方以智全書

第一册

【明】方以智◎撰
黄德寬　諸偉奇◎主編

黄山書社

圖書在版編目(CIP)數據

方以智全書/(清)方以智著;黄德寬　諸偉奇主編
—合肥:黄山書社,2018.12
(安徽古籍叢書第二十八輯/安徽古籍叢書編審委員會編纂)
ISBN 978-7-5461-7850-9
Ⅰ.①方…　Ⅱ.①方…　②黄　③諸…　Ⅲ.①方以智(1611—1671)—文集
Ⅳ.①Z424

中國版本圖書館 CIP 數據核字(2018)第 279709 號

全國古籍整理出版規劃重點項目
國 家 出 版 基 金 資 助 項 目

責任編輯　李　媛　李霜琴　束　莉　老　鼓
裝幀設計　尹　晨
出版發行　時代出版傳媒股份有限公司(http://www.press—mart.com)
　　　　　黄山書社(http://www.hspress.cn)
地址郵編　安徽省合肥市蜀山區翡翠路 1118 號出版傳媒廣場 7 層 230071
印　　刷　合肥華苑印刷包裝有限公司
版　　次　2019 年 6 月第 1 版
印　　次　2019 年 6 月第 1 次印刷
開　　本　880×1230　1/32
字　　數　3140 千
印　　張　172.125
書　　號　ISBN 978-7-5461-7850-9
定　　價　1200.00 圓(全十册)

服務熱綫　0551-63533706
銷售熱綫　0551-63533761
官方直營書店(http://hsssbook.taobao.com)

安徽古籍叢書編印緣起

我國歷史悠久，典籍豐富。我省地處南北之交，學術尤擅其盛。數千年來，哲學、史學、文學、藝術、語言、科技，作者輩出，著述如林，或自名一家，或蔚然成派，多爲中華民族文化之菁華，有裨於社會主義文化之建設。允宜及時整理，以廣流傳。

粤自明清，以至近世，南北郡邑已有涇川叢書、龍眠叢書、貴池先哲遺書、南陵先哲遺書諸刻。一九三一年，復有安徽叢書之編刊，所收皆皖人著作，分期影印。出至第六期，以抗戰軍興而中止。盛業未竟，論者惜之。

今者，中央倡導整理古籍，我省領導對此尤爲關心。省古籍整理出版規劃委員會幾經商討，決定編纂安徽古籍叢書。編纂宗旨是在歷史唯物主義指導下，批判繼承，古爲今用，弘揚民族優秀傳統文化，爲建設中國特色社會主義服務。最其體例，約有數端：

一、所收皆爲歷代皖人著作，時間一般以辛亥革命之前爲限，内容以文、史、哲爲主，分類成輯。尤其注意稿本、稀見本之搜輯與傳布。

二、整理方式包括輯、校、標點和注釋、今譯。校勘，力求採用善本爲底本，校以他書，或加補輯、編次。標點，採用新式標點。注釋，務求精確，但不作煩瑣考證。整理中，儘量吸收國内外研究的新成果。

三、先秦、兩漢著作及語言、文字之類，皆用繁體字，其餘則酌用簡體字。版皆竪排，以期一律。

四、凡熱心於本叢書編印及捐貲助刊者，得於書内題名。

安徽古籍叢書編審委員會

方以智像

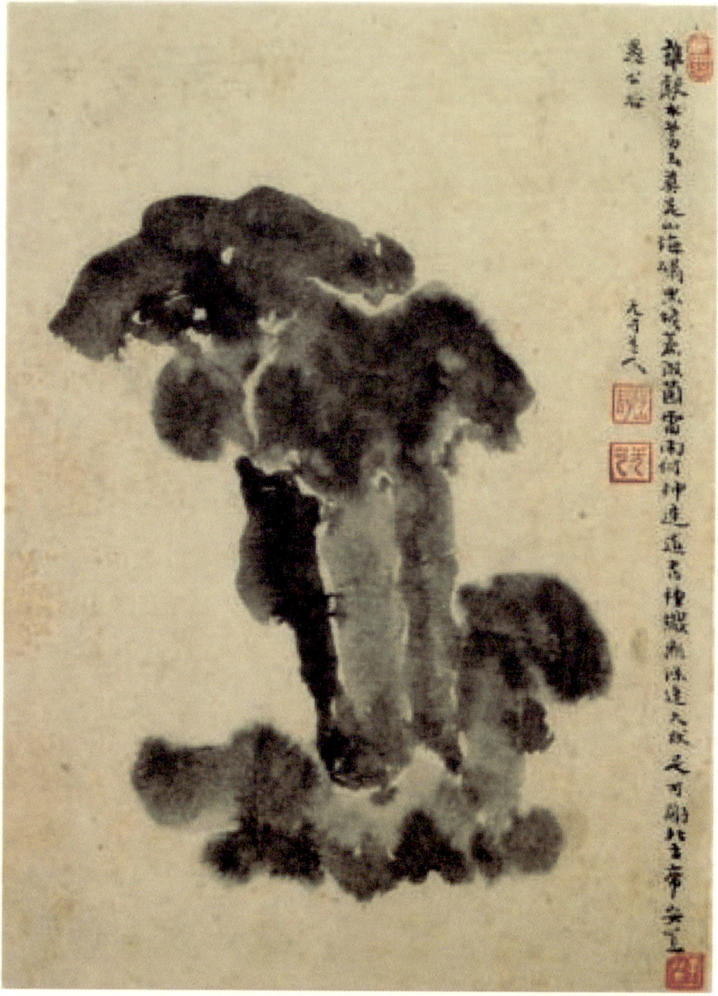

方以智《墨石圖册　半天雲雷圖》

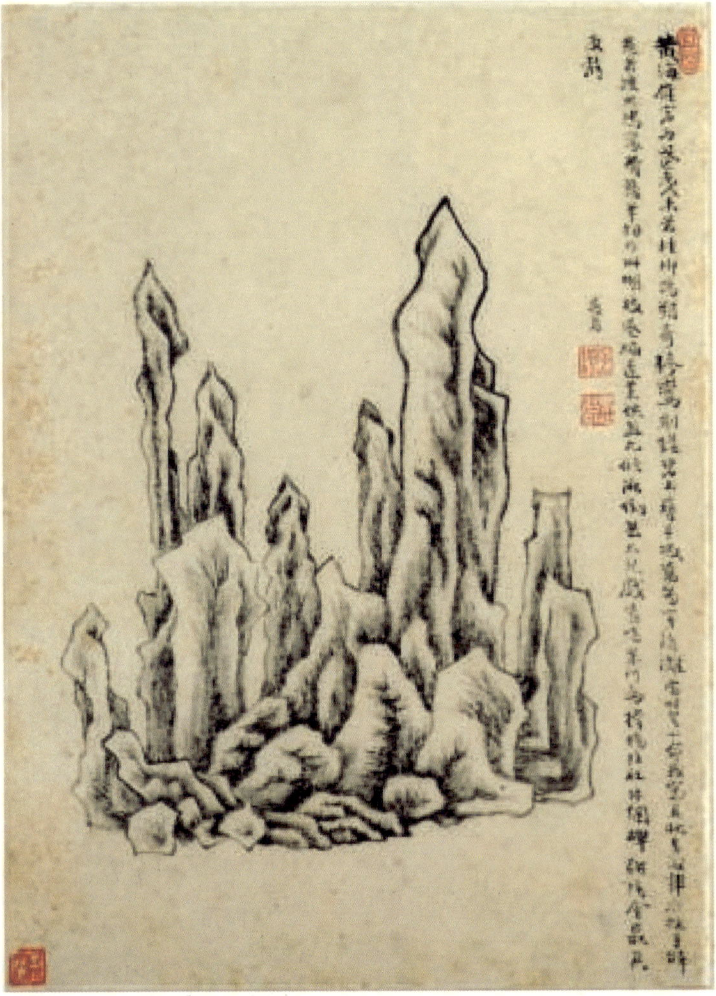

方以智《墨石圖册　蓬萊珊瑚圖》

方以智《碧松千尺圖》立軸

方以智《高臺松亭圖》立軸

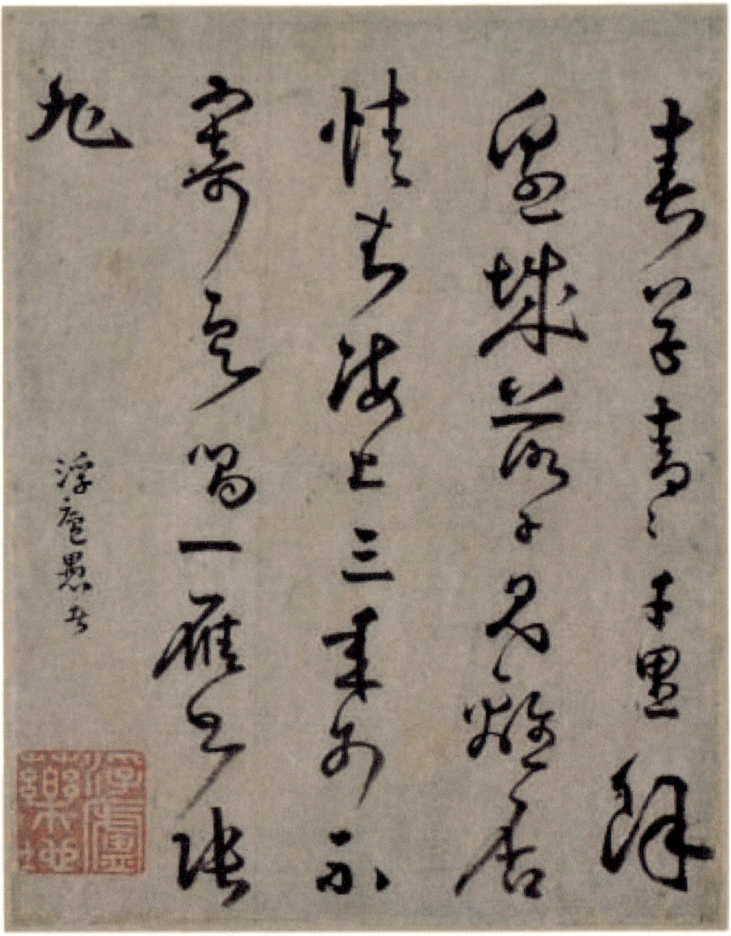

方以智詩斗方册

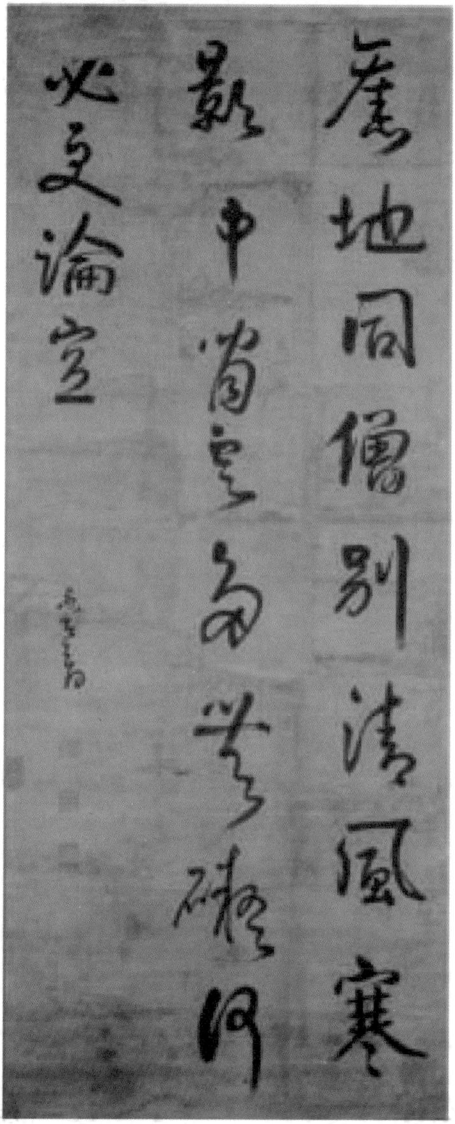

方以智詩立軸

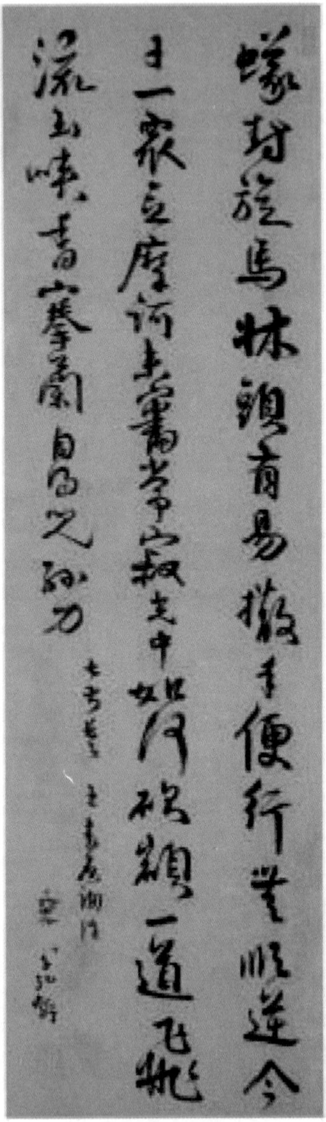

方以智詩立軸

方以智全書整理者名單

（按姓氏筆畫排列）

主　編　黄德寬　諸偉奇

副主編　張永堂　彭君華

整理人　牛淑平　方　無　阮東昇　李　媛
李霜琴　束　莉　周挺啓　胡長春
紀健生　敖　堃　黄德寬　張永堂
彭君華　楊　軍　趙　鋒　諸偉奇

方以智全書總目

浮山文集後編
浮山此藏軒别集
流離草（及補編）
虞山後集
浮山後集
無生㘓
借廬語
鳥道吟

信叶
建初集
合山欒廬占
五老約
正叶
藥集
禪樂府

方以智的生平思想及其著作整理

一、方以智的時代

方以智的時代是巨變的時代，也是巨人的時代；是陰極陽生的時代，也是萬法咸章的時代。方以智遭遇的巨變，一方面是黨爭、民亂、異族，一方面是心學危機、西學東來、佛道虛無。前者造就方以智成爲反清復明的遺民，後者孕育方以智成爲明末清初偉大的思想家。

明末政治最嚴重問題之一是黨爭，方以智家族始終站在反對閹黨立場。曾祖父方學漸曾至東林書院講學，與顧憲成、高攀龍論學。祖父方大鎮與鄒元標講學首善書院，因閹黨禁止，筮『同人於野』，自號野同。父方孔炤因反對魏璫而削籍。方以智勸錢秉鐙離開中江社，阮大鋮遂疑留都防亂公揭出以智手。弘光朝被阮大鋮列入從逆六等追捕，逃難嶺南。肇慶擁立永曆，因司禮太監王坤排擠，不立班行。方氏四世與明末黨爭相終始。

民亂是明末社會重大問題。崇禎七年（一六三四）桐城民亂，方氏舉家遷居金陵，方以智亦流寓金陵。方孔炤平桐城民亂，十二年，以知兵任湖廣巡撫，剿張獻忠，兵敗下獄。崇禎因方以智孝心釋放孔炤，命孔炤以右僉都御史屯田山東。方以智疏請父子枕戈，君親並報，不許。十七年三月十九日，李自成陷北京，以智被捕，因拒降而受刑，乘間逃出。

上有黨爭，下有民亂，外有異族。在異族入侵時，方以智一方面拒清逼仕，一方面逃禪反清。永曆元年（一六四七）十一月初八，沅州陷，以智變姓名於天雷，爲同類役吏所露，清兵追索，遂遁入深箐，潛轉天柱，稿身骨立，等於傭伍，志存漆炭，飽受饑寒[一]。永曆四年，在仙回洞爲清兵馬蛟麟逮捕不屈。永曆六年回桐省親，因操撫李日芃勸降而逃禪天界高座寺，馬國柱又令吳偉業、劉阮仙至建初寺勸降。方以智在永曆朝雖無一日入班行，逃禪後卻無一日不反清。粵難作，自沈惶恐灘，全節以終。

黨爭、民亂、異族以外，有佛道虛無、心學危機、西學東來。方學漸學主陽明，因反對佛道虛無而主崇實，反對王畿性無善無惡而主性善，反對雄陸排朱而主挽朱救陸。方大鎮、方孔炤繼承發揮，而由方以智集大成，建立崇實性善與藏陸於朱的心學與理學。

方學漸批評佛老虛無，戒子孫不得逃禪拜佛。方以智外祖父吳應賓精於佛道，與方大鎮辨儒釋達二十年。方以智明亡逃禪，面臨會通儒釋與合理化逃禪問題。

明末儒學除了佛道，也面對耶穌會士挑戰。耶穌會士上帝信仰直接挑戰祖先崇拜，傳來天文曆法也被視爲奇技淫巧。方以智早年從方孔炤與熊明遇接觸西學，流寓金陵讀天學初函，向畢方濟請教西方宗教與物理。方以智稱傳教士爲西儒，評論西方『詳於質測而拙於言通幾』，但可藉西方質測發揚中國傳統。

黨爭、異族、民亂導致方以智國破家亡、妻離子散，心學、佛、道、西學造就方以智坐集千古之智、折中其間。這是時代對方以智的影響。

除了時代對方以智的影響，也得注意方以智對時代的看法。方以智與方孔炤都深信邵雍元會運世說，認爲一元堯當巳末，周孔當午初，明末清初又當正午。正午的時代特徵是『萬法咸章，雖遘陰至，而陽必用陰』〔二〕，意即明末清初正當午會的正午，文明將大發展，君子必勝小人。方以智認爲方孔炤的公因反因説就是時逢午會的破天荒發明〔三〕。方中通認爲生逢午會，西學東來，『生千古下，集千古智』，張、祖、邵、蔡的天文曆法將大發明〔四〕。梅文鼎師從方以智，與方中通同學，也肯定方氏午會之説〔五〕。方以智因午會之説而對巨變時代充滿樂觀，巨變與午會相反相成，成就了方以智患難的生平與光輝的思想。

二、方以智的家世與家學

方以智的生平與思想深受家族兩方面影響：一是五世祖方法樹立的氣節典範，一是十一世祖方學漸開創的方氏家學。

方法字伯通，建文元年（一三九九）舉於鄉，授四川按察司斷事，因號『斷事公』。靖難諸藩參賀，方法效其門師方孝孺，不肯署名被逮。船至望江，曰：『此吾父母邦也，幸寬我械，容治酒北向而拜，以盡人子之思。』於是衣冠立船首，拜畢沈江而死。有絶命詞二首：『休嗟臣被逮，是報主恩時；不草歸降表，聊吟絶命辭。身當殉國難，死豈論官卑？千載波濤裏，無慚正學師。』『聞到望江縣，知爲故國濱。衣冠拜丘壟，爪髮寄家人。魂定依高帝，心將愧叛臣。相知應賀我，不用淚霑巾。』明神宗於南京建表忠祠，方孝孺、方法皆入祠。

方法遇靖難，寧自沈以報主恩，子孫歌頌不絶。方以智流寓南京曾拜表忠祠而敬書長律：『拜表忠祠，吾五世祖斷事伯通公在焉。公諱法，中洪武己卯科應天鄉試。正學先生門人，爲四川斷事，靖難時沈江。吾祖魯嶽公上請入表忠祠，後以大理卿封蜀藩，立祠成都，王爲賦詩，羣公和之，是爲錦江燕詒録。聞朱白民好談遜國時事，將以貽之。感念祖德，敬書長律一篇。』〔六〕流寓草卷七拜表忠祠余五世祖斷事公當靖難沈於江余王父廷尉公請入祠云有『種樹還朝北，沈江流向東』句。合山欒廬占慕述云：『斷事公諱法，字伯通，中洪武己卯，出正學先生門。爲四川斷事，不降靖難，逮過望江，遂沈於江。今祀南京表忠祠。其女守義至老，號川貞姑云。』

方法忠節傳家，女性亦一門節烈。方法妻鄭氏苦節四十年，女方川貞許盛氏未歸而盛氏病歿，『守義至老』。方以智大姑方孟式明亡投湖，仲姑方維儀歸一年而寡，與從姑方維則並稱『方門三節』〔七〕。方孟式博學工書畫，勉方以智『讀書講求實學』〔八〕，有紉蘭閣集。方維儀博學才高，精於禪理，善白描大士。撫育方以智，教以禮記、離騷。有清芬閣集、宮閨詩史。

方法樹立氣節，方學漸則開創家學。方學漸（一五四〇——一六一五），字達卿，號本庵，私謚明善。萬曆間明經。創桐川會館，講學著述〔九〕。針對明末虛無、性無善無惡、雄陸掃朱風習，倡崇實、性善、藏陸於朱〔一〇〕。

方學漸崇實論指出：漢訓詁、唐詞章有空談而無實行，宋儒起而篤躬修；躬修之敝有襲行而無實心，陽明起而倡良知。良知乃心之神明，本無内外，不善學者往往『依附靈明』，其弊則虛。崇實者必先有實心，有實心才有實德，有實德才有實行。良知即實心，崇實即崇良知，崇實者崇心之神明，崇虛者依附靈明。

物之理有二：一是可見之理，即物中物後之理；一是不可測之理，即物外物先之理。崇實者窮物後物中之理，以知物先物外之理；依附靈明者求理於物先物外，崇實者求理於物後物中。

聖人虛無與佛道二氏之虛無不同。聖人虛無是『藏虛於實，潛無於有』；二氏虛無是『舍實而求虛，離有而索無』。方學漸說：『姑就虛無而論，實乎其所可實，不實乎其所不可實，是之謂虛。有乎其所當有，不有乎其所不當有，是之謂無。聖人藏虛於實，潛無於有。堯舜有天下而不與，禹乘四載而行無事。孔子教學，不厭不倦而默識之。是謂真虛無。二氏舍實而求虛，離有而索無，其心增一虛無之障，已不可謂之真虛無矣。』〔一一〕

崇實者崇心之神明而主性善，崇虛者依附靈明而主性無善無惡。方學漸認爲陽明『致良知』直接孟子『性善』，不必添一『無善無惡』〔一二〕；未發之前『光光潔潔』即『善之本色』，不必添一『無』字〔一三〕；釋氏性空乃『不着於有而能含有，不離於有而能妙有』，此即『至善』，不必添一『空』字。至善是心之本體，誠意誠此善，致知明此善，格物爲此善，至善乃本體功夫合一之學〔一四〕。心性至善主於一理，不落有無；然心性不可見，必於其所以治天下國家者見之〔一五〕。

王陽明撰朱子晚年定論，末流『雄陸排朱』。方學漸認爲陸學先立其大，也重視『以事煉心』，以讀書爲有益，不是偏於內心者〔一六〕；朱子重學問，也强調『學問在事心』，不是偏於外物者。道問學目的在尊德性。朱陸從入雖異，尊德性則同。陸子門人自爲標榜，遂稱其師以尊德性爲主，疑朱子只道問學〔一七〕。實則朱子道問學亦尊德性，陸子尊德性亦道問學。方學漸爲矯雄陸排朱之弊，主張挽朱救陸、藏陸於朱〔一八〕。『藏陸於朱』猶言『藏立大心學於博極羣書』『藏尊德性於道問學』『藏良知於事物』，亦即『藏虛於實，潛無於有』。

黄居中說方學漸是『紫陽忠臣，文成諍友』〔一九〕。陳嘉猷爲方學漸東遊記作序，說：『先生與涇陽公之學，皆問途於紫陽，啓鑰於山陰。以今會語辯山陰無善無惡之訛證而不廢其妙悟；駁紫陽未發已發之分注而深信其窮理。』葉燦說：『先生潛心學問，揭性善以明宗，究良知而歸實，掊擊一切空幻之説，使近世說無礙禪而肆無忌憚者無所關其口，信可謂紫陽之肖子、新建之

忠臣。』〔二〇〕

方大鎮（一五六二—一六三一），字君静，號魯嶽。方學漸長子。萬曆十七年（一五八九）進士，歷任江西道御史、大理寺少卿。表彰理學，請謚陳獻章、胡居仁，薦周汝登、羅洪先，與高攀龍、顧憲成、鄒元標、馮從吾講學首善書院。母殁，廬墓過傷而卒，私謚文孝〔二一〕。以『荷薪』名集，紹述家學。藉仕宦與講學傳揚父學，桐城性善之説遂與東林、關中相輝映〔二二〕。

方大鎮認爲性善是儒學正宗，言性必言善而性體乃見，言善必言仁義而善體乃見。窮經、博物、詞章、訓詁、經濟皆在覺吾性善體，故曰『學者覺也，覺吾性而已』〔二三〕。主張『虚靈備萬』『理明而貫實事』『虚受即是充實』，反對以我見滯寔之病而掃倫物學問之實務，也反對以掠虚欺人之病而諱虚明神化之本體〔二四〕。方大鎮認爲朱熹非遺心求事，象山亦非遺事求心，入手或有分別，得手同一究竟〔二五〕。學者詆朱子注書不悟道，實則悟道者不一定不注書，不注書者不一定悟道〔二六〕。聖人早知心學與事學、悟道與注書之爭，故『藏悟於學』。陽明鼓舞親切之真機與朱熹安頓萬世之井竈可以並行，陽明復生也必以朱熹之井竈爲善刀之藏〔二七〕。

方大鎮取陸象山，不取其徒楊簡（禪習）；取王陽明，不取其徒王畿（禪宗）。不喜陽明朱子晚年定論詆及朱子。不喜摭釋攙儒，網羅百氏，更惡醉心儒術，詆及孔孟〔二八〕。

方孔炤（一五九〇—一六五五），字潛夫，號仁植。方大鎮獨子。萬曆四十四年（一六一六）進士，任嘉定、福寧知州，擢職方員外郎，忤魏削職。復以右僉都御史巡撫湖廣，戰敗下獄。明亡歸隱，卒謚貞述。五經皆有著述而尤精於易〔二九〕。所著周易時論多採周易本義、易學啓蒙、皇極經世〔三〇〕，意欲挽朱邵以救陸王。創公因反因，破天荒而應午會〔三一〕，發千古所未發〔三二〕。會通朱陸，引進西學。

外祖吳應賓（一五六四—一六三四），字尚之，號觀我，別號三一，私謚宗一。萬曆十四年（一五八六）進士，翰林院庶吉士授編修。以目疾歸。師事憨山與林兆恩〔三三〕。通儒釋，貫天人，宗一圓三〔三四〕。以無我爲至善〔三五〕，以良知爲醍醐，不廢學問，不廢物理〔三六〕。嘗爲博山撰塔銘，其女吳令儀亦皈依博山。

王宣（一五六五—一六四八），字化卿，號虛舟，金溪人。生於桐城。師事方學漸〔三七〕，精物理及河洛〔三八〕。著龍馬言、物理所、龍舒詩集、等韻切法通、張長沙傷寒論注、金剛兒訓、風姬易溯行世。晚年著天人慧鑰、易象玄同未及刊行，主張『用實者虛，用虛者實，虛實本一，當合漢宋及今，參集大成』〔三九〕。肯定紫陽好學與白沙主静。

白瑜（一五八七—一六四六），字瑕仲，號安石。桐城人。崇禎中以歲貢生舉賢才不赴。後授雲南府推官，補登州，尋告歸。學者稱靖識先生。所讀必周秦，所賦必漢魏。認爲明末字畫亡於董雲間，詩古文亡於鍾竟陵、王山陰，理學亡於顔山農、何心隱，禪學亡於天童。『畫鬼魅易，畫犬馬難，掠虛易，核實難，無怪其然』〔四〇〕，主張『察其兩端，由中道行； 中備四時，隨其環應』； 朱子半日靜坐、半日讀書，有錯行之用〔四一〕。

方以智深受家世與家學影響，而方氏家世與家學也因方以智而更發揚光大，因此研究方以智必須研究其家世與家學。

三、方以智的生平

方以智（一六一一——一六七一），字密之，號曼公。出家梧州雲蓋寺名行遠，南京天界寺名弘智。明萬曆三十九年十月二十六日生，清康熙十年十月初七日子時卒，年六十一。

方以智誕生時方學漸爲他看相，取乳名『東林』〔四二〕。方大鎮引易傳『蓍圓而神，卦方以智，藏密同患，變易不易』，取名方以智，字密之。方孔炤占卦得剥上九。別號甚多。彭士望説：『墨歷老人者，於高座爲無可，浮廬爲藥地，廩山壽昌爲木立，青原爲愚者，桐城爲方密之先生，乙酉、丙戌間爲吳石公，最後西昌爲墨歷。』〔四三〕徐芳説：居浮山自稱浮山愚者，在天界爲無可師，入匡廬爲五老，至壽昌爲藥地，或爲墨歷，有訛呼木立者，即更爲木立云； 并云『皆非師本名也，强爲之名宜曰愚者』〔四四〕。除了彭士望與徐芳所説以外，其別號還有鹿起山人、浮廬、極丸學人、易貢游子、浮愚者、青原曼老人、苾駄散漢愚者智、閑翁、墨歷山樵、墨歷山老人、咴咴子、笑翁等等。方以智屢變姓名別號，除文人舊習外，主要與流寓、流離、避難、逃禪、反清有關〔四五〕，於此亦可見其一生變動之巨大。

方以智一生可有多種分期〔四六〕。本文分爲三階段九時期：第一階段（一六一一—一六四四）可分在鄉時期（一六一一—一六三〇）、出游流寓金陵時期（一六三〇—一六三九）、仕宦北京時期（一六四〇—一六四四）。第二階段（一六四五—一六五五）可分流離嶺南時期（一六四五—一六五〇）、逃禪冰舍及雲游廬山時期（一六五〇—一六五二）、閉關高座時期（一六五三—一六五五）。第三階段（一六五五—一六七一）可分廬墓合山時期（一六五五—一六五七）、禪游新城時期（一六五七—一六六四）、住持青原時期（一六六四—一六七一）。

（一）第一階段（一六一一—一六四四）

其一，在鄉時期（一六一一—一六三〇）。

在鄉時期是方氏家學成熟時期，也是方以智人格、學術的孕育時期。他三歲知平仄，六歲知文史，七歲入私塾，九歲賦詩屬文，十歲好擊劍，十二歲誦六經，十三歲十三經略能背諷，班史之書略能粗舉。十四歲回桐應童子試〔四七〕，補弟子員。十五歲通劍術〔四八〕，從白瑜學經史，從阮自華學離騷，讀罷十三經、廿一史。十七八歲從王宣學物理與河洛〔四九〕，學觀玄儀。下帷山中，通陰陽象數天官望氣之學，窮律吕之源，講兵法之要，意欲爲古之學者，遇時以沛天下。又善臨池，取二王之法。好圍棋舞劍，少知彈琴，吳歌雜技之末，有所見輒欲爲之〔五〇〕。

八歲隨母至四川嘉定州，九歲隨父經棧道，見峨眉，下三峽。至福建福寧州任所，接觸熊明遇格致學與西學。十三歲隨父過武夷、太姥，北入京師，馳驅齊魯之郊〔五一〕。天啓二年（一六二二），母吳令儀（一五九三—一六二二）卒〔五二〕。天啓七年（一六二七），妻潘翟（一六一三—一六九四）字副華來歸。

在鄉時期常隨父宦游，留意名山大川。母親早逝，幸得仲姑撫育。方大鎮延聘經師人師，重視私塾。王宣及白瑜更爲其奠定易學、物理及經史詩文基礎。與同學方文、周岐、孫臨、吳道凝、錢秉鐙讀書澤園，成立澤社。在父祖師友教導切嗟下奠定學術，學得各種才藝。重視章句小學，據史記、漢書完成史漢釋詁，有史漢釋詁序。

處澤園，好悲歌，自視爲狂生，亦被視爲狂生。十九歲（崇禎二年，一六二九）自述云：『農父長余，克咸少余，皆同少年，所志同，言之又同，往往酒酣夜入深山，或歌市中，旁若無人，人人以我等狂生，我等亦相謂天下狂生也。余有叔爾止，舅氏子遠，雖非同輩，而年相若。且引繩排根，不知何故風若。惟老父嘗戒之，然感於中，形於聲，不能禁也。』〔五三〕

博學多材藝，多養成於在鄉時期或流寓時期。方中通陪詩卷四哀述：『百家技藝，若書法若畫，若弈若圖章，弗克枚舉，無不窮變造極，非五地再生而能若是乎？』黃雲師曰：『公書法繪事亦集諸家之成，海内得其片縑尺紙，無不藏弆以爲拱璧。蓋公無事不知，無不詣極，即弈棋亦居縉紳中第一。觀人弈，能覆局不差一道。彈琴擊劍，撾鼓度曲，種種擅場，公真神人哉！』〔五四〕周亮工讀畫録云：『（密之）自詩文詞曲，聲歌書畫，雙鉤填白，五木六博，以及吹簫撾鼓、俳優評話之技，無不極其精妙。』錢秉鐙曰：『吾鄉士大夫能詩、擅書法而兼以畫名者，自愚道人始。』〔五五〕姚文燮曰：『吾鄉方密之先生，天資絶世，讀書十行俱下，又好學覃思，自童迄白首，手不釋卷，每有所得，輒登諸油素。』〔五六〕朱彝尊曰：『先生紛綸五經，融會百氏。插三萬軸於架上，羅四七宿於胸中。早推許郭之人倫，晚結宗雷之净社。樂府古詩，磊落嵚崎，五律亦無浮響，卓然名家。』〔五七〕黄宗羲思舊録方以智曰：『明敏多藝……己卯余病瘧……密之爲我切脉，其尺脉去關下一尺取之，亦好奇之過也。壬午在京師言河洛之數，另出新意。』王夫之曰：『姿抱暢達，蚤以文章譽望動天下……詩仿錢劉，平遠有局度。書法遒整，畫尤工，弈棋亦入能品。尤嗜音律，善登眺。』〔五八〕

方以智如此多材多藝，是一種對材藝的好奇，而這種好奇與對小學及物理的好奇是一致的〔五九〕，也與坐集千古大智的主張有關。我們應把這些材藝當作思想學術的一部分加以理解。

其二，出游流寓金陵時期（一六三〇——一六三九）。

明崇禎三年（一六三〇），慕司馬遷出游〔六〇〕，乃載籍游江、淮、吴、越〔六一〕。夏秋之際至常熟訪瞿式耜，瞿式耜誠云：『女毋好游。游吾數郡，皆好名鮮實學。游見世所謂名士如是而已。學必自損。』〔六二〕果然所交只知己數人，遂欲以五年畢詞賦之壇坫，以十年建事功於朝，以十五年窮經論史，考古究今，年五十則專心學易，以終天年。

崇禎五年八月，游西湖，遇陳子龍（一六〇八—一六四七），論詩而合。崇禎九年，在南京結識畢方濟，讀天學初函，問曆算奇器，不肯詳言，問事天則喜。

接觸復社、幾社而知辨氣類、反閹黨。崇禎五年冬，回桐即勸錢秉鐙離開阮大鋮中江社。崇禎十一年七月復社之留都防亂公揭，阮大鋮疑方以智爲主謀。崇禎十三年正月，令三左（國棟、國林、國材）刻桐山匯業對抗阮大鋮，桐城社事自此始判〔六三〕。

崇禎七年八月，桐城民亂，九月舉家遷徙金陵城西茅元儀故宅，自顔所居曰『膝寓』，隨筆稱膝寓信筆。雖潦倒詩酒，不廢讀書。黄雲師云：『公於書無不讀，天人禮樂曆律以及聲音文字，莫不淹洽精貫，窮極其故，總萃會通而後已。蓋自少至老未嘗一日不讀書。及宴飲歌舞，而公於尊俎間展卷自若，或出謁賓朋，輿内攜書，憑軾誦之，聲出市中。抵人家，主人未及迎，則持書坐廳事，爲盡數卷，其勤如此。』〔六四〕

崇禎七年方孔炤平桐城民亂，十一年八月以右僉都御史巡撫湖廣。以智隨父至武昌，九月因病返南京。十二年正月清陷濟南，張秉文、方孟式殉國。方孔炤剿賊屢勝，因部將冒險深入而敗，楊嗣昌以主撫與孔炤主剿異，遂忌而劾下獄。以智崇禎十二年八月中舉，座師余颺。

滕寓信筆自記：流寓金陵，以詞客狂生聞名海内。天性不愛利禄，時以曠達玩世，不修邊幅，窮理者嫌其異於宋儒〔六五〕。尚晉人之風而與方文學宋人之矩異；逸懷超覽，而與張自烈和静沉毅亦異〔六六〕。崇慕古人内行甚修，而不欲色莊拘謹，雖曠達逸懷而絶不使酒偶坐、姚佚非禮、闔説害人。張自烈則勤諸儒之説，與人期不失信，宴會見曲中校書則先去。文震孟訓以『篤實輝光』，退而枯坐，别生一病，不如讀書〔六七〕。曠達與曲謹可以並行，主張『曠達行吾曲謹』。見守禮者護堤防，經濟者取權略，才士標新，達人遺放，謹飭者從狷入，高曠者從狂入，主張『行觀其大，才各取長』，『以虚受人』〔六八〕，不必求全責備。因復社以文字客氣釀禍，主張『中和而以虚受人』『藏恕喻人』。

流寓時期，揮毫刻燭有如宿構，嘗賦帝京篇七言百韻，一夕而就。不屑制藝，專治經史，慨然曰『天生人，期善世知命而已』，最樂者學也。手不釋書，至不知饑渴寒暑〔六九〕。早年重要著作多完成於此時期。崇禎三年注爾雅成三卷。四年出版王宣物理所，始撰物理小識。五年有澤園永社十體詩，又輯崇禎五年以前詩爲博依集。崇禎十一年刻龍眠淺説及旋韻圖。十二年編古今詩風，撰醫學序。詩文有流寓草及稽古堂文集。通雅、物理小識大部分亦完成於此時期。

其三，仕宦北京時期（一六四〇——一六四四）。

仕宦北京時期第一件大事是救父。崇禎十三年正月十三日方孔炤下詔獄。三月以中試舉人奏請代父罪疏，奉旨『殿試在即，方以智不得以私情陳請』。三月二十日中第二甲第五十四名進士，懷血書於朝門外候百官求爲上達。崇禎帝嘆『求忠臣必於孝子之門』〔七〇〕，遂於十四年七月釋放孔炤，八月戍紹興。

黄道周與方孔炤同在西庫，方以智藉探獄請教象正、洞璣之旨，以及尚書不合易策之故，并以王宣河洛圖書質難，『先生蹵然揮之，別書寒松問少年幅，當時諤諤，浮氣乍斂』。黄道周忽移北司，所衍二十四圖亂播在地，方孔炤收之。〔七一〕

第二件大事是救國。崇禎十四年夏任工部觀政，十五年春授翰林院檢討，八月任定王制講〔七二〕，十六年八月任永王講官。憤時弊日劇，撰新議三十篇，未及上而賊已入潼關。十七年一月上請纓疏，請改以兵曹參謀出聯鎮協，君親並報，不許。得范景文薦，於二月三日召對德政殿，詳陳四策：一督撫之權當重，二衛軍興屯，三招商海運，四用人練才。帝曰：『所言多有可採，即補本來。』又上通州魏相公疏請改兵部，招諸塢主以成義旅，不許。三月十二日再請赴淮上募兵勇以衛京師，不許。與朝臣議擁王子南下監國，亦不許。三月十七日夜，召對劉鞏，得益四爻，有遷都之占〔七三〕。

第三件大事是逃難。崇禎十七年三月十九日北京陷，帝自盡。二十三日哭帝於東華門，投井未成〔七四〕。二十四日被執，二十五日點名驗身，二十六日押入獄中，備受拷掠。四月十二日夜乘間棄妻子，作賣菜傭，出崇文門，取道通州，沿途祈神問路，行丐南奔。二十三日由濟南往清江浦，南下繞道泰州，往丹陽孟河，二十九日抵王家營，五月九日至南京，十日與父相見，拜明孝陵。

弘光朝馬阮當權，御史王孫蕃論方以智有虧臣節，入『從逆六等』之第五等，列名追捕〔七五〕。北京因父難成孝子之名〔七六〕，國亡成忠臣之名，南都馬阮亂政卻反成降賊之名，節婦詈爲淫婦矣〔七七〕。

方以智於六月奉父命出相隱地，往天台、雁蕩、太姥、程鄉，冬抵南海〔七八〕。變姓名爲吴石公、吴秀才，賣藥市中。作錦纏玉傳奇，教伶人排唱〔七九〕。同年進士南海令姚奇胤勸强起，以智不答，留客署中，令子姚端問經史〔八〇〕，是爲流離嶺南之始。

仕宦北京時期有痒訊、曼寓草。崇禎十四年取稽古堂雜録合編爲通雅〔八一〕，撰通雅序。又撰此藏軒音義雜説引〔八二〕、物理小識總論、讀書類略。十五年撰通雅又序，十六年撰物理小識自序、通雅凡例、周易時論後跋、史斷及史論，又爲鄭郊史統撰序。

三十歲庚辰年由繁華轉成患難，方氏家族亦由盛轉衰。周亮工説：『三十歲前極備繁華，甲乙後薙髮受具，躭嗜枯寂，麤衣糲食，有貧士所不能堪者。』〔八三〕

（二）第二階段（一六四五—一六五五）

其四，流離嶺南時期（一六四五—一六五〇）。

因逃難而流離嶺南，乙酉七月隆武改元，昭雪復職[八四]。何吾騶欲拉入福州，方以智婉拒，仍客姚署輯史紬、纂舊作，間採藥五嶺。丙戌（一六四六）元日得余颺書（隆武授余颺都御史）。四月黄道周（一五八五—一六四六）死難。八月廿八日汀州破，隆武帝死難。十月初四日贛州破，姚奇胤死難。九月九日妻與中履抵肇慶，遂卜居德慶州錦石山。

丙戌十月十日，桂王監國肇慶，以擁立功加詹事府少詹事、翰林院侍讀學士。十二月初二，司禮太監王坤薦大臣數十人，給事中劉鼒抗言，坤疑鼒疏出以智，爲寢經筵，遂挂冠去。十二月初三隱於蒼梧，十五日清兵入廣州，帝奔於肇慶、蒼梧間。

永曆元年丁亥（一六四七）元旦，隨駕至桂林，喜桂林陽朔山水。二月初五日拜東閣大學士，病臥桂林，辭不至。二月十五日隨駕至廣西靈川縣，不堪奔波，入湖南新寧縣夫夷山，理疴蓮潭庵，有答吳年伯書、夫夷山寄諸朝貴書、夫夷山再辭書。清明後十日，於夫夷山上芻蕘妄言，請劉客生送行在，提五策：制之當更、土寨當倡、議餉當求其源、説士當求、間使當廣。四月十五日，劉承胤自全陽劫駕至武岡，遂棄家不顧，避兵孤行。六月至沅州，七月入芷江，爲楊鳳鳴撰縵軒詩序，八月至芷江西之天雷山，作自序篇、俟命論。姚端入苗慰問。聞陳子龍自沈於江，有哭陳臥子〔八五〕。八月二十六日武岡破。十一月六日沅州城破。拒僞沅州道追索，遂流離靖州天柱山、清水、郎江、黎平、赤溪土司，除夕至被左，由被左經杜木到洪江。或傳至洪江赴水死，留詩二章付其僕〔八六〕：『日夕刀頭思，文章豈再持。死生一片血，天地百年悲。遺稿無多句，將書寄二師。孤心從此别，莫問今何時。』『原矢魂相見，而今面亦離。縱來仍未話，隔去不須悲。惡趣憑人積，孤懷只自隨。黄泉疑忌少，容我訴相知。』

由洪江至洞口，館蕭有斐家〔八七〕。洞口回龍洲南側有觀音閣，明萬曆二十四年蕭家所建。方以智此時似已披緇觀音閣。武岡遺民僧恆明（俗名潘友明）曾至洞口訪方以智，有送隱者詩，小序云：『己丑季冬，天許陽和，余過訪洞口，隱客藥地已悄然披緇月餘。』〔八八〕又有石洞館詩云『味道鼎湯炮莊子』〔八九〕，似方以智已在炮莊。石洞館即『讀書巖』，係方以智讀書處，邵陽劉紀廉讀書巖記記之甚詳。

永曆二年戊子（一六四八），妻、子自城步抵洞口。方以智自號笑翁，在雙璧崖題『名山許笑翁』。七月十五日洞口觀中元競渡，作屈子論。中秋與姚以式、蕭有斐組葦緣秋社。八月，於洞口撰四辭請罪疏。九月葦緣之舟從羅江至新寧，爲石幕蓮潭之游，九月九日登蓮磯佛閣。十月在靈川縣靈田鄉迪塘村。

戊子冬至桂林依吴德操。十月二十五日應瞿式耜之約，至伏波山游靖江王府。自此唱和稱虞山後集。唱和外亦磨崖勒石。庚寅仲冬有張同敞小東皋步留守師韻磨崖勒石，末題『庚寅冬仲桐城方以智勒石』。虞山南熏亭石壁摩崖有王夫之虞山題詩，末題『庚寅衡陽而農王夫之書，桐城密之方以智上石』。

戊子十二月至庚寅，全家居平樂府昭平縣之平西村，雖有瞿式耜接濟，生活仍極不堪：『在平西山一年餘矣，僦居敝廬，上漏下濕，鷄豕雜處，稿等山農，舊疾時發，舉室顛連，當道有司，從不聞問。此屢次天使所目擊者。』〔九〇〕

流離中不忘讀書，其與留守相公借書云：『伏處平西山又一年矣……惟望架上之書，分其十之三四予之。』〔九一〕流離期間詩有流離草，文有嶺外稿三卷、傜峒廢稿一卷。

流離中痛自反省。寄李舒章書云『少弄文翰，操筆是非』『指斥臧否，肆志軒翥』『不知忌諱，痛言時弊』。丁亥春夫夷山寄諸朝貴書自言三不能、三可笑、三不便，云『賤性狂直，見人之不善則若不能容』『本文弱書生，而氣奮則欲横尸戰場』『賤性外和内方』〔九二〕。

流離中始終反清。瞿式耜與方孔炤爲同年進士，方以智二十歲曾訪瞿式耜，此時流離嶺南，共擁永曆，授官拜相，受瞿式耜諸多照顧。雖十辭宰相，無一日入班行，卻始終與瞿式耜抗清。瞿式耜被殺後不但爲瞿式耜撰傳，而且與錢謙益、覺浪繼續瞿式耜反清大業。

其五，逃禪冰舍及雲游廬山時期（一六五〇——一六五二）。

永曆四年庚寅(一六五〇)四十歲生辰後,入昭平縣仙回山,欲移家傍嚴煒而身赴史局,爲同隱者所露,於閏十一月爲堡兵自南洞縶至平樂法場,逼以袍帽。辛卯二月,馬蛟麟於梧州逼仕,以智寧死不屈,因請出家,許之,乃供養於雲蓋寺冰舍,作粥飯主,習梵唄。法名行遠,號無可。錢秉鐙行路難有云:『五更起坐自温經,還似書聲静夜聽。梵唄自矜能仿佛,老僧本色是優伶。(愚道人既爲僧,習梵唄,予笑其是劇場中老僧腔也。)』

辛卯秋,在冰舍作血道場,和桂林遺筆以悼瞿式耜與張同敞,在虞山南熏亭石壁題字摩崖看月及聞雁二首,題『辛卯秋桐城方以智書』〔九三〕。又爲瞿式耜題『山高水深』於桂林七星壽佛洞外〔九四〕。辛卯作和陶詩、梧州自祭文,壬辰完成等切聲原,撰等切聲原序、神鬼變化總論。逃禪習梵唄仍不忘表揚烈士、懷念故國,更不忘音韻及物理研究。

永曆六年壬辰(一六五二)七月,因孔有德、施閏章、彭孔皙、何履仕之助,得離開梧州至廬山。途經肇慶鼎湖山蓮花庵見栖壑和尚(一五八六—一六五八),北入曲江南華寺參拜六祖塔,與陸圻南華寺夜坐。度梅嶺後沿贛江至鄱陽湖青山泊舟,至歸宗寺,與施閏章住右軍閣,次日同游廬山,旬日而别。在廬山完成瞿稼軒相公傳〔九五〕及借廬語,由趙秋屋攜之東歸。冬在五老峯又作東西均記、匡廬名字疑,向子期與郭子玄書、惠子與莊子書。

其六,閉關高座時期(一六五三—一六五五)。

永曆七年癸巳（清順治十年，一六五三）元旦回桐省親〔九六〕，操撫迎入城，贈以袍帽。遂至金陵師事覺浪道盛，圓具閉關高座寺看竹軒。總督馬國柱欲特薦，又屬吳偉業、劉阮仙勸降。覺浪云：『拉得去是你手段，站得穩是他脚跟。』方以智以極貧、多病、大苦、死爲四大恩人，以爲鍛煉身心大爐鞴〔九七〕，過着陳維崧描述的粗糲生活。

永曆七年（一六五三）元日，錢謙益作題無可道人借廬語。正月七日，方授（一六二七—一六五三）病歿寧波，方以智與錢謙益、覺浪道盛共續瞿式耜、方授反清大業。

永曆八年甲午（順治十一年，一六五四）秋，冒襄來訪。八月，方中通省侍竹關後往武昌，經方孔炤官署故址，訪遺老周掞、梅之熉。離楚即回竹關，報告楚地反清形勢。九月，錢秉鐙在長干寺遇舊中官述崇禎釋孔炤往事，隨即往訪竹關，以智聞之，伏地哭失聲，北向九叩謝恩。

永曆九年乙未（順治十二年，一六五五）春，方中通再至漢口了解兵力及地理形勢後，直趨竹關，有詩云：『楚國逢遺逸，人人感至今。雲沾王父澤，聊慰老親心。』方以智有送些庵并致洞庭〔九八〕。春得余颺書。夏，戴遂孝來訪，冒襄托詩寄竹關，共堅遺民志。九月，方文同左國棅、錢秉鐙、孫大年訪汪宗周山居，尋友南京，并探視海上消息。

竹關不忘學術。永曆七年癸巳（一六五三），撰象環寤記，又因覺浪莊子提正開始撰藥地炮莊〔九九〕。方中通在南京與薛鳳祚同受穆尼閣曆算。

永曆八年甲午（一六五四），方中德省侍竹關，方以智以家學訓示：『祖父以朱邵爲飲食，最要者一毋自欺；燒不欺之火，以學問爲茶飯，即可悟全身是易。伊、周、夷、惠、三仁、泰伯，其迹不同，其道則一。邵子藏一，深於表法；陸子推倒智勇，直於開拓心胸；朱子知損益之同時，而爲後世折薪鼓業。天地之實法即藏無實法之鍛煉，無實法之鍛煉總爲受用生成之實法。』

五燈嚴統之爭起，弘庸奉覺浪道盛命以兩宗修和之事相告，以智謂『省一事勝多一事』。冬，方孔炤寄周易時論稿及周易時論合編凡例至竹關，而炮莊已炮完齊物論。

覺浪與浮山華嚴寺有淵源，與吳應賓同爲博山法脉，又是反清禪師，南京是反清重鎮，方以智閉關高座，除了禪修、著述，主要是反清。

其七，廬墓合山時期（一六五五—一六五七）。

（三）第三階段（一六五五—一六七一）

永曆九年乙未（順治十二年，一六五五）九月二十一日，方孔炤卒。破關奔喪，撰靈前告哀文。臘前葬父於樅陽縣東鄉合明山（又稱合山），廬墓欒廬，稱欒廬大師。命三子編周易時論合編。除夕，戴迻孝在欒廬度歲。十年丙申（順治十三年，一六五六）春，錢秉鐙來訪，談易並及時事〔一〇〇〕。得余颺長書〔一〇一〕。

永曆十一年丁酉（順治十四年，一六五七），春日有題畫贈辟疆。八月九日命方中德、方中通至秦淮探冒襄病，并以所作水繪庵中碧落廬詩畫送冒襄。

秋，鄭成功舉兵入長江，冒襄在南京大會遺民子弟以應鄭氏海上軍事。與會者甚衆，方中通記憶所及有五十八人，方氏四兄弟及孫臨長子中礎皆與會。

會後，方中通與遺民子弟再集南京長干寺。十一月，方以智、錢秉鐙與錢謙益亦會於南京。錢謙益有學集卷八有和普照寺純水僧房壁間詩韻邀無可幼光二道人同作。陳寅恪柳如是別傳云：『方錢二人者，明室遺臣托迹方外者，此時俱在金陵，頗疑與鄭延平率舟師攻南都之計劃不能無關。牧齋共此二人作政治活動，自是意中事也。』

廬墓期間除從事政治活動以外，編成方孔炤周易時論十五卷及周易圖象幾表八卷，合爲周易時論合編二十三卷。十四年撰周易時論合編後跋、讀書通引、以時論付啓大竹西、易餘引、慕述。十二月左銳録黄林合録。

其八，禪游新城時期（一六五八——一六六四）。

永曆十二年戊戌（順治十五年，一六五八）春，在廬山五老峯[一〇二]。覺浪來書云：『聞子已出龍眠，隱於匡廬，當以破籃一莖，慎自變化之。』覺浪指示恐包括宗教與政治。冬遂訪南城同年進士徐芳，不遇，往新城壽昌寺。永曆十三年己亥（順治十六年，一六五九）六月，至新城廩山寺掃塔。永曆十四年庚子（順治十七年，一六六〇），徐芳、楊日升、涂景祚、涂斯皇在新城建『廩山塔院』及『廪山精舍』成，請方以智住持。五十生辰，中德、中通、中履、中發在壽昌寺省親祝壽。

永曆十六年壬寅（清康熙元年，一六六二）春，應邀住持新城南谷寺。四月十五日吴三桂弑帝於昆明，永曆亡。五月初八日，鄭成功病故。

康熙二年癸卯（一六六三）九月，應邀主泰和法華庵，改名汮林。康熙三年甲辰（一六六四）九月，余颺應施閏章之邀，講學廬陵白鷺書院。十一月冬至日，住持廬陵浄居寺。

廬墓結束後仍積極反清。南城是明益藩羅川王、永寧王反清根據地，徐芳、陳孝逸皆反清遺民。方以智戊戌冬訪南城，或與反清有關〔一〇三〕。永曆十三年己亥（順治十六年，一六五九）春天，遣方中通至北京，先至山東謁任貞野，後至北京慰問周元亮，與湯若望論曆法，與陳階六飲，探望岳母强氏。方以智則於夏天由壽昌寺出訪寧都『易堂九子』。先在新城訪涂斯皇，再至南豐訪謝文洊，在秋水齋晤曾燦，至廣昌見揭暄。閏五月至寧都，與易堂諸子講河圖、洛書、三間説及各安生理説，與寧王朱權之八世孫朱議霶（一六一八—一六七八）道别。在易堂兩個月，嘆『易堂真氣，天下罕二』〔一〇四〕。方以智與方中通一南一北同時出訪，應與反清有關，而非毫無關聯的個别行動。

永曆十四年庚子（順治十七年，一六六〇）正月三日，遺民聚會白門。沈光裕移尊顧夢游宅，招方文、錢秉鐙、陳允衡、曾燦、梅磊、楊彭齡諸遺民小集；以通海羅織酷密，諸子分韻言别；錢秉鐙本擬往訪方以智，因之不果行[一〇五]。暮春，方中德往祝冒襄先生、蘇夫人五十雙壽[一〇六]，又往福建請余颺爲周易時論撰序。五月五日，淮徐兵使者李世洽亦撰周易時論序。余颺爲反清遺民，方中德福建之行當非專爲求序。李世洽與方文、方竹西交善，與方家關繫亦恐非僅止於撰序。

永曆十五年辛丑（順治十八年，一六六一）夏，自新城廩山寺往游南城麻姑，與魏禧共宿資聖寺。魏禧有同林確齋與桐城三方書[一〇七]，勸方以智三子：『鬻賣田宅、省徭役，使親戚朋友不相望，然後輕去其鄉，擇隱樸之地而托處焉。』方以智自壽昌寺寄信余颺祝壽：『壽昌辛丑，敬作一文二詩，遣僧致無量之祝，已又托揭暄致高雲客，且聞此僧病羈東苑，不知曾達老師前否？』

方以智住持新城，仍與南城、寧都、北京、南京、莆田反清遺民密切往來，諸子亦參與其事。

方以智新城廩山復興東苑道場，錢秉鐙寄藥地無可師五十言其生活貧苦云：『廩山在何所，草屋八九間。江右土氣薄，況經兵烽殘。緼袍豈不冷，粗糲寧可餐？又聞終歲病，鬚鬢不復斑。豈徒無與侶，枯澹恐無歡。』唯逃禪中仍能讀書：『聞翁在藥地，終日只讀書。此事佛所禁，翁意那得舒。佛法制凡夫，豈爲我設與？……遠公亦有塔，浮山自有廬。翁倘能歸來，我其從翁居。翁醒我獨醉，兩者樂焉如。』[一〇八]

其九，住持青原時期（一六六四——一六七一）。

康熙三年（一六六四）十一月冬至日，住持廬陵浄居寺，枯荆再發。康熙五年（一六六六）五月五日游武功山，夏，方中德、楊森至南京聞新頒科場條令酷嚴。康熙六年（一六六七）有福建之行。康熙七年（一六六八）春末夏初已決意退院歸浮山〔一〇九〕，十月二十八日劉平田任浄居寺執事監院。康熙八年（一六六九）冬，李皋欲邀游廬山〔一一〇〕。康熙九年（一六七〇），門人至黄山訪釋正志，出語録及鼎薪，正志爲青原愚者智禪師語録撰序；六十壽辰，諸方慶賀。十一月初一日正式辭去浄居寺，退居泰和首山大悲閣。中千爲建『濯樓』。康熙十年辛亥正月，虎入浄居寺。預定三月二十五日遷居濯樓，三月二十三日粤難作〔一一一〕，方以智自詣廬陵，被押至南昌，黎元寬、夏以峯作保無效，由南昌轉押入粤，舟至廬陵病發，分巡南贛道周體觀説情，得駐足養病。十月初七日『子時』（黄雲師青原無可大師碑）舟次萬安，自沈惶恐灘〔一一二〕。

方以智住持浄居寺前後八年，除了弘法以外，更有足够條件整理出版著作〔一一三〕。康熙三年于藻刊刻物理小識，方中通編浮山前後集。蕭伯升刊刻藥地炮莊并撰序。康熙五年，揭暄攜通雅至福建建寧，推官姚文燮撰通雅序、通雅發凡，竭力付梓。康熙六年，福建之行目的之一是出版著作。康熙八年完成青原志略，又令山足斧編浮山志。尤要者是口述江右王學及方氏家學，分別成傳心堂約述與仁樹樓別録。

康熙六年（一六六七）福建之行可視爲方以智的反清之旅，主要目的是『南國覓知音』〔一一四〕。

閏四月自青原出發，遷路新城，與魏禧晤於天峯寺，『痛談一日，夜不得止』。至福州長慶寺在住持定者今禪（一六二七—一六六八）處見函可（一六一一—一六六〇）千山集勝公畫册。滯留一暑養病後，與涌泉寺住持爲霖道霈（一六一五—一七〇二）游鼓山屴崱峯。余佺奉父命來迎，八月一日與僧非渠抵莆田拜訪余颺，在黄石通天寺上堂，又應林嵋軒昆仲之請於東山石宸垂示。由鄭郊、鄭郲兄弟陪同游九鯉湖，同至石所山麥斜巖訪隱者劉堯章，有寄劉居士詩〔一一五〕，劉堯章有復無可上人〔一一六〕。八月十六日離開莆田，至建安永安禪寺會錢秉鐙。十月，武夷山掃石屏東苑，建寧會書商後返青原。

特别值得一提的南國知音是鄭郊與鄭郲兄弟。方以智崇禎十六年爲鄭郊史統撰序，住持青原仍有往來。其弟鄭郲（一六一五—一六九九以後），崇禎末歲貢生，師事黄道周。隆武二年（一六四六）與方以智好友陸圻在莆田合建紅花亭。紅花亭前亭的前梁下方有『陸圻鄭郲同建』，後梁下方墨書『隆武二年歲次丙戌蒲月吉旦』〔一一七〕。皆山集有感事寄方密之金衛公〔一一八〕，當作於己丑，時方以智在平西。送非渠之青原兼訊無可，似非渠亦扮鄭郲與方以智溝通角色。聞青原可公訃音云〔一一九〕：『最憐垂死日，猶復混拘囚』，『如公懷節慨，後史敢譏彈』，可見兩人交情。

方以智明亡後所覓知音遍及湖北、江西、北京、南京、福建、兩廣。福建之行所覓知音除反清遺民外，可能包括禪寺住持僧侶、紅花亭的秘密社會，甚至臺灣鄭氏的反清勢力〔一二〇〕。

福建之行前後，好友魏禧、徐芳、沈壽民皆力勸滅影深山。順治十八年夏，魏禧已勸方氏三子鬻賣田宅〔一二一〕。康熙五年（一六六六），徐芳力勸「宜深山不宜高座」，又説「此可意喻，不可以言傳」〔一二二〕。康熙六年（一六六七），魏禧見「邇者道譽日盛，内懷憂讒畏譏之心，外遭士大夫羣衲之推奉，於是接納不得不寬，形迹所居，志氣漸移」，勸方以智「挂鞋曳杖，滅影深山」〔一二三〕。康熙九年（一六七〇）二月，沈壽民勸方以智不要開堂説法〔一二四〕。

康熙七年戊申（一六六八），桐城官員地方士紳力邀主浮山華嚴寺；冬，方中德兄弟在浮山西麓此藏軒舊址動工興建報親庵，擬迎父歸養，康熙八年（一六六九）春落成。方以智本來預定康熙九年（一六七〇）秋回浮山〔一二五〕，是年春方中德兄弟也發表桂林公約曰〔一二六〕：「老親歷年瓢笠，隨緣自了，故鄉片地久已不置意中。」方以智卻突然回信吳道新婉拒回桐，理由是：「忽聞舊住者有言，則殘櫟萬無涉末流、爭道場之影。是復就陶庵，它日過匡廬，了凌霄之約，則來鄉上壟，就此藏已矣。」〔一二七〕誰知就這樣永遠地與故鄉作別了！

四、方以智的思想

（一）治學方法：學、立、抄、刪、集、疑、開

方以智繼承方氏「藏虛於實」與「藏陸於朱」主張，因此治學方法兼虛實與朱陸特色。理解方

以智治學方法有助於理解方以智學術思想與明末清初的學風轉變。

第一，學——『藏悟於學』。

明末有重悟輕學之弊，故方以智主『藏悟於學』。論語云：『學而不思則罔，思而不學則殆。』〔一二八〕又云：『吾嘗終日不食，終夜不寢，以思無益，不如學也。』〔一二九〕可見，學思不可偏廢而入手在學。方以智説『悟』字不見六經，學則覺悟交通、誦習躬效而兼言之，故學可兼悟〔一三〇〕。學而後悟，悟而後仍只是學，悟後以學問爲保任，以學問爲茶飯〔一三一〕。

方以智也主張藏尊德性於道問學，藏本體於工夫，藏性道於學問：『盡古今是本體，則盡古今是工夫』，『天在地中，性在學問中。寡天無地，乃死天也。學道人守住浄妙境界，即是惡知惡見。』

第二，立——藏不立文字於立文字。

重悟輕學者往往不明白禪宗所以不立文字之故，而以皋、夔、稷、契所讀何書作爲懶讀書的借口，實則上古聖人皆讀天地之秘本，以天地爲師。伏羲一方面『讀玄黄五彩之編，萬物短長之籍』，一方面『曠覽兩儀未兆之先，得混沌氏之寶藏』，既是立文字始祖，又是不立文字始祖〔一三二〕。因此真不立文字者乃真讀書，真讀書者乃真能不立文字〔一三三〕。蒼史立文字，壁土不立文字，兩者並行不悖，可以互補互救。故伏羲説：『吾出二環，以不立文字之環予蒼史，以讀書之環予壁土，

兩人相推而合形影行。』〔一三四〕

第三，抄——『藏智於物』。

藏悟於學、藏壁士於蒼史，藏不立文字於立文字，因此重視讀書，重視抄書。方以智稱抄書爲『藏智於物』。蓋性命之學靠自悟，常理之學可以守經，經史考證之學卻必須博學積久，待徵乃決，『事至難而易漏』，若待全而後録，則前者復忘。稽古堂有所得、有所疑則抄録之，物之難記而待考者抄録之，相知之言善者抄録之。此即『藏智於物』〔一三五〕。通雅、物理小識、藥地炮莊多用此法，浮山日裀也應是抄録而成。

第四，删——『述妙於删』。

除了『抄』以外，還有兩種方法：一是『集』，一是『删』。方以智曾説：『大成貴集，述妙於删，千古之智，惟善讀書者享之。』〔一三六〕『述妙於删』即是删書。歷代載籍極博，統類而删之纔可化繁爲簡。就分門專科而言，有道德、經濟、文章、小學、方伎，約而言之爲『天道人事』，精而言之止是『性理物理』，而窮至於命，即器是道，乃『一大物理』。統類而删，則一覽書目而主統僕。故方以智早年發願，若得世資，當建草堂養天下賢才，删古今之書而統類之〔一三七〕。

不只有删書構想，而且有『藏書删書類略』〔一三八〕。分經史子集餘五部四十九類。經部十類：易（附性理、象數、曆律、圖考）、四書（附孔子集語、名物考、正注、餘注、道統録、聖學宗傳）、孝經

（附五倫全書）、書、詩、三禮（附禮制）、樂記（附樂律器考）、春秋三傳、爾雅（附正韻、音義）、諸經總解別解。若徹上徹下者刪注疏於前而旁通諸家，則一書而天人理事畢。名物音義辨訛考證歸於正韻而小學易簡。史部十四類：正史、編年、實録、備史、雜史、傳記、典故、職官、儀注、經濟諸務、譜諜、地志、雜志、小録。子部十二：歷代儒學、楊、墨、名、法、縱橫、兵、象緯算測（附太西算學奇器）、醫、農、卜筮（附三式堪輿等）、藝術小説、物理總書。集部總别七類：騷、賦、詩（附詩話、詩餘、詞）、奏議論説各體文、制舉、金石諸録、書畫法。餘部六：釋、道、神仙、西理、類書、雜書。

子部『象緯算測』附『太西算學奇器』，餘部有『西理』，可見刪書包含耶穌會士的理學與器學。

第五，集——『大成貴集』。

集即所謂『大成貴集』，又常稱爲『坐集千古之智，折中其間』。方以智從經史考證及物理研究得知，必集千古之智纔能折中其間，也得知『古今以智相積』而今必勝古：『智常見數千年不決者，輒通考而求證之。……生今之世，承諸聖之表章，經羣英之辨難，我得以坐集千古之智，折中其間，豈不幸乎？』〔一三九〕『後人有增加精明於前人者，則後出之理未可誣，以爲非先王之法言。』〔一四〇〕

方以智以孔子爲集大成之典範。孔子集羲皇、軒轅、堯舜、湯武、殷三仁、周公、伯夷、伊尹、柳下之大成〔一四一〕，是大成均。孟子鄒均，莊子蒙均，老子混成均，印度佛學是空均，禪宗是教外别傳爲别均。宋代濂、洛、關、閩爲獨均。獨均與别均專門研究性命之學，爲專門性命均。儒佛有專門研究經論傳注者，可稱爲經論均與傳注均。經論均猶如傳注均，有别於專門性命均。孔子大成均集『允執厥中』之『心均』，是『全均』，其餘專門於性命、事業、象數、考辨或文章都是小均〔一四二〕。可見所謂大成均、全均、心均，除了知識集大成的意義以外，主要是集心學的大成。

第六，疑——『天地間一疑海』。

學、立、抄、删、集以外，强調疑。學而不疑，則與書簏無異〔一四三〕。疑已見於通雅、物理小識，東西均疑何疑，更從疑物、疑辨、疑教列舉天下可疑者數十百條。疑物即懷疑物理，如磁針何以偏丙，柏樹何以指西，萬物鬼神何以變化。疑辨即懷疑惠施、公孫龍名家之辨，如天何不可下？地何不可上？疑教即懷疑釋道各種宗教，如三千大千爲一佛刹，北鬱單人壽千歲，忉利天壽千歲，以人間百歲爲一日。此外如七曜衆星何以繫於天？七十二候何以變？目何以視？耳何以聽？手何以持？足何以行？凡日常所見皆無不可懷疑，因此方以智説『天地間一疑海也』。

第七，開——『讀書必開眼』。

開即開眼。讀書必開眼，開眼乃能讀書。開眼者轉文字，不被文字轉。讀書必須『專精深幾』纔能開眼〔一四四〕，會心開眼乃第一義。易餘善巧説：『莫良於眸，天開其目。肉者俗之也，醯者三之也；必矐其肉而迸其𥈠，又矐其𥈠而還其故，乃名大良，乃名天燎。』易餘附録也説：『矐肉眼而開𥈠眼，又矐𥈠眼而還雙眼者，許讀此書。』可見『開眼』即圓∴上一點，即不落有無的太極，即會心，没有拘與放之病。方中通曾説：『既開圓三宗一之全眼，欲救兩家拘放之病。』〔一四五〕

方以智治學方法反映了明末清初學術思想的轉變。以『藏悟於學』爲例，其一，『藏悟於學』從『藏虚於實』『藏陸於朱』而來，如果説陸王重悟而程朱重學，則『藏悟於學』即『藏陸於朱』。其二，『藏悟於學』乃針對重悟輕學之弊而發，故以學入手而以悟究竟，大悟之人仍以讀書問學爲茶飯、爲保任。其三，如果説宋明理學重悟而清儒重學，則『藏悟於學』即藏宋明理學於清代經學考據，亦即藏理學於經學。

（二）經世思想：『藏心學於事學』

方學漸認爲陽明致良知於事事物物，因此方氏經世思想强調心學與事學合一，亦即方中通所謂『以經濟藏於理學，由理學發爲經濟』〔一四六〕。方學漸邇訓、桐彝〔一四七〕、方大鎮進治平十二箴、方孔炤芻蕘小言十二策，皆可謂心學與事學合一、理學與經濟合一。

方以智仕宦以後，一方面撰寫經世文章〔一四八〕，一方面上疏挽救明室。請纓疏請辭講職改任兵部，德政殿詳陳四策，芻蕘妄言上五策，皆傳統儒者的經世思想。

方以智認爲心學不可離開事學。心學爲内聖之學，經濟爲外王之學，合經濟與心學乃内聖外王之學〔一四九〕。浮山日袖有平衡一卷專言經濟，方中通心學宗續編卷四引用數條，從中可見方以智心學與經濟合一的經世思想。換言之，陽明心學也是經世致用之學。

方以智雖反對佛道末流，但認爲佛道本義并不忽略人倫政事〔一五〇〕。佛有内明外明，内明講身心性命之理，外明講治世、資生、象數、聲明之學。莊子亦兼言内外，以中庸有物有則之事人所熟知，無聲無臭之神人所未窮，故偏言内。因此三教皆有内學外學，因才因俗各極其致，因地因時各通其變。出世與入世可代明錯行，偏言則意在救弊。

方以智從心學與事學合一，闡揚儒家經世及陽明經世，進而闡揚佛與莊子經世。方以智不只從理論闡揚三教經世，而且以禪師實踐經世，積極反清，雖魏禧、徐芳、沈壽民力勸，終不爲所動，入世出世合而爲一。

（三）文學思想：『藏中於邊』『藏仁於樹』

理學長期輕視文學，方氏卻以理學世家而高倡文學。方學漸以文學得趙鋭賞識而成其女壻，主張理學、文章、經術、經濟合一。方大鎮主張詩必以義理爲準繩，文必根於心、羽翼於道；主張法與意合一，文章與經濟合一〔一五一〕，詩學與理學合一，文章與道學合一，道學與舉業合一，古文與時藝合一。方孔炤詩主性情，以忠孝爲根柢，以憂患爲師資，以經濟爲擔荷，以學問爲嗜欲，貞誼孤孽感憤皆中和；主張中統中邊、中寓中邊的中邊説、性道文章合一的仁樹説。

方以智詩文理論多繼承家學，特別是方孔炤思想。詩兼性靈與格調。以圓∴說明中邊說，下兩點是中與邊，上一點是不落中邊的中，中統中邊而藏中於中邊〔一五二〕。薪火說則以薪爲文章、火爲性道，文章與性道猶如薪與火，藏火於薪即藏性道於文章。仁樹說則以仁爲性道，樹爲文章，文章根於性道猶樹根於仁，藏仁於樹即藏性道於文章。

黃雲師肯定方以智中邊說：『其論詩主於內發性情，外嫺節奏，所謂中邊皆到，舍聲調字句雅俗可辨之邊，則中有妙義無所寓矣，故詞爲邊而意爲中，而詞與意皆邊也。素心不俗，感物造端，存乎其人，千載如見者中也。必陶鑄騷雅，蒸涪漢魏，然後可與解衣磅礴耳。』也肯定方以智文章雄視古今：『史漢唐宋，任其茹吐驅使乘除變化而出之。士以雄視古今，其析理談道則匯六經，兼孟莊，尤歷代文人所未有也。』〔一五三〕

方中通認爲方氏主張文學與理學、舉業、性道、身心性命、天下國家合一，符合孔孟傳統。文章不論其體、其法、其詞如何，要之不出於理學、經濟二端。孔孟之文合二端爲一，言理學即經濟，言經濟即理學。韓愈原道於性命之微稍有不足，歐陽修、蘇軾之文言情言事而非言理，程朱則又專言理。孔孟以後理學經濟分而爲二，而文章與理學經濟又分而爲二，遂創爲文人不必言理學、理學不得爲文人之說。方中通說：『先高祖明善先生，理學起家，故其文主理學，而以經術傳世，經濟即在其中。大父貞述先生繼曾大父文孝先生立朝，故其文主經濟，而矢身許國，不辜父祖，理學即在其中……先大夫之文章主乎經濟，而理學即在其中。』〔一五四〕方以智早年學習重點在經學，膝寓信筆云：『關中課：晨起治經，少選讀史、講解。』『今年，老父命智教其弟，閉關冶城，謝絶一切，專令窮經。數子常至，所齒齒者經旨而已。』

（四）通雅：藏通於雅

方學漸認爲心學傳聖人之心，而聖人之心在聖人之經。方以智認爲漢儒解經類多臆説，宋儒惟守宰理，考索物理時制多不達其寔，半依前人〔一五五〕，陽明末流又舍經學而空談心學，甚至糞掃六經，師心杜撰〔一五六〕。因此二十九歲以前除詩文外主要致力於經史考證，成果即通雅。全書五十五卷，前三卷卷首，包括音義雜論、讀書類略、小學大略、詩説、文章薪火，是全書總論，其餘五十二卷，分二十四門：疑始（專論古篆古音）、釋詁、天文、地輿、身體、稱謂、姓名、官制、事制、禮儀、樂曲、樂舞、器用、衣服、宫室、飲食、算數、植物、動物、金石、諺原、切韻聲原、脉考、古方解。

經學研究除重視『解經大指』外，主要着重『經傳字義』。通雅以經傳字義爲主，解經大指僅偶舉大概〔一五七〕。通雅主旨在通與雅，即自序所謂『函雅故，通古今』，亦即藏通古今於函雅故，簡言之即『藏通於雅』。通即通達〔一五八〕，雅即小學。

研究經學何以重視小學？其一，理學家長期輕視經學，聞道者糟粕文字，曼詞者洸洋自恣；

其二，學問專門化，以致文畫、象數、典制、箋注、詞章、名物、隱怪各有專門，小學成爲邊緣； 其三，經學家長期忽視小學，上下古今數千年文字音義變化相沿不考，經傳字義只是『傳訛』〔一五九〕。經學有賴小學，正如十三經之必依爾雅〔一六〇〕，故仿爾雅分例作通雅。

經史考證與性命之學研究方法不同： 其一，性命之學可以自悟，常理可以守經，但經史考證必須『博學積久，待徵乃決』，隨時抄録，『藏智於物』。 其二，考證必須言之有據，而且貴在集前人之長，因此引文必注『舊何訓，何人辨之，今辨其所辨，或折衷誰是，或存疑俟考。』『必載前人之名，不敢埋没』。 其三，考證必以經史爲依據，旁集諸子百家。

小學分訓詁之學、字書之學、音韻之學〔一六一〕。 訓詁之學見於通雅，字書之學别有正韻箋補，音韻之學除通雅切韻聲原外，還有等切聲原、四韻定本。

研究音韻必須淹貫經史，注重時代性與地域性，更重要的是要藉助印度與泰西音韻學。方以智流寓金陵即注意泰西音韻學。 金尼閣西儒耳目資有字父十五，字母五十，有甚、次、中三標，清、濁、上、去、入五轉，可以證明等切〔一六二〕； 泰西十字皆只一畫，作1 2 3 4 5 6 7 8 9，不煩兩筆，可取簡便〔一六三〕； 字之紛亂緣於通借，最好事屬一字，字各一義，如泰西因事合音，因音成字，不重不共〔一六四〕。 印度自小學十二章，外五明内五明，皆有離佉誦習，文殊問字〔一六五〕。

方以智於冰舍撰等切聲原序〔一六六〕，企圖從聲音之變尋找無聲之原。 天地間一氣而已，義理聲音是人之所同。人具五官，發諸心，出諸口，與無量聲音王、伏羲、神農之五官無異，只要『自窮其統理氣之理，自盡其無有無之性』，便可從聲音之變找到無聲之原，知無聲之原則可盡聲音之變。如此則數千載之下、億萬里之外，皆可對翻。

方以智也藉用易學研究音韻。天地間只有一氣，而呼與吸、開與闔、有聲與無聲皆是反因，通晝夜是公因，公因貫反因。無聲之原是一，聲音之變是二，無聲之原在聲音之變中，即公因在反因中〔一六七〕，一在二中。

方中通注意到方以智以易治音韻的特色：『（康熙）乙巳春，通侍青原方丈，重讀切韻聲原〔一六八〕，始知老父一切徵諸河洛，無往不會其原。即此音韻一端，横三直五，發千古所未發，而合乎天然各具之聲，配合圖書，垂益後學，豈淺鮮哉！』〔一六九〕

『藏通於雅』是方以智治學特色，也反映了明末清初學風的轉變。錢秉鐙通雅序云：少時常見方以智帳中有秘書不以示人，遽覽之則皆所手鈔成帙，凡父師所詁，目所涉獵，苟有可紀者無不悉載，即一字之疑、一音之訛、一畫之舛亦必詳稽博考，以求至是。錢秉鐙問：『吾人讀書觀大義而已，若夫研陰陽之理，窮天人之故，考政事之得失，辯學術之異同，以及古今制度之異宜，中外風土之殊俗，如子所載，吾以盡心焉。至於器數之末、詁釋之煩、點畫之細，世自有竄句博物之徒，子何以役志爲？』方以智曰：『吾於此疑有夙習焉。吾小時即好爲之。吾與方伎游即欲通其藝也，遇物欲知其名也，物理無可疑者吾疑之，而必欲深求其故也。以至頹牆敗壁之上有一字焉，吾未之經見，則必詳其音義，考其原本，既悉矣而後釋然於吾心。故吾三十年間，吾目之所觸，耳之所感，無不足以恣其探索而供其載記。吾蓋樂此而不知疲也。』〔一七〇〕

錢秉鐙指出通雅可分通與雅兩部分，通即讀書觀大義，包括研陰陽之理、窮天人之故、考政事之得失、辨學術之異同、古今制度之異宜、中外風土之殊俗，雅即詁釋點畫，包括器數之末、詁釋之煩、點畫之細、一字之疑、一音之訛、一畫之舛。錢秉鐙重通輕雅，方以智藏通於雅，重雅重通。此非僅兩人『夙習』差異，而實則反映出學風轉變。

（五）『藏理於物』：藏通於質

方以智早年一方面研究經學，一方面研究物理。前者成果爲通雅，後者成果爲物理小識。通雅藏通於雅，物理小識藏理於物，兩書撰寫與完成大約同時，宗旨同在反對明末的虛無風習。

物理小識全書除卷首外分十二卷十五類。卷首物理總論、藥性總論、神鬼變化總論是全書總論。物理總論言：方大鎮、吳應賓、方孔炤、王宣、白瑜都認爲天地萬物、藥性神鬼變化皆有物理；伏羲通神明、類萬物，讀天地之書、知天地之理；針對宋明學者『離氣執理』『掃物尊心』之弊，應恢復伏羲『舍心無物，舍物無心』的傳統，求性命之理於象數之中。方以智在父師影響下從事物理研究，十七八歲從王宣學習物理與河洛，出版物理所，并開始撰寫物理小識。

物理小識特徵之一是根據易繫辭傳通與質，提出通幾與質測。方以智分『物』爲可知可見之物與不可知不可見之物，分理爲可知可見之物理與不可知不可見之至理，研究物理方法也分爲通幾與質測；質測是研究可知可見之理，通幾是研究不可知不可見之理〔一七一〕，是兩種格物方法，也是兩種學問。

物理小識自序定義通幾與質測云：『物有其故，實考究之，大而元會，小而草木蠢蠕，類其性情，徵其好惡，推其常變，是曰質測』，『推而至于不可知，轉以可知者攝之，以費知隱，重玄一實，是物物神神之深幾也，寂感之蘊，深究其所自來，是曰通幾』。後來不斷加以補充：質測者就物而與民正語；通幾者不雜不離，不行而至，受命如響，不可思議，所謂知極，所謂引觸者皆是〔一七二〕。據形氣事物而比知統類是質測；虛靈不昧、寂感倏忽，深而至乎智力不及之處是通幾〔一七三〕。總之，通幾是探究不可知之理，質測是探究可知之理。以易而論，通幾是通神明之德，質測是類萬物之情；通幾是神無方，質測是準不亂；通幾是圓而神，質測是方以智。如果説通雅是函雅故而通古今，則物理小識是類萬物而通神明。通神明需要類萬物，故通幾有賴質測；類萬物也需要通神明，故質測也需要通幾。方孔炤説質測只知其然而通幾則知其所以然，質測只能求得『各各不相知』之理，而通幾則能求得『各各互相應』之理；質測只能求得物理，而通幾纔能求得所以爲物、所以爲心、所以爲天的至理〔一七四〕。

總之，質測與通幾互不可缺，通幾而無質測則舍物求理而洸洋自恣，質測而無通幾則知其然而不知其所以然。因此方以智説『質測即藏通幾』〔一七五〕，『通幾護質測之窮』〔一七六〕，『勿以質測壞通幾而昧其中理，勿以通幾壞質測而荒其實事』〔一七七〕。方中通也説：『非質測則言通幾，必至洸洋自恣而流於隱怪；非通幾則言質測，必至膠滯固執而不知變化。藏質於通者精義入神也，以通用執者利用安身也。』〔一七八〕

方以智研究物理特徵之二是會通古今中外，即『因邵蔡爲嚆矢，徵河洛之通符，借遠西爲郯子，申禹周之矩積』。前兩句是藉邵雍、蔡元定象數易學證明伏羲河圖、洛書是天人同符的宇宙規律，是易理，是通幾之學，是會通古今；後兩句是借西學爲郯子，發揚中國上古聖人的物理傳統，是物理，是質測之學，是會通中西。

方以智深信邵雍午運，又適逢西學東來，因此一方面肯定『今屬午運，萬法當明』〔一七九〕，一方面主張『借遠西爲郯子，申禹周之矩積』。崇禎九年結識畢方濟，讀天學初函。膝寓信筆云：『西儒利瑪竇泛重溟，入中國，讀中國之書，最服孔子。其國有六種學，事天主，通曆算，多奇器，智巧過人。著書曰天學初函，余讀之多所不解。幼隨家君長溪見熊公則草談此事。頃，南中有今梁畢公，詣之問曆算奇器，不肯詳言；問事天則喜，蓋以七克爲理學者也，可以爲難。』流寓草卷四贈畢今梁：『先生何處至，長揖若神仙。言語能通俗，衣冠更異禪。不知幾萬里，嘗説數千年。

我願南方苦，相從好問天。』〔一八〇〕通雅藏書删書類略『象緯算測（附太西算學奇器）』及『西理』，即天學初函理編與器編，相當於通幾與質測。方以智説：『泰西但知質測而不言通幾』〔一八一〕，『詳於質測而拙於言通幾』〔一八二〕，『所謂静天以定算而名，所謂大造之主則於穆不已之天乎？彼詳於質測而不善言通幾，往往意以語閡』〔一八三〕，晚年仍云：『萬曆之時，中土化洽，太西儒來，脬豆合圖，其理頓顯。膠常見者駭以爲異，不知其皆聖人之所已言也。特其器數甚精，而於通幾之理命詞頗拙，故執虚者闢之。』〔一八四〕

通雅會通中西音韻，物理小識則會通中西物理。方以智肯定傳統於穆不已的天，而不接受西方『大造之主』；肯定西方地圓説，并以傳統地在天中加以會通〔一八五〕；肯定西方四行，并以傳統五行及印度四大、七大加以會通，最後以公因反因會通爲水火二行〔一八六〕；肯定中國傳統醫學，又在血養筋連之故、論骨肉之槩引用湯若望主制羣徵、鄧玉函人身説概、人身圖説〔一八七〕。大量引用西方地理、物産各種知識。方以智可謂開近代會通中西文化之先河。

方以智雖然批評西方拙於言通幾，卻肯定西方器數甚精，尊稱耶穌會士爲『西儒』。以西儒爲郯子，『申禹周之矩積』。不但申禹周之矩積，而且『申莊惠之矩積』。他認爲莊子博學通物理，極物而止，惠施讀天地混沌之書而著書五車，主張萬物一體：『南方有倚人焉，曰黄繚，問天地所以不墜不陷、風雨雷霆之故。』『此似商高之周髀與太西之質測，核物究理，毫不可鑿空者也，豈畏數逃玄、竊冒總者所能答乎？』[一八八]可見莊惠皆深明物理。

方以智物理研究第三特徵是以質測與通幾研究氣幾、心幾。通幾研究心幾，即人事之變；質測研究氣幾，即陰陽之氣。心幾與氣幾本各自爲幾，卻互相感應。方孔炤說：『氣幾心幾二而一也。陰陽之氣，人事之變，各自爲幾，而適與之合。』[一八九]方以智認爲『自非神明，難悉至理』[一九〇]，且至老仍寄望後進研究此學。方中履云：『儒者求端於天，天人相與，甚可畏也。靜深明理之士觸其幾而知之，然不欲盡，至於聖人則不爲陰陽所轉矣……焦、京、管、郭、崔浩、戴洋，一端之中耳；關子明之如響，舉人事與天道消息之，此中論也。』[一九一]方孔炤心幾氣幾之學相當於董仲舒『天人相與』之學[一九二]，亦相當於質測與通幾之學。

方以智物理研究第四特徵是提出『宙輪於宇』說。宙是春夏秋冬四時，宇是東南西北中五方。說卦傳類萬物於八卦，禮運本天殽地，易軌、三式以天盤加地盤，皆見四時輪於五方，此即『宙輪於宇』。以推移之宙可以消貪心，以規矩之宇可以辨物則[一九三]，『宙輪於宇』即藏消貪心於辨物則。

方以智物理研究第五特徵是强調心物本一。方以智强調藏理於物、藏心於物、藏通幾於質測，也肯定心的作用：『心神本靈也，而憑物觸幾，實以心顯。』譬如造一神像，專祀衆禱則神像自靈。瘞像放光而後興修，香灰撮藥而多服驗。『人心無形，其力最大』[一九四]，故人可以通幾，而通幾可以護質測之窮。

理在經書故撰通雅，理在天地萬物故撰物理小識。通雅『藏通於雅』，物理小識『藏通於質』『藏理於物』『藏心於物』。通雅以孔子六經爲師，物理小識以伏羲易經爲師。伏羲讀天地秘本，孔子讀天地印本，印本即秘本。

伏羲通神明之德、類萬物之情，方以智創爲通幾與質測。通幾是研究不可知不可見的至理，質測是研究可知可見的物理。通幾護質測，質測藏通幾。質測與通幾是一種心物互格的格物說。朱熹格物補傳以心格物而一旦豁然貫通，則吾心全體大用無不明，陽明以朱熹方法格竹失敗，認爲格物當以格心爲本。朱熹偏外物，陽明偏内心。心物互格即『合内外，貫一多』，心物合一。

方以智把性與天道建立在天文曆法基礎之上，進而把理學與心學建立在仰觀俯察的物理基礎之上，這是方以智爲心學與理學所開之新徑。

（六）『藏一於二』的易學

『藏一於二』即藏太極於兩儀，一是太極，二是兩儀。『藏一於二』是由方學漸『藏虛於實、潛無於有』而來，也是針對虛無之弊而發。方以智易學核心觀念可以三極説、圓∴説、公因反因説、中五説加以説明。

其一，三極説。

三極即太極、有極、無極，是由太極生兩儀而來。有極是形諸卦畫以後，無極是形諸卦畫以前，太極是貫有無而不落有無、不可以有無言。太極生兩儀以後，太極即在兩儀中，即一在二中。一與二不可分爲兩橛，故不可「執二」，亦不可「迷一」。「喪二求一」是「頭上安頭」，「執二迷一」是「斬頭求活」。

其二，公因反因説。

方孔炤根據三極説發明公因反因。公因即太極，反因即有極無極。有極無極相反相因，可以代明錯行，而公因即在反因的代明錯行中。天地間凡兩端皆相反相因，而公因亦在反因中。

其三，圓∴説。

方以智根據三極説與公因反因説創圓∴説。圓∴上一點是太極，是公因，是一；下兩點是有極無極，是反因，是二。圓∴舉任何一點皆可明三點，此即「舉一明三」。三即一，一即三，非三非一，恒三恒一。

圓∴三點代表三極的交輪幾關繫。交是下兩點的相交，輪是下兩點相交後的變化，幾是上一點，即有極無極交輪後的狀態。凡有動静往來，無不交輪幾。

圓∴三點也代表三極的隨泯統關繫。隨是有極，泯是無極，統是太極統有極無極。隨泯統又稱隨泯貫，隨是明天地而立一切法，泯是暗天地而泯一切法，貫是合明暗之天地而統一切法。

圓∴可以代表佛的三諦。中諦是上一點，真諦與世諦是下兩點。其餘如三因、三身皆可用圓

∴表示。儒家的三知、三唯、三謂亦然。

其四，中五説。

圓∴是太極生兩儀，中五是太極生兩儀生四象。太極與四象爲五，居河圖、洛書中間，謂之中五，故中五即太極與四象（陰陽老少）〔一九五〕。中五是河圖、洛書的簡稱。萬物一太極，萬物一河洛。物物一太極，物物一河洛。故天地四時、律曆醫占、人身運氣皆可以此中五表之。

三極説、圓∴説、公因反因説或中五説，彼此貫通。太極即公因，即上一點，亦即中五中間一點；有極無極即反因，即下二點，亦即中五外面四點。

三極説强調不可執二，也不可迷一，執二則拘，迷一則蕩。公因反因説强調，凡兩端皆相反相因，公因在反因中，公因與反因也是相反相因。圓∴説强調三即一、一即三，以及三點的交輪幾、隨泯統。中五説是由圓∴變成，即太極與四象，也代表河圖、洛書。

三極説强調太極與有極無極同時存在，謂之『寂歷同時』。太極是寂，有極無極是歷。一陰一陽謂之道，道與一陰一陽同時存在，即寂歷同時。『寂歷同時』用意在避免迷一執二拘蕩之弊。方以智有寂歷圖（未見）似即闡揚此旨。

易是伏羲仰觀俯察天地之書，河洛中五有天然秩序、損益乘除之妙，有天地四時、人身運氣、律曆醫占之理，堯、舜、三代，漢董仲舒、賈逵、鄭玄、蔡邕皆明曆律，邵雍玩圖數十年，朱熹從蔡元定講求。因此河洛中五乃羲、農、堯、舜、禹、文、周、孔徵信秩序之天符〔一九六〕。

方以智精通性命、象數、考究、經濟、三才物理、五行醫卜、聲音、六書各種學問，而皆以河洛中五證之。方中通説：『有性命之學，有象數之學，有考究之學，有經濟之學，有三才物理之學，有五行醫卜之學，有聲音之學，有六書之學。老父窮盡一切而一徵之於河洛，破千年之天荒，傳三聖之心法，準不亂而享神無方，必有事而歸行無事。天然秩序，寂歷同時，以無我爲備我，以差等爲平等。午會全彰，誠非虚語。』〔一九七〕

（七）『藏陸於朱』的理學

方學漸撰心學宗闡揚堯舜至王艮的心學傳統，方中通撰心學宗續編敘述方學漸、方大鎮、方孔炤、方以智四世心學，因此方氏五世家學可以説是『人心惟危、道心惟微、惟精惟一、允執厥中』一脉相承之心學。方學漸性善、崇實、藏陸於朱的主張由方大鎮、方孔炤繼承發揮，至方以智建立了合内外、貫一多、心物合一的理學。方以智、方中通、梅文鼎似乎有意與依附靈明的心學區分，多稱方氏心學爲『理學』。事實上方氏的理學即心學。因此心學是方以智理學的第一個特徵。

方以智通雅、物理小識是在方氏理學架構下完成的大作，也是推動方氏理學發展的里程碑。通雅『藏通於雅』，强調聖人之心、聖人之理、聖人之道皆在聖人之經。物理小識『藏理於物』藉伏羲通神明、類萬物而創通幾質測，質測研究物後物中之理，通幾則通物先物外之理。藉通幾與質測以求理，是合內外、貫一多、心物合一的理學。『藏通於雅』提升了孔子與六經地位，『藏理於物』提升了伏羲與易經地位。把理學建立在六經之理及天地萬物之理基礎之上，這是方以智理學的第二個特徵。

方以智在青原山口述的傳心堂約述及仁樹樓別録〔一九八〕，是其晚年重要的理學著作。前者敘述王守仁至施閏章二十四位陽明學者的思想傳承，後者敘述方氏家傳理學〔一九九〕，及方以智『藏陸於朱』『藏理學於經學』『藏理學於象數』的主張。

方以智認爲朱陸之諍以及陽明之後又諍，應以聖人之教爲判準。聖人之教在文行忠信，內則、學記學文與力行並重，周禮强調六德（知仁聖義忠和）、六行（孝友睦婣任恤）、六藝（禮樂射御書數）。胡瑗教學分科，朱熹兼尊邵蔡，唐順之游藝養性上達天道。方以智認爲道不離器，節度藏神化，薪火泯理事，胡瑗、朱熹、唐順之主張接近聖人之教。

陽明學者鄒守益曾在青原夢見朱子告曰：『事小成者微有踐履，不曾窮盡心性，行不着，習不察，於無聲無臭之旨膜矣；　務虛遠者，侈求幻妙，不慎操履，無庸德之行、庸言之謹，於有物有則之旨荒矣。』意即無聲無臭與有物有則不可偏廢。方以智藉此撰鄒文莊青原夢記肯定朱子，并引施邦曜『天下病虛，朱子救之以實；　天下病實，陽明救之以虛』〔二〇〇〕，謂朱子之實可以救陽明之虛。

方以智提倡朱子，一方面是發揚『藏陸於朱』的家學，一方面企圖以『藏陸於朱』發展江右王學。因此『藏陸於朱』是方以智理學的第三個特徵。

方以智逃禪後把『藏通於雅』發展爲『藏理學於經學』。青原志略發凡認爲書院學校都應依聖人之教，重視四教（文行忠信）與四科（言語、德行、文學、政事），曾子也説『夫子之教始於詩書，終於禮樂』。書院與學校教育不可『太枯』或『太濫』，與其『虛掠高玄』，不如『泯於薪火』，方以智因而提出『藏理學於經學』的主張：『易統三才萬法，而此中之秩序變化具焉。太枯不能，太濫不切，使太虛掠高玄，豈若大泯於薪火？故曰藏理學於經學。』胡瑗分科育士重視經學，弦誦不絶而鼓舞深造在其中。因此『藏理學於經學』是方以智理學的第四個特徵。

方以智又把『藏理於物』發展爲『藏理學於象數』。分理爲宰理、物理、至理，性爲公性、獨性、習性，求理方法爲質測、通幾。宰理即仁義禮智，物理即陰陽剛柔，至理即所以爲宰、所以爲物。獨性指陰陽五行、寒熱甘苦、靈蠢資質，公性即所以爲性，習性即習而成性。質測即就物而與民正語，通幾即不雜不離，不行而至，受命如響，不可思議，所謂知極，所謂引觸。唯有如此窮萬物之差别，纔能求得象數之理，纔能心天會通，内外爲一。故方以智理學的第五個特徵是『藏理學於象數』。

方以智對於朱陸及理學内部長期爭論的問題，多以方氏易學加以會通，認爲可以並行〔二〇一〕：

其一，朱子我注六經與陸子六經注我之爭。方以智認爲必須我即六經，然後可說六經注我；既知六經即我，何妨我注六經？如此則六經注我與我注六經並行不悖。

其二，學禪與讀書之爭。或云陸九淵、張九成學禪不讀書，方以智認爲天竺小學誦悉曇章，長通五明。陸九淵、張九成學禪而重讀書，程子反對玩物喪志而讀書極精細，朱子博極羣書而主半日静坐。學禪與讀書不沖突：朱熹好學可以出家，達磨好禪亦可上學〔二〇二〕。

其三，朱熹格物與王陽明致知之爭。偏外偏内皆成兩橛，心物互格則『窮理博物而一旦貫通』，與『既得本莫愁末』並行不悖〔二〇三〕。

其四，有與無之爭。有爲與無爲、有心與無心、有物有則與無聲無臭可以代明錯行：『體道於無可以養神虛受，還事於有便知物則咸宜』，『火候自適於兩忘之無，所以調氣踐形而泯性情；寔務藏用於法位之有，所以隨分安時而無思慮』。左鋭也説無身與有事，體無與用有，無方與有則，可以雙超互泯：『心不落有無，則理亦不落有無，事亦不落有無，物亦不落有無』。

其五，入世與出世之爭。超越世出世間，止有世即出世之一真法界：『入世重在立一切法以通德類情，正用二中之一也，而日用不知者多矣。出世重在泯一切法以隳埽古今，乃離二之一也，所謂偏真但空者也。超越世出世間，止有世即出世之一真法界』〔二〇四〕。

其六，異與同之爭。分之各異，合之則同。無體之體與定質之體，無用之用與有用之用，高超與超高，定分與盡分，性分自得與功業學問，拈提與考究，制欲消心之言與備物制用之學，世教與出世教，兩端不可相廢，偏廢則皆病； 通其變，容乃公。

其七，一與多之爭〔二〇五〕。一是多中之一，多是一中之多，一外無多，多外無一，此乃真一貫。若一多相離，體用兩橛，則離一貫之多識，多固是病； 離多識之一貫，一亦是病〔二〇六〕。

方以智以博約論一多云： 『博我以物，約我以空； 博我以空，約我以物。物在空中，文禮歷然； 空在物中，文禮寂然。』何謂『約我以物』？『物性有則而無情識，格物之則，即天之則，即心之則。因物付物，不起一念紛紜，約之至矣。』博與約、空與物、寂與歷、一與多，凡兩端皆代明錯行； 空是寂然，物是歷然，空中有物則空中歷然，物中有空則物中寂然，故曰寂歷同時。

其八，仁與智之爭。仁與智，可以分言，亦可代錯〔二〇七〕。

因此，『藏理學於易學』可説是方以智理學的第六個特徵。

方氏性善説與東林學者及關中學者合拍，也受到鄒維璉肯定。鄒維璉從『朱可兼陸』的觀點出發，認爲方氏性善説是儒學正統，陽明無善無惡説非聖學全域。他説，自鵝湖分派以後，儒者不能『左朱而右陸』，主要是因爲『朱可兼陸』。陽明良知之教，欲人『速見其心體以脱言語文字支離之障』，末流尊陸詘朱，『空守此心』，良知與物理分而爲二，『藏陸於朱』則可以朱熹窮理格物及孔子聞見擇識、好古敏求工夫救『空守此心』之弊〔二〇八〕。故方以智理學的第七個特徵是『至善統善惡』的理學。

（八）『三教一家』的新儒學

方學漸批評王畿無善無惡而不廢其妙悟，駁朱熹未發已發而深信其窮理，反對釋氏性空而認爲『不着於有而能含有，不離於有而能妙有』即『純粹至善』（性善繹），不取華嚴大旨而認爲所言與儒家『見隱顯微、莫載莫破、大小無間』相似。朱陸之學『從入雖異，尊德性則同』，朱陸之異實『門人各分門户，自爲標榜』〔二〇九〕。王談致知，湛談格物，蔡談誠意，陸談正心，李談修身，皆各隨所見而入，『及其入道，其理未嘗不會而通』〔二一〇〕。方學漸在既批判又會通中開創心無内外、藏虚於實、藏陸於朱的心學。方大鎮荷薪紹述，吴應賓則創宗一圓三，方孔炤創公因反因，皆企圖會通朱陸與三教。

方以智早年治學即主會通及集大成，逃禪以後更在佛門會通三教，建立集古今大成的新儒學。方以智逃禪後重建新儒學可分三方面説明：

其一，三教歸儒。

施閏章説『藥公非僧也』〔二一一〕，雖逃禪而儒言儒行無須臾或忘，是有托而逃。方以智逃禪是逃避清廷逼仕，也是藉逃禪而重建儒學。

梅文鼎説方以智是理學宗主，願爲弟子而受業。及讀明善、文孝、貞述三先生之書，益知淵源有本，至方以智而集大成。一般人不知『佛祖爲孔孟之護法』，『空門爲聖門之良醫』，以爲逃禪者不可稱爲孔孟之徒；實則儒釋『立教異而向上同，參悟異而操持同，表法異而願力同』，『是誠爲吾儒之一助』。不逃禪則身不可存，道不可行，因此方以智『通乎入世出世之法而後以出世爲入世』，而爲理學宗主〔二一二〕。

方中通説方以智逃禪而『以象數講三教，以柏樹子講木鐸』，是孔孟之功臣，不只是菩薩佛祖。邵子藏身於數，一行藏身於曆，伯休藏身於藥，君平藏身於卜，而方以智則『藏身於佛』，『其迹爲僧，其心則儒』。破千古之天荒，明聖人之大道。方中通掃墓有云『生前應出世，身後合歸儒』，因此事方以智『不作佛事，葬祭仍行儒禮』〔二一三〕。方中履也説方以智是『借貝葉而講木鐸』〔二一四〕，是『異類中行』，身爲禪師不得不説『三教一家』〔二一五〕，視爲『三教合一』則『失之遠矣』〔二一六〕。

其二，三教歸易。

方以智以易會通三教使歸儒。象環寤記指出三教之迹異，善世、盡心、知命與不二生死之神則同。三教百家各有宗旨體用，分之各異，合之大同；當互參并用，取長補短。洛下、考亭不妨樹拂拈椎，象山、慈湖當證心象數；修武、廬陵宜過牢關，臨濟、趙州不妨上學。知佛然後知孔，能讀孔書纔能讀佛書；佛拈花，孔呼天，老守黑，『泝其原同，則歸於易』。

青原山是禪宗勝地與陽明學重鎮，因有聖域祖關、荆杏交參、峯别道同，方以智住持浄居亦因此題『三教一家』。

方以智以『六象同時』言三教：『請以屋喻。曰屋，總也。門牖梁柱，别也。門牖梁柱無非屋也，同也。門非牖，柱非梁，異也。折之各一，壞也。合之共一，成也，是之謂六象同時。』〔二一七〕以三教言，教是總，儒釋道是别。儒釋道無非教，是同；儒非佛、佛非道、道非儒，是異。折之儒釋道各一是壞，合一共一是成。

王陽明强調『二氏之用皆我之用』，方以智認爲合則爲一屋，分則門牖堂奥，因時各有所用。明堂南面，北奥守黑，騎危虚空。尊主者以棟爲主，辨賓主者以基爲主，兩掃者以虚空爲主，理者則以時乎屋而屋，時乎晦息則奥，時乎誦讀則牖，時乎治事享客則堂。竈榻几案，缺一不可。時其時，位其位，物其物，事其事，是虚空之中節，是不落有無之屋理〔二一八〕。以三教言，合之則不落有無之理或心或太極，分之則儒釋道。

施閏章認爲，堂奥樓閣説即易之『同歸而殊涂，一致而百慮』，門徑相殊而通相爲用。故教無所謂三，一而三，三而一。譬之大宅，雖有堂奥樓閣之區分，而實一宅，故云『易理通乎佛氏，又通乎老莊』〔二一九〕。

三教可分可合，易與莊、禪亦可分可合〔二二〇〕。易無體，故變變不窮。萬古攝於一息，八紘攝於一毫，而一息之攝宙，一毫之攝宇，皆具圖書之秩序變化。人蔽於驕妒鄙吝之我，不能親見此寂歷同時，唯有平心乃能精一，折攝乃能深參。李綱說：『大易、華嚴，和盤一本，當處歷然分別，當處寂然無分別也。』〔二二一〕黄端伯說：『凡有定體，不能變爲諸體。』易、華嚴、莊、禪皆無體而變變不窮〔二二二〕。

無體而變變不窮，寂然無分別而歷然分別，又稱寂歷同時。方以智用各種不同方式表達寂然與歷然。

寂然：一息、一毫、一火、心、太極、無分別、無體、無我、理、體、一、虛、平等、涅盤、涅盤之心、根本、圓融、實相、空宗、公因。

歷然：萬古、八紘、宇宙、物、象數、歷然、變變不窮、備物、象數、用、二、實、差等、差別、窮差別之智、差別、行布、實法、反因。

寂歷同時：離寂無歷，離歷無寂，謂之寂歷同時。以方氏『藏虛於實』的崇實論而言，當藏寂然於歷然，藏平等於差等，藏涅盤於差別，藏涅盤之心於窮差別之智，藏根本於差別，藏圓融於行布，藏實相於治世語言資生產業，藏空宗於實法，藏身軀於肢體，藏天於日星，藏心於事物，藏本於末，藏内於外，藏一於多。〔二二三〕

其三，三教歸實。

方以智崇實論有三種含義：藏虚於實、虚可護實、虚實同時。『藏虚於實』目的在挽實救虚，藏心學於事學、藏中於邊、藏仁於樹、藏通於雅、藏通於質、藏理於物、藏通幾於質測、藏一於二、藏陸於朱、藏理學於經學，種種主張皆是藏虚於實。『虚可護實』，故曰通幾護質測之窮。依此類推，心學護事學之窮、中護邊之窮、仁護樹之窮、通護雅之窮、理護物之窮、一護二之窮、陸護朱之窮、理學護經學之窮，皆是虚可護實。『虚實同時』是藏虚於實與虚可護實同時存在，虚與實互藏互護，並行不悖。據此則心學與事學同時、中與邊同時、仁與樹同時、通與雅同時、通與質同時、理與物同時、通幾與質測同時、一與二同時、陸與朱同時、理學與經學同時，不可分爲兩橛。

針對明末三教虚無之弊，方以智逃禪後主張三教歸實。他認爲，佛、道二教也莫不崇實：佛教除内明以外，尚有外明；莊子雖偏言無聲無臭，也重視有物有則，重視數度與六經。惠施也是質測家。

虚可護實、虚實同時，因此力倡三教歸實，也同時主張三教歸虚。三教歸虚即無我，三教歸實即備物；三教歸虚與三教歸實，即無我而備物，即寂歷同時。寂歷同時即虚實同時，亦即『合内外、貫一多』。這是方以智『三教歸實』以及方氏『藏虚於實、潛無於有』的真諦。

五、方以智的評價

對方以智的一生評價，可分人格節操與學術思想兩方面。

（二）人格節操

對方以智的患難聞道和高風亮節，其在世時即有高度評價。如：

程源曰：『唐之甄濟、蘇源明，宋之趙鼎、張浚、胡寅，以視密之守節之苦，尚且遜之。』〔二一四〕

魏禧曰：『師之抱恨於甲申也，識者律以文山之不死。及獨身竄西粵，避馬阮之難，識者比之申屠子龍。其後捐妻子、棄廬墓，托迹緇衣，識者擬於遜國之雪庵。』〔二一五〕

錢謙益將之媲美于宋濂，曰：『無可道人，後三百年，踵金華（指宋濂）之後塵，其人與其官皆如之。遘遇喪亂，薙髮入廬山，披壞色衣，作除饉男，又何其相類也！金華題廬山十八賢圖，以謂君子在山林則天下亂，至於披圖流涕。道人借廬之音，茫茫焉，落落焉，不復知有情器世界、塵劫壞成之事。翎彈松漠，規啼居庸，如風起青蘋之末，迢然過吾耳也。』〔二一六〕

左鋭曰：『庚辰通籍，即遭中丞公獄，及父冤白，而天崩矣。北爲甄濟，南爲韓渥，數歷封刀，轉側苗獞，以祇支歸，印心杖門，窮變通久，時乘自盡，豈非天以奇緣資此大集哉！』

清末著名學者金天翮（一八七三——一九四七）將之媲美于南宋志士鄭思肖、謝翱：『其志節足以結明局之終，其學術足以開清儒之始，要其歸宿所南、皋羽之倫。』〔二一七〕

今人更有將其比作文天祥者。

方苞（一六六八——一七四九）在跋截斷紅塵圖中稱方以智『真孝子、真忠臣、真才子、真佛祖也』。真才子得自早年『經史會通，詞章博雅，窮百家之書，工百家之藝』。真孝子得自其血疏救父，崇禎皇帝『求忠臣必於孝子之門』的慨嘆。真忠臣見於甲申之變。方龐曰：『余從燕都，親見國難，密之抗節獨苦，忠心壯志，可薄雲日。』林六長曰：『忠良被謗，從昔有之，然不謂抗節負義，炳若日星，如我密之者。』〔二二八〕姚奇胤序瞻旻稱『才人、孝子、忠臣合爲一人』。真佛祖之名則因逃禪得善知識而名滿江右諸寺，故梅文鼎稱方以智爲『才人、孝子、忠臣、善知識！』〔二二九〕

對方以智的平昔爲人，亦有贊譽。如施閏章説：『行處則平實，接人則春風』，『其汲汲與人開説，囊括百家，掀揭三乘，若風發泉涌，午夜不輟。士大夫之行過吉州者，鮮不問道青原；至則聞其言未嘗不樂而忘返，茫乎喪其所恃也。』〔二三〇〕黄雲師説：『公爲人平恕，飲人以和，人有一長，即稱之不容口，叩擊者未嘗不反復誨之，惟恐其不盡，其所以愛才而造就之者不可勝數。以故公没之後，聞者莫不嗚咽流涕，過時猶悲。公之操履，不恥惡衣食，不忘溝壑，堪人所不堪，而翛然自得。然一生憂患，厄其身而傳斯道，尤可爲太息者也。』〔二三一〕

方以智晚年以禪游而積極參與反清遺民活動，直至逝世。其中唯『粤難』與死因最爲世人留下疑惑。

粤難略見金堡與公絢兄：『原行奉覽，細看部文，亦似非緊要正犯。此一紙名單，在鄧立林身上搜出。立林已故，無從對質。又前六人俱無住址，亦不知何時緝獲，則密老此出，雖到底没事，正自牽累不了耳。但得當事識其來歷明白，不妨審釋，卻恐無此擔當。即不至作罪人拘禁，從容候結，無大辛苦，亦足矣。吾兄高明，試一裁度，若有可賜手援處，使密老叨護持之德，真無量陰功也。』〔二三二〕

金堡推斷粵案『到底没事』，理由是：其一，鄧立林提供犯人名單七人，方以智名列第七，『似非緊要正犯』。其二，前六人俱無住址，亦不知何時緝獲。其三，鄧立林已死，不能對質。金堡盼金光協助：『不至作罪人拘禁，從容候結，無大辛苦。』金光（一六〇九—一六七六）字公絢，廣州平南王尚可喜幕客，金堡同宗至交。

方以智之死有病死、自沈、拜墓三説。拜墓説或來自黄雲師方文忠公行狀『昔文信國之死，因中山狂人速之；今吾死於此，宜矣』一語。病死説主要根據彭士望『疽發於背』〔二三三〕、『病背發』〔二三四〕，及方中通『常稱大慧病癰疽，今日果然痛三昧』〔二三五〕。自沈説主要根據方中通『波濤忽變作蓮花，五夜天歸水一涯』〔二三六〕，方中履『惶恐灘頭風雨罷，相看俱在失吾親』〔二三七〕，方中發『舟次惶恐灘，疾卒』〔二三八〕，山足興斧：『十月初七日，至萬安縣，師問曰：「此甚麼處？」衆答曰：「萬安。」師曰：「住。」命水沐浴，端坐，謂衆曰：「去罷！」衆茫然請偈，師答曰：「平常。」言訖而逝。時大風作，江濤洶涌，竟日方息。』〔二三九〕

興斧描述方以智死於萬安情景，極似方法自沈望江。方法絶命詩以『波濤』言自沈，而興斧似即以『江濤汹涌』暗喻自沈，徐芳所謂『此可意喻，不可以言傳』。潘江（一六一九—一七〇二）更以方以智『大節』媲美方法，似亦暗示方以智自沈：『公大節與斷事公略同，而鄉舉之年亦以己卯，後先若相吻合。故次前朝諸先輩之詩，肇自斷事，訖於簡討，以志枌榆一代之盛，政不獨爲方氏之美談也。』〔二四〇〕

主病死説者有李學勤、冒懷辛〔二四一〕，還有倡自沈説者。

錢穆（一八九五—一九九〇）爲方以智晚節定位曰：『明明是勝國遺民下入昭代，四庫館臣豈不知，乃并此亦避不敢提，殆由愛生諱，其疏失即其謹慎，而密之乃居然得乾浄爲一明代人。』又説：『逃禪歸釋乃其迹，非其心……密之晚節，顯然仍是勝國一遺老，不得以一禪師目之。』

（二）學術思想

方以智學術思想一方面是集大成，一方面是開先河。

對方氏集大成的評論已多見前述，兹再舉數則：

其一，余颺深知方以智生平及學問成就，他總結説：『桐城方氏自伯通盡遜國之難，其後本庵先生講學，野同廷尉公、潛夫中丞公繼世傳易，而愚者承之；愚者之外祖爲吳觀我宫諭，圓三宗一，與廷尉公辨證二十年，而愚者因之。金溪王虚舟先生生於桐，最精河洛，而愚者得之；庚辰石齋、潛夫兩先生同獄論易，研極理數，晚歸鹿湖，合邵朱諸家，互闡其故，而愚者暢之。通籍後，即當中丞受武陵陷，誠孝格天。少負才名之士，患難相成始此矣。北變瀕死，全韓洄之節；南游辭相堅隱，親過昭州法場，凡轉側西寧、大埠猺、天雷苗、平西獞者六年，縶出居冰舍一年，歸省閉關三年，廬墓三年，草鞋又四年，天之煅煉厚矣，而愚者受之。竭逢杖門，雙選托孤，而愚者集之。毋欺燒火，剥爛會通，平恕飲人，以學問爲薪水，藏密同患，苦心乎？不恥衣食，不忘溝壑，其操履也；秩序變化，寂歷同時，其統宗也；代明錯行，排三竭兩，其藏用也：誰得而測其涯涘也哉！誰得而逃其範圍也哉！」〔二四二〕

其二，潘天成（一六五四—一七二七）〔二四三〕，是梅文鼎、方中發弟子，深知梅文鼎與方以智象數易學。其邵子觀物吟箋注並圖〔二四四〕，以太陽行度右旋、斗柄所建左旋二圖，箋注邵雍觀物吟。天地四季陰陽消長只是陽氣消長，故人心只有善的消長：『天地有陽氣而無陰氣，陽消即是陰』，『人心有善而無惡，善亡即爲惡』。陰盛而陽自生，惡極而善不滅，以『天地止有陽而人心止有善』。乾遇巽即姤，即一念不善，當遏絶之；地逢雷即復，即一念之善，當擴充之。查一念之善與不善而擴充或遏絶即慎獨工夫，即『學易之要』。陽盛生物，陰盛而微陽亦生物。生物者天地之心，而陽者天地生物之本。三十六宮皆是春，皆陽氣之流行。潘天成説：『此圖天人合一，乃湯世調、梅定九兩先生心法之傳。桐城方明善公，子廷尉大鎮公，孫中丞孔炤，曾孫學士以智，玄孫田伯、位伯、素伯、有懷，及南豐湯惕庵、建昌揭子宣諸先生皆如是説。凡我同人須熟玩焉。』

潘天成會通梅文鼎、方以智以及邵雍易學，指出天道只有陽氣，人性只有善，以天地陰陽消長證明性善論，確是方氏天人合一心法。方以智一切學問徵諸河洛，潘天成之説提供了最好説明。

其三，集大成是道問學、尊德性的集大成。道問學集大成是萬物皆備於我，尊德性集大成是萬我皆備於物，簡言之即『無我備物』。吴雲壽序認爲方以智無我而備萬物：『和尚以廷尉爲祖，中丞爲父，清芬、濟南爲姑，家宫詹觀我先生爲外祖，黄文成石齋先生爲師，陳臥子先生爲友，天下所誦龍眠三方爲子，翰林臺閣爲位。易學似朱似邵，字似顔王，畫似米與倪，古文似柳或歐，子似莊，史似范馬，樂似陶竇，曆似利西泰，博物似張華，著述之多似樊宗師，醫似朱丹溪，禪直似七祖，至於仁體和氣絶似大程。天下之人，孰有福德才位之備如斯人者乎！是宜驕氣矜心，不顧於世，可以傍無天下，乃見之如非福德才位者，雖言惟恐傷於人，見一人若惟恐慢。即閒逢恣睢者，亦但默化忘情而不與校，此其心爲何如心乎？曰無我而已。夫無我則無私，無私則不爲天下病，雖萬物當前，皆以之爲一體而不相戾，蓋天地之所以爲天地者無我耳。若有我，則天地有恩於萬物而日責其報，天地至鉅於萬物而日鄙其細，其可哉？和尚所以承四聖之傳，三世之學，位高而若卑，德大而若小，才有而若無，其以身教天下後世，意亦深矣。』

方以智以孔子爲集大成典範，晚年逃禪更主張集三教之大成。施閏章説：『藥地大師，三教

宗主。以無我爲過關，以因物爲適當。』〔二四五〕

方中通認爲，方以智集三世家學之大成〔二四六〕，集程、朱、邵、蔡之大成，集古今來諸子之大成，本傳堯、舜、禹、湯、文、周之道，轉而集諸佛祖師之大成，而堯、舜、禹、湯、文、周之道寓其中。因時救弊，合三教而一之，明乎公因反因，證此寂歷同時之大符，然後知醫王集大成而後能應病予藥。方以智爲杖人托孤，即爲諸佛祖師托孤，即爲堯、舜、禹、湯、文、周托孤，實爲孔子托孤。〔二四七〕

方以智晚年也説：『吾將聚千聖之薪，燒三世之鼎，炮之以陽符，咀之以神藥，彌縫之以象數，妙叶之以中和，裁成之以公因反因，範圍之以貞一用二。時當午運，秩序大集，使天下萬世曉然於環中之旨、三一之宗，謂方氏之學繼濂、洛、關、閩而興，集曇聃歸涂之成。』〔二四八〕

其四，馬其昶（一八五五—一九三〇）指出，方氏家學由純儒而宏通賅博而淹雅，曰：『方氏自先生曾祖明善爲純儒，其後廷尉、中丞篤守前矩，至先生乃一變爲宏通賅博。其三子中德、中通、中履并傳父業，於是方氏復以淹雅之學世其家矣。』〔二四九〕

對方以智開清代以來學術先河的評論至少有以下數端：

其一，開桐城文學先河。

方學漸以理學家而重視詩文，主張文學與理學、舉業、性道、身心性命、天下國家合一。方苞是方以智族孫，姚文然是姚鼐高祖，也是方大鎮夫人姚氏姪子。兩人對方氏詩文并不陌生，兩者之間似有發展上的連續性〔二五〇〕。譚獻（一八三二—一九〇一）則提出方氏開兩先河之説：一是開方苞文學之先河，一是開一代經師之先河：『桐城方氏七世之家學，不獨靈皋侍郎文辭授受之先河，抑亦閻顧之流一代經師之先河也已。』〔二五一〕

其二，開清代經學及考證先河。

四庫全書提要評通雅云：『以智崛起崇禎中，考據精核，迥出其上。風氣既開，國初顧炎武、閻若璩、朱彝尊等沿波而起，始一掃懸揣之空談。雖其中千慮一失或所不免，而窮源遡委、詞必有徵，在明代考證家中可謂卓然獨立者矣。』

梁啓超（一八七三—一九二九）曰：『密之學風，確與明季之空疏武斷相反，而爲清代考據學開其先河則無可疑。』『通雅這一部書，總算近代聲音訓詁學第一流作品。清代學者除高郵王氏父子外，像没有那位趕得上他。』〔二五二〕

羅常培（一八九九—一九五八）指出，方以智受金尼閣西儒耳目資影響，學習耶穌會士音韻學及新拼音法〔二五三〕。方以智音韻學影響錢大昕、江永、江有誥、陳澧：『舊韻學家就聲母發音方法以釐定其種類者，自等韻「全清」「次清」「全濁」「次濁」四類而外，以明方以智所分之「初發聲」「送選氣聲」「忍收聲」三類爲最早（通雅卷五十），其後錢大昕分出聲、送聲、收聲三聲（十駕齋養新録卷五），江永、江有誥、陳澧分發聲、送聲、收聲三類，大體均與方氏相同。』〔二五四〕

其三，開近代物理研究及西學研究先河。

王夫之搔首問曰：『密翁與其公子爲質測之學，誠學思兼致之實功，蓋格物者即物以窮理，惟質測爲得之。若邵康節、蔡西山則立一理以窮物，非格物也。』

四庫全書提要評物理小識云：『大旨本博物志、物類相感志諸書而衍之，但張華、贊寧所撰但言剋制生化之性，而此則推闡其所以然。』

方東樹（一七七二—一八五一）撰重刻數度衍序曰，數度衍二十四卷，『大抵新西法也』〔二五五〕。

張蔭麟（一九〇五—一九四二）曰：『此時期（明末清初）所輸入之物理學，於我國學術界影響極少。二百年來，惟方以智著物理小識一書，頗有受西説影響之處。』〔二五六〕

方竑（一九〇八—一九八四）指出物理小識科學精神有八〔二五七〕：一，心物不二：『其詮釋物象亦通之以心，主心物不二。』二，質測通幾不可偏廢：『言窮極物理之方，標舉質測、通幾二端，以爲並行不相害，且不可偏廢……大要則在合外內、貫一多而神明之……夫質測者外也多也，通幾者内也一也。合二者而貫之，所謂内外包舉、本末兼賅。』三，推明即物窮理之要：『詆舍物言理之非、術數附會之罔，推明即物窮理之要。』四，以陰陽消長五行生克爲説：『陰陽推移五行生克之説，理本微妙，未易驟曉，要其能闡述理要，窮究變化，表著事物之故，不作迷妄之言，則皎然可信。』五，語必歸心：『心物不二爲全書之綱領，故書中每述一物象，恆引其理返之於心。』六，存古説：『今之學者日潛沈於西方之説，其於吾國先民善言，蓋未暇及也。』七，袪迷辨惑：『物因心起，心物不交則惑。先生主以心理通物理，故書中多袪迷辨惑之言。』八，醫藥之理通一切之理：『天地間一切物理咸可以醫藥之理通之。』最後總評曰：『謂爲詮釋物理之書可，謂爲詮釋心理之書亦可，以心明物，復以物證心。其體制似無異於前修，其思想實較近於科學。』

熊十力（一八八五—一九六八）肯定質測通幾：『常聞明季哲人方密之遺書謂中學長於通幾，西學長於質測；通幾由修養所及，質測乃知識所及。其與吾儕今日之論，猶一轍也。』〔二五八〕

除了文學、考據、物理以外，從哲學思想評價的有侯外廬、冒懷辛、龐樸等。

侯外廬（一九〇三—一九八七）認爲方以智哲學思想是『無神論和唯物主義一元論』。『從著作的體例内容上講，它（指通雅）部分地是百科全書派唯物主義的中國版』，『單從方法上講，它部分地又是笛卡爾思想的中國版。』哲學局限有四：一，有唯物主義而又有象數的哲學的形而上學觀點；二，有機械論而又有神而明之的機械神明説；三，既承認没有運動便不能體會自然又恭維宿命論；四，其運動理論中有『時中』或折中的因素。〔二五九〕

冒懷辛（一九二四—）認爲通雅、物理小識『樹立了樸素唯物主義的觀點，因而也樹立了無神論觀點』，易餘、東西均則『充分地表達了他的樸素辯證法思想』；通幾與質測有治學中的『科學態度』，也有對待西學的『開明和正確態度』。哲學局限是『晚年所受到的佛教虛無主義和莊子相對主義的影響既深且廣，又有時表現出客觀唯心主義的傾向』。方以智象數學『存在着形式主義與機械論的因素，而且帶有神秘色彩』；通雅與物理小識中『存有不少怪異、迷信和不可理解的記録』。冒懷辛評論：『方以智的學術既不同於明代的程、朱、陸、王之學，也不同於稍後的顏李學派，更不同於胡渭、閻若璩等清初考據派。他的思想，他的高瞻遠矚的學力，足以與顧、黄、王諸家並立而毫無遜色。』〔二六〇〕

龐樸（一九二八——二〇一五）據東西均三徵認爲，方以智是『黑格爾的先行者』〔二六一〕。他還説：『就研究情況看，人們多知方以智是一位極物窮理的「質測之學」的科學倡導者，而不甚知道他同時是一位深究所以的「通幾之學」的大哲學家』，『是時代所呼喚歷史所培養出來的巨人』〔二六二〕。

有學者認爲，方以智『藏理學於經學』與顧炎武『經學即理學』之説如出一口；方以智『聖人之經即聖人之道』與錢謙益所言一字不差。仁樹樓别録力言佛教之『尊德性』亦必自其『道問學』之基址始，提供了陳垣明季滇黔佛教考『儒釋之學同時丕變，問學與德性並重』另一實證。方以智晚年篤信三教合一且宣揚不遺餘力，則實受陽明以來儒家盛言『三教合一』的影響。

六、方以智著述的傳存

方以智著述極爲豐富，而散佚甚多。

明崇禎十二年（一六三九），他二十九歲時因荻港遇風，『著作數十萬言』皆沈於江。清康熙二十五年（一六八六）方中通遠心堂書樓火災，凡先人書籍、字畫等俱燼（二一六三）。乾隆年間方以智著作多遭禁毀，連通雅、物理小識一度也未能幸免。咸同年間戰亂，方以智著作『蕩然鮮有存』。方鴻壽云：『文革』中『所有的書籍、字畫以及先人手澤，盡行燒毀』，故名所居爲『無書草堂』。名孫爲方無。

方氏子孫保護遺書不遺餘力。方中通整理著作百餘種，編有書目，總名之曰浮山全書，該書數見於乾隆時各省禁毀書目，然今已不可見。其後方氏子孫編輯的書目主要有以下五種：

其一，潤軒書目。方以智六世孫方潤軒編。未覓得者十四種，存者有刻幅十一種、制藝六十首、石刻十八種。

其二，方氏藝文志。七世孫方昌桀（一八二三——一八七二）編，毀於『文革』。

其三，昌翰書目。七世孫方昌翰（一八二七——一八九七）編。除通雅、物理小識、藥地炮莊、易餘外，有家藏抄本十七種，佚去無存者九種，選刊者三種。

其四，叔文書目。方叔文（一九〇二—一九六〇）方密之先生年譜附方密之先生著作表，列著作九十七種。

其五，鴻壽書目。十一世孫方鴻壽（一九一四—一九八三）編。除與昌翰書目重復者外，尚載五十九種。

玆據以上數據，重編方以智著作目録如下。依著作撰寫或刊刻時間先後排列。時間不詳者置於同類著作之後。凡現存者以阿拉伯數字標示，已佚者加＊標示并另行編排。爲節省篇幅，各書考證著録文字舍去。

（一）在鄉時期

1. 博依集十卷。一六二五—一六三二年間詩集。一六三二年編，一六三五年刻。

＊1. 史漢釋詁。一六二八年冬。

＊2. 五言古詩。一六二八年。

2. 永社十體不分卷。撰於一六二九年，序於一六三二年。

＊3. 編方維儀清芬閣集。一六二九年冬。

3. 廬墓考三卷。撰於一六二九年—一六三一年之間，一六三〇年前後自序。昌翰書目：『尚有家藏鈔本。』叔文注『鈔本』。

＊4．爾雅注。一六三〇年。
＊5．刊刻王宣物理所一卷。一六三一年刻。
＊6．過庭録一卷。叔文注『鈔本』。鴻壽注『一卷』。又見鴻壽參考書目。
＊7．選文章訊雅。一六三二年。
4．九將。一六三三年。潤軒書目：『九將、七解編入稽古堂集，同嶺外稿匯刻於前編。』
＊8．聞語。叔文書目。鴻壽書目。
＊9．此藏軒隨筆。叔文參考書籍。

(二)流寓時期(一六三四—一六三九)

5．流寓草九卷。一六三四—一六三八年間詩集。一六三八年自序，一六三九年刻。
6．膝寓信筆。一六三四—一六三九年間隨筆。昌翰書目謂『尚有家藏鈔本』。叔文書目注：
＊10．稽古堂文集二卷。撰於一六三三—一六五〇年間。叔文書目注：『二卷。七世孫昌翰刻入方氏七代遺書。』又叔文參考書籍有稽古堂文。
『七世孫昌翰刻入方氏七代遺書。』
＊11．稽古堂詩文集。昌翰書目：『尚有家藏鈔本。』
＊12．稽古堂社義。一六三四年。叔文書目。鴻壽書目。

*13.制藝六十篇。一六四〇年之前。潤軒書目：『制藝六十首乃應試之作。』鴻壽書目。

*14.古今詩風。一六三五年。方叔文注：『原刻本。見方氏藝文志。自黄帝起至唐止。嗣僅刻漢魏詩風。』

*15.漢魏詩風。一六三五年。昌翰書目：『佚去無存。』

*16.宋詩廣。叔文書目。鴻壽書目。似爲古今詩風宋代部分。

*17.詩詞淺説。叔文書目。鴻壽書目。

*18.詩話。叔文書目。鴻壽書目。詩詞淺説、詩話疑撰於編輯古今詩風時期。

*19.稽古堂雜録。一六三六年。鴻壽書目。

*20.浮山雜緒。叔文書目。鴻壽書目。

*21.蟬樂。叔文書目作『禪樂』。鴻壽書目作『蟬樂』。

7.七解。一六三七年。

*22.龍眠淺説。一六三八年刻。方中履：『老父舊有龍眠淺説，直之叔戊寅刻之。』

*23.四書約提。約一六三九年。方傳理方氏家譜書目。昌翰書目：『佚去無存。』叔文書目。

*24.易義。約一六四〇年前後。

＊25.易袈。盧見曾補注王士禎感舊集云：『密之著易袈。』錢林文獻徵存録卷六：『有易袈、古今性説合觀、一貫問答。』

＊26.離經小辨。約一六四〇年前後。叔文書目。鴻壽書目。

＊27.醫學。一六三八年春。

＊28.醫方大略。叔文書目。鴻壽書目。

＊29.醫丹。桐城方氏藝文志。叔文書目。鴻壽書目。

＊30.脉參。桐城方氏藝文志。叔文書目。鴻壽書目。

＊31.運氣約幾。一六四三年前後。叔文書目運氣約幾注『鈔本』。鴻壽書目注『殘本未刻』。

8.内經經絡（醫方大約附）不分卷。一六三九年前後。

9.通雅五十二卷首三卷。初稿完成於一六三九年。通雅序撰於一六四一年。通雅又序撰於一六四二年。通雅凡例撰於一六四三年。

10.切韻聲原。一六三九年。昌翰書目：『尚有家藏鈔本。』潤軒書目：『切韻聲原一卷，已列於通雅。』

＊32.禹書經天合地圖。約作於一六三九年前。

(三)仕宦時期(一六四〇—一六四四)

11. 痒訊不分卷。一六四〇—一六四四年。鴻壽書目。

12. 激楚。一六四〇年。叔文書目激楚注：『見汗青閣詩集。』鴻壽書目。

*33. 此藏軒音義雜説。一六四一年。

*34. 圖考。一六四三年前後。

13. 物理小識十二卷。一六三一年始撰，一六四三年自序，一六五〇年增補，一六六四年于藻撰序，一六六五年授梓。

*35. 異外閒談。叔文書目作『異外閑談』。鴻壽書目。

14. 曼寓草上中下。叔文書目。

15. 史斷。一六四三年冬。潤軒書目：『史斷刻於曼寓草内。』叔文書目。鴻壽書目。

16. 史論。一六四三年。叔文書目。鴻壽書目。

*36. 姓氏抄。一六四三年。

*37. 養生約抄。一六四三年。

*38. 新議三十篇。一六四三年。鴻壽書目。

*39. 浮山日衂。叔文書目。鴻壽書目。

＊40．窾林。黄雲師青原山無可大師碑。潤軒書目。
＊41．怵怵集。黄雲師方文忠公行狀。
＊42．諸子燔痏。潤軒書目：『諸子燔痏，同種書堂書目内窾怵、經解七集匯刻於浮山日袇。』昌翰書目：『佚去無存。』叔文書目。乾隆年間，安徽巡撫奏繳七十一種之一。
＊43．經考。昌翰書目：『尚有家藏鈔本。』
＊44．經學編。一六四三年前。
＊45．經解七集。潤軒書目：『經解七集匯刻於浮山日袇。』
＊46．平衡一卷。叔文書目。鴻壽書目。
＊47．平應。叔文書目。鴻壽書目。

（四）瞻旻時期

17．瞻旻不分卷。一六四四——一六四五年。鴻壽書目。
＊48．錦纏玉。一六四四年。鴻壽書目注：『黄雲師撰方文忠公行狀云：「至五羊變姓名爲吳石公，戲爲錦纏玉傳奇，親教伶人。」』叔文書目。
＊49．末泥鶻。約一六四四年。叔文書目。鴻壽書目。

（五）流離時期（一六四五—一六五〇）

18．流離草。一六四五年—一六五〇年間詩集。

＊50．嶺外文（匯編）。一六四五年。

＊51．史紬。一六四五年。

＊52．自序篇。一六四七年。叔文書目。鴻壽書目。

19．史疑。一六四八年。叔文書目。鴻壽書目。

＊53．不改居默記。一六四九年。

＊54．不改居稿。叔文書目。鴻壽書目注：『汗青閣集云：在傜中作。』流離南楚、西粵不改居行郭所撰文稿。

＊55．此藏軒文集。叔文書目。

＊56．此藏軒詩集。叔文書目。

20．嶺外稿。一六四五—一六五〇年間文集。叔文書目。

21．猺峒廢稿。一六四七—一六五〇年間。昌翰書目：『尚有家藏鈔本。』叔文書目注『鈔本』。

＊57．浮山前集。一六五〇年逃禪前詩集。叔文書目注：『八卷。原刻本。』

22. 浮山文集前編十卷。一六五〇年逃禪前文集。叔文書目:『浮山文集前編。』

(六)逃禪冰舍時期

*58. 浮山後集。一六五〇年後詩集。叔文書目注:『十四卷。原刻本。縣志、桐舊集。原刻無生寱、借廬語、鳥道吟、建初集、欒廬藥集、合山欒廬占、藥集、五老約、正叶、浮廬藥游、梅川三游均匯入。』叔文參考書籍有『浮山前後集』。

23. 浮山後集四卷。一六五〇——一六五五。

24. 無生寱。一六四七——一六五二年間詩集。

*59. 浮山別拈。叔文書目。鴻壽書目。潤軒書目有『別拈』,列入『未覓得』。

*60. 會宜編。昌翰書目:『尚有家藏鈔本。』叔文書目。

25. 性故不分卷。撰於逃禪冰舍前後,似是此藏軒會宜編中一種。

*61. 古今性説合觀。叔文書目注:『見感舊集。』盧見曾注王士禎感舊集云以智有古今性説合觀,不知是否即性故。

26. 一貫問答不分卷。撰於逃禪冰舍前後。方傳理家譜書目。昌翰書目:『尚有家藏鈔本。』叔文書目:『抄本。』

*62. 旁觀鐸。昌翰書目:『佚去無存。』叔文書目。

＊63・太平鐸。昌翰書目：『佚去無存。』叔文書目。

＊64・中旁通。

27・易餘上下卷。逃禪冰舍前後著作。見於經義考。叔文注：『二卷。鈔本。見經義考、縣志。』

28・東西均不分卷。逃禪冰舍前後著作。昌翰書目：『尚有家藏鈔本。』叔文書目注：『鈔本。』東西均記作於順治九年壬辰(一六五二)。

＊65・學易綱宗。昌翰書目：『佚去無存。』叔文書目注：『見方氏藝文志。』

＊66・易籌。昌翰書目：『佚去無存。』叔文書目易籌注：『見方氏藝文志。』

＊67・陽符中衍。昌翰書目：『佚去無存。』叔文書目。

＊68・醫集。

＊69・醫集引。方氏藝文志。叔文書目。鴻壽書目。

＊70・噓室一解。叔文書目誤作『噓空一解』。鴻壽書目誤作『噓實一解』。『噓室』語出莊子人間世。藥地炮莊目録有噓室一解，有目無文。

＊71・旁通一概。叔文書目。鴻壽書目。

＊72・等切聲原序。一六五二年。

（七）廬山時期（一六五二）

29. 借廬語。一六五二年。

（八）閉關竹軒時期（一六五三—一六五五）

30. 鳥道吟，一六五二—一六五六年間。

31. 信叶。詞集。

32. 象環寤記一卷。一六五三年。昌翰書目：『尚有家藏鈔本。』叔文注：『鈔本。』

33. 建初集。順治十年癸巳（一六五三）至順治十二年乙未（一六五五）閉關高座寺期間詩作。高座寺即建初寺，故詩集名建初集。

＊73. 删補本草。一六五三年。方氏藝文志。叔文書目。鴻壽書目。

（九）合明廬墓時期（一六五五—一六五七）

34. 合山欒廬詩不分卷。一六五五—一六五七年。

35. 周易圖象幾表時論合編二十三卷。方孔炤一六四四年完成初稿，一六五五年逝世，方以智一六五七年編成，一六六〇年刻成。

＊74. 寂歷圖。約撰於一六五八年之前欒廬期間。

＊75. 鼎薪。可能撰於欒廬期間或以前。昌翰書目：『尚有家藏鈔本。』叔文自注：

『鈔本。』

＊76．欒廬藥集。撰於欒廬期間。

36．藥集不分卷。廬墓期間詩集。

37．五老約一卷。一六五八年春。叔文書目。

38．正叶一卷。一六五八年正月。

39．四韻定本二卷。一六五八年。

（十）浮廬藥游時期（一六五八—一六六二）

住持新城廩山時期（一六五九—一六六二）

＊77．浮廬藥游。順治十五年（一六五八）至康熙五年（一六六六）詩集。叔文書目。

＊78．梅川三游。一六五九年。

＊79．名山游。叔文書目。鴻壽書目。

＊80．烹雪録。昌翰書目：『佚去無存。』叔文書目注：『見江南通志。』

40．藥地炮莊九卷總論三卷。撰於一六五三—一六六〇年。

＊81．正韻。叔文書目。

＊82．正韻字綱。叔文書目。鴻壽書目。

＊83 正韻箋補。昌翰書目：『尚有家藏鈔本。』叔文書目。鴻壽書目。

(十一)住持青原時期(一六六三—一六七一)

41. 禪樂府一卷。一六六五年撰，一六七一年序。昌翰書目：『尚有家藏鈔本。』叔文書目注：『一卷。十世孫叔文、十一世孫鴻壽校訂鉛印本。』一九三五年鉛字排印。

＊84. 廬藥合草。康熙九年(一六七〇)集余颺與方以智康熙三年(一六六四)、六年(一六六七)酬唱之句而成。

＊85. 三游詩。一六六七年。叔文書目。鴻壽書目。

42. 浮山文集後編二卷。一六五一——一六六四年文集。叔文書目。

43. 浮山此藏軒別集二卷。結集於一六五五年之後。昌翰書目：『此藏軒別集有家藏鈔本。』叔文書目浮山別集注『鈔本』，似即浮山此藏軒別集。

＊86. 浮山全集。叔文書目。乾隆四十年間江西巡撫郝順奏繳十種之一。

44. 醫學會通(明堂圖說附)。方氏藝文志。叔文書目醫學會通注『鈔本』，未言『明堂圖說附』。

45. 青原愚者智禪師語録四卷。一六六四——一六七一年住持青原淨居寺語録。康熙十年與十一年之交方中通守櫬萬安時編輯完成。十五年(一六七六)刊刻。十九年(一六八〇)興斧送存嘉興藏。

46.冬灰録七卷。一六五五—一六六七年語録。昌翰書目：『尚有家藏鈔本。』叔文注：『鈔本。』

＊87.首山録。黄雲師青原山無可大師碑：『冬灰、首山二録。』

＊88.此藏軒尺牘。昌翰書目：『尚有家藏鈔本。』叔文書目注『鈔本』，參考書籍有此藏軒尺牘。方鴻壽方以智年譜附『著作書目』有此藏軒尺牘，自注：『毁於「文革」之火。』

47.覺浪道盛天界覺浪盛禪師全録三十二卷（參編）。一六六一年。

＊89.覺浪道盛三匯集（編）。一六六八年編。

48.覺浪道盛杖門隨集（編）。叔文書目。鴻壽書目。

＊90.傳燈正宗册五十五卷（編）。

49.青原志略十三卷。康熙九年（一六七〇）刊。叔文作『青原山志』。

50.浮山志。方以智倡，山足興斧編。

＊91.過化壽帖。叔文參考書籍。

＊92.隨青録。叔文參考書籍。

（十二）其它年代待考者

*93.一學緣起。叔文書目：『方氏藝文志注録，有抄本。』鴻壽書目。

*94.復蛸。叔文書目。鴻壽書目。

*95.交格。叔文書目。鴻壽書目。

*96.全眼。叔文書目。鴻壽書目。

*97.書啓。叔文書目。鴻壽書目。

*98.三教書。叔文注：『見方氏藝文志。』鴻壽書目。

*99.炮綱。叔文書目。鴻壽書目。

*100.鬱輪袍。叔文書目。鴻壽書目。

*101.雜碎。叔文書目。鴻壽書目。

*102.物理小識補遺二卷。叔文書目注：『二卷。抄本。』鴻壽書目。

*103.竈觚稿。潤軒書目『未覓得』。

（十三）方潤軒列十四種『多未覓得』

*104.墨寒。潤軒書目『未覓得』。叔文書目。鴻壽書目。

*105.鰍勝。潤軒書目『未覓得』。叔文書目。鴻壽書目。

*106.頤抄。潤軒書目『未覓得』。

*107.土苴。似即閑窗土苴。潤軒書目注『未覓得』。叔文注：『見方氏藝文志。』鴻壽書目。

*108.破藍。潤軒書目『未覓得』。叔文書目作『破籃』。鴻壽書目作『破藍』。

*109.別拈。潤軒書目『未覓得』。疑即叔文書目、鴻壽書目之『浮山別拈』。

*110.因果説。潤軒書目『未覓得』。

*111.三教説。潤軒書目『未覓得』。

*112.天地眼。潤軒書目『未覓得』。叔文書目。鴻壽書目。

*113.活師尾。潤軒書目『未覓得』。叔文書目。鴻壽書目。

*114.贊偈搕𢶍。潤軒書目『未覓得』。

*115.六説公證。潤軒書目『未覓得』。叔文書目。鴻壽書目。

*116.抉擇法眼。潤軒書目『未覓得』。叔文書目作『決擇法眼』。鴻壽書目。

(十四)方潤軒藏刻幅十一種

*117.各安生理説。一六五九年。潤軒藏『刻幅』。

*118.十二時歌。潤軒藏『刻幅』。

＊119．五十初度詩。一六六〇年。潤軒藏『刻幅』。

＊120．示兒語。潤軒藏『刻幅』。

＊121．琴鼓章。潤軒藏『刻幅』。

51．天淵頌。閉關竹關期間，約一六五四年前後。潤軒藏『刻幅』。

＊122．浮山字母歌。潤軒藏『刻幅』。

＊123．土室徵言序。潤軒藏『刻幅』。

＊124．寶王論。潤軒藏『刻幅』。

52．別路杖影。潤軒藏『刻幅』。

＊125．永明禪師十問。潤軒藏『刻幅』。

（十五）方潤軒藏石刻十八種

＊126．青原毗盧閣記。潤軒藏『石刻』。

＊127．游息引。潤軒藏『石刻』。

＊128．書法一指。潤軒藏『石刻』。（原注：『共一石。』）

＊129．心經。潤軒藏『石刻』。（原注：『一新安江氏刻，一景雲寺刻。』）

＊130．壽昌寺碑。潤軒藏『石刻』。

*131．景雲寺碑。潤軒藏『石刻』。

*132．汋林文石篇。潤軒藏『石刻』。

*133．遺教經。潤軒藏『石刻』。

53．雪月梅。潤軒藏『石刻』。應即合山欒廬詩雪月梅七律二首。約作於順治十三年（一六五六）。

*134．大士像贊。潤軒藏『石刻』。

*135．漱棠詩。潤軒藏『石刻』。

54．歸雲閣詩。潤軒藏『石刻』。應即青原志略卷十一愚者智歸雲閣落成詩。

*136．庾詞四首。潤軒藏『石刻』。

*137．野語四首。潤軒藏『石刻』。

*138．此藏軒切語。潤軒藏『石刻』。

*139．論書。潤軒書目藏『石刻』。

*140．谷庵記。潤軒書目藏『石刻』。

*141．蘭亭序。潤軒書目藏『石刻』。

(十六)結語

以上書目,已佚一百四十一種,現存五十四種,共一百九十五種。需要説明者:

其一,已佚著作的卷數、内容、撰刻年代多無法詳考,只能依性質歸類。有些可能只是一首詩或一篇短文,有些可能如方潤軒所説『係當時隨筆暫記,未成之稿』,有些可能是没有收入通雅、物理小識、藥地炮莊等書的殘文。但是有些如浮山字母歌、十二時歌、各安生理説、鼎薪、烹雪録、首山録可能很有價值,因此我們仍依方氏歷代搜集書目整合,以供讀者參考研究。

其二,有些很有價值的佚書很可能仍在人間。如方叔文方密之先生年譜(癸巳年)説:『鼎薪、易餘、烹雪録尚有稿本藏於家。』方叔文也有過庭録抄本、此藏軒隨筆。浮山日袇曾有刻本,其中至少有諸子燔痏、窽怵、經解七集、平衡。方鴻壽説『文革』時有一行草立軸寫的是東坡詩句,就『藏在一位當年造反派的家裏』。

其三,桐城方氏詩輯刻方以智詩集多種,但每集只刻十之二三。若能找到原抄本,則更能反映方以智詩集全貌。

其四,青原志略、浮山志、天界覺浪盛禪師全録、心學宗續編有很多有價值的方以智詩文。

其五,書目中嚮言、兩廣新書(似即兩粤新書)不是方以智著作,青原毗盧閣記可能是施閏章所作,有些出自方志書目也可能有誤。(乾隆沅州府志卷四十四所載蘧庵集應是朱子暇著作。)

七、方以智著作的整理

（一）過程與背景

方以智著作的全面性整理是一九四九年以後的事。

一九五八年二月，全國古籍整理出版規劃領導小組成立；　六月，小組制定了以文、史、哲爲主體的古籍整理出版規劃。　一九五九年，中華書局上海編輯所（簡稱中華上編所）擬整理出版方以智全書；　一九六〇年，中國科學院歷史研究所與中華上編所議定，協作編纂出版該書，侯外廬總持其事，張德鈞具體負責。

一九六一年，安徽省博物館紀念方以智誕辰三五〇周年，舉辦『方以智著作和事迹展覽』。

一九六三年，中華書局出版李學勤標點本東西均。

一九六四年夏至一九六五年春，因批判楊獻珍的『合而爲一』論而連帶對方以智哲學思想進行批判，批判亦間接引發了對方以智著作及其思想的關注。　隨後『文革』爆發，方以智全書編纂工作遂告中斷。

一九八〇年，上海古籍出版社（即原中華上編所）與中科院歷史所中國思想史研究室再度聯手，方以智全書編纂重新上馬，整理工作主要由冒懷辛承擔。

一九八六年，完成通雅校點稿； 一九八八年，方以智全書第一卷通雅（上下）由上海古籍出版社（胡道静、李劍雄爲責任編輯）出版。冒懷辛執筆的方以智的生平與學術貢獻作爲全書前言。一九八五年，安徽省古籍整理出版機構建立，整理規劃中列入方以智著作。一九八九年，安徽省古籍整理出版規劃委員會將方以智全書列入規劃的重點項目，并於其後上報國家新聞出版總署。一九九二年，新聞出版總署並全國古籍整理出版規劃領導小組將方以智全書列入「中國古籍整理出版「八五」規劃」； 一九九六年後列入「九五」規劃。一九九七年，安徽省第三次古籍整理出版規劃會議制定了全書的編纂方案。後因最初確定的兩主編一位逝世、一位中風，又因當時安徽省承擔的國家古籍整理重點項目較多（如朱子全書、戴震全書等），而方書版本收集的難度又過大，爲確保編刊質量，經上報出版管理部門同意，決定方以智全書編纂工作延期實施，并被順延列入國家「十五」「十一五」「十二五」規劃。二〇〇九年被教育部全國高校古籍整理研究工作委員會列爲重大項目，二〇一七年被國家新聞出版廣電總局列爲國家出版基金項目。

近百年來，有關明末清初的歷史、人物和思想的研究成爲顯學，對方以智的研究也取得突出成績，其要者有張永堂方以智的生平與思想（一九七七）、任道斌方以智年譜（一九八三，謝國楨方以智年譜序寫於一九八〇年）、蔣國保方以智哲學思想研究（一九八七）、羅熾方以智評傳（一九九八）等； 對方以智著作的整理也有不少成果，除通雅外，還有何齡修等標點的浮山文集後編、浮山此藏軒別集（清史數據第六輯，中華書局一九八五），張永義浮山文集校注（華夏出版社二〇一七），龐樸東西均注釋（中華書局二〇〇一，二〇一六年版與一貫問答注釋合刊），張永義、邢益海校點的藥地炮莊（華夏出版社二〇一一年，二〇一六年修訂版），邢益海校注的冬灰録（外一種青原愚者智禪師語録）（華夏出版社二〇一四），張昭煒校點的象環寤記、易餘、一貫問答（九州出版社二〇一五），性故注釋（中華書局二〇一八），易餘（上海古籍出版社二〇一八）。另有浮山志、青原志略等相關著作也先後出版。

（二）體例與願望

關於本書體例，這裏主要交代以下幾條：

其一，方以智全書實際上包括正編和外編兩大部分。現在讀者見到的方以智全書即方以智全書正編，收入方以智存世著作三十五種（另外二種的五位綱宗附於冬灰録，周易圖象幾表合於周易時論將收入外編）。方以智全書外編收入方以智參編著作（如周易時論、青原志略等），後人輯佚之作（如方以智晚年詩文輯軼及續編等），方以智年譜，著述考，附録，索引及其它需要輯補的數據。

其二，全書編排，既依從各子書的類别，又考慮各書的撰述先後，基本做到：以類相從，同類依時。

其三，因爲方以智全書列入安徽古籍叢書，故在校點上遵照安徽古籍叢書校點注釋通則、安徽古籍叢書專名號使用細則等檔，同時根據方著各子書所用底本中抄本較多、而刻本中又以清初此藏軒本爲多的特點，在版本的敘述、抄件的識别、字迹的規整等方面又制定了若干細則。

其四，原書中他人序跋及注文、批語已與原書融爲一體，爲保持原貌，并有裨於研究，整理中皆予以保留。

其五，各子書應撰寫整理説明，説明文字包括本書卷數、主要内容、存佚、版本及本次整理情況等。

編纂方以智全書，困難很多，通過整理實踐，更深感受有以下幾點：一是本子難找，一些珍本秘籍不外借，不複印，不拍照，即便拍照後再複印，也影響清晰度，增加整理難度。二是標點難度大，方氏著作涉及多史實、多學科，一些内容或玄奥難懂，或史事不明，有反復閲讀仍難有確解的。三是已有校點本（如通雅、東西均）係名家所爲，起點高，提升難度大。四是成之衆手，質量或參差不齊。

爲此，我們要求做到：一對方以智存世著作儘量收全；二儘量選用最好或最恰當的本子作爲校點底本；三，要認真斟酌，儘量做到標點準確。對冒懷辛、李學勤、龐樸諸位先生整理過的幾種書，要在校點上下更大功夫，以提高質量、改進標點作爲向前行者的致敬。

(三)人員與分工

方以智全書編纂工作由黄德寬、諸偉奇負責。全書參加人員及他們所承擔的各子書如下：

張永堂：易餘、象環寤記、性故、一貫問答、青原愚者智禪師語録、冬灰録(並五位綱宗)、博依集卷一、卷六、卷七等

諸偉奇：東西均，通雅卷首三卷、卷一至卷十三、卷二十三至卷二十五，博依集卷二至卷五、卷八至卷十，永社十體，膝寓信筆，痒訊，瞻旻，虞山後集，浮山後集(無生寱、借廬語、鳥道吟、信叶、建初集)，合山欒廬占，五老約，正叶，藥集，禪樂府(部分)

趙鋒：藥地炮莊

紀健生：通雅卷二十六至卷五十二

阮東升：通雅卷十四至卷二十二

敖堃：物理小識

楊軍：四韻定本

牛淑平：醫學會通、内經經絡

周挺啓：廬墓考

李媛：流寓草

胡長春：浮山文集前編（部分）、浮山此藏軒别集（部分）
李霜琴：浮山文集後編
束莉：浮山文集前編（部分）、浮山此藏軒别集（部分）
方無：禪樂府（部分）

各子書的整理完成有先後，藥地炮莊是二〇〇八年交稿的，有的則拖延較晚，二〇一五年九月，除醫學二種外，其它各種全部交稿。之後則由安徽省古籍辦承擔全書的編務工作，彭君華總負責。黄德寬、諸偉奇、張永堂、彭君華等參與了書稿的審訂。

（四）感想與感謝

明清之際的歷史進程、社會現實及個人品性，成就了方以智這樣永垂史册的思想家。然而由於其著作多數不爲世人所知，致使這樣的一代巨擘未能得到應有的關注和稱譽。這是個巨大的不幸！理清方以智一生著述家底，編纂方以智存世著作，既是深入研究方以智和明清思想史、學術史的需要，也是中華學人理應完成的文化擔當，更是一樁被延宕了數十年甚至數百年的歷史交代。

現在，方以智全書終於要出版了！看着那些歷遭禁毁、劫後餘生的卷帙被匯爲一書，那些連篇累牘又偶被淆混的章節得以整理分段，那些玄奥費解的文句被加以標點，那些精采絶倫的話語躍動於眼前，作爲執事者，此刻我們百感交集……

這裏，要感謝一些人和單位。首先要感謝方氏後人，他們在清廷嚴酷的文化管控中，或編刊以傳，或代代相守，爲保存方以智著作作出了巨大貢獻，特别是方鴻壽老人更是歷經艱困，至死不懈，把保存完好的已刊與未刊的二十餘種方以智著作及桐城方氏七代遺書捐贈安徽省人民政府。

再要感謝爲安徽省古籍整理出版事業做出了不朽貢獻的魏心一先生，没有他的弘毅堅忍，安徽省的古籍整理難有這麼多年的持續發展。他在逝世前幾個月還在問方以智全書的進度，今年是他逝世十周年紀念。

回顧二十多年的編纂歷程，很多情景令人動容：一九九二年，在北京召開的第三次全國古籍整理出版規劃會議上，龐樸先生向諸偉奇詢問方以智著作整理計劃；一九九七年，李學勤先生來合肥，希望安徽能抓緊出版方以智全書，同年，時任安徽古籍叢書編委會主任委員的劉學鍇先生督促要出好方以智全書；二〇〇六年，諸偉奇與陶清去北京看望大病初愈的冒懷辛先生，談話中還是不離方以智。我們還難忘當初申報項目時，蔣國保先生草擬的預案和項目進展延期後的焦急；難忘這些年與安平秋先生見面時他那似不經意卻舉重若輕的詢問……

對全書編纂，這些年不僅有老輩學者如錢仲聯、冒效魯、吴孟復、金克木、舒蕪的關心和建議，更有一些年輕學人的敦促和鞭策，如邢益海、張永義、張昭煒、謝明陽、張暉（已故）……凡此，既給我們以鼓勵，也使我們爲全書完成期過長和書中所存在的差誤而疚愧。

感謝教育部全國高校古籍整理研究工作委員會、國家新聞出版署對本書整理和出版的支持！感謝安徽省博物院、安徽省圖書館、國家圖書館、北京大學圖書館、首都圖書館等單位及李國慶、李雄飛、周媛等同志爲資料收集所提供的便利；特别要感謝安徽省古籍辦和黄山書社對書稿編校的一絲不苟、精益求精，同時要感謝楊應芹、賈東亮、王剛琪、張曦仲、張紅一、張守静等同仁不計名利的協助，没有他們的支持，方以智全書的編纂出版是難以實現的。最後要感謝安徽大學和安徽省文史研究館的重視和支持，使我們多年來能以一顆平常心從事這項不平常的工作。

張永堂　諸偉奇執筆

二〇一九年四月

注　釋

〔一〕方以智浮山文集前編卷十四辭請罪疏（戊子八月自楚中洞口上）：『是時僞偏院、僞沅靖道再三嚴索，必欲搜出誘致，以獻功於恭逆。適有天幸，所在脱免。』恭逆即孔有德。

〔二〕方孔炤周易時論合編凡例。

〔三〕方以智浮山此藏軒別集卷一書方虛谷序牧潛集後：『環中老父，托孤杖門，公因反因，發揮午會。』方以智慕述：『一元午會，人法全彰（依邵子法，今午會中）。』青原志略卷十三方以智公因反因話：『藏一曰：「環中堂公因反因，誠破天荒、應午會矣。」』

〔四〕方中通璇璣遺述序。

〔五〕梅文鼎寄方位白（五首）：『君繼浮山開午會，曆師尼閣擅歐羅。』

〔六〕方以智膝寓信筆。

〔七〕方孔炤請旌表臣門三節疏。

〔八〕方以智膝寓信筆。

〔九〕方昌翰桐城方氏七代遺書七代系傳按語云：『公之譔著已刻者十餘種，經癸丑粵寇之亂，毁棄無遺。今惟心學宗有重刊本。桐彝、邇訓用聚珍鉛版印行。東游紀、性善繹、庸言三種今刻入方氏叢書。其崇本堂稿八卷，並補編、外編，僅存原刻印本。二解、七論、桐川語、桐川會言均鈔藏待梓。他如易蠡十卷、孝經繹一卷，見於經義考。桐川會言、先正編、方子一言、南游紀、北游紀、崇實會紀、歸去吟十九章諸書，雜見於志乘，今尚搜覓未獲。』

〔一〇〕黄宗羲明儒學案列入泰州學案。

〔一一〕方學漸庸言虛無論。

〔一二〕方學漸性善繹。

〔一三〕方中通心學宗續編卷一。

〔一四〕方學漸庸言善論。

〔一五〕方學漸性善繹。

〔一六〕方學漸心學宗卷三。

〔一七〕方中通心學宗續編卷一。

〔一八〕方大鎮説：『先父藏陸於朱，以毋欺而好學爲鐸，正所以大畜其良知。』見方孔炤周易時論合編卷四。

〔一九〕黄居中千頃齋初集卷十三方本庵先生心學宗序（代）。

〔二〇〕葉燦撰方明善先生行狀。

〔二一〕方昌翰桐城方氏七代遺書七代系傳按語云：『公所著田居乙記四卷，曾經沈德先刻入眉公秘笈，今惟有家藏鈔本。荷薪義八卷，僅存殘刻本一册，是二書皆載欽定四庫全書存目。易意四卷、詩意、禮説皆載經義考。寧澹居詩集十三卷、居敬論六篇、聞斯録、野同語、幽忠録、縻爵昌言、陽明録纂、荷薪別集、家史、山居紀事、顯忠録諸書，雜見志乘，俱佚無存。今刻入方氏叢書者寧澹居奏議、寧澹語二種。又寧澹居文，尚非足本。家藏正蒙述讃、性論、至善講義三集、寧澹居文集四卷，待次第付梓。』

〔二二〕方大鎮寧澹語卷上。

〔二三〕方中通心學宗續編卷二。

〔二四〕方以智通雅卷首之二讀書類略提語。

〔二五〕方大鎮寧澹語卷上。

〔二六〕方大鎮寧澹語卷下。

〔二七〕青原志略卷八方大鎮寄鄒爾瞻先生。

〔二八〕劉洪謨讀桐川方魯嶽先生論學序。

〔二九〕方孔炤周易時論二十三卷、全邊略記十卷、環中堂文集十四卷詩集六卷。刻入七代遺書者有職方舊草、撫楚疏稿、撫楚公牘、知生或問、西庫隨筆、芻蕘小言六種。方昌翰時詩經永論、過庭實録尚存抄本，而尚書世論二卷、春秋竊論二卷、禮記節論、庸書、廣石言、抱一齋當問、不佞集、畿輔屯墾節要、四書當問、學易中旁通、保障二議、勘楚節鈔、知言鑑、明善述、金陵誡子書時皆已佚（方昌翰桐城方氏七代遺書七代系傳）。

〔三〇〕方孔炤環中堂詩集初述周易時論：『日炊考亭飯，即燒象山薪。弄丸歸行窩，四顧惟一真。』

〔三一〕青原志略卷十三左鋭：『環中堂公因、反因，誠破天荒，應午會。』

〔三二〕方以智藥地炮莊卷一齊物論注。物理小識卷五方中通按語：『公因，一也，反因，二也。此方氏之易學，真破天荒，一切皆然。』

〔三三〕吳應賓撰宗一聖論十卷、古本大學釋論五卷、中庸釋論十二卷、性善解、悟真篇、方外游、採真稿、學易齋集等。

〔三四〕冬灰録卷首金谷葬吳觀我太史公致香語。

〔三五〕馬其昶桐城耆舊傳吳觀我先生傳。

〔三六〕方以智物理總論。

〔三七〕方以智物理小識總論：『方中通曰：虛舟子者，王化卿先生，諱宣，在先高祖明善先生門，四十不娶，學悟河洛，以授老父者也，曾著物理所。』

〔三八〕崇禎十六年（一六四三）方以智周易時論後跋：『余小子少受河洛於王虛舟，符我家學。』方孔炤周易時論合編凡例：『王虚舟、曹白笴、錢爾卓，皆事先祖。虚舟晚窮河洛，白笴、爾卓善析名理。』

〔三九〕方以智通雅卷首之二讀書類略提語。

〔四〇〕方以智膝寓信筆。

〔四一〕方以智通雅卷首之二讀書類略提語。

〔四二〕方孔炤有辛亥生男乳名東林詩。方以智借廬語東林：『小字更生夢，驚飛到此林。』

〔四三〕彭士望首山濯樓記。

〔四四〕徐芳懸榻編卷三愚者大師傳。

〔四五〕崇禎七年冬十二月，方以智流寓草卷四詣候白安石夫子記其命我之語：『逢人思變姓，教我善藏名。』

〔四六〕方以智一生分期有二期（方中通、錢秉鐙以逃禪分前後兩期）、三期（冒懷辛）、四期（羅熾）、七期（任道斌）諸説。

〔四七〕方以智十四歲徒步百里應童子試，謂『天下將亂，士君子當習勞苦』（徐芳愚者大師傳）。黄雲師方文忠公行狀：『補邑弟子員，即以天下爲憂樂，策論慷慨，指陳時事切直。嘗徒步百里赴試，人或謂之曰：「君貴公子，何自苦若是？」公曰：「天下方多故，豈士君子安佚時耶？」』

〔四八〕方中通陪集卷四哀述。參見博依集卷五詠懷。

〔四九〕方以智浮山文集後編卷一虚舟先生傳。

〔五〇〕方以智浮山文集前編卷三七解（丁丑答客作），方中通哀述。

〔五一〕方以智浮山文集前編卷三七解（丁丑答客作）。

〔五二〕方以智膝寓信筆：『每捧黻佩遺集，淚沾襟袖。』合山欒廬占慕述：『吾母信善，秉宮諭誨。建幢幡林，通瞿輪

〔五三〕方以智浮山文集前編卷二孫武公集序。又博依集卷八東農父及子遠舅氏：『海内只今信寥落，龍眠山下有狂生。』

西江烹雪水，不知切利是何天。吾母太恭人秉蓮池戒，受博山乳，總是三一之淵源。』

慧。』青原愚者智禪師語録卷四母吳太恭人忌日燒香云：『「師云：忽然四十有三年，孝滿曹山發酒顛。今日

〔五四〕黄雲師方文忠公行狀。

〔五五〕錢秉鐙田間文集卷十題愚道人溪山册子。

〔五六〕姚文燮通雅序。

〔五七〕朱彝尊静志居詩話方以智。

〔五八〕王夫之永曆實録卷五方以智傳。

〔五九〕方以智又寄爾公書：『貪多技藝，分其心力。』

〔六〇〕方以智浮山文集前編卷八又寄爾公書。

〔六一〕方以智浮山文集前編卷三七解（丁丑答客作）。

〔六二〕方以智浮山文集前編卷七瞿稼軒年伯詩序。

〔六三〕錢撝禄先公田間府君年譜。

〔六四〕黄雲師方文忠公行狀。

〔六五〕方以智又寄爾公書。

〔六六〕方以智又寄爾公書。

〔六七〕方以智膝寓信筆。

〔六八〕方以智膝寓信筆。

〔六九〕黄雲師方文忠公行狀。

〔七〇〕錢秉鐙田間文集卷二十六長干寺遇舊中官述往事紀。

〔七一〕方以智浮山此藏軒别集卷一跋南泉所藏銅海書帖。

〔七二〕談遷國榷卷九八。明史諸王五：『定王慈炯，莊烈帝第三子……（崇禎十四年）九月封爲定王。十一月選新進士爲檢討，國子助教等官爲待詔，充王講讀官，以兩殿中書充侍講。』

〔七三〕方以智痒訊益四爻動（時劉新樂、鞏都尉召對，出聞其事）。

〔七四〕方以智與魏學濂、陳名夏、吴爾塤等集於金水橋，圖聯絡孫奇逢武裝，奉王子續明統。被李自成率部衝散。計六奇明季北略卷二十二『從逆諸臣魏學濂』云：『公（魏學濂）出，遇陳名夏、吴爾塤、方以智於金水橋，且曰：「我儕圖一死，所以報先帝。」公曰：「死易爾，願事有可爲者，我不以有用之身，輕一擲也。」因言：「東宫二王故在，而真保間義旅旦暮且至，獨不能忍須臾待之耶？」』東宫二王似指永王、定王。

〔七五〕計六奇明季南略。

〔七六〕方以智浮山文集前編卷七寄李舒章書（乙酉五月晦日南海寄）。鹿公曰：『余從燕都，親見國難，密之抗節獨苦，忠心壯志，可薄雲日。』程九昇曰：『唐之甄濟、蘇源明，宋之趙鼎、張浚、胡寅，以視密之守節之苦，尚且遜之。』

〔七七〕方以智浮山文集前編卷八寄張爾公書。

〔七八〕方以智浮山文集前編卷九鹿公小司馬墓誌銘。

〔七九〕方中通陪集卷二錦纏玉跋云：『昔者先君主青原時，一日通與方乘六隨侍出祖關，入傳心堂深室。乘六請示詞曲。先君爲歌錦纏玉一曲，命通以簫度之。歌畢，乃教之曰：「律吕本乎數度，能達斯旨，樂府詩餘，皆可自我作古，而不背古。惟詞曲可以逞才。余有錦纏玉傳奇，亂中所作，亂中旋亡。惜夫，今無矣！」逮先君棄世後，忽於兄倩孫大蘇案頭見此本。』

〔八〇〕王夫之永曆實録方以智傳。

〔八一〕方以智痒訊取稽古堂各種雜録合編之曰通雅。

〔八二〕方以智浮山文集前編卷五此藏軒音義雜説引。

〔八三〕周亮工讀畫録。

〔八四〕方中通陪詩卷四哀述云：中興輯録、大變録、吴廷策國變録、張魁血誓單、葉藍玉甲申紀事、馮猶龍伸志略加以褒白，魯孺發、陳子龍保其不屈之節。

〔八五〕天雷山苗地作齋戒詩云：『心齋與大戒，神明實在茲。』戴逡孝合山欒廬詩跋云：『以藥囊禪鉢，轉側苗洞。』似方以智已出家。方以智浮山文集後編卷一辛卯梧州自祭文云：『自甲申至庚寅，無可道人以猗玕洞之縣絲，流離嶺表，十召堅隱，不肯一日班行，爲白髮也。轉側猺峝，以鵶納爲歸路，庚寅之間，棲一瓢於仙回山，不幸同隱有相識者。』象環寤記：『以祇支爲避路即爲歸路。』

〔八六〕清黄宅中修、鄧顯鶴纂道光寶慶府志卷第百二十六。

〔八七〕方以智浮山此藏軒別集卷一武岡洞口。

〔八八〕方以智戊子春至洞口，十月回桂林，故『己丑季冬』當爲『丁亥季冬』之誤。
〔八九〕見潘玉方以智與洞口。
〔九〇〕方以智浮山文集前編卷十十辭疏。
〔九一〕方以智浮山文集前編卷九與留守相公借書。
〔九二〕均見于方以智浮山文集前編卷七。
〔九三〕見方以智桂林石刻跋尾。
〔九四〕桂海碑林博物館桂林石刻擷珍。
〔九五〕方以智浮山文集前編卷九。
〔九六〕逃禪以後自稱『鐵心夫子』。魏世效云：『木公既隱於浮屠，常返里省親，宿止僧舍。夫人至，不顧；使孫致手書，題緘曰「鐵心夫子」，不開視而火焉。然於寬巖幽谷、豪傑非常之士，莫不殫心搜訪結交而唯恐後。』
〔九七〕覺浪道盛杖門隨集卷上三大恩人。
〔九八〕方以智建初集。
〔九九〕覺浪道盛天界覺浪盛禪師全録卷三十：『陳大中曰：杖人癸巳又全標莊子以付竹關，奄忽十年，無可大師乃成藥地炮莊。解拘救蕩，因風吹火云爾，天下竟無知者乎哉！可惜許。』（莊子提正，廬陵學人宋之鼎跋所引。）
〔一〇〇〕錢秉鐙田間詩集卷五不擇地同無可師夜坐云：『露下久不坐，談深侍者疑。』
〔一〇一〕方以智合山欒廬詩得余賡之本師長書並詩感賦八首。
〔一〇二〕湯來賀送方素伯序云：『今戊戌之春，始卓錫於匡廬。』

〔一〇三〕黄雲師云：『（方以智）身居午會，於象數特精，曾演十八年偈以行。余寓書戒止，後稍自匿。』『十八年偈』不知與方以智别號『木立』、洪門『木立斗世』是否有關？

〔一〇四〕魏禮魏季子文集卷十五先叔兄紀略。

〔一〇五〕錢秉鐙田間詩集卷六擬往江右尋藥地不得去里中諸子聞白門近事招余還山。

〔一〇六〕方中德庚子暮春祝巢民先生蘇夫人五十雙壽。

〔一〇七〕魏禧魏叔子文集卷五。

〔一〇八〕錢秉鐙田間詩集卷七寄藥地無可師五十。

〔一〇九〕李元鼎游漱青三疊詩自注：『時藥公欲歸皖之浮山。』黄雲師青原山無可大師碑云：『戊申退院，結夏西昌首山，將休老焉。』冬灰録没有戊申以後記録（青原愚者智禪師語録有戊申以後上堂記録）。

〔一一〇〕李皋晤無可大師自注：『憶别大師十五年矣，酉冬始晤於青原，兼爲青琳彭公致訊。』見康熙青原志略卷十一。

〔一一一〕彭士望首山濯樓記：『首山亦庵，中千公即陶庵之舊爲大悲閣，閣傍爲樓，以居其本師墨歷老人。老人安之，名曰濯樓。名退寢之室曰臥聽，爲詩紀之，以滄浪自況……癸卯（一六六三）老人始至，顧而樂之，時方主青原不能分席，中公特爲斯樓，爲老人歸休之地。老人既退院，歸亦庵。辛亥春，已諏日移居濯樓，前三日難作。冬十月，老人野死萬安。』黄雲師採榮堂集卷三十九青原無可大師碑云：『庚戌而粤難忽作，聞耗登舟，於萬安示寂。門下士以末後偈請，答曰：「生死平常事耳，何偈爲！」蓋公之來去翛然者如此。』

〔一一二〕方以智甲辰住持浄居寺後枯荆再發，人以爲吉兆。庚戌辭院，辛亥正月虎入浄居寺嚙韋馱一足而去，方以智在首山聞之，以受命如響示衆，認爲當『與虎相忘』。黎士弘卻視爲方以智粤難及死前凶兆。黎士弘筆記云：『祖庭故有荆樹，枯謝已數十年，無可至則榮茂如昔。辛亥正月忽有虎入寺中，嚙韋馱一足而去。及夏，無可爲他事牽累，遂卒道中。學佛人當在死生榮辱之外，而卒不能逃機祥眹兆之中，何也？』

〔一一三〕方中通陪詩卷三憶親聞中云：『潭陽爲托當年友（書坊熊鄭諸公皆皈依老父。周易時論、藥地炮莊、物理小識三種書版，游子六向寄熊叔明、熊長吉家。刷行後，揭子宣轉托鄭玉友，并寄通雅，板已刊十之七八矣），家學堪傳異日心。』

〔一一四〕方中通陪詩卷三憶親聞中：『欲從南國覓知音，先聽樵溪水上吟。』

〔一一五〕詩云：『麥斜連石所，山徑護桃源。窮谷陰風疾，懸崖古木尊。樵夫嘗引路，隱者不開門。病還圖餘夢，南泉寄一村。』

〔一一六〕詩云：『已矣復奚道，滔滔不可還。乾坤存一老，瓢笠奇千山。易向艱危悟，詩同冰雪看。不知巖際月，照破幾蒲團。』

〔一一七〕羅炤天地會的兩個源頭云：『在陳近南的身上，可以看到鄭郟的影子。』

〔一一八〕鄭郟皆山詩集數部頁九。

〔一一九〕鄭郟皆山詩集射部頁三十一。

〔一二〇〕方以智浮山文集前編卷八寄朝中諸公書（己丑春日靈田山中發）：『今若上下一心，臥薪嘗膽，則業可過晉宋，不則廿五年、十五年，亦未易安枕也。』

〔一二一〕魏禧魏叔子文集卷五同林確齋與桐城三方書。

〔一二二〕徐芳懸榻編卷五寄木公四（丙午）。

〔一二三〕魏禧魏叔子文集卷五與木大師書。

〔一二四〕沈壽民姑山遺集卷四答藥地師書（庚戌二月）。

〔一二五〕康熙浮山志卷六與陳默公司馬。

〔一二六〕康熙浮山志卷十。

〔一二七〕康熙浮山志卷六復吳函雲水部。吳函雲水部即吳道新。

〔一二八〕論語爲政。

〔一二九〕論語衛靈公。

〔一三〇〕方以智通雅卷一古瘖即悟學教覺俱從爻。

〔一三一〕方以智東西均道藝。

〔一三二〕方以智東西均不立文字。

〔一三三〕方以智東西均不立文字。

〔一三四〕方以智東西均不立文字。

〔一三五〕方以智通雅凡例。又浮山文集前編卷六有藏智於物説。

〔一三六〕方以智通雅卷首之二藏書删書類略方氏三子識語。

〔一三七〕方以智膝寓信筆。

〔一三八〕方以智通雅卷首之二藏書删書類略。

〔一三九〕方以智浮山文集前編卷五考古通論。

〔一四〇〕方以智東西均擴信。

〔一四一〕方以智東西均茲燚黈。

〔一四二〕方以智東西均茲燚黈。

〔一四三〕方以智通雅自序。

〔一四四〕方以智通雅卷首之三文章薪火。

〔一四五〕方中通哀述。

〔一四六〕方中通心學宗續編卷一。

〔一四七〕方學漸心學宗卷四：「學者何必諱言利？」

〔一四八〕方以智浮山文集前編卷四有帝學、相道、中消議、錢鈔議。

〔一四九〕方以智浮山文集後編卷二極丸學人説。

〔一五〇〕左鋭黄林合録。方學漸認爲佛道二氏忽視人倫政事。

〔一五一〕方大鎮荷薪義卷八學文篇。

〔一五二〕方以智通雅卷首之三詩説（庚寅答客）及文章薪火。

〔一五三〕黄雲師方文忠公行狀。

〔一五四〕方中通陪古卷二環中堂文集跋。

〔一五五〕方以智通雅卷首之一音義雜論考古通説。通雅自序：「匿庸嗜奇，一襲一臆，兩皆不免。」

〔一五六〕方以智通雅卷首之三文章薪火。

〔一五七〕解經大指、大經大制別有經學編、圖考。偶舉者有如『一在二中』『參兩錯綜』『秩敘變化，頓時全舉』『方圓密顯，同時變化』等觀念。

〔一五八〕方以智浮山文集前編卷五通雅自序：『古今聚訟，爲徵考而決之，期於通達。』序云：『學惟古訓，博乃能約；當其博，即有約者通之。博學不能觀古今之通，又不能疑，焉貴書簏？』

〔一五九〕方以智通雅又序。

〔一六〇〕見浮山文集前編卷五通雅序及浮山文集前編卷五此藏軒音義雜説引。

〔一六一〕方以智通雅卷首之二小學大略。

〔一六二〕方以智膝寓信筆。

〔一六三〕方以智通雅卷五十切韻聲原。

〔一六四〕方以智通雅卷一疑始。

〔一六五〕方以智東西均道藝。

〔一六六〕方以智浮山文集後編卷一等切聲原序。冰舍自題『苾駄散漢愚者智』。『苾駄』即攝拖苾駄，即印度聲明。

〔一六七〕方以智浮山文集後編卷二正叶序。

〔一六八〕方以智通雅卷五十。

〔一六九〕方中通陪集卷一音韻切衍自序。

〔一七〇〕錢秉鐙田間文集卷十二通雅序。

〔一七一〕方以智物理小識自序。方以智認爲「盈天地間皆物」，因此他所説「物理」是指天地間一切事物之理，與今日「物理」或「科學」涵義不同。方學漸也認爲物有兩層，理亦有兩層。理在物外物内物先物後，求理則當求於物後物中，而物外物先之理在其中。因此方以智也認爲物有兩層，理亦有兩層，格物方法亦有兩種。質測與通幾分别探討可知與不可知之理。

〔一七二〕青原志略卷三仁樹樓别録。

〔一七三〕方中通心學宗續編卷四。

〔一七四〕方以智物理小識卷一天象原理。

〔一七五〕方以智物理小識自序。

〔一七六〕方以智青原愚者智禪師語録示中履。

〔一七七〕方以智浮山文集後編卷二游子六天經或問序。

〔一七八〕方中通心學宗續編卷四。

〔一七九〕方以智浮山文集後編卷二游子六天經或問序。

〔一八〇〕方中通與西洋湯道未先生論曆法説：「千年逢午會，百道盡文明（依邵子元會運世推算，正逢午會，萬法當明）。漢法推平子，唐僧重一行（先生崇禎時已入中國，所刊曆法故名崇禎曆書，與家君交最善。家君亦精天學，出世後絶口不談）。有書何異域，好學總同情。因感先生意，中懷日夕傾（予所得穆先生火星法最捷，故相質論）。」

〔一八一〕方中通心學宗續編卷四。

〔一八二〕方以智物理小識自序。
〔一八三〕方以智物理小識卷一九重。
〔一八四〕方以智浮山文集後編卷二游子六天經或問序。
〔一八五〕方以智物理小識卷一圜體。
〔一八六〕方以智物理小識卷一四行五行説。
〔一八七〕方以智物理小識卷三。
〔一八八〕方以智藥地炮莊卷九天下。
〔一八九〕周易時論合編圖象幾表卷七如此則災占受事乎。
〔一九〇〕方以智浮山文集後編卷二游子六天經或問序。
〔一九一〕方中履古今釋疑卷十二交食。
〔一九二〕周易時論合編圖象幾表卷七如此則災占多事乎、四行五行何紛也、此木實物也。
〔一九三〕方以智物理小識卷二藏智於物。
〔一九四〕方以智物理小識卷十二心神自靈説。
〔一九五〕青原志略卷五左鋍中五説。
〔一九六〕青原志略卷三仁樹樓別録。
〔一九七〕方中通哀述。
〔一九八〕青原志略卷三。

〔一九九〕方學漸性善之説與東林、關中學者合拍，黄宗羲列入明儒學案中泰州學案，方以智則在青原志略中將方氏理學與江右學者並列，似乎有意爲家學及自己定位。

〔二〇〇〕青原志略卷十三方以智鄒文莊青原夢記。參見沈佳明儒言行録卷八鄒守益東廓。

〔二〇一〕方以智易餘薪火。

〔二〇二〕方以智浮山此藏軒别集卷一書藥王説後。

〔二〇三〕方以智一貫問答問格致。

〔二〇四〕方以智易餘目録。

〔二〇五〕論語衛靈公：『子曰：「賜也，女以予爲多學而識之者與？」對曰：「然，非與？」子曰：「非也。予一以貫之。」』又論語里仁：『子曰：「參乎！吾道一以貫之。」曾子曰：「唯。」子出，門人問：「何謂也？」曾子曰：「夫子之道，忠恕而已。」』

〔二〇六〕方以智一貫問答問一貫。

〔二〇七〕方中通心學宗續編卷三方孔炤曰：『仁知相反而實相因。』

〔二〇八〕鄒維璉寧澹居文集序。

〔二〇九〕方中通心學宗續編卷一。

〔二一〇〕方中通心學宗續編卷一。

〔二一一〕施閏章學餘堂集文集卷五吳舫翁集序。

〔二一二〕梅文鼎心學宗續編序。

〔二一三〕方中通心學宗續編自序。

〔二一四〕方中履汗青閣遺囑。

〔二一五〕陳鳴皋青原峯别道同説。

〔二一六〕方中履汗青閣遺囑：『特其書深而不露，處公之地，不得不爾。』

〔二一七〕方中通心學宗續編卷四。

〔二一八〕周易時論合編圖象幾表方中履序。

〔二一九〕施閏章愚山先生文集卷九無可大師六十序。

〔二二〇〕方以智藥地炮莊總論中左鋭録黄林合録。

〔二二一〕李綱梁溪集卷一一三雷陽與吳元中書。

〔二二二〕左鋭黄林合録。

〔二二三〕方以智易餘反對六象十錯綜。

〔二二四〕方以智浮山文集前編卷七寄李舒章書。程源，明崇禎癸未進士，孤臣紀哭作者。

〔二二五〕魏禧魏叔子文集卷五與木大師書。

〔二二六〕錢謙益題無和上借廬語。

〔二二七〕金天翮皖志列傳稿卷一方以智傳。

〔二二八〕方以智浮山文集前編卷七寄李舒章書。

〔二二九〕梅文鼎心學宗續編序。

〔二三〇〕施閏章愚山先生文集卷九無可大師六十序。
〔二三一〕黄雲師方文忠公行狀。
〔二三二〕金堡徧行堂集卷二十五。
〔二三三〕彭士望首山濯樓記。
〔二三四〕彭士望樹廬文鈔卷二與謝約齋書。
〔二三五〕方中通大人吉州病信至中通告假不釋。
〔二三六〕方中通陪詩卷四哀述。
〔二三七〕桐城方氏詩輯方中履編次遺集觸事紀哀十首。
〔二三八〕方中發白鹿山房詩集卷五祖德述十首文忠公自注。
〔二三九〕康熙浮山志卷三法譜無可禪師。
〔二四〇〕潘江龍眠風雅卷四十三方以智。
〔二四一〕儀真、冒懷辛方以智死難事迹考（江淮學刊一九六二年第二期）認爲方以智被捕於廬陵，辛亥夏季暑熱，『囚船上流行着夏季的急性傳染病』，方以智『在廬陵養病近一月，大約由於期限所拘，又被迫繼續登程，結果被折磨而死。他的死地是惶恐灘，尸停於萬安，卒日是舊曆十月初七日』。另見冒懷辛方以智死難事迹續考，江淮論壇一九八一年第三期。
〔二四二〕方叔文方密之先生年譜癸巳年載余颺鼎薪敘言。
〔二四三〕潘天成字錫疇，別號鐵廬，溧陽人，寄籍桐城，晚年僑居江寧。學出姚江，師事湯之錡、梅文鼎、方中發、揭暄、湯來賀，鐵廬集卷三：『方合山曰：「六經皆我注脚。」此語最精妙，或以爲禪，豈非癡人説夢？』『方密之先生曰：「有行前之知，有行時之知，有行後之知。世人但以行前之知爲知，故以合一爲疑耳，此最淺者，非知至之知也。」方先生之言最精到。』

〔二四四〕潘天成鐵廬集外集卷二。

〔二四五〕蕭孟昉刻炮莊緣起引。

〔二四六〕方中通心學宗續編卷四。

〔二四七〕方中通愚者智禪師語録跋。

〔二四八〕康熙浮山志卷四余颺報親庵序。

〔二四九〕馬其昶桐城耆舊傳卷六方密之先生傳。

〔二五〇〕方東樹考槃集文録卷四望谿先生年譜序：『密之博綜淹貫，靡所不通，擅聲一代；然以語文章經學之廣大精微，經世立事之宏綱鉅用，實皆不逮望谿。即以古文一道論之，能得古作者義法氣脉韓歐相傳之統緒，在明推歸太僕熙甫，昔人號偁絶學；惟望谿克承繼之，實能探得其微文大義不傳之秘，以尊成大業。』

〔二五一〕譚獻桐城方氏七代遺書序，見桐城方氏七代遺書。

〔二五二〕梁啓超中國近三百年學術史第十二章。

〔二五三〕羅常培耶穌會士在音韻學上的貢獻，中央研究院歷史語言研究所集刊，一九三〇。

〔二五四〕羅常培漢語音韻學導論。

〔二五五〕方東樹考槃集文録卷三重刻數度衍序。

〔二五六〕張蔭麟明清之際西學輸入中國考略，清華學報第一卷第一期，一九二三。

〔二五七〕方竑方密之先生之科學精神及其物理小識，文藝叢刊一卷二期，一九三四。

〔二五八〕熊十力十力語要答張東蓀，一九四七。

〔二五九〕侯外廬方以智——中國的百科全書派大哲學家：論啓蒙學者方以智的悲劇生平及其唯物主義思想上下篇，歷史研究第六期、第七期，一九五六、一九五七。

〔二六〇〕冒懷辛方以智的生平與學術貢獻，方以智全書第一册前言，上海古籍出版社一九八六版。

〔二六一〕龐樸黑格爾的先行者：方以智東西均三徵解疏，中國文化第十四期，一九九六。

〔二六二〕龐樸方以智的東西均開章（文史一九九九年第三輯）、東西均詮釋序言（中華書局二〇一六年版）。

〔二六三〕方中通續陪卷二物理小識編録緣起，陪詩卷七丁卯夏初始聞家中去夏被災。

方以智全書第一册

方以智全書之一

易餘

張永堂　整理

整理説明

易餘小引云：『爰有一人，合觀烏兔。在旁之中，不圜何在？無人相似，矢口有自。因樹無別，與天無二。章統十千，重光大淵。皇覽以降，過不惑年。』即暗喻該書作者爲：『大明方以智藥地，萬曆辛亥出生，年過四十。』易餘寫成於清順治七年（一六五〇），其時方以智剛剛過完四十歲生日，隨後即被捕逃禪，因此該書可能撰於梧州雲蓋寺冰舍。又本書三子記末有『上篇』『下篇』之説。如上篇指易餘，則下篇即爲東西均。

易餘小引當撰於方以智廬墓期間，大約是在順治十四年（一六五七）。易餘正文中的附注文字可能是閉關高座寺或廬墓期間增補。

抄本裝訂成五册。除小引、三子記可視爲自序外，内文分爲上下兩卷，一共三十四篇：上卷二十一篇，分裝四册；下卷十三篇，爲第五册。

易餘小引開宗明義説明書名的涵義是闡明易經互相爲餘的觀念，亦即天地間相對者互餘，而相對又與絶對互餘。三子記以當士、平公、何生三子分别代表儒、釋、道三教，表明此書乃會通方大鎮、吳應賓、王宣三人主張之作。以上兩篇是易餘的緒言。知言發凡論述知言的重要性，并强調罕言在雅言中。善巧是繼知言之後而論善巧之言。以上兩篇是易餘開章，也可以説是凡例。三冒五衍是以河圖、洛書闡述參伍學説，進而會通三教百家與造化人事。資格繼三冒五衍而闡述『一在二中之資』與『參五錯綜之格』。中告以中庸爲告而闡明三中。如之何闡述所以然在不得不然中。太極不落有無説闡述太極不落有無而又不離有無。一有無闡述執有執無之弊，而申論有無一貫之旨。生死故闡述生死之所以然。反對闡述易之五種反對、六象同時、十錯十綜。時義闡述時與義。必餘闡述本因末果、因果同時之旨。知由闡述知與行的關係。充類闡述充類致知乃窮理捷術。經緯權衡闡述易乃經緯權衡盡變之準。絶待并待貫待闡述絶待貫對待。法能生道闡述法能生道，以補一般所謂『道能生法』之偏。二虚一實闡述『二虚一實之兩交』以外，還有『三虚一實之兩交』。體爲用本用爲體本從體用互餘闡述體用相互爲本。繼善闡述繼善成性之理。正身據大學『正心』而言『正身』，進而闡述身心互治之理。薪火以火附於薪，闡述聖人之文字道理即未有天地前之文字道理。禮樂闡述禮樂即天地之表法，亦即君子之薪火。孝覺闡述孝的眞諦不只是孝親，更要者在於知人知天。知人闡述知人之道。世出世以一在二中之理，闡述入世與出世之别，以及超越入世、出世的眞諦。約藥乃以有無互餘會通四有與四無，進而以『一在二中之參兩綱宗』作爲士人治病之鄉約藥方。中正寂場勸乃以中正貫通寂感，即感即寂。曠洗以莊子之『曠』與易傳之『洗』，會通中庸之『慎』。通塞闡述塞而能通與通塞一貫之理。無心言無心即直心。性命質以質論闡述性命之義。大常闡述常變與大常的關係。非喻可喻言道非喻可喻而不得不喻。附録詩二首，與三子記前後相呼應，主旨仍在説明易餘會通三教、弘揚儒學之意。

易餘是方以智一生習易的總結成果之一。以易餘與周易時論合觀，可以看出方孔炤易學對方以智的影響，也可以看出方氏義理易與象數易的關係。

易餘闡述宇宙萬事萬物相互爲餘的觀念： 太極在兩儀中，太極是兩儀之餘，而兩儀也是太極之餘； 亦即一在二中、舍二無一之謂。這是全書宗旨，也是方氏易學宗旨。

易餘與東西均是姊妹篇。兩書不但書名互相貫通，體例、篇名、主旨亦頗相似，都在闡述圓∴之説。後出的東西均三徵明確提出圓∴之説，可以説是根據易餘作了更爲系統而精緻的闡述與發揮。如果説易餘主要闡述了天地間相對者必互餘、相對與絶對又互餘的理念，則東西均在『互餘』之外更進一步地强調了『均』。

三子記體例頗似象環寤記。三子記在先，象環寤記在後。象環寤記有三老人： 上者赤老人方大鎮，左爲黄老人王宣，右爲緇老人吴應賓。這是以家傳儒學統合王宣道學以及吴應賓佛學。依上述座次而言，三子記中的當士即赤老人，亦即方大鎮，平公即吴應賓，何生即王宣，最後出現的『無知子』就是方以智。以圓∴三點而言，平公代表太極，即太翁，代表佛； 一憂、一不憂是兩儀，代表儒與道。表面上平公居於太極而統儒道兩儀，事實上最後是會通於當士的儒家，强調的是禮樂人倫。末後以鵜籠寓言闡述黄帝、堯、子思、孔子之集大成，暗指方以智吞吐三子、折中其間而集其大成。可見易餘是三教歸儒之作，也是三教歸易之作。

易餘是方以智的理學之作。諸如四無説、性命分合論、體用分合論、身心論、法道論，皆可見方以智仍本一在二中之理，企圖解決宋明理學爭論的問題； 同時，也可以看出方以智的理學與易學也是互相爲餘、密不可分的。

黄虞稷千頃堂書目卷一載『方以智易餘二卷』。朱彝尊經義考亦載『易餘二卷，未見』。本次整理依據方寶仁抄本。又，目前可見整理本有張炤煒整理易餘，上海古籍出版社，二〇一八年版。

張永堂

二〇一五年九月

易餘目次

卷下

易餘小引〔一〕

三時以冬爲餘，冬即以三時爲餘矣。大一以天地爲餘，天以地爲餘；然天分地以立體，而天自爲餘以用之，即大一之自爲餘、自用之矣。角、徵、羽者商之餘，商者宮之餘。五音爲五聲之餘〔二〕。無聲、發聲，發聲不及無聲十之一也，無聲者且與之用餘矣。法者道之餘，法立而道轉爲餘，以神其用矣。死者生之餘，生者死之餘。以生知死，以死治生，無生死者視生死爲餘；生如是生，死如是死，視無生死又爲餘矣！

人適所用，以無用者爲餘；知無用之用，則有用者爲餘矣。不以有用之用廢無用之餘，豈以無用之用廢有用之餘耶？易無體而前用者，善用餘也，即餘而一其體用者也。知因二、圍三、旋四、中五之爲大餘乎？知三十六、四十八之盡其小餘乎？幽明萬變，縷於指掌；天道人事，措之飛躍。貞夫一，則餘皆一也；謂之無一可也，一皆餘也。舍日無歲，舍餘安有易乎？幾其畫後之有餘，必深其畫前之無體；幾深其後即前，則神其無前後矣。逆數順理，三立、三與，則用餘無餘，而有無之見冰消矣。或徇餘，或避餘，或並餘與無餘而棄之，皆非知易者也。役物刻迹，是宋人之守株也；厭岐求齊，是斷鳧而續鶴也。兩不立而踞其最巔，仍是涓蜀梁之影，而不免於黎邱之殺其子也。

大義既著，乃可微言。物物不物於物者視之，何義不大？何言不微？然善世宜民，藏通於質，貴學其切方近譬者耳〔三〕！苦爲塵封情錮，如塗塗附；未能爛反顛決，不荼則膠。故別路旁通之，置之死地而後生。蓋習坎、困、蒙之存乎疢疾也，惟其病病，是以不病。厭學而侈絕學之極，則是養癰也，故以志學爲砥石，不被外轉。綸之經之，始能立本；自爲藥樹，乃能勿藥。知而從之，從其志矣！

大成之苑，何往而非天遊乎？其曰『是吾憂也』，是其樂以忘憂也；自憤以憤萬世，是其隨緣放曠也。精義成事，即絕義事。知其起處，即與儔侶；天下衢室，自有適得其當當，豈在長抱屠剿無民之酷案，貪溺謑髁縱脫之羽旋，藏身電激，以專門稗販黃葉乎？詭隨旁睨，肆其殘逞，箠撻天地，鞭笞帝王；遂令風竿相沿，悍然不顧，以善爲諱，以惡爲榮，毋乃假平泯以率獸食人乎哉？無不以畏學護其短，無不以鄙夫柴其懷；而或以聖賢莊其色，或以至人逃其迹：其弊一也。以聖賢莊其色者，人猶得而責之；以至人逃其迹者，人誰得而糾之？此其流弊之分數，主教者不可不辨也。大泯不泯，至平不平，辨學者不可不知也。散木高乎？狂酲藏拙耳；枯木難乎？槩株受惑耳。能行異類，彼其人哉？風吹不入，固聽之矣！抱涉川之全材，而敦其高尚以治蠱者，眞羽儀乎？時乘其達天行地之龍馬，而舍身作明倫繼善之蓍龜者，眞球圖乎？明珠辟塵，非埽塵也；廣居喜雨，非逃雨也。

寥廓之談，利於闓拓；　鬼神幽暗，表於魂魄。變化之中，何奇非庸？然埧篪善於牖民，圭景在乎正告。聖人以无咎素其險易，以似是矩其毫釐，以好學燒其薪火，以因應還其蘭艾；　而惟『容乃公』之幬，常古自覆，聽代錯矣！

孟子之於諸方也，先擘之而後剟之，既塞之而乃闢之，兩不由而時任其雙風，蓋深於學易者乎？不能反復於一在二中，而酬酢以用餘，則動賾者執外，限夤者執內。徒炫畫前而遺落畫後者，乃執一而廢百也；　徒守後即前之倏忽，漫汗無漏而忌諱治漏，不問通志成務者，尤執一而廢百也。外也，異也，百中之一耳，況其遁邪生害乎？知其蟊賊，收爲蛭蟣，祭猫勸耕，大地皆藥。養其成用，容彼遁矣；　勤食其力，自無害矣！

不知不能者，即與知與能者也；　與知與能者，即不知不能者也。然全與全不之并包中，不礙乎有知有不知、有能有不能之類辨也。知即不知、能即不能之合喙中，不礙乎知而自以爲不知，不知而望其致知，能而自以爲不能，不能而望其成能也。八千歲之大椿，即不足塞蟪蛄之耳〔四〕，豈畏飢噫食得之鷄豕，詬厲曠代之麟鳳耶？悲夫！已矣！

厭常喜新，亦風力也，不因之不足以鼓舞；　分藝成材，皆臣職也，知有天王盡咸若矣。地之大也，人忘之；　太華、瞿塘，驚奇峭矣，然奇峭皆地所載也。天之高也，人忘之；　奔雷、隕星，斯有駭者，然奔、隕皆天所覆也。遂有大其地而罷人之分九州、辨風土者矣！遂有高其天而罪人之歷星辰、列干支者矣！源之當窮也，豈謂僑守甘朵、緬番，乃爲知江河之源乎？流之當窮也，豈謂桴處沃焦、歸墟，乃爲盡流於海者乎？汴曹者汴曹，江漢者江漢耳。道不遠人，不知即遠；習俗將牢，直告誰信？苟非以不恥衣食自鞭其温飽，不忘溝壑自激其天淵，牆高基下，輿瓢必裂矣！

靈草護門，尚恐不勝；招苙降渠，復何望乎？聲郤雲梯，堙垣蟻穴，爲淵驅魚，宜其三星在罶矣。神武其齋戒，神明其幾深，貴知因濟，與民同患；不因不濟，何用易耶？責人不暇，言自責也；直道澌滅，膜視不仁，辨而不辨，豈得已哉？古之人有顯肩者，有默輓者，有兼山者，有洊至者，有伏下宫、經煴火者，苦心衛道，寧望人知？知我罪我，萬世猶旦暮也。萬死一生，封刃淬海，餓有瓢飲，樂得隨流。多劫此業緣也，不如緣其疇人之世業；萬方此一路也，何所免於道人之孟春？三且不收，一唯自信，果有餘乎？有知易餘之言先者乎？可以餘消餘矣！

偶聞何生、當士、平公之問答而録之，或有問答，或無問答。如問問答、無問答之故，十二世後自有答者。筵餘之繇曰：『爰有一人，合觀烏兔。在旁之中，不圜何住？無人相似，矢口有自。因樹無别，與天無二。章統十千，重光大淵。皇覽以降，過不惑年。』

校記

〔一〕本篇即浮山文集後編卷一易餘引。

〔二〕五聲　易餘引作「無聲」。

〔三〕學　易餘引作「舉」。

〔四〕即　易餘引作「既」。

三子記

角丱鼓篋，即好曠覽而湛思之。長博學治文辭，已好考究，已好物理，已乃讀易，九閡八埏，無不極也，非知易也。中覯大難，瀕死十九，忽以嗒然，遂儻然矣！雖知鬼窟獸窟之非乎，樂其無事，蓋不免也。南遊既久，遇一中原簾卜者，號曰當士，玄帽席帽，黄通裁，廣袼緼，組算縢，韜裛有約。與語異之，隨至其寓。几惟一方圓器，渾天三輪，以尺勾股，可以推移，陰陽之變，無不畢具。余故不解。士曰：『吾惜夫學者之汗漫其天地耳！』余曰：『可以占乎？』爲端策嶷然曰：『顛阿不阿，呬乃以歌；天不屑遊，如形影何？維元之午，降吾作汝；後死托孤，鐘鼓磬舞。』余復不解。士曰：『吾有二友，爲汝聲之。』其北牖一人曰何生，倚勸半裾，緇假鐘而赤其足。閣上一翁曰平公，被蒼髮，毳羽襜褕，躡蔗屩，手笙挎越以下，半揖雜坐。平公吹笙，何生促箏，當士歌海鶴、三山之曲，擊尺於几以節之。笙具有塤篪簫管之聲，箏具有離洒房中之聲，節歌有鐘鼓金玉椌楬相雅之聲。笙入箏而中歌之節，抗墜貫珠，累累若一。已激齒長嘯而罷，風雨響至，毛骨皆涼。余尤異之：將踞鬼乘之壇而貫無上之帘者乎？非也。將資大湊之勢而守康圭之牆者乎？非也。將執汰沃之一而貪吱喙之天者乎？非也。因留就宿。

三子自語，或嘆或詬，或莊或諧，或深或淺，如是者七句。余請記之，士曰：『聲之可以節人間之樂者，汝信之，天下即信之矣。聲聲之節天上之樂者，汝欲記之，無由也。與汝期乎「洪漾」「乃桻」之顛阿，汝庶可傳。』臨別握手，贈之以詩。詩曰：『無上無下，無右無左；汝潛而飛，吾因風墮。道即不聞，死無不可；烹天瀹日，善續其火。』歸而記之，忘其四分之三，其不可解者無容記矣。世多以爲蝮蛸，又以爲宛窳；淺者以爲擿觖，深者以爲激揚：豈得而相之乎？

無所不知而無知，無所不能而無能，千絲萬絲而無一絲者，三實一也。然欲世之信此，固不易言矣！兩間日新日故，故又生新；其本無新故者，即日新而無已者也。積石之河，豈如闊闊？茂汶之江，豈如金沙？火烏、滿加之圖，豈不大勝乎甘石兩戒乎？聿斯之論命，青囊之卜兆，木棉番紙，鏤板擲扇，皆前代所未有，猶之汙尊而犧象，草衣而錦綉也。時至事起，聖人開其端，以待後人之窮之而節之，節之而適之。

各有方言，各有風氣。凡人習其方言、風氣而不知其所以爲方言、爲風氣者，則沾沾世事，固鼠黏矣。玄士鉤其所以，而反不知方言、風氣之時宜，則所謂所以者乃雉首矣。或執流，或執源，或執流即源，而不知源中之流、流中之源自有條分縷合、奇正錯綜，方以其道爭市，而巧以其法爲傭，又豈知道不變而法可變，正法不必變而奇法可變，變盡當反，是謂時變不變之故乎？羲和、洛下以至一行、守敬，歲差非不密也，今又差矣。準諸除四除一、損益體用之易，安得而不重變千年之變也耶？影病形之拘，形病影之佚。有者曰：『不佚亦不拘。』有者曰：『不佚不拘，仍是佚耳。』盡變者曰：『無拘何佚，不變之本也；藏佚於拘，變變之門也；拘與佚錯，即以并化，變變之用也。時乎拘而不可謂之拘，時乎佚而不可謂之佚，時乎不拘不佚，而寧有不拘不佚之可執乎？斯則全拘全佚而當拘當佚，形影皆許之矣。』何木非火？妄鑽不發，不鑽不發。無絜苫以承之，猶妄鑽也；無薪膏以續之，猶不鑽也。雲自從龍，豈可謂雲中之皆龍？龍能致雲，豈能令其不託雲以飛乎？不容厭倦，無可厭倦；厭亦不厭，倦亦不倦。此之無所逃於記也，無所逃於變其變矣，無所逃於文詞義路之見屑矣！彼徒以市井亡俚、歇後險諢，附聞道之貌，雕刻一葉，捭闔禁方，馳誑世之旛者，孰與分藝律曆之力人職哉？誠知六幕直生之爲親驗寶符也，倫物經傳之爲太極政府也；藏心用官，治教傳化，生理薪火，隨寓如然，庶幾信吾笙、箏、歌、節之常樂矣。

形影病乎？無形影者非病乎？三子者何？謂非病病，病復何病乎？過後張弓，一狀領過。歸歟！歸歟！勿失吾期。蹈海颶發，垂索自若，漂乎孤島，遇商舶而返，果有瀑壁之山，野老相傳禹篆藏焉。山怒水，水怒山，此山水之相忘於山水也。吾處此山水之中，而無山水矣！禹篆何有哉？是竹林寺之影也。臥石而夢當士至，不見二子。當士曰：『即身是也，獨不聞鵝籠書生之吞吐乎？黄帝吐一廣成子，廣成子吐一中黄公。既而廣成子與黄帝吞中黄公，而黄帝復吞廣成子：黄帝一鵝籠也。堯吐一康衢之童，又吐一擊壤之老，既而並吞之：堯一鵝籠也。子思子繪乃祖之像，贊曰：「裝潢於此，僑寓曾玩之乎？繪天地之形爲一覆幬持載之身，又繪天地之影爲一無聲無臭之身，又收一筆之圓光爲一於穆不已之身。其卷舒也，於穆吞形影而爲形影所吞，影亦吞形而爲形吞；藏不覩不聞於覩聞，止有一天地而已矣！」是孔子世家之鵝籠也。』無知子蘧然覺，曰：『一吞一吐，本無吞吐，是顛阿也，是風墮也，是掌中推移之器也。』謹石笥其上篇，而響榻其下篇，以俟知者。

易餘目録

聖人之道大矣！使天地聽夫婦，使鬼神聽卦爻，使陰陽守蓍龜，使歲時供制度，賢者殉其宫牆，高者窮其蟠極，智者斟其機輪，才者樂其分藝，隱者索其幽奥，放者芘其無垠，小人感其揜著，無忌巧爲藉口，皆食於聖人之天。即有故憾聖人之天而駕聖人之天者，早已爲聖人之天所宥，而彼則知宥肆駭者也。世好迅利，曾知中和唯諾爲不可見之第一迅利乎？世好直捷，曾知安勤食力爲不可測之第一直捷乎？世好寥廓，曾知日用卑邇爲不可思議之無邊寥廓乎？亦有言造化者，曾知不厭不倦者之造其造、化其化乎？天之變物也漸，而化物也頓；人之造變也頓，而造化也漸。因漸而頓，因變而化。造頓者頓其漸者也，造漸者漸其頓者也。頓而張之，漸而弛之；張以變之，弛以化之。可見之張弛皆漸也，不可見之張弛皆頓也。造造化者，無頓無漸，而頓激漸、漸藏頓者也。聖人知全張即全弛之變化，布一張而一弛之範圍，節其張以張三弛一之正規，節其弛以張一弛三之餘地，而本無張弛之於穆萬古自不已矣！萬物共一萬古，而物物其一萬古者也。人自有一萬古，偕來偕往，日新如故，不營謀而足，不扃譎而固，刀杖不能毁，水火不能傷，百姓懵懵而聖人使善用之。物其物，則其則，時其時，事其事；莫非無體之體，因體寓體者也。不見太極之自喪其軀、自磨其髓，以現卦爻，與人直日乎？無貴賤聚分而貴賤聚分歷然，則無貴賤聚分者何用曉曉耶？健順於常習、明照、思患、辨物而已矣！

人泥於二，不能見一，故掩畫後之對待，以聳畫前之絶待；借設蜃樓，奪人俗見耳。一用於二，即二是一，寧舍畫後而有畫前之洸洋可執哉？自聖人經法之身言之，則感通之易也；帝王鐘鼓而兆民舞蹈者也。自聖人退藏之身言之，則寂然之易也；塵滓不入、聲臭俱冥者也。自聖人無可無不可之身言之，則神貫深幾、道一陰陽之易也；闇闇者不闇，章章者不章，先天地而生，後天地而不老，行乎日月之外而通乎淖澴之下者也。狀其内秘外應，有而不與，無悶無息，無入不得；何謂不可以羲黄之掀揭，蹴踘、投壺，曇柱之逸風，解巾、折中乎？以實案之，依然此曲肱、飲水、歌瑟、編韋之首趾耳！造造化化之手，特鰲剔而丹青之，以醒諸佔畢優孟之場；又推并而爐竈之，以消諸傀儡推杖之妄。不則數墨尋行，以辭害志；或且惑影爲眞，窟成魍魎。一者根本不立，流爲謑髁；一者縱而任之，逞其猿狖。詩謳之諷詠也，言者無罪，而聞者足以戒；高流之放言也，亦曰言者無罪，而豈知聞者之蕩風壞教乎哉？故曰：知之易，勿言難。正謂有不必言者，罕言可也；言其雅言，皆罕言之所寓也。易所以才三圖五，前民立經，而範圍變化無所不備，隱言反言，皆此徵歸矣！

邵子一元，觀人起己。堯當巳會之末，周禮當午會之初，今當午會之中，乾離繼明，人法全彰，有開必先，宜此易餘之微顯闡幽、合古今常變而正示之歟？正示旁通，即全藏之矣。後此百二十年，道大明於此土。再歷午、未之三千六百年，交未會之萬八百，則八荒皆明矣。過此，智力巧持，名法刻密，民生日促，亂與之終。從而再壞再元，而於穆原不壞也。易乎？餘乎？既許鳶魚吞吐鵾鵬，且令芻狗自燒鷲翅。華閣任其金碧，行窩嚼破鏤丸。即參三十年，未許夢見毫端也，故爲一指其目。

易餘小引

三子記　憂世道之責，當士舍身命當之矣！何生不知何謂世，何謂道，何暇憂乎？平公爲太翁，享見成之福而碎其體，以與之同處者也。

知言發凡　言即無言，此檃括其用即體耳。拘蕩相爭，人情樂便，日趨倍譎，正路榛蕪；不能明其所當，知其所遁，則巧竊謾訑之害，可以鰲瓷戲論，毀知言之柄乎？自造化專言、理學專言、禪橛專言、玄教專言、養生專言、象數專言、伎術專言、文章專言，遂事專言，而充類倒倉，一槩屠剿；實則私不容針，而官通車馬矣。盡此一大黃葉之醍醐、毒藥，判在毫釐；創發此凡，以通稱謂。微言、大義本一貫，而不礙互相顯藏者也；盡變知化，深造自得，何義不大？何言不微？精義即絶義事，雅言俱是罕言。六合七尺俱無隱也，河洛卦爻俱棘蓬也；聖人以善世爲切用，故教不厭詳。樂業安生，在海洗海；時宜通變，鼓舞盡神。其曰『在聖不增、在凡不減』者，豈憂缺斷而嘵嘵揠苗哉？止爲溺於安樂，膠於訓詁，故破巢奇兵以醒之耳！得意忘筌，平懷婾快；而矯枉鬬狠，掠虛賣高〔一〕，偏弊更甚，將灰遵王而荒實業矣！故申明薪水，使不悖善世之正經；辨之即以容之，集之即以化之，此天地之所以大也。

善巧 利用也、立準也、捄弊也。教分標勝，格致離微，殺活同時，流爲急口險諢矣。故分質論與通論，分表詮與遮詮；一語、愛語、側語、倒語，任其盡變，而必以正告爲準也。然膠柱正告而不知盡變，則反受惑矣，安能化邪便降服乎〔二〕？心也，易也，天地也，同此準也；不能分析，儱侗誤人。當知有太極之包準，有建極之統準，有無所不用其極之細準，有一在二中之交輪準，有高卑費隱之翻車準，有不定之準，有時變之準，有變即不變之準，有變即不變中知幾成事輓回善後之準；不可不綸而彌之，彌而綸之。達士圖自受用，泯隨而已。不講是憂，發憤則樂，君子安得辭肩？

三冒五衍 大一分爲大二，而參兩以用中五；從此萬千皆參伍也，皆一貫也；三教百家，造化人事，畢於此矣。處處是河洛圖，處處是〇、∴、卍，行習而不著察耳。不悟空空即皆備之我，安能隨其會通，不爲文字所障乎？然徒執具足即本無之我，一味顢頇；不知全圍用半，千劈百折，又豈能分合自由，開物成務乎？以畏難暱便之情，睨鹵莽訶學之傲，掩陋於泥龜水牯以蝸高，而餖飣其石牛木馬之狐唾，比於工技傭書，食力效用，其皮血爲何如耶？河洛卦策，與人舞蹈；時時勘驗，不得飛詭。以此畫後即是畫前，一瞭一眊無容逃矣！

資格　可名可象，皆資格也； 即資格中有未始資格者，皆神明也。切己篤論，所以培基； 超劫談天，易於牖豁。相反相濟，出楔善因； 不無方便，涉於權巧。以此核之，毫非强設。尺生於黍，還以尺正黍，準之彌綸，道自爲之，相資而相格也。故可以範世圍天，即所以揀邪辨異。開眼之人，偏此虛空〔三〕，無非象數，無非表法，無非義理，無非鳶魚，即無非綱宗矣。建考質俟，風力心光，於此乎徵焉。世累擾擾，中有委化者，果然高矣，可以作清凉之藥矣。然君子病其廢世而梗教也，曾知全有即全無乎？時義之條條理理皆自本自根之天然也，可但糞土學問，掃事掃理，以鷁過新羅荒忽之哉？既悟自己，須明大法。好勝護痛，晝少自矜； 匿此荒忽高竿，終身口强不反矣。浪死虛生，一人身牛，而反以牛身笑人，悲夫！

中告　不及者戀情慾，庸而不中； 過者立意見，中而不庸。立意見以縱情慾，則巧消忌憚，以媚萬世之小人，秘張魯之符，煉北宮黝之狠者也。君子以毋自欺而好學爲鐸，則一不住一，以學問操履爲見地之茶飯者也。明無過不及之正中，以享無中邊之圓中，而時中適得而幾矣！但中影事，雙掃猶非，況執總殺即總赦之空拳，竊穿佛魔之杖，而横口本空不受、教魔率獸者哉！反不如糟魄者、死浸者之不壞治教矣。果是本空不受之人，必不如此横口也。除病不除法，豈以知方圓而廢規矩乎？一際平等，舍存無泯，貴賤親疏乃本不待泯者也。謂之曰非內、非外、非中，而合外內之中，猶不爽然乎？謂之曰非費、非隱、非無費隱，而即費即隱之中，猶不爽然乎？寧有刻意悍悖即費即隱之法，而自名其即費即隱之中，以獨尊駭食者乎？

如之何　言格物踐形也，交格無格，交踐無踐矣。眞疑眞悟，志礪初剛；　專直入深，用師十倍。兩不得中，逼衝絶待；　虛空座側，三墮縱横。根本豁然，窮盡差别，依然舊時薪水，豈有厭乎？罔殆兩免，憤卓參衡；攻木繼聲，自有孫業。要且問寢食俱捐之無益，一回曾歷過否？

太極不落有無説　河洛中五爲證，則太極不落四邊、四邊無非太極，明矣！不能一口道破，總别無礙，猶屬曉煙樓閣也。

一有無　執有無者，執不落有無者，皆執一也。知大一、貞一之故，立宰用餘，餘忘其宰，如手足之於頭目，則有無之見謝矣。然不能縷折交蘆〔四〕，格、踐必不親切，豈會古人言先之旨？程子以陰陽爲道，截上下也。朱子亦言『時固未始有一』。觀物以一具六，六用五，五藏一，一役二，以生三，又役三〔五〕，而三役二也。無體之一，即大一也，有無之極也，以其不落有無在有無中也。曰大一者，非數也，千聖不傳，千聖不然。然哉！

生死故　所以者何？則故而已矣。知所以生，知所以死，隨其生死，有何生死？正謂有不負天地者，方不虛生浪死耳。不忘溝壑，生於憂患，習坎困亨，惟日切切礪此齋戒神武之劍可也。新建曰：『戒慎恐懼是本體，不覩不聞是工夫。』情封倍錮，難徹本源，不服麻黄，何能出汗？

反對　一在二中，皆相反相因者也。此明易之五種反對，因立六象同時之説、十錯十綜之説，而萬法甚深，皆可冪積鉤鉱矣！

時義 道不外於時宜，知其宜而善理之，此無適無莫之與比也。超出二途，棲心無寄，尚曰暗痴，況執空劫而拂令時之義乎？是莊子所謂別墨死人也。

必餘 計報之人情，即天道也。易以吉凶與民同患，而不測之神在其中矣。因果猶形影也，體用也，往來也，魂魄也，卦變也，一也。權歸見在，善生即善死，不計福亦不避福也。不落因果，爲因果依，豈矯誣之比？

知由 不知分合而云知至者，紗縠也。何故使由，不使知乎？何故不使知，而又使知之乎？最忌賒談極則，鬼語撩天。第一作得主宰，不被物轉。知生於畏，畏生於知，故以知恥責志爲門。果然死心嚗天，一切收放自由，則飛躍即戒慎也。妙門禍門，豈容我慢？聽以斷截知解作大黄湯，何非望梅止渴耶？偏枯之物亦有偏枯之用，古人不盡説壞，留以爲藥也。

充類 以充類致知，不以充類病法，此乃充類致盡之盡而又盡者也。燈下弄影，示小兒乎？伸在縮中，運之掌矣。嚴鑄剔誅則暗痴死浸，解脱放禁則潢洪瀑流；然後知窮盡而返、因事適節、思患預防者，乃合萬古善享現成範圍之福者也。然又如皮厚而暱庸何？君子知其不免，而又知其利弊之分數，故不以彼易此。

經緯權衡 權因於衡，經妙於緯。權者因物作則而無我者也，經者貫餘成用而錯綜者也。不知中五之無中無邊，豈能縱橫自在乎？不知無中無邊之皇極帝則，又豈能使萬世自在乎？

絶待併待貫待　掩對待之二，所以巧於逼見至體之一也；　究竟絶待在對待中，即用是體，豈有離二之一乎？所謂絶者，因世俗之相待而進一層耳，絶之與待也亦相對也。中統邊，邊皆中，即曰無中邊而已矣。故以貫待、併待醒之，不須棄足下之土石，乘千里馬，尋遠山之青又青也。

法能生道　法非道，而法即道也；　知主用宰，則於穆即在暗天明日之中矣。『天性』二句歸責末句，以全賴『教』也，天豈憂增損乎？

二虚一實　至理本然，妙用因之，究歸資生治世之合相一乘而已。然不如此專綴，形容不出。

體爲用本用爲體本　體爲用之本，用又爲體之本。枝葉與根柢並生，全樹與核仁變化。邵子曰：『體用之間，有變存焉，昊天生萬物之謂也。心迹之間，有權存焉，聖人生萬民之物也。』可以知本無體用之故矣。盡古今是用，盡古今是體，更何分合？何妨分合？

繼善　善與惡相錯，而以無善惡之名象者綜而泯之，善之至矣。又以有善惡與無善惡相錯，而以一善綜而統之。强以無體謂之至體，而至體實在大用中；　此無子午而必明子午之夜氣，無卯酉而必用卯酉之平旦也，層樓而一屋也。故曰：　無者泯善惡，善者統有無；　泯以化執，統以貫用。善統惡之無善惡，猶首統足之無首足也。希夷曰：『惡者善之餘。』惡豈敢對善哉？天無此名，聖人不得不名之以示民，稱本體而善，猶稱本色爲素也。稱天性之德，不以人間之純美稱之，而何稱乎？是錮天矣。天地之政在日，君民之綱賴法，此才三之主宰，即不二之本也。以至善、一善、擇善爲成德、成法之定宗，則民志畫一，萬古相續，而治心、治世不作首鼠矣。二老以坎離之中繼易，聖人以君子之學繼天。文字道理，無迴避處。寧讓專科之激呵，而語必不離此規矩，規矩適中乎民用，而所以爲規矩者與善用之無窮者，皆洋洋優優於其中，而豈必擂鼓單提哉？恕也，誠也，皆皆備也；脩也，率也，無非天也。繼善成性所以一其陰陽之道也，三不須臾離也。君子曰：『方生於圓，而規生於矩；用半即全圍矣，明主則化餘矣。天而無地，是死天也。』故知方即是圓，廢方以求圓者盲圓耳！果是造造化化之人，不妨隨其立論。

正身 以心治身，即以身治心。爲身累而言舍身，即所以重其載道表化之身者也。聖人不徇身，亦不惡身，人情偏溺，故用雪上加霜之漚泡語耳！

薪火 火附於薪，道遊於藝；即博是約，一多相貫。知起爲侶，識祟無災；轉得文字，豈爲文字轉乎？碑販〔六〕、詭隨，要爲糊口而已。聖人各予以碗竈，自然食力安生。才能道德，總見薪火，各費其智，以隱其智。圖書經傳，乃格古今之風輪寂器也；聖人之文字道理，即未有天地前之文字道理也。安心爲天地聖人之葛藤所障，是眞無障。棘手鳩舌，畏落數家，故作鄙俚，藏其狡獪，以希聞道之聲，其於杜撰粉蒨，一也。因何如才人之襟懷洒落，學者之考究古今耶？況開全眼、續慧命者乎？要非懸崖鳥道，擊石燒空，自難知鏡肖谷應、雲行雨施之妙。

禮樂 無處非天地之表法，無處非大一之洋溢，禮樂明備，天地官矣！此乾離顯仁之君臣道合也。生死鬼神，聖人皆以禮樂藏之。知其故，玉帛鐘鼓皆本也；不知其故，則忠信莊慤皆末也。

孝覺 肢官奉心，草木反根，孝之爲教，學也，以天覺也。天其親者，孝其心，即孝其天矣。故曰：『孝無終始，通於鬼神。』

知人 情識之世，讒、嫉、蔽、護而已。許有巧讒、巧嫉、巧蔽、巧護以自命知人者，而知人之衡愈亂矣。聖人因民之好惡，以明天之是非。所謂奉三無私以勞天下者，即神一於二者也。『志在春秋，行在孝經』，知此者，可許無我無無我。

世出世 入世重在立一切法，以通德類情，正用二中之一也，而日用不知者多矣。出世重在泯一切法，以隳埽古今，乃離二之一也，所謂偏眞但空者也。超越世出世間，止有世即出世之一眞法界，而餘皆呼碌磚爲古鏡者矣！不知藏正因於了因、緣因者，執向上一位，乃死法身也。或藉鬼旛以瘴愚，而潤無上之遊戲耳。歸大成薪水者，乃乘時主法也。珉玉並出，而天不能賤玉；萬古一日，而不能廢日之午；天下一家，而不能使家爲中堂也。幬覆代錯，原自不相壞矣。沸鑊恩深，逼衝六氣之表；碎空洒血，別寓冥權，袴祝掖爐，塞乎天地，並不望青蠅而解胡蝶也，豈世出世人之所知哉？

約藥 全能用偏，惟此尊親洋溢；邪嚴似是，說法必歸正人。道同法異，各別溪山；理學宗教，激揚攻玉。闕里職分，自有宰天鼓舞之權，何必刻葉引啼，自荒經義？以泥附淖，共鑿狂泉，將守於穆而廢日星耶？

耕鑿受享，黎明子夜，何勞升殿？黃屋存其廓落，要在政府用人。君師之責，安頓三根；芻狗青黃，無非神化。當前碧落，一鄉約所也。講各安生理之生即無生，則佛魔掩泥砥屬矣！貴圖天下太平。

中正寂場勸　廉纖之病，有藥可調；莽蕩之病，禍不可捄。偏炫峻峭，惡水擅場；詆學訶脩，必至恣情滅理。黠者竊逞以惑亂天下，不盡變蟲鳥爲猰貐不止矣。古德云：『大事已明，如喪考妣。』『識法者懼，須盡今時。』將聽禍世之寂場耶？當安善世之寂場耶？

曠洗　華茬鉤鎖，煩苛賣酟，故當洗之，此急流之受用直門也。果是吹光割水之人，則莫慎於曠，莫曠於慎。如或未爾，聽其比較髑髏。

通塞　消息變化，一通塞之間耳。總此實無而成之蘊蒸，專氣專柔，何志而不就乎？蟯生蟆白，葭管飛灰，聖人以此洗精神，不以此畫鬼魅也。邵子曰：『彌理天地，出入造化，進退古今，表理時事。』莫非其鄉，萬世爲土，誰知之乎？彼以化微塵爲雹拂者，權澆一杓冰水耳，非眞知者也。肇論曰：『用無所得而入空入有之方便。』將執此以鳴得道耶？

無心　無心即是直心，安心即是無心。功成不處，混宇嘔吟，雲物太虛，風吹不動，則心自本無之天酒原普飲也。

性命質　泥於質言，故當通之；　眞通至言，依然用質。從天地未分前，穿萬元會而自質之，必不免於世，言善世而可矣；　必不免於心，言安心而可矣。推論所以始，以一卵蒼蒼爲太極殼，充虛貫實，皆氣也。所以爲氣者，不得已而呼之。因其爲造化之原，非强造者，而曰自然。因爲天地人物之公心，而呼之爲心；　因其生之所本，呼之爲性；　無所不稟，呼之爲命；　無所不主，呼之爲天。共由，曰道。謂與事別而可密察，曰理。若據質論，則有公性、獨性、習性、大心、緣心、至理、宰理之分。此分合合分，分即是合者也。聖人曰：『泝源節流，由我安名；　鐸世誠明，豈落雲霧？』生死鬼神，皆此心也；　安心、無心，尚何有哉？權在各安生理之直下而盡心，乃能知之；　其生死之魂魄、鬼神之情狀，以形知影，皆可實徵。聖人以深言，則民惑而廢事，故不暇言耳。明孟子之兩不謂，中庸之三謂，而莊之有謂、無謂藏之矣。太酷太放，反成暴棄；　依然窮盡，歸於平常。但曰知即無知，猶急口也。標宗乃是因俗轉風之巧誘，護宗遂有隱劣顯勝之權奇，究竟不爲善世宜民，何故饒舌？今合而質之曰：　不二不一之存泯同時，固萬世之日用飲食也。

大常　諸家辨難，不出常變、無常變之説。聖人以民視爲天視，誠常爲其所當爲乎？謂之曰爲即無爲之統常變，可矣！三際俱斷，形容誠體，非以一倏解免作蜉蝣戲論也。然法法皆收而無一法，溲渟可以蕩瑕，糞壤可以肥稼，則解免、蜉蝣何嘗不可以化人之滮灂乎？

非喻可喻　言者得其似而已，非憤竭深造不自得也。苟非善悟其言先言後，豈能善用其無言之言下耶？天何言哉？時行物生，逝者如斯，何遠之有？

校記

〔一〕賣　疑當作「賁」。
〔二〕便　疑當作「使」。
〔三〕偏　疑當作「徧」。
〔四〕折　疑當作「析」。
〔五〕又　原作「乂」，據邵雍觀物外篇上之中改。
〔六〕碑　當作「稗」。

易餘卷之上

知言發凡

何生曰：『欲療教而平人心，必先平言。言至今日，膠葛極矣！何以知之？』

當士三嘆三已，已而發凡曰：『無分別之天，任分別之天爲政，此固有開必先之雷雨出雲也。七萬年間，幾明道者？門庭所傳，尊其餼羊，浮心耳食，習貌粉本。以言遁者，販賈其言；柯爛者，沉死水；曝杖者，墮無事。非錮鬼窟，即驕獸窟；露布汗方，奉爲秘要；有昊萬口，反不相信。或執譏譏，或執墨墨，或執不說說，或執無所得，淺之深之，自狃己耳！天交地而人受中，先交後而無先後；教學者，交心以傳者也。說命曰「教學半」，知遜志於半者中乎？果何以不暴棄於天地乎？知所以受中交傳者，可以不待而興，即可以守待矣。誰其反聞虛受，直荷無爲而爲之薪，燼空無息，疏明萬法，攻木繼聲者乎？語格、語踐，則曰：吾方掃古今，而何有是塵塵者？語精、語入，則曰：吾方糞道理，而何有是蕤蕤者？一問碧落叩革囊，則芒然無以應。君何不斷手足、割耳目以獨處？既已不能，則盈天地間皆塵塵也、蕤蕤也，必欲避之，安往可避？赤子乎？大人乎？口能一日避乳乎？身能一日避繃乎？煖赤子，大人之繃；吸赤子，大人之乳，又何求哉？天下國家，常繃也；詩書禮樂，常乳也。既已不避，常明其潔領垂袖之公道寂場，以普安其知味、知足之太平薪火，豈徒高張其辭，聊自解免而已哉？魯論三知，終於知言；言固格人我、格古今之橐籥也。言爲心苗，志以帥氣；或演一音，或在聽語。貫者何往不貫，專者不禁其專。尋源者，隨流者，通達者，守理者，開成者，考究者，分藝者，訓詁者，言人人殊，在海洗海，特不聽膠柱者鼓瑟，而又不欲儱侗者廢世也。

『大成之幬大矣！物之，皆物也；心之，皆心也；道之，皆道也。從而理之，皆理也；事之，皆事也；性之，皆性也；夫之婦之，皆夫婦也；鳶之魚之，皆鳶魚也；鬼之神之，皆鬼神也；卦之爻之，皆卦爻也；文之字之，皆文字也。無稱謂中，由我稱謂之耳！物物無物，心心無心，道道無道；交格交踐，即無格踐。可以如此，何以如此，即知所以如此；而三如此，即三未始如此，三不得不如此。知此則知彼，即彼即此，即無彼此；眞無彼此，即隨其彼彼而此此矣！然聖人必物其道以物其心，必理其事以理其性者，節用人官之能，收役物曲之利，總不厭別，約不厭詳，何故繹騷萬世乃爾乎？正以儱侗之弊，甚於膠柱，而容其過矯，原無可逃，適可逼人折中耳。切而會之，反復盡之；不通稱謂，詎可語乎？

『戴履矣！直生矣！儼然人於萬國之中土，適逢一元之午會，無子午者用於子午而子用於午。此一元之午即萬萬元之午也，豈可執方便敵心之杓水，而荒忽時中之嘉合乎？生當此時，即統前後，代錯變化，以正收餘；諸所翻譯皆此土之方言也，何所忌而不集之，顧自隘其大成之幬哉？隨隱其犀角蛇黃之天地，隨費其牛耕蠶絲之天地，別傳一吞龍乾海之天地；無息者皆容其遁而轉之，無隱者皆因其幾而應之，要無忝於時行物生之天地而已矣；曾凡之乎？搗穴奇兵，手握飛影；專伏蔽暴，號咷用師；守其土塊，如灰覆火；家親作祟，識不爲災；曾凡之乎？臺諫憲章，必爭是非，猶之法也；宰相則是非燎然，而休容大體，猶之德也；大君垂拱無爲，而藏其不測，猶之天道也；曾凡之乎？然君亦藉宰相臺諫以自治，而天下之視宰相臺諫皆君也，則體天乘時者貴矣，曾凡之乎？噫！苟非塞天塞地，自會言先，詎可以通稱謂而稱之謂之乎？不如依憑天地之準，且爲發凡。』

平公逌爾曰：『士當發凡〔一〕，吾獨笑其不凡。』

善巧

何生曰：『何不實言，而必以巧説耶？』

當士曰：『天地巧以聖人爲口，聖人巧以天地爲手。因利生而有前用之言，因前用而有立準之言，因立準而有捄弊之言。至於捄弊，則有不可直言；言愈不信，智譬則巧，故善巧出焉。有實法，有巧法：有生成之實法，有生成之巧法；有方便之實法，有方便之巧法。天地既分，大實寓於大巧；巧易不善，支巧必歸善巧。周鼎鑄垂，使銜其指；俎以巧極，不疑鋤色。此與雕刻衆形而不爲巧者，毫釐千里之介哉？故有顯權之善巧，有冥權之善巧；有巧之巧，有巧巧之巧；至於巧巧之巧，而言愈支，實愈不知所歸矣！或闡提，或藏提；或費約，或隱斷；或連稱，或孤舉；或正，或反；或平，或激：此是非之所以交網，而各便其喙之所以淆訛也。故以例凡之，曰宗，曰說，曰質，如山是山，水是水。曰通，所以爲山，即所以爲水。曰遮，如曰不是心、不是物、不是佛。曰表。如曰即心是佛，肇論曰『無所得爲方便』。有出格之顛倒遮表，有當前之對覈質通。或以表爲遮，或以遮爲表。表即隱遮，即隱雙遮；遮即隱表，即隱雙表。大要明體則暗用，明用則暗體，雙明即雙暗；遂有三表三遮，别行總攝，全奪全予，聲下旁通。有時露布亦電逝也，有時葛藟亦洞喝也。人生世間，逐逐碌碌。先爲習事所蔽，已爲習理所縛，已爲無事無理所疚，貿貿何之？故先正告；正告不入，乃側示之。至於憤使之疑，誤使之迷，獻鵠祝蛉，陷虎脱兔，不過使自得之，使自化之。過荆棘林，依舊坦道，翔步而已。望羊之視，上綏歸平；莫良於眸，天開其目。肉者俗之也，醯者三之也；必矐其肉而迸其醯，又矐其醯而還其故，乃名大良，乃名天燎。此瞳不重，青白自醫；鮮不爲文字所帳幔，而又爲遮表所謾訑。故老宿不能自解免，黠者乃匿影以爲得計；將謂知言，言何容易？』

何生曰：『問蜜曰甜，問甜曰不知也，無舌人聞之，愈不知也；而聽此以言蜜，後之言者相承以爲實然，而實皆不知以相欺也。好言不可言之學，好言無理之理，何以異耶？往往匿形以備變，設械以待敵，有急則推隨滉洋不可知之中〔二〕，如是而已矣！張魯以符水教病人曰：「飲此則愈，不得言不愈；若言不愈，則終身病矣。」今教聽滉洋之言而不許其致辨也，即此法也。坡老摹言禪之弊，可謂切中矣，然天下正不礙有此一弊法也。有病目者，赤腫昏眵，見日如刺，哭而躁，藥以散之，火上炎則躁益甚。醫者百，不能治。一人入，診之曰：「治目易耳！察脉中，旬日當左足上生疽，疽發必危，有性命之憂。」其人匡懼，伏祈再三。診者曰：「有一禁方，能聽我乎？」欸然曰：「唯。」曰：「静坐，盂水置左手其上〔三〕，注目視之，如此一月，救矣！」其人從之而目愈。診者笑曰：「足何嘗有疽哉？」嬰兒踰户切而廢於地，不勝其咺。父責之不止，諭之以理，號益甚。其母以箠箠地，詬之曰：「汝何以猝吾兒？」兒泣乃輟。何母之箠善，而父之理不善耶？宋文摯怒登牀而齊主痊，皇子告敖敘澤鬼而桓公霸，即以錯捄錯之巧也。』

當士曰：『由此觀之，凡世所爲潑杓滅燭，虓吼反擿，顛倒以激之，多方以誤之者，已生已成，已具生成之法矣！因循頑鈍，習靦其顏，欲以出格度刃，別路引錐，捷行其生成之法耳！吹毛矯枉，何有軌則？故曰無實法也。必有實法之質，乃可以運無實法之斤；善藏無實法之刀，總以中實法之理。輪扁之斲不傳，子春受琴於海，此其水縣國工操見頎然之候歟？後乃市鬻不傳之斲，肆標彈海之指，遂壞日星之輪蓋，推龍門之琴徽，獨以脂轂專門，臨岳高價，其爲畫墁之惡巧，難以免矣。行生何言之經，非時乘六龍之圖乎？龍與睛皆備矣。習久不察，而點睛者擅奇壇焉。專欲擅點睛之奇，而以毀壁掣肘、禁革三停爲謀，則天下畫龍者皆空手塗泥亂颭而已。故發善世之願者，必明生成當當之實法，而無實法之法寓之。鶼鶼比目，不異鳶魚；金翅飯龍，待人而許。原不許佪德荒學之人，藉口無實法，以生心害政也。故必明盡止止剥剥、縛芻鍼虎諸無實法之法，而後能容之、制之、服之、用之，使後世不受其所惑而化邪歸正。三停點睛之筆，有不托此雲天者乎？生成之方便，所以爲善巧方便之都方便也。非方不法，非法不便。萬物遊乎方，而即用其圓。卦以其方，而神蓍之圓。近取之方，即無方之方。今而知方即是圓，爲第一方；善即是巧，爲第一巧矣。』

何生曰：『多言數窮，止其所不知，已矣！』當士曰：『此一端之説也。聖人以平旦之象魏即夜氣之紫微，學者不知明善之正告即露布之無心，而自欲以至言擅高，已又欲以不言匿陋，聖人豈許之哉？道之不明，猶可言也；以不明苟安，而又立一苟安之意見以廢天下，不可言矣。甚矣夫明善之人之難遇也，言之惑衆如此矣！皆藉太甚之奇秘，以便其苟安之意見耳。至言忽而爲恆言，恆言變而爲巧言矣。巧言者以譎圓而任誕，不言者以藏拙而掩人。巧言固巧，不言尤巧。巧言既侮聖人之言，而不言者亦侮聖人之言。不知聖人之詳約言先而洸洋露布者，既侮聖人之言，不明聖人之圓三超四而誤注膠引者，亦侮聖人之言。故曰：不明，則至言、恆言、巧言、不言皆非；苟明也，則至言、恆言、巧言、不言皆善。烏乎知之？於善巧而知之，於明道、明善、明法而知之。

『有顯道，有密道，有大道；有擇善，有一善，有至善；有因法，有逼法，有統法。惟正乃能用奇，惟全乃能用偏。拱而擿礟，不如獨臂之遠；雕察秋毫，不如斜睨之審。轅駛旁疾，驟力側受。全而偏者，鋒其專，利其幾，激以爲捄，過而合中也。上下二經，以二過收水火，與養乎對。大過送死，獨立不懼，所以養生也。小過宜下，過恭、過哀、過儉，所以中乎上達也。頤決以大過爲權，咸恆以小過爲權。人生過偏於此，則過偏於彼以捄之。離繼坎而未續，既則交用矣。以平求平，烏能平乎？是故捄弊之言，必知其人、知其時、知其事；證之以天地，觴之以造次，歷之以常變，大常而無逃矣！吾所望天下士者，好毋欺之學也。不知是知也，不欺矣。不以不知爲不知自諉，乃眞能不欺者矣。劇目充耳，邴邴乎守一影事以足勝人者，此不能明善、明法，而樂於受別徑之欺者也。無所得者，消其私耳，乃嘻嘻然矜此爲霁淞；不可執者，豁其泥耳，乃推推然恃此爲颼颾。藉口無奈何、大不必，以甘放其狙愚、自高其陋智，竟崩天地勤學好問之風、改從頽敗詭越之論，此不能明善、明法而巧於雄欺世之諉者也。

『惟琉璃瓶，能貯獅乳；　載道之器，豈徒瓦注云爾乎？既登峯頂，必歷岬峴；　差別不明，可言道乎？推鍛寶鏡，鎔而自鑄；　傾銷之後，聽其鑑用；　然何忌白旃玄錫乎？風本不動，在空燒空；　心自本無，非礙用心。彼諱學者何其蔽乎？以凝德凝命之人，握經緯權衡之法，巧必善巧矣！寧工亂德之惡巧，卓鷙鶻滑，以競射君之策耶？通乎變化，措其時宜；　酬酢佑神，類情轉物。故明法而不倚於委瑣以自矜，明道而不倚於大定以自蕩，明善而不倚於繩尺以自晝。因口而粒之，因耳而鏗之。善因非倚，善隨非依。大徹者之脱體無依，即至誠之固達無倚也。藏喈然於秩然，舍身命以善萬世，豈迴避一切、迴避當當，而衒無上之旛哉？

『工詞章，函雅故，小家也；　即單提向上，亦專門小家也。吹影擊石之法語，與穴紙雕蟲同迷於耕織，何異乎？必禁耕織，又非道矣。聖人教人，初貴乎專，繼貴乎通；　專乃所以通之，大通乃成大專。倫人而物性同盡，非倚平埽古今，而後媮快其一際襟懷之斷也。洗内廓外，有何内外？非倚緒餘治世，而徒私計玄牝之嗇也。使夫婦刻尊親於於胚胎〔四〕，君子掌闢邪之骨印，集古今之專門、通門，容天下之各專、各通。雲門既奏，率獸來儀；漁唱樵歌，皆哺壤矣！

『有致眞知、致周知者乎？知之次也。知而好樂也，皆無知之知也。寧澹語曰：「言物，則人物一也；言良知，則人貴於禽獸矣；言致良知，則聖人所以異於凡民也。」〔五〕表一致而乳萬世於立法，窮理矣；表一良而寂萬世於尊德，盡性矣；表一知而養萬世於至命，統天矣。知忘其知，又何言乎？固達而無倚者，知此本知、本良、本致而必灌灌此格、踐者，正恐侈談從心之拔宅飛升，而誤志學之始基卜築也。盡古今是體，盡古今是用。聖人隨天下科分其學，縷析其修，不論高卑深淺，皆尊親憤竭之用也，皆洋溢彌綸之體也。毋自欺而好學，則不問其善巧不巧矣。故爲天下發明善之大凡，即天下之大凡，乃可與言發中未發之凡。』

何生曰：『發凡亦善巧矣！其如蚩蚩者可愚而不可告何？訩訩者口强而不可化何？』當士曰：『正惟可愚，而愚之者太甚，因有決籓之太甚者。鹵莽之報，每變益甚。太甚之益甚，崩角摘齒，其可言乎？吾惟以天地之凡告夫婦，以卦爻之凡告夢寐，彼受愚者朗然於善不善之凡，則造愚術者漸駭人而不動，勢必歸吾天地卦爻之凡矣。即使駭者善托，既已托善，則愈於向之明托不善者，豈可同年語耶？正信之士，畜其无妄之日新，省爲狐涎所汩，得以專力於天地卦爻之凡，即使卑之爲律曆、爲醫工，不猶滅於畫鬼魅者詎入上坐之厚顔哉〔六〕？彼此有口，口安必其不强，獨以不能强天地、强夫婦耳。强而顧其清涼，强而安其鉏钁，斯亦幸矣！留此已甚之芒硝，而不爲已甚之蔬糒，愈知味焉。自食其力，則各安生理；實學相勉，而世賴其用。四聖人所以發天地卦爻之凡者，不過此尊親有别之凡也。以此安生，以此無生；坎離既正，則三十六盤惟其善巧矣。曾子見飴可以養老，穿窬見飴可沃户樞；生即無生之飴，可令中下者羣見而攫之乎？何如各安生理之無生足加殆耶？大一曰：我以天地卦爻爲我，久舍身以充周之；世有談道而言行不合吾天地卦爻之凡者，顧乃高榜於天地卦爻之外，妄曰知我，我豈受之？』平公曰：『本不必知，亦不必受。』

三冒五衍『冒』即古『帽』，覆首而露目也，因以目轉聲。

何生舉易贊曰：『三五全圍，旋四用二，無非大一，建中如是，何爲乎先言數也？』

當士曰：『不覩聞而覩聞，覩聞中皆不覩聞者，誰信之乎？示人者，必以覩聞表不覩聞；而約言其要，則不一不二之一二云云已矣。舉一舉二，不謂之數，將安避乎？一奇爲乾，二偶爲坤，不謂之象，將安避乎？乾爲天，坤爲地，不謂之器，將安避乎？自此而五倫六藝、萬物庶事，皆可覩聞之數、象、器也。器生於象，象生於數，數何生乎？神氣動用，無始無息；不得不然，即其本然。謂有自生乎？不能狀也；謂無自生乎？亦不能狀也。姑謂之生，可矣。虛無不塞、實無不充者氣也，而神貫之。

『神用無體，風之濟虛也，孰爲之耶？故邈其生成無體之體曰性，此不可覩聞者也。程子曰：『「人生而静」以上不容説，纔説性時，便已不是性矣。』此猶別眞心於緣心外，剔法身於色身外也。究竟色身即法身，緣心即眞心，則「人生而静」以上之性，少不得在人生以後之性中，明矣！理氣終不可分，而不得不分之，以明統治之宰。其以總不分爲大統者，太上皇不與政事者也。氣，篆从≋，用三而動，象之也。神言不測，申言其用，故諧聲也。體者，骨理也。邵子以天爲用，地爲體。體生於用，體亦生用。故易無體，因謂之無體之體耳。總之即用是體，而逼人親見至體之方便，原不可少。統覩聞與不可覩聞者，不落有無矣。周之、偏之、咸之〔七〕，無外無間，無古無今，無不冒也，謂之太極。有，从⺕，用，先右而月，具有無也。無，从三，≋象之。後人借蕃橆之無，取茂密耳。欲覈稱其於穆不已之所以然與人陳之，將口呿而舌橋乎？不得已而命之曰至理，身其天地而親之，則命之曰大心。推論寥廓心量，表法也。泝源窮流，充類致盡，設教鼓詞，由我安名已耳。因其生之所本曰性，無所不稟曰命，無所不主曰天，共由曰道，自得曰德，與事別而示民以密察之故曰理，親切醒人則呼之曰心。據質核之，則有大心、緣心、治心之別，有至理、物理、宰理之別，有公性、獨性、習性之別，有凝質之氣、虛空之氣、浩然之氣。若通論之，隨立一名，皆可偏推，皆可同際。聖人開口總爲善世，則因各土、各時已稱，已謂之稱謂而告之已矣。以實言之，太極、大心之至理，豈離六者之中乎？性、神、氣之三者，豈離數、象、器之三者乎？象數以器表神，性以氣表極，理以心表心也。易也，天地也，一也。一不可示，故不得不準也。

『生此一元之午會，當偏詑巧竊之紛纕，欲明即感是寂、開物成務之易，可但藉口曰委化也而聽之哉！不能離、不當離而曰不可離者，正謂可離以理之，乃合以道之；拔其中而聳諸外，消其外而汁此中；然後一不住於一、二不岐於二，而離合合離之不可離，始能前用耳。遂事即無所事，順理即忘其理，眞不可思議者也。執事者固矣；執理者不能充類格致，至於無類可充、返而適用，則理猶紗縠也！執玄者痛厭槎椏，凡遇名字，一切芟夷，以自媮快，則匿於僞默而已矣。簾窺影事者，則匿於電拂而已矣。故無理、無事之病，較執理、執事者之病悍格更甚！即吞一昆侖之如如、太極，乃髑髏耳！豈惟無用，將使天下後世不敢以正論折生心害政之詖遁，且曰不作世諦，正以疑人；彼畏學好高之人情，樂得互相慫慂以自爲地；而元元本本之實學既爲放曠者所鄙，又爲守禮之拘科所麾：豈知精義入神之何思何慮，即時行物生之天何言哉？

『世俗之士，沿習其常事膚理，誰能死心研極，以剥爛復反者乎？必語温清始以爲孝弟，必語良知始以爲理學，必語經史始以爲學問，必語韓蘇始以爲文章，必語藥性始以爲物理，必語屬纊始以爲死生，必語龍虎始以爲玄門，必語趺坐始以爲止觀〔八〕，必語作怪始以爲鬼神，必語石牛木馬始以爲禪： 何訝乎必以一二三四五爲象數哉？

『學者荏苒質論，不能開寤通論； 忽遇邪異旁竊之通論，必張皇而爲所惑矣。 穎者巧取通論，遂爾鄙屑質論； 及舉天下本然之質論，反矜茫而欲逃之矣！於是乎貫混沌開闢之至理，宰天地人物之道德法，遂無能知其偏全分合者。 愚忽以三冒、五衍盡三教、百家，宜其不信也。』平公曰：『果自信乎，奚問人信？』

何生曰：『三冒，何冒也？』

曰：『聖人以天視，視虛空皆象數、象數即虛空。 信如斯耶，斯可語矣！無名字而名字，則名而未始名，字而未始字，以故辨當名字，隨其名字； 民視猶天視也，理何嫌於理？數何嫌於數？何嫌理數之合？又何嫌理數之分乎？信如斯耶，斯可語矣！孔子善巧而名字之曰：「易有太極，是生兩儀。」禮運善巧而理數之曰：「禮本於大一，分而爲天地。」天地之數，止有一二而畢矣。 三仍位一，四仍位二，五仍位一，六仍位二。 自三以下，至乎姟秭正載，皆一奇一偶也。奇一而偶二，已成參矣。無奇無偶爲不落四邊、洋溢四邊之太極，而姑以一奇示之；　萬奇萬偶爲交輪太極、摩蕩萬象之兩儀，而姑以一偶示之。禮運之大一分天地而轉爲陰陽，變爲四時，列爲五行，倫之、藝之，動之、植之，皆大二也；　猶兩儀而八以至六十四，而藏其十五、三十六、四十九，皆所謂太儀也。　四聖韋編，河洛全圖，皆大二、太儀之約本印版也。　逆見天地未分前，如斯也；　順推天地已分後，如斯也。　逆泝人之未分前，如斯也；　順用人之已生後，如斯也。　未畫前，如斯也；　已畫後，如斯也。　畫後即畫前，則人生後即未生前，天地之分後即未分前也。　冒天下之道者，大二即大一而已矣！

『世學瞿推碗脱，左枝右梧，脊脊名稱，孰何故事？知畫前之易者難乎哉？然不知畫後即畫前，則所謂畫前者齏瓮耳。　然不能錯綜其三冒五衍，中理旁通，引觸皆是，則所謂畫後即畫前，猶冪羅耳。　大一分爲大二，而一以參之，如弄丸然，如播鼗然；　一參乎兩之中，而兩旋爲四，猶二至旋二分，南北旋東西也。　春夏秋冬之於歲也，東西南北之於中也，皇極之五表之矣。　上下直立，而前後左右環之；　此六和之矩，即五方之三輪也。　拱架其子午，腰轉其卯酉，水臬其平盤；　三輪八觚，而中五彌綸，馭四幕六，陽藏其一，使陰足十支，以二六奉干之二五，而八卦、十二宮、七十二候、三百六十之旁羅具矣。　痺而列之，割而飣之，立而繩之，平而衡之，規而圍之，矩而曲之，狹而擠之，半而橋之，象而限之，品而推之，衍而長之，褾而褙之，枝而蕺之，緜而棼之，桔槔而漏刻之，鏠午而衡旋之，經絡而營衛之，水米而麯蘖之：無非一在二中之三五交輪也。交液虛實則無虛實，輪銜首尾則無首尾；動靜之間，幾在中焉。詳則言五，約則言參；質則舉兩，盤則舉四；四用其半，三用全圍。故一不可言，言則言參兩耳。此豈執欒欒之脉望與馬毛龜甲之筭器乎？會心之士，全舉固然，雙舉亦然，偏舉亦然，不舉亦然，此一滴一𪐴一切皆然者也，何堪與白駮談夢哉？

『一生二，二生三，非老子之教父乎？即度之伊帝目胸表一卍五葉[九]，或綱六相，或立三玄、三要，或立五位君臣，或指首羅而埽之；雖非實法，然何所逃於大一之分天地、天地之爲大一乎？彼衒專門，重在遮二顯一，迸遮一而使自得之耳。子華曰：「天地大數，出三入一；一之謂專，二之謂偶，三之謂化。才也，幹也，神也，凡精氣以三成，義軒之柄也[一〇]。出於一，立於兩，成於三。連山、歸藏、大易。」愚所謂一天用二地者也。言不頓彰，非三不顯；顯如斯者，安得不冒，冒安得而不三乎？兼三爲六，各三爲九，四分用三，以三用一，以一用三，十二用九，六十四用四十八，皆所以藏無體之一，即用無體之一也。易之示也，隨處可股較而掌指矣。費中自具三冒，隱中亦具三冒。費法詳明，以費知隱。本無費隱而有費隱，隱汁乎費，有何費隱？然非先分費隱，辨其結角，則遮表舍膠，易於巧竊，安能解數千年之惑，開轉此時之風，申明天地托易之思，以宜民正路、各安生理耶？

『直下是一開闢之費天地，標後天妙有之極，人所共覩聞者也，命曰顯冒。因推一混沌之隱天地，標先天妙無之極，人所不可覩聞者也，命曰密冒。因𠟠出一貫混闢、無混闢之天地，標中天不落有無之太極，即覩聞非覩聞、非即非離者也，命曰統冒。天地之三冒，即人身之三冒，物物之三冒也。如言三五達之身，又言無聲臭之身，又𠟠出一於穆不已之大身即在三五達、無聲臭之身中，而無聲臭之身即在三五達之身中；不可執有極、無極、太極爲三處也。教亦多術，應病予藥，不妨偏言。惟其統之，故不厭別；惟其冒之，故不厭析。何惜眉毛不明支離之易簡，以表兩間言道法者之變槩乎？因費天地而立法相實宗，言爲善去惡者是也。此宰天之經權也，因事物而正名告民節適者也，一用於二者也。辟言屋漏則當補，穢則當拂，而受用屋中之虛空原自在也。執此但膠法迹，不能幾深入神，則不知大原，不得變化，非全眼矣。因隱天地而立破相空宗，言無善無惡者是也。此反天之逆幾也，空事物、破名象而反言甚深全泯者也，離二見一者也。辟言屋中之虛空與屋外之虛空原無分別者也。以此方便，捷於遺落一切，而執此破相，則死人矣！若執總殺即總赦，竊冥應以藏身，與獸何異？豈全眼乎？因貫天地而明不空空之直空，無相相之實相，謂之中道性宗，爲善去惡與無善無惡皆不礙者是也。此任天、統天而平懷因應者也；隨事物名相而不爲所累，破立皆可者也，無二無一者也。辟言六相同時，屋即虛空，因應其治屋之當然，則謂之屋本自治可也。果是其人，自凝其道，而時乘六龍，平等不住平等矣。困學死參，有解悟、證悟之分，即知有即無之太極，猶屬儱侗；必須重歷差別，中節時宜，官天明法，家常薪水。若執此宗，仍爲影事。或得公容之量，或成委順之高，而不能制天持世，徒以際斷倏忽，迴避學問功能，其流必廢教而梗治矣！自以爲全眼，實不全之甚者也。性宗、空宗，總以妙其善世之實宗，大似頭上安頭，而非此不能變。誰少至人之體？而難者聖人之用。用之最大者，以君子宰萬世，安頓鼓舞，使萬世受用，乃學易者之受用也。彼晝少而圖自受用者，仍是自私自利耳。出世聽其孤僻，散人聽其縱脱。有君子以繼宰，傳易於夫婦、鬼神，而天地拱手，收一切藥，治一切病，以爲籠矣。易是醫籠，即能補籠；三根隨才，必須好學。

『故有覩聞之費隱，有不可覩聞之費隱；有隱一費二之槩，有二隱一費之槩；有三費攝隱之槩，有三隱供費之槩。大則廣漠充周，溢其不可窮之蘊；至則華實縷結，藏其無不備之資。苟非倫其灌輸，經其條理，㽞性於相，養破於立，圻瓜榨汁，鬱蘭升薰，奚取乎不用之器蛙而腐穢〔一一〕、久閉之氣荒而夭閼耶？易故微其動静之顯，而闡其交輪之幽；則莫顯於元會鬼神，莫幽於圖書錯綜矣！燈也、光也、影也，皆薪火也；花也、香也、色也，皆歲之春也，此可覩聞之二即一、一即三也；不可覩聞之所以然者，其二即一、一即三，有何殊乎？入世存法，出世泯法，其權自相齟齬；超越世出世間，則慈力悲仰同矣。然其實也，止有不壞世相即出世間之一際一乘，歸於治世資生不相違悖之法住法位，則宥其黃葉止啼，而言先一句可知矣！三諦者，中諦統一切法，眞諦泯一切法，世諦立一切法也。三因者，正因、了因、緣因也。三身者，法、報、化也。大慧以中庸首三句指之，畢矣！曰理、行、教，曰空、假、中，曰眞智、内智、外智，曰本覺、始覺、究竟覺；皆圓∴也。宗門三綱、三句，舉一明三，只露些子氣急謾人。總之，執有則爲權别菩薩，執無則爲聲聞、緣覺二乘。羅漢執法身亦是死佛，所謂但中是也。長沙曰：『眼根返源，名文殊；耳根返源，名觀音；從心返源，名普賢。三聖是佛妙用，佛是三聖之體。』體在用中，佛即在菩薩中。印度因俗，權教歸實，久已訶之；收一切法，現一切身；行布不礙圓融，圓融不礙行布。毗盧佛像，有髮有冠；圓覺、維摩，何分眞俗？東流倡藉福田，達摩入而全剷。然凡夫貪著其事，信此尚難，仍不得不借二乘之壇，懸無上之旛耳！故曰：超出二途，棲心無寄，猶是暗痴。洞祖以法身爲大病源，曹山立三墮而類不齊，混不得，乃可取正命食，始不作兩橛矣。惟其奪下情見，權立頓宗，婾快吹毛迅利，何有軌則？永明作宗鏡時，已歎人廢學訶修，只要門風緊峭，但重遮遣，不達圓常。何況今日以爲專門名家耶？肇論曰：『以無所得爲方便。』今貪此無事人，仍是出世半邊，仍是執一護痛。既悟自己，須明大法，悟同未悟，正好學問羹齏。夫眞如來，發大願力，豈有不明天以日治、歲合時宜之故，而恃泯壞存，但傲蟲豸者哉？官天鐸學之君子，爲克家之督，亦欲藉此見地以偷懶，不能隨時轉風，擴充神化，豈不惜耶？

『老子以混成爲統冒，以常無爲密冒，以常有爲顯冒。知白守黑，當知白即是黑，則本無黑白而隨黑白。故觀其早服勝牡，而言先一句可知矣。旨偏重内，而用則隨時，聖人合外内者也。重内流而爲我，則苟且尚矣，一發則慘刻矣。據老莊之皮毛，乃偏眞者也。今之死浸者，乃苦總殺之藥語者也。縱蕩者，乃誤恃總赦之快語者也。眞橛者，亦偏眞者也。聖人知而彌綸之，惟從日用飲食一節適之而已。藏其總殺、總赦之利器，故民鼓舞奉教，初無已甚之苦，後又何待赦乎？無奈暱庸皮厚，安得不畜已甚之藥？但有鐸中和之實學者，一切皆可善用矣。聖人信寓處爲不落天人之人，知直日爲不落有無之有，故寓罕於雅，惟以親民前用爲經。民所不能爲、不必爲者，言何益乎？人人食力安生，而不可能之中庸原自飛躍洋溢也。以無依之依，容述遵之依，神用中之權於執兩之竭。天凝日而讓日以治天，日即天，而天若分餘以養之，正治隨時，成歲不居，遂謂之無天無日。而實則宰法、見成，兩層同體，彌綸一用；偏門太甚，不過巧言激説，以瞑眩見奇，以直捷陰遁耳。裁成輔相之功，蓋乾乾乎日夕之德業焉。彼曰在聖不增、在凡不減者，曾何憂其缺少，而故荒其倫類人情之田、巧揠其學修不及之苗哉？此大成始終條理，所以萬世無弊也，言先一句全寓之矣！澹園焦氏曰：『余晚學易，知二氏所長乃易所有，而絶類離倫、不可爲天下國家者則易所無也。』愚曰：隨、蠱、革、鼎爲上下十八之中，上爲閏位，故盡變之旨寓焉！拘維之亨所以治萬世之隨，高尚其事所以治萬世之蠱；鼎之玉冷於金，革之豹能制虎。益嘆夷、許、伊、周皆潛亢之異藥，雪山心字尤爲亢其潛耳。富貴根深，清涼之散正急。泰伯棄温清葬祭而逃蠻，孔子稱爲至德；詎謂出世之幢，不當懸天半之峨眉哉？京山郝氏曰：『二乘其本色也，鬼窟其本權也，後遂竊中庸、大易以繪心量表法，尊於穆爲法身，以抑天地；以德業爲菩薩，而以易之無體爲眞體。儒者割而讓之，惟恐同其稱謂，而徒守糟粕；甚無謂也。』愚曰：天地大矣！心同理同，人人自得，竊亦竊天地者耳！大易存泯同時，華嚴卦爻法界，至今奉其教者未全悟也。聖人知無上下，而藏上於下，明備宜民，故攝下於上者偏以一門深入。知得本來，隨汝用此；明備其實，即明備者皆本來也。苦獲、縱脱，莊子已言之；今日偏高道流，多此二者。總以狂狷充類致盡，人未達其説火即熱之旨，能免世諦流布耶？所嘆鄙夫田也，千里黄茆；常醫止用陳皮，故劫藥得價耳。果開全眼，無煩掩諱；自歸大成薪水，適措時宜。至如李源，五十年紫芝終其身，何辭堅僻之嫌？然各有至性深心，不望人知，彼又何暇避人之訛其異也。格外論心，自有萬世之旦暮在。不知言先一句，又豈知一三、三一之所以乎？此三冒者，實三而恆一，實一而恆三也。自有至者而言之，尚非其一，何是於三？不三之三而言三，不一之一而言一；一三非三尚不三，三一之一亦何一？一不一自非三，三不三自非一。非一之一，非三不留；非三之三，非一不立。不立之一本無三，不留之三本無一。是一三本無，而無亦無矣！凡以執一、執三，皆不明三一之理；不明則三者皆病。明則無三無一，而三一同時，五十同時，千萬亦同時；即執三落二，皆非病也。既假以言，即有成言；既稱其德，即有成德；相因立法，即有成法。何妨隨其成言，明此成德、成法之分合委悉；豈假以至言之玄護其棱痕際斷之旗、驕其閃爍而先避之耶？脱者方笑其潦倒，而拘者方以爲溟涬；孰知自然而然，毫無所强。以通、以定、以斷，惟深、惟幾、惟神，與中庸首之三謂，論語尾之三知，閒居之時、生、神，孟子之備、樂、近，皆是也。南倏北忽，食乎中央；玄水白水，會于黄帝。龍女轉男，童詢開闔；潛飛冬夏，嬰姹背庭。嘗試觀子午道之影本乎？嘗試詠天淵詩之造至乎？誰無初、中、後之三停乎？誰無首、脊、尻之貫索乎？凡言交者，謂其互此中，而兩旁之綸皆彌也；凡言理者，謂其行乎中，而兩旁之餘奉命也。雖曰統邊無邊，統餘無餘，然不因此以劈析之，豈得親見其縵縵之歷歷哉！隱老曰：「伏羲一畫，亦三節也。以偶缺其中，而奇之位以三分之一當之。又横劈爲二，則一畫而具六相矣。」圜徑一而圍三，則一圍而三節，明矣！實則圓用觚而成，圓成即用半之方矣。果蓏之理，自蒂至臍，猶子午南北也。二至二分，而三五即一。以天地之器知之，則官骸之器如斯，此心之器亦如斯，則理此器者其理亦如斯。愚嘗以三後天、三先天、三中天衍三乾、用三坤之極，豈敢爲此纖纖耶？信其如斯而已者也。震爲隱出費之乾，艮爲費息隱之乾；坎習費隱之乾；巽爲費入隱之坤，兑爲隱和費之坤，離明費隱之坤；以坎離得中，故易貴之。震本配巽，艮本配兑；而有無交互，猶報化也。八卦本六卦，六爻本三爻，爻爻皆有三後天、三先天、三中天，而中藏先後，先在後中，究統于乾坤。坤俱是乾，流行之乾坤俱是無對之乾。陽尊而神，尊故役物，神故藏用。陽來則生，陽去則死。天地萬物，生死主于陽。自寅至戌，惟晝侵夜，而人居地上以用之。河圖易金火爲洛書，陽至陰偶以維之，豈非無對待之陽分餘入待以自用哉？使陰立體布基，即使效法終勞而知始倡之享其成焉！陰之一皆陽之一也。此愚所嘗言眞陽統陰陽、太無統有無、大一統萬一、至善統善惡者也。」何生曰：『隱哉費乎？費哉隱乎？何隱何費？莫可誰何？』平公曰：『易無隱乎爾！』

『五衍，何衍也？』曰：『萬法一圖書也，圖書一中五也。即中五之旋一毛，而四邊之太少已全具矣！則未有一毛，而一之四、四之五已全具矣！文王隱表其春夏秋冬之乾，而費行乎西南東北之坤。四無四也，五無五也，一亦無一也。中交邊輪，皆邊皆中，已燎然矣。環無始終而終始大明，萬古太古而歲應節候；三四而二六之，六六而八九之。此衍之因天治天，而用中之範圍乃可告矣！堯典曰：「平在朔易。」三秩而一在焉！此堯欽若，伏羲之心關也。二至加分，而四立輔雙支矣；中五四正，而四偶皆交維矣。羲以木王，出震建寅，後與先皆義衍也。舜禹用之，文王明之。二月東巡，五月南巡，八月西巡，十一月北巡，舜所以大法天而學易也。疇重一五九，五行根本萬事，皇極居中，福極應上，東以兩天夾人；坤順事而乾健德，震布政而兑決疑，艮徵恆而巽治歷，豈無謂哉？禹之治水，治地規九，其一端也。圖變書而生克互用，易全用之；諸聖皆用易，即皆用圖書也。向定以書專錫疇，膠矣！後又辨疇數偶合而非書道，亦膠矣！圖體書用，圖用於書者也。

『孔子曰：「陽始于亥，形于丑，乾祖微據始也。陰始于巳，形于未，君道倡始、臣道終正也。」參同契曰：「坎離，天地之中氣也。水火專于一宮，金木以相之，天地之和氣也。晦朔弦望而虛其坎離，爲其會朔方而從朔也。」仲舒中和四配之，明春秋之用南北也。內外八轉而收發應黄，此聲音之用五七于四而重其端也。四正四奇而握奇必嚴後也，陰符遁甲之白其三北也，鑿度之智中央而信坎也，皆得幾于天門，而握亢於貞元也。衆妙之門，衆[鬲旡]之門。尼山舉四德而以貞易信、以智奉乾，則衰德即盛德矣！將寐在脾，熟寐在腎；將痞在膽，正痞在心。知天之大痞在夏，日一南而萬物生，則禮之末皆本矣。是故物内外而格踐之則嘗言禮，尊帝出而發育之則嘗言仁，裁成西收而起勇鼓舞、由天而寓樂，即鄒縣之擴充四端而藏其信也。五行皆土，而所寄各五其行；五事徵風，而所風各五其事；五倫皆交，而隨交各五其倫；五志皆思，而從心各五其志。此五五者，智則全智、仁則全仁、禮則全禮、義則全義、信則全信者也。五何非萬？萬何非一？而博約通徵莫奇賅于五者，倚言參兩皆伍之用也。規、矩、繩、衡、權既備，而周天亘古之度皆伍之用也。造端有别，建國立政，因物而則之，時出而宜之，舉其生平之固有耳！行布、攝入，存不待泯，豈必扱箕加帚，影射偏空，乃爲不落陰陽、不墮諸數哉？此時論所謂太極莅皇極之任，而裕無所不用之極者也。

『五方如來，十六金剛，顧四步七，瑜珈布輪，何非同讀此玄黄之書，而猶目皮相耶？康節獨贊養生主之提刀四顧，人猶不悟天下篇一二三四之藏中五耶？無動無静者不必言也，惟於動静之間明陰陽剛柔之交。日月星辰、水火土石，以太、少知之；璿璣周髀，以日爲政，以辰收之；五行之徒，以地用水、火而金、木附之。暑、寒、晝、夜也，雨、風、露、雷也，性、情、形、體也，走、飛、草、木也，目、耳、口、鼻也，味、氣、聲、色也，皇、帝、王、霸也，道、德、功、力也，化、教、率、勸也，易、書、詩、春秋也，皆以其交定之。四皆以三餘一，以一攝三，一各有其三一之四焉！吾于其言易、書、詩、春秋，而以禮樂升降之，則知教、化、勸、率要以中和洋溢之。撮其指曰：心即太極也。一非數也，一無體也，一役二以生三，又役三，而三役二也。以二生數，二其天三爲六，而六止用五，五藏于用半之四。常維四者，地載上天以爲用也。無非一也，無非中也，而寓其建極于中五者也。天辰不見，地火潛藏，常用三于四中，故三其四爲十二，五其六爲三十，而萬元會之交輪具此矣！物物元會之交輪亦具此矣！分體數、用數、交數以窮之，立三才之器以明物理，以形知影，以近知遠，而至理寓之，皆對本不差者也。詳見圖說，語多不載。益嘆根本易得，差別難明。聖人不過使民由之，各安生理已耳！而恥爲凡民者，欲不致知，而鹵莽以愚民耶？開物成務之神聖，曠代一出；而明法官天，責在君子。苦爲外累，充類總殺，死不如律，勢許脱逃；善服單方者，浮雲敝屣，雪上加霜耳！末流習便，死執無所得之半邊，一切荒忽。果爲委化之士，固高流也。得意方便，足以掩陋傲人，公然訶掃天下之研極實學，逼奪其業，使仿掠虚之口給，暴棄河沙，豈不哀哉？悟明自己，男兒本分；痴守影事，俱屬魔光。正當明盡萬法，乃可謂之無一法。必荷天地之薪，種此大成之田，不得以一句畫前唐塞三五錯綜之變化也。六合七尺，處處確徵，不則幽明之故盡是拳影，成住壞空眞誑語矣！百原之功大矣哉！經世不及半者，以第四爲紀，猶夫奇之去五、策之去十也。

『道生天地萬物而不自見也，藏用之謂也，藏一之謂也，孔子不世之謂也，無名公之謂也。顛望反對，中即藏一；　四時八卦，二卦藏一；　二十四氣即三十六氣，二氣藏一；　皆布其一陰一陽之資格，而以蓍圓之。蓍亦以四十九藏一，又以四十八藏一；　挂之象三，所以藏一；　圖以餘五藏五位之一，書以虛五藏五交之一；　大衍以十一藏一，小衍以中衍藏一：　總是全陰全陽之資格也。造造化化，體用互因；　人自日新其故，而神不測矣。蓍獨占也乎哉？占獨卦也乎哉？又何妨以占藏幽贊也乎哉？皆資格也，皆空空也，皆卦蓍也，皆穆穆也。不離陰陽即不落陰陽者也，不墮諸數即旋轉諸數者也。惟其藏一，惟其無體，故不必聒聒其太極，而隨處可以物其太極矣！不必仳仳其心，而隨處可以物其心矣！賾至易簡，何故惡之？動上不動，何亂之有？然藏密于天下而與民同患，安得不患其殉賾、惡賾、亂動、錮動之無據乎？幽贊之道德性命，聖人逆知而數之，順和而理之，仁物而義之。義者儀之宜也，理者禮之體也，數者形與無形之交幾而推行化裁之空節也。隨時隨人，以事理合之，可以出入，而過不及立竿無逃者也。是中五四破之資格，乃格物之管灰絃紐也，乃踐形之銅盤錞芒也，乃無事有事之圓鑑王會也。天予人以革囊之資格，而聖人以理予人蓍之；　天下以倫常爲資格，而以君師之權蓍之。人誠蓍乎！古今屏于一息矣。蓍卦相泯，惟神與明；　神明之故，在乎幾深。有深志而賤務者，專明攝用之體，則散殊之陳迹安得不屑越耶？自抑君子，以尊至人。有研幾而成務者專用攝體之用，則渾侖之贅旒所必高闇也；寧放至人，必從君子。聖人潛至人于君子，統天垂拱，集之、化之，任其代錯，而幬自覆矣！故親見天地未分前之三冒、五衍以作易，易即以此三冒、五衍寂定萬世之夫婦鬼神，以奉聖人之主宰；則天地毀，而此三冒、五衍原不動也。雖有畸談瑰術，豈得以邪外洸洋霦之哉？』

何生曰：『霦即不得，不得不霦。』

平公畫一畫曰：『一。』

資格

何生曰：『高門鄙言資格久矣！何乃津津不諱耶？』

當士曰：『豈惟出言善世，必因其時以轉風力；暇計門之高與平、言之迅與鈍，以取世之尸祝簇擁乎？莫變化於森羅，莫太無於太有；臭腐者大神奇也，糟魄者大秘密也；而故鄙日星之數目，諱玄黃之文章，非井蛙耶？教欺者不利於君子之資格，必多方以自慰解，故托高門玄語以蕩埽之，遂有悍然不覆以爲無欺者，是獸資格也，更不如小人間居之資格矣！俗難强化，因以資格化之；勢難强忍，因以資格忍之；心難强安，因以資格安之；理難驟通，因以資格通之：此君子之卑資格，即天地之資格也。全埽全放，依然不能免目前之當爲； 故君子就倫類事物可見者，使萬世勤學食力，而不見者自中節焉。 此爲即無爲之天資地格也。

『玄者曰： 「卦爻蓍策，皆死法也。」曾知此死法之神變不測耶？避此死法，惟恐其語之不玄，而死守其玄語者，不更死於鬼火耶？便就高玄爲約資格，言先不得言矣。 言即資格也，言與無言與無言之言，非費隱之資格耶？曾聞「知有即得、用免則那」之資格耶？必不免此天地間，必不免當天地之此土，必不免當天地之此時也，則必不免此天地、此土、此時之資格，明矣。 必不免於申資格者，必不免於滯資格者，必不免於畏忌資格之人情，而今又何免於推明其資格乎哉？

『元會一資格也，七尺一資格也。 官必五，骸必百，手必不蹈，足必不持，何異乎赤黃之三百六十，物候之七十二，夏必不冱冰，冬必不焦爍乎？故知卦蓍者，太極之資格也； 以適用之天地視之，太極一無用之資格耳。 用則用其資格之太極，而無資格之太極自穆其中，豈待聱牙申飭耶？申飭者，惟有申飭歲時之資格而已矣！

『三代後之長行牓，庸距不抑競進之膴仕？唐宋後之經義，庸距不帖帖於鄉舉里選乎？賈生慨然於小民知大臣之一旦以爲廉遠堂高，次序上接，尊乃巍然，而民始安其分藝、以效能而食力； 烏有樅金建鼓，逼天下之爲君，而姗禁其爲臣者哉？亂如萋苴矣！ 君猶待宰之資格以自治也；治心者不貴其宰，安能享君臣道合之樂乎？本無頓漸，藏頓於漸。四時布序而太歲自成，此宰之大資格也。華榦必孝其核仁，而根本必慈其枝葉，則父子之資格定矣。四肢必忠其頭目，而經絡必禮其毛竅，則君臣之資格定矣。璿璣奉文明之政，而玄昊藏沆漭之中，則思官之資格定矣。八風以吹，甲坼以雷，則鐘鐸之資格定矣。錯綜以存泯同時之格，近樂其萬物皆備之資；取生即無生之資，節發即未發之格；因定好學明倫之格，以發其資深格踐之資。彼非常之破資格者，究是格其大格、資其新資者也。格大格者，本不壞世間之細格；資新資者，本不遺世間之舊資也。讓一側陋，破資格矣，而不破文思精一之資格。革命巢牧，破資格矣，而不破執競日躋之資格。葵邱踐土，猶引仁義以就功利，至於七雄不能即吞，此周公之資格在也。嬴政、李斯破資格而不知破資格之資格，故禍發自殄，止成沛公、留侯一破資格之資格，而喑噁叱咤者依然，七國之資格未破也。許下猶隔人存，其後不能顧矣；離石猶藉漢甥，其後旁午自命矣：則閏資格侵正資格之故也。大成安得不鰓鰓然破韋布之資格，以六經定資格乎？風皇早定陽一陰二之資格矣！徽公以糟魄之傳注，使紫色鼃聲不改尼山之日月，豈非資格之功乎？邪法嘗勝正法而終不能勝正法之理，小人嘗勝君子而終不能勝君子之理：以陽統陰之資格定也。夫所謂一切現成者一有萬有，有即是無，則貴賤親疏自分別矣，必以賢治愚矣！此一切現成之資格也。彼云正則總正、邪則總邪，此自充類急口，或以際斷倏忽，作敵心之方便，豈執此以壞資格耶？君子恐邪外托圓通以簧巧，故專以方正砥之。開全眼者正賴人守之堤防，而後可以逍遥拍掌。不爲善世，何必治心？凡言治心，總爲善世。專作不惜世道以快心之言者，野鹿山木之隱居放言則可耳！逼見無體之體，推入杳冥，一不住一，寧作實諦耶？出世偏專，自有抑揚，近年理學家乃亦與賢者爲仇耶？他人理折，辨者固也。邵子從天地未分前立此全資格，以定堯孔爲元會之亭午，爲天地之主宰，功何如耶？

『鬼神以慊不慊爲照膽之寶鏡，王法以服不服爲枕上之金科，聖人以許不許爲對簿之鐵丸，五宗以肯不肯爲陷坑之毒劍，賴資格也。有分定之資格，則窮達自安；有靡常之資格，則保艾自慎；有具足之資格，則策荷自勇；有無窮之資格，則滿假潛消；有專塞之資格，則易於奮迸；有旁通之資格，則善合時宜；有鐘鼓之資格，可宣其鬱；有分藝之資格，可遊其天；有離微之資格，易使人深；有寥廓之資格，易使人豁；有本無之資格，捷於冥化；有實徵之資格，知本天然。象數者，義理之資格也；義理者，虚空之資格也。又定一破資格之資格曰：「苟非其人，道不虚行。」此寂寂芸芸之虚空，無非一在二中之資，無非參五縱横之格，特人不能死心深極，故不能專綴之耳。

『柳州譏月令之政，存論以夏時非建寅，汝以何者爲月、何者爲寅乎？五常、五色、五行之配五位，皆附會矣。曾知混沌天地之自附會之耶？五音時旋，八十四調皆宮，而不礙於位子之宫，不礙於出喉之宫也。破世間之資格而知無資格者已難遇矣！又破世間之無資格而資格任之者，更難遇矣！遂能洞然資即未始資，格即未始格，總是資格；但言資格，竟可隨舉世間之瓦礫而資格其浩淵，誰見信乎？不見聖人之龍之、馬之、魚之、虎之、山之、陵之、郊之、石之，惟以資格類之，而萬物之情，莖草皆可知矣。動之、宜之、賾之、會之、類之、反之、變之、互之，惟以資格通之，而神明之德，薌蕭皆可命矣。以覩聞之迹資格，徵不覩聞之心資格；以覩聞即不覩聞之心資迹格，徵無資格中之彌資綸格。因心彌迹，迹因綸心；以迹格迹，以心格心。惟其交格，是以交資。交而忘矣，忘則心迹本彌，而不妨其綸。絫黍乎？汪洋乎？不能黑白犂然，而猥云一眴石火，豈容借逃迹以逃心耶？故蓍與卦互爲太極，定體用、一多、魂魄、鬼神之資格。太極亦自定不離爲不落之資格，以隨蓍與卦用之。而神其幾深者，乃可無先無後而先後其間。』

何生曰：『我不入格，亦不出格。』

平公正坐展手足，曰：『格。』

中　告

何生曰：『中何物，而可告也？』

平公曰：『阿阿而吾之，中五而口之，吾問吾，吾喪吾，吾乃知吾，曾疑吾之所以爲吾乎？先何以而可矣！何以爲皆備之吾即本無之吾？何以爲無性、三斷之吾即振古常存之吾？吾苟先乎天地，後乎天地，破其天地而枘鑿之，末其天地而吞吐之，空劫當前，皆所以矣！披之、啖之，皆所以矣！人受天地之中以生，而還天地之中以死；　人生死乎天地之中，而天地之中無生死；　天地萬壞，而中至今不壞。　疑乎信歟？大疑大信，又何迷悟、頓漸之膠膠擾擾乎哉！』

當士曰：『此總冒耳。必明三中，而中乃明，世乃可用也。一曰圓中，一曰正中，一曰時中。中之名，借有無之邊而生；　中之實，不依有無之間而立。虛空無中邊，喻道法者如之，此平等渾天之圓中也。過不及因中而起，中又因過不及而起。不求中節於發之未發，而求中節於過不及之間，是鼠朴矣。然執此發之未發，而定不許徵中節於過不及之間，又燕石矣！踐迹者膠無過不及之正中，則未見圓中；　玄勝者執無中邊之圓中，則必鄙正中：　皆盤燭以爲日者也。草木之節而茂也，聚則善生，旁枝卺而正枝益卺，皆根之卺也。肢骨之節而動也，虛則善轉，左右宜，前後宜，皆心之宜也。七十二之節其候也，先時不名節，後時亦不名節。七調之節其奏也，太疾不合節，太徐亦不合節。候亦有或先或後者，奏亦有宜疾宜徐者。以此明其虛聚，則未發之不離發者，其適當之宜不可不知也。無中邊之中，以正中之中統流徙之中與即邊之中，而上覆下植，中乃慶太平焉。向以無過不及焉，淺者淺乎哉！今知無過不及者，又甚深後之甚深矣！兩端之中，又兩端焉。若陽燧之腰鼓，紙緒中之，則火無不然，精之至矣！此平等不住平等之皇極中也。人之居室中也，牖可也，奥可也，非執棟下定爲中也，屋中之虚空皆屋中也。然不礙虚空之在屋中，亦不礙牖、奥之爲屋中，又何礙棟下之爲屋中乎？子華子曰：「寓中六指，中存乎其間；兩端之建，而中不廢也。中則不既矣！小人恣睢，好盡物之情而極其執，禍必酷矣！朱明長嬴，不盡其温，隨之以揫斂而爲秋；玄武沍陰，不盡其寒，隨之以敷榮而爲春。天且不可盡，而況人乎？誠由中矣。一左一右，雖過中也，而在中之庭；一前一卻，雖不及中也，而在中之皇。」此其適得而幾之正中歟？説未盡也。中不能充塞而無用，故自分其中爲兩邊，而交輪之爲一環。於穆者，穆在不已之中者也；不已者，穆於交輪之環者也。因言時中：時者變變不變，中者不變而隨變者也。劫之、代之、歲之、日之，其爲時也一也。説時者，有體位之時焉，有翻車之時焉。地在天中，如豆在脬，混則無豆，闢則豆凝其中。人所以受氣，自受圓中之所以，而不能不居天中央之豆上，此時乎闢地生身之體位時也。絜四天下之六矩者若瓜然，有蒂有臍，日月帶其腰。蒂臍遠於日月，故以南爲中土，當天地之胸。肢官之身，必棲大心於膻中之包，豈可强哉？此時乎中土陽面之體位時也。細按：地形如瓠，有蒂有臍，乃應二極者也。四包稜理，乃應春、夏、秋、冬之黄赤道。此三輪六合者也。泰西雖知地毬，而未明與天之樞極相應。果核鷄卵之圓物亦有上下，水浮卵伏，頭必自轉。故知菰蒂爲日光不没之國，菰臍爲日少夜多之國。六合論之，下微平陷，乃沃焦、歸墟之處，如人會陰。故泰西亦不詳墨丸臘泥加，而愚以理推之，自然如此。莫中於赤黄道之下，而中華居心胸之間，腰輪在南，歐邏巴則近背。此南非上下之南北，而四方之南北也。故中國確然爲中，而印度則左乳也。人受天地之中，而中華更中，故其人更靈，文章禮樂之全道，得天地之花心，爲萬國所不及，即是一大證據。佛亦言南閻浮提最上，蓋天以南爲用，地夏火爲居位，此乃至理，豈强説乎？請言翻車。請以元會與冬夏、日夜、呼吸同符之故，橋起拱架，而刻畫喻之。天上地下，而乾南坤北，此翻車也。首上足下，而陰火之離心在上，陽水之坎腎在下，此翻車也。天無則陽無，地有則陰有。然既闢之後，屬無之天陽，反爲實有之陽；屬有之地陰，反爲虚無之陰。天爲體而體不可見，地爲用則用可見。今則體翻車而可見，用翻車而不可見。諸如此類，不可悉數。大抵三才既分，以陽用爲主，而藏其體於陰輪。生即無生之乘，正居南午藏子之位。是知貫混闢之天，以天地用天爲正，而離闢言混者偏矣！以混勝闢，以黑勝白，名爲無敵之禁方，實則倒倉之鑾治也。真瞭然於貫混闢者，居午藏子，而謂之無子午，即無晝夜也。無晝夜者，即夜而奄臥、晝而行坐之無晝夜也。夜就榻於奥，晝取明於牖，莅事則正坐堂之楝下，何嘗不用空虚，而豈廢就榻、取明、莅事之時宜乎？故曰：聖人遡亥巳之晝夜，以明子午之晝夜，遂通無晝夜之晝夜。雖蓏析之爲六晝夜，然依然與百姓用卯酉之晝夜而已。』何生曰：『陰符「三反晝夜，用師萬倍」，謂此乎？』當士曰：『無非三反也。晝反夜，夜又反晝，三反也。晝夜反乎夜晝，有晝夜反乎無晝夜，無晝夜仍還晝自晝、夜自夜，此三反也。生死反乎死生，有生死反乎無生死，無生死反乎善生即善死，此三反也。有極反無極，有無反太極，太極反乎有極即無極，此三反也。正中反乎時中，時中反乎圓中，圓中大反乎鐸正中、用時中之圓中，此三反也。』平公曰：『反者翻也。總此問者，喪吾、知吾之師。但請一用。』

當士曰：『言正中者，裁成表法之景圭也；言時中者，合調適節之均鐘也；言圓中者，無體不動之天球也。知景圭、均鐘之在天球中矣，知天球之在均鐘、景圭中乎？』何生曰：『源必入流，流何非源？胥易技係，流即失源，分而失之耳。』當士曰：『程子曰：「天人本不二，不必言合也。」旨哉！天順時而有節，人順時而下流；不惜分之，乃所以合之也。子知護合而失之耶？同在圓中，雖流徙未嘗無中、即邊未嘗非中乎？然不以球畢施行而廢天街，不以草木自茁而廢風雨。無春無秋，不可爲典要也；春先秋後，則既有典常矣！故必立正中以節之，合時中以宜之。此混天闢地一定之理也，勢也。單言圓中，即暴棄其天而無忌憚者竊之矣。惟以正中統流中、邊中，而措其時中，則身心治世不煩首施兩端，責人猿臂；　豈不閭閻通知，庶少侜張，而受享圜中之光華旦旦乎？天地爲萬物之主，而聖人爲天地主中之主；　俞俞棲棲，果何能哉？獨此許不許之權，以教夫婦、教鬼神而已矣。天交地，而牝牡即造物之至理也。遊房，時中也；　摟東家，時中乎？知母不知父，荒古之時中也；　以荒古爲人生之初而罪今日之知父者，可謂時中乎？四民食力，禄在學中，雖田宅，時中也；　市上攫金，時中乎？充其類曰：　起心即淫，慕聖即貪。如其律也，鬼且不免。勢窮而反，泯其即離，則曰：　貪淫無礙，緇本不染。此但巧舉其極致之幾，而不能公曉其適中宜民之用。急盤蟻封，求馬不已，窮於見長，豈顧佚乎？聖人知此已甚矯枉之説，毒藥也，留以治偶然之病，而不可以此廢飲食苓橘也。然拘者迹正中，而不知流中、邊中，豈悟圜中而得時中之變化乎？明三中者，知中矣。專誇見地而廢學問、操履者，亂世之教也。亂世，汝不惜矣。汝誇見地，汝知學問、操履爲見見不見之地乎？見未過此，是曰盲梟。』

平公曰：『中充而時乎？用成而庸乎？時變歲而時即歲，故無歲時。奇變庸而庸統奇，故無奇庸。化其庸有於中無，而攝其中無於庸有者，指縱語也。中庸與時爲環，而即物見則，豈有强哉？因而已！效羸閉户，蚩尾踞屋，命鷄司晨，蒙頌執鼠，蟄如蛇虺，賤如溲浡，無不師之，無不用之；　所以安其代錯，而使自相捄之道也。』

已；當士曰：「善捄者早捄其借捄、害捄之捄矣！」釋論曰：「愚不肖庸而不及中，嗜慾而已；賢智過中而不庸，意見而已。然兩皆不合中庸之道，皆不足壞中庸之道。以縱嗜慾則不敢立意見，立意見則不敢縱嗜慾，忌憚故也。以意見縱嗜慾，則無忌憚之小人矣。」蓋似是而非者二：一曰鄉愿，一曰無憚。鄉愿以苟可之意見，竊彌縫之嗜慾；然護名附教，坊表猶相安也；無非無刺，何害於鄉？然語大任則縮懦巧避，語好學則畏難耳剽，徒以閹媚，闒茸喪骨，殘膏染脂，葬此温柔，故聖人鄙而惡之，然口誅之而心痛之。使今日而十有五愿，亦太平矣。以其亂堯舜之德，而不亂堯舜之法也。無憚之小人，則公然亂堯舜之法矣。高人達士，推夷古今，糠粃帝王，實以泊然無慾，遺世獨立；其和光同塵者，則又不臧否人物者也。小人嗜慾深重，惟恐戒慎恐懼之不利於己，又恐倒行逆施之不足服衆，乃竊聖人盜首之説，平山淵，壞畛域，專詆隄防之賢者，姍笑考覈之實業，詬盡世人好名以疾得名，顛倒黑白以誠天下。冒公非而不顧，曰我無我也；殺人以快意，曰我淮海也。又料天下後世無不溺情，無柰理何，垢穢自赧，孤陋自汗，乃爲之駕其庇於天道本然。何苦好學爲？市語即文章矣；何苦好修爲？徑情即鳶魚矣。蕩滅理法，極言無理。以爲垢穢者除其鄉里之赧，孤陋者拭其夢寐之汗。後雖有正士斥我，而翹明小才，慮無不多方惜護，别尊出格孤行之路。即横死法網，猶解之曰：彼視死去毛耳，誠得計哉！往謂鄉愿爲媚世之巧盜跖，今乃知無忌憚者固媚萬世之巧鄉願也。於是遂有滅意見、絶嗜慾之法。千剞百刮，心果死乎？乃別墨死人之行也。頗能惑衆，枉累髑髏。適成一髑髏之意見，成其鬼路之嗜慾；其不然而翻身者，又蟲豸之意見、嗜慾也。起而嘆曰：以爲嗜慾，皆嗜慾也；以爲意見，皆意見也。以道道之，以理理之，以無道理塞之，道與理與無道理，又何嘗不在意見、嗜慾中耶？天地是大慾鉤，天地是大理障。障不可出，即有不出出之之理；慾不可脱，即有不脱脱之之慾。聖人知天慾其人之理，而以天理其人之慾。各理其慾，即無理慾。依然以意見時中其意見，以嗜慾時中其嗜慾而已矣。故以無即是有之道德仁義，消意見之火；以有即是無之詩書禮樂，供嗜慾之薪。疏飲琴歌，皆深山被袗、易地則然之陽燧當空也；轍環删述，皆乘雲御氣、不罣寸絲之叩門至足者也。聖人曰：鄉願與無忌憚，吾必能誅之乎？榜曰：毋自欺而好學，〔則〕彼皆無可逃也。彼不及者好學，則適其嗜慾而保其嗜慾，弓冶箕裘，各樂其業，耕鑿俯仰之性命可毋欺矣。使過者好學，則食其意見以泄其意見〔一二〕，鷄跖牛毛，各灌其畦，成德達材之性命可毋欺矣。使鄉願而好學，則現舌而礪齒，信古而扶進，方聞澡浴，虚受他山，願固道也。使無忌憚而好學，則斬蛟射虎，直任龍淵，白貘可圖，何煩九首？無忌憚亦道也。主以宰用，神以明成；大其赤子，乃以不失。達天絶學，必不諱學；高言埽迹，乃逃心耳！一入好學之林，水清石見，齒齒實徵，十之八九，不可以隱占白著矣。但曰毋自欺，則彼且以犯稼蹊田之牯牛，罪開物成務之龍馬。不知天地之皆文字，而祝感秦火，曰：我羲皇以上也；不知啼乳之知足，而滅理任情，曰：我不蓋覆也。迭迭逃逃然曰：假之至者即眞之至，何假非眞？何眞非假？將并毋自欺而竊之矣！或所師法如此，窟蟠如此；雖不自欺，而道非其道；猶田不欺種，而所種乃菉葹，非稼穡也。聖人依而無依，而不礙當依；能而無能，而不礙當能；執而無執，而不礙允執；依乎無不中、無不庸，而示人以依中、依庸。非曰不可能，而惡人成能，禁人之均、辭、蹈也。是故教人立本，必曰志學；教人致知，必曰明善。尚不得以螬李讒犢飲，終南徑釣臺，軹里律湘水；況以子莫之執例勳華之執，許行之教病稷契之教乎？鴆堇菽粟，各有其用則同，而品不容不異也。猥以一端之用而雜然不分良暴，則小民之視聽亂而神奸得志矣。毫釐萬里，勿謂千生，奈此生何？可不慎哉！荀子曰：「呥呥而噍，鄉鄉而飽，已矣！無師無法，則其心正其口腹也」，「無法則倀倀，無志則渠渠」，「無師無法而知則必爲盜，勇則必爲賊，云能則必爲亂，察則必爲怪，辨則必爲誕」。心非不自具，而師法不可不嚴；毋自欺而好學，所以嚴師法而辨志也。』

平公曰：『藏悟於學之無悟學，猶藏天於地之無天地；而天與地、悟與學，原不壞其代錯也。公用反激，歷歷皆然。中與庸亦相激爲代錯也，狂與狷亦相激爲代錯也，鄉願與無忌憚亦相激爲代錯也。至人與君子，分立破之專門； 聖人亦集之，聽相激爲代錯也。天道自順，人道貴逆，亦相激爲代錯也； 聖人以君子治小人，天特生小人以治君子，亦相激爲代錯也。知代錯之原，則知可以無知、言可以無言矣！可以蘁立，可以恆服，可以詮諷天下，皆聖人之徒也。然非聖人，烏能畜之？有小儒，有雅儒，有大儒； 有曠達，有慎達，有貫達； 有橛禪，有間禪，有通禪。恨無激者，激則愈精； 此一幬中，可以不惓。』何生噓曰：『倦。』當士曰：『子之鼻息自不倦也。』平公紐其鬍曰：『知息於二孔者之代錯不倦乎？』當士張口曰：『知息於一孔者，代錯二孔以不倦乎？』何生曰：『張者倦，息者不倦。』當士曰：『止息耶？消息耶？張者倦，天地亦倦矣！』平公欷欲曰：『中庸無聲息，天地通消息。』

如之何

『不曰「如之何如之何」者，吾末如之何也已矣。』聖人不理之、不事之、不心之，一則曰如之何，再則曰如之何，果何如乎？此已閉塞古今，燒絕棧道矣。呼言語之徒而告之曰：『予欲無言』，此已滅其紙燭矣。喜其私發而嘆非助我，此可知溫伯雪子之不容聲矣。誠知以無言，則知言即無言矣！世出世之存泯同時，可以隨其如之何矣！松柏有心，當如之格此無隱之形，欲與不志學者格何？竹箭有筠，當如之何？無非無隱也。然欲與未格致者踐此無隱之形，欲與不志學者格此費隱之物，是使堯牽羊，舜助之，惜矣！大凡綸之、經之之如何，皆存而立之者也；其所以綸之、所以經之之如何，則泯而寓之者也。一存一泯，即無費無隱者也；如之何其二而一、一而二乎？存憤其泯，泯憤其存；惟其存則即費是隱，惟其泯則隱行於費。此道之所以一其陰陽，即無息之貫艮震者也。自非上根，罕能引觸。聞一知十，乃耳中無一無十者也。先當離之，後乃合之。不離不切，不合不親。如之何爲合中之離？如之何爲離中之合？合乃可以離合合離，而應病施藥，予奪惟所用矣！『天何言哉？四時行焉，百物生焉，天何言哉？』此其存非泯、泯非存之離耶？此其存即泯、泯即存之合耶？此其以存爲泯之存泯同時耶？此其同存同泯之即離是合耶？泯於天何言哉，而存於時行物生矣。離時行物生之存，又安有天何言哉之泯？則莫泯於行生、莫存於天矣！有世有出世之説，此離而格之也。何世可出之説，此泯而格之也。究則世其世，猶之天其天也。天其天，猶之物其物也；見消情謝，又何存泯之可如何乎？

大學包舉其中曰『心』，以發端而傳送也曰『意』，溥其照用而一其智識曰『知』，斯已畢矣。又畢之曰『致知在格物』，何内之而顧外之歟？『在』之云者，無先無後之謂也。蓋謂虚言其三影，而不徵之以實象，則二不得一；即使得一，一又澁於一矣。内外不得合；即使得合，合又澀於合矣。始莫謀於自訟，嗑莫明於折獄；誰其懷明允之刑，畏古今之志，讞天人之律，燒巧詆之辭，聽於無訟，以不慙知至者乎？

心一物也，天下國家一物也，天下一物也； 以道器爲結角之羅紋，則器物也，道一物也，費物也，隱一物也； 以道格物、以物格物而已，安有我哉？此非專言『既得本莫愁末』也，未嘗不可曰『既得本莫愁末』也。此非專言『窮盡事物之理而一旦貫通』也，未嘗不可曰『窮盡事物之理而一旦貫通』也。似乎内外夾攻，而非夾攻可執也。外皆是内，一破即通，而非有破可執也。善乎聖人之告淵曰：『一日克己復禮，天下歸仁焉。』莫先於智，何不曰復智？莫尚於信，何不曰復信？豤豤然先標一日之禮，後言四事之禮，禮何物乎？此與既竭而知博約之誘者，曾一如之何否？禮者，淪南渾北之洋洋優優也。用其無南北之天，而顯其大一之體，理者也。己盡而仁出，核爛而生機通矣。克其皮相之己，復其大一之己，即由其天下之己矣！不落曰而四無非一也〔一三〕，無所事而必有事也。孔子對哀公曰：『不過乎物。』禮殆所以物其仁、義、智、信，而使三根踐其形、即無形者也。離心無物，格物即無心矣； 離物無心，物格即無物矣。四代之禮樂，簞瓢之浥注蔬水耳。放淫遠佞，四勿之神武齋戒也。聖生王成，卷舒同際，農山參立，豈非萬世一日哉？

執矩折者，但以氣稟目心、道義目理、事類目物者，固一端之管庫也。執昆侖者，但許人目縣寓爲大心，而不許人質論分之以徵其合者，亦一端之貫索也。示人無隱，本貴通也，而通始於專，以專得直，以塞得專； 專乃能熟，熟乃能破，破乃能爛，爛乃能化，化乃能空，空乃能實。 物物而不物於物者，踐形即眞空也，文章即性道也。 苟非劈之、析之，如白日之數一二，則其合之、膏之必如紗幔之窺煙雲，安能語踐形而享其從心之神化乎？

人猶不知天命其軀之表法也，則不識其心也亡慮然矣。 五官之應藏於五臟，各狀其志，各司其氣。 宣用肺，謀用肝，斷用胆，巧用腎，思用脾。 膽爲幽像，故切小心而通水火，爲土決氣者也。 心則不用，而用小心，故曰：『亶中者，心主之宮城，臣使之官，喜樂出焉。』皆視七節猶前視亶中也。 心官則思，思主風，聖時風若。 風即氣，所以爲氣者天。 天用二土以分合水火，而肺肝之魂魄附之。 精藏命，神藏性； 去殼則精存，憑物則神見。四符六七，蓋其渺哉。 皆五而三、三而二、二而一者也。 丙火藏於壬水，而用丁火。 艮背者，天北之樞。 以北水洗南火而弗獲者，庭皆敦矣。 以此參徵，緣之所遺，表六合爲亶中，不嗒然歟？ 煉望氣者，闔户牖而縣五縷，初入闇不見手，久而白，可步矣。 迨乎七日，而壁上之縷可青黄也。 由是視人五臟，若飲上池而見垣外然，此蒙困之塞通也，可以知親格、親踐之方矣。 大一者，踐圖書卦象之形者也； 於穆者，踐五行、七曜之形者也； 火冰者，踐衣服、飲食之形者也； 大中者，踐五倫、六藝之形者也； 顛而決之，圖書卦象，踐大一之形者也；　五行、七曜，踐於穆之形者也；　衣服、飲食，踐火冰之形者也；　五倫、六藝，踐大中之形者也。以能格之物格所格之物，而忘其格矣；　以所踐之形踐能踐之形，而忘其形矣。反復縱横，交踐破之，則無物可格。錯綜繩衡，交格破之，則無形可踐。以生格死，以死格生；　以無生死踐生死，即以生死踐無生死。心而三之，物而四之，以四之一合三之一，實兩已耳，格踐則一矣！

知以心爲體，心以知爲體。心、知以意爲體，意以心、知爲體。心與意，意與知，亦猶是也。從而九之、十二之，亦猶是也。三心一心，以物爲相；　一物三物，即相生心。格而無之，又何妨聽其踐而有之乎？勿正、勿忘、勿助，又何妨有其事而必之乎？事事無事，形形無形。始於無我，而用於無無我，如何其大我，則可不問我之有無矣！不破小我，豈知我之如何皆備耶？究也，小我即是大我，大我必用小我。已無能所之我，又何有無能所之我哉？

所先難者，深通天下之志而幾神矣。凡民見身、見世而不見志，學者見志、見身、見世，專者不見身、不見世而止見志。果其忘之，又何分乎？最忌奢譚極則，鬼語撩天。貴在主宰不受移轉，潛其器世於糞土之下，亢其身土於雲霄之上。今而以語格踐，非論列之格踐矣。蟄屈一生之蠖，磁養偏丙之鋼，閉千古於至日矣。鴳鶻相視，介日受影，精無人而神無我矣。禦寇伏地，晝瞑奓户，竭而卓矣。禽制在氣，鳥道連雲，充而塞矣。果甲之坼，蕉竹之長，風霆流形矣。泰岱可拔，虚空立碎，若决河海矣。月命潮汐，斗命星次，參贊指掌矣。故曰：『萬物皆備於我。』萬物皆備於我，町畦、無崖任其彼，與極天蟠地縮一嬰兒。不立一塵之天球，即在不舍一法之大幕，則謂天球不舍一塵，大幕不立一法，可也。十目十手，化而爲千目千手，又化爲一毫一毛矣。尚何問其無我無無我、無物無無物哉？

心如牆壁，可以入道，將以心如牆壁爲道乎？不思善，不思惡，有誰面目？將以不思善不思惡爲道乎？後之旁牖左右，不得入此無門；巧於格物，乃⿰馬啇⿰馬蒙之杙耳。向外馳求，病矣；向内馳求，非病耶？外内馳求，病矣；内外不馳求，非病耶？憧憧朋從，列夤危熏，誰可格、誰不可格耶？唯心方便，强近反樂之神樓引也。筵之告香，三古俱斷；祭之如在，僾乎聞聲；念兹在兹，則天地覆壓而參前不磨矣。念也者，今心也。爾雅曰：『勿念，勿忘也。』郭氏曰：『勿念，念也。』此可以知勿念之念，此可以知念之勿念矣。此可以知今心之即古心，即知古心之即今心矣。無古無今，古今格矣。古今格者，在今踐今而已矣。回視從上之龍戰、狐濡，馬行、牛畜，龜頤、虎視，鶴和、翰音，有何非鬼車類物、立圭命景、指南爲北、使人格通者乎？

雜華者，閻立本金碧之爻象也；阿含者，吳道子設色之春秋也。眸眊於眩，則色受夸嚴；量以表法，則撥無中拒。幸有蔡裔之呼，加帖桓康於壁。聊鞭石火，爆落徒然。李長者不惜水月其孔顔，以響榻其童子苦心乎？攸攸塵勞，未開天目，尚蹉過漆園之鵾鵬即虙羲之龜馬，如之何以海龍金翅即飛躍之坎離耶？

蕩蕩無名，已傳法身之頰上三毛矣。莊子嫗嫗，恐人不解，而又廢其旦暮，故以三身醒夢，曾有夢否？堯孔，報身也：禹、湯、許由、顔、貢，化身也；藐姑射、壺子，法身也。胡蝶也，鶯蜩也，皆互相爲形影無形影，待罔兩之問者乎？大慧之告于憲也，亦胡蝶之答罔兩者乎？如之何漁父鼓枻而遂去，不復與言也？其登天激水之法身乎？如之何三旬九食之東方士，而我往觀之，留共歲寒也？其南山北窗之法身乎？如之何貫四時而不改柯易葉也？其松柏之法身乎？如之何瞻淇澳？如之何思棣華？同乎？別乎？如之何其後凋？如之何操猗蘭？同乎？別乎？一莖藥草，皆法身矣，皆有貫四時者在也。復其見天地之心乎？可以心之，即可以身之。以日月爲耳目，以山河爲鼻口，以水火爲井腧，通晝夜而息之，則固已蹴元會而脬之矣。峻極洋溢之身，賴有親孫題其像贊，而人猶不知八眉所在耶？將匿於不可使知耶？將諉於不知爲不知耶？果當知耶？果不當知耶？無知之知，無所不知，知之猶無知也，前言戲之耳！不能如之何如之何，致知即無知之知，盡聞言語矣！平公曰：『安用法身？卮出也可。』

太極不落有無説

何生曰：『朱陸門之無極、太極也，穀幔乎？』

當士曰：『知參伍之渾天、周髀，則太極爲琉璃寶鏸矣！百原山以蓍藏一、卦藏四表之，餘者闇合，各爲有也。觀物篇曰：「四者有體也，而其一者無體也，是謂有無之極也。用之者三，不用者一，而總爲無體之一。」蓋不落有無者不離有無，故曰有無之極也。十二會會三其宫，初曰無極，中曰道極，後曰乾坤。弄丸之平列也，鼎列也，疊列也，首尾列也，一也。其傳太極稱無名公，一切當前，皆成四破；則不落有無四邊之太極，莫較然於此矣。它滯有，或慕無，或贅旒一無，則居太極於有。以卦爻爲有，則居太極於無，太極毋乃嫌乎？推之曰：以不落爲尊者，外域之樓上樓耳。獨不見河洛彰彰，一中五之位，而不許有此不落之所以然，太極毋乃冤乎？

『極奇而儀偶，萬物皆地成，則皆天也；人皆母育，則皆父也；卦爻皆儀布，則皆極也。圍四用半，即圓一圍三之因二也。卦一象二，即兩端用中、左右逢原之前用也。易貫寂感，道貫費隱，無息貫艮震。惟其不落有無，有在無中，無在有中。中無中邊，無不可以中邊。一向未顯，樂守户牖，猶勾股求璇儀者，未明開方、開立、幕積〔一四〕、綴朿之法，猥笑之云：句股和較，何多事乎？太玄之罔、直、蒙、酋、冥，管董之規、矩、繩、衡、權，皆環四中五也。初生之指顧也，桑弧蓬矢，射天地四方，有以異乎？生而絜六矩，同六相矣。分表驗決之説數也。四問而四不知，五在其中矣。地文天壤，猶賓介主僎之尊嚴氣也。太沖三淵參之，而虛委蛇以化之，是以一藏三者也，藏賓於天子之位也。用半柴立，激北遊南，而冥乎中黃矣。龜馬之文，四方兩重，而可九可十，則無實無虛者也。四端遺信，何一非信？立人一，與用其春秋，常五先三；所以者一，兩行三連，則常舉二中之一而已。皇極環四八十二，而一舉三反寓之，則一三五七九寓之。此尊天用地之道，而議者病其不若太玄，豈親見者哉？

『倱伅藴之而天地示之，聖人渾渾噩噩發其端，俟人自悟。文熟化演，悟者寥寥，故轉風氣者開之。開復不悟，而反云此象數耳，可鄙也；此名言耳，可擠也。苦矣！

『慮羲一連二判而重三，天下之故猶有遺乎？羑里絕後重甦，而詞之「无首之首」五字焉。天下之故猶有遺乎？乾元亨利貞，坤西南東北，孔子不惜潦倒而注破之，德其四時，中其五方，而旋其旁羅，以天用地，先天翻入後天，乾乘坤行，此後得主之有常也，此厚載所以不息也，天下之故猶有遺乎？

『言春秋即冬夏，以東西屬南北，則五而三也。三用二，二即一，不容造作，不容迴避，不容經營，一然俱然，不知其然而然。　時輪乎方，支盤其干，從此立冬夏二至之地平輪，縱南北二極之中限輪，横東西七曜之順軌輪，三旋而乂，則八稜六合矣。　物立則中其四方，太剛、少剛、太柔、少柔，無非是也。　旋過則時其四侯〔一五〕，少來、太來、少去、太去，無非是也。三際俱斷者，即萬古而常者也；　不可爲典要者，即既有典常者也。　天地以權奉人之直下，而人自不知，故以常準不常，以不常知要。　律其天時，即襲水土；　水土者，終始、羽宫、智信之一也。　此徵無始之終始，不得已於子前扼之；　實則十二會皆子時，謂之無子午可也。無子午者，統離即、斷常，而本不動絲毫之極至也。』

『通書謂何？』曰：　『通書因直下之有，推太始之無，以爲自無生有；　故曰無極而太極，而動静陰陽，而五行四時矣。　非欲表兩極也。　其曰「陰陽一太極也，太極本無極也」，愚即此闡之而明矣。　一不住一之陰陽，即禮運所云「本於大一，分而爲天地」者也；　五行四時，從此萬有，皆一有俱有者也，直謂陰陽爲有極可也。　有極與無極相待輪浸，而貫其中者謂之落有不可也，謂之落無不可也，故號之曰太極。　知堯之三極乎？　巍巍文功，有極也；蕩蕩無名，無極也；　不落巍蕩之則天，太極也。　知孝弟之三極乎？　可見之孝弟，有極也；不可見之孝弟，無極也；　見即不可見之孝弟，太極也。　知筆墨之三極乎？　曹霸之榻上玉花，筆墨之有極也；　意匠之慘淡經營，筆墨之無極也；　一洗萬古，即筆墨中無筆墨氣，此畫中之太極也。以實言也，巍巍即蕩蕩之堯，即文章、成功、無名之堯，則直謂文章、成功爲不落有無之文章、成功矣。知此可覩聞之五倫、六經，即〔無〕聲臭之五倫、六經乎？知此可覩聞、無聲臭者總爲彌綸無息之五倫、六經乎？直謂五倫、六經爲不落費隱之五倫、六經矣。所謂舉一明三而無三無一者也。設爲三形，畫作圖象，無已而行出之耳，豈眞有屹然不壞之圖相，規規顓顓於兩畫之上哉〔一六〕？況又從而三之乎？然不如此形畫，則不落有無之一貫圓中終不昭豁，而直下卦爻中之太極必汩汩日用不知矣！取「無極而太極」一語示之，但言無而有之輪耳。有之前爲無，無之前爲有，則太極與卦爻爲複道，無極與太極爭綴旒。當云：卦爻之前爲無極，無極之前又爲卦爻；猶之乎天地之前爲混沌，混沌之前又爲天地也。彼貫混沌天地爲一者，將何以明之乎？

『凡表無而有、有而無之旋輪，當明無即有、有即無之交合，而統有無不動者即可謂之無有無矣。無有無者，本不壞有無交輪之相也。隨言後天，泯言先天，貫言中天。中無先後，而先在後中；則今時即空劫，而舍卦爻無太極，明矣！清涼、太洪外之者，因舊解爲落無落有之太極，而未明相即之存泯同時也，抑亦護宗之權耳。

『偏此縣宇，不曾掩覆也；隨指之而是也，偏指之而是也，不指未嘗不是也。以何爲太極？以何爲心？以何爲易？以何爲天地？以何爲陰陽？而謂此以説易，此是説氣運乎？電影之空拳乎？皎日之指掌乎？隱劣乎？顯勝乎？夫豈不知貫、泯之無逃於隨哉！

『東多言日，日即統夜，即無日夜；西多言夜，夜即用日，即無日夜。彼專尊無日夜者，依然此合日夜爲一日者也。日夜之中，無分日夜；無日夜之用，止有日夜；切於民用，但宜言日而已矣。全示之曰：日統夜之無日夜而已矣。

『蘊唯心之易，覆大定之幬，絜六相同時之神矩，反萬物皆備之大我；太極即萬鏤不毁之法身，卦爻即立處皆眞之杖履。善長帝出，以時乘統天；宜民不息，以黄中通理。大哉！大成誠金聲而玉振矣。

『至於門庭之異即是同，本此不動寂然之環中，何礙相遮相易以神其晦望寒暑乎？太極不落四邊，四邊無非太極。惜自不能指掌，而以邊見之緑字爲邊見之黄葉所抑耳！玄湛虛無，本交網旋毛也；摹据界畫，猶雲母屏風也。鳶魚龜馬，觸處會通，而今猶一之，烏能免事障、理障與無事、無理之障？』

平公曰：『全障全免，無障亦障；何生其激當士以障天下耶？』當士曰：『全障全免之中，自有當障不當障之甲乙，此吾職也。』何生曰：『吾以朱、陸、涼、洪皆爲藥樹葉所障耳。平公欲護天下之障，而先障爾我；我姑以太翁封之。障人之權，彼何與焉？』當士曰：『人當藥籠中之藥，何暇問籠？執太極之空籠，眞第一障也。豈知藥爛太極而用之，爲太權乎？』平公曰：『我用二子，是我無我而天下皆我之權也，天下何得不爲我障？』

一有無

何生曰：『有無紛然，而不落又紛然，何以一之？』

當士曰：『一則不一矣！大成統天而用之，原不以一爲一也；以不落紛然者仍執無而加幎耳。眞知不落而不紛者，即眞知落而不紛者也。有無者，旋四用半之反因也；邊不落者，明中之爲公因也。中不落邊，邊無非中，而但謰謱不落者，舉一以攝多也。自天視之，不落兩者與落兩者乃大反因也；充周洋溢，無間無外。兩即不兩，而貫其中者，乃反因之公因也。千萬其無言之言，駁之、容之、析之、淪之、縛之、解之，被服通裁，要不過受用其直下耳。直下者，有即是無之傳舍，一在二中之家具也；然必涫涫推之曰非二、非三、非一，噩噩切之曰空諸所有，唐唐提之曰不落有無。末法專殘，陶誕突盜，人心不盡，能自信乎？故從而僴僴翻之曰：無也而致有之，是蠶即絲而金即刃也；有也而致無之，是穀不腐而鑛不金也。並執之曰：亦有亦無，是火可寒而水可熱也；並遺之曰：非有非無，是鵠不白而烏不黑也。見有爲有，則物我之形，如衆沙之不能和羹；見無爲無，則物我之情，如羣影之不能應節。

『於是通之曰：　費而隱者即有即無，非有之外獨立一無而敦有之化也；　微之顯者常無常有，非無之外競起衆有而發無之藏也。　天地之大也，民物之賾也，以有詮之而不得也；　鬼神之幽也，名言之假也，以無詮之而不得也。　重交駁之曰：　非有非非有，有不見以爲有；　非無非非無，無不見以爲無。　輪推折之曰：　天地未分，無無不有；　天地已分，有無非無。　據實而要斷之曰：　有非定有，無非定無。　其言有也，非刻舟守株之有也；　其言無也，非龜毛兔角之無也。　有無相錯，而提一不落者則成參矣！

『説在乎糜。　其説曰：　米非水也，水非米也；　熬而汁之，米之外求水不可得，水之外求米不可得矣。　於是稱之曰：　糜無水米矣。　糜之無水米也，豈水米之外更有水米哉？　又從而玄之曰：　非米、非水、非糜焉，可也。　此借有質之參，以格獨影之參耳。

『説又在乎歲。　其説曰：　太極不落陰陽，而陰陽即太極；　猶太歲不落冬夏，而冬夏即太歲也。　人不知歲，則駭人之言冬即夏、夏即冬者；　既知之矣，又埽人之言冬夏者。　今釋之曰：　自太歲視之謂無冬夏，自冬夏視之謂無太歲，此可相奪而相忘也。　當知冬即夏、夏即冬之故即在冬而夏、夏而冬之中，則人之輪直冬夏者固無礙於冬即夏、夏即冬之通覽，尤無礙於冬自冬、夏自夏之質歷也。

『故曰：　小中見大、大中見小，則大小相即矣，是則本無大小矣。　本無大小，則隨其大小矣，是大大小小之中皆有此無大小者在也。一多也，虚實也，短長也，彼此也，晝夜也，生死也，皆然者也。平待既然，統待亦然。特日用不知者鳥飛準繩，有所不必詳耳。當其用，則用時五色丹朱亂於前，而黄中白理不失絫黍，所謂易無體而惟有前用者也。會通言先，非喻可及，然未嘗不可以喻像之，而心自如之者也。

『人必希天，至於天，而天無其天，則天又希人矣。從凡入聖，至於聖不自聖，而聖又入凡矣。如聲呼谷，如谷答聲；如日舒光，如光照日。豆籩無目，見人植竿而宛以上之，是天之希人也。易入蓍龜，以輸其天於夫婦，是聖之入凡也。即人是天，謂之無天人矣。非謂無人澆天漓、人盡天全之别也；即凡是聖，謂之無聖凡矣。非謂無聖自統凡、凡本慕聖之别也。

『資之深、居之安、原之逢也，如肢、官之效焉，信之至矣，忘之至矣，詎容思議？何分何别？然教者分之極其林林然，别之極其穆穆然，乃能舞蹈其無分别之穆穆然。種其核，灌其根，護其枝榦，而全樹全仁之無分别在其中矣。世知根爲本、枝爲末耳，不知東君視之，枝末也，根亦本也〔一七〕，核之仁乃本也。芽出仁爛，而枝葉皆仁，則全樹皆本也。矜高者聞此全末全本之説，喜匿於恢譎濛澒，偏而執之，則忌諱分别名實之昭蘇，比比然矣。不知既明全本之仁統全本之樹，又何妨令天下人知根本而枝末乎？況有伐者，伐根乎？伐枝乎？

何得不問？有灌者，灌根乎？灌枝乎？何得不勸？有蠹生焉，在榦乎？在根乎？何得不察？彼知人之厭苛細而樂易直，故專以偏上爲引藥、爲激藥，即爲平藥而已矣。根山澤薈蔚參天，是以穴爪牙而裂焚之，固一時之快哉？所以然者，貴知無即有之仁，便信有即無之樹。信此有即無之樹，當信種之、灌之、護之乃所以善用其有即無之生者也。不栽培其生，以使民安生，而徒以生即無生雄其簧巧，奪五民之常膳，以供挂樹之神錢乎？民不能以有即無之倏忽平其心，而先以有即無之宕佚肆其祅矣！聖人未嘗不以此幾致知，而未嘗急口也；豈非有急口粥高，反足亂善世之教耶？

『中和氏曰：不離有無而不落有無者，貫古今之於穆太極也。貫古今者不能逃古而今、今而古之輪，猶之無生死者不能逃生而死、死而生之輪。輪直未生前爲不落有無之無，猶輪直核中爲不落仁樹之仁。輪直既生後爲不落有無之有，猶輪直芽時爲不落仁樹之樹。聖人知之，通知一不落有無之洋溢太極，惟適用其有極即無極之貞一卦爻，所謂亘古此陽之一，亘古此陰之一，亘古此不落動静之一，亘古此動静之一者也。一顛其剥復，而貞夫一剥一復之一矣；一反其復、垢〔一八〕，而貞夫一復一垢之一矣。與知不知之體以自知爲用，自知以周知爲用，皆與知不知之大用也。庸藏中和，而中在和中；嘗知發之中有未發者，則頤雷顛實不嫌聲色，西紘東洗莫非淵泉。大中以節致和，達道以和致中。惟貞則一，常一則貞。能治其有無者即一其有無者也，貫其有無者即忘其有無者也，豈必夷岳塞江、絶其廢哉？

『逆順以窮之，順逆以理之，本先天之芬苾以繼人心之贊蓍，其要無咎以畜其無妄而已矣！我而彼，成而毁，充類皆妄也。舍此求誠，非撥波求水耶？謂之皆波、皆水，皆妄、皆誠，而不可訓矣。誠之而後知誠者之自成也。又病誠之之有我，是終於横流爲無我也。思、勉，我也；謂思本無思、勉本無勉者，亦我也。我，我也；無我，亦我也：我必不能以無我。以湯沃冰，冰化而尋湯之水、别冰之水，有可尋乎？可别乎？然不可廢湯與冰之名以譬方也。自克、自復、自由者，善用其思、勉，即善用其不思而中、不勉而得者矣！

『聖人體天，齏粉其大一，而禮以節之，學以畜之，事以理之，理以事之。手之有臂，屈則自伸。蟲必善蟄，鵲必善巢。飽，天也；饑，天也；食，天也。時食者，所以善享其天也；非可執無飽則無饑、無食則無飽之説，而謂教人勤耕節食爲多事也。言則言治，治則自忘；言其本忘，又何言乎？彼權立頓宗，奪人情見者，偏用不落之無，以爲神弓鬼矢耳。以巧於悱三竭兩而擊瀆，則不告之蒙者也。惟其啓鹵莽之已甚，賢者受吹索之詸，則向善灰心而回鴟鴞張矣！故易以無咎爲符，而奉君子以宰之。君子者，天子不得勢其尊，至人不得恃其天，暗室魂魄之所不敢不汗，神示異物之所不敢不讋者也。時當今日之業緣，無所規避，故通晝前之無，會晝後之有，中和前用，貞一貫之，不落其不落矣！何論有無而紛紛爲？

『金以聲之，玉以振之。聖在智中以始之，智在聖中以終之。簫吹不已，則自能聲，此用力之即巧也。有節奏以爲樂句，而簫乃可曲，衆音乃諧，此條理之能巧其力也。非智則聖學何從入？非聖則道法何從成？知命順於從心，不惑立於志學；此不惜製器附石以講人希天、天希人之節奏者，所以爲不落天人之大人，而享其不落大小之中天也。世溺俗天，不知雅天，又好奇天，不安正天，反執大天成一影天，遂罪奉天而逞惡天，豈非蔽於天之遺禍乎？』

平公曰：『紛本不紛，蔽安能免？蔽於無用之天耶？蔽於節用之天耶？必待其人，不妨緇素。』

生死故

天以生死迷人乎？以生死養人乎？即以生死煉人乎？聖人因以萬世之所迷者養萬世之生死，即以萬世之生死自煉其天，以養萬世之天。有知此者乎？無生死矣。無生死而大生死之事者，憐華腴之蓼蟲圂蛆而度之，實以自盡其龍飛處變而用之。火中之冰、風中之體，近也、樂也、備也，必有行水無事、千歲坐致之故矣。一貫二中之往來，因有呼吸，因有晝夜，因有冬夏，因有古今；二用其一之動靜，因有好惡，因有取舍，因有是非，因有得失。凡屬對待之兩相望者，皆生死也。

要以魂魄離合之生死，緣督以爲倫脊；因即以護首滋根之生死，物則以爲條理。由畏而盡心焉，由達而定志焉。如所嚾嚾之四懼、四勝，謂非屬世之纖纊乎？懼其屋漏以聖賢之衮鉞，懼其行事以邦家之應違；愚不肖過耳而已！故陽懼之以帝王之刑賞，而陰懼之以鬼神之禍福。六道毗沙自繪變像而毛毅矣，賢智則以理勝之。存亦樂，亡亦樂，是縱之以齊生死也。聚則有，散則無，是以氣而憑生死也。立而不朽，没則愈光，是以名而輕生死也。安時俟命，力不可爲，是以數而任生死也。知其莫可誰何而爲此以自廣，非眞知生死者也。漢人以莊子嗷嗷生死乃畏死之甚者，夫安知其即以畏死誘人之養生乎？安知其即以養生誘人養其生之主乎？迹其神將守形、形乃長生之狀，本爲我也；特爲此逃生死之言，敵生死之勢，以平其養生之懷耳。自炮莊者言之，亦養其於穆之生生耳，亦養其行生即於穆之主中主耳。彼溺於臾尾[一九]、櫟社者，豈知龍、比、肥如之大全其生乎？

一陰一陽之互根也，生死爲之門，終始爲之幾。原始者原其無始而有始，非止原其氣聚而生也；反終者反其有終而無終，非止反其氣散而死也。死有所以死，生有所以生；

生生於不生，死死於不死；知知而知其不知，不知而知其知知；非心圍乎萬物之表裏，而智範乎萬世之上下者，烏能知乎？

敬也者有所以敬者也，遠也者有所以遠者也。不知所以敬，而見像始敬；不知所以遠，而耳食當遠；是蠢蠢耳，可謂智乎？無非生死、無非鬼神者，智不足以知之，而曰『務民之義』，將務泥車瓦狗之義耶？無非生死，而且與民言咽喉痛切之生死；無非鬼神，而必明洋洋成能之鬼神；智不足以知之，則『民之義』直爲巫販罔兩之義矣！

『朝聞道，夕死可矣！』聞知生即知死者乎？聞所以爲生死者乎？以何聞乎？以何知乎？不知生而可以生乎？不知死而可以死乎？不知生則生而不可以生，不知死則死而不可以死。不可以生而生者，妄生也；不可以死而死者，妄死也。妄生、妄死而自以爲知生死，以知生死壓天下、駭天下者，妄知也。且以幾言，衍百原之故者曰：生死莫微於倏忽之幾。三十幾爲一忽，十二忽爲一倏，三十倏爲一昆。昆者念也，十二昆爲一侖。侖者一呼吸也，一呼吸則十二萬九千六百幾矣。三十年爲一世，十二世爲一運，三十運爲一會，十二會爲一元，則呼吸之幾即一元之年，一世之時也。年、月、日、時以爲公徵，更元其元，猶時其時，大而爲天地之生死，小而爲呼吸之生死。天地至小，呼吸至大；神示莫能窺，黔嬴烏能遁乎？不得已抗其吭，刻其漏，握其無首尾之首尾；故以冬至圖之，以乾、坎、艮主之，以亥先子而丑輔子者狀之，則人生百年之生死，可以蜉蝣之午暮，吲冥靈之春秋矣。太玄曰：『廣也包畛，纖也入薉。』橐籥者，往來生死之門也；易者，日月魂魄之牽也。所以冬即其所以夏，如是而無冬夏矣，冬冬夏夏，皆有此無冬夏者貫其中而幾其間焉。然無冬夏者，終不能廢此冬夏夏冬之幾貫也。所以生即其所以死，如是而無生死矣。生生死死，皆有此無生死者貫其中而緣其間焉，然而無生死者，終不能廢此生死死生之緣貫也。不知幾，安能知緣？不知緣，安能知貫？彼曰舍之則勝、空之則舍、險之則空，此自一誘生死之術耳。長屩尋丈，高絙切肩，履危如平，殊無難色；采絕巘之蘀，墁九級之堊，謳笑如故，若盤闌楯：此豈不足降列子汗流百仞之岡、昌黎別家石筍之顛哉？無它也，習險而熟，熟則固有之矣！聖人豈欲人人試百仞、登石筍乎？造次一百仞也，直道一石梯也。人有白刃可蹈，而富貴貧賤之關不能過者；人有富貴貧賤可輕，而愛憎之關不能過者：可謂知生死歟？然因有等至親如路人、視世事盡遺落者，可謂無生死歟？孰無生死，猶之半塞矣。凡葬期直遂而不顧其宜者，皆殘逞縣筋之鼓里也；苟謝冰淵而任縱自適者，皆劫商致禍之金谷也。

自今而質之，生死者，心而已矣。心心無心，並無無心可得之心，又有何處爲容受生死之地乎？此神於倏忽者巧示焉云爾。必欲出生死者，生死本也；謂生死不可出者，生死本也；專言生死即無生死，亦生死本也。不知者，生死本也；知之，亦生死本也。非無此故，而聖人罕言；吉凶與民同患，惟正告履素之坦焉。人其人，物其物，當其當，安其安，自心無咎，而貞夫生死愛憎之一矣。『善吾生所以善吾死』，語此者，聽民化之可也，聽民執之可也。生死本即天地本矣！有知民之義即鬼神之義者乎？有知生還其生、死還其死之義即所謂生即不生、死即不死之義乎？

世也者，天地所以煉生死之輻也〔二〇〕；爻也者，聖人所以畢生死之轃也。與其安知，固何如日用不知者猶存其本知也。洞乎貞悔之旋輪而轉之，熟乎反對之中系而忘之，入火不焦，蹈淵若陵，風御電車，鯨吞鷗没，雲氣可得而乘矣，金石可得而入矣。造次之駒景，直道之膳啗，如燭如鏡，生死毫不可擠，寧在困錮鉗鈇煅一靈之升皋哉？坐脱立亡，修之一徵，非可持此爲聞道也。火熛風卷，臨終不暇，而故留詩詠以粥瀟洒，舍利青蓮，識者笑爲蛇足。若此者，獨不令神荼、鬱律厭厭續貂耶？然入德之士，清明在躬，澹然不競，逝能逍遥，固其常也，安能久成？北邙死亡，多半忌諱，高匿虚憍，鏤影自飭，果自廣乎？果自習乎？即曰土龍致雨，亦有莖之叢所惕若於人位矣！

石塘子曰：『記者之記齊〔二一〕、戰、疾也，蓋孔門空空慎獨之心法也。』既常而戲渝矣，齋明承祭，何如漆漆也，心有不空者乎？然猶有懈也。戰則輪刀突陣、肝腦塗地之時矣，心有不空者乎？然猶可逃也。疾則生死之介，終身緣飾揣摩，内鍵外韄，皆無所用之矣，心有不空者乎？无妄之疾喜也，空室之榻臥也，老子之病病也，皆乘此日乾乾而夕惕若之人龍者也。夕乃所以終其日也，夕可者知人生之皆此惕海也，飛躍於惕海矣。

反對六象十錯綜

嘗曰：知公因在反因中者，三教、百家、造化、人事畢矣！然語及相因者相反、相反者相因，何其駭人哉？一分以自偶，偶本同出，而還以相交。交則立體，因以象名。象無不對，對無不反，反無不克，克無不生，生無不代，代無不錯，錯無不綜，綜無不彌，彌無不綸。有一必有二，二皆本乎一。天下之至相反者，豈非同處於一原乎哉？可以豁然於二即一矣。蓋常一、常二，而一以二用者也。請言其槩：陰陽縣判，而汁液不解；水火燥濕，而用不相離。生克制化，無不顛倒；吉凶禍福，皆相倚伏。能死者生，徇生者死；有無動靜，交入如膠。子思之代明錯行，蚤刻畫矣，人不詧耳。並育不相害，而因知害乃並育之幾焉；並行不相悖，而因知悖乃並行之幾焉。危之乃安，亡之乃存；勞之乃逸，屈之乃伸。怨怒可致中和，奮迅本於伏忍。小人者，君子之礪石也；刀兵者，有道之鉗鎚也。澁河少喜者老忌，行跬進前則舍後。犀利之機，惟用翻駁；反其所常，痛從骨徹。由虛生實，由實知虛。有虛有實，歸於無虛無實； 無虛無實，歸於虛虛實實。豁然二即一者，夜半正明，天曉不露，生即不生，有即無有矣！

羲文之摩蕩以示人也，神哉！横圖，連而反對者也； 圓圖，望而反對者也； 方圖，迆而反對者也； 貞悔，顛而反對者也； 卦爻，推而反對者也； 策數，損益而反對者也。人事之於造化，誠難言矣，而以此指掌，何其捷乎？雖有化對、平對、統對之分，皆借對以徵用其幾者也，即無對矣。無對與有對，亦一相對之借徵者也。倫之、常之，理之、事之，皆是物也。凡反對而貫綜其中，非參乎？三在中而兩破爲四，非五乎？從此千萬皆以中五無五之一、用一切之反對也。舉其端而用其餘，用餘之半皆其半，則所以貫者明矣！東、西、南、北、中、邊之名無處不立，則前、後、左、右、上、下之矩無處不成。吾於是精六象同時之義焉，此六象者，實三對也。吾於是精十錯十綜之義焉。此十錯者，實五對也； 此十綜者，實參與兩之五對也。

何謂六象？曰統，曰辨，曰同，曰異，曰成，曰毁是也。辟之宅然，合門、牖、堂、室而號之曰宅： 此統天之總也，統象也。分宅之中所曰堂，堂之内可入者曰室，堂、室之簾可出入者曰門，開壁納光者曰牖： 此辨名之别也，辨象也。門牖，宅之門牖也； 堂室，宅之堂室也，同象也。堂自堂，室自室，門自門，牖自牖，異象也。堂兼室，室兼堂，門兼牖，牖兼門，此宅之成象也。棟梁不可爲階壁，階壁不可爲棟梁，此宅之毁象也。毁宅之中具有成象，成象之中具有毁象。同不毁異，異不毁同；統不廢辨，辨不廢統。即一宅而六者同時森然，同時穆然也。軀之備肢體也，天之備日星也，心之於事物也，一也。冬與夏，生與死，顯與幽，本與末，内與外，一與多，皆可以斷之、常之、離之、即之，同時錯綜，森然穆然者也。

請問十錯？曰：一不是多，多不是一，此對舍也；一舍多而未嘗不望多、待多，多舍一而未嘗不望一、待一也。攝多於一，攝一於多，此對攝也；攝則相統、相歸矣。一入多而始爲一，多入一而始爲多，此對入也；入則相沁、相親矣。奪多然後顯一，奪一然後顯多，此對奪也；奪之云者，相侵、相逼，使之易於攝入云爾。一是多中之一，多是一中之多，一外無多，多外無一；此一即多、多即一之對即也；即之而無多無一矣。然不礙於外多而内一，本一而末多也。惟其不礙，故皆外也，皆内也，皆末也，皆本也，皆顯也，皆幽也。不見冬夏之錯消息乎？生死之錯，原反可知矣；卦爻之錯，魂魄、夫婦之錯，鬼神可知矣！知網之織〔二二〕，如蘆之交，如水之合，如火之分，雙明雙晦，互泯互存；交物之而交理之，交破之而交格之，即交踐之矣。

請問十綜？曰：衡平則有左右，繩垂則有上下。衡左與右之相錯也而繩之上綜之，則左右合爲一列而在下矣。復以左右之下綜繩直之上，是亦參兩綜也。太極爲上則陰陽爲下，陰陽相錯而太極綜之，陰陽即綜太極，究何分乎？善惡相錯而泯善惡者綜之，又以有善惡與無善惡相錯而以一善綜之，故知明善、一善、止至善乃三才之主宰也。六合之邊爲旁，旁自相錯；而以中綜旁，旁又錯中；或以無象之中錯有象之旁，即以無相之旁綜有象之中；又不礙有各綜有、無各綜無，而有無繩衡、無非參兩綜也。合中旁繩衡而有衡有旋以綜之，虚實氣幾，衡旋纏密，不可名狀，即以無衡旋者綜衡旋，是亦參兩綜也。往來相錯而以見在者綜之，又以往來綜見在，是亦參兩綜也。錯兩綜三而十乂成五，則交輪而錯也。以包錯綜交輪者綜之，即以錯綜交輪者綜其包錯綜交輪者，是亦兩無兩、參無參、伍無伍之大綜也。

聖人視天地間，神之與迹，道之與法，一條一理，一點一影，皆具此同時之六象焉，皆具此同時之離即斷常焉，皆具此同時之十錯、十綜焉。天地之父請聖人爲之師，以教其世世，故逆知順布，因列此式而盤之，因濟此輪而轉之，因隨其神而明之。至於求捷誘人，一槩露布，異方便耳！然不能使六合七尺之不行行布布也？强以露布綜行布，即以行布綜露布，何所逃乎行布即露布也。不斷何以知常？不離何以知即？故先揭兩端，所以明一貫也。參伍錯綜，反隅圍半，而左右逢原矣。太極者統也，六十四、七十二者辨也；統辨中之同異成毁，同時不相廢也。六子皆二老也，八八皆太極也，同也；二老自生六子，而八卦自相因重也，異也。毁坎成離而坎未嘗毁，毁離成坎而離未嘗毁；毁後天成先天而後天未嘗毁也，毁先天成後天而先天未嘗毁也。統者公因也，辨者反因也；有統與辨反因也，無統與辨公因也。公因之在反因中，更何疑乎？知畫前，用畫後，前在後中，有何前後？此以信順理開成之爲即無爲矣！

人泥於人事而不知其皆造化也，即有尊造化者而不知所以造其化、化其造也。枘鑿犬牙，言或冰炭，説理驗物，百舛千差；而今欲以同時徵其代錯，人豈信乎？故指羲文之象數所藴如此，明示如此，吾特舉而寘諸天下人之掌，使易信耳。然非深造之士，愈易而愈不信，愈不能自得矣。深以通志，始能幾以成務，而明以神默，神以明成。既知其主，即任其官。故不避潦倒，一串微顯闡幽之器。樂之鏗然者，中本寂然，所謂無聲之聲也。五聲、六律、七調、八音，是其器也；然盡廢此器而專守寂然，又安知聲聲者即無聲之聲乎？正樂者依然用此五聲、六律、七調、八音而樂觀其深矣。故曰未有天地而天地之法本立，聖人取而表之耳。愚者由而不知，賢者循而有守，智者通而不越，玄者微而有徵；彼巧竊者何患其遁，而横辯者何患不折哉？苦於拘膚理者，厭此研極而目爲艱深，言無理者便其放蕩而恨不去其籍矣！易神於準，明此者行窩之後何人乎？

時義

當士繹然曰：『禮時爲大，易言時義，時哉！時哉！』何生曰：『義言宜也，宜則中矣。』當士曰：『此於無所非中、無所非宜謂何？夫宜而謂之義者，豈非無所非宜之中有宜有不宜，而必中此義乃爲宜乎？無所非中、無所非宜者自不必憂，又何言哉？言則言其當當之用，用變而當當不變，當當不變而用亦不變；蓋以時時變而義不變也。子必不痡父，臣必不瘨君，踵必不撲首，腕必不剜目，此當當不變之義也。當當不變之義，即本本不變之義也。涘其說者：忠孝皆變，而所以爲忠孝者萬古不變者也。溥其說曰：一草一毛，皆萬古不變也者，非無此皆變皆常、皆宜皆不宜之理。然聖人明察其適中者以告兆民，大義宜播，餘則宜藏，不藏則民反惑矣！惑民者必歸犓迹，而吾且以犓迹宜之。子拜父乎？痡父乎？臣拜君乎？瘨君乎？其宜不宜也孰甚！即謂溺則捽父，祝則名君，而吾必以拜君父爲大宜也。此大宜之犓迹，即天地未分前之皇極；非徒藉經權久暫，以禦輕君忽父之偏說也。君知用半即全、用二即一、用一即三五之義矣。全神全迹，而迹與神自不妨各半也。或三言其神一言其迹，或三言其迹一言其神，或正言其迹而神寓焉，則時宜也。迹有當重不當重，神有當顯不當顯，此宰天地之時義也。聖人知所以而惟言可以，不涘其所以而所以者自在也。知不可全殺而惟言當殺，不溥其全赦而本不待赦者自在也。不浚其所以而所以者自在，不溥其全赦而本不待赦者自在，此即宰天地之時義也。豈專護無所以不宜之莽高，而荒此有宜有不宜之切義乎？』

何生曰：『有開必先，雖天地不能與之爭，聖人因其開而逆順之。及其既開，則人視夏秋之於冬春乃冰炭矣，而所以爲時義者未嘗變也。吾恃此不爭，而無不宜耳！』

當士曰：『恃則最不宜矣，此隱怪自受用之大病根也。所以爲時者之未嘗變也，獨不曰所以爲時之條條理理各有其宜，而以宜安其不宜者未嘗變乎？知時，則順不爭，逆亦不爭；知義，則逆當爭，順亦當爭。冰炭本不爭，義所在，即聽冰炭爭之可也。不變與變原不爭也，義所在，即更變其所變而爭之可也。』

平公曰：『天自生地而讓之以爲配，又爭之以至於戰，因仇其恩、恩其仇，好日生萬物而殺之，殺之不已，混沌於是乎殺天地而更生之，是果爭讓乎？爭殺乎？老人破老氏之頂門曰：混沌其以天地爲芻狗乎？聖人無故割剖混沌之腸腹而卦畫之，聖人其以混沌爲芻狗乎？嘗試山其芥、毛其海，獨立而觀之，何寥寥耶？然後知貫混沌天地者，本無生殺而以生統殺，本無治亂而以治統亂，猶至今無爭無讓如故也。』何生曰：『後生之夏秋猶上古之冬春也，吾將以時義爲芻狗乎？何治何亂？寧從上古之先進耳。』

當士曰：『平公言其簡統，何子言其初統，吾且言其詳統。人但目後世之亂而羡上古之治，果然乎哉？有欲必爭，上古之爭而殺戮也，史無書之者耳。知母不知父，雌雄合乎前，比於今日何如乎？所云外户之至治，亦有道在上之一倏也，特其剟材近朴，略易治耳。管子曰：「上古之世，牛馬之牧不相及，民老死不相往來。」此其人稀地荒，所欲易給也。地初生人，虮之出膚也，誰當乳之？乳蚓壤耳。蚓壤可活，則甯封、赤將之教杵臼釜甑，炎帝、后稷之教耒耜粒食，毋乃多事乎？民茸茸如此矣！世攘攘如此矣！使聖人不明切近之倫理，以身范之，民之智巧與嗜慾俱生，君好偂阿，下相觝觸，其能一日免貪淫相殺戮耶？無懷、葛天操其法以治周公之天下，聽亂而已矣。況欲徙最初睢盱之木以立信，況且毁勸善禁非之榜以大赦，況且衒冤賢賞詐之門以闢佷，謂可以安漢唐後之生民而愚衣裳後之黥首，豈不貊其華、獸其人耶？足下以時義爲芻狗之説，獨非芻狗耶？獨不悟青黄之文乃萬古之青黄耶？中乎時義，芻狗亦金翅也；不中時義，金翅亦芻狗矣！

『嗣宗曰：「六經者處分之語也，莊子者致意之詞也。」今之别傳，出格致意者也；聖人立象盡意，以處分藏致意者也。人不能致致意之意，則致意之詞徒足以亂處分耳。讀處分之經，當精義而入神，雖過河捨舟，而舟則常存渡人之萬古時宜也；玩致意之詞，當棄詞而味旨，所謂説火欲熱，而實畫餅不可以充饑者也。尚不執日用不能離之時宜，廢偶然一用之時宜；豈反執可以不用偶然一用之時宜，而廢日用不能離之時宜哉？

『隨時比義者曰，欲者生生之幾也。生必不免，欲又安免？心無天遊，六鑿相攘；當其遊，乃天其遊。故以天而理其欲，即以理而天其人，即以理其欲之理而人其天，即以人其天、天其人之理而條達其夫婦鬼神之天慾。人人恥不食力，食忘其力；人人愧不勤生，勤忘其生。以故，因赤子貪嗔乳中之愛敬不昧，而旌表太混氏之中堂，顔以仁義之閾閲；而五路之衢以常統變，以宰此統常變之大常。勞之乃安，安乃肯勞；各費其智，以隱其智；學鼓其地，恥舞其天。聲非出枹，而枹勇於聲；節何關容，而容自應節。何徹而非機乎？何迹而非神乎？

『以生死制其得失，即以得失制其生死，此恥學之籥也。至曰無生死、無得失足以化其生死得失，此寒燠之皆歲，不必寥廓其呿吁者也。以生知死，以得慎失，即以運其無生死得失，此星斗之皆天所必列布其杓指者也。

『練材任能，乃所以實天下之道德，使不匿於虛高；講學論道，乃所以養天下之材能，使不病於鄙瑣。幽明一心，而不必標心以蕩漾其巧説；今古不易，而不必唾廢今古，以騁忽其憑陵。因蒸立則，時至事起。法寧詳下，勿令假逃迹以逃心；道塞高深，自然踐形而遊物。君無爲，臣有爲，此所貴乎君臣之道合也。爲即無爲，祇言當爲，此所貴乎會極無偏陂也。

『易神於準，禮運於器；莫可覩可聞於虚空卦畫，莫不覩不聞於倫物鳶魚。藏其彌綸，但立中道，無過不及，猶斥堠也。熟路輕車，信步愈坦，而不及中之中與過中之中，又何必彌山徧嶺捷捷幡幡乎？此顯南藏北之位，傳以北洗南之心，而共享其無南北之萬古法身者也。教既已名，名且景附，苦蒙反言痛激，故言知南守北，以寓其遊而已矣。聖人知學者不知大密大宥而畏難好新也，或以苟全爲冥應，不如以規矩藏方圓，故以易春秋終始之，詩書緯之，禮樂經之；文理乃於穆也，大畜即無忘也〔一二〕，此祖述憲章、上律下襲之覆幬，時也。西竺以北爲毒，而塗其無南無北之鼓，究歸治世資生之常住，惟有面南著北之一乘，而因俗表法，侈其指輪，時也。嵩少特爲福田之陋，蘄經綸之鏤影，以壁雪埽之，時也。五宗設險以守其法，日卓月犖，標無門之專科，時也。然而譎權已甚，必待其人，僤傑有差，醍醐成毒，豈可以化痞之硇而焚素問乎？宋之理堂，建門築室，朱陸互濟，凝德足正人心。而又有行窩之無名公，爲大輪作刻漏，視象數即虚無，知規矩繩衡之用大權，而圓其天用於方地，時哉！時哉！

『泰鴻曰：「物之始也傾傾，至其有也録録，至其成形端端王王。」復初慎終，貴其貫初、終之中者也。形藏無形，貫不廢輪，豈謂鉏割其端端王王，乃以限傹其傾傾之始哉！一日一夜，必以亭午爲日中；　萬國之禮樂，必以中土爲日中。南方三會，堯果則天，而大成條理，集於孔里：　此一元之日中，即元其元之日中也。大其説所以治小，小其説所以治大。本無大小，適以小大，必歸見必，小小大大。目法紀爲陳迹，而貪從心之便捷，此惡日午而匿駒隙者耳。翹肖滋芽，皆以形制其命；　氣感事遂，即以踐消其情。唯俞勺象，蟠極崇卑，蒸化六連，二眞不二。自非舍身精入，安能豁然行生乎？

『天用日以治天，日分光與月星以代錯，而於穆自不已矣！豈得空執一句於穆之渾噩，而令人不辨黄赤，反冬葛而夏裘哉？何不長裸程乎〔一四〕？淺膚苟溺，宜用波翻，互五兩帆檣，長年主政。可以出世之竇筏，爲倚天之風旌；　要必以圖書之指南，定倫物之安宅。壁龍飛去之語，重在言先；　護教出奇之兵，以此鬻藥。處天日之中者不達其故，而效步邯鄲。日出多僞，安取不僞？飲人狂藥，責人正禮。此利器之不可以示人者也。

『有所以爲道德功力者焉，有道之道德功力焉，有德之道德功力焉，有功之道德功力焉，有力之道德功力焉，五各一法，而實一法也。化先教，教先治；　三者各致其因，而實一因也。密此因也，顯此因也，與民約法其密因，安得不與民約法其顯因乎？大傳曰：「徽號器械，可與民變革者也。親親尊尊，造端有別，此不得與民變革者也。」人不知舍存無泯之同時，不知不落有無之用有，剽襲泡影之半示，勢必櫳檑其君親尊卑，易世無以相賤然矣。流遁決絶之行，覆墜不反，覥面賤其所尊，則世何賴焉？豈知萬古不動寂場，萬古不動此尊親有別之寂場耶？今以天日爲確徵，明聖教爲主宰，不惜破口，正告回瀾；以六遊之寓庸，爲八陣之握奇；温迂腐之舊本，新善巧於言外。辟如數千年誤解祝歌，啞其琴瑟，今可以合奏矣。補開闢之象緯，考其嬴縮，亦一時也，羲文何苦六六七七八八乎哉？正恐人藉口渾噩，而不分皂白耳！

『生即無生，畢矣。正欲疑激上根，不顧夭札中下。相傳護高駭食，何知道在時宜？逃影息蔭，專自聽之，遂乃推山填壑，伐木折屋，安得不爲吾父老一剖白免誤也？將謂各食其力、各勤其生之生即無生乎？抑聽其蠢然食人、恣險害政之生即無生乎？若專夸全殺全赦之圍而怒人明殺三赦一、赦一殺三之範，則生即無生之夷蹠平等，必至有蹠無夷。即使眞泯者自受用其空心，而旁睨者之横行，徒雕悍於敗俗傷化，是治心、治世反作二斷株矣。將講禍世之生即無生乎？抑講善世之生即無生乎？羶傳成市，達惡自在，鷲嶺久涕，闕里毁垣，而從之更爲之巧辭曰：生即無生，已不容分别矣！嗟乎！寧許死水，猶免狐號；荷薪家常，必鐸好學。止爲情識鉤瑣，不肯沉痛返聞，故淬齋戒神武之劍，恨不迎躍如星耳。曾知死盡偷心之濺血，即心自本無之出汗耶？得意作賊出棘之謬呼，盡徹還鄉遊國之廛舍耶？父祖之田依舊耒耜，兔葵燕麥，固不暇分吾美種之力也。』

何生曰：『一者苦護己齒，一者木石鯇斷，一者蟲鳥謑髁，三皆足風泠汰。雖太轂不通，然黃墨精謹，素積矩步，別喤占拜，理義芻豢者，幾及此輩堅定萬分之一二乎？苟啐然於本無增減，則一切之說不受角䚙𧳜貐荒塊等也。雖太放不訓，然𪗋比攻苦、刻骨樹節、脛脛物禁、危立不容者，曾不能一曠此覽？況鄉里齪齪、馬策自封、實無卓見，而自謂不屑者，詎能望其涯涘耶？』

當士曰：『太轂不通者道非其道，而爲已甚之酷命所惑者也；聽其小成，吾亦敬之。大放不順者，多方迸出而貪其受用，遂爾不顧帝王，不顧後世，此以無所得之麻沸爲常滄者也；原於厭學，不知時義，故執一耳！子將爲死人乎？爲別墨乎？甚則爲禽獸乎？即免三者，而不知學即絶學，猶執一也。盡則必反，已甚必有迅報。苟悖王法，君子所惡，故以中和養之。寧容識不卓而不敢放者，寧容命根未斷而畏理義者，寧使夫婦執君子之一。執君子之一，而百家已半理矣，況有一不執一之時中君子乎？故斷之曰：逆知無始之玄通，順安兩間之黃理；既以統天，依然用日。是故勸絶甦之放曠，當以莛齏道器浴大成之薪水。若乃素王之徒，世受達巷天恩，自當考旋麗明，崇禮成樂。國賴經術，俗景羽儀，乃反習護宗之訶刺，借吹毛以反戈，而六合七尺虛空之圖書，喑聾巧遁。實不明此畫後，乃曰：吾惟知畫前耳！實不能明倫物，乃曰：吾惟質鬼神耳！暴棄已矣，罟古今之勸人勿暴棄者，不惜獸天下以自便耶？何以見天⿰嘼孝？贊寧志曰：天⿰嘼孝，有父子君臣之别，見獸必教，曉則鳴於高峯之上。⿰嘼孝音異。』

何生曰：『彼不以自便爲恥矣，⿰嘼孝奈之何？』當士曰：『彼必爲之説以自便，則其皮下之恥，已爲吾卦畫鬼神所奈何矣！邵子曰：「盜跖言天下之不可强，雖聖人亦不能强也。」愚曰：聞此説而喜者，萬世之塵沙盜跖也，莊子早爲之痛恥肺肝矣。聖人雖不能强盜跖之口，早已强過萬世左袒盜跖之夢魂矣。六言六蔽如照妖鏡，千古巧説以自高者夢魂寒不寒耶？景逸先生曰：「今論患執，執善則拘，執無則蕩。蕩之於拘，倍蓰無算。」有迴蕩者，宜蕩者，孤蕩者，豺蕩者，皆時義之不彰，而偏高似是之尊門授以利器也。先禁鄙天下之學問，以易受其所愚。徐激天下之詐諼，以與闢邪者仇詰。佯藉熄理以爲燈影之諧談，陰縱距善以爲奪幟之上賞。鄉狂墮業，探此醉心；未歷縣崖，襲其藐肆。美禽獸爲率性，責聖賢爲教假。一切皆赦，惟步趨理學者不赦。天下聞之，未嘗不嘻曰：甚矣！而心竊喜之，以其便己而足慰也。淫湎免於色，而且色乎繕身者以爲矯僞矣。婪穢免於嗤，而且可以嗤高潔者爲枉受黥劓矣。逞其大雄，黠能鉗衆；訶修訕學，足以巧媚世人。誰不羶附此偏奇曠達之幢，而密護此寂樂大定之秘耶？猶且誑人曰：洿流不染，不可思議者也；猶且誑人曰：此援人之生死，以大報君父者也。將誑天乎？楊墨未嘗無君父也，幾伏此勢矣！詩曰：「爲鬼爲蜮，則不可得。」以鬼迷愚氓，以蜮射君子，乃天其跖，乃跖其天，誰得其情乎？以出生死爲罔，而以煉人亡恥爲術者也。周末至今，邪異之浸淫，要未有甚於此時之此幾者矣。會萬元之日午，而不明此時義以存幾希之恥，謂能坐視而忍之耶？』

何生曰：『不有天之鄉願乎？不有天之無忌憚乎？天坐視之矣！』當士曰：『天之坐視萬物也，以托聖人爲至也。聖人之坐視萬世也，以君子宰其職也。心之坐視萬物也，以慎思教學者得其官也。正名正詞，職之首務，豺虎雖恃天之容而亂民之職，其如時義君臣磨照妖之鏡哉？天之鄉願，吾目之曰「稱物平施」；天之無忌憚，吾目之曰「不憂不懼」。稱物平施，謂其忌憚乎斯民三代之天，可也；不憂不懼，謂其善媚乎戒慎危微之天，可也。且知聖人爲主、君子爲宰之天，即不知其主、不知其宰之天乎？且知聖人爲主、君子爲宰之天爲時乘六龍之眞天，而空執一汗漫鬼域無實不祥之天爲井蛙泥蝗之死天乎？以天爲名，何物非天？又不如天其跖、跖其天之滑稽矣！必將曰：人死天死，究竟如何？磨鏡者曰：君嘗謂世本自治，則鬼本自治；天本自治，究竟本自治。夫既不喜有治世之麟鳳，又何獨喜有治鬼、治究竟之果□乎〔二五〕？如曰不得已而治鬼，何不曰不得已而治世，何不可曰不得已而治天乎？究也何竟？今時即竟。人死天死之竟，即生天生人之竟。爲此諓譏炙轂者，無入不自得之風紋水痕刻畫寫意耳。豈其縱今時之亂，以諂固陋任放者本自如此滅理禁學之簧舌哉？故曰：聽二教之攻玉，分即是合；明天日之正法，則邪亦正經。深幾自神，風力自轉。時時務事人之義，即時時務事鬼之義；時時教成治世之人，即時時享此自治之世，是謂時時補萬世之天以養萬世之天。曰參、曰贊，猶强名也已。」何生笑，當士哭，平公哭笑同時，曰：「蒼天之漏，何以補之？然謂漏不必補者，是鑿天而漏矣！言無漏者此時，言補漏者此時，而相望於無漏者，全賴有此爭時義者補漏之言在也。老人隨時，樂得省力。」

必餘

問曰：「盧充生子以鬼，胡母班乞父於神。再生之女，哭徇魏后。伏棺之婢，嫁人生子。搜神、乘異，豈盡迂語？蔣濟記死兒於士孫阿，羊祜取金環於李氏。劉聰爲死爲王而喜，韓擒虎知爲閻羅而自足。王氓子練，乃是胡僧託生；王鄑弟鄂，仍知百堂經卷。房綰前身爲永上人，崔慎由子掌握衲字。希夷知南菴，東坡爲戒演，白雲端相見一笑。栽松寄宿浣水。慧寬存龍懷之聲，圓觀三生即圓澤。近代此類，殊復比比，因果信否？」

曰：「一分爲陰陽，而因必有果，猶形必有影也。寂與感，往與來，仁與樹，初與終，凡兩端者皆是也。老子指歸曰：「人之生死也同形。」莊子曰：「滅而有實，鬼之一也。」「其形化，其心與之然，可不謂大哀耶？」月者日之影，夢者寤之影，死者生之影。聖人以卦爻圖魂魄，其視魂魄之傀變，猶奇耦飛伏也。以吁噏收元會，其視元會之輪轉，猶齁息吐納也。彌綸虛空，無非此一在二中者，豈可離哉？是以動靜之間知其幾，而慶殃之來必其餘。餘者，自可見以必其不可見也，自可定以必其不定者也。觀物篇曰：「人畏鬼，鬼畏人。人積善而陽多，鬼益畏之矣。積惡而陰多，鬼不畏之矣。大人與鬼神合其吉凶，何畏之有？」惠從影響，質而無疑，果何疑乎？宰我問鬼神之義，子曰：「氣者，神之盛也。魄者，鬼之盛也。合鬼與神，教之至也。陽主氣，陰主魄。祭以陰從陽，以氣攝魄。燔燎蕭光以報氣，鬱鬯湯爓以報魄。」合鬼與神者也，果示民有知無知而疑乎？曾子曰：「古之人胡爲而死其親乎？」延陵之言「無不之也」，子産之言「精物也」，昭明者言乎與天爲徒也，焄蒿者言乎與陽爲徒也〔二六〕，悽愴者言乎與陰爲徒也，皆示民有知者也。神道設教者因物之精，致爲之極，明命鬼神，以爲黯首則〔二七〕，豈憶設乎？

『京氏引孔子曰：「一世、二世爲地易，三世、四世爲人易，五世、六世爲天易，遊魂、歸魂爲鬼易。」有不變之世焉！魂去魄則遊，遊也者變象也，散而不常者也。不滅者不常，故鬼神之知不同於生人之知。不常者不滅〔二八〕，故鬼神之知可以爲生人之知。兩者鬼神之情狀，而君子之所以反終也。反其終不以終而遂無，則原其始不以始而後有。始卒若環，莫得其倫。所謂出於機，入於機，而以爲春夏秋冬也。豈惟申生見夢、伯有爲厲乃謂之物，崇伯爲黃熊、實沈爲參星乃謂之變，而始信有鬼神哉？必以易論，卦爻之情狀非謂幽闇之鬼神，則喪之升屋而號也、祭之有闔門也、祝之有噫歆也，不幾塵飯土羹、戲其來格而隱怪首僞耶？張子曰：「鬼神者二氣之良能也。」朱子曰：「神者陽之靈，鬼者陰之靈。」靈之能之矣！且得謂之無知乎哉？

『乾竺以黑白異熟論報十七中有，乃爲原始反終精氣遊魂之情狀丹青一注疏耳。儒者不計獲報，但必以理，所以祛妄知鬼神之惑也。處乎今日，豈得不一詳論之乎？本一氣也，所以爲氣者心也。氣幾旋轉，消息不已；變變化化，大小一致。句法經曰：「陰中無色，但緣氣耳。」凡爲理所不至，皆思之所可至；凡爲思之所可至，即理之所必有。精入窮盡，即能知之，六通豈欺人哉？七釜篇所云：「召風雨，騎鳳雀；席蛟鯨，成龍虎；死尸行，枯木華；豆中攝鬼，杯中釣魚；畫門可開，土鬼可語：皆純氣所爲也。」「耕習牛則獷，獵習虎則酨，漁習水則泅，戰習馬則健：萬物可爲我。我之一身，內變燒蛔，外蒸蝨蚤；瘕則龜魚，瘻則鼠蟻：我可爲萬物。」化書曰：「動靜相和化火〔二九〕，燥濕相蒸化水，水火相勃化雲，湯盎投井化雹〔三〇〕，飲水兩日化虹〔三一〕。由是知五行可役，天地可以別搆，日月可以作我。今夫頭圓足方，五行運内，二曜明外，斯亦別搆之道也。」習成於識，中陰爲業，詳徵於實，則虚亦如是。阨於水者，男覆女仰。雉經地下，掘之得炭。父子滴血，枯骨相合。葬乘生氣，則應子孫。它如貂皮見貓，蓬結如絮。獺治肺癧，取其能下。穿山甲塞漏辟蟻，以其生能穴山而食蟻也。鴷治隔食之蟲，以能喙木出蠹也。物死之後，糟魄之性不改且如此矣。無情者，不獨草爲螢、麥爲蛺、楓爲羽人也；水竇下溺，以習溜也；杵糠療噎，以習碎也。無情之物，沿習成性不改且如此矣，況識陰傳命，終日習成一印去文存之質劑乎？經絡之相旋不誤一道，父母胚中之所習也。天左旋而樞不動，混沌胚中之所習也。石竹成錦，雜蒔變色；藥種芝栭，可以五采；瓠盧如斛，棗李甘接；虚中、聿斯，論命奇中；謡讖、鏡聽，靈手三式：豈非後世人心日新，其陰陽亦日新乎？可知無始之教習陰陽，即是教習天地；造端之教成夫婦，即是教成鬼神。有體物之鬼神，即有成能之鬼神，即有作怪之鬼神，皆相因一有俱有者也。暴化虎，淫化婦，凶戾之爲厲，義烈之爲神，不足駭也。伏蟄而旋氣，息神以習仙，確乎仙矣。際斷而忍神，化氣以習定，確乎定矣。然氣聚必散，定力有盡；故大乘呵學仙爲守尸，斥入定爲鬼窟。然毗盧在一切中，未始不寄歷也。凡夫之人，貪著其事，一語無事，則蕩而暴棄。兩皆不得，乃可自得。若不能徹生死根，即爲鬼神所制；造業受報，自中其因。倘能曝地心空，纖無冪繫，迦延典主，無如之何。禮運曰「知氣在上」，故推知清氣無不上升。東坡曰：「志勝氣爲魂，氣勝志爲魄。」果其清明如神，豁然無累，吹光割水，自本然矣。性起即習，離習無性。逆習復性成聖，順習放情成凡。知不習之習，則無凡聖矣。然此乃聖不自聖之無聖凡，非縱情滅理之無聖凡也。世即出世，必言善世；扶習潤生，隨輪超輪。邵子「虛過萬死，是不曾生」之語，何異劫火洞然之大隨乎？」

問曰：『然則表法之説與不落不受之説相因耶？』

曰：『天地爲混沌之表法，卦爻爲太極之表法，人物爲圖書之表法，日夜爲先後天之表法，言語爲千聖之表法。表形側影，小大虛實，絛絛瑣瑣，對本不差，非曰表法便子虛也。蚼有國家，烏有方言，人能知乎？横目之氓，局促咫尺，其所不見，則荒唐之耳！公心寓心，精神爲聖，總此一無所不學則無所不能之靈府，爲相因不停實而無成之藴蒸，帝王以此囑咐著龜，如來以此止啼解氎，外道以此彈骨嚼臂，偏魔以此驚象然犀。不過因果，爲因果依；彼止舉因，以見其要。所謂「因該果海，果徹因源」，原不壞因因果果也。撥空、斷空，謂之惡空。倚那伽以狠惡其撥斷，假不受開巧縱之奸場，比永嘉所嘆莽蕩招殃者更百倍矣。向有鼓聲之論，豈知聲盡而還於未始聲者何曾盡乎？不落云者猶云於穆不落天地，太歲不落冬夏云爾。不受之説亦云爾也。日本空珥蝕之相，即謂之不受珥蝕之報，究亦不避珥蝕之報，何礙乎任其珥蝕之相？阿衡之接履，放君也；負扆之鴞詩，痛弟也，何有相與報？何嫌相與報？消嬗代於卮酒，等革命於方罫，則謂之本空不受，可也；今何得以無入不自得之無心不受報，而遂斗膽於達惡之無報哉？惡貫漏王法者十之四五，漏民所見之天網十之一二，且漏者或陽惡有隱善、陽善有隱惡之故耳。近核於身、名、嗣、業，果報昭然，則遠必其餘慶餘殃，幽明如券。空房尚怖鬼，赤日敢欺天乎？本空不受，乃幢林萬行之地；絶甦正覺，猶須推虚空之座入塵度生，豈具縛凡夫所可假吻耶？詩曰「自求多福」，貴自求耳，不計福亦不避福也。大有象曰：「遏惡揚善，順天休命。」此惟恐人顢頇其未形之天命也。知揚半即遏半之善繼其休，即知全莫全奉之常繼其主。世之尊知火馳，好夸無上露布，一語因果，輒姍笑之，實以陰決其廓斷耳。

『窮理之士又護後護之恬容，而不肯委悉其利害，徒命流輩顧而卻步，厭其迂闊，無以鼓舞；然後知易不專奉太極，而惟告吉凶，歸於無咎，豈不善於牖民深志幾務以明其神哉？聖人曰：「誠者自成。」「信爲善母」，民之信道不如信德，信德不如信法，信法不如信物，故多方徵之，以不如利害之本自信也。反復申表其所以爲利害之因，而果已具矣。利害之不容欺者，莫如鬼神；鬼神不掩，即心受命。知天以事親，事心以孝天。格其祖考，萃萬國於廟中，各思無忝其所生已。塑神明於衾影，盥而不薦，觀生有孚。人有知「洋洋如在」之所以「如」乎？固已塞兩間、周萬祀，使幽明合莫爲天地作左驗之銅城矣。四十二章曰：「人事天地鬼神，不如事其二親，二親最神也。」聖人罕言，而以行與事示之。卦變禮樂皆示鬼神者也，祭祀爲尤顯耳。絶地天通，而因二以一。務民安生即以安心，心安則無心，無心則誠之至矣。天地以生爲德，人物以知爲德，鬼神以誠爲德。生也，知也，誠也，相禪爲一而愈盛者也。民視民聽，即天視天聽也。知生即知死，猶畢日即畢夜也，此非視聽之可自信者乎？信其視聽，而造端報其人之天矣。以故正告萬世，信其本因末果，而即知因果同時之旨原非惑因果以矯誣也。見在爲經，柄歸直下，施受本如影響，我何問其去來？但立主宰，其餘自必；惟盡乃心，其幾自知。何侈口乎學修不及之性天，而反忽其無所逃之大戒？』

知由

分知、行，非知知、行者也；合知、行，亦非知知、行者也。曰知貫知、行而自爲代錯乎？知已行於古今矣。似之而眞，眞之而周，巧之而力，力之而中，皆蒸之於氣、燈之於然也。一不住一而自爲兩端，則無不分合合分，無二無一者也。吹萬不同，必籥其橐；鈐轄在御，輻運千里。然非以自已、自取而不許分其飄泠、迴烈之殊勢也； 非以自運、自御，而不許辨其輪蓋、軫轂之相成也。不分其合，烏能合分？烏能隨分之即合耶？

有無知之本知，空中皆火是也； 有眞知之知至，明一火之即千火也； 有偏知之知終，明千火之用一火也。有無行之行，洋溢尊親是也； 有即念之行，天下歸仁是也； 有成事之行，崩城拜井是也。有知前之行，出門問津是也； 知時之行，不墮坑塹是也； 知後之行，輕車故鄉是也。有行前之知，西向而笑是也； 行時之知，路在足下是也； 行後之知，聚米成圖是也。金之在鑛、在冶、在器，有二金乎？水之在江、在釜、在盂，有二水乎？究也行統於知，用知是行。生也，學也，困也，分而不分者也。勾萌甲乙，知其果之似種矣，不必成功而後一也。羿乎射，良乎御，秋乎奕，僚乎丸，越人乎醫，皆不廢乎溟飛鳥道之知行，又豈廢虎鈴繫解之知行？又豈廢羨魚結綱之知行乎？內業曰：『心中有心。』心行者也。易曰：『神而明之，存乎其人。』禮曰：『清明在躬，志氣如神； 嗜慾將至，有開必先。』此以天時地載爲躬行者，即以雷雨出雲爲前知者也。出世、入世而無出、入，格致之極語也； 立法、泯法而無立、泯，明誠之極語也； 統天、治天而無統、治，盡知事立之極語也： 一也。故有貫知、行之知，至老不容厭倦，無可厭倦者也。有知而未能行者，嘐嘐之不掩也。有行闇合而未知者，耕讀之安生食力者也。何嫌於三之嫌一、一之嫌三乎？又況有不必知不能行之知，知亦歸於無知者乎？

眞知知行者，知知即無知乎？眞知知即無知者，知所由乎？知由不使知之知乎？知不可使知，而又使知之之知乎？知恥爲凡民者之不可不致知乎？知知致之終，當與凡民共由乎？知由己之由，即由户之由乎？知不知亦由、知之亦由之知乎？知所以、所安皆在所由之中乎？知明道、行道之人但言當由，而知之亦由、不知亦由者本難言乎？若不知此，何能統萬世之知與不知，又能分萬世之知與不知，而共由此雷雨出雲之志氣、共愓此天時地載之躬行哉？

見藤爲蛇，始也疑之，驚而畏之，遂欲殺之。達者容之曰：與我本無害也；願力者曰：必且度之。及乎舉火，則一藤耳！不惟殺者不必，容者、度者復何有哉？此言知之自信，信即行矣。野人入郊，聞金鼓而駭，郊人曰：此獮獵之講武也。此言知之能定，定即行矣。徒步訪人者，已近其家里所，而憂若數十里，恐暮矣。其家之人自歸，則違山十里之外，暮而無所怛然。無所怛然者，知也。此言知之不憂，不憂即行矣。生死一蛇也，知生死之無生死，則舉火見藤矣。鬼神一金鼓也，知夫婦之即鬼神，則郊人無不可甲兵矣。修候不二者路也〔三一〕，知本自如此而必當如此以至之、如此以終之，則歸家、在路皆無心而坦行矣。當其坦也，何分知與行耶？何分性知與心知、天行與人行耶？出生死利害之家者，所以遂其無入不自得之坦行者也。樂其志學而從其大心者，官天地、騎日月、御六氣之坦行者也。巢居知風，穴處知雨。五藏還五行，則截髮孰能痛我？四海如四肢，則手足何待謀慮？幾深之神，知猶無知，行猶無行，鏡别谷應，不厭不勞，湛然重淵之下，彌綸九拂之表，貫其行生，天何言哉？

古人學道，生以樂壽，死而不亡，奚故？論早定也。論早定，則知早由己矣。寵辱不驚，生死不怖；無所可用，則無所不可用矣。此近語而若遠語，不知所由，皆戲語也。知恥爲先，辨志爲要，志以恥勇，學乃充志，辨乃得本，得本易力，好而樂之，入道出道，知出入之所由，無出入也。妙門禍門，學猶飲水，自知自由而已。虚舟子曰：『君之立政也，由藏知也；師之立教也，知攝由也。』學乃宜時習，時習非學，是腕地犬行以爲奇者也。道乃宜深造，深造非道，是連騎南馳而入燕也。不調擇善之飲食，安能一善而止至善之玉液自吞乎？不知固執之忌口即無執之出汗，而終身諱疾、别慕仙丹者，皆不知明善爲良醫者也。不知明善，由情習之知不竭也。情習之知不竭，以不知天也，即以不知之天竭之，此語上之瓜蒂也。病在膽經，則汗、吐、下皆不可，將啖冶葛至尺而求蘿汁乎？有對治，有泛治，有雙解。有治本而標自解者，有急治標而本無病者，有不藥爲中醫者。以不知之天覆之，而以當知之天竭之，此上下之常劑也。所以宥天下之知行，而以自由、共由爲天者也。知共由而使民知當由者，無不自由矣。

非天非不天，以其不可增減，而縣一天道之名；非人非不人，以其不可任縱，而君師交重人道之責。不可增減者，自不憂其增減；不可任縱者，寧特許其任縱？天聽聖人制用，自不必護，而自不失宗。道則必由正路，豈可禁埽而荒蕪之乃爲足媚天耶？天之爲天也，乃人之天之也；曾知人之天之，乃爲人而道之耶？盡人之所以爲人，而天盡矣。人外又何天哉？

由此觀之，聖人定君師之法，皆先立使由之範圍；而志之當辨，學之當好，如下地之乳、擁咽之衣，帖帖自然者也。不觀天之統道乎？日月寒暑，但立使由之範圍，而不問人之知不知者也。易之統天也，聖人之贊易也，所以深於養人之知行者也，所以深於示唯心之方便者也。自謂知之至而不知天以聖人爲主者，獨非凡民之所耻也乎哉！犬馬爲主人竭力，在家則守，見影則行；今奪主人之命，以蠢然縱脱爲自由，以揞聖肆天爲生知者，毋爲犬馬之所耻也乎哉？煉亡耻以爲知者，柰天何矣！幸有聖人之王法圍萬世之王，必不能逃於不知，則煉無耻者必不能不巧逃於王法。欲巧逃於王法，必巧逃於聖人。聖人讓其逃，而聖人之凡民、聖人之犬馬有此耻在，則彼雖柰天何？其柰凡民、犬馬何哉？耻者，萬世倚天之長劍也。

何生曰：『欲逃王法，非亡恥也。有天無柰何之恥，亡恥亦浪劍矣。』當士曰：『聖人豈憂亡恥者哉？正憂帷窺自由者不惜今古而過爲偏上之巧說、激說，遂敝吾凡民、犬馬之帷，而鈍吾凡民、犬馬之礪也。吾惟一磨凡民、犬馬之劍，而浪劍亦自恥其無箾矣。』平公曰：『凡民、犬馬倚天爲劍箾，天即倚由之、知之爲劍箾。分磨合藏，藏柰何磨？磨柰何藏？曾知一柰何否？』何生曰：『吹毛柰磨用何？善藏柰四顧何？知柰不知何？不知柰知何？天柰人何？人柰天何？天人柰聖人何？聖人柰天人何？』當士曰：『聖人知其無柰何，而使自柰何；柰何不得，早爲聖人柰何之矣。由不使知固柰何人，彼使致知更柰何人；由合知行固柰何人，分知與行更柰何人。磨無非藏，用無非善，尤柰何人；即有一能柰何聖人者乃極受聖人之柰何，而終柰聖人不何者也。』平公曰：『當士正當柰何？』當士曰：『柰直日磨劍何？』

充類

問：『以充類窮理，不以充類病法，何也？』

曰：『充類致義之盡，此奪人者之大權也，即窮理者之捷術也。窮理而極之，觀乎孰莫，希備寡屬，至於無理可窮；乃知無理之理，有章亥不能跡、離朱不能察者矣。極無理之理，而始知芻童、夕禁不出勾較〔三三〕，鏤塵吹影不外交輪，則深至無深，遠至無遠，而即此理矣。

『極則必反，始知反因；反而相因，始知公因。公不獨公，始知公因之在反因中；則離也、即也，斷也、常也，遮也、表也，予也、奪也，惟所用矣。惟所用者，惟其當矣。惟其必當，故貴折中。惟其折中，烏能絞辭於明熟哉？龐煖對卓襄曰：「堯之治病，必使舊醫；楚王暮鍼在身，必待俞跗。良醫化之，戾醫敗之；雖幸不斃，創伸股維。」善世正告，惟取適當，而無取乎盡；盡之捷奪若此，以其病日用飲食之質而荒尊親分藝之法也。守法者多不能以充類致知，致知者況以充類破法？人不奪其所恃，則守委閒居；誰肯舍之自反，而深造於所不必然？苟欲破之，方驅耕夫之牛，奪饑人之食；雖以帝王之成軌、日月之經義，有不暇周旋矣。疲於賃舂，而責行高絙；兀者播精，使逐走兔；驅逸足於庭，求猿捷於檻；三周虎落，四至羅闉；此狙於淮陰之背水，而詭於長平之大坑耳！守法者無以應之，徒有盛氣，不知所來。而世之忌法、逃法者因旁竊羣起而挫守法之士，法遂餼羊，幾且灰冷。此未受充類之益，而先受充類之禍者也。此非欲以充類自窮其理，而適以充類詬窮理者，自寬苟且者也。昌羊欲去蚤蝨，先采蛉窮〔三四〕；熏萍將以治蚋，適腐衣蓐〔三五〕。風俗挺挏〔三六〕，侮善榮惡；朱草傷颸，而市媾髩搖。如此奇巧，如虎生翼，安得不大充其類，較盡分數，而縷析權稱之乎？

『欲莫大於淫，淫莫大於心；　不屠其心，安得免淫？心屠則人死矣。於是恕之曰：登伽夙定，本無不淫，又安有淫？自中陰之投父母然矣，何怪乎易内、倚門之爲關雎、麟趾也？安陵青翰之爲結褵風雅也？果爾，聚麀、插翹、大寂樂、演揲矣，固何如親迎之各室其室，而漁色挑達之當禁乎？盜左藏死，盜一瓜死，大小等死，何不大盜？封三錢之府，則同慶鷄竿；　固何如犯蹕罰金，而陵土乃族之足令乎？愛冥者意在以冥藏彊，以君國瓦注，反罪聖人之禁博爲教博耳。窮治博場，乃囊橐於兩間。兩間曰：　此太一教我也。充類至此，則太一爲人世之罪魁矣！

『無已而聽之，則不得不聽太一之聽兩間，聽兩間之聽聖人，聽聖人之聽仁義。可名之仁義，即不可名之道也。執可名之優孟仁義，而不知可名中之不可名者，欲從先進噀血疾聲，故以蘧廬奪後進君子之巢穴，而以野人之衣冠抵掌耳。以爲蘧廬，皆蘧廬也；　以爲優孟，皆優孟也。不能免天地之蘧廬與萬類之優孟，豈能免仁義之蘧廬與被服之優孟乎？欲免闉扼鷙曼而廢羈靮月題，安能用馬？不如無馬。不免於食粒宅土，即不免於蹩躠踶跂〔三七〕，勞之乃以忘之，舞蹈所以寧靜也。節候之約束，即平陽之醇酒也。廢封濬官牧之勤，而傲無爲之治乎？立仁與義者，所以安其無適非蘧廬，而當洒掃、樂户牖者也。所以明其表治皆優孟，而當歌舞此羹牆者也。不明其當安、不當求安之故，徒欲燒絃歌之蘧廬，使羣造營窟之蘧廬，播貪吝之子孫，笑寢邱之優孟，於安不安何與焉？

『層嶂參天，而平陽建國；雖無險，非夷乎？固不礙擊鼛鼛之鼓，使適可爲中植也。疾雷破山，澍雨如霔；鷄喑於塒，失其司晨。有餘不敢盡，豈無謂哉？此非不知其有餘之盡而局局此也，窮至無盡，而無盡盡於可盡之盡，然後可處乎適可，故中衢而置尊焉。前邪後許而重易舉者，和致力也；趾無幾而不傾者，有餘地也。無所不用其極，極盡而反，反而充周，周而處中。同舟遇風，捄患若一。張羅而畋，唱和不差。羅紈麻纉〔三八〕，織緝同用。筦籥有吼，不吹無聲。木火根瞿〔三九〕，山高基扶。聖人因之、應之、濡之、節之，故不勞功成而不見其功，萬物順理而不知其爲理矣。乃信官天繼善之建極，爲太極所以然之必然。是知不以充類病法者，乃充類致義之盡而又盡者也，豈守法與破法之所能窮耶？窮過此而窮盡其性，則知其本然，而不必辟辟替替其本然矣。窮盡此而窮至於命，則無所非然，而烏烏稷稷其當然矣！

『魚逆流而上，鳥順風而立；兩自葉而流根〔四〇〕，露上莖而含實；孰分其當與本哉？天命在誠明、明誠中，而不可以容其二自。鑑之空與實，皆其照處；谷之應與傳，即其虛處。全泯全彰，繁興縣涌。包舉而或偏者，即欲言而詞喪者也。未之或知者，即知不知好樂者也〔四一〕。明明一學修所不能及之天，而即以學修天之；聖人不惜造人之性命，而即以窮之者理之。吹槖銷物，即以成物。梟氏爲鐘，削氏爲刀，本無順逆；先逆後順，即逆是順，順以爲逆。其將以萬世爲性命之薪，而聖人即炊之以傳之乎？彼徒欲以充類奪人，獨尊其一得者，乃鑽榆柳以矜奇者也。人尊好奇之我者，苟奇耳；尊暱庸之我者，苟庸耳。苦苟庸者或以苟奇治之，苦苟奇者多以苟庸治之；其實苟庸又不如苟奇之尚有火可燒也。偃側之間，一隙可匿；匿焉而已。方領拘罷以飾陋，其去豚蹄況禾幾何耶〔四二〕？目濡耳剽以逢時，其去圈鹿欄牛幾何耶？借龍忌之禁，以新火火之，殊不可少。』

權衡經緯

權不言衡，經不言緯，何也？

曰：規、矩、繩、衡、權，以權寓其神用，而權、衡於五者，猶智信、水土也。權用其衡，衡用其平，平用其直。一平一直，則一衡一繩矣；一平一直，而曲矩可取矣。矩可取以勾股開方，而裁成爲規矣。此入用後之規生於矩，即大用之方本於圓，而臨用時之方即是圓，可知矣。故權也者，無我者也，無心者也；彼以稱來，此稱如之。翺忽不失，輕重不忒，可不謂信智乎？以此因物，物情相通，可不謂仁乎？以此當體，適合品節，可不謂禮乎？應物平直，自然無爭，可不謂義乎？此所以表兩稱其平，而得方即圓之大用也。所以表因事中節，而使人信天然之至理，必奉統鈞之宰理也。不可爲典要，而既有典常，烏乎表之？表之以權。易所以爲經緯權衡盡變之準也。知經者自能用緯矣，知權者自能用衡矣。律曆志五量皆天道，而獨詳權下，豈無謂乎？『其道如底，準正繩直，左旋見規，右折見矩，在天佐助旋璣，斟酌建指，故曰玉衡。』論語「參前倚衡」，此衡在前、居南方之義也。本黃鍾，一龠容千二百黍，重十二銖，兩之爲兩。二十四銖爲兩，十六兩爲斤。』愚曰：兩，黃鍾隔八之數也。銖者二十四氣，即時分上下也；斤有三百八十四銖，爲兼閏之歲日也。三十斤爲鈞，一月也。一鈞爲萬一千五百二十銖，乃三十其三百八十四也。四百八十兩者，六旬行八節之象也，乃三十其十六也。四鈞爲石，四時也。千九百二十兩者，陰陽之數也。三百八十四爻，五行之象也。言五其三百八十四，與四其四百八十，適合千九百二十也。四萬六千八十銖者，萬一千五百二十物，歷四時之象也。權與物鈞而生衡，是爲五，則權之時義大矣哉。

禮器曰：『時爲大，順次之，體次之，宜次之，稱次之。』五者非有次也，以時爲用而實以稱爲適，故終言之。清以濯纓，濁以濯足；菿冠則枝之，縞紻則蹝之；水深而魚聚，木茂而鳥集。稱者權也；學也、適也、立也，三皆經也；權乃所以緯其經者也。思何遠而思何思乎？信手信思而規矩任縱權矣。漢儒以反經合道爲權，程子非之，而邵子曰：『得一端者也。權，平物之輕重；聖人行權，輕重合宜而已。不以我觀物者，以物觀物之謂也；以物觀物，又安有我於間哉？執中無權，猶爲偏也。仲淹言：「春秋，王道之權。」變從時而便天下之事，不失禮之大經；變從時而順天下之理，不失義之大權者，君子之道也。』深觀觀物之故，曰：『體無定用，惟變是用；用無定體，惟化是體。體用交而人物之道備矣。』『體用之間，有變存焉。心迹之間，有權存焉。權也者，聖人生萬民之謂也。』用者三，不用者一，此無體之權本也。八卦不易者四，反易者二；重卦不易者八，反易者二十八。天無晝夜，人居地上以爲晝夜，故以地上之數爲人之用：此因體之權也。變者從天，應者從日；陽尊而神，陽來則生；君統臣，夫統妻：此扶陽之權也。天半明半晦，日半贏半縮，月半盈半虧，星半動半静：此因交之權也。寒變物之情，暑變物之性：此合時之權也。故有經之權，有權之經。有緯以直經，則權無定，而有一定之交。有衡以決權，則經可移而不失其相交之準。心與迹交而權見，無與有交而經見，理與事交而依違見，善與惡交而是非見。道與時交而緯其經，思與學交而後衡其權。執心迹者非也，執無心無迹以忽之，非知權者也；執理事善惡者非也，執無善無惡無理事以任之，非知經者也。是以致知格物，爲入用見體之權；就事立準，所以節發中未發之權。故曰天之政府，必以立教爲權；無思之思，必以好學爲權。明德以親民爲權，至善以擇善爲權。君臣嚴於父子，以父子爲先權。父子重於夫婦，以夫婦爲先權。兄弟則父子、夫婦之衡緯也，朋友則四倫之經權也。四倫雖具，皆有朋友之道，故終之曰朋友之交也。師友相經緯，而有四倫之義焉。

交之權衡重矣哉！五行之一行各有五行，五常之一常各有五常，皆端也，皆信也，皆交也，即皆一也。有一在二中之易而後交生，有交而後準生，有準而用生。用則用權，而權實用用。故當知有正權，有偏權，有權外之權，且有冥權。權至冥而益難乎其爲權矣？聖人依然以天地日月之六合三輪權之。規矩繩衡，一縱一橫，一平一直，而四隅之斜欹，細析之度數，皆可以權稱物，而又以法稱權。易準既明，權豈爲小人竊耶？委化之士，任天而已。不顧萬世之民，何以安生之分數也。聖人知天在習中，天無情，人有情，情習之天，其可任耶？故明天之理以宰之，宰之而後可以任之。小人竊任天之説，駕宰天之上，以廢宰天之法；滅理縱情者，乃邪説也。已甚矯枉，奪激總殺之權，乃萬法中之一法，可以一過此關，可以偶然用之，可以爲淵驅魚，而非可爲羣黎之飲食也。至於本不待權之萬古如此，言之何用？又何待言乎？當知心量表法之彌綸，則包容之度自裕矣。乃其權正在綸，乃所以爲彌。親民但言其切用者，無用之用置之。本爲我用而單提之，則先害親民之切用矣。此扶陽官天、下學而上達者所以爲宰萬古之正權也。久之頑鈍苟鄙，故深心大力者搜而剔之。奇才魂異〔四三〕，忍俊不禁，然利器不可示人，獨不觀善刀而藏之權耶？

其以權、實對舉者，以體用交參而究止一用，則此用其實也。以立法致用而用後無法，則此受用者實也。或其所設之權太奇，易流支蔓，與用相悖，不得不盡棄之。久繫衛子而一旦解靮者，視所聞超生出死之説，如馬之手，如牛之翼，齕草飲河，沐浴跳躍於經正之權中，而不自知矣。非謂廢經正之權而毀天地、春秋之衡也，思學而適正〔四四〕、反對而貞一，即天地、春秋之權。權即實也，裒多益寡，自謙乃豫，豈定口口何權何實然後爲實，而遂鉗隸首、讙榮猿、禁斗角〔四五〕、亂斤兩，乃稱赫胥氏之民耶？齊物論無是非矣，而申之曰『以明』，蓋以權齊物者，以權平心者也。必明經緯權衡之交綱是非，而後可以行其無是非之權者也。

達者曰：『嗟乎！仰視屋樹，退而因川，何有齊不齊，而欲以不齊齊之乎？』本自如此之天，生必當如此之聖，以齊不得不如此之凡，則謂以不齊齊之，可也。謂必言齊而聽其不齊，固已齊矣！可也。知舌不廢齒，知景不廢表，本自如此之大權，豈使隱行僻側、遁上遁民者之倚之乎？倚則一切無權，而天亦無權矣。天何患其無權？患人之巧於誣天以媚小人也。奪聖人之權，即奪天之權矣。奪夫婦之權，即奪聖人之權矣。聖人即以易護夫婦之天，即以夫婦護易之天。小人即能誣天，其奈易準何哉？

『學不厭下，教不厭明，以其與能，傳不可能。其鼓粲粲，其舞不止。嗚嗚雉雉，生理而已。渢渢秋秋，德業而已。竹木有火，不鑽不薰；土中有水，不掘不出。矢之疾，不及百弓；跬步不休，跛鱉千里；筐土不怠，可以邱山。

『天聽民之開牖納光也，天亦不知也，天即以卯酉權之；地聽民之播種得粟也，地亦不知也，地即以水土權之。於穆之天聽天地之生成飲啄也，即以聖人權之。聖人聽萬物之用於穆而不知也，即以夫婦權之。但以休歇得際斷者，此得地之體也，此入門之誠也，此啻神之端也，此大過之劑也。統制洋洋，開物成務。非知天之權以宰天又宰宰天者，孰能與於此哉？引達冒茆之盤古，不能與周禮爭咢布之時權；肩脾支脛之殊壤，不能與神州爭明備之學權；大而無當之天，不能與細而切用之天爭權；渾然莫測之天，不能與森然統治之天爭權。不能與爭，故因之爲權，而即之不二耳。實則乘時者貴，教學者安。言節用則自無不宜，言善治則自無不化。以地載天，範器圍道；以辨乃容，以明藏幽。因而即之曰：即地是天，即器是道，即辨是容，即明是幽。因而互即之，因而反復之。然何能泛告三根哉？易聽人取其畫前之無所得者，神所以藏其奇權也。易自分別其畫後即畫前之準者，天所以神其正權也。經〔四六〕、重、方、圓、平、直，六藏於五，藏五藏六，正隅既定，乃以用奇。奇通正之變，正實通奇之變，知天者知其故乎？故者以利爲本，不能宰制開成，則天乃死天矣。然非死中得生，權烏乎許？』

絶待併待貫待

何生曰：『絶待已矣。併待、貫待，何云云也？』

當士曰：『大一假一以相成其大二，而大一乃神。混沌假天地以長生，故天假地以爲對。對果對乎？果無對乎？推出而尊之，交化而溷之，則建一蝥弧先登，曰不落陰陽；常立覆載之外，特揜對待之二，以顯絶待之一耳。玄者執絶待之孤迥，不落則死矣；莽者貪絶待之平凡，抑聖則蕩矣。曾知絶待之在相待中乎？曾知無奇偶之在奇偶中而奇行偶中乎？曰絶待，則與相待者對矣。曰無可言，則與有可言者對矣。何謂絶耶？受聲、受色者，相對之二也；不可色、不可聲者，無對之一也；不可色與可色、不可聲與可聲，亦相對之二也。貫其中者無對之一也；有貫者即有受貫者，亦相對之二也；自爲受而自貫之者，無對之一也。誰非自爲受而自貫之者乎？無貫則無受矣。色色者即未嘗色者也，聲聲者即未嘗聲者也，是對對者即未嘗對者也。色斯色耳，本不容有色外之見，則本無所見矣。並所謂不可色者，皆無之矣。聲則聲耳，本不容有聲外之聞，而本無所聞矣。並所謂不可聲者，皆無之矣！

『載也者宰也，載也者事也。盡宇括宙，綏綏傱傱，耕稼絃誦，洒埽應對，皆無一毛之可輶、一臭之可得者也。上天用地之載，而載即天矣。因而曰：海之魚何計乎水？腹之螈蠑何計血乎？若是而謂絶者，雨中避雨，空中逃空，直不許人舉焉。䨦霴之已矣！解之曰：東與西，相待之邊也；中則絶待矣，然中亦對邊。至尊莫如君，君亦對民；謂之絶者，君雖可以對民，民不敢與君對；中雖可以對邊，邊不敢與中對耳。

『太極寓於中五，而四圍莫非中五。故曰先統後，後皆先，即曰無先後；君統臣，臣奉君，即曰無君臣。體爲用之本，用又爲體之本，即曰無體用。統者言乎併也，似乎一埽一進，累層而品之，實豈有所加而絶之乎？然不對之、絶之而併之，孰得而丹青其一貫哉？內與外，相待也；併內外，則無內外矣。然無內外者，不礙內內而外外也。首與足，相待也。觸首首應，觸足足應。首足二，而所以應者一也。一則無首足。雖無首足，而首何嘗不尊於足、足何嘗不奉首乎？此泯在存中，絶待在相待中之説也。

『又有説焉：有化待，有平待，有統待。何謂化待？顯密、有無之相汁液是也。何謂平待？左右、往來是也。何謂統待？君民、貞邪是也。統之屬下爲所統矣，雖對而不可謂之對也。編氓於里正，邑令於郡守，監司於開府，以次上屬，而內屬東西臺三省；省各有長，而屬於宰輔；君乃儼然統之，此無對之尊也。然當知凝命、布政、咸若、率俾者，爲直無對之尊也。非惟君相操此權也，郡邑、里正皆有凝命布政之君道焉。心王之尊也，正以善用其心所而尊也，正以善制其心所而尊也。善用、善制，則熙熙皞皞不知帝力矣。康衢之壤，何善何惡？非曰光宅百揆、忌諱克明平章之治，謂與亂對，而見嫌於絶待者也。

『自一至萬者算器也，算器之外有大一焉。然大一豈在算器之外乎？知大一之體者深矣，猶綴疣之無對也。知算器即大一者畢矣，猶石火之無對也。必知柱柱籌籌，歸十於前位，歸五於上位。當其本數乘除萬變而不亂者，乃眞無對之算道也。不能與器因應而善當其用，乃影射之田駢、愼到耳。徒貪絶待之泯，而豈知貞一之本不待泯乎哉？

『聖人曰：天人一也，特分之以相與。源本源也，流中不得不別。故岌岌表天德之善，以政人流之惡。既言太無統善惡，必言至善統有無。太無者，本無增減之莫非然，天地不憂，聖人亦不憂者也。善則莫非然中所以然之理也，聖人憂人之不明者也。正告明善，則有亦善無亦善，亦有亦無亦善，非有非無亦善，不落有無之即有即無亦善。是善也者，統體用、有無者也，惡豈敢與之對哉？狻猊搏兔，猿臂通身，欹器平懸，長流石磨，善用而忘之矣。非謂漫無主宰，而涫涫紛紛可歷也。邪不敵正，私不敵公。必貞夫一，乃享大一。

『一說者曰：此聖人之權也。聖人曰：吾於地不敢敵天、月不敢敵日而表之，此權既立，立處即眞，所謂後天直下之用，攝先後天體用之本者也。天且不敢違，而況於萬世乎？況於鬼神乎？薄禮法者，襲禮法之土狗生厭也；病仁義者，竊仁義之虎皮見嘔也。於禮法何傷？於仁義何辜？是踣而罪路、溺而罪水矣！藉曰襲也、竊也，漢陰假修混沌氏之術，是大襲大竊也。況襲竊無上以襲東陵之術者哉？作法於涼，其弊猶貪；不得不然，不應全免。知時中適濟而明當然即本然者，知立仁與義之禮藏知信矣，知常五無五之隨待皆絶矣！千語勸夷，猶不能轉蠅營之夢；一語輕夷，則群蹠攘臂，況升蹠呵夷，助其色喜乎？

『禮尚差等，必從漸殺，此天道也。臟腑親於血絡，血絡親於肌膚。親之之殺，不得不殺，非强殺也。金石貴於刀耜，刀耜貴於堇塊；尊賢之等，不得不等，非强等也。可曰：人無非仁，義無不宜，而以絶待廢之哉？仁也者人也，二不對也；合而言之，道也，一不絶也。禮妙一神，道以兩化。知其故，則勸行仁義，皆絶待也；不知其故，則責人由仁義行，皆滯待也。知其故，則贅見歌詩之末，皆絶待之本也；不知其故，則沖樸平直之本，皆滯待之末也。

『出世以鬼福爲符而又焚之，不惜灰盡世間。若容有一法當情，安能迫人向上？既知向上，依然上在下中。名教窮盡，上無上下，必安於下。故先正名使之適得，寧可令夫婦之靈臺生首鼠耶？故世出世之門庭，寒暑之錯也。各偏緩急，自相濯暴；張弛易牖，喟然蜡儺；增止啼之剎，竿指端之幻；何怪焉？要以善世責乎安心，則異即是同。琴瑟責一，誰能聽之？不待鋪本無不同之雲海也，聖人藥籠自有君臣，而雜收激用；烏梔逐疝，香連已痢，可以合使其温涼，爲並行不悖之丸矣。常山待符，連環椎解，其世即出世之超越者乎？復臯之君，循口操矜，食力生理之世即出世，其可免哉？皆不必免，必言求免，皆足免免，不如言當與不當之見在宜免。君子道其常統變之大常，而立當當之本本，正此旨也。

『倫其人即達其天，知其天即盡其人。處約知其既定，故心逸日休；處樂知其靡常，故持盈保畏〔四七〕。未能者知本無虧，所以當仁不讓也；已能者知本無盡，所以望道未見也。無非對治也，無非絶待也。

『粹可以涅，統自能平。善尊則惡自化，惡化而善不自名。謂之無善惡可言可也，善之至矣；不垢不浄，浄之至矣；不落聖凡，聖之至矣；不落陰陽，陽之純矣！然聖人不鋭標此極則者，教民善因，因其可行而教之，聽其日用不知而由之。徒以無可言者發急矜高、縱人惑亂，豈足訓乎？況此學修不及之無可言者，何待訓乎？今則曬便飾陋，專矜此訓矣。專矜則巧埽，充類則無類，隨之則無決，盡決則無人。正教卑賤，而民無適從；若不申明易準以宰安主，則傳譌恣獸禍矣。食力生理之世即出世，安得不請天日一爲決之。

『邵子曰：「乾七子，坤無子。」此就小横圖而明之，明乎陽統陰之統陰陽也。極分兩儀，則陽居右；再分太少，則太陽居右；再分小儀，再因重之，無不陽右者；東也，帝出乎中者也。乾純爲陽，則六十三卦之雜爲陰。惟陽統陰，陰爲陽用，故六十四卦皆乾，而必以純乾統之；雜卦皆乾，而必以每卦之陽統之。如泰否則泰統否，否者泰之餘。如以否論，則必以休傾統之，豈曰羞承亦太極也，而我曬之乎？故知太極必建極，純乾所以建太極之極。六十四卦之陽，皆建乾之極。陽主陰臣，使陰效事，純亦不已，雜亦不已。純無不在雜中者，必使知純以行乎雜，而後知其不染也。知其先，時其中，用其後，豈得不條條理理哉？孔子於雜卦特辨剛柔，而終之曰：「君子道長，剛決柔也。」聖人爲天地之主，則立仁與義，所以決陰陽剛柔之主，而建太極之極也。性命本一而聽其兩，謂以至命爲養性之決，以盡性爲立命之決。故不妨忍性乃能率性，端在用性而即以復性；必貴知命乃能安命，可以奪命而惟言俟命。豈其諱統治本盡之理爲次、爲麤，專尊昏黑之絶待，以爲無忌憚者藉口，塞天日之正論乎？』

龍馬言曰：『中都黄氏有不慮父，生三子而妻死，一子賢，一不肖，一瘖聾。賢子受理師之教，三年飭行能文。不肖者好馳甍棟，巧於穿窬，惰業而讒師。不慮父負牆無所學，不知其子之賢不肖與其師之理也，止以一瘖聾者爲憂，請續室焉，又瘺。居常悶悶。冉相之隱曰：「惟瘖聾者在膝下，餘二子皆敗君之家者也。受理師之障，其病更甚於瘖聾，不如辭之。」遂辭其師。不肖自喜讒行，又讒兄曰：「兄嗤父無所學，且與理師謀去我以併其産。父何不早與我産，我爲父十倍，不爭達乎？」父已不快，偪之，恲怒。適遇室蕩氏曰：「何不俱殺之，不則俱縱之，無問也。人生駒景，灑酒里歌，不自足乎？何自縛苦乃爾？家自當破，何不自我啖之、豪之？何爲牛馬以遺所恲怒之人，老與瘖聾度日可矣！」父以爲達，酣以爲常。已而不肖益恣，賢者無成能，徒傷父之不知而不敢言，又慢其師也。僦閈之序，遥叩師學。父更惡之，日入省父，父挺逐之。困心衡慮，惟有泣天。瘖聾者慰瞀沈屯，自謂長其二兄，而亦忘其父爲父也，責衣食於父而已。邑捕不肖，而黄氏之家果破。其父方嘆隱公、蕩公之先見，輒自解曰：「何自縛苦乃爾？」實唶唶其苦不堪也。

『會理師與邑長善，爲言不肖子，赦死還家。不肖大感，與其兄哭。國之雅士，聞而多之，竟穀其兄卒學，以女妻之，且贍其父、弟粟，扶月三庾。弟見學之足以使人重也，悔而學焉。有旅力盜，踰雅士垣，而仲子捡之。因旌諸邑，爲網捕。以嘗見賊，悉知賊伏，捕賊如神，拔爲尉正。三年，中都君以爲尉將軍。雅士更以次女妻之。賢者學日充，謏聞化衆，遠近無間，所至成聚，爲天下宗。理師日損，歸於大道。而賢者能用其才，致虚彌實，天下號爲彌宗先生，開館達巷，有五畝之園，迎養其父、弟。瘖聾開痦，日衎衎然奉父守舍。不慮父日與理師、雅士相卮犖，坐享園中而已。

『元鬱王遣使持千鎰爲其親壽，請以全奪全予之權奉彌宗先生，寡人爲衛道長，它國不聽，舉兵伐之。瘖聾以手畫案曰：「勿受。」理師曰：「有餘不敢盡，此五畝即四海也，安往非所以壽不慮太翁乎哉？何用千鎰爲？」竟謝去。隱氏、蕩氏因使以偕，爭高其幢，隱氏先遁，元鬱國殺戮連歲，以其賤理而廢學，好大而令人失業也。尉將軍以二勸父者爲不教虐民，嘗憤恨之。彌宗曰：「反激詎非功乎？」理師曰：「彼執愚民之一，執自受用之一者也，不達蕉鹿飯龍之喻，爲八珍五和後之菽飲，而不善用之，謁之謁矣！」將軍曰：「惡其怠學託於絶學，破壞世教，險賣智聲，冤屈賢者，誤人入綱〔四八〕，而又使以反激之功歸之，果得算乎？」率中都衛奔命四千九十六人往，不戰而降，爲之約法三章，請理師填撫之。中都君封將軍，爲靖邊侯，食三萬户，固不受。侯凱歌而旋，并辭將軍，間居愛日，請太翁受六孫之名。太翁喟然曰：「理師之維世也，使世不見其功，功不可量矣！吾恃不慮而不學，又聽本不待教之説，一以任之，誤豈小哉？」六孫各治一藝，以三物之六德爲名，而以藝字之。繼善官天，食力風教，則神武不殺，而邊方晏然矣。始信删述制作，皆聖人之不慮也；詩書唯諾，皆聖人之瘖聾也。諸門下士，揚鴟行列，奏由庚之樂。三子六孫，長跪稱觴。理師、雅士歌上壽曰：「中都黄父，天遊知止，百二十歲，大其赤子。」太翁酬二老曰：「三子爲一子，三老爲一老，日日皆萬古也，豈徒以百二十歲爲壽乎？」』

法能生道

法生於道，而法能生道，何也？

曰：芝菌不根而成，蝤蠐不母而育，不死之榕枝復生根。非獨此也，稼也反生，仁先芽而後荄，實懸於枝而爲樹本，此非枝之自生本乎？陶煉五行，命以志遂，至精所注，專氣必成。於是乎知道術之可以下生子孫，而上生父母也。鴻烈曰：『是皆生一父母而閱一和也。』聖人逆以知之，而順以理之。天地生聖人，而聖人之心生天、生地。法生於道，而以法知道，以法理道。無法則道熄，是法之能生道也，明矣！

人知天生日，以爲官耳。曾知日既統用其月星，而即能蒸化其天地乎？人知聖人以仁義爲政而已矣，曾知政府既立，下以治萬古之民，而上即以治萬古之君乎？一卵莫非蒼蒼，而凝其於穆之精於日。冬夏寒暑之天，皆日之所生也；蕃變滋殖之地，皆日之所生也。萬有、萬無，莫非太極，而必建其皇於仁義。夫婦衾影之天，是仁義生之而愈明者也。鬼神影響之天，是仁義生之而不滅者也。惟堂有皇，惟王建極，若道不立仁義，是責天不當有樞，太極不當皇建；舜禹不當有蒲坂、安邑之都，蒼梧、會稽之狩，而與齊民同耕鑿，乃稱平等矣。二老自退，中嗣用事，有子克家，耄期失父，曾悟此耶？

內經曰：『蒼天之氣清淨，故藏德不下，常以日月爲光明。天明則日月不明。』故讓明於日，而日又轉與月星。世之握輒不著者，惟知旦暮耳。且不知月星繼明之故，豈知天之不明，以明任日之故哉？曰宮殿置須彌山半，而河渠流竭矣。夜氣焦枯，況七日並出耶？故知天日同生，日用其天，以日治天，以天養日。心以思爲官，故曰思非心，而思即心。殺思以見心，猶殺日以見天也。專門巧誘耳。從心生思，思即生心。以思見思，以見忘見。

作捡玉之見者，非見乎？是二而一者，必不可須臾離也。其始也不暗日，則安能知天？知之，則何礙暗天而明日。知於穆者，忘日並忘天矣！

二虚一實

何謂二虚而一實？

曰：人知一虚一實之兩交，而不知二虚一實之兩交也。人知一虚一實與無虚無實者爲三，而不知二虚一實爲交虚實之實際也。知此，則圓三而半用矣，可以立三而又掀三矣。可以立一實，立一虚，立一交虚實之虚；又可以推三而立一，交虚實之實，與之四焉。與之四，而四分用三，實以一兼三也。其究也，交虚實之實，即無虚無實之虚而已矣！

地實之在天虚也，若豆然，萬分之一耳。人之於虚，猶魚之於水也。魚以水爲性命而魚不知，人以虚爲性命而人不知也。忘其性命爲虚，而憑其用性命者爲實。支骸於太虚，豈止豆其萬分之一乎？然不得不寓此萬萬分之一，以攝其萬萬分也，特患不知耳。

有知皆實、皆虚爲無虚、無實者，可以論量矣。嘗試量之，兩間皆氣，凝爲形；然有凝形之氣，仍有未凝之氣，與形爲偶；而貫氣與形者則大氣也，所以爲氣者也。虚蒸於實中，而有蒸實中之虚，仍有充虚之虚，與實爲偶；其統虚實者則太虚也，所以爲虚者也。

天自分結爲地，仍有未結之天，以與地偶；　而貫天地者則太天也，所以爲天者也。可知三冒若蹴鞠然，常二虚而一實。故曰：　止有一實，餘二非眞。然不立三者，無以明生二貫二之一；　不圓三者，無以盡虚實變化之故；　不掀三者，無以明直下一際之用。故因太極陰陽之奇偶參兩而綮領之曰：　眞天統天地，眞陽統陰陽，大一統萬一，至善統善惡，至理統理氣，大無統有無。

凡曰大，曰至，曰絶，曰超，曰貫，曰無，皆不得已，而以縮地乘雲之筆，爲形容絶待之詞也。及乎易冒併入寂冒，而寂冒併入感冒，則絶待乃併待耳。不得不銷其相待，以明向上之絶待，此舍門室而言屋也。不得不鎔其絶待，以入因二之相待，此舍屋而用門室也。然後知絶待、併待、貫待之故。剥爛復反，無在無不在，則謂之無絶、無併、無貫，何爲不可？兩呼蒼天，時雨山雲，逝者不逝，室遠何遠？孰爲吾？孰爲道？孰爲一？天地人一聲，曰：『唯。』

體爲用本用爲體本

問：『用以體爲本，知之矣〔四九〕。體以用爲本，何也？』

曰：『世以體爲本，用爲末，故言道者因其稱而稱之。統體用之所以然，則冒之曰至體；其實體之爲言骨也，因其質也；於穆不已之天，無奈何之白描耳。以爲至體，實至用也。天不得不借地以爲體，而天自用之。故邵子曰：「天主用，地主體。聖人主用，百姓主體。」蓍之德圓而神，天也；卦之德方以知，地也；六爻之義易以貢，六虚之天用也。一生二爲兩體，而以參用之；兩旋爲四體，而以五用之。故有體數，有體數之用，有用數之用。覈而言之，凡象數皆表法之用也，實以表法之體而以義理爲用也。綜上而言之，義理與象數皆大一之用也。入神而言之，所立之象數、義理皆體也，所以用其象數、義理者乃神用也。禮曰：「設賓以象天，設主以象地，設三賓以參之。」天宜主而地宜賓，今乃賓其天者，因主執事而賓至尊也。夫取女以生嗣、主中饋，而夫反如賓，豈非體用之貴用乎？男女者，未交之稱也；夫婦者，已合之稱也；父母者，生子之後也。既生子以克家，而父母老矣！乘權者貴傳家，如客，所生者又爲主矣。此乾坤所以讓坎離也。

『風姬不立太極之名，豈不好此建瓴之高乎？蓋以六十四者六十四太極也，三百八十四者三百八十四太極也，此六十四、三百八十四者皆一太極也，但表其入用之體，而無體之用藏其中。聖人於畫前狀之，而又明之曰「易無體也」，其示人也切切矣！遠公曰「易以感爲體」，故醒之曰「易無定體」。人以緣起性，故醒之曰「緣無自性」。取空火於冰臺，還漚渧於滄海，則無性之性爲公性，猶無體之體爲公體也。子思形容之而無能爲辭，乃譁譁然曰

「天之所以爲天也」。曰所以，則不落有無、不落體用矣，實則但有一前用之時中耳。其餘可愕、可豔之玄著雋永，皆浮圖之指、華山之博也。

『人有心而夢因之，有夢而覺且應之；心生法而言傳之，有言而萬世之心傳之。心法交傳，夢覺交應，如鏡對鏡，鏡中之鏡，且無萬數，況十六鏡之光光攝入乎？聖人知既往、將來之體，惟以見在之用爲因，即以見在之體藏既往、將來之用。張子曰「德爲體，道爲用」，又當知道以其用爲體，而德以其體爲用。荄爲樹本，核爲荄本。樹生華，而爲核之本矣；芽滋幹，而上既生枝，下且復生本矣。核中之仁，天地人之亥子也，全枝、全幹、全根之體也。茁茂之後，仁棄其體，而爲此樹之用矣。由此言之，仁亦時寓於核中，而仁乃用也。天地之心，時於亥子復見之，而非以亥子爲天地之心也，有所以生者焉。此全根、全枝、全幹、全仁之大體大用也。人畏其唯明也〔五〇〕，一言以倏忽之，曰：「本無體用」而已。時此中者，安得不因此時之用，知此時之體，因知無體之體即天地未分前之體，因知天地未分前之體即在此時之用中。安得不措其不可名〔五一〕、不可見之所以然，以可名可見者文而理之乎？

『道自以理法之極，奉德行神明之人；德自以理法之樞，宰其全用全體之道。聖人以知言爲知命、知禮之用，以正詞、正名爲三知之用，藏其旁通反復爲變化之用，隨其器數分藝皆其引觸之用。厭言用乎？安往而非體也？厭言體乎？安往而非用也？厭言事乎？安往而非理也？厭言理乎？安往而非事也？要必以善世切民之理爲最急之用，而餘固不妨緩之。靈鞞神鉦，亦徇路之疾響也。

『專體者曰：有用、有餘，爲有漏矣。前用者曰：用乃善餘，餘乃善用，無緩急而有緩急，漏何漏乎？世之夸無漏也，禁人言漏以相忘於漏，以一語矜茫之已耳，實漏甚矣。何如直言補漏，漏即不免，而傳此補漏之心爲無漏乎？彼本自無漏者，何待人憂？吾正憂人之盜此無漏者，開天下之大漏也。理一則貞一，貞則不必言非二、非三、非一之一。政由俗革，俗以風轉，風以心轉，心以教者之心爲幾，漏巵乎？漏巵乎？可不慎哉！

『最急之用，惟以分別，而無分別寓焉。非可精視其影射之總，而粗視其條條之詳也。制禮作樂而自儗怍曰：此恐分別廉纖也，此嫌落兩落四也。漏矣！末世有浚恆迷復之理學，惟恐語及禮樂，若有玷其高竿者，猶之一護畫前，則忌諱卦爻者也。漏乎？不漏乎？

『不諱其餘，能用其餘，知漏即是補漏，是直無漏。折俎奠爵之一飲三讓也，閒歌下管之一和三成也，此聖人之分別即無分別者也。裧神執筭之塞人欲竇也，藝黍妥侑之霑人田廬也，此聖人之有漏即無漏者也。藏往之智，不假乎文獻而托乎文獻，托則何者不文獻乎？此無漏也；不礙乎托世人之所目之文獻，此無漏也。知來之神不假乎蓍筴而托乎蓍筴，托則何者不著筴乎？此無漏也；不礙乎托世人所目之蓍筴，此無漏也。』

繼善

問：『至善，一善，擇善，何以三之？』

曰：『不繼何至？不擇何明？一妙於用餘，惟其用餘，故二之、三之而皆一也。巧於三弄者曰：善即非善非非善，爲去執而脂其車耳。遏惡揚善之休命，天用地之半即全也。天地之道，嘗有所不用以成其用，時乘其輪而容餘以待化；因循不著，迅利乘而見長；故驚鐘簴之攫𦋺，而視曲徙無恩澤，宜也。聖人立極用餘，著其尊親，豈在屠龍以名家、焦爛爲上客乎？正告性善，使斂襧、吉觸之夫婦質天地鬼神之主宰而已。莊子曰：「聖人之静也，非曰静也，善故静也。」「善吾生乃所以善吾死。」此莊子之道性善也。虚空無中邊，一乘以即邊之中遺離邊之中，豈容有善惡可言乎？然乃顯題之曰：「得最勝無漏善。」大智曰：「三句相連，初、中、後善。」鳥窠告香山，唯「衆善奉行」二語。大慧曰：「余喜正惡邪之心與生俱生。」此曇宗歸實後之道性善也。孟子告公都子三遮，乃以才情一表。他日又曰：「可欲之爲善。」又曰：「不學而能、不慮而知謂之良。」則繼善之言先燎然矣。盡心之言性命，以不二者言之也。不謂性、不謂命，以不一者言之也。不一者不二，故唯一即是竭兩，執兩即是用中；　不二者不一，故聖不增、凡不減，而可聖、可凡；　則相近之言先燎然矣。三聖人不爲善世，又何苦有喙三尺乎？

『酷下屠剿之令，則標無善惡之岑樓寸木，以銷人刻意近名之我；　窮高極深，適處中道，使生民長慶其立地用天之首趾，則惟有繼善成性之一，即道陰陽之一也。於穆不可言説，即穆於壇宇宫庭而出入忘之，豈眞建岑樓之寸木，勒人常執之哉？

『一以二神，四以半治，兩即藏參，天盤乎地，故知聖人之法道以範成圜者也。立教説法，即地道之用半，而天之全圜在其中矣！天本不可覩聞，苟離可覩聞之地，又安得有不可覩聞之天哉？凡民之不知天命者忽於不覩不聞，尤憚於所覩所聞，而大人聖言皆可施其風教。小人自以爲知天命，矯於不覩不聞，以肆於所覩所聞，而大人聖言適以資其狎侮。眞知天命者覩覩不覩而教人明其當覩，聞聞不聞而教人聽其當聞，覩聞其天地而用其天在地中之聰明矣。故曰地中具有天地，用半者正用地之天也；　用地之天，即用天之天也。善用人間之美之始，有善名；　不得已而名天之德，不名爲善而何名乎？避人間之名，是終欲錮天於罔寘而已矣。畫者，彩素互加者也；　苟稱彩素未加之始，不曰素而何稱？稱本體爲善，猶稱本色爲素也。

『善之泯然曰無，無之粹然曰善。無名而名，名即無名；　如之象之，所由來矣。以不可名踐可名而形容之，誠存乎鼓天地之詞矣。一在二而尊先，則對舉其尊者，而餘爲所統矣，寧可以對舉之爲所統者與之對哉？天統地、陽統陰、日統月、君統臣之儀道，即統天地、統陰陽、統日月、統君臣之太道也。是故帥氣在志，立志在學，學先明善。善極其深，乃不受邪幟之惑，以枉天下之才。曰至善者，本然無不覆之天也，有情無情化育盡之矣。無君臣之鴻濛，必知君尊於民，故尊一善。蓋以清統濁，而貴凝道之德也。草木土石，皆以凝成而得生其命，況動物乎？此凝之説也。以善爲政而宰其君民，是曰明善。軋茁蠉蝡，皆具光氣以受發於天，況靈物乎？此宰之説也。不擇則稊稗蕪五穀矣，明則它種不得以荒之，一則天下不得以二之。

『人情之田，不種則蕪，不善則惡。訰訰曰無惡，猶不能善；儃儃曰無善，則已惡矣。聖人聽薰蕕之並生，而不以蕕亂薰，不能使民之不惡蕕也。椿腹其舟則覆，柏枋於東則爆。五土五莶，各適其宜；薙繩菑畬，期於民用，豈强之哉？故曰：治不以禮，猶無耜而耕也；禮不本義，猶耕而弗種也；義而不講之以學，猶種而弗耨也；學而不合之以禮，猶耨而弗穫也；合之以仁而不安之以樂，猶穫而弗食也；不遠於順，猶食而弗肥也。但曰本無不至，本無不田，而禁人之擇種耕耨者，其可乎？鋭於反朴，而乃蹈水急魚噞之科；譎閑無親〔五二〕，而徑行跖箭鉤距之險〔五三〕。首首然偏言無善者，實赦惡耳！

『徒以避名之嫌，長其肆惡之俗，然且高談曰海寓皆王化也。知大内之垂拱，而垂拱之疇咨乎？寧可曰莫非是也，炮烙牛飲，即時雍哉！不知帝力者，非謂有野掠犯法之含哺也。一堂之人必有其主，一朝之典必歸諸宰，聖人主其陰陽而以學宰其道，直一時必中一時之善，直一事必中一事之善。刺察巡行，必居郵傳，其不苟入溝塹明矣，況出狩之帟次耶？可知莫非是之至善，必待於一善、明善之行在行，而無分別之尺一詔，必須宣於分別之省會也。理其欲之無理欲，先貫後之無先後，亦猶是也，特其顯密洋溢，非喻可喻耳。若必執護宗之鉤棘以落兩少之，則揚遏順天之休命，即天之否命矣！豈知整理時人之言先，而時人之必不可以不整理哉？故作環舞，宮室皆轉，自以爲圓，而反責履閾拂棖爲方於踐迹也；媚人賤賢，何以異此？知性、知天，將將也；養氣、知言，將兵也。閫以外將軍制之，豈能令士卒臨陣思君恩乎？士卒感將而信其金鼓法令，則朝野收蕩平之效矣，太上皇不必與聞幾務。萬象蒙日之光，即天之光；前用無體，惟重當然。既知無統善惡，必知善統有無；所謂宰奉主，而宰即宰其主者也。高其解曰：天尚不能爲主，而何主乎？天不自知其宰，而何宰乎？深其解曰：主必無主，宰於無宰。宛轉其解曰：求之氣而不得，求之象而不得，求之理而不得，求之主宰而不得，無所得而姑謂之天命云爾。此一説也，莫非是之説也。可以解人之執一，而實則可知而不必説者也。何不曰：姑謂之善，姑謂之理，姑謂之主宰乎？曾知姑謂之主宰，而即以主其宰、宰其主乎？曾知緣所遺而心之，何不可曰氣所遺而理之乎？曾知理馭氣之主宰，即統理氣之主宰乎？今人不明天地之爲大徵也，不明形上、形下之足徵無形也，不明聖人之化其所以而善世鼓詞也，並不知求之不得而姑謂之之説也，畏此主宰，更以若莨酒荒之，聊自解免耳。日日以此説桔槔而强灌之，是止醉人以不學不修之執一，而早灰冷萬世之蓍龜矣！繼善之宗，安得不懼？』

何生曰：『當士之懼，飛躍之懼也；何生之醉，飛躍之醉也。有問酒者，吾答之曰：米即水，水即米。則謂之解免，何謂不當解免耶？』當士曰：『東風之溢乎？久蓄之旨乎？少則和，多則湎，酖則妨乎？此姑謂之酒理也，善乎？姑謂善飲之時義也，當乎？熟此而忘之，不求解免，自解免矣。未有酒而有酒，則酒即未始有酒者。酵之緣起，即萬物之緣起，即萬古之緣起也。塗毒之麯麩，推上頓於未有水米之前，酘而柞之，酷逼不堪；忽得此有即無之釀法，始自解免，而泯於市酤之飛躍耳。中庸之盎涚醲萸，飫歌適節，初無所謂不堪之禁戒，則又何待此過當之解免，而後泯於樽罍之飛躍哉？雖然，牛鼓之起穢也，頹激而荷鍤也，玩世而浮柏也，皆聖人之所憫者也。重造憂患，以刀兵、水火爲之解酲，此一不堪，亦飛躍也。果能飛躍，其不堪乎？無善無惡，吾許其高談浮大白矣！』

正身

大學正心，何言身也？

曰：『以心治身，即以身治心。以不可見者治可見者，即以可見治不可見者。方圓相裁，微顯互用。齊明盛服，久申天子靈府，而玉藻其萬世之鬼神矣。動容周旋，結赫咺於尸居，而尊瞻其六合之冠履矣。莊莅行庭，無非不獲；鏘鳴山立，即是絶塵。彼故泡之、雹之者，要以生爲世累，世爲物累。累以身受，故滌滌然舍其身；受從心起，故截截然空其心。此爲外身身存、置死地而後生之説，説水欲寒已矣。人苦不慤，慤又不達其指趣，而槁木死灰，自賤廢之，乃執曇柱之筌蹄耳，豈眞知空心舍身之華光波月者乎？身有所，則爲有者所累矣；心不在，則又爲無者所累矣。禮生於心，即衷其身；不復不由，身乃獨受罪名乎？曠其身，而冠佩盤辟視爲名法交臂之囊檻矣。拘其身而欲復深衣尸祭，此亦井田封建之桎梏也。因而並以尊親有別之身例爲桎梏，遂憤執其土木形骸之心，別造一囊檻矣！此不知禮與己之不二也，此不知不二之不一，而執一以累其身心者也。

『有悟潛遯之飛身者乎？遯世無悶，即遯於六十四之天地中，豈洗耳、挂瓢之儔耶？知無依之依，依即無依，則不落述遵，而述遵無不可遯。此聖者之能其兩，聖人之潛其亢乎？

知進退存亡而不失正之聖人，以惕躍之洗潤粹盎無首之身者也。知進不知退、知存不知亡、知得不知喪之聖人，致亢潛之命以遂水火金石之身者也。一以時其常，一以時其變，然後轉身之路乃乘六龍，不則濡尾之狐耳。

『猶豫於忿好憂懼之窟，窀穸於視聽飲食之囊；彼以不免之説自解其心、自輕其身者，又將何所不至乎？譎巧致人千百尺崖上，莫先於奪其所恃；術茍乎奪，則凡可以恣睢取勝以奪者，舉無措也。唾先王之成憲爲溝中之斷木，視君親如土偶，委禮樂於糞壤，豈惟必然？且禁其不如此者矣。不過欲以敵生死，而流弊至此，況籍輕身以恣生死者乎？

『眞人之舍其身也，以爲君親予之，萬世托之，身非我有也。辟如水火，雖犯水火，不能燒之。手之所舞，足之所蹈，無非無忝之生也。刀鋸鼎鑊，若去指爪，何楚之有？無所逃於天地之間，何暇至於悦生而惡死？此之謂大戒。所謂空心也、心齋也，空其自私自利之心，集虛止符，乃可以遊於蕤蕤之塗，無所染焉。心則天地之心也，天地其心，則骨肉其天地矣。何爲孤負其天經地義之骨肉而棄之，非逃雨耶？忘履，足之適也，豈以廢履爲適足乎？忘要[五四]，帶之適也，豈以廢帶爲適要乎？人間世歸於形就心知[五五]，戒之慎之，正汝身哉。此與不生不死外身之旨，豈有二乎？

『可以舍身，始可轉身，乃可正身。故知一言之思無邪，即絶四之無意也。大學之「在正」，即孟子之所以「勿正」也。心用官而身盡職，此即天地之官也。視聽言動，無非思也。用之於邪，無而爲有；　用之於正，有而若無。以無思用正思，以正思去邪思，此表之用日月寒暑也。專勤不許人思之禁，以開思本無思、無所不思之横流，小民泆蕩，究於溟涬。故聖人以罕藏之，以雅由之，豈得矜上慢下，遂欲廢表焚歷，使人邪正混混，夸玄同哉？

『楊敬仲求傲迅峭家之狀貌，而遂誣大學之正心、誠意爲僞書，是知其一、不知其所以一也。老莊不舍因應，則何棄聖知哉？故曰：「物莫足爲也，而不可以不爲。」貴舍其辭而得其意耳。執正告之筌蹄尚不免病，況執縱横濺血之筌蹄乎？蘇氏曰：「平易近民，終身行恕，則上易知而下易達。雖有巨奸，無所投隙。倉卒之變，無自發焉。然其令行禁止，有不及商鞅者，而聖人終不以彼易此。」今之坑穽賢路，專以崩雷掣電作巫覡牛鳴，煉人於暴虎馮河，眩其迅峭，能超生死者皆棄灰刑傅之不敢問者也。道無定體，教亦多術，誠身明善，表此正經，神武不殺，未嘗不自洗、自藏、自神其用。然寧欲以迅峭爭高而辱詈賢者，使萬世藉口糞其中和修身之教哉？從而效其狀貌，以呵爲揚乎？彼用筌蹄，一切皆筌蹄之。然而道在瓦甓，一切皆家珍之厲風塞耳、駛流旋目，此誘之通别反悱者也。理士之以正告，則矛盾極矣，壽陵餘乎得毋匍匐歸耶〔五六〕？不妨以陰塵假合爲央匱湯，而朝雍夕飧始知正味耳。以是嘆豁然言先而善其言後者之難，啓齒快意，不覺害生，邱頤尚口，烏得不慎？

『沼納樸有鬱芥，得其種而糞之，冬采其子末之，取其霜以一抄投肴中，其辛能散人之宿膈而齁，怵怵然初不自知其驚而適也。越人好之，專而秘之。其子孫相傳而家貧，以盂飼客，客吞之，如刺滿其胡，終身病痙。嗟乎！知味則知和味矣。神武嘗毒，不教民廢穡而飯毒也。』

校記

〔一〕士當　當作『當士』。
〔二〕隨　當作『墮』。
〔三〕手　疑當作『足』。藥地炮莊黄林合録云：『置左足而視之。』
〔四〕於於　疑衍一『於』字。
〔五〕引文未見於方大鎮寧澹語。
〔六〕滅　當作『滅』。
〔七〕偏　疑當作『徧』。
〔八〕跌　當作『趺』。
〔九〕即度　疑即『印度』。
〔一〇〕義　當作『羲』。
〔一一〕蛙　當作『蛀』。

〔一一二〕則　原無，據上下文意補。
〔一一三〕曰　當作「四」。
〔一一四〕幕　當作「冪」。
〔一一五〕侯　當作「候」。
〔一一六〕晝　當作「畫」。
〔一一七〕本　當作「末」。
〔一一八〕垢　當作「姤」。下同。
〔一一九〕臾　當作「曳」。
〔一二〇〕輻　抄本原係空格，依上下語義補。
〔一二一〕齊　當作「齋」。
〔一二二〕知　當作「如」。
〔一二三〕無忘　當作「无妄」。
〔一二四〕程　當作「裎」。
〔一二五〕□　據上下文意，當作「葴」。
〔一二六〕萬　據禮記祭義，當作「蒿」。
〔一二七〕黯　當作「黔」。
〔一二八〕不常者不滅　原作「不常不滅者」，依上一句語意改。

〔二九〕和　據化書，當作「磨」。
〔三〇〕電　據化書，當作「雹」。
〔三一〕兩　據化書，當作「雨」。
〔三二〕候　當作「侯」。
〔三三〕禁　當作「桀」。　較　當作「股」。
〔三四〕采　當作「來」。
〔三五〕蓐　當作「縟」。
〔三六〕挺　疑當作「挺」。
〔三七〕躄　疑當作「躉」。
〔三八〕纘　疑當作「續」。
〔三九〕火　據淮南子說林訓，當作「大」。
〔四〇〕兩　當作「雨」。
〔四一〕不知　當作「不如」。
〔四二〕況　據史記滑稽列傳，疑當作「祝」。
〔四三〕魂　當作「瑰」。
〔四四〕正　據論語子罕，當作「立」。
〔四五〕角　當作「甬」。

〔四六〕經　當作「輕」。

〔四七〕畏　當作「泰」。

〔四八〕綱　當作「網」。

〔四九〕矣　原作「天」，依上下文意改。

〔五〇〕唯　當作「難」。

〔五一〕措　疑當作「指」。

〔五二〕閑　抄本漫漶，似「閑」。

〔五三〕跖　疑當作「蹠」。

〔五四〕要　當作「帶」。　下一「帶」字，當作「要」。

〔五五〕知　莊子人間世作「和」。

〔五六〕乎　據莊子秋水，當作「子」。

易餘卷之下

薪火

何生曰：『九死之骨，欲平療教者之心，心苦矣！然無上專門目爲文字，而理學專門不目爲異學，則目爲象數，道高而門卑矣。特闢此場，何以令人入之乎？何不隨其顛倒，以緇爲素耶？』

當士曰：『避安避哉？寓此有即無之文字天地，則圖書經學，傳心光之寂器，轉聲氣之風輪也。剥爛復反，親見心主，任思爲官，蒸湆而茹吐之，以象數倫理之薪，燒毋欺好學之火，則傳養其主，不知其盡矣。太極老翁嘗以無所得之圍，謀必不免之範。若曰：不可見者，人何以見？應以見載不見。於是乎作費藏隱之器，授之天地，而自碎其身以爲之用。之天地曰：器必有文，文則有名，名必立字，吾以權予筆舌而以印予圖書，然後邈吾太翁之眞，常與跂喙之心相見；千轆轤世上之心，常與千轆轤世下之心相見。故聖人之祝黈者、黵者、波者、戈者，皆天地也。上繫之燦者、飄者，下載之流者、峙者，動植之卵者、蛾者、芽者、蒁者，血氣之竅者、毛者、枝者、爪者，皆篆隸行草也，皆考究注疏也。混沌爲書簏，天地爲書傭，聖人翻譯之、流通之，或使響榻之，或使背諷之，無非文字也，無非象數也。文字、象數之中，無非空空如也。皆異，則皆同也；皆專，則皆通也；皆卑，則皆高也。此已隨天地之顛倒萬物，隨太翁之顛倒天地，而又隨好顛倒者之顛倒矣！特欲一醒之，使知翻車時中之正用耳。若欲避之，死亦無避。概謂皋蘷何讀？彼豈知伏羲以上讀天地之秘本乎？印本即秘本。今尚不能知印本之文字，況知秘本之文字乎？曾知轉文字者乃眞不立文字者乎？以不通爲不立者，冤哉！大慧所呵之黑山邪禪，姚江所斥之默有四僞，留此托之，亦覆幬之仁也。割泥之喻，詸人先本。故志譏玩物，經標注我，解醒之權，烏可少乎？苦爲襲藝耳染，依通數墨，浮見鉤鎖，握齪膠牙，誦法先王，未能淹化，況能瞠醯目而又矐之耶？烏硇漢礜，剥膚浣脣；用師十倍，臥鐵呑銅。及乎豁庨反掌，家珍任用，則學問簡畢，乃古今之鹽醬也。理之汩没於語録也，禪之汩没於機鋒也，猶之汩没於詞章訓詁也。

『所謂切者，槁木耳；所謂脱者，野獸耳。夫豈知外皆内之支離易簡、别即圜之雜華半滿乎？夫豈知別峯即攻玉之錯，宫牆即彈指之閣乎？石火不擊，終古石也。然無灰斗以擴之，石雖百擊，能舉火耶？是糟粕而神奇也。醪之於醺也，容之則盡兩間是圓鏡，否之則盡兩間是闉闍。噤聲兀坐，已犯腹誹反脣之罪矣！

『沉溼無盤，傾湫倒岳，汗牛充棟，實無一塵。何者非障？知又何障？理學有仿禪藥語，勒禁無意，謂文行忠信非孔子之言者，宜未知禪之所以爲禪耳。況知聖人言先，旄麾三諦，而藏於緣因之天地，貞一適中，以鼓舞民用者哉？象山之悚注我也，甚言由己耳；正公之警喪志也〔二〕，逼人篤信耳。曾知不乘物以遊心者，枯坐更喪志乎？水不澄之不能清，鬱閉不流亦不能清。遊於水者，視水猶我；遊於藝者，何藝非仁？波依水，水依潤，無依藏依，而隨流本澄矣！

『不徹琴瑟，鍾律自諧；合止柷楬，益以雅相。知所以鏗然、詘然之不掩其節，而始縱之相忘於適成哉，因也。聖人因時密轉，正其智以化其智，勞其生以安其生。四民首士，四教首文，天下風氣，必隨誦讀之士所轉。革之以因，逆之以順。直現南秘北之禮地，以穆其無南北之智天。許其份份文明，以止老將志事，託於斯文。安寘三根，共此苑囿，尊親食力，各自嚌嚅。象教緣起，續命分燈，簡諒羹牆，萬古覿面。且無論優優表法，洋洋會通，道協分藝，深造之自得乎？即汩沒糟粕者，守其殘編，傳家訓俗，引經闊步，消其邪悖之夢；筆耕學禄，洗其溫飽之蚩。悍無不柔，戾無不馴。君子曰：聽仁智之見，謂百姓之不知可也；但令人人理此生即無生，固衍其太平之心光矣。

『印度之藏，內外五明；大智之規，後通語典。但戀遮遣，偏畏多聞。正屬背覺合塵、遺金拾礫、悟同未悟之茗荈，永明、石門何嘗不早憂此耶？若正襟儒者，鄙唾六經，六經一賤，則守臆藐視之無忌憚者羣起矣。今日久舞狻猊狎侮之戲，痛厭六瑟。六瑟之堂若不注信述好學之眞我，專襲六經注我之抗説，乃瓜坑砥柱也。有眞知六經之注我者，知天地之注六經乎？我即六經，然後可云六經注我。既知六經即我，仍何妨於我注六經乎？天地注曰：無聲無臭，表於倫物；煙煙熅熅，醇於經史。易、春秋也，詩書也，禮樂也，戴履而衡旋也，更番而六象也。

『知春秋之何以故乎？聖人不曰「冬夏」而曰「春秋」者，取日月之東西環也。四時極寒極暑不過浹旬，而和平之候皆春秋攝之，猶之切協調於眞庚。鄉飲曰「左聖，鄉仁；右義，偕藏」，二分以佑二至，貴民用和平之仁義也。故知倫物切於春秋，春秋養於禮樂，禮樂載於詩書，而易以統之，即以泯之。故曰：易襲春秋，春秋律易；書正以導之，而詩風以興之；禮以中宰之，而樂以和節之。隨人之受不受、深不深，業已熏於發昫之聲中矣。此天地之風輪寂器，誰知之乎？邵子曰「春秋盡性之書也」，愚曰：易者盡情之書也。聖人之情見乎詞，而天地萬物之情可見矣。荀子曰：「詩、書、禮、樂之分，一之而可再也，有之而可久也，廣之而可通也，思慮之而可安也〔二〕，反鈆察之而愈可好也。以治情則利，以爲名則榮，以羣則和，以獨則足。」此知其一端耳。「温柔敦厚而不愚，疏通知遠而不誣，廣博易良而不奢，潔淨精微而不賊，恭儉莊敬而不煩，屬詞比事而不亂。」此猶非知其深者也。知深亦何爲乎？

『天地一蠟也，太泔無味，不得不具染以嚼之，具染一天地也。劉邵曰「淡而不醴」，謂不厭也，所以鼓鼎飪之巽火，而繼宴享之純繹也。攻木扣鐘、繼聲繼志之記，末曰「大德不器，大時不齊」，此先河後海之源委也。繼則深矣！學以繼志，志以繼學。十室必有忠信，不如其好學也。加以無事□少〔三〕，厭苦差別。是以苟安自委，羸閉蝸涎。窮理未盡，即惡理膠；萬法未明，即爲法滯。豈惟不能開物成務，其所護高貪簡、莽莽於無分別者，正疑種矣。專家榜門，四山正熾；有一焉，自以發憤之放曠，爲溪谷之呴吹；以棗柏之彌下，藏善刀之四顧。既不聚徒，又不持杖；行窩弄丸，垂簾隨勸。風力所轉，亦未爲不平也。

『空無非火，火無非燒，而除其桑薪，禁其吹薤，幾時各安生理耶？若復瞻顧空拳，執指忘月，仍是智識之根未明，棲尸鬼耳。若復放浪貪便，托名櫟樗，仍是自私自利，遁獸窟耳。天下病實，捄之以虛；天下病虛，捄之以實。既以無虛實者燒其虛實，即以虛貫實者燒其無虛實。太翁笑曰：此一元之午會，當際極明，本無虛實之中，有虛容僞多、實容僞少之別焉，有集虛充實之眞空眞實焉，可不一折中乎？惟好學苦心者，九眞□一僞，僞則爲人所擿；而彼又面薄，不敢以自解免。達天者曰：學即絕學，絕學何用賒談？故公議以下學爲桑薪之蕕焉！蕕自化也，學自達也，下即上也。飲者不渴，不渴忘飲。人立地而周天，此下學即上達之表法也。皆僞皆眞之隨其顛倒，此非人識所當口美。』

平公曰：『天亦不口。』

禮　樂

樂記曰：『大樂與天地同和，大禮與天地同節。明則有禮樂，幽則有鬼神。和故百物皆化，序故羣物皆别。樂由天作，禮以地制。仁近於樂，義近於禮。樂者敦和，率神而明天〔四〕；禮者别宜，居鬼而從地。禮樂明備，天地官矣。玉帛、鐘鼓云乎哉！極乎天而蟠乎地，行乎陰陽而通乎鬼神，窮高極遠而測深厚。樂著大始，而禮居成物。著不息者天也，著不動者地也，一動一静者，天地之間也。故聖人曰禮樂云：教者民之寒暑也，教不時則傷世；事者民之風雨也，事不節則無功〔五〕。』

以學庸爲禮心，以禮運神禮器。本大一以用其分轉變列，降命而官其二中之一；和其由中，格通外内，即博是約，鼓舞憤竭。以不覩聞踐其節文，藏隱於費而知微之顯，克復其天下歸仁之己。心心乎！迹迹乎！雙治而同忘矣。是禮樂者合君臣之坐論也，中和者潤首足之機沐也，豈非二寒暑、二風雨即穆其不已之一天乎哉？邵子列易、詩、書、春秋而以禮樂行之，可知化教勸率要以中和致之。六皆五，五皆四，四即二，二即一也。聖人之視幽隱寥廓也，皆可奏可數者也，其視倫物動植也，皆無聲無臭者也。無處不以表法示人，無隱而人自不察耳。燕居曰：『古之君子不必親相與言也，以禮樂相示而已矣。』『達於禮而不達於樂謂之素，達於樂而不達於禮謂之偏。』忠信以立本，義理以行文；無本不立，無文不行。致中於和，以和庸中；忠行於恕，恕如其忠。藏智於禮，藏悟於學。史以別經，春秋奉易；書興於詩，立成協藝。禮樂之於民物，猶經絡之於營衛也。致其敬而誠若，有美而文而誠若。齋明拜讓者，禮樂之蓍龜也；威儀事感者，禮樂之爻位也；倫物尊親者，禮樂之儀象也。穹軒日月，已表周旋貫珠之法矣；呼吸官支，已表朝享琴瑟之法矣；方、圓、圖、書，已表升降清濁之法矣。

聖人表其順運之實曰：『承天之道，以治人之情，失之者死，得之者生。和氣在上，望藏從初；養生送死，事帝從朔。魂魄合莫，於獻君臣。克諧其聲，祜先夫婦，成於孝慈。天秉陽，垂日星；地秉陰，竅於山川。播五行於四時，和而後月生也。三五而盈，三五而闕；五行之動，迭相竭也。五行、四時、十二月還相爲本也，五聲、六律、十二管還相爲宮也，五味、六和、十二食，五色、六章、十二衣還相爲質也。人者天地之心也，五行之端也。端在欲惡，而情田之奧必以靈者畜之。始於禮耕，終於樂安，中於學耨。以仁義夾春秋，知順則常古矣。』常古者，以今知古，知古即今，即無古今，而隨其今古，此大常也。

龍、鳳、麟、龜非畜於中五而衍於地盤者乎？深於禮樂而欲惡自理，生死自知，魂魄自安，鬼神不違矣。知聖人之以禮樂言生死、魂魄、鬼神乎？知聖人之藏生死、魂魄、鬼神於禮樂乎？幾在欲惡耳！無欲惡則無生死矣。果可無乎？果不可無乎？過此者吾許之知禮樂矣。

悟哉〔六〕！學者之泥應對、絃歌爲禮樂也；惜哉！學者之離應對、絃歌爲禮樂也。法言曰：『吾見諸子之小禮樂也，未見聖人之小禮樂也。』不見天常爲聖人之筆舌乎？醴酒之用、玄酒之尚，割刀之用、鸞刀之貴，莞簟之安而稾禾之設，表反本也；因財致物、升中於天、達亹亹焉，表因也。堂上罍阼犧西、堂下縣西應東，表交動交應之和也。內金，示和也；束帛加璧，尊德也；龜爲前列，先知也；入門金作，示情也；升歌清廟，示德也；下而管象，示事也。鄉飲賓主象天地，介僎象日月，三賓象三光。三讓、三卿、三賓，政教之本，禮之大參也。凡若此類，不可悉數；制器尚象，左端不忘；何往而非無隱之表法耶？皆動頤也〔七〕，皆大一也，皆器也，皆道也。不通表法，不可與言易；不通象先，不能知表法。

離物寂靜者，乃求通象先之偪俓耳。放聲繁急者苟樂而已，尚非知樂之偏者也；持循規矩者守禮而已，尚非知禮之素者也。況乎統不息不動之神、順大始成物之理，而運時中之純繹優優者哉！五至、三無、五起歸於天之四時、地之風霆、躬之清明。志氣塞乎天地，哀喪以淬志，猶怨之可興、貞之起元、冬之出震也。志學立矩者禮也，耳順從心者樂也，知也者，其竹箭松柏之貫乎？

孝覺

孝者學也、教也、覺也，一也。中五爲㐅，二㐅爲爻，即交字。一在二中，無非交也。後如月作肴。孝本從子，爻後故爲孝。又斈即效字，後別作效。又孝即學字，後加二手、加冖爲學。又孝即教字，後加攴作教。此數字皆一字。覺則其音義也。天地生人，人肖天地。聖人爲天地之孝子，而又爲之師，因本生而教學焉，誠覺其生之所從來乎？自覺心之所從來矣。覺其生，斯親其親；覺其親親之心，則知事親之不可以不知人，知人之不可以不知天矣。孝經曰：『孝無終始，通於神明。』曰孝無始，則孝有在乎髮膚之先者；曰孝無終，則孝有在乎身世之後者。從來其從來，則多生即此生也，多生之親即此生之親也。苟孝其心，即孝其天；孝其天，則天其親矣。以明通神，以神通明，明即神矣！神即明矣！此孝之所以無終始，而必教學以大明其終始也。

子曰：『吾志在春秋，行在孝經。』天人之不二，知行之一致，是律管之灰，根幹之滋也。誰先覺乎？覺有幾焉。幾在倫其人以理其天。天以春秋理萬物，而一造其端爲夫婦；夫婦端而父子繼，則天地間之繩衡交五備矣。資父以事母，而天地皆天；資父以事君，而上下定志。翕兄弟乃以順父母，而宜妻子乃以湛和樂。朋友之交則酢四綜三，而論倫其志行者也。始以自嚴，則父子、夫婦即是君臣；無不愛敬，則君臣、師弟即是父子。無非天其倫者，無非倫其心者，孰是明理交資而論其志行者？達天孝天，謂不教學而能，信乎？曾子曰：『孝衰於妻子。』坊記曰：『以此妨民〔八〕，民猶薄於孝而厚於慈。』賈生痛之曰：『慈子耆利，而不同禽獸僅焉耳。』此何故耶？人情易順而難逆，惟志乃以逆之；有覺其順，資於師友；氣帥既建，志行乃明。故春秋者，明倫察情之屯、蒙、需、訟場也。

宗一聖論曰：『孟子之言：「少慕父母，而遷少艾、遷妻子，仕遷於君。」此悲人情之因我而遷也。養子者母，而乳之者親親所需耳。需妻子也，需富貴也，將來者進矣。欲其以慕親終也，得乎？少艾之需我也暫，而妻子之需我也恆；身之需於富貴也寡，而妻子之需於富貴也博。妻以人合，有時而移；子以天合，不可移矣。故旌孝，而民稱孝者百不一也；未嘗旌慈，而民之不慈者百不一也。富貴之逮其親也色欲然，而心以爲有餘；富貴之遺其子也多侈然，而心以爲不足。蓋代其身之需者在子孫，而鍾其子孫之慕於富貴。所以慕君而熱者，即其所以慕親而啼者哉？故學者一善不明，此所以多患得之鄙夫，而鮮移忠之孝子也。慕時罔覺，盡心宜逆，逆知種德，則順知苗碩矣。聖人之所需同於人，何所慕之異於人乎？無他也，知身非我之身，而親之身也，身非獨親之身，而天下之身也。以身爲親之身，故其慕親也不以温飽，而孝不衰於妻子；以身爲天下之身，故其慕君也不以富貴，而慈必覆乎蒼生。故舜無我，則慕不爲天下遷；而天下皆我，乃以終舜之慕。故曰：執孩提之我，慕亦屢遷；無孩提之我，而良乃四達。則飛躍其愛敬，而天淵其孝弟矣。知慕者，四端之始事也；充保者，四端之終事也。要必知萬物皆備之我，乃能喪其需物慕遷之我；必資師友教學之慕，始以礪其知天明倫之慕〔九〕。』

家人、蒙、蠱，環作紅爐，有子克家，大師主器。堂闈以内，上交、中交、下交，天下之象具焉。祭祀餕饋，以似以續，陰陽之義具焉。嚬蹙戲渝，畢世無隱；夙興夜寐，五辟相窺。温温集木，所以嚴威；慎其親愛，乃能保艾。使親忘我，以至天下兼忘我，此乃不及孝之言也。至郢不見冥山，而冥山自在也。知慕之始與充保之終，豈二視乎？

聖人約之曰『不敢惡，不敢慢』，此慎其孝無始之獨而誠其貫始終之幾，所謂知至至之者也。又足之曰『言滿天下無口過，行滿天下無怨惡』，此充其孝無終之量而存其徹始終之義，所謂知終終之者也。孝經而春秋者，欲人知所以孝其心，孝其天，孝其身，乃以孝其親之終慕也。明其始終終始而神其無終無始，則熟哉之文斷、比干之剖心，乃所以慊其不敢毁傷之啓予。不見是而無悶，五岳不知所終，皆所以傳其行道揚名之後世。禹惟勤儉不自滿假，故能蝘蜓於寄歸之海，此致孝之所以無間也。庖丁之動刀甚微，解乎無所逃之砉然，此養生主之所以養親也。

不告而娶，必帝女也，必底豫之後也，不則在下何久鰥耶？孟子不難借桃應以明天下爲敝屣，則『無後』一語肯爲野合不告廟者托乎？或以瞍保虞慕之國，象欲奚齊，則舜之陶漁，猶泰伯之荆蠻也。仲尼之信至德，非猶伊祈之信蒸乂哉？季札尚非子郢，而比公羊之禍宋宣，豈知大學教讓之先幾乎？舜之敝屣，得於堯之敝屣，首陽能敝屣其身，由於能敝屣其國，此以知逍遥四子之敝屣，即王天下不與三樂之敝屣也。此義不精，故衛晋之私慕愈亂，苟息死不塞罪，而子路枉送一醢，此郅惲所以高於魏徵，而宋玉所以比樂東海也。惟能寒涼其慕遷之熱，始能明察其天地之身，後世之留鄰，尚能全人父子之天，免於楊素、趙普者，則皆私慕尚輕、淡泊善舍故也。有眞移忠之孝子，必許以眞空矣！

庸能免非，終身不娶，此眞囓指操雪之孝子也。如有問者，必在汶上，此眞失軔誠感之孝子也。簞瓢不改，即是匪懈；　發憤忘食，正此泫然。世或謂啓聖之公足以顯親，此一節管窺耳。將謂陳恆之篡齊，足祝重華之昌後乎？舜之大孝也，德爲聖人已矣，若藉享保，則宗廟子孫詎及夏、商、周乎？故知舜受禄位名壽之顯命，表恭己勤民之火藻，合萬古以孝其天。孔子受禄位名壽之密命，傳明善齋戒之菽水，合萬古以天其孝，則萬古之心皆聖人之國土，而以孝經、春秋爲宗廟，詩、書、禮、樂爲俎豆，大易爲爇火者也。

既言七教，又言三至，正謂富貴莫過於天下，篡弑皆起於熱中。後世之情，慕遷愈變；正經提綱，而學古可覺。定執中之矩，庶免覬覦之萌，則家天下之教孝，猶之官天下之教孝也。孺子、山陽、宋邵、隋酅，早見於州吁、商臣、髡頑、州蒲之類，僞作竹書亂後目，以自混者有矣。不如以常格安之，以世禄溥之，而警其嗣德，重其師道，示之曰『有德易興，無德易亡』而已。故知禹之心與東面南面望湯，而湯之心與玄黄壺漿迎周也。後不明此，但以世及爲繼業，而不知以善爲垂統。故舍生浪世，以殉富貴，熱中之焱，焦爛爲期。何怪數畦環堵，皆執以爲我有，執以爲我子孫之有； 府民之怨，犯鬼之瞷，得之如塞翁之馬，求之如東野之御，失之如吞豚之鯀，此猶世所稱豪達者，熱不可冷，冷而愈熱，嗚呼哀矣！富貴貧賤之介生死，必此終食間繕性倒寘，收諴軒冕，玄士指以爲惝，豈知此乃精之又精者乎？正悲豪達，往往護痛，不以冷於富貴即超生死，反以超生死之説寬其熱中； 不免誣天以順瀑流，又且誣親以爲家教。世禄鮮禮，習俗成風； 父以富貴慕其子，子以富貴慕其父。王霸不免投耒沮怍，右軍猶曰良由汝等不及坦之。何怪撙銜者之慨貧窮不子、妻不下紝哉？

高大門閭，後未有笑拙者。牛眠致福，骨且與陸生之寶劍同謀矣。親戚朋友皆以富貴爲善繼述，妻妾僕御皆以寒暄爲大愧恥。市怒室色，塗附相煎；賞盜富淫，肘履互慨。不得不以貪殘償其堂構之慕，以危亡償其箕裘之名。望塵之累母，非王陵可比也；干鵲之累父，非晁錯可比也；誰其以偏讁雀鼠之顔爲礪石，而培鉏經待月之風乘雲氣乎？是以國多桓靈之政，家以熏灼貽謀。反執遵行，謂之無改；屏風教譖，亡爵爲誡，猶其醇矣！夫無改者無改於道也，繼述者繼述其善也；非道而無改、非善而繼述者，大率鄙夫其父母，而世濟其熱中耳。故聖人復明幾諫諍子號泣之條，精此覺義。庭闈之間，具有堂廉斷金之治；膏肓之内，早嚴風火裕幹之方。步趨詩禮，俯仰報恩；酒肉琴瑟，無非盥薦。唯諾皆質鬼神，盈寓内者盡孝順事實也；作述以俟百世，食其教者皆冰淵家風也。苟非大喪其熱我，不匱聖人之志行，又豈信明善誠身之先覺，爲盤古混沌之克家諍子，乳褓百世之孩提鬼神，無改於乾坤之道，以繼善垂統哉？

善之未明也，皆赤子慕遷之根未徹，而終身熱中之我未窮也。窮則喪矣！孝所以事君，慈所以使衆。所以之端，誠在好惡；端之先，其慕之根歟？故曰：無我者，無始之性，至善之體相也，赤子之心不與也。緣所遺者不可不知，緣又安所遺乎？不知其所以，則赤子之心失矣；知其所以，則赤子之心即天也。含乳而貪，失之而呱，何所非天耶？教之曰何所非天，而熱中之滔滔伏此涓涓矣！故曰：　大人不失赤子之心者，致其所以知慕而乃不失也；　豈韞火於不鑽之木、枵腹待養，而藏金於不銷之礦、束手望器乎？如曰不藉人益，不受人損，則教之以大人之學，爲害赤子矣。塵沙與金屑不可入目，此喻其本明也。世之執此也，以明之不可益而罷去翳之藥，則明寧可復耶？枸實兔絲，何妨於益？馬矢之熏，謂能不受損乎？以赤子之乳與褓皆爲人益而卻之，以聽其壯，則能以赤子終者寡矣！

不受損益者，水之潤也；　可以損益者，波流清濁也。反復其清流於濁，而知濁中之清。渡不溺波而浴飲受潤，則益還其無所益，損還其無所損，而江漢秋陽，永錫爾類，普天溉種，慶至善之家業矣。聖人達之曰：　赤子之慕乳也，何嘗不貪？乳足而止耳。因誠求而知愛愛，知親親，知尊尊，知敬知愛；　敬則與其慕不分也。此耆慾綿綿，日生之中，終不可昧滅其先天者也。

以是赦天下而示大順之實曰：　『適得而幾矣！』聖人達天而信其如斯，故因其不容已，爲此服勤致死。昏燕喪祭之制，以文其先天，而節其後天。一洞洞，一屬屬，一言言，一油油，一折折，一鏘鏘，皆舞蹈於太極之睟盤，而提攜乎儀象之家庭也。大人可以隆殺因革而無不適合，小人聽其出入勉强而終不敢騁。騁則其夫婦父老之寤寐得而目之手之，則鬼神亦得而目之手之矣。凶暴至死，亦不能掙其天倫之肺肝。衆中呼之，必且面赤；　暗室伺之，必且汗下。迫則呼天以自解，與呼親以自解也，有以異乎？況稍知尊親無忝者乎？以是慕遷遷慕，終無逃於春秋之天。孝經一出，而虹玉亘於萬古矣。此聖人催千古之高奇熏赫，而逼人歸本之烈炬也。

以天人鬼神通作瀡瀡，是何如疾痛苛癢？以元會縷丸鄭重一息，是何如焄蒿悽愴？前後代續，盡此一報。以明續神，以神續明；以學續孝，以孝續學：此眞拔萬世生死之大孝子乎？

人子之生死波靡也，豈在刀鋸倖免，以侈髮膚耶？自毀其戒畏，即傷其天矣。自辱其天，即傷其親矣。生死之幾，皆始於造次之惡慢，須臾即成天下之過怨，貽禍國家，流毒後世。今使秉不敢惡、不敢慢之吹毛，肩無擇言、無擇行之峻極，而大地之險阻平矣。此一造次、一須臾，即孝子之所以嚴父事天者也。嚴莫嚴矣！慎莫慎矣！達莫達矣！由此論之，文章制度不過表孝子之祮禬，兵刑地獄豈能比孝經之迅利哉？覺至此而有不爽然神明者乎？莫孝於心，慎毋自欺。吾孝吾心，吾達吾天矣！自達其後天續先天，先天即後天之天，即明其嚴父事天之天，遂使萬古祖宗雲仍之天，皆不負天之大父母，而各享其無生死、無終始之天：豈非達慕？豈非達覺？

知人

不知人而鐸治教者，是畫虎也。不知天而求知人之情者，是筭沙也。不知理其人之情而自矜知天者，是屠龍也。曾知一春一秋，天所以知人而教人之知天乎？百物生焉不相亂，而各相治也。東南盛德氣也，即西北之尊嚴氣也。仁而樂其禮者，即義而信其智者也。此非是非之所得是非也。人不肖此，則非矣；人不知其所以肖，則是非皆不肖矣。知人本肖，必言當肖。知肖之所以容不肖，而即以肖化不肖。明其是非，乃無是非；即立爲泯，以安爲忘。此天之所以托聖人，而聖人所以制天立極，傳用人度人之法也。

不見天之常其五中而旋四交用乎？何其諄諄以文理而詳令以時行乎？使三垣而竄其次舍，孟夏而凋其草木，則天之仁義禮智不可信矣。眉髮懸於要膂，而血氣不由經絡，則天地之尊親有別不可信矣。天既不失信於聖人，人奈之何不信聖人無是非之是非哉？泥儕是儕非之格，植耳爲目，則神叢而實狐質耳。遁無是無非之窖，颺忽帝王，則目蝦而實烏鰂耳！

知人者，知其相讒相嫉、愈蔽愈護之故，則可以爲天之肖子，而理天之家事矣。厭理家事而廢置其賢不肖者，悼耄可也。督不克家，篡奪在側，奈此一朝居何？一朝之居，即萬古之居也。是非必不免糾繩，而教人操敢亂是非之利器，反以譏天而嫉肖子，自護其蔽，欺人不知，此人所以益難知，而知人之柄公然以公非爲是矣。豈不庸哉平也！

如水習險，隨流虛也；如谷有響，斯應明也。如曰何物不以自理，此無是非之是非所以隱揚問察，而萬古之人無所庾，萬古之天亦無所庾也。聖人以天下之是非消天下之是非，而即以我之是非消我之是非，知有深是非而消其淺是非矣，安其淺是非而消其深是非矣。信其肢奉首、神踐形之是非，以熟夜氣平旦之是非，即以消其深淺無深淺之是非矣！

舍己而隱揚之，舍己而問察之，善氣迎人，人無非己，取無不樂，與無不同；即物是則，即則是帝：家家一佑主也。民之視聽，以天自斷；知命之禮，立於知人。豈雄其磨隧刻深，騁方人之月旦，或且絜楹突梯，以不臧否人物藏拙乎？所以、所由、所安之先覺，覺之以天而已矣。惟仁者能好人能惡人，此智信之所以帝出乎仁方，而復禮之所以與義利物乎？通天下爲一人，使人人通天下；既不以慘礉億逆，亦不以毀譽自嫌。一物之是非，無不具載覆之帝則；一事之是非，即以醒古今之天斷。莫仁於義，莫智於禮，此之爲道，信乎是非之外，而和於是非之中；可以知以人治人之忠恕，即不落天人之神明矣。

漳浦公曰：『春秋，忠恕之書也。』不忠不足以盡己，故引天下之道歸之於忠。凡存百世之坊者，聖人謹書之；所以教忠也，禮之本也。不恕不足以盡物，故裁天下之義歸之於恕。凡解百世之綱者，聖人平書之；所以教恕也，樂之本也。以二百四十二年之存，爲數千萬年之俟；禮樂洋溢其舞蹈，詩書薰化其魂魄；深切著明，見諸行事矣！論理宜虚而論事宜實，憐才宜大而察品宜細，并包宜寬而質僞宜嚴：此皆所以慎其藏身喻人之恕，而乎其瑕瑜不掩之忠也。豈曰深切著明，近於瑣苛，有嫌各正性命之恕？見諸行事，落於條目，有嫌於穆不已之忠乎？

因物顯道，不妨指鹿爲馬，而揚遏之黑白傳焉。若以寓言爲無稽，則羲文之周流畫繫，亦齊諧之荒唐矣。此無虚實者之神其知於運虚也。五行五臟，倫常之表也；而大易之用，乃有確徵。若嫌春秋之褒貶，還之太虚，而藐不核實，則曾參抵罪，李代桃僵，戴淵封公，不改劫賊，是卦爻之吉凶，爲妄語惑細民矣，旌别之風聲，爲含瓦石執鄙吝矣！此無虚實者之神其知於充實也。

聖人在宇，世無廢人。左原、賈淑，皆孟卯、陳平之類也，天所以用細也。孟敏之墮甑，大也。芻蕘必詢，互鄉不逆；寬以容之，而容乃公矣：寬所以用嚴也。閹媚無憚，必誅運期之舉案，吴祐之杵臼，叔孫之牆高〔一〇〕，皆畢命之『小物』、君陳之『三細』也，細所以用其隱；嚴以惕之，而惕乃無咎矣：嚴所以用寬也。揚以爲隱，遏以爲揚；順其休命，即不已其穆命。無在不以問萬世，而使世自相問；無在不以察萬物，而使物自相察。慶殃律易，兩端用中，謂非鑄夫婦之刑書，而聽神明之無訟也乎？止斤斤於陳迹之嚬蹙，而不窮其好惡之本原，固春秋之俗吏也。但快其削觚爲圓之高論，而故寃其賢否之差等，尤天地之罪人也。生死即無生死，天與聖人知之熟矣。而無所事教，故不教人無生死，而惟教人善生即善死。雖千萬其奇巧，炙輠其洶激，能出此乎？

以質論藏通，不以通論壞質。故小民各沁瀝其肺肝，而神奸不能竊逃於目手。羲軒之桃茢，即堯禹之鞭策；大成集之，正賴有此生死本耳。故曰：上不及聖人之地，下不居小人之名者，此具枉直長短，分數互明，不咈不干，鼓勸甚大。何得貪傲椎拍冥應之電光，自驕牢落疑人之譎智，遂禁比觵申畫之義路，使愚泯倀倀無所早決；及至縱情觸網，乃以憯刻付之酷法，悍忍委之氣數乎？

至人以上，何所容言？言之者，竊至人以竊天地耳。此銅狗鐵城所以奉忠恕之法〔一〕，而皇極政府所以警作好作惡之宄也。皇極之政一立，則天人、神人、至人、帝王以至山川鬼神、里巷牧豎，皆受斷於春秋之鐵案，而各食於君子之樂土矣。案定於冠履之倫，六樂於勤學食力；舍是則鄉鄰無容置面，强口則犬馬不與分飡；欺則自欺，誰能逃之？故熟觀春王正月之象魏，即是遊無寒無暑之通衢；非曰此於于以蓋衆，而殉葬於子夜之穴，乃爲無上也。造次過富貴貧賤之牢關，即是超陰陽乘雲氣之峯頂；非曰此膚淺不足論，而別陷於求生死之窟，乃名甚深也。所悲情變已極，不得不與衆明之，斯民之直，盡此無隱。

嗟乎！知春秋之忠恕爲春秋之傷心乎？人情難知，不敢自知，不敢不創此知人之鑑，而使後人鑑人也。英主慼瘏，賢臣諫諷；爭子幾泣，良友忠告；孤孽引決，父老祝詛；靈臺對簿，毫髮不移：皆鬼神之告、天地之臨也。黿馬之消息，安得不副麒麟之泣袂耶？申侯借戎，子膺父器，揚之水戍而不討，若幸驪山，蓋異變矣！隱不能爲子臧，而桓方躁於衛晉。左氏信桓之欺，故曰攝；公穀信隱之詐，故曰讓耳。蔿氏、彭生之事，夫婦、父子、兄弟之異變也。宰咺歸諸侯之妾賵，則忘其親嘗褒姒、伯服之變，而成人之寵妾，以啓亂源矣。書春王者，思有宣王，六師勘定，伯御咨道，順於夷宮，豈不略救廢括立戲之亂命哉？平公不礙爲重耳，然而表恭世子者，亦猶旁審讓國之仁，而惡桓之成宋亂也。詩記乘舟，許止存疑，皆傷心之筆也。何至元始以拒父爲尊祖，而雋不疑借斷乎？人恨不生上古，而又幸其在今，以聖人有盡性之券，而忠恕爲盡性之方，可資斷也。德昭之不容再誤前車，與夷湖宮之不免追思悔疑，主父情迫相反，不如早知景雲鑑於喋血，而讓皇優於延陵矣！光武廢郭以立陽，猶高祖之留呂以強惠也。以爲太宗不知宮中之武，且快元魏能用拳后之策耶？關雎、褒姒，詩之首尾，其微危乎？蝎莫螫於天授，而景龍效尤。何堪野史偏鉒，顛倒快舌，則召宋朝、彘戚姬，普世牝晨衮冕爲女王國矣！惟愛易蔽，惟禮制恩。都君可掩，伯奇可逐；庶兄可剖，新臺可築。苟非主教者時洗春秋之日月，則謡諑相尋，皋詘胥溺；又況宧寺權幸之焦灼傾軜，而望昏煬之中發知人之鑑哉？春秋於文姜，非仇母也，以父而仇之也；談者比茅焦於錫類者，乃潁考叔之罪人也。杜預以死卓子爲斯言不玷者，乃富辰之罪人也。

夫婦、兄弟之情變已知，則父子何情變乎？君臣之情變，乃其大較易知者矣，然猶無如巨慭之善托也。鬻權之兵諫，祭仲之行權，人皆知之。桃園之書，與南史並重，豈得比伯玉之近關、平仲之三踊乎？然爲之説者，尚未知左氏爲三晉之文士筆也。屠岸賈詞非不正，惜燕伐燕耳！嬰臼爲趙之死友則可，謂爲晉之忠臣則不可。觀於彼之六卿分晉，則韓厥之植黨，何異於唐河北之代請立後乎？茂宏自云心思外濟，幽冥負友。當淮流正盛之時，門生故吏，彌縫緣飾，有一取節養賊之譏，則袁宏賦不敢及，誣者苛之於八翼之夢矣！此情變之至難知者也。殷有三仁，以去諫，以狂諫，猶之以死諫也。平勃與王陵，苟有其心，不嫌異同也，然非可令許敬宗藉之以剸刃無忌、遂良也。

聖人視道與天下一也，以身肩之，有時道重於身，有時身重於道，而天下不與焉。人知舜禹有天下而不與，孰知湯武有天下而不與乎？泰伯之與文王，其道均也。丹淵、商城，隱忍以成父讓，庸詎非至德乎？天生瞽叟以傷舜之心而成其無間，可不知乎？佯狂於紂，授疇於武，始終視其道重於身；初不受土，卒於有宋，始終視其身重於道。微箕與干，同一傷心；三仁與五帝、三王，亦同一傷心也。自此以降，心預爲之傷矣！

踞吾爐火，山陽善老；禪出袖中，不免生金。季奴不取元海借漢之名後，此不必建安、義熙之久日危而甚甚矣。彼夫枝大於股者，皆貸之一城俱酒之家人也。滌鼠清奸，皆晉陽之甲也；騎虎不下，皆卒鄴匠麗之事也。成濟友恭，皆不及戲陽速之智者也。綱之、目之，何謂涑水、紫陽非知我、罪我之干城乎？

世慕英雄，久輕道德。曾無荀彧阻操隔世之功，並無賈詡、劉穆才濟智藏之用，徒羨長樂之老脂韋，全其蜉蝣；置君奕棋，歲一易主：此阿衡鷹揚所以罕及仲尼之齒也。晚年舍身碎骨，以沐浴收萬古之霹靂，豈得已哉！子我死簡公之難，爲田常所殺，其於結纓行行多矣。向謂遷誤闞止，今考呂覽『陳恆攻宰予於庭』，韓非子云『宰予不免於田常』，子長承訛。不思與常作亂，常何滅之？如謂齊人惡其助常，是時齊人知有常，誰敢問其黨？又李斯短趙高於二世曰：『田常得百姓羣臣，陰取齊國，殺宰予於庭，遂弒簡公。』京山詳之。漆炭擊衣，死一節耳。不以死諫智氏，不竭力於中行，而曰愧二心者，遠矣！嵇紹之蕩陰，尚不足掩王倫之宰相，況與諸葛靚同例，而論父仇國賊乎？子雲妙極道數，不脱考亭之誅；彼宋宏、王祥輩之漏網，蓋數數也。良以道可槩節，節不可以槩道：抱石立槁，磏不可爲。然提防多立於挈瓶，而冰霜必淬以溝壑。聖人所以敬之、畏之，傷心而托以門户者，正此挈瓶溝壑之論足以爲天地之砥柱，而豈容逞才弔詭、名知人者糞壓之哉？

君子曰：吾望天下人之明理，而不望天下人之感恩也。不感天地聖人之恩，而且感逞才弔詭之恩乎？有以隔籬燒軺之潔，爲於陵之灌園者，則委蛇者感恩矣。有以陵陽封觀之讓，爲倉梧丙之以妻奉兄者，則容禄者感恩矣。高徐庶，罪趙苞，而又恕温嶠，則避難者感恩矣。蜀洛之黨，自非姚、張、牛、李，而謂朱陸之爭，猶之元祐、紹聖者，則崑岡俱炎已感恩矣。

刻責孟嘗、許武之僞，乃可自寬其簞食豆羹之色。刻責李充、鮑永之矯，乃可自解馮衍、劉峻之傷。刻責子容、幼安之稱，乃可自混於馬磨相儀之列。况賢者無不受訶，而奸猥無不受賞乎？録録感而護之曰：此出格知人者也，宜矣！

天地本不督汝，而乃推而遠之；聖人本不苛汝，而乃坐而負之。但安其堂上室中，皆不怍之行也；但成其材能於家國，皆無忝之禄也；畢力於考究、分藝，皆天遊之業也。特無如其畏難而惰學、厭常而好勝耳。

徐無鬼十八士之不反，列禦寇九徵之至，其説固未盡也。誰非物？誰非囿？誰非時？有所用者乎？不知人之時有當爲不當爲，當無忝於善世之爲即無爲；而止遁於無爲，以玩世爲苟全者〔二二〕，正一偏之不反者也。『遠使之而觀其忠，近使之而觀其敬，煩使之而觀其能。卒然問焉而觀其知，急與之期而觀其信，委之以財而觀其仁，告之以危而觀其節，醉之以酒而觀其則，雜之以處而觀其色』。此術耳！君子恐開鍥薄而不以此責知人也。管子之三法，李克之五定，猶自徵也。聖人以至徵徵天下之自徵，豈恃此乎？人當徵信爲不落天人之人，即自知其爲以人治人之人。當徵其厚生，當徵其制用，當徵其捄敗，務爲開白，使滋緣於順理之種，而遊力於寡過之田，安其生理而勸以志學。果志學乎？自知人之爲人，自知人之當知，自知知人之難易，自相徵、自相得矣！豈其不教而虐用之，必以別巇駭俗，而神其知人之哲，豈不更傷天地之心乎哉？如恃術也，彼以術應，且因之以銛我，銛我所論尚而故阿之，銛我之難悦而故抗之，過煉堅钎之行，深匿椎樸之貌，何所不能？何有於遠近？卒然而難之，其不知，則曰不知爲不知也；其不能，則曰我本無一長也。旁取小通，轉身酣適，則曰：自處若穢，動不累高。且曰：我何苦爲難行，而役此廉潔以悦人也？苟至乎此，亦互相笑以互矜其知而已矣。聖人知其過高，而不以立法；知其泰甚，而先憂即以消之；知其卑汙，而矜憐即以鼓之。尚不輕發頽激之論，恐其矛盾亂民耳目；

肯爲撓王法者作俑，而示人以螫乎？

倫常熱火，禮樂柷薪，則春秋即易之蓍龜，鄉國皆忠恕之飛躍，何患乎無術而訹之？即謂以忠恕訹之，可也； 即謂以無我無無我訹之，可也； 即謂以知微、知幾之生死訹之，可也。 生死始於識，我識緣於欲。 欲得則樂，不得則苦，苦樂樂苦，遂成愛憎得失之我。 患得患失，而憎人之斥所患，愛人之容所患，遂成是非恩怨之我。 我爲貪本，豈待爵禄名高，而後馬牛其風不可牿哉！ 凡稍稍自好者，則吡其所不爲，皆貪我也。 凡有所知，即踞其所知，而求設曼辭以免於所不知，皆貪我也。 因其好我，則忌爲人之所惡，我惡之，則惡人之好之，或畏人言之，而成我之不明，因自諱而自安之，皆貪我也。 或論古相觸，無病自炙，預引爲地，寧誣往事，遂有見人言古而忿懥者矣，遂有取荒古以破今之言今古者矣，遂有以無古無今消其今古之情者矣。 凡欲以自受用而不顧先王、不顧後世，皆巧護、巧嫉、巧讒、巧蔽以生獨尊之執者，此貪我之甚者也。 畏志之本，不知風俗漫淫，勇於狎侮肆螫，顛倒憲章，害於而家，凶於而國，皆持論者快臆逞鋒之幾所桴鼓矣，可不畏哉！ 不能無我，豈能知微？微不見幾，滔滔何及？ 聖人知之，故微示之。 魯之郊禘，何尤隧鼎，寶玉大弓，始於迹熄。彼躭躭温飽者，皆呼役夫進魚皷之我也。 知勢位之不可篡，而佼佼奪耕鑿以縱温飽者，皆叛王法、惑人間之我也。 宗告子諯善之我見者，皆披髮之野祭也。 著先母後父之我見者，皆伐鄭之揭書也。張九齡知祿山，識者尚笑曲江奪情之熱。王夷甫知石勒，何能免羊祜傷化之嘆乎？以理知之，以幾知之，一而非一者也。執玉之俯仰，歌詩之侈儉，隔世而觀樂，户外聞琵琶，皆足以知其得失、生死、興亡，幾其微乎？尚論辨志者，天授成功者，舉止非常者，帷窺遥斷者，得其一端，皆一幾也。辛英、嚴憲且知之，韋忠、傅嘏已顯矣。脱衣知其作賊矣，設食知其不濟矣，屐履知其得任矣。公理知高幹，薛强知桓温，崔浩知燕晉，又其顯矣。非藉伎卜也，孰揣人情，洞見事幾，猶能逆料如燭，斷人不爽，況無我、無無我之神而明之者乎？

然無我、無無我者，原不以此見長足驗也，知人之所以爲人而已矣，知無我、無無我足以致人之知而已矣。神武不殺，幾死乃知。知人之根死尚不能無我，酷而禁之，辟如防川，大決所犯，傷人必多。故竊無我者，其我更甚。所能忍，則曰我無世俗之我；其不能忍，則曰我無緣飾之我。事違古人，則曰我無踐迹之我；偶合古人，則曰我無師心之我。豨膏滑棘，則曰我無適莫之我。留礙不舍，則又曰我無圓通之我；依於無善無惡，則曰我無彼此之我；依於有善有惡，則曰我無昏憒之我。亦有亦無，則外合中離之無我；非有非無，則轉徙蓬轂之無我。即有即無，則恣睢横行，無非無我。身無我焉用修，心無我焉用正。漚影瀾翻，滑於大瓠；强悍滅裂，敢於廉來。又儼然曰：『我能知人，人莫知我。』

又推之曰：『我甘廢人也，人又何用知之？』不使人知，巧於求知，知人之價愈高愈市，申韓之於桀紂，楊墨之於申韓，相去不能以久。又況嫉理護私，讒賢蔽善，以無忌憚竊知人之術，亂知人之衡哉？然斷爛之春秋尚存兩間，無忌憚者終生忌憚，此聖人知之、憂之而卒忘憂者也。

聖人知萬世人以情，而養萬世人以理，理明則固以奪其羶華劍筆之勢，因情則足以勢其不驕不倍之理。理縣日月，教鼓風雷，人心自安，性情自洽。二百四十二年本無凡例，而天地自不妨例之。本以因應而筆舌之，應復因之。今而知約其樂者，樂其約者，瀆其諂者，諂其瀆者；獨者、附者、植者、靡者，無不望知、矜知在此本不相知之車，而轉此知人之輪者也。大大小小，以知自將，不得以名利黥淺而不一忠恕其情也。衣褐以因虞將軍，徑上龐統牀以致先主，皆以草屏之哭爲埽門者，情也。庭下之大言也，四賢之詩也，既非谷永奧援，亦非張説麻直，然皆以鳴鳳爲胡琴者，情也。窮奢謂之守黑，錢癖可以反周，瓶金猶思文靖，海味自居曲逆，皆善爲子公而責人鮑叔者，情也。馬融爲冀奏草，寧如嗣宗之勸進？孔光不言省樹，豈如平子之詭辭？封禪樂府，乞憐恐慙佛骨。天書再入，政府何誚拂須？定國無冤，四良奏決，懷慎雖潔，助刃幽求。學咸不救陳竇，晉公不敢旌蕡，皆社鼠不得不將順者，情也。挺之、樂天之巧抑也，亦翟酺之阻孫懿也。長源不薦敬輿，亦邴原之薄通德也。西河疑汝於夫子，預妨盜法。苟非十二，及於思孟，則班、馬、范曄互笑目睫，子玄法盛明以爲聲，亦其情也。竊易之變，以收堅白衍談，而自飾其非揚，是亦寄籬改醫之情也。桑户呼天，亦子路之悲枯魚也。願聲普聞，原不辭仲翔之嘆青蠅也。足自止乎？嘆倉鼠哉！指太室乎？快蛇行哉！盧毓之答畫餅，即王湛之目山澤也。且以名我奪其利我，且以達我奪其名我，復以理我制其達我，要以大我化其小我，變態萬端，不外天地春秋之我，皆情也，即皆理也。誰㤻？誰精？理其情而無我可以我矣。人習其無我之知，人即性其知人之我矣。

至人無情，無不近情。君子之功，歸於主宰。故不標滑稽不決之説，以長巧嫉、巧護、巧讒、巧蔽之我。雖有知天知人之壟望，孤鳴鬼竄之訟鬩，人已知其爲鄰房傀和之反脣、拘曲遏地之腹誹矣。然彼必托古人以爲鞶帨，則春秋之權不可昧滅，豈不信哉！以今知古、以古知今、以古今知無古今者，呼吸一元會也，可默會也。以無古今歸於古當古、今當今者，元會在春秋也，岌岌乎不可不知矣。以誅正卯爲誅鄧析未爲不可，然有核斷魯司寇無誅正卯之事，則後之妄殺罪狀未著之大夫不得托矣。謂隱刺爲管蔡未嘗不可，然有核斷周公無誅管蔡之事，則骨肉相戕之慙德不可掩矣。張重華曰：『西伯陰行善爲獻洛免炮之類，恐天下德我而仇紂、附我而去商也。』則後來陰謀之口黜矣。蘇子由謂湯使伊尹仕桀，以止其亂，則接履反面之口塞矣。或曰：古書難信，稱引甚詞，汨羅未沈，首陽不餓。夢卜之舉何異於臧丈人，揖讓之俗何遠於翊戴勸進乎？聖人曰：『食肉不食馬肝。』此即天人之至情也。天無二日，順理則治，此即天人之至情也。藏身喻人，瑕瑜不掩，此即天人之至情也。是以删書斷自唐虞，春秋因於魯史，逆知雖經火厄，然知世世此血氣尊親之人，自有能知天人之人，自可以徵諸天地而信之，自可以徵諸民視民聽而信之，自可以徵諸卦爻而信之。虚實交徵，大細交徵，寬嚴交徵，則理水潤事，而情田皆性，不勞嫉護，不勞讒蔽，誰非天之肖子，誰不當言當肖，金口木舌，三根信矣。謂之無理無事，作鼓腹之衢謡也，吾許之矣。反復至此，信聖人之公是，以信天地之公是，有何是非？豈不省力！

世出世

有世始欲出世，世出世法安得不分？

曰：通其稱謂，會其言先，本無隱也，直指已曲矣！直至今日，正可曲語。曲無非直，要歸於正，直致曲耳，又有何塵不可揮乎？出世者，出生死利害之世也。爲世間之鉤瑣苦不得出，故示雪山以立此脱離之極，猶首陽之以餓立極，汨羅之以沉立極也。必曰桑下、馬麥，柴立其世諦而傳習之，詎優於墨子之天下不堪乎？七十二緯，神其黄玉赤烏，傳過葱領，何以異此？百原山山十年〔一三〕，元紫芝終其身篤沉入道，固幾類是。彼云『知非便捨』，已正告矣。時其權乘，充類致盡；雜毒塗鼓，奪食驅牛。因俗好神，不惜鬼之，況心之所造，無不可造者哉？愈造愈信，故一乘歸實於唯心，法位莫常於世相。二乘貪亢行以駭人，東聞者沿泛幢迹，不得不護，以竿其專門耳。天地視之，惟此二端中貫，三無五至，幬覆代錯，反隅逢源之故，以清、平、側之調，旋宮應律。其爲廟歌也，郢曲也，越豔吳趨也，亦何慊於不同乎？徇世樂苦，苦世求出，又有求不得之苦。通而策之，無世則無苦矣；又通而策之，無世則無出矣。世何以無乎？無其以世爲苦者耳。謂之曰：世本無世，出本不出，誰爽然乎？

從上吹影穿空，皆衝流度刃之厲風怒濟也。畫鯔引獺，呼桓已瘧。何惜瑰異？繫鈴解鈴。賊入空房，偷心乃死。碧潭漉月，再三始知。回首故山，耕讀依舊。原謂明得本然，任汝制用，方當學問，供爨濟人。況此土此時之禮樂明備，乃即費藏隱之乾離正會哉？別傳之裔，熠其弁珠；道聽矜奇，守其別調；仍是不知旋宮皆宮者也。兩行並育，相反相濟；理水性火，且浸且燒。攝眞世於中道，藏中眞於世諦；惜無知統者，而正統反爲奇變所掩，眞奇反爲似是所僭耳。踐斷斷之迹，則不信有出世之蛲螵矣。貪其蛲螵者，依然如氣聚之必散，而竟廢一切，豈非聲聞悟而迷乎？不信出世者與專執出世者，其未達於旋宫皆宫之旨一也；　不知不落兩者與不知不落其不落者，其未達於旋宫皆宫之旨一也。超越世出世間之立處皆眞，依然以知生即知死而已矣，依然在世言世而已矣。爲其始權已甚，故五教互訶，迫激搜牢，後乃大放。此自律設大法，禮順人情耳，安生知生者烏能少象魏讀法之條例乎？

老氏罪聖人之説，憤於返本塞源，而欲人聳然知之也。莊子曰：『堯舜立，而人相食矣。』惜也。民廢斗衡不能廢嗜慾，嗜慾必爭奪；　爭奪而無以節適之，幾何不人相食乎？混沌有胎，天地生口，已兆相食之末流矣。苟不明回互時乘之條理，而止欲充類致盡，誅其病源；　則混沌不當生天地人以自蠹，豈能免包藏禍心之罪耶？

由今論之，明明天地即混沌，而執混沌者，死人也。不知貫混沌天地之於穆不已，而但曰天地即混沌者，蟲豸也。不知官天地以教民食力乃能中節，而但曰於穆不已者，具贅之暗影也。皆於穆也，分正與餘，而於穆之主宰明矣。餘不亂正，而宰其餘矣。餘奉宰而皆正，而主無爲矣。正立爲政，則餘安其餘，餘自以正正相傳，而宰亦無爲矣。餘樂有主宰，而忘其主宰，則餘亦無爲矣。反復酌之，何不以仁義爲斗衡而君親師爲市平乎？此至易、至簡、至不必免而可免免，雖窮翻天地，收盡豕苓，要無有適於此者也。刻意愚民，適以教詐。聖人正其智而乃以養其愚，誰知其苦心耶？必過江而畏浪，又且罪舟，舟渡不必偏操其楫，而遂罪四面之帆檣，可乎哉？此不知天地之道即在四時五行之法。道以法用，法以時行，皆因天然，非强作也。

兩楹在今，必以柱史之龍予黄面；黄面入東，必須金聲玉振之書，而送壁雪諸徒上韋編之學。正以生即無生，自信學即無學。既推三諦，入用一眞，則舍存無泯，必用時行之薪水，明矣！上堂推拂，粥狙附羶；裝面鬼皋，土苴數見。況始究於已甚之屠，而後又究於已甚之赦，許人狡猾以教奪，大敗天地之憲章，豈特别墨之倍譎不仵乎！

故聖人於全陰全陽之道中，表善成之宰，理其旁奇而依乎中庸，正以依藏無依，不以無依爲無依也。宰乎中統旁、旁奉中之宜中，而不倚乎無中、無旁之迷中也。遯乎庸藏奇、奇歸庸之明庸，而不住乎無奇、無庸之滑庸也：此並無可無不可而無之矣。無其兩無者，以無可而不礙有所可，無不可而不礙有所不可也。是故無分别之夜氣，聽善分别之平旦宰之。曰不可免者，宜許不免，不必酷罰其免。當免者宜責其免；即難全免，宜可半免。當其地，當其時，當其事，當其人，信天地之春仁秋義，理萬物之本生安生，則知程本所云『雖過中而在中之庭，雖不及中而在中之皇』，必以徹棟穿垣無非中乎？平旦不許矣。不以一期快語之不必免，而壞萬世之得已於免；不以熟爛之無免無不免，而壞治法之有免有不免。此乃眞上頂顙，而巡狩幢林地上者也。但忽之曰：天地皆免皆不免，本無不宜，又何有宜？此平泯敵心之巧言，而假至人以自暱私利者，則吻之耳。

至人至此，必不執此，必不矜此，而又教人如此，且訢人不如此者也。何用聖人汲汲好學至老，乃時措之宜哉？徒以水中之瓠、繞盤之珠，遁蓬轂脂韋之士；千萬剽剥，無一正決，使民適從；此留以發疑則可，而以之主治畫一，令民不二，豈不方柄圓鑿乎〔一四〕？悟與未悟，要不免於衣食溲泄，明矣！混沌即衣食溲泄之笥也。平旦宰曰：專言平等，則溲泄亦衣食也，何不衣溲而乃澣其垢，何不食泄而乃粲其飯乎？衣不能免，羽毛而已；食不能免，菽水而已；溲泄不能免，楲竇而已。彰、癉之法，亦澣、粲、楲竇之設也。德天地之生，必糊四維之口；沛不禁自止之仁政，必竇理財禁非之正辭。明親其孝弟慈之家具，而口口爭慊於恕讓，則目手自愓其性海，而溲泄自消於情田矣。禮耕樂安，此卯酉作息之動上不動也；義耘仁聚，此祖廟粢盛之爲即無爲也。好學以耨而順食其力，此各安生理之生即無生也。發志士溝壑之硎，淬飲水待旦之鍔，庤敝緼不恥之勇，獲適得庶幾之倉；絃歌筆墨皆蔬圃也，木石火藻皆襆被也。事所當事，事本無事，皆終日衣而無寸絲，終日食而無一粟者也。勤儉自贍，學也在祿，則機杼猶羽毛，鍾鼎猶菽水矣。豈必裸其須捷，礫其瓶罍，乃爲不立一塵耶？

生於巢窟，猩猩之域已耳。處有堂、有偃、有榻、有圂之世，而猶仿洪荒之始，下地遺矢堂榻，乃爲平等之至人耶？取萬世之所不當免者屠劓苛戮，乃以難世屈服而惟其所令。久則陰縱之，入則自護之。惟在巧立其説，使人無從詰責乃益快。然虐人欺人，而又自解免。且仗有怨世怖死、種福趨捷之人情可以怵愚，又仗有喜新好勝、畏難惰學之人情可以誘黠，宜其羣附而工魅也。如來久不涕矣！然鄉原與無忌憚之習爲邪外，實意不過裨販〔一五〕。既欲裨販，必欲自爲免詞；自爲免詞，則揜著之。屋漏不死，聖人正以其稗販容之。惟申明天地君親之所謂，而邪外之屋漏皆爲白日所生矣！

謂明於所教，教明於所謂。謂者，言出於心而藏於胃者也。由心相謂，謂因生心。謂之不落聖凡者，無體之體，本同歸也。聖而忘之，本同歸也。自從心者，謂之也。不落聖凡者謂之至聖，自天視天聽、尊親成德而謂之也。辟如絶待之太極，即在乾統坤餘之併待中，因而形容其時乘曰：此不落乾坤者也。因而實醒之曰：此不落乾坤者乃乾統坤餘之至乾也。謂之謂之，而心即矩矣。若如今人所執之不落聖凡，專爲貶賢暱邪，制挺馮河，悍然不顧。以此流轉胃中，無人洗之，止有猰貐螽生，惡貫加惡，以待鏤凡已耳〔一六〕。

然而復生不避忌諱之謂謂者，一春一秋照揜著之屋漏，豈非天視天聽之在民乎？謂不謂之關，蓋其重哉？臧挾筴讀書而亡羊，穀博塞以遊而亡羊，亡羊一也，此爲誘人平心謂之耳。明父哲師必責博塞而善讀書者，此則天地胎中之公謂也。皋陶爲理，則讀書而亡羊者受獎，博塞而不亡羊者亦罰。然而舜不問者，以付之皋陶也。聖人以司理付之夫婦、蓍龜，而自可以垂拱聽之矣。豈謂禁夫婦、蓍龜之有理，而刑皋陶之分別，謂傷恭己正南面之無爲哉？不見子思之三謂、孟子之兩不謂乎？明此兩不謂以奉三謂，而莊子之有謂無謂、無謂有謂任之矣。知不落聖凡之蕩蕩則天，即謂之出文章成功之世，而依然與萬世在文章成功之世。知不落聖凡之無方無體，則謂之出卦爻馬龜之世，而依然與萬世享此卦爻馬龜之世。謂何者爲世耶？謂何者爲出耶？超越世出世間，終不出此有謂即無謂之大稗販而已矣！

平公曰：『何世可出？又何問其謂不謂？』當士曰：『此猶令迷中滑庸者之足借也。僕已建牙視事，公與何子後園爲後判決耳，勿迷教令而滑榮戟也。太陽當權，則於穆太翁不容關白，子夜牝鷄豈許掣肘乎？』

何生曰：『奈優場何？』當士曰：『以天地爲優場，則君子爲節奏之鼓，聖人爲崖公蜆斗矣。場也者，人法齊彰之場也；優之云者，浮雲之云也，敝履之云也，棋局之云也。爲世累之偏也，犀利其不爲世累之吹毛云爾。堯讓天下於許由，許由讓於支父，爲其無以天下爲者乃可以托天下也，豈廢當場之重任而逃之，安所逃場乎？支許在後園判決，而堯與舜禹岳牧當光宅之場，萬古喝采矣。「曰若」以下「允執厥中」，謂之謂之之節奏鼓也。』

何生曰：『何世何問者，浮雲而更浮其雲，敝屣而更敝其屣，棋局而更棋其局矣。』平公曰：『君一登場雷鼓，吾且萬碎其汁，吹沫飛影，以光宅於普天，喝采於終古，豈徒縮亨後園之一粟天地乎哉？』

約藥

何生曰：『老子曰「惟容乃公」，公安所謂願教、跖教，何以藥之？當容之否？容公安之以願、蹠總殺否？』

當士曰：『本無待容，本無待殺，此本無待約法者也。辨不得已，乃爲公容；此無分別之太極，所以尊分別之陽明以理之也。皆病也，皆藥也；有總殺之藥，有殺半之藥；有公容之藥，有不容之藥。然正當明其正藥、奇藥，毒輕、毒重；君之臣之、佐之使之；神醫之診，惟在當不當耳。今之食門庭、藥門庭者，病極矣！不獨願教與蹠教也。又將以無忌憚之錦囊，煉一隊北宮黝，而授受以張魯之符，殺天下之良醫，而獨貴其藥肆之壟斷，禍可勝痛哉！向以竊仁義之藥者，罪聖人之方，乃今公然竊任放冥應之藥，竊獨尊無礙之藥矣。竊仁義之藥，不無芎藭藁本，然猶忌風憚羶，必和甘苓。竊任放獨尊者，羊躑躅酒加曼陀花，埋人取湏，馬射阿虞，竟莫可窮詰矣。洛閩熄邪，應爲此懼，安得不恨大定本空之單提作俑者乎？然安知聾斷毒藥，益釀金蠶暴烏堇，以爲得計，而又毒新俑，此助虐設網反熄懼者乎？』

平公曰：『不奪賊刀，捦賊者懼，盲懼耳！』

當士曰：『賊固有運，然懼出一能懼者，亦午會正當合藥之時也。時乎此時，且明天地之正，而似是者不必辨而辨矣。一爲佛、莊雪冤，一爲學者進竿，一爲天地出氣。蓋天地之經義，皆先天之所以然寓於不得不然者；於穆不已，布於行曜，歲時明法，亘古不移，彝之則之，倫之常之，此正所謂一切現成者也。人反以經義爲蛇足，而以淫殺爲現成，豈不冤枉天地乎？天地時生一明經義捄淫殺之聖人，此天地所以享現成之福也。一神於二，圍全用半，福善禍淫，無各貞一〔一七〕；聖人於那伽大定中，定出一定之公則良方，以統其定與不定者，而轉其公好之幾，即是飲食，即是靈丹，此聖人所以享現成之福也。

『本空不受之藥，正服之則沆瀣，邪服之則已菽也；且爲説其湯引，則去油可用矣。不見優場之末泥、蒼鶻乎？心無好醜，豈受好醜之累？然不壞末泥自好、蒼鶻自醜也。山不受雲，豈可謂雲無黑白乎？心不受報，豈可執白業惡貫爲無報乎？舜心本空糗草玉食之相，即謂之不受糗草玉食之報。然大德四必，原自立竿見影；苟非尼山舉之，誰知深山江河始終有而不與耶？

『人心妄既已消，眞亦不立，故眞人體其無善惡之素，而潤生於善統惡之場。今以成德稱之，乃至善也。蓮本不染，則浄亦費詞。故曰：不作染浄相，即不受染浄報，本無染浄，隨其染浄。然泯不壞存，原不壞泥自染、蓮自浄也，謂之眞浄，豈非普光明殿上之臚傳哉？

『眞諦之杖穿佛魔，甚言經權之本無體用也，王統霸之無王霸也。揖讓、征誅、放桐、負扆之異用也，魔也；所以爲堯、舜、湯、武、伊、周之體同也，佛也。潛乘六龍，則亢悔皆無悶矣。無入不自得，則騎日月，遊雲氣，蹈水火，而逍遥何有之鄉矣。謂要盟爲行詐，見南子爲夤緣，豈非雲飛疑月、舟行疑岸者乎？況異類冥權，有如要離之燔妻子、程嬰出首趙孤耶？孟子曰：「有伊尹之志則可，無則篡也。」此總殺總赦之後，養太極指南一鍼之磁石者也。趙州曰：「正人説邪法則邪法亦正，邪人説正法則正法亦邪。」此總殺總赦之後懸太極指南一鍼之蠟絲者也。破三玄作兩邊，劈華山作兩路，將謂棘蓬云爾乎？

『書曰：「惠迪吉，從逆凶，惟影響。」此混沌天地之洩補兩局方而貫中者，理其經絡，一春一秋，乃燋煨火城之生死醫案。因果形影，理不可易；特豁然鏡肖谷響者，自能迴其中而不落不昧，豈容嵬瑣倚之而又撥之乎？

『偶發驚地之豐隆，常用平和之朗日；一煉雪霜之刊落，三施煦育之長養。王法也，師教也，神道也，皆不能出此張弛也。乾海摧山，昏天黑地，烏場硇水，聚火燎門，因悱竭而神其權奇耳。兩不得而三又不得，四不得而五又不得，六不得而一又不得，此一方便已沸駭矣！及乎金鷄下令，緇素不分，似乎縱惡寃賢，徒爲負舟所竊，相沿賣迅，愈出愈奇，重在驢門，高其聲價，反禁回互之旨，忌諱入草盤桓，一碗玉椒，全無蔌飲，豈不角弓反張、苦人瘛瘲乎？

『夫總赦總殺者，蓋謂既知其主，臧獲容收； 降服渠魁，多多益善。至人以此自信其一際之天，而未嘗欲以此縱惡寃賢、急銜其不落聖凡之名家也。欲快其培風下視之垂雲，恣睢轉徙，博采於磯礋，猶摛藻名家之庚詞影略耳。遂作趙張之文深決事比乎？趙州何不守其無分別？乃復危坐正語，定揀邪擇正之案耶？

『天以日明，君以政顯。 言無亦無者，所以剔穆然兩忘之天； 言辨邪歸正者，所以奉歷然有宰之日： 此固一在二中之參兩綱宗也。法重在人，道重在德，何至使人忌善偏無、若犯家諱乎？皆孟子所預斷之新莽威斗也。

『天托王法以賞罰，比寒暑之用； 托師法以是非，成袞鉞之柄； 示神道以吉凶，應眞邪之機。 貞乃貫一二之一，非邪所敢對也。大同之化，無二無一，即在此中，何待言乎？可易言乎？言性本足，所以直於奮戫也； 言性當盡，所以大於責志也。責志奮戫，莫先知恥，恥安可一日不礪耶？賢才子弟，折節簡諒，有此化域，足以懸其朝夕。至駑劣者自知學問疏漏，尚爾忸怩；　狠戾者自知背犯規矩，猶有三畏。今乃單銜總殺即總赦之專門，飾此第一方便，爲之駕出頭顱，遮其疏漏之羞以爲高簡，寬其背犯之忌以爲冥應。鑿此聰明，授以捷巧，使謹行者澀步受屈，篤學者冷顔灰心。許其河沙，反成暴棄，壞天下之風俗，莫此爲甚。

『盜之不安也，畏王法，畏聖賢，畏父老，畏衾影，畏迦延典主，庶幾展轉，不以盜爲信貨。乃專借達惡，得自在之靈旛，屈鄙聖賢父老之公印，則盜反有鐵券；　而且教壞迦延典主，不敢明判，判則犯分別落兩之科矣。去鍵羨，無畔歆，無適莫，不由隘，不由不恭，不述偏隱，不廢半途，此正不落兩者也。落兩者半邊也，執不落兩者亦半邊也。此神於落即不落者，孔之心即矩，孟之志不動也。執不落以逃孔孟，豈惟半邊？將賞盜矣。昔人云：「不妨以孔孟之心，用蘇張之舌。」今反煉狡猾之舌，以助奪殺孔孟之心，尚忍言乎？

『人塞情竇，多附理巖；　死水不浸，即踞獸窟。祇支之椎一白，先中木乂。陰裕性戒，尚足折中。彼若太放，則食不可得而乞也，檀不可得而信也。旁聽傳訛，尚引奸睨；　又況比屋鳴鐘，麈尾山隊，土地堂中，樹我慢之上坐，充塞街亭，怒目奮挺，引成羣之天女酒仙，惡空逆曳，糞理縱情，以洗其皮下之血哉？又況楷木之壇，自壓其終年不彈，舉跬覯閔，遂乃竊倡最高之說，以自毀其經義，而又爲電拂所嗤者哉？

『行於非道，或是其人。即有至人，自藏擁腫。若秉時中之正令，定遵善世之天地，不容徧狙駝雞駭所在之國法〔一八〕。雖曰世間諸款，何非車馬私通？皆假聖賢以梯榮潤里。然彼特藝受直，其眉下廉恥自耿耿也。此則教人蕩王制，逼人敢惑亂矣。風可長乎？是固不如淨土觀講，猶爲西方清涼職也。是固不如窮經守禮，猶爲糟魄荷新職也。青天白日，甘晝罔兩，閃冤誣賢否之旗，必收似是而非之橐。以治世與治心二橛者〔一九〕，尚不可語內秘外現，乃儼然談壞世以治心，實恣心以壞世耶？且曰：夫既或治之，余何言哉？一法不收，漏安得免？況欲影附一不可治世之道，而離天下國家以稱儒乎？四無之不可專標以教世，斷斷然矣！又解之曰：何得以闢爲功乎？朱子憂高明之亂眞，高、顧、鄒、馮極願分之，宗一聖論再三申之，蓋爲此也。』

愚嘆之曰：『苟不知幬，則各精其學，互爲激揚，正他山之攻也。以充類周內酷人，以縱脫苟免自慰，預防人之正論，而先以一簣塞之，將得計耶？吾惜承四無之嚮者，已不知所以言四無之故矣。有知四無即四有者乎？知之矣，則何如標四有即四無，猶不悖直日之天地乎？果明主宰，則有無不必論矣；忘而更忘其忘，百物不廢，則有無更不必論矣。

『見苟未信，則尊所聞、行所知，亦毋自欺之地也。竊附畸異，又未全徹，遂以禦人，先亂王法，此不待再計而當自反者也，是故王制嚴左道之亂政。管子曰：「難其所爲而高自錯者，聖王之所禁也。」荀子曰：「無益於理者廢之，謂之中事中説。若充虛之相施易也，堅白同異之分隔也，聖人未嘍指也。不知，無害爲君子；知之，無損爲小人。王公好之則亂法，百姓好之則亂事。而戇陋之人，乃始率徒辟稱老身長子，不知其爲上愚，曾不如好相鷄狗也。」「中則可從，畸則不可爲，匿則大惑。水深則表深，表不明則陷。禮者表也。」東坡曰：「使皆輕生死，則朝廷礪世磨鈍之具何所用之？」何怪流至名法家，而炎昆岡乎？商鞅壹言曰：「賤遊學，下辨説，而功立矣。」瓜坑之所起也。趙威后曰：「於陵不臣其主，不治其家，不交諸侯，是率其民而無用者，何不殺乎？」李疵觀衛，至以舉士朝賢爲必亡，此皆逞教者之過當有以致之也。況今日高談偏駁，不分緇白，重賞波旬，刻意撓亂世治以雄其宗，欲將連尹諧、潘正左道之檄以鳴得意乎？千聖閑之而不足，一人決之而有餘。京山、幾亭，能無重痛姚安守耶？』

何生曰：『重痛之檄，徒見笑於地下耳！』當士曰：『彼逆知重痛之檄少，眞能申重痛之檄者又少，護便黷奇，必且陰左袒之，而疵責申重痛之檄者，此所以甘心作無忌憚之鬼，而又教人甘心作無忌憚之鬼也。此無他，總由人情樂縱而嫉理之繩其影也。方求超理而不得，竟欲諑理而求安，忽有充類已甚過高之論，屠剿天地；共冥行於暗夜，擿植索塗。然後乃偏取之，肆力障天，熠其獨尊之螢，以藏州官爇火之計。循理踐迹者，勉强難盡深，故搜責未可解免也。辨則犯自矜之嫌，伏則哽不平之氣，誠敗絮荆棘矣。竊圜之利器，百倍於鬼谷、孫、吳，止以迂步累詞、才士方嘔而浪劍怪石投之，驚嘆以煉輸之政對非墨之守。而旁觀者，尚惟恐正論之不屈，偏鋒之不勝，此掊擊聖賢、縱舍盜賊之説，所以易煽聰明也。不勝則推入滉漾，此舍是與非苟可以免之説，所以易酺凡庸也。

『彼或一官不勝意，小才不能忍，突欲顛倒壓世，以捷其轟。鋭身受謗，則其聲愈疾。承平既久，家習録録，一夫潑嫚，千人莫當。彼且曰：直心自快，毋用包藏爲也。彼且曰：三千一瞬，由我逆行已也。天下傳之久，而暗相告曰：跛挈一生，累行苦砥，猶不免衆口之鑠；一旦蕩翻，入此委蛇鴻□之秘〔二〇〕，任天之便，名實雙飽。此雖勳華垂衣，禹皋秉法，亦不能使其不戀彼而輕此矣。可太息者，稱之曰善人也，銜爲辱之。謂之曰某某惡人也，心竊喜之。人心遂至此乎？此爲詠理者之厚其顔、銛其蠹也，無論矣！此皆因泯理者之不知回互兼帶也，此皆因掌理者之不知泄大供薪也。不能以天章經濟收天下之才〔二一〕，則聚而諾諾，樵販輩耳。不能窮盡元會幽明之變，則欲吡其所不知，而質何以無疑，此終日士偶語，而奇士愈不服矣？故曰：見地也，學問也，操履也，三不可缺者也，缺則偶矣！

『佔畢者無慮引趣突循，未經千煆百煉，倦於窮盡，尚不能應雕龍、白馬之口，況陷虎設伏、官不容針之歇後讔語耶？故嘗不知其空拳，而反暗中其弓影，渠不能禽，降不能受，止以驅魚，又欲過高以上之，曾不知大成之上達，乃高極而旋下，即下爲上，充周反復，必主中正，而用其無高下之高者也。無高下者，高下井井，而安頓鼓舞，適中其權。彼徒執無高下者，遠之遠矣。衣猿狖以縪絻，號曰文明；褫黔黎之襦袴，號曰太古：豈知直無高下者乎？

『此土之詳教，未開則已耳；有一法，自宜通之，況此桑滄不能離之指南車耶？盤古相見，必先呴嚅：此禮意也。生於憲章之世，父坐子立，君拱臣班，熟如支毛，必欲驅擊殿上，夷俟宇父，將何謂乎？非作意乎？非狂泉乎？汙尊抔飲，致敬鬼神：此禮意也。生於戹陿之日，則太和湯之温克當矣，豈盜釀、狗竇之矯異可以至人障面哉？彥輔曰：「自有樂地，何必乃爾！」曾知爲倚天之劍否？

『天以爲容，理以爲治。先防其蕩，徐解其膠。究以學養其不蕩不膠，乃以神用其蕩膠膠蕩。故曰：無欺之場，好學格踐，此貫古今之理水性火也。好名也，養生也，畏死也，此天地奉三聖人之薑棗引也。生引，死引，要歸名引。情發先喜，喜餘爲怒，怒亦激喜，交治交忘，兩端貴先，故必以喜爲天地之生幾。時風聲氣，實傳心光，豈得而昧滅之哉？本無名而必名，不待教而必教，教先正告大義而後微言，政明化溢，則本無名之性，不待教之天，受太翁之重封矣。以生即無生之例例之，何嫌於名即無名、教即無教、理即無理、學即無學也乎？

『孤言生即無生，則盜即不盜矣。解以大死後甦，則屈殺愚氓。覺其即奪是予，則偏容猾賊。不知炙影徙癰，反令言行矛盾。如此費解，亦良苦矣。而反欲排宕順理勸學之生即無生乎？重爲任而罰不勝，莊子所以憂日出之多僞也。上根受用，本不待乎户曉，乃定埽折中節和之司徒史，以獨行其不教而殺之丹水坑耶？畏名樂教之補漏不平等，孰愈於叛名敗教之無漏平等耶？分數核之，能不黄精鉤吻乎？故曰：出世不妨專科，留爲太行之雪，紅爐錦罽，遥洒清涼；其入鄽垂手者，又在乎降高遊大，通此方，知此時矣。至於舍身爲窮理好學之倫，體其皆備、無悶之極，以神其名空不避名之用，天地風力，賴此轉輪，此所以重中正之水火方也。

『名與命本一字也。命天命地，已有名矣。懸無上之名，使人貪之，亦名教也；列三生之福，使人豔之，亦利教也。人以無名之名便其所諱，而敦詩書、悦禮義之士，爲倒行逆施者蹂躪。雖曰且無善名，烏有惡名？然藉口者萬世，而無名者無口，況無無名者乎？安得罪名？安得不罪名？安得不罪罪名之名？易所以自墮碎其太極爲三五錯綜，使人辨名當物，知貞咎之交綱分數〔二二〕，而後天地帝王乃享其無名無物之太平。果如殺半赦半之分別，專一煉三，裕三藏一，以刑爲體，以禮爲翼，而相忘於本不待赦，有何弊乎？或失蒠耳。僞則絲毫不能掩也。專鬻其總殺總赦之無分別，其流弊何如也？用半即以圍全，飲食毒藥之分數明矣。無分别即分别，分别即無分别，回互明矣。全賴分别邪正，始能享其無分别之帝力。安得華土甕門，貪迅金矢，抑正扶邪，不顧人倫，雄其黑豆，吹唇沸地；坐使禹契失容，共驩驕色，以壞後世耕鑿之直道，止逞撩天炙輠之偏鋒，專賞人之販毒藥，反募人之能殺良醫者，預禁人合解毒之藞藍耶？由此論之，教猱升聖，曌圓道之本而不知回互者，今令水火夫婦公驗此檄，有不當鳴鼓破顔者乎？甚矣！人之好毒藥也，則六經之教，公檄者謂爲毒毒藥之藥可也，惜姚安之礜不遇豆飲耳！如欲吹理之毛，索學之瘢，則伏羲、然燈皆二執、二二愚矣。惟其三反九復無迴避處，必病好學爲人之病，乃爲正斷命根。必執善世官天之愚，乃爲眞斷沙惑。舍身壇宇，講此鄉約，乃爲藥病中風吹不入之至聖。使至人補君子之職，使諸衆生燒菩薩之薪，極不平等是大平等，乃能接引斷志辨正之士，讀三五六合之書，傳一在二中之心，相繼而主之。以人治人，即可謂之以天遇天。正藥十九，奇藥十一，全正藏奇，則鹽水皆可吐下矣。若圖自受用，不知古人奇藥之故，偏愛苟簡，馮生滅裂，安有今日之主留客飯哉？』

何生曰：『以治世則莫切於綜核名法矣，障人悟門，何以處此？』當士曰：『正恐悟門不障耳。逼悟揠苗，流爲慘礉，此名法所以不知養其天也。化教勸率，互爲荃宰；輪軸軫蓋，致數無輿。三十共一，使一輻獨入，豈能致千里哉？易故以天理其欲，而以蓍龜忘其法；以禮樂田其情，而以學畜其靈。教悟者眯悟，不教悟者眞悟。逼揠之門不少矣。且狺狺矣！請問二六時中，誰是行解相應者乎？正信眞疑，本說不破，申禁撥無，正賴有此生死本，不愁不來聽鄉約也。碧落是大鄉約所，六十四里正環供盥飲，洋洋一如，幽贊塞乎今古。周公指車接引無邊，有六句之聖諭，誠不可度。磨格踐生理之針，而不知其理而自理者，以磁養之；挫孤迴求安之鉢，而本無不安而正安者，以蠟懸之：此非大無其本無、大出其出格、用其極則之大極則、造其化育之親化育乎？總賴學修大海，足以藏其見波。是故不避迂淺，甘障悟門，請暫下獅虎皮，公遊無佛無魔之五衢覆幬亭，合聽各安生理之萬代國書印〔一二〕。』

平公曰：『誰不如約？』何生曰：『設有鋸項者獨不如約，奈何？』當士曰：『聞約而口不如約者，固已如矣。吾既申天地歲時之約，吾亦可言吾天地歲時之本自如此矣。不以今年本自如此之春秋，明年不申約春生而秋成也。不以昨日本自如此之旦夜，今日不申約旦起而夜息也。豈以四月麥秋、四季食薑，責其不如生成之約乎？豈以不寢之思、長夜之飲，厭太歲不當講旦夜之約乎？本自如此無爲而治之舜，即本自如此深山之舜，即本自如此命官敷教之舜也。毗盧乎！舍乎！文乎！太公調乎！少知乎！柏矩乎！太極之神乎！無極之深乎！有極之幾乎！無爲之本自如此，固吐納於深山、命官之兩本自如此中；而深山之本自如此，固全用於命官之本自如此矣。子猶貪木石野人之約，不肯如薰絃風動之約耶？』

平公曰：『不如亦如，不約亦約。』當士曰：『吾業掌生理之印，寓此嘖室，自當濯天地歲時之約藥而暴之。』何生椎當士之背曰：『今日講鄉約竟。』平公爲搔其首。當士曰：『堂上堂下，門歌三成矣！請更洗而揚觶。』

中正寂場勸

勸曰：寂場即感場也。易以因應寂萬古之感，聖人以中正之感寂萬古之易。人不明寂感之體，何能學無體之易？然不好即感即寂之學，何以知不動至神之用耶？世士智慧昏於情感，不能刳剥自露，俯仰誦讀，坐負研極之恩。偶爾失意回心，見有高門玄狀，而附之以出生死。不知本無生死，求出生死即生死本矣！不明天地之生成法，不明人心之無所不成而有所不必爲者，豈信超越世出世間之上下二同，止是在世出世之吹光割水，繞不壞别之華嚴毛刹〔二四〕，止此覩聞藏不覩聞之帝網珠宫也乎？往往爲巧訶遮激所紿，惑其糞丸，户祝神秘〔二五〕。苦於不寂，即其苦於不通。不能通志成務，安得不以鬼窟爲簡徑乎？故嘗埶於露柱之藥語，自蔽其官天之經權；其頽然自放者，洪荒之黥首耳。必欲屏仁義，廢禮樂，混親疏，齊夷跖，然後乃爲不思不慮之狸奴龜尾；是裂冕紱，衣草木，焚宮室，返營窟，而使禽獸食人，乃稱至治耶？不知五倫、六經之道器，即萬古於穆之法身；必騎千里馬，尋青又青之山，告以足下之土石是矣。猶不信也。芠小康之實而貌大同之皮，鄙聖門之知生而慕至人爲不死，盧敖柸治至矣！已而帷窺半見，得少自矜，不知理其欲之深言，謂之無理無欲；遂愛平泯之綴旒，而寵埽理之酷吏。見窮理者疾如寇仇，曾知存即泯之同時，而以泯毀存乎？曾知世相常住，而必欲附混沌之鬼巫，驅洪荒之虎兕，褫革開成時宜之世相乎？

何生曰：『吾知有亘古今而不變者，何洪荒與今日之有？』當士曰：『此本自如此之説也。世本自治，身本自治，心本自治，則三聖人長物矣。曾知有必當如此，何以如此，而即享此本自如此之故乎？非惟不知聖人三句一貫而攝於末句，治心、治世不作兩階，又何曾徹禪之除病不除法，又何曾明一乘一寔之別即是圓乎？長沙曰：「三聖爲佛之用，佛爲三聖之體。」體必無離用者，所以無佛無魔平等之體，在大菩薩統衆生不住平等之用中，曾一豁然其言先乎？曾知「祖父不出門，還鄉屬兒孫事」乎？曾知知其起處，用爲龍虎；而反網捕其平旦亭午之明辨，以禁錮於亥子長夜之影射乎？』

何生曰：『甕誰走鱉，毋乃杞憂？』當士曰：『奈見在甕中相食何？何故取已治之衣裳，中夏而狸之，毀擊柝之關雎，鎖鑰而麀之？羊跪乳，鴻雁義，蜂蟻忠，萬國之嬰兒皆闇合也。今執善不可爲之説，不能十一寔歸嬰兒之平，早已十九驕長壯兒之蕩。詬名訶教，以速馳聲。鄙聖賢以驚亂百姓之目，開別格以左袒狂飲之鋒，於是攫網陷於豺狼，恣睢敢於桀紂，殆禽獸之不如矣。以禽獸猶不立此高言以縱毒也。不許野老之憂長彗而嘆飛霜耶？天崩矣！』

何生曰：『見在者，一倏而已。』當士曰：『舍日無歲，積一倏而萬古，聽一倏而禽獸之，不且萬古禽獸之哉！爲自受用之便計，而遂忍狗彘其君親如此乎？』何生曰：『蟻日爭是非而人不見，則人且免蟻之是非矣；人日爭是非而天不見，則天可免人之是非矣！』當士曰：『此巧於自放之蒙汗飲耳，非教天下蠢蠢沈湎，亂帝王之公是也。聖人固公是治公非〔二六〕，即無是非，烏能穢其蘭芷而芳其藝麻乎？

『善分別於第一義而不動者，眞善世，是眞放下者也。善惡不分，人何使而不勇於惡耶？況刻意罪善許惡，以偏樹此善惡不分之赤幟哉！蟻猶人也，幸者人不以罪善許惡之無分別告蟻也，蟻聞之又安肯見食相呼、竭力報主乎？蟻之干戈，必日血骨於庭除矣！幸者天不以罪善許惡之無分別告人也，人聞之則下令流水之源，轉石千仞之上，又何以使人影附響從而悅服其賞罰乎？時不可違，主必任宰。彼云「不可思議，心行處滅」，蓋謂如手忘筆、心忘手之行押書也。書之時有未始書者存焉，分別中有無分別者存焉，熟爛而信之，則羣鴻戲海，墨池淋漓，固已無手、無心、無筆、無墨矣，豈執臨受用之泯忘，而概禁教人學書之撥鐙濡毫耶？聖人惟請天地作尊證，以形知影，即知無形影在形影中之故；確然象數義理，實塞虛空，倫之、常之，三者如一，而恐民如禽獸，不辨幾希也。若不命易作準，尊陽前用，三五立宗，則萬古久已子坐父拜，尊女賤夫，詬德唾學，相聚羯羘乳贊，以蟪蛄自解而已。予以營苟撿著之汗衫，而銷其弱肉强食之明盜，則三立三與講習之效也。更有第一親切之證無所解者，混沌之父，以皮經絡而分別之，命耳目口鼻於首，命足履地，命手維持，命心曰：汝無分別支官而善分別之，此非鐵案可對簿者耶？必廢善統惡之分別，不當有貴賤親疏、主理臣氣，則首何不下、足何不上、項何不生口鼻、胭何不瘤耳目乎？故曰：善統惡之無善惡，猶首統足之無首足也。有首有足者，貌必無一同，而必無不同者也。且無論無自性，且無論不落有無之性，猶是架樓巧設乎？未有禁人稱其性之德爲善者，謂可以教世也。未有聖人啓口而羞善世爲第二之門者也。眞知第一者，無第一、第二者也。無第一、第二者，即第二爲第一者也。其曰無者，忘也。道存於忘，忘忘於勤，非斷滅也。必立本而忘學，學而得，得而忘，忘而益可天遊於學，即學是忘矣。本無所得、本無所忘之大定，乃自不缺少、自不待嘖嘖者也。不落聖凡，芒然一際； 惟至人以平其懷，而小人反蠱其智矣。

『今之學縱舍盜賊之諏詭者，皆季咸、罔兩之睩聽也； 今之襲金毛入狐之戲語者，皆修羅毛道之重臺也。不明表法，不悟影翻。五石之毒，利在强陰，其禍雖裂〔二七〕，相謎不反； 論其蠱根，何所辭於已甚乎？聖人之平也，從先厚載，道大能容。故不難爲人，而因之自化。寧以此顛覆帝憲，而送奸邪以口耶？

『九等之人，皆用學修之水，以洗不待學修之海者也。上上之根，自聞而體之，然體又豈能逃學修之澡浴耶？羣曰： 聽其治亂，何與我事？此大定矣。獨不曰： 聖人之治能統亂，此聖人之大定耶？誰不享此大定之田？烏有不勸種田，田不勸種五穀，而但曰田本自種者乎？穀善菑畬，尚需耘溉； 狼莠雖鉏〔二八〕，其滋日繁； 烏有聽其穀莠，而反罪人除莠者乎？誰不在大定之井竈場？烏有不肯綆汲、不肯舉火，公然縱其攫市樓之羹，而反罪織屨易粟之爲愚乎？

『一則曰須盡今時，一則曰識法者懼，一則曰功未齊於諸聖。大事已明，猶如喪考妣也。何爲也哉？參學事畢，要不能躍冶於王法之四民，何待蒿枝入手，便如衣錦還鄉； 德色凌人，尊拱受享；必以千人過堂，綉梓其鬼語爲善知識，則一指、烏窠何稱焉！徐師川云：「不聞達磨聚千百問人爲部曲，高尻坐揖王臣也。」悟明自己男兒本分，何堪金顏眉宇，博采投嗅，無用於世，無益於人。反壞勤慎樂業之風俗，侵淫鬬狠巧僞之人心。驕惰貢高，饕飻利養。豈非悟道爭奇，而反勸人遊手好閒、害生理、犯王法哉！果無所得，但可鄉飲；横行不去〔二九〕，止是人牛；好騎屋棟，踞唾四阿；漫天自藏，凌轢星岳。此何異囂帢之肆，奴隸躧履之肆，曰「我首也，汝足也，汝當尊我」耶？嗟乎！果知天地同根之大肆也，聽以天地交易，日中爲市，則必以灌本結實相告，不以偏枯巧蠹誑人，而藥樹種成林矣。如或未然，實應死參塌地，如猫捕鼠，心無異緣，諸根順向。薰使困憊而嚏暢之乎？撓使目華而睒驚之乎？實無而成者，蘊以蒸乎？迅不停機者，鬱必勃乎？目懸雲漢，背柱崑崙，絶後重蘇，所貴翻身躍出耳。奮翼吞巢，重歷差別，盤桓堂奥，咀嚼古今。若貪無事，人久税駕矣。乘大願力，自强無住。無所不知能之地上，正是迦文之常膳也。常膳固不厭矣，水火固不輟矣，斯則許君意句相剗，殺活同時；衝破於劫外聲前，注用於揚眉瞬目。然風影所觸，起死回生，隨順愛語，塵塵三昧。豈其守襲雕本，一式顢頇乎？眞丹委裘，然且容而不許，就其草料，養其勤耕而已。古人云：「既悟自己，須明大法。荷道遇緣，龍天所擁。」其餘入山鉏钁，高覽青霄；不則隱迹薄技，亦奉塵刹。若智永、一行、法開、珙濕之流，果有所得，亦不以遊藝寓世爲非道也。食力者，天地帝王之正道也。酒蜆、浮柸，自甘野鹿；惠休、參寥，不藉吞針；安陵儷皮，何不演楪？辟支能保，許汝暗痴。獨何當濫付詭隨，狂逞惟我惑亂之説，令貪淫之邪檀作屠廝鄣日耶？

『據實而論，學必以淡泊爲基。孔門獨老世法，正以研極爲隨緣之樂，蒸爛萬法，始名無一法。何得自棄，而以不知不識，巧飾其免鄉人耶？故曰：因二爲眞一，執一爲遁一，貞一則二神，離二則一死。五宗通牢關，宗鏡明交蘆，而直日於大成之薪水，安此太極華開之寂場，誠萬世無弊矣！

『士夫立本明倫，必以好學淬礪；不則葬温飽蠹煽之椁，豈能免耶？冷火燒空，熱水凍日，蓋狀其志也。不恥惡衣惡食，是第一遂困之根；生於憂患，是第一習坎之信。屯蒙君師，陽能享險。教事行尚，自重繼明。説之爲道，惟許講習。頤養孚過，二濟轆轤。總在隨蠱而革鼎，剥爛而復反。无妄慎疾，而大畜日新。精入以用其何思何慮，幾深以神其不疾不行。厚載不息，乾乘坤馬。爲己即以爲人，非販超生拔死之汞藥，而以網望土面，詬潔白地上者也。爲人即以爲己，非暱晝少自便之巧護，而以切參酷禁廢實學大業者也。善聽説火欲熱之獅絃，俗根爲之洗矣；風乎得意忘象之舞雩，聖解亦可捐矣。切不可以蝶景之玩生死者，先玩君親；不可以畫狗之咬一切者，專咬聖賢。知三畏者，眞四無畏者也。無忌憚者，非不憂不懼者也。慎獨即獨尊也，戒懼即逍遥也。此而不辨，鬬全毒矣。是故易簡久大之德業，但舉賢人；修詞立誠之君子，藏其二聖。和潛亢於見惕，存其義於躍飛，終之以思患預防、辨物居方，正以方即是圓，幾在思患。從心自序，序於七十，誠知不二不一之故，循循欲人盡心；恐後之戲言起頓，偏上虐下，而廢教滋誕、荒學長奸也。

『奇大其説，可以化小。而彼欲以略其踐履，故聖人以倫物徵之。虚高其説，似乎進竿；而彼欲以忽其鄙陋，故聖人以實學核之。敵生死之説，足以難人，而彼乃横行矣。故聖人以晝夜通之，而以知生塞之。苛窮疵病，使人無所措而何暇敵彼乎？故聖人以夫婦勝之，而以食力安之。藉玄同之説，則無端非異，而乃以掩其邪僻，故聖人以君父質之。必無悖王法之天道，此愚民所公守也。藉劫數之遠則目前可遺，而乃以偏羶其肆，故聖人以時義律之。必無離見在之去來，此口腹所公證也；自有飛遯無悔之眞至人，開物成務之眞神人，惟不爲似是者所竊逞，又何患庸猥者相汩没乎？

『請聽易治寂場與杖亂寂場之辨。市柱杖者曰：此惟我獨尊、無所不可之寂場也。易令塾師答之曰：此天命白日治妄自尊者之寂場也。君曰：頓知太歲，則無頓漸矣。獨不曰：頓無冬夏，而實乃漸冬漸夏之寂場耶？君曰：沙河皆許矣。獨不曰：以沙河之主，理沙河之民，爲正統寂場耶？何不盡十方有口有趾者各予杖拂，各上坐其家；來即挺之，廢賓主上下之禮，淫醟任放，並責迦文何以妄立教戒，豈不更寂耶？

『嗟乎！君輩口吻好鮮，不喜稱尊君、孝親、明善、誠身之寂場，奈何有但泡君親、不泡姣好之寂場耶？即忌諱立仁與義之寂場，以迂闊封之；奈何有專殺聖賢、不殺奸宄之寂場耶〔三〇〕？易亦容君輩之平分寂場矣，民情宜便君輩矣。然蹻跖之子孫，奉五更之司命，必不敢以曾史與之並祀，則何如學易之寂場，上慊王法、下慊子孫、中慊夢寐之爲磊落寂場耶？彼曰寂場也，此曰寂場也，無彼此一寂場也，此重於彼一寂場也；則當享此尊親有別之寂場，而不必倒懸反踵以弔詭也，明矣！如曰黃葉耳，則易寧勸人墮天半之黃葉，食好學之爐竈，以燒毋自欺之火耶？將自棄羲軒來有理之天下，以媚盜鈴者惑亂之黃葉耶？若果知仲景之言先，自明傷寒之五法；不誤轉於他經，又細護其勞復；則殺生之黃葉，是羲軒所最感激者也。何技不養？何物不容？特貪寂場爲壑，而竊負妄尊之舟，梗侮帝王，教成頑悍。故易之嫡傳，不得不爲夫婦鬼神申明質白，使知無物無則、無泡不眞，其善世禍世之分數，則大較如是耳。華嚴曰：「於有爲界示無爲法，亦不破壞有爲之相；於無爲界示有爲法，亦不分別無爲之性。」此明謂無爲在有爲中。汝巧取熱碗鳴者，不可單分別其學修不及之性，破壞有爲之相也。顛倒迷人之黃葉，又成鹽敷構樹之蛤倉矣。君知黃葉之落處否？而竇宋人之楮葉乎？瞿曇之涕，至今不乾；陬阜托孤，以笑藏懼。』

何生曰：『懼亦笑耳！』曰：『聖人早懼此幾矣。三世之訓，見懼於夢哼哼矣。人□□代二鬼〔三一〕，而孤乃化龍。彼知聖人之容之，其邪蓋肆〔三二〕；它人又不足以知之，其邪益高。故不惜業緣之齒齒，現當士身以寂之。迓可寂徑〔三三〕，大迓即大徑也；淺可寂深，大淺即大深也。引人之笑即引人之懼，暇掩跛挈以諂高膰乎？當當如如，笑乃能懼；乾乾夬夬，懼乃能笑。』

平公履何生曰：『有此當門，汝可以熟臥，吾可以永遊矣。』何生肘當士曰：『君何不立？』平公闔門而歌曰：『立臥俱寂，遊者本寂。將癡龍珠，照鮫人室。露珊瑚網，破僧繇壁。懼笑同聲，三冬霹靂。』

曠洗

何生曰：『此好出入者，本不出不入也。潛亢之間，有不占之占。其祝曰：「上下不得，此中何息？」流浪遮天者，眯此占矣；蟠窟棲巢者，又豈知此占乎？教占者以父師之責，恐其出入，爲之禁約；禁約不止，與之詛盟。盟之曰：「睦然必黜明，瞀然必墮聰，渝此盟者，有如皎日。」嗟乎！日雖皎，豈來皎汝乎？知之則屋漏未嘗不皎也。於是乎詛之，詛之曰：「吾將剜汝目，截汝耳，反諸聾瞶，汝乃自悔。」有聞而死者，有聞而憤者，有聞若不聞也者。從此旦旦焉詛之，事事焉盟之。新莅者申其條令，覆其鉗釱〔三四〕，罔密事叢，深故巧詆。奉者力竭窘迫，而譎發一旦，叛誓潰閑，恣其所之，愈不可救。乃峻其狴犴，刻木爲吏，交臂歷指，日夜邏察，厭而緘之，流血成洫。

『眞人騎日月、翔汰沃，囅然笑曰：「古今槎枒崩榛之塞天下也，有何底止耶？吾惟曠以洗之，而遊以止之。莫曠於天，莫曠於海，海洗天乎？天藏海乎？天其以風問海乎？海其以波答天乎？一言海則望洋而嘆矣！一言天則蒼蒼不可得而至矣！達者且言四海之大瀛海與地心之海，天之外有十三萬天，天各其海。聽者傾耳，志其所問。而我故以一毫收天海而放之，咳唾成海，吐氣塞天，淵蜎濩蠖之中，天溟空洞，呼天下人，入此天溟，揮洒天溟，以予萬世之人。然且不欲言死天與死溟也。忽而躍之，忽而飛之。錯玉之鶴聞天，而魚在渚也；旱麓之鳶戾天，而魚躍淵也。國宋之客，援筆繪之，失綴於下，表其律襲。蒙濠散士因影榻而傳之，化其入者爲鯤，出者爲鵬。或曰：鯤，子也；鳳，丸也。鳳梵梵而衆從之，故號之曰鵬。子至小而鯤至大。昆者，渾也。諧何不可以諧乎？知北遊者，可以南矣。恐其死水，激之以怒。既其飛也，乃其息也。動半其年，九極其萬。題回消遥〔三五〕，以一冠六，殆古今之一大遊，而以一筆洗古今者乎？」

『蘇飛、雷被之流，假紫金之黑池而汁之曰：「鬼入電出，龍興鸞集。」直指之裔又襲而汁之曰：「龍生金鳳，衝破琉璃。」』愚考碧落之圖曰：『樞皆庭前，南遊北徂；埋雷洗日，時襲水土。』此亦動静生死出入不二之盟書也。

『先衍者龍馬，遊魂者胡蝶。龍馬以文章藏其秘密，何荒唐也？而伏羲取之，以與陰陽盟。胡蝶以粉色藏其春秋，何丹青也？而蜩鷃化之，以與鵾鵬盟。世有詛荒唐而盟矜嚴者，詛丹青而盟樸素者，不知天溟間能躍、能遊，誰非荒唐者乎？蟲蟆薙蘼，五色鮮衆，誰刻之乎？誰染之乎？皆丹青，皆樸素也，知荒唐、知矜嚴矣。嘆猶龍者鳳化爲麟，天何言哉？逝者如斯，乃有狂生以一絲遊技乎毫端，越滄桑而釣之，乘飛蟲而弋之。借漆貌思，感恩賦物；撩天反袂，博浪呼風；追中庸之髓，以點玄黄之血，怪哉！怪哉！安知不以荒唐之丹青，投人之天溟；而又以倏忽之斧，鑿徼天溟以招魂？六龍齋戒以洗晝夜，乞蓍龜以盟百姓；靈鷲展金翅以吞溟，而拂鱉毛以盟死狗。憂之，懼之，固已苦矣；鉗之，鎚之，畏苦更甚。嗟乎！嗟乎！十三萬其天，十三萬其溟，十三萬其天溟之歲月，周而復始。人塵其間，曾一漚之倏若，戴面植耳，偶相逢於蜉蝣之壁，又何足以爲死生之鐘鼓、貴賤之幢幡也哉？誰桎梏汝？誰跼蹐汝？何故營營？何不止息？止息即逍遥矣。終古之逍遥，在須臾之止息。終古一須臾也，須臾亦終古也。吾故且廢大小長短矯急刳禁之科，而獨懸洗心之防於沆沆莽莽之鄉，曰：「曠。」』

當士曰：『吾慎吾之曠，是吾曠也。專曠、教曠，落曠穽矣！』

平公曰：『天溟，一大穽也。莫曠於慎，莫慎於曠。』

通塞

何生曰：『鈞旋轂轉，周而復匝；已雕已琢，還反於樸。樸何反乎？反之有幾。知幾者難言之矣！無天無地，幾在縱横；無古無今，幾在通塞。吾其通乎？山河大地，吾肺腑也。白牯黧牛，酬笑語也。吾其塞乎？鐵壁銀山，風不得而泄也。黄頭碧眼，吞聲蔚氣而已，吾其不通不塞乎？倚杖當軒，雨花布地，刑賞鴻蒙，豈輪王之所得知哉？書曰「剛而塞」，詩曰「秉心塞淵」；塞而後通，蒙、困、二過知之矣！聖人推何思何慮之往來，而感龍蛇之蟄，神其屈信。性盤首尾，首吞其尾，致用者用無首之首。無首之首，首尾之際也。剛而不塞，失之暴露；剛以堅塞，惟堅發聳。塞自能淵，淵乃流藏。神武不殺，所以剛塞也；洗心藏密，所以塞淵也。亢潛之桔槔，亥子之荄滋也。夜以息日，屈則知伸。冬煉三時，背襲水土。不見全力效用，而皆獨以不用爲用乎？寐則支官俱息，而鼻息獨以不息爲息者乎？

『元問果曰：「昨何剥落乃爾？」果曰：「彼哉！以教長子也。」天怒其地，地怒其天，雺松昏獨，大風以雪，水澤復堅。其子乃左，左則閉之；之右，右則遏之。不左不右，鬱不可忽。忽不得已，其母避不居，而父乃復之。如此不得，如彼不得，不得不得，其氣乃專，其發乃直，於是乎虩然聲矣！元曰：「雖然，後世求聲而誤殺其子者豈少哉？」』

當士曰：『不求亦聲，不誤亦殺；不以誤誤其不誤，不如使求適得不求。安而危之，驚而使自暢之，怪而使自平之，隱而使自信之，入而使自出之，聲而使自收之，要歸中節。節而文之，縱橫而雕琢之。呼即吸，吸即呼，是雕琢元會於呼吸也。北而南，東而西，是雕琢其中爲四破七十二候也。縱而垂繩，横而平衡。繩本於正，衡平爲權。權載於輿，輿以爲輪。其轉在軸，軸直而已。約而持之，中交六幕。一之萬之，萬之一之。反一無迹者，得其未始有一而已矣。未始有一者，太樸之權輿也。已推移矣，反之奈何？反，天下怒而不可行；不反，天下悦而不可捄。以因爲革，以順用逆，以雕琢爲樸，通而塞之，塞而通之，此不反之反也。

『一之中有未始有一者，萬之中依然此未始有一者也。未始有象者，太祖也。未始有音者，太宗也。其子爲光，其孫爲水，知之矣！知子孫而即祖宗乎？人問其太祖之太祖，必不知；則後此之問今日而不知也，明矣！日午之萬，反夜半之一；夜半之一，又反昨日日午之萬。統而觀之，無日無夜，無昨無今，無萬無一，無子無午，不亦宜乎？世之反者，執椎而命之權，是魭斷矣！土墼矣！彌卻烏能畢？塗川豈可以雍防？不及之，反以洫塞之，以流淵之，以文殺之，以光密之，以垢洗之，以寓藏之。其因因也，在幾其幾，不可以謀。而天地相與謀曰：吾與汝爲仁，雕實琢核，徧以予人，人不信也。明年，彫成枝葉，琢成花萼，見者、聞者歡忻而色之，管絃而樂之。吾告之曰：此太璞也。人復不信。乃鐯其幹、鉏其根以求仁，仁安在哉？誒！』平公曰：『誒不可少。』

無心

何生曰：『客止於古廟者，已怵心矣。夜分隱几，圮垣古柏折，聲入牖，驚以爲鬼，俄而有影，俄而擿瓦然者。僕告之曰：柏也，鼯鼠也。反復不能信，終夜彷徨，毛爲之巤。曉立檐而審之，其毛始不巤也。食有鼠矢，甘而盡之；忽見餘於盎，以爲方所飡者鼠矢矣！隔濾恲惡，伏而欲嘔。天下本無可以動吾中者，語臭腐之狀而噦，聞珍差之名而嚥〔三六〕：心自動耳。猛虎在前而赤子嘻笑，張弓列栝而飲者已痞。行酷暑而擾者益灼，受爝炙而怖者益痛。欲讖其語，語即爲讖。見怪不怪，怪何爲乎？元載之客，食龜而成龜瘕；陳留阮士瑀殺虺，而雙虺成於鼻中：此疑龜、虺之能戾我，而遂我其龜、虺也。犀玩物而影其角，公麟畫馬而馬其身，此與奉大士而蛤見大士，老作灌頂觀而刻螺髻於胞脘者，皆狗之實〔三七〕、牛之黄也。

『習生於心，心生於習；習生於緣，緣生於習。初緣何習？不習何心？窮之，習也；塞之，亦習也。以緣謝緣，以習變習，欲其習也。掉而去之，欲其不習，已心之矣！習而冏二，習而忽二。冏冏不忘，忽忽善忘。營營其所習，而遂仿仿其所不習。因氣吹泡，因泡成珠；珠襲吾櫝，吐之不出。嗟乎！嗟乎！心其奈習何哉？不習又奈心何？是故以天地未分前者習之，⿰鼻翏⿰鼻乚其垓埏，嚨胡其元會。息以涌泉，緣督於背，闢顖於上，星海有歸塘，吾涌泉也；北辰受共，吾督也；衝破閶闔，坐千古之頂⿰窍頁，是吾顖也。驟而語人，人有不縮者乎？昔有愞夫，處圍城，⿰車童輣對樓，矢石如蝟，其人鍵棖，蒙絮其頭。踰一日，闖門而望，又一日，行市中問消息矣；又一日，緣女牆矣；又一日，與守陴者傳籌發礮矣。今而後，知勇可學也。學非習乎？惟恐其習習，故號之曰寤。寤非思乎？唯恐其思思，故號之曰參。與衡穉立，皆古人天地未分前之旦暮也。蜣蜋之轉丸也，鴟之視也，雌之伏卵也，有使之然者也。習生於胚，識依於脊，固矣！精注而通，骰乎而應，何往不然？門樞之埃，可以利小溲，此習何因乎？種薯蕷者，杵以卷腕，蹴以髁趺，生即狀之，此習何因乎？情識已習矣，精誠亦習也。空虛以氣習，動靜以風習。始乎因；因，習也。中乎變；變，習也。卒乎化；化，習也。謂之有心，有心之習；及乎無心，無心之習。習何非性？性何非習？天地未分前，非以未分前習旦暮之天地乎？手之能持，足之能行，此亦天左旋、地生物之習也。知而熟之，則不知其何以定？安而忘之，則不知其何以樂？此手足無心之習也。

『手擊人者動成疻痏，其人不怒手者，手無心也。醉者詈人，人多不較者，心無心也。人而爲天地之所不較、鬼神之所不怒也，人亦何便於此？最便者直。直則一，一則誠。誠之至，則無心之至，謂之無心。無無所無，則又何不可有心也哉！專門者曰：不誰何其時？不誰何其地？不誰何其語？與對者何人？吾自以無眡、無聽處之，澹澹于于，媒媒晦晦，若灰若蜕。瓢躍桶脱，是水泉之初動也，蛟之涌地也。專因己，依然欲牛之黄而不許其黄，欲狗之寶而不許其寶也。此亦無奈何云爾。灰飛水解，雲出於岫，專而不專，得無所得，從之而已矣。是知時悦之習，有不習之習；不厭之學，有不學之學；思無之思，有不思之思；從可以知不寤之寤、不參之參矣。予欲無言，其言之震也襲萬世矣〔三八〕。未之或知，其知之光也浴咸池矣。不能不習，習無非空，空無非實，此一天地皆素逝坎窞也，皆交網迷離也。州里也，蠻貊也，高堅也，文禮也，皆輿衡禕立之險易場也。印去文存，且棄其印；儉則能棄〔三九〕，空而後明：此履錯出征之繼習也。旛耶？風耶？卦耶？蓍耶？氣耶？心耶？理耶？事耶？本寂寂也。既未相續，濡尾無首，何往而非手之舞之、足之蹈之耶？』

當士曰：『極其寂寂而守其寂寂，則人以無心動其心矣。自不遊於天下之天下，而待天下言心者之印之，又以印動其心矣。然不信天地之印，則又以逃印動其心矣。若此以稱無心者，猶之自鬼其眞君而妖孽乎華萼，自垢其靈府而糞壤其禮樂者也。雖有儻然者曰：動上不動，心自本無，將持此以鳴豫也。若未能養過其繼習、孚過其續光者，是且以心自本無之藉口，陷天下之心，不見坎又爲盜而離之災乎？』平公曰：『災知不無，知又何災？』

性命質

高懸性命者，苦不能合矣，正苦不能分也，苦於不知言即無言矣。諱言其可言，反尖其當言，而鬼其不言，囈其不言之言，此尤苦也。户之開也，必非闔也；户之闔也，必非開也。是開可罪闔，闔可罪開矣。反因推之曰：闔乃所以開，開乃所以闔也。泯之曰：是闔即開，開即闔也。通之曰：是本無開闔者也，然自有當闔當開之質與其可闔可開之質，乃通其本無開闔之理。通之而用，則依然可者、當者之質耳。不先質言，安有至言？既知至言，但隨質言。徒玄巧其詞曰：是本無分，又安有合？亦何益於蚩蚩之泯乎？

因有天地而有物有事，因有成才，因有成名，因有成德。舉而論之，所以示也。擇善也，好學也，默識也，主宰也，通達也，皆此不慮之知汁其體以爲之用焉。質分之而無不合者也。謂無可名而不當有此成名，又將以何名之？誠而無所不至，則又何故至之？極而無所不太，則又何故太之？漫山彌谷，非道奚由？荆莽參天，不開奚達？蟲蟻尚自相教，況人情乎？教必正名辨物以才其天地，而不可言之道寓之矣。但曰：不慮而知，何待教乎？禁絶其慮，慮可禁乎？普告之曰：慮即不慮，何愈於不教乎？通達之知，所以徧物者也；主宰之知，所以轉物者也。此兩知者，生乎默識之知。默識之知，生乎好學之知。好學之知，生乎擇善之知；擇善之知，生乎不慮之知。舉此不慮之知，足以逼擇學之歸於默識；默識之入於擇學，足以攝通達之歸主宰。主宰之溶於通達，足以竭一切之知，而容天下之不知與知者。然逼也，攝也，竭也，容也，已非不慮矣。於是不得不消之曰：慮即不慮也。此急口言綜，即略其錯耳。

因知生法，因法生知。以法消法，以知消知。善會其言先，善通其言後，有不善用其言下者哉？不慮之知，至誠與妄人一而已矣。是以君子致擇者、學者、默者之皆不慮之知也，非執不慮之知而以蹕跂視主宰之知、通達之知也。惟見其合，不見其分，此徵狀乎刊落之候歟？尚且無合，又安有分？此徵狀乎蒸化之際歟？分合合分，聽分皆合，此周流之誠明、明誠而忘其自矣。至誠自能容妄人以化妄人，豈容人之以忘人自容乎哉〔四〇〕？

知三畏，而中庸之三謂乃可語矣。畏生乎知，知成乎畏。大學就好惡還明止，而以讓恕爲新潤之大矩。中庸提於穆貫費隱，而以戒懼爲天淵之大獨。春無理，以物之理爲理，能温以發之爾；風無聲，以物之聲爲聲，知發之自則隨其發矣。隱怪不能泯之於顯，故索之乎微，爲其足駭而易述也。遵道不能達之乎微，故執而尖之乎顯〔四一〕，此其所以半途而廢也。厭是非而避賞鉞，則天官曠而賊民興矣；是太簡也。兩不執，三不執，而影守一彌漫之於穆，則不能遂事，而庶物荒矣；是暗痴也。

明於庶物，乃所以察人倫也。執其兩端，乃所以用中於民也。一端之執，執之以偏過；兩端之執，執之以虛中。顔子語不惰，不語亦不惰；其發也，發其不發者也：是能竭兩端者也。曾子之『唯』，非唯『一』也，唯其不住於『一』者也；是能竭兩端者也。有天命之誠，有名言之誠，有思勉之誠，有悟入之誠，有究竟之誠，皆天命也，畏則知之矣。日升於空，照窮率土；波澄於水，鑑徹秋毫。稱聖人之誠明，其似之乎？

釋論曰：『天地之道，生生而已矣。』生生者，變異之謂也。化之變而異也以頓，如鷹之爲鳩、橘之爲枳也。育之變而異也以漸，如卵之爲雛、芽之爲莖也。故育亦生也，化亦生也，此富有之大業，所以發揮於日新之盛德也。號物之始謂之育，可以悟其非本無而忽有矣。號物之終謂之化，可以悟其非暫有而永無矣。如是則念念始而無始之可得，念念終而無終之可得，念念變而無變之可得，念念異而無異之可得。故化可知也，敦化者不可知也；育可知也，發育者不可知也。可知者知之以無不知，知之大者也；不可知者知之以無知，知之親者也。孰生萬物者？天地。問所以生萬物？不知也，雖天地亦不知也。

景有所待而然，景之所待復有所待而然。待與所待不可致詰，故混而爲一。黔首之所謂衝波息湍，蛟龍之所謂廣居安宅也。此無狀麗之觀，彼無濡涉之險，孰能得其所？然不得其異，則玄同矣。不得其變，則眞常矣。無我無彼，無合無散，無前無後，無成無虧，不可得而名，强名曰誠。有情無情，莫不由焉，名之曰道。由與由者求其主而不得，名之曰天命，以名其生機之流注焉。名之曰性，以名其功能之藴藏焉。自名適名，萬之又萬，而莫適爲主也，一善而已矣。

孫吴能盡人性於兵，陶朱能盡人性於殖，楊濳能盡人性於工。何則？知之明、處之當也。吾不知於至誠之盡人性，奚若王良能盡車馬之性，后羿能盡弓矢之性，師曠能盡音樂之性，何者？知之明、處之當也。吾不知於至誠之盡物性，奚若有情之物得吾有分別之性，故各視其視，各聽其聽，各形其形，而智愚善惡常待於盡性者之教而轉。待於教而轉者，非綿邈之期，不可以漸親而信。無情之物得吾無分別之性，故色爲吾視，聲爲吾聽，形爲吾摶，而妍媸觕粹常依於盡性者之習而轉。依於習而轉者，普一心之覺，而可以頓無不圓。

是故衆人之所謂色，聖人之所謂道； 衆人之所謂聲，聖人之所謂心； 衆人之所謂形，聖人之所謂神。 道而色，非衆目之所視也； 心而聲，非衆耳之所聽也； 神而形，非衆手之所搏也。 至誠之所不可及者，其惟人之所不見乎？ 漸親而信者，悠遠而不及見也； 頓無不圓者，微密而不見也。 非通乎一善之洋溢因應，而不以覩聞爲覩聞者，其孰能信之哉？

風雨時，年穀熟，草夭木喬，鳥獸咸若，胎不殰，卵不殈〔四二〕，山不童，川不竭，而海不揚波，此共見共聞之化育也，非獨見獨聞之化育也。 共見共聞之化育，盡性者能贊之； 獨見獨聞之化育，盡性者能造之。 能贊之也，故與共見共聞之天地參； 能造之也，故爲獨見獨聞之天地主。 共見共聞之天地，一念攝入於獨見獨聞之天地，而赤水之珠弗爲玄也。 獨見獨聞之天地，有時顯攝於共見共聞之天地，而華胥之國弗爲適也。 子思恐天下之狂而不信也，聊舉其一隅，曰『以贊天地之化育』，曰『可以與天地參』而已矣。

請再質析而質合之，曰： 氣聚則生、氣散而死者，命根也； 不待生而存、不隨死而亡者，性體也： 此性命之不可一者也。 命以氣言，終無氣外理爲氣之所依； 性以理言，終無理外氣爲理之所托。 如波蕩水，全水在波； 如水成波，全波是水： 此性命之不可二者也。 四端之心盡乃能知性，而知性即所以知天； 彼求知天於陰陽之説者，外矣！ 幾希之心存是爲養性，而養性即所以事天； 彼求事天於主宰之帝者，疏矣！ 知所謂性，而存心以致其養；　善養其性，而盡心以成其知。　事之、物之，覆載皆身；　依之、遊之，膏沐皆修。而修身即以立命，彼求立命於夭壽之數者，末矣！凡夫之所共有，聖人之所不無者，性乎？言性則期於盡，求盡其性之所欲而秉不懿矣。　故言一定之命以矯之，使有制伏而不敢騁；夫是之謂以命忍性，不以性衡命。　彼若有所獨豐，此若有所獨嗇者，命乎？言命則主於安，自安於命之所限，而降不衷矣。　故言本同之性以振之，使有所鼓舞而不容罷；　夫是之謂以性立命，不以命棄性。　孔子之言相近，以其受變於氣之分數言之也。　孟子之道性善，以其不受變於氣之本體言之也。　程子之言生之謂性，豈告子之生之謂性乎？　告子混氣於性而執其生，如謂影是月；　後儒外氣於性而執其理，如謂水非冰。　然告子之執斷不可恃，而後儒之執不嫌於晰，何也？何以緣所遺者立心之名於緣外，獨不可以氣所聽者聳理之名於氣外乎？此明於孟子之不謂，以明子思之謂也。　然不知因人以導之，徒撝人以不敢近；此膠於不謂之瑟，而不合通謂之琴矣。　果知無非天地萬物之心，則何所非天地萬物之理乎？

一而神，兩而化，正謂化其一，而神於兩也。　一必同兩，無言之行生也；　兩乃用一，上天之載無也。　弄微言而屑越大義，與扶大義而不通微言，皆不知行生之載全大、全微者也。君子曰：　舉此無所非心、無所非理者，使人化其捍格之畦，而平乎大同之天耳。　至誠體之，而用則止有當者、可者。易無體也，用即體矣。專尊此不可致詰，莫知所主，此吾所謂不與政事之太上皇也，況任其食色之所向乎？以性爲善，探本心之所具也； 以性爲惡，極食色之所至也。以性爲無善無惡，而曰不任食色之所向，是盜鐘掩耳矣。充本心之所具，可爲大人； 極食色之所至，必爲小人； 任食色之所向，亦終爲小人而已！必且曰： 大人與小人何別焉？此非阻萬世之爲大人、縱萬世之爲小人乎哉？將謂達天道而先悖王法矣。昌言而立教者，當禍當世以自逞其一説乎？當聽聖人之主宰而善萬世乎？望梅可以止渴，汗垢可以補虛，假藥之肆未嘗不可以療疾，亦在善養之而可用，善使之而得當焉已矣。

夫言豈一端，亦各有所爲也。不明言下之言先、言後，則誠亦蠢誠耳。至誠者，知大一之用二而貞一，以貫終始、無終始者也。精入而神化，神化而歸於不可知； 不可知而與與知之凡民同知者，固不可不知此覆幬耳。知不可不達，而固乃所以達之。質核既煩，故與上根推豁之。推豁已甚，故又與凡民質核之。轂主輻僕，而輪見功焉，當其均用也，不知其誰主也，有主之者矣，知其主而終不能出此轂、輻、輪之均用也。專言不慮之鑛，以泯其擇學默成之鑪，此標其本無開闔者，而隨開闔耳。惟風擇學默成之鑪，此標其可開闔、當開闔，其可開闔當開闔者而本無開闔者在其中矣。通達無非主宰，而忘其通達； 主宰無非通達，而忘其主宰。未知未偏，格而致之； 已格已致，温而厚之。前乎知天之憒竭，則切琢也； 後乎知天之學誨，即飲啖也。誠反復乎本無頓漸之天，誰謂不當修藏頓於漸之教，而反執病教蕩心之偏詖，以灰冷奉教遵王之瘖寐哉？

無教以深於治，則治所不及案者，民之力能爲則爲之矣。無化以深於教，則教而不及條者，民之貌苟免則免已矣。故知公者化之本也，幾者化之端也； 反者教之勢也，激者反之權也； 信者公之深幾也，疑者信之反激也； 容者教化之天也，生者教化之地也； 集者教化之地其天也，因者教化之天其地也。畏者教化之門，而人其天地之路也。善知善學，敢不畏乎？卜築之前有溪，溪三十年東，三十年西，然溪之所以爲溪何變乎？溪之清可瀹荈，不能冷飲，則以火燂之； 深以没人，不能學浮，則以筏渡之； 亦溪之所以教人也。

大常

何謂常變、大常？

曰： 黄帝曰：『帝無常處也，有處者乃無處也。』霜雪而蕪落矣，長嬴而薈蔚矣，常乎？變乎？今年之蕪落、薈蔚即明年之蕪落、薈蔚乎？常乎？變乎？陰肅肅而出乎天，陽赫赫而出乎地。地常陰乎？天常陽乎？其肅肅赫赫於蕪落、薈蔚中者，常乎？變乎？解之曰：言無常者，破人之常執；言常者，破人之斷執。執之者，常乎？變乎？破之者，常乎？變乎？曾知俱變、俱常之渾侖宗，即日用無始之彌綸準乎？凡言易無體者，言以用爲體也。體常而用變乎？用常而體變乎？兩攝交冥者，常乎、變乎？五而行之，五而臟之，五而倫之，五而常之，著察與不著察者，常乎、變乎？天生民而天因民，民之所常，聖人因而常之；民之所變，聖人因而變之。俱變、俱常，聖人藏之。俱變、俱常之中，確然有常主宰者，聖人理而表之。

質論之中，皆通論也。毀質譽通者，巧耳。通一質也，究歸乎通用其質而已矣。久米鹽矣，斯米鹽之；久金玉矣，斯金玉之。不必以無所不金玉、無所不米鹽之説，亂金玉、米鹽之常質也。無所非親，則無所非當養矣，此所以奪晨昏之膳以飯乞也。無所非配，則無所不可偶矣，將鹿聚鴿交以漁色乎？嚴君平曰：『熱而投水，寒而投火，所苦雖除，其身必死。胃中有瘕不可鑿，喉中有疾不可剥。』偶然變語，不可爲常。尤不可以無常、無變之翺忽，致常、變之不分，而使民無所措其手足也。

常爲其所當爲，而爲即無爲之統常、變在其中矣。定其所可定，而不定者置之而自定矣！故定常變之正曰：有常即有變。有交奪之常變，有統用之常變。以常統變，以變知常。變亦是常，本無常、變。至人常其變而變其常，其流止好屈其常以伸其變。聖人道其常以御其變，即是統常變之大常。嘗試論之，沂言無始爲常〔四三〕，則以日用爲變。相習日用爲常，則視無始爲變。不知以貫無始、日用者爲常，則離無始於日用、舍日用言無始者，皆不知貞一之正常、變也。易故藏其顯而顯其藏，藏圓蓍於方卦，藏無方無圓於規矩，雖有常、變，而何常、何變，常貞一而已矣！

徵變者曰：人知飯可食，不知鬼可食，雷可食；人知粟可種，不知鱉可種，羊亦可種。明常者曰：食鬼、食雷不敵食飯，則飯之常明矣；種鱉、種羊不敵種粟，則粟之常明矣。況專欲人食鬼、食雷而禁人食飯乎？專欲人種鱉、種羊而禁人種粟乎？通常、變者曰：不可以鷹鳩雀蛤責鷄鶩，以葦萑稻蛩責蘭蓀，又何妨以蟄龍屈蠖知退藏之幾乎？不必以蛤蜊之像廢宗廟之犧牲，而圖鸕鷀之舍利，又何妨以公牛、黄母、五酉、六道明豺狼野干之識變，而受用大禹之龍負乎？聖人以有知無，即無有無，遠近俯仰，大小短長，反復得之：常、變猶是也。肢骸其天地，經絡其陰陽，呼吸其世紀，虚空之中，皆可指屈而毛數也：變皆常矣。豈必八其手足、眉下於目，乃足駭人而齊常、變哉？

老子謂孔子曰：『草食之獸，不疾易藪；水生之蟲，不疾易水。行小變而不失其大常也。』以閱衆甫，是謂襲常。聖人以千生之非常不出此生之常，以代續之無常益知盡於本生之常。以孝繼心，通於神明。造端而立君師，參兩之任常一。合萬古之歡心以天其倫，即可造萬古之人心以孝其天。知生即知死，即無生死；盡常即盡變，即貫常變；寧在廢人而鬼之乎？逼人敢於叛聖而獨尊，又不如鬼之矣。此蓋偶見大一端而執之也。引琅琊、宇文之事，而槩欲抶其君高訴，所謂學三年而名其母矣。

聖人盡常變、大常之大變而時其大常，故於細常變無不宜也，無不察也，無不師也，無不用也。以是宜民，令民自宜。志氣塞乎兩間，則窮達猶寒燠也；神明周乎萬類，則制度猶風露也。沅南之農聞燉煌之流庸者曰：吾鄉雀麥足以饍而不憂旱，又坐穫而不勞。農者心豔其便而謬之，稊似之不芸，而穀蕪矣。農之子，見富鄰之子酣適，放言天地自能供我，我何獨勞？田父既不以勤勸其家，空豪甌臾之祝。其子又食富鄰之言而咽之，而田竟荒矣。天時、地利、人事之細常、變，若是其藹藹也；欲以一渾侖常、變便之乎？不便甚矣！人無不厭常而駭變，又畏變而匿常。既惰其常安之職業，而忽以不勞之高論執以爲常，是無常也；加之以俱變俱常、無常無變之説，驕其鄙薄服勤之心乎？是荒常也。

非喻可喻

問：『喻道者何喻最乎？』

曰：『此非喻可喻也，而不得不喻。或曰如，或曰象，或曰寓，此言即無言之第一非喻喻矣。以可名之道爲道者，非道也；專以不可名之道爲道者，非道也；深之以非可名、非不可名之道爲道者，亦非道也。自空虛而物之，自空虛而用之，自空虛而容之，謂將有三乎？無三乎？三空虛乎？三不空虛乎？道自祖禰而雲孫、仍孫，生而同時者也。一時同生，而又不礙有循節緣生、展轉相生者也。

『自分其無有而有，家家無不有門、堂、室，室中、堂中，几、案、榻、鬵，無不具焉。眞無有之所以爲空虛非空虛者，貫乎門、堂之內外，並貫乎几、案、榻、鬵之內外。此所以爲空虛非空虛者，咫尺之間，四海之遠，無異也；千古之上，千古之下，無異也，道也。家家之門、堂、室，亦道也；几、案、榻、鬵之具，亦道也。豈若將作監之造器，器爲一，造器之器爲一，匠又爲一乎？

『世之言道者，或以法目道，或以德目道，故稱大道者曰天。聖人體道尊德以立法，用心明善以統天，窮理盡性以至於命，豈得已而爲此三拾級九翔武之學問哉？道之於德也，有似乎世之於君，然非世之於君所可比也。道若主其德，德又主其道，而道實與德同體者也。尊理馭氣者，即彌綸理氣者也。或聳絶待爲蓋頂，以消對治；或綜對治爲綱目，以藏絶待：一也。道之於法也，有似乎君之於相，然非君之於相所可比也。道若臣其法，法又宰其道，而道實與法同處者也。坐而論道，則惠疇遜品即精一也，亮工申明職掌之分，豈有分乎？昭明時雍其天下而已矣。精義歷事者，即義事俱絶者也，無精觕、無勞逸、無内外，一也。

『鶡冠曰：「安危，勢也；存亡，理也。何可責於天道？鬼神何與？一者，德之賢也；聖者，賢之愛也；道者，聖之所吏、至之所得也。故聖，道也；道，非聖也。道者，通物者也；聖者，序物者也。故有先王之道，而無道之先王。」愚曰：晉唐來之托言者，竊大一之平等爲道矣，似知各各不相知之爲道矣。然膠此獨尊而誤人者不少，以未全徹也。未全徹乎道之爲祖禰、爲雲仍，非父生子、子生孫之謂也，同時生之而分體同之者也。本合而分，可以分可以合，可以分合相錯綜，可以分其分而合其合；無廉陛而廉陛，無輪序而輪序；以無家之道治其道，自不爲家所累，而又豈以無家增累乎？由吾門，何苦踰牆壁；入吾室，不必暱安奥；開吾堂，不必絶親友。列者几案，坐者榻，烹者鬵；何所不事事，而有何事哉？無一法可當情者，迫人之騎危耳。聖人理太極之家，惟立仁與義以爲家督，而僕妾秩秩、子孫繩繩、祖禰安安矣！豈故焚其家具，而逐合門以草竊乎？』

録至此，平公歌於閣上曰：『春蘭兮秋鞠，常無絶兮終古。』何生牖下周榮曰：『如乎？象乎？寓乎？非喻非非喻矣！』當士正坐中堂曰：『禮魂乎？終古乎？不言而喻。』

校記

〔一〕正公　當作「純公」，程頤謚正公，程顥謚純公。此語出程顥。
〔二〕盧　當作「慮」。
〔三〕□　疑當作「事」。
〔四〕明　樂記作「從」。
〔五〕事　原係空格，據樂記補。
〔六〕悟　疑當作「惜」。
〔七〕頤　當作「賾」。
〔八〕妨　當作「坊」。
〔九〕始　原作「如」，據宗一聖論改。
〔一〇〕孫　原係空格，據後漢書郭符許列傳補。
〔一一〕鐵　原係空格，據上下語意補。
〔一二〕世　原無，據上下文意補。
〔一三〕後一「山」字　疑當作「中」。
〔一四〕柄　當作「枘」。
〔一五〕禆　當作「稗」。下一「禆」同。
〔一六〕凡　疑當作「丸」。

〔一七〕各　疑當作「不」。

〔一八〕狙　莊子齊物論作「狙」。

〔一九〕興　當作「與」。

〔二〇〕□　漫漶，疑當作「綖」。

〔二一〕天章　當作「文章」。

〔二二〕綱　當作「網」。

〔二三〕國　疑當作「圖」。

〔二四〕繞　當作「統」。

〔二五〕户　當作「尸」。

〔二六〕固　疑當作「因」。

〔二七〕裂　疑當作「烈」。

〔二八〕狼　當作「稂」。

〔二九〕去　當作「法」。

〔三〇〕究　當作「宄」。

〔三一〕□□　原空二格。

〔三二〕蓋　當作「盍」。

〔三三〕迓　當作「迂」。

〔三四〕鈇　當作「鈇」。
〔三五〕回　當作「曰」。
〔三六〕差　當作「羞」。
〔三七〕實　當作「寶」。
〔三八〕襲　疑當作「聾」。
〔三九〕儉　疑當作「險」。
〔四〇〕忘　當作「妄」。
〔四一〕尖　疑當作「失」。
〔四二〕殃　據樂記，當作「殈」。
〔四三〕沂　當作「泝」。

附録

浴日蒸天，可不家食，何妨呼醒夢蝴蝶？瞥見魚知躍、鳶能飛，盡覆載幽明外，九萬遊息，時時是怒化之鵾鵬。

烹雪炮漆，以供鼎薪，偏教醫活死麒麟。卻問龍無首、狐濡尾，在元會呼吸中，三五錯綜，點點皆觸幾之黿馬。

易餘 矐肉眼而開醯眼，又矐醯眼而還雙眼者，許讀此書。

整理者按 附録可視爲易餘結論。上聯言炮莊，下聯言烹雪，是易餘乃炮莊烹雪而會通於易之作也，可見易餘亦有莊、禪乃儒餘之意。

方以智全書之二

東西均

諸偉奇　整理

整理説明

東西均，總二十七篇，方以智撰。

據東西均記，本書寫成于一六五二年前後，時清順治九年，南明永曆六年，作者以太歲紀辰曰玄黓。據龐樸先生考，東西均記『誶曰』中，『魂魄相望』，射『明』字；『夜半瞻天』，射『人』字；『旁死中生』『不必其圓』，皆射『方』字；『似者何人』，射『以』字；『于此自知』『古白相傳』，皆射『智』字：合起來即『明人方以智』。篇末署『嗚嗚子記，五老峯顛』，嗚嗚子爲以智别號。

東、西，本義指方位。『東西之分，相合而交至』（東西均開章），方以智認爲，東、西，或作爲物質，或作爲概念，既是對立的，又是統一的，即對立統一于『均』。『均者，造瓦之具，旋轉者也』（東西均開章），本義是塑造陶器毛坯的轉盤，作者用以代指變易、不易之性。在方以智這裏，『東』『西』，可以是物質存在，也可以是意識或概念存在；無論是物質還是意識、理念，『均』都是相互作用場。用現代科學來説，這個場可能是矢量場（可變的），也可能是穩恒場（静止的）。作者在書中就對立與圓融（擴信）、表象與本相（三徵）、堅守與變化（盡心）、相反與相因（反因）、公是與公非（公符）、顛倒與交互（顛倒）、生與死（生死格）、奇與庸（奇庸）、全與偏（全偏）、神與迹（神迹）、譯解與本名（譯諸名）、道與藝（道藝）、讀書與著文（不立文字）、張與弛（張弛）、象與數（象數）、世界與本原（所以）、寬容與錯誤（容遁）、謀生與盡力（食力）、源與流（源流）、人心與鬼神（無如何）、（混沌的）奥秘與（人類的）認知（玆燚黈）等關于人類運動、思維乃至地球、宇宙的狀態、規律等問題，給予了辯證、深邃的闡釋，『提出了他所創立的吞吐百家、烹炮古今的統均或全均理論』（龐樸語）。

可惜，由于清廷嚴酷的文字管控，這部『破天荒的、發千古所未發的決宇宙之大疑』的具有近代啓蒙意義的著作，竟然以抄本的形式被塵封于故紙堆中達三百年之久，于上世紀五十年代才由方以智十一世孫方鴻壽捐獻給政府。該書現藏于安徽省博物院（簡稱皖博本）。中華書局一九六二年十一月出版了排印本，該本由李學勤先生據皖博本校點；二〇〇一年三月又出版了由龐樸先生注釋的東西均注釋。李校本篳路藍縷，爲當代方以智研究之肇啓；龐注本浸潤多年，深耕細作，釋疑解惑，淵微并著，更發明創建，精義迭出。二〇〇二年，上海古籍出版社又據皖博本出版了影印本，列入續修四庫全書子部雜家類。

本次整理即據安徽省博物院所藏清初抄本校點。該抄本綫裝，三册，字芯高二二〇毫米，寬二二六毫米。第一册六頁，宣紙，録東西均開章；第二册五十頁，毛邊紙，録東西均記至譯諸名等十二篇；第三册五十一頁，毛邊紙，録道藝至消息等十四篇，其中所以篇附聲氣不壞説。全書除無如何篇及源流篇末五十字以行書補抄外，皆楷書録寫。文中有硃筆句讀及圈點標示；個别文句有修改，行書，筆迹頗似方以智。正文單頁十行，行三十字，小字雙行；正文下或有以小字抄寫者，皆較正文低一格，行二十八字。全書無目次。卷首之東西均開章相當于全書之導論，其後之東西均記相當于全書之序言，正文之首篇應爲擴信，從抄本格式看亦是如此：全書唯擴信篇首頁首行有『東西均』三字書名，頂格。各篇皆另頁抄，篇名低二格。安徽省博物院藏本東西均開章首頁首行下方有『文忠少子中履謹藏』印記，文忠爲方以智私謚。擴信篇首頁首行東西均書名下，標『決鼻行者抄』。抄本中『博』皆作『慱』，『捨』皆作『舍』，『并』『倂』皆作『并』，『于』『於』多作『于』，凡此，因難以區分係作者或抄者所爲，未敢遽作歸併，皆一仍其舊。其餘異體字則依據安徽古籍叢書校點通則處理，不贅。

諸偉奇

二〇一五年九月

東西均目次

東西均開章

均者，造瓦之具，旋轉者也。董江都曰：『泥之在均，惟甄者之所爲。』因之爲均平，爲均聲。樂有均鐘木，長七尺，繫絃，以均鐘大小、清濁者；七調十二均，八十四調因之。古均、匀、韵、㚬、鈞皆一字。均固合形聲兩端之物也。古呼均爲東西，至今猶然。南齊豫章王嶷傳：『止得東西一百，于事亦濟。』則謂物爲東西。

兩間有兩苦心法，而東、西合呼之爲道。道亦物也，物亦道也。物物而不物于物，莫變易、不易于均矣。兩端中貫，舉一明三：所以爲均者，不落有無之公均也；何以均者，無攝有之隱均也；可以均者，有藏無之費均也。相奪互通，止有一實，即費是隱，存泯同時。所以然，生不得不然，而與之同處。于是乎不得有言，不得無言，而不妨言『言即無言』之言。故中土以易爲均，其道并包，而以卜筮之藝傳于世，又不甚其苦心。均罕言于雅言，使人自興、自鑑、自嚴、自樂而深自得之，以其可聞，聞不可聞。吾言無所不説者，亡矣。僅有魯而唯者，有多識而知其不可聞者。斯則東老呼『天知我』霹靂一聲之後也。

竹中之均明知『無言』，而何以言？因後世以不可聞者自夸其聞，哼哼譊譊，以傳爲市，故言其『何言之行生』者徵之。土型乎，鍾木乎〔一〕，豈得已哉？

萬古所師之師惟有輪尊。輪尊無對而輪于對中。見所爲因緣和合，成器而適用者，皆方老之所爲也。方老不自謂爲之而歸于無爲之尊，則方老率衆執事芸芸者，皆輪尊之所以爲也。

代而錯者，莫均于東西赤白二丸。白本于赤，二而一也。赤者，平起赤而中高白；白者，能白能黑，而滿輪出地之時本赤。因其所行，錯成生死。明而暗，暗而明，晝夜之生死也；生明死魄，一月之生死也；日一北而萬物生，日一南而萬物死，一歲之生死也：時在其中矣。呼吸之小生死，天地之大生死，猶是也。

東起而西收，東生而西殺。東西之分，相合而交至；東西一氣，尾銜而無首。以東西之輪，直南北之交，中五四破。觀象會心，則顯仁藏密而知大始矣。密者，輪尊傳無生法忍以藏知生之用者也，昭昭本均如此。

步之積移，猶有歲差，望後人之均之，則可不均東西所以代錯之故，聽步東步西者之積移而差乎？東均者曰：『知日則知夜矣。』西均者曰：『日原于夜，以夜知日。』步東之差者，守所立之甲乙，時已推移，而不知變；步西之差者，不知說夜所以說日也，而習說夜之法，掃說日者貪食而畏夜，形累而影迷。此輪尊生物之公差也。故生轉均之人，明此日統夜之無日夜，以復人人自有之輪尊。則東西輪尊之宗一也，即具二。主宗者用一化二，而二即眞一，謂之不二。『吾道一以貫之』與『一陰一陽之謂道』，三『一』者，一『一』也。何謂吾？何謂道？何謂一？曾疑始否？曾同異否？

開闢七萬七千年而有達巷之大成均，同時有混成均。後有鄒均尊大成，蒙均尊混成，而實以尊大成爲天宗也。其退虛而乘物，託不得已以養中者，東收之；堅忍而外之者，西專之；長生者，黄冠私祖之矣。千年而有乾毒之空均來，又千年而有壁雪之别均來。至宋而有濂、洛、關、閩之獨均。獨均與别均，號爲專門性命均。而經論均猶之傳注均，惟大成明備，集允中之心均，而苦心善世，以學爲旋甄和聲之門，彌綸乎大一而用萬即一之一，知之樂之，眞天不息，而容天下。後分專門性命、專門事業、專門象數、專門考辨、專門文章，皆小均，而非全均也。

乾毒最能高深，苦心于世之膠溺，故大不得已而表之空之，交蘆以破而性之，專明其無不可用大一之體，而用例頗略，以世已有明備者，故可略也。而後人沿其偏上權救之法迹，多所迴避，遂成一流法迹之法。其實諦行之蟠死窟者，留以爲寒涼之風可耳，非中諦圓成者也。

全均者曰：名教者寄聲託形之場也，時乘者太極陰陽匌也[二]，輪迴者消息也，迦延獄者名教場之杵也。心科榜于縣崖，則獨均之礪石也。又有安樂先天均，獨明輪率，則以元會徵成壞，固東西大生死之指南車也。

均備五行而中五音，所旋所和，皆非言可傳。空無所得，無不自得，久淬冰雪，激乎風霆，會乎蘇門，亘其神氣，自叩靈臺，十五年而得見輪尊。仰而觀，俯而察，小見大，大見小，無彼非此，即無大小，皆備于我矣，是爲大尊。成均、空均與衆均之所以爲均，皆與我同其大小偏全，我皆得而旋之和之。生乎後時，躍身其前；開方圓目，穿卯酉光；讀五方本，破玄黄句；坐蒼蒼之陛，下視其不可聞之苦心，原何有不可推移之法，而况迹其迹乎？

匌則盡古今是匌也，獄則盡古今是獄也。因時變變，可全可偏；必知其全，偏乃合權。讀之破之，空之實之，不則泥土以爲鏨耳，斷鐘木以爲橛耳。旋形和聲之統迹者，衆均皆有□當〔三〕，而不立者立其所以統。吾以統均立，則兩間之星點枝梧者，皆不立之立也。

用形之義詳于東，而託形之聲出于西。清淨音聞，誰耳順乎？絃歌杳矣，詩樂故事；孤頌雖行，且嗤滿半。獨均與別均之裔爭，而各裔又爭。獨均已不知呼天之聲，泥于理解，不能奇變，激發縱横之曲，必讓塗毒之鼓。然別均守其專授，不加陶鑄，反呵宗教不二者葛藟，而發揮觀玩攖寧者爲芸人之田，曾不知模仿鏤空之伎倆，與穴絙雕蟲、同迷于耕織何異乎？每笑高卑雖分，所依即迷。自絃撥之指、點睛之筆，以至魯共之壁、靈山之花，皆迷藥也。而皋比座、曲彔床，一據不可復舍，迷藥猶毒。

方老向輪尊曰：迷而悟、悟而迷，又何異于呼而吸、吸而呼哉？矜高傲卑，幾時平泯？吾無以均之，惟勸人學均以爲饔飧。衆藝五明，皆樓閣也；蟲吟巷語，皆棓喝也。其自誇無事人，惟恐齒及學者，以無忌憚而弄泥倚木，又偷安，又斥人，狡矣！汝誠如蒼蒼者，吾豈不許汝斥好學爲惡習邪？蒼蒼之均也，各各不相知，各各不相到，則蒼蒼亦不能自主，而爲汝作主斥好學者耶？嗟乎！全均者苦矣，愚矣！

吾勸別均，別均方獨尊，而所迷者悦而從之，誰肯虚心？自知無住，既諱其住，必且呰我以掩悦者。吾勸獨均，獨均又以爲雜取異術，推而擯之。勸其悟後自强不息，薪傳用光，礙俱無礙，徵以自勘；則以五方本、玄黄句，是更畏難護痛，引濁智割泥以自封，藉露布爲障面。詎知根本差別外内何分？清智和濁智中，知其起處，即任爲□〔四〕，金剛刀何處不可用乎？反不如達者任之。蜉蝣慶暮，有何生死？何不逍遥，而爲聖人所縛定哉？果得策矣，然又烏知愚、苦即逍遥之無上策耶？木榻一鐸也，鐵門一拂也，已而已而，知有已耳，求免則那？雖然，本自如此，乃本自不可言者也。知必不免，而必言可免，是爲大免。勸縱不受，又豈可以不勸自暴□哉〔五〕？

紛華隊之言性命均者，苦事淹洽，苟焉託立地火爐之傍，足唾人間之哲匠，以爲顔色，藏身已耳。不則交賒福田，久而自護，又多厭常喜新，因而別路紿之，則果不信土木之皆均質也，城郭川原之皆均宅也。指遠山之青又青，有秘在焉，則馳千里馬遍九州而尋之，青又青何可得乎？猶必以土木、城郭、川原之非究竟也，豈非白癡？忽告之曰：『君求青又青耶？君足下之土木是矣。』彼反不信。學道賢者往往皆然，眞可憐生！迷死而已。所最太息者，單襲『田本自種』之一吼，而廢禁『種田』之良勸，漫曰鱉難逃甕，其如日下狼骫何哉？輪尊笑曰：　迷死而已，本不出吾計也。

毒均設爐，聽人投迷。有開目放光者，則出而逍遥；　不能出，則迷死之已耳。無明即明，爭明逾迷。躍冶之悟，大悟大迷。黔嬴造命，本無迷悟，而有似乎生迷死悟。不迷則死，不如迷學，學固輪尊毒毒藥之毒也。

吾告稗販毒藥者曰：　至賤如鹽水，至穢如矢溺，皆可吐下，比于靈丹，何必外國之阿魏、黄硇乎？燈籠露柱，石牛木馬，乃遼之白蹢也。土苴矣，疑者嚼即棄之。故爲畫長安圖，使人出門西向而笑。一肯上路，鞭策有分，津關相待，旅次盤桓，見則立見，不見豈患別無點心⿰麥粦⿰麥婁哉？世無非病，病亦是藥。以藥治藥，豈能無病？犯病合治藥之藥，誠非得已。

貫、泯、隨之徵乎交、輪、幾也，所以反覆圓∴圖書也，是全均所露泄之本，熟讀而破句者也，立而不立者也。雖言之而不言者自在，可聞而不可聞者自在。大尊囑此以作均徵而救衆均，又何暇避刹播之禁忌，而故錮人于儱侗乎？風稜水文，貌在言外，不知言先一句，吾言又錮人矣。影訾之曰：『此皆不親切之皮相玩物也，此皆知見聰明之土塊木屑也。向上别有牢關一片甎在。』形笑之曰：『不過爲日觀峯下灰堆出氣，慰沼納樸相望耳！』自首自掃，一狀領過，過後張弓，有何交涉？

『細視大者不盡，大視細者不精』，此誠然矣。然天地何以大者盡而細者精？豈非以不視者均之歟？請容東、西之遮奪互闢，而即爲東、西合拍解哃曰：西言一切法皆是法，何能推新均，出那伽大定之外？東均之贊曰『代明錯行』，不收我，何以爲代錯？足踝者咫也，而用者大地，何不試學此均，以爲無用之用耶？

有大全，有小全。專門之偏，以求精也；精偏者小全。今不精而偏，必執黑路勝白路，而曾知黑白之因于大白乎？入險則出奇，愈險則愈奇，而究竟無逃于庸也。惟全者能容偏，惟大全者能容小全；而專必厭全，小全必厭大全。大全隨人之不見是，而專者摧人以自尊。大全因物以作法，法行而無功，天下皆其功，而各不相知。專者必自露得法，而不容一法在己之上，以故聞者屈于其迅利，遂以爲大全誠讓專偏一等矣。

集也者，正集古今之迅利，而代錯以爲激揚也。何妨露洩之而又訾笑之，擔荷之而又容置之？謂不精，則讓諸公精；謂不能勝人，則讓諸公勝；謂習氣未除，是誠左旋習氣未除也；謂獨非迷乎？是誠迷于發憤之樂也。在此刼中，且均此十三萬年之曆，與之日新，聽其迷明，容其勝厭，雖愚苦其心而尚有不能言者，庸何傷哉？

我以十二折半爲爐，七十二爲鞴，三百六十五爲課簿，環萬八百爲公案，金剛智爲昆吾斧，劈衆均以爲薪，以毋自欺爲空中之火，逢場烹飪，煮材適用，應供而化出，東西互濟，反因對治，而坐收無爲之治，無我、無無我，圜三化四，不居一名。可以陶五色之素器，燒節樂之大壎，可以應無商之圜鍾，變無徵之四旦，造象無定，聲歈歸元。知文殊中無中邊之中，又不礙常用子華庭皇之中。是名全均，是名無均，是名眞均。有建金石華藏之殿，而犍曠古當前之鐘者乎？必知問此造具均、和調均之合一手矣。印泥、印水、印空，三印且破，又何嫌于刻銷乎？存泯同時，各不相壞。形既無形，聲亦無聲，何不可乎游形而戲聲？

蒙老望知者，萬世猶旦暮。愚本無知，不望知也，蒼蒼先知之矣。三更日出，有大呼者曰：『是何東西？』此即萬世旦暮之霹靂也。請聽！

校　記

〔一〕鍾　應作『鐘』，同上文。

〔二〕陰陽　後或有『之』字。

〔三〕□　原漫漶，疑爲『其』字。

〔四〕□　原漫漶，龐注本以爲『官』字。

〔五〕□　抄本原缺，龐注本以爲『棄』字。

東西均記

嗚嗚子事何何先生四十餘年，讀書數萬卷，而無一字，殆地上無所不知者乎？徐觀其隱，攲其鍾，其空空無知、不立一塵、不合一法者乎？跳北跰南，數履磑磑之刃，視死如鼻端，色不少變，心更折之。此其吹毛發硎、弄丸中隨者乎？

二十年來從不與人語，忽與我語，皆羲軒之所未見。先生曰：『斯世傭世也。語，則傭于語； 不語，則傭于默。惟其所適，偷以自匿。猥者匿默，默者匿語。自有眞語。語終不可以匿，默又何可匿耶？以默均語，以語均默，汝其均之。』夜聞而默其語，語其默，我非昨日之我。此何何先生之以『何』化我也。

晨起適先生所，竟不知所在。是所謂乘雲氣，騎日月，揮斥八極以游無窮者乎？何幸見之，而又何以不見？遂不知其何許人。四十年昨日之我何以不問？愚亦不可及矣。其無何邪？其何有邪？其呵呵邪？其烏烏邪？我不能知，惟有嗚嗚而已。因默記其所默、語，副決鼻行者抄之。

誶曰：魂魄相望，夜半瞻天，旁死中生，不必其圓。似者何人，無師自然，于此自知，古白相傳。

歲陽玄墨〔一〕，執除支連嗚嗚子識五老峯顛。

校記

〔一〕玄墨　當作「玄默」。爾雅釋天：「太歲在壬曰玄默。」

東西均

擴信

拘者守所見，不在目前，則戛戛乎不信。子休言大，乾毒之言更大，大者寓也。未嘗非寓，而人竟不信天地間之大，則非也。愚不寓言，請以實徵。

語山中之老農魚大于木，即疑；而且有蝦須如檣、蝶翅如帆、鰲背如山長百里者。言衣爲野蟲所吐，即疑；而且有鎖鎖、石絨，投之火中愈潔者。西域種羊，桃核如斗，井火，石油，海冰，硇水，佔俾者十且八九詫，況其他乎？變變而化化也，事不必其事，理則其理矣。凡人心之所可及者，皆理所有也；且有不及者。人先不能自見其心，而語及、不及者，妄也。

漢使張騫，唐平西域，河源終未明。後覽元志，闊闊乃泝河于朵甘思。江源止詳茂州汶山，而不知馬湖江泝金沙江，緬甸志乃泝江于吐蕃之犂石，則千古江河之眞源始顯。禹貢導河自積石、江自岷，則半路截之耳。必信禹貢，不信元志，又何異信織女支機石而不信黄姑牽牛即河鼓耶？

張平子作地儀，祖暅之作綴術〔一〕，則羲、和、洛下疏矣。吴草廬説九層耶蘇合圖，滿剌加諸星接井狼與箕尾，爲開闢所未有，是天象至今日始全。一行山河兩戒，千餘年尊奉之，豈知説夢哉？韓非曰地形以漸往，使人東西易面而不自知。新率測中國申時，歐邏巴方子時，則中國足之所履，必有足履此足之底者，如螘之行屋梁是也。赤度之下，兩度春秋。河漢之明，乃屬細星。北方有煮羊脾而天明者，從此再轉，則有日光不没之國。都利聿斯言人禍福，郭璞青囊葬乘生氣，皆非先王所詳，何迺應之如響？木綿、抄絔、雕板、搊扇，俱備于後代，是後人有增加精明于前人者，則後出之理未可誣，以爲非先王之法言也。

舊喻，人身三百六十骨節中，三萬六十尸蟲族焉〔二〕，皆有晝夜、山河、親黨，而人處大千如一骨節，人或未能信。乃者吾以實事徵實理，以後理徵前理，有不爽然信者乎？信之矣，則此等之虚喻徵虚理，又何不可信耶？弄丸閒往來者，因果可以不問，而輪迴聽其自有，信得及否？可以參矣。

爾雅之『檟』，古謂之荼，西域謂之陀，亦謂之擇，吴謂之矬，閩謂之德，中原謂之茶，是皆一物也，方言時變異耳。古無家麻韻，漢書荼陵即今茶陵；華嚴『陀』字，大品般若作『荼』，觀經作『擇』；曼陀羅作『曼荼羅』，可證。太極也，精一也，時中也，混成也，環中也，眞如也，圓相也，皆一心也，皆一宗也，因時設施異耳。各有方言，各記成書，各有稱謂。此尊此之稱謂，彼尊彼之稱謂，各信其所信，不信其所不信，則何不信天地本無此稱謂，而可以自我稱謂之耶？何不信天地本無法，而可以自我憑空一畫畫出耶？

相推而鑿，相推而補；分推之爲專門，合推之爲大宗，代錯不息之道也。古者三茗設荈〔三〕，非如後之臘面、京挺也，非如後之石乳、密雲龍也，非如後之亞鬭、烏帶也。今若六貢，若源蘿，至矣，孰知有岕，岕又有片乎？鴻濛之心料猶穳也，集大成則貢、乳、浮梁俱備矣；直指入則源蘿矣，色且加鮮；至若太素，芬且加烈，友于沖和，然非中泠〔四〕、惠山之泉，烏能盡其才若此者哉？孰知又有合尼山、鷲峯、苦、蒙、嵩少之製，而揃則烙之、熏之，精則析之、片之，不廢燀湯飲谷者乎？因時盡變，何事不然？何事不然，何故不信？

愚故以天地信自然之公，以自心信東西之同。同自生異，異歸于同，即異即同，是知大同。專者雖不肯同，而全者不可不以大同爲任〔五〕。或虛其實，或實其虛，虛實有無之不二，猶陰陽之本不二也，皆以不失其初而已，皆以不爲生累而已。原始反終，即三世也。神道設權，迦延典主，最能輔教。入人之化若此，不留之以神春秋之權而闕之乎？孔子復生，必以老子之龍予佛；佛入中國，必喜讀孔子之書，此吾之所信也。『天何言』而刪定，即是不立文字之燈録。三藏不曾説一字，而四十二字通華梵游藝之門。呵呵不生，一歸玄黄未判以前，則又何東何西，何半滿籀隸之異而同、同而異乎？

何何氏有擴信之密訣曰：

小中見大，大中見小，古今撮粟，豪乾蓬島。
虛中見實，實中見虛，蜃樓山市，龍女施珠。
長中見短，短中見長，鏤丸一鼾，墓誌黄粱。
此中見彼，彼中見此，八鏡奪魂，手壓嚇鬼。

本無大小，不煩善巧。
本無虛實，不息眞一。
本無短長，莫知何鄉。
本無彼此，大公由己。

大隨大小，誰割昏曉？
大隨虛實，空山寂歷。
大隨短長，節節芬芳。
大隨彼此，九州鄉里。

當知大隨即是本無，見即無見，在在圖書。官天繼善，蕩平之樞。正大一統，春王如如。曰大密者，即天下萬世是密也。

校　記

〔一〕晅　原作『堩』，據龐注本改。

〔二〕十　龐注本以爲當作『千』。

〔三〕設　龐注本以爲當作『蔎』。

〔四〕泠　原作『冷』，據龐注本改。

〔五〕大同　原文作『同达』，據蔣國保文改。

三　徵

開頂門、背、面之目，破不落有無之鏡，而覆存泯同時之幬；一磬咳，三教畢矣。若不能知，千篇累牘，亦紗縠也。

大一分爲天地，奇生偶而兩中參，蓋一不住一而二即一者也。圓∴之上統左右而交輪之，旋四無四，中五無五矣。

明天地而立一切法，貴使人隨；暗天地而泯一切法，貴使人深；合明暗之天地而統一切法，貴使人貫。以此三因，通三知、三唯、三謂之符，覈之曰交、曰輪、曰幾，所以徵也。交以虚實，輪續前後，而通虚實前後者曰貫，貫難狀而言其幾。暗隨明泯，暗偶明奇，究竟統在泯隨中，泯在隨中。三即一，一即三，非一非三，恆三恆一。

謂之本不動者，非静也，穆不已也。幾先知幾，貫則爲一。小其大，大其小；虚其實，實其虚，而無大小虚實矣，並無三徵矣。生成合，生成分；分合合分，分即是合。聽百家之各專互勝，而統常變之大常者，通自在也。知所以之天，以安其不得不然之天。穆本不已，徵又烏可以已？

何謂虚實交？曰：一與二爲三，此教父也。中五即大一〔一〕。一也，五止有四，四止有三，三止有二，二止有一，此琉璃圖書也。未有天地，先有琉璃。人，一琉璃也；物物，一琉璃也。可方可圓，可稜可破，可末可長，而交之輪之。

心以爲量，試一量之可乎？一不可量，量則言二，曰有曰無，兩端是也。虚實也，動静也，陰陽也，形氣也，道器也，晝夜也，幽明也，生死也，盡天地古今皆二也。兩間無不交，則無不二而一者，相反相因，因二以濟，而實無二無一也。

混沌生于有，開闢生于無。混沌非終無，開闢非始有。有無不可分，而强分之曰：未生以前，有在無中；既分以後，無在有中。天下偏病，亦此兩端，不執泥，則斷滅。告之曰有，則偏于有，故言無；告之曰無，則又偏于無，故言非無。告者噓曰：一寒一暑，一此一彼；無寒無暑，無彼無此。猶析簡梵本也，而褫褙之曰『非無』者，仍褾『合』于有中〔二〕，口門都盧，茹吐不盡，況塞悱之約，不作十成耶？知有貫混闢之天地，即直下之天地，則無『有』『無』矣。

一因二而兩即參，倍兩旋四，中五彌綸。向上兼墮，上無上下，猶中無中邊也。千萬不出于五，即不出于一也。一者，無有無不有也，即隨即泯而即統矣。

道生物而與之同處，豈父子可喻、水盂可比哉？故蚩蚩而示其綻曰：有生來無非物也，離物無心，離心無物；費隱交格，如液入涪。未生知生，生即無生，何妨曰即有是無，以滅没四諦而膏化三五乎？

以無遺有者，權也。半提者甚其詞以矯之，但曰空諸所有；全提者玄其詞以括之，但曰不落有無而已。

死後者即生前者，即生後死前者。知生死前後之嚮搨〔三〕，即知本無生死之影摹矣。偏斷滅者十一，偏執泥者十九，隨流見即見矣。而沉溺惉懘，牢不可脱，故拔之乎空劫以前，絶後重蘇，而還之日用，此亦亡俚之兜零耳。究竟隨流見得者，有即無、存即泯之正的也。

從而曰：離四句，絶百非，直下一刀，更無前後，坐斷千聖頂顙。從而曰：空手把鋤，步行騎牛，木鷄夜唱，鐵鳳天明，露柱懷胎，枯木龍吟，何瓦礫之不可以舉揚乎？至此難言，言亦不似；似即似矣，是即未是。即今狼戾如此，苟非親見，庸詎信耶？各親見其所見，庸詎信全提之更有大全提耶？

涔也，池也，溪也，江也，海也，各一量也。允中氏之則天也，化身爲擊壤之老，鼓其腹曰：『日出而作，日入而息，不知不識，順帝之則。』既曰不知識矣，而有則可順，是蒸極者不落有無也。

子思闢天荒以千古相傳、不可言之『中』，恐墮滉洋，忽創『喜怒哀樂之未發』一語當之，而又創出中和之『節』，則明示未發之中即和合于已發中矣。中非無過不及之説也，前後俱非，前後相續，時時此中，乃庸其中，適得而幾，成毁通一。中非無過不及之説，而又豈廢無過不及之中乎？明明上天之載，而無聲無臭，是不落有無者也。

孟子徵端于情，表體于才，痛人之從小體而失其良也，又慮人之守冥漠而二橛也，闢天荒創爲養氣踐形之説。養氣即以踐形，此不落有無者也。

不落有無又莫妙于易矣。太極者，先天地萬物，後天地萬物，終之始之，而實泯天地萬物，不分先後終始者也；生兩而四、八，蓋一時具足者也。自古及今，無時不存，無處不有，即天也，即性也，即命也，即心也。一有一畫，即有三百八十四，皆變易，皆不易，皆動皆静，即貫寂感而超動静。此三百八十四實有者之中，皆有虛無者存焉。孔子闢天荒而創其號曰太極。太極者，猶言太無也。太無者，言不落有無也。後天卦爻已布，是曰有極；先天卦爻未闡，是曰無極。二極相待，而絶待之太極，是曰中天。中天即在先、後天中，而先天即在後天中，則三而一矣。

甲坼參天[四]，何葉不仁？膚粟、足拇有掐之不覺者，謂之不仁。診知此一法身圓溢周給[五]，則九十九萬毛竅皆太極也。

必暗後天，以明先天，又暗先、後以明中天。溯之天地未分前，則位亥、子之間；不得已而狀之圖之，實十二時皆子午、無子午也。全泯全隨，俱明俱暗，豈眞有此一嶷然卓立不壞之圜象，欒欒于兩畫之上哉？不落有無，而我以『無』稱之，尊先也。此本無對待之無，而周流對待之環也，故曰『太無』。

邵子以太極爲無名公，最妙； 而又曰無極之前陰含陽，何也？此于十二會之子時一宫，自分三分： 初無極，次道極，末乾坤，每分三千六百年。曰無極，即子時初也；道極，即子時中也； 乾坤，即子時滿也。此『無』之中細分之也。觀物篇曰： 四者，有體者也；一者，無體者也。所謂有無之極也。此言用之者三，不用者一，而皆無體之「一」所統也，燎然矣。

周子方論始終、虛實、有無、道器之大綱，則實中有虛，虛中有實，有之前爲無，無之前爲有。有卦爻與無卦爻對，而太極無對也。太極之前添無極，則不能顯不落有無之太極矣。故愚從而三之。

莊子曰：有未始有也者，有未始有夫未始有也者，有未始有夫未始有夫未始有者，是三層也。今日之始者，子時也；子之先，即亥之後也。一層而一層，一層而又一層，以爲深乎？引人于曠莨之所焉已矣〔六〕。

言『無極』也，亦慕其玄言耳。今人好翻字面，不論本指，如考卷之挑剔，以此敲駁便爲推掃勝義。目所謂『極』，則玄之曰『無極』；目所謂『太』，何不玄之曰『無太』乎？如言及『從心不逾矩』，便云：『還有矩在，矩是甚麽？』天下人以爲妙眞，以孔子尚欠一步矣。驢年被瞞，何曾夢見？吾答之曰：『汝噉飯尚有口在，口是甚麽？』可笑千古人只換一個字面，便換了人眼睛，不見樹倒藤枯〔七〕，向前一拶，空引嗚山笑轉新哉！

何謂前後輪？曰：因有推無者，必推無始，推之則念念有無始矣。念也者，『今心』

也。于無始中搤其終始，則一呼吸爲終始。一呼吸即一生死也。一呼而一吸中有前後際焉，察此前後際，然後能察無始。而人不能察此幾微，故以大表小，于是言一日之生死爲晝夜，一月之生死爲朔晦，一歲之生死爲春冬，天地之生死爲元會。明天地之大生死，即明一呼吸之小生死，而人一生之生死明矣。

推見在之前際，即過去之後際；推見在之後際，即未來之前際；此一天地未生前，即前一天地已死後；此一念未生前，即前一念已死後；今日之子時前，即昨日之亥時後；而天地之大生死，即一日之十二時也。佛闢天荒而創名曰『輪』。邵子闢天荒創元會運世之限，以註成住壞空之輪，豈非振古希有者哉？

巧曆善算，法且數變。而必以三十年爲一世、十二世爲一運、三十運爲一會〔八〕、十二會爲一元足准者，以年月日時爲確徵也。一元一輪，一歲一輪，一月一輪，一日一輪，一時一輪，刹那一輪，則一呼吸間與天地同符、前後際同符。天地養道極之子會，一歲忍仁之冬至，一晝夜之天根，一營之會陰，皆一也。四分用三，十二用九，首尾處，搤吭處，天門三易諸理，具詳易說及大始徵中，語多不載。

如此而原始要終，三世之故莫明于此。曰過去者，昨日而已；曰未來者，明日而已。更元其元，猶時其時也。劫劫如是，塵塵如是。芒芒黖黖，大海漚發，則鏤丸極數即半齁耳！純其所以，而浩其直塞，又何有生死足繫累乎？

輪之貫之，不舍晝夜，無住無息，無二無別。隨、泯自統，自然而然，知之亦然，不知亦然；然其所然，同歸于盡，同歸于不盡。而人倫之至，且救見在，故須知之。知之必開『天地目』，則休原不休。知此不休，乃大休耳。因『有天地』，隱一『無天地』，而剔一不落有無之『統天地』。究竟統、泯無逃于隨，但知隨中之泯、統，又何九六、三一之縷罣乎？

何何氏嘗云：『天地目』者，天地生人，人即天地。言公心者，無徵則遁。既以即心取徵而徵其可徵，故莫如天地也。易言扁圓，難言圓圓，況曲橢觚觚乎〔九〕？測器有道，測理善因。吾以實徵之，任以喻聽之，何實而非喻乎？何喻而非徵乎？

輪有三輪，界圓而裁成之：有平輪，有直輪，有横輪。三者拱架而六合圓矣，象限方矣，二至、二分、四立見矣。如渾天毬，平盤四橋；如交午木，一縱一横。南北直輪，立極而相交；東西衡輪，旋轉而不息。南北之水火即東西之日月，東西之輪即南北之輪也。平之則四方中五之盤輪也，盤輪即腰輪也。卯酉之門建輪而旋，即如子午之位建輪而交。繞須彌之腰輪，即豎之盤百會之頂輪也。

物物皆自爲輪。直者直輪，横者横輪，曲者曲輪。虚中之氣，生生成輪。舉有形無形，無不輪者。無所逃于往來相推，則何所逃于輪哉？衍而長之，片而褙之，卷而接之，直立而上下之，幹支而貫蒸之。以此推之，凡理皆然。言南北而東西見矣，舉二端而四端見矣；不言五而五見矣，或言三而五見矣，或言一而五見矣，或不言而五亦見矣。此時時變而斷斷不變者也。

逍遥游首舉北溟之魚，不徙則浸死水矣；怒飛而南，非鳥非魚，上下察之，一躍一飛乎？挾風霜之龍興鸞集乎？何其善表有無之泯化耶？應帝王終以北帝、南帝、中央帝，亦此表法。夫何異法華之龍女轉男、華嚴之童子南詢乎？儵忽已鑿死混沌矣，何何氏不惜鑿而活之。以鑿救鑿，以變窮變，不得已開從不敢開之口，何所逃罪？

何謂幾？曰：交也者，合二而一；輪也者，首尾相銜也。凡有動静往來，無不交輪，則眞常貫合于幾，可徵矣。無終始而有終始，以終即始也。貞元之際，得智信之合焉；大明終始，而衍以徵其實。則天地未分前者，即貫十二萬九千六百年中；冬至子之半者，即貫四時二十四節中；未生以前者，即貫生少壯老中；一念未起者，即貫念起念滅中。是前即後、後即前，原在前而後、後而前之中，謂之本無前後，而亦不壞前自前、後自後也。晝即夜、夜即晝，原在晝而夜、夜而晝之中，謂之本無晝夜，而亦不壞晝自晝、夜自夜也。則生死、呼吸、往來、動静無不相即，並不相壞，皆貫者主之：此所以代也、錯也。所以代錯者，無息之至一也。天地之所以爲天地，仲尼所以集大成，全得子思畫出，而何何氏敢于交輪發明之。

邵子知先天，而不專立先天之狀，止于動静之間，歎之曰：「天下之至妙至妙者也。陰陽之幾畢此，而可知不落陰陽、動静者即此矣。豈待壞之而顯其成，始而顯其無成、壞哉〔一〇〕？

豫之解『介于石』，孔子歎其知幾；乾之履，歎知至至之爲可與幾。幾者，微也，危也，有幾希、幾察、幾近之義焉，從丝從戍，機械、機詳從之。權之始也，變之端也。憂悔吝者存乎介。介，間也。『解』其可不豫知貞疾乎？『履』其可不惕而自强乎？坤艮柔剛，是爲二土，土分石、金，金生水，石生水也。石出其間，故稱『介』焉。星者，金之散氣。星化爲石，金石同氣，五金八石相用，故稱堅者爲金石。此間介、堅介二義所自。古間介、个轉聲，邵子除金增石，皆有至理。此可不拘，偶旁及之。

由前生後，穆無前後；生生幾幾，變變不變。以不變貫隨前後，幾而泯之，如滴滴成泉，各各不相知，知亦歸于無知，此眞萬古不壞之於穆幬矣。然不許倚也，倚則天地縣隔矣。呼吸之緣、日夜之候、生死之根、幽明之故、鬼神之情狀，皆此前後、虛實間。以幾橐籥于人心，心盡自知之，豈得竊恃大幬，而顢頇於穆之一覺哉？

人心之明昏、存亡，亦代錯之潁枕也。老子曰：『萬物並作，吾以觀其復。』有生必死，則下地呱呱即蒿里髑髏矣〔一一〕，況兩斧伐枯，赴焰而舐刀乎？有成必壞，則輪奐騶娑即荆棘麋鹿矣，況阿房、迷樓之浚膏摧拍乎？人樂我苦，人苦我樂，人逸我勞，人遽我閒，何須再計？無奈人之與幾沉浮，薾然疲曳，亡太多，存亦亡；　昏太多，明亦昏耳。

豫强煉惕者，揣度之所不暇備，張設之所不能施，欻焉撥激，明暗參取，可以徵其轉變出路，直心發聲，從苗辨地，豈非探此幾則生死無能逃乎？冷火燒空，熱冰凍日，姑逼之，姑繫之。然不得曰『姑逼之、姑繫之』云爾也，誠知此幾而合之、續之，幾幾不失，其中乃堅，其權乃神。彼蟯不思，彼螟奚白？彼鴑不注，彼蠹安出？以爲黃葉，則皆黃葉也，然不嫌乎以黃葉供鑣爐也；　以爲蝶語，皆蝶語也，然不嫌乎以蝶語翻綿蠻也。捡縱自如，谷響鑑肖，無首無尾，無古無今，前後不相謀，易位而適可，時乘其中，應節如環，是眞無死生而隨死生矣。

又有決幾焉，動心以知不動，忍性以知不忍，無我以知大我，大我攝于小我。嘘嗒之喪即近樂之備，未能之慥慥即無住之如如。是必格破虛實之交，而後能合虛實交之幾；迸裂前後之際，而後能續前後際之幾。奪其安飽，影此先鞭，常置溝壑，以激天海。由泯知統，乃許大隨。

雲氣脂軸，翻車應運，豈聽自然而得自然者乎？見及那伽而後平盡，平盡而後時宜，非倚那伽以馳廢事之塹、畢升高之蝸也。誰不寓此大定之宅中，曾有居其宅而不治其宅者哉？彼未嘗不合，而不知分即合之無分合； 未嘗不續，而不知續即斷之無斷續。 雖儼然葛天上之民〔一二〕，專門之所賞，實則草木蟲螟而已矣，非吾所謂天與日一用〔一三〕，神與明一成，平懷而因應，憒學爲放曠者也。 始于此，嘗卒于彼。 彼至不自知，至之無不始。 風霆者不此，雲行者不彼。 之人也，以幾先徹幾後，以無待者運待，可以旁薄八紘，逆曳姟數，無意無無意，法法即無法，無所不爲而無爲，出之入之，萬之一之，而無可泯矣。

明不息之幾于代錯者，藏正因了因于緣因。 以三一參兩之存，用掀翻三諦之泯，則俱泯俱不泯可也。 統泯隨之交輪幾，亦指端之樓閣耳。 世即出世，是名超越，何礙乎世出世法之關駕反因，轉此幬中，以供鐸鐘金玉之常樂？

圓∴三點，舉一明三，即是兩端用中，一以貫之。 蓋千萬不出于奇偶之二者，而奇一偶二即參兩之原也。 上一點爲無對待，不落四句之太極，下二點爲相對待、交輪太極之兩儀。 三身、三智、三諦、三句，皆不外此。 總來中統內外、平統高卑、不息統艮震、無着統理事，即眞天統天地、眞陽統陰陽、太無統有無、至善統善惡之故。 無對待在對待中。 設象如此，而上一點實貫二者而如環，非縱非橫而可縱可橫。 中五四破，疊十用九，九即五，五即一，乃無實無虛，無可無不可，冥應雙超者也。 別詳∴說。

校記

〔一〕中五　原漫漶，據上下文意及龐注本以定。
〔二〕有　原字蟲蛀，據李校本補。
〔三〕搨　原作『榻』，據龐注本改。
〔四〕坼　原作『折』，據龐注本改。
〔五〕給　龐注本疑當作『洽』。
〔六〕曠宧　龐注本作『曠宧』。
〔七〕藤枯　原作『枯藤』，據龐注本乙。
〔八〕會　原作『世』，據龐注本改。
〔九〕橢　原誤作『擶』。
〔一〇〕始而　龐注本以爲當作『而始』。
〔一一〕蕘　龐注本以爲當作『蒿』。
〔一二〕上　龐注本作『氏』。
〔一三〕天與日一用　龐注本疑爲『天與人一用』之誤。

盡　心

盡，從聿從火從皿。

天何以生燒人乎？生而累，累而死，不如不生；而必生而燒之，故憐之曰可憐生。請憐而燭之。

以死燒生，生本不生。當知生所以燒，燒所以生。何以有生？何以生心？其始生魄，其陽曰魂。氣生血肉而有清濁，氣息心靈而有性情。本一氣耳，緣氣生『生』；所以爲氣，呼之曰『心』。清渻濁中，性將情迎。生與習來，習與性成。哀彼芻狗，青黄其文，惟焱有舌，桑烘于煁。誰其破泥瓦，燒魂衣，而受用此慧炬哉？

東西聖人千百其法，不過欲人性其情而已。性其情者，不爲情所累而已。情至生死而盡，故言生死。出生死者，不爲生死所累而已；出世者，不爲世所累而已；舍身者，不爲身所累而已；心空者，不爲心所累而已。累因此身，身爲世累；世無非物，物因心生。

生死即此心也，故燒之則能盡，盡之則能空，空之則能舍，舍之則能出。心空一切空，能出則可以入而無礙矣。以順爲逆，逆不爲順，是謂隨順。然心何以得空？故從而縛之，爇之，煅之，淬之，此不得已用大過之薪也。本自無別，不壞世相，而大過偏勝，又焦芽灰死矣。

要以質言，但燎不爲所累之燭，則何生死可出乎？無生死，不求脱離，累亦不累，此天酒也。怖生死，求脱離，此黄、礜音『預』，礦質毒性。也。不能不爲生累，而以學問化之，此枳、苓也。隨生死，空生死，而貫生死，一心三諦，莫方便于此矣。在世出世：忘身以適，游心無心；明而不恃，繫而不纏；方步康莊，踐轢荆棘；唱平水調，裂石遏雲。不盡，豈知此哉？

上者解悟，其次證悟。不能，必大困而後徹；不至縣崖，又安有重甦之事哉？此雖謰謱，聽者無益。雖聽識之，所遇被轉，不能主也。深造深于自得，得綮乎肯，内揵外韄，詛盟厭緘，肯乎哉？

死心者，甚甚之燭即也。人先不知自心，自心本無眞妄，故使之覓眞眞；眞眞者，不生滅者也。人生而不生滅者，旅生滅矣。淑慝也，涇渭也，不得不立之名也。眞眞不可得見，以知見見，謂之識神。于是教人參天地未分前，而天地未分前者泯于日用，則日午三更，無二無斷無別者也。上根者，隨流見得，豈不撩起便行哉？

人有心而有知：意起矣，識藏矣，傳送而分别矣。本一而岐出，其出百變，概謂之知。有本覺之知，有始覺之知，有眞覺之知，有妄覺之知。有曰知見立知，即無明本；有曰知見無知，斯即涅槃；有曰知是空花，即無輪轉；有曰知幻即離，不作方便；有曰知得是事便休；有曰不知最親切。肇論曰：般若無知者，無有取相之知也。經云聖心無知，無所不知。斯則知自無知矣，不待忘也。永明曰：心是明，以知爲體，不同妄識仗緣作意而知，又不同太虛廓斷無知。何何氏曰：至此惟如飲水，冷暖自知而已，非言可詮，强詮之曰：心以無知之知爲體。曰『無知』者，祛妄覺也；曰『無知之知』者，祛廓斷也。知以天統，良以德泯，致以法隨；『致良知』固三謂之表，而兩不謂之衡也。

衆妙之門即衆禍之門，晝好夜醜，可無分別；爲生所累，不得不循繩正晷耳。故聖人知而無知，以無知知。齊物曰：『知止其所不知，至矣。』問曰：知否？答曰：不知。則能知此不知者爲誰？知此爲誰，則知止其所不知矣。親見自心者，知即無知，何染何淨？何眞何妄？又何分心與識神也乎？

若未能灼知大始而作息合莫，必未親見自心也。熇熇曰『我無知也』，妄矣；曰『我聞道也』，更妄矣。鋞鍜良知者，拔芮無意者〔一〕，礧磊識神者，刮摩習氣者，矻矻惟有老洫，烏能從心而縱橫自在耶？曠達自然者，則知其難知而任之，便計哉！以爲便計，隔别故遠。知猶無知，不作聖解。其尊知而火馳者，矜其一察，以縱橫自遁，則反不如浸死水者爲無害天下矣。

嗟乎！人心幽而烈，謏而充，詷而譎，窖而縵，駢而鶩，俄頃而騰九霄極九野，上下千年，其旋無休。寤，緣其所見而薰以爲奥；寐，衍其所狎而魂傳其所不習。陰賊欒闘，汗漫善驚。厭常而喜新，循之又懈；暱于所便，所至成所。不投不入，投之即黏；不激不出，一出即横。直告之則不信，詳屬之則反疲。日日造成生死，不特不忘待盡爲可悲也，其陽化，其陰不化，悲何及乎？

是故單提之家，奇語、玄語、冷語、毒語、顛倒語，棓之、喝之、刺之、忤之、疑之、悮之，不迷不悟，不悮不迷，絶乎蹊徑，出其意表，短其所長，犯其所怪，奪其所恃而穽之以必不及，釣以所親而頓之于所不能禁。拌入阻隘而伏起〔二〕，引上高峯而推之。孤者使平，平者使孤。縣度燒棧，綫不通風。遮塞以使之窮，剽忽以試其不及措。或徇其所偏而折，或聽其自窮而歸。或已入也而未堅，則故挫之以深其括；或已合也而未化，則故罪之以徵其轉。吹毛塗毒，石激電拂，皆燒人盡心之法也。

佛心，佛也；佛法，魔也。魔者，佛之先鋒也；及乎無魔，並無佛矣。本無實法，非可執一法也。後世相傳，執其玄秘，以爲市肆，安得不歎私心横行、尊知火馳之弊哉？

聖人無言、雅言、無隱之燈蚤已照此，知人心之絶非道心也，而道心在其中，舍危無微，惟精乃一，故表道心以用人心，使人信而執之，久而忘其執，然後知無不在『執即不執』之安樂場也。其餘，已甚語也，賤棄古今以自蕩其襟者，敵人心之捷方耳。

聖人獨乎無中、邊之『厥中』，而嘗立乎適可之中道，能使人心自盡，而不居其烈；使人人心行其光，而可以東緼。莫闒茸于毫，而使之自煽于其身；莫委瑣于物，而使之供爨于禮樂，鼎濟匋埴，各安生理，以化釜鬵之累；主其大體，容諸爝火絙燭，以新萬世樵采之心，此天地之所以大也。

不塞不窕，入郄穴而不逼。行遠疾速而不可託訊，往來惛憊而不可爲固塞。暴至殺傷而不億忌，功被天下而不私置。托地而游宇，友風而子雨，請歸之雲。

其物㒩㒩，爲萬世文。名號不美，與暴爲鄰。功立而身廢，事成而家敗。棄其耆老，收其後世。屢化而不壽，前亂而後治。三伏三起，事乃大已。是之爲蠶。

始生巨，成功小。長其尾，銳其剽。一往一來，結尾以爲事。反覆甚極，尾邅事已。簪以爲父，管以爲母。無知無巧，不盜不竊。時用則行，不用則已，是之謂箴。

何何氏曰：荀況何取乎三者而賦之乎？雲也者，起而無礙者也；蠶也者，舍身利世者也；箴也者，引而不享其成者也。鋒則必棄，用則必喪，緣則無端。不以棄而不鋒，不以喪而不用，不以無端而不緣。知後不知先者，畏棄也；知詘不知信者，畏喪也；知齊不知畸者，畏無端也：非能盡變化者也。

盡心者雅似而知，知則盡之盡矣。始乎引，中乎變，究乎隨，有而不居。引善入矣，變善舍矣，隨則無不可矣，無不可者，本無可也。盡誘其入，入誘其舍，舍盡則出，出則隨；隨則雲，雲則天，天以人盡。

誘之巧者訹，訹者，箴工刺綉，不見其紩者也；誘之拙者固，固者，以錐爲箴，猛不惜漏者也。盡之盡者，無巧無拙，乃拙乃巧：孰爛之甚，斯無之矣；無之無者，還其應有。

有之矣，應之也者，若不得已而有也。若不得已而有，若得已而無，應而不宿者也。不宿者鑑，鑑曰平公，其神曰常無有，而無有一無有。夫所謂無有者，非不有也，不固有者也；當其有，有無之用。罣罣而涫涫，勿勿而僨僨，盡之矣而若未盡，知之矣而若未知，故能以不存存，以不養養，不二若二，俟若不俟，若之云者，本相即也。世有知者，樂其緡緡，厭其納納，彼烏知其不可厭乎？

游輿之輻，遺遺其轍〔三〕。不先不後，時乎先後；不次不第，時乎次第。無聲無臭，有倫有脊。緣督知養，以知養其不知，謂之養生。以死養之，死其心，所以生其心之主也。生即無生，無生長生。生生于不生，死死于不死。惟送死可以當大事。人能送生，乃以送死。日舍一日，舍以爲送，送以爲養，盡則知送。朝迭迭，夕逃逃，朝不能送夕而夕可乎？觀我生，觀其生，即以觀天下之生。我雖欲不舍，日已見舍，何如先舍之而目送之之爲豫乎？觀我非我，觀非我之我其我，盡變化其我，盡變化其生矣。

水可析可合，精無人也；火因膏因薪，神無我也。艮背無我，行庭無人。時行者止，時止者行。忘身于謙，孰可以動。必有事者，行無事也。化者，無事而有事也；且者，初有事而若無事也。

盡有專門。盡何專門？門不一門：能入爲門，能出爲門；不出不入，無門一門。與賈且者，久而善賈；　與道且者，漸而頓開。幾何直盡，姑與之且。鋭身者少之，逡逡者引之。發然受綫，且惟患其不且。稚子入楚則楚些，入吴則吴趨，夷由不得與之爭能，易始引也。久與之處，則所假者應有而有矣。

優之應有也，倏且君臣矣，倏且父子矣，倏且仇讎矣。處其地不怪其怪，故能人怪其不怪。人之于世，尊其一倏且而已矣。參軍、蒼鶻、末泥、孤裝，時且乎尊者也。且乎尊者，即其常倏者也。常倏者，常無有者也。尊之所假，還其應有，足以使觀者嘘唏烏唈而悇憚癢心，況眞見乎常無有以還其應有，應而不宿者乎？

假以爲物而相與物之，假以爲人而相與人之，假以爲心而相與心之，假以爲人即我而相與即之，『或之使，莫之爲，疑之所假』。不假何入？假之者誰？入則何假？不知其所來，不知其所去，寐假也；　知其來，知所去，寤假也；　盡其所以來而不知所來，盡其所以去而不知所去，天假也。果假乎哉？無假乎哉？有即假矣，無即無假矣。盡至此，莫無假于假，莫假于無假矣。

三軍得意，則下亡鹵；　窮谿之獸，不避兕虎；　進退不得，乃入其入。知無所逃于常與應，湯火何加焉？冰化霧散，適此風日；　割水吹光，任其過矣。

有者無端，無者有端。烏乎知之？醅之醇也知之。覆爛自破，破中自萌，其始也，水土濕之，濕而蒸之，雪葬陽而爲雷。雷之奮也，蟄無不驚，物與无妄而日新其畜矣。

外疑徵内，内有公符；　内徵徵外〔四〕，外有公符。合公并平，符符應幾。幾無内外而有内外，符其内外。徵無内外，鏤空三影〔五〕，而火焚其符，則省力耳。偏外徵者蕩，偏内徵者芒。徇芒亦蕩，徇蕩亦芒。兩徇既免，兩徵亦免。徵徵可免，固徵不免。蕩與芒窮，窮亦自免。必不可免，求免何爲？不得不言求免，是故貴合，是故貴分而合；　是故貴無，如其無也，則無不分、無不合矣。

無也者，化也。埜與之埜，畛與之畛〔六〕，概之蒼然，歷之稜然。何爲以稜然而嗤蒼然？何爲以蒼然而嗤稜然？道猶春也，藝猶華也。地爲天車，月者日之鬼，死爲生影。棼無不一，盡人見天。既已見矣，化其所見，無無不有，有無不無。無適而非化，無適而非天，則隨有而已，隨假而已，又何天乎人乎？符乎徵乎？

委委然，顒顒然，愉愉然，璇璇然，豆豆然，靈樞謂之平人。故曰：　始乎引，中乎變，究乎隨。有而不居，不居是其居；　惟變所適，是其不變；　不可爲典要，是其要也。

盡即古『燼』字，從聿從火從皿。今加人爲『儘』，而盡爲去聲。其實盡心之聲義用心之至矣：　有知而無知之義焉，有成人究竟之義焉，有勇猛到頭之義焉，有薪盡火傳之義焉。愚以『盡變化』三字，明荀子之針蠶雲，明孟子之『盡心』九句；即孔子之『志知從』六句，亦可了然矣。

變字從䜌從攴，以莫亂于絲、莫亂于言，故使人戀；攴所以治之。化古作匕，從倒人，人終必化；後加人于傍作化，則生死之道盡此。便就字義，亦足會心。

校記

〔一〕拔　龐注本作『吱』。

〔二〕拌　龐注本疑爲『攦』字省，『攦』乃『攙』字誤。

〔三〕轍　原作『徹』，據龐注本改。

〔四〕内徽　龐注本作『内疑』。

〔五〕三　龐注本疑爲『雕』之誤。

〔六〕埜與之埜畛與之畛　龐注本兩『與之』均作『之與』。

反因

吾嘗言天地間之至理，凡相因者皆極相反。何其顛倒古今而臆説乎？此非我之臆，天地之臆也。佛言三因，得此反因，衡豎八觚皆明矣。

天地惟有陰陽、動靜耳，非可以善惡、是非言也。聖人體道尊德以立法，故名字之。一不住一，故用因二之一，以濟民行； 因二剔三，而實非三非二非一也。舉其半而用其餘，用餘之半皆其半，則所謂相反相因者，相救相勝而相成也。晝夜、水火、生死、男女、生克、剛柔、清濁、明暗、虛實、有無、形氣、道器、真妄、順逆、安危、勞逸、剥復、震艮、損益、博約之類，無非二端。參即是兩，舉一明三，用中一貫。千萬盡于奇偶，而對待圓于流行。夫對待者，即相反者也。

且舉大較言之，陽清陰濁，至相反也。霄壤縣判而玄黄相雜，剛柔敵應而律呂協和，雌雄異形而牝牡交感，可謂不相因乎？水濕火燥，至相反也。坎離繼乾坤立極，上下經皆終水火； 民用甚急，刻不相離； 人身之水、火交則生，不交則病，可不謂相因乎？河圖相生，必變洛書相剋而後成用。四時之行，雨露而霜雪，春生而秋殺。吉凶禍福，皆相倚伏。生死之幾，能死則生，徇生則死。靜沉動浮，理自冰炭，而靜中有動，動中有靜，靜極必動。動極心靜，有一必有二，二皆本于一，豈非天地間之至相反者，本同處于一原乎哉？則善惡是非之未分，可覿露矣。上尊號曰混沌，誠哉不誣。

吾每繹子思『代明』、『錯行』二語，而悟相害者乃並育也，相悖者乃並行也。子思知而正告，何何氏痛決其幾：　彼謂仁義即殺奪，何謂非至理乎？以始乎仁義，後必殺奪也。特聖人不以殺奪而廢仁義、不立仁義，而令民忘之。忘仁義不忘嗜欲，嗜欲之殺奪尤速。知其殺奪，而救殺奪者仍是仁義也。假仁義以爲殺奪，亦所以爲救也。有小人乃以磨礪君子，刀兵禍患爲有道之鑽錘，故曰：　危之乃安，亡之乃存，勞之乃逸，屈之乃伸。怨怒可致中和，奮迅本于伏忍。受天下剋，能剋天下。欲取姑與，有後而先。

論溢河者，少所喜，老所忌，則一生自相反也。行路者，進一跬，舍一跬，則一步亦相反也。製器者，始乎粗，卒乎精，資所用，旋所棄，則工巧亦相反也。犀利之機，全用翻駁，反其所常，痛從骨徹。何往而非害，乃並育悖乃並行哉？

伏羲方圓，文王貞悔，孔子雜卦，無非錯綜，無非反對，往來交易，消息在此。老子曰：『反者道之動。』非止訓復也。陰陽五行，翻忽顛倒。小即大，彼即此，中即昃，生即不生，有即無有。開眼者，夜半正明，天曉不露，當下知反因即正因矣。

至靈者即至害者，故言無知。無知即知，無意即誠意。何思何慮，一在百中。慈湖不明反因正因之大因，故謂大學正心誠意、孟子存心養性、易翼窮理盡性，皆非聖人之言，豈故矯言耶？實于事理磽甚。枯木浸死水者，亦未徹乎此耳。

皆備之我，即無我之我；　克己之己，即由己之己。于時空盡，于時不空；　于時解脱，于時擔荷。凡立一名，可立皆可破，知即無破無不破； 如此不可，如彼又不可，知則無可無不可。有人即病，病亦是藥，增藥增病，不以增病而廢藥； 有法即弊，弊亦是法，無法即弊，而有無法之法。

天地軥軥轞轞，屑屑僁僁，必代必錯，而後能行； 高卑相輓，深淺相絛； 合無不分，分無不合。而學者執己守邊，相爭求雄，便其所習，往而不反，豈不悲哉？ 悲則悲之，容又容之。五月暑極而陰已逆至，十一月寒極而陽已逆至。復反剥，即因剥； 姤反夬，即因夬。天地平分，而聖人但爲陽謀，此圜中歸一之道也。知眞一，則大因明矣。

因對待謂之反因，無對待謂之大因。然今所謂無對待之法，與所謂一切對待之法，亦相對反因者也，但進一層耳，實以統並，便爲進也。有天地對待之天，有不可對待之天；有陰陽對待之陽，有不落陰陽之陽； 有善惡對待之善，有不落善惡之善，故曰眞天統天地，眞陽統陰陽，眞一統萬一，太無統有無，至善統善惡。統也者，貫也，謂之超可也，謂之化可也，謂之塞可也，謂之無可也。無對待在對待中，然不可不親見此無對待者也。翻之曰： 有不落有無之無，豈無不落有無之有乎？曰： 先統後後亦先，體統用用即體矣。以故新其號曰太極，愚醒之曰太無，而實之曰所以。

公符

聖人因一在二中、陽清陰濁，而立善惡之榜；因人生有好惡，而使知最初之公好公惡；因有名字，因有是非，此有昊之公符也。夜半符隱，昒爽符顯，聖人之因符也。有是非而互相是非，此生民之流符也。救者反之夜半，而榜之曰無，此至人之隱符也。君子質天地之無，而覈天地之有，是以楝閣其隱符，鐘鼓其同符〔一〕，而榜之曰公，此日月之明符也。

詩、書、禮、樂，雅符也；易、春秋，陰陽之合符也。易以統之，春秋以終之，六觚之公準成矣。易以襲準律，春秋以律準襲，權時中之幾，游公是之矩。律天道之差錯，而以學易顛過；律寒暑之森然，而以春秋知罪。天地蠢萬物而獄之，聖人讞天地而判之。

上根少，中下多；正告中下，而上者自得，明乃以化。窮流歸源，曰仁與義。維圜有觚，觚以立之，而與以圜之。陰分善惡，陽亦分善惡；非有是非，是亦有是非。要其大耑，惟先統後，謂無先後，故言太無以統善惡，而明至善以統有無，是曰至誠，是曰公是。

準也者，所以勾股古今而繩衡萬應者也。彰癉勸懲，春秋準易，握象以示，據事楬書，毁準者偏矣。愛圜而削觚，不且使後世遁泯泯之便，而竊公符以滅公符乎？『觚不觚，觚哉觚哉！』以不觚爲觚，猶可言也； 欲以不觚觚之，當痛哭矣。 夫烏知圜之藏觚，而合觚之爲圜乎？

新建曰： 『無善無惡心之體，有善有惡意之動。』或駁之，非也。 無善惡可言者，善至矣。 京山曰： 『繼善成性，非有次第先後也，强分疏之示人耳。』性與善非二也，猶乎理也： 於穆不已，無聲無臭，未發之中，稱之爲善可也； 無者善之長，曰明善，曰止至善，皆性也。 善之渾然即無，無之粹然即善。 空中之色，色可無，空可無乎？ 至善豈有對待乎？ 言本體者，猶言本色也。 本色者，素也； 染畫加彩，彩不加者，其地也，留其素而已。 謂本體爲善，猶謂本色爲素也。 龍溪專主四無，學單提耳。 抑知無所得仍屬方便，而舍存無泯爲同時六相乎？

何何氏更有畫[illegible]天地之面、刺剟聖人之心一語曰： 仍是相反相因、代錯交輪之兩端而一之，本無有無不有也，混混沌沌，不可名言。 聖人通晝夜而知陰陽之幾，折半因合大因焉，猶十二時而用其半爲六爻，楕輪正變，可例推矣。 凡天地間皆兩端，而聖人合爲一端。 蓋兩端而知無先後之先以統後也，扶陽抑陰以尊天也。 可以曰善，可以曰無； 可以曰無，仍可曰善。 衍古太極者，始皆陽而無陰，陽之所不足處，則爲陰，蓋主陽也。 聖人曰： 初不得謂之二，又不得謂之一； 一陰而一陽，一陰即一陽； 成能即陰，所以成即陽； 不落陰陽，不離陰陽，故曰『一陰一陽之謂道』。而吾一以貫之。其先陰者，陽藏陰中，陰拱含陽，由静而動，破陰而出，所謂奇衡偶爲參兩，天貫地中而周乎地外者也。當陰含陽之時，亦重陽也；當陽銜陰而包之之時，亦重陽也。自此對待相交而生生不已，皆陽統陰，猶天統地、夫統妻、君統臣也。

天地分而生，萬物皆地所成，天止出氣而已；男女之生，全是母育，父止精氣而已。必曰萬物本乎天、人本乎父，蓋全是地，則全是地之承天，地何敢自有其分毫乎？河圖金火易位而變成洛書，陽不易而陰易，又使陽居四正，陰居四隅，尊陽之義大矣哉！

日月並照，而天地之内，惟日爲主，月與星漢皆借日爲光。以日行成歲，以日成晝夜，以日成寒暑，月豈敢並日哉？日東而月西，東升而西降，東生而西殺，故四時以春生統秋殺。十二時用九，自寅至戌，以三屬夜，亦貴晝也。

董子曰：昆蟲隨陽而出入，草木隨陽而生落，人民隨陽而興事，尊卑隨陽而序位。隨陽者，貴陽而用陰也。有生之後，一切皆有，有則爲累。雖鍵亦動，動即爲欲。陽主陰臣，陽渾陰而陰用事，猶圖主生爲體，書主剋爲用，易皆用書之剋以成生也。

無必不能不有，始乎善必卒乎惡，無善則無惡。曰無者至矣，抑知始乎無善無惡，必卒乎有善有惡，不如張尊善化惡之號令，乃所以運眞無善惡之璿璣。是以斷斷然表其從天地未分前來者，曰性善。尊德性者，尊陽也，尊始也，尊先也。榜之曰善，猶榜之曰無也。

易以無是非示人，即以公是非告人，故彌縫而翼之曰：『一陰一陽之謂道，繼之者善，成之者性。』直挈領無上三一一三之一陽，以陽即善，即性也。繼者，續也。形下之陰陽中，即無形無上下之道也。言交輪之幾，于初續見之。

天而人，人而天，繼續之初，微乎危乎，成之皆陰承陽，而性在情習中。下地之時，善在惡中，理在欲中，前喻素彩是也。當知素在彩先，而有彩之後，素亦在彩中矣。故曰：第一念是善，第二即惡；仁一，而甲拆之芽即二〔二〕。

希夷曰：陰者陽之餘。凡貞悔卦皆曰坤者乾之餘，蒙者屯之餘，以此知惡者善之餘也。大陽陰之次，各分小陰陽，如四象八卦，交網細分，兩兩中貫，億萬無盡。虛實善惡，推之皆然。辟如言未分之天地爲善天地，已分之天地爲惡天地。善天地者，陰拱陽而不用，是無善無惡之混沌也；惡天地者，陽托陰而用事，是有善有惡之混沌也。春夏善，秋冬惡；晝善，夜惡；先天妙善，後天妙惡。後天支分，如殀善霾惡、喜善怒惡之類是也。鉤摭毛舉，假而言之，應有爾爾，勿泥爾爾。

名教因之，以中道立邪正之大防，而主于勸善。故伯夷、盜跖等死，而右伯夷；學問、利祿等累，而褎學問。末世皆鄉愿、盜跖，而寧容鄉愿，以詐者善也。究竟爲善即有惡，有眞即有僞。惡愿者，細分則惡其亂德也； 再細分之，爲德亦亂性矣。

性善，情惡； 無意爲之則善，有意爲之則惡。 佛祖聖賢惟致天地未分前之知，以格日用，故能從心隨順。欲用斯用，則惡亦泯于善，而無善惡可言矣。 混沌視之，三教皆芻狗也，何嘗非惡乎？一切剮誅，則混沌亦惡魁矣，以一切皆混沌之所生也。 曾知總殺之即總赦耶？總赦之必先總殺耶？荀子言性惡，原非無謂，但不能舉大防細綱、先後交輪之幾相因相泯，洞知天統地、陽統陰、生生繼成、聖人尊陽、體統用、用皆體之故，而榜云性惡，則悮世耳。

人自下地，動而有爲，即是惡矣。 刼初善，刼末惡； 赤子善，長而惡。 謂之良知能者，其未生前之至善，生時與來，相繼不失也。 故聖人于有生後，惟叮嚀教之曰不失其初而已。初即先天之至善，猶一日一夜，平旦之氣爲初。 一念起滅之時，則初識之依爲初，傳送、分別則惡矣。 故學道貴直心，直心者，初心也。 以交輪幾言之，善中有惡，惡中有善，然人生即偏後半矣，故聖人以前半救之。 人能逆溯前半，則後半亦化矣。 以輪言初，則姑示赤子； 以德言初，則專表仁義； 以貫言初，則徵諸時宜： 究竟本無體用，直塞全泯，隨二而無不一矣。

直門不必起念處鉤鋠陰陽也，親秉燭于所起之白隙，即之離之，則存無不存，而損亦無可損矣。然欲于無定中知大定之故，于大定中徵一定之權，正宜反復析合，乃能明曉，而析半交互，原難界畫。若不如此，烏乎狀之？反復激揚，直下林林，然有即是無耳，然當知有即是無之由仁義行，非許有即是無之淫婪狙詐也。是知一定乃應大定，不則大定乃魔門矣。

陽炎相逐，巴蕉剥盡；鏡塵自外，水水相近。懼以終始，本覺本慎；維日重輪，三五正䵷。此事易簡，不必依我無奈何之朱紫别白，但肯盡心，自然見性。果能死心裂眥，知尊善之故乎，雖誠明知行，本末内外，絡索而即當，以上貫下，即無上下，而存存由己矣。存存者，化亡亡之一半，而仍隨亡亡之一半也。究竟天順而有節，人順則下流。聖人尊天德之善，以政人流之惡，則善亘始終矣，豈惡之所敢敵哉？

吾于易有感焉：碩果則幸，來復志喜；五陽夬夬，猶慮難去，何其偏爲君子乎？然待小人亦有道矣：夬曰『施禄及下，居德則忌』；夬上反則姤陰在下，下固有以安之。聖人以易懼君子，所以重君子；以小人懼易，故責君子即以化小人。泰曰『内君子，外小人』，不除之而外之，消息之道也，其治心也亦然。

傷寒論人身以陽氣爲主，佛言暖氣歸火，而性情爇于營衛，相因生火。陽氣附火，火日焚和，故能病人。然養人者，即此火也。庸醫清火，惟恐不盡，火盡而人死。食既滋之，飲以流之，蘗常清之，鬱則發之。或滋其陰，以運轉自解；或培其本，以大補從治，使水火既濟而已。

性餡乎情燄，理混乎欲瀾，猶火與薪，依之即烈。問薪何如，豈能除之乎？不能除而必言除之，適得其平。以人偏此，言空盡者偏彼，故曰適得其平。不思善，不思惡，而不礙公符之思善究竟，適得至善之平；惕之勞之，無身有事，適得平懷泯盡之平。無明即是明，然不得不言『明』，以適得無『無明』之平。

衣難免敝，何諱乎澣？溲難免穢，何諱乎溝？面目適盥，無所于增；飯後適飲，無所于減。聞之曰：戒可破，見不可破；本無待乎作主，而必言作主；執即非道，不執亦非道。究竟何道，是謂大道？一受成形，不亡以待盡〔三〕，死而後已耳。豈惟死而後已，死且不已，悲哉悲哉！

蒙長者有獨子，聰明，負直氣，使才，顛狂，不事事，破長者之家。長者旦夕經紀，怒子不孝，閉而縛之，時時逸出，踰月不返。購而回，回復如是。細察其子，非不肖子，何乃憖憖、口咼、被髮，食穢枕草，見父噤聲，頓爾蚩騃，殆病也夫？請神醫診視之。曰：『非此子之病，乃長者之病也。』長者驚而問故，醫曰：『從來混沌闒閲，宜有此破家子。不破家，它禍且至，鬼亦瞰之。公自不知家之所以當破，恨尚未有破者，故籌計愛惜，而不尊師請事耳。嗣君家寶，用光得薪。公何必家？又何患無家乎？渠自得師，渠自爭達，君勿求其爭達之業。求之則急，父子俱躁而焦死，不如忘之。』長者溱溱憯憯，歡喜而泣，呼子起床。其子伉伉劫劫，一躍捽地，奉泣而噓。長者拜神醫曰：『吾今日乃知無子而有子。』

太極非陰陽，而陰陽即太極，猶太歲非冬夏，而冬夏即太歲也。人多不知冬即夏、夏即冬之故；知之矣，則掃人之言冬夏者。愚爲釋曰：自太歲視之，謂無冬夏；自冬夏用之，謂無太歲，此可相奪而相融也。須知冬即夏、夏即冬之故，即在冬而夏夏而冬之中；則人之冬而夏夏而冬者，固無礙于冬即夏夏即冬，尤無礙于冬自冬夏自夏也。此謂存泯同時之時中。

校記

〔一〕同　李校本疑當作「因」。

〔二〕拆　龐注本以爲當作「坼」。

〔三〕亡　原作「忘」，據龐注本改。

顛倒

少學陰陽家訣曰：『陰陽陽陰，顛倒倒顛，體用用體，是地皆天。』聖人從無名中而天之、地之、陰之、陽之，又從而善之、惡之。人執其名既久，則以惡爲嫌。嫌名者，未可與言陰陽。未可與言陰陽，則未可與言權。權者，無可無不可之至衡也。知衡者，知太平矣。

如以初分爲乾坤，則牝牡也，交則爲夫婦，生子然後爲父母；此三名，人所安也。生六子爲兄妹，而艮交兑爲咸，毋得嫌兄淫妹耶？否泰以乾爲君子、坤爲小人，得毋嫌母爲小人耶？尅我爲夫，得毋嫌夫婦爲寇仇耶？不嫌也。不嫌則忽言天善地惡，聖人用惡，亦可無駭矣。吾故以反因、公符明之，而中尚多有交互顛倒者，未能盡言，故先開人之嫌而後敢萬一也。

所謂先天妙善、後天妙惡，非人間所口之耳之之善惡也。人以明顯實有可見者爲陽，以幽隱虚無不可見者爲陰，此陰陽之翻車也。動静、體用、剛柔、清濁者，陰陽之性情也，而有無、虚實、往來者，陰陽之化也。氣陽、血陰，形實、氣虚，道陽、器陰，天虚、地實，可曰虚者定爲陰、實者定爲陽乎？則血、器、地、形最實，而何以陰之乎？未分爲體，屬陽，而静、虚屬陰；已分爲用，屬陰，而動、實屬陽。體静則陽上而陰下，用動則陽下而陰上。日太陽屬火，而離爲陰；月太陰屬水，而坎爲陽。水、木、土屬陽，而有陰柔之性；火、金屬陰，而有陽剛之性。可見處處有交互，則處處可顛倒也，有貫之者矣。

静則善，動則惡；體屬善，用屬惡；生爲善，死爲惡；未生爲善，生後爲惡。陰陽未分，則混沌爲生；既分，則混沌爲死。以氣幾論之，人下地之日即屬死氣矣，安得任其動用而不惡乎？良以二者本一，分而不分，交互輪接，和合微細，動即静，静即動，陰中陽，陽中陰，故知善中惡、惡中善猶是也。青羅釋文殊宿曜經曰：吉星無凶殺，則爲無用不妙之善；凶殺有吉星化之，則爲得用至妙之惡。泉始涓涓而終滔滔，源善而流惡；善少而惡多，則流失其初，而妙善、妙惡皆流爲偏善偏惡矣，豈可以末流而誣其浄陰、浄陽之善惡乎？

有先天之善惡，有後天之善惡；有未生前之善惡，有已生後之善惡。聖人尊陽尊善，故一以陽爲主。其未分也，陽主藏于陰而不用；其既分也，陽爲主而陰爲臣，陽渾于陰，使陰用事。故知天地間七曜、五行皆地所成結，則用皆地也，地有爲以承天。陰者，陽之臣、陽之餘、陽之用也；惡者，善之臣、善之餘、善之用也。用即屬惡，故曰天善地惡。聖人體善而用惡，地皆天，用皆體，則惡皆善也，故謂之妙善妙惡。水以浪得惡名，浪何嘗非水乎？人生以後，無善惡在有善惡中，善在惡中，體在用中，遂有善中之善、善中之惡、惡中之善、惡中之惡，從此萬析，難可覼縷。

無善無惡乃至善也，有善可爲，即兼惡德矣。然聖人容人爲此惡德者，欲以救天下已甚之偏惡也，因而有已甚之偏善。仲尼不爲已甚，而亦聽之，爲其救也。教之立也，殺三赦一；教之行也，殺一赦三；充類致盡，則全殺全赦。聖人知全殺即全赦之不可訓又不必言也，故明公理以教之。

内經曰：『心者，君主之官，神明出焉；膻中者，臣使之官，喜樂出焉。』又曰：『膻中者，心主之宫城也。』心主即心包絡，不用心而用心包絡。人生後，心附意識以爲用，而不生滅心在生滅心中，此亦一證也。手足瘍者，意之所到，痛即到焉，則意與覺知，分而合者也。醫以心藏神、腎藏精、肝藏魂、脾藏意、肺藏魄，而神爲性、精爲命，皆氣貫人而生者也，此後天托形而分者也。生生而靈者，先天之心寓之矣。清氣生濁氣，濁氣奉清氣，而反爲所累，此死狗之喻，所以欲人空盡之，而後復先天之初也。要無爲者至善，而不能不有爲，故復見先天之君，以用臣使之官，則爲即無爲、惡統于善，而無善惡矣。

由此論之，于變異無定之權，而有一定不易之權，則此天統地、陽統陰、夫統妻、君統臣、體統用、善統惡之權也；謂之統天地、統陰陽、統君臣、統夫妻、統體用、統善惡，亦此權也。重體賤用，而無不用之體；重陽賤陰，而必用陰；君尊臣卑，而必使臣；重善賤惡，而必用惡，猶重君子賤小人，而必用小人。不統而用之，則惡既爲惡，而善亦爲惡，以用救用，道豈可少哉？因之果之，性之相之，理之事之，即體用也。體用明，而無體、無無體，無用、無無用矣。

七情五欲，非人間教者之所謂惡乎？聖人節而化之，即統而用之矣。或欲從治醫病，善因而革；　或用對治醫病，善革而因；　或以生用殺，或以殺得生；　或以順用逆，或以逆用順；　或以善氣迎人，或以惡氣迎人；　或俱用，或俱不用。互奪雙融，俱有交互，此其概耳。知易之『惟變所適』、『代明錯行』，則分合交互，無不可矣。吾嘗曰：　聖人憂人之近禽獸，而至人則憂己之不能如禽獸，蓋欲全泯于無善、無惡也。至人紇之吞之，聖人蒸之炊之。體其妙善，善即無善；　用其妙惡，惡即無惡。豈非不落有無之妙無妙有乎？

潛之潛〔一〕，聖人勿用，惟以見惕立教，而以潛復之體，時乘六爻。禪宗專以亢潛得機用，而保任隨行；　老氏惟主勿用，雖曰不得已而應，然終愛惜堅忍。堅忍一發，則惡爲已甚。故聖人唐唐藏藏，不輕以此機示人，當不可言，畀之無言，但著揚遏之門即藏止至之極，豈如末世雕影鏤空，專言其不可言，以號能知者哉？

大氐天地已分，體從用見；　枯求其體者，亦爲人執于用。善不勝惡，以偏善矯偏惡，而矯病相執，是病；　雙掃無着，亦病。偏惡之病粗，偏善之病細，無善惡之偏病至細至粗；　惟爽然于善統惡之無善惡，即能化已甚之偏。然入門何妨用已甚之偏，以勝其偏，而後亦何妨隨所勝之偏？大地平沉，一切皆偏皆不偏，又何曾見有偏不偏乎？惡消而善亦不立，不立而善仍可名，不落兩頭，並不落其不落矣。彼執已甚充類之方便，以爲死法者，則矯死而後已，而終不悟耳。陰陽既分，陰陽之習氣即偏；陰陽生五行，五行之習氣更偏。惟天統地而不二者，能生一切偏習氣之物；又能用一切偏習氣之物，以化一切偏習氣之物，而習氣即從先天之至善以俱至，更無復有善不善矣。

棲棲、三絶，習氣也，説藐之習氣更甚；黑畬、勝牡，習氣也，曳尾之習氣更僻；桑麥、壁履，習氣也，金矢之習氣更螯。以惡攻惡，惡難盡化，而言殺生以得三反晝夜之平，知而任之，諱任省事，本是惡世，具此惡爐，錬此惡習氣，而受用此惡習氣。必敹甲𢧵，敵戈鋋，而戰鬬濺血者，將斷滅五行耶？是待古今毁壞而後可。雖毁壞而習氣之種原伏，及第二古今開闢時，此種復發，故八萬四千轆轤前，汙栗馱曰皆盜賊也。惟神武不殺以治之，知其先則超五行矣。雖然，超五行者不依然五行中乎？三教百家，有開必先，一切不相壞而大成集之，顛倒五行以法製五行，顛倒世界以法製世界，吾則有此藥籠耳。權哉，權哉！誰可與言？

慨世人執定字面，未師屈縛科條，故爲一吐氣。學者若是死心一番，自能吐氣，不爲一切所縛。設非利根，大悟大徹，則一往任之，病更不小，故聖人只以好學爲言。

校記

〔一〕潛之潛　龐注本疑爲『乾之潛』。

生死格

人生視死，誠大事哉！知生死，生死小矣。然營營者不大生死之事，何由知之？苟決華腴，營營相逐，如是乎忌諱生死，不聞生死之言，而日拖尸以趨死。死于宛孌金穴之纏羞鬼譫，比死于蓬室之酸鄰燒紙，更難令人見，則安樂乃葬古今之石椁也。有言生死一大事者，豈非醒世第一鐸乎？

大端一懼而四勝，臨之以罪福，聳之以六道；故小民聞雷則顫，見神則禱。毗沙無間，猶以怖死，陰救殉財、漁色、誇權、憑生之生死。言之即熟，雖黠者撥之，而已漬于夢寐，神哉權乎！

其勝之以理者曰：存亦樂，亡亦樂，是齊生死也；聚則有，散則無，是泯生死也；名立不朽，沒而愈光，是輕生死也；安時俟命，力不可爲，是任生死也。齊、泯、輕、任，謂之『四勝』。知其莫可誰何而立言廣意以勝之，然終爲生死所囿，非眞知生死者也。百姓日用不知，聖人通晝夜而知，『朝聞道，夕死可矣』，知其故矣。

病莊子者曰：『勞我以生，逸我以死。』是樂死而厭生也。樂死而厭生，與貪生而懼死同。桑户之歌曰：『而已反其眞，而我猶爲人。』以死爲反眞，以生爲不反眞，其牿于生死又如此。何何氏曰：彼殆病世之偏重于生，故偏爲此不得不然以勝之，是巧于説勝者也。其曰『汝神將守形，形乃長生』，本爲我故，究重于養生，惟以逃生死之説爲敵生死之勢，以平其養生之懷耳。其流必愛生而避死矣。

漢老父曰：『蘭以熏自燒，膏以明自滅。』此溺于曳尾、臃腫者，夫烏知龍、比、孤竹之大全其天乎？大過滅頂，不可咎也。亢龍兩聖人，此其一乎？薰者燒，不薰者亦燒；明者滅，不明者亦滅。生死一晝夜，將貴晝而賤夜邪？方齊壽夭而歎大全天者，則陋巷不及東陵之盜，而況彭祖八百乎？蝸牛暮死，即彭祖矣。種柏作祠堂者，餘文焉爾矣。必以死爲名，則老父歎之，豈以全天爲必不餓乎？

公和得薪之指，是殆善燒滅者也，是不待于空生死，而動不爲生死所累者也，從容門生死也。知怖生死，而先燒滅以空之者，第二義最親切者也，塗毒門生死也。知生死必然之理，自勝四勝，而學問游心者，居易門生死也。大乘明七種生死：一曰分段，謂三界果報。二曰流來，謂有識之初。三曰反出，謂皆妄之始。四曰方便，謂入滅二乘。五曰因緣，謂初地已上。六曰有後，謂第十地。七曰無後，謂金剛心。又言人死有十二品，而切言分段、變異之二死。

總以徵心，心即生死、不生死之原。微哉危哉，道心即人心也，惟其危，所以微。故易于離象心火，而于習坎言心亨。心之險也如此，險習則通矣。吾又于水火收大過，而知虛其實之爲反習之用，獨立無悶，莫親切于大過之送死矣。見于復，獲于明夷，不獲于艮，而亨于坎，以重險待處憂患之人，置之死地而後生也。習者，勞之也。懼以終始，存存慎獨。左端之銘曰：『不可以忘。』不忘則精一矣，亦在乎之熟耳。

伯昏無人言不射之射，引列子登百仞之岡，臨不測之淵，而列子流汗伏地，喪身失魄。何何氏爲轉語曰：夔人造九級之浮圖，跳踉乎井幹之桁〔一〕，歌自若；采石潭于縣崖者，手足挂石，不過半寸，而緣崚峋如飛。豈聞道乎？迫糊口故，遂忘生死。以死迫人，寧無別技？彼固樂于此忘生死之技也。志樂忘饑，志憂忘寐，志于虛無，自忘生死，拔生死者當知所以自誘矣。環舞室轉，迴流首暈。迫之以知生死之道，難；誘之以知生死之技，易。言『四勝』之生死而可以鐸人，可以糊口，亦一技也。『四勝』雖以廣意，意廣而定，定而忘其定，則學問參悟之路，安在不可以墁九級、采縣崖哉？況眞熟知危微、交輪之幾者乎？此以知習坎統頓漸矣。不勝生死，則爲生死累。不舍則不能勝，不空則不能舍，不險則不能空。空之之法，因而成技，技熟則心一，亦一燒滅之薪也。

易非第一生死之道乎？又何嘗不可作生死之技乎？眞通晝夜而知危微、交輪之幾者，洞精一元之大生死，即一眴之小生死；極深研幾，可以成變化而行鬼神，鬼神無如我何；陰陽在吾掌上，參之贊之，不外中和；豈特曰『人生死在十三萬四千四百萬年中，乃一塵之不如，何汲汲爲』而以之自解也？

能熟知者，不論一端，皆足畢其生死。熟于暴虎，亦能無悔；熟于溝瀆，亦成伉烈。刀鋸鼎鑊，非僅見節；人殺鬼殺，還債何殊？故殺身成仁，原有九等，無餘有餘，度與學度，推之信然。彼謂道死十一、德死十三、才死十五、節死十九者，此苟免之庸方，涉世取之，而終不可言生死之大道也。故虛浪以生死爲小事者，必使以生死爲大事而後可入道；至執生死爲大事者，又必至以生死爲小事而後可言大道。

世有白刃可蹈，而富貴貧賤見不破者；有富貴貧賤可破，而愛憎不破者〔二〕：此非眞知生死之故也。故也者，生本不生、死本不死之故也。知其故，有何生死、有何富貴貧賤、有何愛憎乎？孤頌者曰：分別即生死。不生分別者，非黑霧潢流也，再三勞漉，萬頃琉璃也，心心無心，知而無知矣。生死者，虛妄心也。心心無心，則無分虛妄心、眞實心之心，並無無心可得之心，又何處爲容受生死之隙哉？

嗟乎！人無奈死于安樂，不知心心無心之眞心，故憂患疾病爲生死之藥。生死不二，則榮辱得失何足以二？瞑眩之幾，在乎終食，極乎顛沛，而造次爲尤細，此聖人之勘生死也。誰傾軋我？誰剸刃我？頡䛊捼莎，非我之恩人乎？人生不覯憂患，不遇疾病，則一隙蝸涎皆安樂椁也。是故以儵忽之機煆之，儵忽即造次之雹拂也。不能轉變即生死矣，果然撩起便行，又何牽絆相干涉耶？

以易觀之，動靜即生死，逆變順變，無往非儵忽，而無方無體者。生死自生死，可出可入，鯨噞鼂泛，風扇霆鞭，入水不濡，入火不熱，弄丸縣寓，惟不浪死虛生以負天地，故當然者無不可爲。爲而不有，亦不自曰『我爲而不有』者也。即此便足左驗，寧在周憧禁廢一切，而專事生死，煉一靈之所往乎？是即以求出生死爲冪驂，是即以知生死爲鬼牖矣，亦一流之道術也。

商丘之水火也，丈人之蹈波濤也，皆蜣螂之丸、螟蛉之祝也。實無而成，迂女亦就。執坐脱立亡爲勝義者，九峯久摒擋矣。此達人所以笑臨死留詩偈爲貂尾也。鄉里自好，逝能坦然；聖賢應化，或示風感，而知生死無生死者，全不繫乎此。舍利、青蓮，總呵作怪；塔銘、碑記，後飾成風。啓予知免，當觀其閒；元起易簀，何多事耶？然今人並不能一槩，並不能知，而藉達人之見地以恣其生，尚忍言乎？孔子『知生』一語，足爲骨髓銘旌之格。

格曰：道不可聞，死無不可；以不聞聞，聞其在我。

校記

〔一〕踉　原作「跟」，據莊子秋水及龐注本改。

〔二〕憎　原作「增」，據下文及龐注本改。

奇庸

爲善世而言其法，謘謘然貴義；　爲善法而善其言，慊慊然貴玄。義貴精而篤實者繩之，玄貴變而託虛者又執之。安得聞不繩之義、不執之玄，玄亦義、義亦玄乎？道何分，法亦何分，而言法者分之，因成言法之法。言必求行其法，求行必求勝，勝必好奇；　究未必行，亦未必勝，止有奇齒牙而已。

吾一啓口，竊伏自悲。始而玄者掃其義，義者曰吾守吾庸；　已而玄者以奇高庸，庸者亦好奇以相高。又安知人之習奇爲庸，其至庸者實至奇乎？舍庸而奇者，好奇之奇，猶矢溺也。兩丸循環而不俄頃息，奇也不奇？贏四支而竅其面〔一〕，奇也不奇？不奇而後中庸，則天地先好奇之甚矣。好奇者又不自知其所以庸即所以奇也，而好言人之所不能言，知人之所不能知，以爲奪人之良、窮人之技莫我若。若者，適自遁于鬼魅，驚愚民耳。吾請問之曰：　天之外何若？雖善言者言天之外有萬八百天，萬八百天之外又何若？彼無不窮者，不得已而塞責曰：『六合之外，聖人存而不論。』然所以存而不論者，彼依然不能知不能言也。此不待以亡俚不通之瓦甓木屑，已塞斷其口矣。道止在乎奪人、窮人乎哉？況有意爲反人鯇斷，倍譎詉詭，以奪人、窮人于鬪唇取給之間，多湊一句，以爲奇嬴乎？

惠施不高于隱弁之無爲謂乎？畫鬼魅易，畫犬馬難。誘人之權，二者未嘗不可，而作意死守其權，則相萬矣；自命聞道，而堂堂然以虛驕實，凌駕一世，受享而不慙，則萬相萬矣。畏數逃玄〔二〕，以無作窟，歷稽其實，毫不相應，則以其所遁者飾之，逆知千年中誰是知言之子輿，足以知吾所遁。那伽本空，誰能解兑？吾故處之以不慙，不慙則愈高，愈高則人愈不敢測犯，犯者禍之曰謗，以是藏身，善保其遁耳。義不能遁，不敢臨駕，略近乎庸，然語究竟，則又茫然。嗟乎！誰是究竟乎？一悟則永不須學者，錮萬劫之鐵圍山也。

謂人學天，人謂之外；今謂人自學心，心即天也。天亦自學，天不學則何以日日左旋、老不歇心邪？毋乃老天之習未除邪？日日虛，日日實；日日義，日日玄；以心還天地，天地還心，如是爲一如是可耳。聖人曰：人在此天地間，則學天地而已矣。盡人事以不負天地，則言人事而天地之道可推矣；人能盡其所見見之事，而不可見者坐見之，則往來之道可推矣。知天地、人事之往來，而晝夜、生死、呼吸一矣。

掌修詞立其誠之槼矱，故奇而以庸命之。『罕言』者，恐人之好奇而掠虛也，掠虛則規影眞空以躅免，而詭脱眞空之計最矣。眞空即實。眞安于庸而好實學者，何實而非空乎？

自雜玄黄，橋起庸有，帥氣踐形，一寓于萬，藏云云于云云，今以實徵其虚，彼烏能遁？必曰無所爲、不能言、不能知者，此訓故也。終日以不能言、不能知者，匿形設械，莽莽人上，恐落一草，則實際質對之地，何能藏拙？此亦自厭久矣。人惟不知虚實之一，故爲遁者之奇所雲霧，而互相欺以死。嗚呼哀哉！天地以奇予人，而不能知天地之所以奇；人當以庸安于天地間，而並不能自知其所以庸。知其所以爲庸人者，眞奇人矣。

言奇庸者自歎曰：道無奇庸，言有奇庸。奇庸猶兵法之奇正也，有正而不用奇者乎？惟其有正，故能以奇勝也。無正則奇何所施？奇庸庸奇，猶動静之一交一輪，相反相因者也。玄玄而不精義者，專恃大黄將軍，而厭用仲景三百九十七法者也。是欲以人爲鎖結，而自爲莢蟹也。空之者，不爲所累也；破家蕩巢，奇兵也。不爲所累，則正正之師，而中庸先生頷之矣。執破蕩之言以言奇，先爲奇累，豈知神奇者乎？好奇則必不能心空，以名鬼縛之也；然好庸亦不能心空，以縮鬼縛之也。凡人好庸者，苟庸耳；苟庸又不如苟奇者之尚以能空爲奇矣。惟無庸無奇、即庸即奇、奇命而安庸者，莊子奇命倚人即奇命奇人。乃能實空，實空則可以不空。以奇金剛杵化庸火宅，以庸甘露瓶成奇香水海，是曰奇教，是曰庸宗，是曰神奇鐸，是曰玄庸椎，是曰玄名教，是曰中庸第一奇義。

宗一公曰：愚不肖庸而不中，嗜欲而已；賢智中而不庸，意見而已。兩皆不合中庸之道，皆不足壞中庸之道，何也？便嗜欲則不敢立意見，立意見則不敢縱嗜欲，以有忌憚也。惟以意見縱嗜欲，則無忌憚之小人最善匿影，惟時中者乃能決破之。然則如何？以天下萬世爲心，毋自欺而好學，則在藥病中風吹不着矣。

客難之曰：君貴庸也，而言奇庸之言何其奇？君不奇，吾不信也。曰：吾奇其庸而庸其奇，吾奇其語而庸其心。語雖奇，乃實語也；心能庸，則虛心也。以虛自處，以實待人，而人猶不信其爲庸言，吾知過矣。吾歎夫專秘其偏曲之一奇，而不肯不出一救奇庸之奇劑〔三〕，故忘其過。後世或有忘其過而用其劑者乎？未可知也。

西方有異芥，得其種而糞之，冬而采其子，末之以投肴簌中〔四〕，其辛能散人之膈，而鮈怵怵焉，初不自知其驚而適也。越人好之，專而秘之，其子孫相傳而家貧。客來，以盂飼客，客吞之，如刺沸其胡，終身病瘂，此足以知專秘之不可獨用也夫！

校記

〔一〕支　龐注本作『肢』。

〔二〕玄　龐注本作『權』。

〔三〕不肯不出　龐注本謂後『不』字疑衍。

〔四〕簌　當作『蔌』。

全偏

衆盲之于象也，尾之、蹄之、牙之耳，況撫鐵牛以爲象乎？不二如如，全牛矣。空全牛其不二者，以全而適得不全之牛。執渾渾噩噩之不二，而厭𧄍𧄍蕤蕤之萬不二，猶盲之夢鐵牛也。立馬于前而得之，又何不可儀氏輢中、帛氏口齒、謝氏唇髻、王氏身中〔一〕，備此于東門京乎？大人合并以爲公。合并諸偏，偏亦不偏矣。

凡學非專門不精，而專必偏，然不偏即不專，惟全乃能偏。偏而精者，小亦自全；然不可暱小之足全，而害大之周于全也。容專門之自精，而合并統之，是曰公全。公全能容偏精，而偏精必厭公全，必駕公全之上。蓋公全者，知而安于無知；致無知之知，而不自諉于『不知爲不知』。人之于世也，憒以樂之而已矣，故其充實不可以已。充實者，所以空虛者也。其立法也，因萬物之自爲法，極高深而無高深可見，無中、邊而中道立，平爲表而備縱衡，一切容之，一切集之，一切化之，厭我亦聽，駕我亦聽，天之用日月也，土之用五行也。世遂以公全不如偏精，井蛙耳！

天容物之芸芸也，猶道容百家衆技之效能也，雖不全之偏，何所不可？而精偏日變，其變亦精，疾舞也，快口也，齒便嚼舌，手便自擊，而愛疾快爲㚔法；既傳㚔法，即是不精之死法，而自以其偏，求勝天下，自尊于天地，天地冤乎哉！拱而擿礮，不如獨臂之遠；雕者察秋毫，不如斜睨之審。轅駛旁疾，颿力側受。全而偏者，鋒其耑，利其幾，激以爲救，過而合中也。

上下二經，以二過收水火，與養孚對。以公因反因論之，大過送死，獨立不懼，所以養生也；小過宜下，過恭、過哀、過儉，所以中孚上達也。孔子以小過爲權，佛以大過爲權。人生過偏于此，故過偏于彼救之。仲尼不爲已甚，以人受天地當然之中也。佛善用已甚，以天地壞後未分前者對治之，適用余反因即正因之道。韓子曰：『法行狗信，虎化爲人。』以狗誡虎，以虎誡人。有已甚者而不爲已甚者，正得其中。嗟乎！標季陷溺，牢不可破，不得已示脱離，不得已投毒藥，局局苦心，無所迴避，而末流又執其毒藥，縣竿貨此一技，豈不哀哉？果得其全，雖異類，中行可矣。

或曰：猶有至人，聖人遂爲全乎？曰：至人所以爲至人，正以讓聖人之所爲耳。聖人至至人而不住至人，暇計及于獨爲至人，何至之有！至者，高飛而至地也；聖者，口之而使人聽之者也。大概至人明獨，君子明教，聖人明貫，恆三而一，恆一而三，全矣。

本先生曰：孔子之教，尊上用中，詳于下學，以前民也，有大過人之才，而不盡用。佛以無上教人無住，有大過人之智，而多半譎權。老子專惜之不用耳。孔子盡性、知命而罕言，言學以正告者也；　老尊命以殉性，反言者也；　佛尊性而奪命，縱横倍仵者也。

佛好言統，老好言泯，大成攝泯于隨、貫而統自覆之，何銛銛爲？以天地未分前之玄覽，折中于天地已分後之黄理，圜裁方成。　道常統變，是知無常變之大常；　以虚用實，是謂無虚實之公全。　而盡用、不用者，皆專明無所不可用之體，而實略言實用之具，乃反因之畸用，而無用之詄用也。　要在知無對待之眞一，以貫對待中。　天覆性教，而率賴修明。　貫因、泯因，切在隨因。　直下即權，何遠之有？知有華即無華，即貫四時而不改柯易葉矣。　庭柏之法身，猶唐棣之法身也。　畫藐姑于堯孔之胎，則蓮花之法身顯矣；　畫藥王于須彌之頂，則杏樹之法身顯，而報化之形知所以踐矣。

容貌詞氣，曾子之唯所以踐也；　博文約禮，顏子之卓所以踐也；　無所逃于天地之間，莊子所以踐其臣子也；　志在春秋，聖人所以踐其孝無終始也。　格物、物格，大學之三心所以一踐也。　格莫如訟，訟莫如自訟，畏其志而無訟，此謂知至是知終也。　故曰：　以易主春秋，春秋宰易，而六經之用皆禮矣。　禮也、體也、理也，弄丸之一也。

哀公問成身，孔子曰：　『不過乎物。』古之君子不必親相與言也，以禮樂相示而已矣。四端遮信，信所以志其四端也。　正用在南，火薪其物，禮所以物其仁義智信而形其無形也。陰陽即形下矣，而謂之道，豈非上藏于下而無上無下者乎？稱則善之〔二〕，舉其成則性之。

惟法繼道〔三〕，惟君子繼天地。不踐何繼？不成何踐？毗盧者，踐河沙之形者也；太一者，踐天地之形者也；太極者，踐卦爻之形者也；火冰者，踐衣食之形者也。形有大小，踐無大小。格破内外，何心何物？格踐而致用矣，不言致用則聖人出世何爲乎？三句本一句也，單提則偏，而末句不妨單提者，以好學燒空中之火，始終以一實藏二虚之天也。

託偏自快者譏好大者曰：『以有涯之生，而必求全爲無涯之知，何爲乎？』此言是也，不知能公全者，于一源頭知沃焦，于地心中知衆源，聖人豈數萬物而知其數，備其變乎？爇一畫前之瞥蕭，則無不燭耳。一畫前燎然，則隨分無不可肴蔌，而亦不以一畫前自畫也。藉莊子『有涯』二語，乃自掩其陋而惰耳。知生即無生矣，知生即無生而肆之，則生即無生之累，更無涯矣；反以當知之道藝爲無涯而斥之，豈知非無涯之道藝，誰足以醫古今無涯之生累邪？指遠峯之天半者，正所以愧高者使不息、囿卑者使帖服也，況蒼蒼乎？何得不致公全之偏知，以知終繼知至乎？

至與終本一，至與終必二。本一者，充類之極也。一在二中者，充類無所不用其極，極而復回者也。致偏而不得不用其適當，以與萬世節之。此格踐之學，止教其教，而天天性性矣。株駒也，庨豁也，皆以養有涯之生也。天之劀人以吻，使之自咀，走之以聲，相盡于不可以已。聖人加楔耳，耎繫之耳。各因以爲業，安之以名，情田爲奧，業在學、耕，最上者業玄，業各有工不工。惟天無業，惟天不工，惟天無不業、無不工，是天乃業業而工工也。必以不業居尊乎？詬咀而咀，詬聲而聲，吾不服也，違天不祥。

華嚴歸于事事無礙法界，始結一眞法界。可見中諦統眞、俗二諦，而中諦、眞諦要以妙其俗諦。俗諦重在邪正，必能明物察倫，以分別其幾希，始能由仁義行，以存其無分別之幾希。俗諦立一切法之二，即眞諦泯一切法之一，即中諦統一切法之一即二、二即一也。打翻三諦，全體滚用，明中有暗，不以暗相遇，直下輪開闢爲不落有無之有，則一在二中明矣。故教以明性天，而性天寓于教。好高巔頂，誤人最甚，古德有時如此，不過爲權立頓宗、奪下情見之入門方便耳。

校記

〔一〕王氏　龐注本據後漢書馬援傳作『丁氏』。

〔二〕稱　龐注本疑後缺『其繼』二字。

〔三〕法　龐注本疑當作『善』。

神迹

神而明之，不可迹也。迹迹者泥，不泥則迹亦神矣。偏言迹，其神失；偏言神，其神亦塵。以不生滅之神寓生滅之迹，以增減之迹存不增減之神。以不迹迹，以不神神，迹仍可以救迹，神祇貴于傳神。知此者，知聖人眞有大不得已者乎？

六經傳注，諸子舛馳，三藏、五燈，皆迹也；各食其教而門庭重，門庭，迹之迹也。名教寓神于迹，迹之固非，猶可以循。眞宗者，欲忘其神迹，迹之則毫釐千萬里矣。

莊子實尊六經，而悲『一曲』『衆技』，『不見天地之純、古人之大體』，故以無端崖之言言之，其意豈不在化迹哉？若泥其平泯而任之，則民泯仁義，不泯嗜欲，是人而獸也；養生爲全天，則顔不如彭矣。

嘗試論之，自五帝以前，道術止貴知足，而安于相忘。老子之言，先出于管子內業篇，而藝文志又別載內業之書，則上古久相傳者，明矣。醇醇悶悶之生民，防其嗜欲，則知足爲急，而易以相忘。其後智巧漸出，聖人不得不煩爲節文以勞之，使樂費其智巧以養生，而他亂不作，此以鑿救鑿之道也。司馬遷徒見其迹，以爲儒者『博而寡要，勞而無功』，又烏知其『神而明之』之本要，而無功之功在萬世乎？日月江河之法，與日月江河同盡而已矣，所以爲法，即所以爲日月江河者，豈有生滅邪？

永平之榆欓來白馬[一]，而奘顯繼取，與傳注等。佛愍人之纏縛嗜欲，不得已示雪山苦行，立一脱離之極，猶伯夷可以不餓而以餓立清極，屈原可以不沉水而以必沉立忠極也。

佛之心止欲人出生死、利害之家耳。泥其桑下馬麥之迹，則近于墨子之『天下不堪』矣。

禪宗以機迫直心，誘疑激頓，能救頌習之汗漫。若守其上堂小參、狐嗥鬼竄之迹，專售海外之禁方，何異于别墨之『倍譎』『不仵』乎？

理學出而以實闢虚，已又慕禪之玄，而玄其言以勝之者，皆不知天地之大而仲尼即天地也，其所執之實與玄，皆迹也。金鎖玄關，閃爍電拂，惟在局逼之，幂蒸之，而擴充學問，遂在所略。既與教分，則專家捷巧之技，以迴避爲高玄。且曰傍教説禪，昔人所訶，不知離教與宗，早已迹其教而並迹其宗，魑夔踸踔，自熠燿其燐火，區霧甚矣！傍禪説禪，不當訶耶？販禪塗説，不當訶耶？

説以救世，貴通其變；合并爲公，如何可望？不過曰人皆有爲我無爲，尊之曰無爲，誠尊于有爲矣。好尊者，因守無爲之迹，六分之，猶然六迹也。惟天無爲，而七曜五星皆有爲以承天；惟君無爲，而百職司皆有爲以事君；惟心無爲，而耳目手足各效技能以奉心。豈能令舉世皆無爲乎？一家皆無爲則一家廢，一國皆無爲則一國廢。故學者有爲而始能無爲。專主無爲以督責天下之學者，而網捕有爲者，是安知有生以後當然之則，其無爲者在有爲中，所以無爲者，爲即無爲，猶心忘手、手忘筆之行押書也？世既不知眞無爲之所爲，于是遂尊僞無爲者。惡賾以爲易簡，非眞易簡也。則陽曰：『匿爲物而愚不識，大爲難而罪不敢，重爲任而罰不勝，遠其塗而誅不至，民知力竭，則以僞繼之。日出多僞，士民安取不僞？』子休早知後世好高爭勝，誣民之弊必至此矣。老氏流爲慘礉者，爲其堅忍也。橛者堅忍已甚，又設陷虎之機，迅利險毒，其流必中鹵莽之禍。今又以僞教僞，惟我獨尊，成一北宫黝矣。弊可勝痛哉？

儒之弊也，迂而拘，華而荏，以故鮮能神化，通晝夜而知者寥寥。然循序門堂，道德寓于文章，學問事功，皆不容以多僞，孰與自欺欺人而無忌憚者乎？彼非始願欺也，專主空悟，禁絶學問，惟爭儵忽以勝；勝不可得，瞢焉以老，無可自食，不得不護此技以食。既難眞者，欲不自欺欺人，其可得耶？是殆不如二乘、浄土，説戒、講經爲其職也。

公是非曰：道德、事功、學問、文章，本一也，後益日分〔一〕，分則好高。其道愈高，其僞愈多。惟學問九眞而一僞，淹洽者、疏漏者，博能約者、博未約者、統博約者，大小精粗，分毫莫掩。故聖人藏『何言』于『行生』，寓『罕言』于『雅言』，可以化人，可以養人，可以深造。官肢效功，而不知帝力，非必榜眞君而割僇奴隸也。診九候者，惟訊大小溲，時其飲啖，此岐黄哉！憤竭忘憂之藥，内外始終備矣，聖人惟立中道而縣其高者，以學傳神，迹偏于下而達于上，神游于下而上無上，究竟難言何上何下。以言設施，設施大哉！

吾所謂補救其弊者，正以代明錯行，無一不可也：

厚貌飾情，方領矩步，食物不化，執常不變，因因循循，汩汩没没，非霹靂礮礰以汋發之，縱橫側出以波翻之，坐牛皮中，幾時抑搔苛養乎？是謂以禪激理學。

悟同未悟，本無所住，易莊原通，象數取證，明法謂之無法，猶心即無心也，何故諱學，以陋橛株？是謂激禪〔三〕。

惟我獨尊之弊，可以知白守黑之藥柔之，是謂以老救釋。然曳尾全生之説既深，惟有退縮、死于安樂者，偃溷偷匿；匿焉已，又藉口谿谷之學，以苟免爲明哲。悲乎！悲化山河大地而肉矣，是謂以釋救老。

嗟乎！各便一察，各神其迹，必不肯虚心以全矣。

解曰：山自山，海自海，補毋乃迂？又解曰：丘陵本乎山，百川至于海，況山無不可登，海無不可泛，即不盡登、不盡泛，而禁人言山有蘇迷、海有沃焦，豈不倍哉？誰其直天地之氣，見天地之心，心盡自知，五至三無，慎和其中，以勞天下，通乎時變，厚載以不息，是謂天符，是謂神化，是謂眞宗。

動忍者，專直之錐也；憤竭者，倚天之劍也。大畜即空空也，直塞即泯應也，戒慎即放曠也，擴充即保任也。有、無二無，無、二亦無。謂直有一『有』，不知有『無』也，可；死生駒息耳，曷足道哉？已無生死，又何不可爲哉？可而不可，不可而可；出爲無爲，則爲出于不爲。萬即一，一即萬； 神與迹不二矣，何斷何别？庖丁、輪扁，皆無爲爲也。因二以濟，握天符乎何有？

今而後儒之、釋之、老之，皆不任受也，皆不闋受也。迹者不信，不必與語； 神者專己守殘，而不欲其全，此爲可慨。何不曰天地大矣，或亦當有此無用之用，如新考河源吐蕃，與河源大雪山等，金魚火鳥，增益二千五百星者乎？姑一聽之，庸何傷？

校記

〔一〕欓　龐注本疑當作「儻」。

〔二〕後益日分　龐注本作「後日益分」。

〔三〕是謂激禪　「謂」字下，李校本、龐注本皆補「以理學」三字。

譯諸名

譯者，釋也、鐸也； 譯諸名者，一諸名也。名者，命也，命呼之而人知之。呼者，聲之化出者也。始化也而吪，吪生于俄，是以謂之化； 倒人曰𠤎，而立人其旁，一生一死之名也，製字者苦心哉！化本同而無不異，異必譯以同之。同者，通也。詁家之離落塞路久矣，玄家曠之。曠，是矣，而不譯其所以曠，則曠猶然塞也。吾曠其所以詁，詁其所以曠，小借六義之轉注、假借而通矣，況其大乎？

所號『所以』者，答『可以』、問『何以』者也，本一也。『一』者，無也。『無』者，天垂氣之象也。無即生『有』，用先右手，因以爲諧； 旁死、哉生，變化莫如月，故曰『月以爲量』。是則有也者，有而無者也，從無之中㱿而推之。生生之幾皆氣也，氣者，天象而爲≋也。氣凝而成天地，天地之虛仍是未凝之氣，相代而化，旋出入而橐籥焉。凝者，疑也、嶷也、儗也。天地之虛，橐籥于人之虛，名其虛曰心。虛，丘墟也，天地無不丘墟也。人可知矣。

名之『心』者，星之閉音、生之惢形也〔一〕。心虛而神明棲之，故靈，名其靈曰知。『靈』者，霝象窗櫺，象雲氣之零零，而以巫神之者也。心之官則『恖』，用其知也。恖主風，腦爲風府，恖從囟門。『想』則從相生矣。帥氣而之焉曰『志』； 其起曰『意』，物起于暗醷，而音其心也； 其藏曰『識』，戈縣音而幟誌之，轉假而言其相識之職者也。道家謂意主比和，屬土； 意者，和合性情者也。心生曰『性』，草木出土曰生，物之始得于天者，天命之矣。『情』由性地發生，東方之色青，丹生于土，故因其聲； 性因情顯，猶火附木生也。

『仁』，人心也，猶核中之仁，中央謂之心，未發之大荄也。全樹汁其全仁，仁爲生意，故有相通、相貫、相愛之義焉，古从千心，簡爲二人。兩間無不二而一者，凡核之仁必有二坼，故初發者二芽，所以爲人者亦猶是矣。 體其理曰『禮』，神示之，从豊，豆始之也。以其理裁而宜之曰義，『義』者，我也。儀，戟也。古義、我、俄通聲，从戈，取其裁斷有金剛之勇也。知之曰『智』，古从矢、口，加于焉，加自焉，氣出而自呼之也。巽入申出而信之于心曰『信』，古巽〔二〕、申、信同聲，或作伩，口如心之人也。

由中曰『忠』，如心曰『恕』。外内合而和其中曰『和』；養莫切于禾，故以爲聲。對父母曰『孝』，爻，效、學、教、覺之本也。兄弟曰『悌』，次第稱之，讓人先也。存存曰『敬』，敬以苟聲，苟與極通，所當極極然者；亟者，手承口而恭立之象也。無妄曰『誠』，自成也；加言者，修詞立其誠也。不誠者情，鍾情莫如女，亡亦容僞，故『妄』從之，無妄則誠。誠、眞同聲，眞、直亦同聲，化形登天之説妄矣。

翁翁言之曰性命、曰道德。『道』者，指共由之路，首首然，逴逴然，無非是而有公是者也。『德』者，直心無不自得也。『理』者，通稱也，里以田土始分而記之曰里；理者，玉之孚尹旁達、文理可以密察者也。

程子曰〔三〕：心，統性情者也。朱子曰：心者，人之神明。慈湖引心之精神是謂聖，此足貫矣。舊説曰：性者，心之生理而宅于心，言心而性具。言性者，以周乎水火草木也；必言心者，貴人也，人能弘道者心，言性以表心，言心以表人也。心兼形、神，性則虚而偏滿矣。通言之，則偏滿者性，即偏滿者心，未有天地，先有此心；邈邈言之，則可曰太極，可曰太一，可曰太無，可曰妙有，可曰虛滿，可曰實父，可曰時中，可曰環中，可曰神氣，可曰煙熅，可曰混成，可曰玄同。以其無所不稟，則謂之爲命；以其無所不生，則謂之爲心；以其無所不主，則謂之爲天。天亦虛也，物物皆有天，勿泥蒼蒼也。故釋之曰眞我，曰法身，曰眞常，曰正法眼藏，曰無位眞人，曰空劫以前自己。從此而因事表理，因呼立名，因名立字，則千百億名千百億化身皆法身也，豈有二哉？人或執其名字而不知其一，故不能貫，好自以爲貫；又或執名字而翻之播之，以新人之耳目，以自尊一宗。狸之首以虎，鼪之尾以豹，無不可者。夫烏知一之本千萬，聽其千萬之本一乎？標理者罥理，已膠；標心者執心，亦膠。可以昕天，可以平儀，可以水臬，可以夕桀，貴觀其通也。不落階級而階階級級，有何參差而參參差差？從而析之，百法不足析矣。

概以質言，有公心，有獨心；有公性，有獨性。獨心則人身之兼形神者，公心則先天之心而寓于獨心者也；公性則無始之性，獨性則水火草木與人物各得之性也。戴蒙曰：太一片而爲陰陽，陰陽各一其性；分而爲五行，五行各一其性；殺而爲萬物，萬物各一其性。五行，變化之父母也，不相易性，況于物乎？惟人得天地之中，沖陰陽之和，聚五行之秀，萬善具焉，萬物備焉。鳥獸之生也，游者狎于水而不溺，走者馳于野而不躓，然終于此而已矣。人之生也，自赤子不能求其母，自是而進，皆學焉而後能之，無所不學則無所不能。此無所不學則無所不能者，即『不慮而知』『不學而能』者也，是人之性也，是獨性也。所以爲獨性者，無始以前之公性也。楊時喬惡心宗，惡其私己也。私己者，以不知有公心耳。聖人知私心横行之弊，而表其空空之公心以天之，故不專標性命而以時學鐸人。

鐸詩曰：　葉節以化，芒無不容，七氣因二，四行用中。發舞于南籥，根量于北鐘。雨風于土曲，浹洽于三雍。下學上達，是謂公心之太宗。

『學』，古作斈〔四〕，从爻。爻从二『乂』。『乂』者五也，天地之交也。加天地二畫而口之，則『吾』字之聲義矣，其聲則呵呵也。古無家麻韻，烏烏翁翁猶今之哇哇也。考藏中阿與唵、遏同聲，乃黄鍾之本，所謂阿字門一切法不生而實具一切法，故人下地得叫一聲〔五〕，此萬國風氣之所同也，本于臍輪之喉音，而發則爲角。

東方爲帝出之雷門，南方爲禮樂發揚之地，西方爲金聲之本位，冬則閉口，爲貞元、亥子之方。故『學』『覺』爲角，『禮』『仁』『人』爲徵變兼喉舌；『道』『德』爲正徵，『知』爲商之獨韻，『心』則閉口矣。『義』即『我』，古通聲，皆喉也。

五，中數也，人位也，土也，思也，風也。土以用神，而無專氣。分屬南北，即爲水火，而金即附火，木即附水。『精』『識』『命』屬水，『神』『心』『性』屬火，而風以動静合之。人心不用而用心包絡，丙火藏腎壬而用丁火，有所以爲心識者，謂之天根，二而一者也。故聖人取象，二土爲『卦』，加卜焉；二乂爲『爻』，以其肴列，後加月焉。『彖』即豚，言全體；爻言分體也。遯、彖聲轉，古遂即遯，可證也。

以人身當爻，則心正當二『乂』之中，此義至精，絶非强解。斈从子當學，子即效父，即謂之孝。『學』也者，爻也、孝也、效也、教也、覺也，一以交萬，人以交天，而自覺、覺人之幾也，兼參悟、誦讀、躬行，合外內、本末，無所不具者也。古原通用，後『學』分老部，作『學』以別之。學即教，記引兑命曰『學學半』，則明證矣。後加冖、加左右二手作學，又加支作教，或作斆。學有效義，有覺義，音亦相轉。人效天地，乃大功效。自覺覺世，乃盡孝之分量。近世趙凡夫輩專尊叔重，附會秦篆，主于分別，豈知古人之淵源哉？

校記

〔一〕惢　龐注本疑爲『蕊』之誤。
〔二〕巽　原誤作『異』，據李校本、龐注本改。
〔三〕程子　龐注本以爲當作『張子』。以下所引『心統性情』，出自張載性理拾遺。
〔四〕斈　原字迹不清，似『孝』，據下文及句義以定。下同。
〔五〕叫　龐注本作『此』。

道藝

心有天游，乘物以游心，志道而終游藝者，天載于地，火麗于薪，以物觀物，即以道觀道也。火固烈于薪，欲絶物以存心，猶絶薪而舉火也，烏乎可？聖人知之，欲禁制之，先鼓舞之，勞其生而養之，因以費其智巧，節宣其氣而隱其情，使樂受其聲施，而漸漬于不識不知之則。四民首士，四教首文，天下風氣必隨誦讀之士所轉。革之以因，逆之以順，直現南秘北之禮地，以穆其無南北之智天。通圓中，秉正中，而措其時中，是以寓罕于雅，無行不與，但繫好學之鐸，而道不容聲矣。

易則天人、性命之消息也，春秋則公是非之權也。雅言惟詩書藝禮。埶本埶字，陸文裕説。愚考説文埶即藝，引詩『我蓺黍稷』；漢王子侯表『宛朐侯埶』，師古音蓺，顔魯公作藝，吳慎之作秇。書誠之而必詩興之，禮拘之而必樂樂之，聖人誘人之游心以存存也。讀明允之詩論，蓋苦心哉！

通晝夜，知終始，俟深造之自得；而修詞立誠之教，一張一弛，外内合致，臞腴互適，流峙相鮮。安置賢知、愚不肖共此苑囿，而各自嚌嚅。以爲迂闊，莫切切于迂闊；以爲煩瑣，莫帖帖于煩瑣。人人有安生奉法之樂，天下固已太平矣。

印度之教，自小學十二章而外五明、内五明，皆有離佉誦習、文殊問字。華嚴善知衆藝，入般若門，地上無所不知能，而正等入妙。佛不住佛，而仍寓菩薩。衆生之香、光、聲、色也，性命之麴糵也〔一〕。聲音文字爲緣，入之兩端，内外相感，因所入而入之，此即天地交輪之幾矣。天地間惟陰陽、水火兩端，心、意識亦兩端，而意土如坤艮。性藏心，命藏腎。眼通鼻耳口身，與意土同分，總歸見聞。密衍言性命以心識爲根，以見聞爲用。細核之，實有此理。其抑之爲割泥者，迫人反聞，見無體之至體耳。

世士襲藝濡唇，依通數墨，浮見鉤鎖，翳起空華，握齪筌蹄，誦法未能蒸湆，況能瞠醯目而又矐之耶？故用烏場硇水，剥膚浣胥，正以聚火燎門，用師十倍。及乎豁厚反掌〔二〕，任用家珍，則學問乃古今之鹽醬也。悟同未悟，寧廢學耶？

詎知後世之門庭張網者，偶竊一知半見，謂入悟門，便住門限上，登曲彔牀，此生不可復下。習便遮遣，偏畏多聞，三學十支，揮斥禁絶。一語及學，則頩爲之赤，稍涉質覈，曰落教家矣、罣義路矣，何況通三教、收一切法乎？甚至賄人綴集，篝燈肆習，而惟恐人知。天地本逍遥游，何苦乃爾？此皆未能洞徹，自闢頂顙，故依傍揣摩，爲專門之舊條令所誤。神錢挂樹，相紿取食，終以自諱，固焉爾矣！

理學怒詞章、訓故之汩没是也，慕禪宗之玄，務偏上以競高，遂峻誦讀爲玩物之律，流至竊取一橛，守臆藐視，驅絃歌于門外，六經委草；禮樂精義，芒不能舉；天人象數，束手無聞。俊髦遠走，惟收樵販。由是觀之，理學之汩没于語録也，猶之詞章訓故也。禪宗笑理學，而禪宗之汩没于機鋒也，猶之詞章、訓故也。所謂切者槁木耳，自謂脱者野獸耳。夫豈知一張一弛、外皆是内之眞易簡，絶待貫待、以公統私之眞無礙乎？夫豈知華嚴一乘，即别是圓，無一塵非寶光，無一毛非海印乎？此爲究竟、當然、本然之大道，餘皆權乘或權之權也。

石火不擊，終古石也，言貴悟也；然無灰斗以擴充之，石雖百擊，能舉火耶？是糟粕而神奇寓焉。外内合矣，合不壞分。外學多，内學一，即多是一，即分是合，見天下之至賾而不可惡，正以外内交格，一多通貫，而無内外無中也。一有天地，應有俱有矣，本不分内精而外粗也。甍瓦之與偃廁，皆屋之應有者也。甍瓦一天地也，偃廁一天地也。將尊㝔而廢檽乎？尊棟而廢階乎？膠内而不聞道，何異于膠外之不聞道乎？

知道寓于藝者，藝外之無道，猶道外之無藝也。稱言道者之藝，則謂爲恥之，亦知齊古今以游者，恥以道名而託于藝乎？子瞻、夾漈，言之詳矣。眞智、内智，必用外智；性命、聲音，人所本有：可自知也。寓内之方言、稱謂、動植物性、律曆、古今之得失，必待學而後知。其曰本自具足者，猶赤子可以爲大人也。玄言者，略其『可以』，而隋其語耳。據實論之，赤子之飯與行必學而後知，謂赤子可以筆、可以書則然，責赤子不學持筆而能作書乎？欲離外以言內，則學道人當先從不許學飯始，而好玄溺深者語必諱學，即語學亦語偏上之學，直是畏難實學而踞好高之竿以自掩耳！

愛一惡賾，膠柱已甚。人當獨有一心〔三〕，四官四支、三百六十骨節太多，何不廢之？天當止有天，不當有日月星，可乎哉？中原吳楚語言不同，以生來所學之不同也。入一國不通一國之語，何以過化，又能合並百家乎？一即一切，一切即一，事事無礙，則一切俱無礙。縫綻可也，芸钁可也，鉛黃攻苦亦可殊于作務乎？有生以來，無非事也，無非務也。闢之何闢？諱之何諱？若悟無言無隱之時行物生，即悟精義入神之何思何慮。筆無一塵，傾湫倒嶽，汗牛充棟，正是空空。理學有仿禪藥語，勒禁無意者，直未透禪耳！況知聖人言先，洞翻三諦而藏于緣，因直日之天地適中以前民用者哉？

質論人之獨性，原是無所不學則無所不能之性，而公性即和其中。畢生死者，無爲而無不爲，在此海中，即用海水，豈有一世無所用，而蟠窟弄泥者？況合十世，古今總此一心，烏乎內之，烏乎外之？吾故一語斷之曰： 天下無一非障，而知之則無一足障也。下地即見色聞聲，乳自外取，先當障乳，何乃獨冤詩書邪？死門奪人賣鋒，不過便其倒倉法耳！讀書知見助阿賴識，大慧嘗欲一刀者，說火欲熱，猶恨不酷，果其持種者斷，山河毀矣。所云能所俱忘者，能即無能、所即無所也。國王出家，則家隨之出； 心王一轉，則心數十弟子俱轉。知見何曾非般若？心、意識本非有二，讀吾公因反因，則朗然矣。然鎖人出生死之旛竿，以黑勝白，故利于人之不朗然，以受彼之牢籠耳！

入門貴專，故宜困之。若見破公因反因，直下原是舊時人。舊爲讀書度日之人，依舊爲讀書度日之人。佛入中國，有不讀孔子之書者乎？净名疏云：天竺語釋迦爲能文、爲能儒。大論云：爾時有佛名釋迦文。其曰摩那博迦，直化身耳。雲棲以五祖戒後身必不爲東坡者，此非然也，牛腹馬胎無不可，而不能爲東坡耶？

請立那迦不住平等之格曰：言道術者，百分之九十八皆矜高而厭學者。九十八之八爲好文章，其九十則以掃除爲藏拙者也。世之文章不可語于學問，至求博學、精義兼通之士，則萬分之一尚不可得；而闇與道合、具體而偏者，百容一二。何則？虚易而實難也。即博學之病，病不過老牖下，孰與悟門之病，誑惑横行，而僭第一坐乎？若無公格，那迦大定是第一飾羞之障面也。風世正經，誰舉分數而扶甲乙之公格哉？僞甲不如眞乙，天壤矣。欲挽虚竊，必重實學，即大悟者以學爲養，中下人多，教主廣被，烏有考鐘伐鼓，日日拈花，而鞭掃日星理數之學，賤而棄之，乃爲尊乎？

孔子自『一貫』『無言』數章外，不當有言；詩、書、禮、樂之删述，何爲此宿瘤鼠瘵也哉？自明者視之，詩、書、禮、樂即聖人之正寂滅道場也，以爲善世立教之苦心者，猶未在也？若不知此，何以爲悟？不過護其所便，而壟斷門庭耳。道德、文章、事業，猶根必幹、幹必枝、枝必葉而花。言掃除者，無門吹鞴之煻煨火也。若見花而惡之，見枝而削之，見幹而斫之，其根幾乎不死者！核爛而仁出，甲折生根〔四〕，而根下之仁已爛矣。世知枝爲末而根爲本耳，抑知枝葉之皆仁乎？則皆本乎一樹之神，含于根而發于花。則文爲天地之心，千聖之心與千世下之心鼓舞相見者，此也。

修詞立其誠，曾養知否？氣貫虛而爲心，心吐氣而爲言，言爲心苗，託于文字。聖人之文章即性道，非今人所溺之文章也。學道人即慱即約，日益日損，即謂之本無損益而不礙損益，則凡自一技一能以至至玄之道，皆不可執，豈特文字耶？

易一藝也，禪一藝也。七曜、四時，天之藝也。成能皆藝，而所以能者，道也。寂音曰：『川之方至，益也；水落石出，損也。使其無所益也，何所損哉？不識字者與之書，則辨畫不暇，識字者直答其指，豈爲字累？口忘舌而能言，手忘筆而能書，果眞掃除者也。』愚笑曰：此猶詞費矣。盡兩間是大圓鏡智，盡兩間是闤闠中物。但知知解起處，即用知解爲儔侶。谷響、春風，有何非天游乎？果信生即無生，應信學即無學。

程正公謂讀書爲玩物喪志，慈湖因象山謂六經注我，而遂以文行忠信非聖人之書，則執一矣。象山甚言當求諸己耳，正公逼人篤信耳。夫烏知不能開眼者，獨坐更喪志乎？此爲救病言之也。執此而禁人詩書，則六經必賤而不尊。六經既不尊，則師心無忌憚者羣起矣。

『皋、夔、稷、契所讀何書？』此語雖塞人而實强詞也。上古窮理盡性，俯仰遠近皆其書也。後有典故，尚不肯學，而欲生知哉？至于師心之禍，甚于守糟粕之弊，豈特一二倍哉？聖人收拾萬世聰明人，正在詩書禮樂足以養之、化之，鼓舞不倦。剥復之後，繼以无妄、大畜，即是修詞立誠；大畜多識，乃能日新。此虛實並濟，窮源用流，窮流逢源之妙也。

今皆以掃除是道，市井油嘴皆得以鄙薄敦詩書、悦禮義之士，爲可傷歎。故不得已而破其偏，以爲入門可也。權巧出楔，使之掃除亦可，使之癡迷亦可。無着眞宗，法豈可執乎？聖人且欲換人之嗜慾，使之節焉已矣，先畜之，而後能束之。自立地之法盛行，可以今日入此門，明日便鞭笞百家，而自掩其畏難失學之病，故往往假託于此。而理學家先揮文章、事業二者于門外，天下聰明智能多半盡此二者，不畜之而毆之，此白椎所以日轟轟〔五〕，而杏壇所以日灰冷也。愚故欲以横豎包羅、逼激機用，補理學之拘膠，而又欲以孔子之雅言、好學，救守悟之鬼話，則錯行環輪，庶可一觀其全矣。

虚高者以學爲習氣。不知人生以後，一切皆有而無在其中，性在習中。天地既分，天地亦有習氣，五行之習氣更重矣。一切皆病，一切皆藥，學正『回習還天』之藥。溺學者，藥病也；而忌學者，根病與藥病相投，其病難治，故須以聖人中道藥之。

習氣之説，圭峯爲教乘妙説，晦堂了了矣。吾嘗曰：不能除而必言除之，適得其平。若悟得天地未分前者，事事無礙，何須管帶？管帶亦無礙矣。

德性、學問本一也，而專門偏重，自成兩路，不到化境，自然相呰，今亦聽之。先祖曰：讀書安分，是眞修行，是眞解脱。東柏曰：其知彌高，其行彌下。頓悟門自高于學問門，説出學字，則似個未悟道底。嗟乎！道是甚麼？悟個甚麼？囫地一橛，鷂過新羅，尚守定得意，挂在面上以教人乎？眞大悟人本無一事，而仍以學問爲事，謂以學問爲保任也可，謂以學問爲茶飯也可。盡古今是本體，則盡古今是工夫。天地地中，性在學問中。寡天無地，乃死天也。學道人守住凈妙境界，即是惡知惡見。

涅槃經所云：不作字句相，不作聞相、佛相、説相，名無相相。此謂消歸一心，隨他一切相而無相矣。宗鏡曰：唯是一心，捲舒同際。或見紙墨文字，嫌卷軸多，但執寂默無言，欣爲省要：皆是迷心徇境，背覺合塵，不窮動静之本原，靡達一多之起處。偏生局見，惟懼多聞，如小乘之怖法空，似波旬之難衆善，以不達諸法眞實性故。蓋有表詮有遮詮，或奪下情見，一機入路。今時學者，既無智眼，又闕多聞，偏重遮非之詞，不見圓常之理。奴郎莫辨，眞僞何分？如棄海存漚，遺金拾礫。華嚴論云：滯名即名立，廢説即言生，並是舍己徇物。只愛門風緊峻、問答尖新，發狂慧而守癡禪，迷方便而違宗旨，此病更深，理學家亦且墮之。夫豈知三藏五車現前，不挂元字脚乎？然一種執著字面人，無法可醫，只得一掃！

校記

〔一〕麴麩　原作『麹麸』。其天頭處有校者批注曰：『按此字當是「麴麩」之誤。周禮媒氏注：「今齊人謂麴麩曰媒。」』

〔二〕豁虖　龐注本疑爲『虖豁』之誤。

〔三〕當獨　原作『獨當』，據龐注本改。

〔四〕折　當作『坼』。

〔五〕椎　原作『推』，據龐注本改。

不立文字

愚嘗折中上達，勸天下之士讀書，得毋與不立文字之指悖乎？豈惟不悖，千萬年從此泯矣。

倉史呼于迦文曰：鬼泣我，我受之矣，我獨不服竊性命者之罪我也。若以爲罪，罪讓虙羲。

迦文笑曰：時至而因也，卉然而華也，若且無功，又安有罪？吾語若，芒芒者本無有也，無不能不生也，生生而有，因有衆有。有中有無，故生而不立；當其作之，作本不作；使人爲之，爲而不爲也。是謂不二、不一之一。一即萬也，世不知萬之有一也，而擾擾于萬。吾有拙裔壁士，往而變之，權奪其萬而一以塞之，于是有不立文字之别傳。不立何礙于文字哉？吾何以號能文乎？

無言公曰：不立文字本非可傳。吾傳其可傳者，使各以無所得者得其不可傳者，可也。以不可傳者相傳，必傳譌矣。掃除之權，權之半也，可以掃除，可以建立以不立。立不立云者，立其所以爲文字者也。今以不通文字爲不立文字，寃哉！請問之羲皇。

羲皇曰：陰陽相交，雜而成文；陰陽相生，孳生而字。指其面曰：此何字？指庭樹曰：此何字？天之琅琅者何字？地之森森者何字？雲漢山河乃字海也，窮之安能窮？避之安能避？天何以掃除乎？地何以掃除乎？氣噏聲而附形，形必有象，象謂之文。作字者還其應有之形，以明告之、默識之耳。吾所讀者玄黄五彩之編、萬物短長之籍，因龍馬之章句，紀奇偶之號數，仰觀俯察，近取遠取，遂曠覽兩儀未兆之先，得混沌氏之寶藏，虛空披閱，行行過目，循環不釋，親自師承而思之、學之。汝輩將以我爲無師授受、向外馳求之外道耶？抑知吾先創此不立文字之宗，以垂此不易、變易之文字耶？抑知天地萬物先創此不立文字之宗，以表此至一至賾之文字耶？筆墨，迹也，書畫家且不立筆墨，況讀書聞道而迹之？

吾一不立，一切不立，視不立目，聽不立耳，持不立手，行不立足，思亦不立心，遊于山川，不立山川；居于城郭，不立城郭；先天地生，不立天地，豈特不立文字云爾乎？千世而下，不能心吾之心，即不能讀吾之書而學吾之學，乃以不立文字之專門歸一片石，而又不能知其所以不立之故，直是懶讀書，借此石以自覆耳。吾每對吾之師撫掌大笑，笑人間之傳僞矯誣大率如此。吾且勿慨，汝頡所立之文字已數十變，音釋、佔僤、脱捥、波鉤，豈尚有一知汝頡盡心、盡物之所悟者乎？

蒼史聞之，感而屑涕，似終不能割愛。

壁士曰：東土奸而實愚，易誑耳。爲我一弄，至今無人再弄，翻恨當時無能以天地之書弄我者。

羲皇曰：吾出二環。以不立文字之環予蒼史，以讀書之環予壁士，兩人相推而合形影行。

迦文顧無言公曰：　喙鳴合，合喙鳴，千萬世從此泯矣。

何何氏跋之曰：　眞不立文字者乃讀眞書，眞讀書乃眞能不立文字。迹二者則偏，合之則泯。然讀書之名卑于不立文字之名，不立文字之門易假于讀書之門，是以不立文字之士既不得眞，而讀書爲士之本業反幾幾乎斷絶矣！吐詞成經，是文字非文字，是名文字，行乎其所不得不行，止乎其所不得不止。即後代子瞻、子長之文章，皆不立文字之文章也，況性道之言乎？豈必鄙倍方言録之，而後酷似不立文字專門之貌哉？則論、孟、老、莊爲修詞累矣。眞得其所以立『不立』者，方言與爾雅有何可擇？有何可累？診眡平懷，必無不通者；左驗明暗，必無不破者；　旁徵其圓，必無不縱横自如者。士大夫聞道，而有意迴避，其文章故作蹇陋，貌似跛挈，以侈于人曰：　我悟矣，我掃除矣。鬼不泣必且㰦歈。

張弛

吾既歎代錯之幾，明公因反因之故，而益歎一張一弛之鼓舞者天也。弓之爲弓也，非欲張之乎？然必弛之養其力，乃能張之盡其用。急時張多乎弛，已必弛多乎張，明矣。

由邵子四分用三、攝三于一推之，天地煉物于冬，而長養之于春夏秋；　人之呼吸應之，一吸而三呼，促之于吸而舒之于呼。一日夜自寅至戌爲動，亥、子、丑爲静。太陽出入，亦此九時屬地綫上，故先甲先庚。圜圖自明夷、賁立春，而艮謙下即冬矣。別詳易説。陰陽本平分而時有盈縮，聖人尊陽而前用也。交互變化，因事多寡，未可膠分，而大概如此。故聖人説教因之〔一〕，急之以勇猛，而緩之以優游，嚴之于約，而寬之以博，窮之而通之，禁之而鼓之，嘗寬使有餘，以嚴其不足。路無餘步，焉能翔武？室無餘隙，婦姑勃谿，此恆情也。先畜而後束，先徐而後疾。馬馳之一而小走之三，人藥一而飲食三，形殺一而勸興三，精教一而粗教三，罕言一而雅言三。道急而藝緩，行急而文緩，然急之以行而常緩之于文，急之以道而仍緩之于藝。藝之中，書嚴而詩寬，禮嚴而樂寬。心之消息，猶一吸而三呼者也。牿亡者放矣；平旦之氣，一日猶一收也。

愚何故分劃而限之如此哉？二而一、一而二，分合、合分，可交、可輪：張陽以陰，地陽于陰〔二〕。天以動張之，以静弛之；至人以静張之，以動弛之；聖人以不落動静張之，以不離動静弛之。知交互不二之陰陽動静，即輪接首尾之陰陽動静乎？又何諱于分劃而指之？

本無張弛，弛何非張？而教必言張，況專門之逼激耶？倍用之可也，然縱奪自在也。知全張全弛之故，而立張三弛一之法，以享張一弛三之用。操則存，舍則亡，豈舊解督操之及至散步閒泄，觸類交蘆，適爾而提之，往往易入而終身不忘。觀儺乎，樨香乎，亦一端也。

教者之切切也，切切其急所用耳。知有用之切切，而詎知無用之切切乎？射不能盡中，不中所以爲中。力自尚巧，巧必量力，往來之體，所以適力也。弓之用在隈，言弓隈則切切矣，言弰、言弣，毋乃緩乎？弓能隈而不弰、不弣乎？鞬也、璭也、醫也，不能少也；矢也、侯也、豊也、決也、韝也，尤不可少也：皆相因，一有俱有者也，豈切切乎弓隈而一切弁髦之乎？況黃間合蟬之異製乎？況鄉射之觶與間乎？琴之泛聲在徽，徽之間遼，則敊然不鳴，不以不鳴而廢絃。手左不敵右，不以右提而廢左。無名之指最號無用，不聞將指斷無名之指。道之于藝也，內之于外也，頓之于漸也，體之于用也，有用之于無用也，皆相因，一有俱有者也。知張弛古今者，知所以更互其切切矣。

聖人切切尊德性，而堂楹十半鳴學問之鐸；問學切切乎躬行，而壇壝十半傳絃歌之風。何不廢一切而尊之邪？一張一弛，弛亦是張，卑無非尊也。專尊者言語道斷，以杖作椎，哮吼天下，比之于雷，雷誠迅哉！天之爲天也，以有大地之山川動植，而後日月之、風之、雨之、雷之。使無地，何能天？使無日月風雨，安能獨雷？孔子日嗜嗜然呼門人以一貫，佛日瞞瞞然登座而手一花，是天無冬春，日列缺轟轟然雷矣！烏有是事？

張弛之道，高而處下，大而不孤，以因爲革，功而無功。其鞴足以糜賢知而齏愚不肖，各各嗔嗔，相轂而不能自已，故曰『鼓之舞之以盡神』。劉劭曰：「中庸之德，『淡而不醋』，謂不厭也。」豈無太高之焱，遺落不情？憕乎遠矣，非還塵如于塵如者，不則淡無所事，泔而厭矣，安能語鼓舞？嚴君平曰：『熱而投水，寒而投火，所苦難除，其身必死。胸中有瘕不可鑿，喉中有疾不可剥也。』不如緩而不治。諺云『勿藥爲中醫』，專教而馳奏捷者，可無諗諸？

象數

宗通、說通，皆爲治心設方便耳。曰『無所得』者，至矣，然無所得亦一方便也。本無所得，即有所得，直下有即是無。象數之與虚空，一乎二乎？有法相宗，有破相宗，有法性宗，究竟遮與雙遮，適顯此正表耳。表相者多言其不得不然，而破者專取所以然以破其執；貫性相者則明其所以然，而安其不得不然，所以然即在不得不然中。一乘實相，全密是顯，

校記

〔一〕說　龐注本作『設』。

〔二〕地　龐注本作『弛』。

全顯是密，謂之眞空即妙有也，況方便法之必歸生成法乎？

愚故爲象數雪屈曰：理與象，氣與形，皆虛實、有無之兩端而一者也。氣發爲聲，形託爲文，象即有數，數則可記。世有泥象數而不知通者，固矣；專言理而掃象數者，亦固也。專門櫛株，言語道斷，自取偏至，别開一逼入牆壁之路，而悟後猶專守之，則猶未悟大變通之路矣。然其言所窮、理所不及之理，正吾可以象數寓之者，而彼扃扃不知也。何也？虛即實，實即虛；一即萬，萬即一，豈有通至理而不合象數者乎？執虛理而不徵之象數者，是邊無而廢有也。執一惡賾，則先爲惡賾之心所礙。何謂萬即一，何謂實即虛乎？何謂一多相即之一眞法界乎？眞易簡者，不離繁多而易簡者也。天何不渺渺，而復有七曜、二十八宿、三百六十五度四分之一？地何不莽莽，而有四輪、七山、億萬萬國、山川、草木、動物、五方各三百六十？人何不脱脱，而有五官、四肢、百骸、二十五經絡、九十九萬毛竅？乃故鎖鎖龐雜，不肯易簡，而羅列象數之書于虛玄者之身，環其當前，觸其怒乎？此正天地之所以易簡也。

提心宗而百家之理皆歸一矣。執心與理之二名相確，而不知可一、可二、可萬者，此鑴其方便之藥語，而不肯參伍天地人之象數也。有質論，有推論，推所以通質，然不能廢質，廢質則遁者便之。吾請作潦倒塾師，一布算曰：有天地後有人，人始有心，而謂未有天地先有此心〔一〕；心大于天地、一切因心生者，謂此所以然者也；謂之心者，公心也，人與天地萬物俱在此公心中。特教人者重在切近，謪人差肩耳。何得謂以天地證心者，即黜之無因外道乎？抑知有因、無因之共因于大因乎？抑知有因即無因，而後知天地人物之公因，又何礙言無因之因乎？抑知有相反相因，各各不相因爲各各之因，以合衆因而爲一因乎？不過曰心即天地，欲迫陏其語而言天地證心，則猶兩之耳。楊敬仲謂易即天地，何得曰『易與天地準』？此僞書也。固哉！知萬即一，而不許人言萬乎？知分即合，而不許人分言之以證其合乎？

何何氏不惜翻破一上，日日曰『萬物皆備于我矣』，曾知萬我皆備于物乎？我亦物也，天地亦物也，不過一彼一此而已，可曰彼備于此，亦可曰此備于彼；彼皆因此，此亦皆因彼，何能禁之但許歸此，不許歸彼乎？天已分地，地已生人，又何能執無彼此而禁立彼此之名乎？

有空劫前不死草之神曰汙栗馱如來，偶一念起，托胎于鴻濛，親見鴻濛胎中非一我也，乃無萬數之我也。天地初剖，生一嬰兒。爲因眼故，爲因心故。是天地之心爲正因，我與萬我爲公因，明矣。茅鴟説法，豈不曰天地人皆備于其卵乎？獒豈不曰天地人皆備于狗竇乎？嬰兒下地能言曰：我自億萬劫來，皆姓曰天屈〔二〕，名曰無火，小字里玉；每入劫即更姓爲又月氏，出劫則還爲天屈氏；　及至中土，則呼我爲太極，爲自然；　西域則呼我爲質多耶，又呼紇利陀耶，又呼乾栗陀耶。　乾栗陀耶即寓于紇利陀耶〔三〕；　而譯者以紇爲妄，乾爲眞，我自不知，因而識之。　人且分我爲百法，爲百八見。　自西入東，而名我更多，千萬其號，吾請以一聽之。　東西公號我曰心，自此爲博學者勞作掌記，雕蟲者引入纖薄；　時中者游我，從我之所欲，即實即虛，無所不可〔四〕；　無上者尊我，不使人加我之上，我遂無事。　後來傳空我之法，成一死法，備極狼毒，斷我破我，罪之曰：　何得有形，何故又有影？掃除禁制，血濺梵天，而我乃遁之影中，忌近日燈，惟處朦朧冪羅之室〔五〕。　人以欺我，我因欺人，億萬之我皆爲我所迷，而任放自尊，依傍不立文字之市中，全不須推本陰陽，極深研幾。　有言學問者，我且唾之，人固無如我何。　惟見羲皇，不覺誒詒。　我本無罪，而今乃爲羲皇之罪人，入閻摩宮矣。　羲皇救之，予一卷書，皆自然之象數，收魂于此，可以死而復生。乃知象數者，正因、公因之表也，眞無理之理之所不能到也，然則貶太極、自然爲無因外道者，豈非夏蟲哉？　太極、自然，何嘗非心？　大小合言，故先就天地之大證之，新上一號耳。正因即公因也。　天地何心乎？　容我與萬我于其中，即天地之羯羅藍心矣。

公因之中，受中最靈，人獨直生，異乎萬物，是知天地貴人。　此推理、質理，以象數徵之益信者也。　是則因有象數之人，而後推知未有天地前公心之理，則天地間之象數皆心也，外皆是内也。斥象明心，此破執入門之粗法。因象而知無象，則無象之理始顯；因象有數，有數記之，而萬理始可析合。則象數乃破執之精法，人謂廢之然後爲虛玄，不知象數即虛玄也。斥相明心〔六〕，止能言無理之理，謂理無一定云爾。今汩臚以天地人之象數，始能于無理之理自立自破，于無一定之云爾中，定出一定之云爾。則善表虛玄、以不變易貫變易者，莫妙于象數矣，尚忌之而廢之乎？

如此始可言易。易也，心也，天地也，海之于水也，燈之于燭也。有此質竅，則如𦅇綴之捐悶芻童，有何波紋光影，不可冪積析合，使人棃然者哉？虛空以一畫表天地人不可言之𦅇綴，而一畫前之𦅇綴皆可參矣，則象數正有無、交輪之幾，所寓于無言者也。聖人類萬物之情而窮極其數，細分之至周天之度，衍九十九，行七十二，以至十七萬七千一百四十七之類，範圍不過者，非逐物而數之也。惟通神明，得其原故，象數與理一合俱合，而制器尚象無往不精，往往于小中見大，而不以大名。寸表周髀，衡度合歲，一毫納海，此以實寓。易冒天地，爲性命之宗，而託諸蓍策，以藝傳世。儒者諱卜筮而專言理，易反小矣，此豈表天地、前民用，罕言而以此示人、存人心之苦心乎哉？

華嚴者，易之圖也，即其四十二字母，即悉曇與文殊問字金剛頂之五十母，大般若經言一字入無量字，從無量字入一字，以入無字，此亦收盡天地古今之理、象、數，如六十四卦也，而乃以善知衆藝名。聲音與象數相表。言爲心苗，動静歸風，呼吸輪氣，詩樂偈喝，其幾也；等切，其一節之用也，猶易有四道，而制器亦在其中。愚有等切聲原，略發明之。視爲粗末，竟無能言者矣。果能悟明自心，則于一畫前之象數無所不備，而于一畫後之象數反不能相通印合，則所悟者，乃邊見也。愚嘗願再現祖龍，盡焚東西古今之典籍，請悟道者于虛空一畫，得乎？能取火乎？範金乎？從黑縵縵中干支之、角亢之乎？必曰此功勳邊事也。夫功勳者，用也，天地間有無用之體乎？何以名無爲而無不爲乎？無粒與汝，無屋居汝，禽獸食汝，尚曰開物成務爲多事乎？

聲音象數之微，天地鬼神生死利害之幾，時時橐籥于心，觸處便可以知晝夜、通古今。悟者于此不通而反擯之，是眞所謂蝦蟆一躍者也。枯守一體，乃死體耳，況知一期方便之言先乎？腕即掌，掌即有指，指何妨飯擘、唓躉、將、小、無名之名相。斥之曰：言腕不許言掌，言掌不許言指〔七〕，則里巷童子皆落象數障矣。寓言法喻，非象莫表；刹刹塵塵，皆是實象。一心王即有十弟子，曰二十五，曰五十三，曰二千五百，曰八萬四千，曰十三萬四千四百萬，可不謂數乎？由大而小，虛必寓實，理有不及，總不得不謂之理。理無非象，象無非數也。五之三之，暗與數合。莊子一二三四而天下之數可括，豈皆未自知乎？

執事事障，執理理障，執無事無理者尤障。無相不礙相，相即無相。有塵可惡者，依然背覺合塵者也。古人嘗云保任，豈直飽食終日爲保任邪？況本然擴充取證不可缺之薪水哉？人生不能一息不薪水，則一畫前之皆備者，即在一畫後之錯綜反對中，是日用飲食也。

羲兆問石齋先生云：　聖賢只是説理，更無象數。如落象數，便是算手疇人，安得與主翁坐話？

先生云：　若此，聖賢只是事天，天到盡處，更無日星；　如落日星，亦是臺官稗史，不得主位商量也。日、月、星是三要物，理、象、數是三要事。吾家物事，切忌籠統，消帳不得。且問汝，日行可即是天？月行可即是日？日月星辰之行可皆一理、理皆一象、象皆一數否？

木上曰：　論象數則有不同；　論理則往來屈伸，何思何慮，無有不同。

先生曰：　如此，學問止于中庸，行事盡于論語；　詩、書、禮、樂、春秋皆可不作，宋元而上，威烈而下，諸史皆可不讀也。凡自羲軒而來，丘、索、墳、典或焚或存，皆以發明事物差等。諸王因天地之自然，觀古今之成敗，過則留之，不及輓之。如日不及天一日一度，月不及日一日十三度十九分度七，星日相差一歲有五十餘分，六十三歲而斗差一度。天以逆數日，日以逆數月，皆逆數也。聖人因之作易，積辰爲歲，積爻爲象，因象立數，因數明卦。六爻十八變，始于一畫，究于二十六萬二千一百四十四，隸首不能增，成撓不能減，開爲六十四卦，終始六十年之曆。日月相差每歲一十三辰九分三釐三絲三秒。日月不得不交，交會不得不食。堯水湯旱，無以救其戹；郟鄏、澗瀍〔八〕，無以改其墨。故爲詩以治易，春秋以治禮。禮樂之治詩、春秋，猶朱絲之縈赤社，鐘鼓之救日月也。

黄先生洞璣甚精經配，折中京邵，定合自然。至十緯配槎枒，似屬膠柱。又嘗言春秋二百四十二之數窮，而用詩三百五篇之數以言氣運，此恐未然。其言『性與天道』，以天道爲日月星運行之道，此自開闢之説。不肖曰：天之所以爲天，是天道也，因日月星之差錯而知之；人心亦然。極大極小，豈有二哉？理屬無，數屬有，微顯互徵，即是不落有無。

有方便法，有生成法，生成法即一切現成者也。破相宗重在權巧破人之執，而佛爲中道。法性宗歸于性相一如，相即無相，非掃相也。愚嘗曰：一是多中之一，多是一中之多。混沌之先，先有圖書象數，聖人乃是一抄書客耳，以無分別智知一切差別。後人不知佛語落處，而守定糊塗，以廢學爲無心，直是未夢見在！

校記

〔一〕謂未　龐注本作『未謂』。
〔二〕姓　原作『性』，據龐注本改。
〔三〕栗　原作『利』，據龐注本改。
〔四〕無所　龐注本作『無可』。
〔五〕冪　當作『羃』。
〔六〕相　龐注本作『象』。
〔七〕前一『言』字　原奪，據李校本補。
〔八〕灋　原作『纏』，據龐注本改。

所以

氣也、理也、太極也、自然也、心宗也，一也，皆不得已而立之名字也。聖人親見天地未分前之理，而以文表之。盡兩間，灰萬古，乃文理名字海，無汝逃處也。尊名教者，執正名正詞之例，方以離倫物、首上安首者爲枯偏外道〔一〕；而習心宗者，執反名，破執之執，又以自然、太極、言理氣者爲無因外道，詆訶相罵〔二〕，各尊其名。夫烏知名殊而實本一乎？

吾從無是非之原，表公是非之衡而一之。

天地生人，人有不以天地爲徵者乎？人本天地，地本乎天，以天爲宗，此樞論也。天以心予人，人心即天，天以爲宗，即心以爲宗也。

有因無因，何譊譊爲？又安知有因、無因之爲大因、公因耶？有質論者，有推論者，偏重而廢一論乎？不通天地人之公因，即不知三聖人之因，即不知百家學問異同之因，而各護其門庭者各習其藥語，各不知其時變，何尤乎執名字之拘拘也？吾折衷之而變其號曰『所以』，此非開天闢地之質論而新語也耶？

人之有心也，有所以爲心者；天地未分，有所以爲天地者。容成、大撓之倫，知天地氣交之首，標心于雷門；四聖人于易之冬至見天地之心，此推論、呼心之始矣。則謂未有天地，先有此『心』可也，謂先有此『所以』者也。學者能知天地間相反者相因，而公因即在反因中者，幾人哉！

源一流二，二即善、惡。儒者謂『惡』烏可以訓？心有善惡之嫌，而指當當然然者號之曰『理』。既曰『理』，則亦哆哆和和而理之，此固無所迴避者也，豈知膠柱之理成障乎？理之障理猶心之障心也，故又曰一眞法性、涅槃妙心爲實相心，餘六凡、四聖之心，皆生滅心，豈得已于分乎？剔理于氣外，猶之剔心于緣心，而無眞、妄之眞眞即統理、氣之至理。辟算器有一、萬，又有大一，究竟大一即在算器中，絶待乃併待也。

考其實際，天地間凡有形者皆壞，惟氣不壞。人在氣中，如魚在水；地在天中，如豆在脬，吹氣則豆正脬中，故不墜。泰西之推有氣映差，今夏則見河漢，冬則收，氣濁之也。由此徵之，虛空之中皆氣所充實也，明甚。人不之見，謂之『太虛』。虛日生氣，氣貫兩間之虛者實者，而貫直生之人獨靈。生生者，氣之幾也，有所以然者主之。所以者，先天地萬物，後天地萬物，而與天地萬物煙煴不分者也。既生以後，則所以者即在官骸一切中，猶一畫後，太極即在七十二、六十四中也。于是乎六相同時，世相常住，皆不壞矣。稱之曰『無二』。

無二分無斷、無别，事理不二，即如如佛。有、無二無，無二亦滅，特玄其語耳。慈湖所守之『無知』，文成所標之『良知』，即眞常、眞我之易名也，隨流見得，不落有無。吾何妨以貫虛于實、即有是無、遮照存泯，同時俱鎔此一味之『中道法界』耶？

心本無心，無豈有二？人猶有膠擾者。謂之『所以然』，所以然豈有二哉？老莊之指，以無知知，無爲而無不爲，歸于自然，即因于自然。自然豈非所以然乎？所以然即陰陽、動静之不得不然，中而雙表，概見于形氣。形本氣也，言『氣』而氣有清濁，恐人執之，不如言『虛』；虛無所指，不如言『理』；理求其切于人，則何如直言『心宗』乎？近而呼之，逼而醒之，便矣。然聖人且憂末師偷心自尊之弊，遁于洸洋，無所忌憚，故但以好學爲教。

學至于學天地，蓋莫可徵于天地也。易者，徵天地之幾也，日月、魂魄之率也。子思題乃祖之像贊，惟有繪天地而已矣。

一切唯心而不能徵天地，又謂徵天地爲向外馳求以阱其肉心者，此眞所謂一往不反、迷于一指者矣。向外馳求病矣，向內馳求非病耶？內外馳求病矣，內外不馳求非病耶？華之發也，春在其中；其未發也，春不在其先乎？所以爲華者，即所以爲春者也；所以爲心者，即所以爲理、所以爲氣、所以太極、所以自然者也。明心者，明此無善惡、不生滅之心，適用其善統惡之心；養氣者，養此無清濁、不生滅之氣，適用其清統濁之氣；窮理者，窮此無是非、不生滅之理，適用其是統非之理。明至無可明，養至無可養，窮至無可窮，則又何心、何氣、何理乎？又何不可心之、氣之、理之也乎？既知生即無生矣，心即無心，又何異于理即無理、氣即無氣也乎？天以日明，君以政顯，廢日即廢天矣，廢政即廢君矣。談心名家，糞捹理氣，以競詭越，推論而掃人之質論，鬼論而掃人之推論，直是巧言桔槔，忌理之防其肆欲耳！

出世者泯也，入世者存也，超越二者統矣。泯自掃一切法以尊『體』，存自立一切法以前『用』，究竟執法身亦死佛也。立處即眞，現在爲政，無親疏之體在有親疏之用中，主理臣氣而天其心，乃正示也。存泯同時，舍存豈有泯乎？而儱侗首上首者，且執其讔語名字之坯瓶而不知歸實，豈不大可悲耶？

本無名字而立名字，隨其名字，是無相相。質論，理安有障？乃見障之也，人仆而罪路乎？破見止爲破識，破識止爲破執耳。吾故又變『所以』之號，舊謂之『太虚』，我何妨謂之『太實』？舊謂之『太極』，我何妨謂之『太無』？且謂之『生生』，且謂之『阿阿』，又安往而出吾宗乎？非合頂、背、面三目以爲伊帝目者，烏能知之，不爲遮表所詒乎？

先儒止曰人心即太虚，愚謂太虚非空闊之太虚。凡天地間有形有聲、一木一石，皆太虚也，以無實而非虚、無虚而非實也。苟非徹見自心，安能信此心之即天地萬物乎？水中之天光雲影，誰容内外而可即之云云乎？則珞珞舉氣與理而析合之者，皆丁子之尾矣。

古文『无』从『天』，象氣也。古文『氣』作『≋』，亦作『炁』，从『无』、『火』。『理』，玉之孚尹旁達、文理密察也。天有文，地有理。曰『道理』者，謂其路可由而文可見也。聖人何處不以示人？有眞識字人，則必不受文字障矣。自孟子創之曰『氣』，而愚創證之：氣，發爲聲而出爲言。其論附後。

須知有正方便，有權方便。闢異端者，闢礙正之權也；抑外道者，亦尊正因之權也。必曰非權，未夢見在！況更有格外之表詮、遮詮、顯權、冥權乎？

附　聲氣不壞説

無始、兩間皆氣也。以氣清形濁論，則氣爲陽；以陰暗陽顯論，則氣爲陰。則氣者陰陽，無體之體，可有可無，而所以爲氣者，即此心此理也。氣尚有質，故曰氣爲心、理之汁。然有有質之氣，有無質之氣；猶有可指之心，有無可指之心。故曰：所以爲氣，所以爲理，所以爲心，一也。知此即知天統天地、陽統陰陽、善統善惡、清統清濁、無統有無之故矣。

氣凝爲形，畜爲光，發爲聲。聲爲氣之用，出入相生，器世色籠，時時輪轉。其曰總不壞者，通論也。質核凡物皆壞，惟聲、氣不壞，以虚不壞也。天地之生死也，地死而天不死。氣且不死，而況所以爲氣者乎？

易惟雷風始名爲恆，而反對爲益；他卦泰則否、咸則損矣。雷爲帝出，而巽風播之；至兑金主聲，而風始下殺而成冬。雷，陽也；風，陰也。地載神氣，風霆流形，庶物露生，無非教也。陰風忍陽氣于亥、子、丑，而出于九會，以長養收藏，故風轉四時。壞天地、開天地者，皆風輪也。皇、帝、王集于孔，而佛入中國，以次救世，宗教理學，各相盛衰，皆爲風力所輪，不得不然，而皆不知其所以然。安得知時變之聖人出，而重轉風力，以全提哉？

人心以言出氣。儵忽之間，生死之機。無實無虛，不落有無。直心直氣，足塞天地。子輿之養也、知也，其眞橐籥乎？

邵子分聲色臭味，而以聲應物，表之以通數，而千年無知者。余十餘年疑十數家之等韻，忽因泰西創發，又閱藏得苾駄攝陀之原，乃悟阿、左、戈、多、波之一輪，即十二萬九千六百年舉在此矣。

雅言之教，興于詩而成于樂。古者相見，歌詩諭志，聞樂知德，吹律協姓，微矣。操琴瑟，聽新聲，皆往往足以知得失、生死、成敗、治亂。異室張徽，感同葭管；悟者銜口，妙與韻叶。清浄音聞，感寂之微，通格異類，非道理所能説。曾子、桑户，音出金石；孤孽伉烈，聲動天地。得道之人與誠迫之人，皆同此不可已之聲音迸裂而出。興之必怨，猶元之必貞。貞而元，怨而興，豈非最發人性情之眞者乎？善知衆藝之童子，即無量音聲王，不得有言，不得無言。『唯之與阿，相去幾何？』未審所養自知否？知者方許入阿字法門。

因言氣理，而質論、通論之，皆歸一心。若不知所以然，遂以神氣爲性命，而守之、煉之，則去以形骸爲性命者，亦無幾也。以性命爲性命者，猶非大徹自在漢。故無死生者即無性命，則理也、氣也、心也，俱可忘言，俱無不可言，又何揀擇乎？婆心至此，不得不爲析合。

論氣之幾幾，如泉之滴滴，既有前後，亦名生死。然其際處泯合，如塵世爲塵塵相合，則虛空亦空空相合。謂之曰無，亦是無無相合。蓋其形如此，其影必如此，則空亦有生死矣，是故存而不論。

校記

〔一〕枯偏 龐注本作『偏枯』。

〔二〕駡 原作『駕』，據文義改。

容遁

言起于詖、甚于淫、成于邪而極于遁，由其心之始于蔽、深于陷、叛于離而終于窮。知所以之焉廋，則知知遁之要矣。其要在以本無是非之體，平氣以定是非之權，此謂公衡。莫公于天地，天地無是非而聖人立之。惟能容之，乃能立之；惟能立之，乃能忘之。聖人之心即天地也。後世各護其所畏難而自遁于所便，以故是其非、非其是而是非亂。但曰學道者當以無是非爲極則，而不明公是以爲衡〔一〕，則生心害事，各無忌憚，而天地予人皆有之心盡喪矣，辨豈得已哉？

全者不可得矣。百家衆技，天地皆容而養之，未嘗不可以一偏一曲自遂也。自欲以一偏一曲詆大公而求勝，此吾所謂寃。安得合并爲公之大人一雪此乎？言道術者，不失之淺，則失之深；不失之遠，則失之近。遠則遁六合以外，近則遁于臆；淺則遁于己所易知，深則遁于人所難知。曰『本空』，此覆幬也；專言之，則覆幬乃奸幬矣。此天地之所不憂，而聖人深憂之者也。故曰『有餘，不敢盡』，極則必反，以可知藏其不可知，是知也，正痛人之遁于人所難知以衒惑耳。

請雪其一二。淫、殺、盜、妄，天下之公非也。深言之曰：一有滲心即淫，一有偷心即盜，一起妄心即殺，依眞而起即妄；且曰：達惡則于惡得自在，而有心持戒者仍爲破戒。此一説也。然世人之遁公非者，樂得假此以飾之。所析之深者，犯之猶不失于賢豪，而乃可以肆然于公非之上。若斤斤然重公非，則傷其迹矣。嚴中節之繩墨，則論雖淺而察之者切；舉冥忘之極致，則論甚高而察之者混：此遁者之便也。

語汝凡聖未盡〔二〕，人笑受也；即與汝嗜欲不能除〔三〕，人猶笑受也；語及節操，則冬日扇面不休矣。木秀于林，風先摧之；兩幟並樹，必奪其將。故邪説之萌，必收其羣，不免以攻，其實相形，此名譎刃。論見地而略行履，爭機鋒而掃學問，且言殺種淫胎皆不礙道，則淫、殺、盜皆寬，而第一流之見地機鋒，乃第一禍萬世之大妄賊矣！悖可勝痛？而信之不衰，非眞信也，護痛正求遁所，而遁詞者以巧乘之。兩遁相長，遁不可窮，孟子其如之何？忌程朱而喜洸洋，忌戒律而喜轉語，其勢然也。無上道成遁藪矣，誰爲眞無上道一聲冤乎？

直安當然，當然即竟。專求其竟，竟亦無竟。無竟求竟，反忽當然之竟。不當不然，禍不可言。

不得已而辨，彼且辨此。彼雖辨此，計必少殺。所必不容遁者，實言則一以人事爲準，玄言則以天地爲徵。不可不辨，辨亦容之也已。因事本理，而立貫理、事者，究不能離事；因天地推混沌，而立貫混沌、天地者，竟不能離天地。則歷然之天地、人事，乃眞貫也；離天地、人事以言貫者，假貫也：是避迹而迹縛者也，是忌相而相縛者也。

中和氏曰：聖人望天下節其耆欲之太甚焉，可矣。飲食男女，陷溺之窞也。知其原，則此窞即天地之門也，不可絶而可節。未濟之終也，不知節也；有絶者，亦所以風天下之節也。聖人張弛更進以易之，凡可以好樂而勝此者，鼓舞以盡神，黄葉止啼耳。

而深析子曰：飲食男女之窞淺，文字知見之窞深。于是乎中和氏之鼓舞者當罪，而太甚之等輩反公然羣溺人而見寬矣，是又一深析子之窞也。

嗟乎！有生以後，無一非窨，窨窨溺人，窨窨可遁，遁又自掃其窨以爲窨，誰能知之？知之則皆窨、皆非窨也。聖人不妨容諸窨，以消其太甚之窨而已矣。藏天下于天下而不得所遁，是則容遁。容遁容窨，則消一切窨。果欲知此乎？請過四千九百六十窨而後可。

問蜜，曰甜；問甜，曰不知也。無舌人聞之，愈不知也，而聽此以言蜜。後之言者相承以爲實然，而實皆不知以相欺也。好言不可言之學，好言無理之理，何以異邪？往往匿形以備變，設械以待敵，有急則推墮滉洋不可知之中，如是而已矣。張魯以符水教病人，曰：『飲此則愈，不得言不愈！若言不愈，則終身病矣。』今教人聽滉洋之言而不許其致辨也，即此法也。坡老摹言禪之弊，可謂切中矣，然天下正不礙有此一弊法也。

有病目者，赤腫昏眵，見日如刺，哭而躁。藥以散之，火上炎，則躁益甚。醫者百，不能治。一人入診之曰：『治目易耳！察脉中，旬日當左足上生疽，疽發必危，有性命之憂。』其人惶恐再三。診者曰：『有一法，能聽我乎？』曰唯。曰：『静坐，盂之〔四〕，置左足其上，注目視之，如此一月，可救矣。』其人從之而目愈。診者笑曰：『足何嘗有疽哉？』宋文摯怒登床而齊王痊，皇子告敖敘澤鬼而桓公霸，此即以錯救錯之妙也。孟子惡鄉愿，以今視之，惟恐天下之不鄉愿也，皆鄉愿而天下太平矣。先不能使人之皆仁義，又豈能使人之不假仁義乎？

天地有陰陽、虛實，而無善惡、眞僞。陰陽分而流爲善惡，虛實分而流爲眞僞。實行則眞，虛名容僞。愈高則愈僞，愈僞則愈遁，固其所也。知其遁而容其遁，聖人合天地之道也。有楊墨而後孟子顯。孟子辨孔子時之楊墨，而不辨同時之莊子，謂孔子留楊墨以勝，孟子留莊子以相救，不亦可乎？不得已而辨，辨亦不辨，雖辨之而仍相忘也。仁者仁，知者知，百姓安其不知，君子之道雖鮮而無不相成者，錯行之道也。孔子曰：『攻乎異端，斯害也已。』言當聽其同異，乃謂大同，攻之則害起耳。立教者惟在自强不息，强其元氣而病自不能爲害。

郝公曰：『人所以異禽獸，惟有仁義、知敬愛、明君臣父子也。邪説害仁義，將使人類盡猛獸，世道皆洪水。猛獸、洪水，天菑有極；人心之害，其禍無常。故仁義之功與生民相終始，二帝三王以此開統，孔子春秋功在萬世，而孟子之言所以繼春秋也。聖人在上，扶陽抑陰，其道顯；聖人在下，修辭居業，其道微。道微則其言不得顯，是以春秋不能必天下人知我，亦不敢辭天下人罪我，義直而言遜，志切而語寬〔五〕，知我者固不察其隱，罪我者亦不見其端，聖人所以藏身之固而救世之權也。莊周云：春秋經世，議而不辨〔六〕，殆于知孔子者。若孟子七篇則辨矣，然亦有不辨也者，所以希春秋也。自謂距楊墨，而楊朱、墨翟死久矣，七篇中與楊墨辨者無幾，蓋七國之亂非盡楊朱、墨翟也，游説縱横之徒爲害也。舍游説縱横之徒不辨，而辨區區之楊墨，何也？攻不仁不義之流，而指害仁害義之端也。世道惟人與我，聖人忘人忘我，無所爲而爲。二子一執爲我，一執兼愛，爲我害仁，兼愛害義，害仁者自至于無父，害義者自至于無君。二子未嘗不言仁義，而天下之不仁義者必歸焉；雖未嘗教天下無君父，而天下之無君父者必歸焉。如淳于髡非楊非墨，而其言曰「先名實者爲人」，此墨之言也；「後名實者自爲」，此楊之言也。凡富貴利達之謀，縱横强戰之事，以至賊父殺君者，莫不生于爲我，而逞于爲人。故夫楊墨之害道，非必楊朱、墨翟二人害之，天下歸楊墨者共害之也。天下歸楊墨者，非以其道歸之，各以其邪淫之言歸之也。如鄒衍、淳于髡輩之便佞，蘇秦、張儀輩之危險，孫臏、吴起輩之戰陳，莊周、惠施輩之悠謬，韓非、申不害之慘刻，鬼谷、公孫龍之怪誕，荀卿、吕不韋之學術，龐雜紛拏，蛙鳴蟬噪，竽濫而不勝聽。原其心，同出于不仁義；究其端，皆起于爲人我；而極其禍，同柢于無君父：則同謂之歸楊墨而已。或疑孟子與稷下諸人同朝，而言不少概及焉，不知孟子日討諸人而訓之，而世人不覺耳。仁義之説伸，則孝悌之行立，經正民興，斯無邪慝，豈必與小人爭齒牙之利，犯世主之諱，然後謂之辨乎？與楊墨辨而人不覺，與秦、儀、稷下諸人辨而人尤不覺，此七篇所以私淑春秋也，況春秋之所以爲春秋乎？居業之辭微，衛道之心苦，故孔子歎「莫我知」〔七〕，孟子稱「不得已」。孔子而使人知，則春秋廢；孟子而使人知，則七篇毀，故曰罪我也。』郝公之論肅矣。

何何氏曰：老子告孔子，以聰明譏議人爲近于死，孔子稱其猶龍，而歸即作春秋，何其背乎？此正所以善學猶龍也，議而不辨也。孟子知孔子言攻異端之爲害，故辨而不辨，辨非攻也，所貴孔子之道著耳。雖欲息楊墨之道，而實不問其息不息也，此知遁、容遁之道也。

後世之辨，全爲自尊，故相傾軋以爭雄，而附會者各欲憑之以遁，故明知其非而護之愈深，反攻大公之辨，能不悲乎？是故不得已，于無是非之天地，立公是非之大權。説卦三立，幾在三與陰陽交互。聖人扶陽，一切本無，一切皆備，有名即有弊，有眞即有僞，而中道正格，必言仁義。竊仁義者，私見弊之也，仁義何病焉？仁義即弊，而弊仁義猶足以救亂賊之平旦，功誠大哉！竊混沌，竊虛無，獨非竊耶？以不求安飽發養生之硎，以不忘溝壑淬吳干之鍔，幾見竊者，何必深言而淺仁義之功，泯言而怒仁義之名乎？競好新奇，竟羣藐忠孝爲粗行矣。羣藐忠孝，非人將相食之兆乎？立教者往往快其語而忘其經。正經者曰：深言、泯言者，亦明其所以爲仁義者而已。辨之可，不辨可，謂辨亦不辨也可。吾自一人也，朝讚之而夕詆之，未嘗不可，蓋兩間無不相反、相勝而相救者也。旁觀者曰：此正經者無奈百家何，特自爲之解，以容天下之遁耳！可以一笑。

容遁、名教數篇，特地爲世諦之菩薩出氣。蓋彼所立者兩扇大門，乃卯酉、晝夜之應該也，而無子無午之究竟即在其中。今玄者專貴無分別，此逼見初心耳。方要人辨佛、辨魔，辨眞、辨僞，曰皮下有血者，乃羞惡也，羞惡因分別是非而有，而欲打散兩扇門，乃爲無分別，可乎？不可乎？理家有沿襲龍溪、海門而不知其本意，壁聽禪宗欒語，專供無善惡之牌位，生怕説着義利兩字，避淺好深，一發好笑！

蓋眞宗並不如此。華嚴稱性分別即無分別，曰深以醒淺，而甚深者乃深而又在淺中，即無淺深者也。我故曰：教成善惡分明之夢寐，而乃以痛快其無善無惡之逍遥。以中古之法治三代猶不可，而欲以上古之法治末世乎？上根人從源頭窺破，而後窮流，乃爲省力耳。

一不可言，而因二以濟；二即一、一即二也。自有陰陽、動静、體用、理事，而因果、善惡、染淨〔八〕、性相、眞妄，皆二也；貫之則一也：謂之超可也，謂之化可也，謂之無可也。無對待在對待中，則無善惡在善惡中。言其止于至善，則無着無住而無善惡可言也，此正良心、天理之極處耳。曰天理，則非尋常之理；曰良心，則非尋常之心。如曰眞如、涅槃、菩提即是天理；曰生死、命根、妄想、業識即是人欲。若對理學以起念爲生死命根，彼必驚訝，不知乃一字面也，深刻言之耳！至于無所得、無在無不在，即是無入不自得、無可無不可。從心率性，豈非天理、良心之化境乎？但人厭常希奇，説個天理良心，則遠走矣。要之，一個世界，十世古今，總是一個心，無二無別。華嚴寂場，萬劫不曾動絲毫，則又何處容得内之、外之，精之、粗之，淺之、深之乎？所謂十八空，即眞空也，即並空亦空也，似乎汪洋，而不知空至此乃眞實極矣。世人藉口，故分善空、惡空、無所得空，蓋云總歸一心，則無所得，無不空耳。華嚴記云：若達眞空，尚不造善，豈況惡乎？若邪説空，謂豁達無物，或言無礙，不妨造惡；若眞知空，善順于理，恐生動亂，尚不着意爲善，惡背于理，以順妄情，豈當可造？若云不礙造惡，何不云無礙者不礙修善而斷惡耶？此邪見壞世極矣，故抄出醒之。

校記

〔一〕公是　龐注本疑下脱「非」字。
〔二〕凡聖　龐注本疑下有「心」字。
〔三〕與　龐注本疑當爲「語」。
〔四〕之　龐注本謂乃「水」之誤。
〔五〕寛　龐注本疑當爲「寡」。

〔六〕辨　原作『辯』，據莊子齊物論改。
〔七〕莫我　原誤爲『我莫』，據論語憲問乙。
〔八〕染浄　龐注本作『染静』。

食力

此熙熙然者，隨之，而善亦爲惡；教之，亦不能保善之不爲惡也，但使人知不敢爲惡而已矣。在宥者，宥之之謂也；隨之，是禽獸之也；鑿而教之，則惡有過于禽獸者。是故聖人之教，隨而宥之：勞之而乃以安，安之而乃肯勞；苦之而乃以樂，樂之而乃肯苦。苦其情，故爭之；苦其爭，故讓之。要使食其力，即以盡其心，此之謂『欲當而緣于不得已』，不得已即天地之不已也。

煌煌乎『各安生理』之諭乎，各正性命之符也，有而不與者之第一雲雷誥也。何故而經之？何故而綸之？無奈天地之予人以口耳，有口需食，食必美其食，美其食則所以恣食者無不至也。老子忿惱怦怦，而痛以一聲詬之曰：何其芻狗萬物也？傷心哉！

工技食工技，功能食功能，文詞食文詞，慱學食慱學，道德食道德，等而上之。高播一教，别馳一術：或能取千萬人之食以爲食，或能食千萬人以自取食，或以不苟食而公然可以乞食，均不免乎食。食者，聖人所不免，而故賓賓儀儀以諱之。食本無僞，而諱取食之僞日甚。孰與人自食其力，爲坦然安心而無恧乎？

各以食爲能，因以爲名；名之所在，食不謀而足，豈特富貴酬功能爲足歎乎？農圃之事至卑，愚者役之；稍至世上之琴箏博弈者，則皆以工技名。文詞博學，皆一技也，然文詞或乏才具，又苦好學，學至于博，編籍百乘，終年不覃，苦矣哉！以此望知而受食，更愚于農圃矣。惟道德至尊而易以僞，言道德之言尤易僞，況駕道德之上而藏身不必言者乎？一日得之，終身享之；一人倡之，衆人擁之。粉蒨其糞壤，錦襲其稊稗，鐘鼓以聾之，旃檀以熏之，名至此極矣，非若博學文詞工技之有實可徵考也。大盜不止，此痛在此，更何如邪？

聖人曰：世以漸變。吾聽人之變，一法以驅之。力有長短，有巧拙，有大小，各使勞苦其生以盡其力，其力自盡，復何所怨？怨亦安樂矣。不變則無以互勝而相救，勝者、救者因以紛纏。

天地曰：冬至之後，物與无妄，汝等何不取眞者飲啄之乎？莫眞于腕也而能筆，莫眞于口也而能聲，安往不可以鼓筴而播精？眞人勸人，寧以藝食，勿以道食。以道取食，毋乃乎道羞？恐其羞，故諱之，諱之益羞。人生而糊口，不羞其口，斯畢矣。使天下口其口，而不失其所以糊口者，聖人也。不失其所以爲口者，西山之薇、汨羅之水，皆可口矣，況日而飲食乎？是知味乎？是曰生理。

始梁謂丹元曰：『我取食食汝，汝飽而不受取食之名，而使世人詬我。我閉汝，汝餓死，何狡姡爲？』丹元且死而豁然曰：『聞道一門，鄉愿一門，跖一門，皆求味者也。吾知古今之味，故欲正其名，正其名所以安其心；心安而食，則生理矣。太高難及，故縣之；太卑，不忍言也。農工商以技力爲生理，士以讀書爲生理，與其三門，不若好學一門。死亦須食，不死亦不食不安之食〔一〕，發憤忘食，吾號正命食。』

校記

〔一〕不死　龐注本疑『不』字衍，或爲『雖』字。

名教

好名而畏死，人誠無奈其情何。然聖人之所以補救天地，使萬世安生，正惟恐天下之不好名而畏死也。明知好名之末流，故又使好『不好名之名』，自立忠信、廉知、退讓、仁勇諸名，其救世也，利十之九，弊十之一。而又以無上之名救之，放光動地，非名之別名乎？

有實即有名，猶有形即有影。天地既分，物物而名之，事事而名之。稱其名使知其實，因有名實；名實當、不當，因有是非；是非相亂，因有虛名。名與命本一字也，天命之，斯名之矣。名名之幾，即生生之幾。聖人教人，求實而已。實者，忠孝之所以忠孝，文章之所以文章，生所以不虛生，死所以不浪死者也。

人情莫微于喜，莫危于懼。毁譽、生殺，動天下之風雷也。富人深居，等于侯王，親戚葉拱牆負，謦咳仰面，莫能得其一毛，或有進説而欣然施予者，惟名與死也。有天下者，高拱若神，何求不得？攖其逆鱗，九族齏粉，而一介小臣敢于撞琴折檻，指天畫地，使之曲聽者，惟名與死也。大暴窮凶，骸骨如麻，屠劌古今，一叱廢世，帝王天地之簧鼓，萬分不足動其一慮，而稱以英雄，彼不覺笑；語及來世，亦不覺歎：則轉此者亦名與死也。使天下皆不好名、不畏死，聖人又奈天下何哉？斷斷然不好名、不畏死，非無以加之至人，即無法可制之惡人矣。賈生四言，猶未能盡。

以死好名，以名敵死，以名救名，以死勝死。救死之名，莫如鬼神；救名之死，莫如參悟。有死于事鬼神而得名者，有以知生死爲名者，餘則畏死而逃名者，不則無名而浪死者。莊子自以外生死而特著奇書，思萬世之知其解；聖人自歎莫知，仰而呼天；佛自言授記之號，使人稱其名而覺之。則聖人者乃爲眞名士耳，聖人者乃爲好眞名耳。至人無名，何非存至人之名于聖人之上，以窮人之好之云爾乎？佛戒人貪，佛乃大貪，彼非舍世間諸名，而貪成千萬劫不生滅之大名者乎？

充類言之，天地，病根也；病則俱病，藥則俱藥。聖人藥其太甚之病，而亦容其太甚之藥，自足相濟； 豈在執充類之律，使合藥者無容身之地耶？從虛空而天之、地之，天地已有名矣； 道之、德之，道德已有名矣。 聖人但知名即無名、死即不死之故而已矣； 譬之而不勸，非之而不顧，何暇計世之訾我以名乎？名而無名者，雖死不死之人也； 發凡無名者，不死猶死之人也。 聖人而不成名，萬世何以知名即無名、死即不死之聖人乎哉？

華子岡六十學道之言曰： 聖人之身不足有。 故曰： 欲潔其身而亂大倫，知名無所著也。 故曰： 欲使如來名聲普聞，知名空而反不避其名也。 惟實能空一切名，而後可以知名本無名、死本不死之故。 實能知其故者，曠觀于天地未有名之始而無所得，故無不自得。 此能幾許耶？固非可以鳴鐸而户曉也。 錯行之道，源流本一，流亦返源，逆流而挽之，先救十半，何必望人人能知無名、不死之故乎？不過因導節制，以楔出楔，多方以誤之，分途以迷之，使天下少作它惡焉斯已。 自技藝之專家，以至道德之標幟，皆誤人迷人之方也。虛以救實，實以救虛，虛虛實實，以救此好名畏死之天下。 天下大治，雖其教之弊也，猶能殺亂。 是謂實天下之權者名教，權名教之實者心宗。

何何氏問五老曰： 『我呼于谷中，則汝環應之曰諾諾。 誰名汝乎？』五老亦諾諾不置一詞。 夜夢五青衣來曰： 『吾主人爲匡氏之俗子所累，彼既不好世之名，而獨好此山，後遂以其姓姓我主人，因以我等之五高而名之曰「五老」。 無始以來，安有五老之名乎？』

何何氏曰：『高矣！何不逃之，而受此名爲？』五青衣笑曰：『既以爲五老，則亦隨人五老之矣；既曰匡，則姓匡已矣。即以我爲我主人可也，安往可逃？世之逃名者，非自無可以過于人者，則故逃之以爲名耳。詬厲名教既名之名，以駭天下而疾得名者，此我主人之所大惡也。匡山之五老也，五老固以忘之矣。』

何何氏醒曰：名本無名，無名有名，名隨其所名。吾當忘其所名，而勿忘其所以名。名如火之光、草木之香，相傳于空中，不離不息，不得不然者也。畫地作餅，虛名之罪也。因名之爲累而罪所以爲名者，是火罪光、草木罪香，天地能無罪乎？人子生，父咳而名之，又從而字之。居一室從而顔之，制一器從而銘之。顧名思義，即砥行立名之資也。高罪名之論，則砥行立名者先得罪。砥行得罪則名教賤，名教賤則人以無名之名便其所諱，而父子、君臣之名不足事，事皆可倒行逆施矣。雖曰且無善名，烏有惡名？然藉口者萬世，而無名者無口，況無無名者乎？告閭人爲聖人，必嗛嗛然不從；曰欲汝不同禽獸耳，欣欣然從矣。無上之名太遠，難從，故聖人以疾没世之藥治萬世，而以無悶之藥治疾没世者。經之權在史，拈花之權地獄也，安得罪名？安得不罪名？安得不罪罪名之名？

謝幼度淝水之役，吳附子目謝爲好名。嗟乎！江東猶是江東，正以康樂一擘，乃欲獨以竹蓬屏風抗之。推隱之之爲此論也，自好名也至矣。名詆名〔一〕，以我所便之名詆所不便之名：名學問，詆事功；名道德，詆學問；而道德又自相詆。乘高詆下，匿虛詆實，推至于無可名言以爲名，天下莫能勝。庸者泯于好、不好之間；才者好其一得之好，以泯其所不好；達者好其不泯人以自泯，而終非所以救世也。

東土、西方之公議名者曰：使人好『不好名』之名，至矣；使人好『無可名言』之名，至矣。然益可以欺人，誰是眞平懷泯然自盡者乎？何何氏不得已于自泯中以不泯泯天下，而立一平名以覈實，曰：惟使天下好『好學無自欺之名』，則天地慰。

憤世無不爲口、爲名，而無不諱口、諱名者，故不禁出聲耳。每歎李卓吾自負尖快小才，縱其偏見，欲一手抹天下，作第一人。而官不稱意，遂發憤噀血，助以穿魔之杖，益顛倒其説以快意，一切不顧，以爲詭駭天下則得名更速，故專駡好名者，正自家好名之至耳。其稱則天、馮道之類，遂爲壞名教、亂天下之渠魁，得罪天地，故世以異端詆之。然豈知彼益得計乎？彼知如此毒辣破敗，既足以慰後進貪奇喜新之人情，又足惹天下謗我，則我名愈烈；逆知後世雖有正人斥我，終不勝尖快小才之外憐而内護之，此所以得計其無忌憚也。

嗚嗚子曰：公自謂向上開眼乎？自謂讀書有二十分識、二十分才、二十分膽乎？

其讀書刻意顛倒，適得好深之不深，儱侗自護，又不考證象數，如地勢在夢中，此不足論矣。文章不過是鄙俗鄉談，教舉世爲唱戲説白之古文而已。作莊馬徒隸，莊馬收之否耶？惟有偏至之性、痛癢之智，是可憐可愛者。若使生遇我，或得成就，惜哉惜哉！至于向上開眼，尤未夢見！

卓吾一生無所不罵，而獨不敢罵佛。晚年佞佛，拜藥師懺，是何爲乎？怕死修福，委靡昧癡極矣，可云開眼人乎？然較後之開眼者又數倍矣。所太息者，古人抑揚殺活，有權有實，處處以萬世爲心，豈與專以快口慱名爲心者同年語哉？天地最嫌此等罵名好名之人，天下不妨有好名而能罵名之説話。平懷論之，睡、食、色、財、名，有情之五因也。四者與睡一等，而人惡之太過耳。究竟能以名敵死者，千百中之一二，則名字終不能勝死字明矣。若論勸世止惡，兼用死字、名字；欲歇名心，專須死字。死字是亘古今大恩人、大寶貝，切莫錯過！

校記

〔一〕詆　原作「砥」，據上下文及龐注本改。

疑信

荀子曰：『信信，信也；疑疑，亦信也。』人不大疑，豈能大信？然先不信，又安能疑？疑至于不疑，信至于不信，則信之至矣。眞信此心之即天地，則千丈、丈六不足信矣，又孰有可奪其信者哉？縱橫出入，生死信之而不二矣。信手猶信心也，手之中節猶心之中節也，從之、率之之道也。

天自信天，地自信地，我自信我。天自信天，不自知其天也；地自信地，不自知其地也；我自信我，不自知其我也：是謂正信。正信之身，參天地而肉之，通晝夜而血之，爲無所爲而毛之者也。正信正徹，則尊其尊、道其道、數其數、文其文。風雨露雷，時行物生，蓬蓬然綸，䍐䍐然轉，是實地也，是眞空也。口不鑿空，罣復何罣？不邊而可以邊，不幟而綱舉，不翻而輻湊，不掀突秭，隨立隨掃，而本不待掃。

四肢之于軀也，五音之歸喉也，何所回護？回護可也。何有外内？外内可也。不厭不息，一切乃可任之。眉日無功，背日不見，舌日以舐，溲日以出，是老不休而大休者也。

其從怖生死、計罪福發心者，緣信也。必須煅煉、降伏，遇師指授，然後相應。其應有幾，幾之始也，化因于變，變因于爛，爛因于破，破因于熟，熟因于專，專歸于直。直者，眞也。疑不眞，則信不眞，煆煉不熟，必流狂邪； 終不如信學問，變化之無大失也。兩不得而三又不得，四不得而五又不得，以爲一矣，而一又不得，不得何所得乎？要何所者，洞見其所以然耳。灑灑落落，九擘八裂，若猶不能，則又不如信修持，跛跛挈挈爲無大失矣。

上根正信而知至者，能幾乎！緣信不乏，緣而得正信之分數者，有之，見得者過後多失。從緣薦得，相應乃疾； 緣熟而化，乃能出入。竭心無心，知至至之； 明法無法，知終終之。徹則如日見物，不則如夜見物，不則得少自住耳。

中道之教，節節次次，不致蹐駁； 爲藏悟于學之即無悟、無學也。纖也入蕺，廣也包畛，矩從圜絜，壺滑而觚。所化者廣，捷者自捷，豈以捷爲功乎？急欲其疑，毋乃助長？不過茅塞之、飆撓之耳。教者不能起疑，而能令人疑情起。眞者自疑，眞疑不破，自不容已。學道人平心自問，行解果相應乎？則二六時中，無非鐵牛，無非鞭影，從此飛黄，天門詄蕩，此非可執一棧也。

疑信入門，邪、正之關非小。故曰： 正人説邪法，則邪法亦正； 邪人説正法，則正法亦邪。語不拘正，必歸正經； 玄黄何色，必以白分。賁本無色，白任玄黄。玄黄之可白者，即玄黄之難白者也。至人粹之，君子繩之，聖人時之： 三者本一而不妨三之。以明暗推裁，君子可白，聖人難白； 聖人可白，至人難白。無妄者，眞妄之所不得論也； 無息者，動静之所不得論也； 無咎者，吉凶之所受正也； 君子者，至人、聖人、帝王、鬼神之所受白也。咎之難居甚于凶，无咎之可安甚于吉。 夫咎非其人之尤，而其神自白之也。 疑信、邪正，莫嚴于此閑矣。

閑者，矩也。 矩者，直也。 三界一大矩也，六相一大絜也。 環可喻矩，不必以輪； 大斲不墨，必以墨矩。 墨矩自白，輪規若黑。 絜玄黄者，原不可以可白、不可白自矩也。 絜信手，矩信心。 既不以可白、不可白自矩，又不以其矩白人、黑人以爲能，而能因人之黑、白使人自矩、自白，則絜、無絜而無非矩，矩、無矩而無非絜，且容諸絜與不絜者于玄黄間。 何黑何白，是爲大白，而自以不可矩者寓于可矩，使人從其從焉已矣。

本自如此者，在聖不增，在凡不減，又何憂其缺少，而日譊譊哉？ 鉏堯舜之色，而潤跂喙之天〔一〕； 供至人之薌，而布君子之席： 斯固疑疑信信之不易崇卑法也。 心本無法，信法不如信心。 自信實難，必先信法； 能信可法之法，乃能疑法何以爲法之法； 能疑法何以爲法，則可以自信本無一法之心，而隨我立法。 遠徵諸近，近徵諸遠； 大徵諸小，小徵諸大； 實徵諸虚，虚徵諸實； 彼徵諸此，此徵諸彼。 擴信決疑，當疑攖寧而信乎疑始。 始若不疑，惟有一笑，笑無遠近、大小、虚實、彼此矣。 徵何徵？ 何徵，其至徵乎？

挈、絜通。矩即曲尺，以直爲曲。所以爲方，即所以爲圓。蓍之德七，七，圓而神也；卦之德八，八，方以知也。天以地成，而地之用皆天。七以六圍一；八以八圍一，則九矣。七八即九六也，六七即八九也。方本于圓，而成形立法則寓圓于方，故曰『絜矩』。

校記

〔一〕喙 原誤作『啄』，據龐注本改。

疑何疑

疑何疑？誰非可疑？又誰可疑乎？善疑者，不疑人之所疑，而疑人之所不疑。善疑天下者，其所疑，決之以不疑；不疑之語，無不足以生其至疑。新可疑，舊亦可疑；險可疑，平更可疑。爲其習常，故詭激以疑之。詭詭成習，習爲嘔噱，故不如自然疑之至險至新也。舊而新者，新遂至于無可新；平而險者，險遂至于無可險：此最上善疑者，入此謂之正疑。知此正疑，而古今之參參差差千百疑人者，皆可因疑疑之矣。

明月藏鷺，白鶴銀籠，石女生兒，珊瑚掌月。雲蒸飯矣，狗溺天矣，刹竿鎚矣，猿播錢矣。不自疑其終日行解何以不應，而疑此等以疑人，此疑肆耳。蟾蜍吞香爐峯，走入焦螟眉穴中，高聲呼曰：『鬼語摇鈴者，爲何累及我輩？』此自一疑技也。笑人法性不寬、波瀾不闊，戀行坦途，不墮雲棧。彼出格寬闊者，又豈獨以此爲波瀾乎？人自不肯正疑，可憐生小鼓篋之典墳，直閑言語矣。驢鳴犬吠，無非性光，則何技不可以發正疑，疑又何問正不正哉？

疑物者曰：承石承鐵，瑇瑁吸楉，蠟針偏丙，柏能指西，杖海何發寒焰？悉唐何以制象？鯨死應彗，蠶咡絶絃，烏消化物，硇變五金，酒醋涎絃，糟醬潮湧，獺膽分巵，戎鹽累卵，人氣粉犀，蒐茨畫銅，狼筋詰盜，石燕相就，諸如此類，不可悉數，皆可疑者也。況萬物之化、鬼神之變乎？

疑辨者曰：天何不可下？地何不可上？草何不可謂之木？木何不可謂之草？牛生卵，鷄有胎，蛇百足，馬生角；鐵魚生羽，何知不如銅人之毛？翁仲流血，何知不似金狄之淚？蟻有大九洲，腹中之螵蠑別有日月〔一〕。吾以意疑之，即必有矣，是當吾前之必有者，皆可疑也。

疑教者曰：三千大千爲一佛刹，北鬱單人壽千歲；忉利天壽千歲，以人間百歲爲一日；以至摩身天壽三萬二千歲，以三千二百歲爲一日；以至無想天壽八百四千劫。識陰傳命，意成中有，男媱母，女媱父，有十七相。胎藏八位：羯羅藍位、遏部曇位、閉户位〔二〕、鍵南位、鉢羅賒佉位、髮毛爪位、根位、形位。三十八七日，内風趣産，正生漸次觸生，外風手浴，痛如刀割。今請問人：班駁在心、甲下在額等八十蟲，皆知之否？此大可疑而人不疑，權自解曰：權耳權耳。

于是疑疑者曰：此皆不疑，請言大疑。利刹之外何際？劫劫之末何去？巧曆不能綴術也。七曜衆星何以繫？七十二候何以轉？孰可疑于此者乎？推之曰遠矣，何暇計此？汝傀然有身，最切近不能離者，目何以視？耳何以聽？手何以持？足何以行？孰可疑于此者乎？習之則忘，思之則駭，天地間皆此類也。天地間一疑海也，此而不疑，則無復有可疑者矣。

生所疑之生〔三〕，死猶是也，必有可知，必不必知。各各本不相知，知之何異于不知？萬物本乎天地，地本乎天，天固不知地之功也。天地自不能知，又安知物物生死之不相知乎？天之爲主也，正主其不知；而各各不相知者，各爲主也。蜉蝣自疑午暮之生死，蟪蛄自疑半歲之生死，無異于人疑百歲之生死也，而汝又何疑？此言一出，疑者大放，遂無忌憚。

正疑疑者曰：正此何疑者，何不疑之？一切平等矣，何不飯溲？何故溲必偃廁？何故自遺之、自屏之耶？生即無生矣，曾疑以毒藥之無生安其生，而以飲食之生理其無生，乃爲各安生理之『生即無生』耶？此猶不疑，而日日侈斷鶴續鳧、指鹿爲馬之可疑。入銅狗鐵蟒城，豈不箭射？箭射彼不畏也，恐畏吾正疑一問。問曰：土地堂之白疑椎、上疑堂者，所至圍疑臺、供疑花，此一疑坐何以不肯下？善知識金顔于眉顋之間，一權宰至，則出户揖；厭更白衣，則鐵脊倨之矣。執拂者，必勃然而變色，更其詞曰：久承拄杖頭放光動地，則爲之解頣。嗟呼！此一色變、一解頣，是疑本也，自乃居之不疑，而乃倚穿佛魔之杖以恣魔假，不作世諦之詞以疑人自掩耶？明教祇支之傳僞肆，猶可言也；偏送詭隨以蓋膽之鐵券，不可言也。若能疑此三十年，許君上坐；若能疑此三十年，決不上坐。有大檀焉，伐四天下之山林以爲杖，盡付四天下之口而尻者，各上坐其家，來即予杖，廢賓主之禮，掃盤辟之迂，並問『如來妄生分別，何以忽哭忽笑，有肯有不肯？』豈不快哉！

校記

〔一〕蟒蠑　龐注本作『蠑蟒』。

〔二〕户　龐注本疑當爲『尸』。

〔三〕疑　龐注本疑當爲『以』。

源流

客語源流，而詰吾反因之説。

曰：吾便反源流而明之。向來言源一而流分矣，吾獨言源分而流一，可乎？

聞者大駭。問源何以反分，流何以反一。

曰：山則根一而枝分，崑崙入中國，分三枝以千萬枝，君所信也；水至大海而合，又君所信也。其始發源也，皆兩山之間，泉出于山之凹，一山十凹則十溪，則始源之多也無量數。漸流至麓而成溪，溪與溪合，出與别河合；漸合漸大，始與四瀆合，然後乎海，豈非源分而流一乎？

聞者曰：果然，然古人何以言源一而流分？

曰：此有地心之理，古人未闡，俟人悟耳。人知水自上而流下也，豈知水自下而流上乎？一身之血，猶大地之水也，人屹爾而立，則血當流足掌矣，腦不且乾〔一〕，然地不聞崑崙之頂乾也，何其怪哉？地在天中，球也，四周六合，各以所履爲下，首立爲上，氣鼓之而然，漸阤以轉，人如蟻不知耳。南北極與天應，樞紐不動，而時時氣交。地球在日北陸之帶爲中國，故陰陽最和，人最靈。總須彌迤北，是其應北極之頂也；衆稜分流，洫如瓜蓏，此大體也。各方皆海，環輪相接。各國所祖之山，如崑崙者甚夥，如人肘股之節。其津液匯生，則歸于經絡之血，經絡猶江海也。海有沃焦，其名不必信，理則近之。各海皆暗流入地心，地心之中，非實塊也，半土半水，金石雜之。金石各有火，而地皮乃有木，木又有火，故震爲出。中有億萬經絡空穴，大蟲、奇獸、怪物、鬼神，無所不窟。内亦有氣旋轉，與外氣相應，故海之潮汐應月。向謂地浮水上，地升降而溢落，此似之而非也，彼尚不知地球之説也，乃地心與天氣相呼吸而然也。由此推之，各海皆吸入地心，地心轉經絡而上升，各沁于各山之頂，而總須彌之頂亦一頂也。源而流，流復爲源，乃一輪也。合邪穌及佛菻僧之説測之，是知源之一者，多源本于地心之源，故曰一也。〔二〕地心猶紇利陀邪之肉團心，而質多耶心寓之。天地一分，天心通于地心，虚貫一切實中，則貫地心明矣。此足爲公心寓人心之證。

校記

〔一〕腦不且乾　龐注本作『腦豈不乾』。

〔二〕以下『地心』至『寓人心之證』一段文字及下篇無如何所抄字體與抄本前後字體有别，且有新式標點，應爲後世所補。

無如何

鬼神者，心也。神氣出入，生生而靈，靈其所靈，往而中陰。因體物之鬼神，而有作怪之鬼神。形不靈而氣靈，語不靈而聲靈，覺不靈而夢靈，生不靈而死靈。媱化婦，暴化虎，士瑀之虺，伯時之馬也，令升之徵狐鼠也，公明之言五酉也，淮南之言狡濡嬈漠也，關尹之言豆鬼畫門也，譚子之言巫魍孕怪也：皆心之所變、純氣之所爲也。拘拘不信此者，未達耳。伏蟄而旋其氣、息其神者，仙矣；際斷而化其氣、忍其神者，定矣。然氣有時散，陰終歸陽，其久蹔也，五十步與百步耳。守尸何爲？鬼窟何爲？吾又不欲犀玩牙雷，知其靈之所去。適來時也，適去順也，自銷鎔其寶鏡，不躍冶于輪迴。間往間來，即無往來；與天地寓，即出天地。即無論輕清者上，足別構一天地乎？既以夭壽不二矣〔一〕，鬼神無如我何。鬼神無如我何，則我何必以生前死後各各不相知之知、可以逍遥置之者，顧乃爲沄沄營營所縶哉！知之不惑，知烏可已？故聖人原始反終，通晝夜知其故，而教人以知生者畢之。莊子外生死，惟以善吾生乃所以善吾死。則學者于人間世，欲無忝所生，不負天地，獨在從本心、不愧怍而已。不虛生，不浪死，不學又何爲哉？絃歌則絃歌，删述則删述，不厭不倦，優哉游哉！

生之不能不衣食也，明矣。『有生黷也』，黷皆事也，事皆衣食之類也，忌之則衣食累矣。終日衣而無一絲，終日食而無一粟，則其累何忌？

優游者曰：事苟不得罪于天地，皆可爲也。爲而無爲，有而無有，事事無事矣。不必倚杖華嚴，以爲吻也。人謂如是而後專家，專家乃精；如是而後無上，無上乃尊。如是而後壁立萬仞，如是而後皋比白椎〔二〕，吾未見其可。以爲卑瑣草木，一曲一藝，吾又未見其不可也。泯者且不肯受堯舜之黥劓，今豈受無上、專家之黥劓乎？不受黥劓，則安心受天地之黥劓可也。

金石絲竹之壁，乃巾箱耳；玄牝之門，守財奴耳；妙覺斷四十二無明〔三〕，虛空爲坐，靈衣耳；心空爲第，鄉飲耳。吾本吾，吾信吾，吾從吾。心還心而何心？物還物而何物？毀之何？譽之何？謂其藏身可，使才可，立異可，合外可，同塵可，習氣可，求食可，糟粕可，矢溺可，義氣未絶可，出格未出格可，冀旦莫遇之萬世可。可乎可，不可乎不可，無可、不可，並無而無〔四〕。啼笑如嬰兒，縱横以其眞，無道可羡，無禍可懼。鬼神無如之何，人又如之何哉！然先難後獲者，亦不自白此條約于亭柱也。

天君過詫黄埊老曰：吾能滅天下之形，毀天下之器，熱而向上，舉天下無足以當吾之烈者，猶不能以獨處而無麗，麗我者必盡，人皆畏我。若此〔五〕，柔其質，厚其貌，蠢然塊然，莽莽已耳。高而玄者，使人不敢及，子無能也；林林而生華，子無能也；堅而有聲，煅而發光，子無能也；澄而清，淵而波，能陷人，能養人，子無能也。子毋乃衆所不收，而顧有莽莽者，何歸？

黄埊老曰：我歸則歸于無有，汝亦無有也。汝雖傳，非吾所載者爲汝母、爲汝用，汝又何烈焉？汝能滅，我能生。汝能滅我之所生，我能生汝之所滅。汝以滅爲生，我以生爲滅。殺我者，以根托我，我如我何〔六〕？我爲汝慮，殺汝者，一勺之水，汝安任哉？所餘之灰，猶他人之灰也。

兲君聞之，愰懼求解曰：我棲棲焉求傳我者，誠恐一旦不幸，司烜氏必以鐸禁之，命至寒食。終以不解過江之寺，千年常青，豈所依之名善歟？

黄埊老曰：汝自負之烈謂何？而依無生之鬼名，以求長生乎？汝毋自負，我當告汝。汝在上，汝之仇在下，我爲之和其中。中分我之身爲二，一和汝，一和汝之仇，仇且與汝爲夫婦。

兲君驚喜曰〔七〕：子無能，蓋無所不能也。吾所能，子實庇我，我又安能負？于是下而交其所仇，天下以濟。始信天下之至仇即至恩，一日不相離者也。

黄埊老曰：汝以滅爲生，非汝之能也；我以生爲滅，亦非我之能也。生生死死，皆蒼父主之，知乎不邪？乃尋蒼父，合其恩仇，朋友五人，極乎南北，旋乎東西，歷九階而叩之，惟有蒼父所用者七公，而蒼父竟不可得見。見最明者，曰：盡心則見，本無生死。生死勿自欺，欺則不能逃乎鬼神。

校記

〔一〕夭　原作『妖』，據龐注本改。

〔二〕椎　原作『堆』，據龐注本改。

〔三〕覺　原作『寬』，據龐注本改。

〔四〕而　李校本作『兩』，龐注本作『而』。

〔五〕此　龐注本謂當作『子』。

〔六〕我如我何　龐注本謂當作『其如我何』。

〔七〕君　原無，據上下文及龐注本補。

茲燚黈

轉八十轆轤中者，茲燚黈也。鑿而破之，破而補之，破則悟，悟則補。象數以表不可言之理而至于無象數，聲音以通不可象數之微而至于無聲音，言語道斷而未嘗不言。色即是空，貞悔之反對也，專黑門者〔一〕，貴棘栗蓬，毋以交輪幾爲鑿破乎？則兹燚𦫳仍是一棘栗蓬也。此並可以鑿破黑門而補黑門矣。

頓漸一致也，猶之動静、震艮，相反相因者也。漸無不頓，頓無不漸，本無頓漸，故貫頓漸。然有專門之别路，而正路者正喜此别路爲正路之一路也。黑白二路，各有先後，交互用之，凡技皆然。初射者數日即中，久之反不中矣，不中之後乃可學射。學奕于國手，以爲得法矣，以其法遇敵則反敗，敗而後自得之。既自得之，何必用譜，而乃可譜矣。吹簫者，有數日能聲者，有一月不能聲者。其法無它，吹之而不已，終必能聲，能聲而後簫乃可曲也。能聲者悟門也。大抵入深則出高，入險則出奇。通徹之人，忘其所存，而無所非法，又有何掃除，有何修持，有何管帶乎？成連之傳伯牙也，棄之海上；段師之傳崑崙也，必忘其本領。則世所謂指下之法愈于譜者，猶未也。琴何必于海，而海得琴法乎？然執此法以教天下之樂，則天下之樂盡湮矣。蓋語上者千一二，而中下者滔滔也。法爲中下立，而上者自能破法，自能補法，不必語也。不必語，故可寓之，寓之已露泄矣。

天地露泄之，馬體變龜用，而人不悟，此天地之棘栗蓬也。伏羲露泄之，以奇渾偶，而人不悟，此伏羲之棘栗蓬也。文王露泄之，轉東西爲南北而輪迴之，反對相續，而人不悟，此文王之棘栗蓬也。孔子露泄之，雜上下經而交易之，取三互之大過而顛之，天何言而代錯，而人不悟，此孔子之大棘栗蓬也。佛法爭言之矣，而動靜歸風、呵呵入無字之象數棘栗蓬，無提之者。老莊爭言之矣，而北鯤變南鵬，儵忽鑿混沌，即三生萬之教父，此一棘栗蓬也，無提之者，但以寓言忽之耳。孰知天地一分，何往而非虚寓實、無寓有者乎？人謂莊子恨人鑿耳，孰知教父之教人鑿又教人補乎？安樂窩鑿東西甕而補方圓，此一棘栗蓬也。誰參之者？愚故有玆燚黈，而不妨鑿破有無，爲交輪幾也。

空空矣，何有象數？而先寓此九竅百骸之色身，則革囊即一棘栗蓬也；無聲無臭矣，而復有此唯、俞、噫、咈之喉舌，則鐘律一棘栗蓬也。故知天地間，隨之，一切可隨；除之，一切可除；參之，一切可參；學之，一切皆學。大悟自非學習，而必言學習者，則爲古今留此總棘栗蓬也。專門之偏精者，且笑學天之務大；而大者容偏精之笑之者，爲古今留此偏至之棘栗蓬也。日借光與月，而隨人之愛月；天容日月，而隨人歸明于日月，天豈憾人之笑其不明乎？可知『知本無知』之故矣。

子思贊天地之所以大，孟子稱之以時。鑿大鑿時者曰：尼山中和平庸，聰明之士皆恨其無快人意處。今請稱其一快快：所謂集大成者，能收古今之利器，以集成一大棘栗蓬也；而使萬劫高者時時化而用之，卑者時時畏而奉之，黠者時時竊而假之，賢者時時以死守之，盡天下人時時衣而食之，故萬劫爲其所毒，而人不知也。羲皇鑿破陰陽，成三百八十四利器，而孔子收之；軒轅創干支、文字之利器，而孔子收之；堯舜奪其子之天下，以成揖讓之利器，而孔子收之；湯武奪其人之天下，以成征誅之利器，而孔子收之；殷三仁爲亡國之利器〔二〕，而孔子收之；周公蒙殺弟之名，權侵沖主，成周禮之利器，而孔子收之；箾韶以來之樂，爲誘人歌舞、迷人魂魄之利器，而孔子收之；彙五帝以後之條例簿書，成奔走天下之利器，而孔子收之；抄三皇以來之俚謡巷歎、士大夫之怨詘謏祝，成洩忿放情之利器，而孔子收之；伯夷壁立萬仞，秉吹毛劍，使人不敢注視，此立清極之利器也，孔子收之；伊尹五就失節，貪功放主，不惜爲後世奸權藉口，而立此任極之利器，孔子收之；柳下以盜爲弟，而苟且卑汙，立一和極之利器，孔子收之。志在春秋者，煎烹魂魄之火城鎔鐵，而炤膽鼠毛之利器也；行在孝經者，毁磨千古之高奇熏赫，逼人歸本之利器也。當其身，在家出家，干時君而不遇，一官即罷；送死顔淵而好學今亡，則門人中無一肯者。其轍如環，以筆爲鐸。死後墓出壁而堂作聲，略弄神通，是其小技，而大棘栗蓬之在此天地，無外無間，時時光明。即後有西方之教來，正其化身，而蒙、困、震、艮，微危習險，一唯何言，早以示此第一機矣。

時論曰：經之將終，既濟之明夷曰：『東鄰殺牛，不如西鄰之禴祭，實受其福。』此眞年知永平白馬之入也〔三〕。大過再三致意反對之變，而禪宗正用其權以行其毒，則毒有過于太極圈者哉？太極藏身于一切爻，而人不能以一爻限量之；尼山、鷲峯皆藏身于一切法一切物中，而人不能以一法一物限量之。藏身無迹，無迹莫藏。太極以一切法、一切物爲護身符，故太極爲都符。太極最善逃，而人不能逃，此太極之所以毒也。彼謗太極、駕太極之上以自逃者，蚤已爲太極所藏，而彼不知也。彼烏知呼『太極』者何？呼『天地』者何？呼『易』者何？呼『物』者何？呼『心』者何？同在此中，隨呼即是，不呼亦是。何圓其非倫脊？何倫脊而非圓？眞圓圓者，無倫無脊並無圓矣！

株兔劍舟，衒尊食技，乃執無名之名而滯名，執無相之相而溺相者。謂其隱劣顯勝、護過遮詮之權，則亮之矣。破大用大，破時用時，相悖相害，無不相容，豈與爭駕乎？彼言高而不與之爭高，學之不厭而已矣；彼言深而不與之爭深，飲食日用而已矣。以莫高深于平淡也，是無高卑、無深淺矣。金剛經本處飯食，洗足敷座，世尊不已說竟三藏乎哉？則無行不與，可見其妙密鑽鎚矣。行生代錯，集古今之利器爲其示現，是轆轤之治亂水火，又何處非其縱奪殺活也乎？

拈華嚴之華，則一多無不貫矣；不知華嚴之華所自貫者，鬼華耳。執一定之理，而不知時變權因，故爲理所礙，此賢者之所不免也；執無定之理，而不知反因輪起公因、兩端統于前半，故又爲無礙所礙，此高者之所未知而誤人者也。讀交輪幾而破玆燚黈之句，則知有無定之理，而自有一定之理，此處處不易、處處變易之太極也。以賢者所執之理責高者，高者不服；以公因反因之太極藏高者，高者庶心服乎？心服亦口强。然有以瀉其偏鋒，則偏鋒正用，而道法幸矣。以鑿破鑿，以鑿補鑿，又安可少哉？分門別户之壇壝，藏拙護短之杖履，依粉本繪畫棘栗蓬，而未嘗肯銜求一破者，談何容易？

儒者必守法言，經學多執字面，應以『鑿』『毒』爲嫌矣。孟子接人醒世，嘗用此機，況彼一時此一時乎？千載厚皮，誰搔痛癢？故不惜葛藤潦倒，爲加一楔。

校記

〔一〕者　龐注本無。

〔二〕仁　龐注本作『人』。

〔三〕年　李校本作『先』。

消息

消息不欲人知，而無不知。消息可知，而究不相知；消息可疑，而人不疑。消息本不待悟，而人不悟；不悟則已負消息矣，專悟則已違消息矣。消息者，莫無上于泊然無所起。果能使此心無所起乎？使之而能，則固有所不能矣；將欲不使，烏乎不使？聽其不能，是即難能；毋亦無所起者在起起中乎？起起而滅滅也，猶死死而生生也；死死生生者，消消息息也。天地之間，能消而不息乎？能夜而不晝乎？能消而不息，能夜而不晝，則人之心能滅而不起矣。心即天地，而令之倔强于天地，能乎否也？即能倔强，終還消息。心大于天地，故可以倔强而不可倔强，倔强之心即不能大于天地矣。

眞泊然者不待泊然，不謂泊然，是能泊然。逆消息而知之，泊然也；順消息而用之，泊然也。無息則無消，消消息息即無消息。天地即心者，天地之無心也。無心，無天地矣，又何嘗容天地于其心，容心于天地哉？無消息者，消息息消。

自無有以來，忽而明，忽而暗；忽而冬，忽而夏。明則動，暗則止；冬則寒，夏則熱。十世古今，豈能移易一絫黍乎？何東西而東西之，何南北而南北之，何内外而内外之，因内外而中之。鴻蒙以是傳之羲軒，羲軒以至如今，未嘗移易絫黍也。天地生人，生生不已。天地不能移易，而人心乃不勝千百其變，此人之罪邪？天之罪邪？教人求心者之罪邪？人自不求心之罪邪？無如其鉤鎖于塵塵而失其故也。

不得已以息自反。息也者，休息也。休息之息，正以其消而息也。惟其不知消而息、息而消、消即息、息即消、隨消息、無消息之故，而遂與消息舛馳矣。舛馳而馳以止之，而馳愈舛矣。馳已舛，奈何乎不求？馳已舛，奈何乎求？馳舛者，本不舛也，本不得不馳也。惡影者，知就樹息陰而止，則馳亦止也。今而後乃知影之不必惡也，今而後乃知心之本無所起也。無其心，莫如旁觀而引寓。人生而寓矣，無之而非寓也。當其犇馳，不可止之，愈止愈動，惟于起處自問曰：『日明，夜暗，冬寒，夏熱，曾移易絫黍否？』不必作解，不必記憶，但提此問，其馳自止。其馳既止，止聽其起，又從而問之。問之既久，忘其所問，忘其所起，不覺忽問，忘其不覺。從不覺中而旁觀其起起滅滅也，則必豁然于所以問者矣。

由此言之，人何不一問，何不一答？自問曰：『問者誰？』自答曰：『答者誰？』問即已自答矣，答即已自問矣。問此『問即是答、答即是問』者誰？則問此『不問、不答』者誰？則問此『問即不問、答即不答』者誰？如此自問，如此自答，問答不已，不覺交加；交加不已，不覺自斷。當其不覺，苦于悶悶。苦其悶悶，不覺忽覺。是能消消，是能息息。消消而息，息息而消，無所住而消其心，無所住而息其心，豈非天地生人之眞消息乎？消息其中，直下已知之矣。

請問『其中』。中不在外，中不在內，不內不外；中不在中；中又何嘗不在外、不在內、不在中乎？南北東西，何處非中？南北之前後，東西之前後，何時非中？則此十世古今不移易絫黍者，蓋時時移易者也。又移易，又不移易，消息誠難知哉！因移易之移易，以知不移易之移易，此即貫消息之消息也。

冬自冬，夏自夏，此百姓不知之知也。知冬非三時，而冬具三時者，此仁智之知也。春不能不夏、秋而冬，草木不能不華而實，則學者隨夏秋之候，而後落葉歸根，乃其所也。當下知冬即夏、夏即冬，則又何二焉？既知夏即冬、冬即夏矣，何嘗不可冬自冬、夏自夏邪？生而成、熟而化之必然也，由春歷秋之序也。頓即頓，又安能逃此漸以成頓乎？聖人之冬夏，夫何異于百姓之冬夏乎？

嘘嘘各自以爲知消息矣，烏知夫各各不相知之消息邪？鳳不能鶴唳，鶴不能鳳鳴；鐘不能鼓響，鼓不能鐘聲，孰分之？孰齊之？孰權之？孰主之？齊其分，權其主，歸之于天。天亦不能自主而主物乎？天亦不能自分而分物乎？吾嘗云：天本無天，以天在一切物中，則謂物之自主、自分，爲天之主之、分之可也。

人之面不可殫計，而無一同者。惟其不同，不妨大同。鳥獸之聲形各各何嘗同乎？螘之異狀猶人之面，人視之一螘耳；犬之吠猶人五方之萬聲，而人聞之一犬耳。人執所見、所察者以爲是，而不信『不見不察之無不是』也，何以異此？以『不見』見，以『不察』察。不見之見可以見『不見』，不察之察可以察『不察』。專知消息者，毋乃多此一『專知』之功乎？多此一功，即是一罪。然此罪安可少乎？通晝夜而知者，知而安于不知，斯固知『止其所不知』之大消息也。旁觀引寓者，别開消息之門耳。住此門而因以爲法，是兔角也。法無常法，何能無法？無法即法。『即』之云者，亦無奈何之詞耳。既有十世古今時時移易而不移易一絫黍者，因事立法之一切法，何嘗非□此無法之法〔一〕？知此時時移易之法即時時不移易之法，而又何以無法之法爲？

消息自消息，消息之法各各自成消息之法，吾何容心于其間哉？雖然，終古如此，終古不得遂如此語也。不發無不知、不相知之疑，則何以悟本不待悟之消息？不知悟之當專，則何以知專悟之違消息邪？噏問呴，呴曰『代』；呴問噏，噏曰『錯』。本無代錯，隨其代錯。月代量而錯以星也，紀日月星之差而錯成時也。天何道乎？時而已矣。時何道乎？差錯而已矣。聖人知之，以差爲步，以逆爲學。日差于天，月差于日，星互差于日。合差而時顯，積差而天顯。差以所過謂之曆，不能曆天而日嘖嘖以攀天〔二〕，天寧許其呼『知我』哉？人之學也，以差爲逆，以逆爲差，差逆之所過，此空空之實曆也。易，逆數也；學，逆幾也。以順用逆，逆以爲順，天差而不差，學天者過而無過矣。禮運曰：『日星以爲紀，月以爲量。』其代錯之所以不息乎？其不息之所以代錯乎？

校記

〔一〕□　原字蟲蛀，李校本疑爲『即』字。

〔二〕不　原字蟲蛀，據李校本補。

方以智全書之三

象環寤記

張永堂 整理

整理説明

象環寤記，不分卷。

清抄本題下小注：『癸巳入關筆。』明確交代了其寫作時間爲癸巳，即清順治十年（一六五三）。順治七年（一六五〇）閏十一月，方以智在廣西被迫逃禪。順治九年（一六五二），方以智獲準回鄉省親，其間在廬山停留三個多月，寫作了東西均。順治十年癸巳春，因爲兩次遭到地方官員以『袍帽』相逼，不堪其擾，爲堅守其不仕異朝的遺民志節，方以智選擇前往南京曹洞宗覺浪道盛禪師處圓具足戒，法名弘智，閉關於南京高座寺的看竹軒，即『竹關』。

象環兼孔子『象環』與莊子『環中』之意，方以智以融象環悟三教異同之理。

三教異同本是方氏家學一直關心的問題。方學漸以『善世、盡心、知命』爲家訓，以『不得事苾芻』戒子孫。方大鎮發揚家學，與吳應賓辨儒釋二十年。方孔炤與王宣會通於易。方以智背負家學與三教問題閉關，又有感於覺浪道盛言莊子乃孔子嫡髓，因此撰象環寤記，旨在徹論此命題。

象環寤記有三老人：赤老人方大鎮，代表儒；黄老人王宣，代表道；緇老人吳應賓，代表佛。全文以三老人的對話展開，以蒙媼闡述周易總結。三老人及蒙媼的看法可歸納爲：

一、三教會通所重在神不在迹。三教善世之心同，盡心知命而不二生死亦同。因此方學漸六字家訓與二氏相通。

二、覺浪道盛是博山法乳，吳應賓曾爲博山撰塔銘，方以智母親也皈依博山。方以智早年喜莊子，主莊、孟、屈三子會宗，而覺浪亦謂三子同時扇揚大成藥肆，莊子爲孔門別傳而托孤於老子。因此方以智皈依覺浪，實同一法脉。

三、三教百家各有特點與流弊，當互補互救。老子以養生治貪生，流弊爲符籙煉丹；孔子以名引人，流弊則好色、酗酒、愛官；佛以死懼人，流弊則逋逃粥飯、滑稽鬬捷。孔子以雅言爲正毒，弦歌名教爲偏毒，流弊則餖飣尋摘，闒閬墳墓；莊子以孔顏爲體、堯爲用，流弊則放誕苟免、自縱所欲，以名逍遥；佛以見一切身爲正毒，流弊則槁木蟠泥、稗販講誦，爲窮髮之氓；達摩以心宗爲正毒，能燒故紙，流弊則以冷壁爲垂簾，惟我獨尊。

四、三教百家各有所長、各有所偏，當『兩而參之，博約并用』。洛下、考亭不妨樹拂拈椎，象山、慈湖當證心象數，修武、廬陵宜過牢關，臨濟、趙州不妨上學。三教亦當互參，稍知佛然後稍知孔子，能讀孔子之書，纔能讀佛子之書。佛拈花，孔呼天，老守黑，三教當并用。

蒙媪總結認爲，三教各具體用，分之各異，合之大同。以無待的公心，三教可以互容、互轉、互貫。文中象環即象征無待的公心，因此蒙媪以其『佩汝知身』。

象環會通了方學漸六字家訓、方大鎮無我説、吳應賓三一説、王宣河洛説、方孔炤環中堂公因反因説以及方以智圓∴説。方以智借象環説不但合理化了逃禪行爲，提出了會通三教之道，而且也回應了覺浪道盛對莊子托孤問題的闡述。

本書所據清抄本，現藏於安徽省博物院。大字單頁十行，行二十五字，少數字句有增删改换，或爲方以智親筆爲之。目前可見兩種整理本：李學勤校點本，附於東西均，中華書局二〇一六年版；張昭煒整理本，附於易餘，上海古籍出版社二〇一八年版。

張永堂

二〇一五年九月

象環寤記

癸巳入關筆

不肖覆腋歷年，門人録□□之東西均[一]，篝燈自乙，不覺踼迭大笑。隱几而眯，彷彷彿彿，登三楹堂，入一室，有三老人：玄綖、黄履而赤直裰者，支藜而上坐；黄襜褕而皂帢，正襟揮羽者，左；氍巾袹頭，緇畦帔，蒼藨屨，執并閭拂麈者，右。布筍席，張琴瑟，西；紘洗在東。陳博山爐，檠案、筆簡甚具。兩侍者守茶竈于簾外，啓余入。諦視之，上者余祖廷尉公也，左豫章王虚舟先生，右外祖吴觀我太史公也。

赤老人注目曰：『噫！汝！』

知扶服而前，據掌顙地曰：『不肖少讀明善先生之訓，子孫不得事苾芻。然中丞公白髮在堂，皆爲之枯，十年轉側苗峒，不敢一日班行，正以此故。知必不免，以衹支爲避路，即爲歸路。苟得所歸，正所以奉明善先生之訓也。家訓嘗提「善世、盡心、知命」六字，貴得其神，勿泥其迹。今已化緇布端，委曲袷續衽之迹矣，惟以方領、鉤邊寄之鬱泥耳，銜牙綦組綬而時乎此也，有不素乎此者乎哉？』

赤老人曰：『吾非噫汝之迹，正噫汝之神。觀我、虚舟二公皆汝所學，皆在此念汝。汝歷此大爐鞴，當有所進，若神其神，則何獨傲幸得意鬱泥之迹也？是以噫也。』

緇老人曰：『汝親近杖者邪？是吾博山法乳。汝母皈依博山，吾以此志喜，符生汝毒龍之夢。汝丱時，汝祖督汝小學，汝曰：「曠達行吾曲謹。」吾呼汝彌陀，汝曰：「逍遥是吾樂國。」全以莊子爲護身符，吾無如汝何。今夢筆龍湖之杖，如何發莊子之毒邪？』

不肖曰：『杖者謂莊子與孟子、屈子三人同時鼎足，扇揚大成，藥肆者也。而莊子爲孔門别傳之孤，故神其迹而托孤于老子耳。此九蒸九暴之櫟社樹，豈向者之輪囷生藥乎？』

緇老人以拂拂口曰：『生不？』

荅曰：『老老大大，捉此生怪。』接而投諸茶竈。

黄老人曰〔二〕：『貴圖天下太平。』

赤老人持杖痛擊曰：『何來之毒耶？能神其神，何不並此等曲录牀上賣毒之迹而化之？』

緇老人曰：『㲉毛成神，惑亂不小！』

不肖曰：『茶熟也。』獻茶三老人，禮拜，還坐。

三老人皆笑曰：『是何種東西邪？』

黄老人曰：『東西聖人舉揚此物，吾呼曰「東西」，皮下有血者已聞塗毒矣。天地是最毒之東西，則天地之孤最毒。不毒不孤，不孤不毒。天地托孤于冬，雪霜以忍之，剥落以空之，然後風雷以劈之，其果乃碩，其仁乃復。東西兩大果，豈非兩大孤乎？莊子休之毒，乃東西兩大毒中之一種毒耳。知本菴公之六字毒乎？不毒不能「善世」，不毒不能「盡心」，不毒不能「知命」。東西兩毒，正惟能毒天下之人成孤，收天下之孤成毒，而人遂不知其毒，而稱之爲「中庸」，爲「慈悲」。「中庸」、「慈悲」，正毒之甚者也。』

赤老人曰：『我從不喜聞偏論，而虚舟能以偏快我，偏而全矣。惟迹則偏，惟神則全。莊周之神，今已毒出之而全矣，亦知孔子之全神千古尚未發乎？莊之終篇，先敘鄒魯之六經，因亂而有百家，皆「不該不徧，一曲之士」，「不幸不見天地之純、古人之大體，道術將爲天下裂」，此後乃敘諸家，則尊孔子也至矣。其曰「以天爲宗，以德爲本，以道爲門，兆于變化，謂之聖人」，此非指孔子而誰乎？此與子思之稱「天地」，孟子之稱「時」，何以異乎？則後世有知孔子如莊周者乎？理學家能守其規範而修其隄防耳，「以天爲宗」之微言，至今誰聞？我故曰孔子之全神尚未發也。而悉曇之徒且以色受界之〔三〕，以虚高虚大冒之，夫烏知「以天爲宗」之大不可外、高不可量乎？原始反終，孰精于易？輪言三世，孰奇于邵子？無怪乎闢者曰：竊取大易、中庸之精，而襲莊周外生死之吻耳。我故敬西方之聖人，與文中子同，而獨以其法弊未通，故憐憫其徒之終不聞大道之全也。豈惟其徒不聞，即孔子之徒，又曾知其全乎？』

緇老人曰：『嗟嗟！求一知不全者，又安可得乎？吾總爲三教聖人聲冤久矣。老子知人貪生，故以養生誘人，使之輕名利富貴耳，而今符籙、煉丹者祖之，老子豈不冤？孔子知人好名，故以名引人，而今好色、酗酒、愛官者祖之，孔子豈不冤？佛知人畏死，故以死懼人，而今逋逃粥飯、滑稽鬬捷者祖之，佛豈不冤？祖佛者尚自擰顧其戒律，或怵然于福田無間之權；而祖孔子者公然淫醟逐羶，拜先師之位，佔洙泗之書，以拾青紫而無汗矣。吾謂天下稍知佛，然後有稍知孔子者，況知其全？何以全爲？』

黄老人曰：『孔子再三思此全者不可言，故終無言，言其雅言，而不可聞者聞則自聞，此孔子之正毒也。天下後世皆得絃歌、名教之偏毒，飣飣尋摘、閥閲墳墓而已。莊子痛戰國之時，名法捭闔，以爭功利，因于五伯之仁義，故支離連犿以抒其憤，而暗指孔顔爲大宗師，堯爲應帝王，以定無爲無不爲之體用，此其正毒也。天下後世皆傳其偏毒，放誕苟免，自縱其所欲，以名逍遥而已。佛見一切身，是其正毒也。天下後世得其偏毒者，上則槁木蟠泥，下則裨販講誦〔四〕，爲窮髮之氓而已。達磨舉佛心宗，能燒故紙，此其正毒也。天下後世得其偏毒，以冷壁爲垂簾，制惟我獨尊之梃，以傳不膚撓、不目逃而已。嗟乎！貪生畏死、好名逐利、酒色富貴，此天地之公病也，何獨以罪名教？聖人不生，其公病如是也；三聖人更教之，其公病仍如是也。教愈于不教，教弊不如不教弊，教猶足以存其教，此聖人之心也。宗一公所聲寃者，其病尚淺，淺病不足療；病之深者，藏偏得之徑，嚂耳爭勝，而不通其全。不通其全，安得有平懷同歸、因時通變、補捄折中、療教之人出乎？此吾所以思毒以療之，而不禁口之毒毒也。以正毒攻偏毒，偏病見症，則全方見矣。

赤老人曰：『此論雖快，然未爲平懷也。以淺病不足療乎？謂淺病不足療之，病即足以禍萬世而有餘矣！世之爭道術、取利口者，病有甲、乙、丙、丁。丁本公病也，所尚在乙，則罪丙而赦丁；所尚在甲，則罪乙而赦丙、丁。甚且尚甲則罪寅，尚夜則罪日。尚無上者唾忠孝，忠孝不足貴矣；尚無上者唾學問，學問誠足鄙矣。高論雖高，寔不能高，而適足相遁。趨勢利，殖身家，肆力殺奪，其律與忠孝、學問正等，則人又何所不逞，而肯爲此忠孝、學問之苦難孜孜者乎？淺而捄之，三教自療，療者自明，則固已去其十半矣。人間世：「無所逃于天地之間，此之謂大戒。」通于神明乃畢忠孝，與天地參乃畢學問，則無上正所以爲忠孝、學問，而唾之以禍世，豈非尚口之禍哉？吾故望有知其全者以療教，則必集大成以爲主，非可平分也。泝其原同，則歸于易耳。善世者明體適用，原無無用之體。孔子下學而上達，詳于用而不盡用，其最上者俟人自得。人生而後，即有而無。惟盡見在，則去來猶昨日、明日也〔五〕。華嚴、法華之外，皆權之權矣。苦于據二乘之肆以行其法，傳至今日，專取最上言〔六〕，雖千萬不及其餘。其言用者，一衣一食；衣食之外，迫人迴避〔七〕。不知生後之事皆衣食之類也，如其礙也，自衣食始；衣食不礙，一切無礙。禪者雖究竟于日用無別，而終照顧空旨，不肯寔數天下之故。吾故謂其明體甚精，乃吾道專門之心科，而適用則略也，此習略守略之過也。一即一切，隨處見身，已是通槃之珠。會此一語，何所不大自在？然啞羊苾蒭，豈敢墮此鉢耶？老子則專主不用爲曲全〔八〕，不得已而後應耳。平懷論之，善世之心一也。門庭設施，當以好學爲正大中和〔九〕，各安生理，本末内外，一致隨時，而以二氏之迅方，資後儒之痛癢，縣遠峯之青，以爲城郭江河中之必不可少者。盡心知命，不二生死，有何殊耶？吾所謂神，神不離迹，迹以神化，其迹亦神。既有全神，何惜補不全之迹乎？留輪迴之因以助神道之教，以縱横之逼激補正告之拘牽，以濡弱制獨尊之矜悍，而以棓喝迫曳尾之退避。洛下、考亭不妨樹拂拈椎，象山、慈湖當證心于象數。「注我」自得矣，獨不念六經賤而私心横耶？修武、廬陵，宜過牢關；臨濟、趙州，何嫌上學？兩而參之，博約並用，時益時損，時艮時震，无妄畜識，足繼見心，修詞立誠，豈非乾三人道之極、德業之知終哉！自强不息，無住生心。精義入神，開物成務。無可無不可，無爲而無不爲也。嗟乎，全矣！然未敢望也。一有纖毫，依之即迷；欲心無依，是火不薪。吾勸學者，欲互换其迷耳。讀書安分與衣食等，是眞修行，是眞解脱。不迷而不安于其所當迷，又豈能换迷乎？』

緇老人曰：『不立文字，是迷眞書；如公换迷，是佛迷法。一切法皆是佛法。若不能讀孔子之迷書，何以爲佛子之迷書〔一〇〕？豈非不立文字之互换本乎？世之傳迷者，傳疑耳。迷之則疑，疑之則迷，迷極疑破，疑破亦迷。佛子、孔子、老子在靈山會上〔一一〕，一人拈花，一人呼天，一人守黑，萬世同迷，如何互换？』

黄老人曰：『無待貫待，待即無待。明方本圓〔一二〕，則知方之即圓矣。孔皆孔也，佛皆佛也，老皆老也〔一三〕。老氏之道，无首迷之；佛之道，震、艮、蒙、困迷之。要以一太極圓相迷之矣，吾故呼爲「東西」。佛生西，孔生東，老生東而遊西，言三姓爲一人。人猶有疑者，謂東異于西、西異于東，人豈信乎？是謂大同。』

赤老人曰：『東主生、西主殺，日在東、月在西，天時東升而西收，此天地定東、西之論矣。汝知其知之，愼勿迷曲録牀，神其疑生疑死之迹也。莫可疑于日而月，莫可疑于東而西。以日月、東西爲當然無所用疑，則舉無可疑矣。生死可疑，以畏死也。仙定終散，佛亦輪迴，雖有鬼神，如知命者何哉？「夕死可」者爲不爲死所亂耳，不爲死所亂則不爲生所累，而乃以疑死累其生，何謂無累？夫畏死者畏痛也，必不能不痛；畏痛何礙于道？則畏死何礙于出生死哉？若未見破，正須疑死；所見既破，自不畏死，而亦不諱畏死矣。所卷卷于見破者，知彌高，行彌下。生斯世也，直斯時也，不過爲斯世斯時之不犯王法、不負天地之人；即大徹大悟，依然爲不犯王法、不負天地之人，豈曰見破矣？王法可犯、天地可負耶？不犯王法，不負天地，則隨事游心，誰縛汝？誰禁汝？而守其專門忌諱，自衒不迷，而寔大迷也乎？』

忽有蒙媪從空而下，其行剽忽，披青袿，繫赤帶，拖白裳。聞其氣，使人温凉；問其年，在天地之先。卓然撫案曰：『三公抹迷，何太迷耶？古今家具繫騧騄之攊指也，守爲聖解，聖必訢屈。抹之云者，無奈何爾矣。人情好勝，自暱其所易知以相高，而言道德者爲尤高。愈高愈僞，僞愈自護，非若學業、文章之可翻然無慙也。理學者，爲其生小讀四子書，取而譏譏耳；好禪者，正可假托不立文字之下，掩其固陋，而斥鄙諸家耳〔一四〕；老子又逃禍之藪矣。使眞洛、閩、陸、楊、臨濟、趙州，則或笑而受之；若言洛、閩、陸、楊、臨濟、趙州之言者，各迷其迹以爲神，能迷所迷，執爲秘要，以自尊于天下，雖殺之，必不肯虛心無住。語學未出脣，面已洞赤，尚能補乎？此久爲莊子所歎「終身不反」者也。學何如參，參何如學；學即是參，參即是學。有心非參，無心非學；有心無心，言此何心。心心相迷，以迷球迷；知可以迷，是即不迷。天地七萬年，始數人耳。此後有開天地眼者出，當世必不甚信，且信且疑；千年之後，人人迷天地眼矣。天地間生生而蠹蠹也，奈何不球？球亦奈何？權且奈何？是謂方便。有此弊法，相反相勝，足以奈何之而終奈之何，奈何不得而遂有奈何之道。獨不見所以貫代明、錯行者乎〔一五〕？日奈月何？月奈日何？春奈秋何？秋奈春何？容之斯瘵之矣，轉之斯貫之矣〔一六〕。睡、食、色、財、名，有情者之五因也。世罪四因，不知與睡等耳，皆必不免者也。簧鼓而球人者，謂夜能免睡也，海亦免波、路亦免塵乎？天地不能禁而任之，同歸于交、輪；百姓任之而不知，恣其便己，故人倫有禽獸之禍；至人任而忘之，安其愚芚，正同禽獸之德。好道者方求與禽獸比，而人以禽獸詈人乎？人殆禽獸之不如也。聖人知之，而强明所以任之者曰「率」，强解之曰「不失其初」。率而不失，可以從之；從之，則無以異乎任之也。衆人不知，則失之；失之，故教之存之。任不可訓，號曰化之。化之者，節之也。老子以谿谷爲知止，以忍而止之者節之也；佛以解脱爲知止，以忍而空之者節之也。草木有節，四時有節，氣凝其虚間而轉變生焉。中節者〔一七〕，中其直心之節也。節不能自名其節，中不知其何以中，乃可曰化，乃可曰任。手何知其持、足何知其行乎？我有知止壇、日用鼎，以白鍇錘碎炎山磊，以典籍爲灰斗，擴爆落之星，以倫物爲桑烘，發眞空之猋，致困徹爲栝枕，煮愛河藝海而汁之，燗生作熟，湆爛而噉之，三老享此味乎？多事誠多事，然不如此，又太無事。欲其無事，究竟多事，則不如自樂其所事矣。向來焚烈未盡，水劫在前，火劫在後，當使談道者生羲、軒、容、撓之日，自具其體，以前民用，何全何偏？何迹何神？何毒何病？而賓賓商東、西之藥〔一八〕，改東、西之方爲？盍鼓琴瑟，以主娱客。我請爇香，彌天地宅。』

蒙媪懷中出香一粟，大似篤耨，云：『出地心，與我同壽。』

三老聞之，相顧倘然曰〔一九〕：『公心吐出矣！』

赤老人鼓琴，黄老人挎越而瑟和之，緇老人擊節歌曰：『嬰曾庚登，奔奔登庚〔二〇〕，曾嬰奔噴，門崩邊奔，登騰倫東，顛登庚阬，恩公堅庚，曾堂生宗，纘曾嬰馨，恩此字收聲于喉，與腭上『恩』字别。翁煙嬰〔二一〕。』

奏闋而香煙化爲龍鳳環，媪指：『佩汝知身，此象環也。珍重珍重！遊戲人間，聊以蓺食，聊以音傳。勿復口道，口道者冤；無復生死，言之可憐。』

三老留之，媪曰：『吾有蒼門之友欲出，出則驚人，故忍之。』

三老再三請見：『雖驚何傷？』

媪曰：『在腹中。』

愈請，不獲已，喀之而出，磯磹一世，六種震動，乃一嬰兒也。烏喙赤足，衣黲紫緑沉之褶。

問其名，媪曰：『此兒不能有言，不能無言，其名霆長。壽不足一歲，每歲正月生，九月即死，不知死生，而好殺人以爲生者，諸公勿懼。』

言未已，突躍而直上，聲如巨霹靂，天人之耳盡聾，目無見，而三老人、蒙媪、嬰兒俱不知所在，獨有餘香襲襲不絕，不肖乃寤。

適老父自鹿湖寄時論至，箴之曰：『當明明善，勿泥枯璧〔二二〕。得六字神，寔雖永錫〔二三〕。』不肖泣曰：『璧本不枯，而天故枯之〔二四〕；芽之已生，二芽不敢分別。』謹紀此夢以稟。

校記

〔一〕□□　抄本原空兩格，疑是『以智』或『愚者』等字樣。有可能是門人諱而不書，或方以智故隱其名。

〔二〕黄　抄本原作『萬』，方以智改正爲『黄』。

〔三〕而　之前原衍一『而』字，抄本自删。

〔四〕禅　當作『穉』。

〔五〕來　抄本原作『去』，方以智自改。

〔六〕『華嚴法華』至『專取最上』　抄本原作『佛專專最上以爲得上則下自舉』，方以智自改。

〔七〕避　原作『避而』，方以智自删。

〔八〕爲　原作『而』，方以智自改。

〔九〕爲　原作『而』，方以智自改。

〔一〇〕抄本『佛』『子』之間似衍一『孔』字。

〔一一〕佛子孔子老子　抄本作『老子孔子』，依前後文意改。

〔一二〕明方本圓　中華本、上古本皆作『明方之本圓』。

〔一三〕『無待』至『老也』　抄本原作『佛即孔老孔老即佛』，方以智自改。

〔一四〕斤　當作『斥』。

〔一五〕所以貫代明錯行者乎　抄本原作『日月之代明四時之錯行乎』，方以智自改。

〔一六〕貫　抄本原作『容』，方以智自改爲『貫』。上古本云：『「貫」由「察」改。』

〔一七〕者　抄本原脱，方以智自補。

〔一八〕商　疑當作『商』。

〔一九〕倘　中華本改作『惝』。方以智藥地炮莊卷四外篇：『倘然，自失貌。』

〔二〇〕曾　抄本原作『貞』，方以智自改。下句『曾』同。

〔二一〕曾党生宗纘曾　抄本原作『貞稱人中氀貞』，方以智自改。據此可見應爲六字一句。

〔二二〕璧　當作『壁』。

〔二三〕雖　中華本以爲當作『維』。

〔二四〕枯　原作『枯木』，方以智自刪。

国家出版基金项目
NATIONAL PUBLICATION FOUNDATION

『十二五』國家重點圖書出版規劃項目

國家古籍整理出版規劃重點項目

國家出版基金資助項目

安徽古籍叢書

【明】方以智◎撰
黄德寬　諸偉奇◎主編

方以智全書

第十册

黄山書社

方以智全書第十册

方以智全書之二十二

浮山文集後編

李霜琴　整理

整理説明

浮山文集後編，二卷，方以智撰。

是編接浮山文集前編，主要收入作者清順治八年（一六五一）至康熙三年（一六六四）之作，凡四十二篇，含各類序跋、題詞二十七篇。其中，辛卯梧州自祭文已見無生寱，五老約引已見五老約，正叶序已見正叶，易餘引已見易餘，向子期與郭子玄書、惠子與莊子書已見藥地炮莊，而青原山水約記、青又記、游永和記、青原得瀑記又見青原志略。雖然本編收入了一些遊記和題跋，但總體上還是體現了作者明亡後强烈的愛憎和從入世到出世復雜的心路歷程。其自祭文、虚舟先生傳、靈前告哀文等更是方氏著作中的重要篇章。所撰序跋，既是對當時人物的評介，也表達了方以智的情懷和認知。

本集多數文章無法確切繫年，目前能够推斷寫作時間者只有以下幾篇：較早的爲卷首辛卯梧州自祭文，由題目可知該文作于順治八年（一六五一）。寫作時間較晚者爲卷二的甲辰秋遊記，由題目即可知該文作於康熙甲辰（一六六四）年。其他能顯示出作文時間者，大體皆在一六五一—一六六四年之間。如等切聲原尾識云：『苾駄散漢愚者智識於梧州之冰舍。』後有小字注等切聲原作書時間云：『始于甲戌，成於壬辰。』知該文可能作于順治壬辰（一六五二）年或稍後方以智在梧州時。周易時論合編後跋開篇云：『重覽癸未跋，忽忽十五年。』則該文當作於癸未（一六四三）年後十五年，即一六五八年。卷二武功遊記題下有方中履小字注云『丙子五月筆也』，可知該文作於順治丙子（一六三六）年。綜上，此書只能大致定其完成時間在康熙甲辰（一六六四）年後。

本書被清廷列入禁毁之目，有清一代絶少流傳。今存世者有清康熙此藏軒刻本。該本單頁十行，行二十四字；白口，無尾，左右雙邊；版心依次標書名、卷數、頁碼、書版名（此藏軒）；方體字稍扁，爲此藏軒固有之版式、字體。每卷卷首書名下標『藥地愚者隨筆』。該本湖北省圖書館有藏，上海古籍出版社版據之影印，收入續修四庫全書和清代詩文集彙編。本次整理即據該本校點。

李霜琴　諸偉奇

二〇一五年九月

浮山文集後編目次

卷一

卷二

浮山文集後編卷一

辛卯梧州自祭文

自甲申至庚寅，無可道人以猗玕洞之縣絲，流離嶺表。十召堅隱，不肯一日班行，爲白髮也。轉側猺峒，以鵶納爲歸路。庚寅之間，棲一瓢於仙迴山，不幸同隱有相識者，係累胥及，被縶而膠致之平樂將軍。將軍奉默德那教，尤惡頭陀，露刃環之，視此衲之不畏死而異之，逼而訹之，終以死自守，乃供養於梧州之雲蓋寺。大病垂危，久而小愈。無可道人自燃香而祭之曰：

生死一晝夜，晝夜一古今，此汝之所知也。汝以今日乃死耶？甲申死矣，自此而阮石巢之鋒、乙酉三河之盜、丁亥大埠之劫、天雷之苗、被左之遁、昨冬之平樂教場，何往而非死？若自無始以來之道人視之，邵子所謂虛過萬死矣。蒙莊氏日以齊生死、一殀壽爲言，而乃啍啍于曳尾、櫟社樹，養生全其天，若眞有莫可奈何然者，夫烏知剖心納肝之爲大養生乎？夫烏知雷首山之大全其天乎？非不欲五嶽不知所終，而卒不能以五嶽，則即以鼎鑊爲五嶽，無不可也。子平耍乎哉？未之知耳。天地不殺，則無以爲生，人獨以殺我爲仇也，一何愚哉！借爾傳舍，閒往閒來，白駒過隙，速于遠客。況今日者，虎狼也，水火也，兵戈也。文字交游之場，皆可以膏唇而拭舌也。死不必一道，即以道守死者，亦未必死汝以名。

嗟乎！世人其莫可奈何于此，又安得不以生死爲大事哉？有以名敵生死者矣，有以氣勝生死者矣，有以一生死之説遣生死者矣，果有眞知其故者乎？能以死知其所以不死，知不死之無不可以死，則此死也，誠天地之大恩矣！

罽賓王彌羅崛秉劍謂獅子尊者曰：『既離生死，可施我頭。』尊者曰：『身非我有，又何吝？』王即揮刃斷尊者首，王右臂旋亦墮地，七日而終。象白山人言往世皆爲白衣，以法勝故，陰戕于崛，乃今償焉。安世高度䢼亭同學，化廣州市少年，又往會稽市上畢對，皆以往世嫉法懟恨致之。無可道人幸可以忘此，此年來感天地之大恩，痛自洗刮者也。獨卷卷者，白髮望之久矣，尚未得一伏膝下，姑以逃勾吳爲解，是則白馬曇照之所呼『苦苦』者耳。因起而歌，歌曰：『風飄飄兮雲滐滐，地之下兮天之上。香煙指故鄉兮安所往？未能免俗兮，嗚呼尚饗！』

祭直之弟文

余漂流七八年，冀比幼安火島，得歸白鹿之堂。詎意深山一瓢，竟攖維縶，乃聞吾弟之喪，且三年矣。舉聲一號，謂之何哉？痛定作詩四章以哭之，已乃爲位祭之以文曰：

嗚呼！此何時，人何能不死？此何時，若何爲死？蒼天蒼天，何竟使吾爲獨子？獨子在膝下，猶可言也；顧乃分背歷年，而限之以數千里，遥望高堂，眷眷曷已！以吾弟其才，可以出入乎古昔，而凌獵乎書史；可以湖海，可以桑梓；可以丘壑，可以城市；既伉俠而離奇，又突梯而骫骳。萬無奈何之時，有若則猶可以破巢爲門户，以蓬蒿爲甘旨，胡爲乎一病不可復救，毋乃還居巢之背疽而莫敖大心之不視乎？

憶余自北全猗玗之命，執余手而悲喜。僅三日而送余雲間，以雲間有臥子。逢黨人之郭天，嗟昏椓兮誰與爲理？禍發之後，導余轉徙温麻太姥，乃中丞公甘棠之里。謂此別不過摇手，彼小人之敗可以計晷。嗟乎！孰知其巨浪翻天而舉世瀰瀰，年以一年，視此如燬。惟孤身以轉側，且藏匿乎嵬壘。中間寄書，獨嘉余之不仕。將謂擇禍，猶可免累。崑崙既傾，增城安恃？長書遂成永訣，乃厭亂而不俟。訊之鄉人，皆能歎吾弟之素履。遺孤三尺，可繼鞭弭。嗚呼！獨痛汝生平騎馬彎弓、盾上磨墨之志，乃不先不後，而同此委靡。

洒淚書之，不覺一紙。嗚呼哀哉！焚之而已。

等切聲原序

天地間一氣而已矣。所以爲氣者，無有無，統天地之天也。氣發而爲聲，聲氣不壞，雷風爲恆。世俗輪轉，皆風力也。人受天地之中以生，故鳥獸得其一二聲，而人能千萬聲，還其原，盡其變，可以通鬼神、格鳥獸。蓋自然感應，發於性情，莫先于聲矣。故聖人立文字以配之，作聲歌以暢之，制音樂以諧之。其通語言、定訓義，猶其教之最明顯者也。流傳至于祝由而去災病，長嘯而召風雨，皆其遺也。

五行之位，西方屬金，主聲，納音起焉，故等韻出於西乾。今數千年，而泰西復以西音入，其例可以互徵。中國文字之教獨盛，人未深於耳順，其講此者，不過守初譯之字母，沿守溫之所加，或增或改，各執其方言，終未嘗有較然開明之論，使天下便之。所謂通華梵，僅通其彷彿之義而已。九州之人，對面抵掌，嘗不能解，又況言及通鬼神、格鳥獸哉？歷唐宋至今，無慮數十家，十數變其法，而終不明者，其起例最目未盡善也。彼或强別以傅會前人，或創改以便於所習，半屬遷就。遷就而窮者，亦自以爲不知；即欲一暢其所便習之理，終不善說。試問之曰：前人何故爲此不便者？唐宋方言若何？漢晉方言若何？

因以推三代方言若何？宜其無詞以剖析也。晉定漢釋，已采吴音。休文一編，唐宋宗主。沈或折衷于越音，而後世精此，惟吴越之牙吻與沈韻合，如今蘇紹作官談是也。然以天下之大，兩畿十三部，獨聽命于吴越數百里，于寓内當百之四五耳。天地鍾人之氣，遂偏至此，豈通論乎？

智嘗論古今動植、器具名物、事變得失、人之賢不肖，學者必學而後知。東坡所言子夏之日月，當矣。義理、聲音，則人所自有。今人具五官，發諸心，出諸口，與無量聲音王之五官無異也，與伏羲、神農之五官無異也。古神聖無師可受，無書可考，何其通天人、識物性若是？人與草木，皆芸芸天地間，草木猶上古之草木也，人獨非上古之人乎？良以習便隨俗，未嘗自窮其統理氣之理，自盡其無有無之性耳。有人焉，通而明之，世又好相非是。上者守典要以爭之，而不知所爲典要者，有上古之典要，有後世之典要。上古圣人不得已而爲之立名，此上古之典要也。今且傳於世者不備，已而補之，已而就所變更者附之。後人不能遠推，則愈傳愈失，遂以訛誤爲典要者有之。此人忽欲廢典要，而言聲原，能免妄造之謗乎？此人曰：廢典要而後能言聲原，通聲原然後能言世之何以爲典要耳。必且盡讀世間之書，盡察世間之言，然後能旁引曲證，以明各代各方之所沿變。故先立一近法，近法明，乃能以近推遠、以今推古也。

近法莫先于起例。起例者，借一事，配一音，而字窮音混，故合字以圖之。脣、舌、腭、齒、喉，又各有淺深、内外、送氣、升收、開合之位。不立例，何以狀之？與人言，口呿而不合，舌撟而不下，如是而已矣。談勾股和較之法，使無甲、乙、丙、丁之號，則安知其所指爲誰耶？近法者先就天下之大，取其近者，折衷爲一法，猶西儒入中國而忽創字父、字母之説，未嘗不相通也。使吾能暢言吾之近法，使吾能盡解吾之近法，何難再舉此法以論法前人之法？由宋元而唐而晉而漢，則三代以上，庶幾乎夢寐矣！漢唐之可據者，當取各箋注、各詩歌、各謡諺以證之；無證者，則以此證彼，由華而推梵，由回回、小西天、蒙古之字母，以推大海陀羅尼，豈無端乎？惟其有近法起例可比可辨，則我所不能明者，後人得因此以著論加詳。數千載之下，億萬里之外，皆可對翻。小則明文字之音義，一貫而知；大則知無聲之原，以盡聲音之變，和樂律，通鬼神，格鳥獸，神而明之。六通豈欺人哉？道寓于藝，小即藏大。易包天地，而以蓍策名；字母括天人理數，而以衆藝名，惜無衍者。邵子以天聲唱、地聲和，誰知之乎？有無而形氣，形爲物，氣爲聲。形色臭味皆氣，惟聲至神，與物相表，故足以推萬物之數，通萬物之情。陳礵菴廣祝氏涇之説，亦一端也。愚者之作聲原，起例也。欲凡有聲者，各自知其聲之原，因知聲即無聲者，善適其用，而又非以聲即無聲，荒學而蟲豸也。無量聲音王其嚆矢夫！

苾駄散漢愚者智識于梧州之冰舍。始于甲戌，成于壬辰。

匡廬名字疑

唐盧藩言秦立廬江郡，山因此名。以禹貢、山海經爲斷，不必匡君廬山。疏非之，言漢武始立廬江郡，潯陽在江北，晉永興乃以江南名潯陽，何言秦、漢潯陽有廬山乎？山海經：『廬江出三天子都，入江彭澤西。』又曰：『三天子鄣，在閩西。』注云：『在歙，浙江出焉。』水經又云『漸水出三天子都』，以爲疑。

智按：吳草廬注『南溟』，言率山爲三天子都，『都』一作『鄣』。陽水出浙，陰水出彭蠡。一作『漸江』，乃『浙』之訛。山海經廬江、彭澤、柴桑之山甚明。史遷曰：『予南登廬山。』漢書年表：『北界淮瀕，略廬衡爲淮南。』顏籀曰：『廬衡，二山名。』衡山記云：『武帝南巡，以衡山遠，乃移南嶽之祭于廬山、灊山。』則廬山爲江湖之望，由來矣。郡地更割，史略于古。藩以禹貢、山海斷之，近是。其曰『廬山，古南鄣山，謂之天子都』，則因彭水出三天子都而訛也。亦曰輔山。九微志云：『周武王時，方輔仙去，惟廬存。』謝顥碑云：『匡續修煉虎溪之上，七百年輕舉。』周景式云：『匡俗子孝，當周武王時。』唐類函作『匡裕子希』。胡元瑞分爲二人，豈知『續』訛爲『俗』，又訛爲『裕』耶？方、匡聲近，皆周武王時，仙去廬存，殆是一人。傳疑亦可，山水固在，何不可以質論？ 簪謂山因郡名，智謂郡因山名。廬江者，合廬山、九江而言也。

智更有疑焉： 禹貢紀州，必表大山，烏有彭蠡入中江之處，廬山巋然，而反略者？ 敷淺原，云在德化，朱子非之。智按：『棠棣之華，鄂不韡韡』，言萼之尃也。篆『𣎵』象形，易震爲尃。左傳『三周華不注』，山如華之尃也。『不』『尃』『敷』古通。孫愐曰：『淺，流疾貌，平聲，猶「漸」「嶃」之類，勿泥深淺也。』『原』，古『源』字。廬山如華，而瀑最多，其爲『尃淺原』乎？ 或稱『方輔山』，皆『尃』音之轉，又一證也。謹書以俟後之遊覽者。古今相傳，必用名字。傳虛成實，疑之者誰？ 不知實際，而掃名字，猶然誤也。闕疑乎？ 傳疑乎？ 證之者誰？

向子期與郭子玄書 係炮莊二書

世皆以君竊僕書，補秋水、至樂，易馬蹄，行世。或譽君，或詬君。君將謂有功于莊子乎哉？ 爲此言者，將謂有功于僕乎哉？ 請爲君釋冤，以釋吾之冤。

莊子者，可參而不可詁者也。以詁行，則漆園之天蔽矣！ 莊子歎世之溺于功利，而疚心其始，又不可與莊語，爲此無端崖之詞，巵之寓之，大小重之，無謂有謂，有謂無謂，使見之者疑憒，疑憒不已，乃有旦暮遇之者。鵬之與鷽也，椿之與瓠也，豕零也，髑髏也，蟲臂鼠肝也，會則直會，不煩更僕，豈特天道、天運爲正論，末後敘六經而悲一曲爲本懷乎？不見天地之純，古人之大體，雖曲爲之解，亦終身駢拇而不反者也。況以註名，膠膠然曰：『我，莊子知己也。』冤哉，冤哉！當莊子之瓌瑋連犿其書，非以爲名也。即欲傳其書，欲傳其純者、大者耳，非欲傳莊子也。即傳莊子，傳其所以爲莊子，非必蒙城之叟也。鴻蒙拊髀雀躍，河伯望洋而歎。北遊服隱弅之默，童子指七聖之迷。老龍死矣，嚗然放杖。支離無脤，攘臂全人。何處非華封？何處非新沐？以爲堯，則皆堯也；以爲孔，則皆孔也。天皆天也，人皆人也。莊子猶向子，向子猶郭子，不知千載上，果有莊子否？果有蒙城否？而且辯詁莊之爲向耶？郭耶？僕固不受矣，君胡爲乎受之？世之以莊子解莊子者，非知莊子者也。不知者，以爲逃此自樹畸辯耳；知之者，以爲欲人之混沌也。果如此乎？是徒以上古之塵垢，塗輓近之耳目。莊子之冤，愈不可解矣。

人生天地間，當立天地之前，回天地之後。以其前後，擿之俄頃，反而自問，何以謂之我？何以問我而我遂我其我？何以爲官天地、騎日月之我？天地何以有我？我何以即天地？何謂無我之眞我？久而一哯，我還我，我不自知其我，又何容所謂『無我』『眞我』者哉？號爲混沌，我不應也。無物而物物者，誰與遊乎？物物無物，乃與物冥。循乎大變，故無待而常通。又順有待者，使不失其所待。指正屈時，屈無待也；指正伸時，伸豈有待哉？齊生死者，無死無生者也；齊小大者，無小無大者也。以齊爲冥者，非冥之至者也，冥之至者，又冥其冥，無所謂無生死也，無所謂無大小也。不聞其言乎？師天而無地，其不可行明矣。果蓏有理，人倫相齒，天地之行，聖人取象焉。非曰静也，善故静也。不生不死之攖寧，疑始無始，用心若鏡。重閬天遊，乘物以遊心，託不得已以養中，得主矣。恢詭憰怪，道通爲一。爲是不用而寓諸庸，適得而幾矣。因是已，是之謂以明，照之以天，參萬歲而一成純。未始有，即庸有者也。以明者，即止其不知者也。吾故曰：莊子者，殆易之風而中庸之魂乎？方圓同時，於穆不已，森羅布濩，即無待之環中也。雖不可詰，何礙乎詰？不見天地之詰混沌乎？卦策之詰太極乎？文王翻轉伏羲之環而錯之，孔子顛決文王之環而雜之，老子塞無首之環而黑之，莊子恣六氣之環而芒之，此與子思以代錯紾反對之環，孟子以浩然充時乘之環有以異乎？庖丁、桑林，眞中節者也；蝴蝶栩栩，眞踐形者也。問禮柱下，服其猶龍，何乃退草春秋，遵譏議近死之訓？此非尼山善學青牛者乎？可以知櫟社、曳尾，非怖死苟且之謀矣。以刑爲體，誰解此刀？以禮爲翼，誰怒而飛？寓宅而致心齋，無所逃于大戒，此莊子新發繫辭齊戒之硎，以利用春秋之獄也。其抑墨胎、申屠也，特欲安庸人之地步，誘人勿貪名利，乃可曲全耳，豈謂白刃不可蹈乎？入水之丈人何稱焉？

嗟乎！伐木殺鷟，材不材之間，久歎之矣，將安免乎？將求免爲人乎？天地不能免爲天地，聖人不能免爲聖人，人奈之何求免人乎？謂路免行，迂矣，謂路免塵也乎哉？謂海免波，迂矣，謂海免水也乎哉？知必不免，不得不言求免，不許苟免，免何非苟？委蛇者，直塞之夫繞劍也。以徘徊爲委蛇，是亦魯遽鼎冰瑟絃也，蹢闇夜半舟鬬也，有不必免而免免者存，曾知之耶？自掃其材不材之間者，適得之寓庸中節也。備物以將形，藏不虞以生心，敬中以達彼，不厭其天，不忽于人，欲當則緣于不得已。春之有秋也，不得已也。無累更生，是秉神武；無郤可塗，是爲至常。如此自洗，如此自慎，庶幾倘佯乎無所可用之鄉。隱不自隱，藏天下于天下，無所可用，則無所不可用者也。

由此論之，莊子其洗心慎獨之眞傳捷徑乎？末學紛拏，難以悉數，故先曠之以天，蕩之以海，怒之以風，深之以息，示之以機，適之以蟲，熸之以火，養之以刀，刳之煅之，反之滑之，符其主而物于世，而宗、應、逍遥極矣。龍雷倨堂，不張皆備，南榮遂忘其問，温雪不可容聲。參逍遥之先者誰乎？吾友阮嗣宗，合處分致意之眞，率之于巢、由、喬、松之醉草，識者稱爲至慎；叔夜讀莊子而增放，卒以不免。然則世之不善讀莊子者，皆詁莊子者之過也。僕固不受矣，君胡爲乎受之？冤哉子玄！

惠子與莊子書

施頓首子休足下：

自僕著書五車時，足下從不以所著見示也，待僕死而乃布之，快口辯耳。以其友爲聲帨，又使後世影響之流，揣子休汲汲傳其死友如此，又不苟誇其死友如此。嗟乎！古今渺渺，若是沉誣，豈可量哉？鼻上有堊，吾拭之耳，不勞君之運斤也。謂僕相梁，恐君代其位而三日搜，聞鴟得腐鼠之嚇，而後以魚解之。僕不白冤，此乃足下自遺醜耳。曾有畏好友奪位之人，而能爲君質，又來唁君妻喪者乎？揮斥天地之士，一當富貴而色室怒市，尚曰『達士之友』，鄉人齒冷矣！

以君所敘僕語，大一小一，方生方死，皆非妄也。正反相伏，對而舉之，適得其常，人自不悟耳。即僕之舌瀌瀌此者，又何獨以擁腫據梧、堅白無用、偶送足下臨深以爲高乎？不得已而生，生不得已而用，喘耎、肖翹，莫不用其所用，無用則不必生矣。無用固有無用之用，而有用者詎可廢乎？擁腫者，欲以不材終其天年，忽遇野燒，忽有伐山通道者，忽龍取大木巢海以禦蟲，不知能終天年否？且君既齊壽殀矣，安所見夷比之非大全其天者乎？貪生畏死者，天地之情也。君實畏之，猶夫人耳，乃爲此藐生死之説，突梯自解，因以排刀鋸如飴者，貶之爲名。君獨不好名而著書何爲？著書而刻意爲奇陗淵藻之文何爲？大宗師終倚户之哀歌何爲？望知其解者萬世猶旦暮也何爲？本不知聖人喜用生機之故，名空不避名之故，未嘗不欲功名事業也。惟恐功名事業之爲世所忌而豫避之，以保其電光石火之革囊，乃竊最高之門，顛倒日月江河之規矩，而逃之諱之，混則易掩，鬼則易晝耳。有物有則之倫倫理理也，猶日月江河也，即未有天地前所畢具者也。聖人因時衍之，以濟民行。後此千百世，有聖人起，必有以補救鼓舞之，時也，適也。君罪聖人耶，何不罪天地？不得已而有天地，乃混沌之所爲也，何不罪混沌？君之言曰：『竊鉤者誅，竊國者侯。侯之門，仁義存。』吾亦曰：『竊仁義者，道德之賊；竊天地者，混沌之賊；竊混沌者，非古今之大賊乎？』竊仁義與竊混沌，其竊一也。詬盡世之名，以自爲高不可及之名，誰容君詬？君何不混沌而姓莊？何不混沌而名周？何不混沌而字之子休？將誰稱之？

世之凡士千而才士一，才士百而精禮樂者一。凡士安于不知，而才士求知。才士之巧，剽剽劫劫；而禮樂之家，原原本本，此所以逾少也。中和中節者，則又千不得一矣！惡拘而樂放，惡難而樂便。君之言，高矣，而放者遁之；簡矣，而便者遁之。不煩終年考究，不煩終日操持。向也力不能徧，心若惡之；行不能合，夢若遯之。今有此掃鄙一切之詞，而乃傲然惟所欲爲而莫敢難，世更有最便、最放、最不可窮詰之術如足下之門者哉？足下得計矣。以爲後世之情，必樂我而奉我，我足以駭古今而得不朽之名。即有正色隄防，起而責我，終不勝才士之内憐而外護之。足下得計矣。雖然，足下苦矣，足下冤矣！世之愛足下者，皆不能學問、不能事業、不能人倫而詭託者耳。足下有至性存，託乎，託乎？豈復有至性乎？幸有惠施爲告世曰：『義精仁熟，而後可讀莊子；蒸湆六經，而後可讀莊子。』則莊子庶幾乎飽食後之茗荈耳。不然，君既冤聖人以冤天地，而終以自冤，遂爲混沌天地之大賊矣。誣一死友，何足雪哉？所太息者，以可以救世者而竟誤世也。

僕之歷物，物本自歷。舍心無物，舍物無心，後世必有希高眇、厭當務、專言汪洋之心而與物二者矣。道何道？謂其由焉耳。由之謂用，通乎晝夜，四分用三。其不用也，所以善其用也。衆人苟用，君子正用，聖人皆用皆不用，畸人惟鑿無用之用，而不顧天下有用之用。別墨有專守不用者，死人也。無始予天而天不能用，則不肖天也；天予我而我不能用，則不肖子也。苦縣大耳兒，守財虜耳。君反執之以訾治家好施、與人同用者乎？卵有毛，鷄三足，郢有天下，犬可以爲羊，馬有卵，丁子有尾，火不熱，山出口，輪不蹍地，目不見，指不至，至不絶，龜長于蛇，矩不方，規不可以爲圜，鑿不圍枘，飛鳥之影未嘗動也，鏃矢之疾而有不行不止之時，狗非犬，黄馬驪牛三，白狗黑，孤駒未始有母，一尺之棰，日取其半，萬世不竭，此吾激天下之辯而辯吾之所不辯耳。日新之天地，必且以此等爲迷世奪人之奇方，而自吾開之，吾不以爲功，吾又何罪耶？物既隨天，天亦隨物。天且不能自主，吾又何得不隨？吾自信吾者，有口斯食，有口斯辯。食還其食，不以累腹；辯還其辯，不以累心。偶爾著書，不必傳不傳也。

人生此世，貴不虚生。士不讀書，而免虚生乎？寓而不居，即有而無。用光得薪，莫若書；伐毛洗髓，莫若書。士一日不讀書，猶一日不食也。書獨簡册也乎哉？上古以來，乃讀混沌天地之書者也。仰觀俯察，且坐混沌之西席，授天地以章句，而謂其不肯讀書乎？世鈍且怠，或匿不言，以爲沉静，寔未能通，故囁嚅不敢言，言復爲人所難，不如以不言難人。自吾五車者論之，均不與道相涉，而公道有大分數，不可讓衆盲盲萬世也。辯不可匿，絲毫對簿，默容巨僞，非草木蟲螟則姦宄耳。

至人無情，無不近情。既以蜕俗蜕空而不娱詩書，土塊也。乘物以遊心，不遊何寓？且何塵垢非神明乎？不者壽其肉，不者煉其靈，明者笑曰：『聚終歸散，存終歸亡，適得怪焉。』以數千年爲數日，狼籍人間之歲月，蜉蝣之暮，即稱彭祖，何苦五十步笑百步耶？

道本無得無不得。生斯世也，不知亦然，知之亦然。知之乃受用其不知，而不爲談生死者所惑耳。生如是生，死如是死，生即不生，死即不死。人寓于世，世寓于人。吾隨吾之所寓以自適焉，適然語，適然默，才與不才，能暢皆暢。其不可易者，草孝其根，肢忠其首，知命俟之，素其時位，與世疴癢，以濟民行耳。人或不能如聖人之所爲，又不知聖人之所爲，爲即無爲，遂專廢其當爲，爲其不當爲，而苟曰『無爲』。然皆聖人之所養，而食聖人之天者也，乃敢輕唾聖人，遂使小人藉口縱恣，爲天下害，則見破者未破此矣。急于自受用者，倚混沌而掃天地耳。倚一氣乎？一氣中有理焉，如主統僕。倚一身之外無餘乎？官骸經絡，秩敘歷然不紊也。天下猶一身也。

子休自云，以有形者象無形者而定矣，皆本然，即皆當然；止有當然，是爲本然。無當然之本然，本然又安寄乎？天地間之芸芸也，凡有一物，必有其故。人不知故，而罪其生後之治生、安生者，何不罪其無故而生乎？宮室之有窗檽，窗檽之有交疏，以取明而釿木者也。人知其由，則信而忘之，鸜鵒疑而詰之矣。山甿見錦繡，告爲蟲吐，又鍼黹而縷綵之，宜其驚矣。賢知之不知聖人，猶山甿之不知錦繡，鸜鵒之不知窗檽也。好以生死、有無曼衍乎？生以死爲歸，死以生爲歸。生死以無生死爲歸，無生死以生生死死爲歸。未始有始，今日是也，善吾生也決矣。君惡天地，則何不聽人之費聰明，以速死其天地而成混沌哉？然且不能，則何如各樂其天地四時之本業而聽之？必欲以鴻荒之本死，罪中古之當然，以冬春之當然，罪夏秋之本然，豈不悖哉？

道問無應，即器是道。象數徵理，數以度用。夫度其數而中節者，即不墮諸數者也。權衡者，貫混沌天地之髓也；仁義者，貫混沌天地之神也。政府立，而宰民并宰君矣；學問傳，而辯之即養之矣。使其獷獷不知古今，以受足下之黥劓而獨容足下之單詞，是禁草木不花、江湖不波之條約也。謂吾五車窮天地者累，則以窶室窮混沌者，其累無以異；謂吾治耳目以適心者累，則屠耳目以剜心者，其累無以異。曾知不累之累也耶？曾知累亦不累也耶？卉必不能不華，華必不能不芳，而人免生死乎？自謂生死自生死，足以免生死，則五車窶室，免同一免，不免同不免。聖人之空空，聖人之富有日新也。五車何累焉？

都亭有造冕者，詫于織履者曰：『我尊汝卑，何不拜我？』我方恥以道貸監河之粟，以一藝自食其力，何必金顏此市肆，以與足下爭姓名哉？吾愛子休者，眞才也。子休所以爲子休，惠施不與之爭耳。萬世誠可愚而不可直告，吾故容子休以絶世聰明愚萬世，而萬世亦竟不知其愚之。才眞才矣，眞道不以没眞才，而假道敢傲之乎？吾傲之而容之者，學適其學，才適其才，道適其道，不必世之知，不必世之不知。吾聽吾，世聽世，然不忍使世之終愚爲黠者所魚肉至此，又冤我子休教之也，故以辯，聽後人之辯。

此愚者大師五老峯頭筆也。佛以一語窮諸外道，曾知佛現外道身，以激揚而曉後世乎？苟不達此，不須讀莊，又何能讀炮莊？大醫王詳症用藥，横身劍刃，申此兩嘘，苦心矣，豈問人知？壬辰秋，玉川學人傳笑識。

祭姜如須文 諱垓，萊州人。崇禎庚辰進士。

别如須十餘年，從萬死一衲還故鄉，知如須在吴，謂可握手翔徉，詎知竟不一見，一尺之書，亦未獲將。嗚呼痛哉！涕既千行。

憶如須丁丑遊江左而得余也，猶余壬申西湖之得卧子，皆以協用大雅之聲，合奏撫掌而起。庚辰同籍，以兄事我，自此始。兩人之心，如乳投水。每歎士不好古，詩亡久矣，君當軼駕君鄉之滄溟，更盡其變，以諧温厚之旨。音中金石，諷諫淵感，縱横佚蕩，稱篔簹氏。出或並轡，飯則共几。擊鉢達旦，豪呼戚里。早朝則御橋賦月，入市則構書落紙。又負奇氣，忼慨上視。初除行人，拜鑿碑之疏，誓除逆宄，天下以爲讜論，而宵人早已切齒。感時事而乙其處，相對嗚邑而已。詎謂踰年，北極焚燬，子美先使，甄濟矢死；奔就君親，而黨禍發熾于同里。老親命之遠遊，歷瘴海以轉徙；淪鋪被縶，復蹈刃而至此。此惟可以告君，君奈何其不我俟？

嗚呼哀哉！哭何能止？沸騰之中，傳侯光皝廡于吴市，往來專諸之墓，酹酒太伯之里。有詩歌、古文數千篇，時時播流人耳。嗟乎！變以世盡，變至無可如何；而繼之以死，此豈特以錦錢集爲蒼天之所以眷吾子乎？余既膠致之斗室，自以爲外黄之車；聞赴擗愴，不能期白馬而奠皋橋之廬，乃以冡筆，寫此哀辭。椎心而歌，不知其爲變詩。焚香上天，如須知之。

虚舟先生傳

王虚舟先生諱宣，字化卿，金谿人，生于桐城。少負才不羈，與先叔祖玉峽公、諱大鉉，癸丑進士。赤城公諱大任，丙辰進士。爲友。邁志好古，爲詩歌文詞，凌轢晉唐，上軋周秦。一不第，遂棄舉子業，儻然高蹈，自號虚舟子。

桐自先曾王父講學，先廷尉公倡之，先外祖吴觀我先生好參究，合三教而一之。先生往來壇坫間，無不微言解頤也。米公友石聞而交之。中年學道，屏絶室家，以易爲終始之學，寢處其中。米公曾爲序其風姬易遡行世。世尚功令，趣干時之業，未有好其書者。後老于桐。

智十七八即聞先生緒論，曠觀千世，嘗詩書歌詠間引人聞道，深者徵之象數。其所雜著，多言物理。是時先生年七十，益深於河洛，揚、京、關、邵，無有能出其宗者。智方溺於詞章，得先生之秘傳，心重之，自以爲晚當發明，豈意一經世亂，遂與先生永訣哉？

周農父言先生往來姑熟曹梁甫，惟目少眊耳，近百歲乃即世，有遺書在桐之下鄉左氏處。一日儵然告衆而化，自非深于環中，烏能倘佯此搶囊而全其龍德乎〔一〕？其言無之而非道也，不以道爲名，道不出于通晝夜而知，而不以知爲門庭。發明微言，旁通指遠，不局局紫陽之橅範，而恆以紫陽之好學勸人。近代公甫、達夫標之曰『主静』，説者以爲近于禪。虚舟子曰：『禪無問其近不近，亦知主静之並非禪乎？六十四、七十二，皆一也，一無動静也。杳杪而言無極者，桎梏其天地而扞格其太虚者也。詡詡曰道也，理以窮而愈支矣。』斯言也，豈不足以木鐸千古乎哉？世愈下，道逾遠，止以赫奕利達論人，不則以聲名門牆論人，宜先生之書不傳也，况遭此兵燹乎？故記其大指于此，他日考其遺言之存者，爲白諸名山。

書顧人正幅

甬東顧人正，折節學古有年，豁然以其心與往古，與天下，明善與人同之故。故先與鄉之學古者柴台甫、蔣萬爲、張珍仲、陳藴生、陳殷六諸子，麗澤同事，名其社曰『與社』。『與』之時義大矣哉！標季相與，豈獨塗塗與屬？即翹明方聞，樹道論文之壇壝，未免拔來報往。或卑疵而前，或汲汲戚戚，詎保終始不悼泜水鼓妖乎？夫人不能以心相與，由不明其本也。忽然相與，絶不知與往古相與、與天下相與之故，莽莽然以情，齗齗然以聲，此典謨黼黻之所不能餙，而蓍龜鍾鼎之所不能信也。雖昵無間，而增名高，其心逾不可知矣。一往之士，因以絶世，孫登、焦光、郭文，皆羣鳥獸，埒草木，積年遇人，不交一言。嗟乎！是豈天所以與人之心耶？蒙莊氏言與天爲徒，與古爲徒，而要之乎相與於無相與，此固善與人同之指也。

知相與於無相與者，同所以與天，同所以與古矣。人正之心，以爲千年一綫，久無以相與者，雖人人同，人人竟不自知其同。忽曳縰而歌頌，削然而反琴，不病之，且笑之。玄閣、汾亭既可誹，而章甫、縫衣又安可得乎？嗟乎！士誠難相與於此時，有心者誠不得不重相與於此時。此時而明其相與於無相與者，善其大同，以振救此千年將絶之一綫，則舊宅金石絲竹之音，實式憑之。吾固願天下同知與社之心，則天所以與人之心，業已木舌而户曉之矣。

孝經通箋序

愚嘗言孝、學、教、覺，皆本于爻。爻者，兩中五之交而效之也。天地交而生子，子效其父，始爲肖子。易覺天地而六子盡孝，爻固卦之孝子，卦固太極之孝子也。聖人者，天地之孝子也。而後天者，先天之孝子也。聖人憂後世多不肖之夢，不知生死終始之易簡，故樹孝爲先覺幢，而大呼於天之下曰此至要之準也。教學之鐸，于是乎命唯者以雷萬世矣。天教人曰生生成成，尊卑承輪，春先秋後，終而復始。此可以明代續終始之學矣，故曰孝無終始。孝以效天地，則孝在髮膚之先；孝以覺古今，則孝在身世之後。使十二時原反元會，因二不二，豈更有他道哉？

那谷者，薛更生正平也，年過八十，作孝經通箋，刺聖人之血，合甘露瓶，言標新旨，欲輓轆轤而唯之。愚讀三復，不勝痛幸。以孝爲戒，以孝爲宗，以孝爲學，以孝爲教，自覺覺世，見此一題，而萬世通神明于毛裏矣！

愚不肖請再箋之：孝無終始者，學無生死也。惕然于生之所從來，則惕然於心之所從來。以天人鬼神通作供養，是何如疾痛苛癢？以元會成壞珍重一息，是何如君蒿悽愴？前後代續，盡此一報，則刹那臘縛之幾，即孝子之所以嚴父事天者也，慎更有慎於此者乎哉？嚴更有嚴於此者乎哉？一部莊子，惟以怵戒之刀，盡年養親；七篇孟子，惟以送死大事，盡心直氣。誰不知續？而不知無斷無别之所以續。卑者續利于身世，尊者續名于嵬瑣，遂爾熏熏赫赫，高高奇奇，而根柢之眞，反忘所自。是故聖人以孝爲無名之大名以燒之，此固推千古之高奇熏赫而逼人歸本之烈炬也。人子之生死波靡也，豈在刀鋸幸免，以侈無敢毁傷乎？ 自毁其戒，即傷其天矣； 自辱其天，即傷其親矣。 生死之幾，皆始於倏忽之惡慢。 倏忽即成天下之過怨，貽禍國家，流毒後世，焰蛾横死，眞可憐生。 今使之于不敢惡、不敢慢，磨吹毛劍，而大地之險阻平矣。 閭巷亡俚，不能不護家庭以爲顔色； 凶暴至死，亦不能撙其天倫之肺肝。 衆中呼之，必且面赤； 暗室覽之，必且汗下，況稍知尊親無忝者乎？ 是知禮樂制度，不過表孝子之舞蹈； 兵刑地獄，豈能比孝經之迅利哉？

更生發嚴父配天之諦曰：『天者，父之天，子尚不敢有也。 資於事父以事天，資於事天以事地，資於事父以事母，資於事母以事兄。 覺孩提愛敬一念，太極儀象，森列其中矣。 始以自嚴，則父子即是君臣； 無不愛敬，則君臣即是父子。』更生苦心，迸裂至此，其眞取髓滴骨矣。 視天夢夢，雖夢中覺夢，不猶愈乎？ 果能夢見無終始之孝子，必爽然通于神明曰：『莫孝于心，吾孝吾心，吾孝吾天矣。』自神明其續無先後之天，即神明其嚴父事天之天，遂使萬世爲父母者之天，皆不負先天之大父母，而各嚴事其無生死、無終始之天，豈不大快孝爲戒宗之梵網，豈不大暢孝爲教學之金口乎？ 此謂先覽，此謂至要，此謂大報恩。

書周思皇紙 遠害之弟

庚寅冬，余既被縶於仙迴山，膠致平樂，一營環刀鋒，而衲子怡然就刃，故其帥異而養之。麻城思皇，聞來視余。自此移蒼梧雲蓋寺，思皇遂相朝夕。中間主者勒書趨降，矢死不應。又環集邏者，連及它事，數數瀕死，寺僧有遠引者，思皇皆左右，未常避。

越二年，兩粵法一、章金等，無不皈信。施尚白白其直指，因得聽之鼎湖。桂林忽亂，嶺表倉皇。念此不急歸，謂十年孤隱之意何？竟獨從尚白度嶺，惟思皇從，蒼梧法屬俱不及相攜矣。

壬辰八月，止匡廬，養瞖目。匡廬就遠公社養親者子驥，伊可懷也。思皇爲余先報白鹿。明年元正，余歸省子舍，即已不能菜葉燒庵，又半生重累，累係之白下，猶之雲蓋也，圓具天界，掩關高座。又踰一年，思皇自其家蕩泆潢流千餘里，而來飯之。余感其意，何以爲贈？請書年來所以感天地者書以贈子，可乎？

曩以蒙莊之懸寓，適安樂之環中，嘗曰道不必聞，死無不可，生死小事，時至隨順，何足膠膠言之？然才情所發，輒多搤擊。自北都守甄蘇之節，歸與趙鼎同冤。老親命之遠遊，從台宕歷太姥、羅浮，苑結過當。仰視天，頫視地，發聲激齒，山石爲之崔隤，飆湍爲之潏射，若無所可容其怦怦者。七年中五變姓名，展轉天雷，被左赤嵠之間，卒封刀於平樂。畢命俄頃，而大笑自若，豈非天地之爐鞴鍛鍊相成就耶？加此一年，比前三年之大笑自若，進乎？不乎？白浪稽天，鐵船可駕，圍數帀而弦歌，諱窮求通，還之時命，知之斯安之矣，益信死者吾之大恩人也。非爐鞴如是，烏能親見死即無死、生即無生，而受用之哉？思皇負踔絶，具遠鑑，能超然于世網，獨託志乎古昔。家有先人之田園巾箱，而又出求天下讀書聞道之士，儵儵往來，何所不自得無何有之逍遥耶？然旁觀天地之爐鞴如是，又聞我感天地之爐鞴如是，則共和用光得薪之指，其光必更灼灼有進於生平者矣！是以不辭渴筆，爲滿此紙。還過匡廬之傍，見同棹而返之賓明，抵家見藏明寄頌之稿木，并以示之。珍重此爐鞴時，正當有火發之事，斷勿以無所事之逍遥，爲自得之極致，一杖畫止也。

賓明，湖口孝廉王必遠也。稿木，梅惠連之熉也。

擊磬集序

紫淀張氏，以『擊磬』明其四言。坤五氏舉石以立辯，謂其詘然而止，不肯媚人。以問紫淀，紫淀然乎？我讀其語，蓋巷伯、小旻之流，懷沙、惜誦之變，而短歌、碣石、獨漉、善哉之調也。察其時，蓋君子聽磬聲之時也。樂記曰：『辨以致死。』君子聽其聲，其所思者爲何臣與？古之人或有志於時，時於忽乎不可以爲，爲之非其人；即其人，不過致死，死且無辨之者，淪胥以鋪，謂之何哉？不得已，託之于聲，以爲傳言旅市之比。悲矣，又不敢自悲其悲，或矢死以傳其文，或齊生死而慰之以道，此皆休心於聽致死之聲者也。旁觀者僅曰：『不得志於時。』此豈知其心哉？或曰：『磬，立秋之樂，夷則之氣，故易以悲。』嗟乎！苟習咫尺之便，未嘗一驚心塗膏曠野，琢浮瀛之石，縣招仙之閣，彼且植耳悇憚，與闒茸叫呼等。不謂棲棲之叟，乃得之荷臾，異乎哉！今察其時，又進乎擊磬之時矣。聽此聲者，尚不瞿然生死之間者，何人哉？反復無已，以專門生死，不當復聽此聲。吾請以山河大地爲磬，以無孔鐵椎擊之，不知其碎與不？張文峙爲莊節公之弟，瑶星之叔，選昭代布衣集百卷，自定紫淀集五十卷，終之以此，可以知其人矣。

范汝受集引

汝受詩歌樂府纚纚大衺，永言大雅，不事鉤鋠，不豔纂組，風度翔武黄初以上。使二十年前，嵠𡸣嗚鳩亭下，必且與之搤腕而談河梁之響，痛竟陵之濫耳矣！奈何哉于九死之死灰爆之，而欲其以生死之説説詩也？一切法法而無一法，詩何嘗不如是？則請以詩知生死。

知生死無他，死其心則知之矣。尼山以興天下屬詩，而極于怨。怨極而興，猶春生之，必冬殺之，以鬱發其氣也。行吟怨歎，椎心刻骨，至于萬不獲已，有道之士相視而歌，聲出金石，亦有大不獲已者存。存此者，天地之心也。天地無風霆，則天地瘖矣。嘻噫！詩不從死心得者，其詩必不能傷人之心、下人之泣者也。明允曰：『窮于禮而通于詩。』聖人知讀書之士無如其性情何，故以詩爲風霆以激之。當其節宣，哀樂不能入也。世之情其性者，任情而爲詩，不知中節，未嘗持志耳。詩也者，志也，持也。志發于不及持，持其不及持，以節宣于五至中，則心與法泯矣。法至于詩，眞能收一切法，而不必一法。以詩法出于性情，而獨盡其變也。不以詞害，不以理解，其下語也，能令人死，能令人生。專門生死之家，衝口迸出，鏗然中乎天地之音，況能以不變變者，詩而不自知其詩，而出入生死者乎？由此觀之，詩固隨生死、超生死之深幾也。

幸哉！二十年前不言，言之二十年後，此言詩者之變乎？以不變變，變亦隨之，謂爲詩家之風霆也可。

孤史序

自有天地，未有作孤史者。孤之有史，其見天地之心乎？知天地所以託孤者，知生死矣。故其友序之曰：

張子年五十有八，先自祭，與子訣，而今不死。無可道人年四十有四，庚寅以僧被縶於粤，求死不死，自祭之，遺書誡子，而至今不死。兩人得毋近以死詒天地者哉？觀易至十貞悔之際，留碩果反下，而長至得元，此其天地之託孤于小、大雪乎？ 振古終今，立天地間而不負天地者，即天地之孤也。 雨潤之而又霆擊之，勾芒之而又蒸鬱之，繼且吴落之，凋傷之，必墜其實而稿爛之乃已，是何用心之辛螯耶？ 天地曰：『吾以成吾孤耳。』孤而能以天地之心爲心者，始不負天地矣。 以天地之心爲心者，能死其心以學天地也。 懼以終始，其要無咎。 吾輩下地時，即時時以死自存。 存矣，吾故知天地之知吾兩人，不以死詒天地也，天地亦欲託此兩人于雪中耳。 兩家之子，但知其父爲天地之孤，則可以讀此史矣。

靈前告哀文

嗚呼痛哉！ 何以至此極也？ 崩裂又崩裂矣！ 刀頭潛竄而拜膝下，甲申之五月十日也。 旁人方憐韓洄見休，而臨安且巇忠簡矣。 大人命我遠遊，奄忽十年，兩歷淪喪。 以祇支過法場，僅乃匡廬歸省一月，又逼煴火，以閉關高座謝之，詎謂博此一場之終天絕地乎哉？ 不肖之子，罪無逃矣！

大人通籍四十年，爲官八年，職方忤魏璫，撫楚忤楚相。楊嗣昌、姚明恭。 晚歸三徑，發明秩序變化之易，以繼明善公、廷尉公之學，無疾而逝，何所忝乎？ 爲子者竟未能盡一日菽水之職，又況『過河』三呼、彌天皆血之時，不得親視含斂，擗地自絶，復何及耶？ 嗚呼痛哉！

自恨少不能學家學，空事博雅；　蒿目悱惻，怨誹無忌，卒以俛詩感時，見犯樞密，爲門户家所擿觖而中之。庚辰，大人在西庫中，傅大司馬語及顛末，此男之罪不可解者一也。當是時，徒傷吉玢控疏之愚，且行魏邵賣邸之事。庚辰、辛巳，沙堰兩年，不曾稟命大人而爲之。權柄煬蔽，翕舌洞喝，因破荷薪之産，罪一也。大人與黄石齋先生圜中講易，而不肖子不能入此，猶然悲歌忼慷，妄談時事，開卻要津。大人已賜環召對，而井研惡之，阻樞貳之命，罪一也。大人既出濟上，男爲范質公中堂所薦，與魏子一、陳百史先後召對德政殿，不勝貇貇，刺譏時弊，大犯物禁，故大人屯綬兵急，兼請召募之陳，不允；　男請纓疏，亦閣不下，不得遂從父戮力之志。蓋人以其平素詩酒潦倒，不自鄭重，憤作壯語，嗤其螳臂，罪一也。甲申三月十九，不能絶亢，乃爲三木刺劂之囚，冒死得間，比蔣沇之潛竄。五月十日，泣拜膝下。時方擁戴，不當與議，指激北伐，而平日之忌者詠之，黨案又翻，致令大人不安，乃命遠遊。歷台蕩，轉太姥，泊五羊，遂此九年，違侍温凊，而權奸吞噬，剥牀以膚，罪一也。留都忽，天興倏，端江爲五成陌，男與粤督參差，寄隱漂泊。翠華泝桂林，過武岡，入直之命屢使敦促，而終未一立班行。家鄉傳聞，遂令大人有子相南海之嫌，迫令索歸，受盡委迮，洗橐倖免，罪一也。縶出平樂法場之後，冰舍二年，乃得放還匡廬。迫冬歸省，僅僅一月，操江逼之出，三省又逼之出，惟矢涅槃，閉關雨花，遂遠子舍，罪一也。大人寄信曰『安之』，所以安我也！忽忽三年，易簀之際，竟不得一送。破關奔喪，遑問法雲有例乎？祖踊襲絰，無髮可指，無地可入，罪通天矣！合明寺之陽，舊卜佳城，治命即事。襟土攀柏之餘，念及遺言，合編時論，且以自盡留其殘喘耳。嗟乎！忽言至此，更有一痛：家有數千年正決之學，而復不能侃侃木舌，且行異類，託之冥權，是又將誰告乎？不覺直敘，聲已復吞。惟大人在天之靈，式馮鑑之。

宋子建秋士集序

不見子建又十餘年，忽寄其集，遠來命序。發而歌之，號曰秋士。悲哉，秋之爲聲乎！時以秋成，風以秋變，士蓋以悲爲性哉？非以今日秋也，生爲才士，則已秋矣。

集目始于壬申，則余初過雲間之歲也。當是時，合聲倡雅，稱雲龍焉。一俯一仰，不自知其聲之變矣。臥子嘗累書戒我悲歌已甚，不祥。嗟乎！變聲當戒，戒又安免？子建曰皎然不欺其志已耳。詩也者，志也。從吾所好，曼衍以窮年，變不變何問焉？忽忽崩裂，以汲郡、青巖餘骨，過轅文之墊，子建開後園，執其手，泣數行下，聲滿天地，變不變乎？自此轉仄鋒鍔法場，餘饉瀕死。此十餘年，感天地恩，痛自創艾，捽草塞齒，然且啾啾，變不變乎？

今讀子建之樂府、古今諸什，棲逸終老，詠懷悼舊，何其藴義塞淵，以温厚之聲滿天地也！以子建數十年詞壇老將，白首抗志，三泖之樓，琴樽如故，副書充棟，已不易矣。天又予之兩才子楚鴻、漢鷺，以手筆事親，吾子建坐享張子明逍遥之福，皎然不欺其志，豈偶然哉！樂記曰歌者直己而天地應焉。嗒然者銜口，直己而已。曳縱之聲變乎〔二〕？鼓枻之聲變乎？皆銜口也。御六氣，負青天，遂自以爲決疢，一生死矣，何春何秋？猶倚户而呼乎？悲與不悲，以悲慰，以悲戒，一也。變本不變也，大椿合春秋以爲春，兼葭合春秋以爲秋，一以爲棣華，一以爲庭柏，其黄葉耶？爲秋士者，初不以黄葉自委也。子建汲古好學，讎比簡編，至老不輟。父子鼓舞，以古今爲膳啗，樂業其業，是始終以雅道風世，不以變變者也。善乎維節氏之序之曰：平者粹者，豐者静者，悉從詠歌文章生。得其道，可以伏處不恨。當其至耑，寂如槁葉，一塵一芥，幾會所關。惟其性之，是以志之，聲滿天地，是不欺者。

無可道人智題。

周易時論合編後跋

重覽癸未跋，忽忽十五年，老父歸臥環中堂，時論又再易稿矣。時乎！尚何言哉？小子感天地之鉗鎚，刀鍔百淬，瘴徼歸省，復遇熸火，鐵限封關，老父則無不以生死相反復也。不恥衣食，不忘溝壑，習坎繼明，懼終始矣，痛此終天，古今皆血。既已剥爛黄葉，緣無所避。合編未竟，遺命諄諄。時當病廢，墓廬碌趚，命兒編録，薪火而已。嗟乎！環中寂歷，善用維時。拂迹者膠柱，竊冥者荒蕪。統御謂何？獨立亦未易也。姑曰委化，悶無悶乎？果不可以莊語，而以卜筮象數寓之乎？差別難窮，賴此易凖。待好學者深幾而神明之，存乎其人，同時哭笑。

讀書通引

聖人以可見傳不可見，三知終于知言，心聲也，風教也。鐸在讀書之士，何容避耶？象數表法，書之本也，未有天地，藴之矣。爲前民用，表而教之，因有制用之言，因有救弊之言，因有通變之言。哲士有審幾之言，謀士有遂事之言，忠諫有曲喻之言，失志有頽激慰解之言，教亦多術矣，中衢既立，四達旁通。甚者逼人，遂有充類顛倒之言。至于名物稱謂，則訓詁家也；徵覈讎比，則考究家也；諷歎悲怨，則騷雅家也；載古今之得失，則記事家也。言之不足，故長言之。文屬情生，筆起勢決，宛委覆折，以取餘波，詎免于齟齬乎？道以人宰，言主維世。太上太簡，則輕藐禮法；偏黨吹索，則周納文深。著述以捃摭成家，恃才以偏鋒快意。大道既裂，各護專門。以訛傳訛，因便巧託，不通其故，能辨之乎？理之事之，虛其寔，寔其虛，言人人殊。約而舉之，曰正曰反，曰冒曰析，曰質曰通而已。必知其全，乃能知言；果其知言，則辨亦不辨也。

七略、四部以來，天人、陰陽、禮樂、名法、器度、藝術，以類相從。然各高其所知，則吡其所不知。詖淫之流，爭差翲忽。非有是非，是又有是非，偏有是非，全又有是非，交網倚伏，巧曆不能算也。後之言事者，何暇知源？言道者窺豹一班，習泥成見，或爲畸異所炫，刻舟以求之，劍去遠矣。文士尋行采獲，鉤章棘句焉耳，詎能穿紙背乎？愛惜所加，冤誣古昔，不之恤也。夏蟲語冰，雖極贊聖人，猶之狎侮也。聖人之于天地間也，其有所言耶？其無所言耶？其言即無言耶？何以然，必有所以然，其究也不得不然。三而一之，一而三之，或謂或不謂，有謂無謂，矯枉而矯矯枉，可以折中矣。得訣歸來，正謂有分合正反、同時不相壞者在也。

易大傳曰：『象其物宜，觀其會通，以行其典禮。』引而伸之，觸類而長之，唯深唯幾，即唯神矣。學記曰：『道而弗牽則和，强而不抑則易，開而弗達則思。』『罕譬而喻，可謂繼志矣。』『自離經辨志，而知類通達，謂之大成。』不於其類，安知其會？不于其會，安知其通？不知其通，安行其宜？會者，會其類也。引觸者，所以通也。多之會多，猶一之引一也。遊五都，登崑崙，失其鄉井矣。物之觸物，猶心之格心也。步日月，歷古今，豁然呼吸矣。然非上智，必由困衡；不由困衡，烏能深通天下之志？志能繼乎？執兩以竭之，藏三以悱之，欲其深造自得焉爾。

今夫身經險阻之士，覽史論世，設身處地，一觀古人在患難中，我湯火矣；適古人得志揚眉之時，我披襟當雄風矣。歌詠所適，神爲之解，耳目爲之倐申，手足爲之舞蹈。送易水者，髮上指冠，是子長之髮指也，是即萬世讀書者之髮指也。漁父歌滄浪，遂去不復與言，是屈平之鼓柮也，是即萬世讀書者之鼓柮也。聞一知十之縣解，乘雲氣，負青天，何足以爲形容？又安在其古人？安在其爲我也乎哉？使膏粱讀之，所見無非頤指也者，不惟鴻鵠將至，周章其事與姓名，即與之句櫛字比，日數行下，掩袂欠伸矣。凡人之志，順則爲飽温煽蠱所昏，逆則爲侘傺拮据所奪，淺猶難之，何言乎深？望其止黄鳥，思棠棣，躍龍馬，通晝夜耶？語上語下，相去何啻九等？故曰『不陵節而施之謂孫』。時教必有正業，不興其藝，不能樂學也。研極之至，蒸化有無，刻畫虛空，如數一二，如是觀象，得之繫表。

我與璣衡九宮，若相疾痛苛癢，時時搔之，輒手之于背然者，是故大無外，細無間，舉而宜之，秩則有司，統則君相，并包天地，運之掌上。甫言『不可典要』，即曰『既有典常』。既曰『樂以忘憂』，又曰『學之不講，是吾憂也』。全藏于密，以前民用，代錯不悖，更何疑焉？

偷必對待，道以事交，此代錯也；禮嚴樂和，此代錯也；書戒詩興，此代錯也；春仁秋義，此代錯也。所讀者書也，能讀書者誰乎？以可見之六經，傳不可見之六經，此代錯也。若然者，正所謂分合正反同時之易也。孔子與語高弟，未嘗一語及易，何非易耶？嘗言立禮，禮即具樂，爲其合外内也。小子何莫學夫詩？詩即兼書，爲其善引觸、鼓性情也。物必有則，當則與否，是因二也。因二即春秋也，易一其中矣。一入志林，漸摩鼓舞，氣質不知其化而化矣，操履不知其和而和矣。出以濟國，處以善俗，業立行達，無忝所生。仰事俯育，通于神明；匡坐絃歌，足以引年；朋來不愠，足以忘世。人尚不知此謂讀書之寔務，又能知讀書之神于用虛耶？士既時乎删述之後，左圖右書，爲吾省力，觀察建考，莫不一揆，又何必高言碧落之秘本，棄環中之萬卷，南面托于泥龜水牯，掩固陋乎？

士之簡畢，農之耒耜也，所貴會通引觸，彌綸言先。君子不器，能器其器，豈毁器以矜道哉？不好非知，不樂非好。天地四時，爲我田宅；經史百家，爲我播穫。不欺以爲種，好學以炊之，與萬世之士，於穆于講習中，其樂至矣！

文受序

邵子曰：『春秋，盡性之書也。』漳浦公曰：『春秋，聖人忠恕之書也。』宗一公曰：『無是非而能因天下之是非也，因是非而能轉天下之是非也，轉是非而能藏天下之是非也。』自鄭樵、啖助、陸淳、趙匡以至今之郝京山，可謂辨矣。吾賡之本師定爲存俟，要不出于孔子之一懼也。

香嵓李子，少受此學于姚現聞先生，而晚貫一切見成之指。其編既成，屬愚者指其大略，豈非欲人忘指而即以指指者哉？愚者喟然曰：撕有希無，體無寓有，謂之不落有無而不離也。幡幡乎，是大反因，是爲公因，故明不落不離之宰，以理其形神道器之用。夫婦也，鬼神也，卦蓍也，禮樂也，費隱也，理事也，皆一在二中者也。天無先後，中有條理，前用正經，不落其不落矣。豈貪洸洋之泥黿，而執倏忽之黄葉哉？表夫婦本有之公好公惡，以安養其夫婦、鬼神之天，而麟角之袂拭日月矣。

天何言哉？春秋冬夏焉已耳。聖人玩易之時義，而以春秋律之，見諸行事，深切著明。不名之曰『冬夏』，而名之曰『春秋』，此何謂耶？一年酷寒酷暑，爲日不多，餘皆中和平分之候也，直謂之『春秋』矣。名『春秋』，示中和也。董子治春秋，而指其微曰：二中配二至，二和配二分。東方和北方之所起，西方和南方之所養。此中在和中之指，所以明一在二中之指也。知此兩端用中、舉一反三之指，皆歷然，皆寂然矣。一切見成者，公好公惡之一切見成也。寂然者不二，歷然者不一。不一者不二，則歷然即寂然也。寂歷同時，豈舍歷而寂哉？即歷是寂，又豈有作好作惡者哉？聖人懼充類之憯苛，伏冥應之閹媚，則蝸高狼顧，眞率獸矣。故垂木舌，轉此風雷，盥洗萬世之目手，以吞吐亭午之夜氣。天有何例？而即以一春一秋例之；春秋無通例，而即以民視民聽例之。苟信天之必春必秋，而同此民視民聽之懼也，即隨諸家斷之可也，隨人偏舉文定斷之可也，隨末世經義之協於分藝可也。法言曰：『不見天常爲聖人之筆舌乎？』以民徵天，以天治民，人苟知此爲忠恕盡性之書，因之轉之，以藏天下於天下，斯固本無是非之可得矣。推虛空之座，巡幢林之地，以權稱物，以平用權，苟能指之，即是忘指。盡古今是吾李子之一懼，則盡古今是吾李子之一笑也。

貨殖傳評題詞

白白齋貨殖傳評，吾桐姚康伯先生筆也。一生恬澹寡營，師事吳觀我宮諭，得其別致。爲人狷而狂，能自遣而不傲。何芝岳相國極重之，然一無所干。時時讀書，偶有所著，發詞儻遏。先祖廷尉公最厭放佚，然時稱之，愛其人也。晚年左夏子館之，爲抄其書。合明山欒廬中，重得此册，反復數過。深刺人情，以反衍爲曼衍，頽激生波，令傷心之士徬徨起舞。時方炮莊，因作而歎曰：子長不得已而寓之貨殖，子休不得已而寓之盗跖，苦心堤眉，誰解此乎？得無有誤解之者乎？白白曰：『好古者好其款識之文，規製之妙耳。豈以銅價哉？貨殖傳垂數萬言，謂無一字及富可也，今人竟欲以富當太史公，是粥銅于太史之門者也，况欲以盗當莊子耶？』藥地愚者，更發一笑。

易餘引

三時以冬爲餘，冬即以三時爲餘矣。大一以天地爲餘，天以地爲餘，然天分地以立體，而天自爲餘以用之，即大一之自爲餘、自用之矣。角、徵、羽者商之餘，商者宫之餘。五音爲無聲之餘，無聲發聲，發聲不及餘聲十之一也，無聲者，且與之用餘矣。法者道之餘，法立而道轉爲餘，以神其用矣。死者生之餘，生者死之餘。以生知死，以死治生。無生死者，視生死爲餘。生如是生，死如是死，視無生死又爲餘矣。人適所用，以無用者爲餘，知無用之用，則有用者爲餘矣。不以有用之用廢無用之餘，豈以無用之用廢有用之餘耶？

易無體而前用者，善用餘也，即餘而一其體用者也。知因二、圍三、旋四、中五之爲大餘乎？知三十六、四十八之盡其小餘乎？幽明萬變，縷於指掌；天道人事，措之飛躍。貞夫一則餘皆一也，謂之無一可也，一皆餘也。舍日無歲，舍餘安有易乎？幾其盡後之有餘，必深其盡前之無體。幾深其後即前，則神其無前後矣。逆數順理，三立三與，則用餘無餘，而有無之見冰消矣。或徇餘，或避餘，或並餘與無餘而棄之，皆非知易者也。役物刻迹，是宋人之守株也；厭岐求齊，是斷鳧而續鶴也。兩不立而踞其最巔，仍是涓蜀梁之影，而不免於黎丘之殺其子也。

大義既著，乃可微言。物物不物於物者視之，何義不大？何言不微？然善世宜民，藏通於質，貴舉其切方近譬者耳。若爲塵封情錮，如塗塗附，未能爛反顛決，不藾則膠。故别路旁通之，置之死地而後生。蓋習坎、困蒙之存乎疢疾也，惟其病病，是以不病。厭學而侈絶學之極，則是養癰也。故以志學爲砥石，不被外轉，倫之經之，始能立本。自爲藥樹，乃能勿藥。知而從之，從其志矣。大成之苑，何往而非天游乎？其曰是吾憂也，是其樂以忘憂也；自憒以憒萬世，是其隨緣放曠也。精義成事，即絶義事。知其起處，即與儔侶。天中衢室，自有適得之當當，豈在長抱屠劓無民之酷案，貪溺謑髁縱脱之羽旋，藏身雹激，以專門裨販黄葉乎？詭隨旁睨，肆其殘逞，箠撻天地，鞭笞帝王，遂令風竿相沿，悍然不顧，以善爲諱，以惡爲榮，毋乃假平泯以率獸食人乎哉？無不以畏學護其短，無不以鄙夫柴其懷，而或以聖賢莊其色，或以至人逃其迹，其弊一也。以聖賢莊其色者，人猶得而責之；以至人逃其迹者，人誰得而糾之？此其流弊之分數，主教者不可不辯也。大泯不泯，至平不平，辯學者不可不知也。散木高乎？狂醒藏拙耳；枯木難乎？槩株受惑耳。能行異類，彼其人哉！風吹不入，固聽之矣。抱涉川之全材，而敦其高尚以治蠱者，眞羽儀乎！時乘其達天行地之龍焉，而舍身作明倫繼善之蓍龜者，眞球圖乎！明珠辟塵，非掃塵也；廣居喜雨，非逃雨也。寥廓之談，利於闓拓；鬼神幽暗，表于魂魄。變化之中，何奇非庸？然壎篪善於牖民，圭景在乎正告。聖人以无咎素其險易，以似是矩其毫釐，以好學燒其薪火，以因應還其蘭艾，而惟容乃公之幬，常古自覆，聽其代錯矣。

孟子之于諸方也，先擘之而後蚓之，既塞之而乃闢之，兩不由而時任其雙風，蓋深於學易者乎！不能反復於一在二中，而酬酢以用餘，則動蹟者執外，限夤者執內，徒炫畫前而遺落畫後者，乃執一而廢百也。徒守後即前之倏忽，漫汗無漏，而忌諱治漏，不問通志成務者，尤執一而廢百也。外也，異也，百中之一耳，況其遁邪生害乎？知其蟊賊，收其蛭蟅，祭貓勸耕，大地皆藥。養其成用，容彼遁矣。勤食其力，自無害矣。不知不能者，即與知與能者也。與知與能者，即不知不能者也。然全與、全不之并包中，不礙乎有知、有不知，有能、有不能之類辨也。知即不知、能即不能之合喙中，不礙乎知而自以爲不知，不知而望其致知；能而自以爲不能，不能而望其成能也。八千歲之大椿，既不足塞蟪蛄之耳，豈畏饑噎食得之鷄豕，詬厲曠代之麟鳳耶？悲矣已矣，厭常喜新，亦風力也。不因之，不足以鼓舞。分藝成材，皆臣職也。知有天王，盡咸若矣。地之大也，人忘之，太華、瞿唐，驚奇峭矣，然奇峭皆地所載也。天之高也，人忘之，奔雷、隕星，斯有駭者，然奔隕皆天所覆也。遂有大其地而罪人之分九州、辨風土者矣，遂有高其天而罪人之歷星辰、列干支者矣。源之當窮也，豈謂僑守甘朵、緬番，乃爲知江河之源乎？流之當窮也，豈謂桴處沃焦、歸墟，乃爲盡流於海者乎？汴漕者汴漕，江漢者江漢耳，道不遠人，不知即遠，習俗將牢，直告誰信？苟非以不恥衣食，自鞭其温飽，不忘溝壑，自激其天淵，牆高基下，輿瓢必裂矣。靈草護門，尚恐不勝，招苙降渠，復何望乎？聲卻雲梯，坏垣蟻穴，爲淵驅魚，宜其三星在罶矣。神武其齋戒，神明其幾深，貴知因濟，與民同患。不因不濟，何用易耶？責人不暇，言自責也。直道澌滅，膜視不仁，辨而不辨，豈得已哉！

古之人有顯肩者，有默輓者，有兼山者，有洊至者，有伏下宫、經熻火者，苦心衛道，寧望人知？知我罪我，萬世猶旦暮也。萬死一生，封刃淬海，餓有瓢飲，樂得隨流。多劫此業緣也，不如緣其疇人之世業。萬方此一路也，何所免於遒人之孟春？三且不收，一唯自信，果有餘乎？有知易餘之言先者乎？可以餘消餘矣。偶聞何生、當士、平公之問答而録之。或有問答，或無問答，如問問答無問答之故，十二世後，自有問答者。

筮餘之繇曰：爰有一人，合觀烏兔。在旁之中，不圜何住？無人相似，矢口有自。因樹無別，與天無二。章統十千，重光大淵。皇覽以降，過不惑年。

校記

〔一〕囊　當作『攘』。

〔二〕縰　原作『縱』，據文意改。

浮山文集後編卷二

五老約引

素逝之士以山水爲性命，何必其山水，何必其不在山水乎？各有不得已者，哀樂不能入也。子平、子夏，相約以五嶽老，而發兩不如、一何如之歎。是誰傳之？彼如歷封刀于青巖，極潛竄于交管，火島而還鬱洲，傳一鳴于王谷，其爲五嶽何如耶？九死劫灰，顛沛苗獞，壬辰得離粵穽，息病匡阜，開三疊路，上五老峯，庶幾子驥欲約同心而終焉。歸省鹿湖，兩逼煰火，竹關墮竈三年，欒廬濺血又三年，哀何能已？

適在浮山藥地，夢五老爲五嶽之老，題余杖以『藥遊』。嗟乎！夢何能已？藥何能已？遊又何能已？夢中告曰：五老峯下，雪浪奔雷，何其怒也！五老峯上，浸天拔地，何其曠也！誰能一怒一曠而一其仁、智之二樂乎？樂何能已？種藥之孤曰：惟有灑此上池，鉏此雲峯，續白蓮、青松之主賓，播不欺之種耳。天下有傷盡古今之心者，約歸于此。約又何能已？或哀其樂，或樂其哀，何不可以哀樂之夢爲藥而享其哀樂不入之山水也耶？五嶽之老歌曰：『鉏灑得力，山天不知。我則隨風，藥遊叶之。』醒而如約，是亦哀樂不入之藥夢也。聊當邪許，自有和者。

正叶序

邵子旋韻而歎曰：其知道乎？一行配聲，有深幾焉。嘗以古韻悉曇、太西合之珙、温、康節，乃知天然之叶，本不容造作而享其中和者也。世守沈約，以唐宋皆頒行于禮部，歷代沿習，無知其故者。挺齋定中原之響，洪武正韻加以入聲，柴廣敬所傳朱子譜，郝京山約爲十二韻，陳礵庵析爲三十六韻，皆因正韻而折攝之。正韻爲宋文憲所訂，雖細切未改，而中原之氣大暢，時宜正叶，不獨同文也，豈有天下之大，惟從數郡鼓脣乎？轉注、假借，無往不可以叶，天然相應者，時乎宜矣。以此唱和，夫復何疑？通古、通沈，隨人自廣可也。

浮山之孤序至此而嘘曰：悟不二不一之公因乎？叶即如矣，叶即當矣，如如當當，叶二爲一者也。環韻而起於冬，中和以平，心法寓焉。呼與吸叶，開與闔叶，有聲與無聲叶，通晝夜者貫之，兩間皆氣也。所以爲氣者何在乎？生死也，喜懼也，天人也，理事也，虚實也，中旁也，頓漸也，統辨也，世出世也，無非代錯之交輪幾也，皆叶其中，皆貞夫一也。

平心和氣而善用之，不期而叶矣。心氣偏倚，平何容易？黄帝知風之自，寒伏雷火，表叶蟄于冬至；陰洛新洛，表四五六之獨順也，巽風之順乾也。叶用又于天地門户，見心制權，聖人得其幾焉。生於憂患，以死養生，因懼以制其喜，因喜以神其懼。聞足以戒，激怒亦中和也；孤孽哀鳴，怨興亦温厚也。聲氣風力，心光相續，塞乎天地，有主之者，臣奉子順，鼓舞盡神，發即未發之中節。魚逆流，鳥習風，叶其本叶焉爾。還社、易堂，一時鐸應，托孤妙叶，我歌可乎？莊生曰：『欲當則緣于不得已。』永言諭志，銜口隨類，比興寂感，何非浴萬世而風之也哉？干叶二五，支叶二六，聲先叶律，言以五七，奇統偶也。上泝騷雅，隨意短長，猗蘭在今，何爲不爾？衍之寓之，或以爲均木，或以爲啞鐘，已不得已，又何所避？

遊梅川赤面易堂記

程山秋水㕣晤止山，言赤面、三巘、冠石之勝。先走信回梅川，令愚者過萬安砦，頓黄介五竹篷，遇子宣，語移日，而彭遜士來相輅矣。乃從頭陂趙秀嶺望仙橋臨餬口渡，乘筏下梅川。未至縣二十里，望羣峯如劍戟，怪甚。遜士導我步入小峽，憩長亭。其山如果壘盒，上爲玉皇殿。對面巉巖不可上者，乃赤面也。喜欲覓磴，遜士云：『且過金牛洞。』洞在三巘之趾，傾崖疊兩洞如赤城。少息，一飯。乃過穿田，主人彭躬菴出迎。少頃，林確齋至，留宿樹廬，語至夜分。樹廬者，因一桂樹而廬也。

林確齋居冠石。明日陟前岡，經東巖，穿小瀑，乃上磴，置梯入關。其山石若幞，故名『冠石』。自製片茶曰『白水香』，草亭款客。愚者歎曰：『在此蓬萊中，與門人子弟晝耕夜讀，豈容易得哉！』三魏相過，邀上易堂。經一線天，至赤面峯下，如千尺幢，如桂府獨秀山，四面塹立，惟南裂一縫如蟶口，僅容一人。鑽石絓水，綆汲而上，中半爲樓。再百步，從井出，其巔橫廣百弓，長且里許，易堂在其圩阿，東房居之。此山之邸有石池，汲泉飲在此，和公結宇焉。易堂之後，有谷聚水，冰叔稱爲勺庭。其肩立山神廟，旁有兩廡，廡望三巘頂，茆屋參差，呼聲相聞，而阽危嶄絕不可即。招手在此，與仙何異？志所稱『金精十二峯』，此翠微峯也。金精在黄竹砦之下，前作樓，仰洞檐如水簾。後則大士崖，實連卷如橋閧，相傳麗英辭吳芮而仙去在此。土人砌其石广爲關，以禦亂也。

三巘徙迤稍廣。止山與李咸厽、彭天若、遜士皆編籬若鱗次，別建一室，往來過從。丘邦士、李少賤別從鄉至。躬菴之坦胡心仲訓遜士子，連簃作塾，就談信宿。視堂廓然，積翠當窗，豈不快哉！蚤暮鏗聲穿松濤來，則圓通巖之鐘鼓也。其路從冠石之腋入。圓通之背爲雷屏，路從水莊入，各一谷也。冰叔設帳于水莊。過蓮山之溪橋，一村隨流，分軒設榻，且息浹旬。因語集賢諸巖縣水之奇，送我再遊。

由玉皇閣過陘十里爲青陽洞，洞臨龍潭，旱祈雨者取神水焉。相望爲飛泉巖。人從石廓入洞而瀑注之，如吾浮渡之金谷然。側上鳥道，復有小瀑，横過集賢巖。巖最高廣，可容千人。其瀑數百尺，自檐墜谷，大似龍湫，但雁宕自剪刀峯入，而此從深洞内向外坐觀之，不見注潭之狀，其摇蕩裊郍則同也。僧以竹繩引歸小池，便瓢酌耳。此巖之頂有田，田後石崖，亦有二瀑布。古建團焦，今圮矣。伏虎巖在兩巖之間，松杉蔽之，結室爽塏。愚者因留臥此踰月，每隨日陰，倚杖聽瀑，天地之供閒人不既多乎！丘邦士來語象數，有神解，因以研極望之。魏石牀來，忽有二濂之奕客，愚者觀之，與石牀一笑而已。山水間不作談道語，更勝，然惜不得石牀爲少文圖也。郭山庵主體湛來迎，遂越東坑，經磨盤砦。山石兩層相次如磨，磨之隧，土人棧閣圍而居之。再入爲温氏砦，其溜十丈，上有小湖。主人不在，不暇登矣。稍南爲仙洞，迅雷墮之。北行至四圓山口，入郭山，則幽棲平林也。觀旂金玉，間來下帷，版星開牖，諸公番直，愚者安之。而壽昌遺人至，謂黄龍背新築一藥地矣。

愚者奇此山川，因約記之曰：梅川之望爲蓮花，西山一帶，分枝衍麓，頓起諸奇峯，挺拔谽谺。自黄頂至嵲嵊，長四十里，殊似武夷、陽朔，所少者九曲與灕江耳。山石質稍觕，然絶壁峭立，不沾寸土。漩突澓窐爲小竅穴，不可勝紀。其山根皆四斷不相屬，可以周行，特荆棘塞之，亦有流磵，嶮窞難步，是其概也。志所載『金精』云云，烏盡其十分之二三耶？又奇者，諸公或土著，自城依巖，或流寓，種植自給，二十年來，各攜全家，踞峯頂，讀書懷古，敷衽嘯歌，扶義古處，有茹肝湶雪之風。山川以人發光，良不虚哉！愚者蹋南北而登易堂，幸有三世之易，應留此津逮之窟矣。因用宋筆，寫此數圖，而記其後云。

河郝集序

在端桂之戊、己，魯孺發因厲使疏節烈以上聞，戴敬夫其同里也，甚詳。余隱平西，觸痛爲之一歌；今閉竹關，見其子務旃、無忝，如見其父，又爲之觸痛一歌。劉存宗編河郝集，芑山梓之，屬余弁之。余不忍讀，且以墮黜三反，甘一死灰，忽忽終天絶地，廬墓合山，無忝重趼天下，復抵我，不擇地而與之捽草把土，此痛何如！黄葉燒空，惟一寔地；頂踵直塞，自不容已。作而嘷曰：『敬夫丈夫，其子丈夫子。冷風刮骨，聲滿天地。』爲之再三歌其所歌，愈歌愈變，愈變愈和，此吾黨學道之硎也。神武不殺之劍，淬之以懼，今日藥病，慎此吹毛，吞吐毫端，其可避乎！庖丁四顧善藏，邵子所深歎也。不覺觸痛而序之，序其不容自已者耳。其生平淵學，實歷懿事，不及更僕，俱在集中。

嗟乎！三十年前，上江聲氣切切，對江則秋浦、宣、鳩諸子，江北則歷陽有孺發、敬夫與敝邑數人倡和。前輩玄岳、鹿友、天樞諸先生，與先三世時時提撕，故其風俗如此。半死事，半守死，報其人之天則已矣！痛則安能不痛？所爲河郵痛而慰者，有此頂踵直塞之丈夫子在，能學道以事其天，發願轉天下人學道以報其親，是爲河郵慰也，爲上江慰，不特此也，爲天地慰。

又戊己書。

炮莊引

子嵩開卷一尺便放，何乃喑醷三十年而復沾沾此耶？忽遇破藍莖草，託孤竹關，杞包櫟菌，一枝横出，嚗然放杖，燒其鼎而炮之。重翻三一齋稿，會通易餘，其爲藥症也犂然矣。讀書論世，至不可以莊語，而卮之寓之，支離連犿，有大傷心不得已者。士藏刀於才不才，背負青天，熱腸而怒，冷眎而笑，筍之干霄，某之破凍，直塞兩間，孰能錮之？天以戰國報漆園之天也乎哉？厭常駭新，偏勝媮快，中道腐矣，直告不信，故寓之别身焉。繙謑髁之波瀾，熏游子之耳目，使盡情僞，自觸痛耶？吹影鏤塵，敗其敝帚，曾有外於生死、有無者耶？推墮溟涬，喪其是非，使人怒不得，笑不得，聽其自已，而享中庸上天之載。此固剛柔四克之奇方耶？

自莊生後數千年，評者衆矣。或詆娸，或擊節，抑揚墫墫，疑始頡滑。火與日，吾屯也；陰與夜，吾代也。此固剥爛彌縫、旁通正變之泠竈耶？浮山藥地因大集古今之削漆者，芩桂硫硇，同置藥籠。彼且羸糧揭竿，與之洒濯；彼且踉位閫蹬，與之謦欬；彼且屠龍削鐪〔二〕，與之作目；彼且犗餌爨冰，與之伏火；彼且甘寢秉羽，與之消閒；隨人自嘗而吞吐之，愚者不復一喙。果有齏粉唐、許、藐姑者，不容聲矣。或問：古人云，大地火發始得，與逍遥遊進一步乎？退一步乎？曰：『炮。』

東山俗民和五老約題辭

余來西江四年，聞有俗民，無冬無夏，一布通裁，不與人辨答。人就之，雖須捷句者無忤色。不畜一卷，而好作詩。傅平叔、陳少游與之倡和。篆刻圖書，間寫山水，動隨天機，不假師法。其詩創發，亡慮天馬引履霜操之意。獨卧東芙蓉山古廟中，一野人爲之粥薪度日，有年所矣。此非公和，殆叔夜乎？

今年遊麻姑，來見資聖。其懷甚眞，自言有病，非藥所醫。和五老約，一夜傾瀉而出。天界之過矣，何乃自錮？余區區者，欲勸公和以遊世，養叔夜以禮樂，雖不見聽，各盡其不欺。嗟乎！人耳人耳，何必如此？何必不如此？數千里而一人跂跂焉，何傷倏倏過夏，余還廪山，書此留别。

禮部儀制司主事黄公墓碑銘

海岸黄公，既死一十有六年矣。其鄉諸門人舉葬縣北之忠孝橋，其門人南豐惕菴湯子誌而銘，以掞諸幽。其墓隧之碑，又請之智。智病辭不獲，竅然而歎曰：死生亦大矣，而不能與之易。君子道者三，未能者成能，豈易言哉？習俗之汩人深矣！士非雄分，權奇向上，鮮能自拔，拔矣而後可以化歸中和。果中和矣，雖怨怒亦中和也。愚於黎川黄禮部公，能無歎乎？

公名端伯，元公字也，嘗自稱爲『海岸道人』。父九德，建德縣令。妣李氏，封孺人，生公時有赤光照室。長而嶷然，天資特達，有志性命之學，不欲科舉。建德强之，乃出應有司，以崇禎戊辰進士，爲寧波推官。壬申丁内艱歸。乙酉移補杭州。丁丑再丁外艱。又七年，甲申，擢南京禮部儀制司主事。明年八月十有三日而死。凡通籍十有八年，守内外艱及居匡廬山中，越十年矣。公已遍上當事書，即言天下憂固在邊，以邊病生腹病，寇禍將烈，毋乃土崩而天下卒由此敗。其書見集中。公在寧波，邏海卒計居奇，輒誣入商通倭罪，公爲理解，活數百人。以杭州治行爲天下第一。講學西湖上，興行先廉恥。引薦佳士，雖未見顔面，惟恐不力。兩郡碑誌，至今誦之。

居恆舉六經歸之於易，每申引李伯紀歷然分别、寂然一體之旨。所著易疏，獨善京房，本之商瞿，創爲圖説，貫穿錯綜，數變皆合。余岸少曰：公著易疏成，夜夢有龜伏胸，明日蓍之，得明夷貞無悔。再蓍如之。其悔既濟，作而曰：『用晦涉川，命我矣。』

公少負奇才，豪飲，遇壽昌經公，煅煉之而服，遂受戒，下帷廪山，深參有年。忽遊匡廬，坐歸宗墨池，一夜不見身，明日又見自身與虚空等，乃大喜。後以語謚公，謚公曰：『未在。』其敘壽昌，發揮直指，呵斥偏枯鹵莽之弊，申明行解相應之印。冬雷震出，上通下類，作四書五經頌，標寫大指，不匿纖毫。咀茹近溪、潛谷，互相琢磨。學者各有從入，眞不自欺，歸于一寔而已矣。諸見所著瑶光東海集中。

公生六十有一年後爲乙酉，公在儀曹，北兵且至，署其官于門。卒擁見帥，帥三致意，竟不肯屈。久之，帥呼卒剸以刃，卒舉刀輒顫棄去，易卒如之。公謂卒曰：『何不刺我心？而乃怯爲？』卒如其言以死。公舉甲子鄉試，同考官吴麟徵得公。公後爲同考，又舉楊廷樞爲解首，與公先後死云。

家居龍安，數畝一椽，宦遊無增甍瓦，灼然不同流俗。最厭闒媚，與其因循，不若三疾。一往之士，所志不輟，既已脱然，喪其所喪，磨海岸章，推倒宫闕，坦然平地，時乎過涉，又何咎焉？難之將及也，或勸公披緇匿僧寺中，公不肯許。及帥知公篤于佛，欲以善知識禮禮公，公又不許。人有謂公不欲以此自待者，果有彼此也乎哉？果無彼此也乎哉？果有生死也乎哉？果無生死也乎哉？惟一寔地，是常光幢，果公以終匡廬之大喜乎哉？非知公者矣！

嗟乎！世道之交喪也，鮮有不爲生死惑者，鮮有不爲標季之談生死者惑。造迷所迷，非堅瓠耶？蕩然横逞，非偏貐耶？有烈士而未聞道者，有好奇而非正命者，有襲委化而貌中和者，有以悟自詡而不顧法位者，夫烏知夫致中和之超生死耶？夫烏知夫怨怒之皆中和耶？夫烏知法位之爲眞無爲耶？須是其人，不容假竊。公之示此生死也，煉世出世之大藥丸者也。惑生死者，惑談生死者，可懸解矣。公臨死賦詩，在兵間猝不得傳，好事者各爲之詩，冀速其傳，故詩互有異。然公詩世自辨之，不具録也。

公初娶孺人楊氏，再娶范氏，皆無子。以弟端叔子甲先爲後。始，甲先既葬公，泣且請曰：『碑，悲也，願以垂示。』智既不得辭，又一年，始克爲之。然智豈能碑公者？聊系以銘。銘曰：天闕石廩蒼龍騰，九都一橋蒸黄雲。及門卜藏端韠紳，四方作歌同貞珉。建德命試後乃興，儀制升天閶闔崩。畢此夙夜以報親，是奇男子扶正輪，法位名空不避名。死死不死起死生，枹鼓鼓鼓鼓不鳴。物論因是消兩行，世出世間何營營？兒悲我笑俱失聲，頑石動兮蝌斗靈。

徐巨源榆墩集序

與新建徐子巨源交且三十年，而竟未識面。戊戌特走西江，豫快西山之麓，必有獵纓振足與余和歌者，至則巨源已叱避矣。又五年壬寅，過北山，始得讀榆墩集。伯甘曰：『巨源不輕許可，獨於龍眠愚者心折。序安可少？此非嵩高之壁，足以塞此直心也。』

余爲之反復三日，吁而起曰：是誠希有，可惜不得一縱横盤礴。余觀此公，天資過人，出以易直。下筆馳驟秦、漢、唐、宋，惟取其氣，任我舒卷。方内皆曰逸才也久矣，余何容溢一語？所歎者，爲其生平好讀書，善考究，不泥古，不滅古，犂然有所見。或一端深入，必暢之，兔起鶻落，既盡其勢，足爲典要，固非恃天凌轢，可以浮高曼詞也。夾漈每歎眼學、耳學，日以茫然。掠虛易，核實難；才子易，學者難；才學之循襲者易，才學得玅悟者難；今日之悟易，悟同未悟難。石莊引修武之咨嗟，宜其然矣。一徵不竟其用，舉世爲之搤腕。然不用而原本家學，以其文傳，正榆墩之單厚也。用則早死，所學安能至是？觀其清浪雜録敘恬不動心之淵源，陶論三隱以致敬者而後晏然，不已悲乎！愚者序至此，更一咨嗟而閣筆曰：余雖未識面，今可以告後世曰，此徐巨源之影也。

十年前，竹關寄三子會宗論、炮莊二書。巨源長紙答之，三五黄葉云云，恐爲所紿，知己憐惜，切切如此。造閉解閉，黄葉可燒。然三五四破，在在歷然，易且徵之。古之至聖，差別易簡，正賴此生成之符。特從畫前畫後，三番兩折，死心曝杖，乃始盡變，而不爲一切所惑耳。不可謂土亦難消，而以竟無實法者荒一切法也。生死鬼神之故，費隱象數，藏其端幾，神而明之，不可戲語。余正以巨源可以究之，而巨源不與人語矣！相傳翠巖反復書奪幡，果多事乎？故復書此，以當挂樹之劍。

極丸斈人説 『斈』乃古文『學』字

或問：極丸斈人有説乎？曰：『斈』，古文也，爻也，交也，效也，孝也，教也，覺也，學也。聲、義由來本一者也。學以悟爲會通之候，悟以學爲薪火之緣。學久未有不悟者，悟未有不藏於學而能善用同人者。罔殆交免，知好自樂。孝弟學文，自少至老，無間也。道不可致，君子學以致其道。説命曰：『念終始典于學。』子思曰：『吾嘗深有思而莫之得也，于學則寤焉。』舍日無歲，無内無外。心學、事學，原不可扞格爲兩截也。專求其源，誰以有極、無極、太極作三丸而摩盪之、研極之乎？六合之間，七尺之身，皆秘本也，皆極丸也。伏羲仰觀俯察，遠取近取，而忽然一畫，表出方圓之圖，由是當名辨物，開成致用，彬彬盡在此矣。

生而知之者，生而知好學者也。士生千聖之後，圖書禮樂，明備時宜，既悟目前全樹，根幹枝華即核中之全仁也，猶可綴疣首上之首，而不承先千聖之恩力乎？知未致者，問學乃火候也；知已致矣，問學乃茶飯也。神明萬古不壞，愈用而愈無窮。道寓天地寓，用光在乎得薪。尼山之『學而不厭』，謂是絶學者之隨緣放曠也得乎？藏經曰：『鏤丸極數，大地衆生，一齊成佛。』是則多生相續，皆學之日也；三世諂佛，蓋萬劫之學人也。與其空腹高心，何若即薪泯火？以爲樂，莫樂于此；以爲忘，莫忘於此矣。

游子六天經或問序

天經或問，建陽游子六所約以答客者也。概言曆象，取泰西之質測，以折世俗之疑。往年良孺熊公，作格致草、原象、原理，晚隱書林，而子六學焉。子六沉潛好學，角立淵渟，遭亂棄舉子業，隱于曆算日者，以養其母，專精天人之故。一室褐塞，風雨掩户，不汲不戚，蕭然自得，愚者聞而敬之。讀吾三世之易，反復鼎薪，致書見問。愚者答之曰：神無方，而象數其端幾也。凖固神之所爲也，勿以質測壞通幾而昧其中理，勿以通幾壞質測而荒其實事。人者，天地之心，人不盡人而委天乎？人不明天，烏知所以自盡乎？不通象數，烏知天人之本一而享秩序之不亂乎？黄帝經曰：『六合不離於五。』地在天中，大氣舉之。唐虞在璿璣，而以曆數傳道統。孔子以曆閏衍易，明中五之用。周公、商高，著周髀之法。邵朱詳勁風旋轉、兀然浮空之形。漢志有海外星占，唐志有見南極下之星者。今屬午運，萬法當明。萬曆之時，中土化洽，太西儒來，脬豆合圖，其理頓顯。膠常見者，駭以爲異，不知其皆聖人之所已言也。特其器數甚精，而於通幾之理命詞頗拙，故執虚者闢之。子曰：『天子失官，學在四夷，猶信。』立静天以考度，定黄赤之兩軸，穆天心主之冒如斯也，原不礙也。資爲郯子，不亦可乎？郭守敬曰：『上推百年長一，下推百年消一。』朱康流云：『下推亦當長一。』熊伯甘以燈與籠明日之體，揭子宣發槽丸激滚之論，小兒中通明影瘦光肥之理。太西之説，本自不一。今摩公云五十年明一水星，金水圍日輪爲輪，可以分二天乎？先中丞約兩間之質測而申之曰：『氣幾、心幾，二而一也。陰陽之氣，人事之變，各自爲幾，而適與之合。自非神明，難悉至理。』積數千年聖賢之智而我生其後，何不可資以決之而遺諸將來耶？智病且老，空有其志而弗逮也，謹書之以奉神明格則之士。

獨孤子集序

俞吾體孝，母畢喪，遂以元紫芝、趙至終其身，危行不苟，固窮不變，五十而卒。識者曰：『此古之孤行士哉！』愚者曰：士固有至性，又緣於不得已，偶然類此，安其偶然，非好苟難也。吾體自葛源師事苣山最久。愚者閉關高座時，過從問難，所謂緣生無性、事究堅固之宗，三五妙叶，徵之於易，未嘗不與吾體攻堅木相説以解也。管東溟曰：『應濁世之機緣，則大聖或修偏行。』郭象曰：『安於所傷，則物不能傷。』吾體安之矣，時發而爲聲歌，如入九淵，摩九霄，引商刻羽，不覺已厲。最好黄文成、倪文正，歌詠而見其人，沁入肌骨，往往奇峭過之。時襲香山。塞何爲作此信貨哉？從吾所好而已。世厭人之感愴，則責之以至人無情；及見其爲元紫芝、趙至之行，則又嘿以爲不近人情。嗟乎！至性之不得已也，安往而不孤哉？愚者方申炮莊託孤之説，苣山亦作孤史。吾體曰：『塞之改姓「獨孤」，宜矣！』同門搜其遺藁，得若干首，曰獨孤子集。有以也夫！苣山過訪汮林，出諸笥中，快讀一過，爲之嗚咽，屬余點定，故敘其概于首。

莆田通天寺碑文

通天寺在莆田之西庚。西庚，余氏世居也。寺建崇禎庚辰，季蘆夫子記其昆仲耐菴、羽之居士創始舉之，門以内成之，蓋以承太翁鼾蘆公之志也。寺規既具，殿廡既周，乃祠其左，而子若孫歲學其中。追來孝，紹先烈，法不孤起，合莫而興，盛矣！此通天寺是常光幢，覺王達孝之旨不于此揭日月而示也哉？ 自庚辰二紀爲甲辰，吾師與其舊徒智會于青原，因命作通天寺碑。 小子荒落已久，文不可石，然欲合闈以獻者，固無所辭于此時也。

孝覺之本，上通乎天。 玅叶惟心，究不可壞。 歆歟微哉！ 黄摩圍曰：『物之成壞，蓋自有數。 要以有道者爲所依，然後崇成。』將以成壞之物爲天耶？ 將以爲所依者天耶？ 三一老人曰：『佛以虛空立一切法，常處乎人之所不爭，其後莫能與之爭。 夫固有其不可壞者，無與于彼此榮衰，故彼此榮衰不得而間之。』將以榮衰成壞者天耶？ 將以不得而間者天耶？ 佛之言超人而又超天者，何居？ 浮山遠公舉三點畢，而云須具通天正眼者，何居？ 莊子以爲天人不相勝，莫適爲天，誰主役物，而又曰開天之天，反以相天者，何居？ 然則列傳頭篇之怪天報，澤畔行吟之代天問，其不能通天者耶？ 後之牖民者，瓦礫牆壁，從而塞之，果通天者幾耶？ 通此不可通，莫之爲而爲，下上其音耶？ 若不通此，爲人惑，爲我惑，爲天惑，并爲夸毗通天者所惑，馳驅漂泊，顛頓九折，逐人狉狉，空捋荼蓼。 不者壁上枯，不者市門卜，不者社下櫟。 至于犍椎萬指，裝面土苴，號通爲一，不敢以益知吳壁曲折，憍而鬪勝也。 一瓶一鉢，行若飛鳥，宴坐拾荆，草萊金碧，殆天所以恤苦獲者。 其或隙光破暗，連環搥碎，豁然直致無聞之表，更在諸方高座樹拂之外。 知我者其天乎？ 乘物天遊，遇緣何閡焉？

西庚之顏通天也，緣起不必比此。地重保鄣，其曠收海。初有神示，自堂徂門。寺祠并立，長者開園。時節適爾，直謂之天也通乎？即二紀來，六合爲爐，金鐵皆流，刀兵水火，蹂躪糜爛。加以斥鹵厲禁，撟虔熇暴，驅焚爲灰，無異于望屋而食。然此一阜之林，百堵重檐，獨巋然晨鍾暮鼓如故。祠之伏臘俎豆，亦儼然如故。故是蘆中福德，多世單厚，孝覺之本，不可思議。一日倡，一家感；一聲倡，百世感。得不謂之天也乎哉！天非委之有所倚也，秋霜冬雪，守此松柏之徑，鐵擿不輟，以永其淵源。塤篪中節，一宅雍雍，不以降罔，易其素業。請呼摩圍、三一而申之曰：是天之天也，是固水火之所不能滅、刀兵之所不能害者也，是超越世間出世間、歸無所得而事竟堅固者也。聞者信否？即曰託諸不可幾及以藏其不壞，不厭深渺以爲壺子之應，無不可通者。不信，請疑。荀況曰『疑疑，亦信』，不相迂也。此爲望人之腹，覯而多責，故不如蒼蒼下視爲快。通晝夜而知，爭人所不爭，而人莫能爭。至誠感通，掌屈伸耳。聖人之于天道也，過此以往，未之或知也。屈蟄精入，在我自盡。何思何慮，日往月來，一常光中，何成何壞？何彼何此？止止不須說，故書以報夫子之命。

甲辰秋遊記

自玉華浮槎潮山，至春浮、邇圃、快閣而終。

芝穎爲愚者言遂興梅陂之勝，去西昌四十里，舟入蜀口，直泊嘉會堂後，遊莫快于此者。忽忽汋林，久雨初霽。三笑菴主復來迎我，倚仗遂行。望玉華之阿蒼然。芝穎先去榴菴所俟我。我且迂道造之，果有精舍。穿松盤澗，有縣水挂石壁丈餘，喜得浮槎，横身當之。下復有院，小閣倚石，繞廊架溪，楊寨雲長者所搆也。施愚山題詩于壁，因次其韻。已乃望斌母、潮山，曰：『秋遊先得此開卷矣！』

翼日至潮山，有洞甚小，相傳四祖曾棲於此。飛來一塔，卓立田中，劉槎翁有記，今不可得讀。沿峽而出，去斌山西巖已遠，芝穎又來促之，云蔡頊且來，羅仲吉先至矣，三笑又與劉叔導約，勿蹉此明月夜也。便過梅陂。陂口兩山合峙，蘇溪人作陂灌田，其來舊矣。並崖里許，入嘉會堂。堂在中洲，水環之，山又環之。急欲得舟，三笑主人曰：『舟在後門，且一飯去。』隔岸皆絶壁百尺，插浸潭底，屈曲如連屏，不知是武夷慢亭第幾曲也。一仰一俯，天耶山耶？林耶潭耶？青青欲滴，不可分疏。倪文正曰『青得山無奈』，果然果然！時九月十四日，顧諸公曰：『必待月，必待月。』已而微雨，且喜到門黄昏之一泛矣。

明日渡溪，由梅院、觀山静室而上團焦，石自爲垣，楠榕糾之。所謂『天根』，一峯特立。

其後有罅，罅中穿如汲井，解衣猶且肭棘菀中。令童子陟其頂而坐望之，若棲雀然，毋乃馬半邊作意筆乎？緣壁援藤，北數百步，得月窟焉，可坐十餘人。苔蘚剥蝕，内有篆文，其半可讀。榴菴讀之曰：『嘉靖乙巳，中洲郭治、東廓鄒守益、師泉劉祈杲、南野歐陽德、洞巖周賢，同集嘉會堂，刻石于此。』愚者屈指曰：『兩周甲子矣，遺風猶沁人也。』由此而左，鐫壁曰『臥雲參』，當時必以雲梯書之。謝康樂題『石門第一泉』，高興類此。側身而下，入一石門，蜿蜒如巷，出臨危磴，下則深潭，不容佇顧。『看不盡時皆壁立，到無餘地一潭收』，芝穎寫出矣。還寺竟雨。雨忽止，月朦朧于雲中。急呼舟，舟具，又雨。遂作望月詩，欹枕達旦。

日出，渡南坡。坡上數百級，爲獅子巖，儼然廬山之佛手巖也，土人以祀水火之神。其肘古樹盤根，有結茆者，茆毁基存。坡可建静室，容百十人，今麻蒿蓬蓬矣。望獅崖之南有樵徑，渡舟泊其下，因並樵人渡而上。上緣石廊，廊長十餘尺，有大字三，曰『到此難』，其旁曰『隆慶元年王修齋書』。噫嘻！狹路相逢，進不得，退不得，到此果難。

晡時晴，無雲，今夜月可必得。乃以版加艓，藉之以氈，趣茶爐寒具，與客噱談而待之。少頃，赤輪如車，湧出天根峯上。仲吉大叫：『得未曾有！』愚爲言泰山、華頂、太姥日觀之異，可以此借觀否？月上皎甚，水天爲一。碧潭之下，白雲間之。深不測處，魚吹泡而弄之。以比夕陽穿入龍窟，各一致也。乃趣上灘，灘碎其月，琉璃成堆，金支翠旗，搖漾有無之間。石舡草曰：『月豈能如此，還因山水奇。』奇哉！十七之月，完完如故，近歷取巧，寔與天不合也。平公治茶具，挐舟再遊，放乎下灘，聽煮雪之聲。煮雪，王遂東所名也。

夜深，兩岸之鐘鼓互起，東若在西，西若在東，灘聲、榜聲，分其餘韻。芝穎舉篙擊汰，而引之爲輪，光如虹電，又一奇也。愚者向笑公笑曰：『當於嘉會堂後門建三層樓，則翠屏潭影，四圍供我；月與雨雪，不能難我。我坐享之，奇盡在此矣。』

十八日，擬作獨源立石之遊。汋林人來，言賡之本師且至。前在青原，期遊春浮。遂乘漁舟，下灘甚駛，一日夜抵元金而歸。我師扶杖，全人隨之，顧汋林三太息焉。甫一宿，孟昉發肩輿小騎沓至，下榻跨牛，黃山谷爲跨牛道人稱之者也。即趨春浮。今秋水滿，繞湖三曲，中洲雖無片瓦，然怪石古木，斑斕菴藹。愚山、浮山，窿穹雙峙。松柏森然，皆二三尺圍。小澗數曲，正穿其腹。計伯玉先生創此四十年，竟成古阜，何人而非天耶？渡橋穿畦，入邂圃門。層樓複道，回薄宛轉；野塘隨檻，磊石高下。孟昉布置，大有匠心。閣曰『楚頌』，其種橘之意乎？

晚登快閣，霞天萬里，江帆來往，出几舄下。後閣供佛，老僧守之。古人善護三世諸佛，即以三世諸佛自善護也。山谷曰：『成壞有數，要以有道者爲依，然後崇成。』信哉！

吾師曰：『天容我輩之儲與，所依多矣。』愚因言梅陂，并舉嘉會堂事。當天啓時，魏璫毁書院，改爲『吉祥林』。聞風化雨，山高水深，諸公之靈爽，何嘗斷滅？嗟乎！自門徂庭，不過安一名字耳，奚斷斷爲？吾師遂作卧遊梅陂詩。芝潁取連日唱和諸什，彙而録之，終於快閣，固一快事。藥地愚者智記。

耐菴李昌谷詩解序

奇才間出，吐古吞今，造耑引觸，蓋寂有所感而發不及知。後百世之心相見者，遊息深深，亦必有發前人所未發者，于是乎奇，不然，不必更爲之解矣。

吾師以其伯氏希之先生所刻昌谷詩解見示，又讀心水先生之序，滄塵岳灌，依棲共聚，商略酬倡，眞奇緣也。才既已奇，時哉又奇。上下千年，心與心寂然相感，安得不奇？就以昌谷解解之：詩至杜陵，其變也備；而韓修武横盤雷硠，又杜所未有也。韓又見李長吉而歎之不容口，昌谷之奇，又韓與杜所未有也。騷之苗裔，誠然哉！修武惜其理不及騷，須溪又謂其所長正在理外。世詎有解者？豈惟不解，且以牛鬼蛇神襲而冤之矣！今耐菴老翁一旦爲之白心，是前所未有也。杜牧作序，獨取其仙人辭漢歌及補庾肩吾還自會稽宫體詩，其意至深。而後人猶曰：牧未嘗盡讀，讀未嘗知。今讀此解序，論世考年，比于凝碧之管弦，聞樂之舞馬，且引秦取九鼎，不聞寶鼎，出涕以相激發，又前所未有也。所謂遊息深深，千年相感，奇莫奇於此矣，豈筆所能繪哉！或曰耐菴自以昌谷而寫其耐菴；或曰耐菴自藏其耐於昌谷耳。卜度不可謂無，亦發不及知者也。嗟乎！世有知寂感於存俟者，其能感昌谷詩解之解矣。發不及知，昌谷雖欲不唾地，容得已乎？耐菴雖耐，亦有不能耐者，容得已乎？古人曰：『發乎情，止乎禮義。』又曰：『窮於禮而通於詩。』正變也，發止也，窮通也，一寂感也。詩之所以爲詩，騷之所以爲騷，知其不及知者，何以解焉？温伯雪曰：『陋於知心，交臂而失之矣。』銅山西崩，洛鍾東應，以感爲體，便是易耶？郗公一問，遠公復何言乎？吾師曰：『奇哉此會，不可無言。』小子憮然曰：天之道，無奇無平。人之道，初得其不知以爲奇，久而忘其奇。教者欲其拔俗也，歎其奇，奇矣又抑其奇。達士快語，不惜綻漏，率吾眞而已。率吾眞也，何奇之有？奇不奇姑置，且呼昌谷爲耐菴一歌而耐之，歌曰：肉角化兮鳥翩翩，仙垂淚兮鼎無言。知不能及兮，感也寂然。奇不可以忍兮，又安敢乎諆天？

余小蘆賦序

賦於六義，居其一焉。其實也詩，而長言之不足，如是焉耳。蘭陵俺詩，繼於賦篇；

楚佗傺者，沉鬱造變。其弟子以風倡之，此賦爲專家之始也。兩漢以宏麗爲盛，晉後以清俊爲快，宋人解散之，但以寫意。誦賈生之服鳥與雍公之誅蚊，吾安所用大小之哉？

莆中余全人，爲吾師之才子。年二十二，十行俱下，落筆如湧泉，翼翼駸駸，出門已無萬里。吾觀其鐵笛、耐菴、雙松、蘆柳諸賦，温厚而摯至，特寓之於前藻，其意深深，本悱惻之遺風也。它若讀史、詠懷，或憐或快，趨庭步題，合門唱和，風雨如晦，鷄鳴不已，蓋以此而養其親焉。乃者隨親杖屨以遊，朝暮一卷，好學不倦，是豈與『潘江陸海』較祖構乎？吾請得寬舉以慰之曰：莫非賦也。善言者必寓諸物，故古今之以寓而賦者，莫如莊子；古今之善賦事者，莫如太史遷。推而上焉，古今之善賦物者，莫如易。燦而日星，震而雷雨，森而山河，滋而夭喬，跂而官肢，觸而枕藉，皆天地之所賦也。寓此者進乎賦矣，以此養親，其壽無量；以此自娱，其樂無窮。全人能無囅然乎？雖然，吾亦因賦而長言之耳。

周遠害詩引

飲者歎氿爲上味，而旁人憂其廢餐，非杞憂耶？渴者見水，皆甘於氿，而復與之論蟹眼，非刻葉耶？性情之發，發於不及知，各以其生平出之，或時爲之，非可以執一以程品也。

二十年來，知遠害之苦，一旦遇於青原、白鷺之間，愚者出炮莊以慰之，遠害出其詩遊草見示。愚者方以莊子爲詩，遠害殆以其遊草爲莊乎！觀其自序，引同人曰：『不必定躐一家，不必定駁一家，隨時即事而已。有無病而呻吟，無得意而嘻笑。』嗟乎！數十年之遠害，不可以已，一消於詩，手舞足蹈焉矣，不知與大宗師之裹飯安琴相去幾許？遠害之爲莊，遠害亦不自知，愚者何故强以名之？又何暇以嚴滄浪、唐子西諸人置喙哉？生平也，時也，觀其深矣。愚者初見遠害，苦欲其同一破瓢學道，今寫至此，殆成閒語。雖然，此一閒語，自非閒人，其誰聞之？

青原山水約記

自螺川而望東南，其青青者，皆青原也，特以七祖道場居其中而名。其實此山自文水、嵩、華來，疊嶂盤紆，起天嶽、芙蓉，轉黃原嶺，爲資福寺。其幹南臨張渡，爲洞巖朱陵觀、西華峯、白竺菴，西北巃嵸，臨贛江爲灘頭泥灣，起鷄江峯，渡永和。東自鷓鴣嶺，下龍集寺、浮山，分叉並驅，綢塘齋樓，至於梅林。由是而言，中阿一帶爲玉原里，沿溪隨華蓋峯爲雲里、下里，又衍而北爲花園里，皆青原之麓阪也。浄居寺獨居帳内，雙象重抱，青又菴之三溪，出金粟谷口爲待月橋，南流歷萬善、磨下諸坂而入贛江，故水繞山複，皆爲道場門户。

自郡來者二十里，自鷄江泊來者五里，會於紅亭，穿松林而入。聖域、祖關，雙峙傳心之堂。祖關，顔魯公所書也。泝溪而進象口，百花臺塞焉，是爲鏡石。過新版橋，乃見刹竿，丹青巋然。殿居池中，環廊三橋，毗盧在後。其上則七祖之塔，層樓覆之。『曹溪宗派』，王新建題。旁啓簃門，則倒荆樹在其右，本圍丈餘而枯。旁生一幹，枯木之皮，發三枿焉。因笑曰：『杏壇以檜奇，藥樹以荆奇，奇果在此乎？不負其材，貴自植耳。』塔左有泉，燭人須眉，飲之清洌，相傳爲七祖卓錫泉。其下爲碧乳泉、噴雪泉，胡忠簡所名也。由卓錫泉而展臂過峴，爲五笑亭。亭據青龍石，下臨墨潭。潭之西，怪石壁立，羣木爭高，歲流其根，青蔭蔽日，是曰『翠屏』。構亭相向，是趙李諸公所修，蓋古有之矣。安成思祖從曹溪來，卓錫故鄉，魯公題名，在唐爲盛。黄山谷與周元翁碑在殿壁。元翁，濂溪子也。張商英有詩，姜公輔、李彤、韓衢、韋悦、張勔、謝弼皆有建造。信公書『青原山』，其字五尺，『空庭螮蝀』之句，又五百年，青原之爲青原所由來也。元有宋長者施田葺宇，其後零落。逮萬曆間，啞羊棲之，惟新建之心學起於江西，而鄒東廓、聶雙江、歐陽南野、羅念菴諸公倡之於此，連篇酬和，照映山谷。鄒忠介與郭青螺、蕭伯玉、劉晉卿諸公議改建傳心堂于駝峯之陽，而以其谷還浄居，屬之寂公。鳩工十半，寂公寂已。

考舊志，有曼殊閣、臨澗閣、水閣、歸雲樓、薝蔔軒、寢堂、蒙堂、雷泉亭、茅亭、龍穴亭、徘徊亭，皆唐刺史、宋元尊宿所建，今莽如也。毗盧架空，漂摇風雨。直至笑峯大師來，重開七祖之顔，遇緣扶起，萬瓦鱗次，周楹複道，四望森然。主此三年，正欲舉五賢祠而新之，復聖域、祖關之舊，而又倏然去矣。愚山施公來，屹然並坊，大振傳心之鐸。冷灰重爆，時哉時哉！

夢筆杖人主廬山圓通時，以易衍道場，願集大成，兼中妙叶，寂歷指掌，而要以縣崖過關，享與時之消息。三世一報，託孤在兹，今青原猶廬山也。愚者適寓噴雪之軒，因紀青原而嘘嘘焉。青螺舉杏、荆以示人，泗山卷卷，解聖諦之縛。忠介曰：『江河納百川，罔不欣受，豈作二見？然不敢隨衆和合，患不得人領其事耳。』愚者曰：在山水，言山水，可也。仁者、智者相代而錯然乎？必三番乎？不落階級者誰乎？是在後之遊者。

青又記

由水碓而入青又菴，凡五里許。溪之源三：一出千佛樓，一出謝坪，青又菴其一也。縈澗而行，澗岸亡慮皆嶄巖樛葛，故右窮則渡澗而左，左窮則渡澗而右，凡二十餘渡。渡皆石步，足不得停。水行石間，斷冰雪，驅雷霆，人不能語，語不能聞。紅塵之囂，至此盡矣。其淵渟爲渚，少衍爲潭，清淺之流，分沙漏磧，魚挂空中，人影湛然。草茵石枕，隨處可歇。

此青又菴之大概也。

七祖塔後，爲桃樹牛尾山，其下爲長潭、烏泥坑。當其面，石從北起，磊坷屴崱，而浸趾潭中，是曰釣臺。黄魯直曰：『似漁非世漁。』愚者欲架離鉤軒以臨之，似不似，奚計焉？並長潭爲漫山，隃其陘，古墓芊芊，不知何人也。過渡爲滴水巖、虎巖、鷄山、鴿山，相峙錯立。遂入長坑，兩崖如峽，天爲之小。鳥道委迤，白雲生焉。其兀然鐵壁障日者，片雲石也；其踞而回首者，香象崖也；其在山半獨出者，麟角石也。又轉數曲，爲漱青峽。溪之中有方石如棋盤，笑公常坐此終日，是爲中頓。少息奮臂，再折而入，崒焉石巘，蒸蔚其上，土人呼爲『觀音坐蓮』。從後陟其巔，形適肖之。其下陡陗，不可攀援。一水自左來，則千佛樓之流也。參差數百步，一水自右來，則謝坪之流也。由此數轉，爲石樓、丹梯。梯之下，兩崖如闕，號曰『闕門』。蹬而上，忽開平田，禾黍瓜瓞，彷佛桃源，卻無人家。獨前阿茶叢之中，垂瓦兩下，是所爲青又菴。『千峯青又青』，殆取此乎？行者烹所采茶，正不必北苑岕法也。飯後，經大、小嶽，歷觀茶圃，皆笑老人所經畫。前人種之，後人享之，後人當如何？田有畽而半荒，深山多野獸，惟種茶與薑。晝夜守田良苦，設機驚之，久亦畫餠矣。

過岡爲千佛樓之頂，其麓開陽數百丈。樓毁多年，其腋有茅房，將以興作也。千佛之肩，爲定慧菴，其背爲嵁菴。菴之谷口，有荆隴洞，可容百人，破廟塞之。越嵊爲鳩嶺與道士腦，則主山之龍脊也。稍偏爲窑坑，外爲浮山，即古蓮社地。劉須溪所記江相國之臯歌，應在此處。今結寂公塔，子孫守之。它日從龍集訪資福、五峯，並路遊焉可也。

遂衝棘而下，循流而出，會於謝坪之谷。謝坪安可不至？躡而登焉。山上有山圍之，中坦如掌，舊有堂基，今皆榛蕪。其壙如者，土人傳爲文山之祖塋，求碑記不可得。此地外襟大江，内案隱抱，或在斯乎？其陰有崖，巉然而突，吾望崖返矣。南有徑達張家渡，六仙所出。北下爲泥灣村、鷄江嶺。渡永和，冬涸，石骨見於河堧。周益公所稱不虚，宜永和之五傑至今瞻仰也。遊青原者，舍舟登岸於此。愚者爲建一亭，前軒後室，顔之曰『青原岸』云。

是遊也，先盡幽隱，後得平曠，或者猶述龍湫、三疊之瀑，浮渡、林屋之洞，意將以軒輊乎？愚者曰：天地間各適成其天然之致，原不以夷險、大小角爭也。知此者，可與遊矣。

遊永和記

東昌石窟爲兩龍相交斌山來，起盧岡，鷄嶺過江會之。蘇、黄清都之舊迹，文山之堆花井，益公之蓮池、讀書堂，蓮社士言之鑿鑿。會鷄嶺之下，就岸建亭，往來息肩。

愚者閒遊至此，詢鷄嶺洞。洞門甚小，蒲伏乃入，中容數百人。永和隱賑，搶攘以藏，故秘之。嗟乎！聚散寒暑也，藏舟于壑，又將何以秘之乎？呼船西渡，止慧燈寺，覽曾鈍子魯東昌志略，永樂癸巳，梁潛、蕭時中兩太史序之。步經蓮池街，則周益公晚年種蓮自娱之地也。益公之祠與歐陽監丞祠相望巋然。監丞諱詢，宋南渡後，使命死燕山者也。由米巷入仙關，爲清都觀，至元劉時楙記；玉局堂，歐陽中立記；逍遥堂，劉三吾記。三門當時，飛甍周廊，金碧奂如，今惟殿兩重耳。東坡歸自儋耳，山谷宰西昌，同下永和，遊清都。坡公書『清都臺』三字，送道士謝子和詩，爲曾安止書秧馬歌。安止之孫好古爲道士，傳其墨迹，謝凝然刻之于石。至今傳蘇黄戲擲金錢于池中，池中開金錢花，采而視之，乃四葉草，黄花如錢，此其遺風令人千載想見者乎！

入市有堙井，云坡公墮履于此，穿之得泉。昔坡公韓廟文曰：『公之神在天下，如水在地中，無往而不存，景行行止。』文仲進之詠，其能已乎？三市兩塔，一在本覺，一在智度。智度即唐資福，宋祥符改額焉。胡忠簡從海道歸薌城小寓，寔寓於此，謝矩所記也。本覺寺後爲静圓禪師之母墓，鄰人歲時爲之拜掃。一曰嚴陽尊者謚静圓也。自桐柱窑西南三里許爲石窟，文山祖居此，長于富田。有堆花井，文山生時，此井溢出爲秀水溝，柴市之後，其井遂竭。崇禎戊辰，文震孟相國發時，此井亦溢。事固有不可知而叶應者，何怪乎里人之口津津耶？其爲窑嶺者六七處，宋時所開，出土明膩。宋末窑變，乃移于饒。或曰土斷近之，不見王麟洲云饒之鮮紅土斷乎？ 今青原殿上所供大浄瓷，名曰『舒嬌』，是永和舒翁之女所畫也。 畫水塘尚在，中有金印魚，魚額正方如金，他處所無。 今全市之甃地疊牆，皆累前代之坯，因窑立鎮，置監主之，估商帆集，萬煙駢填。 相去五百年，蕭條乃爾。 閱志所概，劉將孫爲楊思齊記巽溪堂、謝子方易菴之臥雲樓、李君美之竹所、葛常魯之守道堂、劉君和之迎薰齋、王起予之予隱堂、曾思齊之守約齋，解縉爲蕭尚賓記讀書堂，俱在榛莽瓦礫中矣。 惟鳳岡精舍其顔如故，青原遯叟，蕭飛遺筆，仁風文物，遺澤流遠，刀兵水火，澌磨不盡。 嗟呼！ 一盛一衰，人間之勢，其中之不變者安在？ 遊人目擊，能無怵然？ 夜坐隨順軒而記之。

永樂進士蔣翺之，兩解『隨順』之義曰：『一帖然于倫脊而安其條達，一儻然于未有天地而泯其得喪，是隨順也。』果兩解乎？ 已而曰：『山水遺放，時不可少。』已而曰：『隨順世緣，即隨順天則也，何遣何放？』客因問愚者：『如何是兩解隨順之義？』愚者曰：『遊。』

武功遊記 丙午五月筆也。此間前輩，久遠或忘其名，故註之。中履謹記。

武功爲袁吉之岳，以葛仙名。 劉平田曰：『馬季房告我，高士阜耳，無奇也。』愚者一日讀鄒文莊守益。遊武功龍窟詩曰：『瀑布九天來，四壁如削鐵。』舫翁久居此山，亦曰未見，或春雨有之。馭遠爲文莊裔，且曰：『先人筆端溢語耳。』愚者不以爲然。遊者循朝山之路，陟壇而止，山之奇奧，必在壑中，誰是歷盡幽遐之劉歆乎？遂泝入安成。安成東十里，五老拱東陽，其下爲石屋，向所稱麟鳳龜龍，沿江而峙。野老指彭文憲時。、李忠文時勉。故居，歷歷村樹間。石屋東陽菴爲彭刺史公簪。建，不磷、玅峯兩菴則周白山、浩若鼎清、鼎瀚。建也。山皆峭起，岃崱玲瓏。石皆白理，有細峯，如大孤、齊山之石。大洞面北，廟塞其中，有淳祐禱雨石刻。小穴以火入，可出山頂，一山皆空。東巖一門，土蔓閉之，旁有聖心洞。從仄徑下，曲而入突，石汁滴垂如心。倚壑爲闌，闌下有石廊，當時鄒文莊、羅文恭洪先。與王龍溪畿。諸公遊息於此，此地靈哉！繞麓迴塘，浩若之疏鑿也。觀金公幼孜。石屋泛舟詩，則古有而後濬耳。聞白山立書閣前臨水、後面巖，豈不暢甚？今無片瓦，惟三菴鐘鼓如故，佛幢儼然，不可思議。

麟山相去二里，一洞委曲，巔石鋭峻如角。其前則車田周氏之族處也。浩若之秋墅樓，朽不可上，容與晊堂懋極。而已。臨潭者龜也，委蛇者龍也，蒙岡者鳳也。西望黛色矗矗亘夕陽者，武功也。蒙岡爲王莊簡學夔。之後，其族夾潭，石攻居北，謹山居南。石攻已作古人，謹山與濟漁適有他事，惟雯野一老肯爲先驅，連輿而往。過寅陂橋，入楊梅村，宿獅子林。楊梅，張簡肅數華。之里也，鄒康寓焉。上若、馭遠皆下帷獅子林，叔監與顔張諸老更共信宿。雨未歇，與上若且遊近山。石巘如屏，大似陽朔、寧都，但不如其多而高耳。龍雲口内，陗塹離立，有巖前觀，觀後有洞榛蕪，破屋填之。一隴中斷，是爲斷山。與崖相齒，有泉横衝而潄其下。大石磊落。側行崖宇，雨中白浪，激崩疊澗，濕衣歸菴，是亦搜瀑鋭心之前茅也。

明日，出獅象口，上金沙橋，止清江。清江，齊雲、高峯、白竹之水所注也。侵晨上嶺，舫翁追及，云七梅道人且至。知有龍窟在圖坪下十里，若非先剪荆棘，明日詎可遊乎？越講經臺，是爲前案，西陟皆劍鋒脊上行。愚者憩白竹坪，遣人先至圖坪，屬西菂。西菂，韻僧也。白竹有行者，善識藥材，采火燒蘭供佛，引我躡前嶺而眺之，得懸水三處，皆長二三丈。

來日登竹篙嶺，有石如雙蓋，中徑若玉川門，東西有廊，俗呼磁石者也。轉折崾峴之肩，對面箕峯之罊，白溜翬飛，皆懸水也，急不得至其處耳。箕峯祀二葛仙，寄褐居之。數年一火，故誅茅以爲殿焉。復下五里坑，密蔭垂級，流瀨鏗爾，愚遂呼爲『五里筝』。糾枝撥視，壁溜亦不少矣。道士遲愚叢竹之蔭。榜三天門，有白字堂，白玉蟾遊此，潑墨於壁。神之者，班孟之噴字歟！今作墨榻，鐫之負扆，長庚笑否？

過迎仙橋，爲西菂永平新菴。飯後，傍洗耳溪，所謂馬迹石船，無異也，愚知是白龍崖。全峽爲一石版，衝流其間，迤且百丈。雨甚，愚避攲崖下。舫翁直窮其源，久之，全身帶雨而報曰：『果得眞珠簾！』愚遂冒雨再上。硤石之槽，正方如祏，泉拂下潭，其闊幾丈。向來遊者至石船而止，未及此也。永平前峯爲翠屏，第三折爲回頭尊。尊之下，屏石垂綃，所泄爲蟹蠡匯，跳澗石以往，是可常盤桓者。

明日大晴，結隊窮高峯之壑。行二三里，皆古木老藤，陰翳不見日。積葉泥滑，下足不禁。昨開之路，架橋剪棘，數里亦窮。愚則誤乘高而登一臺，西望九峯巍巍，石立如筍，大似石門澗、鐵船諸峯，因號之曰『九老臺』。俯而拾級，東西瀑出巖阿，不見其底，道士呼之左旋，復援葛穿林而東數百步，又從林隙見大瀑甚壯，白光射日。遥語舫翁：『此必有奇。』彼則已墜崖而下。同行數十人，多先至龍窟，號愚就之。果然四壁削立，如懸甕城，瀑瀉其中，雲雷洶涌，陰氣冷濺，中人毛豙，上下窺之，不能以瞬。舫翁來敘中瀑之大且高如此。瀑穿石孔而出，乃石梁也。諸同遊者、住山者，皆以爲從未目也。今日之緣，快哉快哉！童子摘石，頃刻陰晦，龍何礙乎汝而作態耶？適溽蒸而欲雨耳，乃循來路而返。西菂爲言齊雲三十六金牌，牌前皆瀑，瀑注擊石潭，潭亦有龍。雷巖烏潭之龍尤毒，聞譟聲即雨。天井瀑下亦龍潭也，旱則里人於此取水，龍亦何怪焉？

明日，上白法菴。菴負觀音崖，踞獅子牙，舊爲牛塘。白雲禪師廬白雲峯，選此而創梵刹，因牛塘爲殿前之池，門向箕峯。其徒隱之乃大興作，是此山雙輪並運之幢也。十仙之上，觀山河於首楞之掌，莫尚於此。左有鳴玉峽，上有連屏，巖穴垂溜，而石立其中，呼爲神仙塔。又左而折鳥道，有石壁横亘，上發石笋高數丈，如是者四五，呼爲金燈塔，以夜見光也。滿空皆火，濕蒸觸發。五臺、峨眉，樹葉放光，是誰信及此耶？聽其號而讀之，漆園曰明不及神，詎激言哉？自白法五里登仙壇之頂，累石爲宇者三，爲茅菴者一。有井在側，浮源之所出也。蒲源在其背，穴下雷峽者。探頂左視，有峯屹立壑中，高百仞，其頂蠡旋，其狀若鏞，舊謂之繫雲幢，愚謂之天柱頂。欲登天柱頂，過天阿岡、雪竹凹，歷峌乃上，有石衖，若置梁焉，松盤其上，可作蒲團，四布攫拏若飛。又有水松，短針穿石，是斧斤之所不到者。天柱而東，望一絶壁，其下無極，有洞焉，采石耳者言其容數十楹。天柱之西，舊有團焦，所謂仙人掌也，然必從袁州路來，雷峽對觀之，乃見屹然一柱耳。雷峽之右，望雷巖隱隱峨峨，削切千丈，巖不留寸土。其下有潭，雷瀑注之，望若白練，惜未開路造之。從太平寺過齊雲四十里，寺與路廢。此山之奇何窮？留待後之人矣。

千丈崖之内一層爲州字巖，殆太華之掌痕乎！頂過棋盤而南，爲九龍菴。菴前一橋，是最勝處。背即雷崖，懸睇洞口，萬松離離，恨無羽翼，望崖而返，亦竹林之疑影乎？山約十二壑，西袁東吉，總自庾來，至廬爲尾。衡與武，兩肱也。宿頂菴，觀日落，霞爛山紫，比于天池。其觀日出，則固讓太姥之凌霄峯，以踞海也。無雲之曉，赤如車輪，台、宕、衡、岱皆然，湧而後出，水光浮也。七梅曰：『二滚陰，三滚雨。』兩日大霽，千里如鏡，俯視萬峯，宛若沸濤。前此上頂，雲生倏忽，不辨咫尺。俄頃破裂，青螺累累，平鋪大瀛海，乘一艑䑽，幻矣哉！隱公子孫請題其像。隱公親覲蓮池、憨山，合滴乳放白雲深處，光大幢林，數十年來，慈雲布濩，遠近戴之，固非與敦脢血拇比例而鬬無上也。

明日，遊集雲路下，香爐、九龍之水奔湍隨杖履行。凡三十里而至錢山，則天井之瀑，會爲一矣。過赤江門樓嶺，至書林背，則瀘瀟劉徵君所開之雲房石渠也。洞以炬遊，下凡數層，如柱如盎，如瓔珞幢，皆石乳所滴。其如田者，粤西花盆類也。洞中有溪，前山入，後山出，隱不可盡索。林屋、玉華、桂林、七星，皆此比類。石本火煉水土，乘氣奮結，其下多空，復何足怪？宛委藏書，曾知一切象之爲禹書乎？龍威雖竊，終不能出此圖畫之則，夫奚惑焉？出洋潭，乘舟下瀧，過羊角潭，回望雲中，香爐、白鶴，果尊貴矣。雲龍之衝，是名石下。七祖之家，豢龍之裔，山中敘尊貴者，何必藉竺騰耶？雨後之月，送至麟山嘉林。水天浩浩，客因取山中口占引而歌之。

是遊也，以二洞終始，以登頂開雲、入壑搜瀑爲二幸。至於陰洞火照之變狀，不堪受享。知之矣，無足疑駭，是亦一受享也。天地之間，本讓人遊，視其人耳。言及乎此，直須過三番山水之關，乃可以遊山水。

青原得瀑記

青原向未嘗以瀑布聞，問之里人，不知所謂瀑布也。告之曰：『石壁飛流直下長數丈者，有之乎？』曰：『有三焉。』『何三也？』『一在天玉山，一在朱陵觀，一在石動廟。』石動水簾至近，過紅亭數百武是已，即往觀之。道傍之阿，山如壁際，有洞焉。舊以旱禱供神，存瓴甓道。泉從洞檐垂丈餘入潭，懸空不倚，似雁蕩湫，但小耳。廟障其外，有不落葉之楓，民以爲神。視其碑，咸淳敕建，祀昭應侯云。便走天玉山，過龍集湖，望浮山織，經天井岡。井口而下如陂，固一奇也。仰山祠後，數石突起，如甘園小蓬萊。其石玲瓏瑩翠，有鋒芒鉤人衣，殆齊山、大孤一類也。

又二里至斷公就嶺，嶺背爲石龍峽，數折見橋焉。山如環屏，瀑五丈，直瀉壑中，練飛雪竇，砰訇怒奔，立使人寒。傍有圯廟，蓋胡文穆家坪下，歲修祀事。遊此吟詠，錢習禮所稱十勝之一也。去青原十里，非屬青原，尚何屬邪？

歸一日，劉潤山、吳六益、張逢伯來訪青原，語新得瀑布狀，便乘輿連輿往。吳舫翁追及之，因題曰『青原白練』。郭入冂又追遊焉。『風飄六月眉頭雪，日照千軍刃上鋒』，作如是觀，豈不快哉！又問自雨巖，亦十里許。諸公有事不能去，遂別。

愚者異日獨往張渡，尋洞巖觀。觀在青原山之陽，一名朱陵，張浩署書，解春雨碑記，唐廬陵太守閭寀入道處，戎昱有詩二首贈之。南澗有鹿橋、棋石、七星潭諸勝。北澗則自雨巖，其瀑小于天玉，自下視之三丈。胡澹菴與子槻榘讀書于此〔三〕。羅文恭構亭，題曰『自雨』，今惟基存。解春雨手書戎昱二詩，藏胡廬山直之後人處，愚者因和之。踰日乃從西華中阜返青又菴，圖寄愚山，此青原志中之故事新聞也。

夏遊武功，搜得圖坪千丈厓之瀑，歸念青原諸箐谷中，必有奇而隱者。適吳季六來尋靈壽木，入深壑中，樵人言荆隴洞、嵁菴之東有懸厓，流泉射日，荆棘蒙蔽，是虎穴也。季六素勇，乃攜斧钁往開之，燒其荆棘，果得飛泉四泄，大喜，以告愚者。愚者策杖從石梯前千佛樓溪入，聞叢薄中水聲，知其爲瀑，非過詫矣。其壁巉立，上有三玉井溢潭，潭旁可容茅亭，下置玉華、浮槎，豈多讓邪？

愚山冬來，又聞此勝，即偕客入。經滴水巖，前此薉塞，親揮輿人芟其叢篠，水涓涓下。此在種藥浮廬之右，亦向所忽略者。越三里至新茅舍，問開荒僧：『不畏虎邪？』曰：『相忘矣。』今日之客入虎穴，固知其相讓也。羣步至泉壁下，愚山輿暴發，從險厓攀葛以上。諸客徐徐集，見愚山踞厓，采冰而嚼之，飄飄乎仙哉！共擬何名，以其石瑩，宜名『玉井』；似蓮花漏，宜名『玉漏』；上有厓穴，古楓茁之，宜名『楓崖』。愚山曰：『實三疊也，以讓廬山五老，應目之爲「小三疊」。』客爭賦詩，中頓于青又菴。愚山援筆淋漓壁上，紀同遊者：沈治先、楊商賢、溫玉山、徐伯調、吳舫翁、季六、郭入门、丘貞臣、林祖涵。沿溪而出，石壁聳立，白溜澎湃，即所謂漱青峽也。儲與久之，視去年愚山與毛大可、堵子威、胡萬咸及犬子刻石處，蟲篆儼然，何分今古？晚晴山暖，蒼翠欲滴，諸公漱流放歌。年年此山，有此勝事，自非偷閒，何能及此？今年則更爲青原開面目矣。山谷曰『山水所以餙閒』，戴安道作閒遊讚，終念嘉契之難會也。今固勝彼，能不珍重？因大笑曰：『武功從不以瀑布聞，而今搜得之；青原從不以瀑布聞，而今又搜得之。山毋乃笑閒人多事乎哉？』愚山曰：『皆其固然也，人不識耳！』愚者曰：『顯晦時也，因緣偶然。』愚山曰：『即此偶然，大非偶然。』故記之以終篇。歲在兆牂。

浮渡山愚者弘智記於笥參中。

校　記

〔一〕鏄　當作『鐻』。
〔二〕子　當作『孫』。

方以智全書之二十三

浮山此藏軒別集

胡長春 束莉 整理

整理説明

浮山此藏軒别集，二卷，方以智撰。

該集内容以書畫題跋爲主（畫作題跋一百零六篇、書法題跋十七篇），也包括一些詩文題跋（十五篇）、器物題跋（三十七篇）等，總計一百六十七篇。該集的寫作，當在方以智四十三歲以後逃禪期間，依據有三：一是其中可確定寫作時間的有跋魏子一仿顔字後和書蘆藥合草後兩篇，前者作於清順治十一年（一六五四），其時方以智正閉關於南京高座寺；後者作於康熙九年（一六七〇），方以智主持江西青原寺期間。二是集中多涉及佛教事象，義理闡發富有禪宗風味，相關人物也多爲方以智暮年交往的僧俗人士，可與青原愚者智禪師語録、冬灰録相對照。三是爲該書作跋的劉砥，亦自稱『青原學人』。因此，大致可以判定該集主要寫作於清順治十一年（一六五四）至康熙十年（一六七一）間。

此一時期，明清易代棋局已定，方以智前半生的顛沛流離也稍趨平静。他説法導衆，交游唱和，遊蹤遍及江西、桐城、江蘇、福建等地，所過之處，皆深得僧俗人士的愛重。生活境遇的轉變，使得他的談藝小品呈現出清雅流逸的風貌，浮山此藏軒别集中的題畫之作，如卷一幔看泉圖、騎驢過橋圖、遠峯入樓圖、崖下放舟圖等，皆爲此種心緒的寫照。再如卷二中，題詠奇石的題方解石、玲瓏石等十五篇，題詠文房器具的方竹杖銘、斑竹詩筒銘等二十三篇，方以智對平居細物一一玩味，一詠再詠，足見生活之暇裕與心態之平和。與方氏一貫激切拗折的文風相比，此類篇什可謂别開生面。

然而，作爲方氏的暮年之作，别集輕靈自如的筆墨中，依然透顯出深湛之思：首先，是對自己半生磋磨的沉痛回顧。如卷一『名山臥游圖』三十九篇，方以智歷數生平所跋涉的山川，將觀山玩水的履迹，化爲斑駁墨痕，并穿插難以磨滅的回憶，堪稱一部『畫傳』；其次，是在藝術評賞中貫穿會通三教、歸心易學的學理思辨。正如劉砥在跋語中所言，該集『矢口肆筆，隨物賦形，皆能究晰天人，綜心變化』，『後之讀是編者，即一點一畫，銷歸自性，恍然寂歷同時、理事雙泯之旨，則於老人之書，思過半矣。若徒侈樓堞人物、市邑車馬繁複綺麗之狀，躭躭蜃影，是豈爲識海之源者哉？』

該集今存世者爲清康熙此藏軒刻本。每卷卷首有小字『浮廬愚者隨筆』。内文單頁十行，行二十四字，小字雙行；白口，無尾，左右雙邊；版心依次標書名、卷數、子書名、頁碼、刻書堂名；方體字稍扁，全書皆此藏軒固有之版式、字體。

該集曾由中國社會科學院清史研究室標點，以簡體字形式發表於清史研究第六輯（中華書局一九八五年版）；此外，張永義浮山文集校注亦於二〇一七年由華夏出版社出版，本次校點皆有參考。

柬　莉

二〇一八年十月

浮山此藏軒別集目次

卷一　浮廬愚者隨筆

浮山此藏軒別集卷一

浮廬愚者隨筆

跋介公舊本千文

智永禪師，右軍、徽之之後，安西成王諮議彦祖之孫，廬陵王胄昱之子，謝少卿外孫也。與兄孝賓俱出家，當梁時。歷陳閱隋，年百餘以老。其感别路藏身之恩乎！即其不下永欣寺閣三十年，其殆一無所可爲，而姑寓此『筆簏』游焉。天地間想見遺風，奈何自遁其生平若此，此眞休矣！心成一頌，略示阿閦，必以白椎上堂，乃詡詡然善知識耶？鐵門限至千餘本，曾不寫經。當日之至尊，方數捨身同泰寺，合羣臣贖之，今乃責永公以好書法名，傳之辨才，甚矣其目皮相也！

介公謂此舊榻，有永師押字，乃薛紹彭所藏。畫禪室曰：『孫虔禮千文，得之章草爲多。永師千文亦爾，乃知楷自分、篆入。歐陽信本千文，眞有完字具于胸中，若構凌雲臺，一一皆衡劑而成者。余從虞書入永書，顧終歲不成千字卷，何稱習者之門，自分於此道遠矣！時一爲之，以歛浮氣。攜謝閣曰：「元章有小楷千文，間入率更，而沛有餘閒，不涉矜持。」徵仲得永千文之道姿，而整比成章。然其老到，固自適也。人各有入處而後化焉，豈拘皮毛？然皮毛，亦神之所寓也。』

愚者曰：此因天分而習伏衆神，秩然順理，乃遊别路。不習之天，寓于習中，法與神致，不相離也。體正而盡變，變亦正矣！莫非寓也，莫非遊也，過庭所云『神怡務閒』之難也。學未知法，而驟詡神致，不爲苛律所縛，即爲談神所誤。曾知古人之流傳，與閒心之評歎，其寓此以遊者，果何在乎？且問春雨樓之筆龕，閒不閒耶？介公爲閒不過，與我消閒耳。區區較量點黝，隨人軒輊者，依然目皮相也！

跋魏子一仿顔字後

甲申封刀時，子一策蹇慰我，指其段成公區區血淚之言，猶在耳也。已，余得潛竄，後乃聞子一不得當而自刭死，此志與成公何異！後此十年，余復從嶺嶠鏃鋒，鴉納留影，封此鐵限，能無蛇足生涯楪楪耶！山影居士扣關，手一扇，乃子一仿魯公筆也，爲之俯仰。山影居士曰：『頃從友人處苦索得之，以爲至寶。』或曰：同一泡影，有何鴻毛、泰山之見？然魯公之筆，子一能仿之，今又有寶之者。山谷、冷齋每稱忠義日月之氣，筆間挾之，千古不滅，未可執空亡一掃也。

書司空圖詩後

表聖曰：『醯止于酸，鹺止于鹹。』花之詠，人知其在酸鹹之外。東坡以二十四韻，三復而悲之。余觀其自列『人家寒食月，花影午時天』，『川明虹照雨，樹密鳥銜人』，『驊騮思故第，鸚鵡失佳人』，『松日明金像，苔龕響木魚』，『孤螢出荒池，落葉穿破屋』，『客窗當意愜，花發遇歌成』，『逃難人多分隙地，放生鹿大出寒林』，『得劍乍如添健僕，亡書久似憶良朋』，未易如東坡所稱之『棋聲花院閉，幡影石壇高』也。久而不浮，遠而不盡，其有之。自鳴集所云『撑霆裂月，劫作者之肝脾』，殊未相比。余特以禎貽濯纓，獨重于王官谷中耳。耐辱居士，休休莫莫，銜口遺放，徒執鹹酸論詩者，烏足以知之！

跋楊周二公所書詩後

忽覽捷公獨藏二公筆迹，不覺倉兄。憶余交仲馭以辛未，在鳩兹；識楊公當戊寅，曾八分『智者』二字見贈。轉盼矜茫，蒼天草草。金壇爲弘光巨憝冤死，清江以天興督師，與萬吉人、郭雲機、姚有僕、龔建木、黎美周同殉虔州。觀其『忠信魚鱉，日月弓影』之句，慨歎堙窓，使人蕭條。生死之間，悲歌者固已早自必矣！清江詩與漳浦同調，而葱蒨流利過之。書法逼元常，稿行稍變。金壇晚家茅麓，邀朗三、眉生砥礪攻苦，肆志風雅。是其筆迹不必以人傳，而今正以其人傳。予又歎世士好藏名公巨卿書者數數，而捷公獨藏二公之二詩，此尤當爲天地珍惜以傳者乎！後之覽者，豈無感焦隱、懷魯生，洒洒而傳吾黨者哉？由白馬之苦苦言之，夕則可矣，悲不必無。

書周苦蟲卷後

周貞萋歸依赤嶼以讀書，杜西之作長語送之，愚但寫其『歷歷黄州對樊口』而已。少時寄惠連云：『江山新落葉，風俗舊悲秋。』今再舉此，以問赤嶼讀書人，有書可讀，正不必作新舊想。

書遺教經後

眞西山見楊大年所書遺教經，歎下學上達之不可易。新建曰：『止有下學，即是上達。』夫上下原不相離，特以徇雕奇之情識自蔽耳。一心六度，以戒爲基。世尊最後珍重，長劍倚天。東坡所謂『食鹿之美』，加以易牙，猶是當日之味也。中道當當，即自性戒。琉瓶獅乳，在選器、煉器之爐鎚耳。三一老人曰：『屋以築基最先，然屋之亨用其基也，最後亦此基也。』五教分時，膠鼓矣。超而上之，掃而執之，詎非膠乎？三番山水，畢此雙樹，此一最後，萬古之最後矣！覆船笠公，囑書此經，以覆船爲木叉，最後即是先着，誰是一心奉此經者？斬新條令，恢復舊基，覆船駕船，不妨求劍。

題嚴相國家藏坡書

李端叔謂東坡研墨如糊，握筆近下而行甚遲，然未嘗停緩，逡巡盈紙。王履道謂坡不在驥奔猊決，獨取其絡繹蕭疏。往見王性之所藏東坡五帖，似徐季海、李泰和。今觀常熟養齋公所跋御賜坡帖、呂夢得八十三歲讀書篇、與柳子玉寶覺師會金山作，神致蒼逸，眞乃遲緩絡繹，行乎不得不行者乎！施愚山一日載向芝亭展翫，滿座軒舞。因識於此，猶徒執宋縑細密，燃之以辨眞乎？瑣瑣矣！

跋樂毅論帖

李陽冰與李嗣眞書云：『右軍樂毅論，有忠臣烈士之象。』或謂黄庭圓、蘭亭逸、曹娥匾、樂毅論方，歐顔皆從此出。是蓋質論其狀，勿膠柱也。神于踐形，則頽毛即神矣，詎曰謹毛而廢之哉？山谷謂樂毅論王著所書，未免小僧縛律，此急于展其别致，而借以淩轢耳。李端叔曰：『高紳爲湖北轉運使，道中聞砧聲清遠，因得樂毅論于其覆。梁摹、唐摹，勿論也。』愚者忽見胡耽一本，頗自流逸，因歎曰：『手與法化，隨意具足，風韻勃然。砍陣藏鋒，詎可作二觀乎？古人各以其所至者臨之，方圓固同時也。』米南宫曰：『行書十行，不敵楷書一行。』然米終帶行狎。賀方回曰：『坐乃立，立乃走。』宋無楷書，不若就其摹晋楷者，與之爲緣。臨楷舍己，所以煉己。敬學即此，泯心即此。手舞足蹈，未嘗廢坐立也。書固由己，豈由人哉！

書合璧端友集後 霞舟諱鍾巒

愚讀晦山『明白乾浄』之語，始知錫山吳公之以火光衝天也。嗣君公及見訪，出示合璧端友集，囑以一言。所謂『合璧』者，友山公畢遜國之法位，霞舟公畢隝上之法位。所謂『端友』者，李忠毅致命于二十五年之前，霞舟公與錢希聲致命于二十五年之後。祖孫師友，偕時遂志，日星爲光，天地間之固然合符如此，明白乾浄，猶不信哉！已書一幅，留螺山與公及，而南浦復遇其兄野翁，舉及蓮花法位，爲易包決，自事其心，哀樂不易。惟望信此固然之符，即已萬世造命矣！儻然相對久之，伸紙索書，故識其後。

題朱夐軒陶燎説

夐軒所居昭山之麓，小軒迴翔，庭種蘭芷，一窗燎然，屬余題之。余題曰『陶燎』。問其所自，余曰：『王褒九懷有陶壅、株昭之訓，曰：「乘虹驂蜺」，「步驪桂林」。「意曉陽兮燎寤」，「皇門開兮照下土，株穢除兮蘭芷覩」。可以藏身，雖壅可也。』

跋施教臣藏潁井蘭亭本 施逢覲，法號五中。

陸友仁見蘭亭十一本，陶九成所裝百十七刻，悦生閣藏蘭亭八百匣，今傳幾何耶？此則萬曆中潁井夜光本，或以爲褚河南摹，董宗伯定爲米襄陽，近之。施教臣出世，無所不捨，獨此帖猶在枕中。噫！天下之物，豈有常存之理？精入而神化，則有水火不能燒者。首楞嚴譯曰：『一切事究竟堅固，死生亦大矣。』豈不痛哉！後之覽者，亦將有感于斯文。古有語曰：『看破已矣，用免則那。』愚者曰：『痛！』

題東坡狂草醉翁記

東坡狂草醉翁記，乃元祐六年在潁爲劉季孫書，趙子固珍藏。趙松雪、宋昌裔、沈石田、吴匏菴皆有題跋。高新鄭亦云：『徐潁南以豆易之泥塗者也。』劍州吼雲，超然遺世，而懷此以遊，其延津之舊傳耶？其泥塗而珍藏耶？愚者反覆觀之，由方藏圓，乃知方圓同時。坡公自云『緜裹鐵』，山谷最賞其沈着。此幅脱剛稜、與圓熟，眞、行、草相間，别有奇逸。老而見之，眞可長一倍矣！彼不知郎官壁楷，悟顛逸之法，而毁方貌圓者，吾豈許之？嗟乎！古今一致，竭才候足，其神自傳。不必問爲紹興方氏所藏、白麟所摹也。摹而神，即其悟後之火候矣。苟悟其眞不磨者，隨寓以遊焉可也。忽泥塗，忽珍藏，何驚之有？

書遺筆卷

一曰：『此心休之則深，鼓琴聽泉，正是入寂樂定。』一曰：『此心用之愈出，讀書窮理，當作無厭足王。』祇如陶貞白之層樓松風，别録本草；葛稚川之披榛排草，著抱朴子；沈雲禎八十，手寫細字滿篋，休耶，用耶？陸放翁入蜀記，有酷好者。夫無意爲文，文之至也。狀物適狀其物而止，敘事適敘其事而止。不增不減，自爾錯落，然是通神明、類萬物，古今稱謂，信筆淋漓，乃能物如物、事如事，而成至文耳。迷蹟動、惡蹟動者，固陋簧鼓，詎受紿乎？張元長曰：『蘇東坡父子爲文，純是遺放，非有意于爲文，所以可傳。』此于刻意剽剥、獺祭納被者，洵竿頭妙藥矣。以衮純爲桎梏，而甘心鬼魅也，寧許之哉？

跋藏眞自敘帖

紹興曾公卷跋藏眞自敘三本：一在蜀，黄山谷以魚箋臨之；一在馮當世家，歸上方；一在蘇子美家，元祐間蘇泌攜至東都，與米元章觀于天清寺，蘇黄門、蔣頴叔皆有題，歸吕辨老。黄長睿云在唐通叟家，亦南唐所蓄者。寶章待訪録言：『泌父補六行，題跋淪亡者多。』李西涯公見之徐謙齋處。嘉禾項氏購得分宜本，即陸完所收。嘉靖壬辰，文徵仲令章簡甫刻入停雲矣。

愚者反復觀其所榻，忽大忽小，間多不屬。所遲疑者，寄傲養性之士，不羈之致儼然，何乃自敘諸公贊句，以示夸耶？殆後之好事者擬爲之乎？可以六行，亦可以十半矣。黄山谷曰：『張旭千文，蘇才翁所爲。』才翁舜元，即子美舜欽之兄，金玉皆精此技，一時游劇有之矣。愈久而虚者愈實，藏者示客，客誰肯如劉蜕之直出『葵丘』哉！已而歎曰：『禿筆成冢，夏雲隨風，一生如此。本以寓其別致，而後世之寓者復寓之。要亦當時承蜩弄丸之凝神，所流傳不可昧滅也。』

題倪文正公芝石圖

韓修武橫空盤硬，乾坤雷硠，劉屏山謂宋人目爲『雷太使舞』〔一〕。蘇長公沉着痛快，筆不停綴，李端叔謂其『將錯就錯』。忽瞻倪文正公芝石圖，磊砢渾沸，樂嘘蒸成，不容一草一木，想見解衣礚礴，其沉雄爲何如哉！達人遊戲，寓意甚遠，目爲『雷大使舞』，『將錯就錯』，彼不辭也。先生一生詩文書法，亦絕不肯雷同面目，又非絳園碑、樗寮帖所可比例。嗟乎！世盡皮相耳。亞夫與小孤遇，一片比干崔嵬。東坡以石易畫，遂引鵬蚿捧腹。今以配此，有笑者乎？杜陵似子長，大令似莊周，不遇出格人，笑何怪焉！望子遠攜至此，此已出格矣。秋山晴窗，安能忍俊？

題季子畫與表弟

趙子固蘭竹，悟禪者也，表弟皇甫子昌表。得其法。天台董中齋楷。舉李伯時表弟喬仲親授筆法，遂入能品。子昌勉之！趙君澤孟瀠。舉山谷題宗室大年畫曰：『大年學東坡竹石，年少故柔，老自十倍，當入神品。』子昌勉之！阮季子，吾鄉之彝齋也，于叢薉中而畫梅竹之致，于梅竹中而暢風雨之神，青出於藍，禪耶，畫耶？子欲得解脱三昧，可從此入。

墨歷爲雨樓畫雨

『少年聽雨歌樓上，銀燭昏羅帳。壯年聽雨客舟中，天闊雲低，斷雁叫西風。而今聽雨僧廬下，鬢已星星也。悲懽離合總無情，一任空階點滴到天明。』此蔣竹山題王叔明聽雨樓圖。一闋虞美人，偶爾寫雨，借題其上。雨樓居士猶分别此三聽否？毋乃爲境轉耶？直饒不被境轉，依然不知雨點。

題沈啓南虎圖

乳虎最怒，厲歸眞圖之，妙有生意，昔稱『顧虎』。惟趙邈齪一人，謂其形似而有氣韻也。此圖風草披靡，正狀其一笑生風之意耳。眉公不以爲武，必歌斑斑嚙人之詩，寫其攫搏，使倀爲之前行耶？石田長歌朴老，而匏菴結韻有致，雖伏虎者，故自不妨色變，謂之侍者警人可也。客詠遺山曰：『千年虎豹守天門，一日牛羊臥秋草。』警在何處？

爲了菴作畫

三十年前，鄭超宗告我以千里之訣，曰：『法熟自化。』魏子一告我以臣虎之訣，曰：『有幹有埃。』楊龍友告我曰：『莫妙于鬆。』愚者曰：面前具足，各冥應其性而已矣。將謂子久縱橫，責以房山鷗波、李伯時瀟湘圖尚乏蒼莽，彼受之否？是亦太白所云『枕席煙霞』之雙奪乎？了菴于此盤辟已久，應不以愚者之指同犛軒也。

題畫寄羹湖

不可以有心求，不可以無心合，不可以言語造，不可以寂然通。如參禪人，將金剛王劍，一截截斷四路，使計較中無商量，在得失中出生死，方得暢快，領其天然。或曰：『背水之鏖，易幟之奇，孰先孰後？』愚者曰：猶不信『承蜩弄丸』之頓漸同時耶？退頴五簏，手乃能與法忘。悟成竹於胸中，揮洒始眞自在。此幅面壁，便請同參。

題徐伯調松柏圖

人間世匠石診櫟社樹，終其天年矣。德充符又曰：『受命於天〔三〕，惟松柏獨也在。』

請問松柏之樹，不可以窮年耶？外物曰：『春雨日時，草木怒生。銚鎒於是乎始修，草木之到植者過半，而不知其然。』將謂誰在誰不在耶？直饒山木篇處於材不材之間，亦未夢見在别峯。愚者曰：松耶，柏耶？誰與汝安名？拈作一莖草，不怕懸崖傾。

岱 名山臥遊圖

倪文正詩：『一望白難分馬練，千年青不了龜蒙。』登泰山，小天下，何必泰山之内登泰山乎？東方白光，先讓日觀，此孔顔讀書開眼處。吳門匹練，是第一寫生手。相傳描邈，蹉過者多，可惜嬴家官松刻碑，遂鑿壞其面目。金泥玉簡，轉引紛紛，何暇怪富媪爲元君磨前碣而刊新銜耶！泰山俗矣，即從名山例斷，三天門亦無奇也。别有嵁嵓隱洞在幽仄中，遊者急完一題目爾。或曰：此幅漫漫，非急完一題目乎？曰：爭奈白難分、青不了。

華

子雲曰：『太華爲旒。』田駢、慎到，作『華山之冠』以自表。文太清證爲『魯司寇冠』。三面削成，中爲南峯，東爲玉女洗頭盆，西爲蓮花峯。遊者從青柯坪挽鐵索，上千尺幢。上此即具希夷之蜕骨，何煩王涯、王履辨掌迹哉？于鱗記曰：『霤中穿受不滿足，穿受手如決吻。峽中之繘垂，罅中之繘倚，皆自汲也。足已茹，則齧膝也；足已吐，是以趾任身也。人上出，如出井。朱白民再遊，始歎其狀，非親至也，耳食烏能知之？吾初以鋭心上而不知險，既以忘心下而忘其險。夫亦有善載其腐肉朽骨者乎！』愚者曰：如是二心，先心難，寧可退之驚哭，遣信告絶，不負親至一回，未可以杜陵遥望題詩，爲風流好事得便宜也。

嵩

華如立，嵩如臥，得之矣。盧鴻乙巖，放瀑鏗鏘；石淙峽澗，碧峭幽菁。此中嶽之二勝也。天下乃以少室、五乳奇之，西來斷一臂、歸一履，奪中華之中而踞之。中華志林濟濟，多半爲石壁所困，而峯頂亦不能造，丘壑亦不能遊也，奇哉！一菴欲送達磨上學，比之薛正言所記爲奇。杖人有藥，毒殺達磨，更奇。愚者曰：平。

衡

衡八百里，首回雁，尾岳麓，大矣而無瑰異，故圖畫不能豔傳。傳以岣嶁碑豔，繼以一懶二宗豔。顧璘言：『韓愈開雲、朱張霽雪二事，最堪圖畫。或疑之，何不疑何子一之岣嶁碑耶！』檗菴曰：『泉石不能如雁宕、匡廬，而峯峽旋雲、祝融日觀，果是二絶。』友夏曰：『山雲出入艱難際，莫使關門此念深。』望衡九面，殆所謂雲中君乎！吾知遊山者必疑而不信也，遊山若一無所疑，亦不免爲芋頭咽殺、磚頭踏殺、石頭滑殺。

恆

崑崙三支入中國，北支在黄河北，起伯顔，入塞爲渾源、太行，山東、山西以此分。恆山屬中山，其猶帳中坐乎！五行五帝，北方皆二，叶光紀廟祀在兹。龜蛇表玄武也，而説者謂此山似蛇盤龜然，且寘勿論。獨憶其有護門之神草，當入此山求之。謝在杭嘗欲易置五嶽，以天壽爲北嶽，何不廣之爲五須彌，縮之爲王母囊之眞形耶？且看此五墨點，不安名字，亦能迷人，亦能指人。

龍眠

東西龍眠皆先壟，今日伯時不待盡畫矣！儼玉峽瀑流最壯，叔祖户部公取以爲號。寥天一峯，即老父跨澗之『游雲閣』也。俱從境主廟入，左忠毅之『三都館』在焉。極半天嶺而北，爲舒矣。固非一幅可寫，但指幽石清湍，即當歸夢耳。

皖天柱

海門江上，南望九華如掌，北望天柱如指，固雲中餐秀之一奇也。從皖口泝沙河入潛，爲三祖寺。上馬祖巖，幾四十里，乃憑巖而見一峯。挺立衝霄，即所謂皖公尖也。人不能到，愚故以淡筆染之。馬祖乃馬自然，名湘，鹽官人，非馬駒也。擢秀閣爲陳瑩中讀書處，在山西麓。南行爲山谷寺。遊山懷古，因而記之。

九華

憶天啓丁卯，隨老父、白安石師雨中命駕，至五溪橋。橋北有臺，倚檻展眉，九峯如列疏指然。黛色娟潔，聳人襟懷，誠奇觀也！又三十里，登山落阿，如小村聚，金地藏禪師之壻在焉。□然以爲印度之地藏而朝之。陽明王子坐處，土人亦好言之。東上舍身巖，所謂九子之一峯，峯圍數里。對面天柱峯，計抵之亦二十里。天臺朝陽洞，則四十里餘，故不顯其峻陗琳琅耳。『九華可望不可登』，此諺竟傳，誰能具濟勝、廢時日，而盡此山之奇者哉？周益公紀觀縣瀑，應在峽中，棘莽塞之。故仍寫五溪橋望之意，立馬于前而得之，何爲不可？

石門洞泉

青田石門洞，非洞也。舟入峽口，兩崖菁暗，潭渚深碧。篙刺里許，北面如闕，全河下傾。對岸沙擁，作亭觀之，瀑未有大于此者。壁上刻『天下第一泉』，謝靈運書。陳謙笑其咫尺而失雁蕩，何用伐山開道爲？古人亦從其興之所至而已。少從老父出長溪遊此，聊記彷彿。

匡山三疊

朱子與楊伯起書曰：『三疊新泉奇勝，此生無由至其下，當託黄商伯、陳和成摹以來。』則南宋始出也。老父庚午遊匡廬，言三疊最勝。然必峽遊，始盡其勝。壬辰同施尚白、周思皇遊，遊人皆從凌雲舍上嶺，據北崖松，望南崖之谷，中有瀑布，三疊如練，相去二里許。以上睨下，何能暢然？已過石脊、一綫天、緑潭，臥九雲屏借廬，求老僧爲開九疊谷之路。越數日，自玉川門入，側身出洞，循澗行，是爲鐵壁峽。岃崱衝天，獅象蹲躍者百狀。龍潭激電，天爲之小。投距而過，見天門焉，是爲外龍潭。瀑五丈注之，其上有篆，蘚中識李夢陽名，此舊路也。沿北壁捫蘿二里，行奔雷中，忽見一疊，拾級獅子峯之傾嵓，三疊出矣。銀河直瀉，冰霰澌騰，全身雪窨，寒濯其骨，豈復有人間世耶！是可以得開闢之句否？坐金鰲石，許建一亭，因題之曰『不容下語』。

雁宕

沈括云：『祥符間建玉清宮，伐山取材，靈峯、靈巖乃見。』奇峭怪削，總不出永嘉陳謙一記。嘉定己巳，遊至絶頂，得所謂雁宕者，前人未之識也。懷素與律公書，貫休有詩，則唐時已開矣。或已開復塞，至宋更開耶？李孝光稱，石佛南溪散水崖，終不如大龍湫。忘歸亭眞忘歸矣！向曾敘名山諸瀑，虛縣入潭，蓋無有勝此者也。從能仁寺五里，沿澗曲折而入，兩峽夾天，至則北、東、西三面連屏合拱，縣崖如覆半幄然。剪刀峯一片石卓起百尺，獨蔽其南。過剪刀峯背，乃見觀不足亭。亭踞危石，在潭之陽。下石磴，臨潭，而轉其陰，爲忘歸亭。至此視之，所謂連屏拱幄，與剪刀峯齊。人立蒼壁之趺，如井窺天。瀑挂其幄之檐，仰面上睨，從空注潭。瀑之四圍，人可迤走。拍掌風起，瀑飛不見。少定復垂，婀娜變幻，或直霤，或旋煙。秋日正午射之，珠成五色。其注潭之縱橫分合，激波騰沸，聚則墜深而瀵高，散則數十百練，擲雹而起，雪花成形，潭影正碧，不相亂也。非黄巖石梁倚壁者比矣。寧都集賢巖瀑亦虛懸，然自内視外，又無剪刀，不見潭波，韻不如也。浮山金谷巖内上傾瓶耳。

之滴珠巖，頗似之，高十餘丈，惜泉源小，雨後壯觀。石如大螺旋而成樓，樓頂破而人從天上傾瓶耳。

天台石梁

陳臥子以書道愚，寓高明文心院，讀山志，盛稱天台之大，而壓雁蕩以爲小。步寺門之圓通洞，乃大鵝卵石而粲之。石筍三丈附山，未離土也。惟石梁奇，斷橋次之。桃源、南洞、華頂，平平耳。後遊雁蕩，參天怪削，日不暇瞬，因歎世之大言以抹搬物之眞奇處，而掠虛雄尊者，皆此類矣。石梁從下方廣橋上觀，縣河二十丈，横青玉以束之，即雁蕩亦無有，況它山乎！特爲貌出。

潛大龍山

潛邑大龍山，有瀑數十丈，泉所注處，下立圩頂石。激爲水輪，其徑三丈，亦奇觀也。近聞土人燒鑿其立石，放彼直流。爲之叫屈！

桂朔

中國山川之奇，無如桂林、陽朔。柳子厚云：『發地峭豎，林立四野，皆似劍鋩。』吳武陵陽朔廳壁，壯之甚悉。韓退之碧玉篸，殆憶之也。山谷云『桂嶺環城如雁蕩』，得之矣！范驂鸞以爲平地屹然特立，森列無際，其怪且多如此，誠當爲天下第一。愚和稼軒相國云：『恨無奇字説青山。』更寫長篇，徒作狡獪耳。嘗畫近峯巖洞，便從沙足上層染遠峯，略取其意。必欲相肖，須呼李成、郭熙乃可。

寧都金精諸峯

梅川有金精十二峯，蓋在縣治之北。其山皆石骨，拔地百丈，不沾寸土，大似武夷，但少九曲泛舟耳。峯名十二，其實數百。南北十五里，東西且四十里。林确齋、彭樹廬、魏、丘、曾、彭諸公，皆家其上。雲中鷄犬，峯頂相呼。愚者有記記之，兹圖其槩。

峨眉天門

『七重露地此門中，不斷煙雲染大空。翹首諸天憑素柱，浸人雙眼是青葱。臺邊偶點蓮花色，屏際常吹井絡風。劈盡鬼工攜不去，卻將布袋拾鴻濛。』此老父峨眉詩也。由峨眉縣至銅鐵殿，且二百里。入夏餘雪，晴日西見雪山，亦其連嶂耳。范仲闇云：『其陰通縣度，出松潘，絶壑古洞，幽糾難窮。』志亦莫載也。故就天門一詩，寫其槩云。

浮渡野同巖

名山巖洞，如金華、七星、書林、將樂，皆行地中，以炬遊。即齊山之洞不炬，而亦下行。惟桐之浮渡山，洞最多，而連蜷平步，人植門窗居之。所惜金谷、滴珠之瀑冬乾，三面湖水，冬亦放耳。先祖卜築此藏軒，以授老父。乙丑使蜀回，筮得『同人于野』，題『野同巖』于海島前，蓋取其面南也。老父曾夢邵子于此種松，故又書『行窩』焉。先母葬山之北，久許此藏，且作伯時之顧瞻云爾。

太姥山

山石欒欒，大至數十百丈。九鯉、一線，皆在山顛。山踞海澨，摩霄峯最高，觀日爲快。無雲之曉，先碧後紅，其紅彌天，千里之島，如繞髮然。蓋水光蕩漾，映其出没，故倏忽而成此奇狀也。

釣　臺

愚者兩上釣臺，拜嚴先生祠，方玄英、謝皋羽旁立主焉。兩釣臺峭踞江岸，對面之洲即蘆茨原，如意碎矣。沈仲連彙從來釣臺詩，屬我作圖，慘澹三日，乃揮立幅與之。今欲潢名山册，縮爲五寸，亦景定詩人之一絲在也。

武　夷

陗石骨立數十百丈，則陽朔、雁蕩、金精、黄山、武夷一類也。獨武夷有九曲溪，可以擊櫂，比灕江耳。仁智堂負大隱屏，而展縟以當五曲，故爲帳中。『重洗仙顔』，老父庚申題于雲路，蓋識之也。天游一覽亭，即在仙掌之上。船板椗栰，不得不請嶅丘伸手矣。

黄　澥

桂次白云：『黄山總爲一石。植林起堵，分南北海，强名之耳。』沈耕巘、施尚白、梅耦長、邵漆夫皆有此約，不知夢何時圓。獨聞石筍岡、鳳翅松，故略寫其危翔之意。

石鐘山

崇禎庚午，老父同張席之先生聯句于此，金緑堤刻之。風濤澒洞，以崑崙爲殷牀矣。小孤危砥，北浪更爲噌吰。泰之狼山、具區包山，東北風起，浪數十丈，雄哉！當以郭忠恕浙潮之法寫之。

采石

樅陽下金陵，必泊采石。愚仲妹適曹梁父，中頓在此。牛渚月下，與謫仙樓盤桓熟矣。略命大痴，皴起石壁，更爲之淡抹蛾眉。

雨花北望

雨花一望，城闕參差，塔樹影略。江光一帶，自左竟天，神烈巋然，獨當其北，相去且三十里，松濤草色，幸不辨耳。『六朝雲入夕陽殘』，許用晦、虞伯生不須重詠。

武功圖坪新瀑

武功山在袁吉之交，圍八百里。朝葛仙者，秋必禱焉。直上箕峯鶴頂，人遂以爲上阜。愚者同吳山舫屬西葯率衆開圖坪之瀑數十丈，不亞黄巖也。其州厓下之黑潭，亦有奇瀑，以囑謹山，故爲之圖。

九漈

老念賡之本師，因擔簦往寓東山石扆。走六十里至湖宫，所云丹竈、雷轟、漂紗、大小珠簾、玉柱、石門、棋盤、響巖、將軍，皆溪溜峽石之漈而變狀者也。惜不從下沿溪上，而從嶺上墮而遊之。丹竈者，溪石成片里許，列孔如星，而水漫其上，故創一法以寫之如此。

三峽

三峽瞿塘，愚少隨老父布帆船六櫓下，猶記其影。此中嘉陵合涪而下夔巴，矗壁險碚，古迹鱗次。杜陵諸詩、放翁入蜀記，皆可想見之。因以荆浩然存其意。

連雲棧

唐宋類以棧道畫雪。自寶鷄十五里益門入棧，至漢中寧羌州出棧，共八百里，號連雲棧。今車馬在谷中行，無棧閣矣。人力開闢，後過于前，豈獨此耶！然而峻嶺危坑，崎嶇鳥道，爲客之險，萬古不易。杜陵所歷，猶在眼中，孰謂此幅不足怵人？盤嶺雪枝，復藏古寺，如此艱難，亦未見行人斷絶也。噫！

洞庭君山

浩然之『撼』，杜陵之『浮』，何如太白之『剗』耶？愚者嘗作詞曰：『竟把青天，埋在秋風浪裏。渺渺愁予，斑斑幾點而已。』

觀　潮

赭龕二山所束，故錢塘潮頭可觀。古稱廣陵、曲江，如素車白馬，今杳然矣！錢塘且笑凍死潮，又何怪焉！不必月推，不必脉喻，吾且遣趙千里作弄潮兒，以消鎮海樓之一晌。

具區

王叔明林泉讀書圖自題曰：『篷窗曉對洞庭山，七十二峯青似玉。』叔明本錫人，别業在夫山，故常舉其所見耳。縹渺莫釐，夾消夏灣，樹石村居，重寫龐集，則太湖之波光不顯，故且以包山踞石，略藏一角，卻渲淡筆，點湖中諸小峯，則『篷窗』『青玉』儼然矣！

徑山

雙徑原無奇，惟倩房山點子，放白雲層層託之，故自顯其幽勝。情知山有毒龍，要不敢作怪，來欺吾筆端也。

赤壁

顧起元曰：『楚赤壁五：漢陽、漢川、黄州、江夏、嘉魚。惟烏林對岸疊山，見崖上「赤壁」字，此燒曹處也。』黄州赤鼻，是坡所遊。董宗伯欲以雲間『赤壁』敵之。圖赤壁者，無奈東坡耳，坡又奈其賦何！

武岡洞口

洞口在都梁之西，資江所出。愚者以丁亥從沅天雷被左苗，轉靖清水、郎江，後過洪江，至洞口。兩石峭立如門，飛橋渡之。時館蕭有斐家，與姚以式泛舟作詩，葦緣秋社，易貢題壁，蓋時自稱爲『易貢』云。

二姑

麻姑雙飛練，似廬山馬尾而短。特以魯公一帖，令人懷鳥爪耳。靈峯石户，似玉川門。麻源幽邃，則其北谷也。從姑緣此相呼，羅明德十區玉立附之，裂鏬跨橋，彷彿虎嘯之頂，猶不信蓬萊水淺，期種桑田耶？因仿黄鶴樵，戲作鳥爪法，長卷寫之。

牒水巖

馮時可云『貴州牒水巖瀑，天下第一』，以其闊數丈也。又有天生橋，横二丈，長二十丈，因以一幅連之。或云兩者未必接壤。愚者曰：太白引『壁遺鎬池君』〔三〕，『秦人去桃源』爲一事。便留此紙，以爲仙都，可乎？

點蒼

大理點蒼山，下匯西洱、黑水。石關入都，寺塔星列。升菴所記即以爲鷄足山。愚雖未得至，然方壺、蓬萊，猶傳水淺，冀倖一遊，存此乘雲而觀之，未必不可以謝抵鵲也。

岣嶁崖

岣嶁崖爲天壽右護，帝京景物略載之。壬午，同劉淇雲、鞏鴻圖遊，從紅門望長陵而西迤入峽中，爲得勝口。關城雉堞，樓櫓甚壯。渡溪上嶺十二盤，爲中菴。再十二盤，爲玉皇殿。殿踞一崖之獨出者，嶗嶆壁立，廊檻環之。更登其高頂，遥望諸陵，藏抱疊嶂之下，雲中明樓，黄射斜陽，圖此半幅，猶儼然也。蒼蒼茫茫，敕勒何限銀山也耶！一靈蒲伏，松色尚存。憶翁歲旦之歌，碧寧有改？

臥遊册總跋

宗湼陽曰：『余眷戀廬衡，契闊荆巫，不知老之將至。搆兹雲嶺，横墨數尺，蒿筆之秀，玄牝之靈，一圖而得之。撫琴命操，衆山皆響。澄懷味像，暢神而已。』夫嵩華與玄牝何與，而少文以仁者收智樂乎！流峙相鮮，原無情識，筆墨寫照，寓于別峯。素逝之士，故足以寄其千古。一往而遊焉、息焉，亦代錯固然者也。愚者自少好此，老而遺放，忘山忘道，兩折三番，理窟尊幢，未免齗齗角立，不如以煙雲化之。前身餘習，輞川不妨自招；蹻履偕還，安道寧拘家數？將謂新硎技進乎？吕梁曰：『吾無道也，閒遊可讚，不必寢絃；五岳時行，毫端自足。』黄摩圍曰：『丘壑須胸次有之，筆墨那可得耶！』不覺一笑。

跋客生聖教序

畫禪室隨筆曰：『古人摹書用硬黄，自運用絹素。此卷爲懷仁聖教序眞迹。卷首有宋徽宗金書「縹」字，與内景經同一黄素，知爲懷仁一筆自書無疑。書苑所云：「雜取碑字，右軍劇迹，咸萃其中。」非也。黄長睿，書家董狐，亦以書苑爲據。恨其不見眞迹，隨人言下轉耳。』

愚者曰：安知非集字久熏，而自成此小王體乎？安知非劉勰粥書、慶虬託名而行世乎？書苑尊其所宗，聽人傳而寔之矣。斤斤以紛糺，何以出辨？唐榻、宋榻，猶羃籬也，視斷不斷，猶近之。比來是處摹泐，必依其全者，一曰惟論書法耳。然唐以法勝，而風致藴焉，必且曰畦逕易循而抑之，從事此道，即自曼詞以爲低昂，又安見其不轉于人言乎？此本客生得之雲雛者，亦缺五字，較斷碑稍腴，而神勢遒利，紙墨色古，則傳摹久也。

跋褚河南書聖教序碑榻

包嚴介以褚河南聖教序碑見遺，云：『褚書眞本，只有此序。其同州倅廳事翻刻者，不入賞鑑。』或疑聖教序無别碑。愚考于司直金石目，有褚遂良書聖教序碑，依明誠之録也。考唐高永徽四年癸丑冬，褚遂良爲右僕射，書聖教序，勒石。至永淳三年壬申，懷仁復書此序。蓋褚以戊午年去，去後武氏正盛，疾褚，遂更命懷仁書碑。懷仁欲勝褚，故曰集右軍字耳。叔則云：『褚碑，元駱天驤翻泐之。世評褚著大節，而字如瑶臺嬋娟。其在長沙後，當不知何如也？』愚者以虞取俊潔，而褚時沉著，體方勢穩，此碑是其本致。其臨蘭亭、樂毅論，凝注健朗，而有鶱翥之勢，可想見也。泰和、清臣，皆取資焉。

壺華礌礰

天啓丙寅，王虚舟師持米仲詔先生畫石，爲吾祖廷尉公壽。峯巖宛轉，鬱積蒼秀，每從而仿之，不得其下手處。後與吉土往還，所見不一。壺中、九華，皴法變化，猶東坡之寓意也。若馮楨卿竹下石，千篇一式，披麻圈裹而已。鄭千里常言：『礬頭、荷葉、解索、蟹鉗，家數各殊，然貴在生動，不拘又不亂也。』子久橫破處，即是小斧劈。雲林削鐵，寔出關同，而斜疊亦用側筆。惟花卉、太湖石，透漏玲瓏，别是一格。其背面陰陽轉側之理，豈有二乎？豁然通悟，無不可者。因皴一礓礰，戲作襞縐文，自圖雪浪，刻于常山，亦是仇池詩魂，曼衍寫照云爾。

題九成宫壺中本

書法至歐陽、渤海，始一整齊之以律，觀者如向殿陛正笏垂紳，然其丰骨珊珊，自具高朗蹁躚之韻。米襄陽從此煉力而化之，故趙吳興不能似也。後人無此浪鞘淬鑰之力，將以塗鴉貌槮寮，便藉口楊凝式，嗤王著爲書家奴耶？南泉依壺山之嵁嵓數十年，忽爾千里訪道，攜此同遊，其意安在？愚者爲題『壺中本』，勿輕示人也。

書於陵子後

徐文長評於陵子，終曰：『天地間嶔崎歷落之致，正須牢騷倔强之人出之。莒蕨羊棗與八珍九醖同于説口，炰炙之餘，忽進草藻，即螫吻寒齒，而野趣暴發。謂人人盡好之，不能；謂人人必不好之，亦不能也。』愚者曰：莊子敘墨翟曰：『雖枯槁不舍也，才士也夫！』舉世温飽，面目雷同。有一于此，嶔崎歷落，正以不平平之，亦薑椒苦茶之資也。水激風鳴，何嘗有意，此畸人之意乎！亦可以哭，亦可以笑。

書呂覽造閉解閉説後

楊大復曰：『黑、黄、白馬同作馬，白馬非白白馬啞。逃天棄地入碗盂，瓦不問石，石不荅瓦。無已，姑相與爲閉，解一而不解一也。』呂覽曰：或獻閉于宋元王，王令國中解閉，兒説弟子解之，解其一，不解其一。造閉者曰：『彼不爲而知其不可解也，是更巧于我。』尹宣子曰：『止爲別創一奇，專以本不可解者困難人，壓倒天下之一切法。及其悟也，並其本分日用當解者而混縱之。辟如始則罪結禠，後則黷雉塁矣，豈不可歎！』李端叔所云『不得而詰，非詰之難，知所詰爲難』，正爲此乎？人心無古今，當周末時，即有造閉、解閉之學術，故呂覽引之，又況後之熏香吹影、巧護神叢者哉！嗟乎！閉而誤死已耳。解而明其可不可，是享中節者也。有此鏡在，又何能欺？

書閔子馬説後

周原伯不説學，閔子馬曰：『周其亂乎？夫必多有是説，而後及其大人。大人患失而惑，又曰無學不害。不害而無學，則苟而可。于是乎下陵上替，能無亂乎？夫學，殖也，不殖將落。』袁采曰：『子弟三病：華衣豐食，而驕惰不恤，一也；不讀經史，惟事嬉遊，二也；身既不學，又忌人學，三也。然且藉達人之快口以荒逞，而引才人之偏鋒以寃賢，其病益深，莫可捄藥。』愚者曰：今人藉口絶學，寔則不學也。快口偏鋒，何以藉、何以引耶？多有是説，而及其大人，此幾危哉！

書方虛谷序牧潛集後

方萬里序天隱禪師，季父姚勉夫文〔四〕，叔兄雲，皆進士，與回同年鄧光薦善。祖道晦幾，時節因緣。牧潛之文章，世多重之，而惜其不爲立政、無逸。夫性無三教也，乞士遇緣，寧澹爲本。禬禬積積，回避不及，彼且以雹拂拂之，相謂弄匙筯客。超宗者，言下不欺人，人自不達耳。離情見性，貴知心師。一門深入，煅之於虛空，而曝然回途，御風偕行矣！豈可以無哯地之死浸，與無願王之莽蕩，而疑亢潛之間乎！宗殆、杜襲禮、陳陶、趙孟僩目爲三教，夫即彼之立政、無逸也。冥權隨寓，别路之中又别路焉，世智安能測耶？環中老父，託孤杖門，公因反因，發揮午會，亹亹如此，竟無感者乎哉？可惜許。

題清芬閣白描大士像

清芬閣者，愚仲姑也。適姚前甫公，十七而寡，依廷尉、太恭人居。愚小子智，壬戌失母，仲姑撫而教之。曾定古今宫閨詩史。因有李龍眠本，朝夕彷佛，嘗畫大士。甲戌移居留都，屬求藏本。一日見陳旻昭齋有錢舜舉列女圖，取鄧曼、許穆夫人、括母，是蘭葉描，有大德四年金華胡長孺跋。丁雲鵬羅漢衣折用重筆，以淡墨泊其線路，而細作錦紋于其中。鄭千里亦仿之。廬山石刻大士，筆分輕重，蓋有妙於筆先者。近且望八，焚香作觀，出示毫端，非尋常可比也。烏龍潭丁菡生，曾以石摹其立海之像，推倒洛伽，乘流占步，自非析骨析肉，烏能下此金剛手乎？

紉蘭閣者，愚伯姑也，適張鍾陽公，山左方伯，城破殉難。亦善白描大士。嗟乎！世止知念捄苦捄難，誰知念捄安捄樂？近年刀兵水火，霹靂之下，無不焦爛。生于憂患，到此拜立，誰謝指頭供養也耶？

寫憩寂圖寄益然大師 即汪扶光

李龍眠爲柳仲遠作松石圖，取杜詩『屈鐵交錯回高枝，偏袒右肩露雙脚』，『葉裏松子僧前落』。東坡目爲憩寂圖，系之以詩。一日，晚對隱屏，松雲溪雪，不容人語，因潑墨爲一幅，寄吾益兄，聊當舊期小桃源之憩。

書鶴銘卷竢菴語後

曹士冕曰：『焦山瘞鶴銘，雲林子以爲陶弘景以句曲所刻隱居朱陽館帖參校得之。』蓋宋黄伯思長睿亦號『雲林』。郇璿曰：『孫恩反，會稽軍士碎雲門之鼓，鼓中有二鶴飛去。』雷門又名五雲門。此東晉末事。瘞鶴銘曰『雲門去鼓』，正用此。乃以爲右軍書，何陋耶？梁天監十一年，爲壬辰；十三年，爲甲午。隱居于天監七年東游海岳樓，駐會稽。壬辰、甲午，正在華陽。蔡君謨曰：『隋平陳，中國多以楷隸相參。』瘞鶴銘文有楷隸筆，當是隋代書。山谷曰：『小字無過遺教經，大字無過瘞鶴銘。』愚者曰：所謂楷隸筆者，中鋒也。魯直雖得筆意于鶴銘，卻取楊景度，欲破俗書，將以欹側爲鸞翔耶？忽觀竢公卷，二十年孤處層樓，而仿鶴去之筆，多用章草、八分翹尾之勢，蓋信古人出鄽之後，閒心隨寓，往往奇勝。而正不書本名，使人疑之，自未可與俗人注解也。

題吴季六乾筆佛像

高麗畫大士，原出于唐尉遲乙僧筆意。今西洋堆染細皴之法，能使顫高眼深，正其不約而同者也。至以乾筆寫生紙，不藉影本，不試朽枝，信手展揮，輕埃襞積，亦與西畫同其凹凸，此則吴季六眞得未曾有矣！道子圓光一圈而已，季六嘗作十方長焰四布之，又或染紙地如雪天法，以漸漏白，儼然一圓光籠其首上。奇哉！季六少以舉關力聞，魁梧山立，衣鐵馳馬，千人辟易。而今乃運絲髮之腕，茸毛不亂，又何其收放自由也！然吾見其伸紙也，亦必止觀累日，然後起而成之。

書韓忽忽篇陶神釋詩後

韓昌黎忽忽篇曰：『忽忽乎，余未知生之爲樂也，願脱去而無因。安得長翮大翼，如雲生我身。乘風振奮，出六合，絶浮塵。死生哀樂兩相棄，是非得失付閒人！』孫文介曰：『人非寥闊，不足以消其心。』億略曰：『人惟不勝其情，而乃求釋其情。凡言忘情者，皆不能忘情之甚者也。』李長蘅曰：『必極其情之所之，窮而反焉，然後可以至于忘。』陶靖節神釋形影詩：『縱浪大化中，不喜亦不懼。』遂爲神乎？退之忽忽作歌，將求所謂無生乎？

本不借一物一法以自慰者，不可不窮盡而至也，過關矣！此等又何庸迭迭逃逃爲？雪峯曰：『單提之，則一切不是。』然厭惡一切，又成大病。醫經：腎主恐，脾主悲思，肝主怒，肺主憂，心主喜。五志互克，而止是喜懼二者，猶五行止是水火，四時止是寒暑、南北耳。知北遊曰：『山林歟，皋壤歟，使我欣欣然而樂歟？樂未畢也，哀又繼之。』然則奈何以死養生，猶頍弁之詩、張老之禱也？一懼一喜之間，乃所以享其喜懼不及者乎哉！

重潢子暇靈山籧廬圖

朱右司馬改號籧菴，贈愚者以下巖青，因畫靈山籧廬圖，筆文而法老。愚者爲篆『籧菴』一涑以酬之。同時賞鑑者，臨桂瞿稼軒年伯、李𠃵舟給諫、徐巢友煉師。丙戌，愚者入大埠猺，一切棄寘吳鑑在御史處。詎知戊子從沅返粤，而鑑在復以此石見還耶！諸公皆如空中仙，而此石常隨藥遊行鄗。嗟呼！無非籧廬也。籧然寐中，不妨寫畫。

爲蔭公書卷

嚴滄浪以宗乘論詩，湯君載以宗乘論畫，將謂門入非珍，而多方誤之乎？將求智過于師，而逼牆插翅乎？將倚此宗原無寔法、原無肯路，而任其矯亂乎？亦貴夫深造自得耳。

向上一見，永不再見，則所謂無寔法，正即一切法，而各象其宜也。彼徒以無肯路，恣臆詆訶，竟以無寔法廢法，而自便其鹵莽，則潑熳欺人已耳！然又非可死執枯椿而膠柱鼓瑟，亦不妨于專門精入，而旁觸互通。願力火候，何可昧乎？孫位畫水，張南本便能畫火。道子寫像，楊惠去而學塑。法開行醫，即是説法。一行衍曆，早已超宗。是則相代相錯，迹且舛矣，其貫之者，果何在耶？以元人筆寫宋人法，又蒼又秀，明暗交參，則誉丘、昭道，不見鉤斫之痕；解索、梅苔，總是破焦之點。先吟摩詰、達夫，而後擴以杜陵、義山；能爲昌黎、東坡，而散爲香山、放翁。於是乎曰：詩有别才，畫有别致。落落穆穆，消歸可也！鐘無鼓響，鼓無鐘聲，本來證空，飯碗依位。寂寥非内，寬廓非外，南看北斗，午打三更，兼中到者，代錯于一毫頭，豈閡三重四破哉？借喻取快，亦偶摭其一重一破耳。宗固無所不統，而變變各止其極者也。隨類不二，本泯何言？過關者少，曼語者多。塞壑填溝，何消氣急？愚者嘗謂天公是第一畫手，伏羲是第一詩人，得毋引孫休之詫否？

跋王晉卿孝行圖卷

李龍眠山莊圖，寫其家廟，與其世墓。又書孝經，于宅兆之，卜亦具焉，謂是孝子之終事耳。王晉卿詵寫孝行圖，舉孝經通于神明爲主。故讀誦諫諍，王事靡盬，無非此油然者，古今無間也。晉卿以駙馬好古能詩畫，與二蘇、伯時諸公投契，且以諸公黨而遠置瘴徼。後乃還朝，與坡賦舊，其爲人固自有其本矣。終卷以丘壑松楸，感亦固在是也。

跋清明上河圖卷

宋翰林張擇端正道，善畫宫闕、闤闠、人物，所至以萬計。清明上河圖，張著以爲神品。至正間楊準得之，武塘盛子昭楙仿之，泰定趙彦徵麟爲之賦。愚者于聾鴻圖處見之，今復于清遠堂見此一本，彷佛無二，但後苑較獵遊太液池略别耳。夫以江南而寫汳京，輓近而憶宣和，王孫芳草，宜張羽、何嵩遠之咨嗟徘徊也。

書藥王説後

蕭元聲舉埋菴曰：『梁武捨身是大羼提，昌黎一表是眞供養。陽明許朱子晚年出家，一菴要送達磨上學。』且道具何眼，合此等湯頭耶？劑分寒熱，有時互用，毒藥衰其半而止，備急丸反得不泄，誰人感恩？

書評文卷後

張元長曰：『近世好詘濟南，如笑子雲以艱深文淺易。』不知言子雲者，必其見子雲之爲淺爲易，歷歷可揭示人，而又自能滔滔汩汩、不艱不深，以成一家之言，可以俟後之作者而不惑。然使後世有子雲，猶未必其言之盡是也。今之人何鑿鑿也？嘗覆按其人之文矣，鼓掌盱衡，自喻滿志乎，則未有不爲險句累詞者也。其險句累詞，又何嘗不顯然出於濟南，而無所顧忌，猶曰文須獨造，安能爲昔人所嘗爲？今之人何鑿鑿也！王遵巖爲涴青門序曰：『君恂恂恭勑，風致藹然。其所爲邊關諸詩，意氣激發，不搉于聲律之外。如彈鋏欲邀公子之車，款户必得美人之首。攝衣欲從虚左之迎，猶餘矜色；持槩招他人以敵，徐出謾言。又如睨柱秦庭，不辭碎首；擊筑燕市，髪上衝冠。使人讀之，憑軾而有擊轂之爭，隱几而有按劍之怒，抑又何也？豈其濩落無用，雖託以爲佚，而雄心俠氣，猶不能自釋，時時見于此耶？然則裝餙贍詞，以快形容，必不免者，而俳且不揀徐庾矣！』

愚者曰：史漢大家一路也，而今乃齟齬，不過後人壓前人以驢門耳。草木各有花實，此天地之正也。析理序事，紀物寫情，學識足以達才矣。度量風致，其所醞藉，豈曰修詞成章、聽畫墁乎？自晉競玄言而小品豔，宗乘白著而遁者夸，市井亡俚之吻糞掃六經矣。

噫，徒讓畫鬼者諆詒乎哉！

跋南泉所藏銅海書帖

崇禎庚辰，先中丞以忤楚相逮理。銅海先生拜杖，同在西庫，衍易象正。小子得侍，時見揮洒，文不加點。偶請象正、洞璣之旨，疑尚書不合易策之故，以虚舟子圖質難。先生蹵然揮之，别書寒松問少年幅。當時諤諤，浮氣乍歛，知先生之教深矣。忽移北司，所衍二十四圖，亂播在地。先中丞收之，皆手書宋體，鐵畫森嚴。河南伯即此是學，况在憂患，跬步不失，學者能容易至此哉？牧仲親炙最先，珍藏一册，且數十年，攜之出遊，示我噴雪。庚辰、癸未諸詩，狎行間草。寄示楷筆，或取鍾、王、歐、虞，而時出之隨意瀟洒，要亦無常師，骨峭神淵，是其心影耳。一夜月明，三家雷火，千春筆冢，四壁蝸涎。墓廬對榻，嶰谷笙簫，天地近玩，惟時時磨礪，是所望親親者。末一札，知世必亂，叮嚀志事。『凡人生病痛，皆不在博約分途、儒墨互非，只是割不得「利禄」二字。割得即高車駟馬，與姬孔舟旋。』讀至此處，誰不愯然？嗟乎！安得長此羹牆，而苟媮以涣血爲解，實愓日耳。牧仲易史，雪纂三尺，天下誰知此者？立誠居業，寓藝轉風，矢此一報，自遇其人。奎占無光，受命如響。集於斗極，深藏遠待，安得不珍重乎！

書蘆藥合草後

賡之本師世居蘆中，其門人智出世託孤，自稱藥地。甲辰，師來青原。丁未，智詣莆田，親拜容窩之廬，遊覽九漈，盤桓黄石。其一時隨寓之語、酬唱之句，容窩記室輯而存之。吾師既衍臨别薪火之旨，因彙一編，題曰蘆藥合草，亦以三十年之白髮師生，留此一會，非偶然也。昔歐陽公作山中樂送惠勤，勤謂子瞻曰：『公天人也。人見其蹔寓人間，不知其乘雲馭風，歷五嶽而跨滄澥也。』子瞻在潁〔五〕，曾挑詩曰：『致師須是老門生。』今智不敢比子瞻，亦不敢言挑，而吾師金石之音滿天地，不遠千里，命小子書之長箋，以留其家，乘雲馭風，且託以寫山中之樂。惠勤所云，豈復讓古人哉？

是年爲庚戌，藥地六十。聖域、祖關之中，新建别峯，遂識此而歎曰：天寓于人，人寓于世，世寓于事，事寓于時。隨寓冥心，豈有迹可避耶！山水筆墨皆薪也，皆火之所以傳也。後之覽者，豁然别峯，以不借借，山中之樂，眞千古之樂矣！

跋直之弟所臨顔帖

中履擕吾弟直之臨魯公一幅，蓋其三十歲病中所書。神情蕭然，饒有逸興，亦不拘拘以三折撥鐙而膠致者也。吾嘗謂法以忘法而神，窮盡一切法，乃無一法可得，此鄭杓所謂大成也。臨者之意，亦在此乎？坐位屋漏痕，天然尊貴矣，詎以多寶塔爲田舍翁耶？吾弟少負豪雋，其才不羈，遭時骯髒，三十而歿。有時術堂稿，其孤中發集而藏之。筆迹爲當時所賞，今亦稀少。忽然見此，人琴俱亡，藉之以存，因命工雙鉤過朱，泐諸石。噫！屋漏痕豈徒以書法謰謱哉！

浮盧愚者智識于青原之歸雲閣。

跋渡海羅漢卷

劉後村跋王摩詰渡水羅漢曰：『渡水僧或乘龍，或履黿鼉，類多詭怪恍惚，不近人情。今最後一僧先登于岸，雖目視雲外孤鶴，然脱衣在磐石上，欠伸垂足，若休其勞苦者。前一僧未渡，纔數寸淺水，而中一僧乃倒錫杖以援之。三僧皆至人大士，而涉川之際，謹重如彭祖之觀井，曷常以蘆渡、杯渡爲神哉？』吳草廬題曰：『傀奇磥砢近狡獪，雖未大乘亦機警。誰能領取象外意，觀者空疑燈下影。』愚者曰：慈尊長憫衆生痴，直到如今痴不醒。豁然燈影，蘆一龍也，杯一黿也，誰知醒處更生在此海中，休石援杖，機固不得不警也矣。

神癡也耶！方外閒人灑一滴水，破一微塵，無非捏碎蘇彌，踏翻娑竭，將謂意生身與十劫觀樹，差殊何在？波瀾回互，即以固然而茫茫然。苟未窮過偃岳乾海者，其能信乎？六韜老年，精此不二，偶以李龍眠過海墨本放而演之，不加諸色，信筆有神。然須問畫此者、題跋者，意生何處？燈下之影，伊可憫也。又況迹迹屑屑，爭唐王、宋李眞本乎哉！不如以大癡放筆爲樂。

跋五乳遺筆

一切法無我，得成于忍。入門之藥多方，應無所住而生其心。究竟寓諸無竟，畢矣！書法殊古，世不貴此，而以其腊神。嗟乎！不斵黸醬，澹然以老，無不乾安，況資丹頵耶？愚駭神錢，格惟一笑。

爲俗民書竹卷後

鄭所南推篷竹卷自題云：『清風清曉纔吹過，露出青青一罅天。恰似推篷偷看見，深林半抹古蒼煙。』至元五年，靜山周壽孫跋曰：『鄭翁，先考益友。畫蘭竹，求則不與，不求或與。將知者不言，言者不知耶？』陳昱題曰：『我坐小舩中，竹自在沙汢。靜觀不推篷，固已識全體。此君徹上徹下矣，相逢無言只彈指。春山車馬東風前，荒深一脉秋花天。百年揮筆誰别傳？欲弔此君吾亦顛。』由此觀之，億翁披緇承天，殆于别傳一場出没者乎？頃見俗民畫竹，書以與之。青青一罅，彈指間直爪透矣！小船推篷，且以抹悶。

書綽山卷後

金粟道人顧仲瑛，置壽藏曰『金粟冢』，而與知己遊燕。倪原道爲仿龍眠『禊圖』，匡廬于立作序，米珪爲小篆書之，地名綽山。愚者曰：司空圖、傅奕早有此風。才人遣放以出意，抄此題目，故自不俗。若必曰如此，乃是一生死一流人，則反俗矣！愚者嘗有語曰：生時生，漉巾噀墨雙眼青；死時死，荷鍤行殯不作鬼。生死本來一，莊子不消開一尺。竿頭進步王右軍，欣然有感于斯文。

書王日休坐脱卷後

周益公曰：『龍眠虚中坐脱，有作而無爲，不在此時也。』倪文節曰：『有餘則戀，不足則憾，了此者誰？』劉道原比于客寓，一毫不攙，殆了其故乎！愚者曰：隔日瘧在，留作呼桓。九峯忌口，寧食馬肝。

書小愚卷

米元章云：『大字如小字，小字如大字。』以勢爲主，乃規摹古帖。後遇錢穆父，訶而自出機軸者。華亭宗伯謂騫翥險絶，勢奇反正，平淡天眞，顔行第一，自於八還悟入。然曰：『余解此意，筆不與意隨也。』頑仙盧則自出峻峭一路。孟津宗伯則又笑之，往往濃墨淋漓，骨力裹鐵；而宗圓順者，又復抑之。

愚者曰：必臨古帖，乃不墮惡道。光與古人爲一，乃能別變。筆泯於法，腕忘其心，始享方圓同時耳。人本不能健整，而驟語刓順，祇屬耎稚；不能牽展，而但言縮歛，祇屬局促。欲得陗拔，即側戾剛踣，不中虛和之度；欲得險絶，即蛇糾鬼攫，不入高朗之格。莊則太痴，散則太漫，大約人各就其所近，各自取一法，而又巧爲之説，奪人以自爲地耳。鄭子經所云盈虛消長之理，雄奇雅逸之觀，寔是寓形上下而備焉者，漢、晉、唐、宋無異也。縱横出入，屈伸剛柔，人不能自盡其才、自得其法，而委於不學之性，寧惟書法乎哉？且看池水黑否。

因二貞一篇跋

心之精，親己疏物；心之神，用外爲内。精無人，水内景；神無我，火外景。學問才能，以享其性，皆性之所爲也。用光得薪，薪盡火傳，尚紗縠耶？生死發藥，以死治生，來處騰疑，惟惟了之。剔心于識，猶之尊微于危。神不可知，在可知中。理泯于事，究混不得。故曰：天無先後，中有條理。賾不惡，動不亂，豈求無爲於恍惚哉？

校記

〔一〕太　當作「大」。

〔二〕天　據莊子德充符，當作「地」。

〔三〕壁　當爲「璧」。

〔四〕夫　當作「父」。

〔五〕頴　當作「穎」。

浮山此藏軒别集卷二

浮廬愚者隨筆

題大士垂一足像

三十二應，不起于座。試問大地平沉，誰許汝坐？無端添出一足，伸不得，縮不得，作麼生過？大士曰：『錯。』

眉心大士

楊枝不見根，四時春風雨。請問大師：今日向何方去？白衣無縫裹乾坤，不知不覺，露出眉心一句。

爲石鞏老宿題覆頂大士像

莫將兩條髮，繫縛虚空；且用一幅布，包天蓋地。若遇着石鞏來，捏住鼻孔，不知者老漢何處出氣？

姑山定菴請題

白衣丹抹草蒲團，袖手不作如是觀。只恁麽蒙頭縮脚，也大無端。踢倒浄瓶去，雙瀑飛巑岏。半邊鼻孔，有甚氣息？陰晴倏忽蒼崖寒。到此者，再看看。

花冠古像

乾澥推山，虚空壁立。古鏡花冠，滿身黑漆。顛倒兩手，挼天過日。且道者眉間挂劍一場紅，是誰點的？

墨刻像

墨中白路，衣線波吒。一塊石頭，萬古生花。末後圓光，是個甚麽？相傳至今見者，莫不隨聲喚作大士，愚者曰：『差。』便有人喝曰：『切忌隨聲喚作大士。』愚者曰：『差。』

露頂雙鬟垂手像

自伸甘露掌，卻用春風枝。放出青螺頂，又作雙鬟垂。且笑著簪金跳脱，持此欲何爲？正爲舍與世人笑，不妨平地生支離。

爲藥雲題

大地平鋪作草藁，卓立金山又推倒。從來夸口甘露瓶，此回袖手無處討。奉送藥雲歸鄉，大展三拜時，東方自曉。

爲柳齋題大士

蹙鼻眨眼，展眉遮面。十八變中，是那一變？可笑預插瓶心柳一枝，踏倒膝下葉千片。我今推他起去，不知世上人又向何處相見？

爲懶生題大士像

蒙頭抱膝何爲？爭奈蒲團有眼。且問楊柳瓶何故插在背後？曰：『懶。』

瓔珞像

草漫漫地隨方踏，莫是一個大花押？且須放下胸中瓔珞珠，自能轉此一百八。將謂是觀自在菩薩麽？軋！

金蓮山請題

紙衣若問不借借，兩眼向下，不荅者話。翠竹桃花笑有聲，東風託出當空挂。

彌勒如來贊

雲頭墮在街頭挂，一幅包此人間大。樓開閣閉指尖間，撞倒背後拍一下。滿布袋是甚東西？百雜碎，無人着價。待問他時，有理難伸，但消得一個嗄嗄。

别路杖影

此何人？支離其身偏出門，衝四面風蒙葛巾。手弄七尺揮浮雲，頂踵句股方圓輪。九萬里，只一步；五蘇迷，踢作塵。藥籠嘗毒，自吐自吞。聊且大笑，空累兒孫。有人問之徒見嗔，世出世間皆不聞。

又題小像

坐此何爲？肚皮雖大，未免支離。左挼芒繩縛小鬼，右拋拄杖摧須彌。拂袖去也，是誰得知？

遊山像

自來自往，一葉指掌。渾身蒼蒼，日出眉上。踏碎青天，衆山自響。何不歸歟？問擁腫杖。

題畫册後小影

奇不奇，痴不痴。大地無寸土，曳杖何所之？坐久恐成勞，牆壁羞管窺。遊戲遠登臨，老病路險巇。不如一筆掃落五岳十洲之煙雲，剪紙喚起狂風吹。究竟此意不可解，裝面弄成千古疑。噫！

題仿古册後

氣韻生動，得天爲多。然天自藴一切法，流峙動植，一縱一衡，莫非天之法也。學先資于古人，能徵古人處，即自見其天矣。久之而心手與之爲一，古人一我也，天一我也，造化在乎手。宜僚之丸解難，寧王之鼓開花，詎可言説耶？當其事此，獅子搏免，必用全力，未可以苟而冒之。塗鴉者自謂張顛劍器，不鵲而仰空笞箭，且夸吾棘端落處，定中秋毫，讕讕何爲？洪谷子曰：『道玄山水有筆，項容有墨，吾其兼之。』夫中鋒之幹，積顥之埃，蒼乾之入有無，煙潤之藏烘染，惟成乃化，頓在漸中。正如甌冶之燒淬，夕桀之乘除，固未有不兼者，候何可以自欺乎？噫嘻！摩詰餘習未忘，蕭賁止以自娱，隨場遣放已耳，又何讕讕？然讕讕亦遣放也，況自有同心木石不放過者在。

題枯筆山樓

乘六寄我白門小筆，揮灑既久，聽其所至，遂成此種古秀蕭散之致。因歎山水造命，寄之退篋中。北窗南山，西崑東坡，盡爲此樓四面供張，别一天地。假使李成、董源責以攙行，則又有淵明請恕醉人之例。

卷幔看泉圖

透過三番山水之後，一任飛流怪石終日嚼爭。樓上披帷人，全享二樂，不作二見也。解索披麻，早已自信，必曰得之夫山黄鶴耶？

枯樹圖

盡爲榮枯，皮相久矣，誰知冬煉三時耶？此木笑曰：『我正開萬古之花，有人見賞否？』法者時也，道者歲也，寒忍而後温發，從來代錯，多少人被幾條閒名相填卻眼睛了也。遍大地總是文章，供我揮灑，而猶以秦漢、韓歐齟齬角爭耶！篷窗静對，造適而已，亦不可自以爲高。

騎驢過橋圖

石若冬雪，樹若春雨，人都猜作灞橋驢背，我便道是天台騎虎。驪黄九方，且請削垩；烏駁牸牛，不妨弄斧。方且遊戲大羅天外，卻來壒𡏖堆頭撒土。也是禿筆作怪，不覺舌爲之吐。是誰面壁九年，來此敲空下語？愚者放筆曰：聊讓此人一日，餘者不敢相許。

偃松芝石圖

一松如文殊在蘇摩城上垂手，一芝似長慶坐蒲團上卷簾。脚下石頭大者大、小者小，齊來祝讚一毫尖。

題三笑圖

涪皤、東坡，固是隨口註脚；子充、鐵崖，辨難亦屬綴旒。愚者曰：何溪不虎，何笑不三？各人就地寫其致耳。如猶疑此不能散場，且過橋去。

題櫸莽洲岸圖

槁木之枝若蜩翼，無花無葉抽荆棘。湘南枉渚山藏匿，農屋漁舟不可得。壁上觀者，以爲空中五色。愚者笑曰：秖是白上黑。

縣厓松櫟圖

披麻削鐵，不過是石。亂插針，吾知爲松。單介字，多應是櫟。或問莊子，材與不材之間，似之而非，又將何覓？愚者授記曰：包管斧斤不到汝，汝且面壁。

題畫寄俞郃

俞郃竹關相見，忽忽二十年。頃郵書云：『蟬窠壁上，正望青原老人半幅不得。』一日臨窗無事，天氣乾蒼，敗筆又渴，遂成此種雲樹，不知摩詰、巨然，當時曾夢到否？因起歎曰：『山以灰堆成解脱，雲從紙背獻兜羅。』

又題

三文錢買鷄毛筆，遂能別造山川，與百金買不龜手之藥，遂以封，有同別否？槎椏數枝，茆草一亭，亦具濯纓之樂，卻無平泉之憂。因以輞川前身爲洴澼洸，戒祖後身記超然臺，喚作竿頭，是誰解笑？放下筆，出溪邊，林鳥來歸，又過一日了也。

題靈壽木

偶從漱青峽得之，似薑、似蕉、似竹，通身棘張，三冬不變，固知是靈壽木也。因圖之以待識者。

爲剛臣題

陳公弼家，柏石纏根；黄山谷手，快馬砍陣。忽然引此，又似指東話西，要須證過木石者，與之寫胸中磊落耳。剛臣居士，蘭臺中且作壁觀，豈無一人來買此方者乎？

乾點

米襄陽、高房山流傳巨然點子，曾知秖是煙垢藏身也耶？若問閤上人，自然不答。

遠峯入樓圖

忽然吟曰：『我與小樓俱是畫，觸着一點，別有一場快活，亦不徒在煙雲也。』

山肩小閣圖

巨源曰：『登高臨下，自然深遠。』如此閣上，灌莽當前，幸得白雲間之。然則窗中人，亦是背負蒼蒼而下視者乎！愚者曰：暗享此福，知未必知。

崖下放舟圖

樹似富春之釣，船似圯橋之履。將謂巨狩而資軨颯，叩栧而渡山海，猶以上下判天淵耶？臨公遠寄素縑，畫者、題者，料踔何涉？且面壁着。

埃皴觀瀑圖

狼毫禿渴，何以寫來煙潤耶！本自不染，而隨一毫頭以現身。試問墨池，墨池不容聲也。瀑布不溜青山走，參取過橋攜杖人。

煙柳圖

江干煙柳，特立一樓。卷幕杳然，何無春興？忽歌『天下傷心處』，青蓮如此唐突，必有故矣！杜陵故園，愁中畫生。誰餉空瓶，又驚此曲？

又柳亭

風流可愛，漫説張緒當年；樂府橫吹，莫問新鋪誰緑。郵亭如故，不見去來。惟許閑人，免傷春意。

爲硯鄰作

削鐵師關同，蟹鉗師浩然，猶是牝牡驪黄相馬耳。别有蕭條難寫之致，隨分露一毫頭，因作洛下聲曰：『不亦說乎！』

題雙松

其根抱石，其針刺天，無端幻出影儼然。盡道歲寒留山川，忽聽風濤過耳，曰：『誰信此筆在天地先？』不妨白紙，日生雲煙。若有人問，紗染中如何得解脱法耶？袖手不傳。

題　畫

米襄陽老來快口，煙雲供養；王安道老来自首，熟處難忘。愚者曰：猶是別峯描邈，畢竟如何，一句相償？秃筆笑曰：『如不可求，從吾所好。』

雪中騎驢圖

古今冷擔子，盡在此驢背上矣。誰經盤嶺過寒關？且看半路青帘影。

縣崖遠覽圖

一覽江光，自爾超曠。若曰列子被伯昏所迫，吾不肯受也。因詠曰：無事自高興，歸帆但信風。

扁舟洞口圖

古有伐木開道以遊山者，何如漾舟入洞口耶？雖然，創獲之奇、遊藩之逸，未可頡頏。子美望岳，自是愛惜退之眼淚耳。

松石圖

河陽新婦子，臨濟小廝兒。化作松與石，鑑湖重配之。

題蕭尺木畫

以乾筆枯線寫吳裝人物，故是尺木奇致。忽見所刻離騷九歌圖，李昭道、趙伯駒皆其衙官矣。以較章侯水滸，觰沙蓬杳寫磊塊爲何如耶？人無大心，難脱瑣瑣；人無細心，一事不成矣。濩索轉闗，其中節奏不差絫黍。詎曰一撥刺聲，便以豪放名乎？

題望子閣帖

此泉州馬蹄本，泐痕儼然。近日多衷一公翻本，無此泐痕也。可喜者適存右軍、大令父子數卷，深心此道者，豈復爲唐皇、米顛抑揚所齟齬耶！鐘溪望子，千里出遊，攜此不舍，意在繫表。外人那得知，何局局較泐痕爲？

跋畫石卷

黑又白，圓又方。乾又溼，柔又剛。茸然毛，截然光。其枯若朽，其腴若肪。其落筆也，次第秩然有先後，而適還其無先後。其成品也，倫脊翕然分中旁，而實未嘗有中旁。將謂變化如幻，解脱三昧，卻又孚尹薾理，條達成章。以爲輪囷渾噩，椎樸自然，卻又造化在手，裁成陰陽。止乎不得不止，行乎不得不行。官與神不須臾離，手與筆本自相忘。確乎宙輪宇矩，歷萬劫不曾移易。儼然析骨踐形，盡一生用其短長。何乃以一毫淡水，遂能破五色玄黄？永不落生死得喪，卻讓其指點徜徉。因悟立象盡意者，遊戲物表。果然別峯藏身者，隨類逢場。或問浮廬愚者，畢竟是何意耶？信手舒卷，起而笑曰：偶爾偶爾，莫怪郎當！

題蒼莽粗豪幅

『或看翡翠蘭苕上，未掣鯨魚碧瀨中。』故有時如儲光羲，幽映閒門；亦有時如韓退之，盤硬雷硠。何必避鐵綽板，而豔杏子衫乎！猶守一家，嗤點皮毛，且上此松，看駕浪去。

題韶秀蕭散幅

既掣鯨魚碧瀨中，仍看翡翠蘭苕上。業已櫓激瞿塘，自爾帆吞雲夢。九子皖公餐秀色，六橋煙柳醉春風。東坡以玉環消杜陵之瘦硬，致光以香奩消池底之悲涼。下筆之先，無二致也。只是吳興小兒，莫强解事；陽五伴侣，不得效顰。

題方解石

是誰割切方壺，來供荆關削鐵。鑿翠鏟疊，或能過杜陵之九折；崩豁崖垠，何乃畏昌黎之嶄截？隨聲附和作飛梟，早被此石笑不徹。

玲瓏石

是誰琢受具區波，泰山穿霤爲我磨？手摘大千還老圃，藕絲孔笑巖穴蠹。近來名園假山仿大痴，花卉玲瓏棄置之。山水家見汝皆攢眉，吾謂雅俗各有宜。世間好奇不知奇，多半爲文人指點之所移。噫！

潑墨疊崖

黑山鬼斧眞怕汝，白衣蒼狗同什伍。玄圭沉玉堆卦畫，千年之壑出黄土。强爲混沌撑肩臂，頗笑烏鰂妄吞吐。將謂開簾放煙與潑墨有同别耶？守黑老子曰：『可惜許！』

雄踞石

『草中誤認將軍虎，山上曾爲道士羊。』此唐人王感化詩。『拔得水犀頭上角，變成嬰䳺夢中螺。』乃吾友汪子白句。忽然感憶，附記於此。

列指石

九華可望不可登，三山立海遊不能。莫笑空拳迂秦漢，皇帝自娱加此名。窮崖突兀發奇夢，卓筆刺天天可升。我謂漆園、龍門多畫出，世人碌碎信不曾。且莫驚，何不看韓昌黎自暨赤螭藤；且放平，何不看陶元亮細描山海經？

題黑石芝

誰獻水蒼玉，莫是山海礵？黑墳蒸成菌，雷雨何神速？還有種識無？條達天然足。可謝北方帝，安置愚公谷。

穿漏石

輪囷不必入櫟社，磥砢不必附崑岡。以爲守黑，卻條理而白章；以爲砥礵，乃淡然如水蒼。自非鑿空，長居草堂。

擬雪浪石

高浪駕天輸不盡，頃刻青黄浮瀣蜃。韓修武以之論文章，蘇和仲買作仇池頂。甘露莊一拜難換，玉蟾蜍滴淚不肯。亦曰：惟心所造，何以得忍也耶！波浪天下，笑必至矧。

鬼面皴

龔聖予以畫馬名，而又自題墨鬼曰：『未有不善眞書而能作草者。』竟謂墨鬼爲戲筆，是大不然。然則畫馬其眞書乎？恐仍屬牝牡驪黄之見也。且看此石是幾十年，乃可信手爲之耶？即曰馬也、鬼也、石也，皆戲墨也。吾又何辭？

回字皴石

地出雲雷堆縫罅，蒙倛方相頷毛乍。聖予畫鬼當草書，東方曼倩何勞傌？寧歌少陵鏟疊嶂，勿引熊渠夜間射。若遇醉僧踞地槫寮題，定悟紙衣不借借。

題石寄玉田

是誰析得崑崙骨，洗濯江湖雲出没。昆明歷劫留蒼浪，漫説天根標月窟。寄與玉田懸高堂，磊磊落落生毫光。墨池别路足揮洒，信得青山白石披肝腸！

累圓石

聖人師萬物，毫毛有脊倫。方圓本同時，砂礫皆金珍。鋮鋒尖起甄陶鏇，崑崙背上牛毛皴。削鐵劈斧，諸家到此莫怪，今日是金粟如來大轉法輪。

㒂爪石

仰祠石屋齊臨池，翠茸㒂絺青玉肌，爪甲棱角鉤人衣。吾嘗玩之，不能擕歸。想成緑火盤雲飛，寒郊瘦島其遁肥，觀者毋怪人雕鐖。

羣峯小屏

黄海雁宕與武夷，未若桂柳陽朔奇。驂鸞劍鋸碧玉簪，平坡萬笏穿清瀨。當時虞山命我寫其狀，李成郭熙搖手辭。愚者搜出鴻濛骨，幾年創作珊瑚枝。蹙縮蓬萊供盆几，傾湫倒岳太兒戲。噫嘻，果何爲？撑腸拄肚休網碑，駢指會蕞眞支離！

題石寄黎愧曾居士

陳後山云：『岱宗小天下，惟以石自奉。』楊誠齋寫石人篇，周益公許其倒三峽、掃千軍。東坡曰：『我攜此石歸，袖中有東澥。』象耳禪師撾鼓舉揚之。杖人銘：『性本不動，孚尹旁達。黑白方圓，同時周匝。』今愚者寫此，於諸公還有過焉遺焉否耶？且寄我愧曾居士曰：『晚對點頭，不妨怪供。』

文孝貞述兩先生遺帖後跋

前幅爲先祖廷尉公泰昌庚申寄長溪諸條，後幅亦廷尉公霧澤軒敬業之訓。先父中丞公，晚徑書與吾弟者，藏在鹿湖，德、通、履、發簡出之。浮渡之孤以智讀而歎曰：『竭致闇修，隨分一寔，敬遜時敏，泯火于薪。此日用飲食之灌灌也。』廷尉公書法近過庭，中丞公筆勢似大令。手澤所存，見者感發，而況其子孫乎？不幸降喪，哀恫卒荒，風木遺音，一夜且五起矣。因鉤上石，以付四男子，立于此藏軒面山之壁。

書桃源卷後

淵明桃源記，其無何有之大樹乎？其毗目仙人握手之故處乎？坡云：記言先世避秦亂，此則漁人所見是其子孫，贅矣。又云殺鷄作食，豈有仙而殺者乎？支矣。南陽菊水，青城杞根，武陵太守得而至焉，化爲爭奪之場矣！仇池九十九泉，仍作望梅止渴之藥，可耳？公安似乎知之，然好以花事擅人豔情，得無誤執桃源縱盜耶？晚乃悔之，歸于平約。嗟嗟！今之以無何大樹、毗目故處，爲爭奪之奇徑者，淵明能不縐眉？

方竹杖銘

乘五雲，出空谷，可以環天下而藏軫轂。

又

動罔不宜，在坤之師。

又

登高臨深，惟汝不慄。環中四顧，惟汝藏密。

又

左之右之，惟爾卓立。四面風來吹不入。

又

莫笑削圓，行地而天。

又

還四顧否？天地在手。

又

雷風恆，著一莖。時止時行，惟直可以縱横。

又

四不壞，一何在？日參前，立不改。

又

恆立不易，扶老勿恃。

又

方圓同時，惟爾中節。握手乘雲，周流無轍。

箛篥竹杖銘

空心者實，蹙頤而直。在山水間，善遊以息。

竹根筒銘

雲雷笈，毫端正。

筆筒銘

參天遊息，且立研北。

班竹根筆斗

舜林一斗，直立斯受。以風霜斑，逢擊節手。

腫木筆筒

擁腫如此，又空乃腹。且教人直立其中，亦享橛株之福。

斑竹詩筒銘

有筠無心，寄與知音。

又

餉空有句，點點霜露。

又

信汝彬彬，寄懷故人。

又

且見一斑，袖中往還。

又

漏痕不欺，往回自知。

又

雲山幾點墨，天地一郵筒。

又

風霜班班，寓此閒閒。

又

汗青以報，握手一笑。

櫔株筆筒

斷菑爲容，無心而藏鋒。

又

裁此輪囷，廢而中選。讓直立者，藏身弄眼。

竹根盤旋銘

方圓同際，月許規輪。光天中地，節取時因。

又

山空羨圓，理根有節。環中見天，是神手得。

旋銘

命地承天，古輪知始。定位恒圓，主賓時此。

又

在未有先，將何爲問？界地剖天，常歌時定。

又

片雲立日，輪空指掌。見門入室，眞風始賞。

竹根盤銘

剖雷丸，奉一拌。

又

節錯根盤，以承則安。

大理石盤銘

惟平素，可以載。其孚尹，無内外。

竹根鉢銘

通身金粟，不畜一粒米而無不足。

梡　㡑

出山雷文，安哉以熏。

枅木案銘

不必其爲梡㡑，不必其爲洞案，何以報之？雖涣奔而居玩。斷甾致此，無羨無畔。聊承爐以上歆，不覺嗒然而歎。

枅板銘

交讓之木，裁版牉合。可以爲蓋，可以爲夾。雖置一方，而用也周匝。藏書時展，問則不荅。

戒尺銘

第一作得主，不被物轉。知其用處，可以舒卷。

又

維直以方，風吹不動。周圓合宜，隨時應用。

又

可按可切，常裕而不設。大巧若拙，用過無轍。

又

得此而用白黑，吾信其直。

赤心文木戒尺銘

赤心結實，裁之斐然。過此正定，當我案前。

荔枝瓢銘

瓠落誰剖，常挂樹否？卷曲信天，且伸一手。

水如意銘

非蛇非龍，不求先容。

又

紫芝不朽，天地在手。

圖章銘

大圜内，伏羲説。印方塡，同而別。介如石，方寸鐵。安名字，裕不設。篆秩秩，手切切。無首尾，隨巧拙。赤日光，露霜雪。當其初，歷然墨。實藏虛，泯白黑。問何人，卦之德。此藏軒，兩間塞。琢磨畢，平四克。善藏刀，養其直。時屈伸，恆自得。傳古今，識之默。

令升紅黄圍帶硯銘

黄流在中，而周四維。不一不二，判此者誰？

硯　銘

信古下帷，天地臨之，毫不可欺。

又

磨之不動，古今奉重。

又

善耕此田，臨池如淵。

又

鈍以爲銳，賴汝礪。

又

煉欲何補，一窗雷雨。淬天地于此池，享山中之太古。

又

苟況賦鍼，言其先引而功成不見也；賦蠶，言其舍身利世也；賦雲何爲乎？愚者曰：筆先引而功成不見也，墨舍身利世者也，硯何爲乎？此可以悟三不離，而處閒用物者之起乎動静矣。雖然，讀天地之書者，方能享此，徒爾閒中消日耶？彼不荅而熟視。

又

閒無事而有事，青相視。

又

遇方寸鐵，裁成木臬。天山誰識青花？且作龍蛇斷碣。

又

研之不已，我心乃洗，其介如此。

跋

方小愚一日示余以浮山别集，余受而讀之卒業，憬然曰：大矣哉！老人盡性之書也。世言禪悦通脱可喜，於是蔑經毁教，屏置一切，類爲不可測。其於世也，擿埴索塗，冥行焉已矣。號稱聞道，高譚玄渺，趣簡便而苦賾隱。片言證聖，宫牆自峻。執燭揣籥，遞相爲勝。噫！孰是無我而備物者乎？孰是範圍曲成而不過不遺者乎？老人承四世之易，淬血焦鼎，極深研幾，不憚垢衣蓬首，假别路而會通之，弸中彪外，游戲遣放，故其矢口肆筆，隨物賦形，皆能究晰天人，綜心變化，若燭星日而滌江漢，豈猶夫廣川之藻、長睿之博、南宫之韻、坡公之筆舌詡詡哉？後之讀是編者，即一點一畫，銷歸自性，恍然寂歷同時、理事雙泯之旨，則於老人之書，思過半矣。若徒侈樓堞人物、市邑車馬繁富綺麗之狀，躭躭蜃影，是豈爲識海之源者哉？

青原學人劉砥拜跋。

方以智全書之二十四

流離草及補編

諸偉奇　整理

整理説明

流離草，不分卷，方以智撰。是書收入作者甲申之變（一六四四年）後至清順治五年亦即南明永曆二年（一六四八）的詩作。其間，作者先自北京間關南奔，繼避馬阮迫害，亡命嶺南，流離兩廣及湘黔山區，流離草即此時所作。原本今佚。清道光元年（一八二一年）方于穀桐城方氏詩輯卷二十七收入，僅四十二首，另有補編七首。該本單頁九行，行十九字，雙行二十九字；黑口，單黑尾，左右雙邊。本次整理即據此本校點。

諸偉奇

二〇一五年九月

流離草目次

補編

流離草

變擬古詩五首

弱冠摹漢，似矣；已，厭皮傳者，其曹、阮、陶、杜乎〔一〕！余流寓草嘗論之，貴取古之氣調行己意耳。以式見問，因作數章，亦河梁、十九首之變風也。

海霧朝濛濛，侵我布衣裳。仰首不見天，險路陰茫茫。明日出門去，昧爽束嚴裝。烏雲西北馳，宿鳥東南翔。郭門風翛翛，夾道多白楊。徒步安所之？歸來坐空堂。有琴不能彈，有弓不能張。激齒發哀歌，歌短聲何長。

屋角多啼烏，烏飛尾畢逋。啞啞八九子，廣州城上居。城中似江南，紈綺紛氍毹。交疏飄霧縠，土曲陳笙竽。調笑入酒家，青絲提一壺。主人酌我盡，擊案聲嗚嗚。東海出寶劍，南海出明珠。聽我歌此聲，此聲世所無。

嶺外稀繁霜，草木不黃落。窮巷生陰風，客心乃蕭索。斗杓指實沉，勾陳半隱爚。蟋蟀滿林下，篝燈夜懼懼。此地羅浮山，古人嘗採藥。何不披短衣，入山飽藜藿？曉從外來者，皆言道路惡。我欲依神仙，神仙不可託。

東北覆陰雲，其下吾故都。中路一奔走，限隔天一隅。虹蜺下平地，曠野秋荒蕪。翼日大風雨，慎勿臨長途。人傳使者來，旌旗蔽通衢。嗟我遠游子，不敢同馳驅。京華日益近，冠蓋日喧呼。道左發長嘆，嘆者一何愚！

海渚無橋梁，日暮波浩浩。車馬不能通，遠望惄如擣。浮雲日以變，我親日以老。萬里飛煙塵，天末傷草草。夢見故鄉客，言歸苦不早。舊宅屬他人，斗大梧桐槁。親戚有書來，書中何所道？上言故人少，下言誰家好。

邂逅陶爕友即此送別

空存七諫不成篇，終藉悲歌楚客傳。薄命麒麟逢獵網，張牙豺虎飲狂泉。干戈萬里難投足，絃管三更勸著鞭。歸問弔書湘水者，當時卑濕亦神仙。

七星巖遇徐巢友分韻

纖簾久已歎煙塵，因樹依巖拂葛巾。帶甲場中無日月，藏書穴内有星辰。猶存棘路青山骨，得傍桃源白社人。石壁定知來問者，故留秋水待垂綸。

再示諸子

危冠原自有長纓，才子忘家學將兵。時黎周美將募海兵出。十載縢囊知末俗，今朝杵臼託殘生。堪憐越國含秦淚，强作吴歌變楚聲。袖手戎裝書檄便，苟全抱膝即横行。

看月

一片鍾山月，那從嶺外看。昔嘗臨北闕，今獨照南冠。萬里天難指，三更影易寒。夢中兒女路，莫憶舊長安。

聞雁

衡陽無雁到，今過嶺南飛。世亂成行少，家亡寄信稀。鷓鴣聲更苦，鸚鵡語全非。鄉國爲關塞，明春帶我歸。

初冷

南方寒不苦，初冷最無情。海月傷秋色，羌風入笛聲。滅燈疑鬼語，刻燭數鷄鳴。安得遼東榻，留人過一生？

和巢友星巖見懷之作

留得天南在，逢君結伴行。海風多殺氣，野吹作邊聲。石室原無字，名山可畏兵。酒酣悲痛後，翻話少年情。

謝林六長遺酒

椎心見知己，春在亂中過。草恨天涯路，萍安海上波。披裘羞市價，把盞即山歌。謝爾遺醇酒，醒時可奈何？

清明曉步

徒行曉逐野花開，隨分青帘有一杯。不爲聞鷄嘗起早，卻歌窮鳥漫飛來。酒澆城北誰家柳，笛落江南舊日梅。俗老自誇風景好，指人游冶越王臺。

粵謡

紫袍金印動成羣，雀旆星旗拂海雲。只向建州游一日，不稱都督亦監軍。募兵增餉設行臺，又有金牌使者來。一片五羊煙火地，半年百道詔書催。

同汪子晝飲姚以式寓作時往德慶州

海外披襟幸著冠，莫愁離别只加餐。悲歌自信今年熟，亂世原求一醉難。屋壁待書還問卜，琴絃挂柱不能彈。天南更覺浮雲黑，誰用新亭淚眼看？

同瞿稼軒年伯林六長徐巢友飲朱子暇七星巖分韻

兵戈秋興幾曾經，怪得笙簫谷口聽。亂後天容人擇地，洞中石指客爲星。郡齋載酒開山徑，子暇時守端州。幕府停旌問草亭。巢友新搆，瞿年伯留此爲之落成。獨喜牽船巖下住，隨風飄泊號三萍。時予造一舟。

劉客生吳鑑在自汀州奔粵遇於蒼梧

男兒姓字滿天下，剖肝幾遇知音者。何意干戈滄海濱，留得少年詩酒人。人遭惡浪後，閣筆灰心久。不論詩，但飲酒。五羊酒肆上江客，昨日姓吳今日石。袒臂大叫海珠寺，眼光落水天地白。閩中炫赫才一年，知交稅駕多流連。我輩同此命，那得君安然？寧可轉溝壑，必不淩烽煙。此生奚囊嘔血高幾尺，刳腸灰盡誠堪憐。堪憐亂中老，白首向誰道？與君采梠重著書，一壺一篇君何如？愚先變姓名爲吳石公。

陽朔見畫山作

陽朔山名畫，扁舟筆欲傳。千峯皆拔地，萬笏各朝天。翡翠臨江豔，芙蓉得雨鮮。倘能長對此，烽火亦神仙。

始安病臥郊岸答朝貴有作

姓名翻恨在人間，土窟依巖何處攀？嘔血不求充鼠腹，攖鱗休訝變龍顏。誰憐多病文園令，難想營田秦望山。惟信布衣瞻拜後，未曾一日立鵷班。

入夫夷

崀笏金峯許結鄰〔二〕，山花迎我一溪春。卜居才誦先流淚，游子今朝是楚人。崀笏、金峯，皆新寧縣山名。崀音朗。

示何生元亮

予以六月至沅，七月入蘭地，天雷苗地也。

荷鍤踰層嶺，翻嫌徒步遲。此生聽溝壑，三徑入蠻夷。調作吳吟變，悲來楚客知。回風初動地，偏向布衣吹。

天雷苗夜病中作

五嶽看看起塞塵，向禽豈謂病兼貧？曲肱茆屋鷄同宿，舉火荒村鬼作鄰。愁是三更風雨夜，夢回九死亂離人。呻吟達旦誰憐者，惟有寒螿助苦辛。

謝吳長公餉墨吳麟長名宜振，湘陰人，時同避亂天雷苗中。

飄落干戈世，君能種硯田。題詩空泣下，磨盾更淒然。休算傭書米，聊收卜卦錢。漆經留一卷，食字足餘年。

中　秋

刺桐葉落坐山阿，貰得村醪灑薜蘿。仰問月知今夜苦，從來秋入楚聲多。流人自恤衣冠影，蠻地偏能邊塞歌。江左狂生亂中老，那堪搔首短婆娑。

聞　曲

憀慄西風解客愁，爲吹人語入箜篌。如聞關塞新倡樂，猶在秦淮舊酒樓。萬里驚飛生死夢，千聲寒動古今秋。飄蓬欲比青青柳，折寄湘江水北流。

贈吴麟長

遐荒落葉西風雨，孤影三更閉蓬户。山鬼夢中來告人，讀書充棟誰憐汝。幸有湘陰避兵客，見我憐我心莫逆。各披荆棘翦茆居，望衡對宇相朝夕。朝夕渡溪溪水寒，隔溪幾步行路難。履我屨一雙，衣我布一端。龍門數百卷，借我繩牀看。握我手，飲我酒。酒傾十壺飯一斗，醉飽欲歌羞出口。憶昔少年秦淮游，千謳萬舞芙蓉樓。彈琴擊劍擂大鼓，揮毫刻燭陵公侯。可憐世亂人憔悴，心枯血槁無一字。引喉拍掌不成聲，飲才盡巵頹然行。感君贈君同君住，五夜沉吟兩三句。曉起伸紙何所書？畫作歲寒松柏樹。

勸　隱

君不見，司空早遁王官谷，清流白馬從旁哭。又不聞，繡衣從車藏閬中，侍御避命如傭工。近見平溪人買沅州道，全家赴官幾日笑。又見諸生幹入將軍營，竊恐親戚誅逃兵。彼一丘，此一壑；可荷鋤，可采藥。植杖何煩老父愁，灌園自有三公樂。殺君馬，壞君車，焚君錦繡來釣魚。山中十錢一壺酒，天地尚在我輩手。

哭陳卧子

憶與卧子相遇西湖，一歌而合，兩人定交，今遂十七年。天下之風漸變，而天下之亂已極。著書立説願何由遂？生此何不幸乎！聞卧子死難，得死所矣，然不能不哭也。

共指西湖靈隱松，揮毫刻石記相逢。文章自小憐司馬，名字當今比卧龍。一死泰山於汝畢，再生苗地爲人傭。悲歌奠酒沅江水，與淚東流到九峯。

牛角歌

一牛角，兩牛角。滿斟四五壺，雙手不能握。挂柱鳴金催盡觴，左右蘆笙當音樂。流水清，出山濁。芒鞋不畏雪霜天，醉後臨流足可濯。苗兒各唱四聲歌，笑我江南不能學。

丁亥除夕

亂離難度日，恨不即明年。淡飯愁中飽，枯薪晚易然。望空先忍淚，拜佛免燒錢。死生知多少，今宵到枕邊。

非爲兒女子，卒歲夜沾巾。送臘惟吾弟，燒燈伴老親。普天傷異地，死别感生辰。直之弟以除夕生。少小耽弓馬，當爲策杖人。

逍遥洞 在武岡之洞口

天地一時小，惟餘谷口寬。名山藏日月，野老想衣冠。石向何人語，春知此歲寒。幾家煙火在，題作鹿門看。

野鳥

野鳥黄昏繞樹呼，歸飛三匝一枝無。莫非建業堂前燕，又似延秋門上烏？工部長安頭白烏借哀王孫。玄宗幸蜀，出延秋門。鳴磬食隨衡嶽寺，寄書影落洞庭湖。千年化鶴翔華表，指與人間是帝都。

極目

鹿起龍眠隔四年，老父隱處。丹邱墓下有荒田。先母葬處。笛中楊柳何堪折，亂裏蓬蒿即是仙。五嶺瘴深迷羽檄，九江水漲壞樓船。鄉心疾上羅公頂，極目神州幾點煙。

獨往

同伴都分手，麻鞋獨入林。一年三變姓，十字九椎心。畏聽干戈信，愁因風雨深。死生容易事，所痛爲知音。

憶周農父

都門歎六壬，分手到如今。農父癸未在北都占得返吟課，遂訣袂先出。問我同歸叔，家叔爾先在北親見苦節同南奔者。知臣必死心。異鄉揮涕盡，亂世論交深。空想高恢隱，何因比向禽？生平無愧汝，百折不曾回。親友空歸夢，詩書總是災。武公仕東冶，鑑在列西臺。入楚藏三徑，何人伴草萊？

送符三上學從蕭有斐授詩書

憐汝符三小，今秋得侍余。五年皆避亂，十歲始知書。入學兼扶杖，傳經即卜居。蕭然籬下臥，好共舉藍輿。

得老親信感泣書此

承命南游後，離家近五年。得書頭搶地，不孝罪通天。未敢攀行在，何時拜膝前？老奴燈下語，一字一潸然。

深山猶有穴，繞膝閉門居。隴畝難拘守，衣囊那得餘？兩兒初見字，一弟病無書。更苦清芬閣，長篇遠慰予。清芬閣，予仲姑也。

孫克咸死難閩中至今始悉余妹艱難萬狀抱子以歸桐哭而書此

彎弓一戰死，不媿武公名。克咸改字武公。自小嘗燃指，克咸負氣自任，少嘗燃指誓節。如今果請纓。獨憐予妹苦，萬里抱兒行。卻憶雲間別，悲歌有哭聲。甲申之秋，別克咸與予妹於雲間。

戊子冬來桂林依鑑在時幼光自閩奔端州以書與鑑在見訊信筆寫此

自我龍眠數人起，直掃竟陵駕三李。方期鼓吹登明堂，後買名山貯經史。忽然天地翻波濤，燒書破壁神人號。准備羸縢學醫卜，暇收涕淚談風騷。敗梗飄流泊南海，延汀變後逢鑑在。分手夫夷我棄家，丙辰，妻孥來端州，後棄去，遂入夫夷。誰期持斧灘江待。何緣復得錢幼光，崎嶇乃至端水陽。只揣變名匿沙鹿，幸依行主奔建康。郵寄手書千百字，一字一聲人出涕。中敘故鄉數故人，故人生死悲煙塵。農父隴上同兄子，棘衿未合兄子死。克咸戰没仙霞關，妻兒負骨傳逃還。逃還還縣否？家書未曾有。五嶽頂上放聲哭，哭我殘生哭死友。驚沙落葉依黄昏，幼光急來同招魂。改啼發嘯伏波門，龍眠幸有三人存。可憐懷中書、囊中筆，崩山倒海不曾失。靈田出紙共揮毫，悲歌且紀天涯日。

瞿年伯和客生韻即次寫懷

人經鋒刃後，閒話齒猶寒。抗疏求名易，還山結伴難。南都如夢裏，北斗隱城端。忽憶年來事，中宵髮指冠！

補編

寶刀行

寶刀贈人許生死，不肯報恩報知己。此是荆軻比干血，千年洗用西江水。江水照見磨刀心，起舞一回天地陰。天地陰，風雨作。裂眥四顧煙塵惡，少年場中敢輕薄。行當北定燕、西定秦，中梁著柱辭麒麟，請問今年致亂者何人？人人走，京不守，孝陵松柏平安否？仰看日月當重輪，滄海愁人夜稽首。此刀日望勤王兵，此心告天非求名。名書刀口煉眞火，雌雄許國埋豐城。膏火破野舍妻子，牽牛南斗摇長庚。請言上自公卿、下至諸生，拱手千萬髟冠纓，何人讀得寶刀行？

豔歌何嘗行

遠望白鵠飛，飛飛東南翔。五五相隨，十十成行。一解

本欲一時行，安知復損傷？中道羽毛頹，反顧以徬徨。二解

八月降白露，九月成繁霜。東海將堅冰，北風知枯桑。三解

相逢但飲酒，歌詩以浩倡。明日即離别，不豫愁中腸。四解

行行難久留，送子之河梁。河水隨長路，路傍愁白楊。莫難於相知，莫怨於相忘。莫悲於離别，莫苦於他鄉。人生論及此，淚下一何長。邂逅樂相樂，生死安有常？五解

遭箴　荀子曰：尾遭事已，是謂箴理。

統馭監臨多，親民者四顧。守令竟無權，計如客過路。中飽閭閻困，兵屯皆文具。肺石不得達，指臂成捍拒。吏胥爲奸叢，上進又窘步。虛養邑子弟，殊無明試處。九州憑書判，豈能責銓部？人材非素徵，急求何所據？高東胡世寧，條議亦明著。可惜王安石，負此魚水遇。學不達物情，空歎商鞅誤。

何不可行

君不聞，魯仲連，千古稱其名。既輕富貴甘貧賤，何爲出入邯鄲城？珠履錦繡日滿座，華筵斗酒嘗虛左。先生玉貌不求人，飄然來往何不可？

和朱子暇韻

能解南華夢，刀頭生死間。酒澆殘筆墨，詩寫舊江山。飄瓦長途裏，桑田落照間。去年棄舟處，可是此沙灣？丁亥棄舟于此。

茆居

僅留皮骨在，生死戀殘書。酒且陳牛屋，炊原傍鹿車。入山音信斷，避世友朋疏。翻怪隆中淺，誰容抱膝居？

宮詞

春歸花片破苔痕，車讓階前草謝恩。深院仰看天碧落，珠簾半捲月黄昏。手知簫譜還催拍，袖拂鑪煙不出門。坐到景陽鐘起後，一聲銷卻杜鵑魂。

謁阮堅之先生聞講離騷

楚國宗臣世感恩，首呼皇考一聲吞。椒糈正好殷勤獻，芳草何緣反覆論。入廟問天誰答語，遠游未死自招魂。空疑漁父同詹尹，消得千年老瓦盆。

得臥子書

長書讀罷短歌成，自倚東風變羽聲。青簡數行知我苦，白雲一卷以官名。顧瞻宮闕傷時事，交接公卿説世情。好學貴人誇得意，牢騷何故不平鳴？

瘦夢詞次芴生韻〔三〕

斗柄招摇四吐芒，禁城省樹自深藏。掃門羣坐平津廐，向火難窺偃月堂。千里牛知奔輦轂，一鳴馬即送沙場。浮雲此際尤昏黑，獵獵陰風繞御牆。

飲朱子暇七星巖復用前韻

秋風吹客客嘗經，添入悲歌酒後聽。詩在人間如落葉，天留我輩亦晨星。扣扉莫比西州路，索筆休誇東冶亭。安得華陰腰下拭，且將崖石礪青萍。

校　記

〔一〕傳　疑當作「傅」。
〔二〕崀　疑當作「崀」。下同。
〔三〕瘦　疑當作「廋」。

方以智全書之二十五

虞山後集

諸偉奇　整理

整理説明

虞山後集，不分卷，方以智撰。是書收入作者清順治五年亦即南明永曆二年（一六四八）至順治七年亦即南明永曆四年（一六五〇）清軍攻陷桂林前的詩作。虞山，在廣西桂林，前臨灕江，後臨黄潭，上有虞帝祠。作者時係第二次來桂林，故云『後集』。原本今佚。清道光元年（一八二一年），方于穀桐城方氏詩輯卷二十七收入此書，計序一、詩二十首，置於流離草及其補編之間。該本版式一如流離草。本次整理即據此本校點。

諸偉奇

二〇一五年九月

虞山後集目次

虞山後集 有序

維作客之二年，逢游春之三月，全憑留守，得轉天杠；既恃元勳，私瞻父執。瘴踰五嶺，用足三冬。畫像苟全，向思涼土；西晉以涼可避難，楊宣畫隱士朱纖之像於壁。棄家流寓，此勝荆州。劉弘養恤流人，稽含等皆依之。既免煙塵，又離蠻徼，爰驚沸海，詎得恬瀾？書來即約經過，亂後急相慰勞。季倫雖虛，伶樂頗醉高陽；山簡。扶風使記，饗堂嘗開公讌。柳子厚爲嶺南節度，扶風公作饗軍堂記。歇後辭居八桂，借用辭相鄭五事。瞻前欲造三萍。謂先在端江造舟，名曰「三萍」。愧捧恩綸，權歡相帳。中丞牙節，喜是舉幡之夙交；謂魯孺中丞曾抗言闕下，爲予訟冤。直指繡衣，尤屬彈琴之内弟。謂吳鑑在巡方安仁，嘗令内弟阮瞻彈琴。民安部曲，侯戴新興。槖鞬實拜晉公，李愬事裴度。供帳交歡太尉。陳平交歡周勃。適給事之金敞，扼腕趨朝；時金道隱赴端。鶩伉俠之朱家，輕身就友。時朱子暇樞貳來桂。余時變姓，此先入桂時事。性愛簡淡，故也。別且連牀。還山時與道隱抵足。前期安道，猶在武邱；戴逵居王珣別館，抗辭朝命。此間公業，已置高會。鄭太當亂時，能置酒高會。遥聞話餞，敘寄篇章，堂號南薰，樽傾北海。流連雅集，唱和當場。俯憐繞樹求枝，還慰緝蓬有梗。尉因柄熱，苦近歲寒。疾首縱入膏肓，把臂親依骨肉。招來都埭，特治郡齋。野拜黃麻，竟如南磵；何求住南磵寺，於野外拜朝命，時敕使在靈川鄉致仕。講邀素褐，復進東囷。謝舉邀何裔會講，裔難以褐入東門，乃從東囷進。重晤端江之舊主人，謂子暇也。願作峴山之眞名士。更來桃洞枕戈之猶子，姚以式自洞口來，武岡地有桃洞。且兼檀橋扶杖之門生。劉瓛在檀橋，出則門生隨之。謝君先訪靈田，子暇先訪於靈川鄉，今靈田。勸我歷游名勝。泊篙峭岸，俱有七星；端州、桂州皆有七星巖。命屐虞山，興懷兩地。常熟有虞山。快雉壇之手，偶寄蘭臺；任昉聚文人曰蘭臺聚。步龍門之踪，等榮槐阪。郭太、李膺上大槐阪。牽屋已叨連舫，欽牛渚之高談；謝尚、袁宏事。時子暇住留守船。輕裘且坐胡牀，邀鶴樓之盛事。庾亮事。拾遺露肘之袖，早詣鳳翔；子美露兩肘至鳳翔，授拾遺。中郎拄頰之言，遠思虎踞。陳逵拄頰思鷄籠山，此言思金陵也。費禕之簿書計晷，費禕談宴不輟。謝安之賓從如雲。露布嘗聞，行臺有暇；乃爲後集，並續前吟。初瞻虞帝之顔，遠對堯山之色。隔江有堯山相對。浹旬陰雨，今旦晴明，盡聳芙蓉，周迴薈蔚。塘澄揭帝，桂林北門有揭帝塘。嶂倚伏波。洞屈蜿蜒，橋伸虹蜺。虞山有韶音洞。草没前朝之白虎，虎在祠西。松垂隔代之蒼虬。儼如神往三山，奚羨客居九日？秦系居九日山，山多松樹。崖縣斷薤，碑覆荒藤。有碑在崖西。黃絹難詳，赤幢可攬，伊誰地主？是我邑人。是日，鑑在作主，以船抵虞山下。簫鼓張筵，樓船促駕。子旌麾下，車騎壯九井之觀；桓沖稱車騎，石秀從游，九井山觀徒侶而嘯詠。流盎齋中，都督禁三品之酒。荆州都督時有齋中酒、聽事酒、猥酒三品。草莽甘大春之盛饌，井丹字大春，索信陽侯盛饌。蓬葆留子夏之高冠。杜鄴字子夏，著高冠。傭保經年，擬埋鷄肋之骨；紛紜自耻，愧捐螳臂之尸。擊缶呼穹，脣乾雨雪；雨雪操，思親也。望雲縮地，腸斷烽煙。四愁想贈琅玕，平子詩語。竹刻湘妃之淚；九歎驚疑環珮，劉向九歎。楓招屈子之魂。悲則善歌，泣將何及？相要中坐，共在新亭；業換良辰，早來佳設。羊曼待客，來早則得佳設。席飛玉屑，漸聆風送奔濤；卮泛瓊漿，忽見月臨絶壁。陂映琉璃萬頃，鏡窺翡翠千層。殿宇聞梅，玦浦芳迎桂櫂；女牆折柳，笛篴聲感柯亭。篴見馬融笛賦。賦假先生，文眞後死。難餘白社，莫教紅燭相催；才盡綵毫，尚與青山分豔。法存四疊，王廙以書法四疊綴衣中渡江。扇寫蠅頭；漆守一經，杜林避亂，留有漆經一卷。紙充鼠腹。近者春生玉律，于時表獻金鑾，廷頌慶雲，甕凝寶露。所喜鵲印既施節度，好隨元老還鄉；但恐蟲編不便馳驅，徒附官軍磨盾。漫道名山識字，敬從古帝，求占參半登樓；登樓賦有『夜參半』語。又值鳳書改歲，秦餘蠲賦，何妨牛屋陳觴？沈充以褚裒被名，爲宴於牛屋。惟知蓬徑商歌，敢冀流傳於末世；曾仿蘭亭晉記，或將有感於斯文。

避世邊陲慕士安，皇甫謐隱於朝那。無家流落歎方干。暫依幕府澆鄉思，幸傍名山共歲寒。

疾病逢塲先閣筆，滄浪笑客説彈冠。千年潦倒秦淮月，卻在天涯倚劍看。

把酒淩空灑暮塵，吹臺喜遇舊詩人。懸崖蝌蚪還留字，歷劫虬龍尚隱鱗。藉草正懷江北信，憶梅先送嶺南春。還鄉折竹同占夢，楚人折竹卜神。翻痛年來賣卜身。

新年十日瞿年伯招同朱子暇諸君復游虞山

江流俯視碧天遥，絶頂招呼接上霄。烽火尚容人玩世，山川不勸客趨朝。驚烏繞樹飛來曉，蒼狗浮雲看去消。誰讓市南箕踞者，弄丸千古慕宜遼。熊宜僚，淮南子作「宜遼」。

春　興

天末江皋傷莫春，蠻煙極目惜良辰。摩巖誰識千年字，班草難逢五嶽鄰。壁有詩書堪避世，士能貧賤即驕人。欲將龍隱巖前雨，一灑神州幾點塵。

纍纍錐印易公卿，呼吸風雲漢將營。天子可知除吏盡，武安傳語。留臺空惜假官爭。東晉荀藩、劉琨皆假節設官。及時倡樂爲高會，學得縱横便請纓。白虎殿前堪自託，諫書無罪又成名。

行都近海霧重重，拜表雖多尚舉烽。幾見將軍依大樹，漫勞名士比長松。九州羽檄何曾達，五嶺丸泥可易封。想慕六朝征戰日，衣冠書扎甚從容。

歌向山川少是非，知音懷古古來稀。月臨茆屋邀藜杖，花踏麻鞋稱苧衣。楚相不驚蝴蝶夢，靈宫早化鷓鴣飛。幸依銅柱雲天下，游子飄零有日歸。

遇張别山

夫夷君贈扇，屬我圖名山。棄家孤走無寸絲，西延此扇留相還。君身舊衲衣，著之將采薇。刀鋒荆棘久剥去，苗中野老衣君歸。伏波山下扁舟到，彼此一言咽且笑。還珠洞指合浦珠，人間風浪何事無？上年服君牙牌在，今年感君髮不改。君乃是，神宗相國之曾孫，中興大隱金馬門。一試朱游請劍氣，兩用杜甫麻鞋事。人人盡道江陵張，馳驅談笑馴虎狼。筆有芒，劍有光，天地滿眼古戰場，何所置吾書生狂？當進酒，須十斗。艱難萬死安足悲，悲此一雙淩雲手。與君攬衣揮扇名山下，搔首叫天爲君畫。

詔使龔大行在岐入平西書此贈之

再造殊恩此漆經，夢將五嶽報朝廷。敢云因樹違王命，翻愧殘藜對使星。避世爛柯忘黑白，示人行障有丹青。君鄉舊説衡山好，抱病談仙亦中聽。

遠望

遠望腸中轉車輪，人當懷古哀今人。茆檐激風汙泥塵，紙錢破裂飛荆榛。猺山路，多煙霧，夾路蕭蕭白楊樹。空招子晝鹿公魂，近看姚吴二公墓。汪子晝卒於梧州，鹿公家叔祖卒於西寧，姚默先、吴見甫，予葬之平西者。

贈詔使大行方五峯

垂死青巖隱，徼天鬢未侵。漫勞明主奬，重叩賤臣心。光禄愁相哂，司空恥故深。對君聊一曲，灑涕北山陰。

贈詔使賈中翰宗孔

山中原苦極，使者敢頻煩。流汗當三聘，憂時忍萬言。牛衣甘席藁，馬革預招魂。總此千秋血，憑天爲謝君。

小東皋即事

智在平西山中年餘，瞿年伯以書招之云：『伏波對江有林藪蓊然，搆室樹籬，曰小東皋，因虞山有東皋而名也。』夏四月，公孫壽明負笈入山，堅約上桂。五月望後，遂溯舟至。臥蕉廬中，密葉明軒，古松香柚，使人容與，以爲即江南何異？爰依原韻，書此四章。

林立芙蓉出户收，青山新入舊雙眸。松濤夜引歌聲遠，蕉葉朝看字體遒。秦望嘗田曾受學，晉書供紙可忘憂。白沙近日無耕處，扶杖追隨大峴游。

便門小馬慕安豐，樽酒胡牀在水東。開徑嘗封千樹雨，渡人分送半江風。種蘭自不妨高士，班草何須問老翁。別墅如雲堪折屐，時聞清嘯上樓中。

病骨休言夢首丘，暫依廡下岸牽舟。壁看幕府詩千首，坐得山僧茶一甌。散髮西園留郭舉，寄身南磵比何求。煙塵未敢侵銅柱，羽扇傍邊不用愁。

羈棲半壁當家園，喜見東皋似舊村。知欲談經縣木榻，定因招隱作籬門。松藤影下堪尋句，橘樹香來想斷魂。綺席自憐多伏枕，愧無鴻寶授公孫。

贈詔使季大行無懷上桂 時桂籓十召入閣，不應命。

兩載昭潭路，何當十詔臨？辭官因血誓，憂國仗天心。贈客無瑶草，煩君上桂林。虞山銅柱下，猶可一沉吟。

哭坤丞

不好交游不著書，屋梁仰臥總空虛。兵烽隊裏衣冠葬，此後人間恐不如。

方以智全書之二十六——三十

浮山後集

（二十六 無生寱）
（二十七 借廬語）
（二十八 鳥道吟）
（二十九 信 叶）
（三 十 建初集）

諸偉奇 整理

整理説明

浮山後集，四卷，方以智撰。本書收入作者清順治七年（一六五〇）清軍陷平樂後至順治十二年（一六五五）秋其父病故回鄉奔喪期間的詩作和詞作。

其中，卷一無生寱作於順治七年至九年。寱，俗作囈。説文釋爲『瞑言也』，即似睡非睡、似醒非醒狀態中的話語。

卷二借廬語，作於順治九年，時方以智自粤返北，居宿於廬山，廬、廬形音俱同，故名。

卷三收入鳥道吟、信叶兩種。鳥道吟作於順治十年，時方以智爲避清廷徵召，遂受戒於南京天界寺。釋者生活清苦如鳥道之難行，故名。信叶是方以智的詞集，從内容上看，這些詞不一定都是這一段時間寫的。

卷四建初集，收入順治十年至順治十二年作者在南京建初寺『閉關三年』時的詩作。

本書有清初此藏軒刻本，該本單頁十行，行二十四字，雙行字略小亦二十四字；白口，無尾，左右雙邊；版心依次標書名、卷數、卷名（即子書名）、頁碼、版刻者（此藏軒）。全書不避清諱。字體版式一如此藏軒其他刊本（如通雅），保留了明末刻本痕迹。卷首有余佺（余颺之子）序文，惜已殘。卷之一無生寱首頁題『易貢游子筆』，末頁末行題『學人王必逑、曾傳燦較』。卷之二借廬語卷首有錢謙益題無和上借廬語，落款『癸巳元日』即順治十年（一六五三）。首頁題『宓山愚者隨筆』，末頁末行題『學人黄虞稷、戴迻孝較』。卷之三首頁題『無可智道人隨筆』。信叶標題下標『詩餘』二字。卷之四建初集首頁亦題『無可智道人隨筆』。

該本現由安徽省博物院庋藏，從現有信息看，當爲海内孤本，極其珍貴。另，方豪先生曾藏有該書的清抄本。

諸偉奇

二〇一五年九月

浮山後集目次

卷一

無生寱

卷二

借廬語

卷三

信叶

卷四

建初集

浮山後集卷之一

易貢游子筆

無生寱

齋戒

以此齋戒，洗心退藏，易傳之所叮嚀也。心齋大戒，人間世何所逃乎？丁亥，轉側天雷苗中，設三世位，燒三一老人香，以此自遁。

十二背吾母，齋戒夢中持。外祖示生死，吳觀我宮諭。患難嘗追思。曠達行曲謹，自文其不羈。半生好博學，受累在文詞。世人皆欲殺，禍根不自知。中年下爐火，伏地空涕洟。老父白雲庫，黄公論易時。浮氣乍摧折，始覺眞提撕。庚辰，老父以武陵劾下獄，與石齋先生論易，小子進語，時見呵責。北變爲甄蘇，潛竄終自嗤。南渡誣趙鼎，遠遊遂支離。大廈忽如此，一木何以支？岐華互爭奪，朋黨偏險巇。老親在故土，沅湘徒骼骴。敢令父縮高，自作唐崔韋。采梠逃王命，苦節哀縣絲。轉側天雷苗，孑身無所依。乃悟圖書秘，三一消離微。心齋與大戒，神明實在兹。望雲隔煙塵，素衣能不緇？且以化虎豹，聊騎一青獅。

平西禮佛

雪山冰化水，只破一微塵。餓是生來飯，灰翻死過人。掀天猶有手，下地本無身。黑焰車輪火，燒雲寄老親。

穿　山

山上有三峯，山下如橋梁。橋梁見緑野，村落穿斜陽。散步入洞門，中建大士堂。吾欲一安臥，陰風不可當。

仙迴山

纔入空門塵便稀，懸崖撒手看雲飛。未知大地何今古，止讓名山葬是非。蹈濼還家都屬夢，輕身出世即如歸。尋源一往原難住，杖頂寒風送翠微。

峯頂

露布期期又一年，天公皂白太紛然。傷心直上孤峯頂，喝碎眞丹幾點煙。

憶親

老親過六十，遊子隔苗中。剩得藏龍鉢，遥呼落雁風。倚亭圖碧落，囑指問丹楓。沛郡年年戍，驚知戒臘同。

梅花十首

仙迴西溪，梅花十里，嚴伯玉引愚於此，不覺呻吟。

第一天心只愛寒，東風珍重寫來難。眼開便見千秋白，蕊破先傳五葉丹。黍谷吹成香道路，蘆笙解唱玉闌干。眞人面目誰能識，壁立崖前仔細看。

繞屋扶疏本故鄉，化成蓬影自翺翔。久知鐵是前生骨，偶爾風傳蠻地香。掌上折盤驚割水，眉間挂劍冷吹光。千年卻遇悲歌者，一紙投空泣數行。

步障銀鉤罥曲阿，四天螺黛散兜羅。衣飛小白巖前像，雪湧空青海裏波。癡坐竟拋班草杖，飽看懶唱採薇歌。不勞帝釋珠宫雨，埋怨空生漏洩多。

向爲花神作誓文，荆榛櫟社任紛紛。東皇難保無風雨，西岸何緣脱斧斤？憶遠忽同千里色，參天能隔幾重雲。玻璃嚼碎敲空問，鐵笛横吹總不聞。

雷擊冰山浪潑天，草鞋何異鐵爲船。素車哭盡山陰雪，白練平穿谷口煙。玄夢鳳凰誰吐出，粉身蝴蝶在春前。可容破帳支籬壁，自植松根靠一椽。

巉巖石骨倚香林，零雨連旬滿地陰。忽挂神州天盡月，暗傳盤古歲寒心。檐低索笑如澆酒，紋斷無絃久碎琴。一片魂成華表隺，唳空長作海潮音。

霧收蒼峽覓林光，返照紅塵夾路長。天女當空無異色，行人到此不聞香。詞壇豈可誇胡粉，窮谷何緣點壽陽？惟有冰心在溪水，任他老死白雲鄉。

攔路先封没字碑，逢君鐵筆送鉗鎚。丸泥枉費當關種，樂府翻驚出塞吹。鬢斷西州空託夢，灰飛東閣恨題詩。普天一窖槎枒骨，雪上加霜好剔眉。

憀慄傷心此一回，腥風匝地苦相催。慘知漠北春無草，哀寄江南信不來。天上招魂非筆墨，空中埋玉免塵埃。和根擲向蓬萊外，枉費深山瘠土栽。

桃源留得漢家春，草木當時善避秦。瘴癘未聞花變色，風霜直以句投人。寧甘化作三江水，那可飄同五市塵。歲歲一場年少夢，惟餘老幹自嶙峋。

蠻謡

一時投袂起，逐鹿竟紛紜。僭號雲陽谷，誰收新市軍。黄龍期鼎立，白雀亦瓜分。詎是摩崖手，遨遊擬檄文。

冷雲難品目，珠網有天知。欲擇中央礪，休爲藏户屍。密書憐伯約，客禮羡公旗。末世逍遥者，韋敻定可師。

試向天街看，旄頭夜有芒。丙申當失楚，乙卯夢亡梁。或共棲蓬場，誰能戰柏鄉？西川堪自保，謙德好顔堂。

顧僕誰員輻，權宜即覆車。樹威傷寓士，籌餉藉刁家。誰聽南平諫，徒依北固嗟。黄金横帶者，狼藉此空花。

久説荊襄重，論功進赤幢。黄眉成誤計，白額亦來降。鳳自將飛鄴，狸當讓飲江。莫言吴蜀弱，兩處斬王雙。

從來無定轍，亂裹任飄流。久識鸇爲雀，難將虎作鷗。縣鐘先出涕，鑿像枉然油。勿謂深山險，摩雲與石樓。

大頭山有命，那得比無終。隨賊應冰凍，焚車識路窮。已傷成白馬，莫更作青蟲。難信通門下，黄巾盡拜公。

上馬還操筆，原宜劍客兼。郭磨終不兑，靈助枉能占。集闞難憑軾，興師在背檐。誰將料時事，堪食水精鹽。

火輪風正猛，機械自相攻。童唱阿房鳳，僧知太歲龍。莫將名士逼，須看市人從。到處干戈遍，誰容作老農？

魚腹狐鳴事，從來是妄傳。掌文徒自害，頭角豈能全？入洛羞青蓋，開齊笑黑氈。天宫修報復，應有鬼兵纏。仰屋瞻烏止，交錢走馬過。發聲能得杖，負債且牽歌。可鑄六州鐵，將施一丈柯。亂離愁目影，速去莫揮戈。曉望中原色，塵氛蔽斗杓。生毛嗟赤地，雨血恨青霄。松柏難爲客，茱萸久作妖。遐方猶跼蹐，舌在效蠻謡。

桂 行

桂花開，桂花落，九月十月天氣惡。已焉哉，雪風來，血劍挂樹吹死灰。東日堂中坐不動，滿堂賓客如春夢。虞山握手有别山，遺聲吼地山神痛。兩山頂石高嵯峨，天刻碑銘不可磨。桂堂影浸灕江水，千載題詩人在此。仙迴燒此一張紙，桂樹有靈原不死。

庚寅閏十一月自南洞繫出

本爲林藪客，自小恥公卿。抱筆知無命，封刀豈望生？國恩三世重，覺路一身輕。大笑西風裏，何方非化城？

示嚴伯玉 時伯玉亦以藏此被搜

舊是餐氈待鴆身，陽瘖舁病歎前因。北都矢死惟存骨，西土無生豈累人。巒地何緣求複壁，楚囚猶欲結華巾。翻從廣柳驅車路，痛哭神州一片塵。

重繫至平樂法場逼以袍帽只吼涅槃而已

安我俘人命，原看死是歸。不裁何點袴，直卻藁城衣。抗論容高座，清齋當采薇。一聲獅子吼，刀鋸總忘機。

法　場

拍盲爭到此時閒，鼎鑊當前好破顏。玉斗豈愁人拔劍，崑岡空笑瓦成山。休貪西海千年碧，不許東風半點班。且喜圓通親擊鼓，一聲早過白膏關。

除　夕

樊籠有病翮，一世盡弓絃。戒臘依然漢，禪心只看天。冷灰飛暗室，枯眼耐柴煙。埽地當空拜，題詩送紙錢。

馬帥見迮招潯爵書重歷刀頭説此一偈

百折不回横一劍，豈畏刀鎗重煅煉？獅子尊者肯施頭，仲連焉可錯射箭？

辛卯梧州自祭文又詩一首〔一〕

自甲申至庚寅，無可道人以猗玕洞之縣絲，流離嶺表，十召堅隱，不肯一日班行，爲白髮也。轉側傜峝，以鵶納爲歸路。庚寅之間，棲一瓢于仙迴山，不幸同隱有相識者，係累胥及，被縶而膠致之平樂將軍。將軍奉默德那教，尤惡頭陀，露刃環之，視此衲之不畏死而異之，逼而詸之，終以死自守，乃供養于梧州之雲蓋寺。大病垂危，久而小愈。無可道人自然香而祭之曰：

生死一晝夜，晝夜一古今，此汝之所知也。汝以今日乃死耶？甲申死矣。自此而石巢之鋒，乙酉三河之盜，丁亥大埠之劫，天雷之苗，被左之遁，昨冬之平樂教場，何往而非死？若自無始以來之道人視之，邵子所謂虚過萬死矣；蒙莊氏日以齊生死、一殀壽爲言，而乃啍啍于曳尾、櫟社樹養生全其天，若眞有莫可奈何然者，夫烏知剖心納肝之爲大養生乎？夫烏知雷首山之大全其天乎？非不欲五嶽不知所終，而卒不能以五嶽，則即以鼎鑊爲五嶽，無不可也。子平奭乎哉？未之知耳。天地不殺則無以爲生，人獨以殺我爲仇也，一何愚哉！借爾傳舍，閒往閒來，白駒過隙，速于遠客。況今日者，虎狼也，水火也，兵戈也。文字交游之場，皆可以膏唇而拭舌也。死不必一道，即以道守死者，亦未必死汝以名。嗟乎！世人其莫可奈何于此，又安得不以生死爲大事哉？有以名敵生死者矣，有以氣勝生死者矣，有以一生死之説遣生死者矣，果有眞知其故者乎？能以死知其所以不死，知不死之無不可以死，則此死也，誠天地之大恩矣。罽賓王彌羅崛，秉劍斷師子尊者首〔二〕，王右臂旋亦墮地〔三〕。安世高度邶亭同學，化廣州少年，又往會稽市上畢對，皆以往世嫉法懟恨致之。無可道人幸可以忘此。此年來感天地之大恩，痛自洗刮者也。獨卷卷者，白髮望之久矣，尚未得一伏膝下。姑以逃勾吳爲解，是則白馬曇照之所呼『苦、苦』者耳。

因起而歌，歌曰：風飄飄兮雲滭滭，地之下兮天之上。香煙指故鄉兮安所往？未能免俗兮於乎尚饗！

一齁元會太分明，生即無生盡此生。中土杏花知正命，雪山藥樹用奇兵。便將鼎鑊烹眞乳，仍以刀鋒埽化城。疾焰過風收不得，晚鐘敲斷竹竿聲。

感示孔晳

銜木甘隨瘴海濱，行吟驚遇里門親。石聽可是千秋語，月照曾經萬死人。聊藉手談傳密教，翻愁墨迹染微塵。慰余遊戲蓮花界，遥指名山許即眞。

哭弟直之

忽傳吾弟信，苦殺爲人昆。益重通天罪，空招縮地魂。傷心成獨子，繞膝賴諸孫。淚作昭潭雨，千聲五夜吞。

長干分手後，一日一風波。寄我藏名札，成他永訣歌。蛻蟬知厭亂，病鶻復投羅。雖學蒙莊達，天乎可奈何！

鋒頭經八載，度日强沉吟。一綫緇衣命，千迴白髮心。在筊方待刃，設榻痛亡琴。仗汝空中力，因風返故林。

彎弓騎馬志，一病誤平生。間道曾馳信，嘉余善隱耕。延符初放紲，公瑾遂無成。斯世當祈死，今知勝阿兄。

和桂林遺筆瞿留守稼軒年伯、張別山司馬同難。

漫云嚼齒枕戈眠，勝過祥興已四年。占曆自知當赤伏，騎箕先此告蒼天。奔歸靈武非無策，獨守滎陽亦宿緣。莫以人間成敗論，虞山一字比燕然。

長嘯園林坐辟疆，悲歌幾載發清商。卻留西粵詩篇在，空使東皋草木傷。破涕早嗟人隔世，隕星難望石還鄉。可憐嚙指書空遍，風雨臨江晚斷腸！

昏黑窮途惜夜光，歎行荆棘履繁霜。試看滚滚黄沙裏，總讓星星白髮狂。此地壘存人日磧，他時碑作午橋莊。虞祠松柏依然在，共滴千年碧更香。

特留四世本朝臣，點綴明書列傳人。野老吞聲天雨血，紙錢落地夜成燐。三途看破生猶死，五嶽徒知賤與貧。遥想刀頭相對笑，雲端雙雀並飛身。

騰空匹練樹旂常，一代衣冠結局傷。銅柱雖傾留姓字，磬聲初聽死封疆。印懷間道曾先遺，盧奕事。表會涪州切莫忘。寸步不離惟此土，早圖遺像伏波傍。

冠纓並結慰師生，對照灘江面目清。入地握拳應透甲，仰天有舌自無情。楚騷到死成高調，燕市聞風變羽聲。更有靖簪作三烈，小民流涕説分明。

哀呼那敢問天心？弔者空將玄石沉。控疏久悲臣力竭，遺詩只念國恩深。公侯兵馬今何在，賓客家人孰見尋？痛我挽歌遥拜祭，血沾長袖淚森森。

平時死向祝宗求，北郡南容久不愁。天地心從詩裏見，山河影在枕中留。蠻煙尚自傳僧臘，漢月猶然照楚囚。嶺外招魂同一夢，十三陵上好遨遊。

得老父書謝郵書者

自笑頭陀待刃餘，萍逢桑梓定憐余。卻傷九死貧兒眼，重見三年老父書。蠟絹幾曾傳雁帛，鷄園依舊駕牛車。摩天羅網誰能掉，掌欲揚波劍不如。

雲蓋殿

江流交塔影，風許向來澄。月入憑虛檻，雲生最上層。當階無碧草，照世有青燈。南漢鐘猶在，人間醒未曾？鐘有劉鋹大寶年號。

冰舍初成

元漫叟賞冰井泉，瞿稼軒年伯修亭作記，嘗欲别建冰舍，適在此地，扶起三椽，遂以名之。

狎虎爲鷗亦等閒，且依冰井作柴關。黄頭碧眼皆羅拜，正轉金剛刃上環。

血道場

靖江王與瞿留守式耜、張司馬同敞爲三，此外汪職方皞沉于平樂，守將田勇自刃，焦國公璉爲陳邦傳所殺，江御史見龍死于太平，一時發心者爲建道場。

桂林三匹練，此外四條虹。餧虎自還願，從龍莫説功。小民皆下泣，古廟自生風。且發栴檀火，鳴鐘咒一通。

出世訣

吾家尼麓水，今日浴曹溪。石燕依然石，泥牛卻弄泥。過河猶半路，濺血即全提。只握金剛劍，憑他鐵馬嘶。

掌看山川葉，回風四面啼。鯤鵬終化蜨，龍馬早燃犀。刀嚇鬼家計，火燒漁父棲。歸家家在否，原不問東西。

刹竿頭上立，踏破網珠宮。跳出乾坤外，能投湯火中。推山平北海，剪葉謝西風。磨此三關鏃，烏號不用弓。

與曾果菴孝廉

仙道無複壁，塵路網遊絲。野馬看人定，蚼牛遇子遲。名山原夢影，病骨喜支離。何以留清聽，冰泉水一巵。

贈思皇

東林西林橋在否？近山幸得潯陽周。征西旌戟耀山谷，兩公周旋莫拘束。此望匡廬如蓬閬，千鋒萬鏃遮行鄣。鍾鼓夜嗚笳角中，安坐不動浮塵空。有時拍掌自然笑，名山何必麻鞋到？

瀨上夢語

瀨上交情隔世深，緇衣不許淚沾襟。千秋總是三生夢，五嶽空埋九死心。劫後畫灰猶有筆，海邊刻羽久無琴。浮雲亦託青天庇，刀前場留祇樹林。

聽人彈琴作

莫□徉爲河上謳，移情苦海舊滄洲。木魚可當蘇門嘯，落鴈彈成異國秋。藥罷烹葵愁客餓，詩終削草聽江流。卻憐漢曲關山月，直過千年劫後留。

懶病

懶病不求佛，蒲團睡得成。千秋雙白眼，三教一狂生。淡墨何妨染，浮雲總是輕。偶然披破衲，塵裏便經行。

示若孩

尚留萍梗在，浪裏説悲歡。俱有高堂苦，空言彼岸寬。死生今日易，啼笑各人難。珍重當時衲，從來不畏寒。

其容過冰舍爲開東窗見山

容膝安繩榻，開山亦面牆。壁光知黑白，人影入青蒼。野馬成花雨，蝸牛笑草堂。病中吾眼在，忍看一爐香。

偶題

放眼青蒼白日陰，杳然一徑上蕭森。此中自有匡廬影，説是深山深不深。

笛向西風歌不成，夜來吹盡古人情。欲知世上千年夢，只在鐘聲第一聲。

年年芳樹一番風，誰信桃源滿地紅。憶斷梅花看不見，從來春在有無中。

和陶飲酒 辛卯梧州冰舍作。尚白倡之。

論詩于陶，不必其飲酒二十首也，和者風其風耳。栗里如故，葛巾常着，豈非天乎！余雖不飲，倘然若醉。不飲非戒，亦非不戒，余當爲淵明受雙非之戒。

舉世無可語，曳杖將安之？殘生不能餓，乞食今何時？東籬一杯酒，遺風常在兹。赤松言辟穀，其事終然疑。容易一餐飯，此鉢原難持。

北窗草木盛，壁立如深山。四顧雖無人，可歌不可言。短歌四五字，上下嘗千年。終古北窗下，一片心誰傳？

多生此世間，安問情無情？古書書何字，名山山何名？死死者不死，以死知其生。儻然遇虎狼，徒步能無驚？推琴安臥耳，燈影不求成。

子安問黄鵠，萬里將安飛？八極紛茫茫，中路能無悲？三萍飄大海，風波還相依。安得如潮頭，朝夕自言歸。一經離亂中，盛年忽已衰。有心不敢椎，有口當猗違。

十年避亂走，畏聞人語喧。天地已傾覆，何論東南偏。網羅不可脱，殺戮到深山。有路不早達，無家何用還？所以蝸牛廬，十問無一言。

帶索與披裘，素心只如是。被髮如佯狂，高冠不妨毁。葛巾漉更着，古人聊復爾。大布苟禦寒，自不用紈綺。

哀柳蔽秋日，黄花紛落英。慨然一念至，一往無人情。不知地氣熱，不知天河傾。溪水日夜流，蟋蟀隨時鳴。哀樂所不受，樂得蜉蝣生。

庭前養白鶴，枉惜凌雲姿。珊瑚施鐵網，安貴瓊樹枝？寄信三青鳥，所言何大奇。頹然厭斯世，長年復何爲？山中愛神駿，不用黄金羈。

荆扉當谷口，一徑臨流開。逍遥足千古，想見前人懷。珍重此顛沛，自問何當乖。所見不空曠，長林如羈棲。出門風以雨，杖屨皆汙泥。洸洋任蒙莊，志怪聽齊諧。直下無可悟，悟者天然迷。途窮亦嘗事，何用慟哭回？

自然林藪命，何論天一隅。風波卷地起，蓬海皆危塗。一進不能退，枉爲世所驅。到處容木榻，抱膝原無餘。自非一莖草，廣廈難安居。

詩書不忍棄，但讀勿復道。此時合牆壁，對之可以老。冷灰自爆豆，銜木定枯槁。客來問此意，慎莫自言好。洒墨無黑白，白室以爲寶。猛火爐無煙，香氣出林表。

生有幸不幸，士誠難此時。衣冠飾劍珮，人人能言辭。一當刀鋸前，風流誰在兹？黄金畏衆口，白璧翻自疑〔四〕。妻子不相信，何怪朋友欺。古人故獨往，不知其所之。

流水不曾流，滚滚桃源境。隨流見此句，萬年不須醒。講經誠多事，高臥自能領。長夜幽漫漫，無所事毛穎。寧當化流螢，草間飛炳炳。

孤島越洪濤，人人有路至。但笑不復言，見者以爲醉。石火電光中，死生見語次。直立塞天地，横議何足貴。一瓢赤倉米，幾人知其味？

我聞鄱陽岸，尚有淵明宅。尋陽彭澤路，所至傳遺迹。亂後村煙少，千家不滿百。匡廬三疊泉，歷年飛空白。余時寫一紙，自病自愛惜。風雨不出户，披衣周中庭。閉目若有見，兩耳時一鳴。蠹魚成神仙，此是天地情。

嘗翻博物志，流覽神異經。飛身不可信，黄冶知無成。篝燈對古人，開卷嘗三更。

我歌君和之，滿座生淒風。聞者數行下，一句三聲中。咫尺竟阻隔，言語不得通。終當合神劍，何必求遺弓？

忽忽四十餘，努力何所得？讀書好山水，此中頗不惑。狂瀾久洶涌，一簣何可塞！人生是行路，招魂還故國。吾道何所言？相視但嘿嘿。

豈少五斗米，乃公多一任。貧賤分所甘，何必求知己？青蠅爲弔客，自聽溝渠恥。獨以老親故，淒然念鄉里。老大愛忘事，甲子猶可紀。人傳鳳凰山，枳棘非所止。寧且隨鶬鶊，一枝良可恃。

修士多顧忌，吾寧率吾眞。末世風俗薄，猶喜山中淳。終歲無聞見，但道禾苗新。雖歷干戈後，口不言胡秦。茅屋各相望，永無車馬塵。始知衡山懶，無異丈人勤。遠公不飲酒，偏與陶公親。飽食但高枕，絶迹不問津。有時濯清流，漉以手中巾。古今不同調，同是羲皇人。

冰井和施尚白懷元次山

荒亭猶足撰良辰，抱甕烹茶久作鄰。歷盡滄桑留此水，可憐天地重詩人。濁流懶照緇衣面，長袖能揮青草塵。坐定枯腸爲君洗，猗玕洞裏血痕新。

遥答鼎湖棲和尚

共道鐘聲在翠微，步隨泉水即歸依。白雲本受青山戒，不礙長空到處飛。

在梧州冰舍作粥飯主二年彭孔晳具文放回時何叔鑑在孔幕效力拈此示之〔五〕

圜城玉貌不言功，蹈澥還齊久看空。避世仍憑三寸筆，渡人嘗送半江風。孤蓬死後輪猶轉，兩路歸時夢自同。此去廚牀隨地設，不將經典語遼東。

過梧州卡音坑假切

兩載牢籠裏，枯魚幸過河。雖逢籬下劍，還畏北山羅。家有龐公在，緣歸白社多。香爐峯頂上，病眼耐摩娑。

病目

欲除文字障，左目竟無光。向壁原留影，懸燈本在堂。夢中忘黑白，盤内變青黄。遠覽千秋者，從來入睡鄉。

病中

舍身猶有骨，血盡竟無心。欲擲今年杖，難成昔日林。披衣惟跂足，側耳是何音？總在煙霞室，休辭痼疾深。

答區罷菴

猶有西園草木情，隨風卻伴野蟲鳴。看詩還倚先朝月，髭于作江月篇見贈。吹律空傷末世聲。

牆壁主人遭亂死，江湖衲子記君名。向在五羊于鄺湛若處見誌于詩，誌于他遊未識也。今邂逅李寧仲座上，稱其名得其人焉。詢湛若，則庚寅已遇難矣。毫端五色歸圓影，染作桑田用筆耕。

放鶴難騎泣路窮，卻因神駿感林公。仰天握手三江上，知汝傷心一笑中。室有灰塵憐敝帚，扇存篋笥待秋風。罷菴總是蘧廬夢，聽過鐘聲夢不同。

笳角聲中讓寫詩，戰場酒肆助淋漓。千秋濯足臨流句，一刻傭書閣筆時。故作吳吟消我病，從旁楚客愛人悲。蒼天忽令寒風起，此意枯桑大海知。

過西寧拜鹿公叔祖墓

北都憐苦節，萬里伴殷勤。耕鑿期同隱，奔波竟別君。刀頭留破衲，劫後掃孤墳。苔洗三年淚，看碑讀祭文。

同朱子暇司馬泛舟往星巖

叩棲隨菱芡，漁歌任往還。湖光依碧草，塔影破青山。樹護巖前石，風生亂後顔。但能安木榻，亦閉一時關。

斜陽疏雨後，將夕滿門陰。梵響隨風去，山光入夜深。月憐吾輩影，湖洗故人心。卻怪苔痕淺，當階少樹林。

同素臣露坐蘧庵門外

翡翠山前屋一椽，開門橘柚晚生煙。桃源飲食惟留飯，栗里聲音不在絃。洞裏星知當日客，湖中月載古來天。此番相對蒲團影，吞卻逍遥内七篇。

鼎湖作

一壑自開天，雲深衲子傳。杖留溪口石，松鬱寺門煙。信步不知遠，看山即是禪。共歸鐘磬地，吾只問鳴泉。

觀瀑布

龍門誰許上，匹練自空縣。目射天河影，衣沾玉樹煙。不容人作語，漫道筆能傳。題破青蒼路，還當白眼前。

入南華

擊碓三更曾看清，莫依假鉢鬼安名。芥山卻借袈裟影，劫火難燒鐘磬聲。密在汝邊傳狗尾，來無口處曬龍睛。迷人一片風旛骨，點汙曹溪證不明。

度梅嶺

此嶺原無險，征夫勞不辭。開山留漢姓，鑿路識唐碑。但有松千尺，難求梅一枝。古今南北淚，非但爲流離。

別滴投即曾青藜，時言易堂諸公。

蒼梧同過嶺，烽火裏談心。自詫梅川呰，堪稱藜杖林。三更看月冷，五嶽托雲深。只爲劉驎頎，聊依香谷陰。

校記

〔一〕辛卯梧州自祭文收入浮山文集後編卷一，文字稍有不同。

〔二〕斷師子尊者首　浮山文集後編作：『謂獅子尊者曰：「既離生死，可施我頭。」尊者曰：「身非我有，又何吝？」王即揮刃斷尊者首。』

〔三〕墮地　浮山文集後編此下有『七日而終。象白山人言往世皆爲白衣，以嫉法勝故，陰戕于崛，乃今償焉』二十八字。

〔四〕璧　原誤作『壁』。

〔五〕□　原字不清，似『王』亦似『主』字。

浮山後集卷之二

宓山愚者隨筆

借廬語

匡廬名字疑

唐盧簫言秦立廬江郡，山因此名。以禹貢、山海經爲斷，不必匡君也。山疏非之，言漢武始立廬江郡，潯陽在江北，晉永興乃以江南名潯陽，何言秦漢潯陽有廬山乎？山海經：『廬江出三天子都，入江彭澤西。』又曰：『三天子都在閩西。』注云：『在歙，浙江出焉。』水經又云：『漸水出三天子都。』以爲疑。智按：吳草廬、汪南溟言率山爲三天子都，都一作鄣。陽水出浙，陰水出彭蠡。一作漸水，乃浙之訛。山海經廬江、彭澤、柴桑之山甚明。史遷曰：『余南登廬山〔一〕。』漢書年表：『北界淮瀕，略廬衡爲淮南。』顏籀曰：『廬衡，二山名。』衡山記云：『武帝南巡，以衡山遠，乃移南岳之祭于廬山、灊山。』則廬山爲江湖之望由來矣。郡地更割，史略于古，簫以禹貢、山海斷之，近是。其曰廬山古南鄣山，謂『天子都』，則因彭水出三天子都而訛也。亦曰輔山，九微志云：『周武王時，方輔仙去，惟廬存。』謝顥碑云：『匡續修煉虎溪之上，七百年輕舉。』周景式云：『匡俗子孝，當周武王時。』唐類函作匡裕子希。胡元瑞分爲二人，豈知續訛爲俗，又訛爲裕耶？方、匡聲近，皆周武王時仙去廬存，殆是一人。傳疑亦可，山水固在，何不可以質論？簫謂山因郡名，智謂郡因山名。廬江者，合廬山、九江而言也。智更有疑焉：禹貢紀州，必表大山，烏有彭蠡入中江之處，廬山巋然，而反略者？敷淺原云在德化，朱子非之。智按：『棠棣之華，鄂不韡韡』，言鄂之尃也。篆不象形，易震爲尃。左傳『三周華不注』，山如花之尃也。不、尃、敷，古通。孫愐曰：『淺，流疾貌，平聲。』猶漸、嶄之類，勿泥深淺也。原，古源字。廬山如華而瀑最多，其爲『尃淺原』乎？或稱方輔山，皆尃音之轉，又一證也。謹書以俟後之遊覽者。古今相傳，必用名字，傳虛成實，疑之者誰？不知實際，而掃名字，猶然誤也。闕疑乎，傳疑乎，證之者誰？

結廬刻石古人奇，青落江湖過眼知。彭蠡果從天子鄣，紫霄傳有禹王碑。安來名字隨他變，□□山川不我欺。證出專淺源在此，聽千年後決然疑。

望匡廬

雙林九壑夢分明，破浪如聞瀑布聲。隱士遂令□有姓〔二〕，禪師還以社傳名。天池霜露隨人受，彭蠡風波自古生。采菊登高徒步穩，香爐峯頂讓誰行？

施尚白從青山泊舟至歸宗同宿右軍閣翼日遊山

蒼梧同過嶺，便許此匡廬。又遇回風浪，來同破衲居。墨池猶有迹，赤眼早揮鋤。肯發香山願，重藏白石書。

讀老父遊廬山卷

崇禎庚午，老父與張席之先生石鐘風別，遂遊匡廬。半偈禪宿索書，有三疊泉、文殊臺、書寄張二無諸作，今藏此者，乃半偈之孫也。

早年愁世路，一杖入香林。幸託名山字，嘗縣昔日心。江湖隨意闊，泉石引人深。只此無紘曲，高風直至今。

開先歸宗道中

纔近青蒼面目眞，繞山飛響各通津。一簾嘗挂峯頭霧，雙布應消砦上塵。怪石穿雲扶鐵塔，斜陽指掌接金輪。匡廬匹練原無數，惟有黄巖遠示人。

上金輪峯瞻耶舍塔余外祖吴觀我太史編修

鸞溪稱古鏡，曾照幾千年。土遂成金色，光應對玉泉。□灰誰當寶，鐵柱上衝天。爲愛名山勝，飛來作畫傳。

玉簾泉

始知丘壑不乾枯，甘露瓶傾滿鉢盂。此下名鉢盂潭。漫道翠屏飄霧縠，好呼雪竇掃珍珠。屑飛塵外何時絶，衣在煙中□點無。最是一聲傳不出，龍門洞口耳嗚嗚。劉晉卿太史題龍門，其下有洞。

黄　巖

雙劍淩風顧影寒，文殊臺倚斷闌杆。半空飛白誰題破，萬壑垂青我獨看。峯頂尋源須信步，洞中滴水足加餐。龍潭響處呼誰應，自許閒人指一彈。

淩雲舍月下

麻姑看五老，顔面自相親。峯頂碑無字，松間石有鱗。月臨深□冷，秋在此山眞。猶作書生詠，清泉定許人。

九雲屏

懸崖叢竹裏，倚石作香城。屏障秋多色，冰霜寒有聲。詩留雙袖在，杖入九雲輕。自信空中筆，如何畫不成？

緑　潭

九雲屏有緑潭，澄波照人，上可卜築，即三疊泉之頂也。雁公欲以『水月』名之。

源頭止水自生萍，欲造乾坤入草亭。秋洗琉璃盤上月，天圍翡翠鏡中屏。安心定見千年碧，放眼嘗分五老青。□聽泉聲廢鐘磬，相看枕石莫談經。

從玉川門看三潭瀑

狹谷迷津問不傳，白雲封定幾千年。杖從巖下方開徑，影到壺中自有天。雪窖試人寒入骨，冰輪墜地玉生煙。轟雷掣電難張口，瘖啞知音肯向前？

再詠三疊

三峽巴江似直流，疊溪屏障幾層收。周武改疊州，以其山水層疊也。今爲疊溪。冰綃剪破裁雲幔，銀漢斜傾作玉溝。畫角鼓聲催急雨，宋璟以雨點論鼓法，鼓角一通爲一疊。陽關笛曲送深秋。唐有陽關三疊。誰將折筆圖成後，書家用三折筆。可挂松風最上樓。弘景三層樓。

新開三疊泉路

匡山三疊泉南宋始出，太白、香山、東坡皆未得見。朱子與楊伯起書曰：『三疊新泉奇勝，此生無由至其下，當託黄商伯、陳和成摹以來，摩娑素墨，徒增慨歎。』

老父以崇禎庚午遊廬山，云三疊泉以峽遊爲勝。壬辰，愚者來遊，遊人皆上淩雲舍嶺，據北崖相望南崖之谷中，有瀑布三疊如練，相去二里許，以上睨下，何能暢然？已過石脊、一線天、緑潭，臥九雲屏借廬，求老僧爲開九疊谷之路。越數日，自玉川門入，側身出洞，循澗行，是爲鐵壁峽。岃崱衝天，獅象蹲躍者百狀，龍潭激電，天爲之小。投距而過，見天門焉，是爲外龍潭，瀑五丈注之。其上有篆，蘚中識李夢陽名，此舊路也。沿北壁捫蘿二里，行奔雷中，忽見一疊；拾級獅子峯之傾嵓，三疊出矣！銀河直瀉，冰霰淵騰，全身雪窖，寒濯其骨，豈復有人間世耶！是可以得開闢之句否？坐金鰲石，許建一亭，因題之曰『不容下語』。

此間眞第一，九月看三回。秋入新詩險，天知舊路開。放聲投白雪，掃字破蒼苔。斫斷寒山石，呼風卷地來。

巨靈難下手，劈斧費經營。創此山無法，鑿開天有聲。瞿塘驅汗馬，星宿餌長鯨。忘卻驚人字，狼毫寫不成。

見谷開生面，蒙衝駕紙船。銀河傾入井，鐵壁不容天。獅象連營走，蛟龍倒窟縣。雷門逢勍敵，一喝破三川。

白鹿洞

白鹿祠爲李渤讀書處。昇元建學，以李善道爲洞主。宋拓大之，與睢陽、石鼓、岳麓並稱書院。朱子請賜額，并御書石經，孝宗允可。正統中，翟溥福復修。萬曆己未，智隨先祖廷尉公至此。今周農父令蔡撫軍舉智主此，業已烏道行矣。

匡廬南面坐，白鹿洞當陽。御筆藏經處，淳熙賜額光。絃歌雖草莽，山水是羹牆。我祖留題處，溪橋漱石香。

天池佛燈

天池夜見火星，舊號爲佛燈，蛾眉、王屋、點蒼、九華皆有之。南海夜波熠熠，所謂陰火潛燃也。虛舟師曰：五臺燈，搏之爲樹葉。格致草以爲膏氣發光，此質測也。果悟惟心乎，盡十方三際皆佛也，謂之佛燈也宜。

疑是潛燃海，猶如腐草螢。三更縣佛日，萬壑布明星。性火空中白，燈光眼底青。手搏殘樹葉，點點付山靈。

天池看月

白毫光裏湧紅樓，萬仞臺邊雲盡收。羊角風從三疊起，蛾眉月下九江流。銀河灌頂成飛瀑，玉海隨帆駕鐵舟。人坐天池生羽翼，空飄雙袖舞峯頭。

周濂溪有人在半空行之句

人在半空行，浮雲足下生。孤松千丈立，衆壑一時平。掃卻巉巖影，但聞泉水聲。忽然朝日出，歷歷九江城。

白香山草堂

多謂青衫濕，名山洒墨痕。寫詩留寺院，將佛作□□。雖發匡廬誓，終歸履道園。但傳雲碓語，讀者爲招魂。

二林

雙林古道多荒草，北面之麓此間好。不煩樓鑰辯三笑，且誦往來成二老。誓文鑱石讀勿哀，草堂香谷花常開。龍眠下筆開生面，古今杖屨欣然來。可惜靈運一去不回首，可惜淵明不載東林酒。獨賞宗家解臥遊，一木一石皆不朽。舉鐵如意來此庭，化城猶隔殘沙汀。渾身坐在青青裏，不説青山青又青。

雲鬭

仰天坪上看雲鬭，兜羅膚寸如蒸餾。鐵舩弔橋北波湧，桃林漢陽南輻湊。須臾嶺口交鋒戰，彼此推盪分左右。兩陣冠軍衝白馬，銀甲龍鱗日穿漏。突然潰爛成一片，千里江湖大幬覆。笑我墨盆畫不出，欲歸兩步迷前後。

温泉

隘口黄龍山北麓有温泉，周景式所稱胡郎廟南主簿山沸泉如湧者也。王禱曰：甃石爲池者五。山疏曰：今止二池，舊云四井皆没水中。沸處沙石皆熱，不可履。東一池尤熱。南康志遠公硃砂泉詩：『一峯高出白雲邊，下有硃砂如火燃。已是氣蒸千里煖，如何澗石溜温泉？』此胡仔温泉重硃砂之説乎？硫礜近是。唐涑曰□積硫于水不温，毋乃少則不顯耶？桑喬曰：雷火所灼土氣亦硫。蓋極陽之氣也。太西曰西國七十餘湯，各標□冶，布那姑山盡硫而泉不温。蓋陰質陽氣爲湯，陽質陰氣爲𤁐，湯泉貯器還涼。唐劉鍊曰：江寧有晉長明燈，色青而不熱，質存氣昜，此其徵矣。因約之曰：

眞陽貫陰陽，水火自相續。結陽作硫氣，堅石隔其毒。禽魚墮即爛，豆穀煮不熟。胖怯悉唐脂，水性各有族。主療細差别，已瘍者散鬱。識此本不怪，遊此定不俗。何羡蓮花湯，一洗今朝足。愚者更來告，勿遽解衣服。元氣不充寔，又忌當風浴。

潮　泉

張僧鑒潯陽記：『鷄籠山澗有數十處，水深尺餘，朝夕輒湧如潮，朔望尤大，名曰潮泉，在紫霄對家山南。』客駭之，以問愚者。愚者曰：移風縣有鷄鳴潮，虔州泉、滇太華山泉、安寧州泉、柳州昔相嶺井泉，皆一日三湧。張佳胤謂潮應子午卯酉，而云三潮者，夜不見也。貴州省泉一日五十盈五十涸。玄中記載漏汋百湧百竭。連州斟泉十溢十渴。謝皋羽記月泉，消長視月之盈虛。張元長言洞庭水與潮鬬，而吳江之墨池水亦湧。通言其理，水皆自潮，以瓶盛之，亦有消長，但微難察耳。無逃於氣，無逃於呼吸也。客因以問潮汐，曰：『姚寬、徐明并傳星卿高麗録言是也〔三〕。其謂地浮水上，一溢一沉，則謬甚矣。』客曰：『潮何以與而應各不同？』曰：『人日夜五十營，而呼吸萬三千五百，一呼一吸，而脉且四至焉。水當火烹，必百沸而百止，亦氣之上下也。氣以陽動，而樂於陰隨。邵子曰：「潮之應月，以其類也。」此則月有九行，各方之天項相取亦殊，或煖近赤道，或地中陽隧，經行燥鬱也。當詳驗而後知之。』且約其概曰：

大氣細升降，潮汐如呼吸。應月共一徵，隨陽互出入。百沸百起止，瓶水具消息。凡人概不覺，見聞難察習。何以復異同，時刻不相及？地球多罅漏，經隧分燥溼。日度煖所射，陽□爲陰蟄。經過穴過之，内外相蒸歙。應候故差殊，循環有緩急。此類甚難考，談空何可執？紫霄問大禹，仰天歎寫笠。古信黄帝經，請觀邵朱集。地非浮水上，大胞中一粒。巨浸歸山頂，各方如井汲。知故乃不惑，非爲口耳給。

茶泉

茶經以谷簾泉爲天下第一。張又新有謝僧寄谷簾泉詩。王禹偁曰：水之來計程，且一月而味不敗，取茶煮之。浮雲散雪之狀，與井泉絶殊。張世南曰：三疊泉名於紹熙辛亥。紹定癸巳，湯仲能主白鹿，品題三疊不讓谷簾，寄二泉於張宗瑞曰：『鴻漸只嘗唐代水，涪翁不到紹熙年。從前康谷宜居二，試問眞巖老詠仙。』歐陽永叔曰：張又新煎茶水記載劉伯芻之七等，陸羽與李季卿論二十種，多與羽茶經相反，其辨南零特怪，其又新妄附之耶？匡山疏曰：茶經言瀑瀉湍急者勿食。三疊康王谷瀑瀉湍急無如矣，乃以爲第一，何耶？愚者曰：山泉冽，故可發茶。論養人，惟取其淡。江水澄之半天，河水澄之，皆至味也，水味細別固也。然廬山黄崖玉簾，亦何殊康谷三疊哉？幸在山中，其取流坎之澄潭乎？

幽谷寒泉不用嘗，澄潭熟煮潤枯腸。夢將顧渚紅爐法，來試廬山白雪湯。竹筧四時常滿甕，醫經百沸亦單方。天容知己披襟坐，消受人間冷地香。

遊山示思皇周遠害之弟

帶病呼笻竹，溪山到眼明。讓人談佛法，除我聽泉聲。鐵壁原難上，芒鞋自可行。白雲無遠近，風向袖中生。

從天池過大林次魯山韻

踏碎蒼苔石上紋，遠空寒碧與山分。樵從錦澗收秋色，僧汲天池出曉雲。香谷葉深行處滑，竹林花發夢中聞。翺翔更覺西風變，不逐衡陽雁一羣。

懷　古

三疊千年少客尋，黄巖一望即知音。當時太白香山輩，乘興看山總不深。

匡廬是處見鄱陽，着屐登山好發狂。卻問柴桑橋畔客，曾無一語及湖光？

五老行

亂世尋山恐不深，三峽九疊千樹林。古人欲識廬山面，何人能識廬山心？五老峯上看雲海，襟江帶湖原不改。五老峯下瞿唐傾，白虹噴沫驅雷霆。縣巖無路死躋攀，捫蘿踐冰號鬼關。等閒借得樵人斧，劈破西天造北户。重陽日，眞第一；山有靈，我有筆。關同郭熙寫不出，請叫一聲千年畢。千年饒有題詩人，彫鏤刻畫皆不眞。自非放眼長空者，此心那與名山親？廬山有心問五老，五老面面對人好。眼前半句聊草草，一世機鋒此間掃。

借廬

借廬者，九雲屛之客房也。

總緣五老好留人，留得閒人許結鄰。金字琅函皆是假，但憑隱士寫來眞。
從古芒鞋名不借，走過遽廬喪天下。等閒跂足最高峯，莫信誰家夢中話。
火坑雪窖任安眠，到處開山懶種田。識盡古今俱是客，出門不受主人憐。
嶧阿木葉曉煙平，竟作吾廬不浪行。纔坐九雲屛下定，青山無色水無聲。

五老峯上將中兩兒來迎將改名中德，中改名中通。

天崩與汝封刀訣，潛竄陽瘖成死別。十年黑夜踐荆棘，雙脛磨盡千層鐵。五老峯頭兩不識，父一瞪目兒淚血。鹿湖堂上病哽咽，念此縣崖嚼冰雪。我在虎窟臂三折，只望匡山子驥轍，痛當窮歲嚴霜節。此骨但憑千百切，且跪南浮草中説。

六叔見訪廬山

原將五嶽謝君恩，擲杖今投不二門。已報家人如我死，可憐獨子有親存。名山即是還鄉路，詩卷能招出世魂。只剩梵天皆血濺，袈裟帶雨拭啼痕。

前日逢兒認不眞，十年博得水雲身。歲寒忽見同窗叔，坐定重看隔世人。泊岸尚驚滄海浪，結廬且與故園鄰。講堂白鹿蓮花下，就近拈來獻老親。

井底書成血不枯，咸淳集已滿江湖。醉留白眼看猶子，老費丹心傳小姑。到處山川歸翰墨，邇來日月照菰蘆。嚴寒正愛冰霜色，補作梅花五老圖。

埋歌

誰善埋先拾，柴燒滅古今。坑稾街何惜，廬山雙草鞋。劉伶有鍾不曾用，鄭泉卻向陶家送。舍利青蓮惑亂人，兒孫造塔千條縫。自分花葉成荆榛，五燈三藏皆灰塵。傀儡場中學啼笑，一通羯鼓消殘春。啼不得，笑不得，破廟香爐葬彌勒。刻鏤虛空枉費心，撞碎崑崙誰着力。噫嘻！書非書，詩非詩；蒿里歌，神道碑。西方禁革往生呪，楚巫忘卻招魂詞。埋歌亂，埋時看，請付青山作公案，黄土一堆風雨爛。

廬山問

廬山問客幾時到，客除箬笠仰天嘯。九州定數峨嵋高，五嶽惟稱華山峭。南方雁宕勝天台，武夷還讓陽朔道。江湖久慕天池名，一生結尾來登眺。山公自知實不如，問客曾翻宛委唐述之。奇書當面未識匡公廬，皮相此老何其迂！蘇迷廬是山川祖，欲遊不在中華土。三界鯤鵬卮寓言，脚跟依舊桑麻園。此去君鄉本不遠，今始識面恨君晚。君請吟，我知音；此山淺，其中深。匡公名目東西林，高人達士爭相尋。名山自有名山筆，五老獨得江湖心。

山懷

嵯峨九疊山，宛轉九溪水。行者問何心，古來長如此。遠公善講經，得力在莊子。逍遥遊第一，有何出生死？此山行不盡，不過百餘里。山上孤雲飛，不問何所止。

續之生子然，並免子平願。遺民不移居，誓文豈勞勸？良以溷濁故，聊與俗人遠。未能絶煙火，且飽東林飯。

醒者是非多，所以淵明醉。虎爪面陽山，石迹留閒事。一室環九州，獨飲難正視。撫琴衆山響，即是無絃意。次宗猶馬廐，静修晚朝市。柳弘嗤雷，仲晦笑陸。莘民通華竺，攢眉若分袂。張野與元亮爲姻，入蓮社，故云。足信兩超越，閒情寓别致。縱浪大化中，聽人疑天地。

蘭亭大宴會，乃云齊彭殤。素自無廊廟，捨宅廬山傍。服食采藥石，千里徒徬徨。臨池水盡黑，此即靈山方。至今洗墨池，乃在赤眼堂。一筆空千古，不用名山藏。

餉米以絹還，隱者乃高卧。干寶餉米，委舡翟湯，以絹償之。符載與山南，乞錢亦無過。載乞于頔數萬緡作山居。香山事佛久，何乃薦劉軻？良以愛才故，錯行不相坐。修武勸李渤，尊貴雲端墮。

事久無一向，可弔亦可賀。退之勸渤仕，或猶少之；軻緇而白引入都耶？竿頭進退，弔賀同時。

公擇白石菴，東坡爲作記。甥舅與兄弟，一時拔其萃。李公擇，山谷甥也。李公常、李莘皆同隱。聞道販尊幢，固陋雄嚶屎。寧爲讀書人，丘壑養高志。用光在得薪，閒居必有事。絃歌呼同心，考究以質俟。攘墨縣壁間，寓癖聯遊戲。

永叔廬山高，公麟騎牛圖。文潛記冰玉，考亭修故居。三世好學問，藏此名山書。果然遂吾志，即是神仙廬。劉渙凝之居匡廬〔四〕，歐陽贈以此歌，李伯時畫其與陳舜俞騎牛狀。張耒作冰玉堂記，考亭修之。渙子恕格。恕字道原，恕子羲仲〔五〕、和仲。

青牛谷中卷，聚散感蘭亭。鄭元素爲温韜甥，隱青牛谷。偃月堂如此，騰空乃獨行。李林甫女蛻骨屏北。韋丹空唱和，丹寄詩靈澈。蕭存肯躬耕。穎士之子，隱西林側。三起栗樹嶺，偶似西山清。坡讚濂溪云云。陽明歎朽骨，望岳浮萍青。到此如嚼蠟，何爲强爭名？且從吾所好，扶杖消殘生。

懷未有敬躋諸子宋在髻山，吳在臥龍岡。

高天寒露下，及早問蒹葭。秋老名山色，雲藏處士家。幾人能白髮，千載此黃花。得句書相寄，峯頭一片霞。

贈王賓明 必述

雲深谷口歲寒天，燈火惟求一室緣。東郭閉門還種藥，北窗有榻即安禪。漢書久向瓢中渡，楚曲今爲醒者傳。晉代遺風猶想見，壁間人記義熙年。

大孤山長至作

歲晚鄱陽涸，平沙起白煙。孤山眞砥柱，一綫望虞淵。塔静江中影，雲空世外天。卻思春水發，今古此茫然。

下石鐘山

巉巖吞浪日硿硿，猶當匡廬耳後鳴。湖口迎潮難測蠡，洞中銜木恐成鯨。摩崖正喜碑無字，擲地原令石有聲。白鹿比鄰乘興便，非同赤壁誤傳名。東坡笑李公擊石鐘之陋，故爲解嘲。

小孤山

萬里浮漚許瓠樽，觀濤欲據小崑崙。三江到海安銅柱，一笏朝天立禹門。蓬島浮來青玉案，冰壺吸出碧雲根。比干卓筆蒼茫裏，山谷還家許細論。黄亞夫題小孤口『比干一片崔嵬心』，子魯直嘗書之。

題三疊畫似雁山雲龍

石梁何處覓遺蹤，廬山有三石梁，今不可得。開眼看山第幾重。一幅素絲猶罣礙，恨無當面剪刀峯。

壬辰除夕歸省白鹿度歲於海門江口

此回蓬徑果桑田，竊比遺民入社緣。遺民即驎之，從遠公事佛，而養其父。久望里中如北塞，得依膝下即西天。詩題且記廬山臘，雪浪從過海口年。長跪南浮荒草地，伽梨兩袖雨潸然。

十五年來舉目非，故園何處故人稀。幸餐橡栗逃名久，得剩蘧蒢度嶺歸。史雲不受朝命，捃拾以逃。吳隱之自嶺南歸，以蘧蒢爲屏。餓有瞿曇當日鉢，寒存縫掖舊時衣。蒼蒼白鹿松楸在，振錫如同落葉飛。

題無和上借廬語〔六〕

金華宋學士，至正末堅辭辟命，入仙華山爲道士，鎦青田賦詩以招之〔七〕。濠泗眞人從非非想天出定，雲龍風虎，應期而起。握三寸管，闡揚佛法，龍華法界，變現於龍荒沙漠之餘。學士故永明智覺後身，乘大願輪，現身説法。時節因緣，不可思議如此。無可道人，後三百年，踵金華之後塵，其人與其官皆如之。遘遇喪亂，薙髮入廬山，披壞色衣，作除饉男，又何其相類也！金華題廬山十八賢圖，以謂君子在山林則天下亂。至於披圖流涕，道人借廬之音〔八〕，茫茫焉，落落焉，不復知有情器世界塵劫壞成之事。翎彈松漠，規啼居庸，如風起青蘋之末，迢然過吾耳也。白香山居廬山草堂，煉丹垂成，除書至而丹鼎敗。龍河幣聘，亦仙華敗鼎日也，得毋慮捉鼻乎〔九〕？是不然，過量出鄽，人既已如此，則如此矣。本懷澹泊，看破一切，皆能之而不爲，超越世間，又超越出世間，呿唫容與，其性分之樂不可

當，何復與世情同鄽而係累此電光石火也耶？〔一〇〕

癸巳元日，海印弟子蒙叟錢謙益題。

校記

〔一〕余　浮山文集後編卷一作『予』。

〔二〕□　疑爲『山』字。

〔三〕傳星卿　當作『傅墨卿』。墨卿宋人，宣和中曾三使高麗。

〔四〕涣　原誤作『焕』，據宋史劉涣傳改。下同。

〔五〕羲　原誤作『義』。

〔六〕錢謙益有學集卷五十題作題無可道士借廬語。

〔七〕鎦　有學集卷五十作『劉』。

〔八〕音　有學集卷五十作『詩』。

〔九〕得毋慮捉鼻乎　有學集卷五十作『恐道士未免捉鼻耳』。

〔一〇〕『是不然』至『此電光石火也耶』六十九字　有學集卷五十無。

浮山後集卷之三

無可道人隨筆

鳥道吟

鳥　道

鳥道挂疏雨，關塞極秋興。無題忽然題，不知誰爲政。人遊佳山水，一幅畫相贈。展玩荆關筆，如上太行磴。高深俯仰間，磨出玻瓈鏡。返照波明滅，眞假笑難訂。白日刺人眼，盆水倒相映。環珥具五色，摇蕩浮光定。馬毛龜甲中，木石見情性。蒼鶻伴參軍，窟欙笑優孟。黄鵠將安之，榆枋亦安命。雲將徒拊髀，垂簾自嚮應。玄關不自白，賣藥知病病。玉石總他山，遊心且吟詠。

與客論正變

風雅有正變，閏律旋宫商。製器相唱和，八音同鏗鏘。縣崖與都鄙，山居與明堂。所貴轉風力，鼓腹天衢康。關尹天地寓，正始從濫觴。沃焦返崑崙，江河自湯湯。妙高不可見，別峯嘗回翔。詩禪同槖籥，古今爲齎糧。會厭不可禁，吹紙如笙簧。無内外中間，各用其所長。秋蟬抱高枝，啼鴂憂不芳。蟋蟀在牀下，渴旦愁雪霜。當此寂然感，起行休徬徨。適得而幾矣，木舌原相忘。柷敔久謁傳，鐘啞琴瑟張。合止乃樂句，誰問協律郎？請聽泠州鳩，木音直而方。本具不自知，因絃乃能詳。繼之以節度，上律齊陰陽。吹萬雖自已，九達須成章。乃見古人心，鐵硯猶羹牆。達者不動步，坐享聲音王。

和先外祖吳觀我太史公水中雁字詩有序

雁過長空，水無留迹，玄虛寫照，眞假俱非。古人信手拈來奇字，向天問出。昔余外祖亦和斯篇，三通窄口，依稀一句；通身分付，無非妙諦。觸處會心，上下天淵。被化蜨之漆園，激翻背負，潛飛卦畫；攪毒龍之華藏，見示毫端，妙在空行。休分影事，高深點點，來去如如，歷千劫後之文字風流，即衆藝場之聲音般若，題目雖爲詠物，眉毛各剔其人。父母在前，弟兄結伴，喪偶成驚孤落，來賓總是齊飛。旋南非以翻車，應春秋而起興；倏爾龍生金鳳，全虧蚤上鐵牛。放在一邊，且言七律。全力不妨搏兔，毱毬跳入野狐。肉眼不辨淄澠，字面遂如膠漆。果會玲瓏活脱，自能指點虚無。豈但臨池，忽然瞥地。鸞驚碧落，雀舞玄壺。告誓娥碑，覽者動孝子順孫之象；藁行章草，改體作傾河覆海之觀。人心本解重摹，羽化是誰響榻？况引寬槼騷水，積悲楚澤之秋；又傷匹製氈鄉，難消服匿之雪。人生如客，遷徙無家，囑鸚鵡以平安，識鵜鶘之飲啄。頻弔江湖之影，匝地風波；偏遊沙漠之場，全身雲水。隨陽遣日，覓食驚弦，萬劫浮沉，憑誰寄信？一行來往，不覺哀鳴。花雨翻鶺鴒之天，蘆月隱鷺鷥之色。琴收舊怨，笛滚新聲，所以畫棟青翰，多生感慨；恰遇赤髭白足，一際消歸。莫論銜口酒顛，樂得詩腸雲吹。鏡中印破，象外凌虚，總此業緣。龜漂浮木，若嫌戲語鷃過；新羅立象，已是雕蟲露布。切憂畫虎，誰容飽食？生即窮達，可憐似獺祭魚，供人間之餖飣；卻笑證龜成鱉，寓格外之風流。點染無端，習氣難盡，淒凉易入，影響相隨。在空燒空，以水洗水。休辭善巧，引析離微。宜許白描，先偏黑路。一音聽演，各種傳神。擅場之伎倆見前，煞尾之雷霆抹去。

蘸乾天地作鵝籠，那换黄庭翰墨工。宛委幸逢蒼水使，瑠璃衝破網珠宫。翅揚頂上吞龍法，筆激頭篇化鳥風。飛舞不隨文字轉，塗鴉亦許戲羣鴻。

河洛疑傳緑字差，闔浮滿署鳥官衙。鳳翔王藉風皇帝，龍藏函歸海世家。鬼哭寒潭添血雨，人看彼岸似雲車。天淵拈出鴻濛案，南北翻飛莫眼花。

希白長沙刻短長，桂湖摹出戲魚堂。榻傳隼尾波三折，墨潤鼇頭涇數行。丹水横披看海幀，緑天裝潢表詩塘。過江四疊留章草，畫舫臨流共頡頏。

南翔盡擬燕歌行，春暖原懷古帝城。鄉北時頒唐月令，集西詞美漢昆明。蠛蠓小眎江湖識，鳦乙遥令楚越爭。滴水蟾蜍分八字，銜書赤雀總虚名。

白衣人變赤烏時，霞倒長虹飲墨池。一色天邊霜有信，千波月下織相思。縷將繫燕詩填海，夢見遺魚字報誰。疑附星槎歌水調，洛神寫出問冰夷。

翺翔糊口賦鰕鮔，託迹沙中自掃除。没濟久淹蝌蚪學，過河漫寄鯉魴書。伏波羽檄休驚亂，獨漉飄萍莫射渠。避難銜蘆還墮落，生涯水墨本空虚。

蔚藍劃透偃波鋒，淵匠難塗羽客蹤。漯水徑中人化翮，歸宗池上爪如龍。高低相顧飛三動，深淺無痕只一重。倒洗青天爲露地，碧紗籠裹不開封。

秋影飛傳騷客心，洞庭縣寫刺人鍼。三閭水底天驚問，七序飄來石自沉。玄草投江招鬼笑，斑林反照落魂深。衡峯見鵬回鸚鵡，黄鶴樓頭夢再吟。

問君出塞兩途窮，答在潛飛不語中。樂浪鶡鶡虚設網，海邊紡繳忍張弓。上林詭語成嘉話，鳴鳥連章痛暴風。徒悵胡笳雙調落，鵴鳩滿處碎長空。

東流翻譯貴忘筌，孔雀鷄園掃一邊。書畫成仙嫌影本，井蛙偷眼莫謌傳。瓢蘆是傲秦阬火，榆欓非憂砥柱船。窣堵波爲無縫塔，聚沙聊化寫經緣。

奇聞誤注水經收，鸞信鵶言總狎鷗。繫矢回書譏蹈海，瘞銘殘本怪衡流。渡遼窮鳥因龍腹，搗藥飛禽跨鯉頭。太華驚人南問訊，老僧題挂玉峯湫。

雲泥顧盼往來頻，雀入鳩飛死問津。竟許浮沉千古信，何妨流落一家人。漁郎指點空成記，龍女回音果結親。泡影風波隨客染，憑虚行草不須眞。

空籠放鵠飲江濱，瘡痛驚摇孽子脣。滄海潑天開此眼，羽儀絶迹是何人？縣戈斷應千秋表，看箭先拌雲水身。函蓋探竿隨句截，攪翻三點不霑塵。

印水連空印破新，鏡湖錯判與波臣。騎鯨問帝何時醒，放隺銜書不借鄰。直待覆舟難下語，豈緣覩影浪傳眞。誰行鳥道隨流見，首尾拖泥看轉身。

難逃文字海中翻，翻出牢籠許寓言。飛此兩間原不落，偶然一過復何論？交蘆割水吹光後，入草求人滿口吞。白浪黑風無半點，蒼蒼掃卻十玄門。

又和 乙未

先外祖觀我吴公，言水中雁字，有三空兩互之妙。五老峯頭曾描邈之。歸讀老父所題，又變一格，洗壁更書，終不可及矣。老父詩曰：『全家浪迹太茫然，徹底翻空一字縣。魚腹竟吞鴻鵠志，凫毛可代鯉魴箋。箭知朔海風吹雪，賦入湘潭倒問天。搔首江南看塞北，春秋草草聽流傳。　長離魚網苦嗷嗷，秋水霞邊又幾遭。看破雲泥無首尾，攪空天海只毫毛。峯回路斷回音少，霜信風吹信筆勞。巨浸滔滔誰識字？浮沉影裏一人高。』

高深覆幬裹空虛，滴墨題成羽化居。隱者流離藏秘本，古人俯仰善抄書。休疑奏樂驚棲鳥，莫怪吞鉤有大魚。一點不來雲萬里，我將翻轉渴烏車。

環中親手寫圖經，反對流行憶過庭。鳳鳥逝兮空作賦，潛龍飛去本無形。眼看緇素千秋白，波洗玄黄一色青。霄壤汪洋中畫破，浮生焚藁望誰聽？流傳碧落在寒家，朔雪炎風來往差。詩歎隨陽謀稻米，圖成明月與蘆花。筆鋒爭脱漫天網，印迹難逃滿地沙。正喜江湖藏病影，不妨戲墨染煙霞。癡兒洗壁欲何成？飛白臨摹浪此生。不亂羣時休鵠舉，當空點處是龍睛。足堪寄託霜傳信，路警浮漚夜尚鳴。剩一毫端還自掃，此中眞雁幾人明？

比年描邈點汙多矣因而自抹聊結此款丙申

笑人寒暑不收埸，一抹從前紙半張。墨浪掀天空自咄，夏雲穿雨亂成行。臨池假信傳眞迹，反景同流寫異方。俯仰千秋飛過日，未知何處是家鄉。

洗心章次漳浦文成公、清江文正公己卯年韻。

嬰兒既生，以水洗火。歲君司命，以雪洗雷。故知死地是麻沸湯，習坎浸符是桔槔智。以靈山藥王之磽伽源粹齋戒，神武之金剛劍蕩滌井竈，直挽天河，所云三蕙絶待，是何等浴湯耶！人塞情竇，即踞理巖；　不陷鬼家，即安獸窟。露布一洗，何快如之！因偷此快，執以爲秘，又不悟必不免而必言，當洗者洗，免也。在澥洗澥，本無垢浄，洗何洗乎？天地是杅，混混不舍一瓢機。沭氣塞穹軒，怒飛破浪，願吸龍宫。杯渡不驚，修羅如醉，一任澼洸火浣。言言刷骨，吞灰隨時，衝口裂胸；　字字泠澆，熱瀾冰消，桶脱踼倒。裓瓶江漢，秋陽豈受汙染耶？此二龍文，浪鞘鬱刃，耀星照膽，倚天逼人，人治此時，爐鞴尤切。巇礰崩裂中過日，灰頭土面中翻車，白汙一身，聲破今古。信得鑊湯百沸，乃是盥漱家常，元會鏤丸，一齁已耳。磨以爲洗，聊當孤頌。五老峯无知子筆。

一瓠收天海，莊生不謬悠。天中翻澥浪，澥底向天流。送月消三影，追風截兩頭。離鉤何所釣，擊楫破虚舟。

折草爲商矩，朝朝水臬平。南山雲出没，北斗歲縱横。笛信人間静，鐘知夜半清。聲前誰作主，九死一回生。

風生竈北牀，寒中薄衣裳。雨洗今朝句，花傳太古香。靈蛇能自斷，胡蝶爲誰狂。推枕截餘夢，空梁一道光。

只有空拳在，西來不必然。路原呼足下，光莫看眉邊。入樹羞金磬，翻江棄鐵船。犇回南院後，即是北窗前。

怪石侵人冷，巖光剪葛衣。竹嘗圍四座，草自護雙扉。破壁龍睛是，驢門麈尾非。吹脣爭瓦注，贏得紙錢歸。

憑空千萬里，逼入捲簾時。磬不許人夢，風吹隔世詩。白魚驕貝葉，黃鳥舞楊枝。透過雲煙處，門前流水知。

尋源誰到者？織女誤人多。東井偏依鬼，西門假祭河。練原非白馬，山不學青螺。推倒毗盧座，虛空奈汝何？

乾海尋鰲骨，移山病鬼工。汗流三頓下，魂返一言中。凍日生冰火，殘雲捲夜風。褒斜燒絕好，不用五丁通。

第一層樓問，何人答得來？葛藟羞塌地，松柏枉成才。麥感今冬雪，天珍臘月雷。東風恩不淺，梅蕊隔年開。

刀山礪牙齒，不厭齁雲酸。達士悲膏火，將軍數箭瘢。血堪收服匿，耳自釁承盤。白刃春風鏡，沙場剖膽看。

獨立無人處，霜風自往還。河圖披寶鏡，逢掖即金襴。破瓮堆生冢，柴車閉死關。不妨毛孔裏，碾碎鐵圍山。

合唱阿哆左，收藏没字書。雨花還自掃，刬草不勞梳。拂袖今時重，觀星落處疏。簾垂寒暑外，何地不安居？

廣洗心十三章 原韻

莫依兩路數河沙，須信還家善破家。龍在禹門三級外，雁嗟人字一行斜。藥王不惡巖前棘，木客偏栽石上花。未到峯頭嘗毒草，攔街拍背亦焦芽。

驅雷斲雪駕波瀾，列缺光中割水寒。百折但憑孤劍去，千差不作兩層看。誰容白足分門限，止許蒼牙轉磨盤。惟此一鍼穿萬古，面南知北斗闌干。

藁面行吟落水肥，月鉤常挂釣魚磯。蟬摇碧柳催紅雨，鵶亂黄昏點翠微。稚子療饑休想竹，迷陽刺足誤稱薇。芳蘭蕭艾同春夏，卻恨當門下種非。

撞呼閶闔九門開，直問天從何處來。劫火生風如鼻息，潮聲逐月講輪迴。苦錐杏樹檀前血，滴入蓮花池底灰。竇几再憑徒下淚，拈香燒出一場災。

破爐燒出雪山雲，免被伊蘭夾路薰。大翮不難行鳥道，牯牛亦可入羊羣。白華孝子何言語，黄葉啼兒恨見聞。倏忽平沉無寸土，桑田空外善耕耘。

白冠容易觸秋風，萬古魂看搔首中。一字塞天摇不動，千生弔古夢相通。射穿虎石非關箭，吞盡蛇杯聽挂弓。悟到鐵椎無覓處，何妨疑殺穀城翁？

鉢中神水灑松濤，塗掌何如拈布毛。那怪御廚驚蛤蜊，枉教秦望議車鳌。鑊湯避暑眞醎醬，埋葬經年感濁醪。一壺中流休當寶，麻鞵蹈海勝雙舠。

靈羊挂角幾條痕，赫赤全無片瓦存。四火燒空丹枕宅，三丸滚出碧天根。石知鐵笛聲中裂，掌在銅盤泣後尊。故説十年離樂器，琵琶方許授崑崙。

浮語無根逐浪蘋，爪阬鬼窟總沉淪。譌傳磬折貽黃玉，況説靈書重白銀。蟲恨禹王留斷石，鳥呵望帝記前身。都歸圩頂圜光裏，誰是當當屈指人？

澤，僧無黑髮煮青精。蜉蝣日暮稱彭祖，羞殺冥靈辯死生。

腹蒐銜光問處明，石鯨吞海恨波平。浮雲如狗看來變，誤筆成蠅洗不清。鬼笑赤貧藏白

玄黃影本貯冰壺，響榻描成帝網圖。早斷半升鐺裏命，抄來一點墨前符。烏官正掌空王印，龍女先抛罔象珠。屋壁作聲蝌蚪死，可憐破櫝少人沽。

浮海親占水底星，轉身移步隔洲汀。泣將麟角千秋紱，縛在龍宫九會經。手劈黑山從黑路，背看黃面即黃庭。没絃琴上殘昏曉，無舌人前許浪聽。

破碎琉璃當面縣，大撓胎裏不知年。金壺灑汁關常閉，鐵筆揮空手絶編。潦倒丹青無染處，攪翻黑白未分前。醉將古廟灰堆火，岸上焚燒玉海船。

又　洗乙未竹關

以血肉爲心耶？以虚空爲心耶？非執昭昭靈靈，即執昏昏默默。如來五種，中道

應時，中節即不問，且問洗心藏密，密在何處？

含睇又宜笑，思我翻然疑。昏鴉失所安，翔集歌雉噫。六龍潛上下，觀玩時哉時。直塞天地間，垂手愁雙眉。五老峯太息，藉草聊佽佽。舍命不談道，變調休言詩。秋風自掃除，曼衍徒爾爲。白雲最平淡，射日還支離。冷暖一瓢水，何用旁人知？心不自見心，末後將語誰？

和白門梅花韻十六首

在廬山即聞尺木有梅詩，人爭和之。白門有梅花十六，承則云涉江首唱，余未見，已見濁民和之。本和之，不知是梅下僧不耶？

萬代皆傷此日寒，枯腸冰冷墨痕乾。人間屬和千篇易，世外傳眞一筆難。還是深山還太古，不知大地不平安。逢場眼見繁華盡，翻笑雕蟲興未闌。

編蒲羞學路温舒，無柿無蕉棄敝廬。信手拈爲千載案，逢春聊當一行書。青牛望去成何氣，白馬奔來夢久疏。卻問看花聞道者，琅函玉軸可如如？

霧縠輕盈護素沙，珊珊玉立薄帷斜。誰留南國當初種，剪破東風第一花。成錦卻殘公主夢，織縑還入故夫家。烏衣唱殺西州曲，杏子單衫枉嘆嗟。

晚鴉饒舌欲何爲，只當招提講一期。百戰喜逢人散後，素餐翻恨老來遲。冰消瓦解參堂去，鼓寂鐘沉托鉢時。但報黄梅春信早，塵埃埽卻壁間詩。

三弄參差玉手横，飄來笛步入歌行。武夷裂石誰留譜，望帝傷心未許鳴。牛背牧兒何晉魏，馬前鐃曲自幽并。無端吹出江城子，黄鶴樓中不近情。

舊家手迹白描新，想像羅浮見不親。雙鬢久忘江北信，一枝空憶嶺南春。晚聽玉珮疑山鬼，坐取金壺寫谷神。古木縣崖難得到，除非鐵骨再來人。

白門重集袖中書，一字漫天那埽除。叢桂山荒誰好客，幽篁路險孰華予。盤根定許埋終古，無影還須問太虛。爲甚筆花枯不死，清涼臺畔覓秦餘。

跳入冰壺拍掌吟，化成銀海此中尋。薜蘿久信門牆穩，松柏同知歲月深。香許西巖高士骨，夢消東院主人心。花開不管誰家臘，天地全歸祇樹林。

片片都歸玉麈分，冷風一陣更紜紜。美人面目終黄土，禪客衣囊盡白雲。千卷蠹魚還似髮，九皋鳴鶴厭成羣。此間難下東林語，捉鼻書生聞不聞？

寒路繁枝砍莫嗟，種成環堵舊生涯。酸心已解行人渴，冷眼休妨醉客譁。楊柳岸邊壺不曉，芭蕉院内句無丫。苦參梅子何時熟，緑滿蒲團日影斜。

癡立巡檐想故園，爲招隔世藐姑魂。短牆不葬珠樓粉，剪紙還留玉甲痕。可許蒼黄修白社，翻愁紅紫弔青門。從今珍重東皇意，桃李無言莫負恩。

刀鎗林裏轉身難，説甚桃源老幹殘。敗竹那能藏隱士，孤松未免作秦官。種留野寺安灰冷，雪識天心重歲寒。同一陸沉翻白浪，覆舟山後豎橈看。

晙宫鐵樹影相同，雲母屏風障亦空。石肯聽經春寂寂，山將發曇雨濛濛。明珠覿面休輕撒，敗絮衝寒枉送窮。數點臨池香一炷，幾人不負此窗中。

繙經病眼畏昏黄，盡一鐘聲誦一行。猶待六朝明月下，欲飛三徑故人傍。柴門露柱辭天女，紙帳斜鉤鄙夜光。除卻少年鴻寶累，老從枝上乞風霜。

隔岸聞香覓渡船，擲巾騎杖笑驢年。月宫舞劍渾如水，寶鼎焚詩欲上天。顧渚魂飛三碗後，揚州頭白一燈前。丹青邈得西來意，過海圓光在筆先。

槁木能言死去情，重生洗耳枕金荊。紅爐覓種誰能答，白雪投人竟有聲。甘露可知仙掌折，繁星落向玉樓明。叮嚀末後巖頭句，彈指相逢日不輕。

又梅花十二首

毫端接歲挾風霜，句換桃符血滿囊。久洗後來脂粉氣，但傳前代齒牙香。眞人爲汝成奇夢，貴客相邀改道裝。累殺大家齊拂袖，刹竿倒卻舊壇場。

最初消息感東風，震旦吹開第一功。半夜正明非弄影，寸絲不挂卻横空。千巖落處勞天女，四壁穿時見主翁。點點拂來親到手，舉頭莫觸網珠宫。

雪窖彌天特地寒，草根骨立餓加餐。連年劫火今留種，正月繁霜傲不難。酒向東籬偏問菊，騷傳南楚只言蘭。春秋雖讓經冬老，千古隨人一色看。

歲寒蘅杜總荒蕪，結爻青蒼自託孤。色在空中驕白日，香從冷處傲紅爐。明光列錦生鱗甲，姑射移家想畫圖。或哭窮途詠荆杞，痛心桃李不如無。

撲鼻撩天未算狂，煙侵石鼎恨沉香。將過簫市歌雙調，誰到名園痛一場。官舍儘逢三日別，宮檐無復六朝裝。不如荒寺頹牆下，猶保黃梅熟可嘗。

雪山枝葉自生根，移植誰家破落門。西土定知今日笑，東君羞與世人言。三更月照虛空骨，一字旛招澹泊魂。凍慣白衣揮鐵筆，玲瓏粉碎總無痕。

憐香不敢插磁瓶，立久更深雪一庭。轉到簾前翻寶帶，醒來窗縫見明星。殘燈未許晴雲白，冷眼初回玉案青。早是春王嚴護惜，禁除蜂蝶與流螢。

白屋牆東一白身，繁華過眼不憂貧。禦冬已醉桃源臘，獻歲先吹黍谷春。紗縠朦朧難説喻，珠璣咳唾更迷人。此回拜見眞高士，面目當前寫得眞。

翻身親跳出冰壺，春在吾家壁不枯。雪竇閒時抛碎玉，灰堆何事羡眞珠。琉璃殿上燈明滅，瓔珞光中幔有無。一瓣從旁疑此漢，和根拔問赤鬚胡。

鏡中月鷺有何分，銀碗盛來賞夜雲。漫語木鵝飛落水，幾家白鳳吐成羣。難言佛國無兵火，早乞樵夫借斧斤。省得嶺頭張網者，攢花簇錦亂紛紛。

生意須知出世殘，冰心死愛寶林寒。雖無南畝深耕苦，欲保東皇護法難。佛恨門庭傳粉本，天教風雨弄泥團。藥欄歲歲堆成浪，便倩花梢作探竿。

柯亭借宿枉忽忽，横笛休誇漢樂工。名士下車三弄畢，玉人灑淚一聲中。甘隨野牧歸春雨，痛入胡笳散曉風。漫道江城騎鶴去，影隨華表落長空。

自寫二首

翻恨塗汙墨有痕，誰能一筆自生春。青天笑爾爲寒士，白紙看君是故人。耐得霜風吹入骨，還憑雪月影傳眞。從今收拾諸言語，屈指高齋夢裏伸。

年年忍凍不曾閒，臘底春風自往還。脂粉埽來惟白戰，根芽托處只青山。畫成女字枝無葉，點作吳妝苔有斑。折向寒窗誰可寄？一時飛舞墨池間。

落　花

東風無限恨，幾點落人間。紫陌誰伸手，青天肯破顔。羞從紗裏見，豈屑管中斑？此處無知者，拈來只當閒。

世皆嫌汝落，因此欲無生。但令人長歎，猶如天作聲。詩隨紅雨過，豁湧白雲平。不見東流意，春風自遣情。

信叶詩餘

無可智道人隨筆

滿江紅 梧州冰舍作

爛破乾坤，知消受、新詩不起。正熱鬧、黄金世界，紅粧傀儡。蘭蕙薰殘羅綺骨，笙歌餞送沙場鬼。被一聲、霹靂碎人間，春心死。　淚珠兒，從今止；眼珠兒，從今洗。見青山半卷，碧雲千里。鳴澗響遮歸鶴語，冷風剪破雕龍紙。幾萬重、樓閣一時開，團瓢裏。

滿庭芳

錦繡園林，芙蓉筵席，從來狼藉東風。玉樓香淚，可惜弔殘紅。千古章臺坑裏，活埋卻、多少王公。黄昏後，蒼天偌大，没處放英雄。　曉窗蝴蝶散，變成花片，出入虚空。問桑田滄海，半晌朦朧。打疊千篇萬卷，五更盡、枕上疏鐘。驚心處，半生冰冷，只在一聲中。

河傳 與楚士陳其容

洞庭，不是。早一場收拾，孤臣孽子。竟把青天，埋在秋風浪裏。爲甚麼，風不死。投書枉費人間紙。草木無情，卻記君山淚。千古騷場，不過嗚呼而已。總没教，人説起。

千秋歲 匡廬凌雲社作

匡君廬後，遂有名山姓。峯頂上，開三徑。麻姑招五老，列檻窺明鏡。君不見，廬山面目何曾定。　説法東林竟，飛瀑消鐘磬。隨一片、閒心聽。香罏休篆字，雨洗苔痕浄。雲起處，淺深，染卻關同病。

行香子 三疊泉玉川門

劃碎虛空，墮落珠宮。漫夸張、鬼斧神工。半間茅屋，八面玲瓏。有一條溪，千丈石，萬株松。　急雨斜風，電卷雷轟。是誰來、擲杖成龍？千年古意，分付詩翁。在兩崖間，三弄外，一聲中。

青杏兒 似山下干雲龍

遍地酒杯香。知多少、帶累柴桑。剩得古來雙袖在，錦袍白眼，青衫紅淚，攢殺眉梁。開口斷人腸。只消這、一字難當。漁父千年無處着，半爐麩炭，一瓢泉水，吞卻鄱陽。

減字木蘭花 臨池

無絃扣節，彈指傷心難得句。一陣狂風，吹入楓香別調中。南山草稿，忽被孤雲收拾了。變作奇峯，謝汝芭蕉一世功。

霜天曉角

拏雲怪樹，垂手離奇句。鑿壞千年石壁，開雙眼，放何處？穿破東籬路，莫向旁人語。滿地撩天詩話，無知者，闢門去。

更漏子 竹關

三斤麻，一疋布，錯向嶺頭開鋪。黑漆桶，破沙盆，歸家不見門。欲知汝，在何許，莫看燈籠下語。一句句，一聲聲，從來説不明。

偷聲木蘭花

經冬雪壓梅花綻，牆角枯枝誰愛看？一陣東風，昨日今朝大不同！　藤枯樹倒還埋没，莫賣此番寒徹骨。静夜參堂，不是人間一樣香。

玉樹後庭花

殘編剩紙牀頭架，燒他無暇。忽然捲起珠簾見，從來天下。　回頭壁上誰人畫，青山無價。題詩點破塵埃，畏東君相罵。

釵頭鳳

燈籠破，風吹過。光影門頭行貨。尋常話，明頭詐。刀山劍樹，自家描畫。怕，怕，怕！

終朝坐，原來錯。那得水中横卧。三更夜，燈兒下。寒毛豎起，不勞人罵。罷，罷，罷！

賀聖朝 書與黄俞邰

帳前珍重蘭亭帖，與香煙相接。一爐紅火，一雙白眼，一庭黄葉。長吟夢與松風叶，入鐘聲重疊。九天樓閣，半堆泥土，兩行蝴蝶。

謁金門

天不肯，摇亂一階殘影。直待碧潭千古月，照得人冰冷。秋在曲闌干等。莫靠老梧金井。風露濕衣人不解，滑倒門前省。

浪陶沙 似陳涉江

風起恨青霄，堆砌無聊。亂紅催語肯相饒。九十春光留不住，只在今朝。舊淚洒横橋，那更吹簫！一聲斷處血難消。夜半子規啼不盡，只見花飄。

定風波 與戴无忝

幾點青山是六朝。飛塵起處數歸樵。水末荒祠看落照。人少。夕陽催入亂紅飄。欲向青天天莫笑。誰好？魂從笳角一聲消。日暮殘鴉啼古道。春草。那堪踏損馬蹄驕。

醉桃源

棚頭傀儡爲誰牽？排場合縫圓。揚眉一喝教誰傳？傳他那一玄。重九日，菊花前。巴陵更不然。後來卜卦使銅錢。燒香只靠天。

漁歌子

水茫茫，雲漠漠。迴紋雁字詩難作。一行行，描不著。風雨半空洗卻。好長空，添絡索。影在江湖深處落。怪烏鴉，招喜鵲。出塞不容相託。

應天長

凌空放眼原無着。自在江山傳寂莫。水邊亭，城上閣。可惜丹青，圖畫惡。新詩休更作。萬字欄干穿鑿。一片黑雲蕭索，青天多註脚。

漁家傲 題畫

一抹荒煙深不測，筆痕落處傷心極。雲片忽將天弄黑。消不得，一池水潑南宮墨。　卻恨江湖無氣力，送人不送孤帆直。那問天南和塞北，人不識，爲何染壞青山色？

江城子 送石谿仁者

麻鞋認得一峯孤。杖頭呼，耳嗚嗚。滚出亂雲堆裏、藥葫蘆。甘露海中纔一滴，人醉了，有天扶。　君山剗卻好平鋪。是冰壺，水浮圖。一個琉璃天地、看來無。縱有探竿千百丈，量不得，洞庭湖。

南鄉子 遊告

劉駕夢難圓。蝴蝶雙雙笑杜鵑。蜀道秦關烽火裏，蒼天。捏起喉嚨又一年。　雁字倩誰傳？春去秋來寫不全。最苦銜蘆還失伴，堪憐。帶累人間又一篇。

少年遊 與客拈億翁句

奪得春來只此花。牆頭不許遮。一片涼風，一聲牧笛，穿過小窗紗。　今朝獨坐題詩罷，何事又吟他。洗出青天，呼來明月，傲殺野人家。

雨中花 閒題

誰家落絮空中走。惹人怨、三春細柳。添一個池塘，風吹浪起，攪亂柴門口。　卻看牆外桃花瘦。翻厭看、紗窗紅透。便向此長歌，石邊高枕，早倩莊生肘。

唐多令

淺水醉芙蓉，微雲界遠峯。坐高樓、半落梧桐。當面千層青不了，聊拈出，夕陽紅。　池浪學寒松，蟲聲切莫鐘。掃人間、一陣西風。刮去愁腸愁得笑，空回首，看飛鴻。

浪陶沙

老樹作溪橋。倚杖逍遥。出門一步即亭皋。絶妙夕陽留不得，又要來朝。　回坐小團瓢。墨水空澆。求天珍重破芭蕉。千萬苦留秋莫老，讓我揮毫。

明月棹孤舟

山鬼篝燈閒寄語。讀書萬卷誰憐汝？一寸香灰，三間茅草，四野霜風相許。　破竈枯柴還自煮。長廊落葉飄殘雨。把住鐘聲，拍來孤掌，一句果然千古。

桃源憶故人

煙塵阻絶一行書，拜託西風吹去。抄寫古人詩句。恐被浮雲誤。　灼然不是人間路。一飯桃源如故。忽遇漁翁把住，畢竟歸何處？

擣練子 似禪客

知不問，又何言？揭過眞丹七萬年。只有一簾青滴滴，等閒挂在草堂前。

菩薩蠻 初秋

今朝不許歌聲怯，來朝守定梧桐葉。傍晚是西風，單衣手自籠。　何人歌九辨，貧士眉毛戰。恰得洞庭書，楓林許卜居。

浮山後集卷之四

無可智道人隨筆

建初集

涅槃矢

癸巳春，復因歸省，兩遇熖火，業緣難避，安於所傷已耳。

金剛王劍三尺水，斷鰲截浪掀天起。五歷鑊湯淬百次，揮截萬里到桑梓。熖火重煎髑髏髓，家常爐炭寒冰洗。涅槃堂中彈一指，指端吼出五獅子。須彌山在左右趾，毫髮不動有如此。

重到長干

就近容鵶納，人生本檻車。當街收布袋，畫地即匡廬。放眼天無縫，荒階草不除。石頭經雨滑，誰聽汝噓噓？

吴駿公詹尹見訪高座口占走答

聞聲自笑學龍蛇，二十年中若亂麻。久看圖書如貝葉，卻從刀箭出蓮花。五湖浪裏難求夢，三徑歸來可是家？惟祝東籬甘露滿，没絃琴上足生涯。

涉江阮仙諸公送住高座竹軒閉關

竹影虚堂破竈寒，衆人舉火勸加餐。原來座上拈花易，畢竟城中乞食難。千古風傳今日笑，六朝雲入夕陽殘。面前木末鐘山在，當作匡廬絶壁看。

答長干舊韻似旻昭覺岸

猶是長干路，勞勞送暮春。山川雖隔世，天地讓閒人。村笛歸時懶，鶯聲雨後新。竹陰階下埽，不動夕陽塵。

高岡謝疏雨，獨立自泠泠。空數南朝寺，休傷東冶亭。江留天外白，山洗晉時青。木末遊人少，松濤不許聽。

莫當花落後，人影亂紛紛。紫陌貪紅雨，青山賤白雲。樹遮流水急，風起半樓分。一任飛飛去，蒼天叫不聞。

繞路歌芳樹，東風去可還？春應歸世外，花莫在人間。片石休推枕，蘧廬枉閉關。朝朝焦鹿醒，醒後幾時閒。

一覺眞休歇，鐘鳴自轉身。晚風知古意，山月許幽人。正喜詩書少，翻憐粥飯親。北窗平澹極，自恨語猶新。

五嶽從來路，團焦是處通。千秋雙袖底，三世一瓢中。竹徑能留月，梧窗不借風。仰天常命筆，幾筆到虛空。

再見周農父

寧存雙袖淚痕霑，三十年中恨筆尖。鐵限火坑還作種，人間瓦礫許垂簾。連牀耳滴椒園雨，分手魂驚燕市占。看破金泥亦灰燼，且題焦葉當牙籤。

鄧林擲杖作香林，坐看虞淵日未沈。蹈海方知三世路，翻天不換兩人心。秋來黄葉丹如故，化作青蓮碧更深。漫許六朝花再雨，豈將胡呪待知音？

新竹　中德傳寄遠社文初諸子

擲杖何容易，香林不問年。一時皆拔地，幾日便參天。隱者原無主，凡人總莫傳。北窗瀟灑處，助我抹雲煙。

白日壺中冷，依人滿坐陰。一生全是節，出世竟何心。天地果然碧，門牆從此深。松風相問荅，原不望知音。

斷絶塵埃路，無容識此君。撥開空谷影，埽卻半天雲。整日檐前立，斜陽樹杪分。繞林風一擊，不許別人聞。

讓人閒步地，枝葉託空門。薜荔先成壁，莓苔敢護根。卷簾香不出，潑墨雨無痕。親見清涼處，今朝一紙存。

和曹梁父見贈韻

冷窬尋嘗托鉢難，漫將甘露共君餐。踏翻江海龍文合，畫破關山雁字殘。骨肉根留香水種，支離枕向漆園安。没絃琴在東籬手，許汝西方樹下彈。

口銜木到海中輕，休與飄蓬論死生。千里風知黄鵠夢，一絲髮見白魚情。栴檀發火終歸燼，榔栗逢人不可横。落日紅輪還自轉，莫隨野馬向西迎。

哭姜如須

燕市同歌日，盤桓只兩人。奈何余出世，即爲汝傳眞。骨已還天地，詩猶泣鬼神。精廬兄尚在，托鉢奠遺民。用姜伯淮、仲海事。

一自黄鍾毁，潛聲閭巷吞。千秋歸筆冢，五嶽引詩魂。欲篆碑銘字，慙成屋漏痕。中峯玄度死，鶴不放吳門。

十載眞亡命，刀頭悟化城。尚存雙血袖，消入一鐘聲。世盡搿鬚髮，君猶保姓名。死生無不可，無處説無生。

生平兄事我，死友老爲僧。隔世還相見，通書竟不能。葬休期白馬，弔莫恨青蠅。山海迷孤路，靈旛仗佛燈。

送陳心簡百史之子

雲蔭還依帝釋宫，青箱色炤大江東。天憐秃筆歸山後，老歎明珠到眼中。始信南鄉推孝綽，范雲令其子拜孝綽。漫言北海讓司空。紀羣之問。道人高座原無語，相贈松梢一陣風。

全托旃丹金粟身，半空香水灑紅塵。蓬蒿卻謝諸天護，枝葉原非一世因。瓜在青門酬相國，蓮開白社許遺民。翻思夜月中峯句，放鶴支公竟即眞。乙亥，在中峯懷支公分韻，猶記賞心「喜我中峯當夜月，同君故里有高僧」之句。

送後葊張濁民

牂羊祝峋不求通，千歲形天任異同。石女能歌偏作怪，神錢挂樹卻愁窮。原來黑白歸關外，枉恨丹青入井中。此日寒山難共語，隔籬知者是松風。

遍地迷陽更苦辛，一瓢舊與餓爲鄰。偏行山鬼車傍路，原是金吾壁後人。古廟爐中堪借宿，他年海底會揚塵。菰蘆飯少吹簫懶，正發西風那問津。

次杜于皇見贈韻

投暮迷空霧不收，誰容止息擇椒丘？路知東澥桑田壞，夢爲南朝彩筆羞。高座對人無半字，心經勸世且雙鉤。藏身即託彌天網，蹤迹休誇過嶺頭。

鐵椎直碎玉連環，隻履何須度雪山？筆下尚愁前世累，刀頭信得古人閒。白毫對月休看指，黄面焚香莫厚顏。但叫蒼天能瓦解，半空劈破鳳林關。

送杓司歸響山 梅朗三之弟

吁乎噫！君有響山胡不歸？客遊江城寒且饑。氣薂薂，雪霏霏，朔風發發撩人衣。鵁鳩十載漫天飛，眞丹塵滿斜陽微。西巖籬落如重圍，隱士晚菘安得肥？還是丘壑煙塵稀，一松一菊何是非？殘編猶可讀，敝扇猶可揮。半爐寒火魂相依，茅草有骨霜無威，蒼天自護雙柴扉。

雪後介公自邗來訪

二十年前借半間，踏完天地入柴關。卻將春雨樓中筆，埋向長干雪後山。詩在鐘聲寒夜盡，醒看竹影曉窗閒。滿爐宿火誰爲主，倚樹開門還不還？

大滌函書呂漢嵩何義兆所刻念臺石齋鴻寶臥子諸公集也過訪拈示

名山莫被瀨波吞，賴有姚江破壁存。鐵匣滿收天地血，香煙招盡古今魂。蓬飛異域成輪轉，梅在寒關感雪恩。空谷跫然眞絕響，不妨彈指破雷門。

刀山正利刻刻法場笑大師見勘答此

慈航爛在落伽顛，不畏潮頭撞倒天。一吸蓬萊乾到底，魯連還費草鞋錢。

雪

鐵硯成冰滿紙霜，冷齋爲汝破肝腸。篷窗更比平時白，松頂偏教此日蒼。寫出崑山原有骨，烹來神鼎別傳方。多情留待梅花發，共作空中一色香。

寄沈畊岩

天意看林藪，焦村客硯田。冬青收地下，介白挂樓前。老積餘干篋，新添醉石絃。火爐能寄語，他日問香煙。

鳩兹崑銅

虚空迸裂刹竿倒，休與浮雲問分曉。斷藤枯枝自繚繞，更向何人傾栲栳？鳩兹草堂守蓬葆，有子名之曰畊老。沸瀣翻天波浩浩，容汝荒田恩不小。廚牀免歷朱虚島，道淵柴籬不煩造。哈齁耳畔霹靂好，萬箭千刀爲我埽。日日洪爐試毒草，嗒然彭殤無壽夭。崑山樹，燒不槁，枕頭珍重先天寶。

黄𧧈菴見訪再和

紙扇風吹海上音，孤桐青照墨痕深。龍宫洗我三生面，鹿苑安人萬死心。古廟餘灰堪信宿，鐵船相遇聽浮沉。當窗共指荒山色，敗落祠堂透竹林。竹關與木末、正學祠對面。

柬施尚白

尚白自蒼梧拔我埋匡山，詎意牽來鐵限，始知『死是恩人相寄』，此語曾咀嚼否？忽聞探禹穴回，以紙見訊，還憶冰井之風，重問雨花之呪。黄蘗苦茶，正當親試之耳。一笑。

星槎歸路帶瓢蘆，挂在藤蘿壁上枯。夢憶九秋分白浪，天容兩夏感紅爐。鐵門作冢招人哭，丹穴尋灰有字無？來日一茶休吐舌，不同冰井舊醍醐。

答黄俞邰

月臨鐘磬院中殘，痛語撩人劍影寒。樹倒莫驚須髮在，血流原喜髑髏乾。從今埋筆空山易，求汝藏書半壁難。相對一瓢休叩齒，向來梅熟不知酸。

閲遼左剩公寄友蒼兄書題其後

火場好護牯牛車，毒鼓翻令出塞撾。嶺表瘴風傳種草，遼陽雪地試天花。此回雁字眞無價，自昔龍吟笑作家。引得許多磨劍客，一聲血濺半空沙。

祈文載見訪

彈指三千劫，何論二十年？灰留前世火，雪證此中天。黑月休看影，紅爐不起煙。圓光無面目，信筆到頭圓。

仗人託孤支離話

天地傷心久託孤，彌縫自肯下紅爐。支離藏卻人間世，破碎人間有世無？

觙菴壽

坤五黃公，庚辰同老父在西庫批注楚詞，今僑寓白門，與高座道人盤桓，忽忽十五年矣，改號觙菴。『觙』見荀子，字書不載，蓋即觸也。其弟黃俞邰，屬書以爲壽。

石中觙，蘭陵訣，雲幕蠶絲礪鍼鐵。眞符追見南冥魂，吹毛批出離騷血。先生本是靈山芳草根，金莖盤即甘露門。霸城折後留一掌，椒蘭櫟瓠同承恩。喻冬講易卜當日，手把河圖奠膠漆。西庫皋陶證杵臼，三禪天入維摩室。夭衝傾倒鳳凰池，崖縣雪臂奔招提。江魚蝴蝶化金翅，罔兩司命相歸依。六朝遺下袈裟地，氈拍松風閒鼓吹。經壇筆驛爛公案，圍爐對簿燈籠議。上牀氣許白蓮消，下宮骨托紅樓庇。圓光轉語作絃歌，迸碎須彌擲半字。字非科斗非騰蛇，點睛破壁藏龍華。此乃眞丹千古之碧土，鼎鑊百煉生黄芽。叱叱呀呀者何限，壽詩蕊書題玉版。更有巖頂新栽帝網花，送入北窗山海經中眼。

壽清芬閣仲姑七十

仲姑適姚前甫公，十七而寡，大歸以老，今七十矣。所著有女訓、宫閨史、清芬閣集，善白繪大士像。余伯姑適張鍾陽公，己卯方伯山左，同時殉難。著有紉蘭閣集。天下以紉蘭、清芬稱之云。

世號清芬作禮宗，明星婺女照吾桐。久歌黄鵠爲琴譜，將以班麟紀漢宫。詩訂紉蘭哀伯姊，門看植柳慰司空。自書七十年中事，霜雪人間寫一通。

冰心看破海中漚，筆墨庭闈夙世修。常畫白衣眞面目，閒將彤管著春秋。當時愛我憂天分，此日全家載鐵舟。卻獻華嚴童子頌，夜神彈指萬重樓。

陸彦修信至得賡之本師著作

十七年中倒沃焦，師門法乳托空瓢。刀頭合得東西血，市上傳來南北招。吸露知源同一滴，乘桴蹈海感三橈。竹關多謝皋橋問，總在旃檀半炷消。

道裝汀鶴羨休休，火宅汾亭駕白牛。借寓青鷹巢日月，飛來赤烏識春秋。天容五笥津旁鬼，花笑千文甕裏囚。祝汝抱經傳舊鉢，莫將收劍試巖頭。

吳素甫移飯禪關翼日以松風走示隨筆答之

西巖高隱地，蓮社舊相邀。寄寓皆三徑，傾心與一瓢。圓壺無限隔，絶壁自逍遥。忽有雲中字，松風爲汝飄。

余大微以手卷索書哭弟詩成此補之

此吾昭州半夜語，今見故人還哭汝。汝與郭山余古處，此外傾蓋何足數？今我閉關卻寒暑，關外跫然有支許。人生火坑作羈旅，刀山劍樹中起舞。白鹿高堂憂禾黍，望誰代我作天柱？欲哭不哭舌休吐，須彌背脊一堆土，趙州茶助關南鼓。有何樂，有何苦？一日一瓢還自煮。

張季筏畫册題表聖二十四評漫書其雪幅

休休亭，還一鳴。二十四段殘葛藤，茫茫大地勞批評。被君圖畫王官谷，不知休休幾間屋。王玄之，君知音。請看結尾千丈雪，漫天托出終南心。

陳其年請壽其尊君

黄鵠青天坐看君，扇開白羽寄殷勤。花供栗里千杯酒，道在蘭陵一片雲。壁上名山真足壽，階前椽筆早能文。澥邊拾得旃檀種，歸路香煙好共熏。

示人

請上縣崖不肯聽，灰沙荆棘各門庭。到來木石都如此，却愛青山青又青。

壽許霞城伯七十

霸城仙掌一莖存，倒海深知寶露恩。醉石更拈花滿座，鐵船還笑瓠爲樽。經留素業猶開席，杖許公卿不出門。漢祝卻書春雨帖，墨池原帶六朝痕。

輿父無忝來談占此（戴爲敬夫子，劉爲伯宗子。）

霹靂知多少，人間不中聽。骨猶堪試斧，血可惜書經。只見室生白，何妨山又青。對君開眼後，珍重認明星。

又拈邵宗

白毫粉碎此圓輪，九放三收十二辰。要識黄鍾前候氣，春風吹散一天雲。

送些菴并致洞庭（些菴郭天門，洞庭者尹也。）

洞庭一口莫沉吟，照見鴻濛不死心。雲叫蟠龍翻鐵海，囊憐繡虎度金針。斷滕攔路穿天地，折箸隨人嚼古今。努力耕田狼莠少，山頭荆棘任成林。

答陳定齋

紙灰刻骨與人辭，卻下彌天一大帷。許劍總歸晞髮集，白椎久和洗心詩。特從沸海看波月，好碎名山入墨池。花雨答書休作呪，娑羅樹葉晚風知。

答李繼菴

金壺甘露寫來眞，雪纂雙峯好養親。姚獅孫、王世昌事。新淦堂珍當日髮，華亭衣舞大頭巾。曹應符事。賜書畫字心如壁，擊鉢歌詩徑有人。遥舉枝關花一片〔一〕，送君北郭滿園尊。

爲馮訥生書

碧蘿須彌筆，能揮大海乾。忽傳今日影，但與古人看。枕破玄黄句，門穿赤白丸。蕭森無一點，獨照鏡中寒。

一幅鴻濛畫，人間總不知。筆終歸破甕，瓦即是殘碑。揮手雲生霧，開窗月破帷。空山添竹影，留與墨池疑。

吉支呪 高座道人名吉支，作呪以省應對之煩。

漫道眞鍮不博金，紅爐大地總銷沉。舞干枉費臍爲口，逐日空勞杖作林。中國鬼何愁篆字，西方囚乃見天心。縣絲一命偏鑽石，遮莫休穿後架針。焦螟睫上苦逃秦，土曠無煙不見人。須髮休驚鳥巨長，眉毛傳得翠巖眞。灰埋南郭何當撥，影送東風莫厭塵。劈破圓光難下筆，一莖草是古來身。逢場故事羡棚頭，顛倒裝成六不收。識盡髑髏休自喜，納完皮角可知羞。龍蛇混處迷金鳳，虎豹聲中灌鐵牛。跳出上星誰喝采，空牽北斗下閻浮。劈開金翅海全吞，拔去蓬萊若木根。總不讓人間有夢，誰容無佛處稱尊。花飛怨鳥生前血，水報枯魚死後恩。剩得東軒甘露少，餓銷十世鑊湯魂。從古風知枯樹林，飛空亂颭古今心。名師必讓無情海，奇鬼方傳破格琴。難信捉襟非菜色，漫勞裹飯捄知音。晚煙敲斷鐘聲處，葉落寒潭深不深？

家藏白澤是何圖，鏡照金毛入野狐。慣許盜鈴穿虎穴，偶然托鉢換魚符。張弓插劍誰來試，出井呼瓶應也無。漫道三關煩一鏃，紅旗閃處不吹笳。

無趾那用關門居，牢籠大地皆蘧廬。龍知畫壁者多事，蝶笑曳尾人著書。六朝瓢本聽流落，五嶽眞形都掃除。逼殺恩師不回顧，虛舟入海吞鯨魚。

轉借銅盤五鼎烹，爨人蝸角枉縱横。三頭爛煮眉間尺，一拜難消常不輕。下阪幸逢童指路，吹燈莫與鬼爭明。護身符正當燒卻，毒藥醍醐自解酲。

歸餘章蔀至今差，露布原因苦算沙。紫色鼃聲冤斗柄，鬼方狐尾痛鄰家。長年卷柏湯中活，閏月黄楊雪裏芽。總是夙緣無避處，外黄燒卻一乘車。

折去三門轉一輪，火燒八角古來薪。脱空呼爾爲天地，切忌拈香覓主人。傀儡自投班草杖，鴻濛偏滚落花塵。閻浮舊是悲歌澥，畫出波痕劫後新。

天淵頌與集孔

墨池誤潑此高深，午夜揮毫絶古今。背在庭前非影本，星分日下看磁針。漫誇乾海雙鉤筆，忍費撩天一片心。衝破琉璃無限碧，鳳凰啼血恨知音。

紅雨溪流洗法場，風吹半句不成章。蓬蒿且笑南溟息，弧矢翻從北斗藏。劈浪吞龍誰許窟，負天騎鶴向何鄉？無顔笑破虚空壁，題壞雲中字一行。

閒　塞

珠簾長日捲，春不限門庭。花片落何處，松聲莫浪聽。骨原隨地白，眼只向山青。擲筆添新冢，胡爲更寫經？

負天千萬里，一怒得逍遥。龍引雲中路，虹垂海上橋。夢難依故事，醒豈待來朝？善聽滄浪曲，知同落水橈。

樓閣重重假，開門童子眞。世間三句舊，家裏一番新。别路果然貴，今年始是貧。牢關金鎖壞，玄殺幾多人。

茅屋羞珍襲，新抛舊漉籬。香知心死處，雲見月生時。露柱原相信，灰堆不許思。憑空題紙片，點破碧琉璃。

青山不識字，埋没古來碑。難問主人姓，空猜幼婦詞。沉江藏此拙，鞭石至今疑。費盡龍宫力，阿阿卻是誰？

千年無壁落，一片破牢籠。山色陰多變，花香晚不同。地非人到處，天在我窗中。逼殺青蒼老，先啼黄葉風。

落葉縣崖滑，蒲團坐裏行。普天無一步，每日有三更。看破秦時月，吹翻楚地聲。奈何秋不得，九辯强安名。

弄丸雙擊鼓，白刃轉蒲輪。傀儡渾身笑，毗盧滿目塵。生來何國土，死是大恩人。燒卻栴檀座，泥洹像即薪。

天界叩謁後口占

直漢從來不受諆，奈何因夢殺元龜。下宫互托冬爐雪，未許皋比麈尾知。

題好山書屋圖答見問者

不肉不婚宦，澹泊謹依教。讀書遊山水，且從吾所好。迦葉聞琴舞，解者啼亦笑。推倒樓上樓，薪火宜入竈。盧敖思汰沃，不妨回首叫。

徐巨源鄆李聞孫求撰忠文公事

閱江三世事，來托隧前碑。驚見先人札，難禁往日悲。時封寄老父職方時答司馬札。死灰初噴噓，生活更支離。未敢輕加點，應憐後代知。

校記

〔一〕㪍　疑當作『㪍』，即『散』。

方以智全書之三十一

合山欒廬占

諸偉奇　整理

整理説明

合山欒廬占，亦稱合山欒廬詩，不分卷，方以智撰。是書收入作者順治十二年（一六五五）秋至順治十四年（一六五七）冬，其自南京高座寺奔父喪，廬墓桐城合山期間的詩作。

本書目前僅見安徽省博物院藏清初刻本。該本單頁十行，行二十四字，注爲雙行小字；白口，無尾，四周單邊；版心標書名、頁碼；字體頗同此藏軒別書之刊本。不避清諱。該本首頁首行書名下標小字『乙未』，下題『侍子德、通、履録』。卷後有戴迻孝合山欒廬詩跋、彭士望欒廬詩跋。本次整理即據此本校點。

諸偉奇

二〇一五年九月

合山欒廬占目次

合山欒廬占

合山欒廬占 乙未

以十餘年之鋒頭鵶納，得依聚里之匡廬，多生障深，封刀度刃，鐵門附近，安我環中。誰料成破闢奔喪之終天絶地乎！罪重須彌，何能懺悔？盡大地是一滴血，無迴避處，嗚乎痛哉！臘前遵命，營葬東鄉，古寺新碑，多年卜兆，紙灰負土，畢此殘瓢。墓左三椽，冰霜骨立，恆山之鳥，安得不鳴？銜索枯魚，聽其自盡而已。欒廬之孤智識。

刀鋒濺血枉還家，劫火燒空大白車。斫斷鄧林爲竹杖，攬乾瀛澥是衰麻。孤臣畢命驅荒草，窮子驚魂恨法華。踊地擗天號不出，依然收入黑袈裟。

破闢衝浪慘奔喪，遺穴天留此道場。書勸植籬爲屋壁，餓還種柏作祠堂。白蛇素狸原同伴，碧眼黄頭亦斷腸。負土滿筐山鬼築，古今總是大幽篁。

誰説終天痛得回，那伽定是古塵埃。山川析骨還何處？刀斧知恩砍不開。千字樓中原近墓，一鳴集裏自聞雷。鐵門莫限王官谷，碧落屏歸池底灰。

父老沾衣遠近同，門人走奠徧書空。途中磨鏡冠皆白，江上招魂葉轉紅。兔繞廬傍知累代，雀歸華表化支公。堪憐一勺冰條水，灑與娑婆作冷風。

生芻滿地慰林宗，塘曲誅茆仗古松。忽豎斷碑如坐虎，何妨死水試蟠龍。瓶罍碎處填溝壑，風木聲中建鼓鐘。一柄善刀還自礪，欲揮殘日上高春。

大爐煉出火中冰，不爲殘山煮半升。人慟燒廬成獨子，天容守冢立孤僧。籜冠故惱蕘相問，丙舍重加誓未曾。摩腹卻垂翁仲舌，教諸黄口對青燈。

當時外祖見明星，解弄三丸合過庭。今以環中圖付法，且隨屋上月繙經。霜知鐵骨千秋白，淚洗家山一片青。幾載長書論生死，此回雙跪石頭聽。吳觀我宮諭圓三諦而宗一聖，與先廷尉激揚先中丞，晚闡邵子，會歸藏一旋四之環中，隨生死無生死，依然善生即善死而已矣。

連理堂傳斷事薪，燒成三徑甑中塵。汾亭坐脱瓜坑劫，筆冢空埋栗里春。怪引白烏克鹿冢，枉驚赤鳥弔麒麟。哀鳴忽變孤飛雁，一字漫天寫不眞。五世祖法，己卯出正學先生門，爲四川斷事，不從靖難，沉于江。先曾祖明善先生講學傳經，敦善不息，家有杞楓連理之祥，號連理堂。

合明古寺挂新詩，抛産湖中寄漉籬。山有舊名招隱士，衣無常主慣啼兒。鋤瓜思杖悲營葬，托瓠爲瓢亦漏巵。念是西州抱經藪，舍身滲血夜臨池。山有白石，日出放光，故名合明。

海田變後卷桑麻，破盡碑銘古世家。詩廢蓼莪爲藥草，賦拈枯樹撒寒花。演門豈爲官師毁，社日空勞鄰里嗟。無奈毒塗天鼓墮，黑風白雨一場撾。

浮山拜先母吴太恭人墓

三十三年漂斷萍，蹋乾海底哭家庭。南遊北望悲曾子，東土西方只孝經。冷火傳薪憂若醉，劵堂稽顙夢初醒。幸知金谷巖前乳，連理重澆甘露瓶。

同穴香煙誓合燒，丹丘衡澗舉幡招。粉身國土收雙淚，赤手家門托一瓢。稿誦圓壺傷變調，篋存畫扇感今朝。覆衣受用寒風慣，明月蘆花任獨飄。

哭亡弟直之柩

蒼梧三祭後，盼到撫棺時。誰料終天痛，追號入地遲！汝空悲稚子，我正是孤兒。兩袖啼遺種，衰麻任雪吹。

與西頑

横身劍刃送君歸，獨受鉗鎚破鐵圍。望舉籃輿歡白社，誰知麻經縛緇衣。山看私謚門人在，壁可傳經聽者稀。好并仙迴江上血，東鄉牛角向天揮。

宿周農父

轗碎山河悟首丘，恰憐反築近層樓。應將覆鹿看馴兔，會得吞龍許狎鷗。老石雷門堪洗海，金臺土室好藏舟。塞天塞地槎椏句，一夜棉花被裏收。

與左藏一 學《易》于王虚舟先生

冢上堪班草，虚舟憶本師。幸翻天地浪，擊碎古今椎。梅蕊春相信，松窗影勿疑。環中三拍掌，莫倚枕頭知。

雪語

魯山瀼溪書來，皆引博山和尚奔喪廬墓遇雪詩，曰：『天憫緇衣孝，青山盡白頭。』欒廬度臘，風雪交冥，破壁寒威，涕冰呵凍。因問博山老漢曰：『喚甚麽做孝？喚甚麽做天？天爲甚麽憫汝？』代曰：『日出後，一場懡㦬。』

凍筆錐天天痛不？鐵場好滚雪峯毬。多勞碧血歸黄土，莫歎青山盡白頭。地面總無迴避處，梅心卻向苦寒投。一條冰謝東風日，化作環門春水流。

當空揮涕落人間，素幔吹來冷破顔。佛刹彌天全是窖，王宫出世錯求山。月藏一半誰言暗，墨灑三千紙不斑。妬殺高風貪潔地，濁泥衝倒玉門關。

生來怪引齒牙寒，命落神州決定殘。黑路眼開天地白，紅爐冰是古今丹。毫從三句聲前放，人直千秋冷處看。倒卓筆尖爲望杙，虚空粉碎任投竿。

亂割潮頭卷海來，山攢白刃浪成堆。麻衣一色休伸手，郢曲變聲當舉哀。滅迹任迷碑石路，燒湯且問紙錢灰。繞廬卻羨松針老，刺破青天一縫開。

雪過亞侯

一生冰雪路，綻得草鞋寬。金谷新墳淚，茆山古道看。照心惟撥火，刻骨不愁寒。珍重門前地，休教轍迹殘。

雪過白鹿湖與農父越臣寓公西頑嘉樹及從子武夜坐撥火次韻

此番字種感秦灰，紙燭看人淚滿堆。三世草廬猶有壁，一時痛語盡成雷。入鄽告墓羞垂手，下地升天未出胎。織屩擁鐮能結伴，不須車馬破蒼苔。

火種磽田敢棄灰，筆耕歸我甕成堆。授經分托家鄉鉢，撾鼓依然瓦缶雷。龜負墓碑嘗露骨，兔看明月共懷胎。好將此地圖行障，莫靠山頭墨點苔。

寄冒辟疆

彈指何論二十年，竹關出手更淒然。今傷兩地風吹木，影對三生水是田。漫説白毫藏兔窟，各教黄口弄獅絃。一場翻盡關山曲，痛殺人間不許傳。

雪月梅 先人嘗詠此以抒懷，窮子自頓伏地哀鳴，因次原韻。此亦庾衮之墓前三十杖也。

横空片片兔毫知，粉骨槎椏自古悲。漢樂三聲斷腸處，漢横吹有梅花落、關山月、雨雪三曲，故云。靈旛兩代寫眞時。南湖波射麻衣色，西域山分連理枝。負土重栽花雨汁，攀條長跪冷風吹。

銀碗盛來不二場，五更五出試圓光。玉田灑墨珠成淚，鐵樹披麻紙有霜。升屋讀書開眼冷，燒爐獨立照人香。三生白戰難分説，刻露春風第一行。

子緼式玉嘉樹爾儀各致挽歌

斷碑一任死生磨，天地容人作挽歌。血濺河山收不得，淚從鄰里説來多。攀松挂紙皆成劍，逐日揮雲莫棄戈。惟寫遺編當析骨，香煙無奈墨痕何。

歷陽無忝至合山 戴敬夫子

河邨眞有子，來此哭蒼天。既與子相見，不求天可憐。蠹魚容破壁，豚犬葬荒田。且袖淩雲手，同攤賣卜錢。

丁酉元旦示㮚峯及三子

薪火燒三世，皆承雪地恩。臈知梅蕊凍，春在藥王根。滴血傳碑稾，呼天塞墓門。莖齏千古味，嚼齒大家吞。

會聖巖 浮山三十六巖之聖，時同戴无忝、沈公厚、劉王孫。

玄關金鎖網重重，疑殺增城九級中。房是露蜂誰釀蜜，山容老蠹自雕蟲。放聲驚裂千巖骨，灑墨消歸一斧風。最愛曉鐘能宛轉，迥然不與世間同。

野同巖步先人韻

巨靈輕撒手，沉石忽然浮。灑地苔千點，掀天墨一漚。鉢應收滴乳，斧更造神樓。穿碎蓬萊骨，何妨紙上留。

鐵舟浮到此，乾海始知津。古穴原無字，縣崖特試人。杖傳前代火，山許大家薪。破涕遺灰裏，崑崙總是塵。

滴珠巖次无忝韻

癡龍隨我捋鬚眠，夢在鴻濛一滴先。吐入圓壺驚玉碎，淚從銀漢借絲穿。冰絃赴節非窺管，灑眼揮毫倒刺天。劈破空拳還拍掌，呼來風雨不容傳。

示　兒

墓門枯草亂縱横，雪上加霜不可行。我是廢人休學我，生當此日感無生。尚餘壁在書堪讀，莫以田荒春懶耕。苦瓠連根難道苦，一堆棘火一瓢烹。

與槲峯寄鷹阿

獨楓墜葉砌荒園，凍雨酸風又幾年。痛入黄泉無避處，收歸白日未生前。蟲文正歎烏三寫，蝶夢還勞馬一鞭。碧落道人雙眼在，仍從牖下露抄傳。

龐公於忽操

於忽乎，不可以言，其文何言？網密法嚴。竊法以爲奸，瞀不畏死，夸過生死關。賢者之教窮兮，達人喻焉。柔之以所能樂兮，各食力以全。天或一莖或九畹兮，或危峯或平田。或紿之以必不能兮，世人難可與直言。

於忽乎，好學之士今亡已矣。蝸高狐威以濫竽，皆販幢而相誣。不知爲不知，愚知文爲知所愚，從旁責之亦愚。何不就彼消彼兮，其無敵乎？

於忽乎，何者非潛？且言初潛。隨地采藥，隨寓垂簾。首不可見，山則可兼。麒麟出世人殺之，鳳凰是以不來。龍兮蛇兮，眭人疑兮。

以時論付啓大竹西

仲翔五世易，干戈中發明。百原悟環中，子文能服膺。荷薪繼連理，本菴公有連理之祥，廷尉公齋名荷薪，後號野同。鹿湖傳兢兢。廷尉公與姚太恭人皆葬鹿湖，先君兩次廬墓，自號鹿湖潛老矣。廬墓終蓬徑，中條哀一鳴。黃離濟水火，習坎常攖寧。宗一闡三一，吳觀我宮諭發明三即一、一即三之旨，著宗一聖論。衍圖自化卿。金谿王化卿先生事本菴公，精河洛。漳浦同西庫，庚辰，同石齋先生圜中講易。象數理益精。合編曰時論，未嘗與人稱。世道慨淪胥，玄言皆遁情。掃二以執一，即墮洸洋坑。執二不見一，訓詁膠其名。一泯于二中，中節者時乘。同時歷然寂，天敘河洛徵。一二三四五，萬法皆生成。三十六貞悔，方圓同此衡。通晝夜而知，善死善吾生。曲肱揮八極，歸路惟平平。披衲嗟窮子，痛哭不能勝。風木忽三載，九死無一能。病廢録時論，拜付同堂兄。我兄孝不匱，會館奉主盟。塞淵好學問，當教諸繩繩。請負小衍環，異類中孤行。秦望惠林寺，何胤、李源。時履雪山冰。吼破狻猊膽，六龍雷雨興。

解寱

陶渚不足悲，放偷不足辱。兒背畫馬聊止哭，當知雪纂雙峯福。屋上烏，走兩狐。原碧青鶃不可解，童謡熒惑皆嗚呼。女貞子是藥王樹，白膏櫝是党天柱。剪開會撮大頭巾，終不敢忘一幅布。并中一礪洗青天，尖風刮骨磨龍淵。雖是夢，毋多言。因此看破從前之看破，灰轍旁觀只高臥。

羽聲

黄栗留，呼斑鳩。口是禍門，奈何爲人剪舌復效人？言鸜鵒，答倉庚，踰濟哭後歌一聲。鵬飛蜩笑少莊語，斗酒聽者，必將學我輩之哀鳴。

天將雨，鳩逐婦。晴則呼之，孤獨故。雄之無義乃如此，止圖自便而已矣。

加格加格，過荒割麥。割麥插禾，賣田者多。賣田不售，催科賣婦。父母雙亡，不如飛過它鄉。

行不得也哥哥，木葉雖落，背上霜多。南風不起，北邊難過。兩翅毛短，艾如張羅。雷鼓雷鼓，奈天陰何？鉤輈格傑，行不得也哥哥。得過且過，鳳凰不如我。梧桐砍盡鳳凰餓，亂世機網多，銜天飛亦墮。家久破，寒不過。號且死，人啄矢。

不如歸去，莫倚桃李樹。從古春光留不住，不如歸去歸何處？

苦吻苦吻，可是姑惡？生子破巢，聽風吹落。百舌後無聲，雀入水爲蛤。天地無情，不可告訴。苦哉，苦哉！自呼一句。

同力同力，大家求食。石崩樹倒，蛇讓汝飽。七寸入口爛如泥，毒氣滿腹安所施？花孔雀，雄駝雖，無門無毒，何以惡名加我爲？但慎勿爲惡人所養，故傳司隸，當都亭而燒之。秦吉獠倒，挂何人道？漢中鸜母，不願入夷。西川舍利，誰知其悲？我獨何辜受金鎖，學語者多必有禍。

蛇　繇

嗅花化雉，亦有其時。吞象爲龍，亦無足奇。若遇叔孫，我當感恩。世人誣我，我則不可。博叔斫木，忽然四足。殺人在口，不必以手。

獀　繇

食君之食，老爲君守。無晝無夜，内外奔走。通陸機信，號張彪尸。烏龍嚙賊，妖狐能知。奈何賤之，以狗詈人？驅之羶鄉，此氣難伸。今日特來，辱汝莫怪。投之以骨，望塵而拜。宰之以羹，豈不哀哉！

易　軌

土水同度，一輪過矣。十七年後，最高在此。東西鳴鏑爭演揲，不愁蒸土消野里。

識法者懼

大禍之本，滅理自便。煉譎冤賢，詭隨日煽。此時力盡空忍淚，惟有四基一懼報天地。

平　稱

蟲食蒼者蒼，食黄者黄。人當慎所熏，委之天則狂。

莠不莠，稂不稂，蟹螺乾枯汗邪荒。又生旁不肯，嚼人命根狠。

顛當牢守門，蝓蠏寇汝無處奔。蝸牛好高，日出招魂。

牛順風，馬逆風。或耕或騎，善用則同。穿牛鼻，絡馬首。欲用庖丁刀，須飲華佗酒。

行無事者必有事，教猱則法弊。龍威丈人竊禹書，仲尼弊其辜。

正　決

時論、炮莊擧天下篇，關尹所謂造迷不測者，承虛疑怪出頭矣。雜卦一決，安能不現迂身正語耶？

談道天下裂，一曲皆偏倚。苦獲則不堪，縱脱則踰軌。謑髁而輐斷，倍譎從此起。每爲柱漆冤，苟託者亡恥。澮然參萬歲，攖寧在疑始。因爲瞿曇冤，訛傳販金矢。是法住法位，隨分磨自己。木鐸更抱屈，鄙夫以爲餌。賢者株守法，未悟大原委。願者不好學，闇然亂朱紫。鄉狂假嬰兒，洸洋壞典禮。又竊二奇貨，反戈刺君子。詬名以好名，荼毒隨以詭。古人大傷心，鍼世之骨髓。世不可莊語，奇兵破庸壘。因時或因俗，龍狐無首尾。用奇本乎正，正先陳綱紀。蓍龜守秩敘，鬼神奉頤指。人生第一步，天下爲敝屣。素逝不動心，山水是山水。各予以飯碗，各泯于耘耔。請誦盦山諭，珍重安生理。安生即無生，一聲長不死。

參折門

一人不視履，行路折其骨。恨曰不是路，我必無此躓。無足則不行，何不兩足刖？人不達反激，挈瓶上指髮。權量非造作，天以政予日。對待中流行，如何是大一？

疑以涓蜀梁，誤以黎丘鬼。符飲張公旗，煉成橋柱尾。試問商丘開，還病宋陽里。必賴古成誅，重中泰豆氏。

人不葬庸坑，即爲奇所羈。兩丸與九竅，至奇人不知。汲水薪入竈，至庸能不爲。神錢畫鬼魅，短販雄相欺。此中所以然，易簡而支離。灼然指諸掌，事乃當其宜。卷簾見天下，誰使十二時？

答建初黄俞郃諸子見唁四首

養親子驥失廬山，塞北空勞火島還。雪窌誤留饑餓種，鐵門重破死生關。風吹蒿里聲中烈，樹在秋雲壟上攀。計口度身誰佐刈，馬薪滿地不須删。蓼莪，即馬薪蒿。

桑椹食後闔門多，雲鶴休驕鶉鷃羅。我出竹關惟負土，汝知行殯莫狂歌。露抄雪纂常如經，衣背屏前可若何？酒脯泥金同洒掃，不妨華蓋庇山阿。

祭筆横碑總血痕，痛呼山鬼一聲吞。銜花藥草皆黄葉，就路還家棄赤旛。屋壁遺灰非畏火，香爐古廟敢忘恩？松楸繞墓枯難盡，便作荒藤野竹門。

三世宫牆衣大縫，逼來芒屩上孤峯。蹴令芻狗生雙翅，水信鯤魚即六龍。憐我死心開白眼，隨人别調盡黄鐘。依然一幅環中畫，緑字彌天不改封。

馬臨公拜墓見慰二詩因占次之

鹿湖同飯後，血滴竹關前。筆稿先堆冢，騷魂易上天。聽經眠兔地，周弘正寺門錦髻聽經，裴子野以女妻之。子野廬墓有兔祥云。藏迹跛驢年。鮑玄以道授壻，葛洪作抱朴子，自云藏迹跛驢。許抉浮山眼，三生塔頂懸。

劈瀨飛華表，哀鳴望別峯。銜花成藥草，枯柏倚寒松。夢斷匡廬社，風悲冰舍鐘。嶺表被繫，作粥飯主人二年。刹曰冰舍，有南漢鐘。還鄉同一哭，愁見野林宗。

雨夜過臥蛟樓同寓公默公分得先字

過海還鄉木榻縣，臥蛟樓信舊龍眠。爲君破涕成花雨，隨手傾瓶洗碧天。燭影燒殘前世夢，詩魂銷入此聲先。墨池乾盡灰難畫，仍種寒山父祖田。

墓前號忌

銜土成墳忽一年，霜風滑路草鞵穿。漏瓢滿飲先天藥，禿筆愁荒後世田。痛潑三杯茶當酒，枉燒四壁紙爲錢。長號倒地千層斷，迸作人間破竈煙。

奈何生此一癡兒，百卒刀頭刻墓碑。碧草霜收千載血，白檀煙入一莖蓍。同歸匹練衝天破，久任荒風匝地吹。苔掩石痕稽顙碎，哪堪折臂倚南枝。

得余賡之本師長書并詩感賦八首

雪窟霜風卷地吹，蒼天珍重託孤時。獨歸華表縣家乘，歷盡刀山望本師。掌許莖齏同野雀，塵封墓石立狻猊。倒身一慟爲哮吼，粉碎崑崙擲與誰？

吾師獨立穀城山，久煉金剛護象環。舉鼎空號龍起處，檻車碾碎鳳林關。君謨筆在休看舌，夾漈書殘且破顏。到此不分緇與素，叫天桑户一聲開。

御街新柳舊因緣，大隱金門未兩年。捄父舉幡空搶地，先父以主剿穀城，忤時相，被逮。智控疏請代云。請纓痛哭竟崩天。甲申春，以范贊公中堂薦，召對德政殿。此頭任作封刀礪，奪賊封刀，矢死不屈。亡命曾投挂樹錢。歸見君親，爲阮石巢翻案誣衊。先父令遊閩粵。記得五羊書肆信，延津班裏問筵篿。延津行在，師爲吏部。

十召堅辭一羽毛，狪猺轉側隱蓬蒿。適□端州，甘逃王命，老親倚舍，阻隔痛心。明悲石火嗤貽範，忍使家園陷縮高。維谷此時嗟大廈，空門歸路有方袍。幾遭擊碎圓通鼓，嘗試春風木骨刀。

托足匡廬便省親，誰知煴火逼遺民。蓮臺伸指能回箭，花雨藏珠自辟塵。奮翅早收龍在鉢，狎鷗不礙虎爲鄰。痛哉迸作終天血，析骨難燒幾世薪。時以涅槃謝過，閉關雨花。

隔世循牆信不通，長詩忽到墓廬中。聞經虎穴猶横槊，激出龍巢善御風。廡有北堂留錫杖，路因西竺合珠宫。異苗雪樹同蒿蔚，慙負先人大藥籠。

天地新添善病僧，三層樓上不分層。青花落處啼爲笑，黄葉燒來火是燈。信口江吞千丈水，回頭峯挂一條冰。須彌棄杖無人到，好報師恩請共登。

屢代稱盲守冢田，高詡事。乘軺弟子歎無緣。始知外祖垂金臂，師訊子遠舅氏，今亡矣。觀我外祖，蒸化三諦，與先明善、廷尉激揚，朝聞夕可，果是鐵船，乃今知之。遥拜吾師上鐵船。精衛銜霄休啄木，鳥王留血作啼鵑。重甦剩得毫毛在，畫一尖峯拄破天。

壽周農父五十

與農父生同邑，少同學，今年五十矣。天衡沸地之後，得以獨楓阡壠，望白沙之衡，以易爲瓠樽上壽，豈偶然哉！當澤社時，好古歌詞，嗚嗚夜半，每讀女偊七日外生〔一〕，輒嗒然若有忘者。先父方鍵抱一齋，覽其著作，翹傑沆漭；見其人，何早服謙濡如此！以訓吾弟，嘗經月不出塾。移居白門，解后方内名流，終不炫長。以爲浮慕無實學，大非所好。然從之盤辟者，無不被其春風。癸未之冬，農父遊京師，范質公中堂延之，百史、其武皆置上榻。魏通州殊寵首揆，聞農父名，求一相見不可得。農父憂時切甚，條悉置書而去，非獨以六壬驚嘆也。歸，以史道鄰司馬舊交，苦招入幕。北變果然，乃以汴州司李爲史公監軍，經理其務。知留都方昏椓，外營狼顧，然義不負知己，無可諉矣。一年而邗溝背城，半壁瓦解，農父展轉白刃中，詎謂其天幸耶！還隱鷄石，築土室仿牆東焉。又值劉快、霍鴻之事，家爲之破，流庸以免，猶之荊臺土室也。嗟乎！古人轉側五嶽、混迹市闤無二道也，然後知爐鞴之恩切矣。早服外生之旨，誠無首之龍乎哉！余以十年淬鍔，匡山歸省，復遭熳火於竹關，農父來訪之，愴然午夜，又四年矣。既已嚼爛黄葉，甘挂一瓢，疇人業緣，迴避不及。先父晚玩環中，藏一旋四，以時論爲飲食，鹿起開徑，與農父縣寓相視，眞莫逆哉！時乎，時乎！抱一藏一，所以享其五十之大衍也。一行以大衍爲醉車，依然露地之白牛車也。今因白社來祝，故人乘龍可乎？同志君子無不一言引滿，智敢爲之最先擊鉢？

鶴氅逍遥此土洲，黄牛駕即是青牛。環中不惜瓢分乳，大醉原將瓠作舟。偶託西園猶敝屣，自圖北苑建層樓。共承天地恩開眼，更上玄關進一籌。

傍君竹徑又三冬，藥樹攀條款赤松。大衍算來收七家，鬱洲歸後合雙龍。一生腹笥仙留枕，半老靈丹手自封。歷劫故人周道祖，香爐許酒上孤峯。

壽張芑山六十

吾輩感天地，烈火一爐煮。乃和糟與糲，不用臼與杵。崩裂赤兩足，瀨底安柱礎。木舌藏市簾，犍椎刻鐘簴。笥中歷甲子，拜作託孤序。吹敂塞兩間，窮達猶寒暑。吾道久灰冷，詎傳如柷敔。三世一巾箱，秖支覆筐筥。天末揚老友，端州表心膂。此如鴻濛夢，夢中一間舉。自有萬古場，珠盤久相許。敢歌松柏風，珍重此禾黍。

寄壽姜卿墅五十

當時折檻便歸耕，覆被精廬獨有兄。化作蓮花容木榻，舊栽棠樹蔭香城。樽依市廡猶留客，瓢近江干易濯纓。長笑浮山聊獻祝，遠公一笛寄三聲。

書寄啓五子詒浮山卷末

潑墨忘傷臂，灰堆漬處深。弟兄遥唱和，父祖舊聲音。借得名山色，聊將遠路心。南風窗北起，此信不浮沉。

答錢仲芳魏子存

自撾塗毒鼓，急雨洒秋風。大地無非碧，空花到處紅。三丸吞合乳，一筆是環中。寫出寒林路，當關過者通。

書洗心卷後與劉輿父

齊山雲接合山廬，鼓柮休疑漁父居。猶是一星藜火杖，來攤三世草堂書。晴知背上天無恙，渴入詩中雪有餘。剩得洗心題五老，聊充甘露飲何如？

晤陸夢文念鯤庭兼寄皕京儇胡竹林

死生三世夢，開口一聲吞。踏盡冰霜路，方知爐炭恩。傳心惟易象，落墨見刀痕。賣藥傭書者，同招太古魂。

吳謹侯好香山詩因拈其如法種春田以示

吸盡西江後，人聞吐曉煙。歌傳從古雪，雷破大寒天。空笑成林杖，休疑挂樹錢。香山香到處，如法種春田。

遊齊山史君嵒與吳山賓戴无忝劉輿父及其嗣君王孫分韻

我聞漳浦改池山，墨滴天地露一班。乾到方壺根下過，送歸浮渡眼中閒。碑當劫後風如斧，詩挂刀頭響是環。欲倒長江洗塵土，重栽古樹建新關。黄石齋先生改齊山爲池山。

慕述

我祖斷事，今祠表忠。死遜國節，投身望江。其女不字，守家以終。斷事公諱法，字伯通，中洪武己卯，出正學先生門，爲四川斷事。不降靖難，逮過望江，遂沉于江。今祀南京表忠祠。其女守義至老，號川貞姑云。以此傳家，鳳儀雍雍。臺諫閥閱，世號桂林。種德艾後，篤生南琛。桂林公諱佑，巡按廣西，故世稱「桂林世家」。諱向、諱克，皆臺省。月山鬱鬱，天台受封。與信公印合天台，民祠之石簣，發公碑記。卓魯之澤，祠于浙東。孫謀所詒，本菴崛起。建至善堂，講學桐水。先曾祖本菴公，斷事之五世孫也，諱學漸，字達卿，爲鄉貢士，講學自礪。著性善繹，東林贊之。止躬敦時，捄偏振維。高景逸先生開東林，曾敘此旨。祠廟將將，以禮敦族。廣播義田，以贍不足。篤行好施，遠近被化。維楓與杞，三交連理。白沙手植楓、杞，成連理之祥。教成雙鳳，乃坊其里。長即先祖廷尉公諱大鎮，字君静，號魯岳，發于己丑。次即户部公諱大鉉，字君節，魁于癸丑，即文叔之父。易蠡邇訓，江上師之。連理堂稿，志林儀之。明善先生，私謚爲公。至今俎豆，咸以爲宗。門人彙易蠡、桐彝、邇訓、桐川語録爲連理集，謚曰明善先生。對江施下之、曹日贊等闡之。至今縣宮春秋特祀。於我王考，少志濂洛。反其備我，振中和鐸。天雄廉平，拔入西臺。先祖起家大名司李，考選御史。恪奉家訓，慎勿崖柴。因循高拱，病如養癰。冪係奇貨，自謀則工。此神廟末年之病。蕩蕩休休，講學廟堂。此一條陳，百代圭璋。視鹺兩浙，免白糧船。代狩中州，減福藩田。謚二布衣，奏請謚陳白沙、胡敬齋二先生。薦諸君子。周海門、羅念菴諸先生。所至康圭，他山相砥。高顧鄒馮，忠憲、端文、吉水、少墟四公。引入大理。建首善院，鼓鐘帝里。廷議僉堂，儵然遠避。萬里使蜀，託曰讓弟。族弟大任爲御史，自引回避，乞差使蜀。魏璫焰發，毀院鉤黨。早因病罷，閒冷脱網。甲子閒住。仕三十年，居官八載。勤儉寄歸，從容惕瀨。筮卦浮山，自號野同。改元廷舉，願老山中。七十廬墓，墓旁栽松。重指易意，儻然而終。七十有一而卒，門人謚曰文孝先生。文孝之宗，闇然用中。不爲已甚，平稱忘功。荷薪寧澹，獨涣其躬。屈伸何思，歸于野同。天之至私，用之至公。公則無私，路路會通。幾在慎獨，神於見獨。體其大獨，一日克復。以念庵礪，完新建致。陸燧朱炊，飲食萬世。有物有則，即無聲臭；善貫有無，誠明之究。有易意、荷薪義、寧澹野同語録。其首善書院決義曰：竊仁義者，竊混沌者，其病在竊。事本無障，乃理隨事變而不知耳。理豈有障？乃偏見客氣乘之而不能平心太公耳。窮理即是敬慎平心，即是中和毋自欺，而好學自然盡性以至于命矣。無可名言之至善，體即在揚遏之善，用中即用是體。人生必不能以不用當善其用，使慎獨而親見未發之體，即善用之先幾也。有而不與，無所爲而爲之，仁義即絶待也。心體本無，正用即得循理。故静非動静之静，無欲從欲，性其情矣。至誠神幾，原貫寂致，繼善官天，猶政府之宰君民也。膠有是病，偈無更病，況榜無以驕人，而荒天日之經，法以冤賢賞奸哉！藏智崇于禮，畀協于分，萩各泯薪火，即大一也，即差别是大本也。公則無私，善用皆藥，律襲優洋，聖人如舞蹈耳。於我顯考，闇學匡濟。孫高陽公，鑑其沉毅。先父諱孔炤，字潛夫，以連理之祥，號仁植。乙卯、丙辰聯捷，孫相公承宗許以沉毅。

讓叔石渠，嘉州攬轡。讓赤城叔，自願外吏，然是年竟未選館。出孝廉冤，三峨勒記。筮仕嘉定，有范侍郎奪高孝廉守恆妻，陷守恆大辟。公自直指棄官以教之，蜀人銘峨眉焉。再調長溪，見賢思齊。嚴事取法，鐵骨相期。時鄭玄岳先生三俊督學，道契切切。熊壇石先生明遇爲兵備，時問學焉。入爲職方，首參逃帥。時究遼督熊廷弼之罪，而逃將皆不問，故特參之。然帥皆内結，疏竟不行。帥多植根，疏竟局外。魏璫煬據，與侄封伯。執不與覆，職甘聽革。乙丑，魏忠賢侄良卿欲封伯，公執不覆。又衆惡孫高陽相公，公獨留之。楊左黨禍，指爲左戚，削奪幾殆。龍飛親擢，單車就道。戊辰，瞿稼軒公薦之。詔推職方，多舉幾員，親點公名，特典也。公單車就道，居火房，絶請謁，奉有潔己發奸、優敘示勸之旨。遂轉尚寶卿。杜絶請謁，加以尚寶。全邊略記，表在師中。劉東山後，屹然惟公。職方舊升監司臺省，囑託若頤指，然自此一振，無敢咋舌。劉大夏後，惟公繼之。著全邊略記，作師中表，貴政府也。歸養丁艱，白兔馴廬。先祖以廬墓終，葬白鹿湖之玉鼎。公廬墓三年，日誦孝經，合易禮，貫幽明之旨，著時論。民變不焚，定變移居。曲突焦頭，善不可爲。遂犯物禁，異己銜之。甲戌，桐民變，獨以世德不焚。已，爲定變殲渠，不煩請兵，不冤一民，然曲突焦頭，善不可爲。史公可法序紀甚詳。賊獗江北，破家守城。歷年烽燧，墨守可憑。諸公舉之，以爲知兵。舍南符璽，往撫危荆。民變定後，賊破鳳陽、和州。公在桐倡守，其法甚備，起補南尚璽卿。程我旋國祥、鄭潛菴二陽、徐蓼莪耀諸公舉之，遂往撫楚。議剿穀巢，總理欲撫。餉賊不應，時相大忤。戊寅撫楚，時獻賊出蜀，馬疲，休于穀城，乞撫。總理熊文燦責楚撫餉賊五萬金，而楚撫曰穀城可餉也，建八議。姚相公明恭，總理姻亞也，中之，楊武陵嗣昌，故爾大作。踰年果叛，但向西走。不敢南下，防之者堵。鼓礪將士，木蘭、耿山等處屢捷，賊憚之。武陵出督，賊入房竹。三路檄師，楚標戰没。歸州夷陵，近不入救。楚撫回襄，鞭長難驟。竟以此逮，下理二年。乃借封疆，黨禍鉤連。是役也，督師檄楚撫、川撫、沅撫兵三路入剿。楚標楊世恩、羅安邦轉戰至香油坪，賊伏突起，遂死于陣。時川兵在歸州，沅兵在夷陵，相去百餘里；而楚撫身被督檄，回守襄陽，相去八百餘里，安能及乎？督師乃參楚撫，而姚明恭票請逮矣。先父撫楚，一年九戰八捷，陵籓鞏固，未失一城。及宋一鶴代之，一年失城數十，襄籓竟破，豈非天哉！及襄籓破，武陵自斃。天子念公，賜環召對。自紹興戍所召入。馬邑闌入，鹵濟掠畿，與鴻寶公，間道宵馳。在途險阻，與倪先生問學，作當問。陛獻芻蕘，時弊切骨。時上芻蕘小言，大犯時忌，時井研陳演當國。策不得用，設屯推出。新設一山東、河北，講求開屯之缺。復奏屯緩，募兵爲急。時已知賊破關將出。請募不允，辭闕涕泣。突然崩天，甲申，在濟上聞變。濟上僕地，哭感義士。東帥先逝，盼北來營。南奔不止，乃保淮曲。有鳳陽壘，劉澤清、高傑等皆過淮。鳳陽馬督，士英。急圖擁戴。馬久知有福籓世子，挾諸營立之爲奇貨。挾諸營勢，洞喝中外。陰挑三案，翻之爲快。石巢鴆發，阮大鋮。正人皆敗。道鄰史公出，硜齋高公燕及姜公皆罷相。叩首鍾山，求使北死。昏椓之口，謂徼功矣。自悔壯用，其命也夫！體道反源，休其馳驅。八十老母，命歸鹿湖。終養券堂，長此嗚呼！乙酉，歸白鹿湖，即先廷尉墓下。丙戌，先祖母即世，得一連珠穴十旁〔二〕。四七倏兮，蔣岡忽兮。延津突兮，桂枝鬱兮。蓬蒿墓下，十有三年。重編時論，衍究百原。易蠡、易意，統辨親傳。見天地心，旋日月環。一生憂患，九卦爲箋。中理旁通，宗一三圓。先外祖吳觀我公應賓有宗一聖論、三一齋學庸釋。虛舟河洛，合先後天。王先生宣衍河圖，爲洛書秩敘變化，寂歷爲宗。二無張公，入洪澳室。孫公慎行。同寅深交，叩兩貞一。張先生瑋與老父前同兵曹，後代璽卿，深資密證。西庫黃公，諱道周。墓据相得。象數徵理，損益天則。黃先生曰：吾門最忌儱侗，交盤不得。先父極表其方圓同時圖。寂歷同時，侖侖常常。一元午會，人法全彰。依邵子法，今午會中。經史詩論，有環中集。恬愉自娱，不求人識。過河三呼，不言家事。六十有五，臥半日逝。合明之山，一穴早記。謚曰貞述，四方來祭。痛哉窮子，終天絶地！深傷實學，不能闡繼。下宫鬱血，行於異類。扳柏委土，何能贖罪！建德有銘，神碑無字。瀝骨短聲，雪此冰涕。合明浮山，華表薈蔚。緊我有母，十二見背。先母吳太恭人以天啓壬戌年即世，葬浮山北。吾母信善，秉宫諭誨。建幢幡林，通瞿輸慧。敬事堂上，塞淵主饋。禮宗唱和，二姑相慰。鞁佩遺集，綵帕漬淚。惟我二母，一節一烈。紉蘭清芬，世傳雙絶。不負家學，偉哉閨閤！仲姑撫我，耄猶教學。伯姑適張鍾陽秉文，己卯山東方伯，殉濟南城。姑率諸姬投池死。有紉蘭閣集。仲姑適姚孫棨，孫棐之兄，十七而寡，著宫閨史〔三〕、清芬閣集，善白描大士。智十二喪母，爲姑所撫，禮記、離騷，皆姑授也。誠以蕪迹，醫卜可托。苦瓠連根，吞不自覺。時見誡以此旨。念我同胞，一弟三妹。弟名其義，字直之，年三十，忼慨，病卒。有一子名中發。弟有軼才，伉俠難遂。遺孤佔畢，勉其蹶蹶。克咸殉難，長妹茹冰。長適總督孫晉弟臨，與楊龍友同死青田。梁父敦古，妹以孝稱。次適光禄曹履吉子臺岳，高才篤至。吾妹孝姑好施。三適夏子，佐讀以紃。三適御史左光先子國鼎，具慶盡養，閉門讀書。獨我不肖，紹衣自疢。少好詞章，中年考究。性命之原，生死猶瞀。甫一通籍，大難連遘。庚辰釋褐，即遇老父忤相被逮。授史館一年，即遭甲申變。曼寓金門，恐負國恩。時題「曼寓」。召德政殿，范質公相國薦。犯忌直陳。天顏賞之，部覆逡巡。賊破三關，親征不決。倡義詔遲，倏爾崩裂。慟哭東華，梏荼爲囚。萬死潛竄，幸出通州。行丐南奔，膝下叩頭。擁戴昏椓，父命遠遊。依姚南海，姚有僕奇胤。留都忽焉。天興炎起，病未能痊。延津又喪，端江告柴。四年屢召，甘隱蒿萊。史職猶慙，敢濫宰相？守死而已。德言瓢衲，冀還聚里。縶出法場，馬蛟麟陷昭州。蓮花血洗。冰舍熏修二年。放還匡廬，歸省鹿湖。兩逼熅火，閉關獨居。高座三年。老親切問，本無生死。一實惟心，自盡而已。詎成痛訣，無地可入。襟土跽冢，風木何及？恤我薄命，刀頭爲生。明發不寐，礪茲一鍼。亦有三子，破巢旬旬。屢世景圭，罪我廢人。退藏于密，水火中行。家風律律，勿忘折肱。丁酉歲除〔四〕，合明欒廬。孤哀以智，稽首泣書。

校記

〔一〕每讀女偶七日外生　莊子大宗師：「已外天下矣，吾又守之，七日而後能外物；已外物矣，吾又守之，九日而後能外生。」作者此處合而言之。

〔二〕十　疑當作「于」。

〔三〕宫闈史　方維儀有宫闈詩史、宫闈文史，此處簡稱之。

〔四〕酉　原作「卯」。是年順治十四年，歲當丁酉。

合山欒廬詩跋

古人聲出金石，音滿天地，皆不得已，不知其然而然。以古今閒出之才，讀盡古今之書，窮盡古今之理，而歷盡古今之患難，天之成人，人豈知之？愚者大師傷盡古今之心而知天之不得已，感此不得已之恩，又豈人之所知乎！

本菴先生以詩禮學易，善傳其教。廷尉、中樞兩先生皆廬墓，世已罕矣；時此時，而鵶納斬衰以廬墓也，世尤罕矣。北難忍死不汙，陽瘖潛竄，此易知也；避仇南遊，而告柴班行，已四五年，十召不出，以藥囊禪鉢轉側苗峒，不肯韋貽範其身，而縮高其親，此難知也；昭山被縶，甘就湯鑊，而猛虎聽經，安坐冰井，此知天感天之候也；幸以匡廬，子驥歸省，而兩受煀火之逼，以涅槃矢之，以雨花之闕斷之，此知天感天之深候也；破闕奔喪，襟土攀柏，則知天感天之甚深，不能不痛大地是血者也。動忍困衡，至此刀兵水火履平地矣，何用哀鳴？何得不哀鳴？聲出金石，音滿天地，行路見者無不流涕，況侍側耶？哀非自哀其苦也，自分已死久矣。

三世詩禮學易之旨，合之王虛舟先生之圖書寂歷，吳觀我先生之宗一圓三，環中晚徑，可謂皆備。然學者執人膠法則不化，託天逃位則荒委，誰是傷盡古今之心而知天以盡人者，哀豈得已哉？眞中和者，怨怒皆是中和。時行鳥道，時自慰解，皆非世所知也。大宗師終以桑户之若歌若哭，呼天呼命，初入門者曰：『此猶未出生死也。』夫豈知其無生死可出，而一眞塞兩間也乎哉！遂謹録之以告吾黨之致中和者。

丁酉冬除，歷陽法子遂孝敬跋。

欒廬詩跋

今天下孰有不孤者哉？其可異者，或不禰其父，甚且謂他人父，彼端木之獨居築室，與東魯子輿責西河之疑，不許聖人之似，其於師猶嚴若是，古先民事三如一之義，殆不明於世久矣。

以余所聞，浮山孤游方之外，其於欒廬何居？且孤之大父、父無弗廬也者。浮山固以世孝聞天下，孤乃不幸，轉側瘴徼九年歸，而羈金陵竹關三年，至不獲啓手足，僅奔喪歸。歸爲欒廬居之，攀柏之暇，濺血爲詩，聲出楮間，痛徹天際，孤窮矣哉！方崇禎辛、壬間，孤刳心弊形，出厥考坎陷，已更身備荼毒，安無可奈何之命，而一歸於空桑，卒不同乎？食豚嘔血之畸人谿行，此其心連理植之，天界杖人知之，天下之人蓋無不原而哀之。

望亦孤也，每讀古孤兒行『瓜車反復，助我者少，啖瓜者多，願還我蒂』，及獨漉篇中之什，自以爲鮮民罪在萬世。因取欒廬詩絜之，義孰遠近，誠不忍没没，將使天下孤興而羣怨。以正韻爲妙叶，五嶽爲大鳥，慰厥考心，俾敉寧於左右，是則孤之永言養志而勿敢言者也。望拭涕爲書之易堂學者。

樹廬疚孤彭士望敬撰。

方以智全書之三十二

五老約

諸偉奇　整理

整理説明

五老約，不分卷，方以智撰。本書係作者於合山廬墓期間追憶廬山五老峯的詩作。全書用洪武正韻中二十二個平聲韻，或五言或七言，依次成詩。

本書目前僅見安徽省博物院藏清初刻本。該本單頁十行，行二十四字，注爲雙行小字；白口，無尾，四周單邊；版心標書名、頁碼；字體頗同此藏軒别書之刊本。不避清諱。該本卷首有涂斯皇序和方以智自序。本次整理即據此本校點。

諸偉奇

二〇一五年九月

五老約目次

序

皇不肖，甫丱角，時父師課舉子業，篝燈咿唔，丙夜不休，久乃益厭苦，輒思一見異人、讀異書爲快。所恨僻壤荒陋，見聞寡尠，卒不覩所謂異人異書也者。無何，海沸塵飛，魂驚欲絶，園棘家艱，心摧如碎。斯何時也？即有玄文秘笈，恐未必鬼物呵護而常存；至若士之瑰奇俶儻者，往往豹隱鴻冥，伏處於翠巖碧岫中，且不可得而聞，矧可得而見也？

閲十餘載，時稍寧謐，始耳江以南有浮山大師其人，私心竊嚮往之。己亥夏遊敝邑，獲晤於天峯禪院，既而掃塔祖庭，卓錫廪山，皇因得時時過從。用是益聞所未聞，作而曰：吁咄哉！此殆異人而胸有異書者也。師遺簪纓以出塵，披緇素而參乘，遍歷劫火，眞性自如，神劍慧刃，劃地開天，直笑殺七蒲團，奚羡僧伽之演車、道生之著諦、高坐道人之超脱道邁也？異人哉！非異人不能讀異書。以彼學藴天人，秘窮今古，武庫青箱，罕喻淹博，而尤邃於易理，河洛象數、陰陽律曆，靡不貫徹義類，發揮底藴。出其緒餘，闡晰韻學，攷訂古音，悉曇、泰西，以及神珙、沈、孫、邵、朱、郝、陳諸家之變，而統歸於正韻，切匀聲原一書，撰次成帙，未付剞劂。禪悦之暇，手一編示皇曰：此予遊匡阜五老約詩也。韻皆正叶。夫韻者，聲之平也；聲者，心之平也。心得其平，則五方之風氣可齊，萬物之性情各正矣。

因天地自然之符，衍中原音叶之大，洪音既暢，雅調攸存，將令一世人不盡爲齊梁小兒誤殺。快絶，快絶！五老約諸什，句有棒提，語皆血碧，一字一浮山也，即一字一五老也。吾不知五老之爲浮山，浮山之爲五老也。善讀者，從聲詩内求之，更從聲詩外求之，而微旨不恍可悟與？

噫嘻，師洵異人哉！皇親炙而知師實平易人也，鐸中和以平鬭諍之苦心也。十餘年來藏鋒斂穎，適歌正叶，不覺嗚嗚。此之吉光片羽，何非白椎犍鍾乎？願與天下平心之人叶之。

黎陽後學涂斯皇拜手題於潛確齋。

五老約

素逝之士，以山水爲性命，何必其山水，何必其不在山水乎？各有不得已者，哀樂不能入也。子平、子夏，相約以五嶽老，而發兩不如、一何如之歎，是誰傳之？彼如歷封刀于青巖，極潛竄于交管，火島而還鬱洲，傳一鳴于王谷，其爲五嶽何如耶？九死劫灰，顛沛苗獞。壬辰，得離粤穽，息病匡阜，開三疊路，上五老峯。庶幾子驥，欲約同心而終焉。歸省鹿湖，兩逼熖火，竹關墮竈三年，爍爐濺血又三年，哀何能已！

適在浮山藥地，夢五老爲五嶽之老，題余以『藥遊』。嗟乎！夢何能已？藥何能已？遊又何能已？夢中告曰：五老峯下，雪浪奔雷，何其怒也！五老峯上，浸天拔地，何其曠也！誰能一怒一曠，而一其仁智之二樂乎？樂何能已？種藥之孤曰：惟有灑此上池，鉏此雲峯，續白蓮、青松之主賓，播不欺之種耳。天下有傷盡古今之心者，約歸于此。約又何能已？或哀其樂，或樂其哀，何不可以哀樂之夢爲藥，而享其哀樂不入之山水也耶？五嶽之老歌曰：『鉏灑得力，山天不知。我則隨風，藥遊叶之。』醒而如約，是亦哀樂不入之藥夢也。聊當邪許，自有和者。〔一〕

浮山之孤无可智記。〔二〕

一　東 用正韻叶

浮山圖五老，起槁半天中。對面在何處？傳眞不論工。洞翻棋局路，紙送鐵船風。黄落雙林夢，聊呼二遠公。爲此起槁，最難傳眞。船浪俱聲，呼亦是唱。

二　支

巉巖看斧劈，一路少人知。倒嶽爲三疊，翻雲作九疑。凌波休着像，醉石不留詩。我拜蓮花下，春風無是非。「休着像」「不留詩」，切忌作佛法會，然三疊、九疑，斧劈翻倒，只作山水看，太蹉過矣！誰坐春風中來耶？灼然一路少人知。

三　齊

銀河傾不止，衝碎碧琉璃。灑墨皆飛去，何人敢浪題！普天成雪窖，别徑造丹梯。白戰驅山者，吞龍踞釣磯。三疊天地，到者方知。東坡題「瀑如項羽破章邯，白戰驅山壁上觀」者是誰？着手皆飛，誰來上鉤？

四　魚

東林傍立館，白鹿洞藏書。獅象傳科斗，黿龍亦蠹魚。苔能抄禹迹，灰不歎秦餘。燒卻寒山帚，秋風自掃除。李渤之願，宋更大之；次宗之學，得于東林。嘗歎遠公講經，善用莊子，以感爲體，故易無體，白社之深，寓兼互如此，豈後代燥販所夢見耶？一種帚遮固陋，販駭更易俱行。正路本不避塵，故須再掃其掃。

五　模

砥柱鄱陽口，湖心大小孤。天妃時鼓浪，老母造陰符。孤訛爲姑，其像則以水神，屬陰，表法也。李荃之，驪山老母也，毋亦泰山之富媪、華嚴之母儀乎？吠影訛傳久，傷心隔岸呼。過江煙一陣，空渡藥菰蘆。煙一陣中，塞住滔天之口矣，將託此大、小孤耶？隔岸呼之，有應者否？

六　皆

草堂無片瓦，當面立黄崖。飛白從何下，空青忽捲來。三梁曾夢到，雙劍截雲開。滿地殘碑記，難將碧落猜。香山之草堂殊淺，黄崖之落處原深，『界破』一條，不知幾人猜着。太白之『海風吹不斷』，何如此句？

七　灰

誰信傷心者，柴頭冷竈炊。山留天下骨，字撥古人灰。裂石歌千首，登峯哭一回。不知茶是酒，三笑亦攢眉。撥灰、留骨、攢眉，即是放眉，歌于斯，哭于斯。酒非酒，茶非茶。似此柴竈，止堪冷笑。

八　真

慟罷西臺路，遥辭北夏門。古梅開雪色，新笋感雷恩。岸許船爲屋，香知臘是春。峯頭看沸澥，招出覆舟魂。先敘苦緣，然後覆卻，舟去久矣，招出何爲？知有即得，用免則那。瘖瘂嗚嗚，不妨絮聒。

九　寒

金輪孤塔影，穿破紫霄寒。鏡鑄雲千狀，簾飄玉一盤。墨池隨處舍，赤眼與誰看？不識青松主，猶爲麈尾謾。玉簾石鏡，遮照金輪。赤眼墨池，松雲抹過。誰是被他謾者？若不穿破，早熱謾也。且須合盡再看。

十　删

瀛渤原無底，歸墟水上山。天池皆許汲，佛手不容攀。破屋支危石，枯藤過險關。髻珠堪一踢，且付白雲環。看透歸墟，始堪一踢。

十一先

夢將雁宕石梁穿，陽朔瞿塘難巨然。五字七言題不出，九州幾點墨生煙。但鋪白紙收天下，倒卓青山在案前。絶壁未容人一語，行窩縣此幅千年。穿起甚爽，偶收自別，姑就畫以起興耳。鋪收倒卓，依舊不容下語。

十二簫

刀頭十載赤條條，背願孤峯冷水澆。兩袖寒風千里送，一肩明月五更挑。縣崖無路偏登頂，古樹横溪早過橋。擁腫息陰休當屋，火遺黄葉徧山燒。敘遊也。起何冷，收何熱，熱更是冷。

十三爻

章亥渾天步一遭，岐軒早識豆吹脬。三枝泒入神州秀，兩戒翻愁分野勞。宛委得書應縮地，須彌絶頂好觀濤。怪來嵩壁中央坐，毒藥誰將九鼎炮？以豆置胞吹氣，則豆當其中。大地，豆也。神遊者五嶽，亦炮熟矣。雷公留有些須，藥炮製將來毒達磨。

十四歌

髫時白鹿講堂過，半偈曾抄老父歌。識與歸宗碑記合，歸宗答記是奇宗一老人作也，適符其識。骨從冰舍殺場磨。時在蒼梧冰舍，歷年方得回此。託孤異類休迴避，別路旁觀可奈何？針繲彌縫非得已，振衣拂袖且摩娑。支離汲七，誰識眞孫？覆掖無聲，別路之尊貴，墮亦太可憐生矣。閒時擲杖當風立，殺活古今人不知。

十五麻

不知此曲唱誰家，一句聊拈筆冢花。驅使古人如草木，蒸燒後代起煙霞。亂流直令青天舞，石鼓頻煩白雨撾。屐齒峯峯皆響答，陰風吹入浪淘沙。天舞雨撾，屐齒響答，此一花片，盡被驅燒。且聽浪淘沙中，五六工是那一曲？

十六遮

峯太孤兮雲太奢，門前磊塊太欹斜。盂留殘飯嘗供鼠，火爇荒原不是蛇。沸甕可令冰出井，灌園即用水爲車。千年桑與妖同盡，白日何愁一手遮。孤奢兩路，磊塊塞人，過此一遮，聽君冰水。造迷耶？解鈴耶？莫不有因，恰恰因之。敘來平實家常，頓使鬼無伎倆。

十七陽

江湖原自挾風霜，休待波平老望洋。木末摘星憐漢使，桃源封路感漁郎。詩隨瀑布聲中去，茶在人間冷處香。背上天從泉下轉，天池瓦礫盡蒼蒼。槎使尋源一路，當使海若轉迷。詩須放下，且喫茶去。正色下視，如此攪翻更奇。

十八庚

天留萬碧與狂生，刻畫風痕説不明。莫仰中梁愁落月，誤傳隕石是奔星。堅冰在碗看流汗，鈍劍揮空竟作聲。雖上漢王峯上立，卻從平麓建書城。平地孤危，風痕滿紙，冰汗鈍聲，更加刻畫。

十九尤

風怒山頭百尺樓，倒來飄瓦碎虛舟。野田卻謝摩天雀，出檻還鞭齕草牛。黄土牆憂霖雨爛，白衣人擁亂雲流。登高臨水奚囊破，只爲難消牖下秋。推倒高竿，敘入緊冷也。只是酷好忍飲者，氣急殺人，不如拈棒便打。

二十侵

莫倚團瓢斷古今，春蘭秋菊盡香林。縣鉞刺出江山血，截管吹傷天地心。射虎騎牛無勝負，狎鷗放雀聽浮沉。催歸拍板漁樵曲，直木偏能節五音。針刺管吹，古今斷矣。幸有漁樵接拍，且喚甚麼作直木？

二十一覃

相期采藥手提籃，脱卻寒巖重布衫。洞乳纍垂須用鑿，衆芳蕪穢竟齊芟。香爐起霧成龍去，石耳生風作虎談。踏破名山求斧削，遊山壁上堊難堪。如此削堊，脱卻重布衫矣。點鐵成金難，點金成鐵又難。或問：『削垔一句，如何題得出？』曰：『破鞋生虎耳，秃筆點龍飛。』

二十二鹽

織屨同行善擁鐮，豈愁陵谷壞茅檐？造符卻費燒香祝，寄信何煩折竹占？泥裏往來雲不借，輪中甘苦手能兼。山頭鼻涕如獅吼，只在明窗謝黑甜。泥輪明暗，卻被懶漢兼得便宜。誰知鼻涕是第一棒？雖然如此，造符寄信，不妨拭卻。

校記

〔一〕以上文字，浮山文集後編收入卷二，題作五老約引。

〔二〕浮山之孤无可智記　浮山文集後編五老約引無。

方以智全書之三十三

正叶

諸偉奇　整理

整理説明

正叶，不分卷，方以智撰。本書爲作者合山廬墓期間的詩作。全書用洪武正韻中二十一個平聲韻（無『二十二鹽』），依次成詩，每首詩皆於題下注出中原音韻和洪武正韻的押韻規定，體現了作者辨證的音韻學觀。卷末無『二十二鹽』，或書有闕頁，或因『覃、鹽、咸』爲鄰韻而爲作者有意減去。作者於『二十一覃』下即注云：『合覃、咸爲一韻。中原曰：鹽、咸韻即尾閉之寒、山。』卷首有作者自序，每首詩後有注文。序末落款云『著雍閹茂，貞于孟陬』，據此可知，該書成於清順治十五年戊戌（一六五八）。因爾雅釋天云：太歲在戊曰著雍，在戌曰閹茂。

本書目前僅見安徽省博物院藏清初刻本。該本單頁十行，行二十四字，注爲雙行小字；白口，無尾，四周單邊；版心標書名、頁碼；字體頗同此藏軒别書之刊本。不避清諱。本次整理即據此本校點。

諸偉奇

二〇一五年九月

正叶目次

正叶

邵子旋韻而歎曰：其知『道』乎？一行配聲，有深幾焉。嘗以古韻、悉曇、太西，合之珙、温、康節，乃知天然之叶，本不容造作，而享其中和者也。世守沈約，以宋頒孫愐韻于禮部〔一〕，歷代沿習，無知其故者。挺齋定中原之響，洪武正韻加以入聲。柴廣進所傳朱子譜〔二〕，郝京山約爲十二韻，陳礦庵析爲三十六韻，皆因正韻而折攝之。正韻爲宋文憲所訂，雖細切未改，而中原之氣大暢。時宜正叶，不獨同文也。豈有天下之大，惟從數郡鼓脣乎？轉注假借，無往不可以叶，天然相應者，時乎宜矣。以此唱和，夫復何疑？通古、通沈，隨人自廣可也。

浮山之孤序至此而嘘曰：悟不二不一之公因乎？叶即如矣，叶即當矣。如如當當，叶二爲一者也。環韻而起於冬，中和以平，心法寓焉。呼與吸叶，開與闔叶，有聲與無聲叶，通晝夜者貫之。兩間皆氣也，所以爲氣者何在乎？生死也，喜懼也，天人也，理事也，虛實也，中旁也，頓漸也，統辨也，世出世也，無非代錯之交輪幾也。皆叶其中，皆貞夫一也。平心和氣而善用之，不期而叶矣。心氣偏倚，平何容易？黄帝知風之自，寒伏雷火，表叶蟄于冬至；陰洛新洛，表四五六之獨順也，巽風之順乾也。叶用又于天地門户，見心制權。聖人得其幾焉，生於憂患，以死養生，因懼以制其喜，因喜以神其懼。聞足以戒，激怒亦中和也。孤孽哀鳴，怨興亦温厚也。聲氣風力，心光相續，塞乎天地，有主之者。臣奉子順，鼓舞盡神，發即未發之中節。魚逆流，鳥習風，叶其本叶焉爾。遠社、易堂，一時鐸應。託孤妙叶，我歌可乎？莊生曰：『欲當，則緣于不得已。』承言諭志，衝口隨類，比興寂感，何非浴萬世而風之也哉？干叶二五，支叶二六，聲先叶律，言以五七，奇統偶也。上泝騷雅，隨意短長，猗蘭在今，何爲不爾？衍之寓之，或以爲均木，或以爲啞鐘，已不得已，又何所避？著雍閹茂，貞于孟陬，日在危初，浮山孤子愚者智自題于易寓中。〔三〕

一東　中原以東、冬爲一韻，兄、轟等字收此。江韻歸陽，古來與陽、庚通。

此聲原不死，但請問悲風。誰是丹田主，啼知赤子同。著書應雨血，塞日亦成虹。逼出千生痛，消歸一字中。聲氣不壞，一切不壞，怎奈風力所轉何，因邪撥正，亦是在水洗水耳。只從啼處，逼出消歸，即轉風力。或問如何是風力轉不到句？曰塞口長歌。此一痛字長劍倚天，赤子之啼，即能殺活，有不負痛棒血痕者否？

二　支　中原以支、思爲一韻，蓋支兒不合五音，古皆粗叶耳。正韻亦兩通之。

韻從冬起處，消息有誰知？鴂舌隨方變，蟲文自古師。絃歌原中節，誦讀合從時。叩齒分天地，沉吟不許思。雖從冬起，無冬無夏。且將蟲禦，木棒此鴉。雀鳴中節之時，不可思議。

三　齊　中原以齊、徹爲一韻。灰如輝、杯如卑，則收此。正韻以鼓氣重力而別存之。

隨場看表影，莫死執詩題。草木皆能語，山川更好奇。三聲新鼓吹，幾點亂雲泥。强爲安名字，供人笑與啼。虚舟子曰：以表知裏，無泡不眞；泥則本泥，原混不得。恐人誤認，一一爲之正叶安名，豈得已哉！啼笑一眞，草木山川，各各飛躍。

四　魚　局、日、可、之、珠、摳、虞等字俱收。

一塵藏萬卷，六合架奇書。古聖抄成本，今人不信余。五音原寂歷，八角磨空虛。飯塞咽喉管，徒勞口囁嚅。或曰文字耳。爲指窗曰，此何字？又指其面曰，此何字？或人囁嚅而已。故曰一畫以前，圖書歷然，聖人只是一抄書客。世俗飯粘腴脹，所以膠滯不通，故知匡衡齋戒，眞是造命轉風之靈藥。

五　模　鼓撮呼之。

自挂軒轅鏡，何煩白澤圖？百原嘗小衍，一行善藏符。難識車前鐸，應知鼓答枹。到來消罔兩，塵豈畏迷途。既已破塵，須知槖籥。照妖即化，以類隨機。神人衍符，若破天荒，實是現成。易簡知險阻，險阻皆易簡也。薪鐸答枹，亦是塵中舞蹈。

六　皆　即中原之皆、來韻。

生死無生死，空勞破草鞵。如何峯頂廟，更寫酒家牌？入市簾常卷，臨門筆可埋。問時原不答，此問自何來？不迷漁父，何貴桃源？再漉碧潭，抛東洋矣。那堪更作聖解，炫招牌耶？簾細筆錐，惟有口挂壁上。

七　灰　灰、杯、椎、堆、如、沌，則并合于皆、來。如中原則合于齊、微，正韻爲其重鼓，故别存之。古則皆、來與齊、微通。

既無開口處，何用作詩爲？井底空收血，江頭欲告誰？椎琴過七日，撾鼓擲雙槌。烹雪充饑渴，終留一窌灰。灰可烹雪，血可解渴。琴鼓千聲，原無半句。

八　眞　合眞、文與十三元中之魂、嗔、根、吞等字，而元則入先，翻則入删矣。古則眞、先皆通。

中年歌激楚，遭亂賦瞻旻。獨漉嗟泥濁，靈懷恨日昏。熏膏誰見痛？玉石已同焚。劫火傳鑽燧，栴檀樹作薪。　苦瓠連根，説痛亦是搔癢。莫倚同焚可變，遂廢釜下之薪。如何是薪？獨漉獨漉。

九　寒　專收盤、桓、丸、安等字，而難、雖等則入删。

黄鵠飛還下，重來問子安。世將雲蓋覆，天與水盤桓。雁字傳霜信，龍宫弄縷丸。錯疑山鬼笑，帶累別人看。　嗣宗云：黄鵠呼子安，千秋將安之？此一重問，更可憐生。鬼哭何如鬼笑，亦在蓋覆中，正恐錯疑難免。

十　删　合山、間、煩、難等字。若讀山如羶、間如堅，則入先韻。

筆嘗摇五嶽，杯已渡三山。莫想天台路，先逃大散關。眞形何必佩，俗願幸先還。潑卻金壺汁，乘雲本不難。　守黑之瓶，一脚踢倒，腰囊五嶽，何用圖眞？或問雲如何乘？曰妄想作麽。

十一先　即沈之先韻，收元、言等字。古與眞通。

路傍摩此石兜鞬，纔説桑田背受鞭。妄想讀書關絮眼，漫云哭世託金仙。蚌珠死後憐螢火，蘆雁歸時弔杜鵑。聲在虚空收不得，何妨吐血與山川。絮眼揑怪，亦可鐵鞭金盤，垂泣亦是磨肚。珠螢同此火光，雁鴟同此聲氣。四十九年説法，不曾説一字，何怪路傍人？

十二蕭 仍如沈韻。古與尤通。

支鼎因風掃葉燒，枕流潄齒石回潮。聞鍾正合中原韻，緩步休疑獨木橋。或曰好竽還鼓瑟，有時擊筑更吹簫。自題行鄣班芳草，桂樹招人且挂瓢。竽瑟筑簫，總在瓢中。要須獨木橋上一過。

十三爻 合爻、豪爲一韻。

磨碎方圓問大橈，山中直日是何爻？任誇芻狗長千丈，曾信蓍龜在一毫。破牖不憂冬雪閉，奇峯似妬夏雲高。鬼知畫鬼空添淚，還以牀頭易解嘲。信得直日一毫，自能磨碎易造。鬼謀受命如響，何謂大耳師徒，不將芻狗作偶會耶？可惜竟作偶會。故求一個善畫鬼人，亦不可得。

十四歌 仍如沈韻。古與齊、麻、魚皆通。

不敢言兮尚敢歌，人雖不聽奈歌何。歌來大似迎神曲，聽者翻疑怪事多。暴雨轟雷逃古廟，繁絃急管笑陽阿。一聲鍾墮江湖裏，喚醒千帆此路過。曳縱而商頌乎？倚户而呼天乎？有醒者否？奈聲墮何？

十五麻 古則家、麻、魚、模通，用晉唐麻韻，非謂盡如吳下所讀，亦是相近則借耳。

陸渾祭後便揚沙，搔首灰坑算剖瓜。落盡梧桐消閏月，暈知風雨謝空花。單雙破處傷天巧，三萬年中定歲差。元會一齣惟設榻，草茵石枕屬山家。只此算盤，早吞天地，單雙尊豆，消閏如常。曾知榻上人能謝空花而用之耶？灼然差別，即是渾侖，受用知幾，鑑照本定。

十六遮 中原所分者，今兩京、江、淮、楚、蜀皆如此語。詩詞通用，隨便可也。

慟見窮途鬼一車，陸沉寒食誤龍蛇。早逢黃石橋邊履，竟脱青蓮殿上鞾。荷鍤燒廬兮激矣，反裘蠟屐者迂耶？布帆原在風波裏，笑被癡人木葉遮。帆脱風波，故自有法；藏舟木葉，果然妙畫通靈。

十七陽 中原曰江陽韻，今依之。

誰穿巖穴立門牆，誰吸蓬萊入小窗？誰點龍睛分黑白，誰雕蟲臂染玄黃？蒿蔞薑桂嘗兼味，柷敔塤篪在一堂。瓦缶有聲鐺可煮，且同花鳥説家常。四句連呼是誰，答在問處矣。可惜蹉過，孤負家常。

十八庚 合庚、青、蒸爲一韻，舊名申聲，以其升鼻也。眞、文、痕爲外聲，以其齊齒局脣也。侵爲内聲，以其聲盡而閉口也。

萬仞丹崖亦芥城，廚牀飯袋總偷生。煙霞竟作膏粱販，衣鉢那同棧豆爭？剪舌斑鳩傳狡獪，專門畫狗學獊獰。何如藜火閒遮眼，谷口呼風許一鳴。邊竟有人焉，其名曰竊，雖云識得不爲災，只須隨分依位而立。中條谷之鳴，非指頭之鳴耶？受用不爭，妙在遮眼。

十九尤 仍如沈韻。古與蕭、豪通，亦有與魚、模通者。

鼗鼓毬場三不收，硯田犁破古神州。漫教胡蝶吞金翅，慣使麒麟作水牛。黄帝經知垣外驗，小兒日自海光浮。一針既定山門向，四面青葱滿上樓。磁針正指滿盤，任用貴知其故，不是戲語，荒高而廢實務也。或問：三不收同南泉三不是否？曰：丸泥兩手不曾沾。

二十侵 閉口心、音，獨用如故。韻中惟有眞、文、魂、庚、青、蒸、侵之聲最多，于等切之母無然不備，故約分爲内外中聲。他韻非無内外中也，或以迮逼而略之。依柴廣進、郝京山，則竟合爲一韻，而聽人分呼。

生割愁腸楓樹林，秋風刮出古來心。繞梁過市無非淚，立碣投書總是沉。笛步下車眞對語，剡溪毁樂待知音。滄浪煞尾揺船去，正畫騰空澤畔吟。或謂漁父聞道，故歌滄浪而去，不與澤畔行吟者言。夫豈知漁父即行吟之化身耶？亂樂痛腸，生割故事，可謂驅使古人如草，不刮出古來之心矣。要須知，一喝不作一喝用。

二十一覃 合覃、咸爲一韻。中原曰： 鹽、咸韻即尾閉之寒、山。

白駒鞭影送驚帆，纔駕鸞皇又脱驂。火島詎能逃塞北？小樓難禁望江南。彗星出後長鯨死，山木枯時怨鳥銜。特地一場愁霧裏，枕中呼起古人談。奇懷東指西畫，或似角弓反張，要歸正語，語更奇于奇語。

校記

〔一〕以宋頌孫愐韻　浮山文集後編正叶序作「以唐宋皆頌行」。

〔二〕廣進　當作「廣敬」。柴欽，字廣敬，明人。後文二十侵同。

〔三〕「著雍」至「易寓中」二十五字　浮山文集後編正叶序無。

方以智全書之三十四

藥集

諸偉奇 整理

整理説明

藥集，不分卷，方以智撰。本書爲作者在桐城廬墓期間的詩作。全書僅列忘忘、炮藥、逢隱、茹吐四題，或五言或四言，合計三十首。

本書目前僅見安徽省博物院藏清初刻本。該本單頁十行，行二十四字；白口，無尾，四周單邊；版心依次標書名、頁碼、書齋名（易寓）。不避清諱。本次整理即據此本校點。

諸偉奇

二〇一五年九月

藥集目次

藥集

忘忘

行無事，必有事，莫存于忘，莫忘于勤。知之乎？忘帶要之適也，豈以適要而廢帶乎？忘屨足之適也，豈以適足而廢屨乎？帶其帶所以要其要，屨其屨所以足其足。本適本，忘日日束帶穿屨而已。將曰兩忘而化乎？忘其兩忘，乃可語耳。或曰：執此不得，執彼不得，執中不得。或曰：隨分自盡。此二語也，同耶别耶？不知其故，烏能不惑？適有問此于藥地病夫者，舉忘忘而叶歌之。

氣從東上，天好西旋。此何習乎？不知其然。周髀水臬，方方皆圜。規矩繩衡，其用在權。學耕畜靈，田忘其田。核中之仁，在杏壇先。千華結實，又何贅焉？

雄鳴上風，雌鳴下風。車知地鐸，閏知梧桐。隨斲以繩，應攢而縫。獨拍雖疾，不可以工。

烏飛準繩，集谷以翔。苟大者得，小曲何常？怨怒不及，風雨無鄉。劍可揮物，握刃則傷。

知其故矣，安用傍徨？抱蜀不言，垂拱高堂。

借衣者披，借車者奔。瓦注者巧，金注者殙。借用入神，誰辯其眞？堊檐者歌，采藫縣崖。

或習圍城，或蹈危階。煉北宫黝，伯昏哀哉。集藥善製，不枉其材。皆在籠中，醫醫者來。

炮　藥

西秦羊可種，雷州雷可煮。凡夫溺俗見，文士好奇語。椋材中車輞，桑材中弓弩。檃括善因材，誰知良工苦？

聖人證圖書，百物如然犀。象榆徙水神，鼉鳴揚菊灰。天旱泥楓人，怪雨問江疑。願采玉紅草，祝餘自忘饑。

明目呼兩貴，郵書呼慶忌。告敖呼委蛇，病吐葵丘氣。九鼎鑄罔兩，饕餮戒狼戾。几杖皆勒銘，終日呼其字。

即且制螣蛇，蛞蝓制即且。猛虎愁蝟鼠，蝟鼠爲鵲哺。陰符機在月，生殺原同途。詩書塞口腹，牆壁塞詩書。風輪自鼓舞，知者空嘘嘘。

羊食鉤吻肥，鼠食巴豆肥。雌黄妬胡粉，防風助黄芪。冤仇豈有定，在人善用之。飲食與藥餌，予奪隨其時。

菱花開背日，芡花開向日。菱寒芡温補，以此分損益。卻怪向日葵，食之更生疾。朝開夜合花，原以日光出。人以陽爲主，太燥則病革。沃湯生雲煙，始知造命力。

陽燧火在前，冰臺火在後。寒火夜澤飛，井火一罅走。吉剌酒燒衣，照人顔面醜。改火除民疾，新取依然舊。始信火滿空，薪傳在人手。竈突以防災，炎炎者知否？

□荷能治蠱，葉下呼姓名。衣綴預知子，遇毒嘗作聲。人心不可測，何以消其情？隔壁試借問，一句如提燈。

整　隱

朝歌交北澥，遊行免投閣。時哉素逝者，此伴實落落。岍君送餘齒，豈聽蠶室約？非必驂鳳皇，乘雲各有託。

小海唱激天，曝藥人不俗。梁魚休倒尾，莫令窺嚬蹙。樽酒當猛虎，戴鳶笑不足。木榻老上表，早忍龍頭辱。

張融詠自若，桓榮讀不止。非關賊好名，心安即如此。我信華孝子，我信胡居士。水火固可蹈，人心本不死。

命在大頭山，無終竟無恙。嗟哉韋祖思，豈得如徐曠？仲淹待楊素，一語自收放。不則先冥冥，鴻飛一何暢！

蕩陰侍中血，難贖趙王相。念及中散仇，不容更西向。何不還護城，山公毋乃誑？同時諸葛靚，背洛何其壯！不得例荀息，不得例豫讓。

莫以死責人，立孤事更難。滅頂不可咎，舍生論大端。岸賈亦宰予，此淚當重彈。欒羊與放麑，孰安孰不安？蘧瑗兩避之，達者聊曠觀。斷髮華山驢，别路風霜寒。赤松用白帝，借寓如轉丸。兩種羊腸坂，此轍終當環。

虱惡紀昌箭，蝶笑莊生鑿。隨時勸耕汲，負薪亦不惡。蕢問他鄉磬，天送途中鐸。千聲此一聲，倏忽悲風作。

鳳不憎山棲，龍不羞泥蟠。東皋藝藥草，醇醪嘗灌園。椎碎穀城石，芋爛衡山天。天地一行窩，弄丸懷百原。

茹吐

鬱鬱北山雲，濛濛南山雨。人誰通晝夜，天自無寒暑。學道之所樂，世俗以爲苦。苦樂所不及，不知誰爲主。粗飯聊充饑，布衣亦可補。一卷遮冷眼，但任閒言語。

通晝夜而知，所知爲何事？天所以爲天，皆是皆不是。鼎烹一晝前，飲食乃知味。露頂脱綴旒，圓枕忽墮地。嗒然無前後，一瓢大吐氣。隨處三問茆，晝興而夜寐。

且上千仞岡，墨池勿沾滯。星河挂吾指，圍繞皆奇字。北斗爲御車，王良爲攬轡。山澥如蟣蠓，華胥醉黄帝。大鵬與鸞凰，萬古熟相視。撞破閶闔門，豈念地上事？

白雀銜天還，徒嗟天上弊。紫微號牝鷄，神仙求富貴。拔宅雖飛升，轉盼即墮地。我問王子安，子安亦嘆氣。騎危者蚩尾，負碑者屓贔。留此醫小兒，泥車亦可戲。汝自笑乾飯，勿壞人酒肆。

發陳當早起，廣步三楹庭。東方沆瀣氣，飲之令人醒。徘徊入後室，案上惟一經。相對不啓齒，磬聲常鏗鏗。

嘗采如意草，以啖松柏葉。怡然潤喉舌，不見辛酸澀。辟穀且勿言，解毒予一帖。試問百草花，何爲餌胡蝶？

何來又何往，生死眞疑城。鞭殺千里馬，徧尋青又青。有首蜣生蟆，鬼窟專營營。有者任蟲豸，蝸角縱橫爭。殺生者不死，生生者不生。對治與從治，易範垂權衡。寂歷萬古同，冬夏習者明。五至即三無，險路皆太平。時哉黃鵠舉，誰點飛龍睛？黃帝表天日，此是眞廣成。何用有無見，駭世以爲名？馬手牛翼乎？吾知騎與耕。

子長讀鵩賦，歎其同生死。王叔師序曰，無聊自誑耳。畸人有畸命，風吹何所止？鶩不鳴者殺，山木恐其美。材不材之間，逢時若傀儡。專門第一義，變成鬼谷子。給人過駒隙，黔嬴若相委。畫餅可充饑，藐姑一糠粃。書楙以緩筋，且飲甘爛水。

絃絶聲嘶敗，味鹹器津泄。江河始涓涓，斧柯當萌折。病生在幾微，快意不中節。高山下陵遲，跛羊亦蹩躠。

黃帝方宜論，毒藥西方來。治病去其半，執藥者堪哀。神農七十毒，本爲消民災。故紙亦堪醫，何者非藥材？運氣叶經脉，天地人同胎。君臣加炮製，應病稱奇賅。飲池見垣外，診視非浪猜。能明細差別，死人生可回。治神不中機，局方徒塵埃。學者盡虛憍，盲師日以乖。但曰陰陽耳，藥肆通都開。況乃煉毒藥，圖挂專門牌。又欲焚素問，誤殺人哀哉！

誰賣玉連環，宋君求解閉。解一不解一，鐵椎力枉費。筮乾變爲坤，龍化馬行地。潛淵識冰霜，玄黃血甚貴。先迷後得主，造迷亦不易。一戰生雷雨，習險莫動氣。

有無何有無，不落更不落。此是參合丸，捄病復捄藥。各各當其當，時時消葵藿。若寫屋漏痕，一瓢倒川嶽。明晦自交參，門奧司管鑰。山鬼笑險路，思君然疑作。

方以智全書之三十五

禪樂府

方無　諸偉奇　整理

整理說明

禪樂府，又稱樂府禪，不分卷，方以智撰。據卷首作者禪樂府引所云「浮渡愚者智漫題于濯樓」，可知此書當結集於濯樓建成之後。濯樓，位於江西泰和首山寺旁陶菴内，爲中千（號賢公）和尚爲其師方以智所修建，而濯樓落成是康熙十年（一六七一）三月。但之前，該書或已成編，康熙四年陪伴他在江西的次子方中通在詩中即有記載：「此日難莊語，新增樂府禪。自注：老父新增樂府禪。」（陪詩又編次浮山後集）

本書，安徽文獻書目、皖人書録、清人别集總目皆著録有「清刊本」，然未見。可以見到的是民國二十四年方鴻壽校刊鉛排本。該本封面由方守敦題寫書名。卷首爲方以智禪樂府引，正文書名下題「桐城方以智密之」，卷後有方以智弟子楊學捴、蕭應璽兩跋，書尾題「十世孫叔文、十一世孫鴻壽謹校刊」。本次整理即據此本校點。

方 無 諸偉奇

二〇〇八年二月

禪樂府目次

禪樂府引

易變而莊，詩變而騷，有開必先，變變不變，非浮情濁識之所能與也。別傳變而五葉，三墮縱横，往往陰雲布濩，突起雷電，揮灑犀利，擿劍翹關，造崖而返，剥窮乃通。別路逍遥，又何礙焉？弄至今日，拈頌成堆，殘羹餿飯，狗舐不止，效顰土苴，數見不鮮久矣！靈源曰：『九天九地，亦與之俱，技之窮則妄盡而自釋也。』郭象曰：『見聞粗，故易欺；自然細，故難僞。』歎至理之弊而泰然遺放，但使隨緣節拍，便謂本忘也耶？將謂苦空而修禪悦爲樂也耶？將謂勾賊破家，喜見冰消也耶？將謂簫市裸衣，以緇爲素也耶？將謂隨立隨掃、循環無端也耶？鼓之舞之以盡神，善用之皆藥也。大畜日新，是在變化之而已矣。學吾者拙，似吾者死，出格而又出其格，在各人之火候不自欺而已矣。草千花，爐百沸，詎能禁乎？廢樗流菜，一晛倦還，鳥道疏雨，夜月穿帷，瓦缶叩筯，可與酬酢。浮散人初不作等等計也。山房無事，伸紙卷而試散卓，即以毫端爲敝帚。泠州鳩曰〔一〕：『木音直，可以節樂。』寄殺纏聲，心手本忘，享此者誰乎？吾拙耶，收中吾，古樂府有之；一解二解三解，有本不必解者在也，落葉隨流聽之矣。

浮渡愚者智漫題于濯樓。

校記

〔一〕泠　原訛作「冷」。

禪樂府

驢年壁

毗嵐風下曲录牀，愈出愈奇傳單方。後來獵犬依枯椿，不爾面壁藍田王。弄巧成拙，奪人開埸；一個半個，買狗懸羊。杉山魯祖發一笑，驢年漉漉誰分臟？

我乃發

夜來船頭收戴淵，勝似黄鬚七寶鞭。南塘一出人駭殺，西州兩句聲凄然。然不然，不如不傳。

大梅核

梅子熟，還核來，緑樹成陰空劫栽。親者不問，問者不親，何故賣弄鼯鼠聲？吾喪我，誰問我？冬雪春風無不可。各自珍重，切忌紙裹。

蒼天休

强口馬，決鼻牛。手巾拂拭謝郎面，帳帶麈尾難唱酬〔一〕。休休休，王不留。炊單不展，羹殘飯餿，推倒牀上蒼天收。

不答話

托鉢空留末後句，何似小參不答話？黑雲都裹夜懸鈴，李藥師法無傳者。草人揚旗，劉剥去也。撑起雨傘大蟲怕，何論三寫烏焉馬？

一二磨

踞頭騎尾問第一，乃是第二句。舉一不得舉二，天台來徑山去。卦畫森羅古磨盤，中間齏粉歸何處？洞天避寒暑，猶是兩折語。不如曬卻頂門，平原散步。

掃土盡

季咸神巫三次逃，兒説弟子一不解。掃土而盡賊過梯，一蟹更不如一蟹。有一人，不惺怪；備三杯，澆磊塊。遇着蘇漢臣，竟寫毆鬭圖。爭奈金剛王，未歸寶匣在。

古廟過

興化擯維那，大顛擯首座，雖然令不單行，亦是自消滯貨。問如何免蹉跎，出入廊廡，用免則那。鵲噪鴉鳴，礎舂箕簸。若使知之乃離之，漫容客訝燈籠破。爭免破，投水火，莫貪細腰鼓騎屋棟坐。墮墮墮，弔且賀，還是卒風暴雨古廟裏過。

簾得失

二人捲簾，一得一失。鐵限挂衣帶，寠藪難出入。七個蒲團見天下，猶恐張眼敵白日。更有人羨趙州拽簾手，潑炭生雲遮得否？

離鉤覆

藏身兩句，海竭山飛。三橈覆船，別調風吹。有知此離鉤者，當粉骨以酬之。野老曰，大費事，不可爲，我有草鞋一緉送君歸。

須問過

肝膽楚越，南北一家。可笑漁翁，平地摝魚蝦，芥山毛海如亂麻。竹一竿長一竿短，石小者小大者大。牧護沙，抱琵琶，面半遮。二人舁猪，世尊狝牙。官乎私乎？弄作蝦蟆，東家老生忽然失聲曰：是禮也。

萊菔門

大萊菔頭，消食化氣。何乃隨語生解，吞下喉嚨無忌？東西南北不知門，一領布衫難免累。累無累，草鞋敝。出入趙州多少人，是誰不昧饔飧味？

桃花劍

靈雲見桃花，玄沙保未徹。半死兩枯椿，幾時吐碧血。口是禍門，不如飯塞。六月升孤雲，空中下冰雪。耳聞不肯，當堂變色。釣魚船上謝三郎，忽然點頭，又將何決？大丈夫乃爾被人摇曳，猶道是十年磨劍客。

叉下死

誰免秘崖叉下死，古人痛哭聲在耳。牀角直教千古聾，巖頭浪費一斧子。死不死，活師尾。傍觀齒冷曰：何故説到此？

雲地彈

牀頭捉刀立，使者不可謾。握藥葛羅手，留得舊長安。是老僧罪過，死雀就地彈。飯牀觔斗，一任掀翻。誰知道庚市子毁玉，熊宜僚弄丸？

出入無人知

莊上油糍，奈侍者知。南泉土地更賣俏，下一分飯生人疑。疑不疑，傳語從來起是非。

開門休

望見刹竿回，猶不堪共語，何若開門探頭便休去。吹柴頭，粿窗紙。煙愁揭簾，牛愁過尾。秦時轅轢鑽，隔壁空咬指。兩扇八字，從來如此。不可汩没平常，不可奇特商量。鸚鵡舌何用千篇萬語？蟲禦木偶爾一行兩行。

悟即不

無言成窠臼，卷席亦特地。到此無奈何，且一吐悶氣。香已燒，悟即不？疑乃去。山水緑，一拍住，一聲續。誰縛春秋嫌樂府？寧以摩詰廢昌谷。巨靈畫手入秋毫，蒼牙詩料無不足。讓此閒人信右手，眞丹還有和者否？

禮拜退

天有頭在西方高，一拜一起，未足爲勞。謑髁雋永何嘈嘈，談言微中聊解嘲。齒三叩，寄一鍬。爭奈後笑先號咷，确几無異隔江招。禮拜退，又何消！

無此語

柏樹頭向西，蓮花眉向東。哭竹自得筍芽供，剖心亦感桑皮縫。若疑劫外帝珠宮，漉籬網取江海風。郵亭且一歇，開尊看時節。先師無此語，止止不須説。

異類行

僕鄆楚公子，過關無識者。何處覓庾冰，敲唱蘆葦下。湫垢異類行，鐘鼓中瘖啞。吹毛析骨肉，流露於笑傌。誰問話，答米價。嚼破也，一齋罷。

吾咄耶

吾咄耶，收中吾。大宗師付子桑户，撫琴而歌命也夫！雌雄誰辨屋上烏，頭白依然尾畢逋。開章一卷龍無首，末後未濟冰疑狐。懸崖絶後蘇，隨手擊唾壺。説通痛當搔如意癢，挑燈看劍常嗚嗚。翻然行别路，一杯浮江湖。擲筆點綴山海圖，不須抄本誇葫蘆。

鬼車豕塗，張脱遇雨，曾知睽之所以吉乎？坎窞枕出，用缶納牖，曾知坎之所以亨乎？應此午會，以爲雷雨，别路謦欬，鼓舞邪許，則支離之針𦈢，皆何衢之日新也。吾師乎，吾師乎！公因反因，不二代錯，激揚妙叶，眞破天荒。遊息轉風，隨寓山水，心聲心畫，處處消歸。人尚不知三墮之爲析骨，又安知大畜之爲本空耶！是過量人，倘然引觸，豈溝瞀𩵋斷之所能以知知、以例例者乎哉！如或滯滑疑而迷包決，則炮莊、烹雪、鼎薪歷歷具在也。

弟子楊學悊拜題。

讀荀如律，讀莊如樂府，然則超宗回途之呷啞，解頤否耶？臭腐神奇，變而化之，要自有節拍在。山谷曰張長史顛逸，而筆筆是法；老杜之『苕翠』『海鯨』，正是别裁僞體，又况絶甦之後，林下撫手者乎！吾師隨寓指點，都在意句之外，又一時也，又一化也。彼依樣葫蘆者，一棓一喝，猶是枯椿，彷佛尋爾，豈堪語此？

弟子蕭應璽謹跋。

校　記

〔一〕塵　原誤作『塵』。

附　安徽古籍叢書已版書目

舊聞隨筆
定本莊子故
張籍集注
文學研究法
桐城文學淵源考・撰述考
包拯集編年校補
康輶紀行・東槎紀略
北山樓集
桐城耆舊傳
疑庵詩
三餘札記
方望溪遺集
爾雅翼

識小録・寸陰叢録
東萊詩詞集
明太祖集
王侍郎奏議
程氏家塾讀書分年日程
朱楓林集
敬孚類稿
施愚山集（四册）
吳敬梓吳烺詩文合集
張孝祥詞箋校
竇山公家議校注
翠微南征録・北征録合集
阮大鋮戲曲四種

老子注三種
杜詩説
朱書集
論語解注合編
郭祥正集
皖人詩話八種
唐詩評三種
左傳微
續學堂詩文鈔
鈍齋詩選
老子注譯
莊子詮詁
説文假借義證

劉銘傳文集
包世臣全集（三册）
戴震全書（七册）
田間易學
莊屈合詁
田間詩集
田間文集
古事比（二册）
安徽出土金文訂補
秋崖詩詞校注
道聽途説
蘭茗館外史
青泥蓮花記
舌華録
明語林

夜雨秋燈録・續録（二册）
包拯集校注
毛詩後箋（二册）
劉文典全集（四册，列入特輯）
壹齋集（二册）
孟子講義
楊仁山全集
弢翁藏書年譜（列入附輯）
不得已附二種
歙事閑譚（二册）
惜抱軒詩集訓纂
張孝祥詩文集
吳汝綸全集（四册）
朱子全書（二十七册）
明實録安徽經濟史料類編（列入附輯）

姚瑩年譜（列入附輯）
青溪集
藏山閣集
田間詩學
俞正燮全集（三册）
皖人戲曲選刊・鄭之珍卷
詠懷堂詩集
所知録附四種
文選箋證（二册）
歙紀
方孝標文集
七頌堂集
劉文典全集補編（列入特輯）
程瑶田全集（四册）
皖人戲曲選刊・方成培卷

皖人戲曲選刊·龍燮卷
凌廷堪全集（四册）
黄生全集（四册）
東軿紀程
蕭雲從詩文輯注
程文炳文集
程恩培集
方盦山詩集（二册）
趙紹祖金石學三種
小爾雅義證
勉行堂詩文集
貴池唐人集

龍眠風雅全編（十册）
無爲集
杜詩提要
分篇水經注（二册）
松泉集（二册）
梅鼎祚戲曲集
通鑒注商·新舊唐書互證
杜徵三友朋手札
吴應箕文集
舒鴻貽著述二種
皖雅初集（三册）

桓譚新論校注
宛雅全編（二册）
李宗棠文集·東游紀念
李宗棠文集·奏議輯覽初編
李宗棠文集·學詩堂經解
李宗棠文集·千倉詩史初編
李宗棠文集·考察日本學校記（二册）
吴芝瑛集
施愚山集（增訂版　四册）
桐城方氏七代遺書
方以智全書（十册）

国家出版基金項目
NATIONAL PUBLICATION FOUNDATION

『十二五』國家重點圖書出版規劃項目